독자의 1초를
아껴주는 정성을
만나보세요!

세상이 아무리 바쁘게 돌아가더라도 책까지 아무렇게나 빨리 만들 수는 없습니다.
인스턴트 식품 같은 책보다 오래 익힌 술이나 장맛이 밴 책을 만들고 싶습니다.
땀 흘리며 일하는 당신을 위해 한 권 한 권 마음을 다해 만들겠습니다.
마지막 페이지에서 만날 새로운 당신을 위해 더 나은 길을 준비하겠습니다.

길벗 IT 도서 열람 서비스

도서 일부 또는 전체 콘텐츠를 확인하고 읽어볼 수 있습니다.
길벗만의 차별화된 독자 서비스를 만나보세요.

더북(TheBook) ▶ https://thebook.io

더북은 (주)도서출판 길벗에서 제공하는 IT 도서 열람 서비스입니다.

DATA SCIENCE BOOKCAMP

Original English language edition published by Manning Publications. USA. Copyright (c) 2021 by Manning Publications Co.

Korean-language edition copyright (c) 2024 by Gilbut Publishing. All rights reserved

이 책의 한국어판 저작권은 대니홍 에이전시를 통해 저작권자와 독점 계약으로 ㈜도서출판 길벗에 있습니다.
저작권법에 의해 한국 내에서 보호를 받는 저작물이므로 무단전재와 무단복제를 금합니다.

실전 데이터 분석 with 파이썬
Datascience Bookcamp

초판 발행 • 2024년 12월 17일

지은이 • 레널드 아펠신
옮긴이 • 박찬성
발행인 • 이종원
발행처 • ㈜도서출판 길벗
출판사 등록일 • 1990년 12월 24일
주소 • 서울시 마포구 월드컵로 10길 56(서교동)
대표 전화 • 02)332-0931 | **팩스** • 02)323-0586
홈페이지 • www.gilbut.co.kr | **이메일** • gilbut@gilbut.co.kr

기획 및 책임편집 • 이다빈(dabinlee@gilbut.co.kr) | **디자인** • 송민우(스튜디오 브릭) | **제작** • 이준호, 손일순, 이진혁
영업마케팅 • 임태호, 전선하, 차명환, 박민영, 박성용 | **유통혁신** • 한준희 | **영업관리** • 김명자 | **독자지원** • 윤정아

교정교열 • 김윤지 | **전산편집** • 박진희 | **출력 · 인쇄 · 제본** • 정민문화사

▶ 잘못 만든 책은 구입한 서점에서 바꿔 드립니다.
▶ 이 책은 저작권법에 따라 보호받는 저작물이므로 무단전재와 무단복제를 금합니다.
▶ 이 책의 전부 또는 일부를 이용하려면 반드시 사전에 저작권자와 ㈜도서출판 길벗의 서면 동의를 받아야 합니다.

ISBN 979-11-407-1431-5 93000
(길벗 도서번호 080320)

정가 44,000원

독자의 1초를 아껴주는 정성 길벗출판사

㈜도서출판 길벗 | IT교육서, IT단행본, IT교육서, IT단행본, 경제경영, 교양, 성인어학, 자녀교육, 취미실용 www.gilbut.co.kr
길벗스쿨 | 국어학습, 수학학습, 어린이교양, 주니어 어학학습, 학습단행본 www.gilbutschool.co.kr

페이스북 • https://www.facebook.com/gbitbook
예제소스 • https://github.com/gbitbook/080320

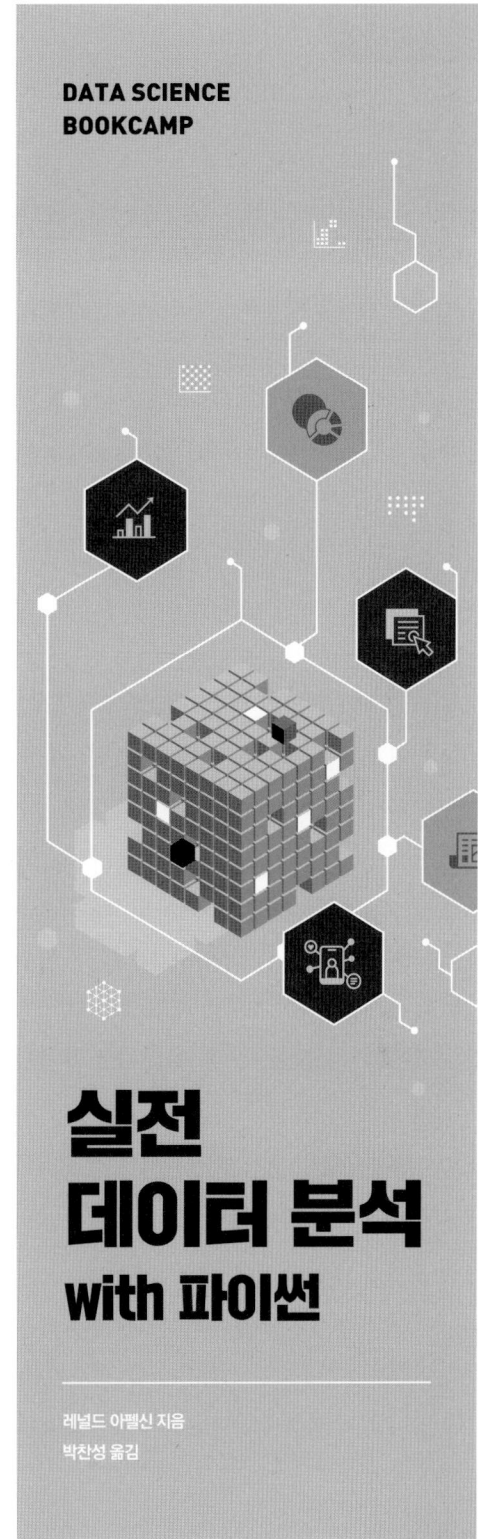

DATA SCIENCE
BOOKCAMP

실전
데이터 분석
with 파이썬

레널드 아벨신 지음
박찬성 옮김

지은이의 말

붙을 것이라고 생각했던 또 다른 지원자가 데이터 과학 면접에서 떨어지자 저는 그 이유가 궁금해졌습니다. 2018년이었는데 저는 스타트업에서 데이터 과학 팀을 확장하는 데 어려움을 겪고 있었습니다. 자격이 있어 보이는 지원자 수십 명을 면접했지만, 모두 불합격시켰습니다. 가장 최근에 불합격한 지원자는 일류 학교의 경제학 박사였습니다. 그 지원자는 10주간 부트캠프를 마친 뒤 데이터 과학으로 전환했습니다.

저는 지원자에게 우리 회사와 매우 관련 있는 분석 문제를 논의해 달라고 요청했습니다. 지원자는 즉시 상황에 적용할 수 없는 트렌디한 알고리즘을 제시했습니다. 알고리즘의 비호환성을 토론하려고 하자 지원자는 당황했습니다. 그는 알고리즘이 실제로 어떻게 작동하고 어떤 상황이 알고리즘을 사용하기 적절한지 알지 못했습니다. 이러한 세부 사항은 부트캠프에서 알려 주지 않은 것입니다.

불합격한 지원자가 떠난 뒤 제가 하고 있던 데이터 과학 교육을 반성하기 시작했습니다. 얼마나 달랐을까요! 2006년 당시만 해도 데이터 과학은 아직 탐나는 직업이 아니었고, DS 부트캠프도 아직 존재하지 않았습니다. 당시 저는 집세가 비싼 샌프란시스코에서 세를 내기 위해 고군분투하던 가난한 대학원생이었습니다. 대학원 연구를 위해 유전적 연관성을 수백만 건 분석해야 했습니다. 제 기술이 다른 분석 영역으로 이전될 수 있다는 것을 깨달았고, 그 결과 데이터 과학 컨설팅 회사가 탄생했습니다.

저는 대학원 지도 교수 몰래 무작위로 베이 에어리어 회사에 분석 업무를 요청하기 시작했습니다. 그 프리랜서 일은 생계를 유지하는 데 도움이 되었기 때문에 들어오는 업무는 가리지 않고 받아서 진행했습니다. 단순한 통계 분석부터 복잡한 예측 모델링까지 다양한 데이터 과학 업무에 지원하고는 했습니다. 때때로 다루기 어려워 보이는 데이터 문제에 압도당할 때도 있었지만 결국에는 인내심을 갖고 견뎌 냈습니다. 어려움을 겪으면서 다양한 분석 기법의 미묘한 차이와 이를 가장 잘 결합하여 우아한 솔루션에 도달하는 방법을 배웠습니다.

더 중요한 점은 일반적인 기술이 어떻게 실패할 수 있는지 파악하고 이러한 실패 지점을 극복하여 영향력 있는 결과를 도출하는 것입니다. 제가 가진 기술 능력이 성장하면서 데이터 과학 커리어는 더욱 다채로워지기 시작했습니다. 결국 저는 이 분야의 리더가 되었습니다.

10주간 부트캠프에서도 같은 수준의 성공을 거둘 수 있었을까요? 아닐 수도 있습니다. 많은 부트캠프에서는 일관성 있는 문제 해결 능력보다 독립형 알고리즘 연구를 더 우선시합니다. 또 알고리즘의 강점에 대한 과대광고는 약점보다 강조되는 경향이 있습니다. 따라서 학생들은 때때로 실제 환경에서 데이터 과학을 다룰 준비가 부족합니다. 그 통찰력을 바탕으로 이 책을 쓰게 되었습니다.

저는 독자 여러분에게 점점 더 어려워지는 분석 문제를 던지면서 저만의 데이터 과학 교육을 재현하기로 했습니다. 또 이러한 문제를 효과적으로 처리하는 데 필요한 도구와 기술을 여러분께 알려드릴 예정입니다.

2024년 4월

레널드 아펠신

옮긴이의 말

〈실전 데이터 분석 with 파이썬〉은 데이터 과학의 기본 원리를 배우고 실제 문제에 적용하는 방법을 알려 주는 실용적인 안내서입니다. 특히 이 책은 파이썬을 이용하여 데이터를 분석하고 시각화하는 방법을 단계별로 설명하므로 데이터 과학에 처음 입문하는 사람들도 쉽게 따라 할 수 있습니다. 책에서 다루는 다섯 가지 사례 탐구는 마치 데이터 과학 부트캠프에 참여한 것처럼 실제 문제 해결 과정을 경험하며 실무 능력을 키울 수 있도록 설계되었습니다.

이 책을 번역하면서 데이터 과학의 기초부터 응용까지 폭넓은 내용을 다루면서도, 복잡한 수식이나 이론에 치우치지 않고 실제 코드를 통해 직관적으로 이해할 수 있도록 구성했다는 점에 깊은 인상을 받았습니다. 또 책 전반에서 풍부한 시각 자료들을 활용하여 독자들의 이해를 돕고, 핵심 개념을 명확하게 전달하고자 노력했습니다. 이 책을 통해 독자 여러분도 데이터 과학의 세계에 첫발을 내딛고, 데이터 분석 능력을 향상시켜 실제 문제 해결에 도움을 받을 수 있길 바랍니다.

번역 과정에서 데이터 과학 분야의 전문 용어와 최신 기술을 정확히 이해하고 한국어로 옮기는 데 어려움이 있었지만, 관련 기술 블로그와 오픈 소스 코드 등 다양한 자료를 참고하여 원문의 의미를 정확하게 전달하고자 노력했습니다. 부족한 부분이 있더라도 너그러이 양해해 주시면 감사하겠습니다. 마지막으로 이 책의 번역을 격려하고 도와주신 이다빈 편집자님께 감사의 말씀을 전합니다. 편집자님의 꼼꼼한 검토와 피드백, 그리고 끝없는 인내심이 없었다면 이 책을 완성하지 못했을 것입니다. 앞으로도 데이터 과학 분야의 유익한 책들을 번역하여 국내 독자들에게 소개할 수 있도록 최선을 다하겠습니다.

2024년 12월

박찬성

베타테스터 후기

데이터 분석 실무에 바로 적용할 수 있는 실용적인 내용으로 구성되어 큰 도움이 되었습니다. 전반적으로 이론과 실습이 균형을 이룬 책이라고 생각합니다. 실제 사례를 바탕으로 한 분석 과정을 따라가며 배울 수 있어 매우 만족스러웠습니다. 데이터 분석과 관련된 도서를 읽다 보면 전처리 과정 없이 잘 만들어진 데이터로만 진행되는 경우가 종종 있습니다. 하지만 이 책은 데이터 탐색으로 전처리로 데이터를 핸들링하는 방법부터 보여 주면서 분석 과정에 대한 출발점을 잘 안내하고 있습니다. 기본적인 통계 지식도 공부했다면 더욱 어렵지 않게 실습해 볼 수 있을 것입니다. 이 책에서 배운 기술들을 실제 업무에 적용하면서 더 나은 데이터 기반 의사 결정을 할 수 있길 기대합니다.

이석곤_(주)아이알컴퍼니 AI/빅데이터 엔지니어

업무 자동화와 데이터 분석 시각화 프로젝트를 수행하는 과정에서 관련 자격증에도 관심이 생겨 빅데이터 분석 이론도 공부하게 되었습니다. 하지만 공부할수록 이론을 무작정 암기하는 것이 아닌, 확실하게 내 것으로 만들고 싶은 갈망이 깊어진 터라 베타테스터를 신청했습니다. 현재 업무와 관련이 있는 '3부. 세 번째 사례 탐구: 뉴스 헤드라인으로 질병 발생 추적하기'를 집중적으로 보았는데, 현실성 있는 주제로 클러스터링부터 시각화, 분석 결과의 통찰까지 데이터 분석 프로젝트의 단계별 여정을 알차게 담고 있었습니다. 단순히 암기로만 끝나는 학습이 아니라 직접 실습하고 이론을 활용하며 데이터 분석을 익히고 싶다면 이 책을 추천합니다.

김강산_LG CNS

프로젝트를 진행하는 과정에서 일어날 수 있는 문제들을 작가는 어떻게 해결했는지 경험이 담긴 방법을 알려 주는 부분이 마음에 들었고, 관련 이론을 보다 쉽게 설명하며 해당 이론의 단점까지도 알려 주는 부분이 마음에 들었습니다. 또 빅데이터 관련 자격증을 공부하면서 단순히 암기만 했던 K-평균 클러스터링, DBSCAN 알고리즘 등도 이번 기회에 보다 확실히 이해할 수 있었습니다. 이 책에서 프로젝트를 진행할 때 수집하게 될 데이터는 누군가 분석하기 쉽게 정제해 준 완벽한 데이터가 아닙니다. 수집된 미흡한 데이터, 프로젝트와 맞지 않는 알고리즘 등 누구나 프로젝트를 진행하면서 겪는 문제에 대한 해결 방법을 학습하다 보면 진정한 데이터 분석에 한걸음 더 다가갈 수 있는 기회가 될 것입니다.

강경목_하림그룹 한국썸벧(주) 영업전략팀장(경영학 박사/데이터 분석가)

이 책의 활용법

이 책에 나오는 실습 코드와 실습에 필요한 데이터 파일은 길벗출판사 웹 사이트와 깃허브에서 내려받을 수 있습니다. 직접 코드를 입력하면서 내용을 이해하는 방식을 추천하지만, 코드가 길거나 전체 코드를 파악하고 싶을 때는 코드 파일을 열어 확인하세요.

- 길벗출판사 웹 사이트: https://www.gilbut.co.kr/
- 길벗출판사 깃허브: http://github.com/gbitbook/080320
- 역자 깃허브: https://github.com/books-by-chansung/ds-bookcamp

파일을 내려받으면 다음과 같이 실습에 필요한 데이터와 글꼴 포맷, 실습 코드가 포함되어 있는지 꼭 확인해 주세요.

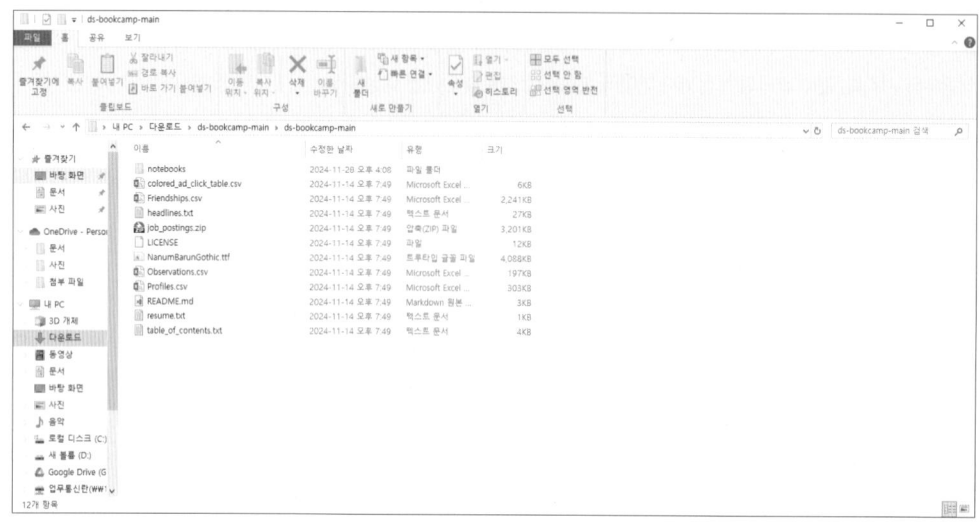

목차

DATA SCIENCE BOOKCAMP

1부   첫 번째 사례 탐구: 카드 게임의 승리 전략 탐색

1장   파이썬으로 확률을 계산하는 방법 ····· 021

1.1 표본 공간 분석: 방정식 없이 결과의 불확실성을 측정하는 접근법   022
    1.1.1 편향된 동전 분석   025

1.2 사소한 확률 계산 문제   027
    1.2.1 문제 1: 네 자녀를 둔 가족 분석하기   027
    1.2.2 문제 2: 다면체 주사위를 굴렸을 때 분석하기   028
    1.2.3 문제 3: 가중된 표본 공간으로 주사위를 굴렸을 때 확률 계산하기   029

1.3 구간에 대한 확률 계산   031
    1.3.1 구간 분석법으로 극단 평가   032

1.4 요약   034

2장   맷플롯립으로 확률 그래프 그리기 ····· 035

2.1 맷플롯립으로 그래프 그리기   036

2.2 동전 뒤집기 확률 그래프 그리기   040
    2.2.1 여러 동전 뒤집기 확률 분포도 비교하기   043

2.3 요약   049

3장   넘파이로 무작위 시뮬레이션 수행하기 ····· 051

3.1 넘파이로 무작위 동전 뒤집기와 주사위 던지기 시뮬레이션하기   052
    3.1.1 편향된 동전 뒤집기 분석   054

3.2 히스토그램과 넘파이 배열로 계산하는 신뢰 구간   056
    3.2.1 히스토그램 내 유사한 점들을 묶기   059
    3.2.2 히스토그램에서 확률 구하기   062

  3.2.3 고신뢰 구간의 범위 줄이기　064
  3.2.4 넘파이로 히스토그램 계산하기　067

3.3 신뢰 구간으로 편향된 카드 덱 분석하기　068

3.4 순열로 카드 뒤섞기　071

3.5 요약　074

4장　첫 번째 사례 탐구의 솔루션 ····· 075

4.1 뒤섞은 카드 덱에서 빨간색 카드 예측하기　076
  4.1.1 전략의 성공 확률 추정하기　078

4.2 열 장으로 구성된 카드 덱 하나에 대한 표본 공간으로 전략 최적화하기　082

4.3 요약　086

2부　두 번째 사례 탐구: 온라인 광고 클릭의 유의성 평가하기

5장　사이파이를 사용한 기본 확률 및 통계 분석 ····· 091

5.1 사이파이로 데이터와 확률 간 관계 탐색하기　092

5.2 중심성의 척도로서 평균　096
  5.2.1 확률 분포의 평균 구하기　103

5.3 흩어진 정도를 측정하는 분산　106
  5.3.1 확률 분포의 분산 구하기　109

5.4 요약　112

6장 사이파이와 중심 극한 정리로 예측하기 …… 113

6.1 사이파이로 정규 분포 다루기 **114**
   6.1.1 샘플링된 정규 분포 곡선 두 개 비교하기 118

6.2 무작위 샘플링으로 모집단의 평균 및 분산 결정하기 **122**

6.3 평균과 분산을 이용하여 예측하기 **125**
   6.3.1 정규 곡선 아래 면적 계산하기 127
   6.3.2 계산된 확률 해석하기 129

6.4 요약 **130**

7장 통계적 가설 검정 …… 133

7.1 표본 평균과 모집단 평균 간 차이 평가하기 **135**

7.2 데이터 드레징: 오버샘플링을 이용한 잘못된 결론 도출하기 **140**

7.3 복원 추출을 이용한 부트스트랩: 모집단 분산을 알 수 없을 때 가설 테스트하기 **143**

7.4 순열 테스트: 모집단의 매개변수를 알 수 없는 경우 표본 수단 비교하기 **151**

7.5 요약 **154**

8장 판다스를 사용한 테이블 분석하기 …… 155

8.1 기본 파이썬 기능으로 테이블 저장하기 **156**

8.2 판다스로 테이블 탐색하기 **157**

8.3 테이블의 열 가져오기 **160**

8.4 테이블의 행 가져오기 **162**

8.5 테이블의 행과 열 수정하기 **164**

8.6 테이블 데이터 저장 및 불러오기 167

8.7 시본으로 테이블 시각화하기 168

8.8 요약 172

9장   두 번째 사례 탐구의 솔루션 ⋯⋯ 173

9.1 판다스로 광고 클릭 테이블 처리하기 174

9.2 평균의 차이로 p-값 계산하기 177

9.3 통계적 유의성 결정하기 180

9.4 41가지 파란색 색조: 실제 사례로 알아보는 주의 사항 182

9.5 요약 183

3부   세 번째 사례 탐구: 뉴스 헤드라인으로 질병 발생 추적하기

10장   데이터 그룹화하기 ⋯⋯ 187

10.1 중심성으로 클러스터 발견하기 188

10.2 K-평균: 중심 그룹 K개로 데이터를 그룹화하는 클러스터링 알고리즘 194

  10.2.1 사이킷런을 사용한 K-평균 클러스터링 195
  10.2.2 엘보 방법으로 최적의 K 선택하기 197

10.3 밀도를 사용하여 클러스터 검색하기 200

10.4 DBSCAN: 공간 밀도에 따라 데이터를 그룹화하는 클러스터링 알고리즘 204

  10.4.1 DBSCAN과 K-평균 비교하기 205
  10.4.2 비유클리드 거리 기반 클러스터링 206

10.5 판다스로 클러스터 분석하기 210

10.6 요약 212

11장 지리적 위치의 시각화 및 분석 …… 213

11.1 대원 거리: 지구상 두 점 사이의 거리를 계산하는 지표 214

11.2 카토피로 지도 시각화하기 218
    11.2.1 지오스 및 카토피 수동 설치하기 218
    11.2.2 콘다 패키지 관리자 활용 219
    11.2.3 지도 시각화 220

11.3 GeoNamesCache를 사용한 위치 추적 229
    11.3.1 국가 정보 접근 231
    11.3.2 도시 정보 접근 233
    11.3.3 GeoNamesCache 라이브러리의 제약 237

11.4 텍스트 내 지명 찾기 239

11.5 요약 242

12장 세 번째 사례 탐구의 솔루션 …… 243

12.1 헤드라인 데이터에서 위치 추출하기 244

12.2 추출된 위치 데이터 시각화 및 클러스터링 250

12.3 위치 클러스터에서 인사이트 추출하기 255

12.4 요약 260

4부 네 번째 사례 탐구: 온라인 채용 공고로 데이터 과학자의 이력서 개선하기

13장 텍스트 유사성 측정 …… 267

13.1 간단한 텍스트 비교 268
    13.1.1 자카드 유사도 탐색 274
    13.1.2 단어를 숫자 값으로 바꾸기 275

13.2 단어 수를 사용하여 텍스트 벡터화하기 **280**
    13.2.1 정규화로 TF 벡터 유사도 개선하기 283
    13.2.2 단위 벡터 내적으로 관련성 지표 간 변환하기 290

13.3 효율적인 유사도 계산을 위한 행렬 곱셈 **293**
    13.3.1 기본 행렬 연산 295
    13.3.2 전체 행렬에 대한 유사도 계산하기 303

13.4 행렬 곱셈의 계산 한계 **304**

13.5 요약 **308**

14장   행렬 데이터의 차원 감소 ····· 309

14.1 2D 데이터를 단일 차원으로 그룹화하기 **311**
    14.1.1 회전으로 차원 줄이기 314

14.2 PCA와 사이킷런으로 차원 감소시키기 **325**

14.3 4D 데이터를 2차원으로 그룹화하기 **331**
    14.3.1 PCA의 제한 사항 335

14.4 회전 없이 주성분 계산하기 **338**
    14.4.1 거듭제곱 반복으로 고유 벡터 추출하기 342

14.5 SVD 및 사이킷런으로 효율적인 차원 축소하기 **350**

14.6 요약 **352**

15장   대용량 텍스트에 대한 자연어 처리 분석 ····· 355

15.1 사이킷런으로 웹 토론 포럼 데이터셋 불러오기 **356**

15.2 사이킷런으로 문서 벡터화하기 **359**

15.3 게시글 빈도 및 개수로 단어의 순위 매기기 **365**
    15.3.1 사이킷런으로 TFIDF 벡터 계산하기 370

15.4 대규모 문서 데이터셋의 유사성 계산하기   372

15.5 주제별로 텍스트 그룹화하기   377
    15.5.1 단일 텍스트 클러스터 탐색하기   382

15.6 텍스트 클러스터 시각화하기   386
    15.6.1 하위 그래프로 여러 워드 클라우드 표시하기   392

15.7 요약   398

16장 웹 페이지의 텍스트 추출하기 … 399

16.1 HTML 문서 구조   400

16.2 BeautifulSoup으로 HTML 파싱하기   408

16.3 웹 데이터 내려받기 및 파싱하기   415

16.4 요약   417

17장 네 번째 사례 탐구의 솔루션 … 419

17.1 채용 공고 데이터에서 기술 요구 사항 추출하기   420
    17.1.1 기술을 설명하는 HTML 살펴보기   422

17.2 관련성별로 작업 필터링하기   428

17.3 관련 채용 공고에서 스킬 클러스터링   437
    17.3.1 직무 기술을 그룹 15개로 그룹화하기   440
    17.3.2 기술 클러스터 조사하기   446
    17.3.3 소프트 스킬 클러스터 조사하기   448
    17.3.4 다른 K 값으로 그룹 탐색하기   450
    17.3.5 가장 관련성이 높은 게시물 700개 분석하기   455

17.4 결론   457

17.5 요약   458

5부 다섯 번째 사례 탐구: 소셜 네트워크 데이터로 미래의 친구 관계 예측

18장 그래프 이론 및 네트워크 분석 ····· 465

18.1 기본 그래프 이론으로 인기도별 웹 사이트 순위 지정하기 466
18.1.1 NetworkX로 웹 네트워크 분석하기 469

18.2 비방향성 그래프로 마을 간 이동 시간 최적화하기 478
18.2.1 마을과 지역에 대한 복잡한 네트워크 모델링하기 481
18.2.2 노드 간 가장 빠른 이동 시간 계산하기 486

18.3 요약 494

19장 노드 순위 매기기 및 소셜 네트워크 분석을 위한 동적 그래프 이론 기법 ····· 495

19.1 네트워크의 예상 트래픽을 기반으로 중앙 노드 발견하기 496
19.1.1 교통 시뮬레이션으로 중심도 측정하기 500

19.2 행렬 곱셈으로 이동 확률 계산하기 502
19.2.1 확률 이론으로 페이지랭크 중심성 도출하기 505
19.2.2 NetworkX로 페이지랭크 중심성 계산하기 509

19.3 마르코프 그룹화로 커뮤니티 감지하기 512

19.4 소셜 네트워크에서 친구 그룹 찾기 525

19.5 요약 529

20장 네트워크 기반 지도 학습 ····· 531

20.1 지도 학습의 기본 사항 532

20.2 예측 레이블 정확도 측정하기 540
20.2.1 사이킷런의 예측 측정 기능 548

20.3 KNN 성능 최적화   550

20.4 사이킷런으로 격자 탐색 수행하기   552

20.5 KNN 알고리즘의 한계   557

20.6 요약   558

21장 로지스틱 회귀로 선형 분류 모델 학습 ······ 561

21.1 규모별로 고객을 선형적으로 분리하기   562

21.2 선형 분류 모델 학습시키기   567
　21.2.1 표준화를 이용하여 퍼셉트론 성능 향상시키기   576

21.3 로지스틱 회귀를 이용한 선형 분류 개선하기   579
　21.3.1 특징 두 개 이상에서 로지스틱 회귀 수행하기   585

21.4 사이킷런을 사용하여 선형 분류 모델 학습시키기   586
　21.4.1 다중 클래스에 대한 선형 모델 학습시키기   589

21.5 계수로 특징 중요도 측정하기   592

21.6 선형 분류 모델의 제한 사항   595

21.7 요약   597

22장 의사 결정으로 비선형 분류 모델 학습 ······ 599

22.1 논리 규칙 자동 학습하기   600
　22.1.1 두 특징으로 중첩된 if/else 모델 학습시키기   607
　22.1.2 분할할 특징 결정하기   613
　22.1.3 특징 둘 이상을 다루는 if/else 모델 학습시키기   621

22.2 사이킷런으로 의사 결정 분류 모델 학습시키기   628
　22.2.1 특징 중요도를 이용한 암세포 연구하기   634

22.3 의사 결정 분류 모델의 제한 사항　638

22.4 랜덤포레스트 분류 모델로 성능 개선하기　639

22.5 사이킷런으로 랜덤포레스트 분류 모델 학습시키기　644

22.6 요약　645

23장　다섯 번째 사례 탐구의 솔루션 ······ 647

23.1 데이터 탐색하기　648
  23.1.1 프로필 살펴보기　648
  23.1.2 실험 관찰 결과 살펴보기　652
  23.1.3 친구 관계 연결 테이블 살펴보기　654

23.2 네트워크 특징을 사용하여 예측 모델 학습시키기　658

23.3 모델에 프로필 관련 특징 추가하기　665

23.4 안정적인 특징 집합에 대한 성능 최적화　670

23.5 학습된 모델 해석하기　672
  23.5.1 일반화 가능한 모델은 왜 중요할까요?　676

23.6 요약　676

찾아보기　678

제 1 부

첫 번째 사례 탐구:
카드 게임의 승리 전략 탐색

≫ 문제 정의

돈을 벌고 싶나요? 작은 판돈이 걸린 카드 게임에 베팅해 봅시다. 여러분 앞에 뒤섞인 카드 한 벌이 놓여 있으며, 카드 52장은 모두 뒷면이 보이게 놓여 있습니다. 그중 절반은 빨간색, 나머지 절반은 검은색이죠. 이제부터 카드를 한 장씩 뒤집어 보겠습니다. 마지막 카드가 빨간색이라면 여러분은 판돈을 딴 것이며, 그렇지 않다면 판돈을 잃은 것입니다.

여기에는 반전이 있습니다. 언제든지 게임 중단을 요청할 수 있다는 것이죠. "멈춰."라고 외치면 그다음 카드를 뒤집은 뒤 게임은 종료됩니다. 다음에 뒤집힌 카드가 곧 마지막 카드가 됩니다. 그 카드가 빨간색이면 판돈을 따게 되죠.

게임은 횟수 제한 없이 원하는 만큼 즐길 수 있습니다. 매번 카드 순서는 뒤섞이고, 매 게임마다 판돈을 환전할 수 있습니다. 이때 게임에서 이길 수 있는 필승 전략은 무엇일까요?

❤ 그림 0-1 그림과 같이 뒤섞인 카드 한 벌로 시작합니다. 왼쪽에 위치한 카드를 하나씩 반복해서 뒤집습니다. 네 번째 카드를 뒤집자 여러분은 "멈춰!" 하고 외쳤습니다(A). 다섯 번째이자 마지막인 카드를 뒤집었고 그 카드는 빨간색이었습니다(B). 그러면 여러분이 판돈을 딴 것입니다

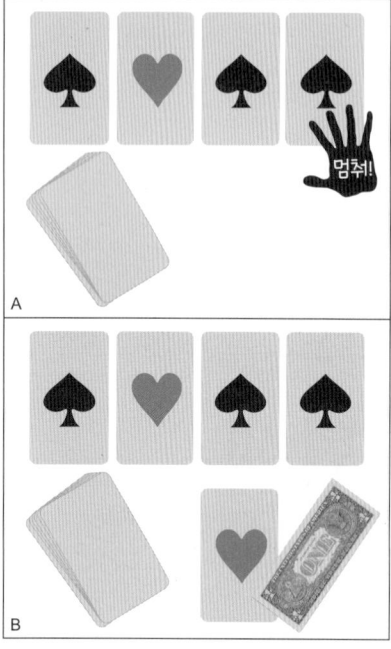

›› 개요

이 문제를 해결하려면 다음 내용을 알아야 합니다.

1. 표본 공간 분석으로 관측된 사건의 확률을 계산합니다.
2. 범위 내 구간 사건들의 확률 그래프를 그립니다.
3. 동전 뒤집기, 카드 뒤섞기 같은 무작위 과정(random process)을 파이썬으로 시뮬레이션합니다.
4. 신뢰 구간 분석법(confidence interval analysis)을 이용하여 시뮬레이션으로 도출된 결정들의 신뢰도를 평가합니다.

1장

파이썬으로 확률을 계산하는 방법

이 장에서 다루는 내용

- 확률 이론의 기본 알아보기
- 단일 관측에 대한 확률을 계산하는 방법
- 여러 관측에 대한 확률을 계산하는 방법

우리 삶은 거의 모든 것이 불확실합니다. 사건 대부분은 우연히 발생하죠. 좋아하는 스포츠 팀을 응원할 때, 복권을 살 때, 주식에 투자할 때마다 원하는 결과는 따로 있지만, 그 결과는 결코 보장할 수 없죠. 우리가 겪는 일상적인 경험에는 무작위성이 스며들어 있습니다. 다행인 점은 이 무작위성은 완화되고 통제할 수 있다는 것입니다. 일부 예측이 어려운 사건은 다른 사건보다 드물게 발생하고, 특정 의사 결정이 다른 것보다 훨씬 덜 위험하다는 사실도 판단할 수 있습니다. 가령 자동차로 출근하는 것이 오토바이를 타는 것보다 더 안전하며, 저축 일부를 퇴직 계좌에 투자하는 것이 블랙잭 게임 한 판에 모두 거는 것보다 더 안전하겠죠. 예측이 매우 어려운 시스템조차 여전히 예측 가능한 일부 행동을 보이기 때문에 트레이드오프(trade-off)는 본질적으로 확실히 감지할 수 있습니다. 그리고 이러한 행동 방식은 확률 이론으로 엄밀하게 연구되었습니다. 본질적으로 확률 이론은 복잡한 수학의 한 분야입니다. 하지만 이론적 측면은 수학적 기초가 없어도 이해할 수 있습니다. 실제로 수학 방정식 하나 모르더라도 파이썬으로 어려운 확률 문제를 풀 수 있습니다. 이 방정식 없이 확률 방정식에 접근하는 방법은 딱 하나만 알면 됩니다. 바로 수학자들이 '표본 공간(sample space)'이라고 하는 개념을 기본적으로 이해하는 것이죠.

1.1 표본 공간 분석: 방정식 없이 결과의 불확실성을 측정하는 접근법

특정 행동은 측정 가능한 결과를 동반합니다. 표본 공간은 어떤 행동에 따라 발생할 수 있는 모든 결과의 집합입니다. 동전을 던지는 간단한 행동을 생각해 보죠. 그러면 동전은 앞면 또는 뒷면으로 떨어질 테죠. 따라서 동전 던지기는 앞면 또는 뒷면이라는 두 측정 가능한 결과 중 하나를 발생시킵니다. 한편 동전 던지기에 대한 표본 공간은 파이썬의 세트(set)에 해당 두 결과를 저장해서 만들 수 있습니다.

코드 1-1 동전 뒤집기에 대한 표본 공간 생성하기

```python
sample_space = {'앞면', '뒷면'}
```
...... 중괄호 속에 요소들을 나열하면 파이썬의 세트를 생성할 수 있습니다. 파이썬의 세트는 순서가 정해지지 않은 고유한 값들의 집합을 보관하는 자료 구조입니다.

sample_space 요소 중 하나를 임의로 선택한다고 가정해 보죠. 선택된 요소가 앞면일 비율은 얼마나 될까요? 우리가 가진 표본 공간은 가능한 요소 두 개로 구성되어 있다는 사실을 기억하세요.

각 요소는 동등한 비율로 집합 내 공간을 차지하고 있습니다. 앞면은 1/2 빈도로 나올 것으로 예상할 수 있습니다. 공식적으로 그 빈도는 결과에 대한 확률이라고 정의합니다. 따라서 sample_space 내 결과 요소는 모두 동일한 1 / len(sample_space) 확률을 가진다고 할 수 있습니다.

> **코드 1-2** 동전 앞면이 나올 확률 계산하기

```
probability_heads = 1 / len(sample_space)
print(f'앞면이 선택될 확률은 {probability_heads}입니다')
```

▶ 실행결과

앞면이 선택될 확률은 0.5입니다

동전의 앞면이 선택될 확률은 0.5입니다. 이는 동전을 던지는 행동과도 직접 연관되어 있습니다. 여기에서 우리는 편향이 없다고 가정합니다. 즉, 동전이 앞면 혹은 뒷면으로 떨어질 확률은 같다는 것입니다. 따라서 개념적으로 볼 때 동전 던지기는 sample_space의 요소 중 하나를 임의로 선택하는 것과 같습니다. 동전이 앞면으로 떨어질 확률도 0.5고, 뒷면으로 떨어질 확률도 0.5라는 것이죠.

이렇게 두 측정 가능한 각 결과에 확률을 부여했습니다. 그런데 여기에서 궁금점이 추가로 발생하죠. 동전의 앞면 또는 뒷면만 나올 확률은? 또는 이상하게 들리겠지만 앞면이나 뒷면으로 떨어지지 않고 영원히 공중에서 회전만 할 확률은? 엄밀하게 답을 찾으려면 사건 개념부터 정의해야 합니다. 사건이란 sample_space의 요소 중 어떤 사건 조건을 만족하는 것들의 부분 집합을 의미합니다. 여기에서 사건 조건은 sample_space의 단일 요소를 입력받아 특정 조건을 만족했을 때만 True를 반환하는 불리언(Boolean) 함수입니다.

▼ **그림 1-1** 표본 공간에 적용된 사건 조건 네 개를 보여 줍니다. 표본 공간은 두 결과(앞면과 뒷면)로 구성되죠. 이 그림에서 화살표는 각 사건 조건을 표현하며 모든 사건 조건은 '예' 또는 '아니요'를 반환하는 함수입니다. 즉, 각 사건 조건 함수는 표본 공간의 결과 중 조건을 만족하지 않으며 제외합니다. 따라서 사건은 제외되지 않은 나머지 결과 요소로 형성됩니다. 각 사건은 표본 공간이 낼 수 있는 가능한 결과의 부분 집합이며 사건은 총 네 개(앞면, 뒷면, 앞면 또는 뒷면, 앞면도 뒷면도 아님) 있을 수 있습니다

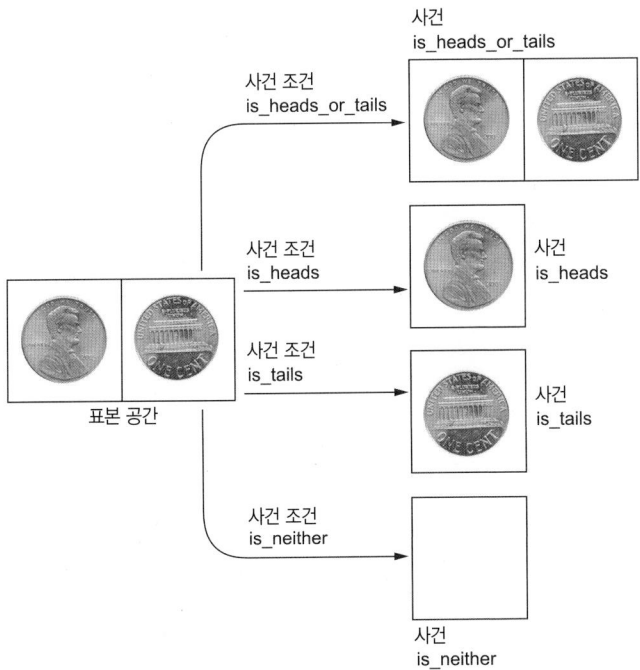

두 사건 조건을 정의해 보죠. 하나는 동전이 앞면 또는 뒷면으로 떨어질 경우고 다른 하나는 동전이 앞면으로도, 뒷면으로도 떨어지지 않을 경우입니다.

코드 1-3 사건 조건 정의하기

```python
def is_heads_or_tails(outcome): return outcome in {'앞면', '뒷면'}
def is_neither(outcome): return not is_heads_or_tails(outcome)
```

모든 경우를 다루기 위해 동전이 두 가지 결과 중 하나만 충족하는 경우의 사건 조건도 정의해 봅시다.

코드 1-4 추가적인 사건 조건 정의하기

```python
def is_heads(outcome): return outcome == '앞면'
def is_tails(outcome): return outcome == '뒷면'
```

그러면 일반화 함수인 get_matching_event로 이 사건 조건들을 전달할 수 있습니다(코드 1-5). 이 함수는 사건 조건과 표본 공간을 입력으로 수용하여 반복적으로 표본 공간을 탐색해서 event_condition(outcome) 값이 True인 결과로만 구성된 부분 집합을 반환합니다.

코드 1-5 사건을 감지하는 함수 정의하기

```python
def get_matching_event(event_condition, sample_space):
    return set([outcome for outcome in sample_space
                if event_condition(outcome)])
```

네 가지 사건 조건에 대해 get_matching_event 함수를 실행하고 추출된 네 사건을 출력해 보죠.

코드 1-6 사건 조건으로 사건 감지하기

```python
event_conditions = [is_heads_or_tails, is_heads, is_tails, is_neither]

for event_condition in event_conditions:
    print(f'사건 조건: {event_condition.__name__}')
    event = get_matching_event(event_condition, sample_space)
    print(f'사건: {event}\n')
```

▶ 실행결과

```
사건 조건: is_heads_or_tails
사건: {'Tails', 'Heads'}

사건 조건: is_heads
사건: {'Heads'}

사건 조건: is_tails
사건: {'Tails'}

사건 조건: is_neither
사건: set()
```

sample_space에서 네 사건을 성공적으로 추출했습니다. 그러면 각 사건이 일어날 확률은 얼마일까요? 앞서 공정한 동전 던지기에서 얻을 수 있는 각 결과의 확률이 1 / len(sample_space)라는 것을 확인했습니다. 이 속성은 다중 요소로 구성된 사건으로 일반화가 가능합니다. 이 경우 각 사건(다중 요소)에 대한 확률은 len(event) / len(sample_space)로 표현할 수 있습니다(단 모든 결과가 같은 확률로 일어난다는 사실을 알고 있을 때만 해당됩니다). 즉, 공정한 동전 던지기에서 다중 요소로 구성된 사건의 확률은 사건 크기를 표본 공간 크기로 나눈 것으로 볼 수 있습니다. 그러면 이번에는 사건 크기를 이용하여 사건 네 개의 확률을 계산해 보겠습니다.

코드 1-7 사건 확률 계산하기

```
def compute_probability(event_condition, generic_sample_space):
    event = get_matching_event(event_condition, generic_sample_space)
    return len(event) / len(generic_sample_space)

for event_condition in event_conditions:
    prob = compute_probability(event_condition, sample_space)
    name = event_condition.__name__
    print(f"'{name}'에서 발생한 사건의 확률은 {prob}입니다')
```

compute_probability 함수는 사건의 확률을 계산하려고 입력된 조건에 맞는 사건을 추출합니다.

확률은 사건 크기를 표본 공간 크기로 나눈 것과 같습니다.

▶ 실행결과

```
'is_heads_or_tails'에서 발생한 사건의 확률은 1.0입니다
'is_heads'에서 발생한 사건의 확률은 0.5입니다
'is_tails'에서 발생한 사건의 확률은 0.5입니다
'is_neither'에서 발생한 사건의 확률은 0.0입니다
```

코드를 실행하면 0.0부터 1.0까지 범위에 있는 사건 확률을 출력합니다. 즉, 0.0과 1.0은 각각 확률의 하한선과 상한선이며, 어떤 확률도 이 범위를 벗어날 수 없습니다.

1.1.1 편향된 동전 분석

지금까지는 비편향된(unbiased) 동전에 대한 확률만 계산했습니다. 편향된(biased) 동전이라면 어떤 일이 일어날까요? 예를 들어 동전이 떨어질 때 뒷면보다 앞면일 확률이 4배 더 높다고 가정해 보죠. 서로 다른 수준으로 가중된 결과의 확률은 어떻게 계산할 수 있을까요? 파이썬의 딕셔너리를 사용하면 가중된 표본 공간을 구성할 수 있습니다. 각 결과는 딕셔너리의 키, 각 키에 대응된 값은 해당 결과에 대한 가중치로 표현하는 것이죠. 가령 동전의 앞면(Heads)이 뒷면(Tails)보다 4배 더 큰 가중치를 가지고 있다면, 뒷면과 앞면의 가중치를 각각 1과 4로 할당할 수 있습니다.

코드 1-8 가중된 표본 공간 표현하기

```
weighted_sample_space = {'Heads': 4, 'Tails': 1}
```

새로운 표본 공간은 딕셔너리에 저장되었습니다. 그러면 표본 공간 크기를 딕셔너리의 모든 가중치 합으로 재정의할 수 있습니다. weighted_sample_space에서 모든 가중치 합은 5입니다.

코드 1-9 가중된 표본 공간의 크기 확인하기

```
sample_space_size = sum(weighted_sample_space.values())
assert sample_space_size == 5
```

사건 크기도 이와 유사한 방식으로 재정의할 수 있습니다. 각 사건은 결과들의 집합이며, 각 결과들은 가중치에 매핑될 수 있습니다. 모든 가중치를 더하면 그것이 바로 사건 크기입니다. 따라서 is_heads_or_tails 사건의 조건을 만족하는 사건 크기는 5입니다.

코드 1-10 가중된 사건의 크기 확인하기

```
event = get_matching_event(is_heads_or_tails, weighted_sample_space)
event_size = sum(weighted_sample_space[outcome] for outcome in event)
assert event_size == 5
```

상기하는 차원에서 이 함수는 입력된 표본 공간의 각 결과에 반복적으로 접근합니다. 따라서 딕셔너리로 작성된 입력에서도 기대한 대로 작동합니다. 다른 여러 프로그래밍과는 다르게 파이썬은 딕셔너리의 키에만 반복적으로 접근하기 때문입니다.

표본 공간 크기와 사건 크기의 일반화된 정의를 이용하여 compute_event_probability 함수를 만들 수 있습니다. 이 함수는 가중된 딕셔너리 또는 가중되지 않은 세트(set) 중 무엇이든 될 수 있는 generic_sample_space 변수를 입력받습니다.

코드 1-11 일반화된 사건 확률 함수 정의하기

```
def compute_event_probability(event_condition, generic_sample_space):
    event = get_matching_event(event_condition, generic_sample_space)
    if type(generic_sample_space) == type(set()):   # generic_sample_space 함수가 세트인지 아닌지를 확인합니다.
        return len(event) / len(generic_sample_space)

    event_size = sum(generic_sample_space[outcome] for outcome in event)
    return event_size / sum(generic_sample_space.values())
```

이제 네 사건의 조건 함수들을 재정의하지 않고도 비편향된 동전에 대한 모든 사건 확률을 출력할 수 있습니다.

코드 1-12 가중된 사건 확률 계산하기

```
for event_condition in event_conditions:
    prob = compute_event_probability(event_condition, weighted_sample_space)
    name = event_condition.__name__
    print(f"'{name}'에서 발생한 사건의 확률은 {prob}입니다")
```

▶ 실행결과

```
'is_heads'에서 발생한 사건의 확률은 0.8입니다
'is_tails'에서 발생한 사건의 확률은 0.2입니다
'is_heads_or_tails'에서 발생한 사건의 확률은 1.0입니다
'is_neither'에서 발생한 사건의 확률은 0.0입니다
```

코드 단 몇 줄만으로도 여러 가지 확률 문제를 풀 수 있는 도구를 만들 수 있었습니다. 그렇다면 이 도구를 동전 뒤집기보다 좀 더 복잡한 문제에 적용해 보겠습니다.

1.2 사소한 확률 계산 문제

이제 compute_event_probability를 사용하여 다양한 예제를 풀어 보겠습니다.

1.2.1 문제 1: 네 자녀를 둔 가족 분석하기

어느 가족에게 자녀가 네 명 있다고 합시다. 이 중 정확히 두 명이 남아일 확률은 얼마나 될까요? 여기에서 각 자녀가 남아 또는 여아가 될 확률은 모두 동일하다고 가정합니다. 다음 그림에서 볼 수 있듯이, 각 출력이 네 자녀의 가능한 순서를 표현하는 가중되지 않은 표본 공간을 구성할 수 있습니다.

▼ 그림 1-2 네 형제자매에 대한 표본 공간

표본 공간의 각 열은 가능한 출력 16개 중 하나를 표현합니다. 모든 출력은 네 자녀에 대한 고유한 조합을 나타냅니다. 각 자녀의 성별은 문자로 표현되었는데 B는 남아(boy)를 G는 여아(girl)를 뜻합니다. 결과에 두 남아가 표현된 경우에 한해서 오른쪽에 화살표가 표시되어 있습니다. 이러한 열이 총 여섯 개 있으므로 남아가 두 명 있을 확률은 6/16입니다

B	B	B	B		B	G	B	G	←
B	B	B	G		G	B	G	B	←
B	B	G	B		B	G	G	B	←
B	G	B	B		B	G	G	G	
G	B	B	B		G	G	G	B	
G	G	B	B	←	G	B	G	G	
G	B	B	G	←	G	G	B	G	
B	B	G	G	←	G	G	G	G	

코드 1-13 자녀에 대한 표본 공간 계산하기

```
possible_children = ['Boy', 'Girl']
sample_space = set()
for child1 in possible_children:
    for child2 in possible_children:
        for child3 in possible_children:
            for child4 in possible_children:
                outcome = (child1, child2, child3, child4)  ----- 네 자녀의 가능한 각 순서는 요소 네 개를
                sample_space.add(outcome)                         가진 튜플로 표현되었습니다.
```

앞 코드에서는 네 명의 순서를 탐색하는 데 중첩된 for 루프가 네 개 사용되었습니다. 하지만 이 코드는 꽤 효율적이지 못하죠. 좀 더 간단하게 표본 공간을 생성하려면 파이썬의 내장 함수인 itertools.product를 사용합니다. 이 함수는 입력된 모든 리스트 내에 있는 모든 요소 간 조합을 반환합니다. 따라서 possible_children 리스트 네 개를 입력으로 주고 itertools.product 함수를 호출합니다. 그러면 product 함수는 리스트 네 개에 접근하여 리스트 내 요소의 모든 조합을 계산합니다. 최종적으로 출력되는 값은 바로 표본 공간이 되겠죠.

코드 1-14 product를 사용한 표본 공간 계산하기

```python
from itertools import product
all_combinations = product(*(4*[possible_children]))
assert set(all_combinations) == sample_space
```

* 연산자는 리스트 내 저장된 요소들을 풀어 헤칩니다. 이렇게 풀어 헤친 요소들은 지정된 함수로 전달됩니다. 즉, product(*(4 * [possible_children]))이라고 작성된 코드는 product(possible_children, possible_children, possible_children, possible_children)과 동일합니다.

이 코드 행을 실행하고 나면 all_combinations는 비어 있습니다. product 함수가 파이썬 이터레이터를 반환하기 때문입니다. 단 앞 코드에서는 문제가 되지 않습니다. 표본 공간을 훨씬 더 효율적으로 계산하는 방법을 보인 것일 뿐 실제로 all_combinations는 활용하지 않습니다.

이 코드는 set(product(possible_children, repeat=4))를 실행하면 더 효율적으로 바뀔 수 있습니다. 일반적으로 product(possible_children, repeat=n)은 자녀 n명의 모든 가능한 조합에 접근하는 반복자(iterable)를 반환합니다.

코드 1-15 product 함수에 매개변수 repeat 값 할당하기

```python
sample_space_efficient = set(product(possible_children, repeat=4))
assert sample_space == sample_space_efficient
```

이번에는 sample_space 중 남아 두 명이 포함된 것만 계산해 보겠습니다. has_two_boys라는 사건 조건을 정의하고, 해당 조건을 compute_event_probability로 전달합니다.

코드 1-16 두 명이 남아일 확률 계산하기

```python
def has_two_boys(outcome): return len([child for child in outcome
                                       if child == 'Boy']) == 2
prob = compute_event_probability(has_two_boys, sample_space)
print(f'남아 두 명이 포함되었을 확률은 {prob}입니다')
```

▶ 실행결과

남아 두 명이 포함되었을 확률은 0.375입니다

네 자녀 중 정확히 두 남아가 포함되었을 확률은 0.375입니다. 그리고 이 사실은 네 자녀 중 남아 또는 여아의 수가 동일할 확률을 37.5%로 기대할 수 있음을 의미합니다. 물론 무작위적 가능성 때문에 남아가 두 명 포함된 실제 확률은 37.5%와는 다를 수 있습니다.

1.2.2 문제 2: 다면체 주사위를 굴렸을 때 분석하기

1부터 6까지 새겨진 육면체 주사위가 있고, 이 주사위를 6번 굴렸다고 가정해 보겠습니다. 그러면 6번 던져서 얻은 숫자를 모두 더했을 때 21이 될 확률은 얼마일까요?

우선 한 번 굴렸을 때 얻을 수 있는 값들을 정의하는 것으로 시작해 보죠. 그러면 이 값들의 범위는 1부터 6까지 정수 중 하나가 될 것입니다.

코드 1-17 육면체 주사위를 굴렸을 때 얻을 수 있는 값 정의하기

```python
possible_rolls = list(range(1, 7))
print(possible_rolls)
```

▶ 실행결과

```
[1, 2, 3, 4, 5, 6]
```

그다음으로 할 일은 product 함수를 사용하여 주사위를 연속으로 6번 굴렸을 때에 대한 표본 공간을 생성하는 것입니다.

코드 1-18 주사위를 연속으로 6번 굴렸을 때에 대한 표본 공간

```python
sample_space = set(product(possible_rolls, repeat=6))
```

마지막으로 나중에 compute_event_probability로 입력할 has_sum_of_21이라는 사건 조건을 정의합니다.

코드 1-19 주사위를 굴린 합에 대한 확률 계산하기

```python
def has_sum_of_21(outcome): return sum(outcome) == 21
prob = compute_event_probability(has_sum_of_21, sample_space)
print(f'6번 주사위를 굴린 결과의 합이 21일 확률은 {prob}입니다')
```

개념적으로 주사위를 6번 굴린 것은 여섯 개를 동시에 굴린 것과 같습니다.

▶ 실행결과

```
6번 주사위를 굴린 결과의 합이 21일 확률은 0.092849794238688313입니다
```

육면체 주사위를 6번 굴린 결과를 합했을 때 21이 될 확률은 약 9%입니다. 이 코드는 람다 표현식을 활용하면 좀 더 간결하게 작성할 수 있습니다. 람다 표현식은 한 줄로 작성되는 익명 함수로, 함수 이름을 명시할 필요가 없습니다. 이 책에서는 간단한 함수를 또 다른 함수에 대입해야 할 때 람다 표현식을 사용합니다.

코드 1-20 람다 표현식으로 확률 계산하기

```python
prob = compute_event_probability(lambda x: sum(x) == 21, sample_space)
assert prob == compute_event_probability(has_sum_of_21, sample_space)
```

람다 표현식을 사용하면 함수를 한 줄로 간결하게 작성할 수 있습니다. lambda x:는 기능이 coding func(x):와 동일합니다. 따라서 lambda x: sum(x) == 21과 has_sum_of_21은 기능적으로 같습니다.

1.2.3 문제 3: 가중된 표본 공간으로 주사위를 굴렸을 때 확률 계산하기

앞서 육면체 주사위를 6번 굴렸을 때 합계가 21일 확률을 계산했습니다. 그러면 이번에는 가중된 표본 공간을 사용하여 그 확률을 다시 계산해 보겠습니다. 우선 가중되지 않은 표본 공간 세트(set)를 가중된 표본 공간 딕셔너리로 바꾸어야 하는데, 그러려면 주사위를 6번 굴릴 때 얻을 수 있는 모든 합계를 알아야 합니다. 그다음 가능한 모든 주사위 굴림 조합에서 각 합계가 나타나는 횟수를 계산해야 하죠. 이 조합은 이미 sample_space 세트에 저장되어 있습니다. 주사위 굴림의 합계별 등장 횟수를 매핑하면 weighted_sample_space(가중된 표본 공간용 변수)를 만들 수 있습니다.

코드 1-21 주사위 굴림의 합계별 등장 횟수 매핑하기

```python
from collections import defaultdict    # 이 모듈은 모든 키에 기본값을 할당한 딕셔너리를 반환합니다. 가령
                                        # defaultdict(int)는 각 키에 기본값인 0을 할당한 딕셔너리를 반환합니다.
weighted_sample_space = defaultdict(int)   # weighted_sample 주사위를 6번 굴렸을 때 얻은 값들의 조합에 대한
                                            # 합계를 해당 합계가 등장한 횟수에 매핑하는 딕셔너리입니다.
for outcome in sample_space:    # 각 결과는 주사위를 6번 굴렸을 때 얻은 값들의 조합으로, 모든 조합은 고유하며 서로 다릅니다.
    total = sum(outcome)    # 주사위를 6번 굴렸을 때 얻은 값들의 합계를 계산합니다.
    weighted_sample_space[total] += 1    # 특정 합계에 대한 등장 횟수를 갱신합니다.
```

확률을 다시 계산하기에 앞서 weighted_sample_space가 가진 속성을 간단히 살펴보죠. 표본 공간의 모든 가중치는 동일할 수 없습니다. 즉, 일부 가중치는 다른 것 대비 훨씬 작을 수 있겠죠. 예를 들어 합계가 6이 될 수 있는 방법은 단 하나뿐입니다. 반드시 6번 모두 숫자 1이 나오도록 주사위를 굴려야만 하겠죠. 따라서 weighted_sample_space[6] 값은 1입니다. 이와 마찬가지로 weighted_sample_space[36] 값 또한 1이어야 합니다. 반드시 6번 모두 숫자 6이 나오도록 주사위를 굴려야만 하기 때문입니다.

코드 1-22 매우 드문 주사위 굴림의 조합 확인하기

```python
assert weighted_sample_space[6] == 1
assert weighted_sample_space[36] == 1
```

한편 weighted_sample_space[21] 값은 비교적 훨씬 더 클 수밖에 없습니다.

코드 1-23 좀 더 흔한 주사위 굴림의 조합 확인하기

```python
num_combinations = weighted_sample_space[21]
print(f'주사위를 6번 굴렸을 때의 합계가 21이 될 수 있는 조합 개수는 {num_combinations}입니다')
```

▶ 실행결과

주사위를 6번 굴렸을 때의 합계가 21이 될 수 있는 조합 개수는 4332입니다

앞 코드의 출력으로 알 수 있듯이, 합계가 21이 될 수 있는 주사위 굴림 조합은 4,332가지가 있습니다. 예를 들어 4번의 4, 그다음 3, 마지막에 2를 얻는다면 21을 얻을 수 있습니다. 또는 3번의 4, 그다음 5, 그다음 3, 마지막에 1을 얻는다면 21을 얻을 수 있습니다. 수천 가지 조합이 가능하죠. 합계가 21이 될 확률이 6이 될 확률보다 훨씬 더 큰 이유입니다.

코드 1-24 합계가 21이 될 수 있는 경우 탐색하기

```python
assert sum([4, 4, 4, 4, 3, 2]) == 21
assert sum([4, 4, 4, 5, 3, 1]) == 21
```

관측된 4,332라는 횟수는 가중되지 않은 사건 중 합계가 21이 되는 것들의 길이(크기)와 같습니다. 또 weighted_sample에 포함된 값의 합은 sample_space 길이와 같습니다. 따라서 가중되지 않은 사건과 가중된 사건 확률의 계산 사이에는 직접적인 관계가 있습니다.

코드 1-25 가중된 사건과 그렇지 않은 사건 비교하기

```python
event = get_matching_event(lambda x: sum(x) == 21, sample_space)
assert weighted_sample_space[21] == len(event)
assert sum(weighted_sample_space.values()) == len(sample_space)
```

그러면 `weighted_sample_space` 딕셔너리를 사용하여 확률을 다시 계산해 보겠습니다. 기대하건대, 합계가 21이 될 확률은 그대로여야 합니다.

코드 1-26 가중된 사건의 확률 계산하기

```python
prob = compute_event_probability(lambda x: x == 21, weighted_sample_space)
assert prob == compute_event_probability(has_sum_of_21, sample_space)
print(f'주사위를 6번 굴렸을 때의 합계가 21이 될 확률은 {prob}입니다')
```

▶ 실행결과

주사위를 6번 굴렸을 때의 합계가 21이 될 확률은 0.09284979423868313입니다

가중되지 않은 표본 공간 대신 가중된 표본 공간을 사용했을 때는 어떤 이점이 있을까요? 메모리를 덜 사용할 수 있습니다. 곧 보겠지만, 가중되지 않은 표본 공간 세트는 가중된 표본 공간 딕셔너리 대비 약 150배 더 요소가 많습니다.

코드 1-27 가중되지 않은 사건 공간과 가중된 사건 공간의 크기 비교하기

```python
print('가중되지 않은 표본 공간 내 요소 개수:')
print(len(sample_space))
print('가중된 표본 공간 내 요소 개수:')
print(len(weighted_sample_space))
```

▶ 실행결과

가중되지 않은 표본 공간 내 요소 개수:
46656
가중된 표본 공간 내 요소 개수:
31

1.3 구간에 대한 확률 계산

지금까지는 한 가지 값만 만족하는 사건 조건들을 분석했습니다. 이번에는 여러 값을 동시에 만족하는 사건 조건을 분석해 보죠. '구간(interval)'은 두 경계를 포함한 사이에 있는 모든 숫자 집합을 의미합니다. 특정 숫자가 주어진 구간 속에 포함되는지 검사하는 `is_in_interval` 함수를 정의해 보겠습니다. 이때 최솟값(minimum)과 최댓값(maximum) 매개변수를 입력받아 구간 경계를 제어합니다.

코드 1-28 구간 함수 정의하기

```
def is_in_interval(number, minimum, maximum):
    return minimum <= number <= maximum
```
최소/최대 경계를 포함한 구간(폐구간(closed interval))을 정의합니다. 하지만 필요에 따라 개구간(open interval)을 정의할 수도 있습니다. 개구간이란 두 경계 중 적어도 하나가 포함되지 않은 구간을 의미합니다.

정의한 is_in_interval을 활용하면 특정 사건에 대한 값이 주어진 범위 내 속하는 확률을 계산할 수 있습니다. 예를 들어 주사위를 6번 연속으로 굴렸을 때 합계가 10과 21(포함) 사이일 확률을 구해 보죠.

코드 1-29 구간에 대한 확률 계산하기

```
prob = compute_event_probability(lambda x: is_in_interval(x, 10, 21),
                                 weighted_sample_space)
print(f'구간에 대한 확률은 {prob}입니다')
```
이 람다 함수는 x를 입력받아 x가 10과 21 사이 구간에 속하면 True를 반환합니다. 이 람다 함수는 사건 조건의 역할을 합니다.

▶ 실행결과

구간에 대한 확률은 0.5446244855967078입니다

주사위를 6번 굴렸을 때 나오는 값의 합계가 해당 범위에 속할 확률은 54%보다 약간 큽니다. 따라서 합계로 13 또는 20 같은 숫자가 나오더라도 그리 놀라지 마세요.

1.3.1 구간 분석법으로 극단 평가

구간 분석은 확률과 통계에서 매우 중요한 문제인 전체 계급(whole class)을 해결하는 데 대단히 중요합니다. 이 문제는 극단 평가(evaluation of extremes)와 관련성이 있는데, 관측된 데이터가 믿을 수 없을 정도로 너무 극단적인지 여부로 귀결됩니다.

임의로 일어났다고 보기에는 매우 드물 때, 데이터가 극단적으로 보인다고 말합니다. 예를 들어 공정하다고 주장한 동전 뒤집기를 10번 관측했는데, 10번 중 8번이 앞면으로 떨어졌다고 가정해 보죠. 이 결과가 충분히 공정했다고 말할 수 있을까요? 아니면 앞면으로 떨어지도록 몰래 편향이 조작된 결과로 볼 수 있을까요? 이를 판단하려면 '공정하게 10번 동전을 뒤집었을 때 극단적으로 앞면이 나타날 확률은 얼마나 될까요?'에 대한 답을 내려야만 합니다. 이 문제에서 앞면이 극단적으로 많이 나타난 상황을 8번 이상의 앞면으로 정의하겠습니다. 따라서 이 문제는 '공정하게 10번 동전을 뒤집었을 때 앞면이 8~10번 나타날 확률은 무엇일까요?'라고 볼 수 있습니다.

이 문제에 대한 답은 구간 확률을 계산해서 구할 것입니다. 다만 우선은 동전 던지기 10번에서 관측 가능한 모든 순서에 대한 표본 공간이 필요합니다. 가중된 표본 공간을 만들어 보죠. 앞서 배운 대로 가중된 표본 공간이 가중되지 않은 것보다 훨씬 더 효율적입니다.

다음 코드는 weighted_sample_space라는 딕셔너리 변수를 생성합니다. 이 딕셔너리의 키는 관측 가능한 앞면 횟수로 0부터 10까지 값을 가질 수 있습니다. 그리고 이 횟수에 해당 횟수가 관측된 동전 뒤집기 조합의 가짓수를 값으로 매핑합니다. 가령 동전을 10번 뒤집어서 10번 모두 앞면이 등장할 수 있는 경우는 하나밖에 없기 때문에 weighted_sample_space[10]에 매핑된 값은 1입니다. 반면 weighted_sample_space[9]에 매핑된 값은 10입니다. 동전 던지기를 10번 하면 각 회차마다 한 번씩 뒷면이 나타날 수 있기 때문이죠.

코드 1-30 동전 뒤집기 10번에 대한 표본 공간 계산하기

num_flips 파라미터로 동전 뒤집기 수행 횟수를 입력받아 가중된 표본 공간을 반환하는 일반화된 함수를 정의합니다. 이렇게 하면 나중에 동전 뒤집기 횟수를 바꾸어 가며 재사용할 수 있습니다. num_flips 파라미터의 기본값은 10으로 맞추어 있습니다.

```python
def generate_coin_sample_space(num_flips=10):
    weighted_sample_space = defaultdict(int)
    for coin_flips in product(['Heads', 'Tails'], repeat=num_flips):
        heads_count = len([outcome for outcome in coin_flips
                           if outcome == 'Heads'])   # 동전 뒤집기 num_flips번의 각 조합에서
                                                      # 나타난 앞면 횟수
        weighted_sample_space[heads_count] += 1
    return weighted_sample_space

weighted_sample_space = generate_coin_sample_space()
assert weighted_sample_space[10] == 1
assert weighted_sample_space[9] == 10
```

이제 가중된 표본 공간이 준비되었습니다. 그러면 8~10번 앞면 구간이 관측될 확률을 계산해 보죠.

코드 1-31 극단적으로 앞면이 많이 나타날 확률 계산하기

```python
prob = compute_event_probability(lambda x: is_in_interval(x, 8, 10),
                                  weighted_sample_space)
print(f'앞면이 7번보다 많이 관측될 확률은 {prob}입니다')
```

▶ 실행결과

앞면이 7번보다 많이 관측될 확률은 0.0546875입니다

공정한 동전 뒤집기에서 7번 이상 앞면이 등장할 확률은 약 5% 수준인 것으로 보입니다. 앞서 8번이나 앞면으로 떨어진 상황은 일반적이지 않다고 볼 수 있죠. 그렇다고 어떤 식으로 동전이 편향되었다고 판단할 수 있을까요? 꼭 그렇지만은 않습니다. 아직 우리는 뒷면이 극단적으로 많이 나타날 경우는 고려하지 않았습니다. 앞면이 아니라 뒷면이 8번 나타난다면, 이 상황에서도 그 동전에 어떤 문제가 있지는 않을지 의심할 수 있는 상황인 것이죠. 앞서 구한 구간 확률은 이를 고려해서 계산한 것이 아니기에 뒷면이 8번 이상 나타날 상황을 정상적인 가능성으로 두었다고 볼 수 있습니다. 동전 뒤집기가 공정한지 평가하려면 반드시 뒷면이 8번 이상 나타날 확률도 고려해야 합니다. 이는 앞면이 2번 이하로 관측될 확률과 같습니다.

이 문제를 다음과 같이 규정해 보죠. 동전을 10번 뒤집었을 때, 앞면이 0~2번 또는 8~10번 나타날 확률은 얼마나 될까요? 또는 앞면이 나타나는 횟수가 3~7번이 아닐 확률은 얼마나 될까요? 그 확률은 다음 코드처럼 계산할 수 있습니다.

코드 1-32 극단적인 구간 확률 계산하기

```python
prob = compute_event_probability(lambda x: not is_in_interval(x, 3, 7),
                                  weighted_sample_space)
print(f'앞면 또는 뒷면이 7번보다 많이 관측될 확률은 {prob}입니다')
```

▶ 실행결과

앞면 또는 뒷면이 7번보다 많이 관측될 확률은 0.109375입니다

공정한 동전 뒤집기에서 같은 면이 8번 이상 나타날 확률은 약 10%인 것으로 보입니다. 확률이 낮기는 하지만 여전히 그럴듯한 영역 안에 있습니다. 또 다른 증거 없이는 동전이 정말로 편향되었다는 판단을 내리기는 어렵습니다. 따라서 관련 증거를 좀 더 수집해야 합니다. 가령 동전을 10번 더 뒤집었고, 이번에는 8번 이상 앞면이 나타났다고 가정해 보죠. 즉, 동전을 20번 뒤집었는데 16번 이상 앞면이 나타난 상황입니다. 동전 뒤집기가 공정할 것이라는 신뢰도가 하락하겠죠. 그렇다면 신뢰도는 얼마나 하락할까요? 그 정도는 확률적으로 측정할 수 있습니다. 동전을 20번 뒤집었을 때 앞면이 나타난 횟수가 5~15번이 아닐 확률을 계산해 보죠.

코드 1-33 동전 뒤집기 20번에서 앞면이 극단적으로 많이 나타나는 경우 분석하기

```
weighted_sample_space_20_flips = generate_coin_sample_space(num_flips=20)
prob = compute_event_probability(lambda x: not is_in_interval(x, 5, 15),
                                 weighted_sample_space_20_flips)
print(f'앞면 또는 뒷면이 15번보다 많이 관측될 확률은 {prob}입니다')
```

▶ 실행결과

앞면 또는 뒷면이 15번보다 많이 관측될 확률은 0.01181793212890625입니다

갱신된 확률은 0.1 정도 낮아져 약 0.01이 되었습니다. 따라서 추가 증거가 동전 뒤집기 공정성에 대한 신뢰도를 약 10배 정도 떨어뜨린 셈이죠. 이 정도로 확률은 떨어졌지만 앞면과 뒷면의 비율은 4:1로 그대로 유지되었습니다. 원래 했던 실험과 추가로 수행한 실험 모두에서 앞면은 80%, 뒷면은 20% 확률로 나타났죠. 이 사실은 또 다른 흥미로운 질문을 떠올리게 합니다. 동전 뒤집기를 더 많이 수행했을 때 극단적인 결과가 관측될 확률은 왜 감소했을까요? 섬세한 수학적 분석으로도 답을 구할 수 있지만, 두 표본 공간 딕셔너리에 대해 앞면이 나타난 횟수의 분포도를 시각화하면 좀 더 직관적인 해답을 구할 수 있습니다. 시각화를 효과적으로 하는 방법은 키(앞면의 등장 횟수)를 x축으로 두고 값(해당 횟수가 관측된 조합 개수)을 y축에 표현하여 그래프를 그리는 것입니다. 파이썬에서 가장 인기 있는 시각화 라이브러리인 맷플롯립(Matplotlib)을 사용하면 이 그래프를 쉽게 그릴 수 있습니다. 다음 장에서는 맷플롯립을 사용하는 방법과 이를 확률 이론에 적용하는 방법을 다룹니다.

1.4 요약

- 표본 공간은 어떤 행동에 따라 관측될 수 있는 모든 가능한 결과 집합입니다.
- 사건은 표본 공간 중 어떤 사건 조건을 만족하는 결과들의 부분 집합입니다. 사건 조건은 결과를 입력받아 참(True) 또는 거짓(False)을 반환하는 불리언 함수입니다.
- 특정 사건의 확률은 전체 표본 공간의 모든 가능한 결과 중 해당 사건에 대한 부분과 같습니다.
- 확률은 수치형 구간으로 계산될 수 있습니다. 간격은 두 경곗값 사이에 위치한 모든 값의 집합으로 정의될 수 있습니다.
- 간격 확률은 관측된 결과가 극단적 경우인지 정하는 데 유용합니다.

2장

맷플롯립으로 확률 그래프 그리기

이 장에서 다루는 내용

- 맷플롯립으로 간단한 그래프를 그리는 방법
- 그린 데이터를 레이블링하는 방법
- 확률 분포란
- 여러 확률 분포를 그리고 비교하는 방법

데이터 과학자가 가진 무기 중 가장 중요한 것을 꼽자면 아마도 데이터를 시각화하는 능력일 것입니다. 훌륭한 시각화 없이는 데이터를 효과적으로 통찰할 수 없습니다. 다행인 점은 고품질 그래프 출력과 데이터 시각화에 최적화된 파이썬의 맷플롯립 라이브러리를 사용할 수 있다는 것입니다. 이 장에서는 1장에서 계산했던 동전 뒤집기 확률을 더 잘 이해할 수 있도록 맷플롯립을 사용합니다.

2.1 맷플롯립으로 그래프 그리기

우선 맷플롯립 라이브러리를 설치합니다.

> **노트** 터미널 명령줄에 `pip install matplotlib`을 입력하면 맷플롯립 라이브러리를 설치할 수 있습니다.

설치가 끝나면 맷플롯립 라이브러리에서 그래프를 생성하는 주요 모듈인 `matplotlib.pyplot`을 불러옵니다. 관례적으로 이 모듈은 `plt`라는 별칭을 붙여 불러옵니다.

코드 2-1 맷플롯립 불러오기

```python
import matplotlib.pyplot as plt
```

이제 `plt.plot` 메서드로 데이터를 그래프로 그려 보겠습니다. 이 메서드에는 반복 가능한(iterable) x, y 두 매개변수가 입력되어야 합니다. `plt.plot(x, y)`를 호출하면 x와 y축으로 구성된 이차원 그래프가 준비되며, 이후 `plt.show()` 메서드를 호출하면 비로소 화면에 출력됩니다. 그려질 데이터 x는 0~10의 정수로, y는 x를 2배 증가시킨 값으로 할당합니다. 다음 코드는 이 두 변수 간의 선형적 관계(linear relationship)를 시각화해서 보여 줍니다.

코드 2-2 선형적 관계를 보여 주는 그래프 그리기

```python
x = range(0, 10)
y = [2*value for value in x]
plt.plot(x, y)
plt.show()
```

▼ 그림 2-1 맷플롯립으로 그린 x와 2x에 대한 그래프
x 변수는 0~10의 정수 값을 가집니다

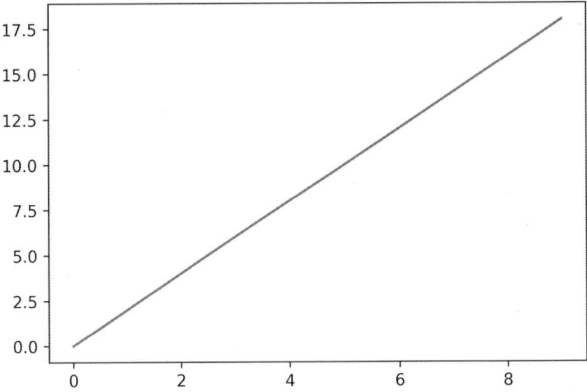

> **주의** 선형 그래프의 각 축이 표현하는 크기가 서로 다르기 때문에 그려진 선은 실제보다 약간 덜 가파르게 보입니다. 이 문제는 plt.axis('equal')을 호출하여 해결할 수 있지만, 지나치게 많은 빈 공간이 생겨 버리므로 썩 보기에 좋지 않은 시각화가 만들어집니다. 이 책은 전반적으로 맷플롯립의 자동으로 축을 조정하는 기능에 의존합니다. 다만 이 경우 조정된 길이를 조심히 살펴볼 필요가 있습니다.

데이터를 시각화했습니다. 데이터 포인트 열 개가 매끄러운 하나의 선으로 연결되었습니다. 데이터 포인트 열 개를 개별적으로 시각화하고 싶다면 `plt.scatter()` 메서드를 사용합니다.

코드 2-3 개별 데이터 포인트를 표시하는 그래프 그리기

```
plt.scatter(x, y)
plt.show()
```

▼ 그림 2-2 맷플롯립으로 그린 x와 2 * x에 대한 산점도
x 변수는 0~10의 정수 값을 가집니다. 각 값은 그래프상 흩뿌려진 점으로 표시됩니다

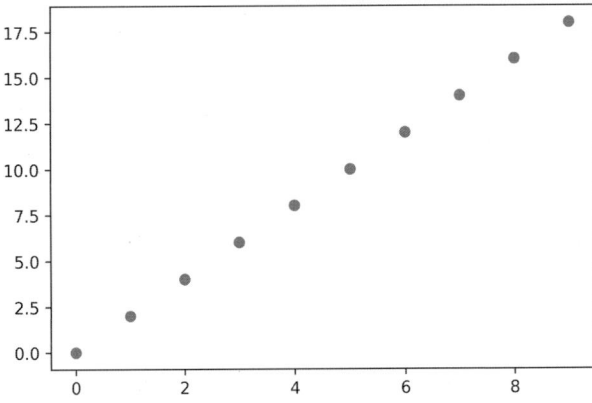

여기에서 x 값이 2와 6 사이인 구간을 강조하고 싶다면 어떻게 해야 할까요? plt.fill_between 메서드를 사용하면 정해진 구간에 대해 그려진 선 아래 영역을 음영 처리하여 강조할 수 있습니다. 이 메서드는 x, y와 더불어 음영 처리할 구간을 정의하는 where라는 매개변수를 추가적으로 입력받습니다. 이 매개변수로는 불리언 값으로 채워진 리스트가 제공되어야 합니다. 리스트의 각 인덱스는 x에 들어 있는 값들의 인덱스에 대응됩니다. 음영 처리하고 싶은 인덱스는 True 값으로, 그 외는 False 값으로 채워져 있어야 합니다. 다음 코드에서는 where 매개변수 값에 [is_in_interval(value, 2, 6) for value in x]를 할당했습니다. 한편 코드 맨 앞에 plt.plot(x, y)도 호출했는데, 음영 처리된 그래프를 실제 선형 그래프와 함께 표현하기 위함입니다(그림 2-3).

코드 2-4 선 그래프 아래 특정 구간을 음영 처리하기

```
plt.plot(x, y)
where = [is_in_interval(value, 2, 6) for value in x]
plt.fill_between(x, y, where=where)
plt.show()
```

▼ **그림 2-3** 선 아래 음영 처리된 특정 구간 그래프
음영 처리된 구간은 2~6 사이의 x 값에 대한 영역입니다

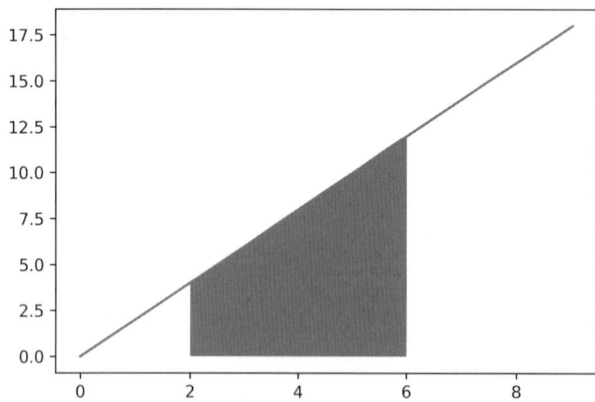

지금까지 plt.plot, plt.scatter, plt.fill_between 세 가지 시각화 메서드를 알아보았습니다. 이번에는 이 세 메서드를 모두 호출하여 그래프를 하나 그려 보겠습니다(그림 2-4).

일직선 아래의 특정 구간을 강조하면서 동시에 개별 데이터의 좌표가 드러납니다.

코드 2-5 일직선에 개별 데이터 좌표 드러내기

```
plt.scatter(x, y)
plt.plot(x, y)
plt.fill_between(x, y, where=where)
plt.show()
```

▼ 그림 2-4 선 아래 음영 처리된 특정 구간과 더불어 산점도까지 함께 표현한 그래프
각 값은 산점도의 각 데이터 점과 동시에 연결된 선으로 표현되었습니다

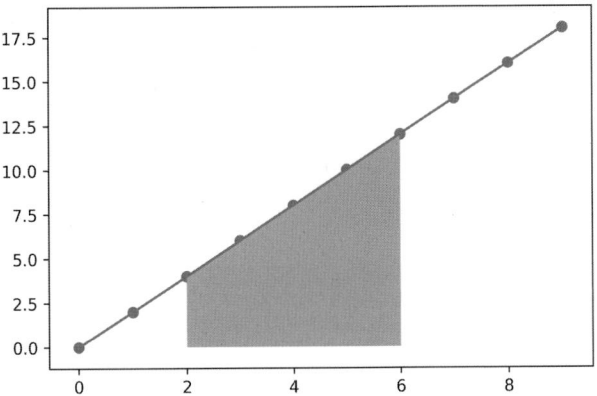

x축과 y축을 설명하는 레이블 없이 그래프가 완성된다는 것은 있을 수 없는 일입니다. 맷플롯립에서는 `plt.xlabel`과 `plt.ylabel` 메서드로 각 축에 대한 레이블링을 할 수 있습니다(그림 2-5).

코드 2-6 축 레이블링하기

```
plt.plot(x, y)
plt.xlabel('0부터 10 사이의 값')
plt.ylabel('x 값의 두 배')
plt.show()
```

▼ 그림 2-5 x축과 y축의 레이블을 추가한 맷플롯립 그래프

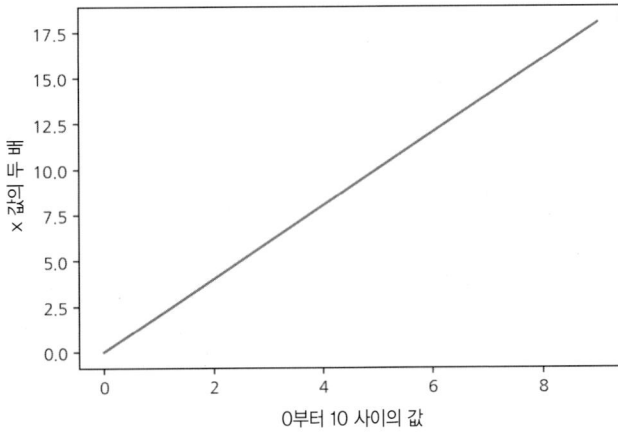

> **노트** 맷플롯립에서 일반적으로 사용하는 메서드
>
> - `plt.plot(x, y)`: x에 대한 y의 그래프를 그립니다. 그려진 데이터 점들은 하나의 선으로 연결됩니다.
> - `plt.scatter(x, y)`: x에 대한 y의 그래프를 그립니다. 그려진 데이터 점들은 선으로 연결되지 않고 개별적으로 시각화됩니다.
> - `plt.fill_between(x, y, where=booleans)`: 그려진 선 그래프 아래 영역의 특정 부분을 음영 처리해서 강조합니다. 여기에서 선은 x에 대한 y의 그래프입니다. where 매개변수는 강조할 모든 구간을 정의하는 데 사용합니다. x와 크기가 동일한 불리언 리스트를 입력받는데, 이때 강조될 구간을 특정 지으려면 x의 인덱스에 해당하는 값을 True로 설정해야 합니다.
> - `plt.xlabel(label)`: x축의 레이블을 설정합니다.
> - `plt.ylabel(label)`: y축의 레이블을 설정합니다.

2.2 동전 뒤집기 확률 그래프 그리기

이제 동전 뒤집기 횟수와 앞면이 나올 확률 사이의 관계를 시각화할 수 있는 도구가 생겼습니다. 1장에서 우리는 일련의 동전 뒤집기에서 앞면이 등장할 확률이 80% 이상인 것을 확인했습니다. 한편 동전을 더 많이 뒤집을수록 이 확률이 낮아지는 이유를 알고 싶습니다. 곧 동전 뒤집기에서 관측 가능한 조합의 등장 횟수와 동전 앞면이 등장한 횟수에 대한 그래프를 그려 그 이유를 알게 될 것입니다. 그리고 이 값들은 이미 1장에서 계산한 것들을 활용합니다. 동전 뒤집기 10번에 걸쳐 등장할 수 있는 모든 앞면 횟수는 `weighted_sample_space` 딕셔너리의 키입니다. 해당 키에 대응되는 값은 각 앞면 횟수에 대응되는 조합 개수가 됩니다. 그리고 `weighted_sample_space_20_flips`는 동전 뒤집기 20번에 대한 앞면 횟수와 그것에 매핑된 값을 담고 있습니다.

우리 목적은 이 두 딕셔너리로 그린 데이터를 비교하는 것입니다. 먼저 `weighted_sample_space`의 각 요소를 그래프로 나타냅니다. 즉, x축에는 해당 딕셔너리의 키를, y축에는 각 키에 대한 값을 나타내면 되겠죠. x축과 y축의 레이블은 각각 '앞면 개수'와 '앞면 개수 x에 따른 동전 뒤집기 조합 개수'로 지정합니다. 그리고 선을 잇지 않고, 산점도 형식으로 키-값의 관계를 시각화합니다.

코드 2-7 동전 던지기의 가중 표본 공간 그리기

```
x_10_flips = list(weighted_sample_space.keys())
y_10_flips = [weighted_sample_space[key] for key in x_10_flips]
plt.scatter(x_10_flips, y_10_flips)
plt.xlabel('앞면 개수')
plt.ylabel('앞면 개수 x에 따른 동전 뒤집기 조합 개수')
plt.show()
```

▼ 그림 2-6 동전 뒤집기 10번에 대한 표면 공간을 시각화한 산점도
좌우 대칭 형식으로 나타났고 5~10 사이의 앞면 개수에서 최고치가 관측되었습니다

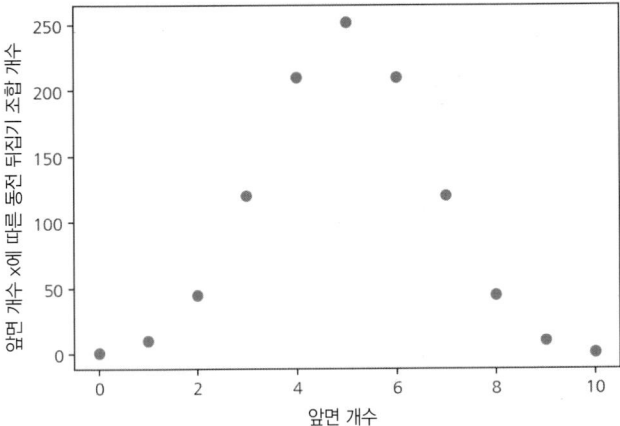

시각화된 표본 공간은 대칭을 이룹니다. 대칭의 중앙, 즉 최고치가 관측된 부분은 동전의 앞면 개수가 5인 지점입니다. 따라서 앞면 개수가 5일 때 가장 빈번하게 일어나며 5에서 멀어질수록 빈도는 줄어듭니다. 앞 장에서 배운 대로 이러한 빈도수가 곧 확률입니다. 즉, 동전의 앞면이 5번 나올 가능성이 가장 높죠. 그렇다면 y축에 직접 확률을 그려서 이 사실을 강조해 보겠습니다(그림 2-7). 확률 그래프는 앞서 그려진 y축 범위를 '확률'로(즉, 0~1 사이) 간결하게 줄여 줍니다. 한편 y축 확률은 관측된 조합 개수를 전체 표본 공간 크기로 나누면 구할 수 있습니다.

코드 2-8 동전 뒤집기 확률 그래프

```
sample_space_size = sum(weighted_sample_space.values())
prob_x_10_flips = [value / sample_space_size for value in y_10_flips]
plt.scatter(x_10_flips, prob_x_10_flips)
plt.xlabel('앞면 개수')
plt.ylabel('확률')
plt.show()
```

▼ 그림 2-7 동전의 앞면 개수와 발생한 동전 조합의 확률을 매핑한 산점도
그래프를 보고 즉시 확률을 파악할 수 있습니다

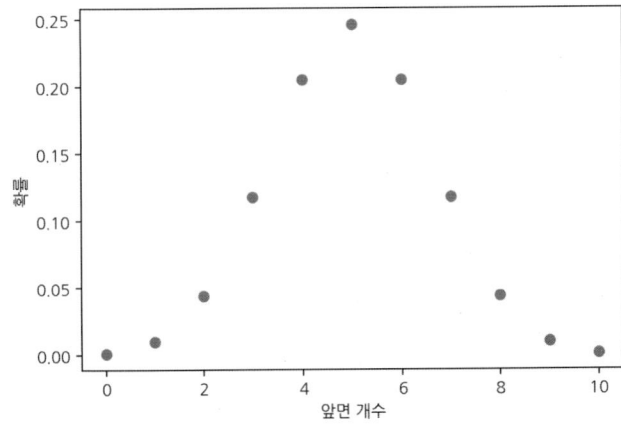

이렇게 그린 그래프는 시각적으로 동전 앞면의 확률을 파악할 수 있게 해 줍니다. 그래프를 잠깐만 보아도 동전 앞면이 5번 등장할 확률이 약 0.25라는 것을 쉽게 알 수 있습니다. 확률 분포도는 가능성 분석에 유용하게 쓰이는 수학적으로 일관된 속성을 보여 줍니다. 예를 들어 모든 확률 분포도의 x 값을 고려해 보죠. 이때 x 값들은 임의의 r 변수의 가능한 값들에 대응됩니다. r이 특정 구간에 속할 확률은 해당 구간에 걸친 확률 곡선 아래의 면적과 일치합니다. 따라서 확률 분포도 아래의 전체 면적은 항상 1.0과 같습니다. 이 사실은 모든 분포도가 가진 특성으로 우리가 방금 그린 동전의 앞면 개수에 대한 확률 그래프도 마찬가지입니다. 다음 코드는 sum(prob_x_10_flips)를 계산하여 이 특성이 사실인지 확인시켜 줍니다.

> **노트** 각 동전 앞면 개수의 확률 p에 대한 면적은 세로 직사각형으로 계산할 수 있습니다. 이 직사각형 높이가 바로 p이며, x축의 모든 동전 앞면 개수 사이는 한 단위로 벌어져 있기 때문에 직사각형 너비는 1.0입니다. 따라서 직사각형 면적은 p * 1.0이기 때문에 p와 일치합니다. 결과적으로 확률 분포도의 총 면적은 sum([p for p in prob_x_10_flips])로 계산될 수 있습니다. 3장에서 면적을 결정하는 데 직사각형이 사용되는 방법을 자세히 살펴봅니다.

코드 2-9 모든 확률을 더하면 1.0이 된다는 것 검증하기

```
assert sum(prob_x_10_flips) == 1.0
```

동전 앞면 개수 구간이 8~10인 부분의 면적은 앞면이 8번 이상 관측될 확률과 일치합니다. `plt.fill_between` 메서드로 해당 면적을 시각화해 보겠습니다. 또 음영 처리된 구간 위에 각 동전 앞면 개수도 출력하기 위해 `plt.plot`과 `plt.scatter` 메서드도 함께 사용합니다(그림 2-8).

코드 2-10 확률 곡선 아래의 특정 구간 음영 처리하기

```
plt.plot(x_10_flips, prob_x_10_flips)
plt.scatter(x_10_flips, prob_x_10_flips)
where = [is_in_interval(value, 8, 10) for value in x_10_flips]
plt.fill_between(x_10_flips, prob_x_10_flips, where=where)
plt.xlabel('앞면 개수')
plt.ylabel('확률')
plt.show()
```

▼ **그림 2-8** 동전 뒤집기 확률 분포도를 산점도와 선 그래프로 함께 그려 표현하고 음영 처리된 구간은 동전 앞면이 8~10회 관측된 확률입니다

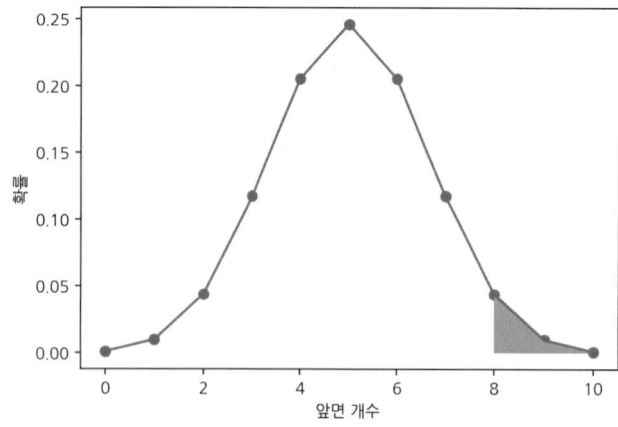

선 그래프를 덧씌운 이유는 시각적으로 보기 좋은 그래프를 그리기 위해서입니다. 하지만 이 그래프가 진정한 구간을 표현하는 것은 아닙니다. 실제로는 개별적인 세로 직사각형들을 계단처럼 나열한 모습이 되어야 합니다. 각 직사각형이 개별적인 이유는 각 동전 앞면 개수가 개별적인 정수이기 때문입니다. 이 직사각형들을 시각화하고 싶다면 plt.plot 메서드에 ds="steps-mid" 매개변수와 plt.fill_between 메서드에 step="mid" 매개변수를 설정해야 합니다.

> **노트** 이번에는 동전 뒷면이 8번 이상 관측될 확률의 구간 경계를 표현해 보겠습니다. 다음 코드는 확률 분포도의 두 꼬리 부분을 강조해서 보여 주는 그래프를 그립니다(그림 2–9).

코드 2-11 확률 곡선의 극단적인 구간 음영 처리하기

```
plt.plot(x_10_flips, prob_x_10_flips)
plt.scatter(x_10_flips, prob_x_10_flips)
where = [not is_in_interval(value, 3, 7) for value in x_10_flips]
plt.fill_between(x_10_flips, prob_x_10_flips, where=where)
plt.xlabel('앞면 개수')
plt.ylabel('확률')
plt.show()
```

▼ **그림 2-9** 동전 뒤집기 확률 분포도를 산점도와 선 그래프로 함께 그려 표현하고 음영 처리된 두 구간은 동전의 앞면과 뒷면이 관측될 극단적인 영역을 보여 줍니다. 이 구간들은 대칭을 이루며 시각적으로 볼 때 둘의 확률은 같다는 것을 알 수 있습니다

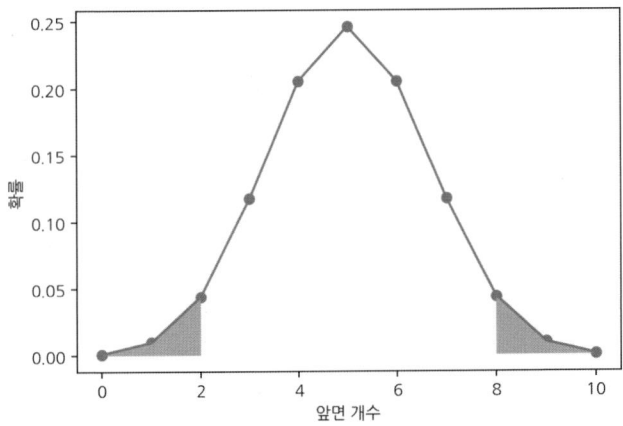

대칭적으로 음영 처리된 두 구간은 동전 뒤집기 곡선의 양 끝단을 포함합니다. 직전 분석을 바탕으로 동전의 앞면 또는 뒷면이 7번 이상 관측될 확률은 약 10% 정도라는 것을 알고 있습니다. 따라서 좌우 대칭으로 음영 처리된 각 영역은 곡선 아래의 전체 영역 중 약 5%를 차지합니다.

2.2.1 여러 동전 뒤집기 확률 분포도 비교하기

동전 뒤집기 10번에 대한 분포도는 구간 확률을 시각적으로 쉽게 이해할 수 있게 합니다. 이번에는 기존 그래프를 동전 뒤집기 20번에 대한 분포도 아우를 수 있도록 확장해 보겠습니다. 하나의 그래프상에 두 분포도를

그릴 텐데, 그러려면 먼저 동전 뒤집기 분포도 20번에 대한 동전의 앞면 개수를 나타내는 x축과 확률을 나타내는 y축을 계산해야 합니다.

코드 2-12 동전 뒤집기 분포 20번에 대한 확률 계산하기

```
x_20_flips = list(weighted_sample_space_20_flips.keys())
y_20_flips = [weighted_sample_space_20_flips[key] for key in x_20_flips]
sample_space_size = sum(weighted_sample_space_20_flips.values())
prob_x_20_flips = [value / sample_space_size for value in y_20_flips]
```

이제 두 분포도를 함께 시각화할 준비가 되었습니다(그림 2-10). 그리고 두 확률 분포에 대해 plt.plot과 plt.scatter 메서드를 실행하면 그래프를 그릴 수 있습니다. 이때 스타일링에 대한 몇 가지 매개변수도 함께 입력해 줍니다. 가령 두 번째 분포도의 선 색상을 color='black' 매개변수로 검은색으로 지정하여 두 분포도가 구별될 수 있도록 만들었습니다. 또 맷플롯립은 각 색상을 단일 문자로도 식별할 수 있는 체계를 제공하므로 'black' 대신 'k'만 입력해도 동일한 효과를 볼 수 있습니다.

코드 2-13 동시에 두 분포도 그리기

```
plt.plot(x_10_flips, prob_x_10_flips, label='A: 10번의 동전 뒤집기')
plt.scatter(x_10_flips, prob_x_10_flips)
plt.plot(x_20_flips, prob_x_20_flips, color='black', linestyle='--',
         label='B: 20번의 동전 뒤집기')
plt.scatter(x_20_flips, prob_x_20_flips, color='k', marker='x')
plt.xlabel('앞면 개수')
plt.ylabel('확률')
plt.legend()
plt.show()
```

▼ **그림 2-10** 동전 뒤집기(A) 10번과 동전 뒤집기(B) 20번에 대한 두 확률 분포도
동전 뒤집기 20번의 분포는 파선과 x로 표시된 산점도로 표현되었습니다

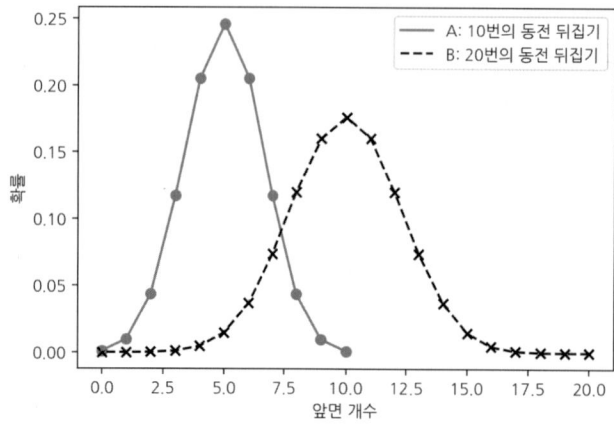

두 번째 분포도를 더욱 두드러지게 만들 또 다른 방법은 `linestyle=='--'` 매개변수를 `plt.plot` 메서드에 입력하는 것입니다. 그러면 분포도가 매끄러운 일자선 대신 파선으로 그려집니다. 또 `plt.scatter` 메서드에 `marker='x'` 매개변수를 입력하면 원 대신 x 모양의 마커로 각 데이터 점을 표현할 수 있습니다. 마지막으로 각 `plt.plot` 메서드를 호출할 때 `label` 매개변수를 입력하여 범례를 추가한 뒤 실제 그래프를 그릴 때 `plt.legend` 메서드를 실행하여 범례가 화면에 표시되도록 합니다. 그러면 범례에 동전 뒤집기 10번과 동전 뒤집기 20번의 분포가 A와 B로 레이블링된 것을 확인할 수 있습니다.

> **노트** 맷플롯립에서 많이 사용하는 스타일링 매개변수
> - `color`: 그래프의 출력 색상을 결정합니다. 색상 이름 또는 단일 문자로 된 코드로 설정할 수 있습니다. 예를 들어 `color='black'`과 `color='k'`는 모두 검은색 그래프를, `color='red'`와 `color='r'`은 모두 빨간색 그래프를 생성합니다.
> - `linestyle`: 각 데이터 점을 연결하는 그래프 선의 스타일을 결정합니다. 기본 스타일은 '-'이므로 `linestyle='-'`처럼 매개변수를 설정해도 결과는 변하지 않습니다. `linestyle='--'`처럼 매개변수를 설정하면 파선을, `linestyle=':'`은 점선을, `linestyle='-.'`는 파선과 점선이 교차된 그래프를 생성합니다.
> - `marker`: 개별 데이터 포인트를 표현할 마커 스타일을 결정합니다. 기본값은 'o'이므로 `marker='o'`처럼 매개변수를 설정해도 결과는 변하지 않습니다. `marker='x'`처럼 매개변수를 설정하면 x 모양의 마커를, `marker='s'`는 네모 모양의 마커를, `marker='p'`는 오각형 모양의 마커를 생성합니다.
> - `label`: 레이블을 지정된 색상과 스타일에 매핑합니다. 그리고 이 매핑 관계는 그래프의 범례로 지정되며, 이를 실제 출력하려면 `plt.legend` 메서드를 호출해야 합니다.

이렇게 두 분포도를 그렸습니다. 다음으로 두 곡선에 대해 우리가 관심 있는 구간(80%의 동전 앞면 또는 80%의 동전 뒷면)을 강조하는 방법을 알아봅니다(그림 2-11). 분포도 B의 양 끝 영역은 매우 작기에 이를 분명히 표현하려고 산점도의 데이터 점은 제거했습니다. 또 분포도 B의 선 스타일을 `linestyle=':'`으로 변경했습니다.

코드 2-14 두 분포도의 구간 강조하기

```
plt.plot(x_10_flips, prob_x_10_flips, label='A: 10번의 동전 뒤집기')
plt.plot(x_20_flips, prob_x_20_flips, color='k', linestyle=':',
        label='B: 20번의 동전 뒤집기')
where_10 = [not is_in_interval(value, 3, 7) for value in x_10_flips]
plt.fill_between(x_10_flips, prob_x_10_flips, where=where_10)
where_20 = [not is_in_interval(value, 5, 15) for value in x_20_flips]
plt.fill_between(x_20_flips, prob_x_20_flips, where=where_20)
plt.xlabel('앞면 개수')
plt.ylabel('확률')
plt.legend()
plt.show()
```

▼ 그림 2-11 동전 뒤집기(A) 10번과 동전 뒤집기(B) 20번에 대한 두 확률 분포도
두 분포도의 음영 처리된 영역은 앞면과 뒷면의 극단적인 개수를 표현합니다. 그리고 분포도 B의 음영 처리된 영역은 분포도 A의 음영 처리된 영역의 약 1/10을 차지합니다

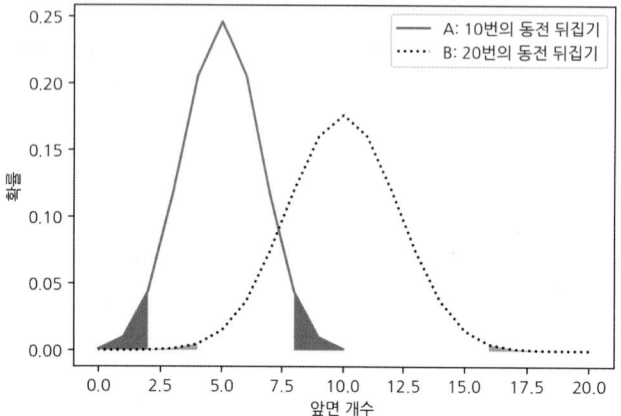

분포도 B의 양 끝에 음영 처리된 영역은 분포도 A의 음영 처리된 영역보다 훨씬 작습니다. 분포도 A의 양 끝이 더 두껍고 높기 때문입니다. 이 부분의 두께가 각 구간 확률의 차이를 잘 보여 줍니다.

이렇게 그린 시각화는 곡선 아래의 관심 구간을 강조해서 표현했을 때 매우 유용한 정보를 제공합니다. plt.fill_between 메서드를 호출하지 않으면 "공정한 동전 뒤집기를 계속해서 더 진행하면 왜 동전 앞면이 80% 이상으로 관측될 확률이 떨어질까요?"라는 질문에 답을 구할 수 없습니다. 특히 두 분포도가 서로 약간 겹쳐서 시각적인 비교 자체가 쉽지 않다는 문제도 있습니다. 이를 개선할 수 있는 한 가지 방법은 두 분포도의 최고 지점(중앙)을 동일선상으로 정렬하는 것입니다. 분포도 A의 중앙은 앞면 개수가 5일 때이며(동전 뒤집기 10번 중), 분포도 B의 중앙은 앞면 개수가 10일 때로(동전 뒤집기 20번 중) 맞추어져 있습니다. 동전 앞면 개수를 빈도(즉, 전체 동전 뒤집기 횟수)로 나누면 두 분포도 중앙은 모두 빈도 0.5로 맞추어질 것입니다. 그리고 각 분포도의 8~10, 16~20 구간 또한 모두 0.8~1.0으로 동일하게 맞추어집니다. 그렇다면 빈도로 변환하여 그래프를 다시 그려 보겠습니다(그림 2-12).

코드 2-15 앞면 개수를 빈도로 변환하기

```
x_10_frequencies = [head_count / 10 for head_count in x_10_flips]
x_20_frequencies = [head_count / 20 for head_count in x_20_flips]
plt.plot(x_10_frequencies, prob_x_10_flips, label='A: 10번의 동전 뒤집기')
plt.plot(x_20_frequencies, prob_x_20_flips, color='k', linestyle=':',
         label='B: 20번의 동전 뒤집기')
plt.legend()
plt.xlabel('앞면 빈도')
plt.ylabel('확률')
plt.show()
```

▼ 그림 2-12 동전 뒤집기(A) 10번과 동전 뒤집기(B) 20번에 대한 동전 앞면 개수의 빈도와 확률 그래프

두 분포도 모두 빈도 0.5에서 최대 지점이 되도록 맞추어져 있습니다. A 영역은 B 영역을 완전히 덮는데 각 분포도의 전체 영역을 더해도 더 이상 1.0이 아니기 때문입니다

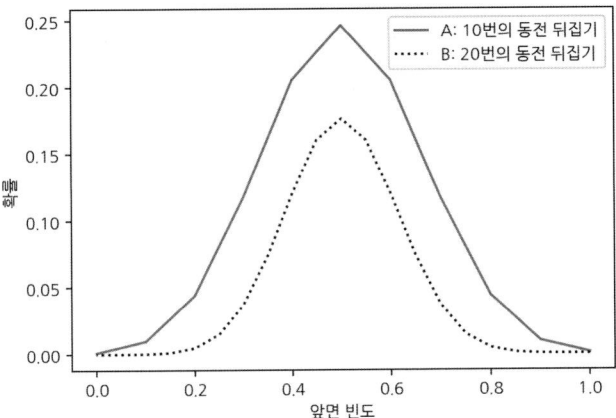

기대한 대로 두 분포도가 모두 동전의 앞면 빈도 0.5를 중심으로 맞추어졌습니다. 하지만 이렇게 얻은 두 곡선의 영역은 축소되어 버렸습니다. 그래서 각 곡선의 전체 영역은 더 이상 1.0이 아니게 되었습니다. 이는 문제입니다. 알다시피 구간 확률을 구하고 싶다면 곡선의 전체 영역은 더했을 때 반드시 1.0이 되어야 하기 때문이죠. 하지만 곡선 A와 곡선 B의 y축 값을 각각 10과 20으로 곱하면 이 문제는 해결될 수 있습니다. 다만 조정된 y값은 더 이상 확률이 아니기 때문에 y축 이름을 다르게 설정해야 합니다. 적절한 이름은 수학적으로 전체 영역이 1.0인 y축 값을 가리키는 '상대적 확률' 정도로 정할 수 있을 것입니다. 따라서 y축에 대한 새로운 변수 이름을 각각 relative_likelihood_10과 relative_likelihood_20으로 정합니다.

코드 2-16 빈도에 대한 상대적 확률 계산하기

```
relative_likelihood_10 = [10*prob for prob in prob_x_10_flips]
relative_likelihood_20 = [20*prob for prob in prob_x_20_flips]
```

변환이 완료되었습니다. 그러면 두 곡선을 포함하여 where_10과 where_20 불리언 리스트에 해당하는 구간을 음영 처리(강조)한 그래프를 그려 보겠습니다.

코드 2-17 상대적 확률 곡선 그리기

```
plt.plot(x_10_frequencies, relative_likelihood_10, label='A: 10번의 동전 뒤집기')
plt.plot(x_20_frequencies, relative_likelihood_20, color='k',
         linestyle=':', label='B: 20번의 동전 뒤집기')
plt.fill_between(x_10_frequencies, relative_likelihood_10, where=where_10)
plt.fill_between(x_20_frequencies, relative_likelihood_20, where=where_20)
plt.legend()
plt.xlabel('앞면 빈도')
plt.ylabel('상대적 확률')
plt.show()
```

▼ 그림 2-13 동전 뒤집기(A) 10번과 동전 뒤집기(B) 20번에 대한 앞면 빈도에 따른 상대적 확률 그래프

두 곡선의 음영 처리된 구간은 동전 앞면과 뒷면의 극단적인 수를 표현하는 부분입니다. 각 곡선 영역의 합은 1.0이기 때문에 각 구간은 확률에 대응됩니다

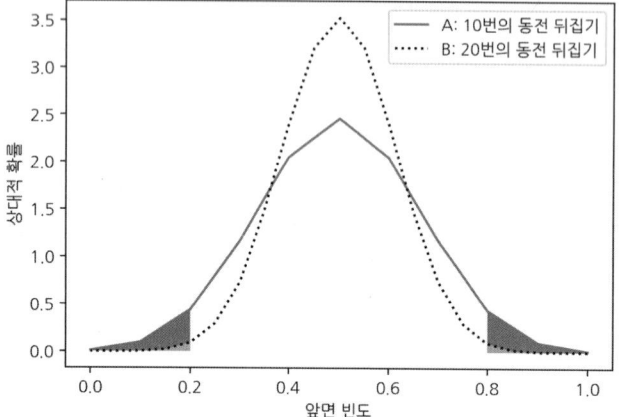

그래프의 곡선 A는 키가 작지만 어깨가 넓은 보디빌더를 닮은 반면, 곡선 B는 키가 크고 호리호리한 사람에 비유할 수 있습니다. 곡선 A가 더 넓기 때문에 동전 앞면의 빈도가 극단적인 구간도 곡선 B보다 더 큽니다. 그리고 이러한 빈도에 대해 관측된 기록은 동전을 20번 뒤집었을 때보다 10번 뒤집었을 때 더 발생할 가능성이 높다는 것을 말해 줍니다. 반면 더 얇고 수직적인 곡선 B는 중앙 빈도 0.5 주변으로 더 많은 영역을 포함합니다.

동전을 20번보다 더 많이 뒤집으면 빈도 분포도에 어떤 영향을 미칠까요? 확률론에 따르면 추가적으로 수행하는 각 동전 뒤집기는 빈도 곡선의 높이를 더 크게, 너비는 더 얇게 만듭니다(그림 2-14). 마치 수직으로 당겨진 고무줄 형태로 바뀌어 가며 수직 길이를 얻는 대신 두께를 잃어버립니다. 동전 뒤집기 횟수가 수백만, 수십억까지 늘어나면 곡선 테두리는 완전히 사라지며, 오직 빈도 0.5에 수직으로 치솟은 선만 남습니다. 그 빈도를 넘어서면 수직선 아래에는 영역이 0에 수렴해서 존재하지 않게 됩니다. 1.0에 대한 영역은 1.0의 확률에 대응됩니다. 따라서 동전 뒤집기 횟수가 무한대에 가까워지면 동전 앞면의 빈도는 절대적으로 확실한 앞면의 실제 확률과 같아집니다.

▼ 그림 2-14 가상의 동전 뒤집기 횟수가 증가함에 따른 동전 앞면 빈도 그래프

동전을 2,000번 뒤집었을 때 수축된 영역 전체가 0.5에 위치한 것을 알 수 있습니다. 무한의 동전 뒤집기에서는 최고점에 달하는 부분은 수직선 형태로 완벽히 0.5에 나타납니다

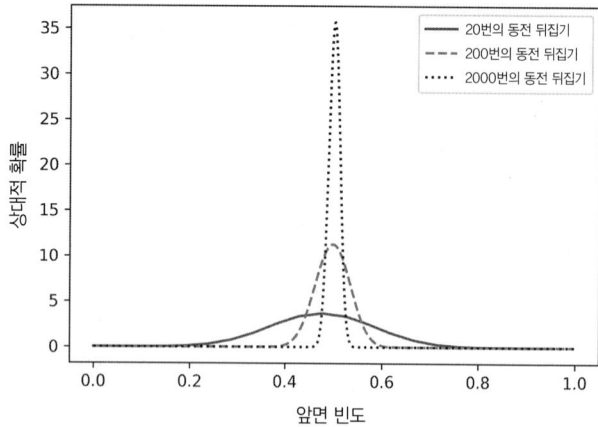

무한의 동전 뒤집기와 절대 확실성 사이의 관계는 확률론의 기본 정리인 **큰 수의 법칙**(law of large numbers)에 따라 보장됩니다. 이 법칙에 따르면, 관측 횟수가 증가하면 관측 빈도를 해당 관측 확률과 거의 구별할 수 없습니다. 따라서 충분히 많은 횟수의 동전 던지기가 시행되면 앞면의 빈도가 실제 앞면이 나올 확률인 0.5와 같아집니다. 이 법칙은 단순 동전 뒤집기뿐만 아니라, 카드 게임처럼 더 복잡한 현상에도 적용할 수 있습니다. 즉, 충분히 많은 카드 시뮬레이션을 진행하면 승리 빈도는 실제 승리 확률과 같아집니다.

다음 장은 큰 수의 법칙이 무작위 시뮬레이션과 결합하여 복잡한 확률을 근사하는 방법을 보여 줍니다. 결국 무작위로 선택된 카드 확률을 찾기 위해 시뮬레이션을 시행합니다. 하지만 큰 수의 법칙에서 알 수 있듯이, 계산 비용이 많이 드는 대규모 시뮬레이션이 진행되어야만 합니다. 효율적인 시뮬레이션을 구현하려면 수치 계산 라이브러리인 넘파이(NumPy) 라이브러리에 익숙해질 필요가 있습니다. 넘파이 라이브러리는 3장에서 다룹니다.

2.3 요약

- 관측 가능한 모든 값에 대한 확률 그래프를 그려 확률 분포도를 생성했습니다. 그리고 확률 분포의 총 면적(영역) 합은 1.0입니다. 분포의 특정 구간 면적은 해당 구간에 특정 값이 속할 확률입니다.
- 확률 분포도 y축 값은 반드시 확률과 일치할 필요가 없습니다. 그래프의 총 면적이 1.0만 되면 괜찮습니다.
- 공정한 동전 뒤집기의 확률 분포도는 좌우 대칭 곡선 형태를 띱니다. 동전 앞면 개수를 나타내는 x축은 빈도로 변환될 수 있습니다. 이 변환 과정에서 y축의 확률을 상대적 확률로 바꾸어서 면적이 1.0이 되도록 유지할 수 있습니다. 변환된 곡선의 최고점은 빈도 0.5에 중심을 둡니다. 동전 뒤집기 횟수가 늘어날수록 최고점 부분은 점점 더 좁아지고 높아집니다.
- 큰 수의 법칙에 따르면 모든 관측 빈도는 관측 횟수가 커질수록 해당 관측 확률에 근접합니다. 따라서 동전을 많이 뒤집을수록 공정한 동전 뒤집기 분포는 빈도 0.5에 중심을 두게 됩니다.

3장

넘파이로 무작위 시뮬레이션 수행하기

이 장에서 다루는 내용

- 넘파이 라이브러리의 기본 사용법
- 넘파이로 무작위 관측을 시뮬레이션하는 방법
- 시뮬레이션된 데이터를 시각화하는 방법
- 시뮬레이션된 관측으로 미지의 확률을 추정하는 방법

수에 대한 파이썬(Numerical Python)을 의미하는 넘파이(NumPy)는 파이썬다운 방식(Pythonic(파이토닉))으로 데이터 과학을 가능케 하는 엔진입니다. 파이썬은 수많은 장점이 있지만, 대규모 수치 분석에는 잘 들어맞지 않습니다. 따라서 데이터 과학자는 수치 데이터를 효율적으로 저장하고 조작하려고 넘파이라는 외부 라이브러리에 의존합니다. 넘파이는 대규모 숫자를 처리하는 믿을 수 없을 정도로 강력한 도구입니다. 그래서 데이터를 처리하는 여러 외부 라이브러리는 넘파이와 호환될 수 있도록 작성되어 있습니다. 그중에는 앞 장에서 배운 맷플롯립이 있으며, 넘파이와 호환되는 다른 라이브러리는 이 책 후반부에서 다룹니다. 이 장은 무작위 수치 시뮬레이션에 집중합니다. 넘파이를 사용하여 임의의 데이터를 수십억 개 분석할 것입니다. 이렇게 무작위로 생성된 관측을 이용하여 숨은 확률(hidden probability)을 배웁니다.

3.1 넘파이로 무작위 동전 뒤집기와 주사위 던지기 시뮬레이션하기

넘파이는 맷플롯립을 설치하는 전제 조건이기 때문에 이미 여러분 환경에 설치되어 있어야 정상입니다. 넘파이를 np라는 별칭으로 부르는데, 이 별칭은 일종의 관례처럼 씁니다.

> **노트** 명령줄 터미널에서 pip install numpy를 실행하면 맷플롯립과는 상관없이 넘파이만 개별적으로 설치할 수 있습니다.

코드 3-1 넘파이 라이브러리 불러오기

```
import numpy as np
```

이렇게 넘파이 라이브러리를 불러왔고, 이제는 np.random 모듈을 사용하여 무작위 시뮬레이션을 수행할 수 있습니다. np.random은 무작위 값의 생성 및 무작위 프로세스를 시뮬레이션하는 데 유용한 모듈입니다. 예를 들어 np.random.randint(1, 7)은 1과 6 사이 정수를 무작위로 생성합니다. randint(1, 7) 메서드는 동일한 확률로 정수 여섯 개 중 하나를 선택합니다. 따라서 일반적인 주사위 굴리기 한 번을 시뮬레이션하는 데 적합하죠.

코드 3-2 무작위로 굴린 주사위 시뮬레이션하기

```
die_roll = np.random.randint(1, 7)
assert 1 <= die_roll <= 6
```

die_roll에는 무작위로 생성된 값이 담깁니다. 그 값은 이 책을 읽는 독자마다 다를 수 있습니다. 일관적이지 않은 무작위성은 특정 무작위 시뮬레이션을 완벽하게 재현하는 것을 어렵게 만듭니다. 따라서 무작위로 생성된 모든 출력을 재현할 수 있는 방법이 필요하죠. 다행히 일관성은 np.random.seed(0)을 호출하면 쉽게 관리될 수 있습니다. 이 함수는 무작위로 선택된 일련의 값들이 항상 동일하도록 강제합니다. 이 함수를 호출하면 처음 3번 굴린 주사위 값이 5, 6, 1이 되는 것을 보장할 수 있습니다.

코드 3-3 무작위로 얻은 주사위 값을 재현 가능하도록 시드 설정하기

```
np.random.seed(0)
die_rolls = [np.random.randint(1, 7) for _ in range(3)]
assert die_rolls == [5, 6, 1]
```

np.random.randint(0, x) 함수에 입력된 x는 무작위로 추출될 숫자 범위를 결정합니다. 예를 들어 x를 52로 설정하면 카드 52장으로 구성된 일반적인 카드 게임을 시뮬레이션할 수 있습니다. 또 x를 2로 설정하면 비편향된 동전 뒤집기를 한 번 시뮬레이션할 수 있습니다. 그러면 0 또는 1 중 하나를 무작위로 반환하는 np.random.randint(0, 2)를 호출하여 동전 뒤집기를 시뮬레이션해 보겠습니다. 여기에서 0은 동전의 뒷면, 1은 앞면이라고 의미를 부여합니다.

코드 3-4 공정한 동전 뒤집기 한 번 시뮬레이션하기

```
np.random.seed(0)
coin_flip = np.random.randint(0, 2)
print(f"동전은 {'앞면' if coin_flip == 1 else '뒷면'}으로 떨어졌습니다")
```

▶ 실행결과

동전은 뒷면으로 떨어졌습니다

이번에는 동전 뒤집기를 10번 시뮬레이션하고 앞면이 관측된 빈도를 계산합니다.

코드 3-5 동전 뒤집기 10번 시뮬레이션하기

```
np.random.seed(0)
def frequency_heads(coin_flip_sequence):
    total_heads = len([head for head in coin_flip_sequence if head == 1])
    return total_heads / len(coin_flip_sequence)

coin_flips = [np.random.randint(0, 2) for _ in range(10)]
freq_heads = frequency_heads(coin_flips)
print(f"동전 앞면이 관측된 빈도는 {freq_heads}입니다")
```

앞면이 관측된 횟수는 sum(coin_flip_sequence)로 보다 효율적으로 계산할 수 있습니다.

▶ 실행결과

동전 앞면이 관측된 빈도는 0.8입니다

관측된 빈도는 0.8입니다. 즉, 실제 앞면이 나타날 확률과는 꽤 거리가 있습니다. 동전 뒤집기 10번으로 이러한 극단적인 빈도를 얻을 확률이 약 10%라는 사실을 배운 바 있습니다. 따라서 동전 뒤집기를 더 많이 시행할수록 실제 확률에 가까워질 것입니다.

그렇다면 동전을 1,000번 뒤집으면 어떤 일이 일어나는지 확인해 보겠습니다. 각 동전 뒤집기가 끝난 뒤 앞면이 나타난 전체 빈도를 기록합니다. 모든 동전 뒤집기가 완료되면 동전 뒤집기 횟수에 따른 관측된 앞면의 빈도를 그래프로 시각화합니다(그림 3-1). 또 이 그래프에는 실제 확률인 0.5를 표시하는 수직선도 포함되어 있는데, 이 수직선은 plt.axhline(0.5, color='k')로 그릴 수 있습니다.

코드 3-6 일련의 공정한 동전 뒤집기 시뮬레이션 그래프

```
np.random.seed(0)
coin_flips = []
frequencies = []
for _ in range(1000):
    coin_flips.append(np.random.randint(0, 2))
    frequencies.append(frequency_heads(coin_flips))

plt.plot(list(range(1000)), frequencies)
plt.axhline(0.5, color='k')
plt.xlabel('시행된 동전 뒤집기 횟수')
plt.ylabel('앞면이 관측된 빈도')
plt.show()
```

▼ 그림 3-1 시행된 동전 뒤집기에 따른 관측된 앞면 빈도 그래프
빈도는 0.5로 안정화되기 전까지 등락을 거듭합니다

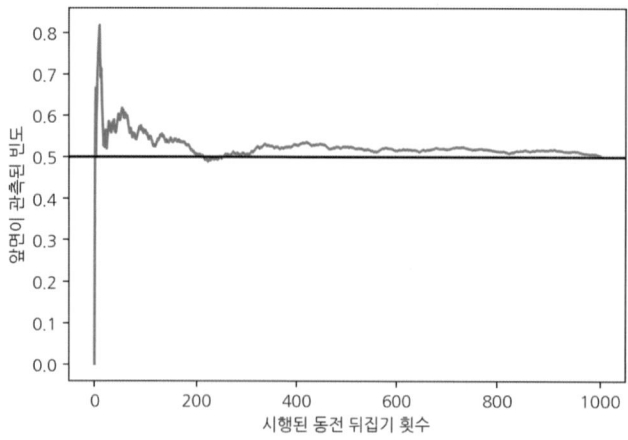

앞면이 관측될 확률은 천천히 0.5로 수렴합니다. 따라서 여기에서도 큰 수의 법칙이 맞아 떨어진다는 것을 알 수 있습니다.

3.1.1 편향된 동전 뒤집기 분석

앞서 비편향된(공정한) 일련의 동전 뒤집기를 시뮬레이션했습니다. 그런데 70% 확률로 앞면으로 떨어지는 동전 뒤집기를 시뮬레이션하고 싶다면 어떻게 해야 할까요? np.random.binomial(1, 0.7)을 호출하면 편향된 결과를 생성할 수 있습니다. binomial(이항식)이라는 메서드 이름은 수학자들이 **이항 분포**(binomial distribution)라고 하는 일반 분포를 참고합니다. 이 메서드는 두 파라미터를 입력받는데 그중 첫 번째는 동전 뒤집기 횟수이며, 두 번째는 원하는 동전 뒤집기의 확률입니다. 이 메서드를 호출하면 정해진 횟수만큼 동전 뒤집기를 시행하고, 원하는 확률이 관측되었을 때 횟수를 셉니다. 동전 뒤집기의 시행 횟수가 1로 설정되었다면 0 또는 1 값을 반환합니다(여기에서 1은 동전 앞면이라고 의미를 부여합니다).

코드 3-7 편향된 동전 뒤집기 시뮬레이션하기

```python
np.random.seed(0)
print("동전을 한 번 뒤집어 봅니다")
coin_flip = np.random.binomial(1, 0.7)
print(f"편향된 동전은 {'앞면' if coin_flip == 1 else '뒷면'}으로 떨어졌습니다")

print("\n동전을 10번 뒤집어 봅니다")
number_coin_flips = 10
head_count = np.random.binomial(number_coin_flips, 0.7)
print((f"{number_coin_flips}번의 편향된 동전 뒤집기 중 앞면은 "
       f"{head_count}번 관측되었습니다"))
```

▶ 실행결과

```
동전을 한 번 뒤집어 봅니다
편향된 동전은 앞면으로 떨어졌습니다

동전을 10번 뒤집어 봅니다
10번의 편향된 동전 뒤집기 중 앞면은 6번 관측되었습니다
```

이번에는 편향된 동전 뒤집기를 1,000번 시행합니다. 그리고 확률이 0.7로 수렴했을 때 빈도를 확인합니다.

코드 3-8 동전 뒤집기 빈도의 수렴 정도 계산하기

```python
np.random.seed(0)
head_count = np.random.binomial(1000, 0.7)
frequency = head_count / 1000
print(f"동전의 앞면이 관측된 빈도는 {frequency}입니다")
```

▶ 실행결과

```
동전의 앞면이 관측된 빈도는 0.697입니다
```

앞면이 관측된 빈도는 약 0.7이지만 정확히 0.7은 아닙니다. 실제 앞면이 관측될 확률보다 0.003 작은 값이죠. 동전 뒤집기 1,000번을 5번 더 시행하고 빈도를 계산해 보겠습니다. 그러면 빈도는 0.7보다 작을까요? 빈도가 정확히 0.7이 되는 순간이 있을까요? np.random.binomial(1000, 0.7) 메서드를 5번 시행해서 그 결과를 확인해 보죠.

코드 3-9 동전 뒤집기 빈도의 수렴 정도 재계산하기

```python
np.random.seed(0)
assert np.random.binomial(1000, 0.7) / 1000 == 0.697
for i in range(1, 6):
    head_count = np.random.binomial(1000, 0.7)
    frequency = head_count / 1000
    print(f"{i}번째 반복에서의 빈도는 {frequency}입니다")
    if frequency == 0.7:
        print("빈도와 실제 확률이 일치합니다!\n")
```

상기 차원에서 말하지만, 무작위 수 생성자의 시드를 설정하여 출력 결과를 일관되게 관리했습니다. 따라서 첫 번째 무작위 값은 직전에 관측된 0.697이라는 빈도와 같은 값을 얻었습니다. 다만 실험을 새로 시작하려고 이 첫 번째 결과는 무시했습니다(assert가 삽입된 부분).

> **실행결과**
> 1번째 반복에서의 빈도는 0.69입니다
> 2번째 반복에서의 빈도는 0.7입니다
> 빈도와 실제 확률이 일치합니다!
> 3번째 반복에서의 빈도는 0.707입니다
> 4번째 반복에서의 빈도는 0.702입니다
> 5번째 반복에서의 빈도는 0.699입니다

반복 5번 중 한 번만 실제 확률과 같은 측정치를 만들어 냈습니다. 나머지 빈도 2번은 약간 낮았으며 다른 2번은 약간 높았습니다. 관측된 빈도는 동전을 1,000번 뒤집을 때마다 조금씩 바뀌었습니다. 큰 수의 법칙이 실제 확률에 가까워질 수 있게 해 주지만, 여전히 약간의 불확실성은 존재하는 것처럼 보입니다. 데이터 과학에서는 반듯하기보다는 지저분한 부분을 다루어야 하고, 데이터로 얻은 결론에 항상 확신을 가질 수는 없습니다. 하지만 이 불확실성은 수학자들이 말하는 **신뢰 구간**(confidence interval)으로 측정할 수 있습니다.

3.2 히스토그램과 넘파이 배열로 계산하는 신뢰 구간

편향된 정도를 모르는 편향된 동전을 쥐고 있다고 가정해 보겠습니다. 이 동전을 1,000번 뒤집었고 거기에서 관측된 빈도로 0.709를 얻었습니다. 우리는 빈도가 실제 확률에 근사한다는 사실을 알고 있습니다. 하지만 얼마큼이나 근사하다는 것일까요? 좀 더 정확히 말해 보죠. 실제 확률이 0.709와 가까운 구간(예를 들어 0.7과 0.71 사이)에 있을 확률은 얼마나 될까요? 이 질문에서 답을 구하려면 추가적인 샘플링을 수행해야 합니다.

앞서 동전 뒤집기 1,000번을 5번 해서 샘플링을 수행했습니다. 이 샘플링은 약간 출렁이는 빈도를 생성했습니다. 이번에는 동전 뒤집기 1,000번의 횟수를 5~500번 늘려 가며 출렁이는 정도를 관측해 보겠습니다. 이 추가적인 샘플링은 [np.random.binomial(1000, 0.7) for _ in range(500)]으로 할 수 있습니다.

코드 3-10 동전 뒤집기 샘플링 1,000번을 500번 수행한 빈도 계산하기

```
np.random.seed(0)
head_count_list = [np.random.binomial(1000, 0.7) for _ in range(500)]
```

한편 np.random.binomial(coin_flip_count, 0.7, size=500) 함수를 사용하면 반복 500번을 더 효율적으로 수행할 수 있습니다. 여기에서 size 매개변수는 넘파이의 내부 최적화를 거쳐 np.random.binomial(coin_flip_count, 0.7)을 500번 실행할 수 있게 해 줍니다.

코드 3-11 동전 뒤집기 빈도 계산 최적화하기

```
np.random.seed(0)
head_count_array = np.random.binomial(1000, 0.7, 500)
```

앞 코드 결과는 파이썬의 리스트 대신 넘파이 배열 구조로 표현됩니다. 앞서 언급한 대로 넘파이 배열은 수치형 데이터를 훨씬 더 효율적으로 저장할 수 있습니다. 하지만 실제로 head_count_array와 head_count_list 변수에 담긴 값은 완전히 동일합니다. 그 사실을 확인하고 싶다면 넘파이 배열을 head_count_array.tolist() 메서드를 사용하여 리스트로 변환한 뒤 검사합니다.

코드 3-12 넘파이 배열을 파이썬 리스트로 변환하기

```
assert head_count_array.tolist() == head_count_list
```

반대로 np.array(head_count_list)를 호출하면 파이썬 리스트를 넘파이 배열로 변환하는 것도 가능합니다. 변환된 배열과 head_count_array가 일치하는지는 np.array_equal() 메서드로 확인할 수 있습니다.

코드 3-13 파이썬 리스트를 넘파이 배열로 변환하기

```
new_array = np.array(head_count_list)
assert np.array_equal(new_array, head_count_array) == True
```

파이썬 리스트보다 넘파이 배열을 선호해야만 하는 이유는 무엇일까요? 앞서 언급한 메모리 최적화 및 분석의 속도 향상 외에도 넘파이는 클린 코드를 더 쉽게 구현할 수 있도록 해 줍니다. 예를 들어 넘파이를 사용하면 곱셈과 나눗셈을 더 간단하게 해낼 수 있습니다. 넘파이 배열을 x로 나누면 배열의 모든 요소를 x로 나눈 새로운 배열을 생성합니다. 따라서 head_count_array / 1000을 실행하면 자동으로 모든 앞면 개수를 빈도로 변환할 수 있습니다. 반면 head_count_list로 빈도를 계산하려면 리스트의 모든 요소를 반복문으로 접근하며 하나씩 계산하는 수밖에 없습니다. 꽤 복잡하고 지저분해지죠.

코드 3-14 넘파이로 빈도 계산하기

```
frequency_array = head_count_array / 1000
assert frequency_array.tolist() == [head_count / 1000 for head_count in head_count_list]
assert frequency_array.tolist() == list(map(lambda x: x / 1000, head_count_list))
```

> **노트** 무작위 시뮬레이션 수행에 유용한 넘파이 메서드
>
> - np.random.randint(x, y): x와 y-1 사이의 정수를 무작위로 추출하여 반환합니다.
> - np.random.binomial(1, p): 0 또는 1 중 하나를 무작위로 추출하여 반환합니다. 1이 추출될 확률은 p입니다.
> - np.random.binomial(x, p): np.random.binomial(1, p)를 x번 실행한 뒤 합산된 결과를 반환합니다. 반환된 값은 x번 수행으로 얻은 표본 중 0이 아닌 관측 개수를 나타냅니다.
> - np.random.binomial(x, p, size=y): y개 요소로 구성된 배열을 반환합니다. 각 요소는 np.random.binomial(x, p)로 얻은 무작위 결과입니다.
> - np.random.binomial(x, p, size=y) / x: y개 요소로 구성된 배열을 반환합니다. 각 요소는 x번 수행으로 얻은 표본 중 0이 아닌 관측 빈도를 나타냅니다.

간단히 나눗셈 연산자를 사용하여 동전 앞면의 등장 횟수를 담은 배열을 빈도를 담은 배열로 변환했습니다. 그러면 frequency_array 배열에 어떤 내용이 담겨 있는지 자세히 살펴보겠습니다. 먼저 배열의 처음 요소 20개

를 출력해 보죠. 파이썬 리스트에서도 쓰는 인덱스 슬라이싱 구분자인 :은 넘파이 배열에서도 그대로 사용할 수 있습니다. 다만 출력 결과는 각 요소를 콤마로 구분하지 않는다는 점에서 리스트와는 달라 보입니다.

코드 3-15 빈도를 담은 넘파이 배열 출력하기

```
print(frequency_array[:20])
```

▶ 실행결과

```
[ 0.697  0.69   0.7    0.707  0.702  0.699  0.723  0.67   0.702  0.713
  0.721  0.689  0.711  0.697  0.717  0.691  0.731  0.697  0.722  0.728 ]
```

샘플링된 빈도는 약 0.69부터 0.731까지 왔다 갔다 하는 모습을 보입니다. 물론 20개만 출력했기 때문에 아직 샘플이 480개 더 있습니다. 그러면 frequency_array.min()과 frequency_array.max() 메서드를 호출하여 배열의 최댓값과 최솟값을 추출해 보겠습니다.

코드 3-16 최대 및 최소 빈도 값 찾기

```
min_freq = frequency_array.min()
max_freq = frequency_array.max()
print(f"관측된 최소 빈도: {min_freq}")
print(f"관측된 최대 빈도: {max_freq}")
print(f"빈도의 범위: {max_freq - min_freq}")
```

▶ 실행결과

```
관측된 최소 빈도: 0.656
관측된 최대 빈도: 0.733
빈도의 범위: 0.07699999999999996
```

빈도의 범위 0.656과 0.733 사이 어디쯤 동전 앞면의 참 확률이 존재합니다. 이 범위(구간)는 가장 큰 값과 작은 값 사이에 약 7%나 되는 차이가 있기 때문에 꽤 큽니다. 각 고유한 빈도 값에 따라 등장한 횟수를 그래프로 표현하면 빈도의 범위를 좁힐 수 있을지도 모릅니다.

▼ 그림 3-2 500번 동안 관측된 동전 앞면의 관측 빈도와 각 빈도의 등장 횟수에 대한 그래프
중앙은 0.7로 맞추어져 있고 일부 서로 겹친 데이터 점이 있습니다

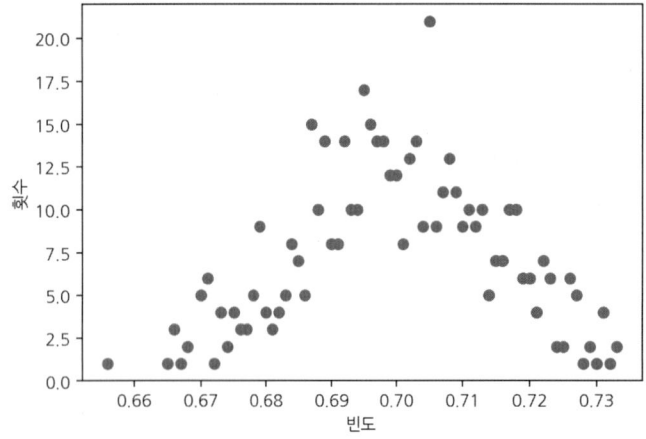

코드 3-17 측정된 빈도 그래프 그리기

```
frequency_counts = defaultdict(int)
for frequency in frequency_array:
    frequency_counts[frequency] += 1

frequencies = list(frequency_counts.keys())
counts = [frequency_counts[freq] for freq in frequencies]

plt.scatter(frequencies, counts)
plt.xlabel('빈도')
plt.ylabel('횟수')
plt.show()
```

시각화는 꽤 유용한 정보를 줍니다. 다른 것보다 0.7에 가까운 빈도일수록 더 많이 관측되었습니다. 하지만 이 그래프에는 결함이 있습니다. 거의 같은 빈도는 서로 겹친 형태로 표현되었기 때문입니다. 이를 개선할 방법은 각 데이터를 개별적으로 취급하기보다는 근접한 빈도끼리 그룹화하는 것입니다.

3.2.1 히스토그램 내 유사한 점들을 묶기

서로 근접한 빈도끼리 묶은 시각화를 시도해 보겠습니다. 먼저 주파수 범위를 동일한 간격의 N개로 나누고, 각 빈도를 대응되는 빈(bin)에 집어넣습니다. 정의에 따르면, 모든 빈 값은 최대 1/N단위만큼 떨어져 있습니다. 그다음 각 빈 값을 더한 뒤 그래프로 시각화합니다.

빈을 기반으로 한 그래프를 히스토그램이라고 합니다. 그리고 맷플롯립에서는 `plt.hist()`를 호출하여 히스토그램을 그릴 수 있습니다. 이 메서드는 일련의 값들을 포함한 리스트/배열과 전체 빈 개수를 지정하는 빈에 특화된 매개변수를 가집니다. 즉, `plt.hist(frequency_array, bins=77)`을 호출하면 전체 데이터가 빈 77개로 나뉘고, 각 빈은 0.01단위만큼 너비를 다룹니다. 또 `bins='auto'`로 매개변수를 설정하면 맷플롯립이 일반적인 최적화 기법(상세한 내용은 이 책 범위가 아닙니다)을 사용하여 적절한 빈 너비를 알아서 선택합니다. 그러면 `plt.hist(frequency_array, bins='auto')`를 호출하여 빈 너비를 최적화하는 방식으로 히스토그램을 그려 보겠습니다.

코드 3-18 plt.hist를 사용한 빈도 히스토그램 그리기

```
plt.hist(frequency_array, bins='auto', edgecolor='black')
plt.xlabel('유사한 것들끼리 묶인 빈도')
plt.ylabel('횟수')
plt.show()
```

▼ 그림 3-3 빈 주파수 히스토그램 500개는 각 빈의 원소 수를 표시합니다. 원소가 가장 많은 빈은 0.7의 주파수를 중심으로 합니다

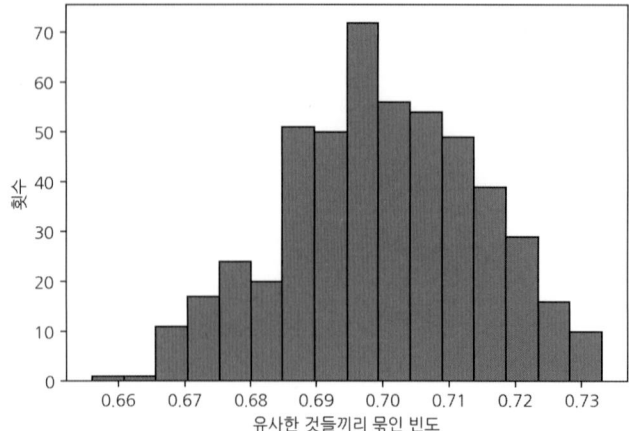

> **노트** 코드 3-18에서는 edgecolor='black' 매개변수도 설정했습니다. 그러면 빈의 모서리를 검은색으로 칠해서 각 빈 간의 경계를 좀 더 분명하게 시각화할 수 있습니다.

히스토그램에서 가장 많이 등장한 빈도에 대한 빈 구간은 0.69와 0.70 사이입니다. 해당 빈 높이는 다른 것 대비 최소 10 이상 높습니다. 한편 각 빈의 등장 횟수는 plt.hist가 반환하는 넘파이 배열인 counts로 더 정확히 알 수 있습니다. 이 배열은 각 빈에 대한 y축의 빈도 횟수를 담고 있습니다. plt.hist를 호출하고 counts 배열을 반환받은 뒤 counts.size 속성에 접근하여 전체 빈 개수를 확인해 보겠습니다.

코드 3-19 히스토그램의 빈 개수

```
counts, _, _ = plt.hist(frequency_array, bins='auto', edgecolor='black')

print(f"빈의 개수: {counts.size}")
```

▶ **실행결과**

```
빈의 개수: 16
```

우리가 그린 히스토그램에는 빈이 16개 있는 것으로 파악됩니다. 그러면 각 빈의 너비는 어느 정도일까요? 이는 전체 빈도의 범위를 16으로 나누어 보면 구할 수 있습니다. 또는 plt.hist가 반환하는 두 번째 변수인 bin_edges 배열을 활용하는 방법도 있습니다. 이 배열은 그래프의 각 빈에 대한 모서리의 x축 위치 값들을 담고 있습니다. 따라서 두 모서리 차이를 구하면 바로 빈 너비를 얻을 수 있습니다.

코드 3-20 히스토그램의 빈 너비 계산하기

```
counts, bin_edges, _ = plt.hist(frequency_array, bins='auto', edgecolor='black')

bin_width = bin_edges[1] - bin_edges[0]
assert bin_width == (max_freq-min_freq) / counts.size
print(f"빈 너비: {bin_width}")
```

counts는 plt.hist가 반환하는 세 변수 중 하나입니다. 나머지 두 변수는 이 절 후반부에서 다룹니다.

▶ 실행결과

빈 너비: 0.004812499999999997

> **노트** bin_edges 크기는 항상 counts보다 1 더 큽니다. 왜 그럴까요? 하나의 직사각형을 두고 생각해 보죠. 이 직사각형에는 수직선이 두 개 있습니다. 여기에 다른 직사각형이 추가된다면 한쪽 수직선은 이미 있기 때문에 하나의 수직선만 추가하면 됩니다. 이를 일반화하여 빈이 N개 있다고 가정하면 수직선은 N + 1개 있다고 계산할 수 있습니다.

bin_edges와 counts를 함께 사용하면 특정 빈의 위치에 따른 범위와 해당 빈에 포함된 요소 개수를 구할 수 있습니다. 다음은 특정 빈의 위치 i 범위와 그 범위에 속한 요소 개수를 출력하는 output_bin_coverage 함수를 정의합니다.

코드 3-21 빈의 빈도와 크기

```python
def output_bin_coverage(i):
    count = int(counts[i])    # i번째 빈은 빈도 counts[i]개를 포함합니다.
    range_start, range_end = bin_edges[i], bin_edges[i+1]    # i번째 빈은 bin_edges[i]부터 bin_edges[i+1]까지 범위의 빈도를 포함합니다.
    range_string = f"{range_start} - {range_end}"
    print((f"빈도 범위 {range_string}에 대한 빈은 "
           f"{count}개의 요소를 포함합니다"))

output_bin_coverage(0)
output_bin_coverage(5)
```

▶ 실행결과

빈도 범위 0.656 - 0.6608125에 대한 빈은 1개의 요소를 포함합니다
빈도 범위 0.6800625 - 0.684875에 대한 빈은 20개의 요소를 포함합니다

그러면 이 함수로 히스토그램상 가장 높은 구간과 해당 구간에 포함된 요소 개수를 구해 보겠습니다. 그러려면 해당 구간, 즉 counts.max()의 인덱스가 필요합니다. 다행히 넘파이 배열에는 argmax라는 편리한 메서드가 내장되어 있습니다. 이 메서드는 배열 내 가장 큰 값이 위치한 인덱스를 반환합니다.

코드 3-22 배열의 최댓값에 대한 인덱스 구하기

```python
assert counts[counts.argmax()] == counts.max()
```

따라서 output_bin_coverage(counts.argmax())처럼 호출하면 우리가 원하는 결과를 얻을 수 있습니다.

코드 3-23 히스토그램의 가장 높은 구간을 반환하는 데 argmax 사용하기

```python
output_bin_coverage(counts.argmax())
```

▶ 실행결과

빈도 범위 0.6945 - 0.6993125에 대한 빈은 72개의 요소를 포함합니다

3.2.2 히스토그램에서 확률 구하기

히스토그램의 가장 길이가 긴 구간은 0.694~0.699 범위의 빈도에 대한 것이며, 여기에는 요소가 72개 들어 있습니다. 그러면 해당 범위 속에 동전 앞면이 나올 실제 확률이 포함될지 여부를 어떻게 알아낼 수 있을까요? 한 가지 방법은 임의로 측정된 빈도가 0.694~0.699 사이에 속할 확률을 계산하는 것입니다. 그 확률이 1.0이 라면 측정된 빈도의 100%가 그 범위에 포함될 것입니다. 이렇게 측정된 빈도는 가끔 실제 앞면 확률을 포함하 므로 실제 확률이 0.694~0.699 사이에 있다는 것을 100% 확신할 수 있습니다. 설령 그 가능성이 95%로 낮아 지더라도 여전히 그 범위가 실제 확률 값을 포함하고 있다고 매우 확신할 수 있습니다.

그렇다면 확률은 어떻게 계산할 수 있을까요? 앞서 우리는 구간 확률이 곡선 아래의 면적과 같다는 것을 확인 했지만, 이는 전체 그래프 면적이 1.0일 때만 성립합니다. 히스토그램 아래 면적이 1.0보다 크다면 plt.hist 메서드를 호출할 때 density=True 파라미터를 입력해야 합니다. 그러면 히스토그램 모양을 유지하면서 면적 의 합이 1.0이 되도록 합니다.

코드 3-24 히스토그램의 상대적 확률 그리기

```
likelihoods, bin_edges, _ = plt.hist(frequency_array, bins='auto',
                                     edgecolor='black', density=True)
plt.xlabel('빈도 구간')
plt.ylabel('상대적 확률')
plt.show()
```

이제 구간별 개수는 상대적 확률로 대체되었으며, likelihoods 배열에 저장되었습니다(그림 3-4). 상대적 확 률은 면적의 합이 1.0이 되는 그래프의 y값에 적용되는 용어입니다. 따라서 이제 히스토그램 아래의 면적은 1.0이 되겠죠. 이는 각 구간의 직사각형 면적을 모두 더해 보면 알 수 있습니다. 각 구간 면적은 해당 구간의 세로 방향인 확률 값에 구간 너비를 곱한 값과 같습니다. 따라서 likelihoods.sum() * bin_width로 히스토 그램 아래의 면적을 구할 수 있으며, 그 결과는 1.0이 되어야 합니다.

▼ 그림 3-4 빈도 구간 500개에 대한 상대적 확률 히스토그램
히스토그램 면적의 합은 1.0입니다. 이 면적은 각 구간의 직사각형 면적을 모두 더해서 구할 수 있습니다

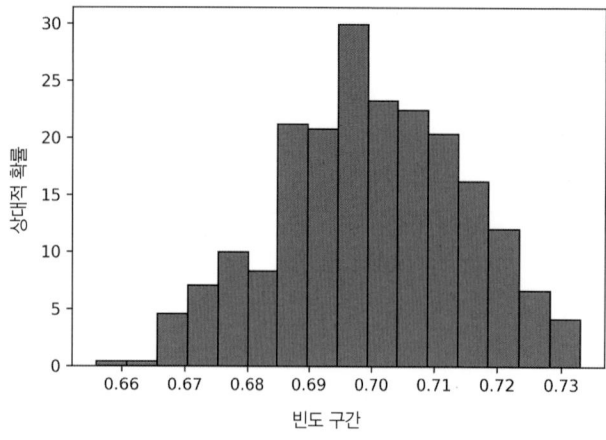

> **노트** 전체 면적은 히스토그램의 사각형 면적을 모두 합한 것과 같습니다. 그림 3-4에서 가장 긴 사각형의 길이가 상당히 길기 때문에 전체 면적이 1.0보다 크다고 시각적으로 추정할 수 있습니다.

코드 3-25 히스토그램의 전체 영역 계산하기

```
assert likelihoods.sum() * bin_width == 1.0
```

이렇게 구한 히스토그램의 전체 면적은 1.0입니다. 따라서 히스토그램의 최고점 아래 면적은 임의로 샘플링된 빈도가 0.694~0.699 범위에 속할 확률과 같습니다. 이 값을 계산하기 위해 `likelihoods.argmax()`에 위치한 구간 면적을 구해 보겠습니다.

코드 3-26 최고점 빈도에 대한 확률 계산하기

```
index = likelihoods.argmax()
area = likelihoods[index] * bin_width
range_start, range_end = bin_edges[index], bin_edges[index+1]
range_string = f"{range_start} - {range_end}"
print(f"샘플링된 빈도가 {range_string} 구간에 속할 확률은 {area}입니다")
```

▶ 실행결과

```
샘플링된 빈도가 0.6945 - 0.6993125 구간에 속할 확률은 0.144입니다
```

확률은 약 14%입니다. 낮은 확률이지만 구간을 늘리면 확률을 높일 수 있습니다. 구간을 `likelihoods.argmax() - 1`과 `likelihoods.argmax() + 1`에 있는 인접한 구간까지 포함하도록 확장해 보죠.

> **노트** 참고로 파이썬의 인덱싱 표기법은 시작 지점은 포함하고 끝 지점은 제외합니다. 즉, `likelihoods.argmax() + 1`을 포함하려면 끝 지점을 `likelihoods.argmax() + 2`로 설정해야 합니다.

코드 3-27 빈도 범위의 확률 늘리기

```
peak_index = likelihoods.argmax()
start_index, end_index = (peak_index-1, peak_index+2)
area = likelihoods[start_index: end_index+1].sum() * bin_width
range_start, range_end = bin_edges[start_index], bin_edges[end_index]
range_string = f"{range_start} - {range_end}"
print(f"샘플링된 빈도가 {range_string} 구간에 속할 확률은 {area}입니다")
```

▶ 실행결과

```
샘플링된 빈도가 0.6896875 - 0.704125 구간에 속할 확률은 0.464입니다
```

세 구간은 빈도 범위 약 0.689~0.704를 포함하며, 이들을 모두 더한 확률은 0.464입니다. 따라서 세 구간은 통계학자들이 46.4% 신뢰 구간이라고 부르는 것을 나타내며, 이는 우리 실제 확률이 이 세 구간 내에 있을 확률이 46.4%라는 것을 의미합니다. 그러나 이 신뢰 구간은 너무 낮습니다. 보통 통계학자들은 95% 이상의 신뢰 구간을 선호합니다. 그렇다면 신뢰 구간이 0.95를 초과할 때까지 왼쪽과 오른쪽의 구간을 하나씩 반복 확장하여 95% 신뢰 구간에 도달해 보겠습니다.

코드 3-28 높은 신뢰 구간 계산하기

```
def compute_high_confidence_interval(likelihoods, bin_width):
    peak_index = likelihoods.argmax()
    area = likelihoods[peak_index] * bin_width
    start_index, end_index = peak_index, peak_index + 1
    while area < 0.95:
        if start_index > 0:
            start_index -= 1
        if end_index < likelihoods.size - 1:
            end_index += 1

        area = likelihoods[start_index: end_index+1].sum() * bin_width

    range_start, range_end = bin_edges[start_index], bin_edges[end_index]
    range_string = f"{range_start:.6f} - {range_end:.6f}"
    print((f"빈도 범위 {range_string}는 {100 * area:.2f}% 신뢰 구간을 나타냅니다"))
    return start_index, end_index

compute_high_confidence_interval(likelihoods, bin_width)
```

▶ 실행결과

빈도 범위 0.670438 - 0.723375는 95.40% 신뢰 구간을 나타냅니다

대략 빈도 범위 0.670에서 0.723 사이는 95.4% 신뢰 구간을 나타냅니다. 따라서 편향된 동전 던지기 1,000번의 샘플링된 시퀀스는 95.4% 확률로 그 범위 내에 속할 것입니다. 우리는 실제 확률이 0.670과 0.723 사이 어딘가에 있을 것이라고 꽤 확신할 수 있습니다. 그러나 실제 확률이 0.67에 더 가까운지 0.72에 더 가까운지는 여전히 확실하지 않습니다. 더 유익한 확률 추정을 얻기 위해 그 범위를 어떻게든 좁혀야 합니다.

3.2.3 고신뢰 구간의 범위 줄이기

어떻게 95% 신뢰 구간을 유지하면서 범위를 좁힐 수 있을까요? 빈도수를 500에서 더 크게 늘리는 방법을 시도해 볼 수 있습니다. 이전에는 빈도 500개를 샘플링했으며, 각 빈도는 편향된 동전 던지기 1,000번을 나타냈습니다. 이번에는 동전 던지기 횟수를 1,000번으로 유지하면서 빈도 10만 개로 샘플링해 봅시다.

코드 3-29 빈도 10만 개 샘플링하기

```
np.random.seed(0)
head_count_array = np.random.binomial(1000, 0.7, 100000)
frequency_array = head_count_array / 1000
assert frequency_array.size == 100000
```

이제 200배 더 많은 빈도수를 포함하는 업데이트된 frequency_array에서 히스토그램을 다시 계산합니다. 그런 다음 히스토그램을 시각화하면서 고신뢰 구간을 검색합니다. 히스토그램 막대에 해당 범위의 색을 지정하여 신뢰 구간을 시각화에 통합해 보겠습니다(그림 3-5).

▼ 그림 3-5 빈도 구간 10만 개로 구성된 히스토그램과 그에 대응하는 상대적 확률 그래프
강조된 막대는 히스토그램 면적의 95%를 차지하는 95% 신뢰 구간을 나타냅니다. 이 구간은 대략 빈도 범위 0.670~0.727을 포함합니다

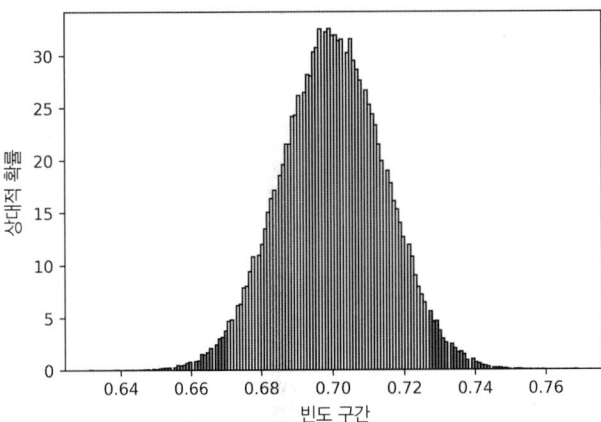

히스토그램 막대의 시각적인 정보는 plt.hist가 반환하는 세 번째 변수인 patches를 사용하여 수정 가능합니다. 즉, i번째 구간에 대한 세부 시각 정보는 patches[i]로 접근할 수 있겠죠. 예를 들어 i번째 구간에 노란색을 입히고 싶다면 patches[i].set_facecolor('yellow')를 호출하는 방식입니다. 이 방식으로 원하는 구간 내의 모든 막대를 강조할 수 있습니다.

코드 3-30 특정 구간에 대해 히스토그램 막대 색칠하기

```
likelihoods, bin_edges, patches = plt.hist(frequency_array, bins='auto',
                                    edgecolor='black', density=True)
bin_width = bin_edges[1] - bin_edges[0]
start_index, end_index = compute_high_confidence_interval(likelihoods, bin_width)

for i in range(start_index, end_index):
    patches[i].set_facecolor('yellow')
plt.xlabel('빈도 구간')
plt.ylabel('상대적 확률')
plt.show()
```

▶ 실행결과

빈도 범위 0.670429 - 0.727857는 95.42% 신뢰 구간을 나타냅니다

다시 계산된 히스토그램은 대칭적인 종 모양의 곡선을 보입니다. set_facecolor 메서드로 여러 막대가 강조되었는데 이들은 95% 신뢰 구간을 나타냅니다. 대략 빈도 범위 0.670~0.727을 포함합니다. 이 빈도 범위는 이전과 거의 동일하므로 빈도의 표본 크기를 증가시켜도 범위는 크게 줄어들지 않는다는 것을 알 수 있습니다. 그렇다면 빈도 표본당 동전 던지기 횟수를 1,000번에서 5만 번으로 늘려 보겠습니다(그림 3-6). 빈도 표본 크기를 10만으로 유지한다면 동전 던지기는 총 50억 번 실행됩니다.

코드 3-31 동전 뒤집기를 50억 번 샘플링하기

```python
np.random.seed(0)
head_count_array = np.random.binomial(50000, 0.7, 100000)
frequency_array = head_count_array / 50000

likelihoods, bin_edges, patches = plt.hist(frequency_array, bins='auto',
                                            edgecolor='black', density=True)
bin_width = bin_edges[1] - bin_edges[0]
start_index, end_index = compute_high_confidence_interval(likelihoods, bin_width)

for i in range(start_index, end_index):
    patches[i].set_facecolor('yellow')
plt.xlabel('빈도 구간')
plt.ylabel('상대적 확률')
plt.show()
```

▶ 실행결과

빈도 범위 0.695769 - 0.703708는 95.06% 신뢰 구간을 나타냅니다

▼ 그림 3-6 빈도 구간 10만 개로 구성된 히스토그램과 그에 대응하는 상대적 확률 그래프
강조된 막대는 히스토그램 면적의 95%를 차지하는 95% 신뢰 구간을 나타냅니다. 이 구간은 대략 빈도 범위 0.695~0.703을 포함합니다

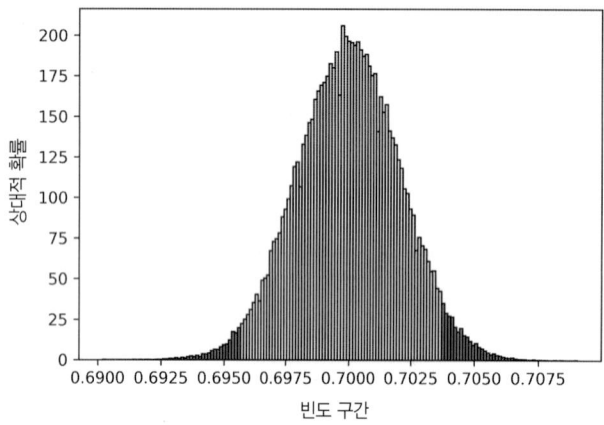

새로 얻은 95.06% 신뢰 구간은 대략 빈도 범위 0.695~0.703을 포함합니다. 이 범위를 소수점 두 자리로 반올림하면 0.70~0.70이 되어 매우 확신을 가지고 실제 확률은 약 0.70이라고 추정할 수 있습니다. 샘플당 동전 던지기 횟수를 늘림으로써 95% 신뢰 구간의 범위를 성공적으로 좁힐 수 있었습니다.

한편 갱신된 히스토그램 또한 종 모양의 곡선을 닮았습니다. 이 곡선을 **가우시안 분포** 또는 **정규 분포**라고 합니다. 정규 분포는 중심 극한 정리 때문에 확률 이론과 통계에서 매우 중요합니다. 이 정리에 따르면, 표본 빈도 분포는 표본 수가 많을 때 정규 분포의 형태를 띕니다. 각 빈도 표본의 크기가 클수록 가능한 빈도 범위는 좁아집니다. 이는 우리가 관측한 결과와 완벽하게 일치하며 다음과 같이 요약할 수 있습니다.

1. 최초에는 동전 뒤집기 1,000번을 500번 샘플링했습니다.
2. 각 동전 뒤집기 1,000번을 빈도로 변환했습니다.
3. 동전 던지기 총 5만 번을 빈도 500개로 나타낸 히스토그램을 그렸습니다.
4. 히스토그램의 최고점은 0.7에서 관측되었으며 비대칭적인 모양을 보였습니다.
5. 빈도수를 500에서 10만 번으로 증가시켰습니다.
6. 동전 던지기 총 100만 번을 빈도 10만 개로 나타낸 히스토그램을 그렸습니다.
7. 정규 곡선을 닮은 새로운 히스토그램을 얻었습니다. 이 히스토그램의 최고점 또한 0.7에서 관측되었습니다.
8. 최고점 주변 구간들의 직사각형 면적을 계속해서 총 면적의 95%를 차지할 때까지 더했습니다.
9. 이 구간들은 대략 빈도 범위 0.670~0.723을 포함했습니다.
10. 샘플당 동전 던지기 횟수를 1,000번에서 5만 번으로 늘렸습니다.
11. 동전 던지기 총 50억 번을 빈도 10만 개로 나타낸 히스토그램을 그렸습니다.
12. 갱신된 히스토그램 모양은 이번에도 정규 곡선을 띠었습니다.
13. 히스토그램 면적의 95%를 차지하는 범위를 다시 계산했습니다.
14. 범위는 너비가 대략 0.695~0.703으로 축소되었습니다.
15. 빈도당 동전 던지기 횟수를 늘리면 빈도 범위는 0.7로 좁아집니다.

3.2.4 넘파이로 히스토그램 계산하기

plt.hist 메서드를 호출하면 자동으로 히스토그램을 생성할 수 있습니다. 그러나 히스토그램을 직접적으로 생성하지 않고도 히스토그램의 확률과 구간들의 경계를 얻을 수 있을까요? 물론 가능합니다. plt.hist는 내부적으로 시각화 기능 없이 히스토그램을 구하는 넘파이의 np.histogram 함수로 구현되었기 때문입니다. 이 함수는 frequency_arrays, bins='auto', density=True처럼 히스토그램의 시각화와는 무관한 파라미터를 입력받고, likelihoods와 bin_edges라는 두 변수를 반환합니다. 따라서 np.histogram 메서드를 활용하면 시각화 기능을 빼고 compute_high_confidence_interval을 그대로 활용하는 것이 가능합니다.

코드 3-32 np.histogram으로 히스토그램 계산하기

```
np.random.seed(0)
likelihoods, bin_edges = np.histogram(frequency_array, bins='auto', density=True)
bin_width = bin_edges[1] - bin_edges[0]
compute_high_confidence_interval(likelihoods, bin_width)
```

더 이상 그래프상에서 히스토그램의 구간을 강조할 필요가 없습니다. 이제는 compute_high_confidence_interval 함수가 반환한 시작 및 종료 인덱스에 대한 변수를 고려하지 않아도 됩니다.

▶ 실행결과

빈도 범위 0.670429 - 0.703708는 95.06% 신뢰 구간을 나타냅니다

> **노트** 유용한 히스토그램 함수

- `plt.hist(data, bins=10)`: 데이터 요소들을 동일한 간격으로 구성된 구간 열 개로 분포하는 히스토그램을 그립니다.
- `plt.hist(data, bins='auto')`: 데이터 분포를 기반으로 구간 개수가 자동으로 결정된 히스토그램을 그립니다. 값을 명시적으로 표시했지만 bins의 기본값은 auto입니다.
- `plt.hist(data, edgecolor='black')`: 그려진 히스토그램의 각 구간 경계를 검은색으로 표시합니다.
- `counts, _, _ = plt.hist(data)`: counts 배열은 plt.hist가 반환한 세 변수 중 첫 번째로, 각 구간에 포함된 요소 개수를 저장합니다. 이 개수는 히스토그램상 y축에 나타납니다.
- `_, bin_edges, _ = plt.hist(data)`: bin_edges 배열은 plt.hist가 반환한 세 변수 중 두 번째로, 히스토그램의 각 구간 경계선에 대한 x축 좌표가 저장됩니다. 즉, bin_edges[i] - bin_edges[i+1]을 계산하면 각 구간 너비를 구할 수 있으며, 너비에 counts[i]를 곱하면 i번째 구간 면적을 계산할 수 있습니다.
- `likelihoods, _, _ = plt.hist(data, density=True)`: 구간 개수가 히스토그램 아래 면적이 1.0이 되도록 하는 확률로 변환됩니다. 따라서 히스토그램이 확률 분포로 변환된 것입니다. 즉, 구간 너비에 likelihoods[i]를 곱하면 bin_edges[i] - bin_edges[i+1] 범위 내에서 임의의 결과가 나올 확률이 계산됩니다.
- `_, _, patches = plt.hist(data)`: patches 리스트는 plt.hist가 반환하는 세 변수 중 세 번째입니다. 각 i번째 구간용 그래픽 설정이 patches[i]에 저장됩니다. patches[i].set_facecolor('yellow')는 i번째 구간의 색상을 노란색으로 변경합니다.
- `likelihoods, bin_edges = np.histogram(data, density=True)`: 결과를 그래프로 그리지 않고 히스토그램의 확률과 구간 경곗값을 반환합니다.

3.3 신뢰 구간으로 편향된 카드 덱 분석하기

편향된 52장으로 구성된 카드 덱을 가정해 봅시다. 각 카드는 빨간색 또는 검은색이며, 반반으로 나뉘지 않습니다. 빨간색 카드 개수를 알아내는 가장 간단한 방법은 빨간색 카드를 하나씩 세어 보는 것입니다. 하지만 문제를 보다 흥미롭게 만들기 위해 덱의 첫 번째 카드만 볼 수 있다는 추가 제약을 적용해 보죠! 즉, 여러 장을 확인하고 싶다면 한 장을 확인한 뒤 뒤섞고, 또 한 장을 확인한 뒤 뒤섞는 일을 반복해야 합니다. 원하는 만큼 뒤섞을 수 있으며, 그때마다 맨 위의 카드를 볼 수 있습니다.

이 제약 조건을 고려하여 랜덤 샘플링을 이용해서 문제를 해결해 보겠습니다. 먼저 빨간색 카드가 몇 장인지 모르는 52장의 카드 덱을 모델링해 보죠. 빨간색 카드는 0~52장이 될 수 있으므로 np.random.randint로 생성할 수 있습니다. 생성된 값을 즉시 확인할 수 있지만, 우리 목적은 샘플링으로 솔루션을 찾는 것이므로 red_card_count 변수에 값을 담아 두고 나중에 확인해 보겠습니다.

코드 3-33 임의의 빨간색 카드 개수 생성하기

```
np.random.seed(0)
total_cards = 52
red_card_count = np.random.randint(0, total_cards+1)
```

이제 red_card_count와 black_card_count의 합이 총 52장이 되어야 한다는 제약 조건을 이용하여 black_card_count를 계산해 봅시다. 또 두 개수가 같지 않도록 하여 편향을 유지합니다.

코드 3-34 검은색 카드 개수 생성하기

```
black_card_count = total_cards - red_card_count
assert black_card_count != red_card_count
```

모델링 단계에서는 카드 덱을 뒤섞은 뒤 첫 번째 카드를 꺼냅니다. 과연 그 카드가 빨간색일 확률은 얼마나 될까요? 빨간색 카드는 빨간색 또는 검은색이라는 두 가지 가능한 결과 중 하나를 나타냅니다. 즉, 두 결과가 동일한 확률로 발생하는 경우에 표본 공간을 {'red_card', 'black_card'}로 설명할 수 있습니다. 그러나 우리의 편향된 카드 덱에서는 결과가 red_card_count와 black_card_count 때문에 가중되므로 count 변수를 나타내는 가중 표본 공간에 대한 딕셔너리가 필요합니다. 관련 키는 'red_card'와 'black_card'로 표시합니다. weighted_sample_space를 compute_event_probability 함수에 전달하면 빨간색 카드를 뽑을 확률을 계산할 수 있습니다.

코드 3-35 표본 공간에서 카드 확률 계산하기

```
weighted_sample_space = {'red_card': red_card_count, 'black_card': black_card_count}
prob_red = compute_event_probability(lambda x: x == 'red_card', weighted_sample_space)
```

compute_event_probability 함수는 red_card_count 변수를 red_card_count와 black_card_count를 더한 값으로 나누어 확률을 계산하는 것이었습니다. 또 red_card_count와 black_card_count를 더한 값은 total_cards와 같습니다. 따라서 빨간색 카드를 뽑을 확률은 red_card_count를 total_cards로 나눈 값과 같습니다.

코드 3-36 나눗셈으로 카드 확률 계산하기

```
assert prob_red == red_card_count / total_cards
```

첫 번째로 꺼낸 카드를 모델링하려면 prob_red를 어떻게 활용해야 할까요? 카드를 꺼낸다는 것은 빨간색 또는 검은색이라는 두 가능한 결과로 이어집니다. 이 두 결과는 앞면과 뒷면이 색으로 대체된 동전 던지기로 모델링될 수 있습니다. 따라서 뒤집힌 카드는 이항 분포로 모델링될 수 있습니다. np.random.binomial(1, prob_red)는 첫 번째 카드가 빨간색이면 1, 그렇지 않으면 0을 반환합니다.

코드 3-37 임의의 카드 시뮬레이션하기

```
np.random.seed(0)
color = 'red' if np.random.binomial(1, prob_red) else 'black'
print(f"뒤섞인 카드 덱에서 꺼낸 첫 번째 카드는 {color}입니다")
```

▶ 실행결과

뒤섞인 카드 덱에서 꺼낸 첫 번째 카드는 red입니다

이번에는 카드 덱을 10번 뒤섞고, 뒤섞을 때마다 첫 번째 카드를 꺼냅니다.

코드 3-38 임의의 카드 10번 시뮬레이션하기

```
np.random.seed(0)
red_count = np.random.binomial(10, prob_red)
print(f"10번 카드를 뒤섞었을 때 {red_count}번이 빨간색입니다")
```

▶ 실행결과

10번 카드를 뒤섞었을 때 8번이 빨간색입니다

카드 덱을 10번 뒤섞었을 때, 그중 8번에서 첫 번째 카드가 빨간색이었다고 전체 카드의 80%가 빨간색이라고 말할 수는 없습니다. 표본 크기가 작을 때 이러한 결과는 흔히 발생할 수 있다는 것을 이전에 설명한 바 있습니다. 카드 덱을 10번이 아니라 5만 번 뒤섞어 보죠. 그다음 빈도를 계산하고 뒤섞는 과정을 10만 번 더 반복합니다. 이 단계를 np.random.binomial(50000, prob_red, 100000)을 호출하고 5만 번으로 나누어 실행합니다. 결과로 나온 빈도 배열은 히스토그램으로 변환할 수 있으며, 이것으로 빨간색 카드를 뒤집는 것에 대한 95% 신뢰 구간을 계산할 수 있습니다. 신뢰 구간은 히스토그램의 정점 주위 빈 범위를 확장하여 그 범위가 히스토그램의 95% 면적을 차지할 때까지 계산합니다.

코드 3-39 카드 확률 신뢰 구간 계산하기

```
np.random.seed(0)
red_card_count_array = np.random.binomial(50000, prob_red, 100000) ······ 뒤섞기 5만 번 중 관측된 빨간색 카드를 셉니다. 이 과정을 10만 번 반복합니다.
frequency_array = red_card_count_array / 50000 ······ 빨간색 10만 개를 빈도 10만 개로 변환합니다.
                                                                            빈도 히스토그램을 계산합니다.
likelihoods, bin_edges = np.histogram(frequency_array, bins='auto', density=True) ······
bin_width = bin_edges[1] - bin_edges[0]
                                                                            95% 신뢰 구간을 계산합니다.
start_index, end_index = compute_high_confidence_interval(likelihoods, bin_width) ······
```

▶ 실행결과

빈도 범위 0.842865 - 0.849139는 95.16% 신뢰 구간을 나타냅니다

prob_red가 0.842865~0.849139 사이라는 것을 매우 확신할 수 있습니다. 또 prob_red는 red_card_count / total_cards와 같기 때문에 red_card_count는 prob_red * total_cards와 같습니다. 따라서 red_card_count가 0.842865 * total_cards와 0.849139 * total_cards 사이라는 것을 매우 확신할 수 있습니다. 이제 red_card_count의 가능한 범위를 계산해 봅시다. red_card_count는 정수 값을 나타내므로 범위의 끝점을 가장 가까운 정수로 반올림합니다.

코드 3-40 빨간색 카드 개수 추정하기

```
range_start = round(0.842865*total_cards)
range_end = round(0.849139*total_cards)
print(f"빨간색 카드 개수는 {range_start}와 {range_end} 사이입니다")
```

▶ 실행결과

빨간색 카드 개수는 44와 44 사이입니다

매우 확신을 가지고 카드 덱에 빨간색 카드가 44장 있다고 말할 수 있습니다. 그러면 실제 답이 우리 추정과 일치하는지 확인해 보겠습니다.

코드 3-41 빨간색 카드 개수 확인하기

```
if red_card_count == 44:
    print('맞췄습니다! 카드 덱에는 44장의 빨간색 카드가 들어 있습니다')
else:
    print('저런! 샘플링 추정이 틀렸습니다')
```

▶ 실행결과

맞췄습니다! 카드 덱에는 44장의 빨간색 카드가 들어 있습니다

실제로도 빨간색 카드가 44장 있었습니다. 모든 카드를 일일이 세지 않고도 이를 확인할 수 있었습니다. 여러 번 뒤섞어 첫 번째 카드를 꺼내는 방식인 랜덤 카드 셔플 샘플링과 신뢰 구간 계산으로 충분히 솔루션을 찾을 수 있었습니다.

3.4 순열로 카드 뒤섞기

카드를 뒤섞으려면 카드 덱 요소를 임의로 재배열해야 합니다. 정렬된 배열이나 리스트를 뒤섞는 `np.random.shuffle` 메서드로 임의로 재배열할 수 있습니다. 다음 코드는 빨간색 카드(1) 두 장과 검은색 카드(0) 두 장이 포함된 덱을 임의로 뒤섞습니다.

코드 3-42 카드 덱 네 장 뒤섞기

```
np.random.seed(0)
card_deck = [1, 1, 0, 0]
np.random.shuffle(card_deck)
print(card_deck)
```

▶ 실행결과

```
[0, 0, 1, 1]
```

`shuffle` 메서드는 `card_deck` 요소를 재배열합니다. 원본 덱의 복사본을 유지한 채 뒤섞고 싶다면 `np.random.permutation`을 사용합니다. 이 메서드는 임의로 정렬된 카드를 넘파이 배열로 반환하며, 동시에 입력된 원본 덱 요소는 그대로 유지합니다.

코드 3-43 뒤섞인 카드 덱의 복사본 반환하기

```
np.random.seed(0)
unshuffled_deck = [1, 1, 0, 0]
shuffled_deck = np.random.permutation(unshuffled_deck)
```

```
assert unshuffled_deck == [1, 1, 0, 0]
print(shuffled_deck)
```

▶ 실행결과

```
[0 0 1 1]
```

np.random.permutation이 반환한 결과에 담긴 임의의 순서를 수학적으로 순열(permutation)이라고 합니다. 임의 순열은 대부분 원래 순서와는 다릅니다. 드물게 원래 순서와 동일한 경우도 있습니다. 그렇다면 뒤섞인 순서가 unshuffled_deck과 정확히 같을 확률은 얼마나 될까요?

물론 샘플링으로 알아낼 수 있습니다. 그러나 카드 덱이 고작 요소 네 개로만 구성되어 있어 표본 공간으로 분석할 수 있을 만큼 작습니다. 표본 공간을 구성하려면 덱의 모든 가능한 순열을 하나하나 살펴보아야 합니다. 덱의 각 요소가 다른 위치에 올 수 있는 모든 경우의 수를 고려하는 것을 의미하며, 이는 itertools.permutations 함수로 살펴볼 수 있습니다. itertools.permutations(unshuffled_deck)을 호출하면 카드 덱의 모든 가능한 순열에 대한 반복자(iterator)를 반환합니다. 이 함수로 처음 세 개를 출력해 보죠. 이 순열들이 배열이나 리스트가 아닌 파이썬 튜플로 출력된다는 점에 유의하세요. 배열이나 리스트와 달리 튜플은 즉시 수정이 불가능하며 괄호로 표시됩니다.

코드 3-44 카드 순열 확인하기

```
import itertools
for permutation in list(itertools.permutations(unshuffled_deck))[:3]:
    print(permutation)
```

▶ 실행결과

```
(1, 1, 0, 0)
(1, 1, 0, 0)
(1, 0, 1, 0)
```

생성된 첫 두 순열이 동일한 이유는 무엇일까요? 첫 번째는 재배열하지 않은 원본 unshuffled_deck일 뿐이고, 두 번째는 첫 번째 순열의 세 번째와 네 번째 요소를 교환하여 생성되었습니다. 그러나 그 두 요소는 모두 0이기 때문에 교환이 아무런 영향을 미치지 않았을 뿐이죠. [0, 1, 2, 3]의 첫 세 개의 순열을 살펴보면 실제로 교환이 일어났음을 확인할 수 있습니다.

코드 3-45 순열 교환 결과 확인하기

```
for permutation in list(itertools.permutations([0, 1, 2, 3]))[:3]:
    print(permutation)
```

▶ 실행결과

```
(0, 1, 2, 3)
(0, 1, 3, 2)
(0, 2, 1, 3)
```

카드 네 장으로 구성된 덱은 특정 순서로 나열된 카드 조합이 여러 번 나타날 수 있습니다. 따라서 특정 순열이 다른 순열보다 더 자주 발생한다고 가정할 수 있습니다. 이 가설을 확인하기 위해 permutation 횟수를 weighted_sample_space 딕셔너리에 저장합니다.

코드 3-46 순열 개수 계산하기

```python
weighted_sample_space = defaultdict(int)
for permutation in itertools.permutations(unshuffled_deck):
    weighted_sample_space[permutation] += 1

for permutation, count in weighted_sample_space.items():
    print(f"순열 {permutation}은 {count}번 발생합니다")
```

▶ 실행결과

```
순열 (1, 1, 0, 0)은 4번 발생합니다
순열 (1, 0, 1, 0)은 4번 발생합니다
순열 (1, 0, 0, 1)은 4번 발생합니다
순열 (0, 1, 1, 0)은 4번 발생합니다
순열 (0, 1, 0, 1)은 4번 발생합니다
순열 (0, 0, 1, 1)은 4번 발생합니다
```

카드 네 장으로 구성된 덱에서는 특정 순서로 나열된 카드 조합이 여러 번 나타날 수 있습니다. 따라서 특정 순열이 다른 순열보다 더 자주 발생한다고 가정할 수 있습니다. 이 가설을 확인하기 위해 permutation 횟수를 weighted_sample_space 딕셔너리에 저장합니다.

코드 3-47 순열 확률 계산하기

입력 값 x가 주어진 unshuffled 덱과 같으면 True를 반환하는 람다 함수를
정의합니다. 이 한 줄짜리 람다 함수는 사건 조건으로 사용됩니다.

```python
sample_space = set(itertools.permutations(unshuffled_deck))  # 가중되지 않은 표본 공간은 카드 덱의 모든 고유한 순열 집합과 같습니다.
event_condition = lambda x: list(x) == unshuffled_deck
prob = compute_event_probability(event_condition, sample_space)  # 조건을 만족하는 사건을 관측할 확률을 계산합니다.
assert prob == 1 / len(sample_space)
print(f"해당 뒤섞기 작업이 카드 덱을 변경하지 않을 확률은 {prob}입니다")
```

▶ 실행결과

```
해당 뒤섞기 작업이 카드 덱을 변경하지 않을 확률은 0.16666666666666666입니다
```

크기가 N인 unshuffled_deck에 빨간색 카드가 N/2개 있다고 가정해 봅시다. 그러면 카드 덱의 모든 색상 순열이 발생할 확률이 동일하다는 것을 수학적으로 보여 줄 수 있습니다. 따라서 가중되지 않은 표본 공간으로 확률을 직접 계산할 수 있습니다. 그러나 카드 덱이 52장일 때는 가능한 순열이 엄청나게 많으므로 표본 공간을 만든다는 것은 비현실적입니다. 가능한 순열 개수는 8.06×10^{67}으로, 이는 지구상 존재하는 원자 수보다 많습니다. 카드 52장에 대한 표본 공간을 계산하는 프로그램은 며칠간 실행되다가 결국 메모리가 부족해서 종료될 것입니다. 하지만 작은 카드 덱 열 장에 대한 표본 공간은 쉽게 계산할 수 있습니다.

코드 3-48 카드 표본 공간 열 개 계산하기

```
red_cards = 5 * [1]
black_cards = 5 * [0]
unshuffled_deck = red_cards + black_cards
sample_space = set(itertools.permutations(unshuffled_deck))
print(f"카드 열 장으로 구성된 카드 덱의 표본 공간에는 {len(sample_space)}개의 요소가 있습니다")
```

▶ 실행결과

카드 열 장으로 구성된 카드 덱의 표본 공간에는 252개의 요소가 있습니다

우리는 빨간색 카드를 뽑는 최적의 전략을 찾아야 하는 과제를 받았습니다. 카드 열 장으로 구성된 sample_space 집합이 이 작업에 유용할 수 있습니다. 이 집합을 사용하면 다양한 경쟁 전략의 확률을 직접 계산할 수 있습니다. 따라서 카드 덱 열 장의 성능을 기반으로 전략 순위를 매긴 뒤 상위 순위의 전략을 카드 덱 52장에 적용할 수 있습니다.

3.5 요약

- np.random.binomial 메서드로 임의 동전 뒤집기를 시뮬레이션할 수 있습니다. 이 메서드의 이름은 동전 던지기 확률을 설명하는 데 일반적으로 쓰는 이항 분포에서 따온 것입니다.
- 계속해서 동전을 반복해서 뒤집으면 앞면이 나올 빈도가 실제 앞면 확률에 수렴합니다. 그러나 최종 빈도는 실제 확률과 약간 다를 수 있습니다.
- 기록된 동전 뒤집기 빈도의 변동성은 히스토그램으로 시각화할 수 있습니다. 히스토그램은 관측된 수치 값 빈도를 구간으로 나누어 보여 줍니다. 이 빈도는 히스토그램 아래의 면적이 1.0이 되도록 상대적 확률로 변환될 수도 있으며, 이렇게 변환된 히스토그램은 확률 분포가 됩니다. 분포의 최고점 주변 영역은 신뢰 구간을 의미합니다. 신뢰 구간은 알려지지 않은 확률이 특정 빈도 범위 내 속할 가능성을 의미하는데, 일반적으로 95% 이상 신뢰 구간이 선호됩니다.
- 샘플링된 빈도수가 많을 때 빈도 히스토그램의 모양은 종 모양 곡선과 비슷합니다. 이 곡선을 가우시안 또는 정규 분포라고 합니다. 중심 극한 정리에 따르면, 종 모양 곡선과 관련된 95% 신뢰 구간은 각 빈도 표본의 크기가 증가할수록 더 좁아집니다.
- np.random.permutation 메서드로 카드 뒤섞기를 시뮬레이션할 수 있습니다. 이 메서드는 주어진 카드 덱의 임의 순열을 반환하며, 해당 순열은 카드 요소들의 임의 순서를 나타냅니다. itertools.permutations를 사용하여 가능한 모든 순열을 반복할 수 있습니다. 카드 덱 52장에 대한 모든 순열을 반복하는 것은 계산적으로 불가능하지만, 더 작은 카드 덱 열 장의 모든 순열은 쉽게 구할 수 있습니다. 이러한 순열은 작은 카드 덱의 표본 공간을 계산하는 데 사용할 수 있습니다.

4장

첫 번째 사례 탐구의 솔루션

이 장에서 다루는 내용

- 카드 게임 시뮬레이션
- 확률적 전략 최적화
- 신뢰 구간

우리 목표는 딜러에게 멈추라고 말할 때까지 카드를 반복적으로 뒤집는 카드 게임을 하는 것입니다. 그다음 카드를 한 장 추가로 뒤집습니다. 그 카드가 빨간색이면 1달러를 벌고, 그렇지 않으면 1달러를 잃습니다. 우리 목표는 카드 덱에서 빨간색 카드를 가장 잘 예측하는 전략을 찾는 것입니다. 이를 위해 다음과 같이 진행합니다.

1. 임의로 섞인 카드 덱에서 빨간색 카드를 예측는 여러 전략을 개발합니다.
2. 각 전략에 여러 시뮬레이션을 적용하여 높은 신뢰 구간의 성공 확률을 계산합니다. 이 계산이 너무 복잡하다면 카드 열 장의 표본 공간에서 가장 좋은 성과를 내는 전략에 집중합니다.
3. 성공 확률이 가장 높은 가장 간단한 전략을 반환합니다.

> **주의** 스포일러 경고! 첫 번째 사례 탐구의 솔루션이 곧 공개됩니다. 솔루션을 읽기 전에 직접 문제를 풀어 보길 강력히 권장합니다. 사례 탐구의 시작 부분에서 문제가 무엇이었는지 참고할 수 있습니다.

4.1 뒤섞은 카드 덱에서 빨간색 카드 예측하기

먼저 빨간색과 검은색 카드가 각각 26장 들어 있는 카드 덱을 만듭니다. 검은색 카드는 0, 빨간색 카드는 1로 표시합니다.

코드 4-1 카드 덱 52장 모델링하기
```
red_cards = 26 * [1]
black_cards = 26 * [0]
unshuffled_deck = red_cards + black_cards
```

그리고 카드 덱을 뒤섞습니다.

코드 4-2 카드 덱 52장 뒤섞기
```
np.random.seed(1)
shuffled_deck = np.random.permutation(unshuffled_deck)
```

이제 카드 덱에 든 카드를 반복적으로 뒤집으면서 빨간색일 가능성이 높을 때 멈춥니다. 그리고 해당 카드를 뒤집은 뒤 빨간색이면 승리합니다.

그렇다면 멈추는 시점은 어떻게 결정할 수 있을까요? 카드 덱에 남은 빨간색 카드가 검은색 카드보다 많을 때 게임을 종료하는 간단한 전략을 세울 수도 있습니다. 뒤섞인 카드 덱에서 이 전략을 적용해 보죠.

코드 4-3 카드 게임 전략에 대한 코드

```
remaining_red_cards = 26
for i, card in enumerate(shuffled_deck[:-1]):
    remaining_red_cards -= card
    remaining_total_cards = 52 - i - 1
    if remaining_red_cards / remaining_total_cards > 0.5:
        break

print(f"{i}번째 인덱스에서 게임이 종료되었습니다")
final_card = shuffled_deck[i+1]
color = 'red' if final_card else 0
print(f"카드 덱의 다음 카드는 {'빨간색' if final_card else '검은색'}입니다")
print(f"{'이겼' if final_card else '졌'}습니다!")
```

52에서 지금까지 확인한 총 카드 개수를 뺍니다. i의 초깃값은 0이므로 뺀 결과는 i + 1과 같습니다. 또는 enumerate(shuffled_deck[:-1], 1)로 i의 초깃값을 1로 설정할 수도 있습니다.

▶ 실행결과

```
1번째 인덱스에서 게임이 종료되었습니다
카드 덱의 다음 카드는 빨간색입니다
이겼습니다!
```

첫 번째 시도에서 승리를 거두었습니다. 이 전략에 따르면 남은 빨간색 카드 비율이 남은 카드의 절반보다 클 때 게임은 종료됩니다. 이 비율을 일반화하여 `min_red_fraction` 파라미터 값과 동일하게 설정하면 빨간색 카드 비율이 입력된 파라미터 값보다 클 때 게임을 종료할 수 있습니다. 이렇게 일반화된 전략은 `min_red_fraction`의 기본값을 0.5로 설정한 다음 코드에서 구현되었습니다.

코드 4-4 카드 게임 전략 일반화하기

```
np.random.seed(0)
total_cards = 52
total_red_cards = 26
def execute_strategy(min_red_fraction=0.5, shuffled_deck=None, return_index=False):
    if shuffled_deck is None:
        shuffled_deck = np.random.permutation(unshuffled_deck)
    
    remaining_red_cards = total_red_cards
    
    for i, card in enumerate(shuffled_deck[:-1]):
        remaining_red_cards -= card
        fraction_red_cards = remaining_red_cards / (total_cards-i-1)
        if fraction_red_cards > min_red_fraction:
            break
    
    return (i+1, shuffled_deck[i+1]) if return_index else shuffled_deck[i+1]
```

입력 카드 덱이 명시적으로 제공되지 않았다면 섞인 카드 덱을 생성합니다.

최종 카드와 함께 선택적으로 카드의 인덱스를 반환합니다.

4.1.1 전략의 성공 확률 추정하기

1,000번 임의로 뒤섞었을 때 기본 전략을 적용해 보겠습니다.

코드 4-5 1,000번 이상 뒤섞기에 기본 전략 적용하기
```
observations = np.array([execute_strategy() for _ in range(1000)])
```

관측된 값 중 1의 비율은 관측된 빨간색 카드 비율에 해당하므로 승리 비율과도 같습니다. 이 비율은 관측된 값 중 1을 모두 더한 뒤 배열 크기로 나누면 구할 수 있습니다. observations.mean() 메서드로도 같은 결과를 얻을 수 있습니다.

코드 4-6 이긴 빈도 계산하기
```
frequency_wins = observations.sum() / 1000
assert frequency_wins == observations.mean()
print(f"이긴 빈도는 {frequency_wins}입니다")
```

▶ 실행결과

이긴 빈도는 0.511입니다

전체 게임 중 51.1%를 이겼습니다! 511승 489패로 수익을 총 22달러 올렸습니다.

코드 4-7 총 수익 계산하기
```
dollars_won = frequency_wins * 1000
dollars_lost = (1-frequency_wins) * 1000
total_profit = dollars_won - dollars_lost
print(f"총 수익은 ${total_profit:.2f}입니다")
```

▶ 실행결과

총 수익은 $22.00입니다

이 전략은 표본 크기 1,000개를 뒤섞을 때 효과가 좋았습니다. 그러면 1에서 1만까지 표본 크기를 늘려 가며 해당 전략의 승률을 그래프로 표현해 보겠습니다(그림 4-1).

▼ 그림 4-1 플레이된 게임 수와 관측된 승리 빈도수를 그래프로 표현한 것입니다. 빈도는 0.5 값을 중심으로 변동합니다. 승리 확률이 0.5보다 높은지 낮은지는 알 수 없습니다

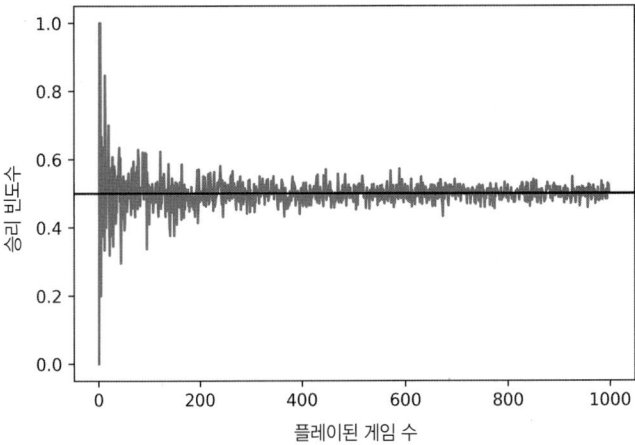

코드 4-8 시뮬레이션된 이긴 빈도 그래프 그리기

```
np.random.seed(0)
def repeat_game(number_repeats):      ----- 지정된 게임의 플레이 횟수에 대한 이긴 빈도를 반환합니다.
    observations = np.array([execute_strategy() for _ in range(number_repeats)])
    return observations.mean()

frequencies = []
for i in range(1, 1000):
    frequencies.append(repeat_game(i))
plt.plot(list(range(1, 1000)), frequencies)
plt.axhline(0.5, color='k')
plt.xlabel('플레이된 게임 수')
plt.ylabel('승리 빈도수')
plt.show()
print(f"10,000번 뒤섞기로 얻은 이긴 빈도는 {frequencies[-1]}입니다")
```

▶ 실행결과

10,000번 뒤섞기로 얻은 이긴 빈도는 0.5035035035035035입니다

이 전략을 사용하면 1만 번 카드를 뒤섞어 얻은 샘플에서 50% 이상 승리 빈도를 얻습니다. 그러나 전체 샘플링 과정에서 50% 위아래로 변동이 있을 수 있습니다. 실제 승리 확률이 0.5보다 높다고 얼마나 확신할 수 있을까요? 신뢰 구간을 분석하여 알 수 있습니다(그림 4-2). 신뢰 구간은 카드 덱을 1만 번 뒤섞는 것을 300번 반복하여 계산합니다. 다시 말해 뒤섞는 작업이 총 300만 번 수행되는 셈이죠. 배열을 뒤섞는다는 것은 계산적으로 비용이 많이 들기에 코드 4-9는 실행하는 데 약 40초가 소요됩니다.

▼ 그림 4-2 구간 300개로 구분된 빈도를 상대적 확률에 대해 표시한 히스토그램
강조 표시된 막대는 95% 신뢰 구간을 나타냅니다. 이 구간은 대략 빈도 범위 0.488~0.508을 포함합니다

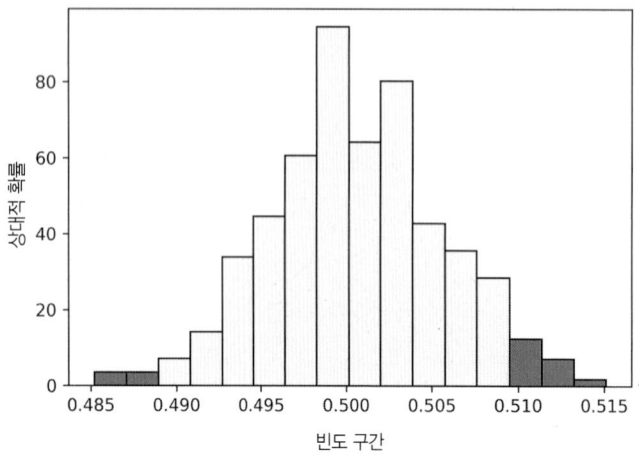

코드 4-9 뒤섞기 300만 번에 대한 신뢰 구간 계산하기

```
np.random.seed(0)
frequency_array = np.array([repeat_game(10000) for _ in range(300)])

likelihoods, bin_edges, patches = plt.hist(frequency_array, bins='auto',
                                            edgecolor='black', density=True)
bin_width = bin_edges[1] - bin_edges[0]
                                                 compute_high_confidence_interval 함수는 3장에서 정의했습니다.
start_index, end_index = compute_high_confidence_interval(likelihoods, bin_width)

for i in range(start_index, end_index):
    patches[i].set_facecolor('yellow')
plt.xlabel('빈도 구간')
plt.ylabel('상대적 확률')
plt.show()
```

▶ 실행결과

빈도 범위 0.488938 - 0.509494는 97.00% 신뢰 구간을 나타냅니다

실제 확률은 0.488~0.509 사이라고 확신할 수 있습니다. 그러나 0.5 이상인지 미만인지는 여전히 알 수 없습니다. 실제 확률을 조금만 잘못 해석해도 손실이 발생할 수 있어 이를 모른다는 것은 문제가 될 수 있습니다.

실제 확률이 0.5001이라고 가정해 보죠. 그러면 10억 번 뒤섞으면 약 20만 달러에 당첨될 것이라고 기대할 수 있습니다. 실제 확률이 0.4999라면 어떨까요? 그러면 이번에는 20만 달러를 잃게 됩니다. 소수점 네 번째 자리의 작은 오차 때문에 손실이 수십만 달러 발생한 것입니다.

즉, 실제 확률이 0.5 이상이라는 것을 절대적으로 확신할 수 있어야 합니다. 따라서 실행 시간이 오래 걸리더라도 표본 크기를 늘려 95% 신뢰 구간을 좁혀야만 합니다. 다음 코드는 3,000회 반복하여 5만 번 뒤섞는 과정을 보여 주는데, 약 1시간에 걸쳐 실행됩니다.

> **주의** 다음 코드는 실행하는 데 1시간이 걸립니다.

코드 4-10 1억 5,000만 번 뒤섞은 것에 대한 신뢰 구간 구하기

```
np.random.seed(0)
frequency_array = np.array([repeat_game(50000) for _ in range(3000)])
likelihoods, bin_edges = np.histogram(frequency_array, bins='auto', density=True)
bin_width = bin_edges[1] - bin_edges[0]
compute_high_confidence_interval(likelihoods, bin_width)
```

▶ 실행결과

```
빈도 범위 0.495601 - 0.504345는 96.03% 신뢰 구간을 나타냅니다
```

샘플링을 실행해 보았습니다. 그러나 이번에도 실제 확률이 0.5를 넘는지는 구별할 수 없습니다. 그렇다면 어떻게 해야 할까요? (시뮬레이션을 며칠 동안 실행할 각오가 아니라면) 이 이상 표본 수를 늘리는 것은 계산적으로 불가능합니다. min_red_fraction 값을 0.5에서 0.75로 늘리면 개선될 수도 있습니다. 전략을 갱신하여 시뮬레이션을 다시 한 번 1시간 정도 더 실행합니다.

> **주의** 다음 코드는 실행하는 데 1시간이 걸립니다.

코드 4-11 업데이트된 전략에 대한 신뢰 구간 계산하기

```
np.random.seed(0)
def repeat_game(number_repeats, min_red_fraction):
    observations = np.array([execute_strategy(min_red_fraction)
                              for _ in range(number_repeats)])
    return observations.mean()

frequency_array = np.array([repeat_game(50000, 0.75) for _ in range(3000)])
likelihoods, bin_edges = np.histogram(frequency_array, bins='auto', density=True)
bin_width = bin_edges[1] - bin_edges[0]
compute_high_confidence_interval(likelihoods, bin_width)
```

▶ 실행결과

```
빈도 범위 0.495535 - 0.504344는 96.43% 신뢰 구간을 나타냅니다
```

아니요! 신뢰 구간이 여전히 수익성과 비수익성 확률을 모두 포함하므로 문제는 여전히 해결되지 않았습니다.

아마도 우리 전략을 카드 덱 열 장에 적용해 보면 더 많은 통찰을 얻을 수 있을지도 모릅니다. 이 작은 덱의 표본 공간을 완전히 탐색하여 정확한 승리 확률을 계산할 수 있기 때문입니다.

4.2 열 장으로 구성된 카드 덱 하나에 대한 표본 공간으로 전략 최적화하기

다음은 카드 덱 열 장에 대한 표본 공간을 계산합니다. 그다음 기본 전략을 해당 표본 공간에 적용합니다. 최종 출력은 전략이 승리할 확률입니다.

코드 4-12 카드 덱 열 장에 기본 전략 적용하기

```
total_cards = 10
total_red_cards = int(total_cards / 2)
total_black_cards = total_red_cards
unshuffled_deck = [1] * total_red_cards + [0] * total_black_cards
sample_space = set(itertools.permutations(unshuffled_deck))    ····· itertools는 3장에서 불러온 바 있습니다.
win_condition = lambda x: execute_strategy(shuffled_deck=np.array(x))    ····· 기본 전략이 이길 조건입니다.
prob_win = compute_event_probability(win_condition, sample_space)    ····· compute_event_probability 함수는
print(f"승리할 확률은 {prob_win}입니다")                                      1장에서 정의했습니다.
```

▶ 실행결과

승리할 확률은 0.5입니다

놀랍게도 기본 전략을 적용했을 때 승리 확률은 50%에 불과합니다. 이는 임의로 첫 번째 카드를 선택하는 것보다 결과가 좋지 않습니다! 아마도 min_red_fraction 값이 너무 낮아서 그랬던 것 같습니다. 0.50에서 1.0 사이의 두 자리로 구성된 모든 값을 샘플링해 보면 알아낼 수 있겠죠. 다음 코드는 min_red_fraction 값 범위에 대한 승리 확률을 계산하고 최소 및 최대 확률을 반환합니다.

코드 4-13 카드 덱 열 장에 여러 전략 적용하기

```
def scan_strategies():
    fractions = [value / 100 for value in range(50, 100)]
    probabilities = []
    for frac in fractions:
        win_condition = lambda x: execute_strategy(frac, shuffled_deck=np.array(x))
        probabilities.append(compute_event_probability(win_condition, sample_space))
    return probabilities

probabilities = scan_strategies()
print(f"승리할 가장 낮은 확률은 {min(probabilities)}입니다")
print(f"승리할 가장 높은 확률은 {max(probabilities)}입니다")
```

▶ 실행결과

승리할 가장 낮은 확률은 0.5입니다
승리할 가장 높은 확률은 0.5입니다

가장 낮은 확률과 가장 높은 확률 모두 0.5입니다! 어떤 전략도 임의로 카드를 선택하는 것과 별반 다르지 않다는 것입니다. 카드 덱 크기를 조정하면 어느 정도 개선될 수 있을지도 모릅니다. 카드가 두 장, 네 장, 여섯 장, 여덟 장 포함된 카드 덱의 표본 공간을 분석해 보죠. 각 표본 공간에 모든 전략을 적용하여 승리 확률을 반환합니다. 그다음 0.5가 아닌 확률을 찾습니다.

코드 4-14 여러 카드 덱에 여러 전략 적용하기

```python
for total_cards in [2, 4, 6, 8]:
    total_red_cards = int(total_cards / 2)
    total_black_cards = total_red_cards
    unshuffled_deck = [1] * total_red_cards + [0] * total_black_cards

    sample_space = set(itertools.permutations(unshuffled_deck))
    probabilities = scan_strategies()
    if all(prob == 0.5 for prob in probabilities):
        print(f"크기가 {total_cards}인 카드 덱에 대한 승리 전략은 발견되지 않았습니다")
    else:
        print(f"크기가 {total_cards}인 카드 덱에 대한 승리 전략이 발견되었습니다")
```

▶ 실행결과

```
크기가 2인 카드 덱에 대한 승리 전략은 발견되지 않았습니다
크기가 4인 카드 덱에 대한 승리 전략은 발견되지 않았습니다
크기가 6인 카드 덱에 대한 승리 전략은 발견되지 않았습니다
크기가 8인 카드 덱에 대한 승리 전략은 발견되지 않았습니다
```

모든 전략은 작은 카드 덱에서 0.5 확률을 산출합니다. 카드 덱 크기를 늘릴 때마다 카드 덱에 카드 두 장을 추가하지만, 이 정도로는 결과가 좋아지지 않습니다. 카드 덱 두 장에서 실패한 전략은 카드 덱 네 장에서도 계속 실패하고, 카드 덱 여덟 장에서 실패한 전략은 카드 덱 열 장에서도 계속해서 실패합니다. 이 논리를 더 확장해 보면, 카드 덱 열 장에서 실패한 전략은 카드 덱 열두 장에서도 실패하고, 카드 덱 열네 장과 카드 덱 열여섯 장에서도 실패할 가능성이 높다고도 볼 수 있습니다. 결국 카드 덱 52장에서도 실패하리라는 것이죠. 이러한 귀납적 논증은 정량적인 의미가 있습니다. 수학적으로도 그렇다는 것을 증명할 수 있습니다. 하지만 지금 당장은 수학에 신경쓰지 않아도 됩니다. 중요한 점은 우리 직관이 틀렸음을 증명했다는 것입니다. 우리 전략은 카드 덱 열 장에서는 효과가 없었고, 카드 덱 52장에서는 효과가 있을 것이라고 믿을 이유도 거의 없습니다. 전략은 왜 실패했을까요?

직관적으로 볼 때 초기 전략은 타당했습니다. 카드 덱에 검은색보다 빨간색 카드가 더 많으면 카드 덱에서 빨간색 카드를 뽑을 가능성이 더 높기 때문이죠. 하지만 빨간색 카드가 검은색 카드보다 적은 경우는 고려하지 못했습니다. 가령 카드의 처음 26장은 빨간색이고 나머지는 검은색이라면 이 전략은 종료 없이 패배합니다. 또 카드의 처음 25장은 빨간색, 다음 26장은 검은색, 마지막은 빨간색인 셔플 카드 덱의 경우 해당 전략은 종료되지 않지만 성공합니다. 따라서 네 가지 시나리오 중 하나로 이어질 수 있습니다.

- 전략이 종료된 다음 카드는 빨간색입니다 – 승리

- 전략이 종료된 다음 카드는 검은색입니다 – 패배

- 전략이 종료되지 않고 마지막 카드는 빨간색입니다 – 승리
- 전략이 종료되지 않고 마지막 카드는 검은색입니다 – 패배

카드 5만 장을 뒤섞으며 각 시나리오가 얼마나 자주 발생하는지 알아보겠습니다. 이 빈도를 두 자리 min_red_fraction 값의 범위에 대해 기록한 뒤 네 가지 시나리오의 발생 빈도인 min_red_fraction을 그림으로 표현합니다(그림 4-3).

▼ 그림 4-3 네 가지 시나리오에 따른 발생 빈도 그래프
시나리오 A는 처음에 약 0.49의 빈도를 갖지만 0.25로 떨어집니다. 시나리오 C는 약 0.01의 빈도를 갖지만 0.25로 증가합니다. 시나리오 A와 시나리오 C의 빈도 합계는 약 0.5로 유지되므로 게임의 승리 확률이 50%임을 반영합니다

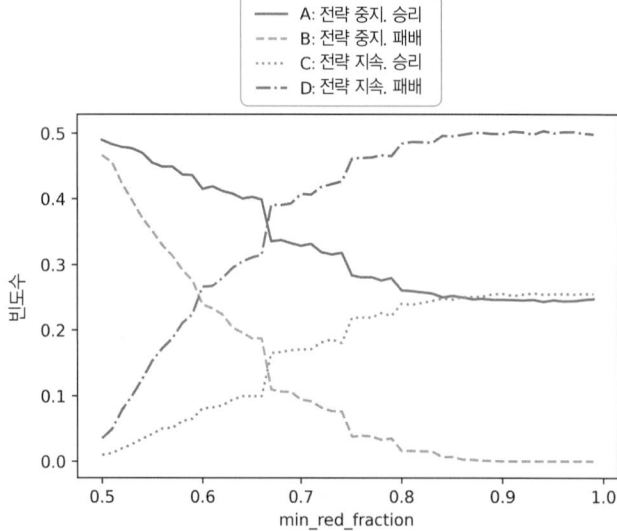

코드 4-15 카드 덱 52장에 대해 전략 결과를 그림으로 표현하기

```
np.random.seed(0)
total_cards = 52
total_red_cards = 26
unshuffled_deck = red_cards + black_cards

def repeat_game_detailed(number_repeats, min_red_fraction):
    observations = [execute_strategy(min_red_fraction, return_index=True)
                    for _ in range(num_repeats)]   ······ num_repeats만큼 전략을 반복 실행합니다.
    successes = [index for index, card, in observations if card == 1]   ······ 승리한 모든 경우를 포함하는
    halt_success = len([index for index in successes if index != 51])                          리스트입니다.
    no_halt_success = len(successes) - halt_success   ······ 전략이 종료되고 승리한 시나리오입니다.
                                   전략이 종료되지 않고 승리한 시나리오입니다.    패배한 모든 경우를 포함하는
    failures = [index for index, card, in observations if card == 0]   ······ 리스트입니다.
    halt_failure = len([index for index in failures if index != 51])   ······ 전략이 종료되고 패배한 시나리오입니다.
    no_halt_failure = len(failures) - halt_failure   ······ 전략이 종료되지 않고 패배한 시나리오입니다.
    result = [halt_success, halt_failure, no_halt_success, no_halt_failure]
    return [r / number_repeats for r in result]   ······ 네 시나리오에 대한 빈도를 반환합니다.
```

```
fractions = [value / 100 for value in range(50, 100)]
num_repeats = 50000
result_types = [[], [], [], []]

for fraction in fractions:      ----- 네 시나리오의 발생 빈도를 파악합니다.
    result = repeat_game_detailed(num_repeats, fraction)
    for i in range(4):
        result_types[i].append(result[i])

plt.plot(fractions, result_types[0], label='A: 전략 중지. 승리')
plt.plot(fractions, result_types[1], linestyle='--', label='B: 전략 중지. 패배')
plt.plot(fractions, result_types[2], linestyle=':', label='C: 전략 지속. 승리')
plt.plot(fractions, result_types[3], linestyle='-.', label='D: 전략 지속. 패배')
plt.xlabel('min_red_fraction')
plt.ylabel('빈도수')
plt.legend(bbox_to_anchor=(1.0, 0.5))      ----- bbox_to_anchor는 범례가 곡선 네 개와 겹치지 않도록
plt.show()                                        위치를 그래프 윗쪽으로 배치하는 데 사용됩니다.
```

그래프에서 min_red_fraction 값이 0.5일 때를 살펴봅시다. 가장 일반적인 결과는 시나리오 A로, 약 0.49 빈도로 관측됩니다. 한편 전략이 종료되는 경우에는 약 46% 확률로 패배하게 됩니다(시나리오 A). 그렇다면 어째서 게임에서 이길 확률은 여전히 50%일까요? 이는 1% 경우에서 전략이 종료되지 않더라도 승리하기 때문입니다(시나리오 C). 즉, 전략의 약점이 우연 때문에 상쇄되어 버립니다.

그래프에서 min_red_fraction 값이 증가할수록 시나리오 A 빈도는 낮아집니다. 플레이어가 보수적일수록 게임을 일찍 종료하고 승리할 가능성은 줄어듭니다. 한편 시나리오 C의 성공률은 증가합니다. 플레이어가 더 보수적일수록 마지막 카드에 도달하여 우연히 승리할 가능성이 높아집니다.

min_red_fraction이 증가함에 따라 시나리오 A와 시나리오 C는 모두 0.25 빈도로 수렴합니다. 따라서 승리할 확률은 50%로 유지됩니다. 때로는 전략이 종료되고 승리할 수도 있습니다. 다른 경우에는 전략이 종료되어도 여전히 패배합니다. 각 전략이 제공하는 모든 이점은 이러한 손실 때문에 자동으로 사라집니다. 그러나 운이 좋으면 전략이 종료되지 않고 게임에서 승리하기도 합니다. 이러한 행운의 승리는 손실을 만회하고 승리 확률은 동일하게 유지합니다. 우리가 무엇을 하든 이길 가능성은 여전히 반반입니다. 따라서 최적의 전략은 섞은 카드 덱의 첫 번째 카드를 선택하는 것입니다.

코드 4-16 최적의 승리 전략

```
def optimal_strategy(shuffled_deck):
    return shuffled_deck[0]
```

4.3 요약

- 확률은 직관적이지 않을 수 있습니다. 본능적으로 우리는 계획된 카드 게임 전략이 임의로 카드를 한 장 뽑는 것보다는 나을 것이라고 생각했습니다. 하지만 그렇지 않다는 것이 증명되었습니다. 무작위 과정을 다룰 때는 주의해야 합니다. 미래의 결과에 베팅하기 전에 모든 직관적인 가정을 엄격하게 테스트하는 것이 가장 좋습니다.

- 때로는 대규모 시뮬레이션에서도 필요한 정밀도 수준 내에서 확률을 찾지 못하는 경우가 있습니다. 하지만 문제를 단순화하여 표본 공간을 활용하면 종종 통찰을 얻기도 합니다. 직관적으로 세운 솔루션이 간단한 버전 문제에서 실패한다면 실제 버전 문제에서도 실패할 가능성이 높습니다.

제 2 부

두 번째 사례 탐구:
온라인 광고 클릭의 유의성 평가하기

≫ 문제 정의

프레드는 충성스러운 친구인데 여러분 도움이 필요합니다. 프레드는 브리즈번 시내에서 햄버거 가게 '비스트로'를 열었습니다. 비스트로는 영업을 시작했지만 장사가 잘 되지 않습니다. 프레드는 새로운 고객을 유치하여 맛있는 햄버거를 맛보게 하고 싶습니다. 그래서 프레드는 브리즈번 주민들을 대상으로 온라인 광고 캠페인을 진행합니다. 프레드는 평일 오전 11시부터 오후 1시 사이에 배고픈 지역 주민들을 대상으로 광고를 3,000개 구매합니다. 모든 광고는 브리즈번 주민 한 명이 보게 됩니다. 모든 광고에는 '배고프세요? 브리즈번 최고의 버거를 맛보세요. 프레드로 오세요.'라고 적혀 있습니다. 이 문구를 클릭하면 잠재 고객이 프레드의 웹 사이트로 이동합니다. 표시되는 각 광고마다 1센트 비용이 들지만 프레드는 그만한 가치가 있다고 믿습니다.

프레드는 광고 캠페인을 실행할 준비를 하고 있습니다. 하지만 문제가 생겼습니다. 광고를 미리 살펴보다 텍스트가 파란색으로 표시되는 것을 발견합니다. 프레드는 파란색이 지루한 색이라고 생각해서 다른 색상을 사용하면 더 많은 클릭을 유도할 수 있을 것으로 여깁니다. 다행히도 프레드의 광고 소프트웨어에서는 30가지 색상 중에서 하나를 선택할 수 있습니다. 파란색보다 더 많은 클릭을 유도할 수 있는 텍스트 색상이 있을까요? 프레드는 알아보기로 결심합니다.

프레드가 실험을 계획합니다. 프레드는 한 달 동안 평일마다 온라인 광고를 3,000개 구매합니다. 모든 광고 텍스트는 30가지 색상 중 하나에 할당됩니다. 광고는 색상별로 균등하게 배포되기 때문에 같은 색상의 광고 100개를 매일 100명이 보게 됩니다. 예를 들어 100명은 파란색 광고를 보고, 또 다른 100명은 녹색 광고를 봅니다. 이 숫자는 30가지 색상에 걸쳐 분산된 조회 수 최대 3,000회를 합산합니다. 프레드의 광고 소프트웨어가 자동으로 모든 일일 조회 수를 추적합니다. 또 30가지 색상마다 일일 클릭된 수도 기록합니다. 소프트웨어는 이 데이터를 테이블에 저장합니다. 테이블에는 지정된 모든 색상에 대한 일일 클릭 수와 조회 수별 일일 클릭 수와 조회 수가 기록되어 있습니다. 각 테이블 행은 하나의 색상을 모든 날의 클릭 수에 매핑합니다.

프레드가 실험을 진행했습니다. 그는 한 달 중 평일 20일 동안의 광고 클릭 데이터를 확보했고, 이 데이터는 색상별로 정리되어 있습니다. 이제 프레드는 파란색보다 훨씬 더 많은 광고 클릭을 유도하는 색상이 있는지 알고 싶습니다. 하지만 안타깝게도 결과를 올바르게 해석하는 방법을 모릅니다. 어떤 클릭이 의미 있는 클릭이고, 어떤 클릭이 순전히 무작위로 발생한 클릭인지 잘 모릅니다. 프레드는 햄버거를 굽는 데는 능숙하지만 데이터 분석에 관한 교육은 전혀 받지 못했습니다. 그래서 프레드가 여러분에게 자신의 테이블을 분석하고 일일 클릭 수를 비교해 달라고 요청합니다. 그는 파란색보다 훨씬 더 많은 클릭을 이끌어 낼 색상을 찾고 있습니다. 프레드를 도와줄 의향이 있나요? 그렇다면 여러분에게 1년 동안 햄버거를 무료로 제공하겠다고 합니다!

▶▶ 데이터셋 설명

프레드의 광고 클릭 데이터는 colored_ad_click_table.csv 파일에 저장됩니다. .csv 파일 확장자는 comma-separated values의 약어이며 .csv 파일은 텍스트로 저장된 테이블입니다. 테이블 열은 쉼표로 구분됩니다. 파일의 첫 번째 줄에는 열의 쉼표로 구분된 레이블이 포함되어 있습니다. 해당 줄의 문자 처음 99개는 Color,Click Count: Day 1, View Count: Day 1, Click Count: Day 2, View Count: Day 2, Click Count: Day 3, …으로 되어 있습니다.

열 레이블을 간단히 설명해 보겠습니다.

- 열 1: Color
    - 열의 각 행은 30가지 가능한 텍스트 색상 중 하나에 해당합니다.
- 열 2: Count: Day 1
    - 이 열은 프레드의 실험 1일 차에 각 색상 광고가 클릭된 횟수를 집계합니다.
- 열 3: View Count: Day 1
    - 이 열은 프레드의 실험 1일 차에 각 광고가 조회된 횟수를 집계합니다.
    - 프레드는 모든 일일 조회 수를 100으로 예상합니다.
- 나머지 열 38개에는 실험의 나머지 19일 동안의 일일 클릭 수와 일일 조회 수가 포함되어 있습니다.

5장

사이파이를 사용한 기본 확률 및 통계 분석

이 장에서 다루는 내용

- 사이파이 라이브러리로 이항 분석하기
- 데이터셋의 중심성 정의하기
- 데이터셋의 분산 정의하기
- 확률 분포의 중심성 및 분산 계산하기

통계학은 수치형 데이터의 수집과 해석을 다루는 수학의 한 분야이며, 현대 모든 데이터 과학의 선구자적 역할을 해 오고 있습니다. 통계적 기법은 본래 주(州) 정부의 데이터를 분석하려고 개발되었기에 통계라는 용어에는 '국가 과학'이라는 의미가 내포되어 있습니다. 옛날부터 정부 기관은 국민에 관한 데이터를 수집해 왔습니다. 이 데이터는 세금을 부과하고 대규모 군사 작전을 짜는 데 사용되곤 했죠. 따라서 국가의 중요한 결정은 데이터 품질에 달려 있었습니다. 기록 관리가 부실하다는 것은 재앙과도 같은 결과를 초래할 수도 있다는 잠재적 가능성을 의미합니다. 따라서 국가 관료는 기록된 데이터가 과거에 비해 심하게 출렁이는 변동이 발생하는 것을 매우 우려했습니다. 결국 확률 이론이 이러한 변동성을 길들여 무작위라고 믿었던 현상을 해석할 수 있게 만들어 주었습니다. 그 후 통계와 확률 이론은 밀접하게 얽혀 왔습니다.

통계와 확률 이론은 밀접하게 연관되어 있지만 어떤 면에서는 매우 다릅니다. 확률 이론은 잠재적으로 무한한 측정을 통한 무작위 과정(random process)을 연구합니다. 또 현실 세계의 제약에 얽매이지 않습니다. 따라서 동전이 수백만 번 던져지는 허구적 상황에서 동전의 동작 방식을 모델링합니다. 현실 세계에서 동전을 수백만 번 던진다면 무의미할 정도로 많은 시간이 소요됩니다. 반면 이렇게 현실적으로 불가능한 동전 던지기를 하는 대신 일부 데이터를 희생하는 것도 방법입니다. 통계학자들은 데이터 수집 과정에서 발생하는 이러한 제약을 인정합니다. 사실 데이터를 수집하는 데는 많은 시간과 비용이 발생하죠. 모든 데이터 하나하나를 모으는 데는 그만한 대가가 따르기 마련입니다. 정부 공무원을 고용하지 않고서는 한 국가의 인구를 조사할 수 없습니다. 클릭된 모든 광고 비용을 지불하지 않고는 온라인 광고를 시험할 수 없습니다. 따라서 최종 데이터셋 크기는 일반적으로 초기 예산 규모에 따라 달라집니다. 예산이 제한되면 데이터도 제한될 수밖에 없겠죠. 데이터와 투입 가능한 자원(시간, 인력 등) 간 이러한 절충이 현대 통계의 핵심입니다. 통계는 통찰력을 끌어내고 영향력 있는 의사 결정을 내리기에 충분한 데이터양을 정확히 파악하는 데 유용합니다. 그 목적은 데이터 크기가 제한된 경우에서도 데이터에 숨겨진 의미를 찾는 것입니다.

통계학은 매우 수학적인 학문이며, 일반적으로 수학 방정식을 사용해서 가르칩니다. 하지만 통계를 이해하려고 온갖 수식을 알 필요는 없습니다. 실제로 많은 데이터 과학자가 통계 분석을 할 때 공식을 작성하지 않습니다. 그 대신 복잡한 수학 계산을 도맡아 처리하는 사이파이(SciPy) 같은 파이썬 라이브러리를 활용합니다. 그러나 라이브러리를 적절하게 사용하려면 통계적 절차를 직관적으로 이해할 필요가 있습니다. 이 장에서는 확률 이론을 실제 문제에 적용하면서 통계를 배워 보겠습니다.

5.1 사이파이로 데이터와 확률 간 관계 탐색하기

과학적 파이썬(Scientific Python)의 줄임말인 사이파이는 과학적 분석에 유용한 여러 기능을 제공하며, 확률과 통계 문제 해결용으로 만들어진 전용 모듈 `scipy.stats`를 포함합니다. 그러면 곧바로 라이브러리를 설치하고 해당 모듈을 불러와 보죠.

> **노트** 터미널 명령줄에 `pip install scipy` 명령어를 실행하여 사이파이 라이브러리를 설치합니다.

코드 5-1 사이파이의 stats 모듈 불러오기

```
from scipy import stats
```

모듈은 데이터의 임의성 평가에 매우 유용합니다. 가령 1장에서는 동전을 20번 던진 뒤 앞면이 최소 16번 나올 공정한 동전의 확률을 계산했습니다. 이를 위해 동전을 20번 던졌을 때 나올 수 있는 모든 조합을 조사해야 했습니다. 그다음 앞면 16개 이상 또는 뒷면 16개 이상이 관측될 확률을 계산하여 관측의 임의성을 측정했습니다. 사이파이를 사용한다면 제공되는 stats.binom_test 메서드로 이 확률을 곧장 측정할 수 있습니다. 이 메서드 이름은 동전을 던졌을 때 동전이 어떻게 떨어질지 결정하는 '이항 분포(binomial distribution)'라는 용어를 따라 지었습니다.

이 메서드를 사용하려면 동전 앞면 개수, 총 동전을 던진 횟수, 앞면으로 떨어질 확률의 세 가지 매개변수가 필요합니다. 동전을 20번 던지며 관측된 앞면 16개에 '이항 검정(binomial test)'을 적용해 보죠. 출력은 앞서 계산했던 약 0.011이었던 값과 같아야 합니다.

> **노트** 사이파이와 표준 파이썬은 소수점 이하를 서로 다른 방식으로 처리합니다. 1장에서 확률을 계산했을 때, 최종 값은 유효 자릿수인 17자리로 반올림했습니다. 반면 사이파이는 유효 자릿수 18개를 포함한 값을 반환합니다. 따라서 일관된 결과를 얻기 위해 사이파이 출력도 17자리로 반올림합니다.

코드 5-2 사이파이로 극단적인 동전 앞면 개수 분석하기

```
num_heads = 16
num_flips = 20
prob_head = 0.5
prob = stats.binom_test(num_heads, num_flips, prob_head)
print(f"15개 이상의 동전 앞면 또는 뒷면이 관측될 확률은 {prob:.17f}입니다")
```

▶ 실행결과

15개 이상의 동전 앞면 또는 뒷면이 관측될 확률은 0.01181793212890625입니다

사실상 stats.binom_test 메서드가 동전 앞면이 16번 확률을 계산하지 않았다는 점을 알아 두면 좋습니다. 그 대신 16번 이상, 동전이 같은 면으로 떨어진 동전 던지기 순서를 관측할 확률을 반환했습니다. 정확히 앞면 16개가 관측될 확률을 구하려면 stats.binom.pmf 메서드를 사용해야 합니다. 이 메서드는 이항 분포의 **확률 질량 함수**(probability mass function)를 표현합니다. 확률 질량 함수는 입력 정수 값들을 각 값들이 발생할 확률에 매핑합니다. 즉, stats.binom.pmf(num_heads, num_flips, prob_head)처럼 호출하면 num_heads 만큼 앞면이 나올 확률을 반환합니다. 현재 설정을 적용해 보면 이는 공정한 동전을 던졌을 때 20번 중 앞면이 16번 나올 확률과 같습니다.

코드 5-3 stats.binom.pmf로 정확한 확률 계산하기

```
prob_16_heads = stats.binom.pmf(num_heads, num_flips, prob_head)
print(f"{num_heads}번의 앞면 중 {num_flips}번이 관측될 확률은 {prob_16_heads}입니다")
```

▶ 실행결과

20번의 앞면 중 16번이 관측될 확률은 0.0046205520629882271입니다

정확히 동전 앞면이 16번 관측될 확률을 구하기 위해 stats.binom.pmf 메서드를 사용했습니다. 하지만 이 메서드는 여러 확률을 동시에 계산할 수도 있습니다. 관측될 동전의 앞면 개수에 대한 값 리스트를 매개변수로 입력하면 각 상황에 대한 확률을 동시에 구할 수 있습니다. 가령 [4, 16] 리스트를 입력하면 각각 동전의 앞면을 4번, 16번 관측될 확률이 담긴 두 요소로 구성된 넘파이 배열을 반환합니다. 반대로 생각하면 앞면 4번과 뒷면 16번을 볼 확률은 뒷면 4번과 앞면 16번을 볼 확률과 같습니다. 따라서 stats.binom.pmf([4,16], num_flips, prob_head)를 실행하면 동일한 두 요소를 가진 배열이 반환되어야 합니다. 확인해 보죠.

코드 5-4 stats.binom.pmf로 확률 배열 계산하기

```
probabilities = stats.binom.pmf([4, 16], num_flips, prob_head)
assert probabilities.tolist() == [prob_16_heads] * 2
```

리스트를 입력하면 간격에 걸친 확률을 계산할 수 있습니다. 예를 들어 range(21)을 stats.binom.pmf 메서드에 입력하면 출력된 배열에는 가능한 모든 앞면 개수에 대한 모든 확률이 들어갑니다. 그리고 1장에서 배운 대로 이들 확률을 모두 더하면 1.0이 되어야 합니다.

> **노트** 작은 값의 소수를 합산하는 것은 계산적으로 까다롭습니다. 계속 합산하는 동안 작은 오차가 누적됩니다. 이러한 오차 때문에 최종 합산 확률은 소수점 이하 14자리로 반올림하지 않는 한 1.0을 약간 벗어나 버립니다. 다음 코드에서도 이 반올림을 수행하고 있습니다.

코드 5-5 stats.binom.pmf로 간격 확률 계산하기

```
interval_all_counts = range(21)
probabilities = stats.binom.pmf(interval_all_counts, num_flips, prob_head)
total_prob = probabilities.sum()
print(f"확률의 총합은 {total_prob:.14f}입니다")
```

▶ 실행결과

확률의 총합은 1.00000000000000입니다

또 2장에서 설명한 대로, interval_all_counts에 따른 확률을 그래프로 나타내면 동전 뒤집기 20번에 따른 분포도를 얻을 수 있습니다. 따라서 가능한 동전 뒤집기 조합을 반복하지 않고도 분포도를 만들어 낼 수 있습니다(그림 5-1).

코드 5-6 동전 뒤집기 20번에 대한 이항 분포도 그리기

```
import matplotlib.pyplot as plt
plt.plot(interval_all_counts, probabilities)
plt.xlabel('동전 앞면의 등장 횟수')
plt.ylabel('확률')
plt.show()
```

▼ 그림 5-1 사이파이로 생성된 동전 던지기 20번에 대한 확률 분포

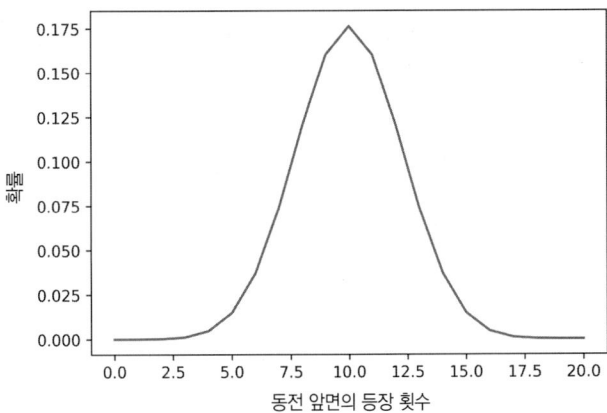

2장에서는 동전 뒤집기의 모든 조합 개수를 계산해야 했기 때문에 이항식을 시각화하는 기능이 제한적이었습니다. 하지만 이제는 더 이상 그렇지 않습니다. stats.binom.pmf 메서드 덕분에 동전을 몇 번 뒤집더라도 모든 분포도를 시각화할 수 있습니다. 그러면 이를 활용하여 20회, 80회, 140회, 200회에 걸쳐 수행된 동전 뒤집기에 대한 분포도를 하나의 그래프로 표현해 보겠습니다(그림 5-2).

코드 5-7 다섯 가지 이항 분포 시각화하기

```
flip_counts = [20, 80, 140, 200]
linestyles = ['-', '--', '-.', ':']
colors = ['b', 'g', 'r', 'k']

for num_flips, linestyle, color in zip(flip_counts, linestyles, colors):
    x_values = range(num_flips+1)
    y_values = stats.binom.pmf(x_values, num_flips, 0.5)
    plt.plot(x_values, y_values, linestyle=linestyle, color=color,
             label=f'{num_flips}회의 동전 뒤집기')

plt.legend()
plt.xlabel('동전 앞면의 등장 횟수')
plt.ylabel('확률')
plt.show()
```

▼ 그림 5-2 20회, 80회, 140회, 200회에 걸친 다중 이항 확률 분포도

분포도 중앙은 동전 뒤집기 횟수가 커질수록 오른쪽으로 이동합니다. 또 동전 뒤집기 횟수가 커질수록 모든 분포는 각자의 중심을 기준으로 더욱 분산됩니다

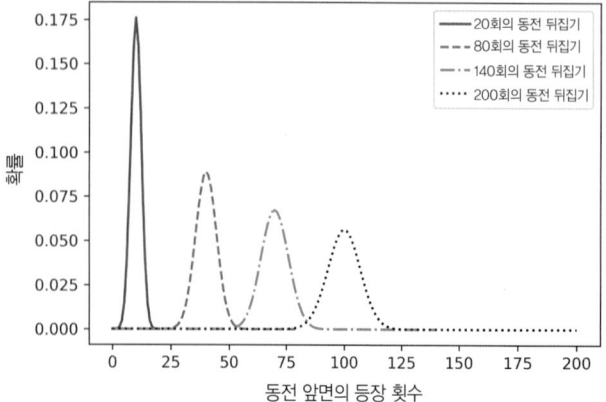

그래프에서 각 이항 분포의 최대 확률 지점(중앙)은 동전 뒤집기를 많이 시행할수록 오른쪽으로 이동하는 것으로 보입니다. 또 200회보다 20회 동전을 뒤집었을 때의 분포도가 눈에 띄게 얇은 것을 알 수 있습니다. 다시 말해 각 분포도 중심이 오른쪽으로 이동할수록 그들의 분포는 중심에서 더욱 분산되는 것이죠.

이렇게 중심에서 이동하는 것과 분산의 변화는 데이터를 분석할 때 흔히 볼 수 있는 현상입니다. 앞서 3장에서는 임의로 샘플링된 데이터로 여러 히스토그램 분포를 시각화하며 분산 변화를 관찰했고, 그다음 시각화된 히스토그램 두께가 샘플링된 양에 따라 달라지는 현상을 관찰한 바 있습니다. 다만 두 히스토그램 두께를 정량적으로 지표를 통해 비교할 수 없었기 때문에 단순히 정성적인 관찰만 할 수 있었죠. 하지만 단지 그렇게 보인다는 것만으로는 충분치 않습니다. 이번에도 마찬가지로 한 분포도가 다른 것보다 오른쪽으로 더 치우쳐 보인다고 말하는 것만으로는 부족합니다. 분포 차이를 정량화할 필요가 있죠. 중심성 및 분산에 구체적인 수치를 부여하여 분포도마다 각 수치가 변하는 방식을 파악해야 합니다. 그러려면 분산과 평균의 개념에 익숙해질 필요가 있습니다.

5.2 중심성의 척도로서 평균

우리가 사는 지역의 여름 첫 주 동안의 온도를 연구하고 싶다고 가정해 봅시다. 우리는 여름이 다가오면 창밖의 온도계를 들여다볼 것입니다. 정오의 온도는 정확히 80도를 가리키고 있습니다. 그리고 이 같은 측정을 다음 6일간 계속해서 반복합니다. 이렇게 다른 날 측정된 온도가 각각 80도, 77도, 73도, 61도, 74도, 79도, 81도라고 가정해 보죠. 먼저 이 값들을 넘파이 배열에 저장해 보겠습니다.

코드 5-8 기록된 온도를 넘파이 배열로 저장하기

```python
import numpy as np
measurements = np.array([80, 77, 73, 61, 74, 79, 81])
```

그러면 측정값들을 단일 중심 값으로 요약해 볼 수 있습니다. measurements.sort() 메서드를 호출하여 측정값들을 순서대로 정렬합니다. 그다음 정렬된 측정치를 그래프로 나타내어 중심 값을 판단해 볼 수 있습니다(그림 5-3).

코드 5-9 기록된 온도 그래프로 표현하기

```python
measurements.sort()
number_of_days = measurements.size
plt.plot(range(number_of_days), measurements)
plt.scatter(range(number_of_days), measurements)
plt.ylabel('온도')
plt.show()
```

그래프에 따르면, 중심 온도가 60~80도 부근이라는 것을 눈대중으로 알 수 있습니다. 따라서 대충 70도로 추정할 수 있습니다. 이번에는 최저 온도와 최고 온도의 중앙값을 정량적으로 파악해 보죠. 이는 최고 온도에서 최저 온도를 뺀 뒤 다시 최저 온도를 더하는 방식으로 알 수 있습니다.

▼ **그림 5-3** 7번에 걸쳐 측정된 온도를 정렬하여 그래프로 표현한 것으로 중심 온도는 60~80도 사이에 있습니다

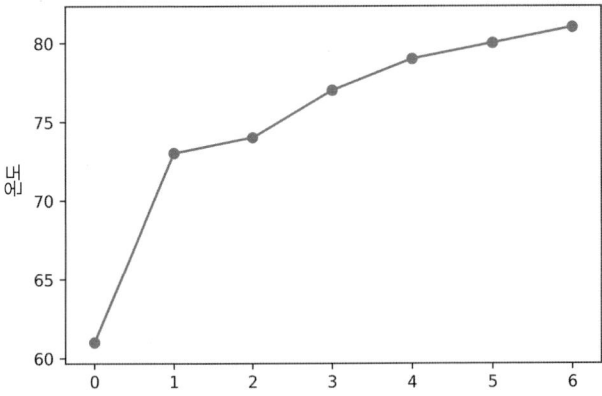

최저 및 최고 온도 값을 더한 뒤 2로 나누어도 같은 결과를 얻을 수 있습니다.

코드 5-10 온도의 중간 지점 찾기

```python
difference = measurements.max() - measurements.min()
midpoint = measurements.min() + difference / 2
assert midpoint == (measurements.max()+measurements.min()) / 2
print(f"중간 온도는 {midpoint}도입니다")
```

▶ 실행결과

중간 온도는 71.0도입니다

중간 온도는 71도로 드러났습니다. 그러면 수평선을 사용하여 이 지점을 그래프에 표현해 보죠. 수직선은 plt.axhline(midpoint)로 그릴 수 있습니다(그림 5-4).

코드 5-11 수평선으로 그래프에 중간 온도 표현하기

```
plt.plot(range(number_of_days), measurements)
plt.scatter(range(number_of_days), measurements)
plt.axhline(midpoint, color='k', linestyle='--')
plt.ylabel('온도')
plt.show()
```

7번 측정된 온도 중 여섯 개가 중간 온도보다 높습니다. 직관적으로 생각해 보면, 중간 값은 측정값들을 이보다 더 균등하게 분할해야 하며 중간 점의 위쪽과 아래쪽에 위치한 측정값들의 개수는 거의 같아야 할 것 같습니다. 그리고 이러한 지점은 요소 일곱 개를 가진 배열에서 중간에 위치한 요소를 선택하여 얻을 수 있습니다. 통계학자들은 이러한 지점을 **중앙값**(median)이라고 하는데, 이것으로 측정치들을 균등하게 두 부분으로 나눌 수 있습니다.

▼ **그림 5-4** 7번에 걸쳐 측정된 온도를 정렬하여 그래프로 표현한 것입니다. 그중 71도는 최저 및 최고 온도의 중간 값이지만 이를 기준으로 일곱 개 중 여섯 개가 한쪽으로 치우칩니다

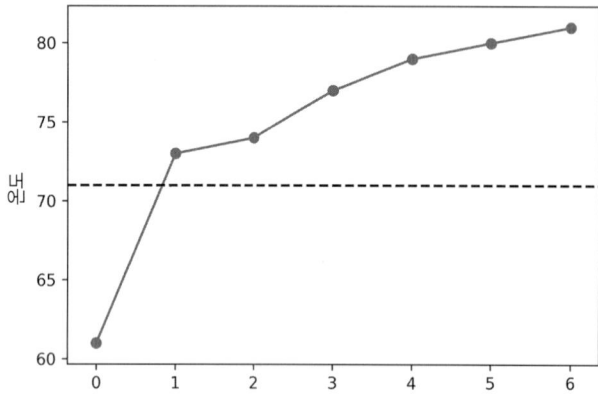

중앙값을 기준으로 각각 낮은 측정치 세 개, 높은 측정치 세 개가 위치하는 것을 확인할 수 있습니다. 또 배열의 네 번째(인덱스 번호 3) 요소가 중앙값에 해당합니다. 이 중앙값을 그래프에 표현해 보겠습니다(그림 5-5).

코드 5-12 온도 그래프에 중앙값 표현하기

```
median = measurements[3]
print(f"온도의 중앙값은 {median}도입니다")
plt.plot(range(number_of_days), measurements)
plt.scatter(range(number_of_days), measurements)
plt.axhline(midpoint, color='k', linestyle='--', label='중간 점')
plt.axhline(median, color='g', linestyle='-.', label='중앙값')
plt.legend()
plt.ylabel('온도')
plt.show()
```

▶ 실행결과

온도의 중앙값은 77도입니다

▼ 그림 5-5 정렬된 온도가 일곱 개 포함된 그래프입니다. 77도의 중앙값은 온도를 반으로 나눕니다. 중앙값은 낮은 온도 세 개보다 높은 온도 세 개에 더 가깝기 때문에 약간 균형이 맞지 않는 것처럼 보입니다

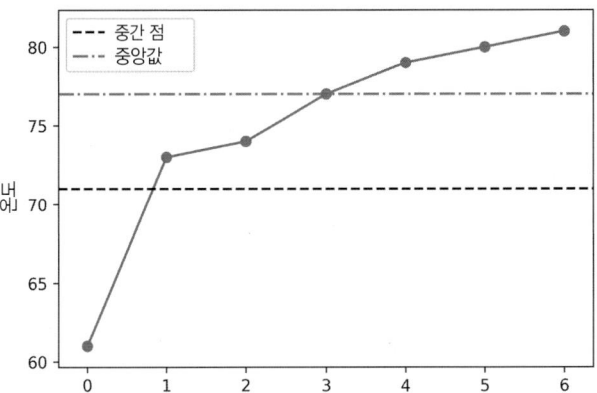

온도 77도가 중앙값으로 측정된 온도를 반으로 나눕니다. 하지만 중앙값은 위쪽 온도 세 개에 더 가깝기 때문에 정확히 균형이 맞는다고는 할 수 없습니다. 특히 중앙값은 최저 온도인 61도와 꽤 거리가 있습니다. 아마도 중앙값에 페널티를 부여하면 최저 값으로 너무 멀리 떨어진 것에 대한 균형을 맞출 수 있을 것입니다. 이 페널티는 두 값 간의 차이를 제곱한 거리의 제곱으로 구현할 수 있습니다. 거리의 제곱은 두 값이 멀어질수록 네 제곱으로 증가합니다. 따라서 61도까지 거리를 기준으로 중심 값에 페널티를 부여하면 61도에서 멀어질수록 거리의 제곱 페널티가 눈에 띄게 증가합니다(그림 5-6).

코드 5-13 최솟값에서 제곱한 거리를 사용하여 중앙에 페널티 부여하기

```python
def squared_distance(value1, value2):
    return (value1-value2) ** 2

possible_centers = range(measurements.min(), measurements.max()+1)
penalties = [squared_distance(center, 61) for center in possible_centers]

plt.plot(possible_centers, penalties)
plt.scatter(possible_centers, penalties)
plt.xlabel('가능한 중심 값')
plt.ylabel('페널티')
plt.show()
```

▼ 그림 5-6 최저 온도인 61도를 기준으로 제곱된 거리에 따라 부여되는 페널티를 그린 도표입니다. 당연히 최저 페널티는 61도에서 발생하며 이 페널티는 나머지 기록된 온도 여섯 개와 거리는 고려하지 않습니다

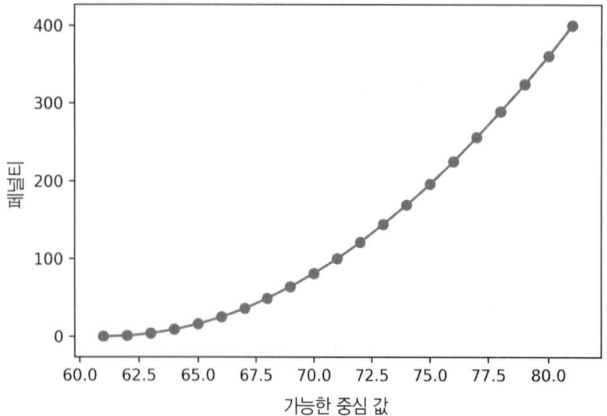

앞 그래프는 최솟값에서 떨어진 거리를 기준으로 가능한 중심 범위에 걸친 페널티를 보여 줍니다. 중심이 61로 이동함에 따라 페널티는 감소하지만, 나머지 측정값 여섯 개와의 거리는 증가합니다. 따라서 측정치 일곱 개에 대한 제곱 거리를 기반으로 각 잠재적인 중심에 페널티를 부여해야 합니다. 이를 위해 특정 값과 측정된 값들의 배열 간 제곱 거리를 모두 더하는 함수를 정의하고, 이 함수가 새로 부여될 페널티를 결정할 것입니다. 가능한 중심과 페널티를 비교하여 그래프를 그리면 페널티가 최소화되는 중심을 찾을 수 있습니다(그림 5-7).

코드 5-14 제곱 거리들의 총합으로 중심에 페널티 부여하기

```
def sum_of_squared_distances(value, measurements):
    return sum(squared_distance(value, m) for m in measurements)

penalties = [sum_of_squared_distances(center, measurements)
            for center in possible_centers]

plt.plot(possible_centers, penalties)
plt.scatter(possible_centers, penalties)
plt.xlabel('가능한 중심 값')
plt.ylabel('페널티')
plt.show()
```

▼ 그림 5-7 모든 기록된 온도에 대한 제곱 거리의 합을 기반으로 페널티가 부여된 가능한 중심 값들을 그래프로 표현한 것입니다. 가장 낮은 페널티는 75도에서 발생하는 것으로 관측됩니다

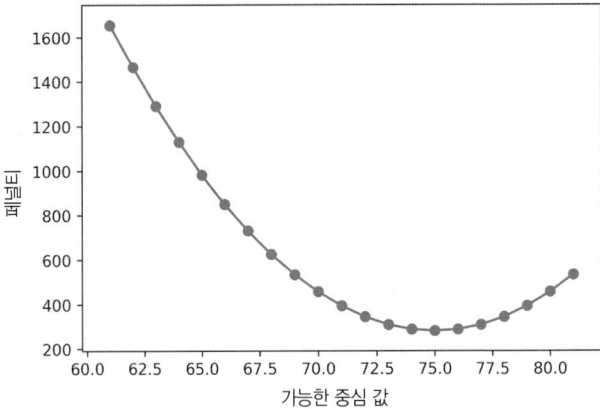

그래프에 따르면, 75도에 가장 낮은 페널티가 부여되었습니다. 이를 비공식적으로 '페널티가 가장 낮은 중심'이라고 하겠습니다. 이번에는 그래프에 해당 온도에 대한 수평선을 추가해 보죠(그림 5-8).

코드 5-15 페널티가 가장 낮은 온도를 수평선으로 표현하기

```
least_penalized = 75
assert least_penalized == possible_centers[np.argmin(penalties)]

plt.plot(range(number_of_days), measurements)
plt.scatter(range(number_of_days), measurements)
plt.axhline(midpoint, color='k', linestyle='--', label='중간 점')
plt.axhline(median, color='g', linestyle='-.', label='중앙값')
plt.axhline(least_penalized, color='r', linestyle='-', label='페널티가 가장 낮은 중심')
plt.legend()
plt.ylabel('온도')
plt.show()
```

▼ 그림 5-8 정렬된 온도 일곱 개를 표현한 그래프
페널티가 가장 낮은 중심 온도 75도가 전체 측정된 온도를 균형 있게 분할합니다

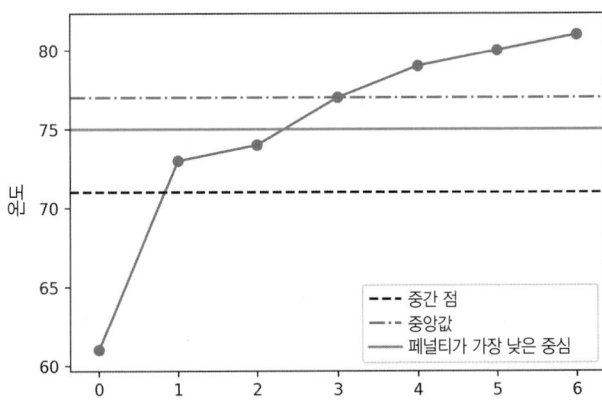

페널티가 가장 낮은 중심이 전체 측정된 온도를 균등하게 분할하는 것을 알 수 있습니다. 즉, 해당 온도를 기준으로 네 개는 위쪽에, 나머지 세 개는 아래쪽에 위치하죠. 따라서 이 중심은 중앙값에 비해 최저 온도에 더 가까운 거리를 제공하면서 동시에 데이터를 균형 있게 분할합니다.

페널티가 가장 낮은 중심은 중심성을 나타내는 좋은 척도입니다. 특정 값에서 멀리 떨어질 때 발생하는 모든 페널티를 최소화하여 중심과 모든 값 사이의 거리를 균형 잡히게 만들어 줍니다. 다만 앞서 만든 중심을 계산하는 코드는 효율이 좋지 않습니다. 가능한 모든 페널티를 확인하는 것은 확장성이 떨어지죠. 그렇다면 더 효율적으로 중심을 계산할 방법이 있을까요? 수학자들은 거리의 제곱합에 대한 오차는 항상 데이터셋의 평균값으로 최소화된다는 사실을 보인 바 있습니다. 따라서 측정값을 모두 더한 뒤 배열 크기로 나누는 방식으로 페널티가 가장 낮은 중심을 바로 계산할 수 있습니다.

코드 5-16 평균값으로 페널티가 가장 낮은 중심 계산하기

```
assert measurements.sum() / measurements.size == least_penalized
```

배열 값들을 모두 더한 뒤 배열 크기로 나누는 것을 공식적으로 **산술 평균**(arithmetic mean)이라고 합니다. 비공식적으로는 '배열의 평균'이라고도 하죠. 평균은 넘파이 배열의 mean 메서드를 호출하면 쉽게 계산할 수 있습니다. 또 np.mean이나 np.average 메서드로도 평균을 계산할 수 있습니다.

코드 5-17 넘파이로 평균 계산하기

```
mean = measurements.mean()
assert mean == least_penalized
assert mean == np.mean(measurements)
assert mean == np.average(measurements)
```

np.average와 np.mean 메서드는 다릅니다. 별도의 weights라는 매개변수를 선택적으로 입력할 수 있기 때문입니다. 이 매개변수는 각 측정값이 다른 측정값에 비해 상대적으로 얼마나 중요한지 나타내는 가중치 리스트입니다. 모든 가중치가 균등하다면 np.average와 np.mean의 결과는 동일할 것입니다. 하지만 그렇지 않다면 결과는 달라지죠.

코드 5-18 np.average 메서드에 가중치 입력하기

```
equal_weights = [1] * 7
assert mean == np.average(measurements, weights=equal_weights)

unequal_weights = [100] + [1] * 6
assert mean != np.average(measurements, weights=unequal_weights)
```

가중치 매개변수는 중복된 값들의 평균을 계산하는 데 유용합니다. 한 가지 예로, 75도가 9번 관측되었고 77도가 한 번 관측된 상황을 분석한다고 가정해 보죠. 전체 측정에 대한 리스트는 9 * [75] + [77]이라는 표현식으로 만들 수 있을 것입니다. 이 리스트에 대해 np.mean 메서드를 호출하면 평균을 계산할 수 있습니다. 그리고 np.average([75, 77], weights=[9, 1])처럼 호출해도 평균을 계산할 수 있으며, 두 경우 모두 결과는 같습니다.

코드 5-19 중복된 값들의 가중된 평균 계산하기

```
weighted_mean = np.average([75, 77], weights=[9, 1])
print(f"평균은 {weighted_mean}입니다")
assert weighted_mean == np.mean(9*[75]+[77]) == weighted_mean
```

▶ 실행결과

평균은 75.2입니다

중복된 값이 있는 상황에서 가중된 평균을 계산하면 일반적인 평균을 더 빠르게 얻을 수 있습니다. 이 계산을 수행할 때, 고윳값들에 대한 상대적인 비율은 가중치 비율로 표현됩니다. 따라서 이 9번과 1번이라는 측정값들이 관측된 절대적인 횟수를 900과 100으로 바꾸어도 최종 weighted_mean 값은 같을 것입니다. 또 가중치를 0.9와 0.1처럼 상대적인 확률로 변환해도 결과는 같겠죠.

코드 5-20 상대적인 가중치의 가중된 평균 계산하기

```
assert weighted_mean == np.average([75, 77], weights=[900, 100])
assert weighted_mean == np.average([75, 77], weights=[0.9, 0.1])
```

확률을 가중치로 취급할 수 있는 것입니다. 따라서 어떤 확률 분포에서도 평균을 계산할 수 있다고 해석할 수 있겠죠.

5.2.1 확률 분포의 평균 구하기

이 시점에서 우리는 동전을 20번 뒤집었을 때 이항 분포를 잘 알고 있습니다. 동전 앞면이 10번 등장했을 때 (가장 높은 확률)를 중심으로 좌우 대칭을 이루죠. 그러면 이 가장 높은 확률은 분포의 평균과 어떻게 다를까요? np.average 메서드의 가중치 매개변수에 확률들이 담긴 배열을 입력하면 평균을 구할 수 있습니다. 그다음 해당 평균을 분포를 가로지르는 수직선으로 그래프에 표현할 수 있습니다(그림 5-9).

코드 5-21 이항 분포의 평균 계산하기

```
num_flips = 20
interval_all_counts = range(num_flips+1)
probabilities = stats.binom.pmf(interval_all_counts, 20, prob_head)
mean_binomial = np.average(interval_all_counts, weights=probabilities)
print(f"이항 분포의 평균은 동전 앞면이 {mean_binomial:.2f}번 등장할 때입니다")

plt.plot(interval_all_counts, probabilities)
plt.axvline(mean_binomial, color='k', linestyle='--')
plt.xlabel('동전 앞면의 등장 횟수')
plt.ylabel('확률')
plt.show()
```

▶ 실행결과

이항 분포의 평균은 동전 앞면이 10.00번 등장할 때입니다 이항 분포의 평균은 동전 앞면이 10번 나타날 때로 이항 분포의 가장 확률이 높은 지점을 가로질러 중심을 완벽히 포착합니다. 이러한 이유로 사이파이는 단순히 stats.binom.mean을 호출하는 것만으로도 모든 이항 분포의 평균을 쉽게 구합니다. stats.binom.mean 메서드를 호출할 때는 동전 뒤집기 횟수 및 동전 앞면이 나올 확률을 매개변수로 입력해야 합니다.

▼ 그림 5-9 평균으로 이등분된 동전 뒤집기 20번에 대한 이항 분포로 평균은 분포 정중앙에 위치합니다

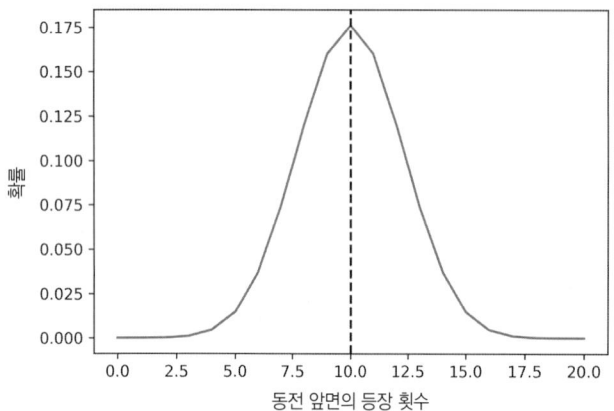

코드 5-22 사이파이로 이항 분포의 평균 계산하기

```
assert stats.binom.mean(num_flips, 0.5) == 10
```

stats.binom.mean 메서드를 사용하면 이항 분포의 중심성과 동전 뒤집기 횟수 사이의 관계를 엄격하게 분석할 수 있습니다. 0~500번 동전 뒤집기에 대한 이항 분포의 평균을 그래프로 표현해 보죠(그림 5-10).

코드 5-23 여러 이항 분포 평균들에 대한 그래프 그리기

```
means = [stats.binom.mean(num_flips, 0.5) for num_flips in range(500)]
plt.plot(range(500), means)
plt.xlabel('동전 뒤집기 횟수')
plt.ylabel('평균')
plt.show()
```

동전 뒤집기 횟수와 그에 따른 분포 평균은 선형적인 관계를 보입니다. 즉, 동전 뒤집기 횟수를 반으로 나눈 값이 평균과 일치하는 셈이죠. 이를 염두에 두고 한 번 동전을 뒤집는 이항 분포에 대한 평균을 고려해 봅시다(보통 '베르누이 분포'라고 합니다). 베르누이 분포의 동전 뒤집기 횟수는 1이기 때문에 평균을 0.5라고 추정할 수 있습니다. 당연하게도 동전이 앞면으로 떨어질 균등한 확률은 베르누이 분포의 평균과 같습니다.

코드 5-24 베르누이 분포의 평균 예측하기

```
num_flips = 1
assert stats.binom.mean(num_flips, 0.5) == 0.5
```

▼ 그림 5-10 이항 분포의 평균에 따른 동전 뒤집기 횟수를 그래프로 표현한 것으로 이 둘의 관계는 선형적입니다. 각 이항 분포의 평균은 동전을 뒤집은 횟수를 반으로 나눈 것과 같습니다

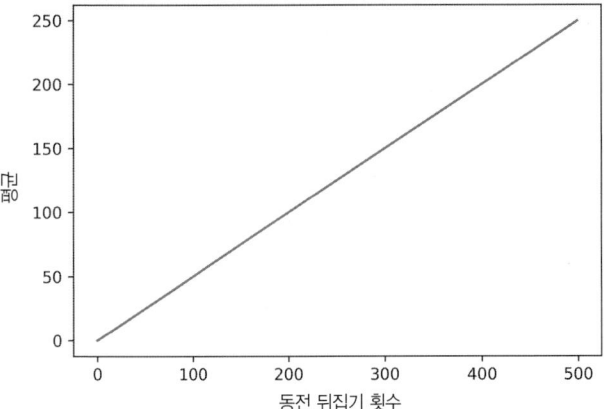

관측된 선형 관계를 사용하면 동전을 1,000번 뒤집은 분포의 평균을 예측할 수 있습니다. 이 평균은 500이며, 분포의 정중앙에 위치할 것으로 예상할 수 있겠죠. 실제로도 그런지 확인해 보죠(그림 5-11).

코드 5-25 동전을 1,000번 뒤집었을 때의 이항 분포 평균 예측하기

```
num_flips = 1000
assert stats.binom.mean(num_flips, 0.5) == 500

interval_all_counts = range(num_flips)
probabilities = stats.binom.pmf(interval_all_counts, num_flips, 0.5)
plt.axvline(500, color='k', linestyle='--')
plt.plot(interval_all_counts, probabilities)
plt.xlabel('동전 앞면의 등장 횟수')
plt.ylabel('확률')
plt.show()
```

▼ 그림 5-11 동전을 1,000번 뒤집었을 때 평균으로 이등분된 이항 분포입니다. 평균은 분포의 정중앙에 위치합니다

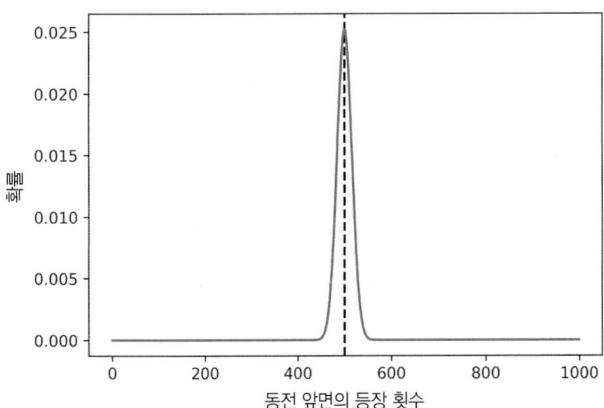

분포의 평균은 중심성을 나타내는 훌륭한 척도입니다. 이번에는 흩어진 정도에 대한 측정으로 분산을 사용하는 방법을 살펴보겠습니다.

5.3 흩어진 정도를 측정하는 분산

흩어짐은 일부 중심 값 주변에 데이터가 흩어진 것을 의미합니다. 흩어진 정도가 작을수록 데이터에 대한 예측 가능성이 높아지죠. 반면 흩어진 정도가 크다면 데이터의 출렁거림이 심할 것입니다. 캘리포니아주와 켄터키주의 여름 기온을 측정하는 시나리오를 가정해 보겠습니다. 각 주의 임의의 장소에서 온도를 3번 측정합니다. 캘리포니아주는 면적이 넓기 때문에 기후도 다양합니다. 따라서 측정값의 변동도 심할 것으로 예상할 수 있습니다. 실제 각 장소에서 측정된 캘리포니아주 온도는 각각 52도, 77도, 96도입니다.

각 장소에서 측정된 켄터키주 온도는 각각 71도, 75도, 79도입니다. 이 측정된 온도를 저장한 뒤 이들의 평균을 계산해 보죠.

코드 5-26 측정된 온도를 담은 여러 배열에 대한 평균 계산하기

```
california = np.array([52, 77, 96])
kentucky = np.array([71, 75, 79])
print(f"캘리포니아주의 평균 온도는 {california.mean()}입니다")
print(f"켄터키주의 평균 온도는 {kentucky.mean()}입니다")
```

▶ 실행결과

```
캘리포니아주의 평균 온도는 75.0입니다
켄터키주의 평균 온도는 75.0입니다
```

두 배열의 평균은 모두 75입니다. 캘리포니아주와 켄터키주는 동일한 중심 온도 값을 공유하는 것으로 보입니다. 하지만 두 측정 배열이 같은 것은 아니죠. 사실상 매우 다릅니다. 캘리포니아주 온도는 52~96도 사이로 그 정도가 훨씬 분산되어 있고 예측이 어렵습니다. 반면 켄터키주는 70대 초반부터 후반까지 범위로 훨씬 안정적이며 평균에 더 가깝게 집중되어 있죠. 두 측정 배열을 그래프로 표현하여 이러한 분산 차이를 시각화해 보죠(그림 5-12). 또 수평선을 그려서 평균도 구분합니다.

코드 5-27 흩어진 정도 차이를 시각화하기

```
plt.plot(range(3), california, color='b', label='캘리포니아주')
plt.scatter(range(3), california, color='b')
plt.plot(range(3), kentucky, color='r', linestyle='-.', label='켄터키주')
plt.scatter(range(3), kentucky, color='r')
plt.axhline(75, color='k', linestyle='--', label='평균')
plt.legend()
plt.show()
```

▼ 그림 5-12 캘리포니아주와 켄터키주에서 측정된 온도를 그래프로 표현한 것으로 두 곳의 온도 모두 평균은 75도로 같습니다. 그리고 캘리포니아주 온도가 평균에서 더 많이 흩어져 있습니다

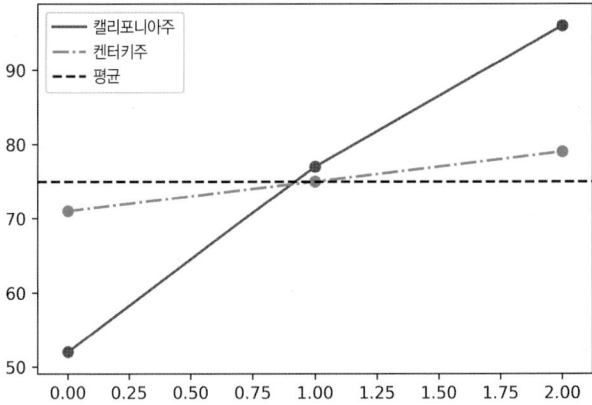

그래프에서 켄터키주 세 군데서 측정한 온도는 거의 평균에 가깝습니다. 반면 캘리포니아주에서 측정된 온도는 평균에서 눈에 띌 정도로 멀리 떨어져 있습니다. 중심에서 멀리 떨어진 캘리포니아주에서 측정된 온도에 페널티를 부여하면 이러한 관측을 정량화할 수 있습니다. 이전에는 거리의 제곱합 함수로 페널티를 계산했습니다. 이번에는 캘리포니아주의 측정된 값과 평균 사이의 제곱 거리 합을 계산합니다. 통계학자들은 평균에서 거리의 제곱합을 단순히 **제곱합**(sum of squares)이라고 합니다. 따라서 sum_of_squares라는 함수를 정의하고, 이를 캘리포니아주에서 측정된 온도에 적용해 보죠.

코드 5-28 캘리포니아주 온도의 제곱합 계산하기

```
def sum_of_squares(data):
    mean = np.mean(data)
    return sum(squared_distance(value, mean) for value in data)

california_sum_squares = sum_of_squares(california)
print(f"캘리포니아주 온도의 제곱합은 {california_sum_squares}입니다")
```

▶ 실행결과

캘리포니아주 온도의 제곱합은 974.0입니다

캘리포니아주 온도의 제곱합은 974입니다. 아마도 켄터키주 온도의 제곱합은 눈에 띌 정도로 낮을 것입니다. 이를 한번 확인해 보죠.

코드 5-29 켄터키주 온도의 제곱합 계산하기

```
kentucky_sum_squares = sum_of_squares(kentucky)
print(f"켄터키주 온도의 제곱합은 {kentucky_sum_squares}입니다")
```

▶ 실행결과

켄터키주 온도의 제곱합은 32.0입니다

켄터키주 온도의 제곱합은 32입니다. 캘리포니아주와 켄터키주의 계산 결과는 약 30배 정도 차이가 납니다. 하지만 켄터키주에서 측정된 온도가 많이 흩어져 있지 않기 때문에 그리 놀랄 만한 일은 아니죠. 제곱합은 이 흩어진 정도를 측정하는 데 유용합니다. 다만 측정이 완벽하지는 않습니다. 측정된 각 온도를 2번씩 기록해서 캘리포니아주의 측정 온도 배열을 복제한다고 가정해 보죠. 그러면 제곱합이 2배가 되더라도 흩어진 정도는 동일하게 유지됩니다.

코드 5-30 배열 복제 후 제곱합 계산하기

```
california_duplicated = np.array(california.tolist()*2)
duplicated_sum_squares = sum_of_squares(california_duplicated)
print(f"복제된 캘리포니아주 온도의 제곱합은 {duplicated_sum_squares}입니다")
assert duplicated_sum_squares == 2 * california_sum_squares
```

▶ 실행결과

복제된 캘리포니아주 온도의 제곱합은 1948.0입니다

제곱합은 입력된 배열 크기에 영향을 받기 때문에 흩어진 정도를 측정하는 좋은 수단이 아닙니다. 하지만 다행히 배열 크기로 제곱합을 나누어 이러한 영향을 쉽게 제거할 수 있습니다. 즉, california_sum_squares 값을 california.size로 나눈 것은 duplicated_sum_squares / california_duplicated.size와 같습니다.

코드 5-31 제곱합을 배열 크기로 나누기

```
value1 = california_sum_squares / california.size
value2 = duplicated_sum_squares / california_duplicated.size
assert value1 == value2
```

제곱합을 측정된 배열 크기로 나누는 것이 바로 통계학자들이 말하는 분산(variance)입니다. 개념적으로 분산은 평균으로부터의 평균 제곱 거리와 같습니다.

코드 5-32 평균 제곱 거리로 분산 계산하기

```
def variance(data):
    mean = np.mean(data)
    return np.mean([squared_distance(value, mean) for value in data])

assert variance(california) == california_sum_squares / california.size
```

california와 california_duplicated 배열에 대한 분산은 흩어진 정도가 동일하기 때문에 같습니다.

코드 5-33 배열 복제 후 분산 계산하기

```
assert variance(california) == variance(california_duplicated)
```

한편 캘리포니아주와 켄터키주에서 측정된 온도 배열에 대한 분산은 여전히 30배 정도의 비율 차이를 보입니다.

코드 5-34 캘리포니아주와 켄터키주에서 측정된 온도의 분산 비교하기

```python
california_variance = variance(california)
kentucky_variance = variance(kentucky)
print(f"캘리포니아주 온도에 대한 분산은 {california_variance}입니다")
print(f"켄터키주 온도에 대한 분산은 {kentucky_variance}입니다")
```

▶ 실행결과

캘리포니아주 온도에 대한 분산은 324.6666666666667입니다
켄터키주 온도에 대한 분산은 10.666666666666666입니다

분산은 흩어진 정도를 측정하는 좋은 수단입니다. 파이썬 리스트 또는 넘파이 배열에 대해 np.var 함수를 호출하면 쉽게 계산할 수 있습니다. 또 넘파이 배열을 사용할 때는 내장된 var 메서드로도 계산할 수 있습니다.

코드 5-35 넘파이로 분산 계산하기

```python
assert california_variance == california.var()
assert california_variance == np.var(california)
```

분산은 평균에 따라 달라집니다. 가중된 평균을 계산한다면 분산 또한 가중된 분산을 계산해야 합니다. 앞서 설명한 대로 분산은 단순히 평균으로부터의 모든 거리 제곱의 평균을 계산한 것이므로 가중된 분산은 단순히 가중된 평균으로부터의 모든 거리 제곱의 평균을 계산하면 구할 수 있습니다. 그러면 이를 계산하는 weighted_variance라는 함수를 정의해 보죠. 이 함수는 데이터 리스트와 가중치를 매개변수로 입력받으며, np.average 함수로 평균으로부터의 거리 제곱에 대한 가중 평균을 계산합니다.

코드 5-36 np.average로 가중된 분산 계산하기

```python
def weighted_variance(data, weights):
    mean = np.average(data, weights=weights)
    squared_distances = [squared_distance(value, mean) for value in data]
    return np.average(squared_distances, weights=weights)

assert weighted_variance([75, 77], [9, 1]) == np.var(9*[75]+[77])
```
······ 가중 분산을 사용하면 중복된 요소를 가중치로 처리할 수 있습니다.

weighted_variance 함수는 확률 값들이 담긴 배열을 입력받기 때문에 이를 사용하면 모든 확률 분포에 대한 분산을 계산할 수 있습니다.

5.3.1 확률 분포의 분산 구하기

그러면 공정하게 20번 시행한 동전 뒤집기에 대한 이항 분포의 분산을 계산해 보죠. weighted_variance 함수의 weights 매개변수에 확률 값들이 담긴 배열을 입력하면 분산을 계산할 수 있습니다.

코드 5-37 이항 분포의 분산 계산하기

```python
interval_all_counts = range(21)
probabilities = stats.binom.pmf(interval_all_counts, 20, prob_head)
variance_binomial = weighted_variance(interval_all_counts, probabilities)
print(f"이항 분포의 분산은 동전 앞면이 {variance_binomial:.2f}번 등장했을 때입니다")
```

▶ 실행결과

이항 분포의 분산은 동전 앞면이 5.00번 등장했을 때입니다

이항 분포의 분산은 5로, 이는 이항 분포 평균의 절반에 해당합니다. 사이파이의 stats.binom.var 함수를 사용하면 이 분산을 더욱 빠르고 직접적으로 계산할 수 있습니다.

코드 5-38 사이파이로 이항 분포의 분산 계산하기

```python
assert stats.binom.var(20, prob_head) == 5.0
assert stats.binom.var(20, prob_head) == stats.binom.mean(20, prob_head) / 2
```

stats.binom.var 함수를 사용하면 이항 분포의 흩어진 정도와 동전을 뒤집은 횟수 사이의 관계를 엄격히 분석할 수 있습니다. 그러면 0번부터 500번까지 동전을 뒤집은 경우에 대한 이항 분포의 분산을 그래프로 표현해 보죠(그림 5-13).

▼ 그림 5-13 동전을 뒤집은 횟수에 따른 이항 분포의 분산을 그래프로 표현한 것으로 이 둘의 관계는 선형적입니다. 각 이항 분포의 분산은 동전 뒤집기 횟수의 1/4과 같습니다

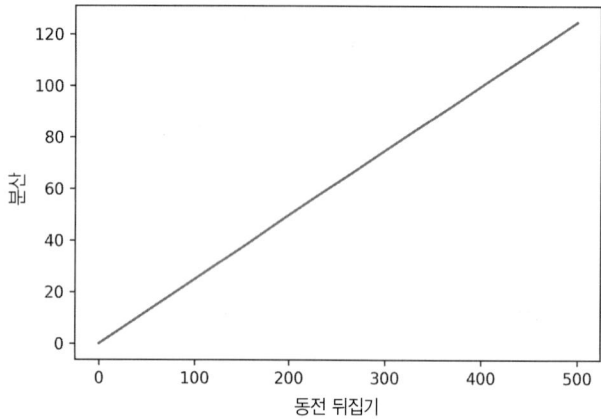

코드 5-39 다중 이항 분포의 분산을 그래프로 표현하기

```python
variances = [stats.binom.var(num_flips, prob_head)
             for num_flips in range(500)]
plt.plot(range(500), variances)
plt.xlabel('동전 뒤집기')
plt.ylabel('분산')
plt.show()
```

이항 분포의 분산은 평균과 마찬가지로 동전을 뒤집은 횟수에 대해 선형적인 관계를 갖습니다. 분산은 동전 뒤집기 횟수의 1/4에 해당합니다. 따라서 동전 뒤집기 횟수가 1인 베르누이 분포의 분산은 0.25입니다. 이 논리에 따르면, 동전을 1,000번 뒤집었을 때에 대한 분포의 분산을 250으로 추정할 수 있습니다.

코드 5-40 이항 분포의 분산 예측하기

```
assert stats.binom.var(1, 0.5) == 0.25
assert stats.binom.var(1000, 0.5) == 250
```

> **노트** 이항 분포의 분석에 쓰는 사이파이의 일반적인 메서드
> - **stats.binom.mean(num_flips, prob_heads)**: num_flips와 prob_heads에 따른 이항 분포의 평균을 반환합니다.
> - **stats.binom.var(num_flips, prob_heads)**: num_flips와 prob_heads에 따른 이항 분포의 분산을 반환합니다.
> - **stats.binom.pmf(head_count_int, num_flips, prob_heads)**: num_flips에 따른 head_count_int가 관측될 확률을 반환합니다. 동전 뒤집기 한 번에 대한 prob_heads에는 동전 앞면의 확률을 설정합니다.
> - **stats.binom.pmf(head_count_array, num_flips, prob_heads)**: 이항 분포의 확률 배열을 반환합니다. 이 값은 head_count_array의 각 요소 e에 대해 stats.binom.pmf(e, num_flips, prob_heads) 함수를 실행하여 얻어집니다.
> - **stats.binom_test(head_count_int, num_flips, prob_heads)**: 적어도 head_count_int를 생성하는 num_flips에 대한 확률을 반환합니다(head_count_int에 tail_count_int 값을 대입해도 됩니다). prob_heads에는 동전 뒤집기 한 번에서 동전 앞면이 나올 확률을 설정합니다.

분산은 데이터의 흩어진 정도를 측정하는 강력한 척도입니다. 하지만 통계학자들은 분산 대신 종종 **표준 편차**(standard deviation)라는 척도를 사용하고는 합니다. 표준 편차는 분산의 제곱근인데, np.std 함수로 쉽게 계산할 수 있습니다. 그리고 이를 제곱하면 다시 분산을 얻을 수 있죠.

코드 5-41 표준 편차 계산하기

```
data = [1, 2, 3]
standard_deviation = np.std(data)
assert standard_deviation ** 2 == np.var(data)
```

단위를 더 쉽게 추적하는 수단으로 분산 대신 표준 편차를 많이 사용합니다. 모든 측정값에는 단위가 있습니다. 예를 들어 온도 단위는 화씨(Fahrenheit)입니다. 평균으로부터 온도 거리를 제곱한다는 것은 해당 단위를 제곱한다는 것이기도 합니다. 따라서 분산은 '화씨' 단위를 제곱한 것이죠. 이렇게 단위를 제곱하는 것을 개념화하기란 매우 까다롭습니다. 단위에 제곱근을 취하면 다시 화씨 단위의 값을 얻을 수 있죠. 따라서 화씨 단위 측정값의 표준 편차를 구하는 것이 분산보다 더 해석하기 쉬울 수 있습니다.

평균과 표준 편차는 매우 유용한 값으로, 다음과 같은 일을 할 수 있습니다.

- 수치형 데이터셋을 비교할 수 있습니다. 두 번의 여름에 대해 연속으로 기록된 두 배열이 있다고 가정해 보죠. 평균과 표준 편차를 사용하면 두 여름 간 차이를 정량화할 수 있습니다.
- 확률 분포를 비교할 수 있습니다. 두 기후 연구소가 확률 분포를 공개했다고 가정해 보죠. 각 분포는 표준적인 여름날의 모든 온도 확률을 나타냅니다. 각 분포의 평균과 표준 편차를 비교하면 두 분포 간 차이를 요약할 수 있습니다.

- 수치형 데이터셋과 확률 분포를 비교할 수 있습니다. 10년간 기온 확률을 나타내는 잘 알려진 확률 분포가 있다고 가정해 보죠. 그런데 최근 기록된 여름 기온은 해당 확률 분포와는 거리가 있어 보입니다. 이것은 기후 변화의 신호일까요? 아니면 단순히 임의로 발생한 이상치일까요? 분포와 기온 데이터셋에 대해 중심성과 흩어진 정도를 나란히 배치하면 이를 알아낼 수 있습니다.

이 중 세 번째 사용 사례는 여러 통계의 기초가 됩니다. 다음 장에서는 데이터셋과 분포 가능성을 비교하는 방법을 다룹니다. 대부분의 비교는 데이터 분석에서 흔히 찾아볼 수 있는 정규 분포에 집중합니다. 편리하게도 이 분포의 종 모양 곡선은 평균과 표준 편차에 대한 직접적인 함수입니다. 한편 평균과 표준 편차에 이어 정규 분포 곡선의 의미를 잘 파악하기 위해 사이파이를 사용할 예정입니다.

5.4 요약

- 확률 질량 함수는 입력된 정수 값을 발생 확률에 매핑합니다.
- 이항 분포에 대한 확률 질량 함수는 stats.binom.pmf를 호출하여 생성할 수 있습니다.
- 평균은 데이터셋의 중심성을 나타내는 좋은 척도입니다. 데이터셋에 대한 제곱합을 최소화해 주죠. 또 데이터셋 크기로 데이터셋 값의 합을 나누면 가중되지 않은 평균을 계산할 수 있습니다. np.average 함수에 가중치 배열을 추가로 제공하면 가중된 평균도 계산할 수 있습니다. 한편 이항 분포의 가중된 평균은 동전 뒤집기 횟수와 선형적인 관계를 가집니다.
- 분산은 데이터셋의 흩어진 정도를 나타내는 좋은 척도입니다. 평균에서 데이터가 떨어진 거리의 제곱 평균과 같죠. 한편 이항 분포의 가중된 분산은 동전 뒤집기 횟수와 선형적인 관계를 가집니다.
- 표준 편차는 분산의 대안 척도입니다. 분산에 제곱근을 씌운 것과 동일하죠. 표준 편차는 데이터셋에 사용된 단위를 그대로 드러나게 해 줍니다.

6장

사이파이와 중심 극한 정리로 예측하기

이 장에서 다루는 내용

- 사이파이 라이브러리로 정규 분포 곡선 분석하기
- 중심 극한 정리로 평균과 분산 예측하기
- 중심 극한 정리로 모집단 속성 예측하기

정규 분포는 3장에서 소개된 종 모양의 곡선입니다. 이 곡선은 중심 극한 정리 때문에 임의의 데이터 샘플링에서 자연스럽게 발생하는 것입니다. 이 정리에 따라 반복적으로 샘플링된 빈도가 정규 분포 곡선의 모양을 만들어 낸다는 사실을 배웠죠. 또 이 정리는 각 빈도 표본의 크기가 커질수록 곡선의 폭은 좁아진다고 예측합니다. 즉, 분포의 표준 편차는 표본 크기가 증가할수록 줄어듭니다.

중심 극한 정리는 모든 고전 통계학에서는 핵심입니다. 이 장에서는 사이파이의 계산 능력을 활용하여 이 정리를 자세히 살펴봅니다. 그렇게 해서 궁극적으로는 해당 정리를 사용하여 제한된 데이터로 예측하는 방법을 배울 것입니다.

6.1 사이파이로 정규 분포 다루기

3장에서는 임의로 동전을 던졌을 때 얻은 샘플들이 어떻게 정규 분포 곡선을 생성하는지 알아보았습니다. 그러면 동전 뒤집기 샘플에 대한 히스토그램을 그려서 정규 분포 곡선을 생성해 보죠. 히스토그램 입력은 동전 앞면 빈도를 10만 번 포함합니다. 빈도를 계산하려면 일련의 동전 뒤집기를 10만 번 샘플링해야 합니다. 각 표본은 1만 번 뒤집힌 동전을 표현 0과 1로 채운 배열을 가집니다. 여기에서 배열 길이는 표본 크기입니다. 표본 값의 합을 표본 크기로 나누면 관측된 동전 앞면 개수의 빈도를 계산할 수 있습니다. 즉, 개념적으로 이 빈도는 표본 평균을 구하는 것과 동일합니다.

다음 코드는 임의의 단일 샘플에 대한 동전 앞면 빈도를 계산하고, 그 빈도와 평균의 관계를 확인합니다. 표본을 구성하는 모든 데이터는 베르누이 분포에서 가져옵니다.

코드 6-1 평균에서 동전 앞면 빈도 계산하기

```
np.random.seed(0)
sample_size = 10000
sample = np.array([np.random.binomial(1, 0.5) for _ in range(sample_size)])
head_count = sample.sum()
head_count_frequency = head_count / sample_size
assert head_count_frequency == sample.mean()   ····· head_count의 빈도는 표본 평균과 동일합니다.
```

물론 3장처럼 샘플 10만 번에 대한 동전 앞면 빈도를 코드 한 줄로 계산할 수도 있습니다(코드 6-2).

코드 6-2 샘플 10만 번에 대한 동전 앞면 빈도 계산하기

```
np.random.seed(0)
frequencies = np.random.binomial(sample_size, 0.5, 100000) / sample_size
```

각 샘플링된 빈도는 1만 번 임의로 동전을 뒤집었을 때 평균과 같습니다. 따라서 `frequencies` 변수 이름을 `sample_means`라고 변경해도 무방하겠죠. 그다음 히스토그램을 이용하여 `sample_means`에 담긴 데이터를 시각화합니다(그림 6-1).

코드 6-3 히스토그램으로 표본 평균 시각화하기

```
sample_means = frequencies
likelihoods, bin_edges, _ = plt.hist(sample_means, bins='auto',
                                     edgecolor='black', density=True)
plt.xlabel('구간 표본 평균')
plt.ylabel('상대적 확률')
plt.show()
```

히스토그램이 정규 분포와 같은 모양을 띠는 것을 알 수 있습니다. 그러면 해당 분포의 평균과 표준 편차를 계산해 보죠.

코드 6-4 히스토그램의 평균 및 표준 편차 계산하기

```
mean_normal = np.average(bin_edges[:-1], weights=likelihoods)
var_normal = weighted_variance(bin_edges[:-1], likelihoods)
std_normal = var_normal ** 0.5
print(f"평균은 약 {mean_normal:.2f}입니다")
print(f"표준 편차는 약 {std_normal:.3f}입니다")
```

▶ 실행결과

평균은 약 0.50입니다
표준 편차는 약 0.005입니다
평균은 약 0.50입니다
표준 편차는 약 0.005입니다

▼ 그림 6-1 10만 번 샘플링된 평균에 따른 상대적 확률을 히스토그램으로 그린 것으로 종 모양의 정규 분포와 닮아 있습니다

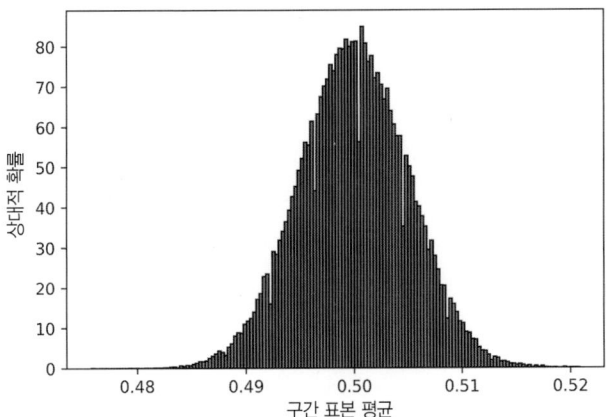

분포의 평균은 약 0.5이며, 표준 편차는 약 0.005입니다. 정규 분포에서 이 값들은 분포의 가장 높은 지점을 통해 즉시 계산될 수 있습니다. 단지 해당 지점의 x와 y 좌표의 값이 필요할 뿐이죠. x 값은 분포의 평균과 같으며, 표준 편차는 y 값의 역(inverse)에 $(2\pi)^{1/2}$을 곱한 것과 같습니다. 이러한 속성은 정규 분포 곡선의 수학적인 분석으로 도출할 수 있습니다. 가장 높은 지점의 좌표만으로 평균 및 표준 편차를 코드로 계산해 보죠.

코드 6-5 분포의 가장 높은 지점의 좌표로 평균 및 표준 편차 계산하기

```
import math
peak_x_value = bin_edges[likelihoods.argmax()]
print(f"평균은 약 {peak_x_value:.2f}입니다")
peak_y_value = likelihoods.max()
std_from_peak = (peak_y_value*(2*math.pi)**0.5) ** -1
print(f"표준 편차는 약 {std_from_peak:.3f}입니다")
```

▶ 실행결과

평균은 약 0.50입니다
표준 편차는 약 0.005입니다

한편 평균과 표준 편차는 stats.norm.fit(sample_means)를 호출하여 간단히 계산할 수 있습니다. 이 사이파이가 제공하는 메서드는 주어진 데이터로 형성된 정규 분포를 다시 생성할 수 있는 두 값을 반환합니다.

코드 6-6 stats.norm.fit( ) 메서드로 평균 및 표준 편차 계산하기

```
fitted_mean, fitted_std = stats.norm.fit(sample_means)
print(f"평균은 약 {fitted_mean:.2f}입니다")
print(f"표준 편차는 약 {fitted_std:.3f}입니다")
```

▶ 실행결과

평균은 약 0.50입니다
표준 편차는 약 0.005입니다

계산된 평균 및 표준 편차를 이용하면 정규 분포 곡선을 재현할 수 있습니다. 간단히 stats.norm.pdf(bin_edges, fitted_mean, fitted_std)라는 함수를 호출하기만 하면 되죠. 사이파이의 stats.norm.pdf( ) 함수는 정규 분포의 확률 밀도 함수를 나타냅니다. 확률 밀도 함수는 확률 질량 함수(probability mass function)와 유사하지만, 확률을 반환하지 않는다는 주요 차이점이 있습니다. 그 대신 상대적 확률을 반환합니다. 2장에서 본 바와 같이, 상대적 확률은 총 면적이 1.0인 곡선의 y축 값으로 확률과 달리 1.0보다 큰 값이 될 수 있습니다. 하지만 그려진 확률 구간 아래의 총 면적은 여전히 해당 구간 내에서 임의로 값을 관측할 확률과 동일합니다.

stats.norm.pdf( ) 함수로 상대적 확률을 계산한 뒤 샘플링된 동전 뒤집기의 히스토그램과 함께 그래프로 표현해 보겠습니다(그림 6-2).

코드 6-7 stats.norm.pdf( ) 함수로 정규 가능도 계산하기

```
normal_likelihoods = stats.norm.pdf(bin_edges, fitted_mean, fitted_std)
plt.plot(bin_edges, normal_likelihoods, color='k', linestyle='--', label='정규 확률 곡선')
plt.hist(sample_means, bins='auto', alpha=0.2, color='r', density=True)
plt.legend()
plt.xlabel('표본 평균')
plt.ylabel('상대적 확률')
plt.show()
```

…… alpha 매개변수를 조정하면 히스토그램을 투명화하여 그려진 가능도 곡선의 대비를 더욱 도드라지게 해 줍니다.

▼ 그림 6-2 정규 확률 밀도 함수와 겹친 히스토그램으로 정규 분포를 정의하는 매개변수는 사이파이로 계산되었습니다. 정규 분포 곡선과 히스토그램이 잘 들어맞는 모습을 볼 수 있습니다

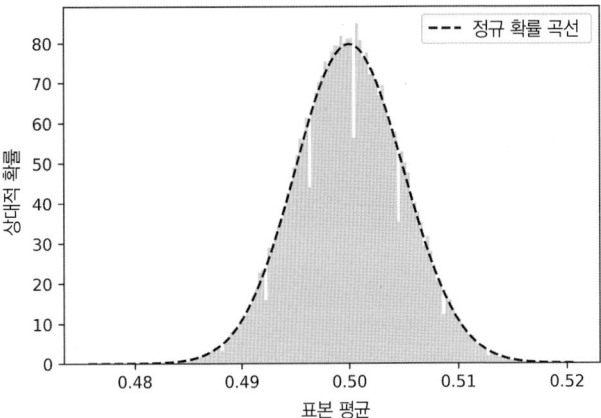

그려진 곡선은 히스토그램과 잘 맞아떨어집니다. 곡선의 최대 지점은 x축의 0.5 정도 위치에 있으며, 그 크기는 y축으로 약 80 정도까지 올라갑니다. 다시 말해 해당 최대 지점의 x 좌표 및 y 좌표는 fitted_mean 및 fitted_std 함수의 결과와 같습니다. 이 관계의 중요성을 강조하기 위해 최대 지점을 오른쪽으로 0.01만큼 이동하고, 그 크기를 2배로 늘리는 간단한 예시를 살펴보겠습니다(그림 6-3). 어떻게 이 이동을 실행할 수 있을까요? 최대 지점의 축은 평균과 같기 때문에 입력 평균을 fitted_mean+0.01로 조정합니다. 또 높이는 표준 편차에 반비례하기 때문에 fitted_std / 2로 최대 지점에서 높이의 2배를 얻을 수 있습니다.

코드 6-8 정규 분포 곡선의 최대 지점 좌표 조작하기

```
adjusted_likelihoods = stats.norm.pdf(bin_edges, fitted_mean+0.01, fitted_std / 2)
plt.plot(bin_edges, adjusted_likelihoods, color='k', linestyle='--')
plt.hist(sample_means, bins='auto', alpha=0.2, color='r', density=True)
plt.xlabel('표본 평균')
plt.ylabel('상대적 확률')
plt.show()
```

▼ 그림 6-3 중심이 히스토그램 왼쪽으로 0.01만큼 이동하도록 수정된 정규 분포 곡선
곡선의 최대 지점은 히스토그램의 최대 지점보다 높이가 2배 높습니다. 이 변경(x축 및 y축에 대한 값 조정)은 히스토그램의 평균과 표준 편차를 조작해서 했습니다

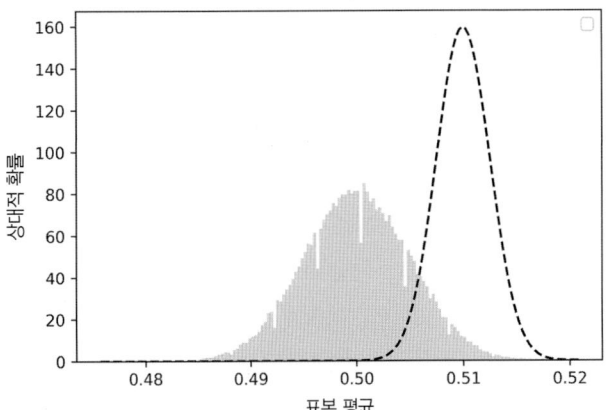

6.1.1 샘플링된 정규 분포 곡선 두 개 비교하기

사이파이를 사용하면 입력된 매개변수를 바탕으로 정규 분포 모양을 탐색하고 조정할 수 있습니다. 또 입력 매개변수의 값은 임의의 데이터를 샘플링하는 방식에 따라 다릅니다. 동전 뒤집기의 표본을 4만 개까지 4배 키우고, 결과를 그래프로 표현하여 분포의 변화를 확인해 보죠. 다음 코드는 정규 분포의 전(A)후(B) 모양을 그래프로 그려 비교합니다(그림 6-4).

코드 6-9 표본 크기가 다른 정규 분포 곡선 두 개 그리기

```
np.random.seed(0)
new_sample_size = 40000
new_head_counts = np.random.binomial(new_sample_size, 0.5, 100000)
new_mean, new_std = stats.norm.fit(new_head_counts / new_sample_size)
new_likelihoods = stats.norm.pdf(bin_edges, new_mean, new_std)
plt.plot(bin_edges, normal_likelihoods, color='k', linestyle='--', label='A: 표본 수 10K')
plt.plot(bin_edges, new_likelihoods, color='b', label='B: 표본 수 40K')
plt.legend()
plt.xlabel('표본 평균')
plt.ylabel('상대적 확률')
plt.show()
```

▼ **그림 6-4** 동전 뒤집기 데이터로 생성된 두 정규 분포도

분포 A는 샘플당 동전 뒤집기 1만 번으로 구한 것이고 분포 B는 샘플당 동전 뒤집기 4만 번으로 구한 것입니다. 두 분포 모두 중심은 평균인 0.5 부근이지만 분포 B가 분포 A보다 중심에 퍼진 정도가 촘촘하며 최대 지점의 크기가 2배 정도 높습니다. 이를 고려할 때 분포 B 분산은 분포 A 분산의 1/4이라는 것을 유추할 수 있습니다

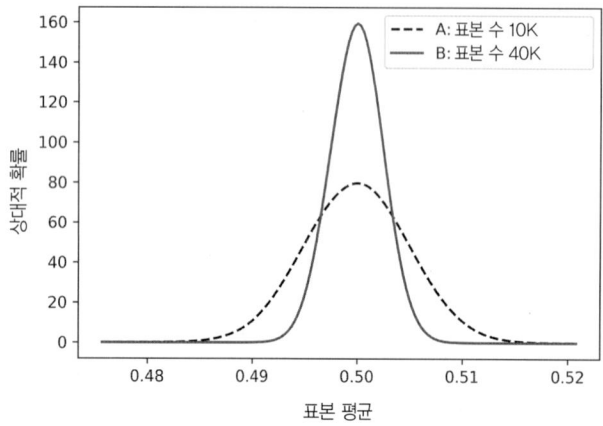

두 정규 분포의 중심은 모두 표본의 평균인 0.5 부근입니다. 하지만 표본 수가 더 많은 분포가 중심에서 더 좁게 퍼져 있습니다. 이는 3장에서 살펴본 내용과 일치합니다. 즉, 표본 수가 증가함에 따라 최대 지점의 위치는 일정하게 유지되는 반면 그 주변 영역의 폭은 줄어드는 것을 관측했죠. 최대 지점에 따라 퍼진 영역이 좁아지면 신뢰 구간은 감소합니다. 여기에서 신뢰 구간이란 동전 앞면에 대한 실제 확률을 포함한 가능한 값 범위를 나타냅니다. 이전에는 신뢰 구간을 이용하여 동전 앞면의 빈도를 의미하는 x축에서 동전 앞면이 등장할 확률을 추정했습니다. 이번에 x축은 표본 평균을 나타내며, 모든 표본 평균은 동전 앞면의 빈도와 일치합니다. 따

라서 표본 평균을 사용하면 동전 앞면의 확률을 구할 수 있습니다. 참고로 모든 동전 표본은 베르누이 분포에서 추출된 것입니다. 베르누이 분포의 평균은 동전 앞면의 평균과 같기 때문에 각 표본의 평균은 참(true) 베르누이 평균의 추정치 역할을 합니다. 신뢰 구간은 참 베르누이 평균을 포함할 가능성이 있는 값 범위라고 해석될 수 있습니다.

그러면 정규 분포 B를 사용하여 참 베르누이 평균에 대한 95% 신뢰 구간을 계산해 보죠. 이전에는 최대 지점 부근의 곡선 영역을 통해 95% 신뢰 구간을 수작업으로 계산했습니다. 하지만 사이파이의 stats.nrom.interval(0.95, mean, std)를 호출하면 그 범위를 자동으로 추출할 수 있습니다. 이 함수는 평균 및 표준 편차로 정의되는 정규 분포의 95% 영역을 포함하는 구간을 반환합니다.

코드 6-10 사이파이로 신뢰 구간 계산하기

```
mean, std = new_mean, new_std
start, end = stats.norm.interval(0.95, mean, std)
print(f"이항 분포로 샘플링된 참 평균은 {start:.3f}와 {end:.3f} 사이에 있습니다")
```

▶ **실행결과**

이항 분포로 샘플링된 참 평균은 0.495와 0.505 사이에 있습니다

샘플링된 베르누이 분포의 참 평균이 0.495와 0.505 사이에 있으리라는 것을 95% 신뢰할 수 있습니다. 사실 평균은 정확히 0.5며, 이 사실은 사이파이로 쉽게 확인할 수 있습니다.

코드 6-11 베르누이 평균 확인하기

```
assert stats.binom.mean(1, 0.5) == 0.5
```

이제 그려진 정규 분포 곡선을 바탕으로 베르누이 분포의 분산을 추정해 보죠. 언뜻 보기에는 어려워 보일 수도 있습니다. 그려진 두 분포 그래프의 평균은 여전히 0.5로 일정하지만, 분산은 눈에 띄게 바뀌었습니다. 분산의 상대적인 변화는 두 분포의 최대 지점을 비교하여 추정될 수 있습니다. 분포 A의 최대 지점 높이가 분포 B보다 약 2배 더 크죠. 이 높이는 표준 편차에 반비례하므로 분포 B의 표준 편차는 분포 A의 표준 편차를 반으로 나눈 것과 같습니다.

> **노트** 사이파이가 제공하는 정규 분포 곡선 분석용 메서드
> - **stats.norm.fit(data)**: 데이터에 정규 곡선을 적합시키는 데 필요한 평균 및 표준 편차를 반환합니다.
> - **stats.norm.pdf(observation, mean, std)**: 평균 및 표준 편차로 정의된 정규 분포 곡선의 단일 값에 매핑될 가능도를 반환합니다.
> - **stats.norm.pdf(observation_array, mean, std)**: 정규 가능도의 배열을 반환합니다. observation_array 배열의 각 요소 e에 stats.norm.pdf(e, mean, std) 함수를 실행하여 얻을 수 있습니다.
> - **stats.norm.interval(x_percent, mean, std)**: 평균 및 표준 편차로 정의된 x_percent에 대한 신뢰 구간을 반환합니다.

표준 편차는 분산에 제곱근을 씌운 것이므로 분포 B 분산이 분포 A 분산의 1/4이라는 것을 유추할 수 있습니다. 따라서 표본 크기를 1만 개에서 4만 개로 4배 키우면 분산은 4배 줄어듭니다.

코드 6-12 표본 크기를 증가한 뒤 분산의 변화 평가하기

```
variance_ratio = (new_std**2) / (fitted_std**2)
print(f"분산의 비율은 약 {variance_ratio:.2f}입니다")
```

▶ 실행결과

분산의 비율은 약 0.25입니다

분산이 표본 크기에 반비례하는 것으로 보입니다. 이것이 사실이라면 표본 수를 1만 개에서 2,500개로 4배 줄였을 때 분산은 4배 증가해야 합니다. 표본 수 2,500개로 일부 동전 앞면 횟수를 생성하여 이 가정이 사실인지 확인해 보죠.

코드 6-13 표본 크기를 줄인 후 분산의 변화 평가하기

```
np.random.seed(0)
reduced_sample_size = 2500
head_counts = np.random.binomial(reduced_sample_size, 0.5, 100000)
_, std = stats.norm.fit(head_counts / reduced_sample_size)
variance_ratio = (std**2) / (fitted_std**2)
print(f"분산의 비율은 약 {variance_ratio:.1f}입니다")
```

▶ 실행결과

분산의 비율은 약 4.0입니다

예! 표본 크기가 4배 감소하면 분산은 4배 증가합니다. 따라서 표본 크기를 1만에서 1로 줄이면 분산은 1만 배 증가할 것으로 예상할 수 있습니다. 표본 크기가 1일 때 분산은 (fitted_std**2) * 10000과 같아야 합니다.

코드 6-14 표본 크기가 1인 경우 분산 예측하기

```
estimated_variance = (fitted_std**2) * 10000
print(f"표본 크기가 1일 때 예상 분산은 {estimated_variance:.2f}입니다")
```

▶ 실행결과

표본 크기가 1일 때 예상 분산은 0.25입니다

표본 크기가 1일 때 예상 분산은 0.25입니다. 그러나 표본 크기가 1이라면 sample_means 배열은 단순히 무작위로 기록된 1과 0의 시퀀스가 될 것입니다. 정의에 따라 이 배열은 베르누이 분포의 출력을 나타내므로 sample_means.var를 실행하면 베르누이 분포의 분산을 근사화할 수 있습니다. 따라서 표본 크기 1에 대한 추정 분산은 베르누이 분포의 분산과 같습니다. 실제로 베르누이 분산은 0.25와 같습니다.

코드 6-15 표본 크기 1에 대한 예측 분산 확인하기

```
assert stats.binom.var(1, 0.5) == 0.25
```

방금 정규 분포를 사용하여 샘플링한 베르누이 분포의 분산과 평균을 계산했습니다. 결과를 도출하는 일련의 과정을 살펴보겠습니다.

1. 베르누이 분포에서 무작위로 1과 0을 샘플링했습니다.
2. sample_size 1과 0의 각 시퀀스를 단일 샘플로 그룹화했습니다.
3. 모든 표본의 평균을 계산했습니다.
4. 표본 평균은 정규 곡선을 생성했습니다. 평균과 표준 편차를 구했습니다.
5. 정규 곡선의 평균은 베르누이 분포의 평균과 같았습니다.
6. 정규 곡선의 분산에 표본 크기를 곱하면 베르누이 분포의 분산과 같았습니다.

베르누이 분포가 아닌 다른 분포에서 표본을 추출했다면 어떨까요? 무작위 샘플링을 통해 평균과 분산을 추정할 수 있을까요? 네, 가능합니다! 중심 극한 정리에 따르면, 거의 모든 분포에서 평균값을 샘플링하면 정규 곡선이 만들어집니다. 여기에는 다음과 같은 분포가 포함됩니다.

- 푸아송 분포(stats.poisson.pmf): 일반적으로 다음을 모델링하는 데 사용됩니다.
  - 시간당 스토어 방문 고객 수
  - 초당 온라인 광고 클릭 수
- 감마 분포(scipy.stats.gamma.pdf): 일반적으로 다음을 모델링하는 데 사용됩니다.
  - 한 지역의 월별 강우량
  - 대출 규모에 따른 은행 대출 불이행 건수
- 로그 정규 분포(scipy.stats.lognorm.pdf): 일반적으로 다음을 모델링하는 데 사용됩니다.
  - 주가 변동
  - 전염병의 잠복기
- 아직 이름이 지정되지 않은 자연에서 발생하는 수많은 분포

> **주의** 엣지 케이스 상황에서는 샘플링이 정규 곡선을 생성하지 않습니다. 소득 불평등을 모델링하는 데 사용되는 파레토 분포에서는 이러한 경우가 종종 있습니다.

정규 곡선을 샘플링한 뒤에는 이를 사용하여 기본 분포를 분석할 수 있습니다. 정규 곡선의 평균은 기본 분포의 평균에 근사합니다. 또 정규 곡선의 분산에 표본 크기를 곱하면 기본 분포의 분산에 근사치가 됩니다.

> **노트** 분산 var가 있는 분포에서 표본을 추출하면 분산 sample_size / var가 있는 정규 곡선을 얻습니다. 표본 크기가 무한대에 가까워질수록 정규 곡선의 분산은 0에 가까워집니다. 분산이 0이 되면 정규 곡선은 평균에 위치한 하나의 수직선으로 축소됩니다. 이 속성은 2장에서 소개한 큰 수의 법칙을 도출하는 데 사용할 수 있습니다.

샘플링으로 생성된 정규 분포와 기본 분포 특성 사이의 관계는 모든 통계의 기초가 됩니다. 이 관계를 이용하면 정규 곡선으로 무작위 샘플링을 해서 거의 모든 분포의 평균과 분산을 추정할 수 있습니다.

6.2 무작위 샘플링으로 모집단의 평균 및 분산 결정하기

한 마을에 사는 사람들의 평균 나이를 구하는 작업이 주어졌다고 가정해 보겠습니다. 마을 인구는 정확히 5만 명입니다. 다음 코드는 np.random.randint 메서드로 마을 사람들의 나이를 시뮬레이션합니다.

코드 6-16 무작위 모집단 생성하기

```
np.random.seed(0)
population_ages = np.random.randint(1, 85, size=50000)
```

주민의 평균 나이는 어떻게 계산할까요? 마을의 모든 주민을 대상으로 인구 조사를 하는 번거로운 접근 방식을 사용해야 합니다. 5만 명 나이를 모두 기록한 뒤 평균을 계산할 수 있습니다. 이 정확한 평균은 전체 인구를 포괄할 수 있으므로 이를 인구 평균이라고 합니다. 또 전체 인구 분산을 인구 분산이라고 합니다. 시뮬레이션된 마을의 인구 평균과 인구 분산을 빠르게 계산해 보겠습니다.

코드 6-17 모집단 평균 및 분산 계산하기

```
population_mean = population_ages.mean()
population_variance = population_ages.var()
```

시뮬레이션 데이터가 있으면 인구 평균을 계산하는 것은 쉽습니다. 하지만 실제 데이터를 얻으려면 엄청난 시간이 소요됩니다. 5만 명을 모두 인터뷰해야 합니다. 더 많은 리소스가 없다면 마을 전체를 인터뷰하는 것은 거의 불가능에 가까울 것입니다.

더 간단한 접근 방식은 마을에서 무작위로 사람들을 열 명 선정해서 인터뷰하는 것입니다. 이 무작위 표본에서 나이를 기록한 뒤 표본 평균을 계산합니다. np.random.choice 메서드에서 무작위로 열 명의 나이를 추출하여 샘플링 과정을 시뮬레이션해 보겠습니다. np.random.choice(age, size=sample_size)를 실행하면 무작위로 샘플링된 나이 배열을 열 개 반환합니다. 샘플링이 완료되면 결과 요소 열 개로 구성된 배열 평균을 계산합니다.

코드 6-18 인터뷰 대상자 열 명 시뮬레이션하기

```
np.random.seed(0)
sample_size = 10
sample = np.random.choice(population_ages, size=sample_size)
sample_mean = sample.mean()
```

물론 표본 평균은 노이즈가 많고 정확하지 않을 수 있습니다. 표본 평균과 모집단 평균의 백분율 차이를 구해 이러한 노이즈를 측정할 수 있습니다.

코드 6-19 표본 평균과 모집단 평균 비교하기

```
percent_diff = lambda v1, v2: 100 * abs(v1-v2) / v2
percent_diff_means = percent_diff(sample_mean, population_mean)
print(f"평균 {percent_diff_means:.2f}% 차이가 있습니다")
```

▶ 실행결과

평균 27.59% 차이가 있습니다

표본 평균과 모집단 평균 사이에는 약 27% 차이가 있습니다. 분명히 표본이 평균을 추정하기에 충분하지 않으므로 더 많은 표본을 수집해야 합니다. 마을 주민 1,000명을 대상으로 샘플링을 늘려야 할 수도 있습니다. 이는 전체 주민 5만 명을 대상으로 설문 조사를 하는 것보다 합리적인 목표처럼 보입니다. 안타깝게도 1,000명을 인터뷰하는 데는 여전히 많은 시간이 소요됩니다. 이상적인 인터뷰 비율을 분당 두 명으로 가정하더라도 인터뷰 목표를 달성하는 데 8시간이 걸립니다. 아마 면접 프로세스를 병렬화하면 시간을 최적화할 수 있을 것입니다. 지역 신문에 지원자 100명을 모집하는 광고를 게재합니다. 각 지원자는 무작위로 열 명을 대상으로 설문 조사를 실시하여 나이를 추출한 뒤 계산된 표본 평균을 우리에게 보내 줍니다. 따라서 인터뷰 총 1,000건을 대표하는 표본 평균을 100개 받게 됩니다.

> **노트** 각 지원자는 표본 평균을 보내 줍니다. 자원봉사자가 전체 데이터를 대신 보낼 수도 있습니다. 그러나 다음 이유로 표본 평균을 사용하면 더 좋습니다. 첫째, 평균은 전체 데이터만큼 많은 메모리 저장 공간이 필요하지 않습니다. 둘째, 평균을 히스토그램으로 표시하여 표본 크기 품질을 확인할 수 있습니다. 히스토그램이 정규 곡선에 가까워지지 않으면 추가 샘플이 필요합니다.

측량 프로세스를 시뮬레이션해 보겠습니다.

코드 6-20 1,000명의 표본 평균 계산하기

```
np.random.seed(0)
sample_means = [np.random.choice(population_ages, size=sample_size).mean() for _ in range(100)]
```

중심 극한 정리에 따르면, 표본 평균의 히스토그램은 정규 분포와 유사해야 합니다. 또 정규 분포 평균은 모집단 평균에 가까워야 합니다. 표본 평균을 정규 분포에 맞추면 이것이 사실임을 확인할 수 있습니다(그림 6-5).

코드 6-21 정규 곡선에 표본 평균 맞추기

```
likelihoods, bin_edges, _ = plt.hist(sample_means, bins='auto', alpha=0.2, color='r', density=True)
mean, std = stats.norm.fit(sample_means)
normal_likelihoods = stats.norm.pdf(bin_edges, mean, std)
plt.plot(bin_edges, normal_likelihoods, color='k', linestyle='--')
plt.xlabel('표본 평균')
plt.ylabel('상대적 확률')
plt.show()
```

▼ 그림 6-5 나이 샘플 100개에서 계산된 히스토그램
히스토그램은 관련 정규 분포와 겹칩니다. 정규 분포의 평균 및 표준 편차 매개변수는 플롯된 히스토그램 데이터에서 도출되었습니다

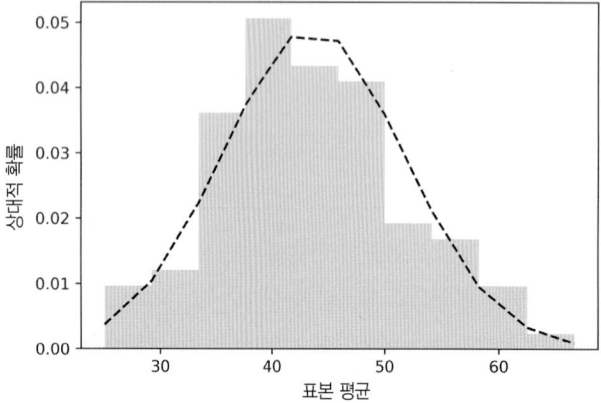

히스토그램은 데이터 포인트 100개만 처리했기 때문에 매끄럽지 않습니다. 하지만 히스토그램 모양은 여전히 정규 분포에 가깝습니다. 이 분포 평균을 인쇄하여 모집단 평균과 비교합니다.

코드 6-22 정규 평균과 모집단 평균 비교하기

```
print(f"실제 인구 평균은 약 {population_mean:.2f}%입니다")
percent_diff_means = percent_diff(mean, population_mean)
print(f"평균 간에는 {percent_diff_means:.2f}% 차이가 있습니다")
```

▶ 실행결과

```
실제 인구 평균은 약 42.53%입니다
평균 간에는 2.17%의 차이가 있습니다
```

추정 평균 나이는 약 43세입니다. 실제 인구 평균은 약 42.5세입니다. 추정 평균과 실제 평균 사이에는 약 2% 차이가 있습니다. 따라서 우리가 얻은 결과는 완벽하지 않지만 여전히 마을 내 실제 평균 나이에 대한 매우 좋은 근사치입니다.

이제 정규 분포에서 계산된 표준 편차를 잠시 살펴보겠습니다. 표준 편차를 제곱하면 분포의 분산을 구할 수 있습니다. 중심 극한 정리에 따르면, 이 분산을 이용하여 마을의 나이 분산을 추정할 수 있습니다. 계산된 분산에 표본 크기를 곱하기만 하면 됩니다.

코드 6-23 모집단 분산 추정하기

```
normal_variance = std ** 2
estimated_variance = normal_variance * sample_size
```

추정 분산을 모집단 분산과 비교해 보겠습니다.

코드 6-24 코드 추정 분산을 모집단 분산과 비교하기

```
print(f"예상 분산은 약 {estimated_variance:.2f}입니다")
print(f"실제 모집단 분산은 약 {population_variance:.2f}입니다")
```

```
percent_diff_var = percent_diff(estimated_variance, population_variance)
print(f"분산 간에는 {percent_diff_var:.2f}% 차이가 있습니다")
```

▶ 실행결과

```
예상 분산은 약 576.73입니다
실제 모집단 분산은 약 584.33입니다
분산 간에는 1.30% 차이가 있습니다
```

추정 분산과 인구 분산 사이에는 약 1.3% 차이가 있습니다. 따라서 마을에 거주하는 인구 2%만 샘플링하면서 마을의 분산을 비교적 정확하게 추정할 수 있었습니다. 추정치가 100% 완벽하지는 않을 수 있습니다. 그러나 우리가 절약한 시간은 정확도의 미세한 하락을 충분히 상쇄할 수 있습니다.

지금까지는 모집단 평균과 분산을 추정하는 데만 중심 극한 정리를 사용했습니다. 하지만 이 정리의 힘은 단순히 분포 매개변수를 추정하는 것 이상의 의미를 지닙니다. 중심 극한 정리를 이용하면 사람에 대한 예측을 할 수 있습니다.

6.3 평균과 분산을 이용하여 예측하기

이제 5학년 교실을 분석하는 새로운 시나리오를 고려해 보겠습니다. 만 선생님은 훌륭한 5학년 교사입니다. 그녀는 25년 동안 학생들에게 배움에 대한 열정을 불어넣어 왔습니다. 한 반에는 학생이 20명 있으니 수년 동안 총 500명을 가르친 셈입니다.

> 노트 매년 만 선생님이 정확히 학생 20명을 가르친다고 가정합니다. 물론 실제 반 규모는 해마다 변동될 수 있습니다.

그녀가 가르치는 학생들은 종종 같은 주에 있는 다른 5학년 학생들보다 성적이 뛰어납니다. 이러한 성과는 매년 모든 5학년 학생에게 시행되는 학업 평가 시험으로 측정합니다. 이 시험은 0점에서 100점까지 등급이 매겨지고, 모든 성적은 주 평가 데이터베이스를 쿼리하여 접근할 수 있습니다. 그러나 데이터베이스 설계가 잘못되어 조회가 가능한 시험 기록에는 각 시험이 치러진 연도가 명시되어 있지 않습니다.

다음 질문을 해결해야 한다고 가정해 보겠습니다. 만 선생님은 평가 시험에서 총체적으로 우수한 성적을 거둔 학급을 가르친 적이 있습니까? 더 구체적으로 평균 평가 성적이 89% 이상인 학생 20명으로 구성된 학급을 가르친 적이 있습니까?

이 질문에 답하기 위해 주 데이터베이스를 쿼리했다고 가정합니다. 만 선생님이 과거에 가르친 모든 학생의 성적을 얻었습니다. 물론 시간 정보가 부족하기 때문에 성적을 연도별로 그룹화할 수 없습니다. 단순히 89% 이상 연도별 평균에 대한 기록은 스캔할 수 없습니다. 하지만 성적 총 500개에 대한 평균과 분산은 계산할 수 있습니다. 평균이 84고 분산이 25라고 가정해 보겠습니다. 이 값은 만 선생님이 가르친 학생의 전체 모집단을 포함하므로 모집단 평균 및 모집단 분산이라고 하겠습니다.

> **코드 6-25** 기록된 성적의 모집단 평균 및 분산

```
population_mean = 84
population_variance = 25
```

만 선생님의 연간 시험 결과를 population_mean 및 population_variance를 갖는 분포에서 무작위로 추출한 성적 20개의 집합으로 모델링해 보겠습니다. 이 모델은 단순합니다. 다음 몇 가지 극단적인 가정을 합니다.

- 학급에 속한 각 학생 성적은 다른 학생에게 의존하지 않습니다. 하지만 현실에서는 이러한 가정이 항상 맞지는 않습니다. 예를 들어 방해가 되는 학생은 다른 학생의 성과에 부정적인 영향을 미칠 수 있습니다.
- 시험은 매년 똑같이 어렵습니다. 실제로 당시에 보는 시험은 출제 의원에 따라 난이도가 조정될 수 있습니다.
- 지역 경제 요인은 무시할 수 있는 수준입니다. 실제로 경제 변동은 학군 예산과 학생의 가정 환경에 영향을 미칩니다. 이러한 외부 요인은 성적의 질에 영향을 미칠 수 있습니다.

이러한 단순화는 예측 정확도에 영향을 미칠 수 있습니다. 하지만 제한된 데이터를 고려할 때 선택의 여지가 거의 없습니다. 통계학자는 해결하기 어려운 문제를 해결하기 위해 종종 이러한 타협을 해야만 합니다. 대부분은 통계학자들의 단순화된 예측은 여전히 실제 행동을 합리적으로 반영합니다.

간단한 모델이 주어지면 성적 20개를 무작위로 샘플링할 수 있습니다. 성적이 평균 90점 이상이 될 확률은 얼마일까요? 이 확률은 중심 극한 정리를 이용하여 쉽게 계산할 수 있습니다. 이 정리에 따르면, 평균 성적의 확률 분포는 정규 곡선과 유사합니다. 정규 곡선의 평균은 population_mean과 같습니다. 정규 곡선의 분산은 population_variance를 표본 크기인 학생 20명으로 나눈 값과 같습니다. 이 분산의 제곱근을 구하면 곡선의 표준 편차가 나오는데, 통계학자는 이를 **평균 표준 오차**(Standard Error of the Mean, SEM)라고 합니다. 정의에 따르면, SEM은 모집단 표준 편차를 표본 크기의 제곱근으로 나눈 값과 같습니다. 다음으로 곡선 매개변수를 계산하고 정규 곡선을 그립니다(그림 6-6).

> **코드 6-26** 평균 및 SEM을 사용하여 정규 곡선 그리기

```
mean = population_mean
population_std = population_variance ** 0.5   ····· 모집단 표준 편차는 모집단 분산의 제곱근과 같습니다.
sem = population_std / (20**0.5)   ····· SEM은 population_std를 표본 크기의 제곱근으로 나눈 값과 같습니다. 또는 실행
grade_range = range(101)                      (population_variance / 20) ** 0.5를 사용하여 SEM을 계산할 수 있습니다.
normal_likelihoods = stats.norm.pdf(grade_range, mean, sem)
plt.plot(grade_range, normal_likelihoods)
plt.xlabel('학생 20명의 평균 성적(%)')
plt.ylabel('상대적 확률')
plt.show()
```

▼ 그림 6-6 모집단 평균에서 도출된 정규 분포와 평균 표준 오차
표준 편차는 표준 편차를 표본 크기의 제곱근으로 나눈 값과 같습니다. 플롯된 곡선 아래 영역은 확률을 계산하는 데 사용할 수 있습니다

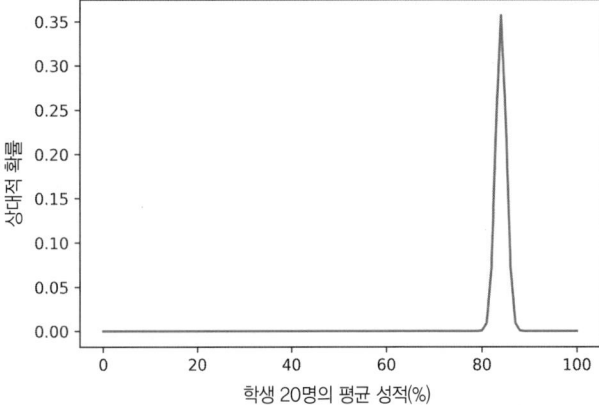

표시된 곡선 아래 면적은 89%보다 높은 값에서 0에 가까워집니다. 이 면적은 주어진 관측치 확률과도 같지만, 90% 이상 평균 성적이 관측될 확률은 매우 낮습니다. 하지만 확실히 하려면 실제 확률을 계산해야 합니다. 어떻게든 정규 분포 아래의 영역을 정확하게 측정해야 합니다.

6.3.1 정규 곡선 아래 면적 계산하기

3장에서는 히스토그램 아래 영역을 계산했습니다. 이러한 영역을 결정하는 것은 쉬운 일이었습니다. 정의에 따라 모든 히스토그램은 작은 직사각형 단위로 구성되므로 지정된 간격을 구성하는 직사각형 면적을 합하면 총합이 해당 간격의 면적과 같았습니다. 안타깝게도 매끄러운 법선 곡선은 직사각형으로 분해되지 않습니다. 그렇다면 그 넓이는 어떻게 구할 수 있을까요? 한 가지 간단한 해결책은 법선 곡선을 작은 사다리꼴 단위로 세분화하는 것입니다. 이 오래된 기법을 **사다리꼴 규칙**이라고 합니다. 사다리꼴은 두 변이 평행한 4변 다각형으로, 사다리꼴 넓이는 이 평행한 변의 합에 변 사이의 거리 절반을 곱한 값과 같습니다. 그림 6-7에 표시되었듯이, 연속된 사다리꼴 여러 개의 영역을 합하면 간격에 따른 면적이 근사화됩니다.

사다리꼴 규칙은 코드 몇 줄만으로 매우 쉽게 실행할 수 있습니다. 또는 넘파이의 np.trapz 메서드를 활용하여 입력된 배열 면적도 구할 수 있습니다. 사다리꼴 규칙을 정규 분포에 적용해 보겠습니다. 이 규칙이 정상_확률에 포함된 총 면적에 얼마나 근접하는지 테스트하고 싶습니다. 이상적으로는 이 영역이 1.0에 가까울 것입니다.

코드 6-27 사다리꼴 규칙을 이용하여 면적 근사화하기

```
total_area = np.sum([normal_likelihoods[i: i+2].sum() / 2  ····· 각 사다리꼴 면적은 연속된 확률 값 두 개를 더한 뒤
                     for i in range(normal_likelihoods.size-1)])   2로 나눈 값과 같습니다. 사다리꼴 변들 사이의 x 좌
                                                                   표 거리는 1이므로 계산에 영향을 미치지 않습니다.
assert total_area == np.trapz(normal_likelihoods)  ····· 넘파이는 사다리꼴 법칙을 수학적으로
print(f"곡선 아래 예상 면적은 {total_area}입니다")        더 효율적인 방식으로 계산합니다.
```

▶ 실행결과

곡선 아래 예상 면적은 1.0000000000384808입니다

▼ 그림 6-7 사다리꼴 영역으로 세분화된 정규 분포
각 사다리꼴의 왼쪽 아래 모서리는 x 좌표 i에 위치하며 각 사다리꼴의 평행 변은 stats.norm.pdf(i) 및 stats.norm.pdf(i+1)로 정의됩니다. 이러한 평행 변은 1단위 간격입니다. 위치 84에 있는 사다리꼴 영역이 음영 처리되었습니다. 이 면적은 (stats.norm.pdf(84)+stats.norm.pdf(85)) / 2와 같습니다. 간격 범위에서 사다리꼴 면적을 합하면 해당 간격의 총 면적이 근사화됩니다

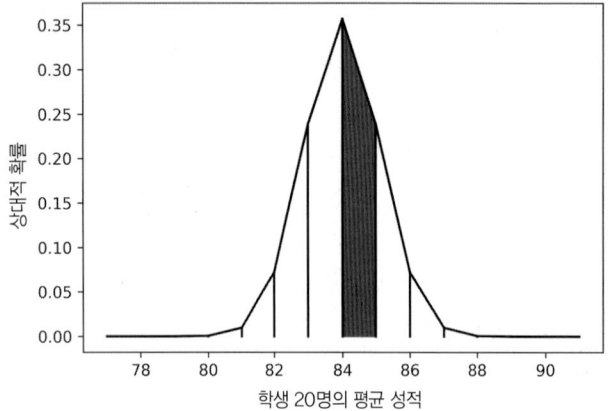

예상 면적은 1.0에 매우 가깝지만 정확히 1.0과 같지는 않습니다. 실제로는 1.0보다 약간 큽니다. 이 사소한 부정확성을 기꺼이 용인할 수 있다면 사다리꼴 규칙 출력은 허용됩니다. 그렇지 않으면 정규 분포 영역에 대한 정확한 솔루션이 필요합니다. 이러한 정밀도는 사이파이가 제공합니다. `stats.norm.sf` 메서드를 사용하여 수학적으로 정확한 솔루션에 접근할 수 있습니다. 이 방법은 정규 곡선의 생존 함수(survival function)를 나타냅니다. 즉, 생존 함수는 `np.trapz(normal_likelihoods[x:])`로 근사한 면적에 대한 정확한 해법입니다. 따라서 `stats.norm.sf(0, mean, sem)`은 1.0이 될 것으로 예상할 수 있습니다.

코드 6-28 사이파이를 사용하여 총 면적 계산하기

```
assert stats.norm.sf(0, mean, sem) == 1.0
```
----- 이론적으로 정규 곡선의 하한 x 값은 음의 무한대로 뻗어 있습니다. 따라서 실제 면적은 1.0보다 미세하게 작습니다. 그 차이는 매우 작기 때문에 사이파이가 이를 감지하지 못합니다. 따라서 우리는 이를 1.0으로 간주했습니다.

마찬가지로 평균이 정규 곡선을 동일한 절반 두 개로 완벽하게 나누기 때문에 `stats.norm.sf(mean, 평균, sem)`은 0.5가 될 것으로 예상합니다(그림 6-8). 따라서 평균을 초과하는 값의 간격은 정규 곡선 면적의 절반을 차지합니다.

▼ 그림 6-8 stats.norm.sf(mean, mean, sem)으로 표시된 영역을 강조 표시했습니다. 이 영역은 평균보다 크거나 같은 값의 간격을 포함합니다. 음영 처리된 영역은 곡선 전체 영역의 절반에 해당합니다. 정확한 값은 0.5입니다

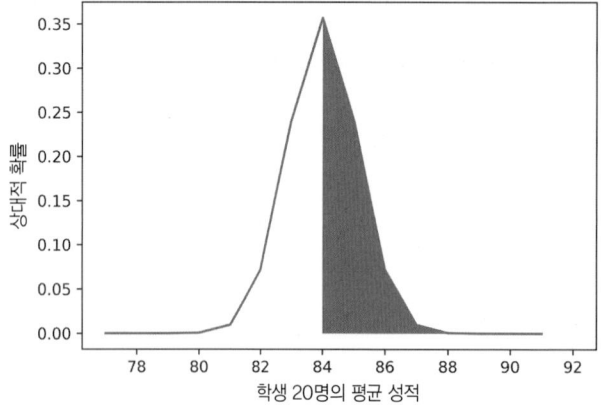

한편 우리는 np.trapz(normal_likelihoods[mean:])이 0.5에 가깝지만 완전히 같지는 않을 것으로 예상합니다. 확인해 봅시다.

코드 6-29 생존 함수에 평균 입력하기

```
assert stats.norm.sf(mean, mean, sem) == 0.5
estimated_area = np.trapz(normal_likelihoods[mean:])
print(f"평균을 초과하는 예상 면적은 {estimated_area}입니다")
```

▶ 실행결과

평균을 초과하는 예상 면적은 0.5000000000192404입니다

> **노트** 커브 면적을 측정하는 일반적인 방법
> - **numpy.trapz(array)**: 사다리꼴 규칙을 실행하여 배열 면적을 추정합니다. 배열 요소 간 x 좌표 차이는 1로 설정됩니다.
> - **numpy.trapz(array, dx=dx)**: 사다리꼴 규칙을 실행하여 배열 면적을 추정합니다. 배열 요소 사이의 x 좌표 차이는 dx로 설정됩니다.
> - **stats.norm.sf(x_value, mean, std)**: x_value보다 크거나 같은 간격을 포함하는 정규 곡선 아래 영역을 반환합니다. 정규 곡선의 평균과 표준 편차는 각각 mean과 std로 설정됩니다.
> - **stats.norm.sf(x_array, mean, std)**: 영역의 배열을 반환합니다. 이는 x_array의 각 요소 e에 대해 stats.norm.sf(e, mean, std)를 실행하여 얻을 수 있습니다.

이제 stats.norm.sf(90, mean, sem)을 실행해 보겠습니다. 이 함수는 90%를 초과하는 값의 간격에 대한 영역을 반환합니다. 이 영역은 학생 20명이 공동으로 시험을 치를 가능성을 나타냅니다.

코드 6-30 좋은 종합 성적을 받을 확률 계산하기

```
area = stats.norm.sf(90, mean, sem)
print(f"학생 20명이 시험에 합격할 확률은 {area}입니다")
```

▶ 실행결과

학생 20명이 시험에 합격할 확률은 4.012555633463782e-08입니다

예상대로 확률은 낮습니다.

6.3.2 계산된 확률 해석하기

모든 학생이 시험에 합격할 확률은 약 2,500만 분의 1입니다. 이 시험은 1년에 한 번만 치러지므로 무작위로 학생을 배치하여 그 수준의 성적을 얻으려면 약 2,500만 년이 걸립니다. 반면 만 선생님은 교직에 몸담은 지 25년밖에 되지 않았습니다. 이는 100만 배 차이를 나타냅니다. 만 선생님이 평균 성적이 90% 이상인 학급을 담임할 확률은 얼마나 될까요? 사실상 제로입니다. 그런 교실이 없었다는 결론을 내릴 수 있습니다!

> **노트** 실제 확률은 1 - stats.binom.pmf(0, 25, stats.norm.sf(90, mean, sem))을 실행하여 계산할 수 있습니다. 왜 그런지 알고 있나요?

물론 우리가 틀릴 수도 있습니다. 재능이 뛰어난 5학년 학생들이 무작위로 같은 교실에 배정되었을 수도 있습니다. 가능성은 매우 낮지만 전혀 없지는 않습니다. 또 간단한 계산에서는 시험의 변화를 고려하지 않았습니다. 매년 시험이 쉬워진다면 어떻게 하나요? 이 경우 무작위로 추출한 표본으로 성적을 처리한 것이 무효화됩니다.

최종 결론은 불완전한 것 같습니다. 우리가 아는 한 최선을 다했지만 불확실성이 남아 있습니다. 이러한 불확실성을 제거하려면 채점된 시험의 누락된 날짜가 필요합니다. 하지만 안타깝게도 해당 데이터는 제공되지 않았습니다. 실제로도 통계학자들이 제한된 기록에 의존하여 중대한 결정을 내려야 하는 경우가 많습니다.

- 한 커피 농장은 연간 커피 원두 500톤을 5파운드 봉지에 담아 배송합니다. 평균적으로 원두 1%에 곰팡이가 피며, 표준 편차는 0.2%입니다. FDA는 봉지당 최대 3% 곰팡이가 핀 원두를 허용합니다. FDA 요구 사항을 위반하는 봉지가 있나요?
  곰팡이 성장이 시간과 무관하다고 가정하면 중심 한계 정리를 적용할 수 있습니다. 그러나 곰팡이는 습한 여름철에 더 빠르게 성장할 수 있습니다. 유감스럽게도 이를 확인할 수 있는 기록이 부족합니다.

- 한 해변 마을이 쓰나미를 막고자 방파제를 건설하고 있습니다. 과거 데이터에 따르면, 평균 쓰나미 높이는 23피트이며 표준 편차는 4피트입니다. 계획된 방파제 높이는 33피트입니다. 이 높이로 마을을 보호하기에 충분할까요?
  쓰나미 평균 높이가 해마다 변하지 않을 것이라고 생각하기 쉽습니다. 그러나 일부 연구에 따르면 기후 변화로 해수면이 상승하고 있습니다. 기후 변화는 앞으로 더 강력한 쓰나미를 일으킬 수 있습니다. 유감스럽게도 과학적 데이터는 확실하게 알 수 있을 만큼 결정적이지 않습니다.

두 시나리오 모두 통계적 기법에 의존하여 중요한 결정을 내려야 합니다. 이러한 기법들은 타당하지 않을 수 있는 특정 가정에 의존합니다. 따라서 불완전한 정보에서 결론을 도출할 때는 매우 신중해야 합니다. 다음 장에서는 제한된 데이터를 기반으로 의사 결정을 내릴 때 어떤 위험과 이점이 있는지 계속해서 살펴보겠습니다.

6.4 요약

- 정규 분포의 평균과 표준 편차는 가장 높은 지점에 따라 결정됩니다. 평균은 가장 높은 지점의 x 좌표와 같습니다. 한편 표준 편차는 y 좌표의 역에 $(2\pi)^{1/2}$을 곱한 값과 같습니다.

- 확률 밀도 함수는 입력된 실수 값을 해당 확률 가중치에 매핑합니다. 해당 곡선 아래 면적을 구하면 확률이 산출됩니다.

- 거의 모든 분포에서 평균을 반복적으로 샘플링하면 정규 곡선이 생성됩니다. 정규 곡선의 평균은 기본 분포의 평균에 근사합니다. 또 정규 곡선의 분산에 표본 크기를 곱하면 기본 분포의 분산에 근사치가 됩니다.

- 평균 표준 오차는 모집단 표준 편차를 표본 크기의 제곱근으로 나눈 값과 같습니다. 따라서 모집단 분산을 표본 크기로 나눈 뒤 제곱근을 구하면 SEM이 생성됩니다. 모집단 평균과 결합된 SEM을 이용하여 특정 표본 조합을 관측할 확률을 계산할 수 있습니다.
- 사다리꼴 규칙을 이용하면 곡선을 사다리꼴 단위로 분해하여 곡선 아래 면적을 추정할 수 있습니다. 그런 다음 각 사다리꼴 면적을 합하면 됩니다.
- 생존 함수는 일부 x보다 큰 간격에 걸쳐 분포의 면적을 측정합니다.
- 제한된 데이터로 추론할 때는 가정을 신중하게 고려해야 합니다.

7장

통계적 가설 검정

이 장에서 다루는 내용

- 표본 평균과 모집단 평균 비교하기
- 서로 다른 두 표본 집단 간 평균 비교하기
- 통계적 유의성 알아보기
- 일반적인 통계적 오류와 이를 방지하는 방법 알아보기

사람들은 매일 어려운 선택을 내려야만 합니다. 특히 미국 사법 시스템의 배심원은 더욱 그렇습니다. 재판에서 배심원이 피고의 운명을 결정하기 때문이죠. 배심원은 증거를 고려하여 다음 두 가설 중 하나를 결정해야 합니다.

- 피고는 무죄입니다.
- 피고는 유죄입니다.

유죄가 입증되기 전까지 피고인은 무죄이므로 두 가설에는 동일한 가중치가 부여되지 않습니다. 따라서 배심원들은 무죄라는 가설이 사실이라고 가정해야 합니다. 오직 검찰이 설득력 있는 증거를 제시할 때만 무죄라는 가설에서 벗어날 수 있죠. 하지만 100% 결정적인 증거를 제시할 때는 매우 드물기 때문에 피고인 유죄 여부에는 어느 정도 의심의 여지를 두는 것이 보통입니다. 이러한 의심은 법적 절차에도 반영됩니다. 배심원단은 피고인 유죄에 대한 '합리적인 의심'이 있을 때만 무죄의 가설을 받아들이게끔 지시받습니다. 오직 '합리적 의심을 넘어' 피고인이 유죄라고 판단할 수 있을 때만 무죄의 가설에서 벗어날 수 있습니다.

합리적 의심이라는 것은 정확히 정의를 내리기 어려운 추상적인 개념입니다. 그렇지만 다양한 실제 시나리오에서는 합리적인 의심과 비합리적인 의심을 구분 지을 수 있습니다. 가령 다음 두 재판 사례를 고려해 보죠.

- DNA 증거는 피고인을 범죄와 직접적으로 연관 짓습니다. 해당 DNA가 피고인의 것이 아닐 확률은 10억 분의 1입니다.
- 혈액형 증거는 피고인을 범죄와 직접적으로 연관 짓습니다. 혈액이 피고인의 것이 아닐 확률은 1/15 수준입니다.

첫 번째 시나리오에서 먼저 배심원단은 100% 피고인의 유죄를 확신하지 않습니다. 무고한 피고인이 재판받을 확률이 10억 분의 1이기 때문입니다. 이 상황이 일어난다는 것은 거의 불가능에 가깝기 때문에 무죄를 가정하는 것은 합리적이지 않습니다. 따라서 배심원단은 무죄의 가설을 배제해야 합니다.

반면 두 번째 시나리오에서는 피고인과 같은 혈액형을 가질 확률이 1/15이기 때문에 훨씬 더 의심이 만연합니다. 범죄 현장에 피고인 외 다른 누군가가 있었을 수 있다고 가정하는 것이 합리적이죠. 배심원들은 피고가 무죄일지도 모른다고 생각할 수도 있고, 유죄일지도 모른다는 합리적인 의심을 가질 수도 있습니다. 따라서 유죄를 입증할 만한 추가적인 증거가 제시되지 않는 한 배심원단은 무죄 가설을 배제할 수 없습니다.

이 두 시나리오에서 배심원단은 통계적인 가설 검정을 수행합니다. 이러한 검정으로 통계학자는 불확실한 데이터에서 비롯된 두 경쟁 가설 중 하나를 선택할 수 있습니다. 측정된 의심 수준에 따라 가설 중 하나가 채택되거나 배제됩니다. 이 절에서는 잘 알려진 몇 가지 통계적 가설 검정 기법을 살펴봅니다. 먼저 표본 평균이 기존 모집단을 눈에 띄게 벗어나는지 여부를 측정하는 간단한 검정부터 시작해 보죠.

7.1 표본 평균과 모집단 평균 간 차이 평가하기

6장에서는 통계적으로 5학년 학급 하나를 분석했습니다. 이번에는 노스다코타(North Dakota)주에 있는 모든 5학년 학급을 분석하는 경우를 상상해 보죠. 어느 봄날, 노스다코타주에 있는 모든 5학년 학생이 동일한 평가 시험을 치른다고 가정해 보죠. 노스다코타주 평가 데이터베이스에 성적을 입력하고, 해당 주에 속한 모든 학급에 대한 모집단 평균 및 분산을 계산합니다. 그렇게 기록된 결과로 모집단 평균은 80, 분산은 100을 얻었습니다. 나중에 이 두 값을 사용할 수 있도록 별도의 변수로 저장해 보겠습니다.

코드 7-1 노스다코타주 5학년 학급에 대한 성적의 모집단 평균 및 분산

```
population_mean = 80
population_variance = 100
```

다음으로 사우스다코타(South Dakota)주로 넘어가서 시험의 평균 성적이 84%인 5학년 학급을 발견했다고 가정해 보겠습니다. 학생 18명으로 구성된 이 학급은 노스다코타주 모집단보다 4% 정도 더 높은 성적을 기록했습니다. 사우스다코타주 5학년 학생들이 노스다코타주 학생들보다 더 수준 높은 교육을 받아서 그럴까요? 그렇다면 노스다코타주는 사우스다코타주의 교육안을 커리큘럼에 통합해야만 할 것입니다. 커리큘럼 조정 비용이 많이 발생할지도 모르지만, 학생들에게 돌아가는 결과를 생각해 볼 때 충분히 그만한 가치가 있습니다. 물론 관측된 시험 결과가 단순히 통계적인 우연일 가능성도 있습니다. 그렇다면 과연 무엇이 옳을까요? 그 사실은 가설 검정을 이용하여 알아볼 수 있습니다.

우리는 두 가지 가능성에 직면해 있습니다. 먼저 두 주의 전체 학생 수가 같을 수 있습니다. 즉, 사우스다코타주와 노스다코타주의 보통 학급이 다르지 않은 것이죠. 이 상황에서는 두 주간 모집단 평균 및 분산을 구별할 수 없습니다. 통계학자들은 이러한 가상의 파라미터 등가성을 **귀무 가설**(null hypothesis)이라고 합니다. 귀무 가설이 사실이라면 성적이 우수한 사우스다코타주의 학급은 단순히 이상치일 뿐, 실제 평균을 대표하지는 않는다는 사실을 알 수 있습니다.

또는 특정 학급의 높은 성적이 사우스다코타주의 모집단을 대표할 수도 있습니다. 따라서 두 주의 평균 및 분산은 서로 다를 수 있습니다. 통계학자들은 이를 **대립 가설**(alternative hypothesis)이라고 합니다. 대립 가설이 사실이라면 노스다코타주의 5학년 커리큘럼은 개편되어야만 합니다. 그러나 대립 가설은 귀무 가설이 거짓일 때만 참입니다(그 반대도 마찬가지입니다). 커리큘럼의 개편을 정당화하려면 먼저 귀무 가설이 참일 가능성이 낮다는 것을 보여 주어야 합니다. 이는 **중심 극한 정리**(central limit theorem)로 측정이 가능합니다.

잠시 귀무 가설이 참이고, 두 주의 모집단 평균 및 분산이 동일하다고 가정해 보죠. 그러면 18명으로 구성된 학습이 정규 분포에서 임의 추출한 표본이라고 모델링할 수 있습니다. 이 분포의 평균은 population_mean과 같으며, 표준 편차는 (population_variance / 18) ** 0.5로 정의되는 **평균 표준 오차**(SEM)와 같습니다.

코드 7-2 귀무 가설이 참인 경우의 정규 곡선 파라미터

```
mean = population_mean
sem = (population_variance / 18) ** 0.5
```

귀무 가설이 참이라면, 평균 시험 점수가 84% 이상일 확률은 stats.norm.sf(84, mean, sem)과 같습니다. 한번 이 확률을 확인해 보죠.

코드 7-3 높은 성적을 받을 확률 찾기

```
prob_high_grade = stats.norm.sf(84, mean, sem)
print(f"평균 성적이 84보다 클 확률은 {prob_high_grade}입니다")
```

▶ 실행결과

평균 성적이 84보다 클 확률은 0.0448430108851822284입니다

귀무 가설에 따르면, 사우스다코타주의 임의 학급이 적어도 84% 평균 성적을 얻을 확률은 0.044입니다. 확률이 상당히 낮기 때문에 모집단 평균과의 4% 성적 차이는 극단적으로 보입니다. 하지만 실제로도 그럴까요? 1장에서 동전 뒤집기 10번 중 앞면이 8번 관측될 확률을 조사했을 때도 이와 유사한 질문을 던진 적이 있습니다. 이때 우리는 기대 이상의 성과를 거둘 확률과 기대 이하의 성과를 거둘 확률을 합산했습니다. 즉, 앞면이 여덟 개 이상 관측될 확률과 앞면이 두 개 이하로 관측될 확률을 더한 것이죠. 여기에서도 같습니다. 기대 이상의 시험 성적을 분석하는 것만으로는 극단성을 평가하기에 충분하지 않으며, 기대 이하의 성적에 대한 극단성도 동등하게 고려해야만 합니다. 따라서 모집단 평균인 80%보다 최소 4% 낮은 표본 평균이 관측될 확률도 계산해야 합니다.

그러면 76% 이상의 평균 시험 성적이 관측될 확률을 계산해 보죠. 정규 곡선의 누적 분포 함수를 계산하는 사이파이의 stats.norm.cdf 메서드로 계산될 수 있습니다. 누적 분포 함수는 다음 그림에서 볼 수 있듯이, 생존 함수의 정반대입니다. x에 stats.norm.cdf 메서드를 적용하면 음의 무한대에서 x까지 범위에 대한 정규 곡선 아래 면적을 얻을 수 있습니다.

▼ **그림 7-1** 정규 곡선 아래의 두 영역이 강조 표시되어 있습니다. 가장 왼쪽 영역은 76%보다 작거나 같은 모든 x값을 포함합니다. 이 영역은 누적 분포 함수로 구할 수 있는데 이는 stats.norm.cdf(76, mean, sem) 메서드를 사용하여 실질적으로 계산할 수 있습니다. 한편 가장 오른쪽 영역은 84% 이상의 모든 x값을 포함합니다. 해당 영역은 생존 함수로 구할 수 있으며 이는 stats.norm.sf(84, mean, sem) 메서드로 계산할 수 있습니다

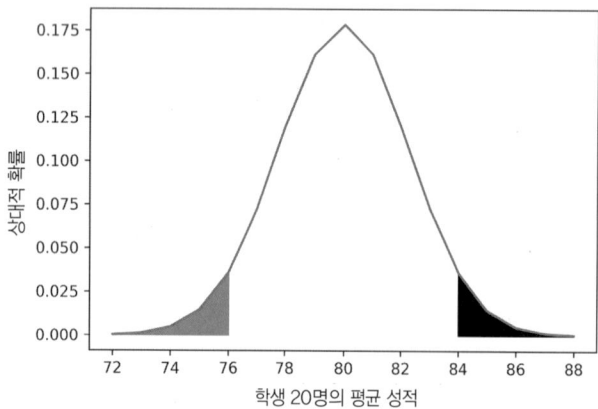

그러면 이번에는 stats.norm.cdf 메서드를 사용하여 비정상적으로 평균 성적이 낮게 관측될 확률을 찾아봅니다.

코드 7-4 성적이 낮은 확률 찾기

```
prob_low_grade = stats.norm.cdf(76, mean, sem)
print(f"평균 성적이 76 이하일 확률은 {prob_low_grade}입니다")
```

▶ 실행결과

평균 성적이 76 이하일 확률은 0.0448430108851822284입니다

prob_low_grade와 prob_high_grade의 값이 같은 것을 알 수 있습니다. 이러한 동일성은 정규 곡선의 대칭 모양에서 비롯됩니다. 누적 분포와 생존 함수는 평균을 기준으로 마치 거울에 반사되는 모습과도 같습니다. 따라서 모든 입력 x에 대한 stats.norm.sf(mean+x, mean, sem)은 항상 stats.norm.cdf(mean-x, mean, sem)과 같습니다. 이러한 성질은 평균을 수직에 두고, 이를 기준으로 두 함수를 좌우 대칭으로 그려 보면 더 명확히 파악할 수 있습니다(그림 7-2).

코드 7-5 생존 분포 함수와 누적 분포 함수 비교하기

```
for x in range(-100, 100):
    sf_value = stats.norm.sf(mean+x, mean, sem)
    assert sf_value == stats.norm.cdf(mean-x, mean, sem)

plt.axvline(mean, color='k', label='평균', linestyle=':')
x_values = range(60, 101)
plt.plot(x_values, stats.norm.cdf(x_values, mean, sem), label='누적 분포 함수')
plt.plot(x_values, stats.norm.sf(x_values, mean, sem), label='생존 함수', linestyle='--', color='r')
plt.xlabel('표본 평균')
plt.ylabel('확률')
plt.legend()
plt.show()
```

▼ **그림 7-2** 정규 분포의 누적 분포 함수를 생존 함수와 함께 그린 그래프
이 둘은 서로 거울에 반사된 모습과 같습니다, 이 두 함수는 정규 곡선의 평균을 기준으로 서로를 바라보는 것처럼 그려질 수 있습니다

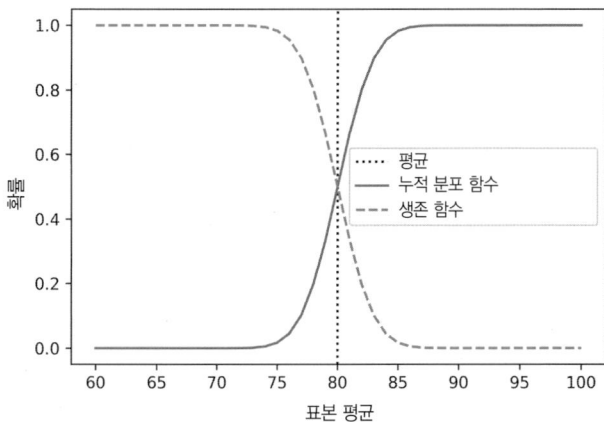

이제 prob_high_grade와 prob_low_grade를 합산할 준비가 되었습니다. 사실상 좌우 대칭적인 특성 때문에 2 * prob_high_grade와 같습니다. 개념적으로 이 합산은 귀무 가설이 참일 때 모집단 평균에서 극단적인 편차가 관측될 확률을 나타냅니다. 통계학자들은 이 귀무 가설을 바탕으로 확률을 **p-값**(p-value)이라고 합니다. 그러면 이 p-값을 출력해 보죠.

코드 7-6 귀무 가설을 바탕으로 p-값 계산하기

```
p_value = prob_low_grade + prob_high_grade
assert p_value == 2 * prob_high_grade
print(f"p-값은 {p_value}입니다")
```

▶ 실행결과

p-값은 0.08968602177036457입니다

귀무 가설에 따르면, 극단적인 성적이 임의로 관측될 확률은 약 9%입니다. 따라서 귀무 가설이 참이고, 극단적인 평균 시험 성적은 임의적인 변동에 불과하다고 보는 것이 타당합니다. 이를 명확히 증명하지는 못했지만, 노스다코타주의 5학년 커리큘럼 개편에 의구심을 불러일으키기 충분합니다. 사우스다코타주의 5학년 학급 평균이 84%가 아니라 85%였다면 어땠을까요? 약간의 점수 변화가 p-값에 어떤 영향을 미치는지 확인해 보겠습니다.

코드 7-7 조정된 표본 평균에 대한 p-값 계산하기

```
def compute_p_value(observed_mean, population_mean, sem):
    mean_diff = abs(population_mean-observed_mean)
    prob_high = stats.norm.sf(population_mean+mean_diff, population_mean, sem)
    return 2 * prob_high

new_p_value = compute_p_value(85, mean, sem)
print(f"갱신된 p-값은 {new_p_value}입니다")
```

▶ 실행결과

갱신된 p-값은 0.033894853524468927입니다

평균 성적이 약간 증가했을 뿐인데도 p-값은 3배나 감소했습니다. 귀무 가설에 따르면, 평균 시험 성적이 85% 이상 극단적으로 높아질 확률은 3.3%에 불과한 것이죠. 매우 낮은 확률이기 때문에 귀무 가설을 배제하고 싶은 생각이 들 수도 있습니다. 그 대신 대립 가설을 받아들이고 노스다코타주의 학교 시스템을 개선하는 데 시간과 돈을 투자해야 할까요?

결코 쉽게 답할 수 있는 질문은 아닙니다. 일반적으로 통계학자들은 p-값이 0.05 이하인 경우 귀무 가설을 배제하고는 합니다. 즉, 0.05라는 임계 값(threshold)을 **유의 수준**(significance level)이라고 하며, 이 유의 수준보다 낮은 p-값은 '통계적으로 유의미'하다고 받아들여집니다. 그러나 0.05는 중요한 결정을 내리기 위한 것이 아니라, 경험적으로 흥미로운 데이터를 발견하기 위한 임의의 임계 값일 뿐입니다. 이 임계 값은 1935년 저명한 통계학자인 로널드 피셔(Ronald Fisher)가 처음 도입했으며, 이후 피셔는 유의 수준을 고정하지 않고 분석 성격에 따라 수동으로 조정될 필요가 있다고 주장했습니다. 하지만 안타깝게도 그때는 이미 너무 늦어 0.05

표준 임계 값으로 채택된 이후였습니다. 오늘날 대부분의 통계학자들은 0.05 미만의 p-값을 데이터에 흥미로운 점이 있을 수 있다는 신호로 받아들이기 때문에 0.033 수준의 p-값은 일시적으로 귀무 가설을 배제하고 과학 저널에 데이터를 게재하는 것이 충분하다고 생각하곤 하죠. 그러나 안타깝게도 0.05 임계 값은 수학 및 통계 법칙에서 비롯된 것이 아닙니다. 단지 연구 결과의 유의미성을 판단하기 위해 임시로 선택된 값입니다. 그 결과 많은 연구 저널에 게재된 수많은 논문에서 **1종 오류**(type I error)가 발견됩니다. 1종 오류는 귀무 가설을 잘못 배제한 오류입니다. 이러한 오류는 임의의 데이터 변동을 모집단 평균의 실제 편차로 해석할 때 주로 발생합니다. 1종 오류가 포함된 과학 논문에서는 존재하지 않는 평균 간 차이를 거짓으로 주장하고는 합니다.

그렇다면 1종 오류는 어떤 방법으로 제한할 수 있을까요? 일부 과학자들은 0.05를 지나치게 높은 임계 값으로 생각하며, p-값이 훨씬 낮을 때만 귀무 가설을 배제해야 한다고 주장합니다. 하지만 아직까지 더 낮은 임계 값을 사용하는 것이 적절한지에 대한 합의는 되지 않았습니다. 반대로 대립 가설을 잘못 배제하는 **2종 오류**(type II error)가 증가할 수 있기 때문이죠. 2종 오류를 범하는 경우 타당한 발견을 알아차리는 데 실패합니다.

즉, 최적의 유의 수준을 선택하기란 어렵습니다. 그렇지만 유의 수준을 0.001이라는 매우 엄격한 값으로 설정해 보죠. 이때 이 임계 값보다 낮을 최소 성적의 평균은 얼마일까요? 80% 이상의 모든 성적 평균을 하나씩 반복적으로 접근하며 p-값을 계산합니다. 그리고 0.001보다 작거나 같은 p-값이 발견되는 경우에는 계산을 중단합니다.

코드 7-8 엄격한 p-값에 대한 결과 검색하기

```python
for grade in range(80, 100):
    p_value = compute_p_value(grade, mean, sem)
    if p_value < 0.001:
        break

print(f"평균 성적이 {grade}일 때, p-값은 {p_value}입니다")
```

▶ 실행결과

평균 성적이 88일 때, p-값은 0.0006885138966450773입니다

새로 설정한 임계 값에서 귀무 가설을 배제하려면 평균 성적이 88% 이상이어야만 합니다. 따라서 평균 87%의 성적이 모집단 평균보다 눈에 띄게 높더라도 유의미하게 받아들여지지 않습니다. 또 커트라인을 낮추다 보니 필연적으로 2종 오류의 위험에 노출될 수밖에 없습니다. 따라서 이 책에서는 앞으로 일반적인 임계 값인 0.05를 사용합니다. 특히 다음 절에서 다룰 주제로, 1종 오류의 가장 흔한 원인인 데이터 드레징(data dredging)을 최소화하려는 노력을 기울입니다.

7.2 데이터 드레징: 오버샘플링을 이용한 잘못된 결론 도출하기

통계학 전공 학생들이 p-값을 잘못 활용하는 경우가 있습니다. 가령 다음과 같은 단순한 상황을 고려해 보죠. 룸메이트 두 명이 사탕 봉지를 쏟아붓는데, 이 봉지는 다섯 가지 색의 사탕 여러 개로 가득 차 있습니다. 특히 파란색 사탕이 다른 색의 사탕보다 더 많이 들어 있습니다. 이때 첫 번째 룸메이트는 어떤 사탕 봉지든지 파란색 사탕 개수가 가장 많을 것이라고 가정합니다. 반면 두 번째 룸메이트는 이 의견에 동의하지 않습니다. 그 대신 모든 색상의 사탕이 동일한 확률로 나타날 것이라는 귀무 가설에 따라 p-값을 계산했고, 그 결과 0.05보다 큰 p-값을 도출했습니다. 하지만 첫 번째 룸메이트는 이 결과에 굴복하지 않고 다른 사탕 봉지를 뜯은 뒤 p-값을 다시 계산합니다. 그 결과 p-값은 0.05로 조정되었으며, 첫 번째 룸메이트는 이 결과를 근거로 낮은 p-값에서 귀무 가설이 거짓일 가능성이 높다는 주장을 펼칩니다. 하지만 첫 번째 룸메이트의 주장은 틀렸죠.

첫 번째 룸메이트는 근본적으로 p-값 의미를 잘못 해석했습니다. 이 값이 귀무 가설이 참일 확률을 의미한다고 잘못 생각한 것이죠. 사실 p-값은 귀무 가설이 참일 경우 편차를 관측할 확률을 의미합니다. 첫 번째 룸메이트는 p-값이 낮을 때 귀무 가설이 거짓일 가능성이 높다고 해석했지만, 사실은 귀무 가설이 참일 때도 사탕을 반복적으로 세어 결국 낮은 p-값을 관측하게 된다는 것을 보장합니다. 또 낮은 p-값을 관측하는 빈도는 p-값 자체와 같을 것입니다. 따라서 사탕 100봉지를 개봉하면 약 5회 정도 0.05의 p-값을 관측할 수 있을 것이라고 예상할 수 있습니다. 임의 측정을 반복적으로 수행하면 통계적으로 유의하지 않더라도 결국 통계적으로 유의미한 결과를 얻을 수 있습니다.

동일 실험을 너무 많이 실행하면 1종 오류의 위험도가 높아집니다. 5학년 시험의 분석이라는 맥락에서 이 개념을 살펴보죠. 노스다코타주 전체의 시험 성적이 다른 49개 주 시험 결과와 동일하다고 가정해 보겠습니다. 좀 더 구체적으로 전국 시험 성적의 평균과 분산이 노스다코타주의 population_mean 및 population_variance와 같다고 가정합니다. 따라서 귀무 가설은 미국의 모든 주에 대해 참입니다.

우리는 아직 귀무 가설이 참이라는 사실을 모른다고 가정해 보죠. 우리가 아는 사실은 오직 노스다코타주의 표본 평균과 분산뿐입니다. 이때 노스다코타주의 성적 분포와 다른 주를 찾는 여정을 떠나 보죠. 물론 그런 주는 없으므로 이 여정은 헛수고가 되겠지만 말입니다.

어쨌든 첫 번째 목적지는 몬태나주입니다. 여기에서 학생 18명으로 구성된 5학년 학급을 임의로 선정합니다. 그다음 해당 학급의 평균 성적을 계산하는 것이죠. 우리가 아직 모른다고 가정한 귀무 가설이 사실은 참이기 때문에 평균 및 표준 평균 오차로 정의될 수 있는 정규 분포에서 샘플링을 이용하여 평균 성적을 시뮬레이션할 수 있습니다. 평균 및 표준 평균 오차로 정의되는 정규 분포에서 샘플링을 해 주는 np.random.normal(mean, sem) 함수를 호출하면 됩니다.

코드 7-9 몬태나주의 시험 성적을 임의로 샘플링하기

```
np.random.seed(0)
random_average_grade = np.random.normal(mean, sem)
print(f"평균 성적은 {random_average_grade:.2f}입니다")
```

> ▶ 실행결과

평균 성적은 84.16입니다

해당 학급의 평균 시험 성적은 약 84.16입니다. 이 평균의 p-값이 0.05보다 작거나 같은지 확인하면 통계적인 유의미성을 부여할 수 있습니다.

코드 7-10 몬태나주 시험 성적의 유의성 검사하기

```python
if compute_p_value(random_average_grade, mean, sem) <= 0.05:
    print("관측된 결과는 통계적으로 유의미합니다")
else:
    print("관측된 결과는 통계적으로 유의미하지 않습니다")
```

> ▶ 실행결과

관측된 결과는 통계적으로 유의미하지 않습니다

평균 성적은 통계적으로 유의미하지 않은 것으로 파악되었습니다. 그러면 남은 48개 주도 학생 18명으로 구성된 학급을 찾아 해당 학급들에 대한 평균 성적 및 p-값을 계산할 수 있습니다. 그리고 통계적으로 유의미한 p-값이 발견되면 이 여정을 끝내는 것으로 합니다.

다음은 이 여정을 시뮬레이션하는 코드를 보여 줍니다. 즉, 나머지 48개 주를 반복적으로 접근하여 평균 성적을 임의로 도출하고, 통계적으로 유의미한 성적이 발견된다면 그 즉시 반복문을 종료합니다.

코드 7-11 유의미한 결과를 보인 주 찾기

```python
np.random.seed(0)
for i in range(1, 49):
    print(f"{i+1}번째 주 방문")
    random_average_grade = np.random.normal(mean, sem)
    p_value = compute_p_value(random_average_grade, mean, sem)
    if p_value <= 0.05:
        print("통계적으로 유의미한 결과를 발견했습니다")
        print(f"평균 성적은 {random_average_grade:.2f}이었습니다")
        print(f"p-값은 {p_value}이었습니다")
        break

if i == 48:
    print("모든 주를 방문했으나 유의미한 결과는 발견하지 못했습니다")
```

> ▶ 실행결과

2번째 주 방문
3번째 주 방문
4번째 주 방문
5번째 주 방문
통계적으로 유의미한 결과를 발견했습니다
평균 성적은 85.28이었습니다
p-값은 0.025032993883401307이었습니다

우리가 방문한 다섯 번째 주에서는 통계적으로 유의미한 결과가 나왔습니다! 이 주의 한 학급 평균 성적은 85.28점입니다. 관련 p-값 0.025는 0.05 컷오프에 미치지 못합니다. 귀무 가설을 거부할 수 있는 것으로 보입니다. 그러나 귀무 가설이 참이기 때문에 이 결론은 잘못된 것입니다. 무엇이 잘못 되었을까요? 앞서 설명한 것처럼 p-값이 낮은 관측의 빈도는 p-값 자체와 같을 것입니다. 따라서 귀무 가설이 참이라고 해도 약 2.5% 확률로 0.025의 p-값이 발생할 것으로 예상됩니다. 49개 주를 여행하고 있고 2.5% 49개가 1.225이므로 임의 p-값이 약 0.025인 주를 대략 한 개 정도 방문할 것으로 예상해야 합니다.

통계적으로 유의미한 결과를 찾으려는 우리 탐구는 통계를 오용했기 때문에 처음부터 실패했습니다. 우리는 데이터 낚시 또는 p-해킹이라고도 하는 데이터 드레징이라는 통계적 죄악에 빠져들었습니다. 데이터 드레징에서는 통계적으로 유의미한 결과를 찾을 때까지 실험을 계속 반복합니다. 그런 다음 통계적으로 유의미한 결과는 다른 사람에게 제시하고 나머지 실패한 실험은 폐기합니다. 데이터 드레징은 과학 출판물에서 가장 흔한 1종 오류의 원인입니다. 안타깝게도 때때로 연구자들은 가설을 세우고 특정 거짓 가설이 사실로 검증될 때까지 실험을 반복합니다. 예를 들어 한 연구자는 특정 사탕이 쥐에게 암을 유발한다는 가설을 세울 수 있습니다. 연구자는 특정 사탕 브랜드를 쥐 그룹에 먹이지만 암과의 연관성은 발견되지 않습니다. 그런 다음 연구자는 사탕 브랜드를 바꾸고 실험을 다시 실행합니다. 그리고 또다시, 또 몇 년 후 마침내 암과 연관된 사탕 브랜드가 발견됩니다. 물론 실제 실험 결과는 사기에 가깝습니다. 암과 사탕 사이에는 실제 통계적 연관성이 없으며, 연구자가 실험을 너무 많이 실행하여 낮은 p-값이 임의로 측정되었을 뿐입니다.

데이터 드레징을 피하는 것은 어렵지 않습니다. 실행할 실험 개수를 미리 한정적으로 선택하기만 하면 됩니다. 그런 다음 유의 수준을 계획된 실험 개수로 나눈 값 0.05로 설정합니다. 이 간단한 기법을 **본페로니 교정**(Bonferroni correction)이라고 합니다. 본페로니 교정을 사용하여 미국 시험 성적에 대한 분석을 반복해 보겠습니다. 이 분석에서는 교실 49개를 평가하기 위해 주 49개를 방문해야 하므로 유의 수준을 0.05 / 49로 설정해야 합니다.

코드 7-12 본페로니 교정을 사용하여 유의도 조정하기

```
num_planned_experiments = 49
significance_level = .05 / num_planned_experiments
```

분석을 다시 실행하여 유의 수준보다 작거나 같은 p-값이 발견되면 분석을 종료합니다.

코드 7-13 조정된 유의 수준을 사용하여 분석 다시 실행하기

```
np.random.seed(0)
for i in range(49):
    random_average_grade = np.random.normal(mean, sem)
    p_value = compute_p_value(random_average_grade, mean, sem)
    if p_value <= significance_level:
        print("통계적으로 유의미한 결과를 발견했습니다")
        print(f"평균 성적은 {random_average_grade:.2f}이었습니다")
        print(f"p-값은 {p_value}이었습니다")
        break
```

```
if i == 48:
    print("모든 주를 방문했으나, 유의미한 결과는 발견하지 못했습니다")
```

▶ **실행결과**

모든 주를 방문했으나, 유의미한 결과는 발견하지 못했습니다

주 49개를 방문한 결과 노스다코타주의 인구 평균 및 분산과 통계적으로 유의미한 편차를 발견하지 못했습니다. 본페로니 교정을 통해 1종 오류를 피할 수 있었습니다.

마지막으로 주의할 점은 본페로니 교정은 0.05를 계획된 실험 개수로 나눌 때만 효과가 있다는 것입니다. 완료된 실험 개수로 나누면 효과가 없습니다. 예를 들어 실험 1,000개를 실행할 계획인데 첫 번째 실험의 p-값이 0.025인 경우 유의 수준을 0.05 / 1로 변경해서는 안 됩니다. 마찬가지로 두 번째로 완료된 실험의 p-값이 0.025인 경우에도 유의 수준을 0.05 / 2로 조정하지 말고 0.05 / 1000으로 유지해야 합니다. 그렇지 않으면 처음 몇 개의 실험 결과에 결론이 잘못 편향될 수 있습니다. 공정하고 올바른 결론을 도출하려면 모든 실험을 동등하게 취급해야 합니다.

본페로니 교정은 보다 정확한 가설 검증을 위한 유용한 기법입니다. 모집단 평균과 분산을 모두 활용하는 단순한 테스트뿐만 아니라 모든 종류의 통계적 가설 테스트에 적용할 수 있습니다. 통계적 추정법은 그 복잡성 수준이 다양하기 때문에 다행스러운 일입니다. 다음 절에서는 모집단 분산에 의존하지 않는 더 복잡한 테스트를 살펴보겠습니다.

7.3 복원 추출을 이용한 부트스트랩: 모집단 분산을 알 수 없을 때 가설 테스트하기

모집단 평균과 분산을 사용하여 p-값을 쉽게 계산할 수 있습니다. 하지만 유감스럽게도 실제 상황에서는 모집단 분산을 알 수 없는 경우가 많습니다. 매우 큰 수족관을 소유하고 있는 다음 시나리오를 생각해 보겠습니다. 수족관에는 2cm에서 거의 120cm까지 길이가 다양한 열대어 20마리가 있습니다. 물고기의 평균 길이는 27cm입니다. 이 물고기 길이는 fish_lengths 배열을 사용하여 표현합니다.

코드 7-14 수족관에 있는 물고기 길이 정의하기

```
fish_lengths = np.array([46.7, 17.1, 2.0, 19.2, 7.9, 15.0, 43.4, 8.8, 47.8, 19.5, 2.9, 53.0, 23.5,
                         118.5, 3.8, 2.9, 53.9, 23.9, 2.0, 28.2])
assert fish_lengths.mean() == 27
```

우리 수족관은 실제 열대어의 분포 길이를 정확하게 파악하고 있나요? 우리는 알고 싶습니다. 신뢰할 수 있는 출처에 따르면, 야생 열대어의 개체군 평균 길이는 37cm라고 합니다. 모집단 평균과 표본 평균 사이에는 10cm의 상당한 차이가 있습니다. 그 차이가 크게 느껴지지만 엄밀한 통계에서는 감정이 개입할 여지가 없습니다. 유효한 결론을 도출하려면 그 차이가 통계적으로 유의미한지 확인해야 합니다.

지금까지 compute_p_value 함수를 사용하여 통계적 유의성을 측정했습니다. 하지만 모집단 분산을 모르기 때문에 이 함수를 물고기 데이터에 적용할 수 없습니다! 모집단 분산이 없으면 compute_p_value를 실행하는 데 필요한 SEM 변수를 계산할 수 없습니다. 모집단 분산을 알 수 없다면 평균 표준 오차는 어떻게 구할 수 있을까요?

언뜻 보기에는 표준 평균 오차를 찾을 방법이 없는 것처럼 보입니다. 순진하게도 fish_lengths.var()를 실행하여 표본 분산을 모집단 분산의 추정치로 취급할 수 있습니다. 안타깝게도 작은 표본은 임의 분산 변동이 발생하기 쉽기 때문에 이러한 추정치는 거의 신뢰할 수 없습니다. 따라서 우리는 갇혀 있습니다. 우리는 뚫을 수 없을 것 같은 문제에 직면해 있으며 불가능해 보이는 해결책, 즉 **복원 추출을 이용한 부트스트래핑**에 의존해야 합니다. 부트스트래핑이라는 용어는 '부트스트랩으로 자신을 일으켜 세우다'는 문구에서 유래했습니다. 이 문구는 부츠 끈을 잡아당겨 자신을 공중으로 들어 올리는 것을 의미합니다. 물론 그렇게 하는 것은 불가능합니다. 복원 추출을 이용한 부트스트랩에서는 제한된 데이터에서 직접 p-값을 계산하여 똑같이 불가능한 일을 시도하게 됩니다. 우스꽝스러워 보이는 이 해결책에도 우리는 노력을 성공으로 이끌 것입니다.

수족관에서 임의의 물고기를 제거하여 부트스트랩 절차를 시작합니다. 나중에 사용하려고 선택한 물고기 길이를 측정합니다.

코드 7-15 수족관에서 임의의 물고기 샘플링하기

```
np.random.seed(0)
random_fish_length = np.random.choice(fish_lengths, size=1)[0]
sampled_fish_lengths = [random_fish_length]
```

이제 선택한 물고기를 수족관에 다시 넣습니다. 이 복원 단계에서 복원 추출을 이용한 부트스트랩이라는 이름이 붙었습니다. 물고기를 반환한 뒤 다시 수족관에 들어가서 다른 물고기를 임의로 선택합니다. 이전과 같은 물고기가 선택될 확률은 20분의 1이지만, 이는 충분히 받아들일 수 있는 확률입니다. 선택한 물고기 길이를 기록하고 다시 물속에 넣습니다. 그런 다음 임의 물고기 20마리의 길이가 측정될 때까지 이 절차를 18번 더 반복합니다.

코드 7-16 반복으로 임의 물고기 20마리 샘플링하기

```
np.random.seed(0)
for _ in range(20):
    random_fish_length = np.random.choice(fish_lengths, size=1)[0]
    sampled_fish_lengths.append(random_fish_length)
```

sampled_fish_lengths 리스트에는 측정값이 20개 포함되며, 모두 요소 20개로 구성된 fish_lengths 배열에서 가져온 것입니다. 그러나 fish_lengths와 sampled_fish_lengths의 요소는 동일하지 않습니다. 무작위 추출 때문에 배열과 리스트의 평균값이 다를 수 있습니다.

코드 7-17 표본 평균과 수족관 평균 비교하기

```
sample_mean = np.mean(sampled_fish_lengths)
print(f"샘플링된 어류 길이의 평균은 {sample_mean:.2f}cm입니다")
```

▶ 실행결과

샘플링된 어류 길이의 평균은 26.03cm입니다

샘플링된 어류 길이의 평균은 26.03cm입니다. 이는 원래 평균에서 0.97cm 벗어난 것입니다. 따라서 복원 추출은 관측치에 약간의 분산을 발생시켰습니다. 수족관에서 측정값을 20개 더 샘플링한다면 이들의 평균도 27cm에서 벗어날 것입니다. np.random.choice(fish_lengths, size=20, replace=True) 코드로 샘플링을 반복해서 확인해 보겠습니다. 여기에서 replace 파라미터 값을 True로 설정하면 fish_lengths 배열에서 직접 복원 추출을 수행하게 됩니다.

코드 7-18 넘파이로 복원 추출하기

```
np.random.seed(0)
new_sampled_fish_lengths = np.random.choice(fish_lengths, size=20, replace=True)
new_sample_mean = new_sampled_fish_lengths.mean()
print(f"새로 샘플링된 어류의 평균 길이는 {new_sample_mean:.2f}cm입니다")
```

▶ 실행결과

새로 샘플링된 어류의 평균 길이는 26.16cm입니다

새로 샘플링된 어류의 평균 길이는 26.16cm입니다. 복원 추출은 평균값 변동을 야기합니다. 그리고 변동은 임의성을 의미하므로 평균값은 임의 분포를 따릅니다. 샘플링을 15만 번 반복하여 이 임의 분포 모양을 살펴보겠습니다. 반복하는 동안 임의 물고기 20마리의 평균을 계산하고, 샘플링된 히스토그램을 평균 15만 개 그려 보죠(그림 7-3).

코드 7-19 샘플링된 평균 15만 개의 분포 그리기

```
np.random.seed(0)
sample_means = [np.random.choice(fish_lengths,
                                 size=20,
                                 replace=True).mean()
                for _ in range(150000)]
likelihoods, bin_edges, _ = plt.hist(sample_means, bins='auto',
                                     edgecolor='black', density=True)
plt.xlabel('구간 표본 평균')
plt.ylabel('상대적 확률')
plt.show()
```

▼ 그림 7-3 복원 추출로 계산된 표본 평균 히스토그램으로 종 모양이 아니라 비대칭적인 모양을 띱니다

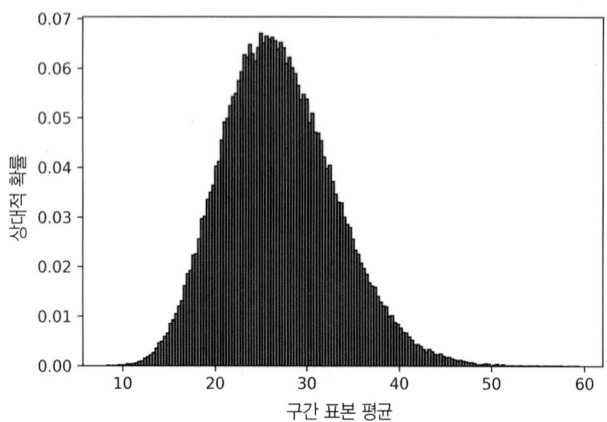

생성한 히스토그램은 정상 곡선이 아닙니다. 오른쪽보다 왼쪽 경사가 더 가파르게 나타나는 등 대칭적인 모양을 띠지 않습니다. 수학자들은 이러한 비대칭을 **스큐**(skew)라고 합니다. stats.skew(sample_means)로 히스토그램의 기울기를 확인할 수 있습니다. 입력된 데이터가 비대칭적이라면 stats.skew 메서드는 0이 아닌 값을 반환합니다.

코드 7-20 비대칭 분포의 스큐 계산하기

```
assert abs(stats.skew(sample_means)) > 0.4
```
······ 완벽하게 대칭적인 데이터가 없으며, 데이터가 정규 곡선에서 샘플링되었음에도 스큐는 거의 0.0이 아닙니다. 하지만 정규 데이터는 스큐가 0.0에 매우 가까운 경향이 있습니다. 절댓값이 0.04를 초과하는 스큐를 가진 데이터는 정규 분포에서 나온 것일 가능성이 매우 낮습니다.

비대칭 히스토그램은 정규 분포를 사용하여 모델링할 수 없습니다. 그럼에도 히스토그램은 연속적인 확률 분포를 나타냅니다. 모든 연속 분포와 마찬가지로 히스토그램은 확률 밀도 함수, 누적 분포 함수, 생존 함수에 매핑할 수 있습니다. 이 함수가 어떤 결과를 출력하는지 알고 있는 것은 매우 유용합니다. 예를 들어 생존 함수는 모집단 평균보다 큰 표본 평균을 관찰할 확률을 알려 줍니다. bin_edges와 likelihoods 배열로 곡선 영역을 계산하는 코드를 작성하여 함수 출력을 확인할 수 있습니다.

또는 히스토그램에서 세 함수를 모두 메서드로 제공하는 사이파이를 사용할 수도 있습니다. stats.rv_histogram 메서드는 bin_edges와 likelihoods 두 배열을 튜플로 입력받습니다. stats.rv_histogram((likelihoods, bin_edges))를 호출하면 stats.norm처럼 pdf, cdf, sf 메서드가 포함된 random_variable 사이파이 객체를 반환합니다. 즉, random_variable.pdf 메서드는 히스토그램의 확률 밀도를, random_variable.cdf와 random_variable.sf 메서드는 각각 누적 분포 함수와 생존 함수를 출력합니다.

다음 코드는 히스토그램에서 발생하는 random_variable 객체를 구한 뒤 pdf(bin_edges) 메서드를 호출하여 확률 밀도 함수를 그립니다(그림 7-4).

코드 7-21 사이파이로 일반 분포에 데이터 적합시키기

```
random_variable = stats.rv_histogram((likelihoods, bin_edges))
plt.plot(bin_edges, random_variable.pdf(bin_edges))
plt.hist(sample_means, bins='auto', alpha=0.1, color='r', density=True)
plt.xlabel('표본 평균')
plt.ylabel('상대적 확률')
plt.show()
```

▼ 그림 7-4 확률 밀도 함수가 겹쳐진 비대칭 히스토그램
히스토그램에서 확률 밀도 함수를 구하는 데는 사이파이가 사용되었습니다

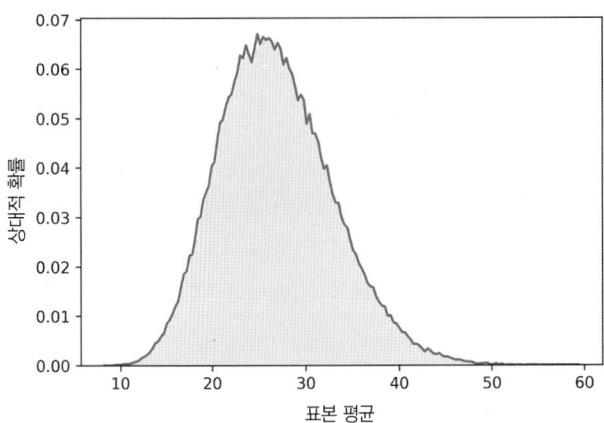

예상대로 확률 밀도 함수는 히스토그램 모양과 완벽하게 유사합니다. 이제 누적 분포 함수와 random_variable과 관련된 생존 함수를 모두 그려 보죠. 두 함수가 평균을 중심으로 대칭이 아닐 것으로 예상되므로, 이러한 비대칭을 확인하기 위해 분포의 평균에 수직선을 그립니다. 평균은 random_variable.mean() 메서드로 구할 수 있습니다(그림 7-5).

코드 7-22 일반 분포의 평균 및 구간 나타내기

```
rv_mean = random_variable.mean()
print(f"분포의 평균은 약 {rv_mean:.2f}cm입니다")

plt.axvline(random_variable.mean(), color='k', label='평균', linestyle=':')
plt.plot(bin_edges, random_variable.cdf(bin_edges), label='누적 분포 함수')
plt.plot(bin_edges, random_variable.sf(bin_edges),
         label='생존 함수', linestyle='--', color='r')
plt.xlabel('표본 평균')
plt.ylabel('확률')
plt.legend()
plt.show()
```

▶ 실행결과

분포의 평균은 약 27.00cm입니다

▼ 그림 7-5 비대칭 분포의 누적 분포 함수를 생존 함수와 함께 그린 모습

두 함수는 더 이상 정규 곡선을 분석할 때처럼 평균을 대칭적으로 반영하지 않습니다. 따라서 더 이상 생존 함수 출력을 2배로 늘리는 것만으로는 p-값을 계산할 수 없습니다

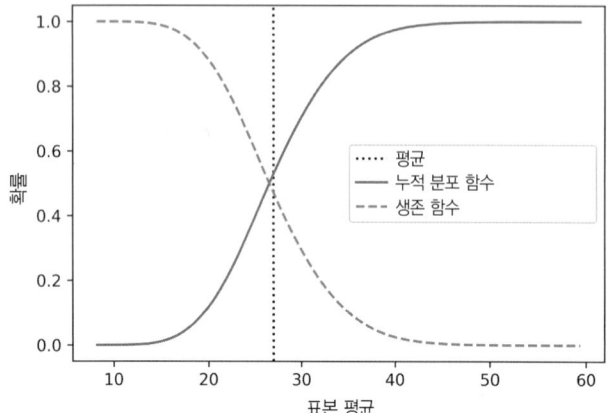

분포 평균은 약 27cm이며, 이는 수족관의 물고기 평균 길이와 같습니다. 임의로 샘플링된 물고기는 수족관의 평균에 가까운 길이를 가질 가능성이 높습니다. 그러나 복원 추출을 해 보면 37cm보다 크거나 17cm보다 작게 나오는 경우가 있습니다. 이를 관측할 확률은 표시된 두 함수로 계산될 수 있습니다. 따라서 이 두 함수를 더 자세히 살펴보겠습니다.

그래프를 보면 누적 분포 함수와 생존 함수는 서로 대칭이 아니며, 정상 곡선 분석처럼 평균에서 교차하지도 않습니다. 즉, 대칭 정규 곡선처럼 작동하지 않기 때문에 이는 특정 결과를 초래합니다. 대칭 곡선에서는 생존 함수를 2배로 하여 p-값을 계산할 수 있었지만, 비대칭 분포에서는 생존 함수만으로 꼬리 부분의 확률을 계산하기는 불충분합니다. 하지만 다행히 생존 함수와 누적 분포 함수를 모두 사용하면 극단적인 관측 값의 확률을 파악할 수 있습니다. 이 확률로 통계적 유의성을 평가할 수 있습니다.

'표본으로 추출한 물고기(교체 포함) 20마리가 모집단 평균만큼 극단적인 평균을 나타낼 확률은 얼마인가'라는 질문에 답함으로써 유의성을 측정할 수 있습니다. 다시 말해 모집단 평균은 37cm로 분포 평균보다 10cm 더 크므로, 극단성은 rv_mean에서 최소 10cm 이상 벗어나는 경우로 정의될 수 있습니다. 앞서 논의한 내용을 토대로 이 문제는 두 가지 다른 값을 계산하는 것으로 나뉠 수 있습니다. 먼저 37cm 이상인 표본 평균을 관측할 확률을 계산하고, 17cm 이하인 표본 평균을 관측할 확률을 계산하는 것이죠. 전자는 random_variable.sf(37), 후자는 random_variable.cdf(17)과 같습니다. 그리고 이 두 값을 더하면 원하는 답을 구할 수 있습니다.

코드 7-23 극단적인 표본 평균의 확률 계산하기

```
prob_extreme = random_variable.sf(37) + random_variable.cdf(17)
print(f"극단적인 표본 평균을 관측할 확률은 약 {prob_extreme:.2f}입니다")
```

▶ 실행결과

극단적인 표본 평균을 관측할 확률은 약 0.10입니다

샘플링으로 극단적인 값이 관측될 확률은 약 0.10입니다. 즉, 수족관에서 임의로 샘플링한 10번 중 한 번은 모집단 평균만큼 극단적인 평균을 가집니다. 모집단 평균은 생각했던 것만큼 수족관 평균에서 멀리 떨어져 있지 않은 셈이죠. 실제로 10cm 이상의 평균 차이는 샘플링된 물고기 출력의 10%에서 나타날 것입니다. 따라서 27cm의 표본 평균과 37cm의 모집단 평균 사이의 차이는 통계적으로 유의하지 않습니다.

지금쯤이면 이 모든 것에 익숙해졌을 것입니다. prob_extreme 값은 p-값과 동일합니다. 귀무 가설이 참이라면, 표본 평균과 모집단 평균의 차이는 표본의 10%에서 최소 10cm가 됩니다. 이 p-값 0.1은 기준 값인 0.05보다 커 귀무 가설을 기각할 수 없습니다. 즉, 표본 평균과 모집단 평균 사이에는 통계적으로 유의미한 차이가 없습니다.

우리는 간접적으로 p-값을 계산했습니다. 물고기가 20마리인 한정된 물고기 풀에서 표본을 샘플링한다는 것이 통계적 통찰을 얻기에는 이상해 보일 수 있습니다. 그렇지만 이는 합리적인 방법입니다. 복원 추출을 이용한 부트스트래핑은 특히 제한된 데이터를 다룰 때 p-값을 추출하는 신뢰할 수 있는 방법입니다.

> **노트** 복원 추출을 이용한 유용한 부트스트래핑 메서드
> - `rv = stats.rv_histogram((likelihoods, bin_edges))`: 히스토그램의 결과인 `likelihoods`와 `bin_edges`를 기반으로 랜덤 변수 객체(rv)를 생성합니다.
> - `p_value = rv.sf(head_extreme) + random_variable.cdf(tail_extreme)`: 랜덤 변수 객체의 생존 함수와 누적 분포 함수의 출력을 기반으로 한 각각 앞쪽과 뒤쪽의 극단적인 값에 대한 p-값을 계산합니다.
> - `z = np.random.choice(x, size=y, replace=True)`: x 배열에서 요소 y개를 복원 추출합니다. 그리고 표본은 z 배열에 저장됩니다. 복원 추출을 이용한 부트스트래핑에서 y는 `x.size`와 같습니다.

부트스트래핑 기법은 40년 넘게 철저히 연구되어 왔으며, 통계학자들은 정확한 p-값을 계산하기 위해 이 기법에 대한 다양한 변형을 발견했습니다. 우리는 방금 그중 한 가지를 검토했으며, 이번에는 다른 변형을 간략히 소개해 보겠습니다. 복원 추출이 데이터 집합의 표준 평균 오차를 근사화한다는 것을 밝혔습니다. 기본적으로 샘플링된 분포의 표준 편차는 귀무 가설이 참일 때 표준 평균 오차와 동일합니다. 따라서 귀무 가설이 참이면 누락된 표준 평균 오차는 `random_variable.std`와 같습니다. 이것은 p-값을 찾는 또 다른 방법을 제공합니다. `compute_p_value(27, 37, random_variable.std)`를 실행하기만 하면 되며, 계산된 p-값은 약 0.1이 되어야 합니다. 확인해 봅시다.

코드 7-24 부트스트래핑을 사용하여 표준 평균 오차 추정하기

```
estimated_sem = random_variable.std()
p_value = compute_p_value(27, 37, estimated_sem)
print(f"추정 SEM에서 계산된 p-값은 약 {p_value:.2f}입니다")
```

▶ 실행결과

추정 SEM에서 계산된 p-값은 약 0.10입니다

예상대로 계산된 p-값은 약 0.1입니다. 복원 추출을 이용한 부트스트래핑이 p-값을 계산하는 두 가지 다른 접근 방식을 제공하는 방법을 살펴보았습니다. 첫 번째 접근 방식은 다음을 수행해야 합니다.

1. 데이터에서 교체하여 표본을 추출합니다. 수만 번 반복하여 표본 수단 리스트를 얻습니다.
2. 표본 평균에서 히스토그램을 생성합니다.
3. stats.rv_histogram 메서드를 사용하여 히스토그램을 분포로 변환합니다.
4. 생존 함수와 누적 분포 함수를 사용하여 분포 곡선의 왼쪽과 오른쪽 극한 아래 영역을 구합니다.

한편 두 번째 접근 방식은 약간 더 간단한 것으로 보입니다.

1. 데이터에서 교체하여 표본을 추출합니다. 수만 번 반복하여 표본 수단 리스트를 얻습니다.
2. 평균의 표준 편차를 계산하여 SEM을 근사화합니다.
3. 추정된 표본 평균 오차를 바탕으로 compute_p_value 함수를 사용하여 기본 가설 테스트를 수행합니다.

구현하기 훨씬 쉬운 세 번째 접근 방식을 간략히 살펴보겠습니다. 이 접근 방식은 히스토그램이 필요하지 않으며, 사용자 정의 compute_value_function에 의존하지도 않습니다. 그 대신 이 접근 방식은 2장에서 소개한 큰 수의 법칙을 사용합니다. 이 법칙에 따르면, 표본 수가 충분히 많으면 관측된 이벤트 빈도는 이벤트 발생 확률에 근사합니다. 따라서 극단적인 관측의 빈도를 계산하여 간단히 p-값을 추정할 수 있습니다. 이 접근 방식을 17cm에서 37cm 사이에 속하지 않는 수단을 세어 sample_means에 빠르게 적용해 보겠습니다. p-값을 계산하기 위해 개수를 len(sample_means)로 나눕니다.

코드 7-25 직접 카운트에서 p-값 계산하기

```
number_extreme_values = 0
for sample_mean in sample_means:
    if not 17 < sample_mean < 37:
        number_extreme_values += 1

p_value = number_extreme_values / len(sample_means)
print(f"p-값은 약 {p_value:.2f}입니다")
```

▶ 실행결과

p-값은 약 0.10입니다

복원 추출을 이용한 부트스트랩은 제한된 데이터에서 추론하는 간단하지만 강력한 기법입니다. 그러나 이 기법은 여전히 모집단 평균에 대한 지식을 전제로 합니다. 안타깝게도 실제 상황에서 모집단 평균을 알 수 있는 경우는 거의 없습니다. 예를 들어 이 사례 탐구에서는 모집단 평균이 포함되지 않은 온라인 광고 클릭 테이블을 분석해야 합니다. 다음 절에서는 모집단 평균과 모집단 분산을 모두 알 수 없을 때 수집된 표본을 비교하는 방법을 알아보겠습니다.

7.4 순열 테스트: 모집단의 매개변수를 알 수 없는 경우 표본 수단 비교하기

통계학에서는 모집단의 매개변수를 알 수 없을 때 서로 다른 두 표본 평균을 비교해야 하는 경우가 있습니다.

우리 이웃에도 수족관이 있다고 가정해 보죠. 이들 수족관에는 평균 길이가 46cm인 물고기가 10마리 있습니다. 이를 new_fish_lengths 배열로 나타내 보겠습니다.

코드 7-26 새 수족관의 물고기 길이 정의하기

```
new_fish_lengths = np.array([51, 46.5, 51.6, 47, 54.4, 40.5, 43, 43.1, 35.9, 47.0])
assert new_fish_lengths.mean() == 46
```

이웃집 수족관 내용물을 우리 수족관과 비교하고 싶습니다. 먼저 new_fish_lengths.mean()과 fish_lengths.mean()의 차이를 측정하는 것으로 시작합니다.

코드 7-27 두 표본 평균의 차이 계산하기

```
mean_diff = abs(new_fish_lengths.mean() - fish_lengths.mean())
print(f"두 평균 사이에는 19.00cm 정도의 차이가 있습니다")
```

▶ 실행결과

두 평균 사이에는 19.00cm 정도의 차이가 있습니다

두 수족관 평균은 19cm 정도 다릅니다. 이는 상당히 큰 차이처럼 보이지만, 통계적으로도 유의미한지 알아볼 필요가 있습니다. 지금까지 모든 분석은 모집단 평균에 의존해 왔는데, 현재 두 표본 평균만 알고 모집단 평균은 모릅니다. 따라서 두 수족관의 물고기가 모집단 평균을 공유한다고 가정하는 귀무 가설을 평가하기 어렵습니다. 이 가정된 공유 값은 현재로서는 알 수 없죠. 어떻게 해야 할까요?

귀무 가설이 모집단 평균에 직접 의존하지 않도록 재구성할 필요가 있습니다. 귀무 가설이 참이라면 첫 번째 수족관의 물고기 20마리와 두 번째 수족관의 물고기 10마리는 모두 동일한 모집단에서 추출된 것입니다. 이 가설에서는 수족관 A에 물고기 20마리가, 수족관 B에 물고기 10마리가 배치되는 것은 크게 중요하지 않습니다. 두 수족관 간의 물고기 배치는 큰 영향을 미치지 않을 것입니다. 물고기의 무작위 재배치는 mean_diff 변수를 변동시킬 수 있지만, 그 평균 차이는 예측 가능한 방식으로 변동할 것입니다.

따라서 귀무 가설을 평가하려고 표본 평균을 알 필요는 없습니다. 그 대신 두 수족관 간의 물고기 임의 순열에 집중하면 됩니다. 그러면 mean_diff로 통계적 유의미성을 계산하는 순열 검정을 수행할 수 있습니다. 복원 추출을 이용한 부트스트래핑과 마찬가지로 순열 검정은 데이터의 무작위 추출에 의존합니다.

우리는 물고기 30마리를 모두 하나의 수족관에 넣음으로써 순열 검정을 시작합니다. 물고기 통합은 np.hstack 메서드를 사용하여 모델링할 수 있습니다. 이 메서드는 입력으로 넘파이 배열의 리스트를 받아들이고 이를 단일 넘파이 배열로 합칩니다.

코드 7-28 np.hstack으로 두 배열 병합하기

```
total_fish_lengths = np.hstack([fish_lengths, new_fish_lengths])
assert total_fish_lengths.size == 30
```

물고기를 한데 모은 뒤 물고기들이 임의의 방향으로 헤엄치도록 합니다. 그러면 수족관 내 물고기 위치가 완전히 임의화됩니다. np.random.shuffle() 메서드로 물고기 위치를 섞습니다.

코드 7-29 병합된 물고기의 위치 뒤섞기

```
np.random.seed(0)
np.random.shuffle(total_fish_lengths)
```

다음으로 무작위로 섞인 물고기 중 20마리를 선택합니다. 이 20마리는 별도의 수족관으로 옮겨지며, 나머지 10마리는 남아 있습니다. 다시 말해 수족관 A에는 20마리, 수족관 B에는 10마리가 남습니다. 그러나 각 수족관의 물고기 평균 길이는 fish_lengths.mean()과 new_fish_lengths.mean()이 다를 가능성이 있으며, 평균 물고기 길이 차이도 변할 것입니다. 이를 확인해 봅시다.

코드 7-30 두 임의 표본 평균 차이 계산하기

```
random_20_fish_lengths = total_fish_lengths[:20]
random_10_fish_lengths = total_fish_lengths[20:]
mean_diff = random_20_fish_lengths.mean() - random_10_fish_lengths.mean()
print(f"평균 물고기 길이의 새로운 차이는 {mean_diff:.2f}입니다")
```

▶ 실행결과

평균 물고기 길이의 새로운 차이는 14.33입니다

표본으로 추출한 물고기 길이의 차이는 더 이상 19cm가 아니라 14.33cm입니다. 예상대로 mean_diff는 변동성을 띤 임의 변수이므로 무작위 추출로 그 분포를 찾을 수 있습니다. 다음으로 물고기를 섞는 절차를 3만 회 반복하여 mean_diff 값에 대한 히스토그램을 얻습니다(그림 7-6).

코드 7-31 평균 간 변동하는 차이 나타내기

```
np.random.seed(0)
mean_diffs = []
for _ in range(30000):
    np.random.shuffle(total_fish_lengths)
    mean_diff = total_fish_lengths[:20].mean() - total_fish_lengths[20:].mean()
    mean_diffs.append(mean_diff)

likelihoods, bin_edges, _ = plt.hist(mean_diffs, bins='auto', edgecolor='black', density=True)

plt.xlabel('구간 평균 차이')
plt.ylabel('상대적 확률')
plt.show()
```

▼ 그림 7-6 표본을 서로 다른 두 그룹으로 임의 재배열하여 계산한 구간 평균 차이의 히스토그램

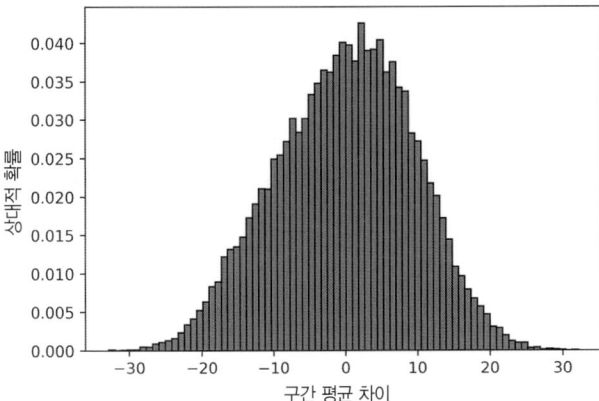

다음으로 stats.rv_histogram 메서드로 히스토그램을 임의 변수에 맞춥니다.

코드 7-32 히스토그램을 임의 변수에 맞추기
```
random_variable = stats.rv_histogram((likelihoods, bin_edges))
```

마지막으로 임의 변수 객체로 가설 검정을 수행합니다. 우리가 알고 싶은 것은 귀무 가설이 참일 때 극단적인 값이 관측될 확률입니다. 여기에서 극단적인 값은 절댓값이 최소 19cm인 평균 간의 차이로 정의되므로 p-값은 random_variable.sf(19) + random_variable.cdf(-19)와 같습니다.

코드 7-33 순열 p-값 계산하기
```
p_value = random_variable.sf(19) + random_variable.cdf(-19)
print(f"p-값은 약 {p_value:.2f}입니다")
```

▶ 실행결과

p-값은 약 0.04입니다

p-값은 약 0.04로, 유의성 임계 값인 0.05에 못 미칩니다. 따라서 물고기 길이의 평균 차이는 통계적으로 유의미하다고 볼 수 있으며, 두 수족관의 물고기는 동일 분포에서 나온 것이 아닙니다.

여담이지만 큰 수의 법칙을 이용하면 순열 검정을 단순화할 수 있습니다. 복원 추출을 이용한 부트스트래핑에서 했던 것처럼 극단적으로 기록된 표본의 빈도를 계산하기만 하면 됩니다. 이 방법으로 약 0.04인 p-값을 다시 계산해 보겠습니다.

코드 7-34 순열 p-값을 직접 계산하기
```
number_extreme_values = 0.0
for min_diff in mean_diffs:
    if not -19 < min_diff < 19:
        number_extreme_values += 1

p_value = number_extreme_values / len(mean_diffs)
print(f"p-값은 약 {p_value:.2f}입니다")
```

> ▶ 실행결과
>
> p-값은 약 0.04입니다

순열 검정을 이용하면 수집된 두 표본 리스트 간의 차이를 통계적으로 비교할 수 있습니다. 표본의 특징이 중요한 것은 아닙니다. 물고기 길이, 광고 클릭 수, 그밖에 무엇이든 될 수 있습니다. 가령 순열 검정은 사례 탐구 해결 과정에서 최적의 광고 색상을 찾기 위해 기록된 광고 클릭 수를 비교할 때 매우 유용할 수 있습니다.

7.5 요약

- 통계적 가설 검정은 두 가지 경쟁 가설 중 하나를 선택해야 합니다. 귀무 가설에 따르면 두 모집단은 동일합니다. 대립 가설에 따르면 두 모집단은 동일하지 않습니다.
- 귀무 가설을 평가하려면 p-값을 계산해야 합니다. p-값은 귀무 가설이 참일 때 우리 데이터를 관측할 확률과 같습니다. p-값이 지정된 유의 수준 임계 값보다 낮으면 귀무 가설을 기각합니다. 일반적으로 유의 수준은 0.05로 설정됩니다.
- 귀무 가설이 참임에도 귀무 가설을 기각하면 1종 오류를 범하게 됩니다. 귀무 가설을 기각하지 못하고 대안 가설이 참일 경우 2종 오류를 범하게 됩니다.
- 데이터 채굴은 1종 오류의 위험을 증가시킵니다. 데이터 채굴에서는 실험을 반복하여 p-값이 유의 수준보다 낮아질 때까지 진행됩니다. 데이터 채굴을 최소화하기 위해 실험 횟수로 유의 수준을 나누는 본페로니 교정을 수행할 수 있습니다.
- 중심 극한 정리를 이용하여 표본 평균을 모집단 평균 및 분산과 비교할 수 있습니다. 모집단 분산은 표준 평균 오차(SEM)를 계산하는 데 필요합니다. 모집단 분산이 주어지지 않은 경우 복원 추출을 이용하는 부트스트래핑으로 SEM을 추정할 수 있습니다.
- 순열 검정을 실행하여 서로 다른 두 표본의 평균을 비교할 수 있습니다.

8장

판다스를 사용한 테이블 분석하기

이 장에서 다루는 내용

- 판다스 라이브러리로 2차원 테이블 저장하기
- 2차원 테이블의 내용 요약하기
- 행 및 열의 내용 조작하기
- 시본 라이브러리로 테이블 시각화하기

두 번째 사례 탐구의 광고 클릭 데이터는 2차원 테이블에 저장됩니다. 일반적으로 데이터 테이블은 정보 저장에 사용되는데 엑셀 스프레드시트, 쉼표로 열을 구분하는 텍스트 기반의 CSV(Comma Separated Values) 파일 등 다양한 유형의 테이블이 있습니다. 하지만 테이블 형식이 중요한 것은 아닙니다. 그 구조가 어떻게 잡혔는지가 중요하죠. 모든 테이블은 가로 행과 세로 열을 가지며, 각 열의 첫 번째 값으로는 해당 열 이름이 명시적으로 기록되는 공통된 구조가 많습니다.

8.1 기본 파이썬 기능으로 테이블 저장하기

파이썬으로 간단한 테이블을 정의해 보겠습니다. 이 테이블은 물고기, 길이, 너비라는 열 세 개로 다양한 어종에 대한 측정값을 센티미터 단위로 저장합니다. 물고기 열은 레이블 역할을 하는 물고기 종을, 길이와 너비 열은 각 물고기에 대한 길이와 너비를 담습니다. 파이썬에서는 이러한 개념적인 테이블을 딕셔너리라는 자료 구조로 표현할 수 있습니다. 딕셔너리의 키가 열 이름을, 각 키에 매핑된 값이 각 열에 대한 값을 의미합니다.

코드 8-1 파이썬의 딕셔너리 자료 구조로 테이블 저장하기

```python
fish_measures = {'Fish': ['Angelfish', 'Zebrafish', 'Killifish', 'Swordtail'],
                 'Length': [15.2, 6.5, 9, 6],
                 'Width': [7.7, 2.1, 4.5, 2]}
```

이때 Zebrafish 길이를 알고 싶다고 가정해 보죠. 그러려면 먼저 fish_measures['Fish']의 'Zebrafish'에 대한 인덱스를 구해야 합니다. 그다음 해당 인덱스로 fish_measures['Length']를 접근하여 원하는 Zebrafish 길이를 구할 수 있습니다. 이 과정은 다음 코드처럼 약간은 복잡해 보입니다.

코드 8-2 딕셔너리로 테이블 열 접근하기

```python
zebrafish_index = fish_measures['Fish'].index('Zebrafish')
zebrafish_length = fish_measures['Length'][zebrafish_index]
print(f"zebrafish 길이는 {zebrafish_length:.2f}cm입니다")
```

▶ 실행결과

```
zebrafish 길이는 6.50cm입니다
```

딕셔너리는 실용적이기는 하지만 사용하기가 약간 어렵습니다. 판다스 라이브러리를 사용하면 테이블을 훨씬 더 전문적으로 조작할 수 있습니다.

8.2 판다스로 테이블 탐색하기

먼저 판다스 라이브러리를 설치합니다. 판다스가 정상적으로 설치되었다면 판다스를 pd라는 별칭으로 불러와서 사용할 준비를 마칩니다.

> **노트** 터미널에 pip install pandas를 입력하여 판다스 라이브러리를 설치할 수 있습니다.

코드 8-3 판다스 라이브러리 불러오기
```
import pandas as pd
```

이제 pd.DataFrame(fish_measures) 메서드를 호출하여 fish_measures 테이블을 판다스가 지원하는 데이터프레임 형식으로 변환합니다. 즉, 이 메서드는 판다스의 DataFrame 객체를 반환합니다. 데이터프레임은 통계 쪽 소프트웨어에서 쓰는 일반 용어로, 보통 테이블을 지칭합니다. 기본적으로 DataFrame 객체는 딕셔너리 자료 구조를 2차원 테이블로 변환합니다. 또 일반적으로 DataFrame 객체는 df라는 이름의 변수로 관리하는 것이 관례로, 여기에서도 이 관례를 따라 코드를 작성했습니다. 다음 코드는 df = pd.DataFrame(fish_measures)를 실행한 뒤 df 내용을 출력합니다.

코드 8-4 테이블을 판다스의 데이터프레임 형식으로 변환하기
```
df = pd.DataFrame(fish_measures)
print(df)
```

▶ 실행결과
```
        Fish    Length    Width
0   Angelfish    15.2      7.7
1   Zebrafish     6.5      2.1
2   Killifish     9.0      4.5
3   Swordtail     6.0      2.0
```

테이블의 행과 열이 잘 정리되어 출력된 것을 알 수 있습니다. 이번 테이블은 크기가 작기 때문에 한 화면에 내용이 모두 담겼지만, 테이블이 크다면 처음 행만 몇 개 출력하는 것이 좋을 수도 있습니다. print(df.head(x))는 테이블의 첫 x개 행만 출력합니다. 다음 코드는 처음 두 행만 출력하는 print(df.head(2))의 사용 방법을 보여 줍니다.

코드 8-5 테이블의 첫 두 행에 접근하기
```
print(df.head(2))
```

▶ 실행결과
```
        Fish    Length    Width
0   Angelfish    15.2      7.7
1   Zebrafish     6.5      2.1
```

하지만 테이블이 매우 크다면 이를 요약하는 편이 좋습니다. 판다스에서는 df.describe()라는 메서드를 제공하는데, 이는 테이블의 모든 수치형 열에 대한 통계 정보를 생성하여 보여 주는 기능을 합니다. 최소, 최대, 평균, 표준 편차와 같은 정보가 포함되죠. 다음 코드는 df.describe() 메서드를 호출했을 때 결과를 보여 줍니다. 예상한 대로 물고기의 길이 및 너비 열에 대한 정보는 출력되지만, 물고기 종을 표현하는 문자열형 열은 출력 결과에서 빠진 것을 알 수 있습니다.

코드 8-6 숫자 열 요약하기

```
print(df.describe())
```

▶ 실행결과

```
              Length      Width
count       4.000000   4.000000
mean        9.175000   4.075000
std         4.225616   2.678775
min         6.000000   2.000000
25%         6.375000   2.075000
50%         7.750000   3.300000
75%        10.550000   5.300000
max        15.200000   7.700000
```

> **노트** 판다스의 출력은 메서드를 설명합니다.
> - **count**: 각 열에 담긴 요소 개수
> - **mean**: 각 열에 담긴 요소들의 평균
> - **std**: 각 열에 담긴 요소들의 표준 편차
> - **min**: 각 열에 담긴 요소 중 최솟값
> - **25%**: 각 열에 담긴 요소들의 25% 백분위 수
> - **50%**: 각 열에 담긴 요소들의 50% 백분위 수(중앙값과 동일)
> - **75%**: 각 열에 담긴 요소들의 75% 백분위 수
> - **max**: 각 열에 담긴 요소 중 최댓값

요약 결과에 따르면, 물고기의 평균 길이와 너비는 각각 9.175cm와 4.075cm입니다. 그 밖의 추가 통계 정보도 출력에 포함되어 있죠. 한편 평균 외 다른 정보에는 관심이 없다면 df.mean() 메서드를 호출하여 다른 정보를 생략할 수 있습니다.

코드 8-7 열의 평균 계산하기

```
print(df.iloc[:,1:].mean())
```

▶ 실행결과

```
Length    9.175
Width     4.075
dtype: float64
```

df.describe() 메서드는 수치형 열에서만 실행되도록 설계되어 있지만, df.describe(include=[np.object])처럼 강제로 문자열도 처리하도록 할 수 있습니다. include 매개변수를 [np.object]로 설정하면 넘파이의 문자열형 배열로 구축된 테이블 열을 검색하도록 지시할 수 있습니다. 다만 문자열에 대한 통계 분석은 불가능하므로 출력에 통계 정보는 포함되지 않습니다. 그 대신 고유 문자열 개수, 가장 많이 등장하는 문자열과 해당 문자열의 발생 빈도가 포함됩니다. 다음 코드의 출력 결과를 참고하면, Fish 열은 고유 문자열을 네 개 포함하며 각 문자열 모두 한 번씩 등장하는 것으로 파악할 수 있습니다. 따라서 가장 빈번한 문자열의 빈도는 1이며, 모두 1이라서 그중 하나가 임의로 선택됩니다.

코드 8-8 문자열 열 요약하기

```
print(df.describe(include=[np.object]))
```

▶ 실행결과

```
count     4       ----- 각 열의 문자열 개수
unique    4       ----- 각 열의 고유한 문자열 개수
top       Zebrafish   ----- 각 열에서 가장 빈번히 발생한 문자열
freq      1       ----- 가장 빈번히 발생한 문자열의 빈도
```

> **노트** 정보 요약을 위한 판다스의 메서드
> - **df.head()**: 데이터프레임의 처음 다섯 개 행을 반환합니다.
> - **df.head(x)**: 데이터프레임의 처음 x개 행을 반환합니다.
> - **df.describe()**: 데이터프레임의 수치형 열에 대한 통계 정보를 반환합니다.
> - **df.describe(include=[np.object])**: 데이터프레임의 문자열 열에 대한 통계 정보를 반환합니다.
> - **df.mean()**: 데이터프레임의 모든 수치형 열에 대한 평균을 반환합니다.

앞서 언급했듯이, Fish 열은 넘파이의 문자열형 배열을 기반으로 합니다. 사실 전체 데이터프레임이 2차원 넘파이 배열로 구축되죠. 빠르게 테이블을 조작하기 위해 모든 데이터를 넘파이 형식으로 저장하는 것입니다. df.values에 접근하면 실제 넘파이 배열 그 자체를 확인할 수 있습니다.

코드 8-9 테이블을 2차원 넘파이 배열로 가져오기

```
print(df.values)
assert type(df.values) == np.ndarray
```

▶ 실행결과

```
[['Angelfish' 15.2 7.7]
 ['Zebrafish' 6.5 2.1]
 ['Killifish' 9.0 4.5]
 ['Swordtail' 6.0 2.0]]
```

8.3 테이블의 열 가져오기

이번에는 열 이름으로 개별 열을 가져오는 방법을 알아보겠습니다. `print(df.columns)` 메서드를 호출하면 모든 열 이름을 출력할 수 있습니다.

코드 8-10 모든 열 이름에 접근하기

```
print(df.columns)
Index(['Fish', 'Length', 'Width'], dtype='object')
```

그러면 df.Fish에 접근하여 Fish 열의 모든 데이터를 출력해 보죠.

코드 8-11 개별 열에 접근하기

```
print(df.Fish)
```

▶ 실행결과

```
0    Angelfish
1    Zebrafish
2    Killifish
3    Swordtail
Name: Fish, dtype: object
```

출력된 결과가 넘파이 배열이 아니라, 판다스의 1차원 배열을 표현하는 객체라는 점에 유의하기 바랍니다. 넘파이 배열을 출력하고 싶다면 `print(df.Fish.values)` 같은 코드를 실행해야 합니다.

코드 8-12 열을 넘파이 배열로서 가져오기

```
print(df.Fish.values)
assert type(df.Fish.values) == np.ndarray
```

▶ 실행결과

```
['Angelfish' 'Zebrafish' 'Killifish' 'Swordtail']
```

df.Fish를 통해 Fish 열에 접근했습니다. 또 딕셔너리의 데이터에 접근할 때 사용되는 대괄호 문법과 동일한 방식으로도 해당 열에 접근할 수 있습니다. 다음 코드는 대괄호로 Fish 열에 접근하는 방법을 보여 줍니다.

코드 8-13 대괄호로 열에 접근하기

```
print(df['Fish'])
```

▶ 실행결과

```
0    Angelfish
1    Zebrafish
2    Killifish
3    Swordtail
Name: Fish, dtype: object
```

대괄호를 사용하면 df[열 이름_리스트]로 여러 열을 동시에 찾을 수 있습니다. 가령 Fish 및 Length 열을 모두 검색하고 싶다면 다음과 같이 df[['Fish', 'Length']]를 실행하면 됩니다. 그러면 해당 두 열만 포함된 테이블이 반환됩니다.

코드 8-14 대괄호로 여러 열에 접근하기

```
print(df[['Fish', 'Length']])
```

▶ 실행결과

```
        Fish  Length
0   Angelfish    15.2
1   Zebrafish     6.5
2   Killifish     9.0
3   Swordtail     6.0
```

df에 저장된 데이터는 다양한 방식으로 분석이 가능합니다. 가령 특정 하나의 열을 기준으로 행을 정렬할 수 있습니다. 구체적으로 다음과 같이 df.sort_values('Length') 메서드를 호출하면 물고기 길이를 기준으로 행이 정렬된 신규 테이블이 반환됩니다.

코드 8-15 열 값으로 행 정렬하기

```
print(df.sort_values('Length'))
```

▶ 실행결과

```
        Fish  Length  Width
3   Swordtail     6.0    2.0
1   Zebrafish     6.5    2.1
2   Killifish     9.0    4.5
0   Angelfish    15.2    7.7
```

또 열 값으로 원치 않은 행을 필터링할 수도 있습니다. 가령 df[df.Width >= 3]은 너비가 3cm 이상인 행으로만 구성된 테이블을 반환합니다.

코드 8-16 열 값으로 행 필터링하기

```
print(df[df.Width >= 3])
```

▶ 실행결과

```
        Fish  Length  Width
0   Angelfish    15.2    7.7
2   Killifish     9.0    4.5
```

> **노트** 판다스에서 열에 접근하는 방법
> - **df.columns**: 데이터프레임 열 이름 리스트를 반환합니다.
> - **df.x**: 이름이 x인 열을 반환합니다.
> - **df[x]**: 이름이 x인 열을 반환합니다.
> - **df[[x,y]]**: 이름이 x인 열, y인 열을 모두 반환합니다.
> - **df.x.values**: 이름이 x인 열을 넘파이 배열 형식으로 반환합니다.
> - **df.sort_values(x)**: 이름이 x인 열을 기준으로 정렬된 데이터프레임을 반환합니다.
> - **df[df.x > y]**: 이름이 x인 열에 대해 > y로 필터링된 데이터프레임을 반환합니다.

8.4 테이블의 행 가져오기

이번에는 df의 행에 접근해 보겠습니다. 열과 달리 행은 미리 할당된 레이블이 없기 때문에 판다스는 각 행마다 특수 인덱스를 할당합니다. 보통 이 인덱스는 출력된 테이블의 가장 왼쪽에 표시됩니다. 지금까지 실습한 코드의 출력 결과들로 미루어 볼 때 Angelfish 행과 Swordtail 행의 인덱스는 각각 0과 3인 것을 알 수 있습니다. 해당 인덱스 값을 활용하여 df.loc[[0, 3]]을 호출하면 원하는 행에 접근할 수 있습니다. 일반적으로 df.loc[[인덱스_리스트]]는 인덱스_리스트에 담긴 모든 인덱스에 해당하는 행을 찾습니다. 그러면 다음과 같이 Swordtail과 Angelfish 인덱스에 일치하는 행을 찾아보죠.

코드 8-17 인덱스로 행 접근하기

```
print(df.loc[[0, 3]])
```

▶ 실행결과

```
        Fish    Length  Width
0   Angelfish   15.2    7.7
3   Swordtail    6.0    2.0
```

이번에는 수치형 인덱스 대신 어종 이름으로 행을 검색해 보겠습니다. 더 정확히 표현하자면, Fish 열에서 'Angelfish' 또는 'Swordtail'이 포함된 행을 찾고 싶은 것이죠. 판다스에서는 이 과정이 약간 까다롭습니다. df[booleans]를 실행해야 하는데, 여기에서 booleans란 원하는 행은 True에 담고 그렇지 않은 행은 False에 담은 리스트입니다. 그렇다면 불리언_리스트는 어떻게 얻을 수 있을까요? 간단한 방법은 df.Fish 값들을 반복적으로 접근하여 열 값이 ['Angelfish', 'Swordtail'] 중 하나일 때는 True를, 그렇지 않을 때는 False를 반환하는 것입니다. 가령 다음 코드처럼 말이죠.

코드 8-18 열 값으로 행 접근하기

```
booleans = [name in ['Angelfish', 'Swordtail'] for name in df.Fish]
print(df[booleans])
```

> ▶ 실행결과

```
        Fish  Length  Width
0  Angelfish    15.2    7.7
3  Swordtail     6.0    2.0
```

isin 메서드를 사용하면 원하는 행을 더 간단히 찾을 수 있습니다. 가령 df.Fish.isin(['Angelfish', 'Swordtail'])은 앞서 계산한 booleans와 동일한 리스트를 반환합니다. 따라서 df[df.Fish.isin(['Angelfish', 'Swordtail'])]처럼 코드 한 줄만으로도 모든 행을 검색할 수 있습니다.

코드 8-19 isin을 사용하여 열 값으로 행 접근하기

```python
print(df[df.Fish.isin(['Angelfish', 'Swordtail'])])
```

> ▶ 실행결과

```
        Fish  Length  Width
0  Angelfish    15.2    7.7
3  Swordtail     6.0    2.0
```

df 테이블에는 네 가지 어종에 대한 두 측정값이 포함되어 있습니다. 열의 측정값에 쉽게 접근할 수는 있지만, 안타깝게도 행의 인덱스와 어종 이름은 같지 않기 때문에 어종별로 행에 접근하기는 어렵습니다. 따라서 행의 인덱스를 어종 이름으로 바꾸어 이 문제를 해결해 보겠습니다. df.set_index 메서드를 df.set_index('Fish', inplace=True)처럼 호출하면 숫자였던 인덱스를 어종 이름으로 바꿀 수 있습니다. 여기에서 inplace=True 매개변수는 변경된 데이터프레임의 복사본 대신 원본 자체를 수정하겠다는 의미로 쓰였습니다.

코드 8-20 행 인덱스를 열 값으로 바꾸기

```python
df.set_index('Fish', inplace=True)
print(df)
```

> ▶ 실행결과

```
            Length  Width
Fish
Angelfish     15.2    7.7
Zebrafish      6.5    2.1
Killifish      9.0    4.5
Swordtail      6.0    2.0
```

가장 왼쪽의 인덱스 열은 더 이상 숫자가 아니라 어종 이름으로 대체되었습니다. 이제 df.loc[['Angelfish', 'Swordtail']]로 원하는 어종의 열에 접근할 수 있습니다.

코드 8-21 문자열 인덱스로 행 접근하기

```python
print(df.loc[['Angelfish', 'Swordtail']])
```

> ▶ 실행결과

```
            Length  Width
Fish
Angelfish     15.2    7.7
Swordtail      6.0    2.0
```

> **노트** 판다스에서 행에 접근하는 방식
> - `df.loc[[x, y]]`: x 인덱스, y 인덱스에 대한 행을 반환합니다.
> - `df[booleans]`: i 열에 대해 booleans[i]가 True인 행을 반환합니다.
> - `df[값 in 배열 for 값 in df.x]`: 이름이 x인 행에서 배열에 담긴 값 중 일치하는 행을 반환합니다.
> - `df[df.x.isin(array)]`: 이름이 x인 행에서 배열에 담긴 값 중 일치하는 행을 반환합니다.
> - `df.set_index('x', inplace=True)`: 숫자 인덱스를 이름이 x인 행으로 교체합니다.

8.5 테이블의 행과 열 수정하기

현재 각 테이블의 행은 특정 어종에 대한 길이와 너비를 가지고 있습니다. 행과 열을 바꾸면 어떻게 될까요? 이는 전치(transpose)를 수행하는 `df.T`를 실행하면 알 수 있습니다. 테이블의 요소를 대각선을 기준으로 뒤집어 행과 열이 바뀌도록 하죠. 테이블을 전치한 뒤 그 결과를 출력해 보겠습니다.

코드 8-22 행과 열 바꾸기

```
df_transposed = df.T
print(df_transposed)
```

▶ 실행결과

```
Fish    Angelfish  Zebrafish  Killifish  Swordtail
Length       15.2        6.5        9.0        6.0
Width         7.7        2.1        4.5        2.0
```

테이블 구조를 바꾸었습니다. 이제 각 열이 어종 이름을, 각 행이 각 어종에 대한 특정 측정 유형을 나타냅니다. 즉, 첫 번째와 두 번째 행은 각각 길이와 너비를 나타내죠. 따라서 `print(df_transposed.Swordtail)`로 Swordtail의 길이와 너비를 구할 수 있습니다.

코드 8-23 전치 후 출력하기

```
print(df_transposed.Swordtail)
```

▶ 실행결과

```
Length  6.0
Width   2.0
Name: Swordtail, dtype: float64
```

이번에는 df_transposed에 clownfish에 대한 측정값을 추가해 보겠습니다. 이 clownfish의 길이와 너비는 각각 10.6cm와 3.7cm입니다. `df_transposed['Clownfish'] = [10.6, 3.7]`이라는 코드 한 줄로 추가할 수 있습니다.

코드 8-24 신규 열 추가하기

```
df_transposed['Clownfish'] = [10.6, 3.7]
print(df_transposed)
```

▶ 실행결과

```
Fish    Angelfish  Zebrafish  Killifish  Swordtail  Clownfish
Length       15.2        6.5        9.0        6.0       10.6
Width         7.7        2.1        4.5        2.0        3.7
```

또는 df_transposed.assign 메서드를 사용하여 신규 열을 추가하는 방법도 있습니다. 이 메서드는 둘 이상의 열 이름을 전달할 수 있도록 설계되어 동시에 여러 열을 추가할 수 있게 해 줍니다. 예를 들어 df_transposed.assign(Clownfish2=[10.6, 3.7], Clownfish3=[10.6, 3.7])은 Clownfish2와 Clownfish3이라는 두 신규 열이 추가된 테이블을 반환합니다. assign 메서드는 신규 열을 원본 테이블에 직접 추가하지 않고 복사본을 반환합니다.

코드 8-25 신규 열을 여러 개 추가하기

```
df_new = df_transposed.assign(Clownfish2=[10.6, 3.7], Clownfish3=[10.6, 3.7])
assert 'Clownfish2' not in df_transposed.columns
assert 'Clownfish2' in df_new.columns
print(df_new)
```

▶ 실행결과

```
Fish    Angelfish  Zebrafish  Killifish  Swordtail  Clownfish  Clownfish2  Clownfish3
Length       15.2        6.5        9.0        6.0       10.6        10.6        10.5
Width         7.7        2.1        4.5        2.0        3.7         3.7         3.7

Fish    Clownfish3
Length        10.6
Width          3.7
```

그런데 추가된 두 열은 기존에 있던 Clownfish와 측정치들이 중복됩니다. 이 경우 df_new.drop(columns=['Clownfish2', 'Clownfish3'], inplace=True)로 중복인 두 열을 제거할 수 있습니다. df_new.drop 메서드는 테이블에서 지정된 모든 열을 삭제합니다.

코드 8-26 여러 열 삭제하기

```
df_new.drop(columns=['Clownfish2', 'Clownfish3'], inplace=True)
print(df_new)
```

▶ 실행결과

```
Fish    Angelfish  Zebrafish  Killifish  Swordtail  Clownfish
Length       15.2        6.5        9.0        6.0       10.6
Width         7.7        2.1        4.5        2.0        3.7
```

이제 저장된 측정값으로 각 어종의 표면적을 계산해 보겠습니다. 모든 어종의 면적이 math.pi * 길이 * 너비 / 4로 계산되는 타원형이라고 가정해 보죠. 각 면적은 모든 열에 반복적으로 접근해서 어종별로 하나씩 구해야 합니다. 데이터프레임 열은 딕셔너리의 요소를 반복적으로 접근하는 것과 동일한 방법으로 반복 접근이 가능하므로 단순히 df_new.items()를 호출하면 됩니다. 그러면 열 이름과 각 열에 포함된 값을 튜플 형식으로 묶어 반복자(iterable)를 반환합니다. 다음 코드는 모든 어종의 면적을 구하는 방법을 보여 줍니다.

코드 8-27 열 값들에 반복적으로 접근하기

```
areas = []
for fish_species, (length, width) in df_new.items():
    area = math.pi * length * width / 4
    print(f"{fish_species}의 면적은 {area}입니다")
    areas.append(area)
```

▶ 실행결과

```
Angelfish의 면적은 91.92300104403735입니다
Zebrafish의 면적은 10.720684930375171입니다
Killifish의 면적은 31.808625617596654입니다
Swordtail의 면적은 9.42477796076938입니다
Clownfish의 면적은 30.80331596844792입니다
```

그러면 계산된 면적을 테이블에 추가해 보겠습니다. df_new.loc['Area'] = areas 코드로 Area라는 신규 행을 추가할 수 있으며, df_new.reindex()를 실행하면 추가된 Area 이름으로 행의 인덱스를 갱신합니다.

코드 8-28 신규 행 추가하기

```
df_new.loc['Area'] = areas
df_new.reindex()
print(df_new)
```

▶ 실행결과

Fish	Angelfish	Zebrafish	Killifish	Swordtail	Clownfish
Length	15.200000	6.500000	9.000000	6.000000	10.600000
Width	7.700000	2.100000	4.500000	2.000000	3.700000
Area	91.923001	10.720685	31.808626	9.424778	30.803316

갱신된 테이블은 행 세 개와 열 다섯 개로 구성됩니다. df_new.shape에 접근하면 테이블 모양을 확인할 수 있습니다.

코드 8-29 테이블 모양 확인하기

```
row_count, column_count = df_new.shape
print(f"테이블은 열 {row_count}개와 행 {column_count}개를 가집니다")
```

▶ 실행결과

```
테이블은 열 3개와 행 5개를 가집니다
```

> **노트** 판다스에서 데이터프레임을 수정하는 방법
> - `df.T`: 행과 열을 바꾼(전치된) 데이터프레임을 반환합니다.
> - `df[x] = array`: 배열 값들로 구성된 이름이 x인 신규 열을 추가합니다.
> - `df.assign(x=array)`: 기존 데이터프레임에 배열 값들로 구성된 이름이 x인 신규 열을 더한 데이터프레임을 반환합니다.
> - `df.assign(x=array, y=array2)`: 이름을 x 및 y로 하는 두 신규 열이 추가된 데이터프레임을 반환합니다.
> - `df.drop(columns=[x, y])`: 이름이 x인 열, 이름이 y인 열을 삭제한 데이터프레임을 반환합니다.
> - `df.drop(columns=[x, y], inplace=True)`: 이름이 x인 열, 이름이 y인 열을 원본 데이터프레임에서 삭제합니다.
> - `df.loc[x] = array`: x 인덱스에 배열 값들로 구성된 행을 추가합니다. 해당 행에 접근하려면 `df.reindex()` 메서드를 호출해 주어야 합니다.

8.6 테이블 데이터 저장 및 불러오기

간단히 테이블을 변경해 보았습니다. 그러면 나중에도 사용할 수 있도록 테이블을 저장해 보죠. `df_new.to_csv('Fish_measurements.csv')` 메서드를 호출하면 테이블을 CSV 형식의 파일로 저장할 수 있습니다.

코드 8-30 테이블을 CSV 파일로 저장하기

```python
df_new.to_csv('Fish_measurements.csv')

with open('Fish_measurements.csv') as f:
    print(f.read())
```

▶ 실행결과

```
,Angelfish,Zebrafish,Killifish,Swordtail,Clownfish
Length,15.2,6.5,9.0,6.0,10.6
Width,7.7,2.1,4.5,2.0,3.7
Area,91.92300104403735,10.720684930375171,31.808625617596654,9.42477796076938
,30.80331596844792
```

`pd.read_csv` 메서드를 사용하면 CSV 파일 내용을 다시 판다스의 데이터프레임으로 불러올 수 있습니다. 가령 `pd.read_csv('Fish_measurements.csv', index_col=0)`은 Fish_measurements.csv 파일에 담긴 테이블의 모든 정보를 포함한 데이터프레임을 반환하죠. 선택적으로 설정 가능한 `index_col` 매개변수는 어떤 열에 행 인덱스 값들이 들어 있는지 지정합니다. 이것을 지정하지 않으면 숫자 행 인덱스가 자동으로 할당됩니다.

코드 8-31 CSV 파일을 데이터프레임으로 불러오기

```python
df = pd.read_csv('Fish_measurements.csv', index_col=0)
print(df)
print("\n열을 할당할 때 사용되는 행 인덱스 이름")
print(df.index.values)
```

```
df_no_assign = pd.read_csv('Fish_measurements.csv')
print("\n열이 할당되지 않았을 때 사용되는 행 인덱스 이름")
print(df_no_assign.index.values)
```

▶ 실행결과

```
       Angelfish  Zebrafish  Killifish  Swordtail  Clownfish
Length 15.200000   6.500000   9.000000   6.000000  10.600000
Width   7.700000   2.100000   4.500000   2.000000   3.700000
Area   91.923001  10.720685  31.808626   9.424778  30.803316

열을 할당할 때 사용되는 행 인덱스 이름
['Length' 'Width' 'Area']

열이 할당되지 않았을 때 사용되는 행 인덱스 이름
[0 1 2]
```

마찬가지로 pd.read_csv를 사용해서 두 번째 사례 탐구의 광고 클릭 데이터가 담긴 테이블을 데이터프레임으로 불러올 수 있습니다. 그러면 해당 테이블을 효율적으로 분석할 수 있겠죠.

> **노트** 판다스의 데이터프레임을 저장 및 불러오는 방법
> - **pd.DataFrame(dictionary)**: 딕셔너리에 담긴 데이터를 데이터프레임으로 변환합니다.
> - **pd.read_csv(filename)**: CSV 파일을 데이터 프레임으로 변환합니다.
> - **pd.read_csv(filename, index_col=i)**: CSV 파일을 데이터 프레임으로 변환하는데, 이때 행 인덱스 값들이 담긴 열로 i를 지정합니다.
> - **df.to_csv(filename)**: 데이터프레임을 CSV 파일로 저장합니다.

8.7 시본으로 테이블 시각화하기

간단한 print 명령으로 판다스의 테이블에 담긴 내용을 확인할 수 있었습니다. 그러나 일부 너무 큰 수치형 테이블은 이 방식으로 확인할 수 없습니다. 그 대신 **히트맵**(heatmap)을 사용하면 데이터를 더 쉽게 표현할 수 있습니다. 히트맵은 값에 따라 숫자 셀의 색상을 지정하여 테이블을 그래픽으로 표현한 것으로, 각 셀의 색상은 값 크기에 따라 조금씩 계속 바뀝니다. 그렇게 해서 얻은 최종 히트맵은 테이블 내 값의 차이를 한눈에 볼 수 있는 조감도를 제공합니다.

히트맵을 만드는 가장 쉬운 방법은 **시본**(seaborn) 라이브러리를 사용하는 것입니다. 시본은 맷플롯립을 기반으로 한 시각화 라이브러리로, 판다스의 데이터프레임과 긴밀하게 통합되어 있습니다. 그러면 시본 라이브러리를 설치한 뒤 sns라는 별칭으로 라이브러리를 불러와 보겠습니다.

> **노트** 터미널에 pip install seaborn을 입력하여 시본 라이브러리를 설치할 수 있습니다.

코드 8-32 시본 라이브러리 불러오기

```
import seaborn as sns
```

이제 sns.heatmap(df)를 사용하여 데이터프레임을 히트맵으로 시각화합니다(그림 8-1).

코드 8-33 시본으로 히트맵 시각화하기

```
sns.heatmap(df)
plt.show()
```

어종들의 측정값에 대한 히트맵을 그려 보았습니다. 표시된 색상은 측정값과 일치하며, 색상 음영과 값 사이의 매핑 관계는 범례로 표시된 것을 알 수 있습니다.

▼ 그림 8-1 어종들의 측정값에 대한 히트맵
색상 범례는 측정값과 색상 간 매핑 관계를 보여 주는데 어두울수록 낮은 값을, 밝을수록 높은 값을 표현합니다

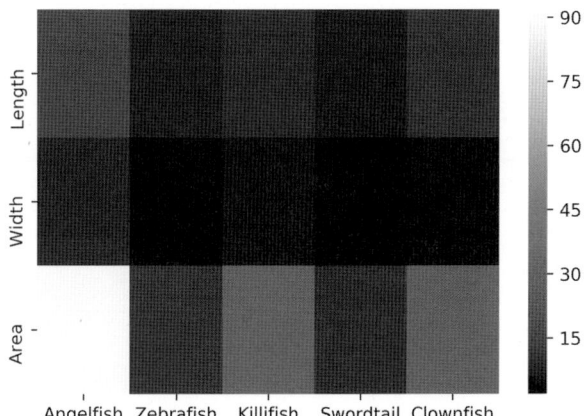

색상이 밝을수록 더 높은 측정값에 매핑되기 때문에 Angelfish 면적이 가장 크다는 것을 단번에 알아차릴 수 있습니다.

한편 cmap 매개변수로 색 구성표도 변경할 수 있습니다. 가령 sns.heatmap(df, cmap='YlGnBu') 코드는 색상 음영이 노란색에서 녹색으로, 다시 파란색으로 전환되는 히트맵을 생성합니다(그림 8-2).

코드 8-34 히트맵 색상 조정하기

```
sns.heatmap(df, cmap='YlGnBu')
plt.show()
```

▼ 그림 8-2 어종들의 측정값에 대한 히트맵
색상이 어두울수록 높은 측정값을, 밝을수록 낮은 측정값을 표현합니다

갱신된 히트맵에서는 색상 톤이 뒤집혔습니다. 어두울수록 더 높은 측정값을 표현하죠. 실제 측정값을 히트맵에 함께 표현하면 이를 좀 더 명확히 확인할 수 있습니다. sns.heatmap 메서드에 annot=True처럼 매개변수 값을 입력해 보죠(그림 8-3).

코드 8-35 히트맵에 주석 달기

```
sns.heatmap(df, cmap='YlGnBu', annot=True)
plt.show()
```

▼ 그림 8-3 어종들의 측정값에 대한 히트맵으로, 실제 측정값을 포함합니다

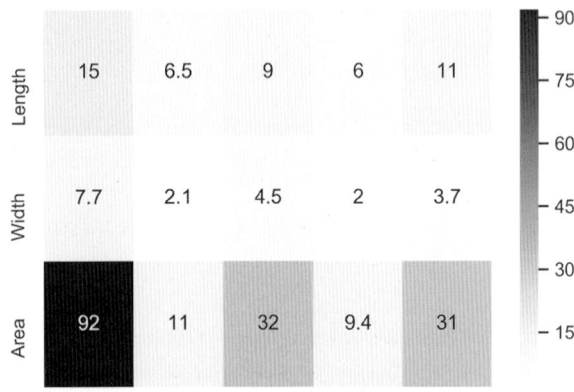

앞서 언급한 대로, 시본 라이브러리는 맷플롯립을 기반으로 합니다. 따라서 맷플롯립 라이브러리가 제공하는 명령어로 히트맵 요소를 조작할 수 있습니다. 가령 plt.yticks(rotation=0)은 y축의 측정 유형에 대한 레이블을 회전시켜 가독성을 높여 줍니다(그림 8-4).

170

코드 8-36 맷플롯립으로 히트맵의 레이블 회전하기

```
sns.heatmap(df, cmap='YlGnBu', annot=True)
plt.yticks(rotation=0)
plt.show()
```

마지막으로 sns.heatmap 메서드는 2차원 리스트 및 배열도 처리할 수 있다는 점을 알아 두기 바랍니다. 즉, sns.heatmap(df.values)로도 히트맵을 그릴 수 있습니다. 다만 테이블에 대한 메타 정보를 담고 있지 않아서 x축 및 y축의 레이블은 표기되지 않습니다.

▼ 그림 8-4 어류 측정값의 히트맵으로, 보기 쉽도록 y축 측정 레이블을 가로로 회전했습니다

레이블을 지정하고 싶다면 xticklabels 및 yticklabels 매개변수를 설정해야 합니다. 다음 코드는 테이블을 넘파이 배열로 표현한 값으로, 그림 8-4와 동일한 히트맵을 그리는 방법을 보여 줍니다.

코드 8-37 넘파이 배열로 히트맵 시각화하기

```
sns.heatmap(df.values,      ····· df.values는 데이터프레임의 실제 데이터인 2차원 넘파이 배열을 반환합니다.
            cmap='YlGnBu', annot=True,
            xticklabels=df.columns,   ····· x축의 레이블로 열들의 이름을 할당하여 x축에는 어종이 표시되도록 합니다.
            yticklabels=df.index)     ····· y축의 레이블로 측정 유형을 할당합니다. 측정 유형이
                                            곧 행 인덱스이므로 df.index를 활용합니다.
plt.yticks(rotation=0)
plt.show()
```

> **노트** 시본의 히트맵 시각화를 위한 명령어 모음
>
> - `sns.heatmap(array)`: 2차원 넘파이 배열로 히트맵을 생성합니다.
> - `sns.heatmap(array, xticklabels=x, yticklabels=y)`: x축 및 y축의 레이블을 설정하며, 2차원 넘파이 배열로 히트맵을 생성합니다.
> - `sns.heatmap(df)`: 데이터프레임으로 히트맵을 생성합니다. x축 및 y축의 레이블은 각각 df.columns와 df.index로 자동 설정됩니다.
> - `sns.heatmap(df, cmap=m)`: 색 구성표를 m으로 지정한 히트맵을 생성합니다.
> - `sns.heatmap(df, annot=True)`: 실제 값을 시각화에 포함한 히트맵을 생성합니다.

8.8 요약

- 2차원 형식의 테이블 구조는 판다스 라이브러리로 쉽게 처리할 수 있습니다. 딕셔너리 또는 외부에 저장된 파일 내용을 판다스의 데이터프레임으로 불러올 수 있습니다.
- 판다스는 각 테이블을 넘파이 배열을 기반으로 한 데이터프레임에 저장합니다.
- 데이터프레임의 열에는 이름이 있습니다. 그리고 해당 이름으로 특정 열에 접근할 수 있습니다. 한편 데이터프레임의 행에는 기본적으로 숫자 인덱스가 할당되어 있으며, 해당 인덱스로 특정 행에 접근할 수 있습니다. 또 이를 문자열 값들을 담은 열로도 변경할 수 있습니다.
- describe 메서드는 데이터프레임 내용을 요약해 주는데, 여기에는 평균이나 표준 편차처럼 유용한 통계 정보도 포함됩니다.
- 색상 히트맵을 사용하면 데이터프레임 내용을 시각화할 수 있습니다.

9장

두 번째 사례 탐구의 솔루션

이 장에서 다루는 내용

- 통계적 유의성 측정하기
- 순열 검정하기
- 판다스로 테이블 조작하기

친구 프레드가 수집한 온라인 광고 클릭 데이터를 분석해 달라는 요청을 받았습니다. 광고 데이터 테이블은 30가지 색상별 광고 클릭을 모니터링합니다. 여기에서 우리 목표는 파란색보다 훨씬 더 많은 클릭을 유도하는 광고 색상을 찾는 것입니다. 이를 위해 다음과 같이 단계를 세웁니다.

1. 판다스로 광고 데이터를 불러오고 정리합니다.
2. 파란색과 그 밖의 색상 사이에 대해 순열 검정을 수행합니다.
3. 적절하게 결정된 유의 수준으로 계산된 p-값의 통계적 유의성을 확인합니다.

> **주의** 스포일러 경고! 두 번째 사례 탐구의 솔루션이 곧 공개됩니다. 솔루션을 읽기 전에 직접 풀어 보길 강력히 권장합니다. 사례 탐구의 시작 부분에서 문제가 무엇이었는지 참고할 수 있습니다.

9.1 판다스로 광고 클릭 테이블 처리하기

판다스로 광고 클릭 테이블을 불러온 뒤 해당 테이블의 행과 열의 개수를 확인합니다.

코드 9-1 판다스로 광고 클릭 테이블 불러오기

```
df = pd.read_csv('colored_ad_click_table.csv')
num_rows, num_cols = df.shape
print(f"테이블은 {num_rows}개의 행과 {num_cols}개의 열로 구성됩니다")
```

▶ 실행결과

테이블은 30개의 행과 41개의 열로 구성됩니다

테이블이 행 30개와 열 41개로 구성된 것을 알 수 있습니다. 각 행은 개별 색상에 대한 일일 클릭 수 및 일일 조회 수를 표현할 것으로 예상되는데, 열 이름으로 이를 확인해 보겠습니다.

코드 9-2 열 이름 확인하기

```
print(df.columns)
```

▶ 실행결과

```
Index(['Color', 'Click Count: Day 1', 'View Count: Day 1',
       'Click Count: Day 2', 'View Count: Day 2', 'Click Count: Day 3',
       'View Count: Day 3', 'Click Count: Day 4', 'View Count: Day 4',
       'Click Count: Day 5', 'View Count: Day 5', 'Click Count: Day 6',
       'View Count: Day 6', 'Click Count: Day 7', 'View Count: Day 7',
       'Click Count: Day 8', 'View Count: Day 8', 'Click Count: Day 9',
       'View Count: Day 9', 'Click Count: Day 10', 'View Count: Day 10',
       'Click Count: Day 11', 'View Count: Day 11', 'Click Count: Day 12',
       'View Count: Day 12', 'Click Count: Day 13', 'View Count: Day 13',
```

```
        'Click Count: Day 14', 'View Count: Day 14', 'Click Count: Day 15',
        'View Count: Day 15', 'Click Count: Day 16', 'View Count: Day 16',
        'Click Count: Day 17', 'View Count: Day 17', 'Click Count: Day 18',
        'View Count: Day 18', 'Click Count: Day 19', 'View Count: Day 19',
        'Click Count: Day 20', 'View Count: Day 20'],
       dtype='object')
```

우리가 예상한 대로 열들이 구성된 것을 알 수 있습니다. 즉, 첫 번째 열은 분석된 모든 색상을, 나머지 열 40개는 각 실험일에 대한 클릭 수와 조회 수를 담고 있습니다. 온전성을 점검하고자 테이블에 저장된 데이터 품질을 살펴보겠습니다. 먼저 분석된 색상 이름을 출력해 보죠.

코드 9-3 색상 이름 확인하기

```
print(df.Color.values)
```

▶ 실행결과

```
['Pink' 'Gray' 'Sapphire' 'Purple' 'Coral' 'Olive' 'Navy' 'Maroon' 'Teal'
 'Cyan' 'Orange' 'Black' 'Tan' 'Red' 'Blue' 'Brown' 'Turquoise' 'Indigo'
 'Gold' 'Jade' 'Ultramarine' 'Yellow' 'Viridian' 'Violet' 'Green'
 'Aquamarine' 'Magenta' 'Silver' 'Bronze' 'Lime']
```

Color 열은 일반 색상이 30개 담겨 있습니다. 모든 색상 이름은 대문자로 시작하므로 다음과 같이 assert를 이용하여 df.Color에 'Blue'의 존재 여부를 확인해 볼 수 있습니다.

코드 9-4 파란색 확인하기

```
assert 'Blue' in df.Color.values
```

문자열 기반의 Color 열은 문제없어 보입니다. 그러면 나머지 숫자 열 40개를 살펴보죠. 열 40개는 모두 출력하기에 양이 너무 많습니다. 따라서 먼저 첫 번째 실험일 정보를 담은 Click Count: Day 1과 View Count: Day 1 두 열을 살펴보겠습니다. 이 두 열을 선택한 뒤 describe() 메서드로 내용을 요약합니다.

코드 9-5 실험 1일 차 요약하기

```
selected_columns = ['Color', 'Click Count: Day 1', 'View Count: Day 1']
print(df[selected_columns].describe())
```

▶ 실행결과

```
       Click Count: Day 1  View Count: Day 1
count           30.000000               30.0
mean            23.533333              100.0
std              7.454382                0.0
min             12.000000              100.0
25%             19.250000              100.0
50%             24.000000              100.0
75%             26.750000              100.0
max             49.000000              100.0
```

Click Count: Day 1 열의 값들은 12~49회의 클릭 횟수로 범위가 지정된 것을 알 수 있습니다. 반면 View Count: Day 1 열은 최대 및 최소 구분 없이 모두 조회 수 100번을 기록한 것을 알 수 있습니다. 따라서 혹시 모든 날짜에서도 조회 수가 균일하게 100일지 모른다는 가정을 해 볼 수 있습니다. 정말 그런지 확인해 보죠.

코드 9-6 균일한 일일 조회 수 확인하기

```
view_columns = [column for column in df.columns if 'View' in column]
assert np.all(df[view_columns].values == 100)    ····· 넘파이 배열에 담긴 모든 값이 100임을
                                                       효율적으로 확인하는 넘파이 코드입니다.
```

이것으로 모든 날짜에 대한 모든 조회 수가 100이라는 것을 확인했습니다. 따라서 모든 조회 수 20개에 대한 열은 사실상 무의미한 정보를 담고 있으며, 이를 중복이라고 볼 수 있습니다. 그렇다면 이들을 테이블에서 제거할 수 있겠죠.

코드 9-7 테이블에서 조회 수에 대한 열들 제거하기

```
df.drop(columns=view_columns, inplace=True)
print(df.columns)
```

▶ 실행결과

```
Index(['Color', 'Click Count: Day 1', 'Click Count: Day 2',
       'Click Count: Day 3', 'Click Count: Day 4', 'Click Count: Day 5',
       'Click Count: Day 6', 'Click Count: Day 7', 'Click Count: Day 8',
       'Click Count: Day 9', 'Click Count: Day 10', 'Click Count: Day 11',
       'Click Count: Day 12', 'Click Count: Day 13', 'Click Count: Day 14',
       'Click Count: Day 15', 'Click Count: Day 16', 'Click Count: Day 17',
       'Click Count: Day 18', 'Click Count: Day 19', 'Click Count: Day 20'],
      dtype='object')
```

중복 열들을 성공적으로 제거했습니다. 이제 색상과 클릭 수에 대한 데이터만 남았습니다. 클릭 횟수 20회에 대한 열들의 값은 일일 조회 수인 100회당 클릭 수에 해당하므로, 이를 백분율로 처리할 수 있습니다. 그러면 각 행의 색상을 일일 광고 클릭률에 효과적으로 매핑할 수 있습니다. 파란색 광고에 대한 일일 광고 클릭률을 요약해 보죠. 이를 위해 색상으로 인덱스를 설정한 뒤 df.T.Blue.describe()를 호출합니다.

코드 9-8 일일 파란색 광고 클릭률에 대한 통계 정보 요약하기

```
df.set_index('Color', inplace=True)
print(df.T.Blue.describe())
```

▶ 실행결과

```
count    20.000000
mean     28.350000
std       5.499043
min      18.000000
25%      25.750000
50%      27.500000
75%      30.250000
```

```
max          42.000000
Name: Blue, dtype: float64
```

파란색 광고에 대한 일일 클릭률은 18%에서 42%까지 다양하며, 평균적으로는 28.35%인 것으로 보입니다. 즉, 평균적으로 파란색 광고의 28.35%가 조회당 클릭이 발생하는 것이죠. 이 평균 클릭률은 꽤 괜찮습니다. 그러면 다른 색상 29개와 비교하면 어떨까요?

9.2 평균의 차이로 p-값 계산하기

데이터를 필터링하는 것부터 시작해 보겠습니다. 파란색을 삭제하고 나머지 색상을 29개 남긴 뒤 열 이름으로 색상에 접근하도록 테이블을 전치합니다.

코드 9-9 파란색이 없는 테이블 만들기

```
df_not_blue = df.T.drop(columns='Blue')
print(df_not_blue.head(2))
```

▶ 실행결과

```
Color              Pink  Gray  Sapphire  Purple  Coral  Olive  Navy  Maroon  \
Click Count: Day 1   21    27        30      26     26     26    38      21
Click Count: Day 2   20    27        32      21     24     19    29      29

Color              Teal  Cyan  Ultramarine  Yellow  Viridian  Violet  \
Click Count: Day 1   25    24           49      14        27      15
Click Count: Day 2   25    22           41      24        23      22

Color              Green  Aquamarine  Magenta  Silver  Bronze  Lime
Click Count: Day 1    14          24       18      26      19    20
Click Count: Day 2    25          28       21      24      19    19

[2 rows x 29 columns]
```

df_not_blue 테이블에는 색상 29개에 대한 클릭률이 저장되어 있습니다. 우리가 원하는 것은 이 클릭률들을 파란색의 클릭률과 비교하는 것입니다. 더 정확히는 평균 클릭률이 파란색의 평균 클릭률과 통계적으로 다른 색상이 있는지 알고 싶습니다. 그렇다면 이러한 평균을 어떻게 비교할 수 있을까요? 모든 색상에 대한 표본 평균은 쉽게 구할 수 있지만, 모집단에 대한 평균은 없습니다. 따라서 순열 검정을 실행하는 것이 최선입니다. 순열 검사를 하려면 재사용 가능한 순열 검정용 함수를 정의해야 합니다. 이 함수를 다음과 같이 두 넘파이 배열을 입력받아 p-값을 반환하도록 정의할 수 있습니다.

코드 9-10 순열 검정 함수 정의하기

```python
def permutation_test(data_array_a, data_array_b):
    data_mean_a = data_array_a.mean()
    data_mean_b = data_array_b.mean()
    extreme_mean_diff = abs(data_mean_a-data_mean_b)  ----- 관측된 표본 평균들 간 차이
    total_data = np.hstack([data_array_a, data_array_b])
    number_extreme_values = 0.0
    for _ in range(30000):
        np.random.shuffle(total_data)
        sample_a = total_data[:data_array_a.size]
        sample_b = total_data[data_array_a.size:]
        if abs(sample_a.mean()-sample_b.mean()) >= extreme_mean_diff:  ----- 재샘플링된 평균들 간
            number_extreme_values += 1                                        차이가 매우 큽니다.

    p_value = number_extreme_values / 30000
    return p_value
```

파란색과 다른 색상 29개 간에 순열 검정을 실행합니다. 그다음 p-값의 결과에 따라 색상들을 정렬합니다. 그리고 결과를 히트맵으로 시각화하여 p-값 간 차이를 좀 더 잘 표현할 수 있습니다(그림 9-1).

코드 9-11 색상들에 대해 순열 검정 실행하기

```python
np.random.seed(0)
blue_clicks = df.T.Blue.values
color_to_p_value = {}
for color, color_clicks in df_not_blue.items():
    p_value = permutation_test(blue_clicks, color_clicks)
    color_to_p_value[color] = p_value

sorted_colors, sorted_p_values = zip(*sorted(color_to_p_value.items(),
                                    key = lambda x: x[1]))

plt.figure(figsize=(3, 10))
sns.heatmap([[p_value] for p_value in sorted_p_values],
            cmap='YlGnBu', annot=True, xticklabels=['p-값'],
            yticklabels=sorted_colors)
plt.show()
```

딕셔너리를 정렬하여 정렬된 값들의 리스트와 관련된 키들의 리스트를 반환하는 효율적인 파이썬 코드입니다. i 위치에 정렬된 각 p-값은 sorted_colors[i] 색상에 대응됩니다.

히트맵의 너비와 높이를 각각 3인치와 10인치로 조정합니다. 크기를 조정하여 시각적인 가독성을 향상시킬 수 있습니다.

sns.heatmap 메서드는 2차원 테이블을 입력받습니다. 따라서 p-값들이 담긴 1차원 리스트를 29행과 1열로 구성된 2차원 테이블로 변환해야 합니다.

▼ 그림 9-1 순열 검정에서 반환된 (p-값, 색상) 쌍에 대한 히트맵으로, 색상 21개가 0.05보다 낮은 p-값에 매핑됩니다

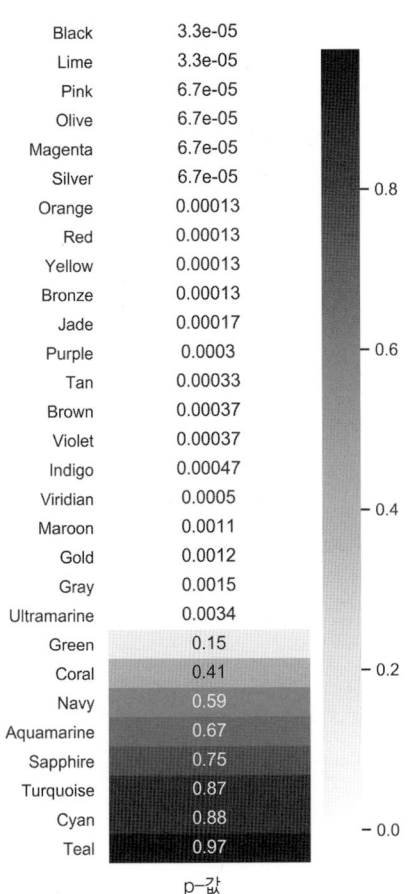

대부분의 색상은 0.05보다 눈에 띄게 낮은 p-값을 생성합니다. 그중 검은색은 파란색과 비교해서 광고 클릭률이 크게 차이날 것으로 예상되는 가장 낮은 p-값을 생성했습니다. 하지만 디자인적 관점에서 검은색은 당연히 클릭률이 높은 색상이 아니죠. 검은색 링크는 일반 텍스트와 구별하기가 어려워서 텍스트 링크를 검은색으로 디자인하는 경우는 거의 없습니다. 그렇다면 검은색과 파란색에 대한 클릭률 차이는 정확히 무엇일까요? df_not_blue.Black.mean()을 출력하여 이를 확인할 수 있습니다.

코드 9-12 검은색 평균 클릭률 찾기

```
mean_black = df_not_blue.Black.mean()
print(f"검은색의 평균 클릭률은 {mean_black}입니다")
```

▶ 실행결과

검은색의 평균 클릭률은 21.6입니다

검은색의 평균 클릭률은 21.6으로 파악됩니다. 이는 파란색의 평균인 28.35보다 훨씬 낮습니다. 따라서 두 색상 간 통계적 차이는 검은색을 클릭하는 사람 수가 적기 때문에 발생합니다. 아마도 다른 낮은 p-값들도 낮은 클릭률 때문일 것입니다. 평균이 파란색의 평균보다 낮은 색상을 필터링한 뒤 나머지 색상들을 출력해 보죠.

코드 9-13 클릭률이 낮은 색상 필터링하기

```
remaining_colors = df[df.T.mean().values > blue_clicks.mean()].index
size = remaining_colors.size
print(f"{size}개의 색상이 파란색보다 평균적으로 높은 클릭률을 갖습니다")
print("구체적으로는 다음과 같습니다")
print(remaining_colors.values)
```

▶ 실행결과

```
5개의 색상이 파란색보다 평균적으로 높은 클릭률을 갖습니다
구체적으로는 다음과 같습니다
['Sapphire' 'Navy' 'Teal' 'Ultramarine' 'Aquamarine']
```

이제 색상 다섯 개만 남았습니다. 이 색상들은 각각 파란색에 대한 서로 다른 색조를 표현합니다. 다음 코드는 나머지 색상 다섯 개에 대해 정렬된 p-값을 출력하고, 쉬운 분석을 위해 평균 클릭 수도 출력합니다.

코드 9-14 나머지 색상 다섯 개 출력하기

```
for color, p_value in sorted(color_to_p_value.items(), key=lambda x: x[1]):
    if color in remaining_colors:
        mean = df_not_blue[color].mean()
        print(f"{color}는 {p_value}의 p-값과 {mean}의 평균을 가집니다")
```

▶ 실행결과

```
Ultramarine는 0.0034의 p-값과 34.2의 평균을 가집니다
Navy는 0.5911666666666666의 p-값과 29.3의 평균을 가집니다
Aquamarine는 0.6654666666666667의 p-값과 29.2의 평균을 가집니다
Sapphire는 0.7457666666666667의 p-값과 28.9의 평균을 가집니다
Teal는 0.9745의 p-값과 28.45의 평균을 가집니다
```

9.3 통계적 유의성 결정하기

색상 네 개의 p-값이 크며, 나머지 한 색상의 p-값만 작습니다. 그 나머지 한 색상은 군청색(ultramarine)으로 파란색의 특수한 색조입니다. 군청색의 평균은 34.2로 파란색의 평균인 28.35보다 크며, p-값은 0.0034입니다. 그러면 이 p-값이 통계적으로 유의(significant)할까요? 표준 유의 수준인 0.05보다 10배 이상 낮습니다. 그러나 이 유의 수준은 파란색과 다른 색상 29개의 다름을 비교한 것은 고려하지 않았습니다. 충분히 실험을 진행한다면 조만간 낮은 p-값이 발생할 수 있습니다. 이를 보정하는 가장 좋은 방법은 본페로니 교정을 실행하는 것입니다. 그렇지 않으면 p-값 해킹의 희생양이 될 수 있습니다. 본페로니 교정을 수행하려면 유의 수준을 0.05 / 29로 낮춥니다.

코드 9-15 본페로니 교정 적용하기

```
significance_level = 0.05 / 29
print(f"조정된 유의 수준은 {significance_level}입니다")
if color_to_p_value['Ultramarine'] <= significance_level:
    print("우리 p-값은 통계적으로 유의합니다")
else:
    print("우리 p-값은 통계적으로 유의하지 않습니다")
```

▶ 실행결과

조정된 유의 수준은 0.001724137931034483입니다
우리 p-값은 통계적으로 유의하지 않습니다

우리 p-값은 통계적으로 유의하지 않습니다. 프레드가 수행한 실험은 유의한 결론을 도출하기에는 지나치게 많았습니다. 실제로는 이 실험들이 모두 필요한 것은 아닙니다. 검은색, 갈색, 회색이 파란색보다 더 뛰어나다고 예상할 타당한 이유는 없기 때문이죠. 아마도 프레드가 이러한 일부 색상들을 무시했다면 더 유익한 분석 결과를 얻을 수 있었을 것입니다. 가령 단순히 파란색과 파란색의 다른 다섯 가지 색조를 비교했다면 통계적으로 유의한 결과를 얻을 수 있었을 것입니다. 프레드가 군청색의 p-값을 고정한 채 다섯 가지 실험을 수행하는 가상의 상황을 살펴보겠습니다.

코드 9-16 가상의 유의 수준 살펴보기

```
hypothetical_sig_level = 0.05 / 5
print(f"가상의 유의 수준은 {hypothetical_sig_level}입니다")
if color_to_p_value['Ultramarine'] <= hypothetical_sig_level:
    print("우리 가상의 p-값은 통계적으로 유의합니다")
else:
    print("우리 가상의 p-값은 통계적으로 유의하지 않습니다")
```

▶ 실행결과

가상의 유의 수준은 0.01입니다
우리 가상의 p-값은 통계적으로 유의합니다

이 가상 조건에서는 결과가 통계적으로 유의할 것입니다. 하지만 안타깝게도 가상 조건으로 유의 수준을 낮출 수는 없습니다. 실험을 다시 실행해도 0.0034의 p-값을 재현할 수 있다는 보장은 없습니다. p-값은 변하며, 과잉 실험은 신뢰할 수 없는 변동이 발생할 가능성을 높입니다. 즉, 프레드는 너무 많은 실험을 수행했기 때문에 통계적으로 유의미한 결론을 도출할 수 없습니다.

하지만 모든 것을 잃은 것은 아닙니다. 여전히 파란색을 대체할 수 있는 유망한 색으로 군청색을 꼽을 수 있죠. 그러면 군청색을 대신 사용해도 될까요? 아마도요. 두 가지 대안 시나리오를 고려해 보죠. 첫 번째 시나리오에서는 귀무 가설이 참입니다. 이 경우 파란색과 군청색은 모두 동일한 모집단 평균을 공유합니다. 이러한 상황에서는 군청색을 파란색으로 바꾸어도 광고 클릭률에 영향을 미치지 않습니다. 두 번째 시나리오에서는 군청색 클릭률이 실제로 통계적으로 유의미하게 높습니다. 이 경우 군청색을 파란색으로 바꾸면 더 많은 광고 클릭을 얻을 수 있습니다. 따라서 프레드는 모든 광고를 군청색으로 설정함으로써 얻을 수 있는 것은 모두 얻고 잃을 것은 없습니다.

논리적으로 프레드는 파란색을 군청색으로 바꾸어야 합니다. 하지만 실제로 파란색보다 군청색이 더 많은 클릭을 유도하는지 여부는 알 수 없기 때문에 불확실성이 남아 있습니다. 정말 답을 알고 싶다면 다른 실험을 실행하는 수밖에 없습니다. 광고의 절반은 파란색으로, 나머지는 군청색으로 표시하는 실험을 해 보는 것이죠. 프레드의 소프트웨어는 모든 클릭과 조회 수를 기록하면서 광고를 표시할 것입니다. 그다음 p-값을 다시 계산하여 적절한 유의 수준(0.05로 유지되는)과 비교할 수 있습니다. 여기에서는 실험을 단 한 번만 진행하기 때문에 본페로니 교정은 필요 없습니다. p-값 비교가 끝나면 프레드는 군청색이 파란색보다 성능이 우수한지 여부를 알 수 있습니다.

9.4 41가지 파란색 색조: 실제 사례로 알아보는 주의 사항

프레드는 모든 색상을 분석하면 더 강력한 결과가 나올 것이라 생각했지만, 이 생각은 잘못되었습니다. 데이터가 많다고 해서 반드시 더 좋은 것은 아니며, 때로는 데이터가 많을수록 불확실성이 커질 수도 있습니다.

프레드는 통계학자가 아닙니다. 과한 분석이 가져올 결과를 이해하지 못하더라도 어쩔 수 없습니다. 오늘날 비즈니스에서 활동하는 일부 정량적 전문가들도 마찬가지입니다. 한 유명 기업에서 발생한 악명 높은 사건을 예로 들어 보죠. 이 기업은 웹 사이트의 링크에 사용할 색상을 선택해야 했습니다. 수석 디자이너는 시각적으로 매력적인 파란색 음영을 선택했지만 최고 경영진은 이 결정을 불신했습니다. 디자이너는 왜 다른 색이 아닌 이 파란색을 선택했을까요?

그 경영진은 정량적 배경이 있는 사람으로서 완벽한 파란색 음영을 결정할 수 있는 대규모 분석 테스트를 시행하여 과학적으로 링크 색상을 선택해야 한다고 주장했습니다. 회사 링크에 41가지 파란색 음영을 무작위로 할당하고 클릭 수백만 번에 대한 기록을 했습니다. 그렇게 조회당 최대 클릭 수를 기준으로 '최적의' 파란색 음영이 선택되었습니다.

경영진은 이 방법론을 공개했고, 전 세계 통계학자는 경악을 금치 못했습니다. 기본적인 통계에 대한 무지를 드러낸 결과였고, 그 무지는 경영진과 회사 모두를 당황하게 만들었기 때문입니다.

9.5 요약

- 데이터가 많다고 해서 항상 좋은 것은 아닙니다. 분석적인 검사를 무의미하게 과하게 수행하면 비정상적인 결과가 나올 가능성이 높아집니다.

- 분석하기 전 문제 자체를 생각하는 시간을 가지면 좋습니다. 프레드가 31가지 색상을 신중히 고려했다면 모든 색상을 검사하는 것은 의미가 없음을 깨달았을 것입니다. 많은 색상이 보기 흉한 링크를 만들어 버리죠. 검은색 같은 색상은 파란색보다 더 많은 클릭을 유도할 가능성이 매우 낮습니다. 애초에 일부 색상을 필터링했다면 같은 시간을 들여 더 많은 정보를 얻는 검사가 수행되었을 것입니다.

- 프레드가 한 실험에는 결함이 있었지만, 그래도 유용한 통찰을 얻을 수 있었습니다. 물론 군청색을 선택하는 데는 더 많은 검사가 필요하겠지만, 파란색의 합리적인 대체 색상으로 어느 정도 입증될 수 있었습니다. 데이터 과학자에게 결함이 있는 데이터가 제공될 때도 있지만 여전히 좋은 통찰을 얻을 수 있습니다.

제 3 부

세 번째 사례 탐구:
뉴스 헤드라인으로 질병 발생 추적하기

» 문제 정의

축하합니다! 여러분은 미국보건연구소(American Institute of Health)에 채용되었습니다. 이 연구소는 국내 및 국외에서 발생하는 전염병을 모니터링합니다. 모니터링 핵심은 게시된 뉴스 데이터를 분석하는 것입니다. 연구소는 매일 다양한 지역에서 발생한 질병을 설명하는 뉴스 헤드라인 수백 개를 받아 보는데, 그 양이 너무 많아서 일일이 수작업으로 분석할 수는 없습니다.

여러분에게 내려진 첫 번째 과제는 이렇습니다. 일일 할당된 뉴스 헤드라인을 처리하여 해당 뉴스에 대한 위치를 추출합니다. 그다음 지리적 분포에 따라 헤드라인을 군집화 및 클러스터링합니다. 마지막으로 미국 내외를 통틀어 가장 큰 클러스터를 확인하여 흥미로운 발견이 있으면 직속 상사에게 보고합니다.

▶▶ 데이터셋 설명

headlines.txt 파일에는 분석이 필요한 뉴스 헤드라인이 수백 개 포함되어 있습니다. 각 헤드라인은 개별 줄로 표시됩니다.

▶▶ 개요

이 문제를 해결하려면 다음을 수행할 줄 알아야 합니다.

- 여러 기법과 거리의 측정값을 이용하여 데이터셋을 클러스터링하는 방법
- 구형 지구본에서 위치 간 거리를 측정하는 방법
- 지도에서 특정 위치를 시각화하는 방법
- 헤드라인 텍스트에서 위치 좌표를 추출하는 방법

10장

데이터 그룹화하기

이 장에서 다루는 내용

- 중심으로 데이터 그룹화하기
- 밀도로 데이터 그룹화하기
- 클러스터링 알고리즘 간의 트레이드 오프 배우기
- 사이킷런 라이브러리로 그룹화하기
- 판다스로 클러스터들을 반복적으로 접근하기

클러스터링은 데이터 요소를 개념적으로 유의미한 그룹으로 구성하는 과정입니다. 무엇이 특정 그룹을 '개념적으로 유의미하도록' 만들까요? 이 질문의 답은 쉽게 구할 수 없습니다. 또 클러스터링으로 얻은 결과의 유용성은 작업에 따라 달라집니다.

애완동물 사진 모음을 그룹화해야 하는 상황을 가정해 봅시다. 햄스터, 고양이, 개 등 푹신한 애완동물을 한 그룹으로 묶고, 그렇지 않은 물고기와 도마뱀은 다른 그룹으로 묶어야 할까요? 아니면 햄스터, 고양이, 개를 개별 클러스터 세 개에 할당해야 할까요? 그렇다면 품종별 클러스터링을 고려해야 할 것이며, 치와와(chihuahuas)와 그레이트데인(great danes)을 서로 다른 클러스터에 넣어야 할 것입니다. 개 품종을 구분하는 것은 쉽지 않습니다. 하지만 품종 크기에 따라 치와와와 그레이트데인을 쉽게 구분할 수 있습니다. 솜털과 크기를 기준으로 그룹화하여 케언테리어(cairn terrier)와 비슷하게 생긴 노리치테리어(norwich terrier)를 서로 구분하지 않기로 타협할 수도 있습니다.

타협할 가치가 있을까요? 이는 수행하는 데이터 과학 작업에 따라 다릅니다. 애완동물 사료 회사에서 일하는 여러분 목표가 개 사료, 고양이 사료, 도마뱀 사료에 대한 수요를 추정하는 것이라고 가정해 보죠. 우리는 이 조건에서 털이 많은 개, 털이 많은 고양이, 비늘 도마뱀을 구분해야 합니다. 하지만 개의 품종까지 구분할 필요는 없습니다. 또는 동물병원 분석가가 애완동물 환자를 품종별로 그룹화한다고 상상해 보세요. 이때는 훨씬 더 세분화된 수준으로 그룹을 나눌 필요가 있습니다.

즉, 상황마다 다른 클러스터링 기술이 필요하며, 데이터 과학자로서 올바른 클러스터링 해결책을 선택해야 합니다. 데이터 과학자로서 커리어를 쌓으며 다양한 클러스터링 기법을 접하고 데이터셋 수천 개(수만 개는 아니더라도)를 클러스터링하고는 합니다. 가장 공통으로 사용되는 알고리즘은 클러스터들을 구분 짓을 때 중심성(centrality)이라는 개념에 의존합니다.

10.1 중심성으로 클러스터 발견하기

5장에서는 평균을 사용하여 데이터의 중심성을 표현하는 방법을 배웠습니다. 7장에서는 한 물고기 그룹의 평균 길이를 계산했고, 나중에는 두 물고기 그룹의 평균 차이를 분석하여 두 물고기 그룹을 비교했습니다. 그리고 그 차이를 이용하여 모든 물고기가 같은 그룹에 속하는지 여부를 결정했죠. 직관적으로 한 그룹의 모든 데이터는 하나의 중심 값(central value)을 기준으로 모인다고 볼 수 있습니다. 마찬가지로 서로 다른 두 그룹의 각 데이터는 서로 다른 두 평균을 중심으로 모이겠죠. 따라서 중심성을 활용하면 서로 다른 두 그룹을 구분할 수 있습니다. 이 개념을 구체적으로 자세히 살펴보겠습니다.

현지의 선술집을 방문했는데, 다트판 두 개가 나란히 걸려 있다고 생각해 봅시다. 각 다트판은 다트들로 뒤덮여 있고, 벽에도 다트가 돌출되어 있습니다. 술에 취한 술집의 다트 플레이어들은 한쪽 다트판의 과녁을 노리지만, 종종 과녁을 빗나가 두 과녁을 중심으로 다트가 흩어지는 모습이 관찰됩니다.

얼마나 흩어지는지 수치 시뮬레이션해 보겠습니다. 각 과녁을 2D 좌표계로 표현하고, 다트가 해당 좌표계의 임의의 위치로 던져진다고 생각해 보죠. 따라서 해당 좌표계에서 다트들의 위치는 임의로 분포됩니다. 다트들의 위치는 정규 분포로 가장 잘 모델링될 수 있는데 그 이유는 다음과 같습니다.

- 통상 다트를 던질 때는 다트판의 가장자리가 아닌 정중앙을 조준합니다. 따라서 각 다트판의 중앙에 가깝게 꽂힐 가능성이 높습니다. 이는 평균에 가까운 값이 평균에서 먼 값보다 더 자주 발생하는 무작위 정규 표본(random normal sample)과 일치합니다.
- 다트가 다트판의 중앙을 기준으로 대칭적으로 꽂힐 것이라고 예상합니다. 다트는 중앙에서 왼쪽 3인치, 오른쪽 3인치에 동일한 빈도로 떨어집니다. 이 대칭은 종 모양의 정규 곡선으로 포착됩니다.

첫 번째 과녁의 좌표가 [0, 0]이라고 가정해 보겠습니다. 그리고 다트는 이 좌표로 던져집니다. 이때 두 정규 분포로 다트의 x, y 위치를 모델링합니다. 이 두 분포의 평균은 0이고, 분산은 2라고 가정합니다. 다음은 이러한 가정을 따라 다트의 좌표를 모델링하는 코드를 보여 줍니다.

코드 10-1 두 정규 분포를 사용하여 다트 좌표 모델링하기

```
np.random.seed(0)
mean = 0
variance = 2
x = np.random.normal(mean, variance**0.5)
y = np.random.normal(mean, variance**0.5)
print(f"임의로 던진 다트의 x 좌표는 {x:.2f}입니다")
print(f"임의로 던진 다트의 y 좌표는 {y:.2f}입니다")
```

▶ 실행결과

```
임의로 던진 다트의 x 좌표는 2.49입니다
임의로 던진 다트의 y 좌표는 0.57입니다
```

> **노트** np.random.multivariate_normal 메서드를 사용하면 더 효율적으로 다트 위치를 모델링할 수 있습니다. 이 메서드는 다변량 정규 분포(multivariate normal distribution)에서 임의의 데이터를 선택합니다. 다변량 정규 분포 곡선은 단순히 둘 이상의 차원으로 확장된 정규 곡선으로, 우리 2D 다변량 정규 분포는 정점이 [0, 0]에 위치하는 둥근 언덕과 닮아 있습니다.

[0, 0]을 중심에 둔 과녁에 다트를 5,000개 임의의 위치로 던지는 상황을 시뮬레이션해 보겠습니다. 또 [0, 6]을 중심에 둔 두 번째 과녁에도 다트를 5,000개 임의의 위치로 던지는 상황을 시뮬레이션해 보겠습니다. 그 다음 모든 다트의 좌표를 산점도로 표현합니다(그림 10-1).

코드 10-2 임의로 던져진 다트 시뮬레이션하기

```
np.random.seed(1)
bulls_eye1 = [0, 0]
bulls_eye2 = [6, 0]
bulls_eyes = [bulls_eye1, bulls_eye2]
x_coordinates, y_coordinates = [], []
for bulls_eye in bulls_eyes:
```

```
    for _ in range(5000):
        x = np.random.normal(bulls_eye[0], variance**0.5)
        y = np.random.normal(bulls_eye[1], variance**0.5)
        x_coordinates.append(x)
        y_coordinates.append(y)
plt.scatter(x_coordinates, y_coordinates)
plt.show()
```

> **노트** 코드 10-2에는 for _ in range(5000)으로 시작하는 중첩 루프가 다섯 줄 포함되어 있습니다. 넘파이를 사용하면 이 루프를 x_coordinates, y_coordinates = np.random.multi - variate_normal(bulls_eye, np.diag(2*[variance]), 5000).T처럼 코드 한 줄로 표현할 수 있습니다. 그러면 이 코드 한 줄은 다변량 정규 분포에서 추출된 x 좌표와 y 좌표 5,000개를 반환합니다.

▼ 그림 10-1 과녁 표적 두 개 주위에 임의로 흩어진 다트의 시뮬레이션 결과

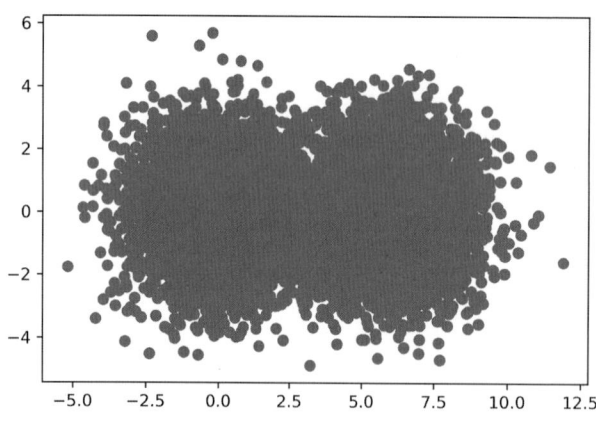

겹치는 두 다트 그룹이 시각적으로 표현됩니다. 두 그룹은 다트를 1만 개 나타내며 그중 절반은 왼쪽 과녁을, 나머지 절반은 오른쪽 과녁을 겨냥한 것입니다.

각 다트들은 각자 목표 과녁을 향해 날아갔으며, 산점도를 이용하여 그렇다는 것을 추정할 수 있습니다. 이때 [0, 0]에 가까운 다트가 왼쪽 과녁을 겨냥한 것이라는 가정을 추가하여 이를 반영해 보겠습니다.

각 다트를 가장 가까운 과녁에 할당해 보죠. 먼저 다트의 x, y 위치를 포함한 다트 리스트를 입력받는 nearest_bulls_eye 함수를 정의합니다. 이 함수 역할은 주어진 다트들에 대해 가장 근접한 과녁 번호를 반환하는 것입니다. 다트와 과녁 간 근접 정도는 두 점 사이의 직선 거리를 측정하는 유클리드 거리(euclidean distance)를 사용하여 측정합니다.

> **노트** 유클리드 거리는 피타고라스 정리에서 비롯됩니다. [다트_위치_x, 다트_위치_y]의 다트와 [과녁_위치_x, 과녁_위치_y]의 과녁 위치를 비교한다고 가정해 보겠습니다. 피타고라스 정리에 따르면, 거리^2=(다트_위치_x−과녁_위치_x)^2+(다트_위치_y−과녁_위치_y)^{2}처럼 표현할 수 있습니다. 따라서 유클리드 함수를 사용하여 거리를 구할 수 있으며, 해당 함수를 제공하는 사이파이의 scipy.spatial.distance.euclidean 함수로도 구할 수 있습니다.

다음은 nearest_bulls_eye 함수를 정의한 뒤 [0, 1] 및 [6, 1] 위치의 다트에 적용하는 코드를 보여 줍니다.

코드 10-3 가장 가까운 과녁에 다트 할당하기

```
from scipy.spatial.distance import euclidean
def nearest_bulls_eye(dart):
    distance = [euclidean(dart, bulls_e) for bulls_e in bulls_eyes]
    return np.argmin(distance)

darts = [[0,1], [6,1]]
for dart in darts:
    index = nearest_bulls_eye(dart)
    print(f"위치 {dart}의 다트는 {index}번째 과녁에 가장 가깝습니다")
```

사이파이에서 가져온 유클리드 함수를 사용하여 다트와 각 과녁의 중심 사이의 유클리드 거리를 구합니다.

배열에서 가장 짧은 과녁의 중심 거리와 일치하는 인덱스를 반환합니다.

▶ **실행결과**

```
위치 [0, 1]의 다트는 0번째 과녁에 가장 가깝습니다
위치 [6, 1]의 다트는 1번째 과녁에 가장 가깝습니다
```

이제 계산된 모든 다트 좌표에 nearest_bulls_eye 함수를 적용합니다. 각 다트 위치는 할당된 과녁을 구분하기 위해 두 가지 색상으로 지정되어 표시됩니다(그림 10-2).

코드 10-4 가장 가까운 과녁을 기준으로 다트 색칠하기

입력된 다트 리스트에 색을 입힌 뒤 그래프로 표시하는 함수입니다.
각 다트는 nearest_bulls_eye 함수의 입력으로 사용됩니다.

```
def color_by_cluster(darts):
    nearest_bulls_eyes = [nearest_bulls_eye(dart) for dart in darts]
    for bs_index in range(len(bulls_eyes)):
        selected_darts = [darts[i] for i in range(len(darts))
                          if bs_index == nearest_bulls_eyes[i]]
        x_coordinates, y_coordinates = np.array(selected_darts).T
        plt.scatter(x_coordinates, y_coordinates, color=['g', 'k'][bs_index])
    plt.show()

darts = [[x_coordinates[i], y_coordinates[i]]
         for i in range(len(x_coordinates))]
color_by_cluster(darts)
```

bulls_eyes[bs_index]에 가장 가까운 다트를 선택합니다.

선택된 다트의 배열을 전치하여 각 다트의 x 좌표와 y 좌표를 분리합니다. 8장에서 논의했듯이, 전치는 2D 데이터 구조의 행과 열 위치를 서로 바꿉니다.

각 다트의 분리된 좌표를 하나의 x 좌표와 y 좌표 리스트로 결합합니다.

▼ 그림 10-2 가장 가까운 과녁에 근접한 지점에 따라 색상이 지정된 다트
클러스터 A는 왼쪽 과녁에 가장 가까운 모든 다트를, 클러스터 B는 오른쪽 과녁에 가장 가까운 모든 다트를 나타냅니다

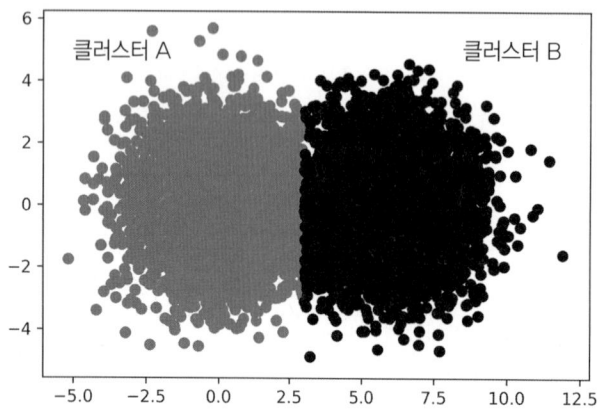

색상이 지정된 다트는 두 클러스터로 균등하게 나눕니다. 중심 좌표가 제공되지 않는다면 이 클러스터들을 어떻게 식별할 수 있을까요? 가장 기본적인 한 가지 전략은 과녁 위치를 단순 추측하는 것입니다. 임의로 두 다트를 골라 각각 서로 다른 과녁에 상대적으로 가깝기를 바라는 것이죠. 하지만 실제로 그럴 가능성은 매우 낮습니다. 대부분 임의로 선택한 두 중심을 기준으로 다트를 색칠하면 좋은 결과를 얻을 수 없습니다(그림 10-3).

코드 10-5 임의로 선택된 중심에 다트 할당하기

```
bulls_eyes = np.array(darts[:2])    ····· 임의로 두 다트를 골라 과녁의 중심으로 지정합니다.
color_by_cluster(darts)
```

▼ 그림 10-3 임의로 선택된 중심과의 근접성에 따라 색상이 지정된 다트
클러스터 B가 왼쪽으로 지나치게 많이 뻗어 있습니다

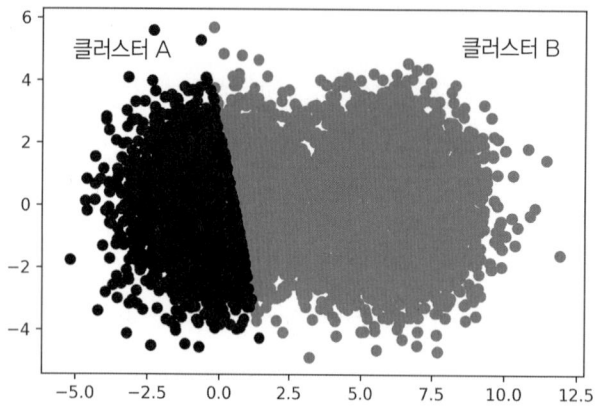

무분별하게 선택된 중심은 질적으로 잘못되었다는 느낌을 줍니다. 가령 오른쪽 클러스터 B는 왼쪽으로 지나치게 많이 뻗어 있습니다. 우리가 임의로 지정한 중심이 실제 과녁의 지점과 일치하지 않습니다. 하지만 이 불일치를 수정할 방법이 있습니다. 오른쪽으로 늘어난 클러스터 그룹의 모든 점 평균 좌표를 계산한 뒤 해당 좌표로 그룹의 중심 추정치를 조정하는 것입니다. 클러스터의 평균 좌표를 과녁의 지점으로 할당하고 나면, 거리 기반 그룹화 기법을 다시 적용하여 가장 오른쪽 클러스터의 경계선을 조정할 수 있습니다. 실제로 효과를 극대

화하기 위해 중심성 기반 클러스터링을 다시 실행하기 전에 가장 왼쪽 클러스터의 중심을 평균으로 재설정합니다(그림 10-4).

> **노트** 1D 배열의 평균을 계산하면 단일 값이 반환됩니다. 이 개념을 다차원으로 확장할 수 있습니다. 즉, 2D 배열의 평균을 계산하면 모든 x 좌표의 평균과 모든 y 좌표의 평균이 함께 반환되어 x축과 y축의 평균을 포함하는 2D 배열을 얻을 수 있습니다.

코드 10-6 평균을 기반으로 한 중심으로 다트 할당하기

```
def update_bulls_eyes(darts):
    updated_bulls_eyes = []
    nearest_bulls_eyes = [nearest_bulls_eye(dart) for dart in darts]
    for bs_index in range(len(bulls_eyes)):
        selected_darts = [darts[i] for i in range(len(darts))
                         if bs_index == nearest_bulls_eyes[i]]
        x_coordinates, y_coordinates = np.array(selected_darts).T
        mean_center = [np.mean(x_coordinates), np.mean(y_coordinates)]  ----- 해당 과녁에 꽂힌 모든 다트의 x 좌표와 y 좌표에 대한 평균을 구합니다. 이 평균 좌표는 추정된 과녁 위치를 갱신하는 데 사용됩니다. np.mean(selected_darts, axis=0)으로 좀 더 효율적으로 계산할 수도 있습니다.
        updated_bulls_eyes.append(mean_center)
    return updated_bulls_eyes

bulls_eyes = update_bulls_eyes(darts)
color_by_cluster(darts)
```

▼ **그림 10-4** 재계산된 중심과의 근접성에 따라 색상이 지정된 다트
이제 두 클러스터가 더 균일해진 것으로 보입니다

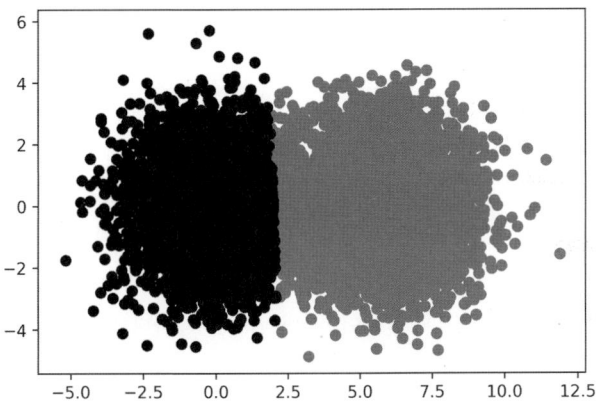

결과는 점점 더 좋아지고 있습니다. 하지만 아직 기대보다 효과적이지 않습니다. 클러스터 중심이 여전히 약간 벗어난 것처럼 보이죠. 평균에 기반을 둔 중심성의 조정을 10회 이상 추가로 반복하면 어떤 결과를 얻을 수 있는지 확인해 보겠습니다(그림 10-5).

코드 10-7 10회 반복하여 과녁 위치 조정하기

```
for i in range(10):
    bulls_eyes = update_bulls_eyes(darts)
color_by_cluster(darts)
```

▼ 그림 10-5 반복적으로 재계산된 중심과의 근접성에 따라 색상이 지정된 다트

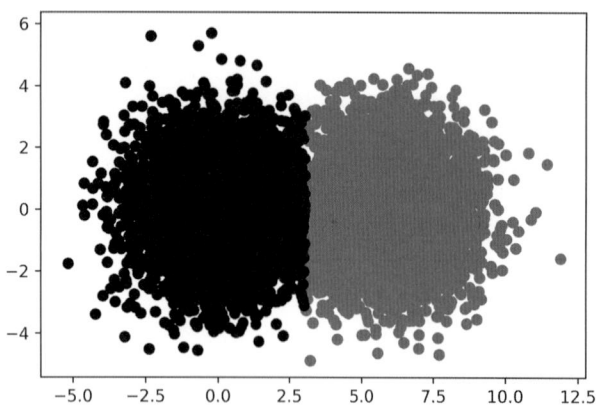

이제 두 다트 집합이 완벽하게 그룹화된 것을 볼 수 있습니다! 우리가 한 작업은 본질적으로 중심성을 사용하여 데이터를 구성하는 K-평균 클러스터링 알고리즘의 중심성을 재현한 것입니다.

10.2 K-평균: 중심 그룹 K개로 데이터를 그룹화하는 클러스터링 알고리즘

K-평균 알고리즘은 입력 데이터가 서로 다른 중심 K개를 기준으로 소용돌이친다고 가정합니다. 각 중심 좌표는 흩어진 데이터에 둘러싸인 숨은 과녁과 같으며, 알고리즘 목적은 이 숨은 과녁(중심 좌표)을 찾아내는 것입니다.

먼저 찾고자 하는 중심 좌표 수 K를 선택하여 K-평균 알고리즘을 초기화합니다. 앞서 수행한 과녁 분석에서는 K가 2로 설정되었다고 볼 수 있지만, K는 어떤 정수 값도 될 수 있습니다. 그러면 알고리즘은 데이터 K개를 임의로 선택합니다. 이 데이터가 실제 중심인 것으로 취급됩니다. 그다음 알고리즘은 데이터 과학자가 중심(centroid)이라고 하는 선택한 중심 위치를 반복적으로 갱신합니다. 반복이 한 번 일어날 때마다 모든 데이터가 가장 가까운 중심에 할당되어 그룹이 K개 형성됩니다. 그리고 각 그룹의 중심이 갱신됩니다. 갱신된 중심은 그룹 좌표의 평균과 같습니다. 이 과정을 충분히 반복하면 그룹 평균은 대표 중심점 K개로 수렴합니다(그림 10-6). 수렴은 수학적으로 보장됩니다. 그러나 수렴이 일어나는 데 필요한 반복 횟수를 미리 아는 것은 불가능합니다. 다만 새로 계산된 중심이 이전 중심에서 크게 벗어나지 않는다면 일반적으로 반복을 중단하는 방법을 많이 사용합니다.

K-평균에도 한계는 있습니다. 이 알고리즘은 클러스터를 몇 개 찾고 싶은지에 대한 사전 지식이 필요합니다. 하지만 이 지식을 미리 알 수 있는 경우는 매우 드뭅니다. 또 K-평균은 일반적으로 합리적인 중심을 찾지만 수학적으로 최상의 중심이 발견된다는 것은 보장하지 않습니다.

▼ 그림 10-6 임의로 선택된 중심 두 개에서 실제 과녁의 중심에 반복적으로 수렴해 나가는 K-평균 알고리즘

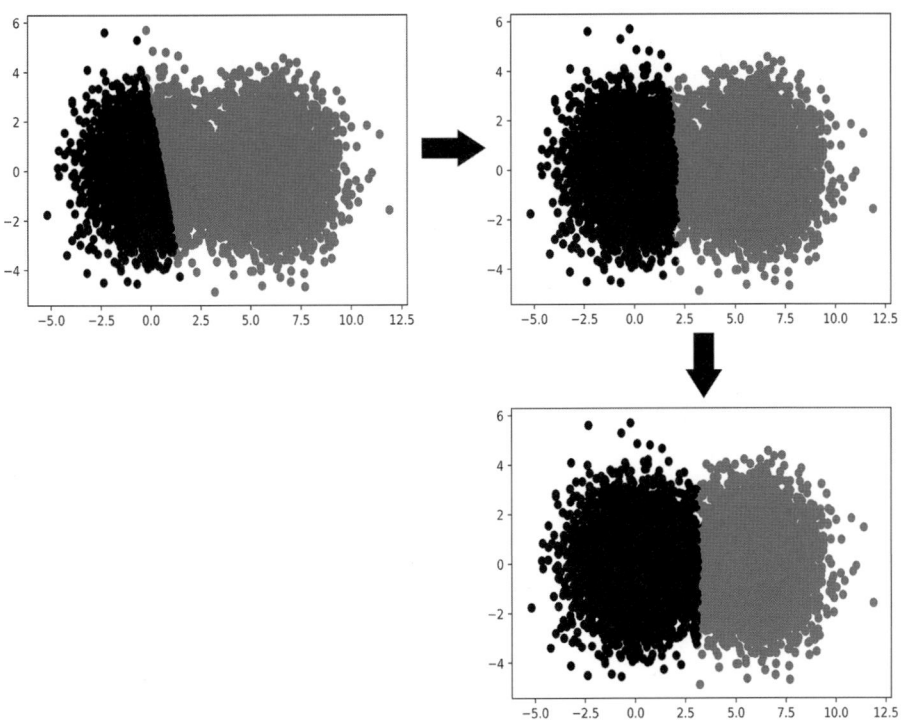

알고리즘을 초기화하는 단계에서 임의의 중심을 잘못 선택한다면 K-평균이 직관적이지 않거나 최적이 아닌 그룹을 반환하는 경우도 있습니다. 마지막으로 K-평균은 데이터의 클러스터가 실제로 중심 위치 K개를 중심으로 소용돌이친다는 것을 전제로 합니다. 그러나 이 장 마지막에서 다루겠지만 이 가정이 항상 옳은 것은 아닙니다.

10.2.1 사이킷런을 사용한 K-평균 클러스터링

효율적으로 구현된 K-평균 알고리즘은 합리적인 시간 안에 실행될 수 있습니다. 그 효율적인 구현체는 사이킷런 라이브러리가 제공합니다. 사이킷런은 넘파이 및 사이파이를 기반으로 구축된 라이브러리로, 매우 인기 있는 머신러닝 도구 중 하나로 자리매김했습니다. 이 라이브러리는 K-평균을 비롯한 분류, 회귀, 클러스터링 같은 핵심 알고리즘을 제공합니다. 그러면 먼저 라이브러리를 설치해 보죠. 설치를 했다면 사이킷런에서 K-평균 클러스터링 알고리즘을 구현한 KMeans 클래스를 불러옵니다.

> 노트 터미널 명령줄에서 pip install sklearn을 실행하면 사이킷런 라이브러리를 설치할 수 있습니다.

코드 10-8 사이킷런 라이브러리에서 KMeans 클래스 불러오기

```
from sklearn.cluster import KMeans
```

다트 데이터에 KMeans를 적용하는 방법은 간단합니다. 먼저 두 과녁의 중심을 찾을 수 있는 cluster_model 객체를 생성하는 KMeans(n_clusters=2)를 실행합니다. 그다음 cluster_model.fit_predict(darts) 메서드를 호출하여 K-평균 알고리즘을 수행할 수 있습니다. 그러면 해당 메서드는 각 다트별 과녁 번호를 담은 assigned_bulls_eyes 배열을 반환합니다.

코드 10-9 사이킷런을 사용한 K-평균 클러스터링

```
cluster_model = KMeans(n_clusters=2)     ····· 중심 수를 2로 설정한 cluster_model 객체를 생성합니다.
assigned_bulls_eyes = cluster_model.fit_predict(darts)   ····· K-평균 알고리즘으로 두 중심을 최적화하고
                                                                각 다트에 할당된 클러스터를 반환합니다.

print("과녁 할당")
print(assigned_bulls_eyes)
```

▶ 실행결과

```
과녁 할당
[0 0 0 ... 1 1 1]
```

할당된 과녁에 따라 다트에 색상을 지정하여 결과를 확인합니다(그림 10-7).

▼ **그림 10-7** 사이킷런이 반환한 K-평균 클러스터링 결과는 우리 예상과 일치합니다

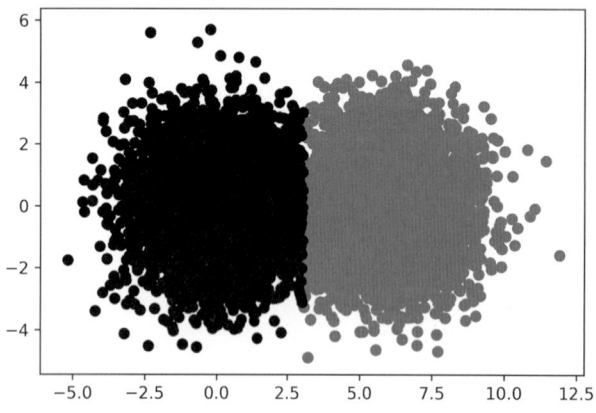

코드 10-10 K-평균 클러스터 할당 시각화하기

```
for bs_index in range(len(bulls_eyes)):
    selected_darts = [darts[i] for i in range(len(darts))
                      if bs_index == assigned_bulls_eyes[i]]
    x_coordinates, y_coordinates = np.array(selected_darts).T
    plt.scatter(x_coordinates, y_coordinates, color=['g', 'k'][bs_index])
plt.show()
```

이 클러스터링 모델은 데이터에서 지정된 수만큼 중심을 찾았습니다. 그러면 이 중심을 재사용하여 모델이 본 적 없는 신규 데이터를 분석할 수도 있습니다. cluster_model.predict([x, y]) 메서드를 호출하면 x 좌표와 y 좌표의 데이터에 중심을 할당할 수 있습니다. 또 predict 메서드는 한 번에 여러 좌표를 클러스터링할 수도 있습니다.

코드 10-11 cluster_model을 사용하여 신규 데이터 클러스터링하기

```
new_darts = [[500, 500], [-500, -500]]
new_bulls_eye_assignments = cluster_model.predict(new_darts)
for i, dart in enumerate(new_darts):
    bulls_eye_index = new_bulls_eye_assignments[i]
    print(f"{dart} 위치의 다트는 {bulls_eye_index}번 과녁에 가장 가깝습니다")
```

▶ 실행결과

```
[500, 500] 위치의 다트는 0번 과녁에 가장 가깝습니다
[-500, -500] 위치의 다트는 1번 과녁에 가장 가깝습니다
```

10.2.2 엘보 방법으로 최적의 K 선택하기

K-평균은 입력 K 값에 의존적입니다. 데이터의 실제 클러스터 수를 미리 알 수 없다면 심각한 문제로 이어질 수 있습니다. 하지만 엘보라는 기법을 사용하면 적절한 K 값을 추정하는 것이 가능합니다.

엘보 방법은 관성(inertia)이라는 계산된 값에 따라 달라지는데, 이 관성 값은 각 데이터 점과 가장 가까운 K-평균의 중심 사이 거리를 제곱한 것들을 모두 더한 것입니다. K 값이 1이라면 관성 값은 데이터셋의 평균에 대한 모든 거리의 제곱합과 같습니다. 5장에서 설명한 대로, 이 값은 분산에 정비례하며 분산은 데이터가 퍼진 정도를 나타내는 척도입니다. 따라서 K가 1이면 관성은 분산 추정치와 일치합니다. 이 속성은 K가 1보다 크더라도 유지됩니다. 기본적으로 관성은 계산된 평균 K를 중심으로 총 분산을 추정합니다.

분산을 추정하여 K 값이 너무 큰지 또는 너무 작은지 확인할 수 있습니다. 가령 K를 1로 설정했다고 가정해 보죠. 그러면 한 중심에서 너무 멀리 떨어진 많은 데이터가 있을 가능성이 높습니다. 분산은 커지고 관성도 커지겠죠. K 값을 보다 합리적으로 조정한다면 추가된 중심 때문에 관성은 감소할 것입니다. 결국 K를 총 데이터 수와 동일하게 설정한다면 각 데이터는 자신만의 클러스터를 가지게 되고, 결과적으로 분산이 제거되어 관성은 0으로 떨어집니다(그림 10-8).

관성 값이 너무 크거나 작은 극단적인 두 상황 사이 어딘가에 적당한 값이 있을 수 있습니다. 그런데 이 적당한 값을 어떻게 찾을 수 있을까요?

해결책을 찾아봅시다. 먼저 넓은 범위의 K 값에 대해 다트 데이터셋의 관성을 확인하는 것으로 시작해 볼 수 있습니다(그림 10-9). 한편 관성 값은 사이킷런의 KMeans 객체로 자동으로 계산되는데 이 값은 inertia_ 속성으로 얻을 수 있습니다.

▼ 그림 10-8 1~6 번호가 매겨진 점 여섯 개가 2D 공간에 그려져 있습니다. 별로 표시된 중심은 다양한 K 값을 대입하여 계산합니다. 모든 점에서 가장 가까운 중심까지 선이 그려집니다. 관성은 여섯 선의 제곱 길이를 합산하여 계산됩니다. (A) K = 1: 여섯 선은 모두 하나의 중심에서 뻗어 있으며 관성이 상당히 큽니다. (B) K = 2: 점 5와 점 6은 두 번째 중심에 매우 가까우며 관성이 감소합니다. (C) K = 3: 점 1과 점 3은 새로 형성된 중심점에 상당히 가까우며 점 2와 점 4도 새로 형성된 중심점에 상당히 가깝습니다. 관성이 급격히 감소했습니다. (D) K = 4: 이제 점 1과 점 3이 중심과 겹칩니다. 관성에 대한 이들의 기여도는 매우 낮은 값에서 0으로 바뀌었습니다. 나머지 네 점과 관련 중심 사이의 거리는 변하지 않습니다. 따라서 K를 3에서 4로 증가시키면 관성이 매우 작게 감소합니다

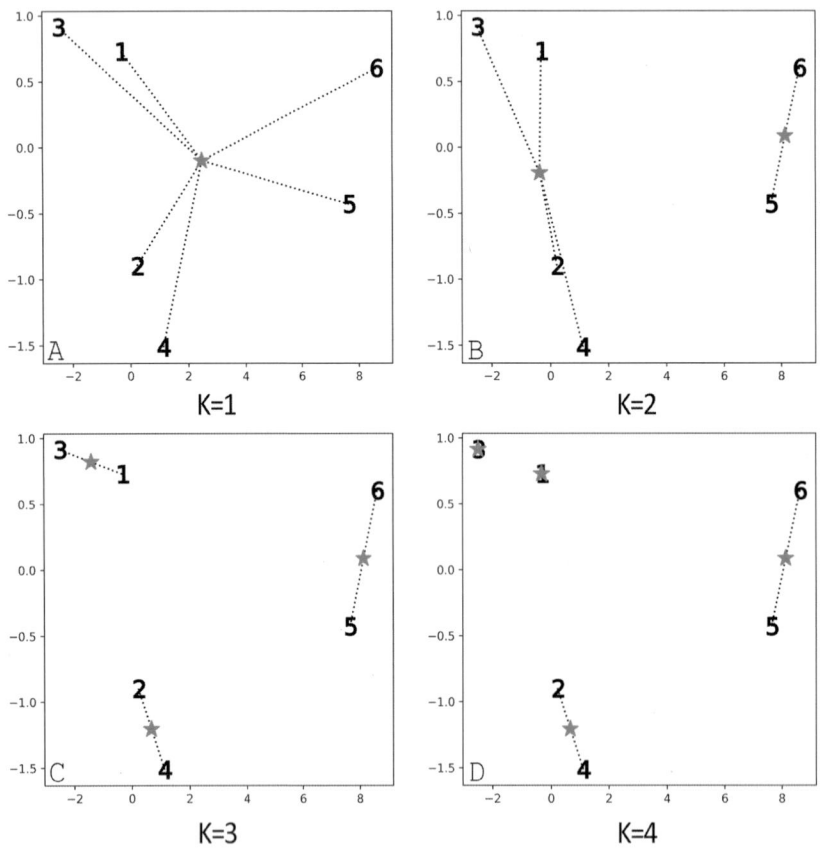

▼ 그림 10-9 다트 시뮬레이션에 대한 관성 그래프
이 그래프는 K가 2인 부분에서 팔꿈치가 구부러진 팔과 비슷한 모양을 띱니다

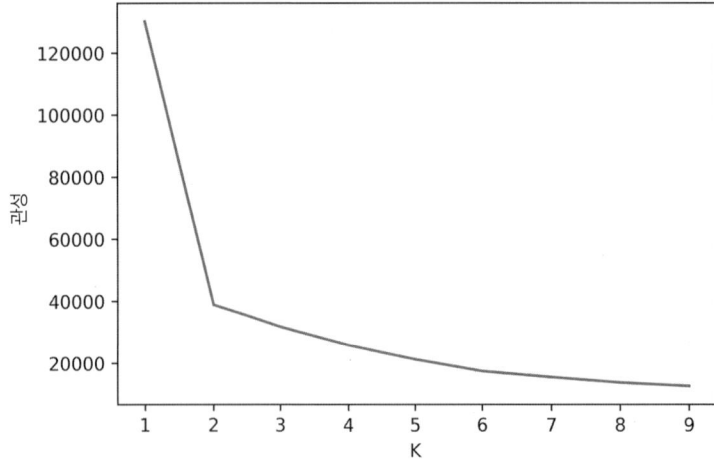

코드 10-12 K-평균 관성 시각화

```
k_values = range(1, 10)
inertia_values = [KMeans(k).fit(darts).inertia_ for k in k_values]
plt.plot(k_values, inertia_values)
plt.xlabel('K')
plt.ylabel('관성')
plt.show()
```

생성된 그래프는 팔꿈치가 구부러진 팔과 유사합니다. 팔꿈치/엘보(elbow) 부분이 바로 K가 2인 지점인 셈이죠. 이미 알겠지만, 이 K 값은 데이터셋에 내재된 실제 두 중심을 정확히 잡아낸 결과로도 볼 수 있습니다.

현재 중심 수를 늘려도 이 접근법이 여전히 유효할까요? 다트 시뮬레이션에 과녁을 두 개에서 하나 더 추가해 보면 알 수 있겠죠. 클러스터 수를 세 개로 늘린 뒤 관성 그래프를 다시 그려 봅니다(그림 10-10).

코드 10-13 과녁 세 개로 시뮬레이션한 관성 그래프

```
new_bulls_eye = [12, 0]
for _ in range(5000):
    x = np.random.normal(new_bulls_eye[0], variance**0.5)
    y = np.random.normal(new_bulls_eye[1], variance**0.5)
    darts.append([x, y])
inertia_values = [KMeans(k).fit(darts).inertia_ for k in k_values]
plt.plot(k_values, inertia_values)
plt.xlabel('K')
plt.ylabel('관성')
plt.show()
```

▼ 그림 10-10 실제 과녁이 세 개인 데이터셋으로 시뮬레이션한 관성 그래프입니다. 이 그래프는 K가 3인 부분에서 팔꿈치가 구부러진 팔과 비슷한 모양을 띕니다

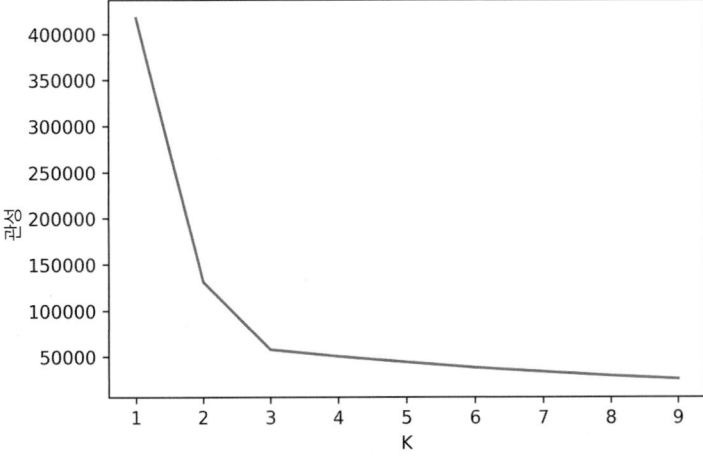

세 번째 중심을 추가하면 K가 3인 지점이 새로운 팔꿈치로 이어집니다. 기본적으로 이 엘보 플롯은 증가한 K 값에서 포착된 데이터의 퍼진 정도를 추적합니다. 연속된 K 값을 늘어놓았을 때, 관성이 빠르게 감소하는 구간

이 있다는 것은 분산되었던 데이터들이 더 긴밀한 클러스터에 할당되었음을 의미합니다. 관성 값의 감소는 관성 곡선이 평평해짐에 따라 점차 그 영향력이 줄어듭니다. 수직 낙하에서 완만한 각도로 전환하는 지점에 따라 팔꿈치/엘보 모양이 생기죠. 그리고 그 지점을 통해 K-평균 알고리즘의 적절한 K 값을 선택할 수 있습니다.

엘보 방법의 선택 기준은 유용한 휴리스틱이지만, 모든 경우에서 효과는 보장할 수 없습니다. 어떨 때는 여러 K 값에 걸쳐 그래프의 꺾인 수준이 서서히 낮아지기 때문에 적절한 클러스터 수를 하나만 선택하기 어렵습니다.

> **노트** 각 점과 인접한 클러스터의 거리를 파악하는 실루엣 점수(silhouette score)처럼 K를 선택하는 더 강력한 방법도 있습니다. 자세한 실루엣 점수 설명은 이 책에서 다루지 않지만, 사이킷런의 sklearn.metrics.silhouette_score 메서드를 사용하면 직접 해당 점수를 계산할 수 있으므로 스스로 탐색해 보기 바랍니다.

엘보 방법이 완벽하지는 않지만, 데이터가 평균 K개를 중심으로 명확히 나뉠 수 있는 경우에 대해서는 상당히 잘 작동합니다. 물론 이는 중심성으로 데이터 클러스터가 다르다는 것을 전제로 합니다. 그러나 많은 경우 데이터 클러스터는 데이터 밀도에 따라 달라질 수 있습니다.

> **노트** K-평균 클러스터링 방법
> - `k_means_model = KMeans(n_clusters=K)`: 서로 다른 K개의 중심을 찾는 K-평균 모델을 생성합니다. 이 중심들을 입력 데이터에 적합시켜야 합니다.
> - `clusters = k_means_model.fit_predict(data)`: 초기화된 KMeans 객체로 입력된 데이터에 대한 K-평균 알고리즘을 적용합니다. 반환된 클러스터 배열에는 0에서 K까지 클러스터 ID가 포함됩니다. data[i]의 클러스터 ID는 clusters[i]와 같습니다.
> - `clusters = KMeans(n_clusters=K).fit_predict(data)`: 코드 한 줄로 K-평균 모델을 생성하고, K-평균 알고리즘을 적용한 뒤 그 결과 클러스터를 반환합니다.
> - `new_clusters = k_means_model.predict(new_data)`: KMeans 객체가 발견한 중심성을 사용하여 이전에는 보지 못한 데이터에 가장 가까운 중심을 찾습니다.
> - `inertia = k_means_model.inertia_`: KMeans 객체와 연관된 관성을 반환합니다.
> - `inertia = KMeans(n_clusters=K).fit(data).inertia_`: 코드 한 줄로 K-평균을 수행한 뒤 관성 값을 반환합니다.

이번에는 중심성에 의존하지 않는 밀도 기반의 클러스터 개념을 살펴보겠습니다.

10.3 밀도를 사용하여 클러스터 검색하기

한 천문학자가 태양계 가장자리에서 신규 행성을 발견했다고 가정해 보죠. 이 행성은 토성과 마찬가지로 중심에서 고리 여러 개가 일정한 궤도를 돌고 있습니다. 각 고리는 암석 수천 개로 형성되어 있습니다. 이 암석을 x 좌표 및 y 좌표로 정의된 개별 데이터로 모델링해 보겠습니다. 사이킷런의 `make_circles` 함수를 사용하면 많은 암석으로 구성된 암석 고리를 세 개 생성할 수 있습니다(그림 10-11).

코드 10-14 행성 주위의 고리 시뮬레이션하기

```
from sklearn.datasets import make_circles

x_coordinates = []
y_coordinates = []
for factor in [.3, .6, 0.99]:
    rock_ring, _ = make_circles(n_samples=800, factor=factor,
                                noise=.03, random_state=1)
    for rock in rock_ring:
        x_coordinates.append(rock[0])
        y_coordinates.append(rock[1])

plt.scatter(x_coordinates, y_coordinates)
plt.show()
```

make_circles 함수는 2D 공간에서 동심원을 두 개 만듭니다. 큰 원에 대한 작은 원의 반지름 척도는 인자 매개변수가 결정합니다.

▼ 그림 10-11 중심점 주변에 위치한 암석 고리 세 개의 시뮬레이션

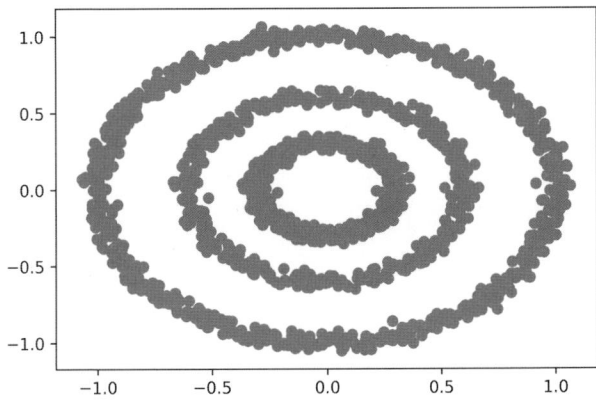

그래프를 보면 고리 세 개가 명확히 드러납니다. K를 3으로 설정하여 K-평균으로 이 세 클러스터를 찾아보겠습니다(그림 10-12).

코드 10-15 K-평균 알고리즘으로 암석 고리 클러스터링하기

```
rocks = [[x_coordinates[i], y_coordinates[i]]
          for i in range(len(x_coordinates))]
rock_clusters = KMeans(3).fit_predict(rocks)

colors = [['g', 'y', 'k'][cluster] for cluster in rock_clusters]
plt.scatter(x_coordinates, y_coordinates, color=colors)
plt.show()
```

▼ 그림 10-12 K-평균 알고리즘은 뚜렷한 암석 고리 세 개를 제대로 식별하지 못합니다

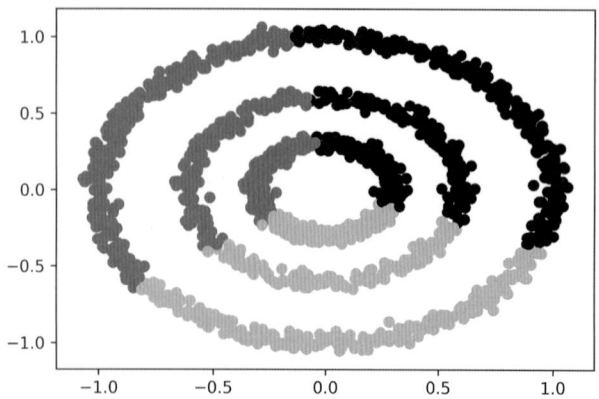

결과는 완전히 실패입니다! K-평균은 데이터를 대칭적인 부분 세 개로 분해하며, 각 부분은 여러 암석 고리에 걸쳐 나타납니다. 데이터가 각 암석 고리별로 그룹화되어야 한다는 직관적인 예상에서 벗어난 결과입니다. 왜 이러한 결과가 나타났을까요? K-평균은 세 클러스터가 고유한 중심 세 개로 정의된다고 가정했지만, 실제 암석 고리들은 하나의 중심점을 기준으로 회전합니다. 즉, 클러스터들의 차이를 결정하는 것은 중심성이 아니라 밀도입니다. 각 암석 고리는 밀집된 점들의 집합으로 구성되며, 밀도가 낮은 공간의 빈 영역이 고리 사이의 경계 역할을 합니다.

공간의 밀집된 영역별로 데이터를 그룹화하는 알고리즘을 설계해야 합니다. 즉, 특정 영역의 밀도가 높은지 낮은지를 정의할 방법이 필요합니다. 따라서 밀도란 무엇인지를 정의할 필요가 있으며, '한 데이터 점이 다른 점들 Y와 거리 X 이내에 위치하는 경우 해당 데이터 점이 밀집 영역에 속함'이라고 간단히 정의할 수 있습니다. X와 Y를 각각 `epsilon`과 `min_points`로 지칭하고 다음 코드를 사용하여 각각 0.1 및 10으로 설정합니다. 따라서 특정 암석의 반경 0.1 이내에 다른 암석이 최소 열 개 이상 있다면 해당 암석은 밀집된 영역에 속한다고 정의한 것입니다.

코드 10-16 밀도 매개변수 지정하기

```
epsilon = 0.1
min_points = 10
```

암석 리스트의 첫 번째 암석에 대한 밀도를 분석해 보겠습니다. 먼저 `rocks[0]`을 기준으로 `epsilon` 단위 내에 있는 모든 암석을 검색하고, 검색된 이웃 암석들의 번호를 `neighbor_indices` 리스트에 저장합니다.

코드 10-17 rocks[0]의 이웃 찾기

```
neighbor_indices = [i for i, rock in enumerate(rocks[1:])
                    if euclidean(rocks[0], rock) <= epsilon]
```

이제 이웃 암석 개수를 `min_points`와 비교하여 `rocks[0]`이 밀집 영역에 속하는지 판단합니다.

코드 10-18 rocks[0]의 밀도 확인하기

```
num_neighbors = len(neighbor_indices)
print(f"0번째 암석에는 {num_neighbors}개의 이웃이 있습니다")

if num_neighbors >= min_points:
    print("밀집 지역에 속합니다")
else:
    print("밀집 지역에 속하지 않습니다")
```

▶ 실행결과

0번째 암석에는 40개의 이웃이 있습니다
밀집 지역에 속합니다

0번째 암석은 밀도가 높은 영역에 위치하는 것으로 보입니다. 그렇다면 rocks[0]의 이웃도 그 밀집된 공간을 공유할까요? 대답하기 쉽지 않은 질문입니다. 모든 이웃이 min_points보다 적은 수의 이웃을 가질 수 있기 때문입니다. 엄격히 정의된 밀도는 정확한 이웃 개수보다 낮은 경우에 대해 밀집 지역에 속하지 않는다고 간주해 버리죠. rocks[0] 단 하나의 점만 밀도가 높은 영역에 속하는 우스꽝스러운 상황이 발생할 가능성도 있습니다. 따라서 밀도를 다르게 정의해야만 이 같은 불합리한 결과를 피할 수 있습니다. 그러면 밀도를 다음과 같이 정의해 보겠습니다.

- 어떤 점이 min_points개수만큼 이웃에 대해 epsilon 거리 내에 위치한다면 해당 점은 밀집 영역에 속합니다.
- 밀집 영역에 속한 점의 모든 이웃도 같은 밀집 영역으로 그룹화됩니다.

바뀐 정의에 따라 rocks[0]과 그 이웃을 하나의 밀집된 클러스터로 결합할 수 있습니다.

코드 10-19 고밀도 클러스터 만들기

```
dense_region_indices = [0] + neighbor_indices
dense_region_cluster = [rocks[i] for i in dense_region_indices]
dense_cluster_size = len(dense_region_cluster)
print(f"{dense_cluster_size}개의 암석을 포함하는 밀집 클러스터를 찾았습니다")
```

▶ 실행결과

41개의 암석을 포함하는 밀집 클러스터를 찾았습니다

0번째 암석과 그 이웃은 원소 41개로 구성된 하나의 밀집된 성단을 형성합니다. 이웃의 이웃 중 밀집 영역에 속하는 것이 있나요? 바뀐 정의는 해당 이웃들도 같은 밀집 영역에 속한다고 판단합니다. 따라서 추가적인 인접점들을 분석하여 밀집 지역의 크기를 정의하는 dense_region_cluster를 확장해 볼 수도 있습니다.

코드 10-20 밀집 클러스터 확장하기

```
dense_region_indices = set(dense_region_indices)    ----- dense_region_indices를 set으로 변환합니다. 그러면 중복을
for index in neighbor_indices:                             걱정할 필요 없이 추가 인덱스를 집어넣거나 뺄 수 있습니다.
    point = rocks[index]
```

```
                neighbors_of_neighbors = [i for i, rock in enumerate(rocks)
                                          if euclidean(point, rock) <= epsilon]
            if len(neighbors_of_neighbors) >= min_points:
                dense_region_indices.update(neighbors_of_neighbors)

dense_region_cluster = [rocks[i] for i in dense_region_indices]
dense_cluster_size = len(dense_region_cluster)
print(f"{dense_cluster_size}개의 암석을 포함하도록 클러스터를 확장했습니다")
```

▶ 실행결과

781개의 암석을 포함하도록 클러스터를 확장했습니다

이웃과 이웃을 반복하여 밀집된 클러스터를 거의 20배 확장했습니다. 그런데 20배보다 더 확장해서는 안 되는 것일까요? 새로 발견한 이웃의 밀도를 분석하면 클러스터를 더욱 확장할 수 있습니다. 분석을 반복하면 클러스터 경계는 넓어집니다. 결국 경계가 넓어져 암석 고리 중 하나를 완전히 포함하게 될 것입니다. 그러면 더 이상 흡수할 새로운 이웃이 없어집니다. 지금까지 분석되지 않은 암석 원소에 대한 분석을 반복할 수 있습니다. 반복을 통해 추가적인 고밀도 암석 고리의 클러스터를 생성할 수 있습니다.

방금 설명한 절차를 DBSCAN이라고 하는데, 이 알고리즘은 공간 밀도에 따라 데이터를 조직화합니다.

10.4 DBSCAN: 공간 밀도에 따라 데이터를 그룹화하는 클러스터링 알고리즘

DBSCAN은 노이즈를 통한 애플리케이션의 밀도 기반 공간 클러스터링(Density-Based Spatial Clustering of Applications with Noise)의 약어입니다. 매우 간단한 기법에 비해 우스꽝스러울 정도로 길고 복잡한 이름이 붙었는데, 이 알고리즘 절차를 다음과 같이 간단히 생각해 볼 수 있습니다.

1. data 리스트에서 임의의 point 좌표를 선택합니다.
2. 해당 point에서 epsilon 거리 내의 모든 이웃(neighbor)을 찾습니다.
3. min_points보다 적은 수의 이웃이 발견되었다면 다른 임의의 point를 사용하여 1단계를 반복합니다. min_points보다 많은 수의 이웃이 발견되었다면 해당 point와 neighbors를 단일 클러스터로 그룹화합니다.
4. 새로 발견된 모든 이웃에 대해 2단계와 3단계를 반복합니다. 모든 이웃의 밀집 point가 클러스터로 병합됩니다. 클러스터 확장이 멈추면 이 반복은 종료됩니다.
5. 전체 클러스터를 추출한 뒤 아직 밀도 분석이 되지 않은 모든 데이터에 대해 1~4단계를 반복합니다.

DBSCAN 알고리즘의 절차는 코드 단 20줄 미만으로 구현할 수 있습니다. 그러나 매우 기본적인 구현은 암석 리스트를 다루었을 때에 비해 매우 느리게 실행됩니다. 보다 효율적으로 구현하려면 이웃을 탐색하는 속도를 개선하는 최적화 노력이 필요합니다. 이 책이 해당 최적화 방법을 자세히 다루지는 않지만, 사이킷런의 sklearn.cluster 패키지가 제공하는 DBSCAN 클래스는 이미 최적화가 된 알고리즘을 구현하고 있습니다. eps 및 min_samples 매개변수를 사용하여 epsilon 및 min_points에 대한 값을 할당하여 DBSCAN 클래스의 객체를 초기화해 보겠습니다. 그다음 해당 객체를 사용하여 암석 고리를 세 개 그룹화합니다(그림 10-13).

코드 10-21 DBSCAN을 사용하여 암석 고리 그룹화하기

```
from sklearn.cluster import DBSCAN
cluster_model = DBSCAN(eps=epsilon, min_samples=min_points)
rock_clusters = cluster_model.fit_predict(rocks)
colors = [['g', 'y', 'k'][cluster] for cluster in rock_clusters]
plt.scatter(x_coordinates, y_coordinates, color=colors)
plt.show()
```

밀도 클러스터링을 수행하기 위해 cluster_model 객체를 생성합니다. eps 파라미터에는 엡실론 값으로 설정된 0.1을, min_samples 파라미터에는 min_points에 담긴 10을 전달합니다.

밀도를 기반으로 암석 고리를 클러스터링하고 각 암석에 할당된 클러스터를 반환합니다.

DBSCAN 알고리즘은 암석 고리 세 개를 성공적으로 식별했습니다.

▼ 그림 10-13 DBSCAN 클러스터링은 뚜렷한 암석 고리 세 개를 정확히 식별합니다

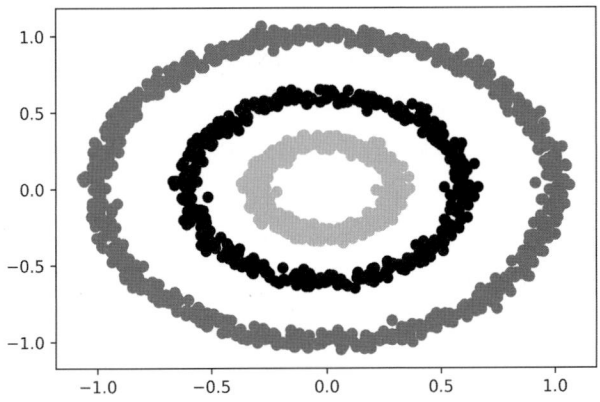

10.4.1 DBSCAN과 K-평균 비교하기

DBSCAN은 곡선 및 밀집된 모양으로 구성된 데이터를 클러스터링하는 데 유리한 알고리즘입니다. 또 K-평균과 달리 알고리즘을 실행하기 전에 클러스터 수를 추정할 필요가 없으며, 공간의 희박한 영역에 위치한 임의의 이상치를 필터링할 수 있습니다. 가령 암석 고리의 경계 너머에 이상치를 추가하면 DBSCAN은 해당 이상치를 -1이라는 클러스터 ID에 할당합니다. 클러스터 ID가 음수라는 것은 이상치를 뜻하며, 나머지 데이터 집합과 클러스터링될 수 없음을 의미합니다.

> **노트** K-평균과 달리, 적합된 DBSCAN 모델은 신규 데이터를 구분하는 데 사용될 수 없습니다. 그 대신 신규 데이터와 이전 데이터를 결합하여 알고리즘을 처음부터 다시 실행해야 합니다. 그러나 추가된 데이터는 이전에 본 데이터 밀도 분포에 영향을 미칠 수 있어 DBSCAN은 모든 클러스터를 다시 계산해야 합니다.

코드 10-22 DBSCAN을 사용하여 이상치 찾기

```
noisy_data = rocks + [[1000, -1000]]
clusters = DBSCAN(eps=epsilon, min_samples=min_points).fit_predict(noisy_data)
assert clusters[-1] == -1
```

DBSCAN 기법의 또 다른 장점은 평균에 의존하지 않는다는 것입니다. 반면 K-평균 알고리즘은 그룹화된 포인트의 평균 좌표를 계산합니다. 5장에서 설명한 것처럼, 이 평균 좌표는 중심까지의 거리 제곱합을 최소화합니다. 최소화 속성은 제곱된 거리가 유클리드 거리일 때만 유지됩니다. 따라서 좌표가 유클리드 좌표가 아닐 때 평균은 그다지 유용하지 않으며, K-평균 알고리즘을 적용해서는 안 됩니다. 유클리드 거리만이 점 사이의 거리를 측정하는 유일한 지표는 아니며, 거리를 정의하는 데는 무한한 지표가 존재합니다. 이제 그중 몇 가지를 살펴보겠습니다. 이 과정에서 이러한 지표를 DBSCAN 클러스터링 출력에 통합하는 방법을 배웁니다.

10.4.2 비유클리드 거리 기반 클러스터링

맨해튼을 방문했는데, 엠파이어 스테이트 빌딩에서 콜럼버스 서클까지 걸어서 얼마나 걸리는지 알고 싶다고 가정해 보겠습니다. 엠파이어 스테이트 빌딩은 34번가와 5번가 교차점에, 콜럼버스 서클은 57번가와 8번가 교차점에 위치합니다. 맨해튼의 거리와 길은 항상 서로 직각을 이룹니다. 맨해튼을 2D 좌표계로 표현할 수 있는데 거리 위치는 x축에, 도로 위치는 y축에 위치합니다. 엠파이어 스테이트 빌딩의 좌표를 (34, 5), 콜럼버스 서클의 좌표를 (57, 8)처럼 표현할 수 있으며 두 좌표점 사이의 직선 유클리드 거리도 쉽게 계산할 수 있습니다. 그러나 우뚝 솟은 강철 건물이 도시의 모든 구획의 윤곽 영역을 차지하기 때문에 그 최종 길이는 통과할 수 없습니다. 도시 격자를 형성하는 수직 보도를 가로지르는 경로로 제한되어야 하는 것이죠. 즉, 5번가와 3번가 사이의 블록 세 개, 34번가와 57번가 사이의 블록 23개, 즉 블록 26개를 걷는 경로가 형성되어야 합니다. 또 맨해튼의 평균 블록 길이가 0.17마일인 것을 감안하면, 해당 경로 길이는 약 4.42마일인 것을 추정할 수 있습니다. 이를 일반화하여 맨해튼의 두 블록 사이 거리를 계산하는 manhattan_distance 함수를 구현해 보겠습니다.

코드 10-23 맨해튼 거리 계산하기

```
def manhattan_distance(point_a, point_b):
    num_blocks = np.sum(np.absolute(point_a-point_b))
    return 0.17 * num_blocks

x = np.array([34, 5])
y = np.array([57, 8])
distance = manhattan_distance(x, y)    ····· scipy.spatial.distance 모듈의 cityblock을 활용하여
                                             0.17 * cityblock(x, y)처럼 계산할 수도 있습니다.
print(f"맨해튼 거리는 {distance}마일입니다")
```

▶ 실행결과

맨해튼 거리는 4.42마일입니다

이번에는 맨해튼의 위치 두 개 이상을 그룹화하고 싶다고 가정해 보겠습니다. 이때 각 그룹/클러스터는 함께 그룹화된 서로 다른 지점 세 개에서 1마일 이내에 위치한 지점을 가진다고 가정합니다. 이 가정은 사이킷런의 DBSCAN 클래스로 DBSCAN 클러스터링을 적용할 수 있도록 해 줍니다. eps 및 min_samples 파라미터를 1과 3으로 설정하고, metric 파라미터에 manhattan_distance 함수를 지정하여 DBSCAN 클래스 객체를 초기화합니다. metric 파라미터는 기본 유클리드 거리를 사용자가 지정한 거리 계산 지표로 교체할 수 있도록 해 주며, 이것으로 도시 격자를 기반으로 제약 조건이 반영되도록 행동을 바꿀 수 있습니다. 다음 코드는 맨해튼 좌표를 그룹화한 뒤 격자에 표시하는 코드를 보여 줍니다(그림 10-14).

코드 10-24 맨해튼 거리를 사용한 클러스터링

```
points = [[35, 5], [33, 6], [37, 4], [40, 7], [45, 5]]
clusters = DBSCAN(eps=1, min_samples=3,
                  metric=manhattan_distance).fit_predict(points)   ····· manhattan_distance 함수는
                                                                          metric 파라미터를 사용하여
                                                                          DBSCAN으로 전달됩니다.
for i, cluster in enumerate(clusters):
    point = points[i]
    if cluster == -1:
        print(f"{i}번째 데이터 점은 이상치입니다")
        plt.scatter(point[0], point[1], marker='x', color='k')   ····· 이상치는 x 모양의 마커로 표현됩니다.
    else:
        print(f"{i}번째 데이터 점은 {cluster}번 클러스터에 속합니다")
        plt.scatter(point[0], point[1], color='g')

plt.grid(True, which='both', alpha=0.5)   ····· grid 메서드는 맨해튼 거리를 계산하는
plt.minorticks_on()                              사각형 격자를 출력합니다.

plt.show()
```

▶ 실행결과

0번째 데이터 점은 0번 클러스터에 속합니다
1번째 데이터 점은 0번 클러스터에 속합니다
2번째 데이터 점은 0번 클러스터에 속합니다
3번째 데이터 점은 이상치입니다
4번째 데이터 점은 이상치입니다

▼ 그림 10-14 사각형 격자에 도포된 점 다섯 개가 맨해튼 거리로 그룹화되었습니다. 격자에서 왼쪽 아래 모서리에 있는 점 세 개는 단일 클러스터에 속합니다. 나머지 두 점은 X로 표시된 이상치입니다

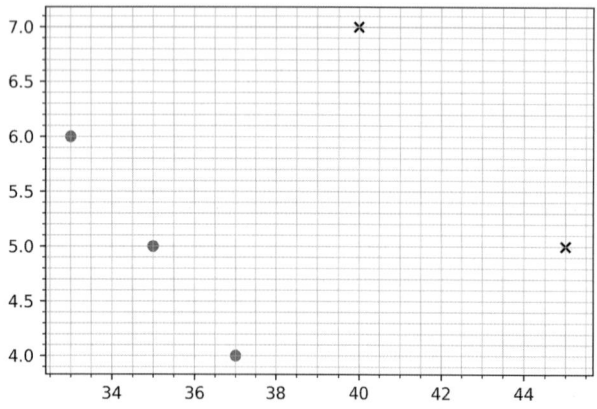

처음 세 점은 단일 클러스터에 속하고 나머지는 이상치입니다. K-평균 알고리즘은 해당 클러스터를 감지할 수 있었을까요? 아마도요. 맨해튼 블록 좌표들의 평균을 구할 수 있기 때문에 결국 K-평균과 호환될 수 있습니다. 평균 좌표를 쉽게 구할 수 없는 다른 지표로 맨해튼 거리를 바꾸면 어떻게 될까요? 두 점의 요소가 모두 음수면 0단위, 모든 요소가 음수가 아니면 2단위, 그렇지 않으면 10단위 간격이라는 속성을 가진 비선형 거리 지표를 정의해 보겠습니다. 이 말도 안 되는 거리 측정값이 주어졌을 때 임의의 두 점 평균을 계산할 수 있을까요? 불가능하며 K-평균을 적용할 수도 없습니다. 이 알고리즘의 약점은 평균 거리의 유무에 따라 달라진다는 것입니다. K-평균과 달리 DBSCAN 알고리즘은 거리 함수가 선형 분할 가능해야 할 필요가 없습니다. 따라서 우스꽝스러운 거리 지표로 DBSCAN 클러스터링을 쉽게 실행할 수 있습니다.

코드 10-25 터무니없는 거리 측정을 사용한 클러스터링

```python
def ridiculous_measure(point_a, point_b):
    is_negative_a = np.array(point_a) < 0  # ----- is_negative_a[i] 값이 True인 값들만 모은 불리언 배열을 반환합니다.
    is_negative_b = np.array(point_b) < 0
    if is_negative_a.all() and is_negative_b.all():  # ----- point_a 및 point_b가 음수인 모든 요소의 경우
        return 0
    elif is_negative_a.any() or is_negative_b.any():  # ----- 음수 요소가 존재하지만 모든 것이 음수는 아닌 경우
        return 10
    else:  # ----- 모든 요소가 음수가 아닌 경우
        return 2

points = [[-1, -1], [-10, -10], [-1000, -13435], [3, 5], [5, -7]]
clusters = DBSCAN(eps=.1, min_samples=2, metric=ridiculous_measure).fit_predict(points)

for i, cluster in enumerate(clusters):
    point = points[i]
    if cluster == -1:
        print(f"점 {point}는 이상치입니다")
    else:
        print(f"점 {point}는 클러스터 {cluster}에 속합니다")
```

> ▶ 실행결과

```
점 [-1, -1]는 클러스터 0에 속합니다
점 [-10, -10]는 클러스터 0에 속합니다
점 [-1000, -13435]는 클러스터 0에 속합니다
점 [3, 5]는 이상치입니다
점 [5, -7]는 이상치입니다
```

ridiculous_measure 지표로 DBSCAN을 수행하면 음수 좌표가 하나로 그룹화되며, 그 밖의 모든 좌표는 이상치로 취급됩니다. 개념적으로는 실용적이지 않지만, 지표 선택에 대한 유연성을 매우 높이 평가할 만한 결과입니다. 지표 선택에 제약을 받지 않는 것이죠! 가령 지리적 위치를 그룹화하는 데 유용한 지구 곡률을 기반으로 거리를 계산하는 지표를 설정할 수도 있습니다.

> **노트** DBSCAN 클러스터링 방법
>
> - `dbscan_model = DBSCAN(eps=epsilon, min_samples=min_points)`: 밀도로 그룹화하는 DBSCAN 모델을 생성합니다. epsilon 거리 내 최소 min_points개 이상의 이웃이 점을 밀도가 있는 점으로 정의합니다. 그리고 해당 점과 이웃은 동일 클러스터 소속으로 간주됩니다.
> - `clusters = dbscan_model.fit_predict(data)`: 초기화된 DBSCAN 객체로 입력 데이터에 대한 DBSCAN을 수행합니다. 반환된 클러스터 배열은 클러스터 식별자를 포함합니다. data[i]에 대한 클러스터 식별자는 clusters[i]와 동일합니다. 그룹화되지 않은 이상치에는 -1이라는 식별자가 할당됩니다.
> - `clusters = DBSCAN(eps=epsilon, min_samples=min_point).fit_predict(data)`: 코드 한 줄로 DBSCAN을 실행하고 결과 클러스터를 반환합니다.
> - `dbscan_model = DBSCAN(eps=epsilon, min_samples=min_point, metric=metric_function)`: 사용자가 지정한 지표 계산 함수로 거리 지표를 정의한 DBSCAN 모델을 생성합니다. metric_function에 지정된 거리 지표는 유클리드 거리 지표일 필요가 없습니다.

DBSCAN에는 몇 가지 단점이 있습니다. 이 알고리즘 목적은 유사한 점 밀도 분포를 가진 클러스터를 감지하는 것이지만, 데이터 밀도는 꽤 다양합니다. 가령 맨해튼에 있는 피자 가게는 캘리포니아 오렌지 카운티에 있는 피자 가게보다 더 밀집되어 있습니다. 따라서 두 위치의 상점을 클러스터링하는 밀도 파라미터를 선택하는 데 어려움을 겪을 수 있습니다. 이는 eps 및 min_samples 파라미터에 대해 유의미한 값을 요구하는 DBSCAN의 또 다른 한계를 드러냅니다. 특히 넓은 eps 값 범위는 클러스터링 품질에 큰 영향을 미칩니다. 아쉽게도 적절한 eps 값을 추정할 수 있는 믿을 만한 방법은 아직 없습니다. 대부분 문제에 대한 직관적인 이해에 의존하여 두 파라미터 입력을 결정해야만 합니다. 가령 지리적인 위치를 그룹화하는 경우 eps 및 min_samples 파라미터의 값은 위치가 전 세계에 분산되거나 특정 지리적 영역에 제한적으로 분산되어 있는지에 따라 달라질 수 있습니다. 각 상황마다 밀도와 거리는 서로 다른 방식으로 이해되어야 합니다. 전 세계에 분산된 임의의 도시를 그룹화한다면 min_samples 및 eps 파라미터를 각각 3(개의 도시)과 250(마일)으로 설정할 수 있으며, 이는 곧 각 클러스터가 최소한 250마일 이내에 서로 다른 세 도시를 가진다고 가정한 것입니다. 보다 지역적인 위치들을 그룹화하려면 eps 값을 더 낮출 필요가 있습니다.

10.5 판다스로 클러스터 분석하기

지금까지는 데이터 입력과 클러스터링 출력을 별도로 유지했습니다. 가령 암석 고리 분석에서 rocks 리스트는 입력, rock_clusters 리스트는 출력이었습니다. 좌표 및 클러스터 모두의 추적을 위해서는 입력 및 출력 리스트 사이의 인덱스를 매핑해야만 했습니다. 즉, 0번 클러스터의 모든 암석을 추출하려면 rock_clusters[i] == 0인 rocks[i]의 모든 인스턴스를 구해야 하는 식입니다. 그런데 이 같은 인덱스 분석은 간단하지 않습니다. 그 대신 좌표와 클러스터를 판다스 테이블로 결합한다면 그룹화된 암석들을 보다 직관적으로 분석할 수 있습니다.

다음 코드는 X, Y, Cluster라는 열 세 개를 가진 판다스 테이블을 만듭니다. 그리고 각 행은 rocks[i] 암석의 x 좌표 및 y 좌표, 클러스터 값을 담습니다.

코드 10-26 테이블에 클러스터된 좌표 저장하기

```python
import pandas as pd
x_coordinates, y_coordinates = np.array(rocks).T
df = pd.DataFrame({'X': x_coordinates, 'Y': y_coordinates, 'Cluster': rock_clusters})
```

판다스 테이블을 사용하면 모든 클러스터의 암석에 쉽게 접근할 수 있습니다. 8장에서 다룬 기법을 활용하여 0번 클러스터에 속한 암석을 시각적으로 출력해 보겠습니다(그림 10-15).

▼ 그림 10-15 0번 클러스터에 속한 암석들

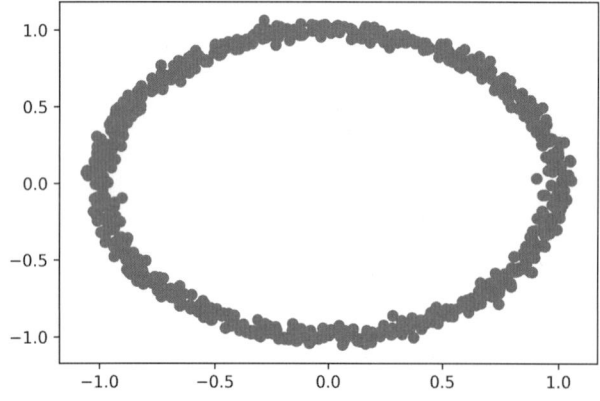

코드 10-27 판다스를 사용하여 단일 클러스터 그리기

```python
df_cluster = df[df.Cluster == 0]       # Cluster 열의 값이 0인 행들을 선택합니다.
plt.scatter(df_cluster.X, df_cluster.Y)  # 선택된 행들에 대한 X 및 Y의 열을 기반으로 점들을 시각화합니다. df_
plt.show()                               #   cluster.plot.scatter(x='X', y='Y')를 실행하여 산점도를 그릴 수 있습니다.
```

판다스를 사용하면 단일 클러스터에 속한 요소들을 포함한 테이블을 얻을 수 있습니다. 또 클러스터 식별자별로 매핑된 여러 테이블을 얻고 싶을 때는 df.groupby('Cluster')를 호출하여 그 결과를 얻을 수 있습니다. groupby 메서드는 각 클러스터별 테이블을 생성합니다. 이 메서드는 클러스터 식별자와 테이블 간 매핑에 대한 반복자를 반환합니다. groupby 메서드로 클러스터를 세 개 반복해 보죠. 0번 및 1번 클러스터의 암석은 시각화하지만, 2번 클러스터의 암석은 시각화하지 않습니다(그림 10-16).

> **노트** df.groupby('Cluster') 메서드의 호출은 단순 반복자 대신 클러스터 필터링 및 분석용 메서드를 제공하는 DataFrameGroupBy 객체를 반환합니다.

코드 10-28 판다스를 사용하여 클러스터 반복하기

```python
for cluster_id, df_cluster in df.groupby('Cluster'):     ····· df.groupby('Cluster')가 반환한 반복자의 각 요소는 튜플
    if cluster_id == 0:                                       (tuple)입니다. 그리고 각 튜플의 첫 번째 요소는 df.Cluster로
        print(f"{cluster_id}번 클러스터는 건너뜁니다")          얻은 클러스터 식별자이며, 두 번째 요소는 df.Cluster와 클러
        continue                                              스터 식별자가 동일한 모든 행을 포함한 테이블입니다.
    print(f"{cluster_id}번 클러스터를 시각화합니다")
    plt.scatter(df_cluster.X, df_cluster.Y)

plt.show()
```

▶ 실행결과

```
0번 클러스터는 건너뜁니다
1번 클러스터를 시각화합니다
2번 클러스터를 시각화합니다
```

▼ 그림 10-16 클러스터 1과 클러스터 2에 속하는 암석들

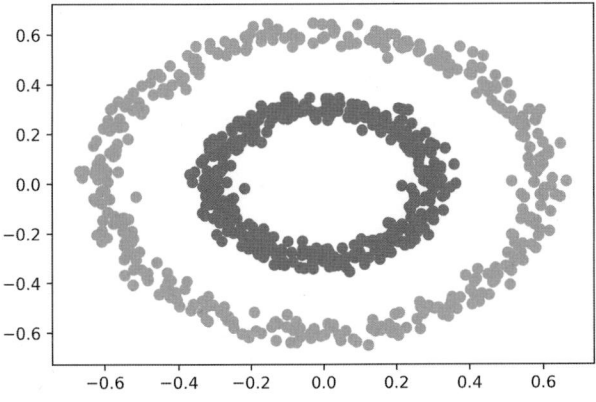

판다스의 groupby 메서드를 사용하면 여러 클러스터를 반복적으로 조사할 수 있습니다. 이는 세 번째 사례 탐구에 대한 분석에서 유용하게 사용될 수 있습니다.

10.6 요약

- K-평균 알고리즘은 '중심 K개'를 검색하여 입력된 데이터를 클러스터링합니다. 이러한 중심은 검색된 데이터 그룹의 평균 좌표를 나타냅니다. K-평균은 무작위 중심을 K개 선택하여 초기화합니다. 그런 다음 각 데이터 포인트는 가장 가까운 중심을 기준으로 클러스터링되며, 중심은 안정적인 위치에 수렴할 때까지 반복적으로 다시 계산됩니다.
- K-평균은 솔루션으로 수렴하는 것이 보장됩니다. 그러나 이 솔루션이 최적이 아닐 수도 있습니다.
- K-평균이 점을 구분하려면 유클리드 거리가 필요합니다. 이 알고리즘은 유클리드 좌표를 클러스터링하기 위한 것입니다.
- K-평균 클러스터링을 실행한 뒤 결과의 '관성'을 계산할 수 있습니다. 관성은 각 데이터 요소와 가장 가까운 중심 사이의 거리를 제곱한 값의 합과 같습니다.
- 다양한 K 값 범위에 걸쳐 관성을 나타내면 엘보 플롯이 생성됩니다. 팔꿈치 모양의 그림에서 엘보 구성 요소는 합리적인 K 값을 아래쪽으로 향해야 합니다. 엘보 플롯을 사용하여 K-평균에 대한 의미 있는 K 입력을 휴리스틱하게 선택할 수 있습니다.
- DBSCAN 알고리즘은 밀도에 따라 데이터를 클러스터링합니다. 밀도는 epsilon 및 min_points 파라미터로 정의됩니다. 한 점이 min_points 이웃의 epsilon 거리 내에 있으면 해당 점은 공간의 밀도가 높은 영역에 있습니다. 공간의 밀집 영역에 있는 점의 모든 이웃도 해당 공간에서 클러스터링됩니다. DBSCAN은 완전한 클러스터가 감지될 때까지 공간의 밀집 영역 경계를 반복적으로 확장합니다.
- DBSCAN 알고리즘은 밀도가 높지 않은 영역의 포인트를 클러스터링하지 않습니다. 이상치로 취급합니다.
- DBSCAN은 곡선 및 밀집된 모양으로 구성된 데이터를 클러스터링하는 데 유리한 알고리즘입니다.
- DBSCAN은 임의의 비유클리드 거리를 사용하여 클러스터링할 수 있습니다.
- 적절한 epsilon 및 min_points 파라미터를 선택하는 신뢰할 수 있는 휴리스틱은 없습니다. 그러나 전 세계 도시를 클러스터링하려는 경우 두 파라미터를 각각 250마일과 도시 세 개로 설정할 수 있습니다.
- 클러스터링된 데이터를 판다스의 테이블에 저장하면 groupby 메서드로 각 클러스터를 직관적으로 반복하여 분석할 수 있습니다.

11장

지리적 위치의 시각화 및 분석

이 장에서 다루는 내용

- 지리적 위치 간 거리 계산하기
- 카토피 라이브러리로 위치를 지도에 그리기
- 위치 이름에서 지리적 좌표 추출하기
- 정규식으로 텍스트에서 위치 이름 찾기

사람들은 오래 전부터 위치 정보에 의존해 왔습니다. 동굴에 살던 사람들은 매머드 상아에 사냥 경로를 새겨 지도를 만들기도 했죠. 지도는 문명의 번성에 따라 진화했습니다. 고대 바빌로니아 사람들은 광대한 제국의 경계를 완전히 지도로 만들었습니다. 훨씬 후인 기원전 3000년 그리스 학자들은 수학적 혁신으로 지도를 개선했습니다. 그리스인들은 지구가 둥글다는 사실을 발견하고 지구 둘레를 정확히 계산했습니다. 그리스 수학자들은 지구 곡면을 가로지르는 거리를 측정하는 토대를 마련했습니다. 이러한 측정을 위해서는 지리적 좌표계를 만들어야 했는데, 위도와 경도를 기반으로 한 최초 좌표계는 기원전 2000년에 도입되었습니다.

지도 제작에 위도와 경도를 결합한 것은 해상 항해에 혁명을 가져왔습니다. 선원들은 지도에서 자신의 위치를 확인함으로써 보다 자유롭게 바다를 여행할 수 있었습니다. 대략적으로 해상 항법 프로토콜은 다음 세 단계를 따랐습니다.

1. **데이터 관측**: 한 선원이 풍향, 별의 위치, 나침반의 북쪽 방향(서기 1300년경 이후)을 포함한 일련의 관측을 기록했습니다.

2. **데이터의 수학 및 알고리즘 분석**: 내비게이터는 모든 데이터를 분석하여 선박 위치를 추정했습니다. 때때로 삼각법 계산이 필요했지만, 일반적으로 일련의 규칙을 기반으로 측정 차트를 참조했습니다. 알고리즘적으로 차트 규칙을 준수함으로써 선박 좌표를 알아낼 수 있었습니다.

3. **시각화 및 의사 결정**: 선장은 예상 목적지를 기준으로 계산된 위치를 지도상에서 검토했습니다. 그다음 시각화된 결과를 바탕으로 배의 방향을 조정하라는 명령을 내렸습니다.

이 같은 탐색의 패러다임은 표준 데이터 과학의 절차를 완벽히 요약합니다. 우리는 데이터 과학자로서 원시 관측 데이터를 제공받고 알고리즘을 통해 그 데이터를 분석합니다. 그다음 결과를 시각화하여 주요 의사 결정을 내립니다. 따라서 데이터 과학과 위치 분석은 서로 연결되어 있습니다. 이 연결 고리는 수세기에 걸쳐 더욱 강화되었습니다. 오늘날 수많은 기업이 고대 그리스인들은 상상도 할 수 없었던 방식으로 위치를 분석합니다. 헤지 펀드는 전 세계 대두(soybean) 시장에 투자하기 위해 농지의 위성 사진을 연구합니다. 운송 서비스 제공 업체는 방대한 교통 패턴을 분석하여 차량의 효율적인 경로를 파악합니다. 전염병 학자들은 신문 데이터를 처리하여 전 세계 질병 확산을 모니터링합니다.

이 장은 지리적 위치를 분석하고 시각화하는 다양한 방법을 소개합니다. 가장 먼저 지리적인 두 지점 사이의 거리를 계산하는 간단한 작업으로 시작합니다.

11.1 대원 거리: 지구상 두 점 사이의 거리를 계산하는 지표

지구상 두 점 사이의 최단 이동 거리는 얼마인가요? 직선으로 이동하려면 지각을 깊숙이 파고 들어가야 하므로 직선은 될 수 없습니다. 현실적인 경로는 행성의 구형 곡면을 따라 이동하는 것입니다. 구의 표면을 따라 두 점 사이의 경로를 대원 거리(great circle distance)라고 합니다(그림 11-1).

구(sphere)와 해당 구 표면상의 두 점이 주어지면 대원 거리를 계산할 수 있습니다. 구 표면의 모든 점은 구형 좌표(spherical coordinate) x, y로 나타낼 수 있습니다. 여기에서 x와 y는 x축과 y축에 대한 해당 점의 각도를 측정합니다(그림 11-2).

구형 좌표 두 쌍을 입력받는 great_circle_distance 함수를 정의해 보겠습니다. 문제를 간소화하기 위해 좌표가 반지름이 1인 단위구에 있다고 가정합니다. 그러면 코드 11-1과 같이 단 네 줄의 코드로 great_circle_distance를 정의할 수 있습니다.

▼ 그림 11-1 구 표면 두 점 사이의 대원 거리를 시각화합니다. 두 점은 r1과 r2로 표시되어 있습니다. 곡선 호는 두 점 사이의 이동 거리를 나타냅니다. 호의 길이는 구의 반지름에 α를 곱한 값과 같으며 α는 구의 중심 C를 기준으로 두 점 사이의 각도입니다

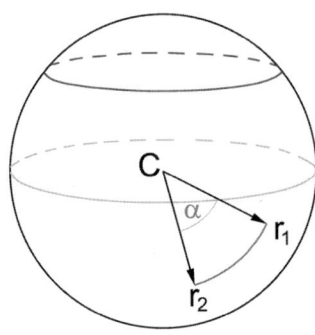

▼ 그림 11-2 구형 좌표로 구 표면의 한 점을 표현합니다. x축에서 70도 회전하고 y축 방향으로 40도 회전하면 해당 점에 도달할 수 있습니다. 따라서 구형 좌표는 (70, 40)으로 나타낼 수 있습니다

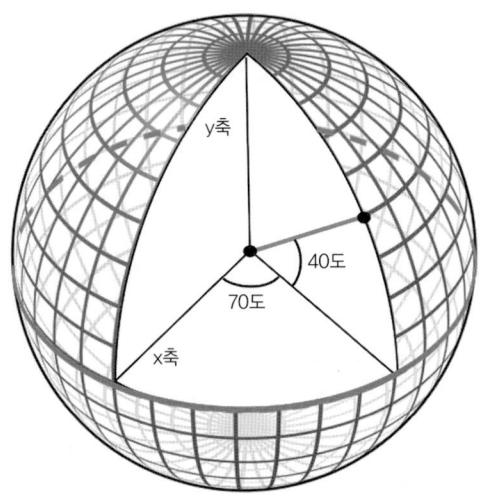

이 함수는 잘 알려진 일련의 삼각법 연산(trigonometric operation)에 의존하며, 해당 연산들에 대한 구체적인 설명은 이 책에서 다루지 않습니다.

코드 11-1 대원 거리 함수 정의하기

```
from math import cos, sin, asin      ----- 파이썬의 math 모듈에서 일반적인 삼각 함수 세 개를 불러옵니다.

def great_circle_distance(x1, y1, x2, y2):
    delta_x, delta_y = x2 - x1, y2 - y1     ----- 두 쌍의 구형 좌표 사이의 각도 차를 계산합니다.
    haversin = sin(delta_x / 2) ** 2 + np.product([cos(x1), cos(x2),
                                                   sin(delta_y / 2)**2])
    return 2 * asin(haversin**0.5)
```

잘 알려진 일련의 삼각법 연산을 실행하여 단위구상에서 대원 거리를 계산합니다. np.product 함수는 삼각법 값을 세 개 곱합니다.

파이썬의 삼각 함수들은 입력 각도를 라디안(radian) 단위로 가정합니다. 여기에서 0도는 0 라디안, 180도는 π 라디안입니다. x축과 y축을 기준으로 180도 떨어진 두 점 사이의 대원 거리를 계산해 보겠습니다.

> **노트** 라디안은 각도를 기준으로 단위원 호(circle arc)의 길이를 측정합니다. 최대 호 길이는 단위 원주의 둘레인 2π와 같습니다. 원의 둘레를 가로지르려면 360도가 필요합니다. 따라서 2π 라디안은 360도와 같고, 1도는 π / 180 라디안과 같습니다.

코드 11-2 대원 거리 계산하기

```
from math import pi
distance = great_circle_distance(0, 0, 0, pi)
print(f"거리는 {distance}단위와 같습니다")
```

▶ 실행결과

거리는 3.141592653589793단위와 같습니다

180도 떨어진 두 점 사이의 거리는 정확히 π 단위이며, 이는 단위원을 한 바퀴 도는 데 필요한 거리의 절반과 같습니다. 이 값은 두 구형 좌표 사이에 이동할 수 있는 최장 거리입니다. 행성의 북극과 남극 사이를 이동하는 것과 비슷하죠. 지구의 북극과 남극의 위도와 경도를 분석하여 확인해 보겠습니다. 지구상의 위도와 경도는 도(degree) 단위로 측정된 구형 좌표입니다. 북극과 남극에 대해 이미 알려진 좌표를 정의하는 것부터 시작해 보죠.

코드 11-3 지구의 두 극에 대한 좌표 정의하기

```
latitude_north, longitude_north = (90.0, 0)      ----- 북극과 남극은 공식적으로 경도가 없습니다. 하지만 각 극점의
latitude_south, longitude_south = (-90.0, 0)            경도를 0으로 지정하는 것은 수학적으로는 옳습니다.
```

위도와 경도는 라디안 대신 도 단위로 구형 좌표를 측정합니다. 따라서 np.radians 함수를 사용하여 도 단위를 라디안으로 변환해야 합니다. np.radians 함수는 도 단위로 기록된 값들의 리스트를 입력받아 이를 라디안 리스트로 반환합니다. 그러면 반환된 라디안 리스트는 이후 great_circle_distance 함수로 입력될 수 있습니다.

코드 11-4 두 극 사이의 대원 거리 계산하기

```
to_radians = np.radians([latitude_north, longitude_north,
                         latitude_south, longitude_south])
distance = great_circle_distance(*to_radians.tolist())    ····· func(*[arg1, arg2])를 실행하는 것은 func(arg1, arg2)를
print(f"두 극 사이의 단위원 거리는 {distance}단위와 같습니다")   실행하는 것과 동일합니다.
```

▶ 실행결과

두 극 사이의 단위원 거리는 3.141592653589793단위와 같습니다

예상대로 단위구의 두 극 사이 거리는 π입니다. 그러면 이번에는 지구상의 두 극 사이 거리를 측정해 보겠습니다. 지구는 단위구가 아니며, 그 반지름은 3,956마일(또는 6,371km)에 이릅니다. 따라서 지구상에서 측정값을 얻으려면 거리에 3,956을 곱해야 합니다.

코드 11-5 지구상 두 극 사이의 이동 거리 계산하기

```
earth_distance = 3956 * distance
print(f"두 극 사이의 거리는 {earth_distance}마일입니다")
```

▶ 실행결과

두 극 사이의 거리는 12428.14053760122마일입니다

두 극 사이의 거리는 약 1만 2,400마일입니다. 위도와 경도를 라디안으로 변환하고 단위구 거리를 계산한 뒤 해당 값에 지구 반지름을 곱해서 계산된 결과입니다. 이번에는 지구상 두 지점 사이의 이동 거리를 계산하는 travel_distance 함수를 만들어 보겠습니다.

코드 11-6 이동 거리 함수 정의하기

```
def travel_distance(lat1, lon1, lat2, lon2):
    to_radians = np.radians([lat1, lon1, lat2, lon2])
    return 3956 * great_circle_distance(*to_radians.tolist())

assert travel_distance(90, 0, -90, 0) == earth_distance
```

travel_distance 함수는 두 위치 간 거리를 측정하는 비유클리드(non-Euclidean) 지표입니다. 앞 장에서 설명한 것처럼, 이 지표를 DBSCAN 알고리즘에 전달하면 travel_distance를 사용하여 공간 분포를 기반으로 위치를 그룹화할 수 있습니다. 그다음 지도에 위치를 출력하면 그룹화 결과를 시각적으로 검증할 수 있습니다. 지도에 위치를 출력하는 방법은 카토피(cartopy)라는 시각화 라이브러리를 사용하는 것입니다.

11.2 카토피로 지도 시각화하기

지리 데이터의 시각화는 데이터 과학자들이 하는 일반적인 작업입니다. 이 작업을 위한 한 가지 도구는 파이썬에서 지도를 그리는 맷플롯립의 호환 도구인 카토피가 사용됩니다. 다만 카토피를 설치하는 것이 약간 까다롭습니다. 이 책의 거의 모든 라이브러리는 `pip install` 명령어 한 줄로 설치할 수 있습니다. `pip install` 명령어는 파이썬 패키지 관리 시스템인 pip를 호출하고, pip는 파이썬의 라이브러리를 호스팅한 외부 서버에 연결됩니다. 그다음 pip는 지정된 라이브러리와 함께 해당 라이브러리의 모든 종속성을 설치합니다.

> 노트 예를 들어 넘파이는 맷플롯립의 종속성입니다. 즉, 넘파이를 아직 설치하지 않았을 때는 `pip install matplotlib` 명령어를 입력하여 넘파이까지 자동으로 설치할 수 있습니다.

pip는 모든 종속성이 파이썬으로 개발되었을 때 잘 작동합니다. 하지만 카토피는 C++로 개발된 종속성을 가집니다. 카토피의 시각화는 지오스(GEOS)라는 지리 공간 엔진(geo-spatial engine)에 의존합니다. 지오스는 pip로 설치할 수 없기 때문에 카토피 또한 pip로 설치할 수 없습니다. 이 문제는 두 방식으로 해결할 수 있습니다.

- 지오스 및 카토피 수동 설치하기
- 패키지 관리자인 콘다(conda)로 카토피 라이브러리 설치하기

각 접근법의 장단점을 간단히 살펴보겠습니다.

> 노트 파이썬 종속성에 대한 자세한 내용은 매닝 출판사의 '파이썬 종속성 관리' 관련 비디오 콘텐츠[1]를 참고하세요.

11.2.1 지오스 및 카토피 수동 설치하기

지오스를 설치하는 방법은 운영 체제에 따라 다릅니다. macOS에서는 명령줄에서 `brew install proj geos` 명령어를 호출해서 설치할 수 있으며, 리눅스에서는 `apt-get`을 사용해서 설치할 수 있습니다. 또 윈도우에서는 https://trac.osgeo.org/geos에서 라이브러리를 내려받아 설치할 수 있습니다. 일단 지오스가 성공적으로 설치되고 나면 다음에 나열된 pip 명령어를 순차적으로 실행하여 카토피 및 해당 종속성을 설치할 수 있습니다.

1. `pip install --upgrade cython numpy pyshp six`

    도형 렌더링 라이브러리인 shapely를 제외한 모든 종속성을 설치합니다.

2. `pip install shapely --no-binary shapely`

    shapely 라이브러리는 컴파일해서 설치해야만 지오스와 연결될 수 있습니다. no-binary 옵션은 지정된 라이브러리를 컴파일하도록 지시합니다.

---

[1] http://www.manning.com/livevideo/talk-python-managing-python-dependencies

3. `pip install cartopy`

   종속성들이 준비되었으므로 pip를 사용하여 카토피를 설치합니다.

수동 설치는 번거로운 작업입니다. 이 작업에 대한 대안은 패키지 관리자인 콘다를 활용하는 것입니다.

11.2.2 콘다 패키지 관리자 활용

콘다는 pip처럼 외부 라이브러리를 내려받고 설치하는 패키지 관리자입니다. 콘다의 장점은 파이썬으로 개발되지 않은 종속성을 쉽게 처리할 수 있다는 것입니다. 다만 pip와는 다르게 파이썬과 함께 사전에 설치되지 않기 때문에 공식 사이트[2]를 이용하여 내려받기 및 설치를 해야 합니다. 그다음 `conda install -c conda-forge cartopy` 명령어를 실행하면 카토피 라이브러리를 쉽게 설치할 수 있습니다.

한편 콘다를 사용하는 데는 몇 가지 트레이드 오프가 있습니다. 먼저 콘다는 가상 환경이라는 격리된 환경에 파이썬 라이브러리를 설치합니다. 가상 환경은 사용자 컴퓨터에 이미 설치된 파이썬과는 분리된 자체적인 파이썬을 가집니다. 따라서 카토피 라이브러리는 가상 환경에 설치되며, 기본 환경에는 설치되지 않습니다. 이 같은 환경의 격리 및 분리는 주피터 노트북을 사용할 때 혼란을 야기할 수 있습니다. 기본적으로 주피터(Jupyter)는 기본 환경을 가리키기 때문이죠. 특정 콘다 환경을 주피터에 추가하려면 다음 두 명령어를 실행해야 합니다.

1. `conda install -c anaconda ipykernel`
2. `python -m ipykernel install --user --name=base`

이렇게 하면 주피터 노트북이 콘다가 만든 base라는 환경과 상호 작용할 수 있습니다.

이제 드롭다운 메뉴에서 base 환경을 선택하여 신규 주피터 노트북을 생성할 수 있습니다(그림 11-3). 그러면 해당 노트북에서 카토피 라이브러리를 불러올 수 있습니다.

▼ 그림 11-3 신규 노트북을 만들 때 환경 선택 화면
콘다의 base 환경은 드롭다운 메뉴에서 선택할 수 있습니다. base를 선택하면 설치된 카토피 라이브러리를 불러올 수 있습니다

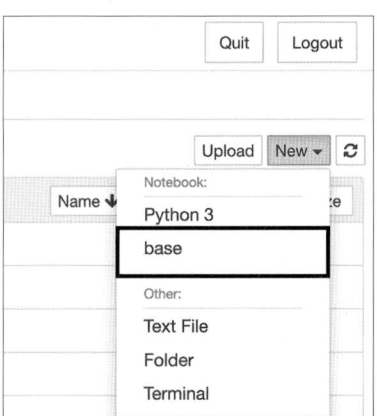

---

2 https://docs.conda.io/en/latest/miniconda.html

> **노트** 콘다의 기본 가상 환경의 이름은 base입니다. 그러나 여러 환경을 생성하고 추적할 수도 있습니다. 명령줄에서 `conda create -n new_env` 명령어를 실행하면 new_env라는 신규 가상 환경을 생성할 수 있습니다. 그다음 `conda activate new_env` 명령어를 실행하여 해당 콘다 환경으로 전환할 수 있습니다. 마찬가지로 `conda activate base` 명령어를 실행하면 카토피가 설치된 base 환경으로 전환할 수 있습니다. 또 `conda deactivate` 명령어는 사용자 컴퓨터에 설치된 기본 파이썬 환경으로 되돌아갈 수 있습니다. 한편 `conda info` 명령어를 사용하여 현재 활성화된 콘다 환경의 이름을 확인할 수 있습니다.

주피터 노트북에서 import cartopy를 실행하여 설치가 제대로 되었는지 확인해 보죠.

코드 11-7 카토피 라이브러리 불러오기

```python
import cartopy
```

카토피를 설치하는 과정은 혼란스러울 수 있지만, 파이썬에서 가장 널리 사용되는 최고의 지도 시각화 도구이기 때문에 그만한 가치가 있습니다. 그러면 지도를 그려 보죠.

11.2.3 지도 시각화

지리적 지도는 지구본의 3D 표면을 2D로 표현한 것입니다. 투영(projection)이라는 절차를 거쳐 구형 지구본을 평평하게 만들 수 있는데, 다양한 유형의 투영이 존재합니다. 그중 가장 간단한 방법은 지구본을 펼친 원통 위에 겹쳐서 (x, y) 좌표가 경도 및 위도와 완벽히 일치하는 2D 지도를 만드는 것입니다.

> **노트** 다른 대부분의 투영법에서는 2D 격자 좌표가 구형 좌표와 같지 않습니다. 따라서 좌표계의 변환이 필요합니다. 이 문제는 이 장 뒷부분에서 다룹니다.

이 기법을 등거리 원통형 투영법(equidistant cylindrical projection) 또는 플레이트 카레 투영법(plate carrée projection)이라고 합니다. 이 표준 투영법은 cartopy.crs에서 `PlateCarree` 클래스를 불러오면 사용할 수 있습니다.

> **노트** cartopy.crs 모듈에는 그 밖에 다른 유형의 여러 투영법이 포함되어 있습니다. 가령 은하계 외곽의 관점에서 지구를 표현하는 '직교 투영법(orthographic projection)'은 `Orthographic` 클래스를 불러오면 사용할 수 있습니다.

코드 11-8 플레이트 카레 투영 가져오기

```python
from cartopy.crs import PlateCarree
```

PlateCarree 클래스를 맷플롯립과 함께 사용하면 지구를 시각화할 수 있습니다. 예를 들어 `plt.axes(projection=PlateCarree()).coastlines()`는 지구의 일곱 대륙 윤곽을 그립니다. 좀 더 구체적으로는 `plt.axes(projection=PlateCarree())`는 지도를 시각화하려고 사용자가 정의한 맷플롯립의 축을 초기화하고, 그 후에 coastlines 메서드가 대륙의 해안선 경계를 그립니다(그림 11-4).

코드 11-9 카토피로 지구 시각화하기

```
plt.axes(projection=PlateCarree()).coastlines()
plt.show()
```

▼ 그림 11-4 대륙의 해안선이 그려진 지구의 표준 지도

그려진 지도 크기가 약간 작은데, 맷플롯립의 plt.figure 함수를 사용하면 그 크기를 키울 수 있습니다. plt.figure(figsize=(너비, 높이))와 같은 방식으로, 인치 단위로 지정된 너비와 높이에 알맞은 크기의 그림이 그려집니다. 그림 11-5는 세계 지도를 그리기 전 그림 크기를 12×8인치로 키웁니다.

> **노트** 책에 수록된 그림은 지면의 제약 때문에 실제 크기인 12×8인치와는 다릅니다.

코드 11-10 지구의 더 큰 지도 시각화하기

```
plt.figure(figsize=(12, 8))   ----- 너비 12인치, 높이 8인치인 더 큰 그림을 그립니다.
plt.axes(projection=PlateCarree()).coastlines()
plt.show()
```

▼ 그림 11-5 대륙의 해안선이 그려진 지구 표준 지도
맷플롯립의 plt.figure 함수로 그림 크기를 조절했습니다

이렇게 그린 지도는 빈약해 보입니다. plt.axes(projection=PlateCarree()).stock_img()를 호출하면 지형 정보를 이용하여 색을 지정함으로써 지도 품질을 개선할 수 있습니다. 바다는 파란색, 숲이 우거진 지역은 녹색으로 표시됩니다(그림 11-6).

코드 11-11 지구 지도 색칠하기

```
fig = plt.figure(figsize=(12, 8))
plt.axes(projection=PlateCarree()).stock_img()
plt.show()
```

▼ 그림 11-6 바다 및 지형 세부 정보를 표시하려고 색상이 지정된 지구 표준 지도

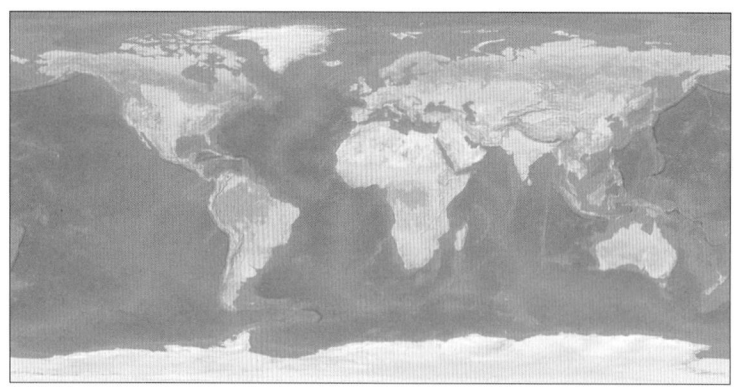

색상이 지정된 지도에는 해안 경계를 구분하는 경계선이 없습니다. 이 경계를 추가할 수 있다면 지도 품질을 향상시킬 수 있겠죠. 다만 코드 한 줄로 색상 및 경계를 모두 표현할 수는 없습니다. 그 대신 다음 세 줄을 순차적으로 실행해야 합니다(그림 11-7).

1. `ax = plt.axes(projection=PlateCarree())`

   지도를 시각화하려고 사용자가 지정한 맷플롯립의 축을 초기화합니다. 관례에 따라 초기화된 축을 ax라는 이름의 변수에 담습니다.

2. `ax.coastlines()`

   지도에 해안선을 추가합니다.

3. `ax.stock_img()`

   지도에 지형 색상을 추가합니다.

선명하고 다채로운 맵을 생성할 수 있습니다.

▼ 그림 11-7 바다 및 지형 세부 사항을 표시하기 위해 색상이 지정된 지구 표준 지도
해안선을 함께 그려 대륙의 경계를 선명하게 확인할 수 있습니다

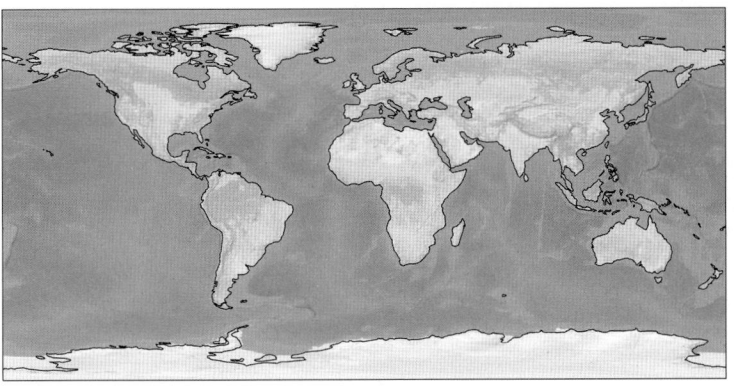

코드 11-12 지도 색상과 함께 해안선 그리기

```
plt.figure(figsize=(12, 8))
ax = plt.axes(projection=PlateCarree())
ax.coastlines()
ax.stock_img()
plt.show()
```

ax.stock_img() 메서드는 미리 제공된 지구 이미지를 통해 지도 색상을 지정합니다. 지도를 확대하면 해당 이미지는 정상적으로 그려지지 않습니다(이 문제는 잠시 후 해결합니다). 또 cartopy.feature 모듈에 정의된 특수 상수 값을 ax.add_feature 메서드에 사용하는 방식으로도 바다와 대륙에 색을 입힐 수 있습니다. 예를 들어 ax.add_feature(cartopy.feature.OCEAN) 메서드의 호출은 모든 바다를 파란색으로, ax.add_feature(cartopy.feature.LAND) 메서드의 호출은 모든 육지를 베이지색으로 표시합니다. 이 기능을 활용하여 지도에 색상을 지정해 보죠(그림 11-8).

코드 11-13 기능 모듈로 색상 추가하기

```
plt.figure(figsize=(12, 8))
ax = plt.axes(projection=PlateCarree())
ax.coastlines()   ----- 이미지에 윤곽을 추가하려고 해안선을 그립니다.
ax.add_feature(cartopy.feature.OCEAN)
ax.add_feature(cartopy.feature.LAND)
plt.show()
```

현재 지도에는 국경이 누락되어 있습니다. 카토피는 국경에 대한 상수 값을 feature 모듈에 정의하고 있습니다. 즉, ax.add_feature(cartopy.feature.BORDERS)를 호출하면 국경을 지도에 표현할 수 있습니다(그림 11-9).

▼ 그림 11-8 feature 모듈을 이용하여 색을 입힌 지구 표준 지도

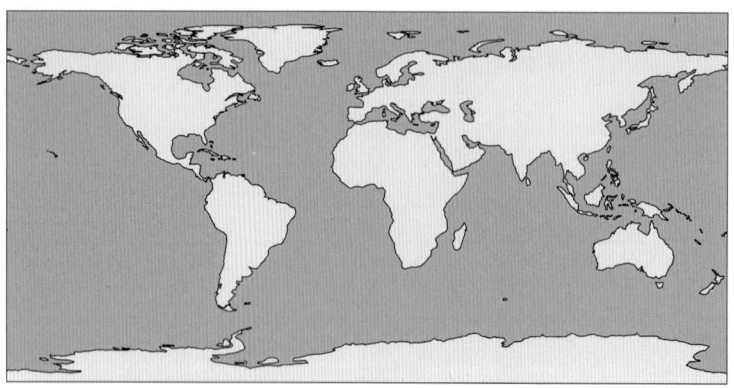

코드 11-14 그림에 국가 경계 추가하기

```
plt.figure(figsize=(12, 8))
ax = plt.axes(projection=PlateCarree())
ax.coastlines()
ax.add_feature(cartopy.feature.BORDERS)
ax.add_feature(cartopy.feature.OCEAN)
ax.add_feature(cartopy.feature.LAND)
plt.show()
```

▼ 그림 11-9 국경을 포함한 지구 표준 지도

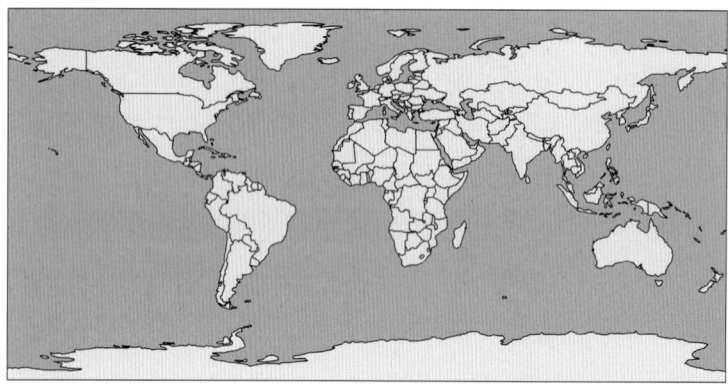

위도, 경도의 쌍으로 정의된 위치 리스트가 주어졌다고 가정해 보죠. 그러면 ax.scatter(경도, 위도) 메서드를 사용하여 해당 위치들을 산점도로 지도에 그릴 수 있습니다. 하지만 흩어진 점들을 확대하는 것이 맷플롯립의 기본 작동법이므로 매핑된 이미지 중 일부가 표시되지 않을 수 있습니다. 여기에서 ax.set_global() 메서드는 그려진 이미지를 지구의 네 가장자리 모두로 확장하여 이를 방지합니다. 다음 코드는 일부 위치와 점들을 지도에 그리는 방법을 보여 줍니다. 시각적 단순화를 위해 해안선만으로 지도를 그렸습니다(그림 11-10).

▼ 그림 11-10 위도 및 경도 좌표가 표시된 지구 표준 지도

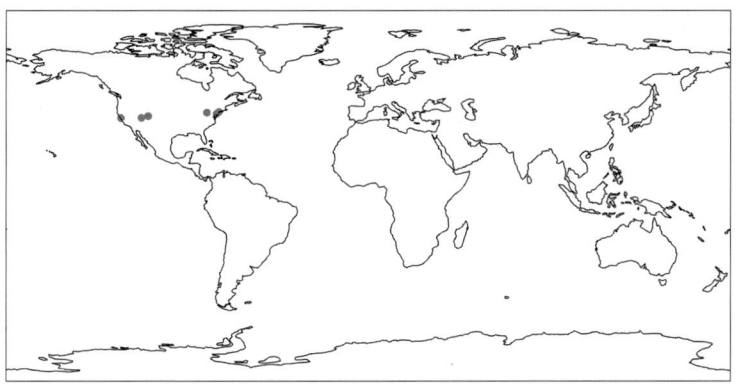

> **노트** 앞서 언급한 것처럼, 플레이트 카레 투영은 경도와 위도를 직접 그릴 수 있는 2D 격자를 생성합니다. 하지만 다른 투영법은 그렇지 않습니다. 산점도가 생성되기 전 경도 및 위도를 변환해야 합니다. 이 변환을 올바르게 처리하는 방법은 잠시 후 다룹니다.

코드 11-15 지도에 좌표 그리기

```
plt.figure(figsize=(12, 8))
coordinates = [(39.9526, -75.1652), (37.7749, -122.4194),
               (40.4406, -79.9959), (38.6807, -108.9769),
               (37.8716, -112.2727), (40.7831, -73.9712)]
latitudes, longitudes = np.array(coordinates).T
ax = plt.axes(projection=PlateCarree())
ax.scatter(longitudes, latitudes)
ax.set_global()
ax.coastlines()
plt.show()
```

그려진 점들이 모두 북미 대륙의 국경 내에 위치하는 것을 알 수 있습니다. 따라서 해당 대륙을 확대하여 지도를 단순화할 수 있습니다. 그 전에 지도에 표시되는 지리적 영역의 범위를 조정해야 합니다. 해당 범위는 모서리가 표시되는 위도 및 경도의 최소와 최대 좌표에 대한 직사각형이 결정합니다. 카토피는 이 모서리를 네 요소를 가진 튜플(min_lon, max_lon, min_lat, max_lat)로 정의합니다. 따라서 해당 튜플의 규격에 맞도록 값을 채워 ax.set_extent 메서드에 입력하면 지도의 영역을 조정할 수 있습니다.

북미 영역에 대한 값 네 개를 north_america_extent 변수에 저장합니다. 그다음 ax.set_extent 메서드에 해당 변수를 입력하여 북미 지역으로 지도 영역을 고정합니다. 이번에는 ax.scatter 메서드에 color='r' 파라미터를 입력하여 색상을 주어 산점도를 그리고, feature 모듈을 이용하여 국경을 그리면서 동시에 지도에 색상을 지정합니다(그림 11-11).

▼ 그림 11-11 위도 및 경도의 좌표가 표시된 북미 지도

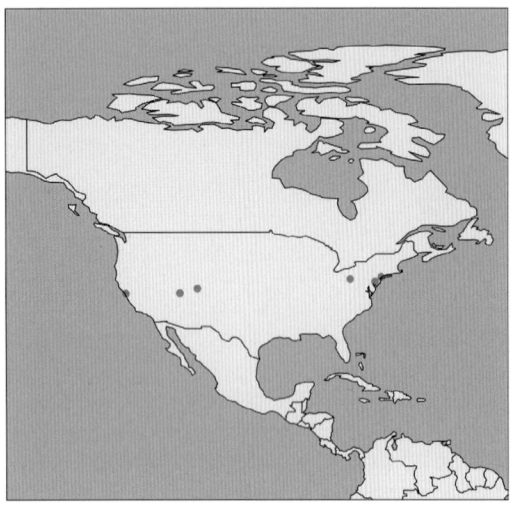

코드 11-16 북미 좌표 그리기

```
plt.figure(figsize=(12, 8))
ax = plt.axes(projection=PlateCarree())
north_america_extent = (-145, -50, 0, 90)  ····· 북미 영역은 경도 -145~-50 사이,
ax.set_extent(north_america_extent)              위도 0~90도 사이에 있습니다.
ax.scatter(longitudes, latitudes, color='r')

def add_map_features():  ····· 이 함수는 지도에 공통 특징을 추가합니다
    ax.coastlines()            (이 장의 다른 부분에서 재사용됩니다).
    ax.add_feature(cartopy.feature.BORDERS)
    ax.add_feature(cartopy.feature.OCEAN)
    ax.add_feature(cartopy.feature.LAND)

add_map_features()
plt.show()
```

성공적으로 북미 영역으로 지도를 확대했습니다. 이제 미국으로 국한해서 지도를 더 확대해 보죠. 아쉽게도 플레이트 카레 투영법은 이 목적에는 부적합합니다. 특정 국가를 대상으로 지도를 크게 확대하면 왜곡이 발생하기 때문입니다.

그 대신 **람베르트 정각원추도법**(Lambert conformal conic projection)을 사용할 수 있습니다. 이 투영법은 구형 지구 위에 원뿔을 배치하는데, 이때 원뿔의 원형 밑면은 지도를 그리고자 하는 영역을 덮습니다. 그다음 해당 영역의 좌표가 원뿔 표면에 투영되며, 마지막으로 원뿔을 펼쳐 2D 지도를 만드는 방식으로 작동합니다. 그러나 이 지도의 2D 좌표는 경도 및 위도와는 동일하지 않습니다.

카토피는 csr 모듈을 이용하여 LambertConformal 클래스를 제공합니다. plt.axes(projection=Lambert Conformal()) 메서드는 람베르트 정각 좌표계에 해당하는 축을 반환하는데, 이후 ax.set_extent 메서드에 미국 영역을 입력하면 지도가 미국으로 확대·축소됩니다. 다음 코드는 us_extent 변수에 미국 영역을 정의한 뒤 해당 메서드에 입력하는 방법을 보여 줍니다. 또 지리적 데이터를 지도에 표시하려면 먼저 경도와 위도를 람베르트 정각 좌표계에 호환되도록 변환해야 합니다. 즉, 플레이트 카레와 호환되는 좌표를 람베르트 정각 좌표계로 변환해야 하는 것이죠. 이 작업은 ax.scatter() 메서드를 호출할 때 transform=PlateCarree() 파라미터를 지정하면 가능합니다. 이 과정을 거쳐 지도상 미국 영역에 점을 시각화하면 그림 11-12와 같은 결과를 얻을 수 있습니다.

> **노트** 이 코드를 처음 실행하면 카토피가 람베르트 정각원추도법을 내려받아 설치합니다. 따라서 코드를 처음 실행할 때는 인터넷에 연결되어 있어야 합니다.

코드 11-17 미국 좌표 그리기

```
from cartopy.crs import LambertConformal    ----- 람베르트 정각원추도법을 위한 클래스를 불러옵니다.
plt.figure(figsize=(12, 8))
ax = plt.axes(projection=LambertConformal())   ----- ax 축은 람베르트 정각 좌표계를 표현합니다.
us_extent = (-120, -75, 20, 50)    ----- 미국 영역은 경도 -120~-75 사이, 위도 20~50 사이에 있습니다.
ax.set_extent(us_extent)
ax.scatter(longitudes, latitudes, color='r',
           transform=PlateCarree(),    ----- 플레이트 카레에 호환되는 좌표(경도, 위도)를 람베르트
                                             정각 좌표계에 호환되도록 변환합니다.
           s=100)
add_map_features()     s 파라미터는 지도에 그려질 마커 크기를 지정합니다.
plt.show()             잘 보이도록 만들려고 크기를 키웁니다.
```

▼ 그림 11-12 람베르트 정각원추도법으로 바라본 위도 및 경도 좌표를 표시한 미국 영역

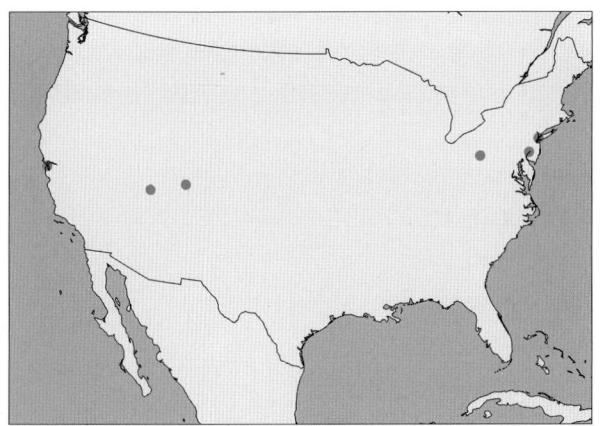

미국 지도가 약간 휑해 보입니다. ax.add_feature(cartopy.feature.STATES) 함수를 호출하면 미국의 주(州) 테두리를 추가할 수 있습니다(그림 11-13).

▼ 그림 11-13 람베르트 정각원추도법으로 바라본 주 경계를 포함한 미국 영역

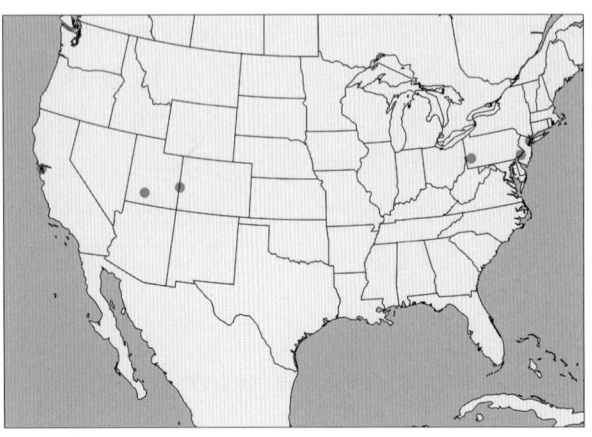

코드 11-18 주 경계를 포함한 미국 지도 그리기

```
fig = plt.figure(figsize=(12, 8))
ax = plt.axes(projection=LambertConformal())
ax.set_extent(us_extent)

ax.scatter(longitudes, latitudes, color='r',
           transform=PlateCarree(),
           s=100)

ax.add_feature(cartopy.feature.STATES)
add_map_features()
plt.show()
```

> **노트** 카토피가 제공하는 공통 메서드
> - `ax = plt.axes(projection=PlateCarree())`: 플레이트 카레 투영으로 지도를 생성하는 맷플롯립의 축을 생성합니다.
> - `ax = plt.axes(projection=LambertConformal())`: 람베르트 정각원추도법으로 지도를 생성하는 맷플롯립의 축을 생성합니다.
> - `ax.coastlines()`: 대륙별 해안선을 표시합니다.
> - `ax.add_feature(cartopy.feature.BORDERS)`: 국경을 표시합니다.
> - `ax.add_feature(cartopy.feature.STATES)`: 미국 주 경계를 표시합니다.
> - `ax.stock_img()`: 지형 정보를 이용하여 그려진 지도에 색상을 지정합니다.
> - `ax.add_feature(cartopy.feature.OCEAN)`: 모든 바다를 파란색으로 칠합니다.
> - `ax.add_feature(cartopy.feature.LAND)`: 모든 육지를 베이지색으로 칠합니다.
> - `ax.set_global()`: 그려진 이미지를 지구본의 네 가장자리 모두로 확장합니다.
> - `ax.set_extent(min_lon, max_lon, min_lat, max_lat)`: 위도 및 경도의 최솟값과 최댓값으로 지도에 표시되는 지리적 영역의 범위를 조정합니다.
> - `ax.scatter(longitudes, latitudes)`: 위도 및 경도의 좌표를 표시합니다.
> - `ax.scatter(longitudes, latitudes, transform=PlateCarree())`: 플레이트 카레에 호환되는 위도 및 경도 좌표 데이터를 다른 좌표계(㉑ 람베르트 정각 좌표계)로 변환합니다.

카토피를 사용하면 지도상 모든 위치를 그릴 수 있습니다. 원하는 위치의 위도 및 경도만 알면 되죠. 물론 지도에 그리기 전 좌표를 알아야 하기 때문에 위치 이름과 지리적 속성을 매핑해 둘 필요가 있습니다. 이 같은 매핑은 GeoNamesCache라는 위치 추적용 라이브러리를 제공합니다.

11.3 GeoNamesCache를 사용한 위치 추적

GeoNames 데이터베이스[3]는 지리 데이터를 얻을 수 있는 훌륭한 자원입니다. 전 세계 모든 국가에 걸친 1,100만 개 이상의 지명에 대한 지리 데이터가 담겨 있죠. 또 지명에 위도 및 경도 같은 중요한 정보가 매핑되어 함께 저장되어 있습니다. 따라서 해당 데이터베이스를 이용하여 텍스트에서 발견한 도시와 국가의 정확한 지리적 위치를 시각적으로 확인할 수 있습니다.

GeoNames 데이터베이스에는 어떻게 접근할 수 있을까요? 한 가지 방법은 GeoNames 데이터베이스의 덤프[4]를 직접 내려받아 파싱한 뒤 출력되는 자료 구조를 저장하는 것입니다. 하지만 이 작업에는 많은 시간이 소요됩니다. 다행히 누군가 이미 GeoNamesCache라는 라이브러리를 만들어서 이 어려운 작업을 대신해 두었습니다.

GeoNamesCache 라이브러리는 대륙, 국가, 도시, 미국의 카운티 및 주에 대한 데이터를 효율적으로 검색할 수 있도록 설계되었습니다. get_continents, get_countries, get_cities, get_countries_by_name, get_cities_by_name, get_us_counties라는 메서드 여섯 종류를 제공하여 위치 데이터에 쉽게 접근할 수 있게 해 주죠. 그러면 라이브러리를 설치하고 사용하는 방법을 자세히 살펴보겠습니다. 먼저 GeonamesCache 객체를 초기화합니다.

> **노트** 명령줄에 pip install geonamescache 명령어를 입력하여 GeoNamesCache 라이브러리를 설치합니다.

코드 11-19 GeonamesCache 객체 초기화하기

```
from geonamescache import GeonamesCache
gc = GeonamesCache()
```

gc 객체를 사용하여 일곱 대륙을 탐색해 보죠. gc.get_continents() 메서드를 실행하면 대륙들 정보가 담긴 딕셔너리를 구할 수 있습니다. 딕셔너리의 키들을 출력하여 구조를 살펴보겠습니다.

---

3 http://geonames.org
4 http://download.geonames.org/export/dump

코드 11-20 GeoNamesCache에서 일곱 대륙 가져오기

```
continents = gc.get_continents()
print(continents.keys())
```

▶ 실행결과

```
dict_keys(['AF', 'AS', 'EU', 'NA', 'OC', 'SA', 'AN'])
```

딕셔너리의 키는 아프리카를 'AF', 북미를 'NA'로 표현하고 있습니다. 그러면 북미 코드인 'NA'에 매핑된 값을 확인해 보겠습니다.

> **노트** continents는 중첩된 딕셔너리 구조입니다. 즉, 최상위 키 일곱 개는 또 다른 안쪽 딕셔너리에 매핑되어 있습니다. 다음 코드는 continents['NA']에 담긴 딕셔너리의 키를 출력합니다.

코드 11-21 GeoNamesCache에서 북미 가져오기

```
north_america = continents['NA']
print(north_america.keys())
```

▶ 실행결과

```
dict_keys(['lng', 'geonameId', 'timezone', 'bbox', 'toponymName',
'asciiName', 'astergdem', 'fcl', 'population', 'wikipediaURL',
'adminName5', 'srtm3', 'adminName4', 'adminName3', 'alternateNames',
'cc2', 'adminName2', 'name', 'fclName', 'fcodeName', 'adminName1',
'lat', 'fcode', 'continentCode'])
```

north_america 딕셔너리의 여러 요소가 북미의 다양한 명명 체계를 나타내고 있는 것을 알 수 있습니다. 다만 이 정보는 그다지 유용하지 않습니다.

코드 11-22 북미의 명명 체계 인쇄하기

```
for name_key in ['name', 'asciiName', 'toponymName']:
    print(north_america[name_key])
```

▶ 실행결과

```
North America
North America
North America
```

하지만 일부 요소는 유의미한 정보를 담고 있습니다. 가령 'lat'과 'lng' 키는 북미의 가장 중심 위치에 대한 위도와 경도 정보를 매핑합니다. 이 위치를 지도에 시각화해 보죠(그림 11-14).

코드 11-23 북미 중심 좌표 매핑하기

```
latitude = float(north_america['lat'])    ····· lat 및 lng 키는 북미의 중심에 대한
longitude = float(north_america['lng'])         위도와 경도를 매핑합니다.
```

```
plt.figure(figsize=(12, 8))
ax = plt.axes(projection=PlateCarree())
ax.set_extent(north_america_extent)
ax.scatter([longitude], [latitude], s=200)
add_map_features()
plt.show()
```

▼ 그림 11-14 북미 지도에 표시된 북미 중앙의 위도 및 경도

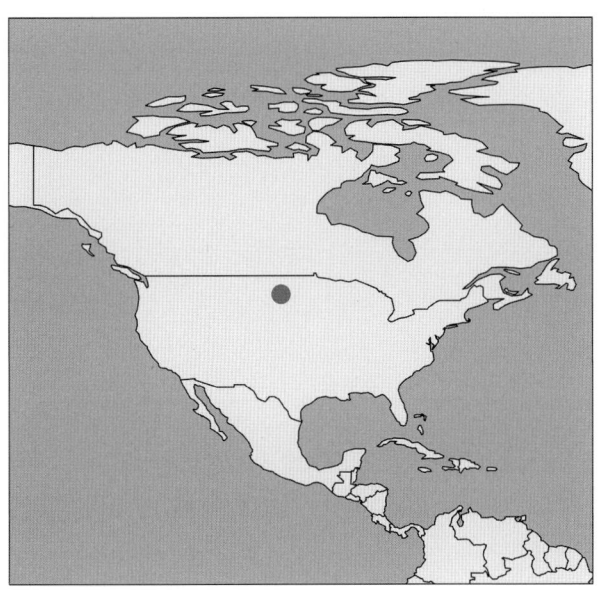

11.3.1 국가 정보 접근

대륙별 데이터에 접근하는 것은 유용하지만, 우리 주된 관심사는 도시 및 국가를 분석하는 것입니다. get_countries 메서드를 사용하면 국가를 분석할 수 있습니다. 이 메서드는 서로 다른 국가 252개에 대한 딕셔너리를 반환하는데, 각 국가는 문자 두 개로 표현되어 있습니다. 가령 캐나다와 미국에 대한 코드는 각각 `'CA'`와 `'US'`입니다. 즉, gc.get_countries()[`'US'`]에 접근하면 미국 데이터가 포함된 딕셔너리를 얻을 수 있습니다.

코드 11-24 GeoNamesCache에서 미국 데이터 가져오기

```
countries = gc.get_countries()
num_countries = len(countries)
print(f"GeonamesCache에는 {num_countries}개의 국가 정보가 담겨 있습니다")

us_data = countries['US']
print("다음 데이터는 미국에 관한 것입니다")
print(us_data)
```

▶ 실행결과

```
GeonamesCache에는 252개의 국가 정보가 담겨 있습니다
다음 데이터는 미국에 관한 것입니다
{'geonameid': 6252001,
 'name': 'United States',
 'iso': 'US',
 'iso3': 'USA',
 'isonumeric': 840,
 'fips': 'US',
 'continentcode': 'NA',     ····· 국가 코드
 'capital': 'Washington',    ····· 수도
 'areakm2': 9629091,        ····· 면적(제곱 킬로미터)
 'population': 327167434,   ····· 인구
 'tld': '.us',
 'currencycode': 'USD',
 'currencyname': 'Dollar',   ····· 통화
 'phone': '1',
 'postalcoderegex': '^\\d{5}(-\\d{4})?$',
 'languages': 'en-US,es-US,haw,fr',   ····· 언어
 'neighbours': 'CA,MX,CU'}   ····· 주변 국가
```

출력된 국가 데이터에는 해당 국가의 수도, 통화, 면적, 공용어, 인구 등 유용한 정보를 많이 포함합니다. 다만 아쉽게도 GeoNamesCache는 해당 국가의 지역과 관련된 중심 위도와 경도는 제공하지 않습니다. 하지만 도시 좌표를 사용하면 국가 중심지를 추정하는 것이 가능합니다.

또 각 국가의 'neighbors' 키에는 유용한 정보가 매핑되어 있습니다. 'neighbors' 키는 인접 국가 코드 리스트를 쉼표로 구분한 문자열 정보를 담고 있습니다. 문자열을 쉼표 단위로 쪼개어 각 국가 코드를 'countries' 딕셔너리에 활용하면 인접 국가들 정보를 자세하게 얻을 수 있습니다.

코드 11-25 주변 국가 정보 가져오기

```python
us_neighbors = us_data['neighbours']
for neighbor_code in us_neighbors.split(','):
    print(countries[neighbor_code]['name'])
```

▶ 실행결과

```
Canada
Mexico
Cuba
```

GeoNamesCache에 따르면 미국의 인접 국가로는 캐나다, 멕시코, 쿠바가 있는 것으로 보입니다. 쿠바가 인접 국가인지 여부는 여전히 의문이지만, 처음 두 국가는 모두 동의할 수 있습니다. 사실 쿠바는 미국과 직접적으로 이어져 있지 않습니다. 또 카리브해 섬나라가 정말 이웃 국가라면 왜 아이티는 이 리스트에 포함되지 않았을까요? 더 중요한 것은 애초에 쿠바가 어떻게 포함되었는가 하는 점입니다. GeoNames는 위키백과처럼 커뮤니티로 운영되는 공동 프로젝트입니다. 어느 날 한 편집자가 쿠바가 미국의 이웃 국가라고 결정하여 그 내

용을 반영할 수 있다는 것이죠. 즉, GeoNames가 표준 위치 정보 저장소가 아니라는 점을 기억해야 합니다. 그 대신 대량의 위치 데이터에 빠르게 접근할 수 있도록 도와주는 하나의 도구라고 생각하는 편이 타당합니다. 이 데이터 중 일부는 부정확할 수 있으므로 GeoNamesCache를 사용할 때는 주의가 필요합니다.

get_countries 메서드를 호출할 때는 국가를 식별하는 두 문자로 구성된 문자열이 필요합니다. 그러나 대부분의 국가 코드를 사전에 알 수는 없습니다. 다만 코드 대신 국가 이름을 요소로 가진 딕셔너리를 반환하는 get_countries_by_names 메서드를 사용하면 국가 이름을 사용하여 모든 국가를 조회할 수 있습니다.

코드 11-26 이름으로 국가 가져오기

```
result = gc.get_countries_by_names()['United States']
assert result == countries['US']
```

11.3.2 도시 정보 접근

이제 도시 분석으로 관심을 돌려 보겠습니다. get_cities 메서드는 고유 도시 식별자에 해당 도시의 지리적 정보를 매핑하는 딕셔너리를 반환합니다. 다음은 특정한 도시의 데이터를 출력하는 코드를 보여 줍니다.

코드 11-27 GeoNamesCache에서 도시 가져오기

```
cities = gc.get_cities()
num_cities = len(cities)
print(f"GeoNamesCache에는 {num_cities}개의 전체 도시 정보가 담겨 있습니다")
city_id = list(cities.keys())[0]
print(cities[city_id])
```

cities는 고유 도시 식별자인 city_id와 지리적 정보를 매핑하는 딕셔너리입니다.

```
{'geonameid': 3041563,      ····· 도시의 고유 식별자
 'name': 'Andorra la Vella',  ····· 도시 이름
 'latitude': 42.50779,       ····· 위도
 'longitude': 1.52109,       ····· 경도
 'countrycode': 'AD',        ····· 도시가 발견된 국가 코드
 'population': 20430,        ····· 인구
 'timezone': 'Europe/Andorra'}  ····· 시간대
```

각 도시 데이터는 도시 이름, 위도 및 경도, 인구, 해당 도시가 위치한 국가 코드를 포함합니다. 국가 코드를 활용하면 한 국가와 모든 영토 도시 간의 새로운 매핑을 만들 수 있습니다. GeoNamesCache에 저장된 모든 미국 도시를 분리해서 계산해 보겠습니다.

> **노트** 앞서 말한 것처럼 GeoNames는 완벽하지 않습니다. 특정 미국 도시가 데이터베이스에서 누락되었을 수 있습니다. 시간이 지남에 따라 이러한 도시가 추가될 것입니다. 따라서 관측된 도시 수는 라이브러리가 업데이트될 때마다 증가할 수 있습니다.

코드 11-28 GeoNamesCache에서 미국 도시 가져오기

```
us_cities = [city for city in cities.values()
             if city['countrycode'] == 'US']
num_us_cities = len(us_cities)
print(f"GeoNamesCache에는 미국의 {num_us_cities}개의 도시 정보가 담겨 있습니다")
```

▶ 실행결과

GeoNamesCache에는 미국의 3248개의 도시 정보가 담겨 있습니다

GeoNamesCache는 3,000개 이상의 미국 도시에 대한 정보를 포함하고 있습니다. 각 도시별 딕셔너리에는 위도와 경도도 포함되어 있습니다. 이들의 평균 위도와 경도를 구하면 미국의 중심 좌표를 근사할 수 있습니다.

하지만 근사치는 완벽하지 않다는 점에 유의하세요. 평균은 지구의 곡률을 고려하지 않으며, 도시 위치에 따른 가중치가 적절하게 부여되어 있지 않습니다. 미국의 여러 도시는 대서양 근처에 위치하기 때문에 근사치가 동쪽에 치우칠 수밖에 없습니다. 다음 코드는 이 같은 사실을 충분히 인식한 채 미국 중심에 대한 근사치를 지도에 표현합니다(그림 11-15).

코드 11-29 미국 중심 좌표 근사치

```
center_lat = np.mean([city['latitude'] for city in us_cities])
center_lon = np.mean([city['longitude'] for city in us_cities])

fig = plt.figure(figsize=(12, 8))
ax = plt.axes(projection=LambertConformal())
ax.set_extent(us_extent)
ax.scatter([center_lon], [center_lat], transform=PlateCarree(), s=200)
ax.add_feature(cartopy.feature.STATES)
add_map_features()
plt.show()
```

▼ **그림 11-15** 미국의 중심은 GeoNamesCache의 모든 미국 도시 좌표에 대한 평균을 구해 근사한 것입니다. 이 근사치는 동쪽으로 약간 치우쳐 있습니다

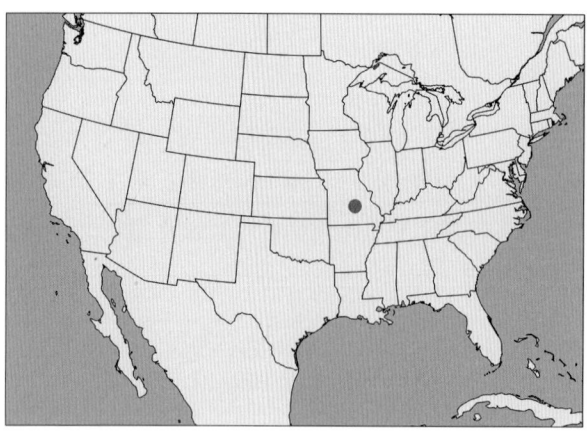

get_cities 메서드는 도시 정보에 접근하는 데는 적합하지만 이름으로 도시는 조회할 수 없습니다. 도시 이름으로 도시 정보에 접근하려면 get_cities_by_name 메서드를 사용해야 합니다. 이 메서드는 도시 이름을 입력받아 해당 이름의 모든 도시 데이터를 반환합니다.

코드 11-30 이름으로 도시 가져오기

```
matched_cities_by_name = gc.get_cities_by_name('Philadelphia')
print(matched_cities_by_name)
```

▶ 실행결과

```
[{'4560349': {'geonameid': 4560349, 'name': 'Philadelphia',
 'latitude': 39.95233, 'longitude': -75.16379, 'countrycode': 'US',
 'population': 1567442, 'timezone': 'America/New_York'}}]
```

도시 이름은 고유하지 않습니다. 따라서 get_cities_by_name 메서드는 두 개 이상의 도시를 반환할 수 있습니다. 예를 들어 GeoNamesCache는 국가 다섯 개에 위치한 샌프란시스코라는 도시 이름 여섯 개에 대한 인스턴스를 포함합니다. gc.get_cities_by_name('San Francisco') 메서드를 호출해 보면, 각각의 샌프란시스코 데이터를 얻을 수 있습니다. 이 데이터에 반복적으로 접근하여 각 샌프란시스코가 위치한 국가를 출력해 보죠.

코드 11-31 공유된 이름으로 여러 도시 가져오기

```
matched_cities_list = gc.get_cities_by_name('San Francisco')

for i, san_francisco in enumerate(matched_cities_list):
    city_info = list(san_francisco.values())[0]
    country_code = city_info['countrycode']
    country = countries[country_code]['name']
    print(f"{i}번 인덱스의 샌프란시스코는 {country}에 위치합니다")
```

▶ 실행결과

```
0번 인덱스의 샌프란시스코는 Argentina에 위치합니다
1번 인덱스의 샌프란시스코는 Costa Rica에 위치합니다
2번 인덱스의 샌프란시스코는 Philippines에 위치합니다
3번 인덱스의 샌프란시스코는 Philippines에 위치합니다
4번 인덱스의 샌프란시스코는 El Salvador에 위치합니다
5번 인덱스의 샌프란시스코는 United States에 위치합니다
```

일반적으로 여러 도시의 이름이 동일한 경우는 흔하며, 이 중 원하는 것을 콕 집어 선택하는 것은 어려울 수 있습니다. 가령 누군가 검색 엔진에 '아테네의 날씨'를 검색한다고 가정해 보죠. 그러면 검색 엔진은 오하이오주(ohio) 아테네와 그리스(greece) 아테네 중 하나를 선택해야 합니다. 두 위치를 정확하게 구분하려면 사용자가 '오하이오주 출신인가요? 그리스 여행을 계획하고 있나요?' 같은 추가적인 맥락 정보가 필요합니다. 이러한 맥락이 없다면 추측할 수밖에 없습니다. 추측에 가장 많이 사용되는 방법은 인구가 가장 많은 도시를 꼽는 것입니다. 통계적으로 인구가 많은 도시일수록 일상적인 대화에서 언급될 가능성이 높기 때문입니다. 인구가 가장 많

은 도시를 선택하는 것이 항상 효과가 있다고 보장할 수는 없지만, 완전히 임의로 선택하는 것보다는 낫습니다. 가장 인구가 많은 샌프란시스코 지역을 지도에 표시하면 어떤 결과가 나오는지 살펴보죠(그림 11-16).

코드 11-32 가장 인구가 많은 샌프란시스코 매핑하기

```
best_sf = max(gc.get_cities_by_name('San Francisco'),
              key=lambda x: list(x.values())[0]['population'])
sf_data = list(best_sf.values())[0]
sf_lat = sf_data['latitude']
sf_lon = sf_data['longitude']

plt.figure(figsize=(12, 8))
ax = plt.axes(projection=LambertConformal())
ax.set_extent(us_extent)
ax.scatter(sf_lon, sf_lat, transform=PlateCarree(), s=200)
add_map_features()
ax.text(sf_lon+1, sf_lat, '샌프란시스코', fontsize=16, transform=PlateCarree())
plt.show()
```

ax.text 메서드는 지정된 위도와 경도에 '샌프란시스코'라는 글씨를 쓸 수 있게 해 줍니다. 산점도가 표시한 점과 겹치지 않도록 경도를 약간 오른쪽으로 이동시켰습니다. 또 텍스트의 가독성을 높이려고 지도상 주 경계는 그리지 않았습니다.

▼ **그림 11-16** 예상대로 GeoNamesCache에 저장된 샌프란시스코 여섯 개 중 인구가 가장 많은 도시는 캘리포니아에 위치합니다

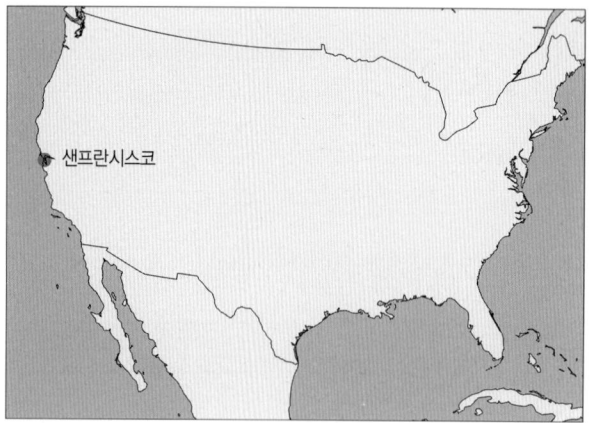

인구가 가장 많은 샌프란시스코를 선택하면 잘 알려지지 않은 지역 대신 잘 알려진 미국의 캘리포니아 도시가 반환됩니다.

> **노트** ▶ **GeoNamesCache의 공통 메서드**
> - `gc = GeonamesCache()`: GeonamesCache 객체를 초기화합니다.
> - `gc.get_continents()`: 대륙 식별자와 대륙 데이터가 매핑된 딕셔너리를 반환합니다.
> - `gc.get_countries()`: 국가 식별자와 국가 데이터가 매핑된 딕셔너리를 반환합니다.
> - `gc.get_countries_by_names()`: 국가 이름과 국가 데이터가 매핑된 딕셔너리를 반환합니다.
> - `gc.get_cities()`: 도시 식별자와 도시 데이터가 매핑된 딕셔너리를 반환합니다.
> - `gc.get_cities_by_name(city_name)`: city_name에 지정된 이름에 해당하는 도시 리스트를 반환합니다.

11.3.3 GeoNamesCache 라이브러리의 제약

GeoNamesCache는 유용하지만 몇 가지 중대한 결함이 있습니다. 먼저 도시 기록이 완전하지 않습니다. 일부 인구 밀도가 낮은 시골 지역(미국, 중국 등)은 데이터베이스에 누락되어 있습니다. 또 get_cities_by_name 메서드로는 이름이 두 개 이상인 동일 도시를 각각의 이름으로 조회할 수 없습니다.

코드 11-33 GeoNamesCache에서 뉴욕시 가져오기

```python
for my_name in ['New York', 'New York City']:
    if not gc.get_cities_by_name(my_name):
        print(f"'{my_name}'는 GeoNamesCache 데이터베이스에 없습니다")
    else:
        print(f"'{my_name}'는 GeoNamesCache 데이터베이스에 있습니다")
```

▶ 실행결과

```
'New York'는 GeoNamesCache 데이터베이스에 없습니다
'New York City'는 GeoNamesCache 데이터베이스에 있습니다
```

도시를 하나의 이름에만 매핑하는 것은 발음 구별 기호(diacritics)[5]가 도시 이름에 포함될 때 특히 문제가 됩니다.

코드 11-34 GeoNamesCache에서 발음 구별 기호를 가진 도시 가져오기

```python
print(gc.get_cities_by_name(u'Cañon City'))
print(gc.get_cities_by_name(u'Hagåtña'))
```

▶ 실행결과

```
[{'5416005': {'geonameid': 5416005, 'name': 'Cañon City',
'latitude': 38.44098, 'longitude': -105.24245, 'countrycode': 'US',
'population': 16400, 'timezone': 'America/Denver'}}]
[{'4044012': {'geonameid': 4044012, 'name': 'Hagåtña',
'latitude': 13.47567, 'longitude': 144.74886, 'countrycode': 'GU',
'population': 1051, 'timezone': 'Pacific/Guam'}}]
```

GeoNamesCache에 저장된 도시 중 이름에 발음 구별 기호가 포함된 도시는 몇 개나 있을까요? 유니데코드(Unidecode)라는 외부 라이브러리의 unidecode 함수를 사용하면 이를 파악할 수 있습니다. 이 함수는 입력 텍스트의 모든 악센트 기호를 제거합니다. 입력 텍스트와 출력 텍스트의 차이점을 확인하면 악센트 기호가 포함된 모든 도시 이름을 파악할 수 있죠.

> **노트** 터미널에서 pip install Unidecode 명령어를 실행하여 유니데코드 라이브러리를 설치합니다.

---

[5] 발음 구별 기호는 영어가 아닌 단어의 적절한 발음을 표시하는 데 쓰는 악센트 표시입니다. 가령 콜로라도주의 Cañon City, 괌의 Hagåtña처럼 흔히 사용됩니다.

코드 11-35 GeoNamesCache에서 발음 구별 기호를 가진 모든 도시 구하기

```
from unidecode import unidecode
accented_names = [city['name'] for city in gc.get_cities().values()
                  if city['name'] != unidecode(city['name'])]
num_accented_cities = len(accented_names)

print(f"발음 구별 기호를 가진 도시 이름의 한 가지 예시는 '{accented_names[0]}'입니다")
print(f"{num_accented_cities}개의 도시 이름에 발음 구별 기호가 있습니다")
```

▶ 실행결과

```
발음 구별 기호를 가진 도시 이름의 한 가지 예시는 'Khawr Fakkān'입니다
4896개의 도시 이름에 발음 구별 기호가 있습니다
```

도시 이름 약 5,000개에 발음 구별 기호가 포함된 것으로 조사되었습니다. 이 도시들은 보통 발음 구별 기호 없이 참조됩니다. 발음 구별 기호가 있고 없는 이 모든 도시의 이름을 일관성 있게 관리하는 한 가지 방법은 도시 이름을 기반으로 한 딕셔너리를 만드는 것입니다. 이 딕셔너리는 발음 구별 기호가 없는 유니코드 문자열을 원래 발음 구별 기호가 포함된 도시 이름으로 매핑하는 역할을 합니다.

코드 11-36 대체 도시 이름에서 발음 구별 기호 제거하기

```
alternative_names = {unidecode(name): name for name in accented_names}
print(gc.get_cities_by_name(alternative_names['Hagatna']))
```

▶ 실행결과

```
[{'4044012': {'geonameid': 4044012, 'name': 'Hagåtña',
'latitude': 13.47567, 'longitude': 144.74886, 'countrycode': 'GU',
'population': 1051, 'timezone': 'Pacific/Guam'}}]
```

이제 일치하는 키가 발견될 때마다 발음 구별 기호가 포함된 도시 이름을 GeoNamesCache의 get_cities_by_name 메서드에 입력하면 정확히 원하는 도시 정보를 조회할 수 있습니다.

코드 11-37 텍스트에서 발음 구별 기호가 없는 도시 이름 찾기

```
text = 'This sentence matches Hagatna'
for key, value in alternative_names.items():
    if key in text:
        print(gc.get_cities_by_name(value))
        break
```

▶ 실행결과

```
[{'4044012': {'geonameid': 4044012, 'name': 'Hagåtña',
'latitude': 13.47567, 'longitude': 144.74886, 'countrycode': 'GU',
'population': 1051, 'timezone': 'Pacific/Guam'}}]
```

GeoNamesCache는 지리적 좌표와 함께 위치를 쉽게 추적할 수 있게 해 줍니다. 또 입력된 텍스트 내에 언급된 지명을 검색할 수도 있습니다. 그러나 텍스트에서 이름을 찾는다는 것은 그리 간단하지 않습니다. 적절히 지명을 찾으려면 일반적인 장애물을 피하면서 동시에 적절한 파이썬의 텍스트 검색 기술을 터득해야 합니다.

> **노트** 마지막 절은 문자열을 찾는 기본기와 정규 표현식(regular expressions)에 익숙치 않은 사람을 위한 것입니다. 이미 이 기법들에 익숙하다면 건너뛰어도 좋습니다.

11.4 텍스트 내 지명 찾기

파이썬에는 한 문자열이 다른 문자열의 하위 문자열인지, 문자열 시작부에 특정 텍스트가 포함되어 있는지 쉽게 확인할 수 있는 방법이 있습니다.

코드 11-38 텍스트에서 발음 구별 기호가 없는 도시 이름 찾기

```
assert 'Boston' in 'Boston Marathon'
assert 'Boston Marathon'.startswith('Boston')
assert 'Boston Marathon'.endswith('Boston') == False
```

아쉽지만 파이썬의 기본 문자열 문법은 꽤 제한적입니다. 가령 대·소문자를 구분하지 않는 하위 문자열을 비교하는 메서드는 제공하지 않습니다. 게다가 파이썬의 문자열 메서드로는 문자열의 하위 문자와 문장의 하위 구문(phrase)을 구분할 수 없습니다. 즉, 문자열의 기본적인 일치성 검사 기능에 의존해서는 'in a'라는 구문이 문장에 존재하는지 여부를 확인할 수 없습니다. 그렇지 않으면 'sin apple' 또는 'win attached' 같은 문자열에 'in a'가 포함되어 있다는 것만으로 우리 의도를 잘못 반영할 수 있습니다.

코드 11-39 문자열의 기본적인 일치성 검사 오류

```
assert 'in a' in 'sin apple'
assert 'in a' in 'win attached'
```

이 한계를 극복하려면 파이썬에 내장된 정규 표현식을 처리하는 re 라이브러리를 사용해야 합니다. 정규 표현식(줄여서 정규식)은 특수 문자열로 패턴을 표현하여 주어진 텍스트에서 해당 패턴이 포함된 부분을 검색하는 데 씁니다. 정규식은 단순히 찾고자 하는 문자열을 그대로 표현하는 것부터 극소수의 사람만 해독 가능한 매우 복잡한 공식까지 다양하게 표현될 수 있습니다. 이 절에서는 간단한 정규식을 구성하고, 이것으로 원하는 문자열을 찾는 방법에 집중합니다.

파이썬에서 정규식을 활용한 문자열은 대부분 re.search 함수로 검색합니다. 이 함수는 정규식 패턴과 검색할 대상 텍스트를 입력받아 일치 항목이 발견되면 Match 객체를, 그렇지 않으면 None을 반환합니다. Match 객체는 start 및 end 메서드를 가지고 있는데, 이 두 메서드로 주어진 텍스트에서 발견된 문자열의 시작과 끝 인덱스를 구할 수 있습니다.

코드 11-40 정규식을 이용하여 문자열 검색하기

```python
import re
regex = 'Boston'
random_text = 'Clown Patty'
match = re.search(regex, random_text)
assert match is None

matchable_text = 'Boston Marathon'
match = re.search(regex, matchable_text)
assert match is not None
start, end = match.start(), match.end()
matched_string = matchable_text[start: end]
assert matched_string == 'Boston'
```

또 re.search 메서드를 사용하면 대·소문자를 구분하지 않는 문자열 검색을 매우 쉽게 할 수 있습니다. 단지 flags라는 파라미터에 re.IGNORECASE를 입력하기만 하면 되죠.

코드 11-41 정규식을 이용한 대·소문자를 구분하지 않는 검색

```python
for text in ['BOSTON', 'boston', 'BoSTOn']:
    assert re.search(regex, text, flags=re.IGNORECASE) is not None
```

re.search 메서드에 flags=re.I 파라미터를 입력해도 동일한 결과를 얻을 수 있습니다.

또 정규식을 사용하면 단어 경계 감지(word boundary detection)로 정확한 단어를 일치시킬 수 있습니다. 정규식 문자열에 \b 패턴을 두면 공백과 구두점으로 정의된 단어의 시작점과 끝점을 포착합니다. 그러나 백슬래시는 파이썬에서 특수 문자로 취급되기 때문에 백슬래시 앞에 또 다른 백슬래시를 추가하거나(다소 번거로운 접근법) 문자열 앞에 r을 두어 일반 문자로 해석될 수 있도록 조치합니다. 후자는 정규식을 표현하는 문자들이 모두 일반 문자로 해석되도록 강제합니다.

코드 11-42 정규식을 이용하여 단어 경계 매칭하기

```python
for regex in ['\\bin a\\b', r'\bin a\b']:
    for text in ['sin apple', 'win attached']:
        assert re.search(regex, text) is None

    text = 'Match in a string'
    assert re.search(regex, text) is not None
```

이제 좀 더 복잡한 문자열 검색을 해 보죠. f'I visited {city} yesterday.'라는 문장을 찾는 것이 목표인데, 여기에서 {city}에 대입될 수 있는 도시로는 Boston, Philadelphia, San Francisco가 있습니다. 올바른 정규식은 r'I visited \b(Boston|Philadelphia|San Francisco)\b yesterday.'가 됩니다.

> **노트** 파이프 | 는 '또는'에 대한 조건을 표현합니다. 정규식이 세 도시 중 하나에 일치하는지 검사하는 데 쓰였습니다. 또 소괄호는 일치하는 도시 범위를 제한하는 역할을 합니다. 소괄호가 없다면 일치하는 텍스트 범위가 'San Francisco'를 넘어 'San Francisco yesterday'까지 확장됩니다.

코드 11-43 정규식을 이용한 다중 도시 매칭하기

```
regex = r'I visited \b(Boston|Philadelphia|San Francisco)\b yesterday.'
assert re.search(regex, 'I visited Chicago yesterday.') is None

cities = ['Boston', 'Philadelphia', 'San Francisco']
for city in cities:
    assert re.search(regex, f'I visited {city} yesterday.') is not None
```

마지막으로 정규식을 이용한 검색을 효율적으로 실행하는 방법을 알아봅니다. 문자열 100개를 대상으로 하나의 정규식을 일치시키고 싶다고 가정해 보죠. 일치하는 모든 문자열에 대해 re.search는 정규식을 PatternObject로 변환합니다. 변환이 100번 일어나기 때문에 많은 계산 비용이 발생하겠죠. 그 대신 컴파일된 PatternObject를 반환하는 re.compile을 사용하여 한 번만 변환하는 것이 좋습니다. 그러면 추가적인 불필요한 컴파일을 피하면서 객체에 내장된 search 메서드를 사용할 수 있습니다.

> **노트** 컴파일된 패턴을 대·소문자 구분 없이 일치시키는 데 사용하려면 flags=re.IGNORECASE 파라미터를 re.compile 메서드에 입력해야 합니다.

코드 11-44 컴파일된 정규식을 이용한 문자열 매칭하기

```
compiled_re = re.compile(regex)
text = 'I visited Boston yesterday.'
for i in range(1000):
    assert compiled_re.search(text) is not None
```

> **노트** 정규식의 공통 기법
>
> - `match = re.search(regex, text)`: regex가 text 내에 있다면 Match 객체를, 그렇지 않다면 None을 반환합니다.
> - `match = re.search(regex, text, flags=re.IGNORECASE)`: regex가 text 내에 있다면 Match 객체를, 그렇지 않다면 None을 반환합니다. 이때 검색은 대·소문자를 구분하지 않고 수행됩니다.
> - `match.start()`: 입력 텍스트에서 발견된 정규식 패턴에 대한 시작 인덱스를 반환합니다.
> - `match.end()`: 입력 텍스트에서 발견된 정규식 패턴에 대한 끝 인덱스를 반환합니다.
> - `compiled_regex = re.compile(regex)`: 정규식 문자열을 컴파일된 PatternObject 객체로 변환합니다.
> - `match = compiled_regex.search(text)`: 컴파일된 PatternObject 객체의 search라는 내장 메서드를 사용하여 텍스트 내 정규식과 일치하는 문자열을 찾습니다.
> - `re.compile('Boston')`: 문자열 'Boston'을 검색하는 정규식을 컴파일합니다.
> - `re.compile('Boston', flags=re.IGNORECASE)`: 문자열 'Boston'을 검색하는 정규식을 컴파일하는 데 대·소문자를 구분하지 않습니다.
> - `re.compile('\\bBoston\\b')`: 텍스트 내 'Boston'이라는 단어를 검색하는 정규식을 컴파일합니다. 단어 경계는 정확한 단어 일치를 실행하는 데 사용됩니다.
> - `re.compile(r'\bBoston\b')`: 텍스트 내 'Boston'이라는 단어를 검색하는 정규식을 컴파일합니다. 입력된 정규식은 r로 인해 일반 문자열로 취급됩니다. 즉, 단어 경계를 구분하는 기호인 \b에 백슬래시를 추가할 필요가 없습니다.
> - `re.compile(r'\b(Boston|Chicago)\b')`: 텍스트 내 'Boston' 또는 'Chicago'라는 단어를 검색하는 정규식을 컴파일합니다.

정규식을 이용하면 텍스트에서 지명을 찾을 수 있습니다. 따라서 re 모듈은 세 번째 사례 탐구를 해결하는 데 매우 유용하게 쓰일 것입니다.

11.5 요약

- 지상 지점 사이의 최단 이동 거리는 지구의 구형 표면을 따라 이동하는 것입니다. 이 대원 거리는 잘 알려진 일련의 삼각 연산을 사용하여 계산할 수 있습니다.
- 위도와 경도는 구형 좌표입니다. 이 좌표는 x축과 y축을 기준으로 지구 표면에서 한 지점의 각도 위치를 측정합니다.
- 카토피 라이브러리를 사용하여 지도에 위도와 경도를 그릴 수 있습니다. 이 라이브러리는 여러 투영 유형을 이용하여 매핑된 데이터를 시각화할 수 있습니다. 투영법을 선택하는 것은 플롯된 데이터에 따라 달라집니다. 데이터가 전 세계에 걸쳐 있을 때는 표준 플레이트 카레 투영법을 사용할 수 있습니다. 데이터가 북미에 국한된 경우 직교 투영법을 사용할 수 있습니다. 데이터 포인트가 미국 대륙에 있다면 람베르트 정각원추도법을 사용해야 합니다.
- GeoNamesCache 라이브러리를 사용하여 위치 이름에서 위도와 경도를 얻을 수 있습니다. GeoNamesCache는 도시 이름을 위도 및 경도에 매핑합니다. 또 국가 이름을 도시에 매핑합니다. 따라서 국가 이름이 주어지면 해당 도시의 위도와 경도의 평균을 구하여 중심 좌표를 근사화할 수 있습니다. 그러나 이러한 근사치는 도시 편향과 지구의 곡선 모양 때문에 완벽하지는 않습니다.
- 여러 도시는 일반적으로 동일한 이름을 공유합니다. 따라서 GeoNamesCache는 여러 좌표를 단일 도시 이름에 매핑할 수 있습니다. 별다른 맥락 없이 도시 이름만 주어진다면 해당 이름을 가진 도시 중 가장 인구가 많은 도시의 좌표를 반환하는 것이 좋습니다.
- GeoNamesCache는 좌표를 각 도시 이름의 악센트 버전에 매핑합니다. 외부 유니데코드 라이브러리의 unidecode 함수를 사용하여 이러한 악센트를 제거할 수 있습니다.
- 정규식은 텍스트에서 지명을 찾는 데 쓸 수 있습니다. GeoNamesCache, 카토피, 정규식을 결합하면 텍스트에 언급된 위치를 시각화할 수 있습니다.

12장

세 번째 사례 탐구의 솔루션

이 장에서 다루는 내용

- 위치를 추출하고 시각화하기
- 데이터 정리하기
- 위치 그룹화하기

우리 목표는 질병 관련 헤드라인에서 위치를 추출하고, 미국 내외에서 가장 활발히 유행 중인 전염병을 파악하는 것입니다. 이 작업은 다음 절차로 수행될 수 있습니다.

1. 데이터를 불러옵니다.
2. 정규식 및 GeoNamesCache 라이브러리로 텍스트에서 위치를 추출합니다.
3. 추출된 위치의 무결성을 확인합니다.
4. 지리적 거리를 기준으로 위치를 그룹화합니다.
5. 지도에서 위치 그룹들을 시각화하고 (있다면) 오류를 제거합니다.
6. 가장 큰 그룹의 위치를 대표적으로 출력하여 흥미로운 결론에 도달합니다.

> **주의** 스포일러 경고! 세 번째 사례 탐구의 솔루션이 곧 공개됩니다. 솔루션을 읽기 전에 직접 문제를 풀어 보길 강력히 권장합니다. 사례 탐구의 시작 부분에서 문제가 무엇이었는지 참고할 수 있습니다.

12.1 헤드라인 데이터에서 위치 추출하기

먼저 헤드라인 데이터를 불러옵니다.

코드 12-1 헤드라인 데이터 불러오기

```
headline_file = open('headlines.txt', 'r')
headlines = [line.strip() for line in headline_file.readlines()]
num_headlines = len(headlines)
print(f"{num_headlines}개의 헤드라인을 불러왔습니다")
```

▶ 실행결과

650개의 헤드라인을 불러왔습니다

헤드라인을 650개 불러왔습니다. 이번에는 헤드라인 텍스트에서 도시 및 국가 이름을 추출할 방법이 필요합니다. 한 가지 기본적인 방법은 모든 헤드라인에서 GeoNamesCache가 제공하는 위치가 포함되었는지 확인하는 것입니다. 그러나 이 접근법은 대문자 및 발음 구별 기호가 포함되었을 때는 GeoNamesCache의 데이터와 다를 수 있기 때문에 실패합니다. 보다 최적의 검색을 위해서는 각 위치 이름을 대·소문자 및 발음 구별 기호에 상관없는 정규식으로 변환해야 합니다. 그리고 이 변환을 위해 name_to_regex라는 사용자 정의 함수를 정의해 볼 수 있겠죠. 이 함수는 위치 이름을 입력받아 해당 위치 이름을 식별할 수 있는 정규식을 컴파일된 형태로 반환합니다.

코드 12-2 이름을 정규식으로 변환하기

```python
def name_to_regex(name):
    decoded_name = unidecode(name)
    if name != decoded_name:
        regex = fr'\b({name}|{decoded_name})\b'
    else:
        regex = fr'\b{name}\b'
    return re.compile(regex, flags=re.IGNORECASE)
```

name_to_regex 함수를 사용하면 GeoNamesCache가 제공하는 이름과 정규식 사이의 매핑을 만들 수 있습니다. 이를 활용하여 국가 이름 및 도시 이름을 정규식에 매핑하는 country_to_name 및 city_to_name이라는 두 딕셔너리를 만들어 보겠습니다.

코드 12-3 이름을 정규식에 매핑하기

```python
countries = [country['name'] for country in gc.get_countries().values()]
country_to_name = {name_to_regex(name): name for name in countries}

cities = [city['name'] for city in gc.get_cities().values()]
city_to_name = {name_to_regex(name): name for name in cities}
```

그다음 생성된 매핑을 사용하여 텍스트에서 위치 이름을 찾는 함수를 정의합니다. 이 함수는 헤드라인 텍스트와 이름과 정규식의 매핑을 관리하는 딕셔너리를 입력받아 딕셔너리의 각 정규식 키를 반복적으로 접근하여 해당 정규식 패턴이 헤드라인에서 발견되는 경우 발견된 값을 반환하는 기능을 합니다.

코드 12-4 텍스트에서 위치 찾기

```python
def get_name_in_text(text, dictionary):
    for regex, name in sorted(dictionary.items(),
                              key=lambda x: x[1]):
        if regex.search(text):
            return name
    return None
```

> 딕셔너리를 반복적으로 접근하는 것은 순서를 보장하지 않습니다. 순서를 변경하면 입력된 텍스트와 일치하는 위치를 변경시킬 수 있습니다. 텍스트에 여러 위치가 포함된 경우에는 특히 더 그렇습니다. 그 대신 위치를 이름을 기준으로 정렬한다면 함수가 실행될 때마다 결과는 바뀌지 않습니다.

get_name_in_text 메서드를 사용하여 headlines 리스트에 포함된 도시와 국가를 찾습니다. 그다음 분석을 더 쉽게 할 수 있도록 그 결과를 판다스 테이블에 저장합니다.

코드 12-5 헤드라인에서 위치 찾기

```python
import pandas as pd
matched_countries = [get_name_in_text(headline, country_to_name)
                     for headline in headlines]
matched_cities = [get_name_in_text(headline, city_to_name)
                  for headline in headlines]
data = {'Headline': headlines, 'City': matched_cities, 'Country': matched_countries}
df = pd.DataFrame(data)
```

위치를 담은 판다스 테이블을 살펴보죠. 먼저 df의 describe 메서드를 사용하여 테이블 내용을 요약하는 것으로 시작합니다.

코드 12-6 위치 데이터 요약하기

```
summary = df[['City', 'Country']].describe()
print(summary)
```

▶ 실행결과

```
         City   Country
count     619        15
unique    511        10
top        Of     Brazil
freq       45         3
```

> **노트** 데이터 내 여러 국가가 다음 항목의 상위 발생 빈도 3을 공유합니다. 판다스에는 다른 국가보다 상위 국가를 선택하는 결정론적 방법이 없습니다. 지역 설정에 따라 브라질이 아닌 다른 국가가 상위 국가로 반환될 수 있지만 여전히 3의 빈도를 갖습니다.

이 테이블에는 도시 정보가 619개 담겨 있으며, 그중 511개가 고유 도시 이름을 가집니다. 또 국가 정보가 15개 담겨 있으며, 그중 10개가 고유 국가 이름을 가집니다. 가장 자주 언급된 국가는 브라질로 헤드라인 세 개에서 등장했습니다.

가장 자주 등장한 도시는 터키의 'Of'인 것으로 보입니다. 하지만 뭔가 잘못되었을 가능성이 높습니다! 사실상 45번 등장한 'Of'는 거의 언급되지 않는 터키가 아니라 전치사 때문일 가능성이 훨씬 높습니다. 이 오류를 확인하기 위해 'Of'가 등장한 일부 헤드라인을 직접 출력해 보죠.

코드 12-7 'Of'라는 도시 이름이 등장한 헤드라인 출력하기

```
of_cities = df[df.City == 'Of'][['City', 'Headline']]
ten_of_cities = of_cities.head(10)
print(ten_of_cities.to_string(index=False))
```

▶ 실행결과

```
City                                              Headline
  Of                    Case of Measles Reported in Vancouver
  Of           Authorities are Worried about the Spread of Br...
  Of           Authorities are Worried about the Spread of Ma...
  Of              Rochester authorities confirmed the spread of...
  Of                  Tokyo Encounters Severe Symptoms of Meningitis
  Of           Authorities are Worried about the Spread of In...
  Of                   Spike of Pneumonia Cases in Springfield
  Of           The Spread of Measles in Spokane has been Conf...
  Of                       Outbreak of Zika in Panama City
  Of             Urbana Encounters Severe Symptoms of Meningitis
```

예상대로 'Of'는 잘못된 검색 결과 때문이었습니다. 이 오류는 대·소문자를 구분해서 검색되도록 하면 고칠 수 있습니다. 그러나 이 같은 버그는 'Of'가 들어간 헤드라인을 제대로 찾더라도 실제 도시 이름과 일치하지 않을 수 있다는 훨씬 더 큰 문제의 증상입니다. 이는 헤드라인에 위치 이름이 여러 개 있을 수 있다는 사실을 고려하지 않기 때문에 발생하는 문제입니다. 헤드라인에 일치어가 두 개 이상 얼마나 자주 포함될까요? 알아봅시다. 별도의 Cities라는 열을 사용하여 헤드라인에서 등장하는 모든 도시 리스트를 추적해 보겠습니다.

코드 12-8 헤드라인 내 여러 도시 찾기

```
def get_cities_in_headline(headline):    ----- 헤드라인에 포함된 모든 고유 도시의 리스트를 반환합니다.
    cities_in_headline = set()
    for regex, name in city_to_name.items():
        match = regex.search(headline)
        if match:
            if headline[match.start()].isupper():    ----- 도시 이름의 첫 글자가 대문자인지 확인합니다.
                cities_in_headline.add(name)

    return list(cities_in_headline)    입력된 함수를 열의 모든 요소에 적용하여 새로운 열을 생성하는
                                       apply 메서드로 생성된 신규 Cities 열을 테이블에 추가합니다.

df['Cities'] = df['Headline'].apply(get_cities_in_headline)    -----
df['Num_cities'] = df['Cities'].apply(len)    ----- 헤드라인에 포함된 도시 수를 세는 열을 추가합니다.
df_multiple_cities = df[df.Num_cities > 1]    ----- 도시를 여러 개 포함하지 않는 행을 필터링합니다.
num_rows, _ = df_multiple_cities.shape
print(f"{num_rows}개의 헤드라인에서 여러 도시가 등장했습니다")
```

▶ 실행결과

67개의 헤드라인에서 여러 도시가 등장했습니다   ----- GeoNamesCache 라이브러리의 데이터가 갱신되면 도시 수가 증가할 수 있습니다.

데이터의 약 10%에 해당하는 헤드라인 67개에서 도시 이름이 두 개 이상 등장하는 것으로 나타났습니다. 왜 이렇게 많은 헤드라인에서 여러 위치가 등장할까요? 표본 몇 개를 직접 살펴보면 그 답을 찾을 수 있습니다.

코드 12-9 다중 도시 헤드라인 샘플링하기

```
ten_cities = df_multiple_cities[['Cities', 'Headline']].head(10)
print(ten_cities.to_string(index=False))
```

▶ 실행결과

```
                       Cities                                              Headline
        [York, New York City]                         Could Zika Reach New York City?
         [Miami Beach, Miami]                       First Case of Zika in Miami Beach
              [San Juan, San]       San Juan reports 1st U.S. Zika-related death amid outbreak
     [Los Angeles, Los Ángeles]                    New Los Angeles Hairstyle goes Viral
                  [Bay, Tampa]                      Tampa Bay Area Zika Case Count Climbs
       [Ho, Ho Chi Minh City]               Zika cases in Vietnam's Ho Chi Minh City surge
              [San, San Diego]                    Key Zika Findings in San Diego Institute
           [Kuala Lumpur, Hṛt]                      Kuala Lumpur is Hit By Zika Threat
         [San, San Francisco]                         Zika Virus Reaches San Francisco
  [San, San Salvador, Salvador]                          Zika worries in San Salvador
```

짧고 잘못된 도시 이름이 더 길고 정확한 위치 이름과 함께 헤드라인에 매칭되는 것으로 보입니다. 가령 'San' 이라는 도시는 항상 'San Francisco', 'San Salvador' 같은 더 정상적인 도시 이름과 함께 반환됩니다. 이 오류는 어떻게 해결할 수 있을까요? 한 가지 방법은 일치하는 도시가 두 개 이상 발견될 때, 그중 가장 긴 도시 이름을 반환하는 것입니다.

코드 12-10 가장 긴 도시 이름 선택하기

```
def get_longest_city(cities):
    if cities:
        return max(cities, key=len)
    return None

df['City'] = df['Cities'].apply(get_longest_city)
```

건전성 검사로 짧은 도시 이름(4자 이하)이 포함된 행을 출력하여 헤드라인 중 하나에 잘못된 짧은 이름이 지정되지 않도록 합니다.

코드 12-11 가장 짧은 도시 이름 출력하기

```
short_cities = df[df.City.str.len() <= 4][['City', 'Headline']]
print(short_cities.to_string(index=False))
```

▶ 실행결과

```
City                                              Headline
Lima                       Lima tries to address Zika Concerns
Pune                          Pune woman diagnosed with Zika
Rome               Authorities are Worried about the Spread of Ma...
Molo                        Molo Cholera Spread Causing Concern
Miri                                Zika arrives in Miri
Nadi               More people in Nadi are infected with HIV ever...
Baud               Rumors about Tuberculosis Spreading in Baud ha...
Kobe                         Chikungunya re-emerges in Kobe
Waco                        More Zika patients reported in Waco
Erie                           Erie County sets Zika traps
Kent                          Kent is infested with Rabies
Reno               The Spread of Gonorrhea in Reno has been Confi...
Sibu                         Zika symptoms spotted in Sibu
Baku               The Spread of Herpes in Baku has been Confirmed
Bonn              Contaminated Meat Brings Trouble for Bonn Farmers
Jaen                          Zika Troubles come to Jaen
Yuma                         Zika seminars in Yuma County
Lyon                       Mad Cow Disease Detected in Lyon
Yiwu               Authorities are Worried about the Spread of He...
Suva               Suva authorities confirmed the spread of Rotav...
```

결과는 합법적인 것으로 보입니다. 이제 도시에서 카운티로 관심을 옮겨 보겠습니다. 전체 헤드라인 중 실제 국가 정보가 포함된 것은 15개에 불과합니다. 이 헤드라인을 모두 수동으로 검토하기에는 그 수가 너무 적습니다.

코드 12-12 국가가 포함된 헤드라인 가져오기

```
df_countries = df[df.Country.notnull()][['City', 'Country', 'Headline']]
print(df_countries.to_string(index=False))
```

····· df.Country.notnull() 메서드는 불리언 값들로 채워진 리스트를 반환하며, 각 불리언 값은 해당 행에 국가가 있을 때만 True가 됩니다.

▶ 실행결과

```
          City    Country                                           Headline
         Recife     Brazil             Mystery Virus Spreads in Recife, Brazil
  Ho Chi Minh City  Vietnam       Zika cases in Vietnam's Ho Chi Minh City surge
        Bangkok   Thailand                     Thailand-Zika Virus in Bangkok
      Piracicaba     Brazil                  Zika outbreak in Piracicaba, Brazil
           lang   Malaysia                    Zika surfaces in Klang, Malaysia
  Guatemala City  Guatemala  Rumors about Meningitis spreading in Guatemala...
    Belize City     Belize                  Belize City under threat from Zika
        Campinas     Brazil                    Student sick in Campinas, Brazil
    Mexico City     Mexico               Zika outbreak spreads to Mexico City
   Kota Kinabalu   Malaysia          New Zika Case in Kota Kinabalu, Malaysia
     Johor Bahru   Malaysia                Zika reaches Johor Bahru, Malaysia
      Hong Kong  Hong Kong                  Norovirus Exposure in Hong Kong
     Panama City     Panama                Outbreak of Zika in Panama City
       Singapore  Singapore              Zika cases in Singapore reach 393
     Panama City     Panama             Panama City's first Zika related death
```

국가가 표시된 모든 헤드라인에는 도시 정보도 포함되어 있습니다. 따라서 국가의 중심 좌표에 의존하지 않고 위도와 경도를 할당할 수 있습니다. 결론적으로 분석에서 국가 이름은 무시할 수 있습니다.

코드 12-13 표에서 국가 삭제하기

```
df.drop('Country', axis=1, inplace=True)
```

테이블에 위도와 경도를 추가할 준비가 거의 완료되었습니다. 하지만 먼저 위치가 감지되지 않은 행을 고려해야 합니다. 일치하지 않는 헤드라인 수를 세고 해당 데이터의 하위 집합을 인쇄해 보겠습니다.

코드 12-14 타의 추종을 불허하는 헤드라인 살펴보기

```
df_unmatched = df[df.City.isnull()]
num_unmatched = len(df_unmatched)
print(f"도시와 일치하지 않는 {num_unmatched}개의 헤드라인이 있습니다")
print(df_unmatched.head(10)[['Headline']].values)
```

> **실행결과**
>
> ```
> 도시와 일치하지 않는 39개의 헤드라인이 있습니다
> [['Louisiana Zika cases up to 26']
>  ['Zika infects pregnant woman in Cebu']
>  ['Spanish Flu Sighted in Antigua']
>  ['Zika case reported in Oton']
>  ['Maka City Experiences Influenza Outbreak']
>  ['West Nile Virus Outbreak in Saint Johns']
>  ['Syphilis Hits Jefferson']
>  ['Malaria Exposure in Sussex']
>  ['Greenwich Establishes Zika Task Force']
>  ['Will West Nile Virus vaccine help Parsons?']]
> ```

약 6%의 헤드라인이 도시와 일치하지 않습니다. 이러한 헤드라인 중 일부는 합법적인 도시를 언급하고 있지만 GeoNamesCache가 식별하지 못했습니다. 누락된 도시를 어떻게 처리해야 할까요? 발생 빈도가 낮으므로 누락된 언급을 삭제해야 할 수도 있습니다. 이러한 삭제 대가는 데이터 품질이 약간 저하되는 것이지만, 일치하는 도시에 대한 범위가 상당히 크기 때문에 이러한 손실이 결과에 큰 영향은 미치지 않을 것입니다.

코드 12-15 타의 추종을 불허하는 헤드라인 삭제하기

```python
df = df[~df.City.isnull()][['City', 'Headline']]    # ~ 기호는 df.City.isnull() 메서드가 반환한 리스트의 불리언 값을 반
                                                    # 전시킵니다. 따라서 반전된 각 불리언 값은 해당 행에 도시가 있을 때
                                                    # 만 True가 됩니다.
```

12.2 추출된 위치 데이터 시각화 및 클러스터링

테이블의 모든 행에는 도시 이름이 포함되어 있습니다. 이제 각 행에 위도와 경도를 할당할 수 있습니다. get_cities_by_name을 활용하여 추출된 도시 이름을 가진 가장 인구가 많은 도시의 좌표를 반환합니다.

코드 12-16 도시에 지리적 좌표 할당하기

```python
latitudes, longitudes = [], []
for city_name in df.City.values:

    city = max(gc.get_cities_by_name(city_name),
               key=lambda x: list(x.values())[0]['population'])    # 일치하는 도시 중 인구가 가장 많은
                                                                    # 도시를 선택합니다.
    city = list(city.values())[0]    # 도시 위도와 경도를 추출합니다.
    latitudes.append(city['latitude'])
    longitudes.append(city['longitude'])

df = df.assign(Latitude=latitudes, Longitude=longitudes)    # 테이블에 위도 및 경도 열을 추가합니다.
```

위도와 경도가 할당되었으므로 데이터 클러스터링을 시도할 수 있습니다. 2D 좌표 집합에서 귀여운 K-평균을 추출해 보겠습니다. 엘보 방법을 사용하여 K에 대한 합리적인 값을 선택합니다(그림 12-1).

▼ 그림 12-1 지리적 엘보 곡선은 K가 3을 가리킵니다

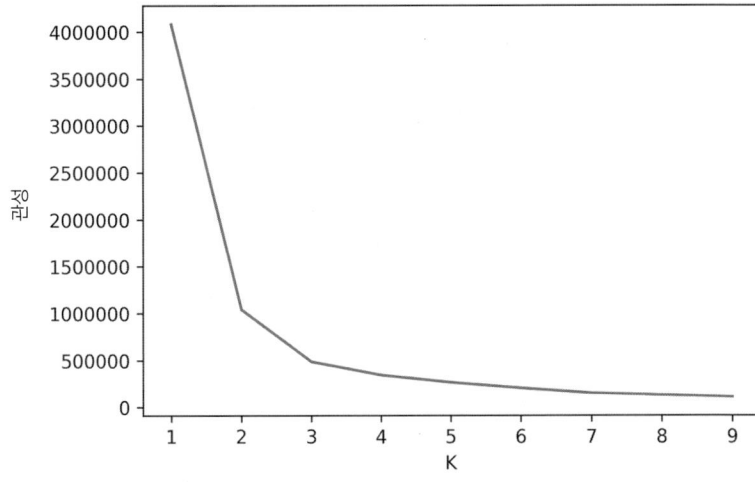

코드 12-17 지리적 엘보 곡선 그리기

```
coordinates = df[['Latitude', 'Longitude']].values
k_values = range(1, 10)
inertia_values = []
for k in k_values:
    inertia_values.append(KMeans(k).fit(coordinates).inertia_)
plt.plot(range(1, 10), inertia_values)
plt.xlabel('K')
plt.ylabel('관성')
plt.show()
```

엘보 플롯의 '엘보'는 3의 K를 가리킵니다. 이 K 값은 매우 낮기 때문에 범위를 최대 세 개의 서로 다른 지역으로 제한합니다. 그래도 분석 방법론에 대한 믿음을 유지해야 합니다. 위치를 세 그룹으로 클러스터링하여 맵에 플롯합니다(그림 12-2).

▼ 그림 12-2 매핑된 K는 도시 클러스터를 의미합니다. K는 3으로 설정되어 있습니다. 클러스터 세 개는 대륙 여섯 개에 걸쳐 얇게 분산되어 있습니다

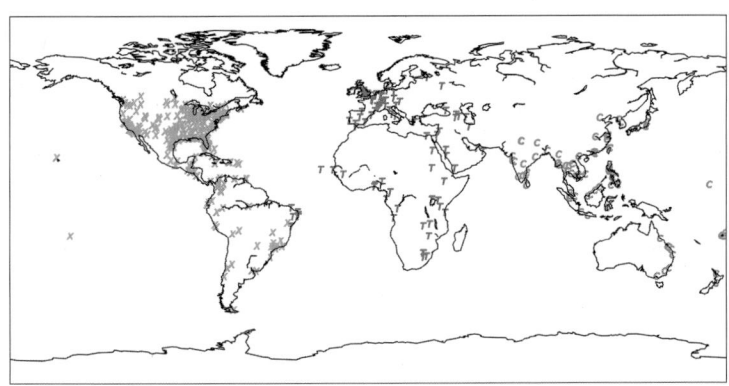

코드 12-18 K-평균을 사용하여 도시를 세 그룹으로 클러스터링하기

```
def plot_clusters(clusters, longitudes, latitudes):
    plt.figure(figsize=(12, 10))
    ax = plt.axes(projection=PlateCarree())
    ax.coastlines()
    ax.scatter(longitudes, latitudes, c=clusters)
    ax.set_global()
    plt.show()

df['Cluster'] = KMeans(3).fit_predict(coordinates)
plot_clusters(df.Cluster, df.Longitude, df.Latitude)
```

> **노트** 그림 12-1~그림 12-5의 마커 모양은 클러스터를 구분하려고 수동으로 조정했습니다.

결과는 꽤 우스꽝스러워 보입니다. 세 가지 클러스터는 다음과 같습니다.

- 북미 및 남미
- 아프리카 및 유럽
- 아시아 및 호주

이러한 대륙 카테고리는 너무 광범위하여 유용하지 않습니다. 또 동부 해안의 모든 남미 도시는 바다를 사이에 두고 있음에도 아프리카 및 유럽 지역과 어색하게 클러스터링됩니다. 이러한 클러스터는 데이터를 이해하는 데 도움이 되지 않습니다. 결국 우리 K가 너무 낮았던 것일 수도 있습니다. 엘보 분석을 중단하고 K 크기를 6으로 2배 늘려 보겠습니다(그림 12-3).

▼ 그림 12-3 매핑된 K는 도시 클러스터를 의미합니다. K는 6으로 설정되어 있습니다. 아프리카의 군집 지점이 유럽과 아시아 대륙으로 잘못 분할되어 있습니다

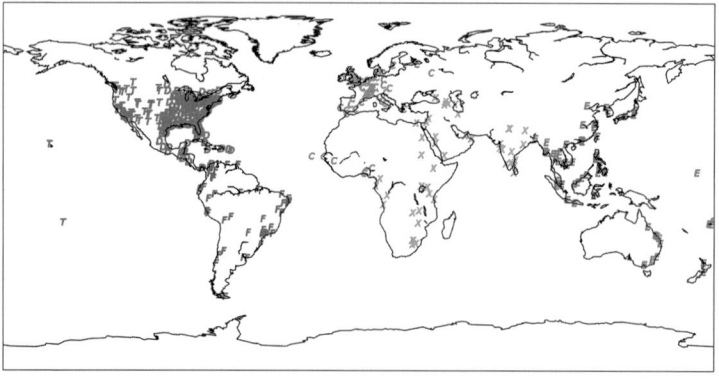

코드 12-19 K-평균을 사용하여 도시를 그룹 여섯 개로 클러스터링하기

```
df['Cluster'] = KMeans(6).fit_predict(coordinates)
plot_clusters(df.Cluster, df.Longitude, df.Latitude)
```

K를 증가시키면 북미와 남미의 클러스터링이 개선됩니다. 남미는 이제 별도의 클러스터에 속하며, 북미는 서부와 동부의 두 클러스터 그룹으로 나뉩니다. 그러나 대서양 건너편에서는 클러스터링 품질이 여전히 낮습니다. 아프리카의 지리적 위치는 유럽과 아시아로 잘못 분할되어 있습니다. K-평균의 중심성 감각이 아프리카, 유럽, 아시아를 제대로 구분하지 못합니다. 아마도 알고리즘이 유클리드 거리에 의존하기 때문에 지구 곡면에 분포된 점 사이의 관계를 포착하지 못하는 것 같습니다.

다른 접근 방법으로 DBSCAN 클러스터링을 실행할 수 있습니다. DBSCAN 알고리즘은 우리가 선택한 거리 지표를 입력으로 받아 점 사이의 대원 거리를 기준으로 클러스터링할 수 있습니다. 먼저 넘파이 배열 한 쌍을 입력으로 하는 대원 거리 함수를 코딩합니다.

코드 12-20 넘파이 기반 대원 지표 정의하기

```python
from math import sin, cos, asin

def great_circle_distance(coord1, coord2, radius=3956):    # radius는 지구의 반지름(마일 단위)으로
    if np.array_equal(coord1, coord2):                      #  미리 설정되어 있습니다.
        return 0.0
    coord1, coord2 = np.radians(coord1), np.radians(coord2)
    delta_x, delta_y = coord2 - coord1
    haversin = sin(delta_x / 2) ** 2 + np.product([cos(coord1[0]), cos(coord2[0]),
                                                    sin(delta_y / 2)**2])
    return 2 * radius * asin(haversin**0.5)
```

거리 지표를 정의했고 DBSCAN 알고리즘을 실행할 준비가 거의 완료되었습니다. 하지만 먼저 eps 및 min_samples 매개변수에 대한 합리적인 값을 선택해야 합니다. 글로벌 도시 클러스터에 평균 250마일 이상 떨어져 있지 않은 도시가 세 개 이상 포함되어 있다고 가정해 보겠습니다. 이러한 가정에 따라 eps와 min_samples에 각각 250과 3의 값을 입력합니다.

코드 12-21 DBSCAN을 사용하여 도시 클러스터링하기

```python
metric = great_circle_distance
dbscan = DBSCAN(eps=250, min_samples=3, metric=metric)
df['Cluster'] = dbscan.fit_predict(coordinates)
```

DBSCAN은 클러스터링되지 않는 이상치 데이터 요소에 -1을 할당합니다. 테이블에서 이러한 이상치를 제거한 뒤 나머지 결과를 나타내 보겠습니다(그림 12-4).

코드 12-22 이상치가 아닌 DBSCAN 클러스터 나타내기

```python
df_no_outliers = df[df.Cluster > -1]
plot_clusters(df_no_outliers.Cluster, df_no_outliers.Longitude, df_no_outliers.Latitude)
```

DBSCAN은 남미, 아시아 및 남부 아프리카 일부 지역에서 개별 클러스터를 생성하는 데 상당한 성과를 거두었습니다. 그러나 미국 동부는 지나치게 밀집된 단일 클러스터에 속합니다. 왜 그럴까요? 이는 부분적으로는 서구 미디어의 특정 서술 편향성 때문이며 미국 내 사건이 보도될 가능성이 더 높다는 것을 의미합니다. 이 때

문에 언급되는 장소가 더 밀집되어 있습니다. 지리적 편향성을 극복하는 한 가지 방법은 보다 엄격한 엡실론 매개변수를 사용하여 미국 도시를 재군집하는 것입니다. 이러한 전략은 미국 및 전 세계적으로 그룹화된 헤드라인에서 상위 클러스터를 분리해 달라는 문제 제기의 맥락에서 합리적입니다. 따라서 미국 위치를 다음 그림과 같이 클러스터링합니다.

▼ 그림 12-4 대원 거리 지표를 사용하여 계산된 매핑된 DBSCAN 도시 클러스터

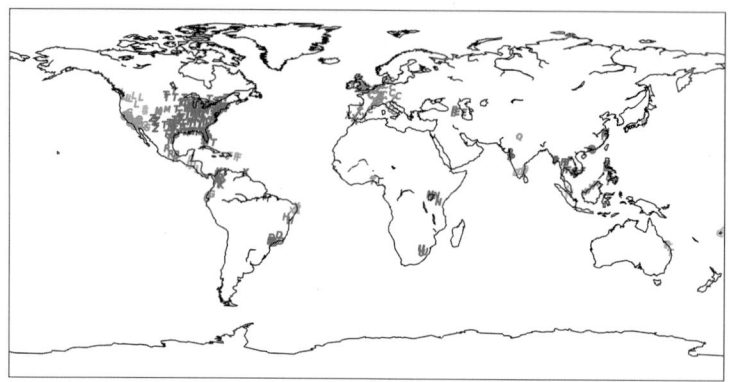

전 세계와 독립적으로 운영할 수 있습니다. 이를 위해 먼저 각 도시에 국가 코드를 할당합니다.

코드 12-23 도시에 국가 코드 할당하기

```
def get_country_code(city_name):
    city = max(gc.get_cities_by_name(city_name),
               key=lambda x: list(x.values())[0]['population'])
    return list(city.values())[0]['countrycode']

df['Country_code'] = df.City.apply(get_country_code)
```

국가 코드를 사용하면 데이터를 서로 다른 데이터프레임 객체 두 개로 분리할 수 있습니다. 첫 번째 객체인 df_us는 미국 위치를 보유합니다. 두 번째 객체인 df_not_us는 나머지 모든 글로벌 도시를 보유합니다.

코드 12-24 미국 및 글로벌 도시 분리하기

```
df_us = df[df.Country_code == 'US']
df_not_us = df[df.Country_code != 'US']
```

미국 도시와 미국 외 도시를 분리했습니다. 이제 분리된 두 테이블의 좌표를 다시 클러스터링해야 합니다. 미국 위치를 모두 삭제하면 밀도가 변경되므로 df_not_us를 재클러스터링하는 것은 피할 수 없습니다. 그러나 해당 테이블을 클러스터링하는 동안에는 eps를 250으로 유지합니다. 한편 미국 위치의 밀도가 더 촘촘하다는 점을 고려하여 df_us의 eps를 절반(125)으로 줄입니다. 마지막으로 모든 이상치는 재클러스터링 후 삭제됩니다.

코드 12-25 추출된 도시 재구성하기

```python
def re_cluster(input_df, eps):
    input_coord = input_df[['Latitude', 'Longitude']].values
    dbscan = DBSCAN(eps=eps, min_samples=3, metric=great_circle_distance)
    clusters = dbscan.fit_predict(input_coord)
    input_df = input_df.assign(Cluster=clusters)
    return input_df[input_df.Cluster > -1]

df_not_us = re_cluster(df_not_us, 250)
df_us = re_cluster(df_us, 125)
```

12.3 위치 클러스터에서 인사이트 추출하기

df_not_us 테이블의 클러스터된 데이터를 조사해 보겠습니다. 먼저 판다스의 groupby 메서드를 사용하여 결과를 그룹화합니다.

코드 12-26 클러스터별로 도시 그룹화하기

```python
groups = df_not_us.groupby('Cluster')
num_groups = len(groups)
print(f"미국 이외 지역에서 {num_groups}개의 클러스터가 감지되었습니다")
```

▶ 실행결과

미국 이외 지역에서 31개의 클러스터가 감지되었습니다

글로벌 클러스터가 31개 감지되었습니다. 이러한 그룹을 크기별로 정렬하고 가장 큰 클러스터의 헤드라인 수를 세어 보겠습니다.

코드 12-27 가장 큰 클러스터 찾기

```python
sorted_groups = sorted(groups, key=lambda x: len(x[1]), reverse=True)
group_id, largest_group = sorted_groups[0]
group_size = len(largest_group)
print(f"가장 큰 클러스터는 {group_size}개의 헤드라인을 포함합니다")
```

▶ 실행결과

가장 큰 클러스터는 51개의 헤드라인을 포함합니다

가장 큰 클러스터에는 헤드라인이 총 51개 포함되어 있습니다. 이 모든 헤드라인을 개별적으로 읽으려면 시간이 많이 걸리는 프로세스입니다. 클러스터에서 가장 중심적인 위치를 나타내는 헤드라인만 출력하면 시간을 절약할 수 있습니다. 중심성은 그룹의 평균 위도와 경도를 계산하여 파악할 수 있습니다. 그런 다음 모든 위치와 평균 좌표 사이의 거리를 계산할 수 있습니다. 거리가 짧을수록 중심성이 높습니다.

> **노트** 11장에서 설명했듯이, 평균 위도와 경도는 지구의 곡률을 고려하지 않기 때문에 중심을 근사할 뿐입니다.

다음으로 distance_to_center를 할당하는 compute_centrality 함수를 정의합니다. 열을 입력한 그룹에 추가합니다.

코드 12-28 컴퓨팅 클러스터 중심성

```python
def compute_centrality(group):
    group_coords = group[['Latitude', 'Longitude']].values
    center = group_coords.mean(axis=0)
    distance_to_center = [great_circle_distance(center, coord)
                          for coord in group_coords]
    group['Distance_to_center'] = distance_to_center
```

이제 모든 헤드라인을 중심성별로 정렬할 수 있습니다. 가장 큰 클러스터에서 가장 중심이 되는 헤드라인을 다섯 개 출력해 보겠습니다.

코드 12-29 가장 큰 클러스터에서 중앙 헤드라인 찾기

```python
def sort_by_centrality(group):
    compute_centrality(group)
    return group.sort_values(by=['Distance_to_center'], ascending=True)

largest_group = sort_by_centrality(largest_group)
for headline in largest_group.Headline.values[:5]:
    print(headline)
```

▶ 실행결과

```
Mad Cow Disease Disastrous to Brussels
Scientists in Paris to look for answers
More Livestock in Fontainebleau are infected with Mad Cow Disease
Mad Cow Disease Hits Rotterdam
Contaminated Meat Brings Trouble for Bonn Farmers
```

largest_group의 중앙 헤드라인은 여러 유럽 도시에서 광우병이 발생했다는 것에 초점을 맞추고 있습니다. 클러스터의 도시와 연관된 상위 국가를 출력하여 클러스터 위치가 유럽에 집중되어 있음을 확인할 수 있습니다.

코드 12-30 가장 큰 클러스터에서 상위 세 개 국가 찾기

```python
from collections import Counter
def top_countries(group):
    countries = [gc.get_countries()[country_code]['name']
                 for country_code in group.Country_code.values]
    return Counter(countries).most_common(3)  # ----- Counter 클래스는 리스트에서 가장 많이
                                              #       반복된 요소들과 그 개수를 추적합니다.

print(top_countries(largest_group))
```

▶ 실행결과

```
[('United Kingdom', 19), ('France', 7), ('Germany', 6)]
```

largest_group에서 가장 자주 언급된 도시는 영국, 프랑스, 독일에 위치해 있습니다. largest_group에 포함된 대부분의 위치는 당연히 유럽에 있습니다.

다음으로 규모가 큰 글로벌 클러스터 네 개에 대해 이 분석을 반복해 보겠습니다. 다음 코드로 현재 전 세계를 위협하고 있는 다른 질병이 유행하고 있는지 확인할 수 있습니다.

코드 12-31 가장 큰 클러스터의 콘텐츠 요약하기

```
for _, group in sorted_groups[1:5]:
    sorted_group = sort_by_centrality(group)
    print(top_countries(sorted_group))
    for headline in sorted_group.Headline.values[:5]:
        print(headline)
    print('\n')
```

▶ 실행결과

```
[('Philippines', 16)]
Zika afflicts patient in Calamba
Hepatitis E re-emerges in Santa Rosa
More Zika patients reported in Indang
Batangas Tourism Takes a Hit as Virus Spreads
Spreading Zika reaches Bacoor

[('El Salvador', 3), ('Honduras', 2), ('Nicaragua', 2)]
Zika arrives in Tegucigalpa
Santa Barbara tests new cure for Hepatitis C
Zika Reported in Ilopango
More Zika cases in Soyapango
Zika worries in San Salvador

[('Thailand', 5), ('Cambodia', 3), ('Vietnam', 2)]
More Zika patients reported in Chanthaburi
Thailand-Zika Virus in Bangkok
Zika case reported in Phetchabun
Zika arrives in Udon Thani
More Zika patients reported in Kampong Speu

[('Canada', 10)]
Rumors about Pneumonia spreading in Ottawa have been refuted
More people in Toronto are infected with Hepatitis E every year
St. Catharines Patient in Critical Condition after Contracting Dengue
Varicella has Arrived in Milton
Rabies Exposure in Hamilton
```

필리핀에서 지카 바이러스가 확산되고 있습니다! 동남아시아와 중앙아메리카에서도 지카 바이러스가 발생했습니다. 그러나 캐나다 집단 발병은 무작위적인 질병 헤드라인이 혼합되어 있으며, 이는 해당 북부 지역에서 지배적인 발병이 일어나지 않고 있음을 의미합니다.

이제 미국 클러스터에 주목해 보겠습니다. 먼저 미국 지도 위에 클러스터를 시각화합니다(그림 12-5).

코드 12-32 미국 DBSCAN 클러스터 나타내기

```
plt.figure(figsize=(12, 10))
ax = plt.axes(projection=LambertConformal())
ax.set_extent(us_extent)
ax.scatter(df_us.Longitude, df_us.Latitude, c=df_us.Cluster, transform=PlateCarree())
ax.coastlines()
ax.add_feature(cartopy.feature.STATES)
plt.show()
```

▼ **그림 12-5** 미국 경계 내 매핑된 DBSCAN 위치 클러스터

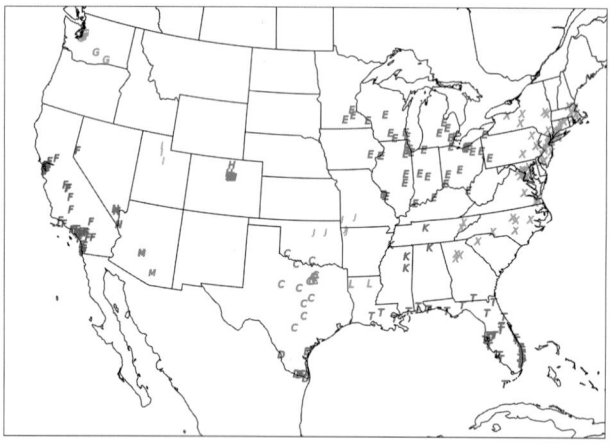

시각화된 맵에서 합리적인 결과를 얻을 수 있습니다. 동부 주들은 더 이상 하나의 밀집된 클러스터에 속하지 않습니다. 미국의 상위 클러스터 다섯 개를 중심으로 정렬된 헤드라인을 인쇄해서 분석해 보겠습니다.

코드 12-33 미국 최대 클러스터 내 콘텐츠 요약하기

```
us_groups = df_us.groupby('Cluster')
us_sorted_groups = sorted(us_groups, key=lambda x: len(x[1]), reverse=True)
for _, group in us_sorted_groups[:5]:
    sorted_group = sort_by_centrality(group)
    for headline in sorted_group.Headline.values[:5]:
        print(headline)
    print('\n')
```

▶ 실행결과

```
Schools in Bridgeton Closed Due to Mumps Outbreak
Philadelphia experts track pandemic
Vineland authorities confirmed the spread of Chlamydia
```

```
Baltimore plans for Zika virus
Will Swine Flu vaccine help Annapolis?

Bradenton Experiences Zika Troubles
Tampa Bay Area Zika Case Count Climbs
Zika Strikes St. Petersburg
New Zika Case Confirmed in Sarasota County
Zika spreads to Plant City

Rhinovirus Hits Bakersfield
Schools in Tulare Closed Due to Mumps Outbreak
New medicine wipes out West Nile Virus in Ventura
Hollywood Outbreak Film Premieres
Zika symptoms spotted in Hollywood

How to Avoid Hepatitis E in South Bend
Hepatitis E Hits Hammond
Chicago's First Zika Case Confirmed
Rumors about Hepatitis C spreading in Darien have been refuted
Rumors about Rotavirus Spreading in Joliet have been Refuted

More Zika patients reported in Fort Worth
Outbreak of Zika in Stephenville
Zika symptoms spotted in Arlington
Dallas man comes down with case of Zika
Zika spreads to Lewisville
```

지카 바이러스가 플로리다와 텍사스를 강타했습니다! 이는 매우 우려스러운 일입니다. 그러나 다른 상위 집단 발병 지역에서는 뚜렷한 질병 패턴이 나타나지 않고 있습니다. 현재 지카 바이러스 확산은 미국 남부에 국한되어 있습니다. 상급자에게 즉시 보고하여 적절한 조치를 취할 수 있도록 하겠습니다. 조사 결과를 발표할 준비를 하면서 보고서 첫 페이지에 게재할 마지막 이미지를 그려 보겠습니다(그림 12-6). 이 이미지에는 기사 헤드라인에서 지카 바이러스가 50% 이상 언급된 미국 및 전 세계 집단 발병 지역이 표시되어 있어 지카 바이러스가 확산되고 있는 위협적인 범위를 요약하여 보여 줍니다.

코드 12-34 지카 클러스터 나타내기

```python
def count_zika_mentions(headlines):     # 헤드라인 목록에서 지카가 언급된 횟수를 계산합니다.
    zika_regex = re.compile(r'\bzika\b',    # 헤드라인에서 'Zika'라는 단어의 인스턴스와 일치하는 정규식입니다.
                            flags=re.IGNORECASE)   # 대·소문자를 구분하지 않습니다.
    zika_count = 0
    for headline in headlines:
        if zika_regex.search(headline):
            zika_count += 1
    return zika_count

fig = plt.figure(figsize=(15, 15))
```

```
ax = plt.axes(projection=PlateCarree())

for _, group in sorted_groups + us_sorted_groups:     ····· 미국 및 전 세계 클러스터를
    headlines = group.Headline.values                       모두 반복합니다.
    zika_count = count_zika_mentions(headlines)
    if float(zika_count) / len(headlines) > 0.5:     ····· 기사 헤드라인의 50% 이상에서 지카가 언급된
        ax.scatter(group.Longitude, group.Latitude)         클러스터를 그래프로 나타냅니다.

ax.coastlines()
ax.set_global()
plt.show()
```

▼ 그림 12-6 기사 헤드라인의 50% 이상에서 지카가 언급된 DBSCAN 위치 클러스터

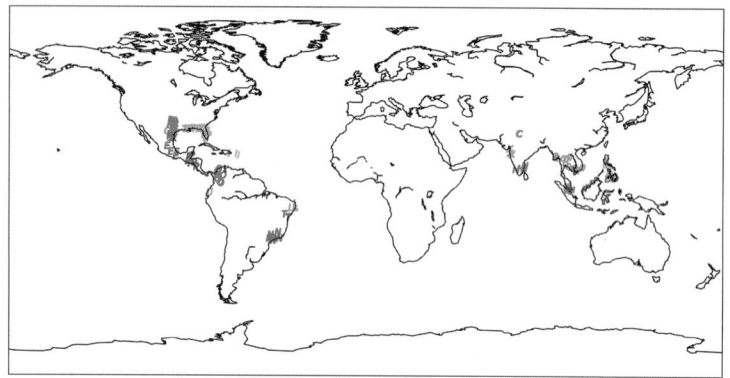

위치별로 헤드라인을 성공적으로 클러스터링하고 지카라는 단어가 우세한 클러스터를 나타냈습니다. 클러스터와 텍스트 콘텐츠 사이의 이러한 관계는 흥미로운 질문으로 이어집니다. 지리적 거리가 아닌 텍스트 유사성을 기준으로 헤드라인을 클러스터링할 수 있을까요? 즉, 지카에 대한 모든 언급이 자동으로 하나의 클러스터에 표시되도록 텍스트가 겹치는 부분을 기준으로 헤드라인을 그룹화할 수 있을까요? 네, 가능합니다! 다음 사례 탐구에서는 텍스트 간 유사성을 측정하여 주제별로 문서를 그룹화하는 방법을 알아봅니다.

12.4 요약

- 데이터 과학 도구는 예기치 않은 방식으로 실패할 수 있습니다. 뉴스 헤드라인에서 GeoNamesCache를 실행했을 때 라이브러리가 입력된 텍스트에 짧은 도시 이름(예 'Of' 및 'San')을 잘못 일치시켰습니다. 데이터 탐색으로 이러한 실수를 설명할 수 있었습니다. 무턱대고 위치를 클러스터링했다면 최종 결과물은 엉망이었을 것입니다. 진지한 분석에 앞서 데이터를 부지런히 탐색해야 합니다.

- 때로는 문제가 있는 데이터 요소가 좋은 데이터 집합에도 있을 수 있습니다. 우리는 헤드라인의 6% 미만에서 도시 지정이 잘못되어 있었습니다. 이러한 헤드라인을 수정하기는 어려웠을 것입니다. 그 대신 데이터 집합에서 헤드라인을 삭제하는 방법을 선택했습니다. 때때로 데이터 집합에 미치는 영향이 미미하다면 문제가 있는 예시를 삭제해도 괜찮습니다. 그러나 최종 결정을 내리기 전에 삭제했을 때의 장단점을 잘 검토해야 합니다.

- 엘보 방법은 K-평균 클러스터링을 위해 휴리스틱하게 K를 선택합니다. 휴리스틱 도구가 매번 올바르게 작동한다고 보장할 수는 없습니다. 우리가 한 분석에서 엘보 플롯은 3의 K를 반환했습니다. 분명히 이 값은 너무 낮았습니다. 따라서 우리는 개입해서 다른 K를 선택하려고 시도했습니다. 엘보 결과를 무분별하게 신뢰했다면 최종 클러스터링은 쓸모없었을 것입니다.

- 상식에 따라 클러스터링 결과를 분석해야 합니다. 앞서 K가 6인 K-평균 출력을 살펴본 결과, 중앙아프리카와 유럽 도시가 클러스터링되는 것을 관측했습니다. 이 결과는 분명히 잘못되었습니다. 유럽과 중앙아프리카는 매우 다른 지역이기 때문입니다. 그래서 우리는 다른 클러스터링 접근 방식으로 전환했습니다. 상식적으로 클러스터링이 잘못되었다고 판단되면 다른 접근 방식을 시도해야 합니다.

- 때로는 데이터 집합을 여러 부분으로 나누고 각 부분을 개별적으로 분석하는 것이 허용될 수 있습니다. 초기 DBSCAN 분석에서는 알고리즘이 미국 도시를 올바르게 클러스터링하지 못했습니다. 대부분의 미국 동부 도시들이 하나의 클러스터에 속해 있었습니다. DBSCAN 접근 방식을 포기할 수도 있었습니다. 그 대신 더 적절한 매개변수를 사용하여 미국 도시를 단계적으로 클러스터링했습니다. 데이터 집합을 두 부분으로 나누어 분석한 결과 더 나은 클러스터링 결과를 얻을 수 있었습니다.

제 4 부

네 번째 사례 탐구:
온라인 채용 공고로 데이터 과학자의 이력서 개선하기

> **문제 정의**

데이터 과학자로서 경력을 확장할 준비가 되었습니다. 지금부터 6개월 뒤 새로운 직장에 지원할 예정입니다. 이를 위해 이력서 초안을 작성하기 시작합니다. 초안은 거칠고 불완전하여 여러분이 세운 목표나 학력 등을 아직 포함하고 있지 않습니다. 그렇지만 이력서 초안에는 지금까지 이 책에서 다룬 세 가지 사례 탐구와 이번에 살펴볼 네 번째 사례 탐구가 포함되어 있습니다.

이력서 초안은 완벽하지 않습니다. 데이터 과학에 필요한 주요 기술들이 나열되지 않았을지도 모릅니다. 그렇다면 어떤 기술들이 누락되었을까요? 우리는 이를 분석적으로 알아내기로 결정했습니다. 결국 우리는 데이터 과학자인 것이죠! 엄격하게 분석하여 지식의 공백을 메우는 우리가 자신에게도 엄격한 분석을 적용하지 말라는 법은 없겠죠.

먼저 필요한 것은 데이터입니다. 인기 구직 사이트를 방문합니다. 이 웹 사이트에서 인력이 필요한 고용주들이 게시한 구인 리스트를 수백만 개 얻을 수 있습니다. 특히 웹 사이트가 제공하는 검색 엔진은 분석가 또는 데이터 과학자 같은 키워드로 일자리를 필터링할 수 있게도 해 줍니다. 또 내가 업로드한 문서/이력서를 토대로 일자리를 매칭할 수도 있죠. 그러나 안타깝게도 우리 이력서는 아직 미완성입니다. 그 대신 이 책 목차를 검색해 볼 수 있습니다. 장 15개의 목차를 복사하여 텍스트 파일에 붙여 넣습니다.

그다음 구직 사이트에 해당 파일을 업로드합니다. 처음 네 가지 사례 탐구 자료를 채용 공고 수백만 개와 비교하면 채용 공고 수천 개를 찾을 수 있습니다. 채용 공고 중 일부는 다른 것보다 더 높은 관련성을 띨 수 있습니다. 검색 엔진의 품질은 보증할 수 없지만 데이터 품질은 높이 평가할 만합니다. 모든 채용 공고에 대한 HTML을 내려받습니다.

우리 목표는 내려받은 데이터에서 데이터 과학에 필요한 일반적인 기술 스택을 추출한 뒤 이력서와 비교하여 이력서에 어떤 기술이 누락되었는지 파악하는 것입니다. 이 목표는 다음 과정을 거쳐 달성할 수 있습니다.

1. 내려받은 HTML 파일에서 텍스트를 적절히 파싱합니다.
2. 파싱 결과에서 일반적으로 직무 능력이 온라인 채용 공고에서 어떻게 묘사되는지 알아봅니다. 직무 능력을 강조할 때 더 자주 사용되는 특정 HTML 태그가 있을 수 있습니다.
3. 데이터셋에서 관련 없는 채용 공고를 필터링합니다. 검색 엔진은 완벽하지 않습니다. 일부 무관한 공고를 잘못 내려받았을 수 있습니다. 채용 공고를 이력서 및 목차와 비교하면 관련성을 평가할 수 있습니다.
4. 관련 공고 내 직무 능력을 그룹화하고 그 결과를 시각화합니다.
5. 그룹화된 직무 능력을 이력서 내용과 비교합니다. 그다음 이력서에 부족한 데이터 과학 기술이 있다면 이력서를 갱신할 계획을 세웁니다.

▶▶ 데이터셋 설명

이력서 초안은 resume.txt 파일에 저장되며 내용은 다음과 같습니다.

경험

1. 넘파이를 사용한 확률 시뮬레이션 개발
2. 순열 검정으로 통계적 유의성에 대한 온라인 광고 클릭 평가
3. 일반적인 그룹화/클러스터링 알고리즘을 이용한 질병 발생 분석

추가 기술

1. 맷플롯립을 사용한 데이터 시각화
2. 사이파이를 사용한 통계 분석
3. 판다스를 사용한 정형 데이터 처리
4. 사이킷런을 사용한 K-평균 클러스터링 및 DBSCAN 클러스터링
5. GeoNamesCache를 사용한 텍스트 내 위치 추출
6. GeoNamesCache 및 카토피를 사용한 위치 분석 및 시각화
7. 사이킷런의 PCA 및 SVD를 사용한 차원 감소
8. 사이킷런을 사용한 NLP 분석 및 텍스트의 주제 파악

이어지는 장에서 기술 7과 기술 8을 알아봅니다.

초안은 짧고 불완전합니다. table_of_contents.txt 파일에 저장된 이 책의 일부 목차를 사용하여 내용을 일부 보완하겠습니다. 여기에는 장 15개와 각 장의 하위 절에 대한 제목이 들어있죠. 또 목차 파일은 job_postings 디렉터리에 내려받아 저장한 채용 공고 수천 개를 검색하는 데도 활용됩니다. 디렉터리 내 각 파일은 개별 채용 공고를 HTML 형식으로 담고 있으며, 로컬 환경의 웹 브라우저로 확인할 수 있습니다.

≫ 개요

다음 내용을 알아야 문제를 해결할 수 있습니다.

- 텍스트 간 유사도 측정하기
- 대량의 텍스트 데이터셋 그룹화를 효율적으로 수행하기
- 여러 텍스트 그룹 시각화하기
- HTML 파일에 담긴 텍스트 분석하기

13장

텍스트 유사성 측정

이 장에서 다루는 내용

- 자연어 처리 개념 배우기
- 단어 겹침을 기반으로 텍스트 비교하기
- 1차원 배열(벡터)로 텍스트 비교하기
- 2차원 배열(행렬)로 텍스트 비교하기
- 넘파이로 행렬 계산을 효율적으로 수행하기

신속한 텍스트 분석은 생명을 구할 수 있습니다. 미국 특수 부대가 테러리스트 기지를 급습한 실제 사건을 예로 들어 보죠. 그들은 그 건물에서 테라바이트 수준의 데이터가 저장된 컴퓨터를 발견했습니다. 테러리스트 활동과 관련된 문서, 문자 메시지, 이메일 등이 포함되어 있었죠. 도저히 한 사람이 읽을 수 없는 방대한 양이었습니다. 하지만 다행히 병사들은 매우 빠른 텍스트 분석이 가능한 특수 소프트웨어를 갖추고 있었고, 그 자리에서 모든 텍스트 데이터를 분석할 수 있었습니다. 그 결과 인근 지역에서 테러 계획이 진행 중이라는 사실을 밝힐 수 있었습니다. 병사들은 즉시 테러 음모에 대응하여 테러 공격을 막아 냈습니다.

자연어 처리(Natural Language Processing, NLP) 기술이 없었다면 이 신속한 방어 대응은 불가능했을 것입니다. NLP는 빠른 텍스트 분석에 중점을 둔 데이터 과학의 한 분야입니다. 일반적으로 NLP는 대량의 텍스트 데이터셋에 적용되는 편입니다. 매우 다양한 사용 사례가 있지만, 그중 일부로는 다음 것들이 있습니다.

- 기업 브랜드에 대한 대중의 감정을 파악하기 위해 기업이 게시한 소셜 미디어 게시물 모니터링하기
- 콜센터의 녹취록을 분석하여 고객의 일반적인 불만 사항 모니터링하기
- 글로 쓰인 공통 관심사를 바탕으로 데이팅 사이트에서 사람들 매칭하기
- 환자의 적절한 진단을 위한 의사 소견서 처리하기

이 같은 사용 사례는 빠른 분석에 달려 있습니다. 지연된 신호 추출은 많은 비용을 발생시킵니다. 텍스트를 직접적으로 처리하는 것은 본질적으로 느립니다. 대부분의 대화형 기술은 텍스트 대신 숫자에 최적화되어 있습니다. 따라서 자연어 처리는 순수 텍스트를 숫자 표현으로 변환하는 과정에 의존합니다. 모든 단어와 문장을 숫자로 변환하여 분석을 빠르게 수행하는 것이죠.

이 장은 두 텍스트의 유사도를 측정하는 기본적인 NLP 문제에 집중합니다. 먼저 비효율적인 해결책들을 빠르게 훑어보고, 텍스트 유사도를 계산하는 일련의 수치 기법도 살펴봅니다. 이러한 계산을 할 때는 입력 텍스트를 2차원의 수치형 테이블로 변환하여 효율성을 극대화해야 합니다.

13.1 간단한 텍스트 비교

많은 NLP 작업은 텍스트 간 유사점과 차이점을 분석하는 데 의존적입니다. 간단한 텍스트 세 개를 비교하는 가정을 해 보죠.

- **text1**: She sells seashells by the seashore.
- **text2**: "Seashells! The seashells are on sale! By the seashore."
- **text3**: She sells 3 seashells to John, who lives by the lake.

우리 목표는 text1이 text2와 text3 중 어느 것에 더 유사한지 결정하는 것입니다. 그러면 먼저 각 텍스트를 변수에 할당해 보겠습니다.

코드 13-1 변수에 텍스트 할당하기

```python
text1 = 'She sells seashells by the seashore.'
text2 = '"Seashells! The seashells are on sale! By the seashore."'
text3 = 'She sells 3 seashells to John, who lives by the lake.'
```

이제 텍스트 간 차이를 정량화해야 합니다. 한 가지 기본 접근법은 각 텍스트 쌍에 공유되는 단어 수를 단순히 계산하는 것입니다. 이를 위해서는 각 텍스트를 단어 단위로 분할하여 단어 리스트를 만들어야 합니다. 파이썬은 텍스트를 분할하는 split이라는 내장 메서드를 제공합니다.

> **노트** 텍스트를 개별 단어로 분할하는 과정을 일반적으로 토큰화(tokenization)라고 합니다.

코드 13-2 텍스트를 단어 단위로 분할하기

```python
words_lists = [text.split() for text in [text1, text2, text3]]
words1, words2, words3 = words_lists

for i, words in enumerate(words_lists, 1):
    print(f"text{i}에 포함된 단어들")
    print(f"{words}\n")
```

▶ 실행결과

```
text1에 포함된 단어들
['She', 'sells', 'seashells', 'by', 'the', 'seashore.']

text2에 포함된 단어들
['"Seashells!', 'The', 'seashells', 'are', 'on', 'sale!', 'By', 'the', 'seashore."']

text3에 포함된 단어들
['She', 'sells', '3', 'seashells', 'to', 'John,', 'who', 'lives', 'by', 'the', 'lake.']
```

텍스트를 분할했더라도 다음 이유로 정확한 단어를 비교하는 것은 불가능합니다.

- **일관성 없는 대문자(caplitalization)**: 'she'와 'seashells'라는 두 단어의 첫 글자가 일부 텍스트에서는 대문자로 표시되어 있지만, 그렇지 않은 경우도 있어 직접적인 비교가 어렵습니다.

- **일관성 없는 구두점(punctuation)**: 가령 text2의 'seashells'는 느낌표와 쌍따옴표를 포함하지만, text1과 text3에는 이 구두점이 없습니다.

문자열을 소문자로 변환하는 문자열에 내장된 lower 메서드를 호출하면 일관성 없는 대문자 문제를 제거할 수 있습니다. 또 단어_문자열.replace(구두점, ' ') 메서드를 호출하면 단어에 포함된 ! 또는 "와 같은 구두점을 제거할 수도 있습니다. 이 내장 문자열 메서드들을 사용하여 모든 비일관성 문제를 제거해 보겠습니다. 텍스트의 모든 문자를 소문자화하고 모든 일반적인 구두점을 제거하는 simplify_text 함수를 정의해 보죠.

코드 13-3 대·소문자 구분 및 구두점 제거하기

```python
def simplify_text(text):
    for punctuation in ['.', ',', '!', '?', '"']:
        text = text.replace(punctuation, '')
    return text.lower()

for i, words in enumerate(words_lists, 1):
    for j, word in enumerate(words):
        words[j] = simplify_text(word)
    print(f"text{i}에 포함된 단어들")
    print(f"{words}\n")
```

다시 한 번 우리의 즉각적인 목표를 짚고 넘어가 보겠습니다.

1. text1에 포함된 고유 단어 중 text2에도 포함된 단어 수를 셉니다.
2. text1에 포함된 고유 단어 중 text3에도 포함된 단어 수를 셉니다.
3. 이 둘을 이용하여 text2와 text3 중 text1에 더 유사한 것을 결정합니다.

당장은 고유 단어 수를 비교하는 데만 관심을 두기 때문에 중복 단어(예 text2에 두 번 등장한 'seashore')는 한 번으로 간주됩니다. 그리고 각 단어 리스트를 set 자료형으로 변환하면 중복 단어를 모두 제거할 수 있습니다.

코드 13-4 단어 리스트를 set으로 변환하기

```python
words_sets = [set(words) for words in words_lists]
for i, unique_words in enumerate(words_sets, 1):
    print(f"text{i}에 포함된 단어들")
    print(f"{unique_words}\n")
```

▶ 실행결과

text1에 포함된 단어들
{'sells', 'seashells', 'by', 'seashore', 'the', 'she'}

text2에 포함된 단어들
{'by', 'on', 'are', 'sale', 'seashore', 'the', 'seashells'}

text3에 포함된 단어들
{'to', 'sells', 'seashells', 'lake', 'by', 'lives', 'the', 'john', '3', 'who', 'she'}

set 자료형으로 정의된 set_a와 set_b에 대해 set_a & set_b를 실행하면 겹치는 모든 요소를 추출할 수 있습니다. 연산자를 사용하여 텍스트 쌍 (text1, text2)와 (text1, text3) 사이에 겹치는 단어를 추출해 보죠.

> **노트** 공식적으로 두 set 사이에 겹치는 요소들을 두 set의 교집합(intersection)이라고 합니다.

코드 13-5 두 텍스트 사이에 겹치는 단어 추출하기

```
words_set1 = words_sets[0]
for i, words_set in enumerate(words_sets[1:], 2):
    shared_words = words_set1 & words_set
    print(f"text1과 text{i}는 다음 {len(shared_words)}개의 단어를 공유합니다")
    print(f"{shared_words}\n")
```

▶ 실행결과

```
text1과 text2는 다음 4개의 단어를 공유합니다
{'seashore', 'by', 'the', 'seashells'}

text1과 text3는 다음 5개의 단어를 공유합니다
{'sells', 'by', 'she', 'the', 'seashells'}
```

text1과 text2는 단어를 네 개, text1과 text3은 단어를 다섯 개 공유합니다. 이 사실이 text1이 text2보다 text3과 더 유사하다는 것을 의미할까요? 꼭 그렇지는 않습니다. text1과 text3은 단어를 다섯 개 공유하며, 한곳에서는 등장하지만 다른 곳에서는 등장하지 않아 겹치지 않는 단어들도 있습니다. (text1, text2)와 (text1, text3) 사이에 겹치지 않는 단어를 모두 세어 보죠. 연산자 ^를 사용하면 두 set 사이에서 겹치지 않는 요소를 추출할 수 있습니다.

코드 13-6 두 텍스트 사이에 겹치지 않는 단어 추출하기

```
for i, words_set in enumerate(words_sets[1:], 2):
    diverging_words = words_set1 ^ words_set
    print(f"text1과 text{i}에서는 다음 {len(diverging_words)}개의 단어가 겹치지 않습니다")
    print(f"{diverging_words}\n")
```

▶ 실행결과

```
text1과 text2에서는 다음 5개의 단어가 겹치지 않습니다
{'are', 'sells', 'sale', 'on', 'she'}

text1과 text3에서는 다음 7개의 단어가 겹치지 않습니다
{'to', 'lake', 'lives', 'seashore', 'john', '3', 'who'}
```

text1과 text3에는 text1과 text2보다 겹치지 않는 단어가 두 개 더 많습니다. 따라서 text1과 text3에는 겹치는 단어도 많지만, 동시에 겹치지 않는 단어도 많습니다. 겹치는 단어들과 겹치지 않은 단어들을 모두 고려하여 유사성을 단일 점수화하려면, 먼저 텍스트 간 겹치는 단어와 겹치지 않는 단어를 모두 결합할 필요가 있습니다. 이 같은 결합을 **합집합**(union)이라고 하며, 여기에는 두 텍스트의 모든 고유 단어가 포함됩니다. 파이썬의 set 자료 구조로 정의된 set_a와 set_b에 대해 set_a | set_b를 실행하면 합집합을 구할 수 있습니다.

그림 13-1은 두 텍스트 간 교집합, 합집합, 겹치지 않는 부분을 시각화하여 보여 줍니다. 첫 번째 텍스트와 두 번째 텍스트에 포함된 고유 단어가 직사각형 세 개에 담겨 있는데, 그중 가장 왼쪽과 오른쪽 직사각형에는 각각 첫 번째와 두 번째 텍스트에서 겹치지 않는 단어들이 담겨 있습니다. 한편 가운데 상자에는 두 텍스트에서

공통으로 발견된 단어들이 들어 있죠. 따라서 세 상자를 모두 합치면 두 텍스트에 포함된 모든 단어의 합을 구할 수 있습니다.

▼ 그림 13-1 두 텍스트 간 합집합, 교집합, 겹치지 않는 부분에 대한 시각화

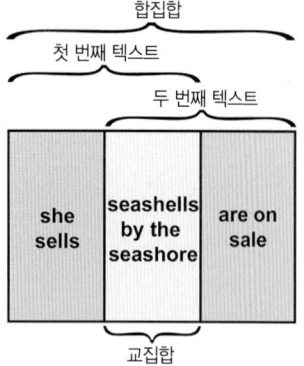

> **노트** 파이썬의 set에 대한 공통 연산
> - **set_a & set_b**: set_a와 set_b 사이에 겹치는 모든 요소를 반환합니다.
> - **set_a ^ set_b**: set_a와 set_b 사이의 모든 겹치지 않는 요소를 반환합니다.
> - **set_a | set_b**: set_a와 set_b 사이의 모든 요소 합을 반환합니다.
> - **set_a - set_b**: set_b에 없는 set_a의 모든 요소를 반환합니다.

연산자를 사용하여 (text1, text2) 및 (text1, text3)의 총 고유 단어 수를 구해 보겠습니다.

코드 13-7 두 텍스트 사이의 단어 합집합 구하기

```
for i, words_set in enumerate(words_sets[1:], 2):
    total_words = words_set1 | words_set
    print(f"text1과 text{i}는 함께 다음 {len(total_words)}개의 "
          f"고유 단어로 구성됩니다\n {total_words}\n")
```

▶ 실행결과

```
text1과 text2는 함께 다음 9개의 고유 단어로 구성됩니다
{'sells', 'seashells', 'by', 'on', 'are', 'sale', 'seashore', 'the', 'she'}

text1과 text3는 함께 다음 12개의 고유 단어로 구성됩니다
{'sells', 'lake', 'by', 'john', 'the', 'she', 'to', 'lives', 'seashore', '3', 'who', 'seashells'}
```

text1과 text3을 합치면 고유 단어가 총 12개 드러나는데, 이 중 다섯 개는 겹치는 것이고 일곱 개는 겹치지 않는 것입니다. 즉, 이 둘은 전체 고유 단어 수에 대한 상호 보완적인 백분율(complementary percentage)을 나타낸다고 볼 수 있습니다. (text1, text2) 및 (text1, text3)에서 백분율을 출력해 보죠.

코드 13-8 두 텍스트 간 겹치는 단어와 겹치지 않은 단어의 백분율 구하기

```
for i, words_set in enumerate(words_sets[1:], 2):
    shared_words = words_set1 & words_set
    diverging_words = words_set1 ^ words_set
    total_words = words_set1 | words_set
    assert len(total_words) == len(shared_words) + len(diverging_words)
    percent_shared = 100 * len(shared_words) / len(total_words)      ····· text1과 공유된 전체 단어 비율
    percent_diverging = 100 * len(diverging_words) / len(total_words)  ····· text1과 다른 전체 단어의 비율

    print(f"text1과 text{i}는 다음 {len(shared_words)}개의 단어를 공유합니다")
    print(f"{shared_words}\n")

    print(f"text1과 text{i}는 다음 {len(total_words)}개의 고유 단어를 공유합니다"
        f"\n그중 {percent_shared:.2f}%는 겹칩니다"
        f"\n그중 {percent_diverging:.2f}%는 겹치지 않습니다\n")
```

▶ 실행결과

```
text1과 text2는 다음 9개의 고유 단어를 공유합니다
그중 44.44%는 겹칩니다
그중 55.56%는 겹치지 않습니다

text1과 text3는 다음 12개의 고유 단어를 공유합니다
그중 41.67%는 겹칩니다
그중 58.33%는 겹치지 않습니다
```

text1과 text3은 전체 단어 중 41.67% 단어를 공유하며, 나머지 58.33% 단어는 서로 겹치지 않습니다. 반면 text1과 text2는 전체 단어 중 44.44%를 공유합니다. 이 비율이 더 높기 때문에 text1은 text3보다는 text2와 더 유사하다고 유추할 수 있습니다.

결국 두 텍스트의 유사성을 평가하는 간단한 지표를 개발한 것입니다. 이 지표가 작동하는 방식은 다음과 같이 공식화할 수 있습니다.

1. 두 텍스트가 주어졌을 때 각 텍스트에서 단어 리스트를 추출합니다.
2. 텍스트 간 공유되는 고유 단어 수를 셉니다.
3. 공유 단어 수를 두 텍스트의 총 고유 단어 수로 나눕니다.

이 유사성 지표를 **자카드 유사도**(jaccard similarity) 또는 **자카드 지수**(jaccard index)라고 합니다. 그림 13-2는 첫 번째 텍스트와 두 번째 텍스트에 대해 자카드 유사도가 무엇인지 보여 줍니다. 두 텍스트는 두 원으로 표시되었는데 그중 왼쪽 원은 첫 번째 텍스트, 오른쪽 원은 두 번째 텍스트에 해당합니다. 각 원에는 해당 텍스트에 포함된 고유 단어 리스트가 담겨 있습니다. 두 원은 교차하며, 그 교차점에는 텍스트 간 공유되는 모든 단어가 담깁니다. 자카드 유사도는 전체 단어 수에 대한 교집합 비율과 같습니다. 그림 13-2에서는 단어 총 아홉 개 중 네 개가 교차하므로 자카드 유사도는 4/9와 같습니다.

▼ 그림 13-2 두 텍스트 간 자카드 유사도 시각화

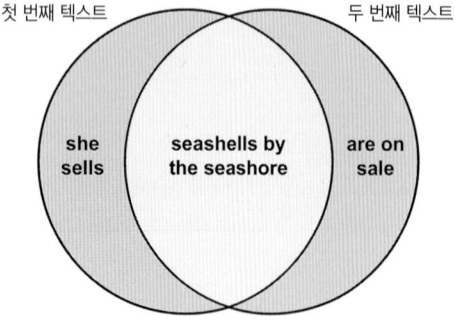

13.1.1 자카드 유사도 탐색

자카드 유사도가 텍스트의 유사성을 합리적으로 측정하는 척도인 이유는 다음과 같습니다.

- 텍스트 간 겹치는 단어와 겹치지 않는 단어를 함께 고려합니다.
- 항상 0과 1 사이로 표현되며 해석이 쉽습니다. 0은 공유 단어가 없음을, 0.5는 절반의 단어가 공유됨을, 1은 모든 단어가 공유됨을 의미합니다.
- 쉽게 구현할 수 있습니다.

자카드 유사도를 계산하는 함수를 정의해 보겠습니다.

코드 13-9 자카드 유사도 계산하기

```
def jaccard_similarity(text_a, text_b):
    word_set_a, word_set_b = [set(simplify_text(text).split())
                              for text in [text_a, text_b]]
    num_shared = len(word_set_a & word_set_b)
    num_total = len(word_set_a | word_set_b)
    return num_shared / num_total


for text in [text2, text3]:
    similarity = jaccard_similarity(text1, text)
    print(f"'{text1}'과 '{text}' 사이의 자카드 유사도는 "
          f"{similarity:.4f}입니다" "\n")
```

▶ 실행결과

'She sells seashells by the seashore.'과 '"Seashells! The seashells are on sale! By the seashore."'
사이의 자카드 유사도는 0.4444입니다
'She sells seashells by the seashore.'과 'She sells 3 seashells to John, who lives by the lake.' 사이의 자카드 유사도는 0.4167입니다

방금 구현한 자카드 유사도 함수는 잘 작동하지만, 효율적으로 작동하지는 않습니다. 두 세트를 비교하는 연산자를 사용하여 word_set_a & word_set_b 및 word_set_a | word_set_b 같은 연산을 수행하는데 사실 이 연산은 두 set 사이의 모든 단어를 비교하고 대조하는 식으로 작동합니다. 일일이 하나씩 확인하는 절차를 거치기 때문에 많은 계산 비용이 발생합니다.

이 함수를 더 효율적으로 만들 방법이 있을까요? 먼저 합집합을 계산하는 word_set_a | word_set_b 부분을 제거하면 됩니다. 두 텍스트의 모든 고유 단어의 수를 얻기 위해 | 연산자를 사용하지만, 이를 더 효율적으로 수행할 간단한 방법이 있습니다.

1. len(word_set_a)와 len(word_set_b)를 더하면 공유 단어 수가 2번 계산된 총 고유 단어 수를 얻을 수 있습니다.
2. 1단계 계산 결과에서 len(word_set_a & word_set_b)를 빼면 중복 계산된 공유 단어 수를 절반으로 제거할 수 있습니다. 따라서 최종적으로 그 결과는 len(word_set_a | word_set_b)와 같습니다.

즉, 합집합 계산을 len(word_set_a) + len(word_set_b) - num_shared로 대체하면 더 효율적인 함수를 만들 수 있습니다. 결과는 동일하게 유지하되, 함수의 구현 부분만 더 효율적으로 바꾸어 보죠.

코드 13-10 자카드 유사도를 효율적으로 계산하기

```python
def jaccard_similarity_efficient(text_a, text_b):
    word_set_a, word_set_b = [set(simplify_text(text).split())
                              for text in [text_a, text_b]]
    num_shared = len(word_set_a & word_set_b)
    num_total = len(word_set_a) + len(word_set_b) - num_shared
    return num_shared / num_total

for text in [text2, text3]:
    similarity = jaccard_similarity_efficient(text1, text)
    assert similarity == jaccard_similarity(text1, text)
```

num_total 줄 주석: 이전에 구현한 jaccard_similarity 함수와는 다르게 여기에서는 두 set을 비교하는 연산자를 사용하지 않고 num_total을 계산했습니다.

이렇게 자카드 함수를 개선했습니다. 하지만 이 함수는 문장 수준 수백 개에서는 효율적일 수 있지만, 수천 개 이상의 문장 여러 개에서는 그렇지 않습니다. 이 비효율성은 두 set을 비교하는 데 쓰인 나머지 word_set_a & word_set_b 연산 때문에 발생합니다. 복잡한 텍스트 수천 개에서 실행되기에는 너무 느린 것이죠. 다행히 넘파이를 사용하면 이 연산의 계산 속도를 높일 수 있습니다. 다만 넘파이는 모든 것을 숫자로 취급하고 처리해야만 하기 때문에 먼저 모든 단어를 숫자 값으로 바꾸어야 합니다.

13.1.2 단어를 숫자 값으로 바꾸기

단어를 숫자로 바꿀 수 있을까요? 물론입니다! 모든 텍스트의 모든 단어를 반복적으로 접근하며 각 고유 단어에 i 값을 할당해 주면 됩니다. 단어와 숫자 값 간의 매핑 정보는 파이썬의 딕셔너리로 저장할 수 있으며, 이 같은 정보를 담은 딕셔너리를 어휘라고 합니다. 그러면 텍스트 세 개에 담긴 모든 단어를 포함하는 어휘를 만들어 보죠. 또 숫자 값을 다시 단어로 매핑하는 value_to_word 딕셔너리도 함께 만듭니다.

> **노트** 기본적으로 텍스트의 합집합으로 얻은 모든 단어에 번호를 매깁니다. 반복적으로 단어를 선택하고 0부터 시작하여 번호를 할당합니다. 단어를 선택하는 순서는 중요하지 않습니다. 단어 가방에 손을 뻗어 임의의 단어를 꺼내는 것이죠. 그래서 이 기법을 일반적으로 '단어 가방(bag of words) 기법'이라고 합니다.

코드 13-11 어휘의 숫자에 단어 할당하기

```
words_set1, words_set2, words_set3 = words_sets
total_words = words_set1 | words_set2 | words_set3
vocabulary = {word: i for i, word in enumerate(total_words)}
value_to_word = {value: word for word, value in vocabulary.items()}
print(f"vocabulary에는 {len(vocabulary)}개의 단어가 포함되어 있습니다"
      f"실제 vocabulary에 담긴 내용은 다음과 같습니다\n{vocabulary}")
```

▶ 실행결과

```
vocabulary에는 15개의 단어가 포함되어 있습니다 실제 vocabulary에 담긴 내용은 다음과 같습니다
{'sells': 0, 'seashells': 1, 'to': 2, 'lake': 3, 'who': 4, 'by': 5, 'on': 6, 'lives': 7, 'are': 8,
'sale': 9, 'seashore': 10, 'john': 11, '3': 12, 'the': 13, 'she': 14}
```

> **노트** 코드 13-11의 total_words 변수에 담긴 단어 순서는 설치된 파이썬 버전에 따라 다를 수 있습니다. 순서가 변경되면 이 장 뒷부분에서 텍스트를 표시하는 데 사용되는 특정 수치가 약간 변경될 수 있습니다. total_words를 ['sells', 'seashells', 'to', 'lake', 'who', 'by', 'on', 'lives', 'are', 'sale', 'seashore', 'john', '3', 'the', 'she']로 설정하면 출력 일관성을 보장할 수 있습니다.

어휘가 주어지면 어떤 텍스트든 1차원 숫자 배열로 변환할 수 있습니다. 1차원 숫자 배열은 수학적으로 **벡터**(vector)라고 합니다. 따라서 텍스트를 벡터로 변환하는 과정을 **텍스트의 벡터화**(text vectorization)라고 합니다.

> **노트** 배열의 차원과 데이터의 차원은 다릅니다. 데이터가 공간에 표현되기 위해 좌표가 d개 필요할 때 해당 데이터는 d차원을 갖습니다. 반면 배열의 형상이 d개의 값으로 설명되어야 할 때 해당 배열은 d차원을 갖는다고 합니다. 가령 좌표 세 개를 가진 데이터가 다섯 개 기록되었다고 가정해 보죠. 이들은 3차원 공간에 그려질 수 있으므로 3차원의 데이터입니다. 동시에 이들은 5행 3열로 구성된 테이블에 저장될 수 있으므로 이들은 2차원 배열로 다루어질 수 있습니다. 따라서 3D 데이터를 2D 배열에 저장할 것이죠.

텍스트를 벡터화하는 가장 간단한 방법은 이진 요소로 구성된 벡터(vector of binary elements)를 만드는 것입니다. 이 벡터의 각 인덱스는 어휘 내 한 단어에 연결됩니다. 따라서 연결된 텍스트에서 일부 어휘 단어가 누락되더라도 벡터 크기는 어휘 크기와 같습니다. i 인덱스의 단어가 텍스트에서 누락된 경우 벡터의 i번째 요소는 0으로 설정되며, 그렇지 않다면 1로 설정됩니다. 따라서 벡터 내 모든 단어에 대한 인덱스에는 0 또는 1 값이 할당됩니다.

예를 들어 어휘에서 'john'이라는 단어는 11이라는 값에 매핑되는데, 해당 단어가 text1에는 없다고 가정해 보죠. 따라서 text1을 벡터화하면 벡터의 11번째 인덱스는 0이라는 값이 매핑됩니다. 한편 단어 john이 text3에는 있다면, 결과적으로 text3을 벡터화했을 때 해당 벡터의 11번째 인덱스는 1이란 값을 갖습니다(그림 13-3). 이 방식으로 모든 텍스트를 0과 1의 이진 벡터로 변환할 수 있습니다.

▼ **그림 13-3** text3은 이진 벡터로 변환될 수 있습니다. 벡터의 각 인덱스는 어휘 내 단어에 해당합니다. 가령 0번째 인덱스는 sells라는 단어에 해당하며 이 단어는 text3에 포함되어 있으므로 벡터의 0번째 인덱스에는 1이라는 값이 할당됩니다. 한편 on, are, sale, seashore라는 단어는 text3에 포함되지 않기 때문에 해당 단어들에 대한 벡터 인덱스에는 0이라는 값이 할당됩니다.

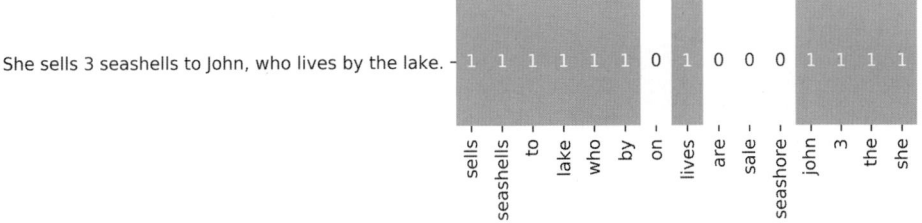

이진 벡터화로 모든 텍스트를 넘파이 배열로 변환해 보죠. 계산된 벡터를 테이블처럼 취급하기 위해 벡터들의 리스트에 저장합니다. 테이블의 행은 텍스트에, 열은 어휘에 매핑됩니다. 그림 13-4는 8장에서 설명한 기법으로 테이블을 히트맵으로 시각화한 결과를 보여 줍니다.

> **노트** 8장에서 설명한 대로 히트맵을 시각화하는 가장 좋은 방법은 시본(seaborn) 라이브러리를 사용하는 것입니다.

코드 13-12 단어를 이진 벡터로 변환하기

```
import matplotlib.pyplot as plt
import numpy as np
import seaborn as sns

vectors = []
for i, words_set in enumerate(words_sets, 1):
    vector = np.array([0] * len(vocabulary))    ····· 0으로 채워진 배열을 생성합니다. 이 배열은
    for word in words_set:                            np.zeros(len(vocabulary))로도 생성할 수
        vector[vocabulary[word]] = 1                  있습니다.
    vectors.append(vector)

sns.heatmap(vectors, annot=True, cmap='YlGnBu',    파이썬 3.6부터 딕셔너리의 keys 메서드는 입력된 순서를
            xticklabels=vocabulary.keys(),         기반으로 한 키 리스트를 반환합니다. Vocabulary의 경우
            yticklabels=['text1', 'text2', 'text3'])    ····· 입력 순서는 단어의 인덱스와 동일합니다.
plt.yticks(rotation=0)
plt.show()
```

▼ 그림 13-4 벡터화된 텍스트들의 테이블입니다. 행은 텍스트, 열은 각 텍스트에 포함된 어휘를 보여 줍니다. 이진 테이블의 각 요소에는 0 또는 1 값이 담깁니다. 0이 아닌 값은 지정된 텍스트에 지정된 단어가 있음을 나타내므로 테이블을 이용하여 어떤 단어가 어떤 텍스트에서 공유되는지 즉시 파악할 수 있습니다

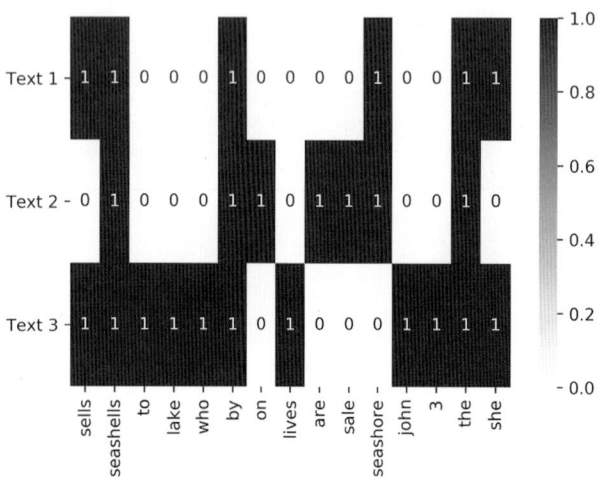

테이블을 이용하여 어떤 단어가 어떤 텍스트 간 공유되는지 쉽게 알 수 있습니다. 첫 번째 열의 sells 단어를 예로 들어 보죠. sells 단어에 대한 열은 첫 번째와 세 번째 행에서 1 값이 할당되어 있습니다. 즉, text1과 text3에서 sells 단어가 등장한다고 볼 수 있습니다. 더 공식적으로는 vectors[0][0] == 1과 vectors[2][0] == 1이기 때문에 해당 단어가 text1과 text3에서 공유된다고 말할 수 있습니다. 또 두 요소가 모두 1이므로 이들을 곱한 값도 1이어야 합니다. 즉, vectors[0][i]와 vectors[2][i]의 요소를 서로 곱해서 얻은 벡터에서 값이 1인 인덱스에 해당하는 단어가 두 텍스트 간 공유된다고 볼 수 있습니다.

이진 벡터 표현은 공유 단어를 숫자로 추출할 수 있게 해 줍니다. i번째 열의 단어가 text1과 text2에 모두 있는지 알고 싶다고 해 보죠. 각 텍스트의 벡터화된 표현이 vector1과 vector2에 담겨 있다면, vector1[i] * vector2[i] == 1 연산을 사용하여 i번째 단어가 두 텍스트에 모두 있는지 파악할 수 있습니다.

코드 13-13 벡터 연산으로 공유 단어 찾기

```
vector1, vector2 = vectors[:2]
for i in range(len(vocabulary)):
    if vector1[i] * vector2[i]:
        shared_word = value_to_word[i]
        print(f"단어 '{shared_word}'는 text1 및 text2에서 모두 등장합니다")
```

▶ 실행결과

```
단어 'seashells'는 text1 및 text2에서 모두 등장합니다
단어 'by'는 text1 및 text2에서 모두 등장합니다
단어 'seashore'는 text1 및 text2에서 모두 등장합니다
단어 'the'는 text1 및 text2에서 모두 등장합니다
```

text1과 text2 사이에 공유된 네 단어를 모두 출력했습니다. 이 공유 단어 수는 vector1[i] * vector2[i]를 계산했을 때 얻은 벡터의 요소 값을 더한 것과 같습니다. 즉, sum(vector1[i]*vector2[i] for i in range(len(vocabulary)))는 len(words_set1 & words_set2)와 동일한 결과를 도출합니다.

코드 13-14 벡터 연산으로 공유 단어 수 계산하기

```
shared_word_count = sum(vector1[i]*vector2[i] for i in range(len(vocabulary)))
assert shared_word_count == len(words_set1 & words_set2)
```

벡터의 요소별 곱을 모두 더하는 것을 **내적**(dot product)이라고 합니다. 두 넘파이 배열 vector_a와 vector_b에 대해 vector_a.dot(vector_b)를 실행하면 두 배열의 내적을 계산할 수 있습니다. 또 @ 연산자를 사용하여 vector_a @ vector_b를 실행해도 내적을 구할 수 있습니다. 즉, 내적으로 text1과 text2 사이에 공유된 단어 수를 구할 수 있으며, 이는 당연히 교집합 크기와 일치합니다. 따라서 vector1 @ vector2와 len(words_set1 & words_set2)의 결과는 동일합니다.

코드 13-15 넘파이로 벡터 내적 계산하기

```
assert vector1.dot(vector2) == shared_word_count
assert vector1 @ vector2 == shared_word_count
```

vector1과 vector2의 내적은 text1과 text2가 공유하는 단어 수와 같습니다. 그 대신 vector1 스스로에 대한 내적을 구한다고 가정해 보겠습니다. 이 결과는 text1이 text1과 공유하는 단어 수와 같아야 합니다. 즉, vector1 @ vector1은 text1의 고유 단어 수와 같아야 하며, 이는 len(words_set1)과도 같아야 합니다. 확인해 보죠.

코드 13-16 벡터 연산으로 총 단어 수 계산하기

```
assert vector1 @ vector1 == len(words_set1)
assert vector2 @ vector2 == len(words_set2)
```

벡터 내적으로 공유 단어 수와 총 고유 단어 수를 모두 계산할 수 있는 것이죠. 따라서 기본적으로 벡터 연산만으로 자카드 유사도를 계산할 수 있습니다. 이렇게 벡터화된 텍스트로 자카드 유사도를 구현한 것을 **타니모토 유사도**(tanimoto similarity)라고 합니다.

> **노트** 유용한 넘파이 벡터 연산
>
> - **vector_a.dot(vector_b)**: vector_a와 vector_b 사이의 내적을 구합니다. 그 결과는 sum(vector_a[i]*vector_b[i] for i in range(vector_a.size))와 같습니다.
> - **vector_a @ vector_b**: vector_a와 vector_b 사이의 내적을 @ 연산자를 사용하여 구합니다.
> - **binary_text_vector_a @ binary_text_vector_b**: text_a와 text_b 텍스트 사이에 공유된 단어 수를 구합니다.
> - **binary_text_vector_a @ binary_text_vector_a**: text_a 텍스트 내 포함된 고유 단어 수를 구합니다.

tanimoto_similarity 함수를 정의해 보죠. 이 함수는 vector_a 및 vector_b라는 두 벡터를 입력받으며, 그 출력은 jaccard_similarity(text_a, text_b)와 같습니다.

코드 13-17 벡터 연산으로 텍스트 유사도 계산하기

```
def tanimoto_similarity(vector_a, vector_b):
    num_shared = vector_a @ vector_b
    num_total = vector_a @ vector_a + vector_b @ vector_b - num_shared
    return num_shared / num_total

for i, text in enumerate([text2, text3], 1):
    similarity = tanimoto_similarity(vector1, vectors[i])
    assert similarity == jaccard_similarity(text1, text)
```

tanimoto_similarity 함수는 이진 벡터를 비교합니다. 0이나 1이 아닌 값을 가진 두 배열을 입력하면 어떻게 될까요? 기술적으로 이 함수는 유사도를 반환하도록 설계되었지만, 이 경우 계산된 유사도가 유의미할까요? 가령 벡터 [5, 3]과 [5, 2]는 거의 동일하기 때문에 우리는 이 둘의 유사도가 1에 근접할 것이라고 기대합니다. 직접 시도해 보죠.

코드 13-18 이진이 아닌 벡터의 유사도 계산하기

```
non_binary_vector1 = np.array([5, 3])
non_binary_vector2 = np.array([5, 2])
similarity = tanimoto_similarity(non_binary_vector1, non_binary_vector2)
print(f"이진이 아닌 두 벡터의 유사도는 {similarity}입니다")
```

▶ 실행결과

이진이 아닌 두 벡터의 유사도는 0.96875입니다

출력된 값은 거의 1에 가깝습니다. 따라서 tanimoto_similarity는 거의 동일한 두 벡터 사이의 유사성을 성공적으로 측정했다고 볼 수 있으며, 이 함수는 이진이 아닌 벡터 입력도 처리할 수 있다는 것을 알 수 있습니다. 즉, 텍스트 내용을 비교하기 전 이진이 아닌 벡터에 대한 기법으로 텍스트를 벡터화할 수 있다는 것을 의미합니다.

이진이 아닌 방식으로 텍스트를 벡터화하면 여러 이점이 있습니다. 이러한 이점들을 더 자세히 알아보겠습니다.

13.2 단어 수를 사용하여 텍스트 벡터화하기

이진 벡터는 텍스트에 특정 단어의 포함 유무만 파악할 수 있지만, 각 단어 수까지는 파악하지 못합니다. 각 단어 수는 또 다른 유의미한 신호를 제공할 수 있기 때문에 아쉬운 부분이죠. 두 텍스트를 대조한다고 가정해 보죠. 텍스트 A에는 '오리' 단어가 61회, '거위' 단어가 2회 등장하며 텍스트 B에는 1회, 71회 등장합니다. 이 횟수를 바탕으로 두 텍스트가 오리와 거위에 대해 비교적 다른 의견을 가지고 있다는 것을 추론할 수 있을지도

모릅니다. 이 차이는 두 텍스트에 대한 오리와 거위의 인덱스에 1을 할당하는 이진 벡터로는 파악할 수 없습니다. 모든 이진 값을 실제 단어 수로 바꾸면 어떨까요? 가령 벡터 A의 오리와 거위에 대한 인덱스에는 61과 2라는 값을 할당하고, 벡터 B의 해당 인덱스에는 1과 71을 할당하자는 것이죠.

그러면 단어 수 벡터가 생성됩니다. 일반적으로 단어 수 벡터를 **용어 빈도 벡터**(term frequency vector), 줄여서 **TF 벡터**라고 합니다. 두 요소로 구성된 어휘 {'오리': 0, '거위': 1}에 대한 TF 벡터를 계산해 보겠습니다. 참고로 어휘의 각 단어는 벡터 인덱스에 매핑됩니다. 어휘가 주어지면 두 텍스트를 [61, 2] 및 [1, 71]의 TF 벡터로 변환할 수 있습니다. 그다음 두 벡터의 타니모토 유사도를 출력합니다.

코드 13-19 TF 벡터의 유사도 계산하기

```
similarity = tanimoto_similarity(np.array([61, 2]), np.array([1, 71]))
print(f"텍스트 간 유사도는 약 {similarity:.3f}입니다")
```

▶ 실행결과

텍스트 간 유사도는 약 0.024입니다

텍스트 간 TF 벡터 유사도가 매우 낮습니다. 이를 두 텍스트의 이진 벡터에 대한 유사도와 비교해 보겠습니다. 두 텍스트의 이진 벡터는 모두 [1, 1]이기 때문에 이 둘의 유사도는 1이 되어야 합니다.

코드 13-20 동일 벡터의 유사도 평가하기

```
assert tanimoto_similarity(np.array([1, 1]), np.array([1, 1])) == 1
```

이진 값을 단어 수로 바꾸면 유사도 출력을 크게 바꿀 수 있습니다. text1, text2, text3을 TF 벡터화하면 어떻게 될까요? 알아봅시다. words_lists에 담긴 단어 리스트로 세 텍스트 각각에 대한 TF 벡터를 계산하는 것으로 시작합니다. 이 벡터에 대한 히트맵을 그리면 그림 13-5와 같습니다.

코드 13-21 단어 리스트에서 TF 벡터 계산하기

```
tf_vectors = []
for i, words_list in enumerate(words_lists, 1):
    tf_vector = np.array([0]*len(vocabulary))
    for word in words_list:
        word_index = vocabulary[word]
        tf_vector[word_index] += 1  ----- 단어의 어휘 인덱스를 사용하여
    tf_vectors.append(tf_vector)         단어 수를 갱신합니다.

sns.heatmap(tf_vectors, cmap='YlGnBu', annot=True,
            xticklabels=vocabulary.keys(),
            yticklabels=['text1', 'text2', 'text3'])
plt.yticks(rotation=0)
plt.show()
```

▼ 그림 13-5 TF 벡터 테이블
행은 텍스트, 열은 각 텍스트에 포함된 어휘를 보여 줍니다. 각 값은 지정된 텍스트에서 지정된 단어 수를 나타냅니다. 테이블에서 한 번 이상 등장한 단어는 두 개이며 그 밖에 다른 단어들은 모두 한 번만 등장합니다

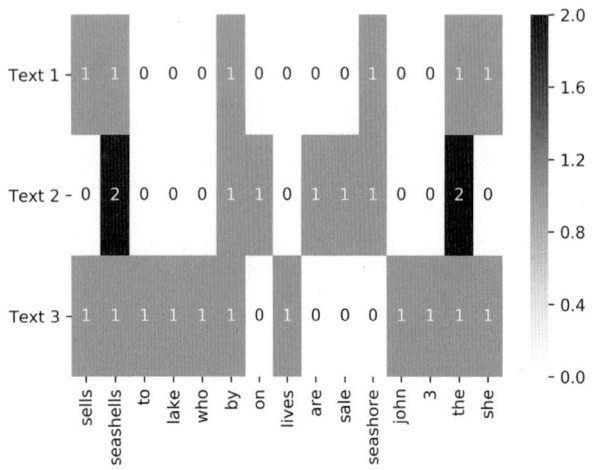

text1과 text3의 TF 벡터는 이전에 본 이진 벡터와 동일합니다. 그러나 text2의 TF 벡터는 2번 등장한 단어가 두 개 있으므로 이진 벡터가 아닙니다. 이것이 text1과 text2 사이의 유사도에 어떤 영향을 미칠까요? 다음은 text1과 다른 두 텍스트 간의 TF 벡터 유사도를 계산하는 코드를 보여 줍니다. 또 비교를 위해 이진 벡터 유사도도 함께 출력합니다. text1과 text2의 유사도는 변해야 하지만 text1과 text3의 유사도는 동일하게 유지할 것으로 기대해 볼 수 있습니다.

코드 13-22 벡터 유사도 지표 비교하기

```
tf_vector1 = tf_vectors[0]
binary_vector1 = vectors[0]

for i, tf_vector in enumerate(tf_vectors[1:], 2):
    similarity = tanimoto_similarity(tf_vector1, tf_vector)
    old_similarity = tanimoto_similarity(binary_vector1, vectors[i-1])
    print(f"text1과 text{i} 사이에 다시 계산된 타니모토 유사도는 "
          f"{similarity:.4f}입니다")
    print(f"이전에 계산되었던 유사도는 {old_similarity:.4f}였습니다" "\n")
```

▶ 실행결과

```
text1과 text2 사이에 다시 계산된 타니모토 유사도는 0.4615입니다
이전에 계산되었던 유사도는 0.4444였습니다

text1과 text3 사이에 다시 계산된 타니모토 유사도는 0.4167입니다
이전에 계산되었던 유사도는 0.4167였습니다
```

예상대로 text1과 text3의 유사도는 동일하게 유지된 반면, text1과 text2의 유사도는 늘어났습니다. 따라서 TF 벡터화는 두 텍스트의 선호도를 더욱 뚜렷하게 만들었습니다.

TF 벡터는 텍스트 간 단어 수 차이에 민감하기 때문에 향상된 비교 결과를 제공합니다. 이 민감도는 유용할 수 있지만, 길이가 다른 텍스트를 비교할 때는 불리할 수 있습니다. 다음 절에서는 TF 벡터 비교가 가진 결함을 살펴보고 **정규화**(normalization) 기법으로 해결합니다.

13.2.1 정규화로 TF 벡터 유사도 개선하기

아주 간단한 검색 엔진을 테스트한다고 가정해 보죠. 검색 엔진은 쿼리를 데이터베이스에 저장된 문서 제목과 비교합니다. 먼저 쿼리는 TF 벡터화되고, 이미 벡터화되어 저장된 모든 문서 제목과 비교합니다. 타니모토 유사도가 0이 아닌 제목이 반환되고 유사도 점수에 따라 순위가 매겨집니다.

'Pepperoni Pizza'라는 쿼리를 실행했을 때 다음 두 제목이 반환된다고 가정해 보겠습니다.

- 제목 A: "Pepperoni Pizza! Pepperoni Pizza! Pepperoni Pizza!"
- 제목 B: "Pepperoni"

> 노트 이 제목들은 쉬운 시각화를 위해 의도적으로 단순화한 것입니다. 일반적으로 실제 문서 제목은 이보다 더 복잡합니다.

두 제목 중 어느 것이 쿼리에 가장 일치할까요? 대부분의 데이터 과학자는 제목 A가 제목 B보다 더 일치한다는 데 동의할 것입니다. 제목 A와 쿼리 모두 페퍼로니 피자를 언급하고 있기 때문입니다. 반면 제목 B에는 페퍼로니만 언급되어 있습니다. 각 문서가 실제로 어떤 맥락에서 pizza를 언급했다는 것은 알 수 없습니다.

쿼리를 기준으로 제목 A가 제목 B보다 순위가 높은지 직접 확인해 보죠. 먼저 두 요소로 구성된 어휘 {pepperoni: 0, pizza: 1}에서 TF 벡터를 생성하는 것부터 시작합니다.

코드 13-23 간단한 검색 엔진의 벡터화

```
query_vector = np.array([1, 1])
title_a_vector = np.array([3, 3])
title_b_vector = np.array([1, 0])
```

이제 쿼리를 제목과 비교하여 타니모토 유사도에 따라 제목을 정렬합니다.

코드 13-24 쿼리 유사도에 따른 제목 순위 지정하기

```
titles = ["A: Pepperoni Pizza! Pepperoni Pizza! Pepperoni Pizza!", "B: Pepperoni"]
title_vectors = [title_a_vector, title_b_vector]
similarities = [tanimoto_similarity(query_vector, title_vector)
                for title_vector in title_vectors]

for index in sorted(range(len(titles)), key=lambda i: similarities[i], reverse=True):
    title = titles[index]
    similarity = similarities[index]
    print(f"제목 '{title}'과 쿼리와의 유사도는 {similarity:.4f}입니다")
```

> **실행결과**

제목 'B: Pepperoni'과 쿼리와의 유사도는 0.5000입니다
제목 'A: Pepperoni Pizza! Pepperoni Pizza! Pepperoni Pizza!'과 쿼리와의 유사도는 0.4286입니다

아쉽지만 제목 A의 순위가 제목 B보다 높습니다. 이 같은 순위 차는 텍스트 크기 때문에 발생할 수 있습니다. 쿼리보다 제목 A의 단어 수는 3배 많지만, 제목 B와는 단 한 단어밖에 차이 나지 않습니다. 표면적으로는 이 차이를 텍스트 크기로 구분하는 데 사용할 수 있습니다. 검색 엔진에서는 크기 신호가 잘못된 순위로 이어질 수 있습니다. 따라서 텍스트 크기가 순위 결과에 미치는 영향을 억제할 필요가 있습니다. 한 가지 간단한 접근법은 title_a_vector를 3으로 나누는 것입니다. 그러면 query_vector와 크기가 같아집니다. 따라서 tanimoto_similarity(query_vector, title_a_vector / 3)은 유사도 1을 반환합니다.

코드 13-25 나누어서 크기의 차이 제거하기

```
assert np.array_equal(query_vector, title_a_vector / 3)
assert tanimoto_similarity(query_vector, title_a_vector / 3) == 1
```

단순 나눗셈으로 title_a_vector와 query_vector 크기가 같도록 조작할 수 있습니다. 하지만 title_b_vector에서는 이 같은 조작이 불가능합니다. 왜 그럴까요? 세 벡터를 모두 2D 공간에 그려 보면 그 답을 구할 수 있습니다.

그런데 벡터는 어떻게 시각화할 수 있을까요? 수학적 관점에서 보면 모든 벡터는 기하학적 객체(geometric object)입니다. 수학자들은 모든 벡터를 원점에서 벡터 v의 좌표까지 뻗은 선으로 취급합니다. 기본적으로 세 벡터는 원점에서 뻗어 나온 선분일 뿐입니다. 따라서 이들을 2D 공간에서 시각화할 수 있는데, 이때 x축은 pepperoni 단어의 등장 횟수를, y축은 pizza 단어의 등장 횟수를 의미합니다(그림 13-6).

코드 13-26 2D 공간에 TF 벡터 도식화하기

```
plt.plot([0, query_vector[0]], [0, query_vector[1]], c='k',
         linewidth=3, label='쿼리 벡터')
plt.plot([0, title_a_vector[0]], [0, title_a_vector[1]], c='b',
         linestyle='--', label='제목 A 벡터')
plt.plot([0, title_b_vector[0]], [0, title_b_vector[1]], c='g',
         linewidth=2, linestyle='-.', label='제목 B 벡터')
plt.xlabel('Pepperoni')
plt.ylabel('Pizza')
plt.legend()
plt.show()
```

▼ 그림 13-6 세 TF 벡터가 2D 공간에 선으로 그려집니다. 각 벡터는 원점에서 해당 좌표까지 뻗어 있습니다. 쿼리 벡터와 제목 A 벡터는 모두 같은 방향을 향하므로 이 둘 사이의 각도 차이는 0입니다. 그러나 두 선의 길이는 3배나 차이 납니다. 긴 쪽의 길이를 강제로 조정한다면 두 벡터를 같게 만들 수 있습니다

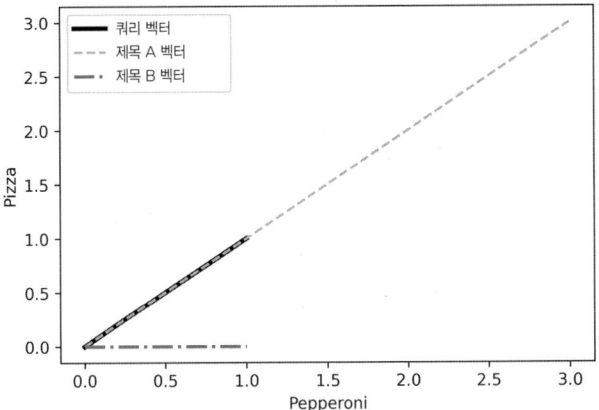

그림 13-6에서 title_a_vector와 query_vector는 같은 방향을 가리킵니다. 두 선의 유일한 차이는 title_a_vector 길이가 3배 더 길다는 것입니다. 따라서 title_a_vector 길이를 줄이면 두 선이 같아지도록 만들 수 있습니다. 한편 title_b_vector와 query_vector는 서로 다른 방향을 가리키기 때문에 이 둘을 겹치도록 만들 수는 없습니다. title_b_vector를 줄이거나 늘려도 다른 두 선분과 정렬되지 않습니다.

벡터를 선분으로 시각화하면 몇 가지 통찰을 얻을 수 있습니다. 각 선분들은 기하학적인 길이를 가집니다. 따라서 모든 벡터가 기하학적인 길이를 가지며, 이를 크기라고 합니다. 또 이 크기를 유클리드 노름(euclidean norm) 또는 L2 노름(norm)이라고도 합니다. 2차원 공간에 그려질 수 없는 것들을 포함한 모든 벡터는 크기를 갖습니다. 가령 다음 그림은 Pepperoni Pizza Pie에 대한 3D 벡터 크기를 보여 줍니다.

▼ 그림 13-7 세 단어로 구성된 Pepperoni Pizza Pie라는 제목에 대한 TF 벡터의 시각화
이 3D 벡터는 원점에서 (1, 1, 1) 좌표까지 뻗어 있습니다. 피타고라스 정리에 따라 해당 3D 선분의 길이는 (1+1+1) ** 0.5와 같습니다. 이 길이를 벡터 크기라고 합니다

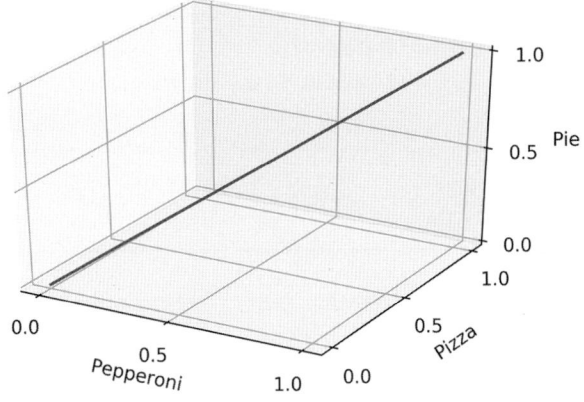

크기를 측정하여 기하학적 길이 간 차이를 설명할 수 있습니다. 파이썬에서는 여러 가지 방법으로 크기를 계산할 수 있습니다. 벡터 v 크기는 v와 원점 사이의 유클리드 거리를 계산하여 간단히 측정할 수 있습니다. 또는 넘파이의 np.linalg.norm(v) 함수를 사용하여 넘파이 배열로 표현된 벡터 크기를 구할 수도 있습니다. 마지막으로 피타고라스 정리를 이용한 계산도 가능합니다(그림 13-8).

▼ 그림 13-8 피타고라스 정리를 이용하여 벡터 크기를 계산합니다. 일반적으로 2차원 벡터 [a, b]는 직각삼각형으로 표현될 수 있습니다. 삼각형 수직 부분의 길이는 a와 b, 빗변의 길이는 c로 두면 c * c == a * a + b * b라는 피타고라스 정리에 따라 벡터 크기는 sum([value*value for value in vector]) ** 0.5와 같습니다. 이 공식은 2차원뿐만 아니라 임의의 차원 수로 확장될 수 있습니다

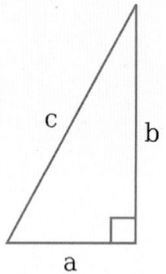

$a^2 + b^2 = c^2$

피타고라스 정리에 따르면, 벡터 v의 좌표에서 원점까지 제곱 거리는 sum([value*value for value in v])와 같습니다. 이는 앞서 설명한 내적의 정의와도 잘 맞아떨어집니다. 즉, 두 벡터 v1과 v2의 내적은 sum([value1*value2 for value1, value2 in zip(v1, v2)])와 같으며, v 스스로에 대한 내적은 sum([value*value for value in v])와 같습니다. 따라서 v 크기는 (v @ v) ** 0.5와 같습니다.

검색 엔진의 예시로 돌아가서 벡터 크기를 출력해 보겠습니다. 지금까지 관측한 바에 따르면 title_a_vector 크기는 query_vector의 3배가 되어야 합니다.

코드 13-27 벡터 크기 계산하기

```python
from scipy.spatial.distance import euclidean
from numpy.linalg import norm

vector_names = ['쿼리 벡터', '제목 A 벡터', '제목 B 벡터']
tf_search_vectors = [query_vector, title_a_vector, title_b_vector]
origin = np.array([0, 0])
for name, tf_vector in zip(vector_names, tf_search_vectors):
    magnitude = euclidean(tf_vector, origin)  # 크기는 원점과 벡터 사이의 유클리드 거리와 같습니다.
    assert magnitude == norm(tf_vector)  # 넘파이의 norm 함수는 크기를 반환합니다.
    assert magnitude == (tf_vector @ tf_vector) ** 0.5  # 내적으로도 크기를 계산할 수 있습니다.
    print(f"{name} 크기는 약 {magnitude:.4f}입니다")

magnitude_ratio = norm(title_a_vector) / norm(query_vector)
print(f"벡터 A는 쿼리 벡터보다 {magnitude_ratio:.0f}x배 큽니다")
```

▶ 실행결과

쿼리 벡터 크기는 약 1.4142입니다
제목 A 벡터 크기는 약 4.2426입니다
제목 B 벡터 크기는 약 1.0000입니다

벡터 A는 쿼리 벡터보다 3x배 큽니다

예상대로 query_vector와 title_a_vector의 크기는 3배 차이가 납니다. 또 두 벡터 크기는 모두 1보다 큽니다. 반면 title_vector_b 크기는 정확히 1입니다. 크기가 1인 벡터를 **단위 벡터**(unit vector)라고 하는데, 단위 벡터는 여러 유용한 특성이 있습니다. 그중 한 가지 장점은 비교가 쉽다는 것입니다. 단위 벡터들은 항상 크기가 같기 때문에 벡터의 크기가 유사도에 영향을 미치지 않습니다. 즉, 단위 벡터 간 차이는 방향에 따라서만 결정됩니다. title_a_vector와 query_vector의 크기가 모두 1이라고 가정해 보죠. 두 벡터 크기는 당연히 같을 것이고, 방향 또한 같은 쪽을 가리킵니다. 따라서 두 벡터는 본질적으로 동일합니다. 쿼리와 제목 A 사이의 단어 수 차이는 더 이상 중요하지 않습니다.

이를 설명하기 위해 TF 벡터를 단위 벡터로 변환해 보겠습니다. 어떤 벡터든 자기 자신의 크기로 나누면 벡터 크기는 1로 변환됩니다. 크기를 L2 노름이라고도 하기 때문에 크기로 나누는 것을 **정규화**(normalization)라고 합니다. 즉, v / norm(v)를 사용하여 크기가 1인 정규화된 벡터를 얻을 수 있습니다.

그러면 벡터를 정규화하고 단위 벡터를 시각화해 보겠습니다(그림 13-9). 두 벡터는 동일해야 합니다.

코드 13-28 정규화된 벡터 시각화하기

```
unit_query_vector = query_vector / norm(query_vector)
unit_title_a_vector = title_a_vector / norm(title_a_vector)
assert np.allclose(unit_query_vector, unit_title_a_vector)
unit_title_b_vector = title_b_vector
```

두 정규화된 단위 벡터는 동일해졌습니다. 정규화 중 발생할 수 있는 미세한 부동 소수점 오류를 보상하기 위해 np.array_equal 대신 np.allclose를 사용하여 확인합니다.

이 벡터는 이미 단위 벡터이므로 정규화할 필요는 없습니다.

```
plt.plot([0, unit_query_vector[0]], [0, unit_query_vector[1]], c='k',
         linewidth=3, label='정규화된 쿼리 벡터')
plt.plot([0, unit_title_a_vector[0]], [0, unit_title_a_vector[1]], c='b',
         linestyle='--', label='정규화된 제목 A 벡터')
plt.plot([0, unit_title_b_vector[0]], [0, unit_title_b_vector[1]], c='g',
         linewidth=2, linestyle='-.', label='제목 B 벡터')
plt.axis('equal')
plt.legend()
plt.show()
```

▼ **그림 13-9** 벡터들이 정규화되었기 때문에 이제 모든 벡터 크기는 1입니다. 정규화된 쿼리 및 제목 A에 대한 벡터는 동일하게 겹칩니다

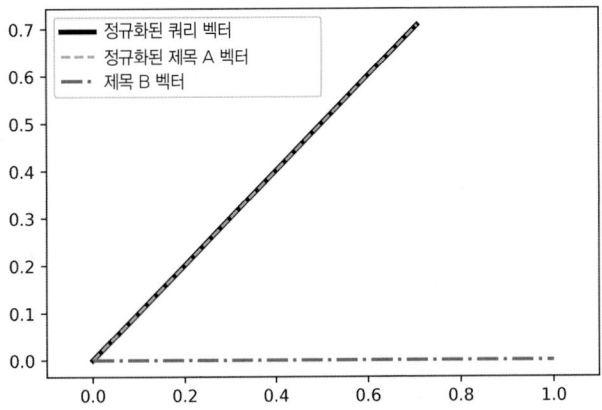

이제 정규화된 쿼리 벡터와 정규화된 제목 A 벡터를 구분할 수 있습니다. 텍스트 크기 때문에 발생한 모든 차이가 제거되었습니다. 한편 제목 B 벡터는 다른 방향을 가리킵니다. 따라서 unit_query_vector를 기준으로 unit_title_a_vector 및 unit_title_b_vector에 대한 순위를 매기면 unit_title_a_vector의 순위가 unit_title_b_vector보다 높다는 결론에 도달합니다. 즉, 쿼리 기준으로 제목 A가 제목 B보다 더 순위가 높습니다.

코드 13-29 단위 벡터 유사도별 타이틀 순위 나열하기

```
unit_title_vectors = [unit_title_a_vector, unit_title_b_vector]
similarities = [tanimoto_similarity(unit_query_vector, unit_title_vector)
                for unit_title_vector in unit_title_vectors]

for index in sorted(range(len(titles)), key=lambda i: similarities[i], reverse=True):
    title = titles[index]
    similarity = similarities[index]
    print(f"'{title}'는 정규화된 쿼리에 대해 {similarity:.4f} 유사도를 가집니다")
```

▶ 실행결과

```
'A: Pepperoni Pizza! Pepperoni Pizza! Pepperoni Pizza!'는 정규화된 쿼리에 대해 1.0000 유사도를 가집니다
'B: Pepperoni'는 정규화된 쿼리에 대해 0.5469 유사도를 가집니다
```

> **노트** 일반적인 벡터 크기 연산
> - **euclidean(vector, vector.size*[0])**: vector와 원점 사이의 유클리드 거리와 동일한 벡터 크기를 반환합니다.
> - **norm(vector)**: 넘파이의 norm 함수로 벡터 크기를 반환합니다.
> - **(vector @ vector) ** 0.5**: 피타고라스 정리로 벡터 크기를 계산합니다.
> - **vector / norm(vector)**: 벡터 크기가 1.0이 되도록 벡터를 정규화합니다.

벡터 정규화로 검색 엔진의 결함을 고쳤습니다. 더 이상 제목 길이에 지나치게 민감하지 않도록 만든 것이죠. 그리고 의도한 것은 아니지만, 타니모토 유사도가 더 효율적으로 개선되었습니다. 그 이유를 알아보겠습니다.

두 단위 벡터인 u1과 u2의 타니모토 유사도를 측정한다고 가정해 보죠. 그러면 논리적으로 다음을 추론할 수 있습니다.

- 타니모토 유사도는 u1 @ u2 / (u1 @ u1 + u2 @ u2 - u1 @ u2)와 같습니다.

- u1 @ u1은 norm(u1) ** 2와 같습니다. 이전 내용을 바탕으로 u1 @ u1이 u의 제곱 크기와 같다는 것을 알 수 있습니다.

- u1은 단위 벡터이므로 norm(u1)은 1을 반환합니다. 따라서 norm(u1) ** 2는 1이며, u1 @ u1은 1입니다.

- 같은 논리로 u2 @ u2도 1입니다.

- 따라서 타니모토 유사도 식을 u1 @ u2 / (2 - u1 @ u2)로 줄일 수 있습니다.

필요한 벡터 계산은 u1 @ u2뿐이기 때문에 각 벡터 스스로에 대한 내적을 더 이상 계산할 필요가 없습니다.

그러면 normalized_tanimoto 함수를 정의해 보겠습니다. 이 함수는 정규화된 두 벡터인 u1과 u2를 입력받아 u1 @ u2를 통해 직접 타니모토 유사도를 계산합니다. 그리고 그 결과는 tanimoto_similarity(u1, u2)와 같아야 합니다.

코드 13-30 단위 벡터에 대한 타니모토 유사도 계산하기

```
def normalized_tanimoto(u1, u2):
    dot_product = u1 @ u2
    return dot_product / (2 - dot_product)

for unit_title_vector in unit_title_vectors[1:]:
    similarity = normalized_tanimoto(unit_query_vector, unit_title_vector)
    assert similarity == tanimoto_similarity(unit_query_vector, unit_title_vector)
```

두 단위 벡터를 내적하면 두 벡터 사이의 각도와 공간 거리로 쉽게 변환이 가능한 매우 특별한 값을 얻을 수 있습니다. 이 사실들이 왜 중요할까요? 벡터의 각도 및 거리처럼 일반적인 기하학적인 지표는 모든 벡터 분석 라이브러리에서 지원되기 때문입니다. 이와는 대조적으로 타니모토 유사도는 NLP 이외의 분야에서는 잘 사용되지 않는 편입니다. 따라서 직접 타니모토 유사도를 구현해야 하는 경우가 많으며, 이는 현실에서 심각한 결과를 초래할 수 있습니다. 가령 다음과 같은 상황을 상상해 보죠. 검색 엔진 회사에서 피자에 관련된 모든 쿼리를 개선하기 위해 여러분을 고용했는데, 여러분은 정규화된 타니모토 유사도를 쿼리에 대한 관련성을 측정하는 지표로 사용하자고 제안했다고 가정해 봅시다. 그러나 회사 정책에 따라 사이킷런이 제공하는 지표만 사용할 수 있다는 주장을 하는 직원들의 반대 의견이 생길 수 있습니다.

> **노트** 안타깝지만 이 시나리오는 매우 현실적입니다. 대부분의 조직은 핵심 지표를 신속성과 품질이라는 측면에서 평가합니다. 조직 규모가 크다면 핵심 지표의 적합성을 판단하는 절차에 몇 달이 소요될 수도 있기 때문이죠. 따라서 신규 지표를 검증하기보다 이미 검증된 라이브러리에 의존하는 것이 일반적입니다.

관리자가 허용 가능한 지표 함수들이 나열된 사이킷런의 설명서[1]를 보여 줍니다. 그림 13-10은 사이킷런이 제공하는 지표 이름과 매핑된 함수 리스트를 보여 줍니다. 이름은 다르지만 동일 함수에 매핑될 수도 있습니다. 지표 여덟 개 중 네 개는 유클리드 거리를, 세 개는 11장에서 소개한 맨해튼 및 하버사인(haversine) 거리를 참조합니다. 또 아직 다루지 않은 '코사인' 지표도 있습니다. 한편 타니모토는 나열된 지표에 포함되지 않으므로 쿼리에 대한 관련성을 평가하는 데 사용될 수 없습니다. 그러면 어떻게 해야 할까요?

---

[1] http://mng.bz/9aM1

▼ 그림 13-10 사이킷런이 제공하는 유효한 거리 지표 리스트에 대한 스크린샷

유효한 거리 지표 및 매핑된 함수는 다음과 같습니다.

지표	함수
'cityblock'	metrics.pairwise.manhattan_distances
'cosine'	metrics.pairwise.cosine_distances
'euclidean'	metrics.pairwise.euclidean_distances
'haversine'	metrics.pairwise.haversine_distances
'l1'	metrics.pairwise.manhattan_distances
'l2'	metrics.pairwise.euclidean_distances
'manhattan'	metrics.pairwise.manhattan_distances
'nan_euclidean'	metrics.pairwise.nan_euclidean_distances

다행히 수학이 탈출구를 제공합니다. 두 벡터가 정규화되었다면 이들에 대한 타니모토 유사도는 유클리드 및 코사인 지표로 대체될 수 있습니다. 세 측정값 모두 정규화된 내적과 매우 밀접히 관련되어 있기 때문입니다. 그 이유를 살펴보죠.

13.2.2 단위 벡터 내적으로 관련성 지표 간 변환하기

단위 벡터 내적은 여러 유형의 비교 지표를 통합할 수 있습니다. 직전에 tanimoto_similarity(u1, u2)가 어떻게 u1 @ u2의 직접적인 함수(direct function)인지 살펴보았습니다. 또 단위 벡터 간 유클리드 거리도 u1 @ u2의 함수라는 것도 알 수 있습니다. euclidean(u1, u2)가 (2-2*u1 @ u2) ** 0.5와 같다는 것은 어렵지 않게 증명할 수 있습니다. 또 선형 단위 벡터 간 각도도 마찬가지로 u1 @ u2에 따라 달라집니다. 이 관계는 다음 그림에 설명되어 있습니다.

▼ 그림 13-11 두 단위 벡터 A와 B

벡터 간 각도는 θ, 벡터의 내적은 cosine(θ)입니다. 그리고 C는 벡터 간 유클리드 거리를 나타내며 이는 (2-2*cosine(θ))$^{0.5}$과 같습니다

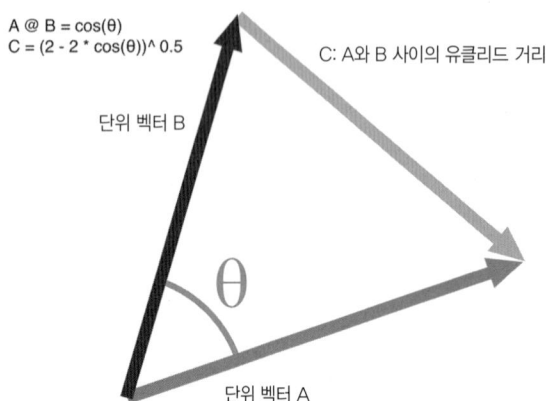

기하학적으로 두 단위 벡터의 내적은 두 벡터 간 각도에 대한 코사인과 같습니다. 따라서 일반적으로 두 단위 벡터의 내적을 코사인 유사도(cosine similarity)라고 합니다. 코사인 유사도를 cs라고 했을 때, (2-2*cs) ** 0.5와 cs / (2-cs)를 계산하여 유클리드 거리와 타니모토 유사도로 변환할 수 있습니다.

> **노트** 코사인은 매우 중요한 삼각 함수입니다. 코사인은 선분 사이의 각도를 -1에서 1 사이 값에 매핑할 수 있습니다. 두 선이 같은 방향을 가리키면 두 선 사이의 각도는 0이며, 이때 해당 각도에 대한 코사인은 1이 됩니다. 서로 정반대 방향을 가리키면 두 선 사이의 각도는 180이며, 이때 해당 각도에 대한 코사인은 -1이 됩니다. 벡터 v1과 v2가 있을 때 (v1 / norm(v1)) @ (v2 / norm(v2))를 계산하면 코사인 유사도를 구할 수 있습니다. 그다음 이 결과를 역코사인 함수(inverse cosine function)인 np.arccos에 입력하면 두 벡터 사이의 각도를 측정할 수 있습니다.

다음 코드는 타니모토 유사도, 코사인 유사도, 유클리드 거리 간 변환을 얼마나 쉽게 할 수 있는지 보여 줍니다. 먼저 쿼리 벡터와 각 제목에 대한 단위 벡터 사이의 타니모토 유사도를 계산합니다. 그다음 타니모토 유사도를 코사인 유사도로 변환하고 또 코사인 유사도를 유클리드 거리로 변환합니다.

> **노트** 추가적으로 코사인 유사도를 활용하면 벡터 간 각도를 계산할 수 있습니다. 여기에서는 코사인 지표가 선분 사이의 각도를 반영하는 방식을 강조하기 위해 이렇게 합니다.

코드 13-31 단위 벡터 지표 간 변환하기

```
unit_vector_names = ['정규화된 A 벡터', '제목 B 벡터']
u1 = unit_query_vector

for unit_vector_name, u2 in zip(unit_vector_names, unit_title_vectors):
    similarity = normalized_tanimoto(u1, u2)
    cosine_similarity = 2 * similarity / (1+similarity)
    assert cosine_similarity == u1 @ u2
    angle = np.arccos(cosine_similarity)
    euclidean_distance = (2-2*cosine_similarity) ** 0.5
    assert round(euclidean_distance, 10) == round(euclidean(u1, u2), 10)
    measurements = {'타니모토 유사도': similarity,
                    '코사인 유사도': cosine_similarity,
                    '유클리드 거리': euclidean_distance,
                    '각도': np.degrees(angle)}
    
    print("정규화된 쿼리 벡터와 {unit_vector_name}를 비교합니다")
    for measurement_type, value in measurements.items():
        output = f"두 벡터 간 {measurement_type}는 {value:.4f}입니다"
        if measurement_type == 'angle':
            output += '도'
        print(output)
```

normalized_tanimoto는 cosine_similarity 함수입니다. 기본 대수를 사용하면 normalized_tanimoto 함수를 역전시켜 cosine_similarity를 해결할 수 있습니다.

▶ 실행결과

```
정규화된 쿼리 벡터와 제목 A 벡터를 비교합니다
두 벡터 간 타니모토 유사도는 1.0000입니다
두 벡터 간 코사인 유사도는 1.0000입니다
두 벡터 간 유클리드 거리는 0.0000입니다
두 벡터 간 각도는 0.0000도입니다
```

```
정규화된 쿼리 벡터와 제목 B 벡터를 비교합니다
두 벡터 간 타니모토 유사도는 0.5469입니다
두 벡터 간 코사인 유사도는 0.7071입니다
두 벡터 간 유클리드 거리는 0.7654입니다
두 벡터 간 각도는 45.0000도입니다
```

정규화된 벡터 간 타니모토 유사도는 다른 유사도 또는 거리 지표로 변환할 수 있습니다. 이 변환이 유용한 이유는 다음과 같습니다.

- 타니모토 유사도를 유클리드 거리로 변환하면 텍스트 데이터에 대한 K-평균 클러스터링을 수행할 수 있습니다. 텍스트의 K-평균 클러스터링은 15장에서 다룹니다.
- 타니모토 유사도를 코사인 유사도로 변환하면 계산을 간소화할 수 있습니다. 모든 계산이 간단한 내적 연산으로 축소됩니다.

> **노트** 일반적으로 NLP 실무자들은 타니모토 유사도 대신 코사인 유사도를 사용합니다. 연구에 따르면 장기적으로는 타니모토 유사도가 코사인 유사도보다 더 정확하다고 합니다. 그러나 실제로는 다양한 상황에서 두 유사도를 서로 바꾸어 사용할 수 있습니다.

> **노트** 일반적인 단위 벡터 비교 지표
> - `u1 @ u2`: 단위 벡터 u1과 u2 사이의 각도에 대한 코사인 값입니다.
> - `(u1 @ u2) / (2-u1 @ u2)`: 단위 벡터 u1과 u2 사이의 타니모토 유사도를 구합니다.
> - `(2-2*u1 @ u2) ** 0.5`: 단위 벡터 u1과 u2 사이의 유클리드 거리를 구합니다.

벡터 정규화를 사용하면 여러 비교 지표 간 전환이 가능합니다. 그 밖에 정규화를 이용하여 다음 이점을 얻을 수 있습니다.

- **텍스트 길이에 따른 차별성 제거**: 비슷한 내용이 담긴 길고 짧은 텍스트를 비교할 수 있습니다.
- **보다 효율적인 타니모토 유사도의 계산**: 단일 내적 연산만으로 가능합니다.
- **모든 벡터 쌍들에 대한 보다 효율적인 유사도 계산**: 전체 유사도(all by all)라고 합니다.

마지막에 나열된 이점은 아직 다루지 않은 주제입니다. 하지만 곧 텍스트 간 유사도에 대한 테이블이 행렬 곱셈(matrix multiplication)을 이용하여 멋지게 계산할 수 있다는 사실을 알게 될 것입니다. 수학에서 행렬 곱셈은 1차원 벡터의 내적을 2차원 배열로 일반화시켜 줍니다. 일반화된 내적을 통하면 모든 텍스트 쌍의 유사도를 효율적으로 계산할 수 있습니다.

13.3 효율적인 유사도 계산을 위한 행렬 곱셈

seashell 단어 중심의 텍스트를 분석할 때 각 텍스트 쌍을 개별적으로 비교했습니다. 이번에는 그 대신 모든 쌍의 유사도를 테이블로 시각화해 보면 어떨까요? 행과 열은 개별 텍스트와 각 텍스트에 포함된 단어를 구분하고, 각 요소는 타니모토 유사도를 표현하는 식이죠. 이 테이블은 텍스트 간 모든 관계를 한눈에 파악할 수 있게 해 줍니다. 즉, 이것으로 text2가 text1 또는 text3 중 어느 것에 유사한지 알 수 있습니다.

다음 그림에 묘사된 과정을 거쳐 정규화된 타니모토 유사도 테이블을 생성해 보겠습니다. 먼저 이전에 미리 계산한 tf_vectors 리스트에서 TF 벡터를 정규화합니다. 그다음 반복적으로 모든 벡터 쌍에 대한 타니모토 유사도를 계산합니다. 유사도를 2D 형상의 similarities 배열에 저장하는데, 그 말은 similarities[i][j]는 i번째 텍스트와 j번째 텍스트 사이의 유사도를 담고 있다는 것을 의미합니다. 마지막으로 히트맵을 이용하여 similarities 배열을 시각화합니다(그림 13-13).

▼ 그림 13-12 세 텍스트를 정규화된 행렬로 변환
왼쪽 위의 변환되기 전 텍스트는 고유 단어 15개로 구성된 어휘를 공유합니다. 이 어휘를 이용하여 오른쪽 위의 단어 수 행렬로 변환합니다. 행 세 개는 각각 텍스트 세 개에 해당하며 열 15개는 각 텍스트에 포함된 모든 단어의 등장 횟수를 추적합니다. 각 행을 해당 행 크기로 나누면 왼쪽 아래 모서리 등장 횟수가 정규화된 행렬을 구할 수 있습니다. 이렇게 얻은 정규화된 행렬의 두 행 간 내적을 구하면 두 텍스트 사이의 코사인 유사도를 구할 수 있습니다. 여기에서 cos / (2-cos)을 실행하면 코사인 유사도를 타니모토 유사도로 변환할 수 있습니다

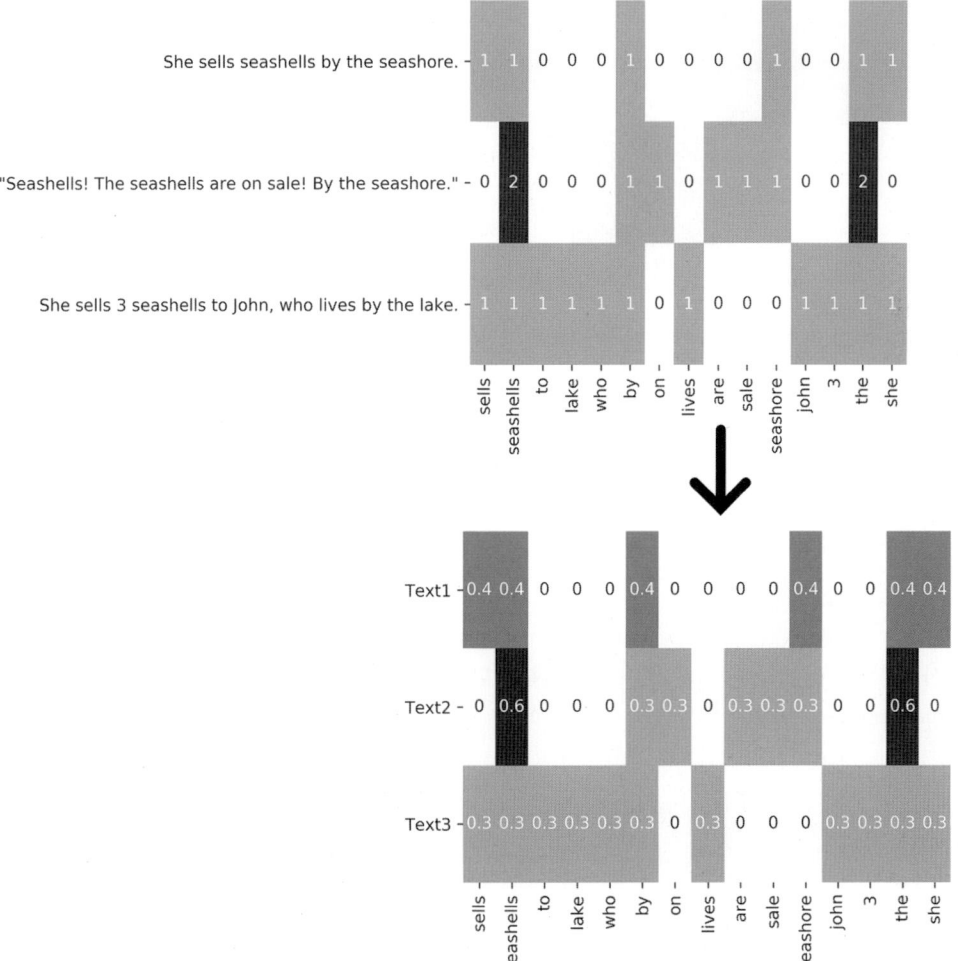

코드 13-32 정규화된 타니모토 유사도 테이블 계산하기

```
num_texts = len(tf_vectors)
similarities = np.array([[0.0]*num_texts for _ in range(num_texts)])  ····· 0으로만 구성된 2D 배열을 생성합
unit_vectors = np.array([vector / norm(vector) for vector in tf_vectors])      니다. np.zeros((num_texts, num_
for i, vector_a in enumerate(unit_vectors):                                     texts))를 사용하면 동일한 배열을
    for j, vector_b in enumerate(unit_vectors):                                 보다 효율적으로 생성할 수 있습니
        similarities[i][j] = normalized_tanimoto(vector_a, vector_b)            다. 이 비어 있는 배열을 텍스트 간
                                                                                유사도로 채웁니다.

labels = ['text1', 'text2', 'text3']
sns.heatmap(similarities, cmap='YlGnBu', annot=True,
            xticklabels=labels, yticklabels=labels)
plt.yticks(rotation=0)
plt.show()
```

▼ **그림 13-13** 텍스트 간 정규화된 타니모토 유사도 테이블

대각선은 각 텍스트 스스로에 대한 유사도를 나타내므로 당연히 그 값은 1입니다. 대각선을 무시하면 text1과 text2의 유사도가 가장 높은 것을 알 수 있습니다. 반면 text2와 text3은 가장 낮은 유사도를 보입니다

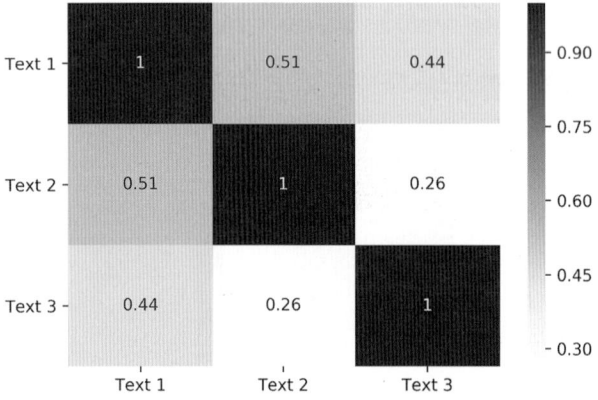

테이블은 많은 정보를 담고 있습니다. 어떤 텍스트 쌍이 가장 높은 유사도를 보이는지 즉시 알 수 있죠. 하지만 이 테이블을 계산한 코드가 효율적이지는 않았습니다. 다음과 같이 중복된 연산을 제거하면 보다 효율적으로 코드를 수정할 수 있습니다.

- 비어 있는 3×3 배열 생성
- 모든 벡터 조합에 대한 중첩된 for 반복문
- 각 벡터 간 유사도의 개별적인 계산

행렬 곱셈을 사용하면 이러한 연산을 제거할 수 있습니다. 다만 그렇게 하려면 기본적인 행렬 연산을 먼저 살펴볼 필요가 있습니다.

13.3.1 기본 행렬 연산

행렬 연산은 NLP, 네트워크 분석, 머신러닝 등 여러 데이터 과학의 하위 분야에서 쓰는 기본 연산입니다. 따라서 이를 알아 두는 것은 데이터 과학자 이력에도 매우 중요합니다. 행렬은 1차원 벡터를 2차원으로 확장한 것으로, 숫자를 테이블 형태로 표현한 것입니다. 이 정의에 따르면 similarities도 행렬, unit_vectors도 행렬이라고 볼 수 있습니다. 이 책에서 다루는 대부분의 숫자 테이블도 당연히 행렬입니다.

> **노트** 모든 행렬은 숫자 테이블이지만, 반대로 모든 숫자 테이블이 행렬은 아닙니다. 행렬을 구성하는 모든 행과 열은 각각 그 길이가 동일해야 합니다. 즉, 서로 크기가 다른 열이 포함되어 있다면 이는 테이블일 수는 있지만 행렬이라고 볼 수는 없습니다.

행렬은 테이블이므로 판다스로 분석될 수 있으며, 숫자 테이블은 2D 넘파이 배열로 처리될 수 있습니다. 두 행렬 표현 모두 유효합니다. 사실 판다스의 데이터프레임과 넘파이 배열은 특정 속성을 공유하는 사이라서 서로 바꾸어 가면서 사용할 수 있습니다. 가령 `matrix.shape`는 데이터프레임 또는 배열인지 관계없이 행과 열의 수를 반환하며, `matrix.T` 또한 그 유형에 관계없이 행과 열을 전치합니다. 다음 코드로 확인해 보죠.

코드 13-33 판다스와 넘파이의 행렬 속성 비교하기

```python
import pandas as pd

matrices = [unit_vectors, pd.DataFrame(unit_vectors)]
matrix_types = ['2D 넘파이 배열', '판다스 데이터프레임']

for matrix_type, matrix in zip(matrix_types, matrices):
    row_count, column_count = matrix.shape
    print(f"{matrix_type}은 {column_count}행과 {row_count}열로 구성됩니다")
    assert(column_count, row_count) == matrix.T.shape   # 행렬의 행과 열을 전치합니다.
```

▶ **실행결과**

```
2D 넘파이 배열은 15행과 3열로 구성됩니다
판다스 데이터프레임은 15행과 3열로 구성됩니다
```

판다스와 넘파이의 테이블 구조는 비슷합니다. 그러나 행렬을 2D 넘파이 배열에 저장했을 때 몇 가지 이점이 있습니다. 즉시 와닿는 이점은 파이썬에 내장된 산술 연산자가 넘파이에서 다르게 해석되도록 통합된 것입니다. 즉, 기본 산술 연산을 넘파이 배열에 직접적으로 적용할 수 있습니다.

넘파이 행렬 산술 연산

NLP에서는 때때로 기본 산술로 행렬을 수정해야 할 때가 있습니다. 가령 본문과 제목을 기준으로 문서 모음을 비교한다고 가정해 보죠. 이때 제목이 비슷한 문서는 주제의 관련성이 높기 때문에 본문 유사성보다 그 중요도가 2배 높다는 가설을 세웁니다. 따라서 제목의 유사도 행렬 값을 2배로 크게 만들어서 본문과 비교하여 더 나은 가중치를 부여하기로 결정했다고 해 보겠습니다.

> **노트** 제목과 본문의 상대적인 중요도는 특히 뉴스 기사에서 더욱 두드러집니다. 제목이 비슷한 두 기사는 본문이 서로 다른 관점을 제시하더라도 동일 뉴스 기사를 참조할 가능성이 매우 높습니다. 뉴스 기사의 유사도를 측정하는 한 가지 좋은 방법은 2 * 제목 유사도 + 본문 유사도를 계산하는 것입니다.

넘파이에서는 행렬 값을 2배로 늘리는 것은 매우 쉽습니다. 가령 2 * similarities를 실행하면 similarities 행렬 값을 2배 키울 수 있습니다. 또 similarities + similarities를 실행하면 similarities에 스스로를 더할 수도 있습니다. 물론 두 경우 모두 결과는 동일하겠죠. 한편 similarities - similarities는 0으로 채워진 행렬이 반환되며, 여기에서 similarities - similarities - 1을 실행하면 각 0에 1을 뺀 행렬을 얻을 수 있습니다.

> **노트** similarities에 similarities - 1을 빼는 것은 단순히 넘파이의 산술적 유연성을 보여 주기 위함입니다. -1로 채워진 행렬이 정말로 필요한 것이 아니라면 이 연산을 수행할 이유는 딱히 없겠죠.

코드 13-34 넘파이 배열의 덧셈과 뺄셈

```
double_similarities = 2 * similarities
np.array_equal(double_similarities, similarities+similarities)
zero_matrix = similarities - similarities
negative_1_matrix = similarities - similarities - 1

for i in range(similarities.shape[0]):
    for j in range(similarities.shape[1]):
        assert double_similarities[i][j] == 2 * similarities[i][j]
        assert zero_matrix[i][j] == 0
        assert negative_1_matrix[i][j] == -1
```

또 같은 방식으로 넘파이 배열을 곱하고 나눌 수도 있습니다. 가령 similarities / similarities를 실행하면 유사도를 스스로 나누어 1로만 채워진 행렬을 구할 수 있겠죠. 반면 similarities * similarities를 실행하면 모든 유사도 값이 제곱된 행렬을 얻을 수 있습니다.

코드 13-35 넘파이 배열의 곱셈과 나눗셈

```
squared_similarities = similarities * similarities
assert np.array_equal(squared_similarities, similarities**2)
ones_matrix = similarities / similarities

for i in range(similarities.shape[0]):
    for j in range(similarities.shape[1]):
        assert squared_similarities[i][j] == similarities[i][j] ** 2
        assert ones_matrix[i][j] == 1
```

행렬 연산은 유사도 행렬의 유형을 쉽게 변환할 수 있습니다. 가령 간단히 2 * similarities / (1+ similarities)를 실행하는 것만으로도 타니모토 행렬을 코사인 유사도 행렬로 변환할 수 있습니다. 즉, 타니모토 유사도를 더 널리 사용되는 코사인 유사도와 비교하고 싶다면 코드 단 한 줄로 코사인 유사도를 타니모토 유사도로 변환하면 될 것입니다.

코드 13-36 서로 다른 유형의 유사도 행렬 간 변환하기

```
cosine_similarities = 2 * similarities / (1+similarities)
for i in range(similarities.shape[0]):
    for j in range(similarities.shape[1]):
        cosine_sim = unit_vectors[i] @ unit_vectors[j]    ----- 코사인 유사도가 실제 벡터의 내적과 같다는 것을 확인합니다.
        assert round(cosine_similarities[i][j], 15) == round(cosine_sim, 15)    ----- 부동 소수점 오류 때문에 결과를 반올림합니다.
```

넘파이의 2D 배열은 판다스에 비해 추가적인 이점을 제공하는데, 그중 하나는 판다스보다 훨씬 더 간단히 인덱스로 행과 열에 접근할 수 있다는 것입니다.

넘파이 행렬의 행과 열 연산

2D 행렬의 인덱스상 i번째 행에 접근하려면 `matrix[i]`처럼 작성하면 됩니다. 마찬가지로 `matrix[:,j]`를 실행하면 j번째 열에 접근할 수 있습니다. 이 편리한 기능을 이용하여 unit_vectors와 similarities 두 행렬에 대한 첫 번째 행과 열을 출력해 보겠습니다.

코드 13-37 넘파이 행렬의 행과 열에 접근하기

```
for name, matrix in [('Similarities', similarities), ('Unit Vectors', unit_vectors)]:
    print(f"행렬 {name}의 행과 열에 접근합니다")
    row, column = matrix[0], matrix[:,0]
    print(f"0번째 행:\n{row}")
    print(f"\n0번째 열:\n{column}\n")
```

▶ 실행결과

```
행렬 Similarities의 행과 열에 접근합니다
0번째 행:
[1.         0.51442439 0.44452044]

0번째 열:
[1.         0.51442439 0.44452044]

행렬 Unit Vectors의 행과 열에 접근합니다
0번째 행:
[0.40824829 0.40824829 0.         0.40824829 0.         0.
 0.         0.40824829 0.         0.         0.40824829 0.
 0.         0.         0.40824829]

0번째 열:
[0.40824829 0.         0.30151134]
```

출력된 모든 행과 열은 1차원의 넘파이 배열입니다. 두 배열이 주어졌을 때, 두 배열의 내적을 계산하려면 두 배열 길이가 같아야 합니다. similarities[0].size와 unit_vectors[:,0].size 모두 3이기 때문에 similarities의 첫 번째 행과 unit_vectors의 첫 번째 열 사이 내적을 구할 수 있습니다. 이 특정 행과 열의 내적이 텍스트 분석에 유용한 것은 아니지만, 내적을 쉽게 계산할 수 있다는 것을 설명하는 데는 유용합니다. 잠시 후에는 이 기능을 이용하여 텍스트의 벡터 유사도를 매우 효율적으로 계산해 봅니다.

코드 13-38 행과 열 사이의 내적 계산하기

```
row = similarities[0]
column = unit_vectors[:,0]
dot_product = row @ column
print(f"행과 열 사이의 내적: {dot_product:.4f}")
```

▶ 실행결과

```
행과 열 사이의 내적: 0.5423
```

같은 맥락에서 similarities의 모든 행과 unit_vectors의 모든 열 간 내적을 계산할 수도 있습니다. 다음 코드는 가능한 모든 내적의 결과를 출력하는 것을 보여 줍니다.

코드 13-39 모든 행과 열 사이의 내적 계산하기

```
num_rows = similarities.shape[0]
num_columns = unit_vectors.shape[1]
for i in range(num_rows):
    for j in range(num_columns):
        row = similarities[i]
        column = unit_vectors[:,j]
        dot_product = row @ column
        print(f"{i}번째 행과 {j}번째 열의 내적은 {dot_product:.4f}입니다")
```

▶ 실행결과

```
0번째 행과 0번째 열의 내적은 0.5423입니다
0번째 행과 1번째 열의 내적은 0.8276입니다
0번째 행과 2번째 열의 내적은 0.1340입니다
.
.
.
2번째 행과 12번째 열의 내적은 0.3015입니다
2번째 행과 13번째 열의 내적은 0.0733입니다
2번째 행과 14번째 열의 내적은 0.2548입니다
```

각 행과 열의 조합으로 총 45개의 내적을 계산했습니다. 많은 양이 출력되었죠. 이 출력은 각 [i][j]의 요소가 similarities[i] @ unit_vectors[:,j]의 결과를 담는 dot_products라는 테이블에 보다 간결히 저장될 수 있습니다. 물론 정의상 이 테이블도 행렬입니다.

코드 13-40 모든 내적의 결과를 행렬에 저장하기

```
dot_products = np.zeros((num_rows, num_columns))    ----- 0으로 채워진 배열을 반환합니다.
for i in range(num_rows):
    for j in range(num_columns):
        dot_products[i][j] = similarities[i] @ unit_vectors[:,j]

print(dot_products)
```

▶ 실행결과

```
[[0.54227624 0.82762755 0.13402795 0.6849519  0.14267565 0.13402795
  0.14267565 0.54227624 0.13402795 0.13402795 0.82762755 0.13402795
  0.13402795 0.14267565 0.55092394]
 [0.28970812 0.84440831 0.07969524 0.56705821 0.2773501  0.07969524
  0.2773501  0.28970812 0.07969524 0.07969524 0.84440831 0.07969524
  0.07969524 0.2773501  0.48736297]
 [0.48298605 0.62960397 0.30151134 0.55629501 0.07330896 0.30151134
  0.07330896 0.48298605 0.30151134 0.30151134 0.62960397 0.30151134
  0.30151134 0.07330896 0.25478367]]
```

방금 실행한 연산을 **행렬의 곱**(matrix product)이라고 합니다. 벡터 내적을 2차원으로 일반화한 것입니다. 두 행렬 matrix_a와 matrix_b에 대해 행렬의 곱을 수행하여 얻은 matrix_c의 matrix_c[i][j] 요소는 matrix_a[i] @ matrix_b[:,j]를 계산한 것과 같습니다(그림 13-14). 행렬의 곱은 현대 여러 기술 발전에 핵심적인 역할을 수행하는데, 구글의 대규모 검색 엔진 순위 알고리즘, 자율 주행 자동차를 학습시키는 기술의 기반이며 자연어 처리의 많은 부분에서도 사용됩니다. 행렬의 곱이 어떻게 유용한지 곧 명확히 알게 되겠지만, 그에 앞서 행렬의 곱 연산이 무엇인지 자세히 살펴볼 필요가 있습니다.

▼ 그림 13-14 행렬 A와 행렬 B에 대한 행렬의 곱을 계산합니다. 행렬의 곱은 새로운 행렬을 만듭니다. 출력의 i번째 행과 j번째 열의 각 요소는 A의 i번째 행과 B의 j번째 열 사이의 내적과 같습니다. 가령 출력된 행렬의 첫 번째 행과 두 번째 열의 요소는 $a_{1,1} * b_{1,2} + a_{1,2} * b_{2,2}$와 같고 세 번째 행과 세 번째 열의 요소는 $a_{3,1} * b_{1,3} + a_{3,2} * b_{2,3}$과 같습니다

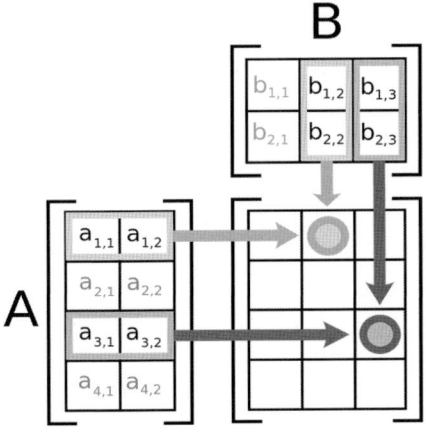

넘파이 행렬의 곱

matrix_c를 구하는 가장 단순한 방법은 matrix_a와 matrix_b에 대해 중첩된 반복문을 수행하여 각 요소를 한 번에 하나씩 계산하는 것입니다. 그러나 이 방법은 비효율적입니다. 넘파이에서는 2D 행렬뿐만 아니라 1D 배열에도 적용될 수 있는 @ 연산자를 제공합니다. matrix_a와 matrix_b가 모두 넘파이 배열이라면 matrix_a @ matrix_b를 통해 matrix_c를 구할 수 있는 것이죠. 즉, similarities @ unit_vectors를 실행하면 similarities와 unit_vectors 행렬 간 행렬의 곱을 계산할 수 있습니다.

코드 13-41 넘파이로 행렬의 곱 계산하기

```
matrix_product = similarities @ unit_vectors
assert np.allclose(matrix_product, dot_products)
```
----- matrix_product의 모든 요소가 dot_products와 동일한지 확인합니다. 부동 소수점 계산의 오류 때문에 결과가 미세하게 다를 수 있습니다.

여기에서 입력 행렬을 뒤집고 unit_vectors @ similarities를 실행하면 어떻게 될까요? 넘파이 에러가 발생합니다! unit_vectors의 행과 similarities의 열 사이에 대한 벡터의 내적을 계산하려고 하지만, 이 둘의 길이가 달라 계산될 수 없기 때문에 발생하는 에러입니다(그림 13-15).

코드 13-42 잘못된 행렬의 곱 계산하기

```
try:
    matrix_product = unit_vectors @ similarities
except:
    print("행렬의 곱을 계산할 수 없습니다")
```

▶ 실행결과

행렬의 곱을 계산할 수 없습니다

▼ **그림 13-15** 행렬 A와 행렬 B의 행렬의 곱을 계산하려는 잘못된 시도
행렬 A는 각 행마다 열을 세 개 가지며 행렬 B는 각 열마다 행을 네 개 가집니다. 따라서 요소 세 개로 구성된 행과 요소 네 개로 된 열 사이에는 내적을 구할 수 없으며 A @ B를 실행하면 에러가 발생합니다

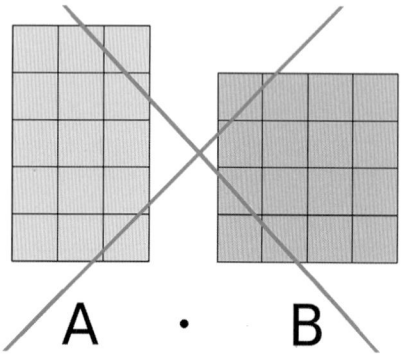

행렬의 곱 결과는 순서에 따라 달라질 수 있습니다. matrix_a @ matrix_b와 matrix_b @ matrix_a의 결과는 서로 달라질 수 있습니다. 즉, 다음과 같이 matrix_a @ matrix_b와 matrix_b @ matrix_a를 구분할 수 있습니다.

- **matrix_a @ matrix_b**: matrix_a와 matrix_b의 곱입니다.
- **matrix_b @ matrix_a**: matrix_b와 matrix_a의 곱입니다.

수학에서는 곱(product)과 곱셈(multiplication)이라는 두 단어를 종종 같은 의미로 사용합니다. 따라서 행렬의 곱을 계산하는 것을 **행렬 곱셈**이라고 할 수 있습니다. 행렬 곱셈은 매우 보편적으로 쓰는 용어로, 넘파이에서는 행렬의 곱셈을 그대로 표현한 np.matmul이라는 이름의 함수가 제공됩니다. 즉, np.matmul(matrix_a, matrix_b)와 matrix_a @ matrix_b의 결과는 동일합니다.

코드 13-43 matmul로 행렬 곱셈하기

```
matrix_product = np.matmul(similarities, unit_vectors)
assert np.array_equal(matrix_product, similarities @ unit_vectors)
```

> **노트** 넘파이의 일반적인 행렬 연산
>
> - **matrix.shape**: 행렬의 행과 열의 크기를 나타내는 튜플을 반환합니다.
> - **matrix.T**: 행과 열이 바뀐(전치된) 행렬을 반환합니다.
> - **matrix[i]**: 행렬의 i번째 행을 반환합니다.
> - **matrix[:,j]**: 행렬의 j번째 열을 반환합니다.
> - **k * matrix**: 행렬의 각 요소에 상수 k를 곱합니다.
> - **matrix + k**: 행렬의 각 요소에 상수 k를 더합니다.
> - **matrix_a + matrix_b**: matrix_a의 각 요소와 matrix_b의 각 요소를 1:1로 더합니다. 모든 i와 j에 대해 matrix_c[i][j] = matrix_a[i][j] + matrix_b[i][j]를 실행하는 것과 같습니다.
> - **matrix_a * matrix_b**: matrix_a의 각 요소와 matrix_b의 각 요소를 1:1로 곱합니다. 모든 i와 j에 대해 matrix_c[i][j] = matrix_a[i][j] * matrix_b[i][j]를 실행하는 것과 같습니다.
> - **matrix_a @ matrix_b**: matrix_a와 matrix_b 사이 행렬의 곱을 계산합니다. 모든 i와 j에 대해 matrix_c[i][j] = matrix_a[i] @ matrix_b[:,j]를 실행하는 것과 같습니다.
> - **np.matmul(matrix_a, matrix_b)**: matrix_a와 matrix_b 사이 행렬의 곱을 계산합니다. @ 연산자와 동일한 결과를 얻을 수 있습니다.

넘파이를 사용하면 중첩 반복문 없이 행렬 곱셈을 수행할 수 있습니다. 중첩 반복문을 없애는 것은 단순히 외관상의 변화 그 이상을 개선할 수 있습니다. 파이썬의 표준 반복문은 리스트형 데이터에 대해 실행될 수 있도록 일반화되어 있기 때문에 수치 계산에 최적화되어 있지 않습니다. 반면 넘파이는 영리한 방식으로 배열 반복을 최적화했기 때문에 넘파이를 활용하여 행렬 곱셈을 수행하면 그 속도가 눈에 띄게 빨라집니다.

기본 파이썬을 사용했을 때와 넘파이를 사용했을 때 행렬 곱셈이 수행되는 속도를 비교해 보겠습니다(그림 13-16). 코드 13-44는 넘파이와 파이썬 모두를 사용하여 다양한 크기의 행렬에 대한 곱셈 속도를 비교한 그래프를 그립니다(파이썬에 내장된 time 모듈은 시간을 측정하는 데 사용되었습니다).

▼ 그림 13-16 다양한 크기의 행렬에 대해 기본 파이썬을 사용했을 때와 넘파이를 사용한 행렬 곱셈의 실행 시간을 비교한 그래프로, 넘파이가 훨씬 빠른 것을 알 수 있습니다

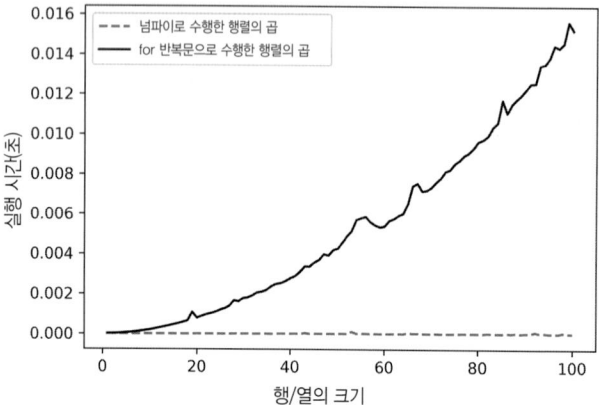

> **노트** 실행 시간은 코드를 실행하는 컴퓨터 상태에 따라 바뀔 수 있습니다.

코드 13-44 행렬 곱셈의 계산 시간 비교하기

```python
import time
numpy_run_times = []
for_loop_run_times = []
matrix_sizes = range(1, 101)
for size in matrix_sizes:
    matrix = np.ones((size, size))   # 1로 채워진 행렬을 생성하는데, 그 크기는 1부터 100까지 변합니다.

    start_time = time.time()   # 현재 시간을 초 단위로 반환합니다.
    matrix @ matrix
    numpy_run_times.append(time.time()-start_time)   # 넘파이가 행렬의 곱셈을 수행한 속도를 저장합니다.

    start_time = time.time()
    for i in range(size):
        for j in range(size):
            matrix[i] @ matrix[:,j]

    for_loop_run_times.append(time.time()-start_time)   # 파이썬의 for 반복문이 행렬의 곱셈을
                                                         # 수행한 속도를 저장합니다.

plt.plot(matrix_sizes, numpy_run_times, label='넘파이로 수행한 행렬의 곱', linestyle='--')
plt.plot(matrix_sizes, for_loop_run_times, label='for 반복문으로 수행한 행렬의 곱', color='k')
plt.xlabel('행/열의 크기')
plt.ylabel('실행 시간(초)')
plt.legend()
plt.show()
```

행렬 곱셈에서는 넘파이가 기본 파이썬보다 성능이 훨씬 뛰어납니다. 넘파이로 작성된 행렬 곱셈을 수행하는 코드는 실행뿐 아니라, 작성에서도 더 효율적입니다. 그러면 이제는 넘파이로 전체 텍스트 유사도를 최대한 효율적으로 계산해 보겠습니다.

13.3.2 전체 행렬에 대한 유사도 계산하기

앞서 unit_vectors 행렬의 요소들을 반복적으로 접근하며 텍스트 간 유사도를 계산했습니다. 이 행렬에는 텍스트 세 개에 대한 정규화된 TF 벡터가 담겨 있습니다. 이때 unit_vectors에 unit_vectors.T를 곱하면 어떻게 될까요? unit_vectors.T는 unit_vectors를 전치한 것입니다. 따라서 전치된 unit_vectors.T의 i번째 열은 원본 unit_vectors의 i번째 행과 같습니다. 즉, 그림 13-17과 같이 unit_vectors[i]와 unit_vectors.T[:,i]의 내적을 계산하면 단위 벡터 스스로에 대한 코사인 유사도를 구할 수 있습니다. 물론 그 결과는 1로 채워진 행렬이겠죠. 이 논리에 따르면, unit_vectors[i] @ unit_vectors[j].T는 i번째 벡터와 j번째 벡터 간 유사도를 계산합니다. 따라서 unit_vectors @ unit_vectors.T는 모든 코사인 유사도를 계산해서 담은 행렬을 반환합니다. 이렇게 얻은 행렬은 이전에 계산한 코사인 유사도 배열과 일치해야겠죠.

코드 13-45 행렬 곱셈으로 코사인 유사도 구하기

```
cosine_matrix = unit_vectors @ unit_vectors.T
assert np.allclose(cosine_matrix, cosine_similarities)
```

cosine_matrix의 각 요소는 벡터화된 두 텍스트 간 각도에 대한 코사인과 같습니다. 그리고 이 코사인 값은 코드 13-46처럼 텍스트 사이의 단어 중복과 차이를 반영한 타니모토 값으로 변환할 수 있습니다.

▼ **그림 13-17** 행렬 A와 A를 전치한 행렬 간 곱셈은 새로운 행렬을 출력합니다. 출력된 행렬의 i번째 행과 j번째 열의 각 요소는 A의 i번째 행과 A의 j번째 열 간의 내적과 같습니다. 가령 출력된 행렬의 세 번째 행과 세 번째 열의 요소는 A[2] 스스로에 대한 내적입니다. 행렬 A가 정규화되었다면 해당 내적 값은 1.0이 됩니다

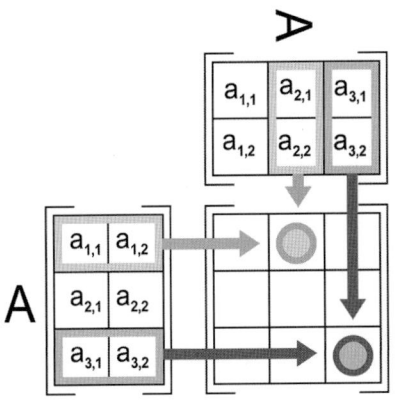

넘파이 연산을 사용하여 cosine_matrix / (2-cosine_matrix)를 계산하면 cosine_matrix를 타니모토 유사도 행렬로 변환할 수 있습니다.

코드 13-46 코사인을 타니모토 행렬로 변환하기

```
tanimoto_matrix = cosine_matrix / (2-cosine_matrix)
assert np.allclose(tanimoto_matrix, similarities)
```

코드 단 두 줄로 모든 타니모토 유사도를 계산할 수 있습니다. 다음 작업 세 단계를 거쳐 타니모토 유사도 계산을 일반화한 normalized_tanimoto 함수를 만들면 해당 함수에 unit_vectors와 unit_vectors.T를 입력하여 동일한 결과를 얻을 수도 있습니다.

1. 두 넘파이 배열을 입력받습니다. 차원에 제한은 없습니다.
2. 두 넘파이 배열에 @ 연산자를 적용합니다. 두 배열이 행렬이라면 @ 연산자를 수행한 결과는 행렬 곱셈이 계산된 새로운 행렬을 반환합니다.
3. 산술 연산자로 행렬의 곱셈 결과를 수정합니다. 산술 연산자는 숫자와 행렬 모두에 동일하게 적용될 수 있습니다.

그러면 normalized_tanimoto(unit_vectors, unit_vectors.T)를 호출했을 때 tanimoto_matrix와 동일한 결과가 반환될 것입니다.

코드 13-47 normalized_tanimoto 함수에 행렬 입력하기

```
output = normalized_tanimoto(unit_vectors, unit_vectors.T)
assert np.array_equal(output, tanimoto_matrix)
```

정규화된 TF 벡터 행렬에 대한 모든 유사성을 효율적인 코드 단 한 줄로 계산할 수 있습니다.

> **노트** 정규화된 행렬 비교 방법
> - norm_matrix @ norm_matrix.T: 모든 코사인 유사도 행렬을 반환합니다.
> - norm_matrix @ norm_matrix.T / (2-norm_matrix @ norm_matrix.T): 전체 단위 타니모토 유사도 행렬을 반환합니다.

13.4 행렬 곱셈의 계산 한계

행렬 곱셈의 계산 속도는 행렬 크기에 따라 결정됩니다. 넘파이는 꽤 빠르지만 넘파이에도 한계가 있습니다. 텍스트 행렬의 곱셈을 계산할 때 이 한계를 분명히 느낄 수 있죠. 어휘 크기에 따라 달라지는 행렬의 열 개수에서 문제가 발생할 수 있는데, 상당한 양의 텍스트를 비교할 때는 어휘 개수가 상당히 많아 행렬 크기 또한 매우 커질 수 있기 때문입니다.

소설을 분석하는 상황을 예로 들어 보죠. 소설은 평균적으로 약 5,000개에서 1만 개의 고유 단어로 구성됩니다. 가령 〈호빗(the hobbit)〉에는 고유 단어가 6,175개 포함되어 있죠. 또 〈두 도시 이야기(tale of two cities)〉에는 고유 단어가 9,699개 포함되어 있습니다. 겹치는 단어와 그렇지 않은 단어를 모두 고려했을 때 두 소설을 모두 합치면 단어 1만 2,138개로 구성된 어휘를 공유합니다. 세 번째 소설을 추가할 수도 있겠죠. 〈톰 소여의 모험(the adventures of tom sawyer)〉을 추가한다면 어휘 크기는 1만 3,935개로 늘어납니다. 계속해서 소설 27권을 더 추가한다면 어휘 크기는 약 5만 단어까지 확장될 수 있습니다.

그러면 소설 30권에 단어 5만 개로 구성된 공유 어휘가 필요하다고 볼 수 있습니다. 이때 소설 30권에 대한 전체 유사도를 계산한다고 가정해 보죠. 이 계산에는 얼마나 많은 시간이 소요될까요? 소설 30권과 단어 5만 개를 표현하는 행렬 book_matrix를 만들고 모든 행을 정규화한 뒤 normalized_tanimoto(book_matrix, book_matrix.T)를 실행하여 시간을 측정해 보겠습니다.

> **노트** 이 실험의 목적은 행렬의 열 개수가 실행 시간에 미치는 영향을 확인하는 것입니다. 실제 행렬 내용은 중요하지 않기 때문에 모든 단어의 등장 횟수를 한 번으로 설정하여 상황을 단순화했습니다. 결과적으로 각 행의 정규화된 값은 1 / 5000과 같습니다. 또 행렬에서 0 값을 가지는 모든 요소를 추적하면 실행 시간을 최적화할 수 있습니다. 다만 여기에서는 0 값이 행렬 곱셈 속도에 미치는 영향은 고려하지 않았습니다.

코드 13-48 소설 30권을 모두 비교하는 시간 측정하기

```python
vocabulary_size = 50000
normalized_vector = [1 / vocabulary_size] * vocabulary_size
book_count = 30

def measure_run_time(book_count):    # 이 함수는 책 개수×50,000 크기 행렬에 대한 실행 시간을 계산합니다.
                                      # 이 함수는 코드 13-49에서도 재사용됩니다.
    book_matrix = np.array([normalized_vector]*book_count)
    start_time = time.time()
    normalized_tanimoto(book_matrix, book_matrix.T)
    return time.time() - start_time

run_time = measure_run_time(book_count)
print(f"{book_count} x {vocabulary_size} 크기 행렬 전체에 대한 "
      f"유사도를 계산하는 데 {run_time:.4f}초의 시간이 소요되었습니다")
```

▶ **실행결과**

30 x 50000 크기 행렬 전체에 대한 유사도를 계산하는 데 0.0051초의 시간이 소요되었습니다

유사도 행렬 계산에 약 5밀리초가 걸렸습니다. 이는 충분히 납득할 수 있는 수준입니다. 그런데 책 권수가 계속 늘어나도 합리적인 수준의 실행 시간을 유지할 수 있을까요? 30권에서 1,000권 범위에 대한 실행 시간을 그래프로 표현해 보죠(그림 13-18). 일관성을 위해 어휘 크기는 5만 개로 유지합니다.

▼ 그림 13-18 책 권수에 따른 텍스트 비교에 소요된 실행 시간의 그래프로, 실행 시간은 4제곱으로 증가합니다

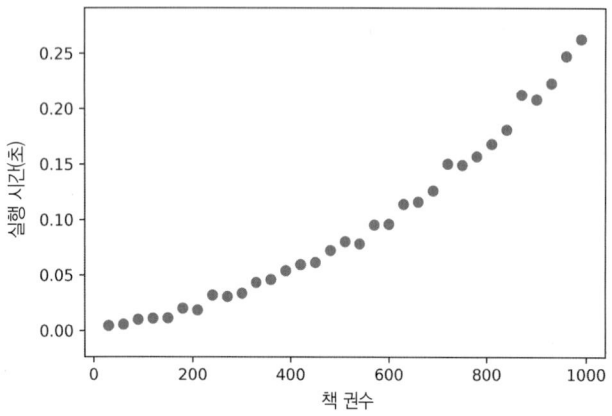

> **코드 13-49** 책 권수와 실행 시간 그래프 그리기

```
book_counts = range(30, 1000, 30)    ----- 누적 실행 시간이 너무 느려질 수 있기 때문에 모든 책 권수를 샘플링하지 않습니다.
run_times = [measure_run_time(book_count) for book_count in book_counts]
plt.scatter(book_counts, run_times)   ----- 곡선 대신 산점도를 생성합니다. 그림 13-18은
plt.xlabel('책 권수')                         연속적인 포물선에 개별점들을 적합시킵니다.
plt.ylabel('실행 시간(초)')
plt.show()
```

유사도를 계산하는 실행 시간은 책 권수에 따라 4제곱으로 증가합니다. 1,000권이 되었을 때는 실행 시간이 약 0.27초로 증가합니다. 이 정도는 아직 합리적인 성능의 범위 내로 볼 수 있지만, 책 권수를 늘린다면 더 이상 허용할 수 없는 수준이 될 수 있습니다. 간단한 계산을 하여 이를 추정해 볼 수 있겠죠. y = n * (x**2)로 정의된 식에 따라 곡선이 그려졌기 때문에 x가 1,000인 경우 0.27이라는 y 값을 얻을 수 있습니다. 즉, y = (0.27 / (1000**2)) * (x**2)라는 공식으로 실행 시간을 모델링할 수 있습니다. 이 공식에 대입하여 얻은 결과와 미리 측정된 결과를 함께 그래프로 그려 비교해 보죠(그림 13-19).

▼ 그림 13-19 미리 측정된 결과와 함께 이차 방정식의 결과를 나란히 그린 그래프로, 두 결과가 상당히 겹치는 것을 알 수 있습니다

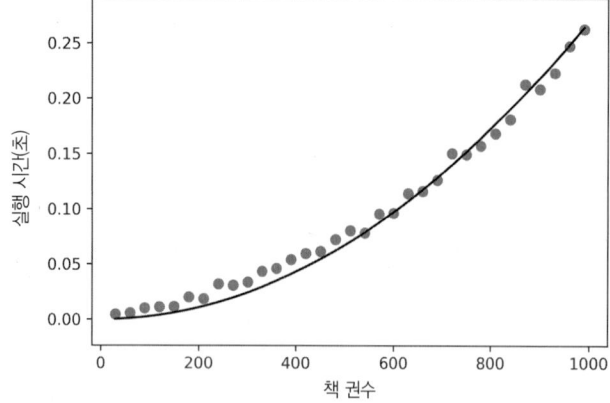

코드 13-50 이차 곡선으로 실행 시간 모델링하기

```
def y(x): return (0.27 / (1000**2)) * (x**2)
plt.scatter(book_counts, run_times)
plt.plot(book_counts, y(np.array(book_counts)), c='k')
plt.xlabel('책 권수')
plt.ylabel('실행 시간(초)')
plt.show()
```

두 결과가 겹칩니다. 따라서 이 공식으로 더 많은 책에 대한 실행 속도도 추정할 수 있습니다. 책 30만 권에 대한 유사성을 측정하는 데 얼마나 걸리는지 살펴보겠습니다.

> **노트** 30만 권이라는 숫자가 비정상적으로 많아 보일 수 있지만, 이는 매년 영어 소설이 20~30만 권 출판된다는 사실을 반영한 것입니다. 한 해 출판된 모든 소설을 비교하려면 행이 20만 개 이상 포함된 행렬을 곱해야 합니다.

코드 13-51 책 30만 권에 대한 실행 시간 예측하기

```
book_count = 300000
run_time = y(book_count) / 3600
print(f"{book_count} x {vocabulary_size} 크기 행렬 전체에 대한 "
      f"유사도를 계산하는 데 {run_time:.4f}시간이 소요될 것으로 예상됩니다")
```

▶ **실행결과**

300000 x 50000 크기 행렬 전체에 대한 유사도를 계산하는 데 6.75시간이 소요될 것으로 예상됩니다

책 30만 권을 비교하는 데 약 7시간이 걸리는 것으로 예상됩니다. 텍스트 수백만 개를 단 몇 초 안에 처리하도록 설계된 산업용 NLP 시스템에서는 이 정도 시간은 용납될 수 없는 것입니다. 어떻게든 실행 시간을 줄여야 합니다. 한 가지 접근법은 행렬 크기를 줄이는 것입니다.

열 크기 때문에 행렬이 너무 큽니다. 각 행은 단어 5만 개에 해당하는 열이 5만 개 있습니다. 그러나 실제로 모든 단어가 동일하게 분포된 경우는 없습니다. 소설 전체에서 한 번만 나타나는 단어와 여러 번 나타나는 단어가 있을 수 있겠죠. 장편 소설 〈모비딕(moby dick)〉을 예로 들어 보죠. 이 소설에는 단어 44%가 단 한 번만 언급되며, 그중 일부는 다른 소설에서 거의 언급조차 되지 않은 것들입니다. 이 단어를 제거하면 열 크기를 줄일 수 있습니다.

반면 모든 소설에 공통으로 등장하는 일반적인 단어도 있습니다. 동일한 단어는 텍스트들을 구별 짓는 신호를 제공하지 못합니다. 따라서 이 단어를 제거하여 열 크기를 줄일 수 있습니다.

각 행렬 행의 차원을 5만에서 보다 합리적인 수준으로 체계적으로 줄일 수 있습니다. 다음 장에서는 행렬을 축소하는 일련의 차원 축소(dimension reduction) 기법을 다룹니다. 행렬의 차원을 줄이면 일반적인 NLP 계산의 실행 시간을 크게 단축시킬 수 있습니다.

13.5 요약

- 자카드 유사도를 사용하여 텍스트를 비교할 수 있습니다. 이 유사성 지표는 두 텍스트 간에 공유되는 총 고유 단어의 비율을 나타냅니다.

- 텍스트를 1과 0의 이진 벡터로 변환하여 자카드 유사도를 계산할 수 있습니다. 두 이진 텍스트 벡터의 내적을 구하면 두 텍스트 간의 공유 단어 수를 반환합니다. 한편 텍스트 벡터와 텍스트 자체의 내적은 텍스트의 총 단어 수를 반환합니다. 이 값은 자카드 유사도를 계산하기에 충분합니다.

- 타니모토 유사도는 2진수 대신 벡터를 포함하도록 자카드 유사도를 일반화합니다. 이것으로 TF 벡터라고 하는 단어 수 벡터를 비교할 수 있습니다.

- TF 벡터 유사도는 텍스트 크기에 지나치게 의존합니다. 정규화를 사용하면 이러한 의존성을 제거할 수 있습니다. 벡터는 먼저 원점까지 거리인 벡터 크기를 계산하여 정규화할 수 있습니다. 벡터를 크기로 나누면 정규화된 단위 벡터가 생성됩니다.

- 단위 벡터 크기는 1입니다. 또 타니모토 유사도는 벡터 크기에 따라 부분적으로 달라집니다. 따라서 단위 벡터에서만 유사도 함수를 실행하면 유사도 함수를 단순화할 수 있습니다. 또 단위 벡터 유사도는 코사인 유사도 및 거리처럼 다른 일반적인 지표로 변환될 수 있습니다.

- 행렬 곱셈을 활용하면 전체 유사도를 효율적으로 계산할 수 있습니다. 행렬은 단순히 숫자들을 이차원으로 표현한 것에 불과합니다. 모든 행렬의 행과 열 사이의 쌍별 내적을 구하면 두 행렬을 곱할 수 있습니다. 정규화된 행렬을 곱한다면 코사인 유사도 행렬을 구할 수 있습니다. 또 넘파이의 행렬 연산으로 코사인 유사도를 타니모토 유사도로 변환할 수도 있습니다.

- 행렬 곱셈은 순수 파이썬보다 넘파이가 훨씬 빠릅니다. 넘파이에도 한계가 있습니다. 따라서 행렬이 너무 커지면 행렬 크기를 줄이는 방법을 찾아야 합니다.

14장

행렬 데이터의
차원 감소

이 장에서 다루는 내용

- **기하학적인 회전으로 행렬 단순화하기**
- **주성분 분석이 무엇인지 배우기**
- **행렬 크기를 줄이는 고급 행렬 연산 배우기**
- **특이 값 분해가 무엇인지 배우기**
- **사이킷런으로 차원 축소 수행하기**

차원 축소(dimension reduction)란 데이터 정보 내용을 유지한 채 데이터를 축소하는 기술을 의미합니다. 이 기술은 일상의 디지털 활동 여러 부분에 스며들어 있습니다. 가령 벨리즈(belize)에서 휴가를 보내고 막 돌아왔는데 친구에게 보내고 싶은 휴가에서 찍은 사진 열 장이 휴대폰에 있다고 가정해 보죠. 안타깝게도 이 사진들은 용량이 꽤 큰 편인 데다 현재 무선 연결 속도도 느립니다. 각 사진은 높이 1,200픽셀과 너비 1,200픽셀로 구성되어 각 사진당 메모리를 5.5MB 정도 차지하며, 이를 전송하려면 약 15초가 소요됩니다. 즉, 사진 열 장을 모두 전송하려면 2.5분이라는 시간이 걸리는 셈이죠. 다행히 메신저가 각 사진을 1,200×1,200픽셀에서 600×480픽셀로 축소하여 크기를 6배 줄이는 더 나은 방식을 제공합니다. 해상도를 낮추면 디테일은 약간 희생해야 하지만, 휴가 사진에 담긴 정보 대부분(울창한 정글, 푸른 바다, 반짝이는 모래사장 등)은 선명하게 유지됩니다. 따라서 이 정도 트레이드 오프는 충분히 의미 있다고 볼 수 있습니다. 6배 줄어든 크기는 전송도 6배 빠르기 때문에 단 25초면 사진 열 장을 친구와 공유할 수 있습니다.

물론 전송 속도 외에도 차원 축소에는 더 많은 이점이 있습니다. 가령 지도 제작을 예로 들어 보죠. 지구는 지구본으로 정확히 모델링될 수 있는 3D 구체입니다. 지구의 3D 형상을 2D 종이에 투영하면 지구를 지도로 만들 수 있습니다. 종이 지도는 지구본과 달리 접어서 주머니에 넣을 수 있기 때문에 휴대가 간편할 뿐만 아니라, 빠르게 지도를 훑어만 보아도 국가가 밀집된 지역을 한눈에 파악할 수 있습니다. 국경이 밀집된 지역을 찾는 데 용이하겠죠. 하지만 지구본으로는 이 같은 작업이 더 어렵습니다. 한눈에 모든 국가를 볼 수 없어 지구본을 돌려 가며 여러 차례 확인해야 합니다. 어떤 면에서 지구본의 곡률은 주어진 작업을 방해하는 노이즈라고 볼 수도 있습니다. 하지만 곡률을 제거하면 작업은 간단하지만 남극 대륙이 지도에서 완전히 사라지는 대가를 치러야 하는 트레이드 오프도 있습니다. 물론 남극에는 국가가 없으므로 국경이 밀집한 지역을 찾는 작업 관점에서는 충분히 치를 수 있는 트레이드 오프죠.

지도 비유로 차원이 축소된 데이터는 다음 이점이 있다는 것을 알 수 있습니다.

- 압축된 데이터는 전송과 저장이 더 쉽습니다.
- 적은 데이터에 대한 알고리즘 수행 시간은 단축됩니다.
- 데이터 그룹/클러스터를 파악하는 등 복잡한 작업에서 불필요한 노이즈 정보를 제거하여 복잡함을 간소화할 수 있습니다.

마지막 둘은 이 사례 탐구와 매우 관련이 있습니다. 수많은 텍스트 문서를 주제별로 그룹화하고자 합니다. 이때는 전체 문서 유사도 행렬을 계산하는 작업이 수반됩니다. 앞 장에서 설명했듯이, 이 계산은 느릴 수 있는데 이때 차원 축소를 사용하면 데이터 행렬의 열 개수를 줄일 수 있어 계산 속도를 높일 수 있습니다. 또 텍스트 데이터의 차원을 축소시키면 그룹화할 때 더 높은 품질의 주제 클러스터를 생성하는 경우가 많습니다.

차원 축소와 데이터 클러스터링의 관계를 더 자세히 살펴보겠습니다. 먼저 2D 데이터를 단일 차원으로 그룹화하는 간단한 작업부터 시작해 보죠.

14.1 2D 데이터를 단일 차원으로 그룹화하기

차원 축소는 클러스터링/그룹화를 보다 쉽게 해석하는 것을 포함해서 다양한 용도로 활용됩니다. 온라인 의류 매장 관리 시나리오를 예로 들어 보죠. 고객이 웹 사이트를 방문하면 키와 몸무게를 입력하라는 메시지가 표시되고, 입력된 값은 고객 정보를 관리하는 데이터베이스에 추가됩니다. 두 치수를 저장하려면 두 열이 필요하므로 데이터는 2차원으로 표현됩니다. 그리고 이 데이터는 고객에게 적절한 크기의 의류를 제공하는 데 활용됩니다. 매장에서는 의류를 소형, 중형, 대형 세 가지 크기로 제공합니다. 여기에서 우리가 하려는 것은 고객 180명에 대한 데이터를 이미 알고 있을 때 다음을 수행하는 것입니다.

- 크기에 따라 고객을 세 그룹으로 나눕니다.
- 계산된/나뉜 그룹을 대상으로 해석 가능한 모델을 구축하여 신규 고객을 위한 의류 크기 유형을 결정합니다.
- 비전문가인 투자자도 이해할 수 있을 정도로 그룹을 단순하게 만듭니다.

이 중 세 번째는 우리가 내린 결정 사항들을 제한할 수 있습니다. 클러스터링은 중심성(centroid) 또는 평균까지 거리처럼 기술 개념에 의존할 수 없습니다. 한 그림으로 모델을 설명할 수 있다면 가장 이상적일 것입니다. 차원 축소는 이러한 수준의 단순성을 달성할 수 있게 해 줍니다. 하지만 그에 앞서 고객 180명의 2D 측정 데이터를 시뮬레이션해야 합니다. 먼저 키를 시뮬레이션해 보죠. 키 범위를 60~78인치로 정하면 np.arange(60, 78, 0.1)로 생성할 수 있습니다. 그러면 60~78인치 사이의 값으로 채워진 배열이 반환되며 각 값 사이의 간격은 0.1(인치)입니다.

코드 14-1 다양한 높이 시뮬레이션하기

```
import numpy as np
heights = np.arange(60, 78, 0.1)
```

체중은 키에 따라 크게 달라질 수 있습니다. 키가 큰 사람의 체중이 더 많이 나갈 가능성이 높겠죠. 보통 평균적으로 체중(파운드)은 약 4 * heights - 130에 해당합니다. 물론 각 개인의 체중은 이 평균값을 중심으로 다를 수 있습니다. 따라서 표준 편차가 10(파운드)인 정규 분포로 이러한 임의성을 모델링합니다. 즉, 키라는 변수가 주어졌을 때 몸무게는 4 * heights - 130 + np.random으로 모델링할 수 있습니다. 이 같은 공식을 이용하여 키 180개의 몸무게를 생성합니다.

코드 14-2 높이를 사용하여 가중치 시뮬레이션하기

```
np.random.seed(0)
random_fluctuations = np.random.normal(scale=10, size=heights.size)
weights = 4 * heights - 130 + random_fluctuations
```

····· scale 파라미터는 표준 편차를 설정합니다.

키 및 몸무게는 measurements 행렬에 2차원 좌표로 저장할 수 있습니다. 그러면 이 측정된 좌표를 저장하고 그려 보겠습니다(그림 14-1).

코드 14-3 2D 측정값 그리기

```
import matplotlib.pyplot as plt
measurements = np.array([heights, weights])
plt.scatter(measurements[0], measurements[1])
plt.xlabel('키(인치)')
plt.ylabel('몸무게(파운드)')
plt.show()
```

▼ 그림 14-1 키에 대한 몸무게 그래프로, 명확한 선형 관계를 볼 수 있습니다

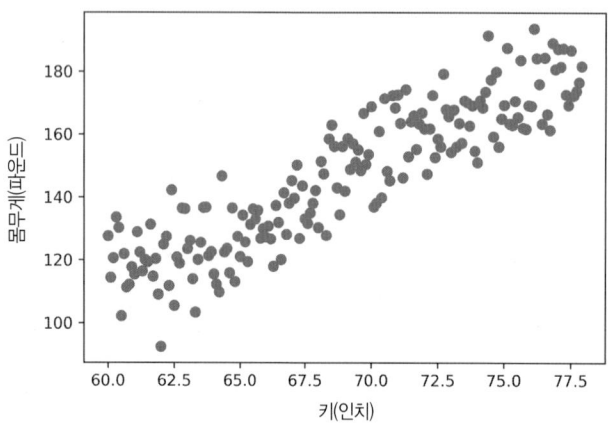

키와 몸무게 사이의 선형 관계가 명확하게 보입니다. 또 예상대로 키와 몸무게 축의 배율이 다른 것도 알 수 있습니다. 다시 말해 맷플롯립은 2D 축을 자동으로 조작하여 그래프를 미적으로 보기 좋게 만듭니다. 일반적으로는 좋은 일이지만 우리는 곧 데이터의 단순화를 위해 그래프를 회전할 것이며, 이때 축 배율도 바뀌게 되므로 원본과 회전된 데이터를 비교하기 어려워집니다. 따라서 일관된 시각화를 위해서는 축의 척도를 균등화해야 할 필요가 있습니다. plt.axis('equal')로 축을 균등화한 뒤 그래프를 다시 생성해 보겠습니다(그림 14-2).

코드 14-4 동일 척도의 축으로 2D 측정값 그리기

```
plt.scatter(measurements[0], measurements[1])
plt.xlabel('키(인치)')
plt.ylabel('몸무게 파운드)')
plt.axis('equal')
plt.show()
```

▼ 그림 14-2 두 축의 척도가 동일한 키에 대한 몸무게 그래프

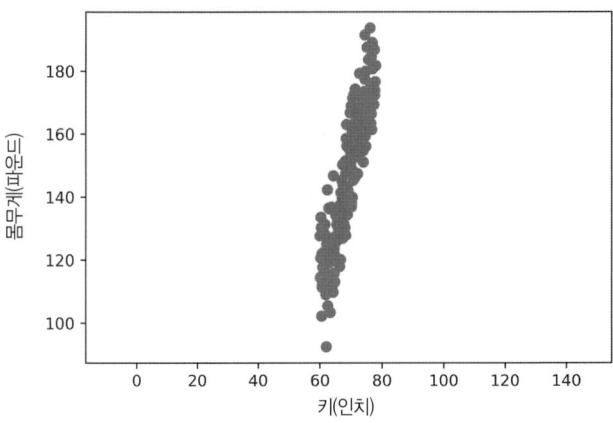

얇은 시가 모양을 형성한 것을 알 수 있습니다. 그리고 이를 동일한 세 부분으로 나누면 크기별 그룹화가 가능합니다. 그룹/클러스터를 구하는 한 방법은 K-평균을 활용하는 것입니다. 물론 이 결과를 해석하려면 K-평균 알고리즘을 이해해야 합니다. 그 대신 그래프를 옆으로 기울이는 비교적 덜 기술적인 해결책도 있습니다. 시가 모양의 그래프가 수평으로 배치되면 다음 그림과 같이 두 수직선으로 세 부분으로 분리할 수 있습니다. 첫 번째 수직선은 왼쪽의 데이터 60개를, 두 번째 수직선은 오른쪽의 데이터 60개를 분리합니다. 이 작업은 비전문가도 쉽게 이해할 수 있는 방식으로 데이터를 세분화할 수 있습니다.

▼ 그림 14-3 수평으로 회전하여 데이터가 x축에 배치되도록 했습니다. 두 수직선은 데이터를 소형·중형·대형 세 동일 그룹으로 나누기에 충분합니다. 따라서 정보 손실을 최소화하면서 y축을 제거할 수 있습니다. 이 그림은 코드 14-15를 바탕으로 그린 것입니다

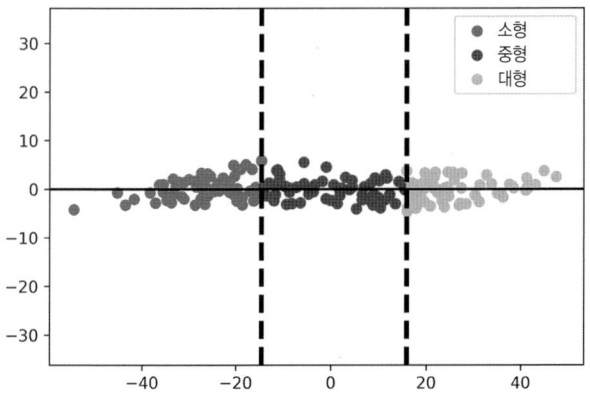

노트 앞 예시는 소형, 중형, 대형 크기의 분포가 동일하다고 가정합니다. 하지만 현실에서는 그렇지 않을 수도 있습니다.

데이터를 x축 방향으로 회전하면 가로 x 값만으로도 충분히 데이터를 구분할 수 있습니다. 즉, 세로축에 의존하지 않고 데이터를 그룹화할 수 있어 y축 값을 제거할 수 있습니다. 효과적으로 정보 손실을 최소화하며 y축 값을 삭제할 수 있는 것이죠. 그러면 결과적으로 데이터가 2차원에서 1차원으로 줄어듭니다(그림 14-4).

▼ 그림 14-4 수평 회전으로 1차원으로 축소된 선형 측정값
데이터가 x축 방향으로 회전되고 y축에 대한 좌표 값은 제거되었습니다. 그렇더라도 남은 x 값만으로도 충분히 데이터를 구분할 수 있습니다. 즉 1D 로 표현된 데이터도 세 동일 그룹으로 충분히 분할될 수 있습니다

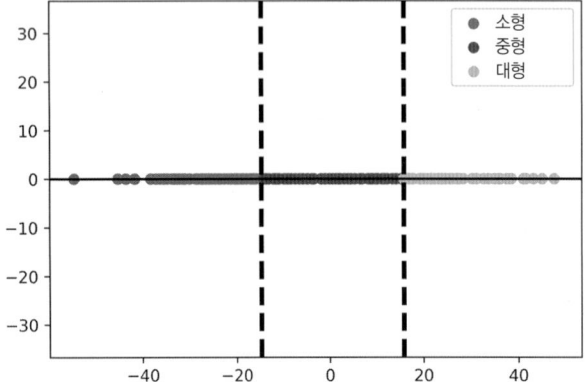

이제 데이터를 뒤집어 2D 데이터를 그룹화해 보겠습니다. 수평 회전으로 데이터를 그룹화하여 단일 차원으로 축소할 수 있습니다.

14.1.1 회전으로 차원 줄이기

데이터를 뒤집으려면 두 가지가 단계별로 실행되어야 합니다.

1. 좌표 (0, 0)의 원점을 중심으로 모든 데이터를 이동시킵니다. 그러면 그래프를 x축 방향으로 더 쉽게 회전시킬 수 있습니다.
2. 데이터에서 x축까지 총 거리가 최소화될 때까지 데이터를 회전합니다.

원점에서 데이터의 중심을 잡는 것은 간단합니다. 모든 데이터셋의 중심점은 평균과 같기 때문이죠. 따라서 좌표를 조정하여 x 값의 평균 및 y 값의 평균이 모두 0이 되도록 해야 합니다. 이는 모든 데이터 좌표에서 현재 평균을 빼면 가능합니다. 다시 말해 키는 평균 키를, 몸무게는 평균 몸무게를 빼면 (0, 0)에 중심이 되는 데이터셋이 생성됩니다.

키와 몸무게 좌표를 이동하고 이 변경을 centered_data 배열에 저장합니다. 그다음 변경된 좌표를 그래프로 표현하여 원점과 중심이 일치하는지 확인합니다(그림 14-5).

▼ 그림 14-5 원점을 중심으로 키에 대한 몸무게 그래프로, 중심화된 데이터는 프로펠러처럼 회전될 수 있습니다

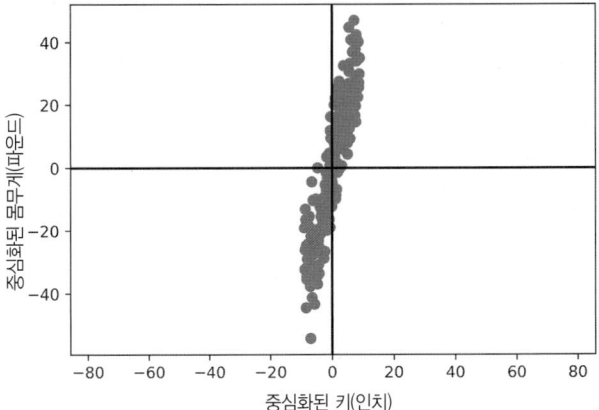

코드 14-5 원점에 측정값 중앙 배치하기

```
centered_data = np.array([heights-heights.mean(), weights-weights.mean()])
plt.scatter(centered_data[0], centered_data[1])
plt.axhline(0, c='black')      ----- 원점 위치를 표시하기 위해 x축
plt.axvline(0, c='black')            및 y축을 시각화합니다.
plt.xlabel('중심화된 키(인치)')
plt.ylabel('중심화된 몸무게(파운드)')
plt.axis('equal')
plt.show()
```

이제 데이터가 원점 중앙에 완벽하게 위치합니다. 그러나 데이터 방향은 x축보다 y축에 더 가깝습니다. 우리 목표는 그래프상 데이터가 x축과 겹칠 때까지 원점을 중심으로 회전하는 것입니다. 2D 그래프를 중심을 기준으로 회전하려면 2×2 형상의 np.array([[cos(x), -sin(x)], [sin(x), cos(x)]])의 **회전 행렬**(rotation matrix)을 사용해야 합니다. 여기에서 x는 회전 각도를 의미합니다. 이 배열과 centered_data의 행렬 곱은 라디안 단위의 x만큼 데이터를 시계 반대 방향으로 회전시킵니다. x 대신 -x를 입력하면 시계 방향으로 회전 방향을 전환할 수 있습니다.

회전 행렬로 centered_data를 시계 방향으로 90도 회전해 보죠. 그다음 회전된 데이터와 원본 centered_data 배열을 모두 그래프로 표현합니다(그림 14-6).

코드 14-6 centered_data를 90도 회전하기

```
from math import sin, cos
angle = np.radians(-90)      ----- 각도를 라디안으로 변환합니다.
rotation_matrix = np.array([[cos(angle), -sin(angle)], [sin(angle), cos(angle)]])
rotated_data = rotation_matrix @ centered_data
plt.scatter(centered_data[0], centered_data[1], label='원본 데이터')
plt.scatter(rotated_data[0], rotated_data[1], c='y', label='회전된 데이터')
plt.axhline(0, c='black')
plt.axvline(0, c='black')
```

```
plt.legend()
plt.axis('equal')
plt.show()
```

▼ 그림 14-6 centered_data의 회전 전후로 원점을 중심으로 90도 시계 방향으로 회전되었습니다. 이제 데이터는 x축에 더 가깝게 배치되었습니다

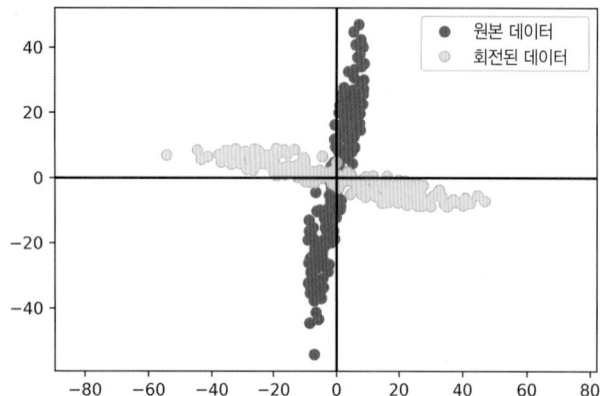

예상대로 rotated_data 결과는 centered_data에 수직입니다. 90도 회전이 성공했습니다. 또 그래프가 x축에 더 가깝게 이동했습니다. 한편 이 이동을 정량화할 방법이 필요합니다. 이를 위해 데이터가 x축을 향해 회전함에 따라 감소하는 페널티 점수(penalty score)를 생성해 보겠습니다.

모든 y축 값에 페널티를 적용합니다. 페널티는 5장의 제곱 거리 개념을 기반으로 합니다. 페널티 제곱은 rotated_data의 y 값 제곱들 평균과 같습니다. y 값은 x축까지 거리를 나타내므로, 페널티는 x축까지 평균 제곱 거리와 같습니다. 즉, 회전된 데이터셋이 x축에 가까워지면 평균 제곱 y 값은 감소합니다. 페널티를 잘 받게 되는 것이죠.

임의의 y_values 배열에 대해 sum([y**2 for y in y_values]) / y_values.size를 계산하면 페널티를 구할 수 있습니다. 그러나 y_values @ y_values / y_values.size를 실행해서 페널티를 계산할 수도 있습니다. 두 결과는 동일하지만 행렬 곱셈 연산이 더 계산 효율적입니다. 그러면 rotated_data와 centered_data에 대한 페널티 점수를 비교해 보겠습니다.

코드 14-7 수직 y 값에 페널티 부여하기

```
data_labels = ['unrotated', 'rotated']
data_list = [centered_data, rotated_data]
for data_label, data in zip(data_labels, data_list):
    y_values = data[1]
    penalty = y_values @ y_values / y_values.size
    print(f"{data_label} 데이터에 대한 페널티 점수는 {penalty:.2f}입니다")
```

▶ 실행결과

unrotated 데이터에 대한 페널티 점수는 519.82입니다
rotated 데이터에 대한 페널티 점수는 27.00입니다

데이터를 회전하면 페널티 점수가 20배 이상 감소했습니다. 이 감소에는 통계적 해석이 수반됩니다. 다음을 고려하면 페널티를 분산에 연관 지을 수 있습니다.

- 페널티 점수는 0에서 y_values 배열 내 모든 y까지 거리를 제곱한 평균과 같습니다.
- y_values.mean()은 0입니다.
- 따라서 페널티 제곱은 평균에서 y까지 거리를 제곱한 평균과 같습니다.
- 평균에서 거리를 제곱한 평균은 분산과 같습니다.
- 즉, 페널티 점수는 y_values.var()와 같습니다.

페널티 점수가 y축 분산과 같다고 추론했습니다. 결과적으로 데이터 회전으로 y축의 분산이 20배 이상 감소한 것입니다. 이를 실제로 확인해 보죠.

코드 14-8 페널티를 y축 분산과 동일시하기

```
for data_label, data in zip(data_labels, data_list):
    y_var = data[1].var()
    penalty = data[1] @ data[1] / data[0].size
    assert round(y_var, 14) == round(penalty, 14)   ····· 부동 소수점 에러를 보정하기 위해 반올림합니다.
    print(f"{data_label} 데이터에 대한 y축 분산은 {y_var:.2f}입니다")
```

▶ 실행결과

```
unrotated 데이터에 대한 y축 분산은 519.82입니다
rotated 데이터에 대한 y축 분산은 27.00입니다
```

분산을 기반으로 하여 회전 점수를 매길 수 있습니다. 데이터를 x축 방향으로 회전하면 y축의 분산은 감소할 것입니다. 그런데 이 회전이 x축의 분산에는 어떤 영향을 미칠까요? 알아봅시다.

코드 14-9 회전 x축 분산 측정하기

```
for data_label, data in zip(data_labels, data_list):
    x_var = data[0].var()
    print(f"{data_label} 데이터에 대한 x축 분산은 {x_var:.2f}입니다")
```

▶ 실행결과

```
unrotated 데이터에 대한 x축 분산은 27.00입니다
rotated 데이터에 대한 x축 분산은 519.82입니다
```

회전은 x축 분산과 y축 분산을 완전히 뒤바꾸었습니다. 하지만 분산 총합은 그대로입니다. 즉, 회전 후에도 총 분산은 변하지 않은 것입니다. 이 사실을 확인해 보겠습니다.

코드 14-10 총 분산의 보존 확인하기

```
total_variance = centered_data[0].var() + centered_data[1].var()
assert total_variance == rotated_data[0].var() + rotated_data[1].var()
```

총 분산의 보존을 이용하여 다음을 추론할 수 있습니다.

- x축 분산과 y축 분산을 단일 백분율 점수로 결합할 수 있습니다. 즉, x_values.var() / total_variance는 1 - y_values.var() / total_variance와 동일합니다.
- 데이터를 x축 방향으로 회전하면 x축 분산이 증가하고 y축 분산은 그에 상응하는 수준으로 감소합니다. 수직 분산을 p% 감소시키면 수평 분산이 p% 증가합니다.

다음 코드에서 이 추론에 대한 결론을 확인할 수 있습니다.

코드 14-11 축 분산 범위의 백분율 살펴보기

```
for data_label, data in zip(data_labels, data_list):
    percent_x_axis_var = 100 * data[0].var() / total_variance
    percent_y_axis_var = 100 * data[1].var() / total_variance
    print(f"{data_label} 데이터에서 총 분산 중 {percent_x_axis_var:.2f}%는 "
          "x축에 걸쳐 분포되어 있습니다")
    print(f"총 분산 중 나머지 {percent_y_axis_var:.2f}%는 "
          "y축에 걸쳐 분포되어 있습니다\n")
```

▶ 실행결과

```
unrotated 데이터에서 총 분산 중 4.94%는 x축에 걸쳐 분포되어 있습니다
총 분산 중 나머지 95.06%는 y축에 걸쳐 분포되어 있습니다
Rotated 데이터에서 총 분산 중 95.06%는 x축에 걸쳐 분포되어 있습니다
총 분산 중 나머지 4.94%는 y축에 걸쳐 분포되어 있습니다
```

데이터를 x축 방향으로 회전하면 x축 분산이 90퍼센트포인트 증가했습니다. 동시에 회전 때문에 y축 분산도 동일한 90퍼센트포인트로 감소했습니다. x축까지 거리가 최소화될 때까지 centered_data를 더 회전해 보겠습니다. x축까지 거리는 다음 과정으로 최소화할 수 있습니다.

- y축이 차지하는 총 분산 비율을 최소화합니다. 그러면 수직 분산을 최소화할 수 있습니다.
- x축이 차지하는 총 분산 비율을 최대화합니다. 그러면 수평 분산을 최대화할 수 있습니다.

수평 분산을 최대화하여 centered_data를 x축 방향으로 회전합니다. 이 분산은 1도에서 180도까지 모든 각도에 따라 측정됩니다(그림 14-7). 또 x축의 데이터 포함 비율을 최대화하는 회전 각도를 추출합니다. 코드 14-12는 해당 각도와 백분율을 출력하는 동시에 플롯에 해당 각도를 표시합니다.

▼ 그림 14-7 회전 각도와 x축이 차지하는 총 분산 비율에 대한 그래프
수직선은 x축 분산이 최대가 되는 각도를 나타냅니다. 78.3도의 회전 각도는 전체 분산 99% 이상을 x축으로 이동시킵니다. 이 각도로 회전하면 데이터를 차원적으로 줄일 수 있습니다

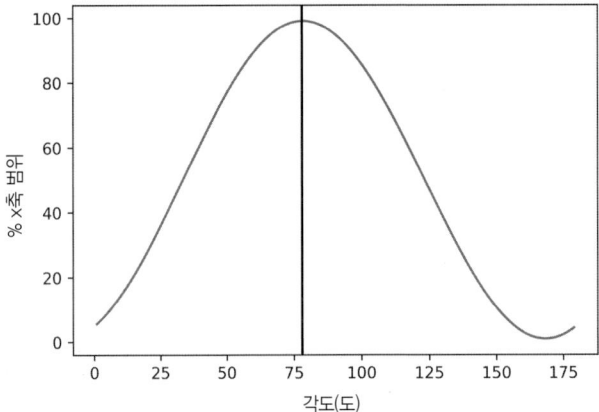

코드 14-12 수평의 분산을 최대화하기

```python
def rotate(angle, data=centered_data):      # 입력 각도에 따라 데이터를 회전시킵니다. data 변수의 기
    angle = np.radians(-angle)              # 본값은 centered_data로 설정됩니다.
    rotation_matrix = np.array([[cos(angle), -sin(angle)],
                                [sin(angle), cos(angle)]])
    return rotation_matrix @ data

angles = np.arange(1, 180, 0.1)   # ~180 범위의 각도를 담은 배열을 반환합니다. 각 각도 사이의 차이는 0.1도씩 차이 납니다.
x_variances = [(rotate(angle)[0].var()) for angle in angles]   # 모든 각도에 걸친 각 회전에 대한
                                                                # x축 분산을 계산합니다.
percent_x_variances = 100 * np.array(x_variances) / total_variance
optimal_index = np.argmax(percent_x_variances)
optimal_angle = angles[optimal_index]   # 최대 분산을 도출하는 회전 각도를 계산합니다.
plt.plot(angles, percent_x_variances)
plt.axvline(optimal_angle, c='k')   # optimal_angle 위에 수직선을 그립니다.
plt.xlabel('각도(도)')
plt.ylabel('% x축 범위')
plt.show()

max_coverage = percent_x_variances[optimal_index]
max_x_var = x_variances[optimal_index]

print(f"수평 분산은 {optimal_angle:.1f}도 회전 후 "
      f"약 {int(max_x_var)}로 최대화되었습니다")
print(f"회전은 총 분산의 {max_coverage:.2f}%를 x축으로 분포시킵니다")
```

▶ 실행결과

수평 분산은 78.3도 회전 후 약 541로 최대화되었습니다
회전은 총 분산의 99.08%를 x축으로 분포시킵니다

centered_data를 78.3도 회전했을 때 수평 분산은 최대화됩니다. 이 회전 각도에서는 전체 분산의 99.08%가 x축에 분산됩니다. 따라서 회전된 데이터는 대부분 1D축 선을 따라 놓일 것입니다. 회전을 실행한 뒤 결과를 도식화하여 확인해 보죠(그림 14-8).

코드 14-13 x축 범위가 큰 회전 데이터 도식화하기

```python
best_rotated_data = rotate(optimal_angle)
plt.scatter(best_rotated_data[0], best_rotated_data[1])
plt.axhline(0, c='black')
plt.axvline(0, c='black')
plt.axis('equal')
plt.show()
```

▼ 그림 14-8 78.3도 회전된 centered_data
x축의 분산을 최대화하고 y축의 분산을 최소화합니다. 전체 분산 중 1% 미만만 y축에 있습니다. 즉 정보 손실을 최소화하면서 y 좌표를 제거할 수 있습니다

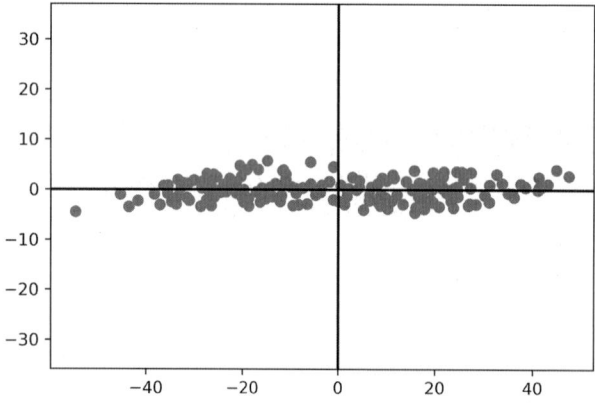

대부분의 데이터는 x축에 가깝게 늘어서 있습니다. 즉, 데이터 분산이 가로 방향으로 최대화됩니다. 정의에 따르면, 많이 퍼진 데이터는 분리가 쉽습니다. 분리된 데이터들은 서로 구별이 쉽죠. 대조적으로 수직 y축을 따른 분산은 최소화되었기 때문에 세로 방향으로는 데이터를 구분하기 어렵습니다. 즉, 정보 손실을 최소화하며 모든 y축 좌표를 제거할 수 있습니다. y축 좌표를 제거하더라도 전체 분산의 1% 미만만 영향을 받으므로 충분히 데이터를 그룹화할 수 있습니다.

y축을 폐기하여 best_rotated_data를 1D로 줄입니다. 그다음 나머지 1D 배열로 두 그룹의 임계 값을 추출합니다. 첫 번째 임계 값은 소형과 중형 의류 고객을 분리하고, 두 번째 임계 값은 중형과 대형 의류 고객을 분리합니다. 두 임계 값을 합치면 고객 180명을 동일 크기의 세 그룹으로 분리합니다.

코드 14-14 그룹화를 위해 회전된 데이터를 1D로 축소하기

```python
sorted_x_values = sorted(x_values)
cluster_size = int(x_values.size / 3)
small_cutoff = max(sorted_x_values[:cluster_size])
large_cutoff = min(sorted_x_values[-cluster_size:])
print(f"{small_cutoff:.2f}의 1D 임계 값은 소형과 중형 의류 고객을 분리합니다")
print(f"{large_cutoff:.2f}의 1D 임계 값은 중형과 대형 의류 고객을 분리합니다")
```

▶ 실행결과

-14.61의 1D 임계 값은 소형과 중형 의류 고객을 분리합니다
15.80의 1D 임계 값은 중형과 대형 의류 고객을 분리합니다

임계 값으로 best_reduced_data의 그래프를 세로 분할하여 임계 값을 시각화할 수 있습니다. 두 임계 값은 그래프를 세 부분으로 나누고, 각 부분은 크기와 상관관계를 가집니다. 다음으로 임계 값과 부분들을 시각화하며 각 부분에 색을 입힙니다(그림 14-9).

코드 14-15 세 부분으로 분리된 수평적 고객 데이터 그리기

```python
def plot_customer_segments(horizontal_2d_data):  # 수평으로 배치된 고객 데이터셋을 입력하면 이 함수는 수직 임계 값으로 데이터를 분류한 뒤 각 고객의 영역을 개별적으로 나타냅니다. 이 함수는 이 절의 다른 곳에서도 재활용됩니다.
    small, medium, large = [], [], []
    cluster_labels = ['소형', '중형', '대형']
    for x_value, y_value in horizontal_2d_data.T:  # 데이터를 세분화하기 위해 1D x 값 임계 값을 사용합니다.
        if x_value <= small_cutoff:
            small.append([x_value, y_value])
        elif small_cutoff < x_value < large_cutoff:
            medium.append([x_value, y_value])
        else:
            large.append([x_value, y_value])

    for i, cluster in enumerate([small, medium, large]):  # 각 고객 세그먼트는 개별적으로 표시됩니다.
        cluster_x_values, cluster_y_values = np.array(cluster).T
        plt.scatter(cluster_x_values, cluster_y_values,
                    color=['g', 'b', 'y'][i],
                    label=cluster_labels[i])

    plt.axhline(0, c='black')
    plt.axvline(large_cutoff, c='black', linewidth=3, linestyle='--')
    plt.axvline(small_cutoff, c='black', linewidth=3, linestyle='--')
    plt.axis('equal')
    plt.legend()
    plt.show()

plot_customer_segments(best_rotated_data)
```

▼ 그림 14-9 두 수직 임계 값으로 분리된 centered_data의 가로형 그래프
그래프를 의류 크기에 따라 소형·중형·대형의 세 고객 그룹으로 나눕니다. 이 그룹은 1D x축만으로 충분히 추출할 수 있습니다

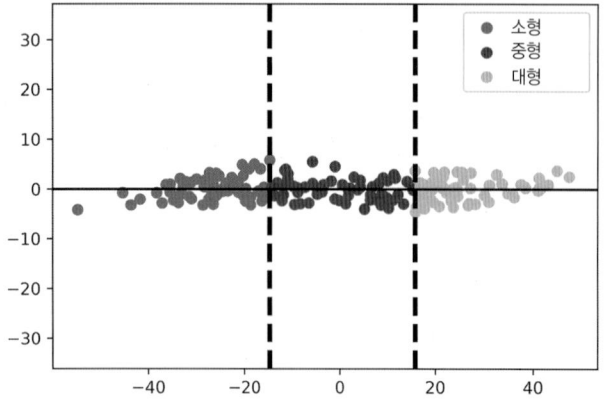

1D의 x_values 배열은 데이터 분산의 99.08%를 포착하므로 고객 데이터를 충분히 세분화할 수 있습니다. 따라서 이 배열로 centered_data 데이터셋의 99.08%를 재현할 수 있습니다(그림 14-10). 0으로 채워진 배열을 추가하여 y축 차원을 재도입하고 배열을 원래 위치로 다시 회전하면 됩니다.

코드 14-16 1D 배열에서 2D 데이터 재현하기

```
zero_y_values = np.zeros(x_values.size)   ····· 0으로 채워진 벡터를 반환합니다.
reproduced_data = rotate(-optimal_angle, data=[x_values, zero_y_values])
```

▼ 그림 14-10 원본 데이터와 함께 재현된 데이터 그래프
재현된 데이터 배열은 원본인 centered_data에 대한 산점도를 가로지르는 단일 선을 형성합니다. 이 선은 데이터 분산을 최대화하는 선형 방향을 나타냅니다. 총 분산의 99.08%가 reproduced_data 라인에 포함됩니다

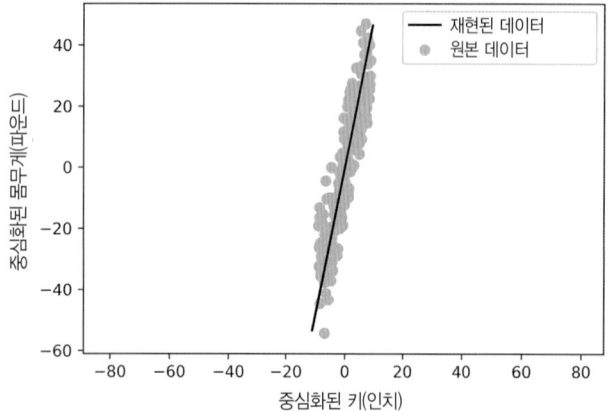

재현된 데이터 품질을 측정하기 위해 reproduced_data를 centered_data 행렬과 함께 시각화합니다.

코드 14-17 재현된 데이터와 원본 데이터 그리기

```
plt.plot(reproduced_data[0], reproduced_data[1], c='k', label='재현된 데이터')
plt.scatter(centered_data[0], centered_data[1], c='y', label='원본 데이터')
plt.axis('equal')
plt.legend()
plt.show()
```

재현된 데이터는 centered_data의 산점도 중앙을 직접 가로지르는 선을 형성합니다. 이 선은 데이터의 분산을 최대화하는 선형 방향이 **첫 번째 주방향**(principal direction)을 나타냅니다. 대부분의 2D 데이터셋에는 주방향이 두 개 포함됩니다. **두 번째 주방향**은 첫 번째 방향과 수직을 이루며, 첫 번째 방향에 포함되지 않은 나머지 분산을 나타냅니다.

첫 번째 주방향으로 미래 고객의 키와 몸무게를 처리할 수 있습니다. 미래 고객의 데이터는 기존 측정 데이터의 기반이 되는 동일한 분포에서 비롯되었다고 가정합니다. 그렇다면 고객의 중심 키와 몸무게도 그림 14-10과 같이 첫 번째 주방향을 따라 위치합니다. 이 같은 정렬은 기존 임계 값으로 신규 고객 데이터를 세분화할 수 있게 해 줍니다.

신규 고객의 데이터를 시뮬레이션하여 이 시나리오를 구체적으로 살펴보죠. 그다음 측정 데이터를 중앙화하여 그래프로 그립니다(그림 14-11). 또 첫 번째 주방향을 나타내는 선도 함께 그립니다. 그러면 예상하건대 측정값이 해당 방향 선과 일치할 것입니다.

코드 14-18 신규 고객 데이터의 시뮬레이션 및 시각화하기

```
np.random.seed(1)
new_heights = np.arange(60, 78, .11)   ----- 모든 새로운 키를 0.11인치씩 분리하여 이전 키와 겹치는 부분을 최소화합니다.
random_fluctuations = np.random.normal(scale=10, size=new_heights.size)
new_weights = 4 * new_heights - 130 + random_fluctuations
new_centered_data = np.array([new_heights-heights.mean(),
                              new_weights-weights.mean()])   ----- 새로운 고객 분포가 이전에 보았던 고객 분포와 동일하다고 가정합니다. 이것으로 데이터 중앙화에 기존 수단을 활용할 수 있습니다.
plt.scatter(new_centered_data[0], new_centered_data[1], c='y', label='신규 고객 데이터')
plt.plot(reproduced_data[0], reproduced_data[1], c='k', label='첫 번째 주방향')
plt.xlabel('중심화된 키(인치)')
plt.ylabel('중심화된 몸무게(파운드)')
plt.axis('equal')
plt.legend()
plt.show()
```

▼ 그림 14-11 기존 고객 데이터셋의 주방향과 함께 신규 고객 데이터를 포함한 중심화된 그래프
주방향은 이전에 보이지 못한 데이터를 직접 가로지릅니다. 이 방향은 x축과의 각도를 알고 있어 그룹화를 위해 해당 데이터를 옆으로 회전시킬 수 있습니다

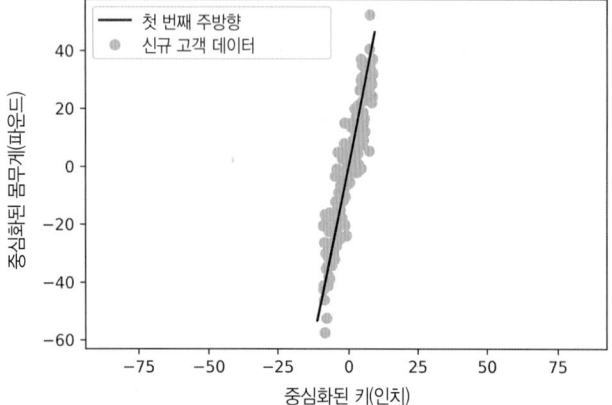

> **노트** 첫 번째 주방향은 원점과 교차합니다. 따라서 정렬을 위해 신규 고객 데이터도 원점과 교차되도록 해야 합니다. 즉, 해당 데이터도 중앙화해야 합니다.

신규 고객 데이터는 계속해서 첫 번째 주방향을 따라 놓입니다. 이 방향은 데이터 분산의 99% 이상을 포함하는 동시에 x축과 78.3도의 각을 형성합니다. 즉, 신규 데이터를 78.3도 회전하여 y값 정보에 의존하지 않고도 고객을 세분화할 수 있습니다. 기존의 1D 세분화 임계 값으로도 이 목적은 충분히 달성될 수 있습니다.

이번에는 신규 고객 데이터를 가로로 배치하고 `plot_customer_segments` 함수를 호출하여 해당 데이터를 분할합니다(그림 14-12).

코드 14-19 신규 고객 데이터 회전 및 세분화하기

```
new_horizontal_data = rotate(optimal_angle, data=new_centered_data)
plot_customer_segments(new_horizontal_data)
```

▼ 그림 14-12 신규 고객 데이터의 가로형 플롯
데이터는 이전에 계산된 두 수직 임계 값으로 분할됩니다. 소형 · 중형 · 대형이라는 세 가지 의류로 고객을 세분화합니다. 이러한 클러스터 추출에는 1차원 x축으로 충분합니다

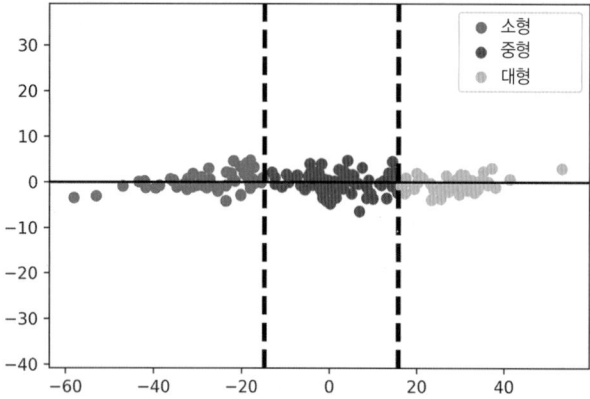

이제 관측한 내용을 간단히 요약해 보겠습니다. 데이터를 뒤집어 2D 고객 측정값 배열을 1차원으로 줄일 수 있습니다. 가로 x축 값만으로도 충분히 데이터를 나눌 수 있습니다. 또 분산이 최대화되는 주방향을 알면 데이터를 뒤집기가 더 쉽습니다. 첫 번째 주방향이 주어지면 고객 데이터를 차원 축소하여 더 쉽게 그룹화할 수 있습니다.

> **노트** 차원 축소를 하여 데이터베이스도 간소화할 수 있습니다. 키와 몸무게를 모두 저장하는 대신 가로 x값만 저장하면 되므로 데이터베이스 구조를 2차원에서 1차원으로 줄일 수 있습니다. 결국 고객의 조회 속도가 빨라지고 저장소 비용은 절감됩니다.

지금까지는 데이터 회전을 통해 분산을 최대화하여 첫 번째 주방향을 추출했습니다. 그러나 이 기법은 더 높은 차원에 적용되지 못합니다. 1,000차원 데이터셋을 분석한다고 했을 때, 서로 다른 축 1,000개에 대한 모든 각도를 확인하는 것은 계산적으로 불가능합니다. 다행히 모든 주방향을 추출하는 더 쉬운 방법이 있습니다. **주성분 분석**(Principal Component Analysis, PCA)이라는 확장 가능한 알고리즘을 적용하기만 하면 됩니다.

이어지는 절 몇 개에서 PCA를 알아봅니다. 구현은 간단하지만 이해는 까다로울 수 있습니다. 따라서 알고리즘을 부분적으로 나누어서 살펴봅니다. 먼저 여러 데이터셋에 사이킷런에 구현된 PCA를 적용하여 더 나은 그룹화 및 시각화를 구해 봅니다. 그다음 PCA를 밑바닥에서부터 직접 도출하여 알고리즘의 약점을 조사하고 제거합니다.

14.2 PCA와 사이킷런으로 차원 감소시키기

PCA 알고리즘은 데이터셋의 축을 조정하여 분산 대부분이 소수의 차원에 분산되도록 합니다. 데이터를 구분하는 데 모든 차원이 필요하지는 않다는 것이죠. 데이터 구분을 단순화할 수 있다면, 그룹화 문제도 단순화할 수 있습니다. 다행히 사이킷런은 이를 위한 PCA 클래스를 제공합니다. 그러면 sklearn.decomposition 모듈에서 PCA를 불러와 보죠.

코드 14-20 사이킷런에서 PCA 불러오기

```
from sklearn.decomposition import PCA
```

PCA()를 실행하면 10장에서 활용된 사이킷런 cluster_model 객체와 유사하게 구조화된 pca_model 객체가 초기화됩니다. 이 장에서는 입력된 배열을 클러스터링할 수 있는 모델을 만들었습니다. 이제 측정값 배열을 뒤집을 수 있는 PCA 모델을 생성합니다.

코드 14-21 pca_model 객체 초기화하기

```
pca_object = PCA()
```

pca_model 객체의 fit_transform 메서드를 실행하면 2D 데이터 행렬을 수평으로 뒤집을 수 있습니다. 이 메서드는 행렬 열에 축을 할당하고 분산을 최대화하기 위해 해당 축들의 방향을 재조정합니다. 그러나 measurements 배열에서 축은 행렬 행에 저장되어 있어 전치를 통해 행과 열을 바꾸어야 합니다. pca_model.fit_transform(measurements.T)를 실행한 결과로 pca_transformed_data 행렬이 반환됩니다. 해당 행렬의 첫 번째 열은 분산이 최대화되는 x축을 나타내고, 두 번째 열은 분산이 최소화되는 y축을 나타냅니다. 이 두 열을 그리면 시가를 옆으로 눕힌 모양과 유사합니다. fit_transform 메서드에 measurements.T를 대입하여 실행한 다음 결과를 그립니다(그림 14-13). 다시 말해 넘파이 행렬 M의 i번째 열은 M[:,i]를 통해 접근할 수 있습니다.

▼ 그림 14-13 사이킷런이 제공하는 PCA 구현체를 활용한 결과에 대한 그래프
그림 14-8의 가로로 배치된 고객 데이터를 왼쪽과 오른쪽으로 뒤집은 것과 같습니다. PCA는 데이터 방향을 변경하여 분산이 주로 x축을 따라 놓이도록 했습니다. 따라서 정보 손실을 최소화하면서 y축을 제거할 수 있습니다

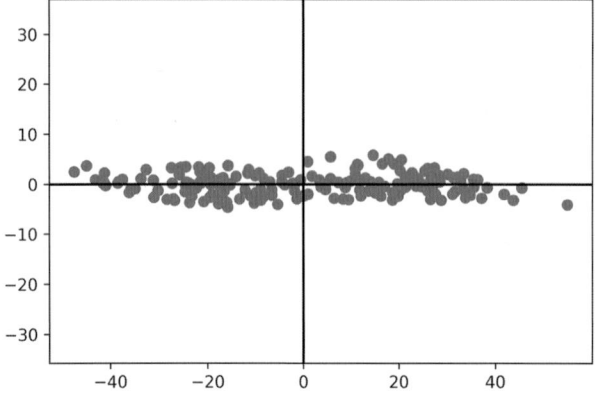

코드 14-22 사이킷런의 PCA 실행하기

```
pca_transformed_data = pca_object.fit_transform(measurements.T)
plt.scatter(pca_transformed_data[:,0], pca_transformed_data[:,1])
plt.axhline(0, c='black')
plt.axvline(0, c='black')
plt.axis('equal')
plt.show()
```

그림 14-13의 결과는 그림 14-8을 거울로 바라본 것처럼 왼쪽과 오른쪽이 뒤바뀌었습니다. 2D 데이터셋에 대해 PCA를 실행하면 데이터가 뒤집혀 x축에 수평으로 놓입니다. 그러나 데이터의 투영은 특정한 방향으로만 제한되는 것은 아닙니다.

> **노트** 모든 y 값에 -1을 곱해 원래 가로형 그림을 재현할 수 있습니다. 즉, plot_customer_segments((pca_transformed_data* np.array([1, -1])).T)를 실행하여 그림 14-9와 같은 세분화된 그래프를 생성할 수 있습니다.

데이터 방향은 다르지만, x축을 따라 분산된 범위는 이전과 일관되게 유지되어야 합니다. pca_object 객체의 각 축이 포함하는 분산 배열을 저장하는 explained_variance_ratio_ 속성으로 이를 확인할 수 있습니다. 즉, 100 * pca_object.explained_variance_ratio_[0]은 이전에 관측된 x축의 약 99.08% 포함 수준과 같아야 합니다. 확인해 보죠.

코드 14-23 사이킷런의 PCA 출력에서 분산 추출하기

```
percent_variance_coverages = 100 * pca_object.explained_variance_ratio_
x_axis_coverage, y_axis_coverage = percent_variance_coverages
print(f"PCA 출력의 x축은 총 분산의 {x_axis_coverage:.2f}%를 포함합니다")
```

해당 속성은 각 축의 부분적인 범위를 포함하는 넘파이 배열입니다. 여기에 100을 곱하면 백분율로 변환할 수 있습니다.

배열의 각 i번째 요소는 i번째 축의 분산에 대한 범위에 해당합니다.

▶ 실행결과

PCA 출력의 x축은 총 분산의 99.08%를 포함합니다

pca_object 객체는 데이터셋의 두 주방향을 밝혀내 x축 분산을 최대화했습니다. 이 방향에 대한 정보는 pca.components 속성에 벡터로 저장됩니다. 결국 벡터는 원점에서 특정 방향을 가리키는 선분이기 때문이죠. 첫 번째 주방향은 원점에서 커지는 선분이므로 이를 **첫 번째 주성분**(first principal component)이라는 벡터로 나타낼 수 있습니다. 해당 주성분은 pca_object.components_[0]을 사용하여 접근할 수 있습니다. 다음은 해당 벡터와 크기를 출력하는 코드를 보여 줍니다.

코드 14-24 첫 번째 주성분 출력하기

```
first_pc = pca_object.components_[0]
magnitude = norm(first_pc)
print(f"벡터 {first_pc}는 총 분산의 {x_axis_coverage:.2f}%를 포함하는 방향을 가리킵니다")
print(f"벡터의 크기는 {magnitude}입니다")
```

▶ 실행결과

벡터 [-0.20223994 -0.979336]는 총 분산의 99.08%를 포함하는 방향을 가리킵니다
벡터의 크기는 1.0입니다

첫 번째 주성분은 원점에서 한 단위 길이만큼 늘어나는 크기가 1.0인 단위 벡터입니다. 한편 벡터에 숫자를 곱하면 크기가 커지고, 이 크기를 충분히 늘리면 해당 방향 내 도포된 모든 데이터를 포착할 수 있습니다. 이를 시각화한 결과는 그림 14-10과 동일해야 할 것입니다.

> **노트** 벡터 pc가 주성분이면 -pc도 주성분입니다. pc 벡터는 -pc의 거울과도 같습니다. 두 벡터는 서로 반대 방향을 가리키더라도 첫 번째 주방향을 따라 놓입니다. 따라서 차원 축소로 얻은 pc와 -pc는 서로 바꾸어서 사용할 수 있습니다.

그러면 해당 그래프를 그려 보겠습니다(그림 14-14). 먼저 first_pc 벡터를 원점에서 양수 방향과 음수 방향 모두 50단위까지 늘립니다.

❤ 그림 14-14 첫 번째 주방향과 함께 고객 데이터를 표현한 그래프

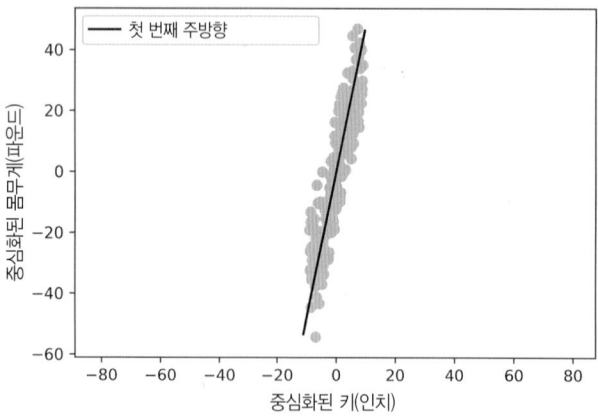

그다음 앞서 계산한 centered_data 행렬과 함께 늘어난 선분 벡터를 그립니다. 나중에 이렇게 그려진 선분 벡터를 이용하여 PCA 알고리즘의 작동법에 대한 깊은 통찰을 얻을 수 있습니다.

> **노트** measurements 대신 centered_data를 그린 이유는 centered_data가 중심을 원점에 두기 때문입니다. 또 늘어난 벡터 중심도 원점에 있기 때문에 같은 중심을 가진 행렬과 벡터를 시각적으로 쉽게 비교할 수 있습니다.

코드 14-25 첫 번째 주방향을 포함하도록 단위 벡터 늘리기

```python
def plot_stretched_vector(v, **kwargs):  # 이 함수는 입력된 단위 벡터 v를 늘립니다. 늘어난 선분은 원점에서 양과 음의 방향으로
                                          # 50단위씩 커집니다. 그다음 늘어난 선분이 그려집니다. 이 함수는 이후 재사용됩니다.
    plt.plot([-50*v[0], 50*v[0]], [-50*v[1], 50*v[1]], **kwargs)

plt.plot(reproduced_data[0], reproduced_data[1], c='k', label='첫 번째 주방향')
plt.scatter(centered_data[0], centered_data[1], c='y')
plt.xlabel('중심화된 키(인치)')
plt.ylabel('중심화된 몸무게(파운드)')
plt.axis('equal')
plt.legend()
plt.show()
```

데이터셋을 첫 번째 주성분 방향에 따라 놓이도록 했습니다. 같은 방식으로 PCA 알고리즘이 반환한 다른 방향의 단위 벡터를 늘릴 수도 있습니다. 앞서 설명했듯이, 대부분의 2D 데이터셋은 주방향을 두 개 포함합니다. 두 번째 주방향은 첫 번째 방향과 수직을 이루는 특성이 있습니다. 그리고 이를 벡터로 표현한 것을 두 번째 주성분이라고 하며, 이는 계산된 components 행렬의 두 번째 행에 저장됩니다.

데이터 총 분산의 1% 미만만 포함하는 두 번째 주성분에 관심을 가져야 하는 이유는 무엇일까요? 첫 번째와 두 번째 주성분 모두 데이터의 x축 및 y축과 특별한 관계를 공유합니다. 이 관계를 시각화하면 PCA를 보다 쉽게 이해할 수 있습니다. 따라서 이제 components 행렬에서 두 주성분을 모두 늘려서 그려 보겠습니다. 또 centered_data와 두 축 모두를 그립니다. 최종 시각화는 귀중한 통찰을 제공합니다(그림 14-15).

▼ 그림 14-15 고객 데이터와 함께 그려진 첫 번째 및 두 번째 주방향

이 방향은 서로 수직을 이룹니다. 그리고 x축 및 y축을 78.3도 회전하면 주방향과 완벽히 정렬됩니다. 즉 축을 주방향과 바꾸면 그림 14-8의 가로형 그래프가 재현될 수 있습니다

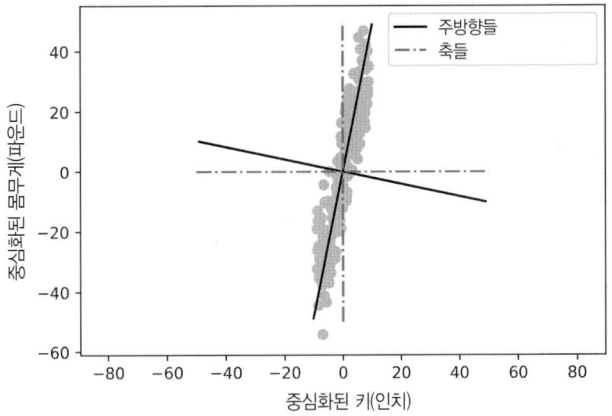

코드 14-26 주방향, 축 및 데이터 정보 그리기

```python
principal_components = pca_object.components_
for i, pc in enumerate(principal_components):
    plot_stretched_vector(pc, c='k', label='주방향들' if i == 0 else None)

for i, axis_vector in enumerate([np.array([0, 1]), np.array([1, 0])]):
    plot_stretched_vector(axis_vector, c='g', linestyle='-.',
                          label='축들' if i == 0 else None)

plt.scatter(centered_data[0], centered_data[1], c='y')
plt.xlabel('중심화된 키(인치)')
plt.ylabel('중심화된 몸무게(파운드)')
plt.axis('equal')
plt.legend()
plt.show()
```

> 단위 벡터 두 개(하나는 세로, 하나는 가로)를 늘려 크기가 늘어난 주성분과 일치하도록 x축과 y축을 그립니다. 그 결과 늘어난 축과 늘어난 주성분은 시각적으로 비슷하게 렌더링됩니다.

그래프를 보면 주방향 두 개는 본질적으로 x축과 y축의 회전 버전입니다. 두 축을 시계 반대 방향으로 78.3도 회전한다고 상상해 보십시오. 회전이 끝나면 x축과 y축이 주요 컴포넌트 두 개와 정렬됩니다. 이 축이 커버하는 분산은 각각 99.02%와 0.08%가 됩니다. 따라서 이 축 스왑은 그림 14-8의 가로형 그래프를 재현합니다.

> **노트** 고개를 왼쪽으로 기울여 그림 14-15를 바라보면 결과를 쉽게 상상해 볼 수 있습니다.

앞서 언급한 축 스왑을 **투영**(projection)이라고 합니다. 두 축을 주방향으로 바꾸는 것을 주방향에 대한 투영이라고 합니다. 삼각법을 이용하면 centered_data를 주방향으로 투영하는 것이 centered_data와 두 주성분 간 행렬 곱셈과 같다는 것을 보여 줄 수 있습니다. 즉, principal_components @ centered_data는 데이터셋의 x 좌표 및 y 좌표를 주방향을 기준으로 재배치합니다. 최종 출력은 pca_transformed_data.T와 같아야 합니다. 코드 14-27로 확인해 보겠습니다.

> **노트** 일반적으로 i번째 주성분과 중심 데이터 요소 사이의 도트 곱은 해당 데이터 요소를 i번째 주방향으로 투영합니다. 따라서 `first_pc @ centered_data[i]`를 실행하면 첫 번째 데이터 포인트가 첫 번째 주방향으로 투영됩니다. 결과는 x축이 첫 번째 주방향과 바뀔 때 얻은 x값과 같습니다(`pca_transformed_data[i][0]`). 이러한 방식으로 행렬 곱셈을 사용하여 여러 데이터 포인트를 주방향 여러 개에 투영할 수 있습니다.

코드 14-27 투영을 사용하여 표준 축을 주방향으로 바꾸기

```
projections = principal_components @ centered_data
assert np.allclose(pca_transformed_data.T, projections)
```

PCA의 방향이 변경된 출력은 투영에 따라 달라집니다. 일반적으로 PCA 알고리즘은 다음과 같이 작동합니다.

1. 각 데이터 포인트에서 평균을 빼서 입력 데이터를 중앙 집중화합니다.
2. 데이터셋의 주성분을 계산합니다. 자세한 계산 내용은 이 절의 뒷부분에서 설명합니다.
3. 중앙 집중식 데이터와 주요 컴포넌트 사이의 행렬 곱을 구합니다. 이렇게 하면 데이터의 표준 축이 주방향으로 바뀝니다.

일반적으로 N차원 데이터셋에는 주방향(각 축마다 하나씩)이 N개 있습니다. K번째 주방향은 첫 번째 K−1 방향이 포함하지 않는 분산을 최대화합니다. 따라서 4D 데이터셋은 주방향을 네 개 갖습니다. 첫 번째 주방향은 단방향 분산을 최대화하고, 두 번째 방향은 첫 번째 방향에 포함되지 않은 모든 단방향 분산을 최대화하며, 마지막 두 방향은 나머지 모든 분산을 포함합니다.

여기에서 흥미로운 점이 있습니다. 4D 데이터셋을 네 가지 주방향에 투영한다고 가정해 보겠습니다. 따라서 데이터셋의 표준 축이 주축으로 바뀝니다.

방향으로 설정합니다. 적절한 상황에서는 새 축 중 두 축이 분산에 대한 상당 부분을 차지합니다. 따라서 나머지 축은 정보 손실을 최소화하면서 폐기할 수 있습니다. 두 축을 폐기하면 4차원 데이터셋이 2차원으로 축소됩니다. 그러면 해당 데이터를 2D 분산형 차트로 시각화할 수 있습니다. 이상적으로는 2D 플롯에서 데이터 클러스터를 정확하게 식별할 수 있을 만큼 충분한 분산을 유지해야 합니다. 4D 데이터를 2차원으로 시각화하는 실제 시나리오를 살펴보겠습니다.

> **노트** 주요 용어
> - **첫 번째 주방향**: 데이터 분산이 최대화되는 선형 방향입니다. x축을 첫 번째 주방향으로 바꾸면 데이터셋 방향이 수평으로 최대화되도록 데이터셋 방향이 바뀝니다. 방향 변경을 하여 보다 간단한 1D 클러스터링을 수행할 수 있습니다.
> - **K번째 주방향**: 첫 번째 K−1 주방향이 포함하지 않는 분산을 최대화하는 선형 방향입니다.
> - **K번째 주성분**: K번째 주방향의 단위 벡터 표현입니다. 이 벡터는 방향 투영에 활용할 수 있습니다.
> - **투영**: 데이터를 주방향으로 투영하는 것은 표준 축을 해당 방향으로 스와핑하는 것과 유사합니다. 중심화된 데이터셋과 상위 주성분 K개의 행렬 곱셈을 계산하여 데이터셋을 상위 주방향 K개로 투영할 수 있습니다.

14.3 4D 데이터를 2차원으로 그룹화하기

우리가 꽃이 만발한 초원에서 꽃을 연구하는 식물학자라고 상상해 보세요. 무작위로 꽃을 150개 선택합니다. 모든 꽃에 대해 다음 측정값을 기록합니다.

- 다채로운 꽃잎(petal) 길이
- 다채로운 꽃잎 너비
- 꽃잎을 받치고 있는 녹색 잎 길이
- 꽃잎을 받치고 있는 녹색 잎 너비

이러한 4D 꽃 측정값은 이미 사이킷런이 제공합니다. sklearn.datasets 모듈의 load_iris를 사용하여 측정값을 얻을 수 있죠. load_iris()['data']를 호출하면 행 150개와 열 네 개로 구성된 행렬이 반환됩니다. 각 행은 꽃에 해당하고, 각 열은 잎과 꽃잎 측정값에 해당합니다. 그러면 데이터를 불러와 단일 꽃의 측정값을 출력할 수 있습니다. 이때 모든 기록은 센티미터 단위로 측정되어 있습니다.

코드 14-28 사이킷런으로 꽃 측정값 불러오기

```
from sklearn.datasets import load_iris
flower_data = load_iris()
flower_measurements = flower_data['data']
num_flowers, num_measurements = flower_measurements.shape
print(f"{num_flowers}송이의 꽃들이 측정되었습니다")
print(f"{num_measurements}개의 측정치가 모든 꽃들에 대해 기록되었습니다")
print(f"첫 번째 꽃의 측정치는 다음과 같습니다(센티미터): {flower_measurements[0]}")
```

▶ 실행결과

```
150송이의 꽃들이 측정되었습니다
4 개의 측정치가 모든 꽃들에 대해 기록되었습니다
첫 번째 꽃의 측정치는 다음과 같습니다(센티미터): [5.1 3.5 1.4 0.2]
```

이 꽃 측정 행렬이 주어지면 우리 목표는 다음과 같습니다.

- 꽃 데이터를 2D 공간에서 시각화합니다.
- 2D 시각화에 그룹의 존재 유무를 확인합니다.
- 그룹 유형을 구분하는 매우 간단한 모델을 구축합니다(그룹이 존재한다고 가정).

먼저 데이터를 시각화합니다. 데이터는 4차원이지만 2D로 그리고 싶습니다. 데이터를 2차원으로 축소하려면 데이터를 첫 번째와 두 번째 주방향에 투영해야 합니다. 나머지 두 방향은 버릴 수 있습니다. 따라서 분석에는 처음 두 주성분만 필요합니다.

사이킷런을 사용하면 PCA 분석을 상위 두 주성분으로 제한할 수 있습니다. PCA(n_components=2)처럼 PCA 객체를 생성해 주면 되죠. 초기화된 객체는 입력된 데이터를 2차원에 투영하여 축소합니다. 다음 코드는 두 주성분을 가진 PCA 객체를 초기화하고 fit_transform 메서드를 사용하여 측정값을 2D로 축소합니다.

코드 14-29 꽃 측정값을 2차원으로 줄이기

```
pca_object_2D = PCA(n_components=2)
transformed_data_2D = pca_object_2D.fit_transform(flower_measurements)
```

계산된 transformed_data_2D 행렬은 열 두 개만 포함하는 2차원 행렬이어야 합니다.

코드 14-30 차원 축소 행렬의 모양 확인하기

```
row_count, column_count = transformed_data_2D.shape
print(f"행렬은 {row_count}개의 열을 포함하며, 각 열은 한 송이 꽃에 해당합니다")
print(f"또 {column_count}개의 행을 포함하며, 각 {column_count}차원에 해당합니다")
```

▶ 실행결과

```
행렬은 150개의 열을 포함하며, 각 열은 한 송이 꽃에 해당합니다
또 2개의 행을 포함하며, 각 2차원에 해당합니다
```

출력된 데이터 행렬이 전체 데이터 분산에서 어느 정도나 차지할까요? pca_object_2D의 explained_variance_ratio_ 속성으로 확인할 수 있습니다.

코드 14-31 차원 축소 행렬의 분산 범위 측정하기

```
def print_2D_variance_coverage(pca_object):    # 차원 축소된 2D 데이터셋의 분산의 포함 정도를 계산합니다. 이 함수는 이 장의 다른 곳에서 재사용됩니다.
    percent_var_coverages = 100 * pca_object.explained_variance_ratio_
    x_axis_coverage, y_axis_coverage = percent_var_coverages
    total_coverage = x_axis_coverage + y_axis_coverage
    print(f"x축은 총 분산의 {x_axis_coverage:.2f}%를 포함합니다")
    print(f"y축은 총 분산의 {y_axis_coverage:.2f}%를 포함합니다")
    print(f"두 축 모두 함께 총 분산의 {total_coverage:.2f}%를 포함합니다")

print_2D_variance_coverage(pca_object_2D)
```

▶ 실행결과

```
x축은 총 분산의 92.46%를 포함합니다
y축은 총 분산의 5.31%를 포함합니다
두 축 모두 함께 총 분산의 97.77%를 포함합니다
```

차원이 축소된 행렬은 전체 데이터 분산의 97% 이상을 차지합니다. 따라서 transformed_data_2D의 산점도는 데이터셋에 있는 대부분의 패턴을 포착하여 그룹이 존재함을 드러낼 수 있어야 합니다(그림 14-16).

코드 14-32 꽃 데이터를 2D에 그리기

```
plt.scatter(transformed_data_2D[:,0], transformed_data_2D[:,1])
plt.show()
```

▼ 그림 14-16 2D에 그려진 4D 꽃 측정값

PCA로 2차원 축소되었습니다. 축소된 데이터는 전체 분산의 97% 이상을 차지합니다. 그려진 그래프로 그룹이 두세 개 명확히 보이는 것을 알 수 있습니다

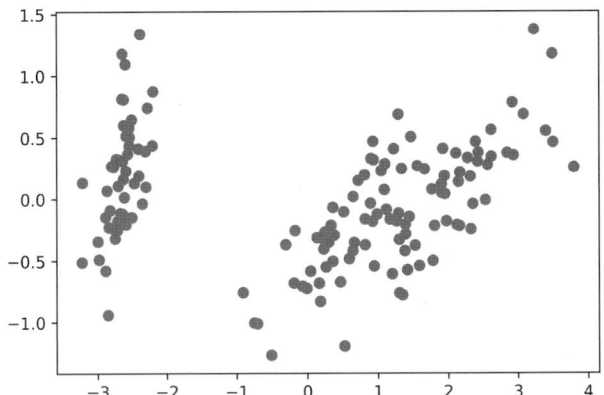

꽃 데이터를 2D에 그리면 그룹이 형성되는데, 이를 토대로 꽃 종류가 두세 가지 있다는 가정을 해 볼 수 있습니다. 실제 측정된 데이터에는 세 가지 고유한 종류의 꽃이 들어 있으며, 이 정보는 flower_data 딕셔너리에 담겨 있습니다. 다음으로 그려진 그래프를 수정해서 꽃 유형을 색으로 구분하여 실제 꽃의 유형과 형성된 그룹 간 관계를 확인합니다(그림14-17).

▼ 그림 14-17 2D에 그려진 4D 꽃 측정값

유형에 따라 각 꽃 데이터에 색이 지정되었습니다. 세 가지 유형은 그룹 세 개에 나뉩니다. 따라서 2D로의 차원 축소는 꽃의 유형을 구별하는 신호를 정확히 포착합니다

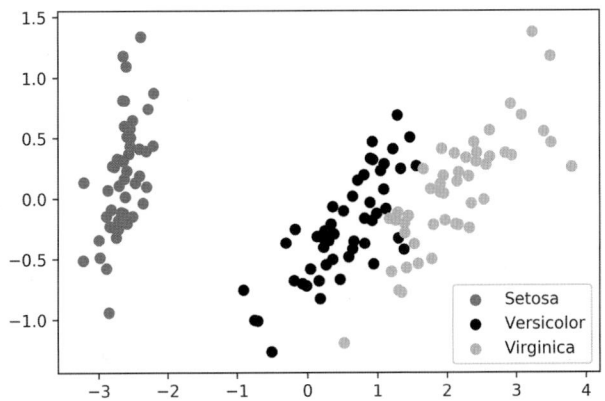

코드 14-33 꽃 유형별 색상을 지정한 그래프 그리기

종별 색을 지정하여 차원이 축소된 꽃 데이터의 그래프를 그립니다.
이 함수는 이 장의 다른 곳에서도 재사용됩니다.

```
def visualize_flower_data(dim_reduced_data):
    species_names = flower_data['target_names']     ----- 데이터셋에 포함된 꽃 세 송이 종명을 반환합니다.
    for i, species in enumerate(species_names):
        species_data = np.array([dim_reduced_data[j]
                        for j in range(dim_reduced_data.shape[0])
                        if flower_data['target'][j] == i]).T
```

특정 종에 대한 좌표를 추출합니다. 필터링 목적으로 우리는 종 ID 목록에 매핑되는 flower_data[target]을 사용합니다. ID는 꽃 세 송이의 종명에 해당합니다. j번째 꽃이 종_이름[i]에 해당하는 경우 해당 종 ID는 j와 같습니다.

```
        plt.scatter(species_data[0], species_data[1], label=species.title(),
                    color=['g', 'k', 'y'][i])  ····· 고유 색상으로 각 종들을
    plt.legend()                                      그래프에 표시합니다.
    plt.show()

visualize_flower_data(transformed_data_2D)
```

거의 대부분 세 가지 유형의 꽃이 공간적으로 구별됩니다. Versicolor 및 Verginica는 약간 겹치는 부분이 있어 꽃잎의 특성이 비슷하다는 것을 알 수 있는 반면, Setosa는 완전히 별개 그룹을 형성합니다. 수직 x 값 임계값이 −2면 Setosa를 다른 모든 종과 분리하기에 충분합니다. 따라서 Setosa를 감지하는 간단한 함수를 정의할 수 있습니다. 이 함수는 꽃잎 측정값 네 개를 담은 `flower_sample`이라는 네 가지 요소로 구성된 배열을 입력으로 받아 다음을 수행합니다.

1. `flower_sample`에서 `flower_measurements` 값의 평균을 빼서 표본을 중심화합니다. 해당 평균은 `pca_object_2D` 객체의 `mean_`이라는 속성에 저장되어 있으므로 `pca_object_2D.mean_`처럼 접근할 수 있습니다.
2. 중심화된 표본을 첫 번째 주성분과 내적하여 첫 번째 주방향에 투영합니다. 참고로 첫 번째 주성분은 `pca_object_2D.components_[0]`에 저장되어 있습니다.
3. 예상 값이 −2보다 작은지 확인합니다. 그렇다면 해당 `flower_sample`은 Setosa의 유형일 가능성이 높다고 판단합니다.

> **노트** Setosa 탐지 함수는 기록된 세 가지 외 다른 꽃은 고려하지 않습니다. 그러나 이 함수를 사용해서 추가적인 유형의 꽃만 없다면, 아직까지 관측하지 못한 들판의 새로운 꽃들 또한 충분히 분석할 수 있습니다.

`detect_setosa` 함수를 정의하고, cm 단위로 측정된 [4.8, 3.7, 1.2, 0.24] 값으로 구성된 꽃의 데이터를 분석합니다.

코드 14-34 차원 축소 데이터를 기반으로 Setosa 검출기 정의하기

```
def detect_setosa(flower_sample):
    centered_sample = flower_sample - pca_object_2D.mean_
    projection = pca_object_2D.components_[0] @ centered_sample
    if projection < -2:
        print("이 표본은 Setosa일 가능성이 높습니다")
    else:
        print("이 표본은 Setosa가 아닙니다")

new_flower_sample = np.array([4.8, 3.7, 1.2, 0.24])
detect_setosa(new_flower_sample)
```

▶ 실행결과

이 표본은 Setosa일 가능성이 높습니다

간단한 임계 값 분석으로 꽃 샘플이 Setosa인지 확인할 수 있었는데, 이것이 가능했던 것은 바로 PCA 덕분이 었습니다. 다음은 PCA를 사용했을 때 얻는 다양한 이점입니다.

- 복잡한 데이터 시각화
- 간소화된 데이터 분류 및 그룹화
- 간소화된 분류
- 메모리 사용량 감소(데이터를 4차원에서 2차원으로 줄이면 데이터 저장에 필요한 바이트 수가 절반으로 줄어듭니다)
- 더 빠른 계산(데이터를 4차원에서 2차원으로 줄이면 유사도 행렬 계산이 4배 더 빠르게 수행됩니다)

이제는 PCA로 텍스트 데이터를 그룹화할 준비가 되었을까요? 안타깝게도 아직은 아닙니다. 먼저 알고리즘에 내재된 단점을 살펴보고 개선해야 합니다.

> **노트** 사이킷런의 PCA가 제공하는 일반적인 메서드
> - `pca_object = PCA()`: 축이 주방향에 정렬되도록 입력 데이터의 방향을 변경할 수 있는 PCA 객체를 만듭니다.
> - `pca_object = PCA(n_components=K)`: 입력 데이터의 방향을 변경할 수 있는 PCA 객체를 생성하여 축의 K개가 상위 주방향 K개에 정렬되도록 합니다. 다른 모든 축은 무시됩니다. 이렇게 하면 데이터가 K차원으로 축소됩니다.
> - `pca_transformed_data = pca_object.fit_transform(data)`: 초기화된 PCA 객체를 사용하여 입력된 데이터에 대해 PCA 를 실행합니다. `fit_transform` 메서드는 데이터 행렬의 열이 공간 축에 해당한다고 가정합니다. 그런 다음 축은 데이터의 주방향에 맞추어 정렬됩니다. 이 결과는 `pca_transformed_data` 행렬에 저장됩니다.
> - `pca_object.explained_variance_ratio_`: 적합된 PCA 객체의 각 주방향과 관련된 분산 범위를 반환합니다. 각 i번째 요소는 i번째 주방향에 대해 분산이 포함하는 범위를 나타냅니다.
> - `pca_object.mean_`: PCA 객체에 맞게 조정된 입력 데이터의 평균을 반환합니다.
> - `pca_object.components_`: 입력 데이터의 주성분을 반환하며, 이 주성분은 PCA 객체에 적합합니다. `n_components_` 행렬의 각 i번째 행은 주성분에 해당합니다. `pca_object.components_[i] @ (data[j]-pca_object.mean_)`을 실행하면 j번째 데이터 포인트가 i번째 주성분으로 투영됩니다. 투영된 출력은 `pca_transformed_data[j][i]`와 같습니다.

14.3.1 PCA의 제한 사항

PCA에는 몇 가지 심각한 한계점이 있습니다. 먼저 PCA는 측정 단위에 지나치게 민감합니다. 가령 꽃 측정값은 모두 센티미터 단위이지만 `10 * flower_measurements[0]`을 실행하여 첫 번째 축을 밀리미터로 변환하는 것을 상상할 수 있습니다. 이 축의 정보 내용은 변하지 않아야 하지만 그 분산은 달라집니다. 축 단위를 변환하여 분산이 어떻게 영향을 받는지 평가해 보겠습니다.

코드 14-35 단위 변경이 축 분산에 미치는 영향 측정하기

```
first_axis_var = flower_measurements[:,0].var()
print(f"첫 번째 축의 분산은 {first_axis_var:.2f}입니다")

flower_measurements[:,0] *= 10
```

```
first_axis_var = flower_measurements[:,0].var()
print("측정치를 센티미터(cm)에서 밀리미터(mm)로 변환했습니다.\n 이제 분산은 "
      f"{first_axis_var:.2f}와 같습니다")
```

▶ 실행결과

첫 번째 축의 분산은 0.68입니다
측정치를 센티미터(cm)에서 밀리미터(mm)로 변환했습니다
이제 분산은 68.11와 같습니다

분산이 100배 증가했습니다. 이제 첫 번째 축 분산이 데이터셋을 지배합니다. 이렇게 수정된 꽃 측정값에 대해 PCA를 실행하면 어떤 결과가 나올지 생각해 보겠습니다. PCA는 분산이 최대가 되는 축을 찾으려고 시도합니다. 물론 이렇게 하면 분산이 0.68에서 68로 증가한 첫 번째 축이 산출됩니다. 따라서 PCA는 모든 데이터를 첫 번째 축에 투영합니다. 축소된 데이터는 한 차원으로 축소됩니다! pca_object_2D를 flower_measurements에 다시 맞춘 뒤 분산 범위를 출력하면 이를 증명할 수 있습니다.

코드 14-36 단위 변경이 PCA에 미치는 영향 측정하기

```
pca_object_2D.fit_transform(flower_measurements)    ----- 갱신된 flower_measurements 데이터에
print_2D_variance_coverage(pca_object_2D)                 PCA 객체를 다시 장착합니다.
```

▶ 실행결과

x축은 총 분산의 98.49%를 포함합니다
y축은 총 분산의 1.32%를 포함합니다
두 축 모두 함께 총 분산의 99.82%를 포함합니다

이제 분산의 98% 이상이 단일 축에 분포합니다. 이전에는 분산 97%를 포착하기 위해 두 차원이 필요했습니다. 분명히 데이터에 오류가 발생했습니다. 이 문제를 어떻게 해결해야 할까요? 한 가지 확실한 해결책은 모든 축이 동일한 측정 단위를 공유하도록 하는 것입니다. 그러나 이러한 실용적인 접근 방식이 항상 가능한 것은 아닙니다. 측정 단위를 사용할 수 없는 경우도 있습니다. 축이 서로 다른 측정 유형(예 길이 및 무게)에 해당하여 단위가 호환되지 않는 경우도 있습니다. 어떻게 해야 할까요?

분산 변화의 근본 원인을 생각해 봅시다. flower_measurements[:,0] 값을 더 크게 만들었으므로 분산도 더 커졌습니다. 축 분산 차이는 값 크기의 차이 때문에 발생합니다. 앞 장에서는 정규화를 이용하여 이러한 크기 차이를 제거할 수 있었습니다. 다시 한 번 말하지만, 정규화 과정에서 벡터는 그 크기로 나눕니다. 그러면 크기가 1.0인 단위 벡터가 생성되기 때문에 축을 정규화하면 모든 축의 값이 0~1 사이가 됩니다.

따라서 첫 번째 축의 우위가 제거됩니다. flower_measurements를 정규화한 뒤 정규화된 데이터를 2차원으로 축소해 보겠습니다. 결과 2D 분산 범위는 다시 한 번 약 97%에 가까워집니다.

코드 14-37 측정 단위의 다름을 제거하는 데이터 정규화하기

```
for i in range(flower_measurements.shape[1]):
    flower_measurements[:,i] /= norm(flower_measurements[:,i])

transformed_data_2D = pca_object_2D.fit_transform(flower_measurements)
print_2D_variance_coverage(pca_object_2D)
```

> **실행결과**

```
x축은 총 분산의 94.00%를 포함합니다
y축은 총 분산의 3.67%를 포함합니다
두 축 모두 함께 총 분산의 97.67%를 포함합니다
```

정규화를 이용하여 데이터가 약간 수정되었습니다. 이제 첫 번째 주방향이 전체 분산의 92.46%가 아닌 94%를 차지합니다. 한편 두 번째 주성분은 총 분산의 5.31%가 아닌 3.67%를 차지합니다. 이러한 변화에도 총 2D 분산 범위의 합계는 여전히 약 97%에 달합니다. PCA 결과를 다시 시각화하여 그룹화 패턴이 그대로임을 확인합니다(그림 14-18).

▼ 그림 14-18 2D로 도식화된 4D 정규화된 꽃 측정값
도식화된 각 꽃 점은 종에 따라 색이 지정됩니다. 종 세 종류는 군집 세 개로 나뉩니다. 따라서 2D 축소는 종을 구별하는 데 필요한 신호를 정확하게 포착합니다

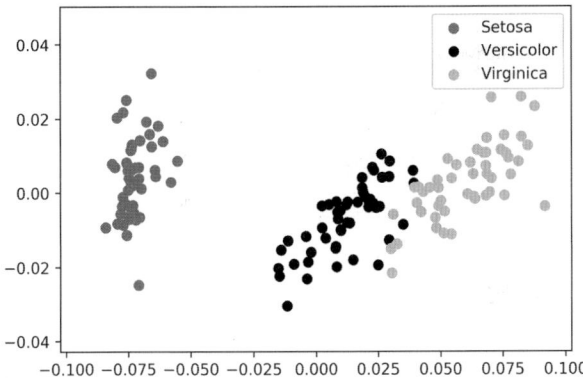

코드 14-38 정규화 후 2D PCA 출력 도식화하기

```
visualize_flower_data(transformed_data_2D)
```

이전에 관측한 것과는 약간 차이가 있습니다. 하지만 세 가지 특성은 계속해서 세 그룹으로 분리되며, Setosa는 다른 유형과는 공간적으로 분리되어 있습니다. 정규화로 기존에 그룹으로 분리된 것은 그대로 유지하면서 단위 차이로 인한 오차를 제거한 것입니다.

안타깝게도 정규화는 의도치 않은 결과를 초래할 수 있습니다. 정규화된 축 값은 이제 0~1 사이에 있으므로 각 축의 평균도 마찬가지로 0~1 사이에 있습니다. 모든 값이 평균에서 1단위 미만입니다. 이러한 사실들이 문제가 될 수 있습니다. PCA는 데이터를 중심화하기 위해 각 축의 값에서 평균을 빼야 하며, 그다음 중심화된 행렬에 주성분을 곱해 축을 재정렬합니다. 안타깝게도 부동 소수점의 오류 때문에 데이터를 중심화할 수 없는 상황이 있습니다. 비슷한 값을 100% 정밀도로 빼는 것은 계산적으로 어려우므로 평균에 매우 근접한 값에서 평균을 빼는 것은 어렵습니다. 예를 들어 1 + 1e-3과 1 - 1e-3이라는 두 데이터가 포함된 배열을 분석한다고 가정해 보겠습니다. 배열 평균이 1일 때 배열에서 1을 빼면 중앙값이 0이 되어야 하지만, 코드 14-39와 같이 부동 소수점의 오류 때문에 실제 평균은 0이 되지 않습니다.

코드 14-39 평균에 근접한 값 때문에 발생하는 오류 예

```
data = np.array([1+1e-3, 1-1e-3])
mean = data.mean()
assert mean == 1
centralized_data = data - 2 * [mean]
assert centralized_data.mean() != 0    ----- 중심화된 데이터의 평균은 의도한 0과는 같지 않습니다.
print(f"실제 평균은 {centralized_data.mean()}와 같습니다")
```

▶ 실행결과

실제 평균은 -5.551115123125783e-17와 같습니다

평균에 가까운 데이터는 안정적으로 중심화할 수 없습니다. 따라서 정규화된 데이터에 PCA를 안정적으로 실행할 수는 없습니다. 그러면 어떻게 해야 할까요?

이 문제에 대한 해결책은 있지만, 이를 위해서는 PCA 알고리즘의 핵심을 깊이 파고들어야 합니다. 회전 없이 밑바닥에서부터 주성분을 계산하는 방법을 배워야 합니다. 이 계산 과정은 다소 추상적이지만 어려운 수학 공부를 하지 않아도 이해할 수 있습니다. PCA 알고리즘을 깊게 이해한 뒤에는 직접 수정할 수 있고, 이 수정은 데이터의 중심화 과정을 완전히 우회할 수 있게 해 줍니다. **특이 값 분해**(Sigular Value Decomposition, SVD)로 알려진 이 수정된 알고리즘을 사용하면 텍스트 데이터를 효율적으로 그룹화할 수 있습니다.

> 노트 다음은 사이킷런이 제공하는 SVD 사용법을 다룹니다. SVD에 관심이 없다면 마지막 절로 건너뛰어도 좋습니다.

14.4 회전 없이 주성분 계산하기

이 절은 주성분을 추출하는 방법을 밑바닥에서부터 알아봅니다. 추출 과정을 더 잘 설명하기 위해 주성분의 벡터를 시각화해 보겠습니다. 물론 벡터는 2차원일 때 그림으로 더 쉽게 표현되기 때문에 주성분이 2차원인 고객 측정 데이터셋을 다시 살펴보는 것부터 시작합니다. 우리는 이 데이터에 대해 다음 결과를 계산한 바 있습니다.

- `centralized_data`: 중심화된 측정 데이터셋으로, 그 평균은 [0 0]입니다.
- `first_pc`: 측정 데이터셋의 첫 번째 주성분입니다. 두 요소를 가진 배열입니다.

앞서 설명했듯이, `first_pc`는 첫 번째 주방향을 가리키는 단위 벡터이며 이 방향은 데이터의 분산을 최대화합니다. 앞서 2D 데이터셋을 회전하여 첫 번째 주방향을 발견한 적이 있습니다. 이 회전 목표는 x축 분산을 최대화하거나 y축 분산을 최소화하는 것이었죠. 또 벡터의 내적으로 축 분산을 계산했지만, 행렬의 곱셈을 사용하는 편이 훨씬 더 효율적입니다. 중요한 점은 모든 분산을 행렬에 저장하면 회전 없이도 주성분을 추출할 수 있다는 것입니다. 다음을 고려해 보죠.

- 이미 axis 배열의 분산이 axis @ axis / axis.size와 같다는 것을 살펴보았습니다(코드 14-8).
- 따라서 centered_data에서 i번째 축의 분산은 centered_data[i] @ centered_data[i] / centered_data.shape[1]과 같습니다.
- 결과적으로 centered_data @ centered_data.T / centered_data.shape[1]로 행렬 m을 구할 수 있으며, 여기에서 m[i][i]는 i번째 축의 분산을 의미합니다.

기본적으로 단일 행렬 연산으로 모든 축 분산을 계산할 수 있습니다. 행렬에 전치된 행렬을 곱하고, 데이터 크기로 나누기만 하면 됩니다. 이렇게 계산된 결과는 **공분산 행렬**(covariance matrix)이라는 새로운 행렬을 만들어 냅니다. 공분산 행렬의 대각선에는 각 축에 따른 분산이 담깁니다.

> **노트** 공분산 행렬의 비대각선 요소에도 두 축 사이의 선형 기울기 방향을 결정하는 유용한 속성이 있습니다. centered_data에서 x와 y 사이의 기울기는 양수입니다. 따라서 centered_data @ centered_data.T의 비대각선 요소도 양수입니다.

centered_data의 공분산 행렬을 계산하고, 이를 cov_matrix 변수에 할당합니다. 그다음 cov_matrix[i][i]가 모든 i에 대해 i번째 축의 분산과 같다는 것을 확인합니다.

코드 14-40 공분산 행렬 계산하기

```
cov_matrix = centered_data @ centered_data.T / centered_data.shape[1]
print(f"공분산 행렬:\n {cov_matrix}")
for i in range(centered_data.shape[0]):
    variance = cov_matrix[i][i]
    assert round(variance, 10) == round(centered_data[i].var(), 10)
```

부동 소수점 계산의 오류를 보정하기 위해 반올림합니다.

▶ 실행결과

```
공분산 행렬:
[[ 26.99916667 106.30456732]
 [106.30456732 519.8206294 ]]
```

공분산 행렬과 주성분은 매우 특별한(그리고 유용한) 관계를 공유합니다. 공분산 행렬과 주성분의 정규화된 곱은 해당 주성분과 동일합니다. 따라서 cov_matrix @ first_pc를 정규화하면 first_pc와 동일한 벡터가 생성됩니다. 이 관계를 cov_matrix와 first_pc의 정규화된 곱인 first_pc로 도식화하여 설명하겠습니다(그림 14-19).

> **노트** 행렬과 벡터의 곱을 구할 때는 벡터를 단일 열 테이블로 취급합니다. 따라서 요소가 x개인 벡터는 행이 x개, 열이 한 개인 행렬로 취급됩니다. 벡터가 행렬로 재구성되면 표준 행렬 곱셈이 수행됩니다. 이 곱셈은 벡터에 해당하는 또 다른 단일 열 행렬을 생성합니다. 따라서 행렬 M과 벡터 v의 곱은 np.array([row @ v for row in M])과 같습니다.

▼ 그림 14-19 cov_matrix와 first_pc의 정규화된 곱과 함께 그린 first_pc의 그래프

도식화된 두 벡터가 동일한 것을 알 수 있습니다. 즉 공분산 행렬과 주성분의 곱은 해당 주성분과 같은 방향을 가리킵니다

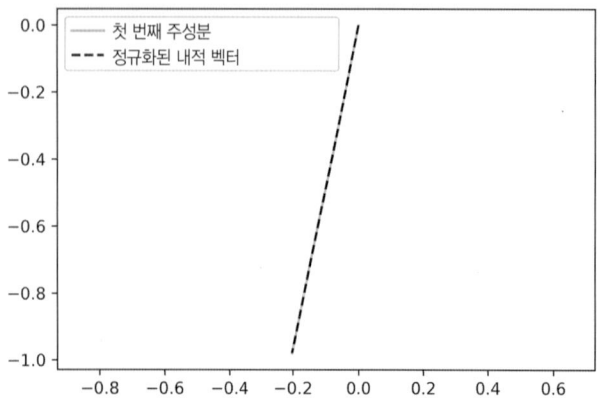

코드 14-41 cov_matrix와 first_pc 간 관계 노출하기

```
def plot_vector(vector, **kwargs):    ····· 이 함수는 원점에서 늘어난 선분으로 2D 벡터를 그립니다.
    plt.plot([0, vector[0]], [0, vector[1]], **kwargs)

plot_vector(first_pc, c='y', label='첫 번째 주성분')
product_vector = cov_matrix @ first_pc
product_vector /= norm(product_vector)
plot_vector(product_vector, c='k', linestyle='--', label='정규화된 내적 벡터')
plt.legend()
plt.axis('equal')
plt.show()
```

그려진 두 벡터는 동일합니다. cov_matrix와 first_pc의 행렬-벡터 곱은 first_pc와 같은 방향을 가리키므로 정의상 first_pc는 cov_matrix의 **고유 벡터**(eigenvector)입니다. 행렬의 고유 벡터는 행렬과 고유 벡터의 곱이 고유 벡터와 같은 방향을 가리킨다는 특수 속성을 만족합니다. 행렬의 곱을 몇 번 취해도 방향은 바뀌지 않으므로 cov_matrix @ product_vector는 product_vector와 같은 방향을 가리키며, 벡터 사이의 각도는 0이 됩니다. 확인해 보죠.

코드 14-42 고유 벡터 곱 사이의 각도 계산하기

```
product_vector2 = cov_matrix @ product_vector
product_vector2 /= norm(product_vector2)
cosine_similarity = product_vector @ product_vector2     ····· 두 벡터는 단위 벡터입니다. 13장에서 이야기한 대로 두 단위
angle = np.degrees(np.arccos(cosine_similarity))                벡터의 내적은 그들 사이의 각도에 대한 코사인 값과 같습니다.
print(f"벡터 사이의 각도는 {angle:.2f}도와 같습니다")     ····· 코사인 유사도에 아크코사인 값을 취하면
                                                               벡터 사이의 각도를 구할 수 있습니다.
```

▶ 실행결과

벡터 사이의 각도는 0.00도와 같습니다

행렬과 고유 벡터의 곱은 고유 벡터의 방향을 유지합니다. 그러나 대부분의 경우 고유 벡터의 크기가 변경됩니다. 가령 first_pc는 크기가 1인 고유 벡터입니다. first_pc에 공분산 행렬을 곱하면 그 크기가 x배 증가합니다. norm(cov_matrix @ first_pc)를 실행하여 실제 크기의 변화를 출력해 보겠습니다.

코드 14-43 크기 변화 측정하기

```
new_magnitude = norm(cov_matrix @ first_pc)
print("곱셈은 첫 번째 주성분을 "
      f"약 {new_magnitude:.1f}단위만큼 늘렸습니다")
```

▶ 실행결과

곱셈은 첫 번째 주성분을 약 541.8단위만큼 늘렸습니다

곱셈은 첫 번째 주방향을 따라 first_pc를 541.8단위 늘립니다. 따라서 cov_matrix @ first_pc는 541.8 * first_pc와 같습니다. 행렬 m과 그 고유 벡터 eigen_vec이 주어졌을 때, m과 eigen_vec의 곱은 항상 v * eigen_vec과 같습니다. 여기에서 v는 공식적으로 고윳값(eigenvalue)이라는 숫자 값입니다. first_pc 고유 벡터의 고윳값은 약 541입니다. 이 값은 이전에 본 적이 있기 때문에 익숙해 보일 수 있습니다. 이 장 앞부분에서 최대화된 x축 분산을 출력했는데, 그 값은 약 541이었습니다. 따라서 고윳값은 첫 번째 주방향에 따른 분산과 같습니다. (centered_data @ first_pc).var()를 호출하여 확인할 수 있습니다.

코드 14-44 고윳값과 분산 비교하기

```
variance = (centered_data.T @ first_pc).var()
direction1_var = projections[0].var()
assert round(variance, 10) == round(direction1_var, 10)
print("첫 번째 주방향을 따르는 분산은 약 {variance:.1f}입니다")
```

▶ 실행결과

첫 번째 주방향을 따르는 분산은 약 541.8입니다

관측한 내용을 요약해 보겠습니다.

- 첫 번째 주성분은 공분산 행렬의 고유 벡터입니다.
- 연관된 고윳값은 첫 번째 주방향에 따른 분산과 같습니다.

이러한 관측은 우연이 아닙니다. 수학자들은 다음 사실을 증명했습니다.

- 데이터셋의 주성분은 데이터셋 공분산 행렬의 정규화된 고유 벡터와 같습니다.
- 주방향에 따른 분산은 연관된 주성분의 고윳값과 같습니다.

따라서 첫 번째 주성분을 발견하려면 다음을 수행하는 것으로 충분합니다.

1. 공분산 행렬을 계산합니다.
2. 행렬의 고윳값이 가장 큰 행렬의 고유 벡터를 구합니다. 이 고유 벡터는 분산 범위가 가장 큰 방향에 해당합니다.

거듭제곱 반복이라는 간단한 알고리즘을 사용하여 고윳값이 가장 큰 고유 벡터를 추출할 수 있습니다.

> **노트** 주요 용어
> - **공분산 행렬**: m @ m.T / m.shape[1]. 여기에서 m은 평균이 0인 행렬입니다. 공분산 행렬의 대각선은 m의 각 축에 따른 분산과 같습니다.
> - **고유 벡터**: 행렬과 관련된 특수한 유형의 벡터. m이 고유 벡터 eigen_vec이 있는 행렬인 경우, m @ eigen_vec은 eigen_vec과 같은 방향을 가리킵니다. 또 m이 공분산 행렬인 경우 eigen_vec은 주성분입니다.
> - **고윳값**: 고유 벡터와 연관된 숫자 값입니다. m이 고유 벡터 eigen_vec을 가진 행렬인 경우 m @ eigen_vec은 고유 벡터를 고윳값 단위로 늘립니다. 따라서 고윳값은 norm(m @ eigen_vec) / norm(eigen_vec)과 같습니다. 주성분 고윳값은 해당 성분이 포함하는 분산과 같습니다.

14.4.1 거듭제곱 반복으로 고유 벡터 추출하기

우리 목표는 cov_matrix의 고유 벡터를 구하는 것입니다. 이를 위한 절차는 간단합니다. 먼저 임의의 단위 벡터인 random_vector를 생성합니다.

코드 14-45 무작위 단위 벡터 생성하기

```
np.random.seed(0)
random_vector = np.random.random(size=2)
random_vector /= norm(random_vector)
```

다음으로 cov_matrix @ random_vector를 계산합니다. 이 행렬-벡터 곱은 임의 벡터를 회전시켜 늘리고 이렇게 얻은 벡터를 정규화하여 그 크기가 random_vector와 비슷하도록 정규화합니다. 그다음 해당 벡터와 임의 벡터를 모두 그립니다(그림 14-20). 그러면 두 벡터가 서로 다른 방향을 가리킬 것으로 예상할 수 있습니다.

▼ 그림 14-20 cov_matrix와 random_vector의 정규화된 곱과 함께 그린 random_vector. 그려진 두 벡터는 서로 다른 방향을 가리킵니다

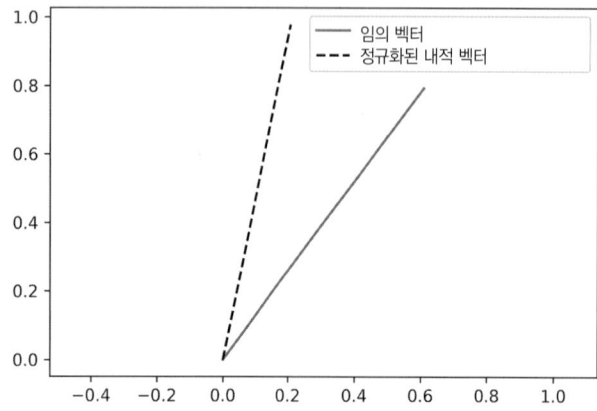

코드 14-46 cov_matrix와 random_vector의 곱 구하기

```
product_vector = cov_matrix @ random_vector
product_vector /= norm(product_vector)

plt.plot([0, random_vector[0]], [0, random_vector[1]], label='임의 벡터')
plt.plot([0, product_vector[0]], [0, product_vector[1]], linestyle='--',
         c='k', label='정규화된 내적 벡터')
plt.legend()
plt.axis('equal')
plt.show()
```

두 벡터는 공통점이 없습니다. cov_matrix @ product_vector를 실행하여 이전 단계를 반복하면 어떤 결과가 나타나는지 확인합니다. 다음으로 이 추가 벡터를 정규화하여 이전에 그린 product_vector와 함께 그립니다(그림 14-21).

코드 14-47 cov_matrix와 product_vector의 곱 구하기

```
product_vector2 = cov_matrix @ product_vector
product_vector2 /= norm(product_vector2)

plt.plot([0, product_vector[0]], [0, product_vector[1]], linestyle='--',
         c='k', label='정규화된 내적 벡터')
plt.plot([0, product_vector2[0]], [0, product_vector2[1]], linestyle=':',
         c='r', label='정규화된 내적 벡터 2')
plt.legend()
plt.axis('equal')
plt.show()
```

▼ **그림 14-21** cov_matrix와 product_vector의 정규화된 곱과 함께 product_vector의 그림으로 도식화된 두 벡터는 동일합니다. 따라서 공분산 행렬의 고유 벡터를 발견했습니다

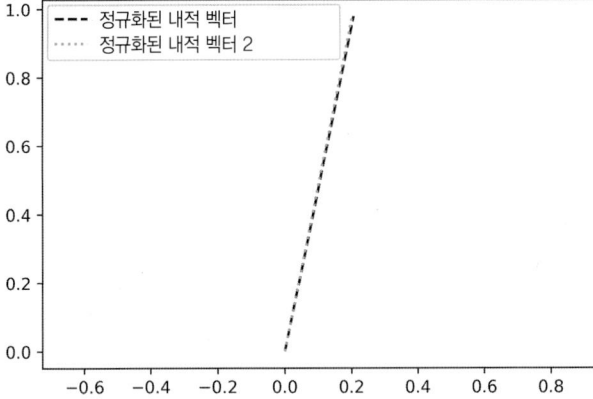

두 벡터가 같은 방향을 가리킵니다. 따라서 product_vector는 cov_matrix의 고유 벡터로 볼 수 있습니다. 기본적으로 우리는 고유 벡터 감지를 위한 간단한 알고리즘인 거듭제곱 반복을 수행했습니다. 이 알고리즘을 사용할 때 운이 좋게도 행렬 곱셈 한 번만으로도 고유 벡터를 발견할 수 있었습니다. 하지만 추가 반복이 몇 번 더 필요합니다.

거듭제곱 반복은 다음과 같이 작동합니다.

1. 임의의 단위 벡터를 생성합니다.
2. 벡터에 행렬을 곱하고 결과를 정규화합니다. 단위 벡터가 회전합니다.
3. 단위 벡터가 더 이상 회전하지 않는 '고착'될 때까지 이전 단계를 반복합니다. 그러면 정의상 고유 벡터가 됩니다.

거듭제곱 반복은 고유 벡터(존재하는 경우)에 수렴하도록 보장됩니다. 일반적으로 10회 반복이면 수렴을 달성하기에 충분합니다. 결과로 생성되는 고유 벡터는 행렬의 다른 고유 벡터에 비해 가능한 가장 큰 고윳값을 갖습니다.

> **노트** 일부 행렬에는 음의 고윳값을 갖는 고유 벡터가 있습니다. 이 경우 거듭제곱 반복은 절대(absolute) 고윳값이 가장 큰 고유 벡터를 반환합니다.

행렬을 입력받아 고유 벡터와 고윳값을 반환하는 power_iteration 함수를 정의해 보죠. power_iteration(cov_matrix)를 실행하여 함수를 테스트합니다.

코드 14-48 거듭제곱 반복 알고리즘 구현하기

```python
np.random.seed(0)
def power_iteration(matrix):
    random_vector = np.random.random(size=matrix.shape[0])
    random_vector = random_vector / norm(random_vector)
    old_rotated_vector = random_vector
    for _ in range(10):
        rotated_vector = matrix @ old_rotated_vector
        rotated_vector = rotated_vector / norm(rotated_vector)
        old_rotated_vector = rotated_vector

    eigenvector = rotated_vector
    eigenvalue = norm(matrix @ eigenvector)
    return eigenvector, eigenvalue

eigenvector, eigenvalue = power_iteration(cov_matrix)
print(f"추출된 고유 벡터는 {eigenvector}입니다")
print(f"해당 고유 벡터의 값은 약 {eigenvalue: .1f}입니다")
```

▶ 실행결과

```
추출된 고유 벡터는 [0.20223994 0.979336 ]입니다
해당 고유 벡터의 값은 약 541.8입니다
```

power_iteration 함수는 고윳값이 약 541인 고유 벡터를 추출했습니다. 이는 첫 번째 주축에 대한 분산에 해당합니다. 따라서 고유 벡터는 첫 번째 주성분과 같습니다.

> **노트** 그림 14-21에서 추출된 고유 벡터가 양의 방향으로 늘어나는 것을 보았을 것입니다. 한편 그림 14-19의 첫 번째 주성분은 음의 값으로 늘어납니다. 앞서 설명했듯이, 주성분 pc는 PCA를 실행하는 동안 -pc와 같은 의미로 사용할 수 있으며, 주방향에 대한 투영은 잘못된 영향을 받지 않습니다. 눈에 띄는 유일한 효과는 그림 14-13에서 볼 수 있듯이, 투영된 축에 대한 반사의 차이입니다.

이 함수는 고윳값이 가장 큰 단일 고유 벡터를 반환합니다. 따라서 power_iteration(cov_matrix)는 가장 큰 변동 범위를 가진 주성분을 반환합니다. 앞서 설명했듯이, 두 번째 주성분도 고유 벡터입니다. 해당 고윳값은 두 번째 주방향에 따른 분산에 해당합니다. 따라서 해당 성분은 두 번째로 큰 고윳값을 가진 고유 벡터입니다. 이를 어떻게 찾을 수 있을까요? 이 해법은 코드 몇 줄만으로 구할 수 있습니다. 고등 수학을 모르면 이해하기 어렵지만, 그래도 기본적인 단계를 살펴보겠습니다.

두 번째 고유 벡터를 추출하려면 cov_matrix에서 첫 번째 고유 벡터의 흔적을 모두 제거해야 합니다. 이 과정을 행렬 수축(matrix deflation)이라고 합니다. 행렬이 수축되면 두 번째로 큰 고윳값이 가장 큰 고윳값이 됩니다. cov_matrix를 수축시키려면 고유 벡터 스스로에 대한 외적이 필요합니다. 이 외적은 가능한 모든 i 및 j에 대해 eigenvector[i] * eigenvector[j]의 요소별 곱셈으로 계산됩니다. 요소별 곱셈은 행렬 m에 저장되며 여기에서 M[i][j] = eigenvector[i] * eigenvector[j]입니다. 두 중첩 루프 또는 넘파이의 np.outer(eigenvector, eigenvector)로 외적을 계산할 수 있습니다.

> **노트** 일반적으로 외적은 두 벡터 v1과 v2 사이에 대해 계산됩니다. 이 외적은 m[i][j]가 v1[i] * v2[j]와 같은 행렬 m을 반환합니다. 행렬 수축 중에는 v1과 v2가 모두 고유 벡터와 같습니다.

코드 14-49 고유 벡터 스스로에 대한 외적 계산하기

```
outer_product = np.outer(eigenvector, eigenvector)
for i in range(eigenvector.size):
    for j in range(eigenvector.size):
        assert outer_product[i][j] == eigenvector[i] * eigenvector[j]
```

외적이 주어지면 cov_matrix - eigenvalue * outer_product로 cov_matrix를 수축할 수 있습니다. 이 기본 연산은 1차 고유 벡터가 2차 주성분과 같은 행렬을 생성합니다.

코드 14-50 공분산 행렬 축소하기

```
deflated_matrix = cov_matrix - eigenvalue * outer_product
```

product_iteration(deflated_matrix)는 next_eigenvector라는 고유 벡터를 반환합니다. 또 지금까지 논의한 내용을 바탕으로 다음이 참이라는 것을 알 수 있습니다.

- next_eigenvector는 두 번째 주성분과 같습니다.
- 따라서 np.array([eigenvector, next_eigenvector])는 components라는 주성분 행렬과 같습니다.

- components @ centered_data를 실행하면 데이터셋을 주방향에 투영합니다.
- 투영 결과를 그래프로 표현하면, 그림 14-8 또는 그림 14-13과 유사한 수평으로 배치된 시가 모양의 그림이 생성되어야 합니다.

다음 코드는 next_eigenvector를 추출하고 투영한 뒤 해당 결과를 그래프로 그려 가정이 맞다는 것을 확인합니다(그림 14-22).

> **코드 14-51** 수축 행렬에서 두 번째 주성분 추출하기

```
np.random.seed(0)
next_eigenvector, _ = power_iteration(deflated_matrix)
components = np.array([eigenvector, next_eigenvector])
projections = components @ centered_data
plt.scatter(projections[0], projections[1])
plt.axhline(0, c='black')
plt.axvline(0, c='black')
plt.axis('equal')
plt.show()
```

▼ 그림 14-22 주성분에 투영된 centered_data의 그래프로 거듭제곱 반복으로 주성분이 계산되었습니다. 이 결과는 사이킷런의 PCA를 활용한 그림 14-13과 동일합니다

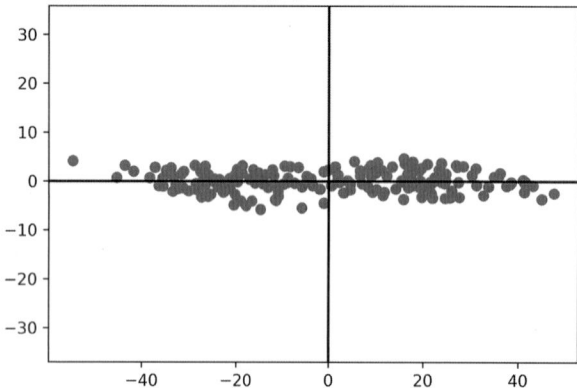

> **노트** 넘파이의 행렬 축소 계산
> - `np.outer(eigenvector, eigenvector)`: 고윳값과 고유 벡터의 외적을 계산합니다. m[i][j]가 eigenvector[i] * eigenvector[j]와 같은 행렬 m을 반환합니다.
> - `matrix -= eigenvalue * np.outer(eigenvector, eigenvector)`: 행렬에서 가장 큰 고윳값을 가진 고유 벡터의 모든 흔적을 제거하여 행렬을 수축시킵니다. power_iteration(matrix)를 실행하면 두 번째로 큰 고윳값을 가진 고유 벡터를 반환합니다.

기본적으로 모든 행의 평균이 0인 행렬에서 상위 주성분 K개를 추출하는 알고리즘을 만들었습니다. centered_matrix와 같은 행렬이 주어졌을 때 알고리즘은 다음과 같이 작동합니다.

1. `centered_matrix @ centered_matrix.T`로 `centered_matrix`의 공분산 행렬을 계산합니다.
2. 공분산 행렬에 `power_iteration`을 실행합니다. 이 함수는 공분산 행렬의 고유 벡터를 반환하며, 이는 가능한 최대 고윳값에 해당합니다. 이 고유 벡터는 첫 번째 주성분과 같습니다.
3. 행렬에서 고윳값 * `np.outer`(고유 벡터, 고유 벡터)를 빼 행렬을 수축시킵니다. 수축된 행렬에 `power_iteration`을 실행하면 그다음 주성분을 추출할 수 있습니다.
4. 이전 단계를 K − 2번 더 반복하여 상위 주성분을 K개 추출합니다.

알고리즘을 `find_top_principal_components` 함수로 구현해 보겠습니다. 이 함수는 입력된 `centered_matrix` 행렬에서 주성분을 K개 추출합니다.

코드 14-52 상위 주성분 K개 추출하기

```python
def find_top_principal_components(centered_matrix, k=2):       # 모든 행의 평균이 0인 행렬에서 상위 주성분을 K개 추출
    cov_matrix = centered_matrix @ centered_matrix.T            # 합니다. K 값은 2로 미리 설정되어 있습니다.
    cov_matrix /= centered_matrix[1].size
    return find_top_eigenvectors(cov_matrix, k=k)               # 주성분은 공분산 행렬의 상위 고유 벡터들입니다(고유 벡터의 순위는
                                                                # 고윳값으로 결정됩니다). 이 점을 강조하기 위해 어떤 행렬에서든
                                                                # 상위 고유 벡터를 K개 추출하는 별도의 함수를 정의합니다.
def find_top_eigenvectors(matrix, k=2):
    matrix = matrix.copy()      # 행렬의 복사본을 만들어 원본을 수정하지 않고
    eigenvectors = []           # 그 복사본을 축소할 수 있도록 합니다.
    for _ in range(k):
        eigenvector, eigenvalue = power_iteration(matrix)
        eigenvectors.append(eigenvector)
        matrix -= eigenvalue * np.outer(eigenvector, eigenvector)

    return np.array(eigenvectors)
```

데이터셋에서 상위 주성분을 K개 추출하는 함수를 정의했습니다. 이것으로 데이터셋을 상위 주방향 K개에 투영할 수 있으며, 해당 방향은 K축을 따라 데이터 분산을 극대화합니다. 나머지 데이터 축은 무시할 수 있으므로 좌표 열 크기를 K로 축소할 수 있고, 결과적으로 모든 데이터셋을 K차원으로 줄일 수 있습니다.

이제는 사이킷런 없이도 PCA를 실행할 수 있게 되었습니다. PCA를 사용하면 N차원 데이터셋을 K차원으로 줄일 수 있습니다(여기에서 N은 입력 데이터 행렬의 열 수입니다). 알고리즘은 다음 단계를 거쳐 실행됩니다.

1. 데이터셋의 각 축을 따라 평균을 계산합니다.
2. 모든 축에서 평균을 빼서 데이터셋의 원점 중앙에 맞춥니다.
3. `find_top_principal_components` 함수로 중심 데이터셋의 상위 주성분을 K개 추출합니다.
4. 주성분과 중심 데이터셋 사이의 행렬 곱을 구합니다.

이 단계를 `reduce_dimensions`라는 단일 함수로 구현합니다. 왜 함수 이름을 `pca`라고 정하지 않았을까요? PCA의 처음 두 단계에서는 데이터를 중심화해야 하기 때문입니다. 그러나 곧 중심화 없이도 차원 축소가 가능함을 알게 될 것입니다. 따라서 `centralize_data`라는 선택적 파라미터를 수용할 수 있도록 함수를 설계하고, 이 파라미터에 기본값으로 `True`를 설정하여 기본적으로 PCA를 실행하도록 만듭니다.

코드 14-53 reduce_dimensions 함수 정의하기

```python
def reduce_dimensions(data, k=2, centralize_data=True):    ┈┈ 이 함수는 축(axis)에 해당하는 열로 구성된 데이터 행렬을 입력으로 받습니다. 이는 사이킷런의 fit_transform 메서드의
    data = data.T.copy()    ┈┈┈ find_principal_components 함수에 기대되는 입력과 일치하도록 데이터를 전치합니다.
    if centralize_data:    ┈┈┈ 선택적으로 평균을 0으로 만들기 위해 평균값을 빼 데이터를 중앙화합니다.
        for i in range(data.shape[0]):
            data[i] -= data[i].mean()

    principal_components = find_top_principal_components(data)
    return (principal_components @ data).T
```

앞서 분석된 flower_measurements 데이터에 reduce_dimensions를 적용해서 시험해 보죠. 직접 구현한 PCA로 해당 데이터를 2D로 축소한 뒤 그 결과를 시각화합니다(그림 14-23). 그러면 그 결과는 그림 14-18과 일치해야 합니다.

코드 14-54 직접 구현한 PCA로 꽃 데이터를 2D로 축소하기

```python
np.random.seed(0)
dim_reduced_data = reduce_dimensions(flower_measurements)
visualize_flower_data(dim_reduced_data)
```

▼ **그림 14-23** 직접 구현한 PCA를 이용하여 2차원으로 축소시킨 4D 정규화된 꽃 측정값으로, 이 그래프는 사이킷런의 PCA를 활용한 결과와 동일합니다

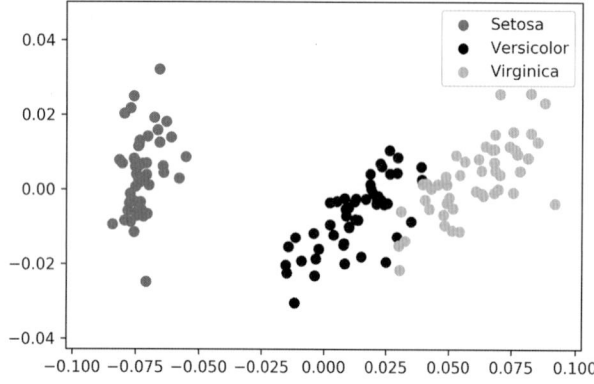

사이킷런의 PCA를 실행한 결과와 완벽하게 일치합니다. 하지만 한 가지 큰 차이점이 있는데, 우리가 구현한 함수는 중심화의 수행 여부를 선택할 수 있도록 설계되었다는 것입니다. 앞서 설명했듯이, 정규화된 데이터에서는 중심화를 안정적으로 수행할 수 없습니다. 꽃 데이터셋은 단위 차이를 제거하기 위해 정규화되었으므로 flower_measurements 값에 PCA를 안정적으로 실행할 수 없습니다. 한 가지 대안은 reduce_dimensions 함수에 centralize_data=False 파라미터 값을 입력하여 중심화를 우회하는 것입니다. 물론 이 방법은 PCA 알고리즘의 많은 가정을 위반하지만, 그렇게 얻은 출력은 여전히 유용할 수 있습니다. 그러면 중심화 없이 flower_measurements 값의 크기를 줄이면 어떻게 될까요? centralize_data를 False로 설정한 결과를 그래프로 표현해 보죠(그림 14-24).

코드 14-55 중심화 없이 reduce_dimensions 실행하기

앞서 말했듯이, 고유 벡터를 추출할 때 무작위성이 2D 그래프의 방향에 영향을 줄 수 있습니다. 여기에서는 알고리즘에 시드 값을 설정하여 나중에 제시될 다른 그래프(그림 14-25)와 방향을 일치시킵니다.

```
np.random.seed(3)
dim_reduced_data = reduce_dimensions(flower_measurements, centralize_data=False)
visualize_flower_data(dim_reduced_data)
```

▼ **그림 14-24** 중심화 없이 2차원으로 축소된 4D 정규화된 꽃 측정값 그래프상에 각 꽃의 데이터는 종류에 따라 서로 다른 색이 지정되었습니다. 세 종류의 꽃은 계속해서 그룹 세 개로 나뉜 것을 알 수 있지만 PCA를 실행한 결과와는 유사하지 않습니다

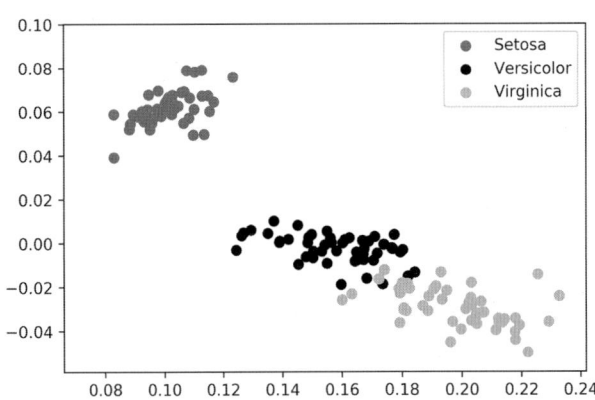

출력 결과에서 세 종류의 꽃은 계속해서 클러스터 세 개로 나뉩니다. 또 Setosa는 다른 종류의 꽃과 공간적으로 구별됩니다. 그러나 그래프 자체는 변했습니다. Setosa는 앞서 PCA 결과에서 관측된 것보다 더 단단한 그룹을 형성합니다. 이는 최근 그래프가 PCA 출력만큼 포괄적인지에 대한 의문을 제기합니다. 다시 말해 최근 그래프가 전체 데이터 분산의 97%를 나타내고 있는지에 대한 의문입니다. 이 질문에 대한 답은 dim_reduced_data의 분산을 측정하고, 이를 flower_measurements의 총 분산으로 나누어 확인할 수 있습니다.

코드 14-56 중심화 없이 축소된 데이터 분산 확인하기

```
variances = [sum(data[:,i].var() for i in range(data.shape[1]))
             for data in [dim_reduced_data, flower_measurements]]
dim_reduced_var, total_var = variances
percent_coverege = 100 * dim_reduced_var / total_var
print(f"그래프는 전체 분산의 {percent_coverege:.2f}%를 덮습니다")
```

▶ 실행결과

그래프는 전체 분산의 97.29%를 덮습니다

2D 분산 포함 정도가 유지됩니다. 값이 약간 변동해도 포함 정도는 약 97%로 유지되는 것을 알 수 있습니다. 따라서 중심화 없이도 차원을 줄이는 데 성공한 것입니다. 그러나 중심화는 여전히 PCA의 중요한 특징이므로 수정된 기법에 다른 이름을 붙일 필요가 있습니다. 앞서 언급했듯이, 이 기법에는 **특이 값 분해**(SVD)라는 이름이 붙어 있습니다.

> **노트** PCA와 달리 SVD는 축소된 출력에서 각 축의 분산이 최대화된다는 보장이 없습니다. 그러나 대부분의 실제 환경에서 SVD는 매우 실용적인 수준으로 데이터를 차원 축소할 수 있습니다.

SVD의 수학적 특성은 복잡하기 때문에 이 책에서는 다루지 않습니다. 하지만 수학적 특성을 모르더라도 SVD를 매우 효율적으로 실행하는 방법이 연구되었으며, 이러한 최적화는 이미 사이킷런에 통합되어 있습니다. 다음 절에서는 사이킷런에 최적화된 SVD 구현체를 활용합니다.

14.5 SVD 및 사이킷런으로 효율적인 차원 축소하기

사이킷런은 SVD를 최적으로 실행하기 위해 설계된 TruncatedSVD라는 클래스를 제공합니다. 먼저 sklearn.decomposition 모듈에서 TruncatedSVD를 불러옵니다.

코드 14-57 사이킷런에서 TruncatedSVD 불러오기

```
from sklearn.decomposition import TruncatedSVD
```

flower_measurements 데이터에 TruncatedSVD를 적용하는 방법은 간단합니다. 먼저 TruncatedSVD(n_components=2)를 실행하여 데이터를 2차원으로 축소하는 svd_object 객체를 생성한 뒤 svd_object.transform(flower_measurements)를 호출하여 SVD를 수행합니다. 그러면 해당 메서드는 svd_transformed_data라는 2차원 행렬을 반환합니다. 다음 그림은 TruncatedSVD를 적용한 뒤 결과를 그래프로 표현된 것을 보여 줍니다. 이렇게 그려진 그래프는 직접 정의한 SVD로 그린 그림 14-24와 유사할 것입니다.

> **노트** PCA 클래스와 달리 TruncatedSVD에는 n_components를 입력해야 합니다. 이 파라미터의 기본값은 2로 설정되어 있습니다.

▼ 그림 14-25 사이킷런의 SVD를 이용하여 2차원으로 축소된 4D 정규화된 꽃 측정값으로, 출력은 직접 구현한 SVD로 생성된 그림 14-24와 동일합니다

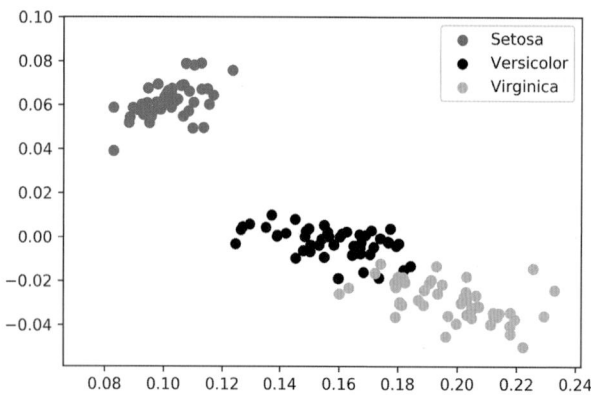

코드 14-58 사이킷런으로 SVD 수행하기

```
svd_object = TruncatedSVD(n_components=2)
svd_transformed_data = svd_object.fit_transform(flower_measurements)
visualize_flower_data(svd_transformed_data)
```

사이킷런의 SVD를 실행한 것과 직접 만든 SVD의 실행 결과가 동일합니다. 물론 사이킷런의 알고리즘이 더 빠르고 메모리 효율이 높지만, 핵심 알고리즘은 다르지 않습니다.

> **노트** 차원 수를 줄여도 출력은 달라지지 않습니다. 그러나 차원 수가 증가하면 고유 벡터 계산에 사소한 오류가 발생하기 때문에 구현의 정확도가 떨어집니다. 이 사소한 오류는 계산된 고유 벡터가 늘어날 때마다 커집니다. 반면에 사이킷런은 수학적 트릭을 이용하여 이러한 오류를 제한합니다.

분산 범위를 비교하여 두 결과가 겹치는지 추가로 확인할 수 있습니다. svd_object에는 각 축소된 차원에서 다루는 부분 분산 배열을 포함하고 있는 explained_variance_ratio_ 속성이 있습니다. 100 * svd_object.explained_variance_ratio_ 계산 결과를 모두 더하면 2D 그래프가 포함하는 총 분산 비율을 반환합니다. 분석에 따르면, 이 출력은 대략 97.29%로 예상되는데 정말 그런지 확인해 보겠습니다.

코드 14-59 사이킷런의 SVD 출력에서 분산 추출하기

```
percent_variance_coverages = 100 * svd_object.explained_variance_ratio_
x_axis_coverage, y_axis_coverage = percent_variance_coverages
total_2d_coverage = x_axis_coverage + y_axis_coverage
print(f"사이킷런의 SVD 출력은 총 분산의 {total_2d_coverage:.2f}%를 포함합니다")
```

이 속성은 각 축에 대한 부분을 포함하는 넘파이 배열입니다. 여기에 100을 곱하면 백분율을 구할 수 있습니다.

배열의 각 i번째 요소는 i번째 축의 분산입니다.

▶ **실행결과**

사이킷런의 SVD 출력은 총 분산의 97.29%를 포함합니다

> **노트** 일반적인 사이킷런 SVD 방법
> - `svd_object = TruncatedSVD(n_components=K)`: 입력 데이터를 K차원으로 축소하는 SVD 객체를 생성합니다.
> - `svd_transformed_data = svd_object.fit_transform(data)`: 초기화된 TruncatedSVD 객체로 입력된 데이터에 대해 SVD를 수행합니다. fit_transform 메서드는 데이터 행렬의 열이 공간 축과 상관관계가 있다고 가정합니다. 차원 축소된 결과는 svd_transformed_data 행렬에 저장됩니다.
> - `svd_object.explained_variance_ratio_`: 맞춤형 TruncatedSVD 객체의 각 차원 축소 축과 관련된 부분 분산 범위를 반환합니다.

사이킷런의 최적화된 SVD로 수십 테라바이트에 달하는 데이터를 수백 또는 수십 개 차원으로 축소할 수 있습니다. 이렇게 축소된 데이터는 예측 알고리즘을 이용하여 좀 더 효율적으로 저장, 전송, 처리될 수 있습니다. 많은 실제 데이터 작업에서는 분석에 앞서 데이터를 축소하는 데 SVD를 사용합니다. 이미지 압축, 소리 잡음 제거, 자연어 처리까지 다양한 분야에 적용되죠. 특히 자연어 처리는 텍스트 데이터의 부풀어 오른 특성 때문에 알고리즘에 의존합니다. 앞 장에서 설명했듯이, 실제 문서는 매우 큰 행렬을 형성하여 아무리 효율적인 계

산으로도 실행 시간이 절대적으로 오래 걸리며 계산 자체가 불가능한 경우도 많습니다. 다행히 SVD는 이러한 문서 행렬을 훨씬 더 관리하기 용이하게 만들어 줍니다. SVD를 사용하면 대부분의 분산은 유지하면서 텍스트 행렬의 열 수를 줄일 수 있으므로, 대규모 텍스트 유사도를 적시에 계산할 수 있습니다. 그다음 이렇게 계산된 텍스트 유사도로 문서를 그룹화할 수 있습니다.

이어지는 다음 장은 대규모 문서 데이터셋을 분석합니다. 데이터셋을 정리하고 그룹화하는 방법을 배우며, 그룹화된 결과를 시각화합니다. 이 분석에서 SVD를 사용하는 것이 절대적으로 중요하다고 입증될 것입니다.

14.6 요약

- 데이터셋 차원을 줄이면 클러스터링과 같은 특정 작업을 간소화할 수 있습니다.
- 데이터 포인트가 x축에 가까워질 때까지 원점을 중심으로 데이터를 회전하여 2D 데이터셋을 1차원으로 줄일 수 있습니다. 이렇게 하면 x축을 따라 펼쳐진 데이터가 최대화되므로 y축을 삭제할 수 있습니다. 그러나 회전하려면 먼저 데이터셋의 평균 좌표가 원점에 위치하도록 데이터셋을 중앙 집중화해야 합니다.
- 데이터를 x축 방향으로 회전하는 것은 x축을 첫 번째 주방향을 향해 회전하는 것과 유사합니다. 첫 번째 주방향은 데이터 분산이 최대가 되는 선형 방향입니다. 두 번째 주방향은 첫 번째 주방향에 수직입니다. 2D 데이터셋에서 이 방향은 첫 번째 주방향에 포함되지 않은 나머지 분산을 나타냅니다.
- 차원 축소는 주성분 분석(PCA)을 사용하여 수행할 수 있습니다. PCA는 데이터셋의 주방향을 발견하고 이를 주성분이라는 단위 벡터를 사용하여 표현합니다. 중앙 집중식 데이터 행렬과 주성분들의 곱은 데이터의 표준 축을 주방향으로 바꿉니다. 이 축 교체를 투영이라고 합니다. 데이터를 주방향에 투영하면 일부 축에서는 데이터 분산이 최대화되고 다른 축에서는 분산이 최소화됩니다. 분산이 최소화되는 축은 삭제할 수 있습니다.
- 공분산 행렬(중심 데이터셋과 그 자체의 행렬 곱을 데이터셋 크기로 나눈 값)을 계산하여 주성분을 추출할 수 있습니다. 이 행렬의 대각선은 축의 분산 값을 나타냅니다.
- 주성분은 공분산 분산의 고유 벡터입니다. 따라서 정의에 따라 공분산 행렬과 각 주성분 간의 정규화된 곱은 해당 주성분과 동일합니다.
- 거듭제곱 반복 알고리즘을 사용하여 행렬의 최상위 고유 벡터를 추출할 수 있습니다. 거듭제곱 반복은 벡터를 행렬로 곱하고 정규화하는 과정을 반복하는 것입니다. 공분산 행렬에 거듭제곱 반복을 적용하면 첫 번째 주성분이 반환됩니다.

- 행렬 수축을 적용하면 고유 벡터의 모든 흔적을 제거할 수 있습니다. 공분산 행렬을 수축하고 거듭제곱 반복을 다시 적용하면 두 번째 주성분이 반환됩니다. 이 과정을 반복하면 모든 주성분이 반환됩니다.
- PCA는 측정 단위에 민감합니다. 입력 데이터를 정규화하면 민감도가 감소합니다. 그러나 결과적으로 정규화된 데이터는 평균에 근접하게 됩니다. 이는 데이터를 중앙 집중화하기 위해 각 축 값에서 평균을 빼야 하기 때문에 문제가 됩니다. 근삿값을 빼면 부동 소수점 오류가 발생합니다.
- 차원 축소를 실행하기 전에 데이터 중앙 집중화를 거부하면 이러한 부동 소수점 오류를 방지할 수 있습니다. 결과 출력은 충분히 의미 있는 수준으로 데이터 변동성을 포착합니다. 이 수정된 기법을 특이 값 분해(SVD)라고 합니다.

15장

대용량 텍스트에 대한 자연어 처리 분석

이 장에서 다루는 내용

- 사이킷런으로 텍스트 벡터화하기
- 벡터화된 텍스트 데이터 차원 축소하기
- 대용량 텍스트 데이터셋 클러스터링/그룹화하기
- 텍스트 데이터셋에 대한 그룹 시각화하기
- 여러 시각화를 함께 표시하기

이전에 다룬 자연어 처리(NLP)는 간단한 예제와 소규모 데이터셋이 활용되었습니다. 이 장에서는 대규모 텍스트 데이터셋에 대해 자연어 처리를 적용해 봅니다. 이 분석은 지금까지 소개한 기술을 고려한다면 간단해 보일 수 있습니다. 예를 들어 여러 웹 토론 포럼에서 시장 조사를 한다고 가정해 보겠습니다. 각 포럼은 정치, 패션, 기술, 자동차 등 특정 주제를 토론하는 사용자 수백 명으로 구성됩니다. 사용자들의 대화 내용을 토대로 모든 토론 주제를 자동으로 추출하는 것이 목표입니다. 이렇게 추출된 주제는 관심사를 기반으로 사용자를 특정하는 마케팅 캠페인 계획에 사용할 수 있습니다.

사용자 토론을 주제별로 어떻게 묶을 수 있을까요? 다음은 한 가지 접근법을 보여 줍니다.

1. 13장에서 설명한 기법으로 모든 토론 텍스트를 단어 수의 행렬로 변환합니다.
2. 특이 값 분해(SVD)로 단어 수 행렬을 차원 축소합니다. 이렇게 하면 행렬 곱셈으로 모든 텍스트의 유사성을 효율적으로 계산할 수 있습니다.
3. 텍스트 유사성 행렬을 활용하여 토론을 주제별로 묶습니다.
4. 주제 그룹을 탐색하여 마케팅 캠페인에 유용한 주제를 파악합니다.

물론 이 간단한 분석이 실제로는 생각만큼 간단하지 않습니다. 여전히 풀리지 않는 질문이 남아 있죠. 그룹화된 모든 텍스트를 한 번에 하나씩 읽지 않고, 어떻게 하면 주제 그룹을 효율적으로 탐색할 수 있을까요? 또 10장에서 소개된 그룹화 알고리즘 중 어떤 알고리즘을 사용하면 좋을까요?

두 텍스트를 비교할 때도 질문에 직면합니다. '그, 그것, 그들'처럼 특별한 신호를 제공하지 않는 일반적인 단어는 어떻게 처리해야 할까요? 페널티를 주어야 할까요? 무시해야 할까요? 필터링해야 할까요? 토론 포럼을 주최하는 웹 사이트 이름처럼 일반적인 말뭉치로 구성된 특정 단어는 어떻게 처리해야 할까요?

이 모든 질문에는 텍스트 수천 개가 포함된 웹 포럼 데이터셋을 실제로 탐색해 보면 답을 구할 수 있습니다. 사이킷런이 제공하는 예시용 데이터셋에는 이 같은 실제 데이터셋이 포함되어 있습니다. 이 장에서는 대규모 웹 포럼 데이터셋을 불러오고 탐색하고 그룹화합니다. 이때 사이킷런, 넘파이 등 외부 데이터 과학 라이브러리가 매우 유용하게 사용됩니다.

15.1 사이킷런으로 웹 토론 포럼 데이터셋 불러오기

사이킷런은 잘 알려진 웹 토론 포럼인 Usenet의 데이터를 제공합니다. 이 포럼을 **뉴스 그룹**(newsgoups)이라고 합니다. 각 개별 뉴스 그룹은 특정 토론 주제에 중점을 두며, 그 주제는 뉴스 그룹의 이름으로 유추할 수 있습니다. 뉴스 그룹의 사용자는 메시지를 게시하는 방식으로 서로 대화합니다. 이 사용자 게시글은 길이 제한이 없으므로 일부는 상당히 길어질 수 있습니다. 게시글의 다양성과 다양한 길이 모두 자연어 처리 기술을 확장할 기회를 제공합니다. 교육 목적으로, 사이킷런은 게시된 메시지를 1만 개 이상 쉽게 접근하는 수단을 제공합니다. sklearn.datasets 모듈의 fetch_20newsgroups() 함수를 호출하면 텍스트 데이터를 포함하는 newsgroups 객체를 반환하며, 선택적으로 remove=('headers', 'footers') 파라미터를 입력하여 텍스트의 중복 정보를 제거할 수 있습니다(삭제된 메타데이터는 유의미한 글 내용에 해당하지 않습니다). 다음 코드는 중복 정보를 필터링하며 뉴스 그룹 데이터를 불러오는 방법을 보여 줍니다.

> **노트** 뉴스 그룹 데이터셋은 상당히 큽니다. 이러한 이유로 이 데이터셋은 사이킷런에 포함된 패키지 형태로는 제공되지 않습니다. fetch_20newsgroups를 실행하면 로컬에 데이터셋을 내려받아 저장하므로, 데이터셋을 처음 가져올 때는 인터넷을 연결해야 합니다. 이후에는 인터넷을 연결하지 않아도 데이터셋을 불러올 수 있습니다.

코드 15-1 뉴스 그룹 데이터셋 불러오기

```python
from sklearn.datasets import fetch_20newsgroups
newsgroups = fetch_20newsgroups(remove=('headers', 'footers'))
```

newsgroups 객체는 서로 다른 뉴스 그룹 20개의 게시글을 포함합니다. 앞서 언급한 대로 각 뉴스 그룹의 토론 주제는 뉴스 그룹 이름에 요약되어 있습니다. 그리고 그 이름은 newsgroups.target_names로 접근할 수 있습니다.

코드 15-2 뉴스 그룹 20개의 이름 모두 출력하기

```python
print(newsgroups.target_names)
```

▶ 실행결과

```
['alt.atheism', 'comp.graphics', 'comp.os.ms-windows.misc',
'comp.sys.ibm.pc.hardware', 'comp.sys.mac.hardware', 'comp.windows.x',
'misc.forsale', 'rec.autos', 'rec.motorcycles', 'rec.sport.baseball',
'rec.sport.hockey', 'sci.crypt', 'sci.electronics', 'sci.med', 'sci.space',
'soc.religion.christian', 'talk.politics.guns', 'talk.politics.mideast',
'talk.politics.misc', 'talk.religion.misc']
```

뉴스 그룹 범주는 우주 탐사(sci.space), 자동차(rec.autos), 전자 제품(sci.electronics)까지 매우 다양합니다. 그중 일부는 매우 포괄적입니다. 예를 들어 정치(talk.politics.misc)는 다양한 정치 주제를 다룹니다. 또 범위가 매우 좁은 범주도 존재합니다. 예를 들어 comp.sys.mac.hardware는 macOS용, comp.sys.ibm.pc.hardware는 PC용 하드웨어에만 중점을 둡니다. 이 두 뉴스 그룹의 범주는 매우 유사합니다. 유일한 차이는 컴퓨터 하드웨어가 macOS용인지, PC용인지 여부일 뿐이죠. 때때로 범주 차이는 미묘할 수 있으며, 주제들은 칼로 반듯이 자르듯이 나뉠 수 있는 것이 아니라 유동적이라고 볼 수 있습니다. 이 장 후반부에서 뉴스 그룹 게시글을 그룹화할 때는 이 점을 염두에 두어야 합니다.

이제 newsgroups.data 속성에 리스트로 저장된 실제 뉴스 그룹 텍스트를 살펴보겠습니다. 예를 들어 newsgroups.data[0]에는 저장된 뉴스 그룹의 첫 번째 게시글에 대한 텍스트가 포함되어 있습니다. 해당 게시글을 출력해 보겠습니다.

코드 15-3 뉴스 그룹의 첫 번째 게시글 출력하기

```
print(newsgroups.data[0])
```

▶ 실행결과

I was wondering if anyone out there could enlighten me on this car I saw the other day. It was a 2-door sports car, looked to be from the late 60s/early 70s. It was called a Bricklin. The doors were really small. In addition, the front bumper was separate from the rest of the body. This is all I know. If anyone can tellme a model name, engine specs, years of production, where this car is made, history, or whatever info you have on this funky looking car, please e-mail.

이 게시글은 자동차에 관한 것으로, 자동차 토론 뉴스 그룹인 rec.autos에 게시되었을 가능성이 높습니다. newsgroups.target_names[newsgroups.target[0]]을 출력하여 확인해 보죠.

> **노트** newsgroups.target[i]는 해당 문서와 연결된 뉴스 그룹 이름의 인덱스를 반환합니다.

코드 15-4 0번째 인덱스의 뉴스 그룹 이름 출력하기

```
origin = newsgroups.target_names[newsgroups.target[0]]
print(f"0번째 인덱스의 게시글은 '{origin}' 그룹에 속합니다")
```

▶ 실행결과

0번째 인덱스의 게시글은 'rec.autos' 그룹에 속합니다

예상대로 자동차 토론 그룹에 속합니다. 자동차, 범퍼, 엔진 등 키워드 몇 가지가 있는 것만으로도 충분히 구분 가능합니다. 물론 수많은 게시글 중 하나에 불과합니다. 나머지 게시글을 분류하는 것은 그렇게 쉽지 않을 수도 있습니다.

데이터셋 크기를 출력하여 뉴스 그룹 데이터셋을 좀 더 자세히 살펴보겠습니다.

코드 15-5 뉴스 그룹 게시글 개수 계산하기

```
dataset_size = len(newsgroups.data)
print(f"데이터셋에는 {dataset_size}개의 게시글이 포함되어 있습니다")
```

▶ 실행결과

데이터셋에는 11314개의 게시글이 포함되어 있습니다

데이터셋에는 게시글이 1만 1,000개 이상 포함되어 있습니다. 우리 목표는 이 게시글을 주제별로 그룹화하는 것이지만, 이 정도 규모의 텍스트를 그룹화하려면 계산이 효율적으로 수행될 수 있어야 합니다. 텍스트 데이터를 행렬로 표현하여 뉴스 그룹 게시글의 유사성을 효율적으로 계산해야 합니다. 이를 위해서는 각 뉴스 그룹 게시글을 용어 빈도(Term Frequencey, TF) 벡터로 변환해야 합니다. 13장에서 설명한 것처럼 TF 벡터의 인덱스는 문서의 단어 수에 매핑됩니다. 이전에는 직접 정의한 함수로 이러한 벡터화된 단어 수를 계산했습니다. 이번에는 사이킷런을 활용해 보겠습니다.

15.2 사이킷런으로 문서 벡터화하기

사이킷런은 입력 텍스트를 TF 벡터로 변환하는 CountVectorizer라는 내장 클래스를 제공합니다. CountVectorizer를 초기화하면 텍스트를 벡터화할 수 있는 vectorizer 객체가 생성됩니다. 다음 코드는 sklearn.feature_extraction.text 모듈에서 CountVectorizer 클래스를 불러와 해당 객체를 초기화합니다.

코드 15-6 CountVectorizer 객체 초기화하기

```
from sklearn.feature_extraction.text import CountVectorizer
vectorizer = CountVectorizer()
```

이제 newsgroups.data 리스트에 저장된 텍스트를 벡터화할 준비가 되었습니다. 단순히 vectorizer를 호출하기만 하면 됩니다. 이 호출은 벡터화된 뉴스 그룹 게시글에 해당하는 TF 행렬을 반환합니다. 참고로 TF 행렬은 모든 텍스트(행)에 포함된 단어 수(열)를 저장합니다. 게시글을 벡터화한 뒤 결과 TF 행렬을 출력해 보죠.

코드 15-7 사이킷런으로 TF 행렬 계산하기

```
tf_matrix = vectorizer.fit_transform(newsgroups.data)
print(tf_matrix)
```

▶ 실행결과

```
(0, 108644)     4
(0, 110106)     1
(0, 57577)      2
(0, 24398)      2
(0, 79534)      1
...
(11313, 66399)  1
(11313, 63405)  1
(11313, 61366)  1
(11313, 7462)   1
(11313, 109600) 1
```

출력된 tf_matrix는 넘파이 배열이 아닙니다. 그렇다면 어떤 종류의 자료 구조일까요? type(tf_matrix)를 출력해서 확인해 보겠습니다.

코드 15-8 tf_matrix의 데이터 유형 확인하기

```
print(type(tf_matrix))
<class 'scipy.sparse.csr.csr_matrix'>
```

해당 행렬은 csr_matrix라는 사이파이의 객체입니다. CSR은 압축된 희소 행(Compressed Sparse Row)의 약어로, 대부분 0으로 구성된 행렬을 압축하여 저장하는 자료 구조입니다. 대부분 비어 있는(0) 이러한 행렬을 희소 행렬(sparse matrix)이라고 합니다. 0이 아닌 요소만 저장하여 공간을 효율적으로 만들 수 있으며, 이는

곧 보다 효율적인 메모리 사용과 빠른 계산으로 이어집니다. 대규모 텍스트 기반 행렬은 일반적으로 단일 문서에 전체 어휘의 극히 일부만 포함되기 때문에 매우 희소하다고 볼 수 있습니다. 따라서 사이킷런은 벡터화된 텍스트를 CSR 형식으로 자동 변환합니다. 이 변환은 사이파이의 csr_matrix 클래스로 수행됩니다.

다양한 외부 데이터 과학 라이브러리 간 이러한 상호 작용은 유용하지만, 약간 혼란스럽기도 합니다. 특히 넘파이 배열과 사이파이 CSR 행렬의 차이는 초보자가 이해하기에 까다로울 수 있습니다. 넘파이 배열과 CSR 행렬은 일부 속성을 공유하지만 모든 속성을 공유하지는 않기 때문입니다. 또 CSR 행렬은 넘파이가 제공하는 일부 함수에 호환되지만 모든 함수와 호환되지는 않습니다. 따라서 tf_matrix를 2D 넘파이 배열로 변환하여 혼란을 최소화하겠습니다. 이후 대부분의 분석은 해당 넘파이 배열로 수행됩니다. 하지만 주기적으로 넘파이 배열과 CSR 행렬의 사용법을 비교하여 두 행렬 표현 사이의 유사점과 차이점을 보다 완벽하게 이해해 보겠습니다. 다음 코드는 tf_matrix.toarray()를 실행하여 tf_matrix를 넘파이로 변환한 결과를 출력합니다.

> **노트** 이 변환은 메모리 집약적이어서 메모리가 약 10GB 필요합니다. 로컬 컴퓨터의 메모리가 부족하다면 메모리를 12GB 무료로 제공하는 무료 클라우드 기반의 주피터 노트북(jupyter notebook) 환경인 구글 코랩(Google Colaboratory, Colab)을 사용해 보기 바랍니다. 구글은 코랩을 사용하는 데 필요한 포괄적인 가이드를 제공합니다.[1]

코드 15-9 CSR 행렬을 넘파이 배열로 변환하기

```
tf_np_matrix = tf_matrix.toarray()
print(tf_np_matrix)
```

▶ 실행결과

```
[[0 0 0 ... 0 0 0]
 [0 0 0 ... 0 0 0]
 [0 0 0 ... 0 0 0]
 ...
 [0 0 0 ... 0 0 0]
 [0 0 0 ... 0 0 0]
 [0 0 0 ... 0 0 0]]
```

출력된 행렬은 2D 넘파이 배열입니다. 모든 요소 값이 0이므로 희소 행렬이라는 것을 알 수 있습니다. 각 행렬 요소는 게시글에 포함된 단어 수를 표현합니다. 행은 게시글을, 열은 개별 단어를 나타내는 식이죠. 따라서 총 열 개수는 데이터셋의 어휘 크기와 같습니다. shape 속성을 이용하여 해당 크기를 알아낼 수 있습니다. 이 속성은 CSR 행렬과 넘파이 배열에서 모두 접근 가능합니다. tf_np_matrix.shape에 접근해서 어휘 크기를 출력해 보죠.

코드 15-10 어휘 크기 확인하기

```
assert tf_np_matrix.shape == tf_matrix.shape
num_posts, vocabulary_size = tf_np_matrix.shape
print(f"뉴스 그룹의 {num_posts}개의 게시글에는 총 "
      f"{vocabulary_size}개의 고유 단어가 포함되어 있습니다")
```

---

1 https://colab.research.google.com/notebooks/welcome.ipynb

> ▶ 실행결과

뉴스 그룹의 11314개의 게시글에는 총 114751개의 고유 단어가 포함되어 있습니다

고유 단어가 총 11만 4,751개 포함되어 있습니다. 그러나 대부분의 게시글에는 이 중 수십 개만 포함됩니다. i번째 인덱스에 대한 게시글에 포함된 고유 단어 수는 tf_np_matrix[i] 행의 0이 아닌 요소 개수를 세어 보면 알 수 있습니다. 한편 0이 아닌 요소를 계산하는 가장 쉬운 방법은 넘파이를 사용하는 것입니다. 넘파이는 벡터의 0이 아닌 모든 요소의 인덱스를 구할 수 있게 해 줍니다. 단순히 원하는 벡터를 np.flatnonzero 함수에 입력하면 됩니다. 다음 코드는 newsgroups.data[0]에 포함된 자동차 뉴스 그룹 게시글에서 0이 아닌 요소들의 인덱스를 계산하여 출력합니다.

코드 15-11 자동차 게시글의 고유 단어 수 계산하기

```
import numpy as np

tf_vector = tf_np_matrix[0]
non_zero_indices = np.flatnonzero(tf_vector)
num_unique_words = non_zero_indices.size

print(f"뉴스 그룹의 0번째 게시글은 {num_unique_words}개의 고유 단어를 포함합니다")
print("실제 단어 수는 다음의 열 인덱스에 매핑됩니다\n")
print(non_zero_indices)
```

이것은 np.nonzero(tf_vector)[0]을 실행하는 것과 동일합니다. np.nonzero 함수는 x차원 배열에서의 0이 아닌 값들의 위치(인덱스)를 찾는 작업을 일반화한 것입니다. 즉, 단순히 1차원 배열에서만 작동하는 것이 아니라, 여러 차원으로 이루어진 배열에서도 0이 아닌 값들의 위치를 찾아 낼 수 있습니다. 이 함수는 길이가 x인 튜플을 반환하며, 각 i번째 튜플 요소는 i번째 차원에 있는 0이 아닌 값들의 위치를 나타냅니다. 따라서 1차원 tf_vector 배열이 주어졌을 때, np.nonzero 함수는 (non_zero_indices) 형태의 튜플을 반환합니다.

> ▶ 실행결과

뉴스 그룹의 0번째 게시글은 64개의 고유 단어를 포함합니다
실제 단어 수는 다음의 열 인덱스에 매핑됩니다
[14106 15549 22088 23323 24398 27703 29357 30093 30629 32194
  32305 32499 37154 39275 42332 42333 43643 45089 45141 49871
  49881 50165 54442 55453 57577 58321 58842 60116 60326 64083
  65338 67137 67140 68931 69080 70570 72915 75280 78264 78701
  79055 79461 79534 82759 84398 87690 89161 92157 93304 95225
  96145 96432 100406 100827 100942 101084 101732 108644 109086 109254
 109294 110106 112936 113262]

첫 번째 게시글은 고유 단어를 64개 포함합니다. 이 단어들은 무엇일까요? 이를 알아내려면 TF 벡터 인덱스와 단어 값 사이를 매핑할 필요가 있습니다. 이 매핑은 words라는 단어 리스트를 반환하는 vectorizer.get_feature_names() 메서드 호출로 생성할 수 있습니다. 각 i번째 인덱스는 리스트의 i번째 단어에 매핑되는 식입니다. 즉, [words[i] for i in non_zero_indices]는 게시글에 포함된 모든 고유 단어를 반환합니다.

> 노트 vectorizer.inverse_transform(tf_vector) 메서드를 호출해도 이러한 단어 리스트를 얻을 수 있습니다. inverse_transform 메서드는 입력된 TF 벡터와 관련된 모든 단어를 반환합니다.

코드 15-12 자동차 게시글의 고유 단어 출력하기

```
words = vectorizer.get_feature_names_out()
unique_words = [words[i] for i in non_zero_indices]
print(unique_words)
```

▶ 실행결과

```
['60s', '70s', 'addition', 'all', 'anyone', 'be', 'body', 'bricklin', 'bumper', 'called', 'can',
'car', 'could', 'day', 'door', 'doors', 'early', 'engine', 'enlighten', 'from', 'front', 'funky',
'have', 'history', 'if', 'in', 'info', 'is', 'it', 'know', 'late', 'looked', 'looking', 'made',
'mail', 'me', 'model', 'name', 'of', 'on', 'or', 'other', 'out', 'please', 'production', 'really',
'rest', 'saw', 'separate', 'small', 'specs', 'sports', 'tellme', 'the', 'there', 'this', 'to',
'was', 'were', 'whatever', 'where', 'wondering', 'years', 'you']
```

newsgroups.data[0]에 포함된 모든 고유 단어를 출력했습니다. 물론 모든 단어가 동일한 횟수로 등장한 것은 아니며, 어떤 단어는 다른 단어보다 더 자주 등장합니다. 아마도 더 자주 등장하는 단어일수록 자동차라는 주제와 더 관련이 있을 것입니다. 다음 코드는 게시글에서 가장 빈번히 언급된 단어 열 개를 등장 횟수와 함께 출력합니다. 또 시각화를 위해 이 결과를 판다스 테이블로 표현합니다.

> **노트** 1D 넘파이 배열에서 0이 아닌 요소 추출하기
> - `non_zero_indices = np.flatnonzero(np_vector)`: 값이 0인 요소의 인덱스를 1D 넘파이 배열로 반환합니다.
> - `non_zero_vector = np_vector[non_zero_indices]`: 1D 넘파이 배열의 0이 아닌 요소를 선택합니다(non_zero_indices 가 배열의 0이 아닌 인덱스에 해당한다고 가정합니다).

코드 15-13 자동차 게시글에서 가장 빈번히 등장하는 단어 출력하기

```
import pandas as pd
data = {'Word': unique_words, 'Count': tf_vector[non_zero_indices]}

df = pd.DataFrame(data).sort_values('Count', ascending=False)   ····· 등장 횟수를 기반으로 판다스 테이블을
print(df[:10].to_string(index=False))                                  내림차순으로 정렬합니다.
```

▶ 실행결과

```
  Word  Count
   the      6
  this      4
   was      4
   car      4
    if      2
    is      2
    it      2
  from      2
    on      2
anyone      2
```

게시글에 포함된 단어 64개 중 네 개가 최소 4번 이상 등장했습니다. 이 중 하나는 자동차(car)이며, 이 게시글이 자동차 그룹에 올라온 것을 감안하면 당연한 일입니다. 그러나 나머지 세 단어는 자동차와 관련이 없으며, 영어에서 가장 흔한 단어 중 하나인 the, this, was입니다. 이 단어들은 자동차 관련 게시글과 다른 주제의 게시글을 구분하는 신호를 제공하지 않고, 오히려 잡음의 원인이 되어 서로 관련이 없는 두 문서가 한데 묶일 가능성을 높입니다. 자연어 처리 실무자들은 이러한 잡음이 많은 단어를 **중지 단어**(stop words)라고 하는데, 이러한 단어가 벡터화된 결과에 나타나지 않도록 차단하기 때문입니다. 중지 단어는 일반적으로 벡터화되기 전 삭제되기 때문에 CountVectorizer 클래스에는 중지 단어를 차단하는 옵션이 내장되어 있습니다. CountVectorizer(stop_words='english')는 중지 단어를 차단하려고 준비된 CountVectorizer 객체를 초기화하며, 이렇게 초기화된 객체는 텍스트에서 가장 일반적인 영어 단어를 모두 무시합니다.

다음 코드는 중지 단어를 인식하는 CountVectorizer 객체를 다시 초기화한 뒤 fit_transform을 재실행하여 TF 행렬을 재계산합니다. 이 행렬의 열 개수(단어 수)는 이전에 계산한 어휘 크기인 11만 4,751개보다 작아진 것을 알 수 있습니다. 또 단어 목록도 재생성하는데 이번에는 the, this, of, it 등 일반적인 중지 단어가 누락됩니다.

코드 15-14 중지 단어 제거하기

```
vectorizer = CountVectorizer(stop_words='english')
tf_matrix = vectorizer.fit_transform(newsgroups.data)
assert tf_matrix.shape[1] < 114751    ----- 어휘 크기가 줄어든 것을 확인합니다.

words = vectorizer.get_feature_names_out()
for common_word in ['the', 'this', 'was', 'if', 'it', 'on']:    ----- 일반적인 중지 단어들은 필터링되었습니다.
    assert common_word not in words
```

모든 중지 단어가 재계산된 tf_matrix에서 제거되었습니다. 이제 newsgroups.data[0]에서 가장 빈번한 단어 열 개를 재생성할 수 있습니다. 이 과정에서 tf_np_matrix, tf_vector, unique_words, non_zero_indices, df를 재계산한다는 점에 유의하세요.

> **노트** 이 재생성은 약 2.5GB 수준의 많은 메모리를 사용합니다.

코드 15-15 중지 단어 삭제 후 상위 단어 다시 출력하기

```
tf_np_matrix = tf_matrix.toarray()
tf_vector = tf_np_matrix[0]
non_zero_indices = np.flatnonzero(tf_vector)
unique_words = [words[index] for index in non_zero_indices]
data = {'Word': unique_words, 'Count': tf_vector[non_zero_indices]}

df = pd.DataFrame(data).sort_values('Count', ascending=False)
print(f"중지 단어 제거 뒤 {df.shape[0]}개의 고유 단어가 남았습니다")
print("그중 가장 빈번한 10개의 단어는 다음과 같습니다\n")
print(df[:10].to_string(index=False))
```

▶ 실행결과

```
중지 단어 제거 뒤 34개의 고유 단어가 남았습니다
그중 가장 빈번한 10개의 단어는 다음과 같습니다
      Word        Count
       car           4
       60s           1
       saw           1
    looking          1
      mail           1
      model          1
  production        1
     really          1
      rest           1
    separate         1
```

중지 단어 제거 뒤 단어가 34개 남았습니다. 이 중 2번 이상 등장한 유일한 단어는 자동차(car)이며, 나머지 33개는 한 번만 등장하여 모두 동일하게 처리됩니다. 하지만 모든 단어의 관련성이 동일하지 않다는 점에 유의해야 합니다. 예를 들어 여기에서 모델(model)이라는 단어는 (슈퍼 모델이나 머신러닝 모델을 의미할 수도 있지만) 자동차 모델을 의미합니다. 반면에 자동차는 더 일반적인 단어로 자동차와 관련된 어떤 것도 의미하지 않습니다. 이 단어는 너무 관련이 없고 일반적이어서 거의 중지 단어라고 볼 수 있습니다. 실제로 일부 자연어 처리 전문가들은 이 단어를 중지 단어 목록에 넣기도 하지만, 그렇지 않은 경우도 있습니다. 안타깝게도 어떤 단어가 항상 쓸모없고 어떤 단어가 항상 그렇지 않다는 합의는 하지 않았습니다. 하지만 한 단어가 너무 많은 텍스트에 언급되면 그 유용성이 떨어진다는 데는 모든 전문가가 동의합니다. 즉, model이라는 단어가 더 많은 게시글에서 등장하기 때문에 really라는 단어는 model보다 관련성이 떨어집니다. 따라서 관련성 기준으로 단어 순위를 매길 때는 게시글의 빈도와 횟수를 모두 활용해야 합니다. 두 단어의 등장 횟수가 같다면 그때는 게시글 빈도로 순위를 매겨야 합니다.

게시글 빈도와 개수를 기준으로 단어 34개의 순위를 다시 매겨 보겠습니다. 그다음 이 순위를 사용하여 텍스트 벡터화를 개선하는 방법을 살펴봅니다.

> **노트** 사이킷런의 CountVectorizer가 제공하는 일반적인 메서드
> - `vectorizer = CountVectorizer()`: TF 개수에 따라 입력 텍스트를 벡터화하는 CountVectorizer 객체를 초기화합니다.
> - `vectorizer = CountVectorizer(stopwords='english')`: 입력 텍스트를 벡터화하는 객체를 초기화하면서 this 및 the 같은 일반적인 영어 단어를 필터링합니다.
> - `tf_matrix = vectorizer.fit_transform(texts)`: 초기화된 vectorizer 객체로 입력 텍스트에 대한 TF 벡터화를 실행하고 용어 빈도 값의 CSR 행렬을 반환합니다. 각 행렬의 i번째 행은 texts[i]에 해당하며, j번째 열은 단어 j의 빈도에 해당합니다.
> - `vocabulary_list = vectorizer.get_feature_names()`: 계산된 TF 행렬의 열과 연관된 어휘 리스트를 반환합니다. 행렬의 각 열 j는 vocabulary_list[j]에 해당합니다.

15.3 게시글 빈도 및 개수로 단어의 순위 매기기

df.Word의 단어 34개는 각각 뉴스 그룹 게시글에서 특정 비율로 나타납니다. 자연어 처리에서는 이 비율을 단어의 **문서 빈도**(document frequency)라고 합니다. 우리는 문서 빈도가 단어 순위를 향상시킬 수 있다는 가설을 세웠습니다. 따라서 이제 문서 빈도가 단어 중요도와 어떤 관계가 있는지 살펴봄으로써 이 가설을 검증해 보려고 합니다. 처음에는 한 문서에 한정해서 살펴본 뒤 얻은 통찰을 다른 문서로 일반화할 것입니다.

> **노트** 이러한 방식의 탐색은 데이터 과학에서 흔히 볼 수 있습니다. 먼저 데이터의 작은 조각을 탐색하는 것으로 시작하여 전체 데이터셋의 큰 패턴에 대한 직관을 연마하는 식이죠. 다음 그 직관력을 더 큰 규모의 데이터에 대해 검증할 수 있습니다.

시작해 보죠. 우리의 즉각적인 목표는 단어 관련성 순위를 개선하기 위해 문서 34개의 빈도를 계산하는 것입니다. 이 빈도는 넘파이 행렬에 대한 일련의 조작을 하여 계산할 수 있습니다. 먼저 non_zero_indices 배열의 0이 아닌 인덱스 34개와 매칭되는 tf_np_matrix의 열을 선택합니다. 이는 tf_np_matrix[:,non_zero_indices]를 실행하여 구할 수 있습니다.

코드 15-16 non_zero_indices로 행렬의 열 필터링하기

```
sub_matrix = tf_np_matrix[:,non_zero_indices]     ····· 0이 아닌 값으로 행렬의 첫 번째 행의 열에 접근합니다.
print("sub_matrix는 0번째 게시글의 단어 34개에 해당합니다 "
      "해당 sub_matrix의 첫 번째 행은 다음과 같습니다")
print(sub_matrix[0])
```

▶ **실행결과**

```
sub_matrix는 0번째 게시글의 단어 34개에 해당합니다 해당 sub_matrix의 첫 번째 행은 다음과 같습니다
[1 1 1 1 1 1 1 4 1 1 1 1 1 1 1 1 1 1 1 1 1 1 1 1 1 1 1 1 1 1 1 1 1 1]
```

sub_matrix의 첫 번째 행은 df의 단어 수인 단어 34개에 해당합니다. 모든 행렬의 행들을 고려하면 모든 게시글에 등장한 단어 수를 구할 수 있습니다. 그러나 현재 우리는 정확한 단어 수에는 관심이 없으며, 각 단어가 각 게시글에 등장했는지 유무만 알고 싶습니다. 따라서 개수를 이진 값으로 변환해야 합니다. 구체적으로 i번째 게시글에 j번째가 있을 때 (i, j) 위치의 요소 값은 1, 없다면 해당 요소 값은 0이 되는 이진 행렬이 필요합니다. sklearn.preprocessing 모듈의 binarize를 불러온 뒤 binarize(sub_matrix)처럼 호출하면 필요한 결과를 얻을 수 있습니다.

코드 15-17 단어 수를 이진 값으로 변환하기

```
from sklearn.preprocessing import binarize
binary_matrix = binarize(sub_matrix)     ····· binarize 함수는 x차원 배열의 요소 중 0이 아닌 모든 값을 1로 대체합니다.
print(binary_matrix)
```

▶ **실행결과**

```
[[1 1 1 ... 1 1 1]
 [0 0 0 ... 0 0 0]
 [0 0 0 ... 0 1 0]
 ...
```

```
 [0 0 0 ... 0 0 0]
 [0 0 0 ... 0 0 0]
 [0 0 0 ... 0 0 0]]
```

이제 이진 행렬의 행을 더합니다. 그러면 정수를 담은 벡터가 만들어집니다. 벡터의 각 i번째 요소는 해당 단어 (i)가 들어 있는 게시글 개수와 같습니다. axis=0 파라미터를 지정하여 배열의 sum 메서드를 호출하면 2D 배열의 행 값을 모두 더할 수 있습니다. 즉, binary_matrix.sum(axis=0)을 실행하면 단어별 등장한 게시글 개수를 표현한 벡터가 반환됩니다.

> **노트** 2D 넘파이 배열은 축을 두 개 가집니다. 0번째 축은 가로 행, 1번째 축은 세로 열에 해당합니다. 즉, binary_matrix.sum(axis=0)은 합산된 행의 벡터를 반환합니다. 반면에 binary_matrix.sum(axis=1)은 합산된 열의 벡터를 반환합니다.

코드 15-18 행렬의 행을 합산하여 게시글 개수 구하기

```
unique_post_mentions = binary_matrix.sum(axis=0)
print("이 벡터는 각 단어가 등장하는 게시글 개수에 대한 정보를 담고 있습니다\n"
      f"{unique_post_mentions}")    ····· 일반적으로 multi_dim_array.sum(axis=i)를 실행하면 다차원
                                          배열의 i번째 축에 걸친 모든 값을 합산한 벡터를 반환합니다.
```

▶ **실행결과**

```
이 벡터는 각 단어가 등장하는 게시글 개수에 대한 정보를 담고 있습니다
[  18   21  202  314    4   26  802  536  842  154   67  348  184   25
    7  368  469 3093  238  268  780  901  292   95 1493  407  354  158
  574   95   98    2  295 1174]
```

코드 15-17부터 코드 15-19까지 세 단계에 걸쳐 수행된 이 계산은 binarize(tf_np_matrix[:,non_zero_indices]).sum(axis=0)처럼 코드 단 한 줄로 대체될 수도 있습니다. 또 넘파이의 tf_np_matrix 배열과 사이파이의 tf_matrix 행렬 둘 중 무엇을 사용해도 동일한 결과를 얻을 수 있습니다.

코드 15-19 코드 한 줄에서 게시글 개수 구하기

```
np_post_mentions = binarize(tf_np_matrix[:,non_zero_indices]).sum(axis=0)
csr_post_mentions = binarize(tf_matrix[:,non_zero_indices]).sum(axis=0)
print(f'넘파이 행렬로 생성된 게시글 개수\n {np_post_mentions}\n')
print(f'CSR 행렬로 생성된 게시글 개수\n {csr_post_mentions}')
```

▶ **실행결과**

```
넘파이 행렬로 생성된 게시글 개수
[  18   21  202  314    4   26  802  536  842  154   67  348  184   25
    7  368  469 3093  238  268  780  901  292   95 1493  407  354  158
  574   95   98    2  295 1174]
```

np_post_mentions 및 csr_post_mentions에 담긴 숫자들은 동일합니다. 하지만 csr_post_mentions에는 추가적인 대괄호가 포함되어 있는데, 이는 CSR 행렬의 행이 취합된 합이 넘파이 배열 대신 특수 배열 객체를 반환하기 때문입니다. 이 특수 배열 객체는 1D 벡터를 하나의 행과 n개의 열로 구성된 행렬로 표현합니다. 이를 1D 넘파이 배열로 변환하고 싶다면 np.asarray(csr_post_mentions)[0]을 실행해야 합니다.

```
CSR 행렬로 생성된 게시글 개수
[[  18   21  202  314    4   26  802  536  842  154   67  348  184   25
     7  368  469 3093  238  268  780  901  292   95 1493  407  354  158
   574   95   98    2  295 1174]]
```

> **노트** 행렬의 행들을 집계하는 메서드
>
> - `vector_of_sums = np_matrix.sum(axis=0)`: 넘파이 행렬의 행들을 합산합니다. np_matrix가 TF 행렬이라면 vector_of_sums[i]는 데이터셋의 i번째 단어가 등장한 총 횟수와 같습니다.
> - `vector_of_sums = binarize(np_matrix).sum(axis=0)`: 넘파이 행렬을 이진 행렬로 변환한 뒤 행들을 합산합니다. np_matrix가 TF 행렬이라면 vector_of_sums[i]는 데이터셋의 i번째 단어가 등장한 총 횟수와 같습니다.
> - `matrix_1D = binarize(csr_matrix).sum(axis=0)`: CSR 행렬을 이진 행렬로 변환한 행들을 합산합니다. 넘파이로 표현된 벡터가 아니라 특수한 형식을 따르는 1D 행렬 객체가 반환됩니다. `np.asarray(matrix_1D)[0]`을 실행하면 matrix_1D를 넘파이 벡터로 변환할 수 있습니다.

게시글 개수에 대한 벡터를 토대로, 게시글에 수천 개 등장하는 단어가 있다는 것을 알 수 있습니다. 또 게시글에 등장하는 12개 미만의 단어도 있습니다. 이러한 횟수를 문서 빈도로 변환하고, 그 빈도를 df.Word와 정렬해 보겠습니다. 그다음 뉴스 그룹 게시글의 10% 이상에서 언급된 모든 단어를 출력합니다. 이 같은 단어는 다양한 게시글 전반에 걸쳐 등장할 가능성이 높으므로, 출력된 단어가 특정 주제에 국한되지 않을 것이라는 가설을 세웁니다. 이 가설이 맞다면 이 단어들은 관련성이 낮을 것입니다.

코드 15-20 문서 빈도가 가장 높은 단어 출력하기

```python
document_frequencies = unique_post_mentions / dataset_size
data = {'Word': unique_words,
        'Count': tf_vector[non_zero_indices],
        'Document Frequency': document_frequencies}

df = pd.DataFrame(data)
df_common_words = df[df['Document Frequency'] >= .1]  # 문서 빈도가 1/10보다 큰 단어만 선택합니다.
print(df_common_words.to_string(index=False))
```

▶ **실행결과**

```
 Word  Count  Document Frequency
 know      1            0.273378
really      1            0.131960
years      1            0.103765
```
여기 Document Frequency는 모든 게시글을 참조합니다.
반면에 Count는 0번째 인덱스의 게시글만 참조합니다.

단어 34개 중 문서 세 개의 빈도가 0.1보다 높습니다. 예상대로 이들은 자동차라는 주제에 국한되지 않은 매우 일반적인 단어들입니다. 따라서 문서 빈도 순위를 매기는 데 활용할 수 있습니다. 다음 방식을 이용하여 관련성 기준으로 단어 순위를 매깁니다. 먼저 단어 수를 가장 많은 것부터 가장 적은 것까지 내림차순으로 정렬합니다. 그다음 개수가 같은 모든 단어는 문서 빈도에 따라 가장 작은 것부터 가장 큰 것까지 정렬합니다. 판다스를 사용할 때는 `df.sort_values(['Count', 'Document Frequency'], ascending=[False, True])`를 사용하여 이 같은 이중 열(dual column) 정렬을 실행할 수 있습니다.

코드 15-21 단어 수와 문서 빈도를 기준으로 단어 순위 매기기

```python
df_sorted = df.sort_values(['Count', 'Document Frequency'], ascending=[False, True])
print(df_sorted[:10].to_string(index=False))
```

▶ 실행결과

Word	Count	Document Frequency
car	4	0.047375
tellme	1	0.000177
bricklin	1	0.000354
funky	1	0.000619
60s	1	0.001591
70s	1	0.001856
enlighten	1	0.002210
bumper	1	0.002298
doors	1	0.005922
production	1	0.008397

정렬에 성공했습니다. 이제 범퍼 같은 새로운 자동차 관련 단어가 상위권 단어 목록에 포함되었습니다. 하지만 실제 정렬 절차는 다소 복잡했습니다. 열 두 개를 별도로 정렬해야 했기 때문입니다. 단어 수와 문서 빈도를 점수 하나로 결합하여 과정을 단순화할 수 있을 것입니다. 어떻게 하면 될까요? 한 가지 접근법은 각 단어 수를 관련 문서 빈도로 나누는 것입니다. 다음 중 하나에 해당하면 결과 값이 증가합니다.

- 단어 수가 증가합니다.
- 문서 빈도가 줄어듭니다.

단어 수와 문서 빈도를 단일 점수로 합쳐 보겠습니다. 먼저 1 / document_frequencies를 계산합니다. 이렇게 하면 **역문서 빈도**(Inverse Document Frequency, IDF) 배열이 생성됩니다. 다음으로 df.Count에 IDF 배열을 곱해 합산된 점수를 계산합니다. 그다음 IDF 값과 합산된 점수를 모두 판다스 테이블에 추가합니다. 마지막으로 합산된 점수를 정렬하여 상위 결과를 출력합니다.

코드 15-22 개수와 빈도를 단일 점수로 결합하기

```
inverse_document_frequencies = 1 / document_frequencies
df['IDF'] = inverse_document_frequencies
df['Combined'] = df.Count * inverse_document_frequencies
df_sorted = df.sort_values('Combined', ascending=False)
print(df_sorted[:10].to_string(index=False))
```

▶ 실행결과

Word	Count	Document Frequency	IDF	Combined
tellme	1	0.000177	5657.000000	5657.000000
bricklin	1	0.000354	2828.500000	2828.500000
funky	1	0.000619	1616.285714	1616.285714
60s	1	0.001591	628.555556	628.555556
70s	1	0.001856	538.761905	538.761905
enlighten	1	0.002210	452.560000	452.560000
bumper	1	0.002298	435.153846	435.153846
doors	1	0.005922	168.865672	168.865672
specs	1	0.008397	119.094737	119.094737
production	1	0.008397	119.094737	119.094737

새로 매겨진 순위는 실패입니다! 자동차라는 단어가 더 이상 목록 위에 표시되지 않습니다. 무슨 일이 일어 났을까요? 출력된 테이블을 살펴보죠. 일부 IDF 값이 매우 큰 문제가 있습니다. 출력된 IDF 값의 범위는 약 100~5,000 이상입니다. 반면에 단어 수의 범위는 1~4로 매우 작습니다. 따라서 단어 수에 IDF 값을 곱하면 IDF가 우세하고, 단어 수는 최종 결과에 아무런 영향을 미치지 않습니다. 어떻게든 IDF 값을 더 작게 만들어야 합니다. 어떻게 해야 할까요?

데이터 과학자가 매우 큰 숫자를 만나는 상황은 흔한 일입니다. 값을 축소하는 한 방법은 로그 함수를 적용하는 것입니다. 예를 들어 np.log10(1000000)은 6을 반환합니다.

코드 15-23 로그로 큰 값 축소하기

```
assert np.log10(1000000) == 6
```

df.Count * np.log10(df.IDF)를 실행하여 순위 점수를 재계산해 보겠습니다. 단어 수와 축소된 IDF 값을 곱하면 좀 더 합리적인 순위를 도출할 수 있을 것입니다.

코드 15-24 대수를 사용하여 합산 점수 조정하기

```
df['Combined'] = df.Count * np.log10(df.IDF)
df_sorted = df.sort_values('Combined', ascending=False)
print(df_sorted[:10].to_string(index=False))
```

▶ 실행결과

Word	Count	Document Frequency	IDF	Combined
car	4	0.047375	21.108209	5.297806
tellme	1	0.000177	5657.000000	3.752586
bricklin	1	0.000354	2828.500000	3.451556
funky	1	0.000619	1616.285714	3.208518
60s	1	0.001591	628.555556	2.798344
70s	1	0.001856	538.761905	2.731397
enlighten	1	0.002210	452.560000	2.655676
bumper	1	0.002298	435.153846	2.638643
doors	1	0.005922	168.865672	2.227541
specs	1	0.008397	119.094737	2.075893

조정된 순위 점수의 결과는 좋아 보입니다. 자동차라는 단어가 다시 최상위 순위에 올랐습니다. 또 범퍼 (bumper)라는 단어도 여전히 상위 10위권에 위치합니다. 한편 really라는 단어는 목록에서 사라진 것을 알 수 있습니다.

이 같은 효과적인 점수를 **단어 빈도-역문서 빈도**(Term Frequency-Inverse Document Frequency, TFIDF) 라고 합니다. TFIDF는 TF(단어 수)와 IDF의 로그 곱을 취하여 계산할 수 있습니다.

> **노트** 수학적으로 np.log(1 / x)는 -np.log(x)와 같습니다. 따라서 문서 빈도로 TFIDF를 즉시 df.Count * -np.log10(document_frequencies)처럼 계산할 수 있습니다. 또 덜 일반적인 다른 형태의 TFIDF 공식도 있습니다. 예를 들어 대용량 문서를 다룰 때 일부 자연어 처리 실무자들은 TFIDF를 np.log(df.Count+1) * -np.log10(document_frequencies)로 계산합니다. 이렇게 하면 문서에서 매우 일반적인 단어의 영향력이 제한됩니다.

TFIDF는 문서에서 단어 순위를 매기는 간단하지만 강력한 지표입니다. 물론 이 지표는 해당 문서가 더 큰 문서 그룹의 일부일 때만 관련이 있습니다. 그렇지 않으면 계산된 TFIDF 값은 모두 0이 됩니다. 또 이 메트릭은 유사한 테스트의 소규모 컬렉션에 적용될 때 그 효과를 잃게 됩니다. 그럼에도 대부분의 실제 텍스트 데이터셋의 경우 TFIDF는 좋은 순위 결과를 산출합니다. 또 문서에서 단어를 벡터화하는 데 활용할 수도 있습니다. df.Combined의 숫자 콘텐츠는 기본적으로 df.Count에 저장된 TF 벡터를 수정하여 생성된 벡터입니다. 같은 방식으로 모든 TF 벡터를 TFIDF 벡터로 변환할 수 있습니다. TF 벡터에 역문서 빈도의 로그를 곱하기만 하면 됩니다.

TF 벡터를 더 복잡한 TFIDF 벡터로 변환하면 이점이 있나요? 그렇습니다. 더 큰 텍스트 데이터셋에서 TFIDF 벡터는 텍스트의 유사성과 차이에 대한 더 큰 신호를 제공합니다. 예를 들어 자동차에 대해 논의하는 두 텍스트는 서로 관련이 없는 벡터 요소가 페널티를 받으면 함께 클러스터링될 가능성이 더 높습니다. 따라서 IDF를 사용하여 공통 단어에 페널티를 부여하면 대규모 텍스트셋의 클러스터링이 개선됩니다.

> **노트** 문서 수가 적고 문서 빈도가 높은 소규모 데이터셋은 반드시 그렇지는 않습니다. 따라서 IDF가 너무 작아 클러스터링 결과를 의미 있게 개선하기 어려울 수 있습니다.

따라서 TF 행렬을 TFIDF 행렬로 변환하면 이점을 얻을 수 있습니다. 이 변환은 사용자 정의 코드를 사용하여 쉽게 실행할 수 있습니다. 그러나 사이킷런에 내장된 TfidfVectorizer 클래스를 사용하여 TFIDF 행렬을 계산하는 것이 더 효율적입니다.

15.3.1 사이킷런으로 TFIDF 벡터 계산하기

TfidfVectorizer 클래스는 IDF를 고려하여 벡터화를 진행한다는 점만 제외하면 CountVectorizer와 거의 동일합니다. 다음 코드는 sklearn.feature_extraction.text 모듈의 TfidfVectorizer를 불러와 TfidfVectorizer(stop_words='english') 방식으로 해당 클래스를 초기화합니다. 이렇게 초기화된 tfidf_vectorizer 객체는 모든 중지 단어를 무시하도록 설정됩니다. 그다음 tfidf_vectorizer.fit_transform(newsgroups.data)를 실행하면 벡터화된 TFIDF 값의 행렬이 반환되며, 그 형상은 tf_matrix.shape과 동일합니다.

코드 15-25 사이킷런으로 TFIDF 행렬 계산하기

```
from sklearn.feature_extraction.text import TfidfVectorizer
tfidf_vectorizer = TfidfVectorizer(stop_words='english')
tfidf_matrix = tfidf_vectorizer.fit_transform(newsgroups.data)
assert tfidf_matrix.shape == tf_matrix.shape
```

tfidf_vectorizer는 더 간단한 CountVector로 구현된 버전과 동일한 어휘를 학습했습니다. 실제로 tfidf_matrix의 단어 인덱스는 tf_matrix의 인덱스와 동일합니다. tfidf_vectorizer.get_feature_names_out()을 호출하면 이를 확인할 수 있습니다. 이 메서드를 호출하면 이전에 계산한 단어 목록과 동일하게 정렬된 단어 목록을 반환합니다.

코드 15-26 벡터화된 단어 인덱스의 보존 확인하기

```python
assert np.array_equal(tfidf_vectorizer.get_feature_names_out(), words)
```

단어 순서가 유지되므로 tfidf_matrix[0]의 0이 아닌 값들의 인덱스는 이전에 계산한 non_zero_indices 배열과 같을 것입니다. CSR을 넘파이 배열로 변환해서 확인해 보죠.

코드 15-27 0이 아닌 인덱스 보존 확인하기

```python
tfidf_np_matrix = tfidf_matrix.toarray()
tfidf_vector = tfidf_np_matrix[0]
tfidf_non_zero_indices = np.flatnonzero(tfidf_vector)
assert np.array_equal(tfidf_non_zero_indices, non_zero_indices)
```

tf_vector와 tfidf_vector의 0이 아닌 값들의 인덱스는 동일합니다. 따라서 기존 df 테이블에 TFIDF 벡터를 추가 열로 넣을 수 있습니다. TFIDF 열을 추가하면 사이킷런의 출력과 직접 계산한 점수를 쉽게 비교할 수 있습니다.

코드 15-28 기존 판다스 테이블에 TFIDF 벡터 추가하기

```python
df['TFIDF'] = tfidf_vector[non_zero_indices]
```

df.TFIDF를 기준으로 정렬하면 이전 결과와 일치하는 관련성 순위가 생성됩니다. 정렬한 뒤 df.TFIDF와 df.Combined가 모두 동일한 단어 순위를 생성하는지 확인해 보겠습니다.

코드 15-29 df.TFIDF로 단어 정렬하기

```python
df_sorted_old = df.sort_values('Combined', ascending=False)
df_sorted_new = df.sort_values('TFIDF', ascending=False)
assert np.array_equal(df_sorted_old['Word'].values, df_sorted_new['Word'].values)
print(df_sorted_new[:10].to_string(index=False))
```

▶ 실행결과

Word	Count	Document Frequency	IDF	Combined	TFIDF
car	4	0.047375	21.108209	5.297806	0.459552
tellme	1	0.000177	5657.000000	3.752586	0.262118
bricklin	1	0.000354	2828.500000	3.451556	0.247619
funky	1	0.000619	1616.285714	3.208518	0.234280
60s	1	0.001591	628.555556	2.798344	0.209729
70s	1	0.001856	538.761905	2.731397	0.205568
enlighten	1	0.002210	452.560000	2.655676	0.200827
bumper	1	0.002298	435.153846	2.638643	0.199756
doors	1	0.005922	168.865672	2.227541	0.173540
specs	1	0.008397	119.094737	2.075893	0.163752

단어 순위에 변동은 없습니다. 그러나 TFIDF와 Combined 열의 값은 동일하지 않습니다. 직접 계산한 Combined 열의 상위 열 개 값은 모두 1보다 크지만, 사이킷런으로 계산한 TFIDF 열의 값은 모두 1보다 작습니다. 왜 그럴까요?

이는 사이킷런이 TFIDF 벡터를 자동으로 정규화하기 때문입니다. df.TFIDF 열의 모든 값을 더했을 때 1이 되도록 수정된 것이죠. norm(df.TFIDF.values)로 확인해 보죠.

> **노트** 정규화를 활성화하지 않으려면 TfidfVectorizer를 초기화할 때 norm=None 파라미터를 입력해야 합니다. 즉, TfidfVectorizer(norm=None, stop_words='english')처럼 작성해야 정규화가 비활성화된 TfidfVectorizer 객체를 얻을 수 있습니다.

코드 15-30 TFIDF 벡터가 정규화된 것 확인하기

```
from numpy.linalg import norm
assert norm(df.TFIDF.values) == 1
```

사이킷런이 벡터를 자동으로 정규화하는 이유는 무엇일까요? 13장에서 설명한 것처럼 모든 벡터의 크기를 더한 값이 1이면 텍스트 벡터 유사도를 더 쉽게 계산할 수 있습니다. 따라서 정규화된 TFIDF 행렬은 유사도 분석을 위한 준비까지 자동으로 해 준 셈입니다.

> **노트** 사이킷런의 TfidfVectorizer 객체가 제공하는 일반적인 메서드
> - **tfidf_vectorizer = TfidfVectorizer(stopwords='english')**: 입력된 텍스트를 TFIDF 값을 기반으로 벡터화하는 TfidfVectorizer 객체를 초기화합니다. 또 일반적인 영어의 중지 단어를 필터링하도록 설정합니다.
> - **tfidf_matrix = tfidf_vectorizer.fit_transform(texts)**: 초기화된 vectorizer 객체로 입력 텍스트 리스트에 대해 TFIDF 벡터화를 수행한 뒤 정규화된 TFIDF 값이 담긴 CSR 행렬을 반환합니다. 정규화되어 있기 때문에 유사도를 더 쉽게 계산할 수 있습니다.
> - **vocabulary_list = tfidf_vectorizer.get_feature_names()**: 계산된 TFIDF 행렬의 열에 관련된 어휘 목록을 반환합니다. 행렬의 각 j번째 열은 vocabulary_list[j]에 해당합니다.

15.4 대규모 문서 데이터셋의 유사성 계산하기

간단한 질문의 답을 구해 보죠. 뉴스 그룹의 게시글 중 newsgroups.post[0]과 가장 유사한 것은 무엇일까요? tfidf_np_matrix와 tfidf_np_matrix[0] 간의 모든 코사인 유사도를 계산하면 그 답을 구할 수 있습니다. 그리고 13장에서 설명한 것처럼 이 유사도는 tfidf_np_matrix와 tfidf_np_matrix[0]을 곱하면 얻을 수 있습니다. 행렬의 모든 행 크기가 1이기 때문에 행렬과 벡터 간 단순 곱셈으로 충분합니다.

코드 15-31 단일 뉴스 그룹 게시글에 대한 유사성 계산하기

```
cosine_similarities = tfidf_np_matrix @ tfidf_np_matrix[0]
print(cosine_similarities)
```

▶ 실행결과

[1.   0.00834093 0.04448717 ... 0.   0.00270615 0.01968562]

행렬-벡터 간 곱셈이 완료되는 데까지 몇 초 정도 소요됩니다. 그러면 코사인 유사도가 담긴 벡터를 얻게 되는데, 각 i번째 인덱스에는 newsgroups.data[0]과 newsgroups.data[i] 사이에 계산된 코사인 유사도가 들어 있습니다. 출력 결과를 보면 cosine_similarities[0]이 1.0이라는 것을 알 수 있는데, newsgroups.data[0] 스스로는 자기 자신에 대해 완벽한 유사도를 갖기 때문에 놀랄 만한 결과는 아닙니다. 그렇다면 두 번째로 높은 유사도는 누구일까요? np.argsort(cosine_similarities)[-2]로 알아낼 수 있습니다. argsort 함수는 배열의 인덱스를 오름차순으로 정렬하기에 마지막에서 두 번째에 위치한 인덱스가 두 번째로 높은 유사도를 지닌 게시글을 가리킵니다.

> **노트** 여기에서는 1이라는 완벽한 유사도를 가진 다른 글이 없다고 가정합니다. 또 np.argmax(cosine_similarities[1:]) + 1로도 동일한 결과를 얻을 수 있지만, 이 접근법은 0번째 인덱스의 게시글에서만 작동합니다.

이제 해당 인덱스를 추출하고 해당 유사도를 출력합니다. 또 해당 텍스트도 출력하여 newsgroups.data[0]에 저장된 자동차 게시글과 겹치는지 확인합니다.

코드 15-32 가장 유사한 뉴스 그룹 게시글 찾기

```
most_similar_index = np.argsort(cosine_similarities)[-2]
similarity = cosine_similarities[most_similar_index]
most_similar_post = newsgroups.data[most_similar_index]
print(f"다음 게시글의 newsgroups.data[0]에 대한 코사인 유사도는 {similarity:.2f}입니다")
print(most_similar_post)
```

▶ 실행결과

다음 게시글의 newsgroups.data[0]에 대한 코사인 유사도는 0.64입니다

In article <1993Apr20.174246.14375@wam.umd.edu> lerxst@wam.umd.edu (where's my thing) writes:
>
> I was wondering if anyone out there could enlighten me on this car I saw
> the other day. It was a 2-door sports car, looked to be from the late
> 60s/ early 70s. It was called a Bricklin. The doors were really small. In addition,
> the front bumper was separate from the rest of the body. This is
> all I know. If anyone can tellme a model name, engine specs, years
> of production, where this car is made, history, or whatever info you
> have on this funky looking car, please e-mail.

Bricklins were manufactured in the 70s with engines from Ford. They are
rather odd looking with the encased front bumper. There aren't a lot of
them around, but Hemmings (Motor News) ususally has ten or so listed.
Basically, they are a performance Ford with new styling slapped on top.
> ---- brought to you by your neighborhood Lerxst ----
Rush fan?

출력된 텍스트는 0번째 인덱스의 자동차 게시글에 대한 답글입니다. 답글에는 특정 자동차 브랜드에 대한 질문인 원래의 참조 게시글도 포함되어 있습니다. 답글 맨 아래에 질문에 대한 자세한 답변이 표시됩니다. 텍스트가 겹치기 때문에 원래 게시글과 답글은 서로 매우 유사할 수밖에 없습니다. 0.64의 코사인 유사도가 매우 큰 것처럼 보이지는 않지만, 광범위한 텍스트셋에서 코사인 유사도가 0.6보다 크면 내용물이 겹칠 수 있다고 판단해 볼 수 있는 좋은 지표가 됩니다.

> **노트** 13장에서 설명한 것처럼 코사인 유사도는 텍스트 겹침에 대한 보다 깊은 이론적 근거가 있는 타니모토 유사도(tanimoto similarity)로 쉽게 변환할 수 있습니다. cosine_similarities / (2-cosine_similarities)로 cosine_similarities를 타니모토 유사도로 변환할 수 있었죠. 변환은 했지만 최종 결과는 바뀌지 않습니다. 타니모토 배열의 최상위 인덱스를 선택해도 여전히 동일한 게시글(답글)이 반환됩니다. 따라서 문제의 단순화를 위해 다음에 등장하는 몇 가지 텍스트 비교에서는 코사인 유사도에 초점을 맞춥니다.

지금까지는 0번째 인덱스의 자동차 게시글만 분석했습니다. 이제 다른 게시글로 분석을 확장해 보겠습니다. 임의로 게시글을 선택하고 가장 유사한 이웃을 선택한 뒤 두 게시글과 함께 이들의 코사인 유사도를 출력합니다. 이 연습을 더 흥미롭게 만들기 위해 먼저 전체 코사인 유사도 행렬을 계산해 보겠습니다. 그다음 이 행렬을 사용하여 무작위로 유사한 게시글 쌍을 선택합니다.

> **노트** 전체 유사도 행렬은 왜 계산할까요? 앞 장에서 배운 내용을 연습하기 위해서입니다. 하지만 해당 행렬에 접근했을 때 얻을 수 있는 이점이 있습니다. 이웃한 게시글을 두 개에서 열 개로 늘리고 싶다고 가정해 보겠습니다. 또 모든 이웃의 이웃도 포함하고자 합니다(10장의 DBSCAN을 도출한 것과 유사합니다). 이 상황에서는 모든 텍스트 유사도를 미리 계산하는 것이 훨씬 더 효율적입니다.

전체 코사인 유사도 행렬은 어떻게 계산할 수 있을까요? 가장 간단한 접근은 tfidf_np_matrix에 스스로를 전치한 행렬을 곱하는 것입니다. 그러나 13장에서 언급한 것처럼 이 행렬 곱셈은 계산이 효율적이지 않습니다. TFIDF 행렬에는 10만 개가 넘는 열이 있기 때문이죠. 따라서 행렬 곱셈을 수행하기 전에 먼저 행렬 크기를 줄여야 합니다. 앞 장에서 사이킷런의 TruncatedSVD 클래스로 열 개수를 줄이는 방법을 배운 바 있습니다. 이 클래스는 행렬을 지정된 열 개수만큼 축소합니다. 줄어든 열 개수는 n_components 파라미터로 결정되며, 사이킷런의 공식 문서에서는 텍스트 데이터를 처리할 때 n_components 값을 100 정도로 설정할 것을 권장합니다.

> **노트** 사이킷런의 공식 문서가 제시하는 파라미터 값은 일반적인 상황에서 실제로 유용한 경우가 많습니다. 예를 들어 TruncatedSVD에 관한 공식 문서[2]에서는 "TruncatedSVD는 sklearn.feature_extraction.text 모듈의 vectorizer가 반환한 단어 수/tf-idf 행렬에 대해 작동합니다. 이 맥락에서 이를 잠재 의미 분석(Latent Semantic Analysis, LSA)이라고 합니다."라는 설명이 있습니다. 더 아래로 스크롤하면, n_components 파라미터에 대해 "출력 데이터의 원하는 차원, 특징 수보다 엄격하게 작아야 합니다. LSA의 경우 100을 권장합니다."라고 설명한 부분이 보입니다.

대부분의 자연어 처리 실무자들은 n_components=100으로 설정되었을 때, 유용한 열 정보를 유지하면서 TFIDF 행렬을 효율적인 크기로 줄인다는 데 동의합니다. 다음은 이 권장 사항을 기반으로 TruncatedSVD(n_components=100).fit_transform(tfidf_matrix)를 실행하는 코드를 보여 줍니다. 이 메서드에는 사이파이

---

2 http://mng.bz/PXP9

기반의 tfidf_matrix를 입력하더라도 2D 넘파이 배열 기반의 열을 100개 가진 shrunk_matrix 결과가 반환됩니다.

코드 15-33 SVD로 tfidf_matrix 차원 축소하기

```
np.random.seed(0)
from sklearn.decomposition import TruncatedSVD

shrunk_matrix = TruncatedSVD(n_components=100).fit_transform(tfidf_matrix)
print(f"{tfidf_matrix.shape[1]}개 열의 {type(tfidf_matrix)} 행렬을 차원 축소했습니다")
print(f"그 결과로 얻은 {type(shrunk_matrix)} 행렬은 "
      f"{shrunk_matrix.shape[1]}개의 열을 가집니다")
```

최종 SVD 출력은 계산된 고유 벡터의 방향에 의존적입니다. 앞 장에서 보았듯이, 해당 방향은 임의로 결정되므로 일관된 결과를 얻으려면 np.random.seed(0)을 실행해야 합니다.

▶ 실행결과

```
114441개 열의 <class 'scipy.sparse.csr.csr_matrix'> 행렬을 차원 축소했습니다
그 결과로 얻은 <class 'numpy.ndarray'> 행렬은 100개의 열을 가집니다
```

차원이 축소된 행렬은 열만 100개 포함합니다. 이제 shrunk_matrix @ shrunk_matrix.T로 코사인 유사도를 효율적으로 계산할 수 있습니다. 하지만 먼저 행렬의 행들이 정규화된 상태로 유지되는지 확인해야 합니다. shrunk_matrix[0] 크기로 이를 확인해 보겠습니다.

코드 15-34 shrunk_matrix[0]의 크기 확인하기

```
magnitude = norm(shrunk_matrix[0])
print(f"첫 번째 행의 크기는 {magnitude:.2f}입니다")
```

▶ 실행결과

```
첫 번째 행의 크기는 0.49입니다
```

행의 크기가 1보다 작습니다. 사이킷런의 SVD 출력이 자동으로 정규화되지 않았다고 볼 수 있습니다. 따라서 유사도 계산을 위해 수동으로 정규화를 먼저 해 주어야 합니다. 사이킷런의 sklearn.preprocessing 모듈에 내장된 normalize 함수를 불러와서 normalize(shrunk_matrix)를 실행하면 정규화를 할 수 있습니다. 그렇게 얻은 정규화된 행렬의 행 크기는 1이 됩니다.

코드 15-35 SVD 출력 정규화하기

```
from sklearn.preprocessing import normalize
shrunk_norm_matrix = normalize(shrunk_matrix)
magnitude = norm(shrunk_norm_matrix[0])
print(f"첫 번째 행의 크기는 {magnitude:.2f}입니다")
```

▶ 실행결과

```
첫 번째 행의 크기는 1.00입니다
```

축소된 행렬이 정규화되었습니다. 이제 shrunk_norm_matrix @ shrunk_norm_matrix.T를 수행하여 전체 코사인 유사도 행렬을 구합니다.

코드 15-36 전체 코사인 유사도 계산하기

```
cosine_similarity_matrix = shrunk_norm_matrix @ shrunk_norm_matrix.T
```

유사도 행렬을 얻었습니다. 이를 사용하여 매우 유사한 임의의 텍스트 쌍을 선택해 보겠습니다. 먼저 첫 번째 인덱스의 게시글을 임의로 선택합니다. 그다음 코사인 유사도가 두 번째로 높은 cosine_similarities[index1]의 인덱스를 선택합니다. 그리고 나서 텍스트를 출력하기 전에 해당 인덱스와 유사도를 모두 출력합니다.

코드 15-37 임의의 유사한 게시글 쌍 선택하기

```
np.random.seed(1)
index1 = np.random.randint(dataset_size)
index2 = np.argsort(cosine_similarity_matrix[index1])[-2]
similarity = cosine_similarity_matrix[index1][index2]
print(f"{index1}과 {index2}번째 인덱스의 게시글 간 코사인 유사도는 {similarity:.2f}입니다")
```

▶ 실행결과

235과 7805번째 인덱스의 게시글 간 코사인 유사도는 0.91입니다

코드 15-38 임의로 선택한 게시글 출력하기

```
print(newsgroups.data[index2].replace('\n\n', '\n'))    ----- 게시글에는 빈 줄들이 포함되어 있습니다. 이들을 필터링합니다.
```

▶ 실행결과

```
Hello,
    Who can tell me   Where can I find the PD or ShareWare
Which can CAPTURE windows 3.1's output of printer mananger?
    I want to capture the output of HP Laser Jet III.
    Though the PostScript can setup to print to file,but HP can't.
    I try DOS's redirect program,but they can't work in Windows 3.1
        Thankx for any help....
--
  Internet Address: u7911093@cc.nctu.edu.tw
    English Name: Erik Wang
    Chinese Name: Wang Jyh-Shyang
```

다시 말해 출력된 게시글은 질문 글입니다. index1의 게시글이 해당 질문에 대한 답변이라고 안전하게 추측할 수 있습니다.

코드 15-39 가장 유사한 게시글 응답 출력하기

```
print(newsgroups.data[index1].replace('\n\n', '\n'))
```

> **실행결과**
>
> ```
> u7911093@cc.nctu.edu.tw ("By SWH ) writes:
> >Who can tell me which program (PD or ShareWare) can redirect windows 3.1's
> >output of printer manager to file?
> >       I want to capture HP Laser Jet III's print output.
> >       Though PostScript can setup print to file,but HP can't.
> >       I use DOS's redirect program,but they can't work in windows.
> >              Thankx for any help...
> >--
> > Internet Address: u7911093@cc.nctu.edu.tw
> >    English Name: Erik Wang
> >    Chinese Name: Wang Jyh-Shyang
> >    National Chiao-Tung University,Taiwan,R.O.C.
> Try setting up another HPIII printer but when choosing what port to connect it
> to choose FILE instead of like :LPT1.  This will prompt you for a file name
> everytime you print with that "HPIII on FILE" printer. Good Luck.
> ```

지금까지 유사한 게시글을 두 쌍 살펴보았습니다. 각 게시글 쌍은 질문과 답변으로 구성되었으며, 답변에는 질문이 포함되어 있었습니다. 이렇게 지루하게 겹치는 텍스트 쌍은 쉽게 추출할 수 있습니다. 좀 더 흥미로운 것을 찾는 도전을 해 보죠. 완전히 겹치지 않으면서 일부 텍스트를 공유하는 유사한 텍스트 그룹을 찾아보겠습니다.

15.5 주제별로 텍스트 그룹화하기

10장에서는 두 그룹화/클러스터링 알고리즘을 소개했습니다. K-평균과 DBSCAN이었죠. K-평균은 유클리드 거리로만 그룹화가 가능한 반면, DBSCAN은 모든 거리 지표를 기반으로 그룹화가 가능했습니다. 코사인 거리를 예로 들 수 있습니다. 코사인 거리는 1에서 코사인 유사도를 뺀 값입니다.

> **노트** 코사인 유사도 대신 코사인 거리를 왜 사용할까요? 모든 클러스터링 알고리즘은 두 동일한 데이터가 0의 거리를 공유한다고 가정합니다. 반면에 두 데이터가 공통점이 없다면 코사인 유사도는 0과 같습니다. 또 두 데이터가 완전히 동일하면 1이 됩니다. 이 불일치를 해결하고자 1 - cosine_similarity_matrix를 수행하여 결과를 코사인 거리로 변환할 수 있습니다. 그러면 두 동일한 텍스트는 코사인 거리 0을 공유하게 됩니다.

코사인 거리는 일반적으로 DBSCAN과 함께 사용됩니다. 그렇기 때문에 사이킷런이 제공하는 DBSCAN 구현체를 사용하면, 객체를 초기화할 때 코사인 거리를 지표로서 직접 지정할 수 있습니다. 클래스 생성자에 metric='cosine'을 전달하기만 하면 됩니다. 그러면 코사인 거리에 따라 클러스터를 찾는 cluster_model 객체가 초기화됩니다.

> **노트** 사이킷런이 제공하는 DBSCAN 구현체는 코사인 거리를 계산하려고 먼저 cosine_similarity_matrix를 재계산합니다. 생성자에 metric='precomputed' 파라미터를 입력하면 이 재계산 과정을 피할 수 있습니다. 그러면 미리 입력된 거리 행렬로 그룹화하는 cluster_model 객체가 초기화됩니다. 그다음 cluster_model.fit_transform(1-cosine_similarity_matrix)를 실행하면 그룹화의 결과가 반환되어야 합니다. 실제로는 거리 행렬의 음수 값(부동 소수점 오류로 발생할 수 있음)이 그룹화에 문제를 일으킬 수 있습니다. 따라서 그 전에 거리 행렬의 모든 음수 값을 0으로 바꾸어야 하며, 이는 x[x < 0] = 0(x=1-cosine_similarity_matrix)를 사용하여 가능합니다.

코사인 거리에 따라 DBSCAN으로 shrunk_matrix를 그룹화해 보겠습니다. 그리고 다음과 같은 합리적인 가설을 세웁니다.

- 뉴스 그룹의 두 게시글 간 코사인 유사도가 최소 0.6(코사인 거리가 0.4 이하)이라면 동일 그룹에 속합니다.
- 그룹에는 게시글이 최소 50개 포함됩니다.

이 가설에 따라 알고리즘의 eps 및 min_samples 파라미터를 각각 0.4와 50으로 설정합니다. 즉, DBSCAN(eps=0.4, min_samples=50, metric='cosine')으로 DBSCAN 객체를 초기화합니다. 그다음 초기화된 객체로 shrunk_matrix를 그룹화합니다.

코드 15-40 DBSCAN으로 뉴스 그룹 게시글 그룹화하기

```
from sklearn.cluster import DBSCAN
cluster_model = DBSCAN(eps=0.4, min_samples=50, metric='cosine')
clusters = cluster_model.fit_predict(shrunk_matrix)
```

만들어진 그룹화된 배열 품질을 추정해 보죠. 우리는 뉴스 그룹 데이터셋에는 범주가 20개인 뉴스 그룹이 포함된 것을 이미 알고 있습니다. 범주 이름 중에는 서로 매우 유사한 것도 있지만, 매우 포괄적이며 상이한 것들도 있습니다. 따라서 서로 다른 주제를 10~25개 다룬다고 합리적인 가정을 해 볼 수 있고, 그룹화된 배열도 그룹을 10~25개 표현할 것이라고 예상할 수 있습니다. 그렇지 않다면 그룹화 알고리즘을 조정하는 파라미터에 문제가 있는 것입니다. 이제 그룹 수를 계산해 보겠습니다.

코드 15-41 DBSCAN 클러스터 개수 세기

```
cluster_count = clusters.max() + 1
print(f"{cluster_count}개의 DBSCAN 클러스터를 생성했습니다")
```

▶ 실행결과

3개의 DBSCAN 클러스터를 생성했습니다

예상보다 훨씬 적은 그룹이 3개 생성되었습니다. DBSCAN 객체를 초기화할 때 파라미터 값을 잘못 지정했을 가능성이 큽니다. 파라미터를 알고리즘적으로 적절히 조정하는 방법이 있을까요? 아니면 텍스트 그룹을 잘 나눈다고 알려진 DBSCAN 설정이 문헌 어딘가에 나와 있을까요? 안타깝게도 그런 것은 없습니다. DBSCAN을 사용하여 텍스트를 그룹화하는 것은 입력된 문서 데이터에 매우 민감하기 때문입니다. 특정 유형의 텍스트(예 뉴스 그룹 게시글)를 그룹화하는 DBSCAN의 파라미터는 다른 유형의 문서 범주(예 뉴스 기사 또는 이메일)를 잘 그룹화할 수 있었던 파라미터와는 맞지 않을 가능성이 높다는 것이죠. 즉, SVD와 달리 DBSCAN 알고리즘

에는 파라미터 값이 작업별로 일관되지 않습니다. 텍스트 데이터에 DBSCAN을 적용하는 것이 불가능하다는 의미는 아니지만, 시행착오를 거쳐 적절한 eps 및 min_samples 파라미터 값을 결정해야 한다는 것을 말합니다. 안타깝게도 DBSCAN에는 이 두 중요한 파라미터를 최적화하는 잘 정립된 알고리즘이 없습니다.

반면 K-평균은 단일 K 파라미터만 입력받습니다. 그리고 이 파라미터는 10장에서 소개된 엘보 플롯 기법으로 추정이 가능합니다. 그러나 K-평균 알고리즘은 유클리드 거리를 기준으로만 그룹화가 가능하므로 코사인 거리는 사용될 수 없습니다. 이것이 문제가 될까요? 꼭 그렇지는 않습니다. shrunk_norm_matrix의 모든 행은 정규화된 단위 벡터입니다. 13장에서 우리는 정규화된 두 벡터 v1과 v2의 유클리드 거리가 (2-2*v1 @ v2) ** 0.5와 같다는 것을 보았습니다. 또 벡터 간 코사인 거리는 1 - v1 @ v2와 같기 때문에 정규화된 두 벡터의 유클리드 거리가 코사인 거리의 제곱근에 비례한다는 것을 쉽게 알 수 있습니다. 두 거리 지표는 매우 밀접한 관계를 가진다는 것입니다. 이 관계는 K-평균으로 shrunk_norm_matrix를 그룹화할 수 있다는 수학적 정당성을 제공합니다.

> **주의** 두 벡터가 정규화되었다면, 두 벡터 간 유클리드 거리는 코사인 유사도를 적절히 대체할 수 있습니다. 그러나 정규화되지 않은 벡터는 그렇지 않습니다. 따라서 행렬이 정규화되지 않았다면 K-평균을 즉시 적용해서는 안 됩니다.

연구에 따르면 K-평균은 텍스트 데이터를 합리적으로 세분화할 수 있습니다. 앞 장에서 DBSCAN의 결과가 우수했던 것을 생각해 보면 이 말이 혼란스러울지도 모릅니다. 하지만 데이터 과학에서 올바른 알고리즘을 선택하는 것은 문제 도메인에 따라 다릅니다. 단일 알고리즘으로 모든 유형의 문제를 해결하는 것은 불가능에 가깝죠. 비유하자면 모든 작업에 망치가 필요한 것이 아니라 드라이버나 렌치가 필요할 때도 있다는 것입니다. 즉, 데이터 과학자는 주어진 작업에 적합한 도구를 선택할 때 유연한 마인드를 가져야 합니다.

> **노트** 주어진 문제에 대해 어떤 알고리즘을 사용해야 할지 잘 모를 수도 있습니다. 막막할 때는 잘 알려진 해결책을 인터넷에서 찾아보는 것이 도움이 됩니다. 특히 사이킷런의 공식 문서는 일반적인 문제에 대해 통찰력 있는 해결책을 제시합니다. 예를 들어 사이킷런의 공식 문서[3]는 텍스트를 그룹화하는 예시 코드를 제공하는데, SVD 처리 후 K-평균이 텍스트 벡터를 어떻게 그룹화할 수 있는지에 대한 코드를 잘 보여 주고 있습니다. 또 '더 나은 결과를 위해' 벡터 정규화가 필요하다고 명시되어 있습니다.

K-평균으로 shrunk_norm_matrix를 서로 다른 그룹 K개로 묶어 보겠습니다. 먼저 K 파라미터 값을 설정해야 합니다. 먼저 텍스트가 서로 다른 뉴스 그룹 범주 20개에 속한다고 가정합니다. 하지만 앞서 말한 대로 실제 클러스터 수는 20개와 정확히 일치하지 않을 수 있습니다. 엘보 플롯을 생성하여 K 값을 추정해 보죠. 이를 위해 1부터 60까지 K 값에 대해 K-평균을 실행한 결과 그래프를 그려 보겠습니다.

그런데 한 가지 문제가 있습니다. 데이터셋이 데이터를 1만 개 이상 포함하고 있는 대규모입니다. 사이킷런이 제공하는 KMeans로 데이터를 그룹화하는 데 약 1~2초 정도 시간이 소요됩니다. 이 지연 시간은 그룹화를 한 번 수행하는 데는 충분히 허용할 수 있는 수준이지만, 그 양이 많아지면 감안하기 어려운 수준으로 실행 시간이 늘어납니다. K-평균이 실행되는 시간은 어떻게 단축시킬 수 있을까요? 한 방법은 방대한 데이터셋을 임의로 샘플링하는 것입니다. K-평균의 중심이 계산되는 동안 임의로 게시글을 1,000개 선택하고, 또 다른 임의

---

3   http://mng.bz/wQ9q

의 게시글을 1,000개 선택하여 그룹의 중심을 갱신하는 방법입니다. 이 방식으로 반복적으로 중심을 추정할 수 있습니다. 전체 데이터셋을 한 번에 모두 분석할 필요는 없습니다. 이 방식을 따르는 K-평균 알고리즘을 **미니배치 K-평균**이라고 하며, 사이킷런은 이를 위한 MiniBatchKMeans 클래스를 제공합니다. MiniBatchKMeans는 KMeans 클래스와 거의 동일한 메서드를 제공합니다. 다음은 두 클래스를 모두 불러와서 서로의 실행 시간을 비교하는 코드를 보여 줍니다.

> **노트** MiniBatchKMeans를 사용하기는 했지만, 데이터를 차원 축소했기 때문에 계산이 보다 효율적이라는 점을 강조하고 싶습니다.

코드 15-42 KMeans와 MiniBatchKMeans 비교하기

```
np.random.seed(0)
import time
from sklearn.cluster import KMeans, MiniBatchKMeans

k = 20
times = []
for KMeans_class in [KMeans, MiniBatchKMeans]:      ----- 각 그룹화 알고리즘의 실행 시간을 계산합니다.
    start_time = time.time()     ----- time.time()은 현재 시간을 초 단위로 반환합니다.
    KMeans_class(k).fit(shrunk_norm_matrix)
    times.append(time.time() - start_time)

running_time_ratio = times[0] / times[1]
print("미니패치 K-평균의 실행 시간은 표준 K-평균보다 "
      f"{running_time_ratio:.2f}배 빠릅니다")
```

▶ **실행결과**

미니패치 K-평균의 실행 시간은 표준 K-평균보다 10.53배 빠릅니다

MiniBatchKMeans는 일반 KMeans보다 약 10배 빠릅니다. 물론 이 실행 시간 단축은 약간의 희생을 수반합니다. MiniBatchKMeans는 KMeans보다 약간 낮은 품질의 그룹화 결과를 생성합니다. 그러나 그룹화 품질이 아니라, K 파라미터 값을 추정하기 위해 1~60 범위의 엘보 플롯을 만드는 데 관심이 있습니다. 추정 도구로 MiniBatchKMeans의 역할은 충분합니다.

이제 미니 배치 K-평균으로 엘보 플롯을 생성해 보죠. 또 좌표를 더 잘 분리하기 위해 격자를 그래프에 포함시킵니다. 10장에서 보았듯이, `plt.grid(True)`를 호출하면 격자선을 그래프에 포함시킬 수 있습니다. 마지막으로 엘보를 공식 뉴스 그룹 범주 수와 비교해 보겠습니다. 이를 위해 K 값이 20인 수직선을 함께 그립니다(그림 15-1).

코드 15-43 MiniBatchKMeans로 엘보 플롯 그리기

```
np.random.seed(0)
import matplotlib.pyplot as plt

k_values = range(1, 61)
inertia_values = [MiniBatchKMeans(k).fit(shrunk_norm_matrix).inertia_ for k in k_values]
plt.plot(k_values, inertia_values)
```

```
plt.xlabel('K')
plt.ylabel('관성')
plt.axvline(20, c='k')
plt.grid(True)
plt.show()
```

곡선이 부드럽게 내려가는 것을 알 수 있습니다. 구부러진 팔꿈치 모양으로 전환되는 정확한 위치를 파악하기 어렵습니다. 하지만 K가 20 미만일 때 곡선이 눈에 띄게 가파른 것을 알 수 있습니다.

▼ 그림 15-1 1~61의 K 값에 대해 미니 배치 K-평균을 적용하여 생성된 엘보 플롯
구부러지는 정확한 위치를 특정하기는 어렵지만 K가 20이 되기 전 곡선이 눈에 띄게 가파릅니다. 또 K가 20이 지나면 조금 평평해지기 시작합니다. 따라서 20 부근의 값이 적절한 K 값이라고 추론할 수 있습니다

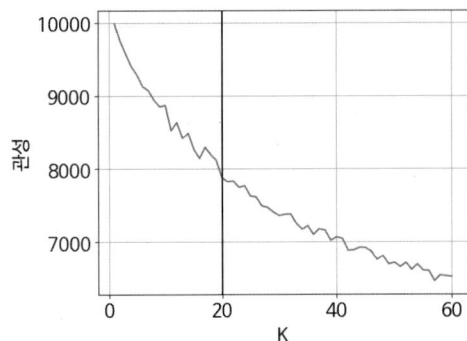

K = 20 이후로 어딘가에서 곡선이 평평해지기 시작하지만, 팔꿈치가 갑자기 구부러지는 특정 위치는 없습니다. 즉, 완벽한 K 값은 없는 것으로 보입니다. 왜 그럴까요? 우선 현실의 텍스트는 매우 지저분하며, 차이가 매우 미묘할 수 있습니다. 칼로 정확히 잘라 내듯이 범주의 경계를 명확히 세울 수 있지 않다는 것입니다. 예를 들어 기술에 대한 대화에 참여할 수도 있고 정치에 대한 대화에 참여할 수도 있습니다. 또 정치가 기술의 영향을 받는 방식에 대해 공개 토론할 수도 있습니다. 별개의 주제가 서로 섞여 새로운 주제를 형성할 수도 있습니다. 이러한 복잡성 때문에 텍스트 그룹 간 하나의 매끄러운 전환이 존재하는 경우는 거의 없습니다. 따라서 이상적인 K를 찾는 것은 어렵습니다. 하지만 몇 가지 유의미한 추론은 할 수 있습니다. 엘보 플롯을 기반으로 20이 K 파라미터의 합리적인 추정치라고 추론할 수 있습니다. 물론 곡선이 부드럽기 때문에 18이나 22도 괜찮을 수 있습니다. 하지만 일단 시작점을 골라야 하는데, 3이나 50과 같은 터무니없는 값보다는 20이 합리적인 시작점이 될 수 있습니다. 완벽하지는 않지만 해 볼 만합니다. 실제로도 완벽하지는 않더라도 실현 가능한 해결책이 최선인 경우가 많습니다.

> **노트** 그래프에서 K 값을 고르기 어려울 때는 Yellowbrick 라이브러리를 사용하는 것도 한 방법입니다. 이 라이브러리는 맷플롯립, 사이킷런의 MiniBatchKMeans를 모두 활용하여 팔꿈치가 구부러지는 위치를 자동으로 강조해서 표시하는 KElbowVisualizer 클래스[4]를 제공합니다. 우리 상황에 KElbowVisualizer 클래스를 적용하면 K 값으로 23을 반환합니다. 또 Yellowbrick은 실루엣 점수 (silhouette score: 10장 참고)처럼 더 강력한 K 값을 선택하는 방법도 제공합니다. 이 라이브러리는 pip install yellowbrick 명령어로 설치할 수 있습니다.

---

4 http://mng.bz/7lV9

이제 shrunk_norm_matrix를 그룹 20개로 나눕니다. 정확도를 극대화하기 위해 원본 KMeans 구현을 실행한 뒤 더 쉽게 분석할 수 있도록 텍스트 인덱스와 클러스터의 ID를 판다스 테이블에 저장합니다.

코드 15-44 뉴스 그룹 게시글을 클러스터 20개로 묶기

```
np.random.seed(0)
cluster_model = KMeans(n_clusters=20)
clusters = cluster_model.fit_predict(shrunk_norm_matrix)
df = pd.DataFrame({'Index': range(clusters.size), 'Cluster': clusters})
```

이제 그룹화된 결과를 탐색할 준비가 되었습니다. 하지만 먼저 큰 행렬이 K-평균에 입력되었을 때 발생하는 한 가지 중요한 사실을 알아야 합니다. np.random.seed(0)을 실행하더라도 결과가 컴퓨터마다 약간씩 다를 수 있습니다. 이 차이는 컴퓨터마다 부동 소수점을 반올림하는 방식에 차이가 있기 때문에 발생합니다. 어떤 컴퓨터는 작은 숫자를 반올림하는 반면, 어떤 컴퓨터는 작은 숫자를 내림해 버립니다. 일반적으로 이 차이에 따른 결과는 눈에 띄지 않는 수준이지만, 10,000×100 수준의 행렬에서는 작은 차이도 결과에 영향을 미칠 수 있습니다. K-평균은 10장에서 설명한 대로 결정론적이지 않으며, 다양한 방식으로 여러 그룹에 수렴할 수 있습니다. 이렇게 수렴된 그룹은 모두 그 자체로 유효한 것입니다. 따라서 여러분이 실행한 결과가 이 책 결과와 다를 수 있지만, 그에 대한 관측 및 결론은 유사할 것입니다.

이를 염두에 두고 분석해 보겠습니다. 먼저 단일 클러스터를 분석한 뒤 모든 클러스터를 동시 분석합니다.

15.5.1 단일 텍스트 클러스터 탐색하기

클러스터 20개 중 하나는 뉴스 그룹 데이터의 0번째 인덱스에 있는 자동차 게시글을 포함합니다. 이제 이 자동차를 주제로 한 게시글 내용과 함께 그룹화되는 텍스트 수를 세어 보겠습니다.

코드 15-45 자동차 클러스터 분리하기

```
df_car = df[df.Cluster == clusters[0]]
cluster_size = df_car.shape[0]
print(f"0번째 인덱스의 자동차 관련 게시글 포함, "
      f"{cluster_size}개의 게시글이 함께 그룹화되었습니다")
```

▶ 실행결과

0번째 인덱스의 자동차 관련 게시글 포함, 393개의 게시글이 함께 그룹화되었습니다

> **주의** 방금 논의된 대로 그룹화 결과는 컴퓨터마다 다를 수 있습니다. 즉, 그룹의 총 크기가 393과 미세하게 다를 수 있습니다. 그렇다면 이 다음부터 실행되는 코드 결과들도 모두 달라질 수 있다는 것을 염두에 둡니다. 하지만 이러한 차이가 우리가 전혀 다른 결론에 도달하게 만들지는 않습니다.

게시글 393개가 자동차를 주제로 한 0번째 게시글과 함께 그룹으로 묶였습니다. 아마도 이들 모두 자동차를 주제로 한 게시글일 가능성이 높겠죠. 그렇다면 이 중 하나를 임의로 선택하면 자동차(car)라는 단어가 등장해야 합니다. 확인해 보죠.

코드 15-46 차량 클러스터에 무작위 게시글 출력하기

```
np.random.seed(1)
def get_post_category(index):         'index'번째 인덱스에서 발견된 게시글 범주를 반환합니다.
    target_index = newsgroups.target[index]        이 함수는 이 장 다른 부분에서 재사용됩니다.
    return newsgroups.target_names[target_index]

random_index = np.random.choice(df_car.Index.values)
post_category = get_post_category(random_index)

print(f"다음 게시글은 {post_category} 그룹에 포함되어 있습니다\n")
print(newsgroups.data[random_index].replace('\n\n', '\n'))
```

▶ 실행결과

```
다음 게시글은 rec.autos 그룹에 포함되어 있습니다

My wife and I looked at, and drove one last fall. This was a 1992 model.
It was WAYYYYYYYYY underpowered. I could not imagine driving it in the
mountains here in Colorado at anything approaching highway speeds. I
have read that the new 1993 models have a newer, improved hp engine.
I'm quite serious that I laughed in the salesman face when he said "once
it's broken in it will feel more powerful". I had been used to driving a
Jeep 4.0L 190hp engine. I believe the 92's Land Cruisers (Land Yachts)
were 3.0L, the sames as the 4Runner, which is also underpowered (in my
own personal opinion).
They are big cars, very roomy, but nothing spectacular.
```

임의로 선택된 게시글은 지프라는 자동차 모델을 이야기하고 있습니다. 그리고 rec.autos 그룹에 게시된 게시글입니다. 그렇다면 동일 그룹에 속한 게시글 약 400개 중 몇 개가 rec.autos에 속할까요? 알아봅시다.

코드 15-47 rec.autos에 대한 클러스터 멤버십 확인하기

```
rec_autos_count = 0
for index in df_car.Index.values:
    if get_post_category(index) == 'rec.autos':
        rec_autos_count += 1

rec_autos_percent = 100 * rec_autos_count / cluster_size
print(f"동일 그룹 내 {rec_autos_percent:.2f}%의 게시글이 "
      "rec.autos 뉴스 그룹에 속합니다")
```

▶ 실행결과

```
동일 그룹 내 83%의 게시글이 rec.autos 뉴스 그룹에 속합니다
```

이 그룹의 게시글 83%는 rec.autos 뉴스 그룹에 속하는 것으로 확인됩니다. 따라서 이 그룹에 속한 게시글 주제는 자동차라는 뉴스 그룹이 지배적입니다. 그러면 나머지 게시글 17%는 어떨까요? 잘못 분류되었을까요? 아니면 자동차라는 주제와 관련이 있을까요? df_car에서 rec.autos에 속하지 않는 게시글의 인덱스를 분리해 봅시다. 그다음 임의의 인덱스를 선택하고 관련 게시글을 출력합니다.

코드 15-48 rec.autos 뉴스 그룹에 속하지 않은 게시글 살펴보기

```
np.random.seed(1)
not_autos_indices = [index for index in df_car.Index.values
                     if get_post_category(index) != 'rec.autos']

random_index = np.random.choice(not_autos_indices)
post_category = get_post_category(random_index)

print(f"다음 게시글은 {post_category} 그룹에 포함되어 있습니다\n")
print(newsgroups.data[random_index].replace('\n\n', '\n'))
```

▶ 실행결과

다음 게시글은 sci.electronics 그룹에 포함되어 있습니다

>The father of a friend of mine is a police officer in West Virginia. Not
>only is his word as a skilled observer good in court, but his skill as an
>observer has been tested to be more accurate than the radar gun in some
>cases . . . . No foolin! He can guess a car's speed to within 2-3mph just
>by watching it blow by - whether he's standing still or moving too! (Yes,
1) How was this testing done, and how many times? (Calibrated
speedometer?)
2) It's not the "some cases" that worry me, it's the "other cases" :-)

They are big cars, very roomy, but nothing spectacular.

선택된 임의의 게시글은 전자 제품 뉴스 그룹에 게시된 것으로 보입니다. 이 게시글은 자동차 속도를 측정하려면 레이더를 어떻게 사용하는지 방법을 설명합니다. 자동차에 관한 것이므로 올바르게 그룹화되었습니다. not_autos_indices 목록으로 표시된 다른 게시글 60여 개는 어떨까요? 관련성을 어떻게 평가할 수 있을까요? 각 게시글을 하나씩 읽을 수도 있지만, 이는 확장 가능한 해결책이 아닙니다. 그 대신 모든 게시글에서 상위로 순위가 매겨진 단어를 표시하여 콘텐츠를 집계하는 방법을 활용할 수 있습니다. not_autos_indices의 각 인덱스에서 각 단어의 TFIDF를 합산하여 순위를 매깁니다. 그다음 집계된 TFIDF를 기준으로 단어를 정렬합니다. 상위 열 개 단어를 출력하면 콘텐츠가 자동차와 관련이 있는지 판단하는 데 도움이 됩니다.

다음으로 rank_words_by_tfidf 함수를 정의합니다. 이 함수는 인덱스 리스트를 입력받아 앞서 설명한 접근법으로 입력된 인덱스들에 대해 단어 순위를 매깁니다. 순위가 매겨진 단어는 더 쉽게 접근할 수 있게 판다스 테이블에 저장합니다. 단어 순위를 매기는 데 사용한 합산된 TFIDF 값도 함께 해당 테이블에 저장합니다. 함수가 정의되면 rank_words_by_tfidf(not_autos_indices)를 실행하여 상위 열 개 순위가 매겨진 결과를 출력합니다.

> **노트** 인덱스 배열이 주어졌을 때, tfidf_np_matrix[indices]의 행을 집계하고 싶습니다. 앞서 설명한 것처럼 tfidf_np_matrix[indices].sum(axis=0)을 실행하여 행을 합산할 수 있습니다. 또 tfidf_matrix[indices].sum(axis=0)을 실행하여 해당 합계를 생성할 수 있으며, 여기에서 tfidf_matrix는 사이파이 CSR 객체입니다. 스파스 CSR 행렬의 행을 합산하는 것이 계산적으로 훨씬 빠르지만, 이 합산은 넘파이 객체가 아닌 1-by-n 형상의 행렬을 반환합니다. np.asarray(tfidf_matrix[indices].sum(axis=0))[0]을 실행하여 출력을 넘파이 배열로 변환해야 합니다.

코드 15-49 TFIDF가 포함된 상위 열 개 단어 순위 매기기

```python
def rank_words_by_tfidf(indices, word_list=words):
    summed_tfidf = np.asarray(tfidf_matrix[indices].sum(axis=0))[0]
    data = {'Word': word_list, 'Summed TFIDF': summed_tfidf}
    return pd.DataFrame(data).sort_values('Summed TFIDF', ascending=False)

df_ranked_words = rank_words_by_tfidf(not_autos_indices)
print(df_ranked_words[:10].to_string(index=False))
```

▶ 실행결과

```
    Word  Summed TFIDF
     car      8.026003
    cars      1.842831
   radar      1.408331
   radio      1.365664
     ham      1.273830
     com      1.164511
odometer      1.162576
   speed      1.145510
    just      1.144489
  writes      1.070528
```

상위 순위 단어 두 개는 'car'와 'cars'입니다.

> **노트** cars 단어는 car의 복수형입니다. car 뒤에 오는 s를 기준으로 이 단어들을 합칠 수 있습니다. 복수형을 어근 단어로 줄이는 이 과정을 어간 추출(stemming)이라고 합니다. nltk 라이브러리[5]는 효율적으로 형태소를 분석할 수 있는 유용한 기능을 제공합니다.

순위 목록의 다른 곳에서는 레이더(radar), 주행 거리계(odometer), 속도(speed)에 대한 언급을 볼 수 있습니다. 이 용어 중 일부는 임의로 선정된 sci.electronics 게시글에도 등장했습니다. 자동차 속도를 측정하는 데 레이더 기술을 사용하는 것은 not_autos_indices가 전송한 텍스트에서 공통된 주제로 보입니다. 이러한 속도를 주제로 한 키워드는 자동차 클러스터의 다른 게시글과 어떻게 비교될까요? df_car.Index.values를 rank_words_by_tfidf에 입력해 보면 알 수 있습니다.

코드 15-50 자동차 클러스터에서 상위 열 개 단어 순위 매기기

```python
df_ranked_words = rank_words_by_tfidf(df_car.Index.values)
print(df_ranked_words[:10].to_string(index=False))
```

▶ 실행결과

```
   Word  Summed TFIDF
    car     47.824319
   cars     17.875903
 engine     10.947385
```

---

[5] https://www.nltk.org

```
   dealer    8.416367
      com    7.902425
     just    7.303276
   writes    7.272754
      edu    7.216044
  article    6.768039
     good    6.685494
```

일반적으로 df_car 클러스터의 게시글은 자동차 엔진과 자동차 딜러에 초점을 맞추고 있습니다. 그러나 소수의 게시글은 자동차 속도의 레이더 측정을 논의합니다. 이러한 레이더 관련 게시글은 sci.electronics 뉴스 그룹에 나타날 가능성이 더 높습니다. 그럼에도 이러한 게시글은 정치, 소프트웨어, 의학에 대한 논의와는 달리 합법적으로 자동차를 논의합니다. 따라서 df_car 클러스터는 진짜처럼 보입니다. 상위 키워드를 조사함으로써 클러스터로 묶인 게시글을 일일이 읽지 않고도 그룹의 유효성을 검사할 수 있었습니다.

같은 방식으로 rank_words_by_tfidf를 활용하여 클러스터 20개 각각에 대한 상위 키워드를 얻을 수 있습니다. 키워드로 각 클러스터의 주제를 파악할 수 있습니다. 안타깝게도 서로 다른 단어표 20개를 출력하는 것은 시각적으로 효율적이지 않습니다. 출력된 표는 너무 많은 공간을 차지하여 이 책에 중복 페이지를 추가합니다. 또는 이러한 클러스터 키워드를 하나의 일관된 플롯에서 이미지로 시각화할 수 있습니다. 여러 텍스트 클러스터의 내용을 시각화하는 방법을 알아보겠습니다.

15.6 텍스트 클러스터 시각화하기

우리 목표는 여러 텍스트 클러스터에 걸쳐 순위가 매겨진 키워드를 시각화하는 것입니다. 먼저 단일 클러스터에서 중요한 키워드를 어떻게 시각화할 것인가라는 간단한 문제를 해결해야 합니다. 한 가지 방법은 키워드를 중요도 순서대로 출력하는 것입니다. 안타깝게도 이 정렬 방식은 상대적 중요도에 대한 감각이 부족합니다. 예를 들어 df_ranked_words 테이블에서 자동차라는 단어 바로 뒤에는 엔진이 있습니다. cars의 TFIDF 합산 점수는 17.8점이고 engine은 10.9점입니다. 따라서 자동차 클러스터에 비해 자동차가 엔진보다 약 1.6배 더 중요도가 높습니다. 상대적 중요도를 시각화에 어떻게 통합할 수 있을까요? 글꼴 크기로 중요성을 나타낼 수 있습니다. 자동차는 17.8, 엔진은 10.9의 글꼴 크기로 표시할 수 있습니다. 그러면 중요도가 1.6배 더 큰 자동차는 1.6배 더 커 보이게 됩니다. 물론 10.9의 글꼴 크기는 너무 작아서 편안하게 읽기 어려울 수 있습니다. TFIDF 중요도 점수의 합계를 2배로 늘리면 글꼴 크기를 더 크게 만들 수 있습니다. 파이썬에서는 출력 중에 글꼴 크기를 직접 수정할 수 없습니다. 하지만 맷플롯립의 plt.text 함수로 글꼴 크기를 수정할 수 있습니다. plt.text(x, y, word, fontsize=z)를 실행하면 좌표 (x, y)에 단어를 표시하고 글꼴 크기를 z로 설정합니다. 이 함수를 사용하면 단어 크기가 중요도에 비례하는 2D 격자에서 단어를 시각화할 수 있습니다. 이러한 유형의 시각화를 워드 클라우드(word cloud)라고 합니다. plt.text를 사용하여 df_ranked_words의 상위 단어를 대상으로 워드 클라우드를 생성해 보겠습니다. 5×5 격자로 단어들을 배치했습니다(그림 15-2). 각 단어의 글꼴 크기는 중요도 점수의 2배에 해당합니다.

코드 15-51 맷플롯립으로 워드 클라우드 그리기

```
i = 0
for x_coord in np.arange(0, 1, .2):
    for y_coord in np.arange(0, 1, .2):
        word, significance = df_ranked_words.iloc[i].values
        plt.text(y_coord, x_coord, word, fontsize=2*significance)
        i += 1
plt.show()
```

▼ 그림 15-2 맷플롯립으로 생성된 워드 클라우드
단어가 겹쳐서 워드 클라우드가 엉망입니다

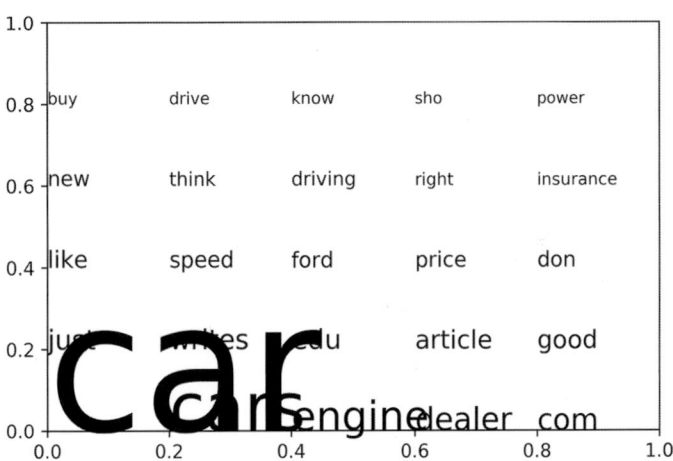

그런데 시각화 결과가 엉망입니다. 자동차처럼 큰 단어는 너무 많은 공간을 차지합니다. 다른 단어와 겹쳐서 이미지를 해독할 수 없습니다. 단어를 훨씬 더 지능적으로 그려야겠습니다. 두 단어를 겹쳐서는 안 됩니다. 2D로 그려진 단어 겹침을 제거하는 것은 간단하지 않습니다. 다행히 Wordcloud 라이브러리를 개발한 사람들이 이 어려운 작업을 대신했습니다. 이 라이브러리는 시각적으로 매력적인 워드 클라우드를 생성할 수 있도록 도움을 줍니다. 이제 Wordcloud를 설치한 후 WordCloud 클래스를 가져와 초기화해 보겠습니다.

> 노트 pip install wordcloud 명령어를 실행하여 Wordcloud 라이브러리를 설치합니다.

코드 15-52 WordCloud 클래스 초기화하기

```
from wordcloud import WordCloud
cloud_generator = WordCloud(random_state=1)
```
⋯⋯ 워드 클라우드에서 단어 위치는 임의로 생성됩니다. 일관된 출력을 원한다면 random_state 파라미터를 사용하여 랜덤 시드를 항상 동일한 값으로 설정해야 합니다.

WordCloud()를 실행하면 cloud_generator 객체가 반환됩니다. fit_words 메서드로는 워드 클라우드를 생성할 수 있습니다. cloud_generator.fit_words(words_to_score)를 실행하면 단어의 중요도 점수에 대한 사전 매핑인 words_to_score에서 이미지를 생성합니다.

> **노트** 동일한 결과를 얻고 싶다면 cloud_generator.generate_frequencies(word_to_score)를 실행해야 합니다.

df_ranked_words에서 가장 중요한 단어로 이미지를 만들어 보겠습니다. wordcloud_image 변수에 이미지를 저장했지만, 아직 이미지를 화면에 그리지는 않겠습니다.

코드 15-53 워드 클라우드 이미지 생성하기

```
words_to_score = {word: score for word, score in df_ranked_words[:10].values}
wordcloud_image = cloud_generator.fit_words(words_to_score)
```

이제 wordcloud_image를 시각화할 준비가 되었습니다. 맷플롯립의 plt.imshow 함수는 입력된 다양한 이미지 형식을 기반으로 이미지를 플로팅할 수 있습니다. plt.imshow(wordcloud_image)를 실행하면 생성된 워드 클라우드가 표시됩니다(그림 15-3).

▼ **그림 15-3** WordCloud 클래스를 사용하여 생성된 워드 클라우드
단어가 더 이상 겹치지는 않지만 배경이 너무 어둡고, 일부 글자의 가장자리가 거칠게 나타납니다

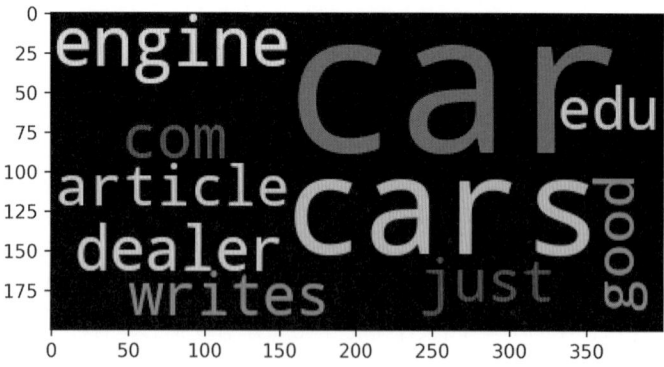

> **노트** 파이썬에서 이미지를 표현하는 방법에는 여러 가지가 있습니다. 한 가지 방법은 이미지를 2D 넘파이 배열로 저장하는 것입니다. 또는 파이썬 이미징 라이브러리(PIL)의 특수 클래스를 사용하여 이미지를 저장할 수도 있습니다. plt.imshow 함수는 넘파이 객체로 저장된 이미지 또는 PIL Image 객체로 저장된 이미지를 표시할 수 있습니다. 또 to_image 메서드가 포함된 사용자 지정 이미지 객체를 표시할 수도 있지만, 해당 메서드 출력은 넘파이 배열 또는 PIL Image 객체를 반환해야 합니다.

코드 15-54 plt.imshow를 사용하여 이미지 도식화하기

```
plt.imshow(wordcloud_image)
plt.show()
```

워드 클라우드를 시각화해 보았습니다. 시각화가 이상적이지 않습니다. 배경이 어두워 단어를 읽기 어렵습니다. 초기화 중 WordCloud(background_color='white')를 실행하면 배경을 검은색에서 흰색으로 변경할 수 있습니다. 그런데 개별 글자의 가장자리가 픽셀화되어 있고 울퉁불퉁합니다. plt.imshow에 interpolation="bilinear"를 전달하면 이미지 플롯의 모든 가장자리를 부드럽게 만들 수 있습니다. 워드 클라우드를 더 밝은 배경색으로 재생성하는 동시에 시각화된 글자를 부드럽게 만들어 보겠습니다(그림 15-4).

코드 15-55 워드 클라우드 이미지 품질 개선하기

```
cloud_generator = WordCloud(background_color='white', random_state=1)
wordcloud_image = cloud_generator.fit_words(words_to_score)
plt.imshow(wordcloud_image, interpolation="bilinear")
plt.show()
```

▼ **그림 15-4** WordCloud 클래스를 사용하여 생성된 워드 클라우드
배경은 가시성을 높이고자 흰색으로 설정했으며 글자는 가장자리를 부드럽게 처리했습니다

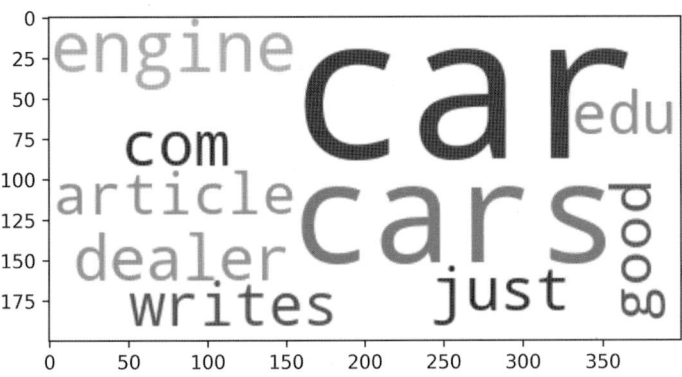

자동차 클러스터의 상위 단어가 성공적으로 시각화되었습니다. 'car'와 'cars'라는 단어가 'engine'이나 'dealer' 같은 덜 중요한 단어보다 확실히 우세합니다. 워드 클라우드를 훑어만 보아도 클러스터 내용을 해석할 수 있습니다. 물론 이미 자동차 클러스터를 자세히 살펴보았기 때문에 워드 클라우드 시각화로 발견할 수 있는 새로운 사실은 없습니다. 그 대신 임의로 선택된 클러스터에 시각화를 적용해 보겠습니다(그림 15-5). 워드 클라우드에는 클러스터에서 중요한 단어 15개가 표시되며, 이것으로 클러스터의 주요 주제를 파악할 수 있습니다.

코드 15-56 무작위 클러스터에 대한 워드 클라우드 도식화하기

```
np.random.seed(1)
def rank_words_by_tfidf(indices, word_list=words):
    summed_tfidf = np.asarray(tfidf_matrix[indices].sum(axis=0))[0]
    data = {'Word': word_list, 'Summed TFIDF': summed_tfidf}
    return pd.DataFrame(data).sort_values('Summed TFIDF', ascending=False)

def cluster_to_image(df_cluster, max_words=15, cluster_id=None):
    if cluster_id is not None:
```

df_cluster를 입력받아 클러스터에 해당하는 상위 max_words 단어에 대한 워드 클라우드 이미지를 반환합니다. 앞서 정의된 rank_words_by_tfidf 함수는 클러스터 내 단어들의 순위를 매기는 데 사용됩니다.

```
            np.random.seed(cluster_id)   # cluster_id로 난수 생성기 시드를 지정

    indices = df_cluster.Index.values
    df_ranked_words = rank_words_by_tfidf(indices)[:max_words]
    words_to_score = {word: score for word, score in df_ranked_words.values}

    # 새로운 무작위성을 보장할 수 있게 random_state를 설정하지 않고 워드 클라우드 만들기
    cloud_generator = WordCloud(background_color='white',
                                color_func=_color_func, random_state=1)   ····· WordCloud 클래스를 초기화할
    cloud_image = cloud_generator.fit_words(words_to_score)                     때는 color_func 파라미터를 선택
                                                                                적으로 지정할 수 있습니다. 이 파
    return cloud_image                                                          라미터는 각 단어에 색상을 할당하
                                                                                는 색상 선택 함수를 지정하는 데
                                         각 단어에 다섯 가지 허용된 색상 중 하나를    사용됩니다. 여기에서는 사용자 지
def _color_func(*args, **kwargs):   ····· 임의로 할당하는 보조 함수입니다.              정 함수를 정의하여 지정합니다.
    # 색상 선택을 변경할 수 있게 color_func 내에서 무작위성을 다시 생성
    np.random.seed()
    return np.random.choice(['black', 'blue', 'teal', 'purple', 'brown'])

# 다른 클러스터 ID를 선택하여 다른 결과 가져오기
cluster_id = np.random.randint(0, 20)
df_random_cluster = df[df.Cluster == cluster_id]
wordcloud_image = cluster_to_image(df_random_cluster, cluster_id=cluster_id)

plt.imshow(wordcloud_image, interpolation="bilinear")
plt.show()
```

▼ 그림 15-5 무작위 클러스터의 워드 클라우드
클러스터 주제는 기술 및 컴퓨터 하드웨어인 것으로 보입니다

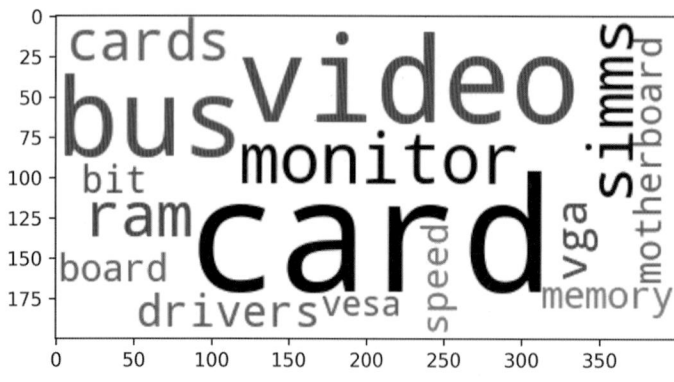

노트 워드 클라우드의 단어 색상은 무작위로 생성되며, 일부 무작위 색상은 이 책의 흑백 버전에서 제대로 렌더링되지 않을 수 있습니다. 이러한 이유로 WordCloud 클래스의 color_func 매개변수로 색상 선택을 작은 색상 하위 셋으로 제한합니다.

무작위로 선택된 클러스터에는 모니터(monitor), 비디오(video), 메모리(memory), 카드(card), 메인보드(motherboard), 비트(bit), 램(ram) 같은 인기 단어가 포함되어 있습니다. 이 클러스터는 기술 및 컴퓨터 하드웨어에 초점을 맞추고 있는 것으로 보입니다. 클러스터에서 가장 일반적인 뉴스 그룹 범주를 출력하여 확인할 수 있습니다.

> **노트** 카드, 비디오, 메모리라는 단어를 관찰하면 카드가 비디오 카드 또는 메모리 카드를 의미한다는 것을 유추할 수 있습니다. 자연어 처리에서는 이러한 연속적인 단어 두 개의 시퀀스를 빅그램이라고 합니다. 그리고 연속된 단어 n개의 시퀀스를 n-그램이라고 합니다. TfidfVectorizer는 임의의 길이 n-그램에 걸쳐 벡터화할 수 있습니다. 초기화할 때 ngram_range 파라미터를 전달하기만 하면 됩니다. TfidfVectorizer(ngram_range(1, 3))을 실행하면 1그램(단일 단어), 2그램(비디오 카드 등), 3그램(자연어 처리 등)을 모두 추적하는 벡터라이저가 생성됩니다. 물론 이러한 n-그램 때문에 어휘 크기가 수백만 개로 증가합니다. 하지만 벡터라이저의 초기화 메서드에 max_features=100000을 전달하여 어휘를 상위 10만 개 n-그램으로 제한할 수 있습니다.

코드 15-57 가장 일반적인 클러스터 범주 확인하기

```
from collections import Counter

def get_top_category(df_cluster):
    categories = [get_post_category(index) for index in df_cluster.Index.values]
    top_category, _ = Counter(categories).most_common()[0]
    return top_category

top_category = get_top_category(df_random_cluster)
print(f"클러스터 내 게시글은 {top_category} 뉴스 그룹에 자주 등장합니다")
```

▶ 실행결과

클러스터 내 게시글은 comp.sys.ibm.pc.hardware 뉴스 그룹에 자주 등장합니다

클러스터의 많은 게시글이 comp.sys.ibm.pc.hardware 뉴스 그룹에 나타났습니다. 따라서 클러스터 주제가 하드웨어라는 것을 성공적으로 파악했습니다. 클라우드 단어만 보고도 이렇게 할 수 있었습니다.

지금까지는 별개의 클러스터 두 개에 대해 개별 워드 클라우드를 두 개 생성했습니다. 하지만 최종 목표는 워드 클라우드를 여러 개 동시에 표시하는 것입니다. 이제 하위 그래프라는 맷플롯립 개념을 이용하여 모든 워드 클라우드를 하나의 그림으로 시각화하겠습니다.

> **노트** 단어 시각화를 하는 일반적인 방법
> - `plt.text(word, x, y, fontsize=z)`: 좌표 (x, y)에 위치한 단어를 글꼴 크기 z로 표시합니다.
> - `cloud_generator = WordCloud()`: 워드 클라우드를 생성할 수 있는 객체를 초기화합니다. 단어 구름의 배경은 검은색입니다.
> - `cloud_generator = WordCloud(background_color='white')`: 워드 클라우드를 생성할 수 있는 객체를 초기화합니다. 해당 단어 구름의 배경색은 흰색입니다.
> - `wordcloud_image = cloud_generator.fit_words(words_to_score)`: 단어를 중요도 점수에 매핑하는 words_to_score 사전에서 워드 클라우드 이미지를 생성합니다. cloud_image에 있는 모든 단어 크기는 중요도에 따라 계산됩니다.
> - `plt.imshow(wordcloud_)`: 계산된 wordcloud_image를 표시합니다.
> - `plt.imshow(wordcloud_image, interpolation="bilinear")`: 시각화된 글자를 부드럽게 처리하려면 계산된 wordcloud_image를 표시합니다.

15.6.1 하위 그래프로 여러 워드 클라우드 표시하기

맷플롯립을 사용하면 하나의 그림에 플롯을 여러 개 포함할 수 있습니다. 각각의 개별 플롯을 **하위 그래프**라고 합니다. 하위 그래프는 여러 가지 방법으로 구성할 수 있지만, 일반적으로 격자와 같은 패턴으로 배열됩니다. plt.subplots(r, c)를 실행하여 r행과 c열을 포함하는 하위 그래프 격자를 만들 수 있습니다. plt.subplots 함수는 격자를 생성하는 동시에 튜플(figure, axes)을 반환합니다. figure는 모든 격자를 포괄하는 특수 클래스이며, axes는 행과 열로 구성된 2차원 리스트입니다. axes의 각 요소에는 맷플롯립의 하위 그래프들이 담겨 있습니다. 모든 하위 그래프에 대해 각자 시각화를 출력할 수 있습니다. 예를 들어 axes[i][j].plot(x, y)는 i와 j번째의 하위 그래프에 대해 x 값 및 y 값을 그래프로 표현합니다.

> **노트** subplots(1, z) 또는 subplots(z, 1)을 실행하면 2D 격자가 아닌 len(axes) == z인 1D 축 목록이 반환됩니다.

plt.subplots 사용법을 살펴보겠습니다. plt.subplots(2, 2)를 실행하여 2×2 격자의 하위 그래프를 생성합니다. 그런 다음 격자의 각 r행과 c열을 반복합니다. (r, c)에 위치한 모든 고유한 하위 그래프에 대해 y = r * x * x + c * x의 이차 곡선을 나타냅니다. 곡선 매개변수를 격자 위치에 연결하여 단일 그림의 경계에 모두 나타나는 서로 다른 곡선을 네 개 생성합니다(그림 15-6).

코드 15-58 Matplotlib을 사용하여 하위 그래프 네 개 생성하기

```
figure, axes = plt.subplots(2, 2)
for r in range(2):
    for c in range(2):
        x = np.arange(0, 1, .2)
        y = r * x * x + c * x
        axes[r][c].plot(x, y)
plt.show()
```

▼ 그림 15-6 단일 그림에서 하위 그래프 네 개에 걸쳐 그려진 서로 다른 곡선 네 개

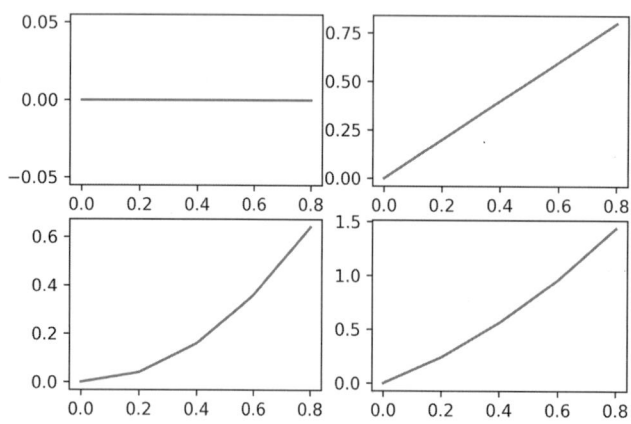

격자의 하위 그래프에 곡선이 네 개 나타납니다. 이러한 곡선 중 하나를 워드 클라우드로 바꿀 수 있습니다. 왼쪽 아래 사분면에서 wordcloud_image를 시각화해 보겠습니다. axes[1][0].imshow(wordcloud_image)를 실행하여 격자의 하위 그래프를 만듭니다(그림 15-7). 또 해당 하위 그래프에 제목을 할당해 보겠습니다. 제목은 comp.sys.ibm.pc.hardware인 top_category와 같습니다. axes[r][c].set_title(top_category)를 실행하여 하위 그래프 제목을 설정합니다.

▼ 그림 15-7 하위 그래프 네 개에 표시된 곡선 세 개와 워드 클라우드
서식 문제와 그림 크기 때문에 워드 클라우드 가독성에 문제가 있습니다

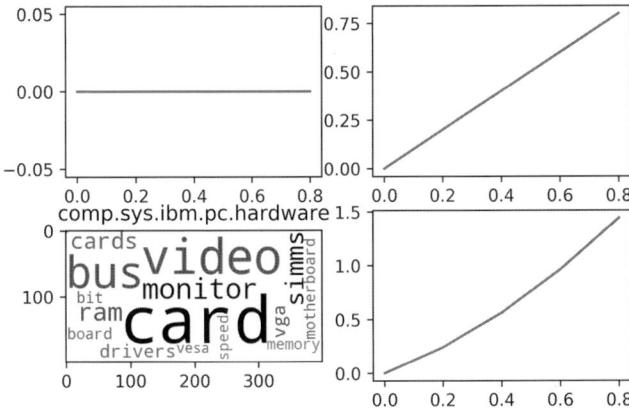

코드 15-59 하위 그래프 내에서 워드 클라우드 그리기

```
figure, axes = plt.subplots(2, 2)
for r in range(2):
    for c in range(2):
        if (r, c) == (1, 0):
            axes[r][c].set_title(top_category)
            axes[r][c].imshow(wordcloud_image, interpolation="bilinear")
        else:
            x = np.arange(0, 1, .2)
            y = r * x * x + c * x
            axes[r][c].plot(x, y)
plt.show()
```

하위 그래프에 워드 클라우드를 시각화했지만 시각화에 몇 가지 문제가 있습니다. 하위 그래프가 너무 작아 클라우드의 단어를 읽기 어렵습니다. 하위 그래프를 더 크게 만들려면 그림 크기를 변경해야 합니다. figsize 파라미터로 변경할 수 있습니다. plt.subplots에 figsize=(너비, 높이)를 전달하면 인치 단위로 너비와 높이를 조정할 수 있습니다. 그림의 각 하위 그래프도 갱신된 크기에 맞게 조정됩니다.

이외에도 몇 가지 사소한 변경으로 시각화를 개선할 수 있습니다. 단어 수를 15개에서 10개로 줄이면 보다 읽기 쉽게 만들 수 있습니다. 또 축 눈금표는 공간을 너무 많이 차지하기만 할 뿐, 유용한 정보를 제공하지 못하기에 제거하면 좋습니다. axes[r][c]에 대한 x축과 y축의 눈금 표시를 제거하는 방법은 axes[r][c].set_xticks([]) 및 axes[r][c].set_yticks([])를 호출하는 것입니다. 이를 고려하여 너비가 20인치고 높이가 15인치인 워드 클라우드를 생성해 보겠습니다(코드 15-60).

> **노트** 이 책에 인쇄된 그림은 지면 크기의 제약 때문에 20×15인치보다는 작습니다.

큰 그림에는 하위 그래프 20개가 5×4 격자에 따라 정렬되어 있습니다. 각 하위 그래프에는 클러스터 중 하나에 해당하는 워드 클라우드가 포함되어 있으며, 모든 하위 그래프 제목은 클러스터의 주요 뉴스 그룹 범주로 설정되어 있습니다. 또 나중에 참고할 수 있도록 각 제목에 클러스터 인덱스를 포함합니다. 마지막으로 모든 플롯에서 축 눈금 표시를 제거합니다. 최종 시각화를 통해 클러스터 20개 전체에 걸쳐 모든 주요 단어 패턴을 한눈에 볼 수 있습니다(그림 15-8).

코드 15-60 하위 그래프 20개로 모든 클러스터 시각화하기

```python
np.random.seed(0)
def get_title(df_cluster):
    top_category = get_top_category(df_cluster)
    cluster_id = df_cluster.Cluster.values[0]
    return f"{cluster_id}: {top_category}"

figure, axes = plt.subplots(5, 4, figsize=(20, 15))
cluster_groups = list(df.groupby('Cluster'))
for r in range(5):
    for c in range(4):
        _, df_cluster = cluster_groups.pop(0)
        wordcloud_image = cluster_to_image(df_cluster, max_words=10)
        ax = axes[r][c]
        ax.imshow(wordcloud_image, interpolation="bilinear")
        ax.set_title(get_title(df_cluster), fontsize=20)
        ax.set_xticks([])
        ax.set_yticks([])
plt.show()
```

▼ 그림 15-8 하위 그래프 20개에 걸쳐 시각화된 워드 클라우드 20개

각 워드 클라우드는 클러스터 20개 중 하나에 해당합니다. 각 하위 그래프 제목은 각 클러스터의 상위 뉴스 그룹 범주와 같습니다. 대부분의 워드 클라우드에서 제목은 표시된 단어 콘텐츠와 일치하지만 특정 워드 클라우드(예 클러스터 1 및 클러스터 7)는 정보를 제공하지 않습니다

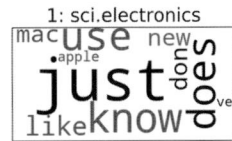

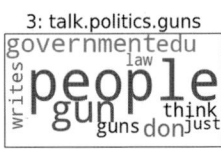

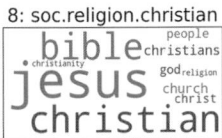
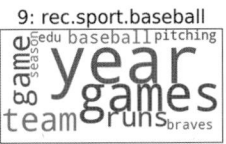
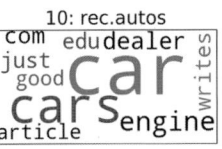
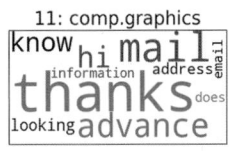

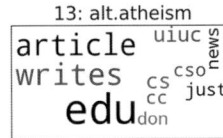

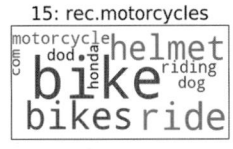

> **노트** 하위 그래프를 나타내는 일반적인 방법
>
> - `figure, axes = plt.subplots(x, y)`: 하위 그래프의 x-y 격자를 포함하는 그래프를 만듭니다. x > 1 및 y > 1인 경우 axes[r][c]는 r행 c열에 위치한 하위 그래프에 해당합니다.
> - `figures, axes = plt.subplots(x, y, figsize=(너비, 높이))`: 하위 그래프의 x-y 격자를 포함하는 그래프를 만들며, 너비와 높이의 단위는 인치입니다.
> - `axes[r][c].plot(x_값, y_값)`: r행과 c열에 배치된 하위 그래프에 데이터를 나타냅니다.
> - `axes[r][c].set_title(title)`: r행과 c열에 위치한 하위 그래프에 제목을 추가합니다.

클러스터 20개 전체의 상위 단어를 시각화했습니다. 대부분 시각화된 단어에는 의미가 있습니다. 클러스터 0의 주요 주제는 암호화입니다. encryption(암호화), secure(보안), keys(키), 미국국가안보국을 뜻하는 nsa 등이 상위 단어로 등장합니다. 클러스터 2의 주요 주제는 우주입니다. space(우주), nasa(나사), shuttle(셔틀), moon(달), orbit(궤도) 등이 상위 단어로 등장합니다. 그리고 클러스터 4의 주요 주제는 쇼핑입니다. sale(판매), offer(제공), shipping(배송), condition(조건) 등이 상위 단어로 등장합니다. 클러스터 9와 클러스터 18은 스포츠에 대한 것으로, 각각 야구와 하키가 주요 주제입니다. 클러스터 9에서는 games(경기), runs(득점), baseball(야구), pitching(투구), team(팀) 등 단어가, 클러스터 18에서는 game(경기), team(팀), players(선수), hockey(하키), 북미 하키 리그를 뜻하는 nhl 등 단어가 자주 언급됩니다. 대부분 클러스터는 워드 클라우

드를 이용하여 쉽게 해석될 수 있습니다. 대략적으로 75% 클러스터는 주요 범주 제목과 일치하는 상위 단어들을 포함하고 있습니다.

물론 결과물에는 문제가 있습니다. 예를 들어 클러스터 1의 하위 그래프 제목은 sci.electronics지만, 워드 클라우드는 just, like, does, know 등 일반적인 단어로 구성되어 있습니다. 반면에 클러스터 7의 하위 그래프 제목은 sci.med이지만, 워드 클라우드는 pitt, msg, gordon 등 단어로 구성되어 있습니다. 안타깝게도 워드 클라우드 시각화가 항상 완벽한 것은 아닙니다. 때로는 기본 클러스터의 형태가 잘못되었거나 클러스터의 주요 언어가 예상치 못한 텍스트 패턴에 편향되어 있을 수 있습니다.

> **노트** 클러스터의 일부 샘플 게시글을 읽어 보면 이러한 편향성을 파악하는 데 도움이 될 수 있습니다. 예를 들어 클러스터 1의 전자 제품 관련 질문 중 상당수는 "아는 사람 있나요?"라는 질문을 포함하고 있습니다. 또 클러스터 7에 있는 많은 게시글은 피츠버그 대학교(피츠버그)에서 공부한 Gordon이라는 학생이 작성한 것입니다.

다행히도 해독할 수 없는 단어 구름을 복구하기 위해 취할 수 있는 단계가 있습니다. 예를 들어 명백하게 쓸모없는 단어를 필터링한 후 클라우드를 다시 생성할 수 있습니다. 또는 클러스터에서 상위 x개 단어를 무시하고 다음 상위 순위의 단어를 사용하여 클라우드를 시각화할 수도 있습니다. 클러스터 7에서 상위 열 개 단어를 제거하고 단어 클라우드를 다시 생성해 보겠습니다(그림 15-9).

코드 15-61 필터링 후 워드 클라우드 다시 계산하기

```python
np.random.seed(3)
df_cluster= df[df.Cluster == 7]
df_ranked_words = rank_words_by_tfidf(df_cluster.Index.values)

words_to_score = {word: score for word, score in df_ranked_words[10:25].values}
cloud_generator = WordCloud(background_color='white',
                            color_func=_color_func,
                            random_state=1)
wordcloud_image = cloud_generator.fit_words(words_to_score)
plt.imshow(wordcloud_image, interpolation="bilinear")
plt.title(get_title(df_cluster), fontsize=20)
plt.xticks([])
plt.yticks([])
plt.show()
```

▼ 그림 15-9 클러스터 7의 단어 클라우드로 필터링 후 재계산. 이제 의학이 클러스터의 주요 주제임을 알 수 있습니다

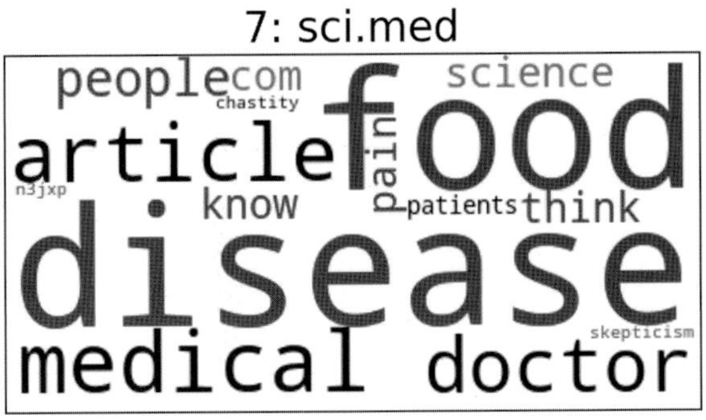

클러스터 7은 disease(질병), medical(의료), doctor(의사), food(음식), pain(통증), patients(환자) 등 단어가 주를 이룹니다. 쓸모없는 키워드를 제거함으로써 클러스터의 진정한 내용을 명확히 파악할 수 있었습니다. 물론 이 간단한 접근법이 항상 효과가 있는 것은 아닙니다. 자연어 처리는 복잡하고 모든 문제를 해결할 수 있는 만병통치약은 없습니다. 복잡한 텍스트의 구조화되지 않은 특성이더라도 여전히 우리는 많은 것을 달성할 수 있습니다. 다양한 실제 텍스트 1만 개를 의미 있는 여러 주제로 묶어 낸 것만 보아도 알 수 있습니다. 이러한 주제를 하나의 이미지로 시각화했으며, 해당 이미지에 포함된 대부분의 주제는 해석이 가능합니다. 이 결과는 모든 대규모 텍스트 데이터셋에 적용할 수 있는 간단한 일련의 단계를 거쳐 달성했습니다. 효과적으로 우리는 구조화되지 않은 텍스트 데이터를 클러스터링하고 시각화할 수 있는 파이프라인을 개발했습니다. 이 파이프라인은 다음과 같이 작동합니다.

1. `TfidfVectorizer` 클래스로 텍스트를 정규화된 TFIDF 행렬로 변환합니다.
2. SVD 알고리즘으로 행렬을 100차원으로 줄입니다.
3. 그룹화를 위해 차원 축소된 출력을 정규화합니다.
4. K-평균으로 정규화된 출력을 그룹화합니다. 속도에 최적화된 미니 배치 K-평균을 사용해서 엘보 플롯을 생성하여 K를 추정할 수 있습니다.
5. 워드 클라우드로 각 그룹의 상위 단어를 시각화합니다. 모든 워드 클라우드는 단일 그림에서 하위 그래프로 표시됩니다. 단어 순위는 그룹의 모든 텍스트에서 합산된 TFIDF 값을 기준으로 매깁니다.
6. 워드 클라우드 시각화로 각 그룹별 주제를 해석합니다. 해석할 수 없는 그룹은 더 자세히 검토합니다.

텍스트 분석 파이프라인을 이용하여 거의 모든 실제 텍스트 데이터셋을 효과적으로 분석하고 해석할 수 있습니다.

15.7 요약

- 사이킷런의 뉴스 그룹 데이터셋에는 뉴스 그룹 20개의 범주에 뉴스 그룹 게시글이 1만 개 이상 포함되어 있습니다.

- 사이킷런의 CountVectorizer 클래스를 사용하여 게시글을 TF 행렬로 변환할 수 있습니다. 생성된 행렬은 CSR 형식으로 저장됩니다. 이 형식은 대부분 0으로 구성된 희소 행렬을 효율적으로 분석하는 데 이용합니다.

- 일반적으로 TF 행렬은 드문드문 있으며, 단일 행은 전체 데이터셋 어휘에서 단어 수십 개만 참고할 수 있습니다. 이러한 0이 아닌 단어는 np.flatnonzero 함수를 사용하여 액세스할 수 있습니다.

- 텍스트에서 가장 빈번하게 등장하는 단어는 중지 단어인데, 이는 the 또는 this 같은 일반적인 영어 단어입니다. 벡터화하기 전에 텍스트 데이터셋에서 중지 단어를 필터링해야 합니다.

- 중지 단어 필터링 후에도 지나치게 일반적인 특정 단어는 남아 있을 수 있습니다. 문서 빈도를 이용하여 이러한 단어 영향을 최소화할 수 있습니다. 단어의 문서 빈도는 해당 단어가 포함된 텍스트의 총 비율과 같습니다.

- 더 흔한 단어일수록 중요도가 떨어집니다. 따라서 의미가 적은 단어일수록 문서 빈도가 높습니다.

- 용어 빈도와 문서 빈도를 결합하여 TFIDF라는 단일 중요도 점수로 만들 수 있습니다. 일반적으로 TFIDF 벡터는 TF 벡터보다 더 많은 정보를 제공합니다. 사이킷런의 TfidfVectorizer 클래스를 사용하여 텍스트를 TFIDF 벡터로 변환할 수 있습니다. 이 벡터라이저는 유사도 계산을 쉽게 하려고 행이 자동으로 정규화된 TFIDF 행렬을 반환합니다.

- 그룹화하기 전에 큰 TFIDF 행렬은 차원을 줄여야 합니다. 권장 차원 수는 100입니다. 사이킷런의 차원 축소된 SVD 출력은 후속 분석 전에 정규화해야 합니다.

- 정규화되고 차원이 축소된 텍스트 데이터는 K-평균 또는 DBSCAN을 사용하여 그룹화할 수 있습니다. 안타깝게도 텍스트 클러스터링을 하는 중에는 DBSCAN의 파라미터를 최적화하기 어렵습니다. 따라서 K-평균이 여전히 선호되는 클러스터링 알고리즘입니다. 엘보 플롯을 사용하여 K를 추정할 수 있습니다. 데이터셋이 클 때는 런타임을 더 빠르게 할 수 있도록 MiniBatchKMeans로 그래프를 생성해야 합니다.

- 주어진 텍스트 클러스터에 대해 클러스터와 가장 관련성이 높은 단어를 보고 싶습니다. 클러스터가 나타내는 모든 행렬 행에 걸쳐 TFIDF 값을 합산하여 각 단어 순위를 매길 수 있습니다. 또 순위가 매겨진 단어를 단어로 구성된 2D 이미지인 워드 클라우드로 시각화할 수 있으며, 단어 크기는 중요도에 비례합니다.

- plt.subplots 함수를 사용하여 워드 클라우드 여러 개를 하나의 그림에 그릴 수 있습니다. 이 시각화를 통해 모든 클러스터에 걸쳐 모든 주요 단어 패턴을 한눈에 볼 수 있습니다.

16장

웹 페이지의
텍스트 추출하기

이 장에서 다루는 내용

- HTML로 웹 페이지 렌더링하기
- HTML 파일의 기본 구조 알아보기
- BeautifulSoup 라이브러리로 HTML 파일에서 텍스트 추출하기
- HTML 파일 내려받기

인터넷은 텍스트 데이터를 위한 훌륭한 자원입니다. 웹 페이지 수백만 개는 뉴스 기사, 백과사전, 과학 논문, 음식점 리뷰, 정치 토론, 특허, 기업 재무제표, 채용 공고 등 무한한 텍스트 콘텐츠를 제공합니다. 이러한 모든 페이지는 하이퍼텍스트 **마크업 언어**(HyperText Markup Language, HTML) 파일을 내려받아 분석할 수 있습니다. 마크업 언어는 문서에 주석을 달아 주석과 문서를 구분하는 시스템입니다. HTML은 웹 페이지를 시각화하는 지침을 제공하는 주석을 지원합니다.

웹 페이지 시각화는 일반적으로 웹 브라우저가 수행합니다. 먼저 웹 브라우저는 웹 주소인 URL을 기반으로 HTML을 내려받습니다. 그다음 웹 브라우저는 HTML 문서를 파싱하여 레이아웃 지침을 찾습니다. 마지막으로 웹 브라우저의 렌더링 엔진이 마크업 사양에 따라 모든 이미지와 텍스트의 형식을 지정하고 표시합니다. 렌더링된 페이지는 사람이 쉽게 읽을 수 있습니다.

물론 대규모 데이터 분석 중 모든 페이지를 렌더링할 필요는 없습니다. 컴퓨터는 시각화 없이도 문서 텍스트를 처리할 수 있습니다. 따라서 HTML 문서를 분석할 때는 렌더링될 지침을 의미하는 주석은 건너뛰고 텍스트에만 집중할 수 있습니다. 그렇지만 주석을 완전히 무시해서는 안 됩니다. 주석도 유용한 정보를 제공할 수 있기 때문입니다. 예를 들어 주석이 달린 문서 제목은 문서 내용을 간결하게 요약해 줍니다. 문서 주석으로 제목을 구분하면 많은 이점을 얻을 수 있습니다. 다양한 문서의 부분들을 구분할 수 있다면 더 많은 정보를 바탕으로 조사할 수 있겠죠. 따라서 웹 텍스트 분석에는 HTML 구조에 대한 기본적인 지식이 필수입니다. 이를 염두에 두고 이 장에서는 HTML 구조를 검토하는 것으로 시작합니다. 그다음 파이썬의 라이브러리로 HTML을 파싱하는 방법을 배웁니다.

> **노트** 기본 HTML에 이미 익숙하다면 16.2절로 넘어가도 좋습니다.

16.1 HTML 문서 구조

HTML 문서는 HTML 요소(element)로 구성됩니다. 각 요소는 문서의 구성 요소(component)에 해당합니다. 문서 제목과 단락들도 모두 개별 요소입니다. 요소가 시작되는 위치는 시작 태그(tag)로 구분됩니다. 예를 들어 제목의 시작 태그는 `<title>`, 단락의 시작 태그는 `<p>`입니다. 모든 시작 태그는 홑화살괄호 `<>`로 시작하고 끝납니다. 그리고 태그에 슬래시 `/`를 추가하면 끝 태그가 됩니다. 대부분 요소의 끝은 끝 태그로 구분되므로, 제목 텍스트 바로 다음에는 `</title>`로 시작하고 단락의 텍스트 뒤에는 `</p>`로 끝납니다.

곧 여러 가지 일반적인 HTML 태그를 살펴보겠습니다. 하지만 먼저 가장 중요한 HTML 태그인 전체 HTML 문서의 시작을 지정하는 `<html>` 태그를 소개해야 합니다. 이 태그를 활용하여 'Hello'라는 단 하나의 단어로 구성된 문서를 만들어 보겠습니다. `html_contents = "<html>Hello</html>"`로 코딩하여 문서 내용을 생성합니다.

코드 16-1 간단한 HTML 문자열 정의하기

```
html_contents = "<html>Hello</html>"
```

HTML은 웹 브라우저에서 렌더링되도록 고안된 문서입니다. 따라서 html_contents를 파일에 저장한 후 웹 브라우저에서 불러와야 시각적으로 렌더링된 결과를 확인할 수 있습니다. 다만 IPython.core.display 모듈의 HTML 및 display를 불러오면 파이썬의 주피터 노트북 환경에서도 html_contents를 렌더링할 수 있습니다. display(HTML(html_contents))를 실행하면 주피터 노트북 환경에서 렌더링된 결과를 확인할 수 있습니다(그림 16-1).

코드 16-2 HTML 문자열 렌더링하기

```
from IPython.core.display import display, HTML
def render(html_contents): display(HTML(html_contents))    ····· HTML을 시각화하는 데 반복적으로 사용될
render(html_contents)                                            한 줄로 구현된 렌더링 함수입니다.
```

▼ 그림 16-1 렌더링된 HTML 문서로, Hello라는 단일 단어를 포함합니다

```
Hello
```

HTML 문서를 렌더링했습니다. 한 단어로 구성되어 인상적이지는 않습니다. 게다가 제목도 지정되지 않았습니다. <title> 태그로 제목을 지정해 보겠습니다. 'Data Science is Fun'처럼 간단하게 설정합니다. 이를 위해 먼저 "<title>Data Science is Fun</title>"이라는 문자열을 만듭니다.

코드 16-3 HTML로 제목 정의하기

```
title = "<title>Data Science is Fun</title>"
```

이제 해당 문자열을 <html>과 </html> 사이에 위치시킨 후 갱신된 내용을 렌더링합니다(그림 16-2).

▼ 그림 16-2 렌더링된 HTML 문서
문서 제목은 렌더링된 결과에 출력되지 않습니다. 오직 Hello라는 단어만 보입니다

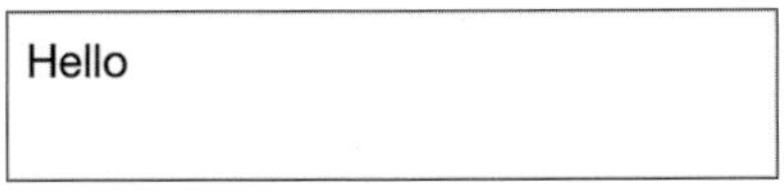

```
Hello
```

코드 16-4 HTML 문자열에 제목 추가하기

```
html_contents = f"<html>{title}Hello</html>"
render(html_contents)
```

출력은 이전과 동일합니다. 제목은 렌더링된 HTML 본문에는 나타나지 않고 웹 브라우저의 제목 표시줄에만 나타납니다(그림 16-3).

▼ 그림 16-3 HTML 문서를 렌더링한 웹 브라우저로, 제목은 웹 브라우저의 제목 표시줄에 나타납니다

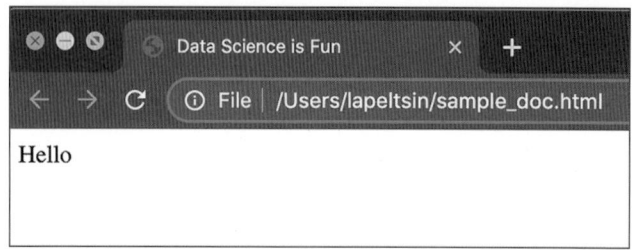

제목은 문서 내용을 요약하는 매우 중요한 정보를 제공합니다. 예를 들어 구인 공고 제목은 직무 성격을 직접적으로 요약합니다. 따라서 문서 본문에는 없지만 중요한 정보를 반영합니다. 이 같은 정보들은 일반적으로 <head> 및 <body> 태그로 구분되어 강조됩니다. <body> 태그는 출력 본문에 표시될 내용을, <head> 태그는 본문에는 렌더링되지 않지만 중요한 정보를 구분합니다. HTML의 <head>에 제목을 집어넣어 강조해 보겠습니다. 또 콘텐츠의 본문 요소에 보이는 Hello는 <body>에 집어넣습니다.

코드 16-5 HTML 문자열에 머리글과 본문 추가하기

```
head = f"<head>{title}</head>"
body = "<body>Hello</body>"
html_contents = f"<html>{title} {body}</html>"
```

웹 페이지 본문에 문서 제목을 표시하고 싶을 때가 있습니다. 예를 들어 채용 공고에서 고용주는 직무 이름을 표시하고 싶을 것입니다. 이 시각화된 제목을 페이지의 헤더(header)라고 하며 <h1> 태그로 구분합니다. 물론 이 태그는 모든 시각화된 콘텐츠가 소속되는 <body>에 포함되어야 합니다. HTML 본문에 헤더를 추가해 보죠(그림 16-4).

코드 16-6 HTML 문자열에 헤더 추가하기

```
header = "<h1>Data Science is Fun</h1>"
body = f"<body>{header}Hello</body>"
html_contents = f"<html>{title} {body}</html>"
render(html_contents)
```

HTML 요소들은 러시아 전통 인형인 마트료시카처럼 중첩될 수 있습니다. 여기에서는 header 요소를 body 요소 속에 중첩시키고, body와 title 요소를 <html>~</html> 태그 안에 중첩시켰습니다.

▼ 그림 16-4 렌더링된 HTML 문서로, 큰 헤더가 나타납니다

Data Science is Fun
Hello

큰 헤더에 비해 Hello라는 단어가 매우 작아서 어색해 보입니다. 일반적으로 HTML 문서는 본문에 단어를 두 개 이상 포함하길 권장하며, 보통 여러 단락에 여러 문장이 포함됩니다. 앞서 언급한 대로 단락에는 <p> 태그가 사용됩니다.

HTML에 두 단락을 연속으로 추가해 보겠습니다(그림 16-5). 첫 번째 단락에는 Paragraph 0 문자열을 40번 반복해서 표현하고, 그다음 단락에서는 0을 1로 바꾸어 Paragraph 1 문자열을 40번 반복하여 표현해서 두 단락을 만듭니다.

코드 16-7 HTML 문자열에 단락 추가하기

```
paragraphs = ''
for i in range(2):
    paragraph_string = f"Paragraph {i} " * 40
    paragraphs += f"<p>{paragraph_string}</p>"

body = f"<body>{header}{paragraphs}</body>"
html_contents = f"<html>{title} {body}</html>"
render(html_contents)
```

▼ 그림 16-5 렌더링된 HTML 문서로, 두 단락이 나타납니다

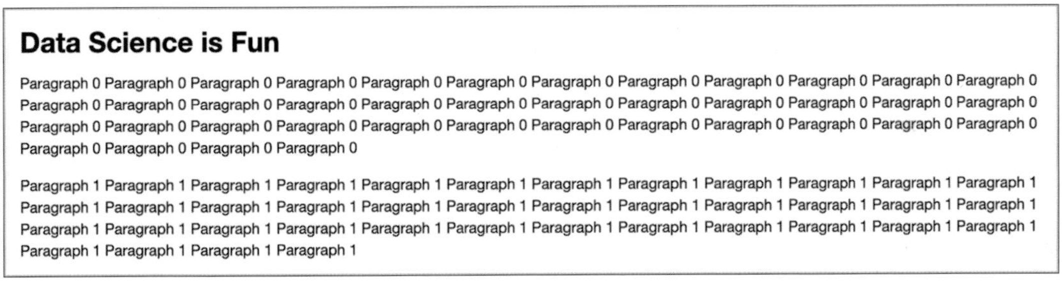

Data Science is Fun

Paragraph 0 Paragraph 0

Paragraph 1 Paragraph 1

HTML에 단락 요소를 삽입했습니다. 내부 텍스트로 누가 누구인지 구분할 수 있지만, 두 곳에 모두 동일한 <p> 태그를 사용했습니다. 따라서 HTML 문서를 파싱할 때는 누가 누구인지 쉽게 파악하기가 어렵습니다. 때때로 태그 간 차이를 훨씬 뚜렷하게 만들어야 할 상황에 놓이기도 합니다(특히 각 단락 형식이 고유한 경우). 태그의 대괄호 속에 고유 ID를 할당하면 각 태그를 구분할 수 있습니다. 예를 들어 첫 번째 단락을 <p id="paragraph 0">으로 작성하면 첫 번째 단락을 'paragraph 0'이라고 식별할 수 있는 식입니다. 추가된 ID를 HTML 요소의 속성이라고 합니다. 속성은 유용한 태그 정보를 추적하려고 시작 태그 속에 삽입합니다. <p> 태그에 ID 속성을 추가합니다. 나중에 이 속성으로 단락을 구분할 때 사용됩니다.

코드 16-8 단락에 ID 속성 추가하기

```
paragraphs = ''
for i in range(2):
    paragraph_string = f"Paragraph {i} " * 40
    attribute = f"id='paragraph {i}'"
    paragraphs += f"<p {attribute}>{paragraph_string}</p>"

body = f"<body>{header}{paragraphs}</body>"
html_contents = f"<html>{title} {body}</html>"
```

HTML 속성은 중요한 역할을 합니다. 특히 여러 문서를 연결할 때 필요합니다. 인터넷은 클릭 가능한 텍스트에 하이퍼링크를 심어 웹 페이지를 연결하는 방식으로 구축되어 있습니다. 하이퍼링크를 클릭하면 또 다른 HTML 문서로 이동합니다. 각 하이퍼링크에는 텍스트를 클릭할 수 있게 해 주는 <a>라는 앵커 태그가 사용됩니다.

그러나 링크된 문서 주소를 지정하려면 추가 정보가 필요합니다. href 속성이 해당 정보를 제공하는 데 사용됩니다. 여기에서 href는 하이퍼텍스트 참조(hypertext reference)를 의미합니다. 예를 들어 <a href="https://www.manning.com">은 해당 텍스트를 매닝 웹 사이트로 연결합니다.

코드 16-9는 'Data Science Bookcamp'라는 하이퍼링크가 삽입된 텍스트를 만들어 해당 텍스트를 클릭했을 때 책의 웹 사이트로 연결되도록 하는 코드를 보여 줍니다. 한 하이퍼링크를 paragraph 3이라는 ID가 부여된 신규 단락에 삽입합니다(그림 16-6).

▼ 그림 16-6 렌더링된 HTML 문서
클릭 가능한 링크를 포함한 단락을 하나 더 추가했으며 이를 클릭하면 Data Science Bookcamp 웹 사이트로 연결됩니다

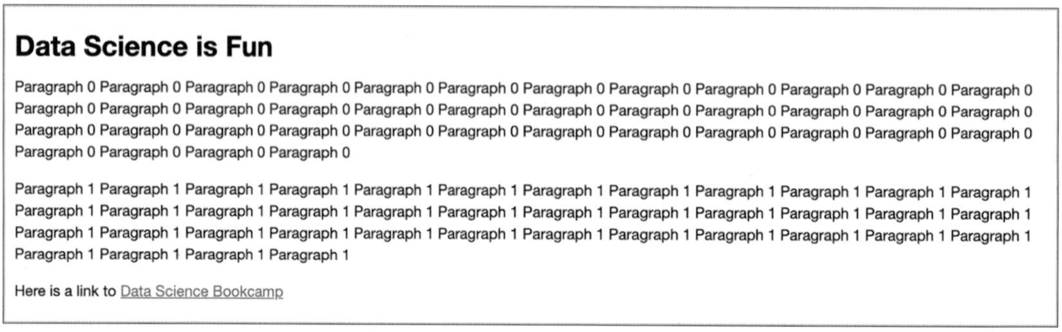

Data Science is Fun

Paragraph 0 Paragraph 0

Paragraph 1 Paragraph 1

Here is a link to Data Science Bookcamp

코드 16-9 HTML 문자열에 하이퍼링크 추가하기

```
link_text = "Data Science Bookcamp"
url = "https://www.manning.com/books/data-science-bookcamp"
hyperlink = f"<a href='{url}'>{link_text}</a>"   ······ 클릭 가능한 하이퍼링크로, Data Science Bookcamp라는
                                                         문자열을 클릭하면 책의 웹 사이트로 이동합니다.
new_paragraph = f"<p id='paragraph 2'>Here is a link to {hyperlink}</p>"
paragraphs += new_paragraph
body = f"<body>{header}{paragraphs}</body>"
html_contents = f"<html>{title} {body}</html>"
render(html_contents)
```

HTML 텍스트 요소는 복잡성이 다양할 수 있습니다. 헤더와 단락뿐만 아니라 HTML 문서의 텍스트 목록도 시각화할 수 있습니다. 예를 들어 인기 있는 데이터 과학 라이브러리 목록을 표시하고 싶다고 가정해 보겠습니다. 먼저 파이썬으로 목록을 정의합니다.

코드 16-10 데이터 과학 라이브러리 목록 정의하기

```
libraries = ['NumPy', 'SciPy', 'Pandas', 'Scikit-Learn']
```

이제 목록의 모든 항목을 항목들을 구분하는 `<li>` 태그로 감싸 줍니다. 이러한 항목을 항목 문자열에 저장합니다.

코드 16-11 `<li>` 태그로 목록 항목 구분하기

```
items = ''
for library in libraries:
    items += f"<li>{library}</li>"
```

마지막으로 items 문자열을 **비정형 목록**(unstructured list)을 의미하는 `<ul>` 태그 속에 집어넣습니다. 그다음 HTML 본문에 ul 요소를 추가합니다. 또 단락과 목록 사이에 'Common Data Science Libraries'라는 두 번째 헤더를 삽입합니다. 두 번째 헤더는 첫 번째 헤더와 구분할 수 있도록 `<h2>` 태그를 사용합니다(그림 16-7).

코드 16-12 HTML 문자열에 구조화되지 않은 목록 추가하기

```
unstructured_list = f"<ul>{items}</ul>"
header2 = '<h2>Common Data Science Libraries</h2>'
body = f"<body>{header}{paragraphs}{header2}{unstructured_list}</body>"
html_contents = f"<html>{title} {body}</html>"
render(html_contents)
```

▼ 그림 16-7 렌더링된 HTML 문서로, Common Data Science Libraries라는 헤더와 라이브러리 목록이 추가되었습니다

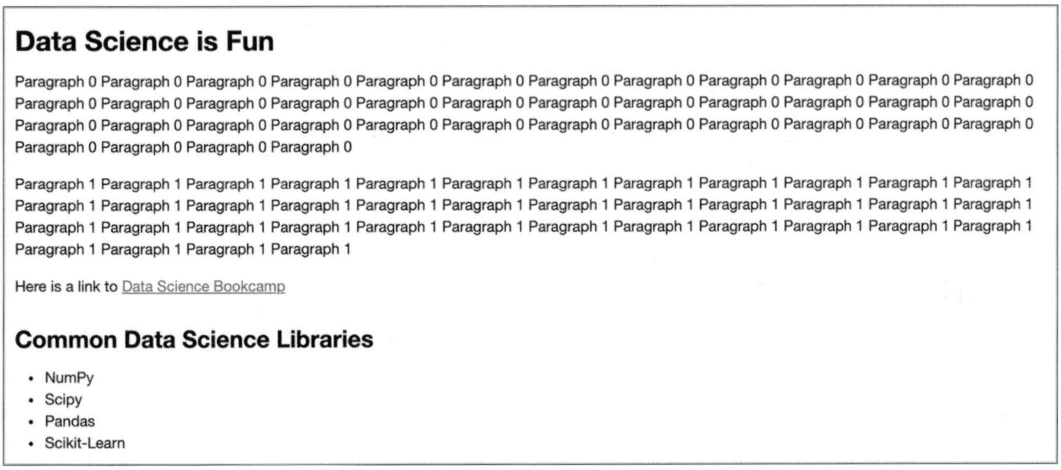

Data Science is Fun

Paragraph 0 Paragraph 0

Paragraph 1 Paragraph 1

Here is a link to Data Science Bookcamp

Common Data Science Libraries

- NumPy
- Scipy
- Pandas
- Scikit-Learn

데이터 과학 라이브러리 목록은 글머리 기호로 표시되었습니다. 각 글머리 기호는 별도의 줄에 표시됩니다. 일반적으로 이러한 글머리 기호는 데이터 과학 라이브러리, 아침 식사 음식, 채용 공고에 필요한 기술 등 다양한 범주를 나타내는 데 사용됩니다.

이 시점에서 HTML 본문이 두 부분으로 나뉘었다는 점에 주목해야 합니다. 첫 번째는 연속된 세 단락이고, 두 번째는 글머리 기호가 붙은 목록에 해당합니다. 일반적으로 서로 다른 부분들은 `<div>` 태그로 구분하는 편입니다. 모두 같아 보이는 각 `<div>` 태그는 몇 가지 속성을 이용하여 구분합니다. 특정한 부분에만 적용되어야 한다면 id 속성을, 둘 이상의 부분에 공유될 수 있다면 class 속성을 사용합니다.

일관성을 위해 두 부분을 두 개의 다른 <div>에 중첩하여 나눕니다. 첫 번째 <div> 요소에는 paragraphs라는 ID를, 두 번째 <div> 요소에는 list라는 ID를 할당합니다. 또 두 부분 모두 텍스트만 포함하므로 각 요소의 class 속성에 text라는 값을 할당합니다. 본문에는 세 번째의 빈 <div> 요소를 추가하는데, 이 요소는 나중에 사용됩니다.

코드 16-13 HTML 문자열에 구분 기호 추가하기

```
div1 = f"<div id='paragraphs' class='text'>{paragraphs}</div>"
div2 = f"<div id='list' class='text'>{header2}{unstructured_list}</div>"
div3 = "<div id='empty' class='empty'></div>"   ----- 세 번째 부분은 비어 있지만 여전히 class 및 ID로 접근할 수 있습니다.
body = f"<body>{header}{div1}{div2}{div3}</body>"   잠시 후 이곳에 텍스트를 추가하는데, 이때 이 속성을 활용합니다.
html_contents = f"<html>{title} {body}</html>"
```

> **노트** 일반적인 HTML 요소 및 속성
>
> - `<html>...</html>`: 전체 HTML 문서를 구분합니다.
> - `<title>...</title>`: 문서 제목을 표현합니다. 이 제목은 웹 브라우저의 제목 표시줄에 표시되며, 렌더링된 콘텐츠에는 표시되지 않습니다.
> - `<head>...</head>`: 문서 머리글입니다. 헤드 정보는 웹 브라우저의 렌더링된 콘텐츠에 표시되지 않습니다.
> - `<body>...</body>`: 문서 본문입니다. 본문 정보는 웹 브라우저에서 렌더링된 콘텐츠에 표시되도록 합니다.
> - `<h1>...</h1>`: 문서 헤더입니다. 일반적으로 크고 굵은 글자로 렌더링됩니다.
> - `<h2>...</h2>`: 문서 헤더로, 형식이 <h1>과 약간 다릅니다.
> - `<p>...</p>`: 문서의 단일 단락입니다.
> - `<p id="unique_id">...</p>`: 문서의 단일 단락에 다른 문서 요소와 공유되지 않는 고유 ID 속성이 포함되어 있습니다.
> - `<a href="http://www.manning.com">...</a>`: 클릭 가능한 텍스트 하이퍼링크입니다. 텍스트를 클릭하면 href 속성에 지정된 URL로 사용자가 전송합니다.
> - `<ul>...</ul>`: 웹 브라우저에서 렌더링된 콘텐츠에 글머리 기호로 표시되는 개별 목록 항목으로 구성된 구조화되지 않은 목록입니다.
> - `<li>...</li>`: 구조화되지 않은 목록의 개별 목록 항목입니다.
> - `<div>...</div>`: 문서의 특정 하위 장을 구분합니다.
> - `<div class="category_class">...</div>`: 문서의 특정 하위 장을 구분하는 <div>입니다. class 속성에는 category_class가 할당됩니다. 고유한 ID와 달리 class는 HTML의 다른 요소 사이에서 공유될 수 있습니다.

html_contents 문자열을 많이 변경했습니다. 변경된 내용을 검토해 보겠습니다.

코드 16-14 변경된 HTML 문자열 출력하기

```
print(html_contents)
```

▶ 실행결과

```
<html> <title>Data Science is Fun</title><body><h1>Data Science is Fun</h1>
<div id='paragraphs' class='text'><p id='paragraph 0'>Paragraph 0
Paragraph 0 Paragraph 0 Paragraph 0 Paragraph 0 Paragraph 0 Paragraph 0
Paragraph 0 Paragraph 0 Paragraph 0 Paragraph 0 Paragraph 0 Paragraph 0
Paragraph 0 Paragraph 0 Paragraph 0 Paragraph 0 Paragraph 0 Paragraph 0
```

```
Paragraph 0 Paragraph 0 Paragraph 0 Paragraph 0 Paragraph 0 Paragraph 0
Paragraph 0 Paragraph 0 Paragraph 0 Paragraph 0 Paragraph 0 Paragraph 0
Paragraph 0 Paragraph 0 Paragraph 0 Paragraph 0 Paragraph 0 Paragraph 0
Paragraph 0 Paragraph 0 Paragraph 0 </p><p id='paragraph 1'>Paragraph 1
Paragraph 1 Paragraph 1 Paragraph 1 Paragraph 1 Paragraph 1 Paragraph 1
Paragraph 1 Paragraph 1 Paragraph 1 Paragraph 1 Paragraph 1 Paragraph 1
Paragraph 1 Paragraph 1 Paragraph 1 Paragraph 1 Paragraph 1 Paragraph 1
Paragraph 1 Paragraph 1 Paragraph 1 Paragraph 1 Paragraph 1 Paragraph 1
Paragraph 1 Paragraph 1 Paragraph 1 Paragraph 1 Paragraph 1 Paragraph 1
Paragraph 1 Paragraph 1 Paragraph 1 </p><p id='paragraph 2'>
Here is a link to <a href='https://www.manning.com/books/data-science-bookcamp'>
Data Science Bookcamp</a></p></div><div id='list' class='text'>
<h2>Common Data Science Libraries</h2><ul><li>NumPy</li>
<li>SciPy</li><li>Pandas</li><li>Scikit-Learn</li>
</ul></div><div id='empty' class='empty'></div></body></html>
```

엉망으로 출력되었습니다. 거의 읽지 못할 수준입니다. 또 html_contents에서 개별 요소를 추출하기도 매우 어렵습니다. HTML 문서 제목을 추출하려고 먼저 > 괄호에서 html_contents를 분할해야 한다고 상상해 보세요. 분할된 결과를 반복하여 <title 같은 문자열을 만나면 멈추어야 하고, 그다음 인덱스를 하나 이동하여 제목의 텍스트가 포함된 문자열을 추출하고, 마지막에는 나머지 < 괄호에서 분할하여 제목 문자열을 정리해야 합니다. 이 복잡한 추출 과정은 다음 코드처럼 표현될 수 있습니다.

코드 16-15 기본 파이썬으로 HTML 제목 추출하기

```
split_contents = html_contents.split('>')
for i, substring in enumerate(split_contents):    ----- > 뒤에 오는 각 부분 문자열을 반복적으로 접근합니다.
    if substring.endswith('<title'):    ------------ title 시작 태그로 끝나는 하위 부분 문자열을 발견하는 경우에 해당합니다.
        next_string = split_contents[i+1]           즉, 그다음 부분 문자열에는 곧 제목이 포함되어 있습니다.
        title = next_string.split('<')[0]
        print(title)
        break
```

▶ 실행결과

```
Data Science is Fun
```

HTML 문서에서 요소를 추출하는 더 깔끔한 방법은 없을까요? 다행히도 우리가 직접 문서를 수동으로 파싱하지 않아도 됩니다. 그 대신 BeautifulSoup 라이브러리를 활용하면 되죠.

16.2 BeautifulSoup으로 HTML 파싱하기

먼저 BeautifulSoup 라이브러리를 설치합니다. 그다음 bs4 패키지에서 BeautifulSoup 클래스를 불러옵니다. 관례에 따라 BeautifulSoup을 간단히 bs라는 이명을 붙여 불러옵니다.

> **노트** `pip install bs4` 명령어를 실행하여 BeautifulSoup 라이브러리를 설치합니다.

코드 16-16 BeautifulSoup 클래스 불러오기

```
from bs4 import BeautifulSoup as bs
```

이제 bs(html_contents)를 실행하여 BeautifulSoup 클래스 객체를 생성합니다. 관례에 따라 초기화된 객체를 이름이 soup인 변수에 할당합니다(코드 16-17).

> **노트** 기본적으로 bs 클래스는 파이썬의 내장 HTML 파서(parser)로 HTML 콘텐츠를 추출합니다. 그러나 외부 라이브러리를 활용하면 파싱을 더 효율적으로 할 수 있습니다. 널리 사용되는 라이브러리 중 하나는 `pip install lxml`로 설치할 수 있는 lxml입니다. 설치했다면 bs(html_contents, 'lxml')처럼 bs 객체를 생성할 때 사용할 파서로 lxml을 지정할 수 있습니다.

코드 16-17 HTML 문자열로 BeautifulSoup 객체 생성하기

```
soup = bs(html_contents)
```

soup 객체는 파싱된 HTML의 모든 요소를 추적합니다. 그리고 이를 깔끔하고 읽기 쉬운 형식으로 출력하는 soup.prettify() 메서드를 제공합니다.

코드 16-18 읽기 쉬운 형식으로 HTML 출력하기

```
print(soup.prettify())
```

▶ 실행결과

```
<html>
  <head>
    <title>
      Data Science is Fun
    </title>
  </head>
  <body>
    <h1>
      Data Science is Fun
    </h1>
    <div class="text" id="paragraphs">
      <p id="paragraph 0">
        Paragraph 0 Paragraph 0 Paragraph 0 Paragraph 0 Paragraph 0 Paragraph 0
  Paragraph 0 Paragraph 0 Paragraph 0 Paragraph 0 Paragraph 0 Paragraph 0
  Paragraph 0 Paragraph 0 Paragraph 0 Paragraph 0 Paragraph 0 Paragraph 0
```

```
        Paragraph 0 Paragraph 0 Paragraph 0 Paragraph 0 Paragraph 0 Paragraph 0
        Paragraph 0 Paragraph 0 Paragraph 0 Paragraph 0 Paragraph 0 Paragraph 0
        Paragraph 0 Paragraph 0 Paragraph 0 Paragraph 0 Paragraph 0 Paragraph 0
        Paragraph 0 Paragraph 0 Paragraph 0 Paragraph 0
      </p>
      <p id="paragraph 1">
        Paragraph 1 Paragraph 1 Paragraph 1 Paragraph 1 Paragraph 1 Paragraph 1
        Paragraph 1 Paragraph 1 Paragraph 1 Paragraph 1 Paragraph 1 Paragraph 1
        Paragraph 1 Paragraph 1 Paragraph 1 Paragraph 1 Paragraph 1 Paragraph 1
        Paragraph 1 Paragraph 1 Paragraph 1 Paragraph 1 Paragraph 1 Paragraph 1
        Paragraph 1 Paragraph 1 Paragraph 1 Paragraph 1 Paragraph 1 Paragraph 1
        Paragraph 1 Paragraph 1 Paragraph 1 Paragraph 1 Paragraph 1 Paragraph 1
        Paragraph 1 Paragraph 1 Paragraph 1 Paragraph 1
      </p>
      <p id="paragraph 2">
        Here is a link to
        <a href="https://www.manning.com/books/data-science-bookcamp">
          Data Science Bookcamp
        </a>
      </p>
    </div>
    <div class="text" id="list">
      <h2>
        Common Data Science Libraries
      </h2>
      <ul>
        <li>
          NumPy
        </li>
        <li>
          SciPy
        </li>
        <li>
          Pandas
        </li>
        <li>
          Scikit-Learn
        </li>
      </ul>
    </div>
    <div class="empty" id="empty">
    </div>
  </body>
</html>
```

soup 객체의 find 메서드는 제목 등 개별 요소에 접근할 수 있게 해 줍니다. 예를 들어 soup.find('title')은 title이라는 태그로 감싼(시작 및 끝 태그로) 모든 콘텐츠를 반환합니다.

코드 16-19 BeautifulSoup으로 제목 추출하기

```
title = soup.find('title')
print(title)
```

▶ 실행결과

```
<title>Data Science is Fun</title>
```

<title> 태그로 구분된 HTML 문자열이 출력된 것으로 보이지만, 실제로 BeautifulSoup의 Tag라는 클래스로 title 태그가 표현된 것입니다. type(title)을 출력하면 이를 확인할 수 있습니다.

코드 16-20 타이틀의 데이터 유형 출력하기

```
print(type(title))
```

▶ 실행결과

```
<class 'bs4.element.Tag'>
```

각 Tag 객체는 태그 속에 포함된 텍스트를 관리하는 text 속성을 가집니다. 따라서 title.text를 출력해 보면 Data Science if Fun이라는 문자열을 얻을 수 있습니다.

코드 16-21 title의 text 속성 출력하기

```
print(title.text)
```

▶ 실행결과

```
Data Science is Fun
```

soup.find('title')로 <title> 태그에 접근했습니다. 해당 태그에 접근하는 또 다른 방식은 soup.title를 사용하는 것입니다. 즉, soup.title.text는 title.text와 동일합니다.

코드 16-22 BeautifulSoup으로 title의 text 속성에 접근하기

```
assert soup.title.text == title.text
```

같은 방식으로 soup.body를 사용하여 문서 본문에 접근할 수 있습니다. 다음 코드는 HTML 본문의 모든 텍스트를 출력합니다.

코드 16-23 BeautifulSoup으로 본문 텍스트 속성(body) 접근하기

```
body = soup.body
print(body.text)
```

▶ 실행결과

```
Data Science is FunParagraph 0 Paragraph 0 Paragraph 0 Paragraph 0 Paragraph 0 Paragraph 0
Paragraph 0 Paragraph 0 Paragraph 0 Paragraph 0 Paragraph 0 Paragraph 0 Paragraph 0
Paragraph 0 Paragraph 0 Paragraph 0 Paragraph 0 Paragraph 0 Paragraph 0 Paragraph 0
Paragraph 0 Paragraph 0 Paragraph 0 Paragraph 0 Paragraph 0 Paragraph 0 Paragraph 0
```

Paragraph 0 Paragraph 0 Paragraph 0 Paragraph 0 Paragraph 0 Paragraph 0 Paragraph 0 Paragraph 0
Paragraph 0 Paragraph 0 Paragraph 1 Paragraph 1 Paragraph 1 Paragraph 1 Paragraph 1 Paragraph 1
Paragraph 1 Paragraph 1 Paragraph 1 Paragraph 1 Paragraph 1 Paragraph 1 Paragraph 1 Paragraph 1
Paragraph 1 Paragraph 1 Paragraph 1 Paragraph 1 Paragraph 1 Paragraph 1 Paragraph 1 Paragraph 1
Paragraph 1 Paragraph 1 Paragraph 1 Paragraph 1 Paragraph 1 Paragraph 1 Paragraph 1 Paragraph 1
Paragraph 1 Paragraph 1 Paragraph 1 Paragraph 1 Paragraph 1 Paragraph 1 Paragraph 1 Paragraph 1
Paragraph 1 Paragraph 1
Here is a link to Data Science BookcampCommon Data Science:
LibrariesNumPySciPyPandasScikit-Learn

본문에 포함된 모든 텍스트가 출력되었습니다. 이 텍스트 덩어리에는 머리글, 글머리 기호, 단락 등이 포함됩니다. 사실상 가독성은 매우 떨어집니다. 따라서 출력 범위를 좁힐 필요가 있습니다. `body.p.text`로 첫 번째 단락의 텍스트만 출력해 보겠습니다. 또는 `soup.p.text`를 출력해도 동일합니다.

코드 16-24 첫 번째 단락의 텍스트에 접근하기

```
assert body.p.text == soup.p.text
print(soup.p.text)
```

▶ 실행결과

Paragraph 0 Paragraph 0 Paragraph 0 Paragraph 0 Paragraph 0 Paragraph 0 Paragraph 0 Paragraph 0
Paragraph 0 Paragraph 0 Paragraph 0 Paragraph 0 Paragraph 0 Paragraph 0 Paragraph 0 Paragraph 0
Paragraph 0 Paragraph 0 Paragraph 0 Paragraph 0 Paragraph 0 Paragraph 0 Paragraph 0 Paragraph 0
Paragraph 0 Paragraph 0 Paragraph 0 Paragraph 0 Paragraph 0 Paragraph 0 Paragraph 0 Paragraph 0
Paragraph 0 Paragraph 0 Paragraph 0 Paragraph 0 Paragraph 0 Paragraph 0 Paragraph 0 Paragraph 0

`body.p`는 본문의 첫 번째 단락을 반환합니다. 나머지 두 단락도 모두 접근하고 싶다면 `find_all` 메서드를 사용합니다. `body.find_all('p')`는 본문의 모든 `<p>` 태그를 리스트로 반환합니다.

코드 16-25 본문 내 모든 단락에 접근하기

```
paragraphs = body.find_all('p')
for i, paragraph in enumerate(paragraphs):
    print(f"\nPARAGRAPH {i}:")
    print(paragraph.text)
```

▶ 실행결과

PARAGRAPH 0:
Paragraph 0 Paragraph 0 Paragraph 0 Paragraph 0 Paragraph 0 Paragraph 0 Paragraph 0 Paragraph 0
Paragraph 0 Paragraph 0 Paragraph 0 Paragraph 0 Paragraph 0 Paragraph 0 Paragraph 0 Paragraph 0
Paragraph 0 Paragraph 0 Paragraph 0 Paragraph 0 Paragraph 0 Paragraph 0 Paragraph 0 Paragraph 0
Paragraph 0 Paragraph 0 Paragraph 0 Paragraph 0 Paragraph 0 Paragraph 0 Paragraph 0 Paragraph 0
Paragraph 0 Paragraph 0 Paragraph 0 Paragraph 0 Paragraph 0 Paragraph 0 Paragraph 0 Paragraph 0

PARAGRAPH 1:
Paragraph 1 Paragraph 1 Paragraph 1 Paragraph 1 Paragraph 1 Paragraph 1 Paragraph 1 Paragraph 1
Paragraph 1 Paragraph 1 Paragraph 1 Paragraph 1 Paragraph 1 Paragraph 1 Paragraph 1 Paragraph 1

```
Paragraph 1 Paragraph 1 Paragraph 1 Paragraph 1 Paragraph 1 Paragraph 1 Paragraph 1 Paragraph 1
Paragraph 1 Paragraph 1 Paragraph 1 Paragraph 1 Paragraph 1 Paragraph 1 Paragraph 1 Paragraph 1
Paragraph 1 Paragraph 1 Paragraph 1 Paragraph 1 Paragraph 1 Paragraph 1 Paragraph 1 Paragraph 1

PARAGRAPH 2:
Here is a link to Data Science Bookcamp
```

마찬가지로 body.find_all('li')는 모든 글머리 기호에 접근합니다. find_all을 활용하여 본문의 모든 글머리 기호에 나열된 라이브러리 이름들을 출력해 보겠습니다.

코드 16-26 본문의 모든 글머리 기호에 접근하기

```python
print([bullet.text for bullet in body.find_all('li')])
```

▶ 실행결과

```
['NumPy', 'Scipy', 'Pandas', 'Scikit-Learn']
```

find와 find_all 메서드를 사용하면 태그 유형 및 속성별 요소를 검색할 수 있습니다. 고유 ID가 x인 요소에 접근하고 싶다고 가정해 보죠. 그러면 find(id='x')를 실행하기만 하면 됩니다. 다음 코드는 ID가 paragraph 2인 마지막 단락 텍스트를 출력합니다.

코드 16-27 ID로 특정 단락 접근하기

```python
paragraph_2 = soup.find(id='paragraph 2')
print(paragraph_2.text)
```

▶ 실행결과

```
Here is a link to Data Science Bookcamp
```

paragraph_2에는 Data Science Bookcamp에 대한 링크도 포함되어 있습니다. 해당 링크의 URL은 href 속성에 저장되어 있습니다. BeautifulSoup의 get 메서드로 모든 속성에 접근할 수 있습니다. 따라서 paragraph_2.get('id')는 paragraph 2를, paragraph_2.a.get('href')는 URL을 반환합니다.

코드 16-28 태그 속성에 접근하기

```python
assert paragraph_2.get('id') == 'paragraph 2'
print(paragraph_2.a.get('href'))
```

▶ 실행결과

```
https://www.manning.com/books/data-science-bookcamp
```

모든 속성 ID는 HTML 콘텐츠 내에서 고유한 값으로 할당됩니다. 하지만 모든 속성이 고유한 것은 아닙니다. 예를 들어 <div> 요소 세 개 중 두 개는 text라는 class 속성을 공유하는 반면, 세 번째 <div> 요소는 empty라는 고유 class를 가집니다. 그런데 body.find_all('div')는 <div> 요소 세 개를 모두 반환합니다. class 속성이 text로 설정된 처음 두 <div> 요소만 얻으려면 어떻게 해야 할까요? body.find_all('div', class_='text')를 실행하면 됩니다. class_ 파라미터는 class 속성이 지정된 값에 일치하는 것만 필터링할 수 있게 해 줍니다. 코드 16-29는 이 과정을 보여 줍니다.

> **노트** 왜 class 대신 class_라는 이름을 사용했을까요? 파이썬에서 class 키워드는 새로운 클래스를 정의하는 데 사용되는 특수 식별자입니다. BeautifulSoup에서는 이 키워드를 피하려고 class_라는 이름의 매개변수를 지정했습니다.

코드 16-29 공유 클래스 속성으로 특정 div에 접근하기

```
for division in body.find_all('div', class_='text'):
    id_ = division.get('id')
    print(f"\nID가 '{id_}'인 div:")
    print(division.text)
```

▶ 실행결과

```
ID가 'paragraphs'인 div:
Paragraph 0 Paragraph 0 Paragraph 0 Paragraph 0 Paragraph 0 Paragraph 0 Paragraph 0 Paragraph 0
Paragraph 0 Paragraph 0 Paragraph 0 Paragraph 0 Paragraph 0 Paragraph 0 Paragraph 0 Paragraph 0
Paragraph 0 Paragraph 0 Paragraph 0 Paragraph 0 Paragraph 0 Paragraph 0 Paragraph 0 Paragraph 0
Paragraph 0 Paragraph 0 Paragraph 0 Paragraph 0 Paragraph 0 Paragraph 0 Paragraph 0 Paragraph 0
Paragraph 0 Paragraph 0 Paragraph 0 Paragraph 0 Paragraph 0 Paragraph 0 Paragraph 0 Paragraph 0
Paragraph 1 Paragraph 1 Paragraph 1 Paragraph 1 Paragraph 1 Paragraph 1 Paragraph 1 Paragraph 1
Paragraph 1 Paragraph 1 Paragraph 1 Paragraph 1 Paragraph 1 Paragraph 1 Paragraph 1 Paragraph 1
Paragraph 1 Paragraph 1 Paragraph 1 Paragraph 1 Paragraph 1 Paragraph 1 Paragraph 1 Paragraph 1
Paragraph 1 Paragraph 1 Paragraph 1 Paragraph 1 Paragraph 1 Paragraph 1 Paragraph 1 Paragraph 1
Paragraph 1 Paragraph 1 Paragraph 1 Paragraph 1 Paragraph 1 Paragraph 1 Paragraph 1 Paragraph 1
Here is a link to Data Science Bookcamp

ID가 'list'인 div:
Common Data Science LibrariesNumPyScipyPandasScikit-Learn
```

지금까지는 BeautifulSoup을 HTML의 요소에 접근하는 데만 사용했습니다. 하지만 편집도 가능합니다. 예를 들어 특정 Tag 객체에 대해 tag.decompose()를 실행하면 해당 객체를 삭제할 수 있습니다. decompose 메서드는 해당 요소를 전체 HTML 구조에서 완전히 제거합니다. 따라서 body.find(id='paragraph 0'). decompose()를 호출하면 첫 번째 단락의 모든 흔적을 제거할 수 있습니다. 또 soup.find(id='paragraph 1').decompose()는 soup 객체와 body 객체 모두에서 두 번째 단락을 삭제합니다. 그러면 세 번째 단락만 남겠죠.

코드 16-30 BeautifulSoup으로 특정 단락 삭제하기

```
body.find(id='paragraph 0').decompose()
soup.find(id='paragraph 1').decompose()      ····· decompose 메서드는 모든 중첩된 Tag 객체도 삭제합니다. soup 객체로
print(body.find(id='paragraphs').text)              해당 단락을 삭제하면 body에서도 삭제됩니다.
```

▶ 실행결과

```
Here is a link to Data Science Bookcamp
```

또 신규 태그를 삽입할 수도 있습니다. 마지막 <div> 요소에 신규 단락을 삽입하고 싶다고 가정해 보죠. 그러려면 먼저 soup.new_tag('p')로 신규 <p> 요소를 만들어야 합니다.

코드 16-31 빈 <p> 태그 초기화하기

```
new_paragraph = soup.new_tag('p')
print(new_paragraph)
```

▶ 실행결과

```
<p></p>
```

다음은 new_paragraph.string에 텍스트를 할당하여 속성을 갱신하는 방법을 보여 줍니다. new_paragraph.string = x를 실행하면 단락의 텍스트가 x로 설정됩니다.

코드 16-32 빈 단락의 텍스트 갱신하기

```
new_paragraph.string = "This paragraph is new"
print(new_paragraph)
```

▶ 실행결과

```
<p>This paragraph is new</p>
```

▼ **그림 16-8** 렌더링된 HTML 문서
문서가 편집되어 원래 단락 세 개 중 두 개가 제거되고 새 단락이 삽입되었습니다

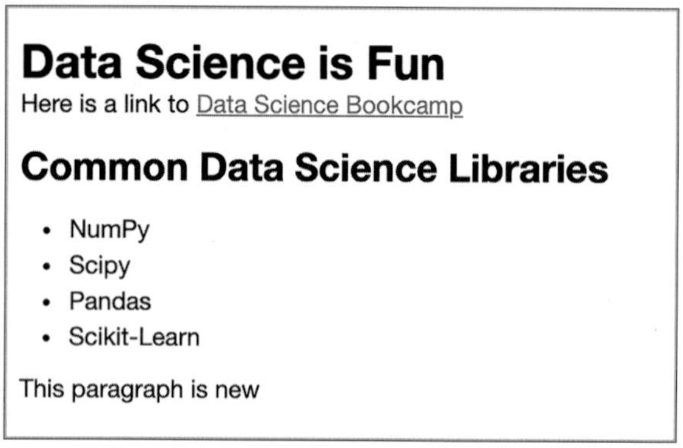

Data Science is Fun
Here is a link to Data Science Bookcamp

Common Data Science Libraries
- NumPy
- Scipy
- Pandas
- Scikit-Learn

This paragraph is new

마지막으로 갱신된 new_paragraph를 기존 Tag 객체에 추가합니다. tag1과 tag2라는 두 Tag 객체에 대해 tag2.append(tag1)은 tag1을 tag2에 삽입합니다. 이 방식을 활용하면 soup.find(id='empty').append(new_paragraph)로 빈 <div>에 신규 단락을 추가할 수 있습니다. HTML을 갱신한 후 그 결과를 렌더링하여 변경 사항을 확인합니다(그림 16-8).

코드 16-33 BeautifulSoup으로 단락 삽입하기

```
soup.find(id='empty').append(new_paragraph)
render(soup.prettify())
```

> **노트** 일반적인 BeautifulSoup 메서드
> - `soup = bs(html_contents)`: 파싱된 html_contents의 HTML 요소로 BeautifulSoup 객체를 생성합니다.
> - `soup.prettify()`: 파싱된 HTML 문서를 깔끔하고 읽기 쉬운 형식으로 반환합니다.
> - `title = soup.title`: title 요소에 대한 Tag 객체를 반환합니다.
> - `title = soup.find('title')`: title 요소에 대한 Tag 객체를 반환합니다.
> - `tag_object = soup.find('element_tag')`: 지정된 element_tag로 구분한 첫 번째 HTML 요소에 대한 Tag 객체를 반환합니다.
> - `tag_objects = soup.find_all('element_tag')`: 지정된 element_tag로 구분한 모든 Tag 객체를 리스트로 반환합니다.
> - `tag_object = soup.find(id='unique_id')`: 지정된 unique_id 속성을 지닌 Tag 객체를 반환합니다.
> - `tag_objects = soup.find_all('element_tag', class_='category_class')`: 지정된 element_tag로 구분하여 지정된 클래스 속성을 포함하는 모든 Tag 객체를 리스트로 반환합니다.
> - `tag_object = soup.new_tag('element_tag')`: element_tag 유형의 신규 Tag 객체를 생성합니다.
> - `tag_object.decompose()`: 해당 Tag 객체를 삭제합니다.
> - `tab_object.append(tag_object2)`: tag_object 객체에 tag_object2를 삽입합니다.
> - `tag_object.text`: Tag 객체 내 모든 텍스트를 반환합니다.
> - `tag_object.get('attribute')`: Tag 객체에 할당된 HTML 속성을 반환합니다.

16.3 웹 데이터 내려받기 및 파싱하기

BeautifulSoup 라이브러리를 사용하면 HTML 문서를 쉽게 파싱하고 분석하고 편집할 수 있습니다. HTML 문서 대부분은 웹에서 직접 내려받기 됩니다. 파이썬의 urllib 내장 모듈로 HTML 파일을 내려받는 절차를 간략히 살펴보겠습니다. 먼저 urllib.request 모듈에서 urlopen 함수를 불러옵니다.

> **노트** 보안되지 않은 단일 웹 페이지의 HTML 문서를 내려받을 때는 urlopen 함수로 충분합니다. 그러나 내려받는 과정이 복잡할 때는 requests라는 외부 라이브러리[1]를 사용하는 편이 수월합니다.

코드 16-34 urlopen 함수 불러오기

```
from urllib.request import urlopen
```

웹 문서의 URL을 입력하여 `urlopen(url).read()`를 실행하면, 해당 URL이 가리키는 HTML 콘텐츠를 내려받을 수 있습니다. 코드 16-35는 urlopen으로 매닝 웹 사이트에서 이 책에 대한 HTML 페이지를 내려받은 후 처음 1,000자를 출력합니다.

---

1 https://requests.readthedocs.io

> **노트** 다음 코드를 실행하려면 인터넷에 연결되어 있어야 합니다. 또 내려받은 HTML은 웹 사이트가 바뀌면 달라질 수 있습니다.

코드 16-35 HTML 문서 내려받기

```
url = "https://www.manning.com/books/data-science-bookcamp"
html_contents = urlopen(url).read()
print(html_contents[:1000])
```
····· urlopen 함수는 지정된 URL에 대해 네트워크 연결을 설정합니다. 그렇게 설정된 연결은 URLopener라는 객체로 추적되며, 해당 객체의 read 메서드를 호출하여 텍스트를 내려받을 수 있습니다.

```
b'\n<!DOCTYPE html>\n<!--[if lt IE 7 ]> <html lang="en" class="no-js ie6
ie"> <![endif]-->\n<!--[if IE 7 ]> <html lang="en" class="no-js ie7
ie"> <![endif]-->\n<!--[if IE 8 ]> <html lang="en" class="no-js ie8
ie"> <![endif]-->\n<!--[if IE 9 ]> <html lang="en" class="no-js ie9
ie"> <![endif]-->\n<!--[if (gt IE 9)|!(IE)]><!--> <html lang="en"
class="no-js"><!--<![endif]-->\n<head>\n
<title>Manning | Data Science Bookcamp</title>\n\n
<meta name="msapplication-TileColor" content=" #343434"/>\n
<meta name="msapplication-square70x70logo" content="/assets/favicon/windowssmall-
tile-6f6b7c9200a7af9169e488a11d13a7d3.png"/>\n
<meta name="msapplication-square150x150logo"
content="/assets/favicon/windows-medium-tile-
8fae4270fe3f1a6398f15015221501fb.png"/>\n
<meta name="msapplication-wide310x150logo" content="/assets/favicon/windowswide-
tile-a856d33fb5e508f52f09495e2f412453.png"/>\n
<meta name="msapplication-square310x310logo"
content="/assets/favicon/windows-large-tile-072d5381c2c83afa'
```

BeautifulSoup으로 지저분한 HTML에서 title만 추출해 보겠습니다.

코드 16-36 BeautifulSoup으로 title에 접근하기

```
soup = bs(html_contents)
print(soup.title.text)
```

▶ 실행결과

```
Data Science Bookcamp
```

soup 객체로 페이지를 추가 분석해 보죠. 예를 들어 책 소개 헤더가 포함된 부분을 추출하여 이 책 설명을 확인해 볼 수 있습니다.

> **노트** 웹 HTML은 지속적으로 갱신되기 때문에 향후 매닝 웹 사이트가 갱신되면 다음 코드를 실행했을 때 결과가 다를 수 있습니다. 예상 출력과 실제 출력이 다르다면 HTML을 직접 탐색하여 책 설명을 추출하는 것이 좋습니다.

코드 16-37 책 설명에 접근하기

```
for division in soup.find_all('div'):     ----- 웹 페이지의 <div> 요소에 반복적으로 접근합니다.
    header = division.h2     ----- 현재 <div>에 <h2> 요소가 있는지 여부를 확인합니다.
    if header is None:
        continue

    if header.text.lower() == 'about the book':
        print(division.text)     ----- 'about'으로 시작되는 부분이 발견되면 책 설명을 모두 출력합니다.
```

▶ 실행결과

about the book
Data Science Bookcamp is a comprehensive set of challenging projects carefully designed to grow your data science skills from novice to master. Veteran data scientist Leonard Apeltsin sets five increasingly difficult exercises that test your abilities against the kind of problems you'd encounter in the real world. As you solve each challenge, you'll acquire and expand the data science and Python skills you'll use as a professional data scientist. Ranging from text processing to machine learning, each project comes complete with a unique, downloadable data set and a fully explained step-by-step solution. Because these projects come from Dr. Apeltsin's vast experience, each solution highlights the most likely failure points along with practical advice for getting past unexpected pitfalls. When you wrap up these five awesome exercises, you'll have a diverse, relevant skill set that's transferable to working in industry.

이제 사례 탐구 솔루션에 필요한 채용 공고 파싱을 위해 BeautifulSoup을 사용할 준비가 되었습니다.

16.4 요약

- HTML 문서는 텍스트에 대한 보조 정보를 제공하는 중첩된 요소로 구성됩니다. 대부분 요소는 시작 태그와 끝 태그로 정의됩니다.

- 일부 요소의 텍스트는 웹 브라우저에서 렌더링하도록 되어 있습니다. 전통적으로 이 렌더링된 정보는 문서의 본문 요소에 중첩됩니다. 렌더링되지 않는 다른 텍스트(예 문서 title)는 문서의 머리글 요소에 중첩됩니다.

- 속성을 HTML 시작 태그에 삽입하여 추가 태그 정보를 추적할 수 있습니다. 고유 ID 속성은 유형이 같은 태그를 구별하는 데 도움이 될 수 있습니다. 또 클래스 속성은 카테고리별로 요소를 추적하는 데 사용할 수 있습니다. 고유 ID와 달리 class 속성은 여러 요소가 공유할 수 있습니다.

- HTML에서 텍스트를 수동으로 추출하는 것은 기본 파이썬만으로는 어렵습니다. 다행히 BeautifulSoup 라이브러리는 텍스트 추출 과정을 간소화해 줍니다. BeautifulSoup을 사용하면 태그 유형과 할당된 속성 값으로 요소를 찾을 수 있습니다. 또 HTML도 편집할 수 있습니다.
- 파이썬에 내장된 urlopen 함수를 사용하면 웹에서 직접 HTML 파일을 내려받을 수 있습니다. 그다음 BeautifulSoup으로 분석할 수 있습니다.

17장

네 번째 사례 탐구의 솔루션

이 장에서 다루는 내용

- HTML에서 텍스트 파싱하기
- 텍스트의 유사도 계산하기
- 대규모 텍스트 데이터셋의 그룹화 및 탐색 수행하기

이 책의 목차에서 사례 탐구 1~4를 검색하여 채용 공고 수천 개를 내려받았습니다. 내려받은 채용 공고 외에도 두 텍스트 파일 resume.txt와 table_of_contents.txt도 자유롭게 활용할 수 있습니다. 첫 번째 파일은 이력서 초안을, 두 번째 파일은 채용 공고 결과를 질의하는 데 사용된 목차를 포함합니다. 우리 목표는 내려받은 채용 공고에서 일반적으로 요구되는 데이터 과학 기술을 추출하는 것입니다. 그것을 이력서와 비교하여 어떤 기술이 누락되었는지 확인합니다. 이는 다음 과정으로 수행할 수 있습니다.

1. 내려받은 HTML 파일의 모든 텍스트를 파싱합니다.
2. 파싱된 결과를 살펴보고, 웹 채용 공고에 직무 기술이 어떻게 설명되어 있는지 살펴봅니다. 스킬을 설명하는 데 특정 HTML 태그가 연관성이 더 높은지 주의를 기울여 확인합니다.
3. 데이터셋에서 관련 없는 채용 공고를 필터링합니다.
4. 텍스트 유사도를 기반으로 직무 기술을 그룹화합니다.
5. 워드 클라우드로 그룹화된 결과를 시각화합니다.
6. 필요시 그룹화에 사용된 파라미터를 조정하여 출력을 개선합니다.
7. 그룹화된 직무 기술을 이력서와 비교하여 누락된 기술을 찾습니다.

> **주의** 스포일러 경고! 네 번째 사례 탐구의 솔루션이 곧 공개됩니다. 솔루션을 읽기 전에 직접 문제를 풀어 보길 강력히 권장합니다. 사례 탐구의 시작 부분에서 문제가 무엇이었는지 참고할 수 있습니다.

17.1 채용 공고 데이터에서 기술 요구 사항 추출하기

먼저 job_postings 디렉터리 내 모든 HTML 파일을 불러옵니다. 그리고 파일 내용들을 html_contents 리스트에 저장합니다.

> **노트** 다음 코드를 실행하기 전 job_postings.zip 파일의 압축을 수동으로 해제합니다.

코드 17-1 HTML 파일 불러오기

```
import glob
html_contents = []
for file_name in sorted(glob.glob('job_postings/*.html')):
    with open(file_name, 'r') as f:
        html_contents.append(f.read())

print(f"{len(html_contents)}개의 HTML 파일을 불러왔습니다")
```

파이썬 버전 3이 제공하는 glob 모듈로 job_postings 디렉터리 내 HTML 확장자가 부여된 파일 이름을 검색합니다. 이 파일 이름들은 여러분 출력 결과와 동일하도록 정렬되었습니다.

> ▶ 실행결과

1458개의 HTML 파일을 불러왔습니다

HTML 파일 1,458개를 BeautifulSoup으로 파싱한 후 soup_objects라는 이름의 리스트에 저장해 보겠습니다. 또 파싱된 각 HTML 파일에 제목과 본문이 포함되어 있는지도 확인합니다.

코드 17-2 HTML 파일 파싱하기
```
from bs4 import BeautifulSoup as bs
soup_objects = []

for html in html_contents:
    soup = bs(html)
    assert soup.title is not None
    assert soup.body is not None
    soup_objects.append(soup)
```

파싱된 각 HTML 파일은 제목과 본문을 포함합니다. 그렇다면 제목과 본문이 중복된 파일이 있을까요? 이는 모든 제목과 본문 텍스트를 판다스 테이블의 두 열로 저장한 후 describe 메서드를 호출해 보면 쉽게 확인할 수 있습니다.

코드 17-3 제목 및 본문 텍스트의 중복 여부 확인하기
```
import pandas as pd
html_dict = {'Title': [], 'Body': []}
for soup in soup_objects:
    title = soup.find('title').text
    body = soup.find('body').text
    html_dict['Title'].append(title)
    html_dict['Body'].append(body)

df_jobs = pd.DataFrame(html_dict)
summary = df_jobs.describe()
print(summary)
```

> ▶ 실행결과

```
       Title \
count  1458
unique 1364
top    Data Scientist - New York, NY
freq   13
       Body

count  1458
unique 1458
top    Data Scientist - New York, NY 10011\nAbout the...
freq   1
```

제목 1,458개 중 1,364개가 중복 없이 고유하며, 나머지 94개는 중복인 것으로 파악됩니다. 그리고 13번이나 중복되어 가장 빈번하게 등장한 제목은 뉴욕에서 데이터 과학 직책에 관한 것입니다. 한편 제목이 중복이어도 본문까지 그렇다고 단정 짓기는 어렵습니다. 확인해 보면 본문 1,458개가 모두 고유하여 일부 제목이 중복되었더라도 정확히 동일하게 2번 이상 반복된 채용 공고는 없는 것으로 파악됩니다.

중복된 HTML이 없다는 것을 확인했습니다. 이제 직무 기술이 표현된 방식을 확인하고자 HTML을 더 자세히 살펴보겠습니다.

17.1.1 기술을 설명하는 HTML 살펴보기

html_contents의 0번째 인덱스 HTML을 확인하는 것부터 탐색해 보죠(그림 17-1).

코드 17-4 첫 번째 채용 공고에 대한 HTML 확인하기

```
from IPython.core.display import display, HTML
assert len(set(html_contents)) == len(html_contents)
display(HTML(html_contents[0]))
```

해당 채용 공고는 데이터 과학 직책에 관한 것으로, 간략한 직무 개요로 시작합니다. 이것에서 해당 채용 공고는 정부 데이터에서 통찰력을 도출하는 업무를 수행하는 것임을 알 수 있습니다. 그리고 모델 구축(model building), 통계(statistics), 데이터 시각화(data visualization) 등 다양한 기술도 요구됩니다.

▼ **그림 17-1** 첫 번째 채용 공고에 대해 출력한 HTML
데이터 과학 직무가 첫 단락에는 요약되어 있습니다. 이 단락 뒤에는 해당 직무를 수행하는 데 필요한 기술이 글머리 기호 목록으로 나열되어 있습니다

Data Scientist - Beavercreek, OH

Data Scientist

Position Overview:

Centauri is looking for a detail oriented, motivated, and organized Data Scientist to work as part of a team to clean, analyze, and produce insightful reporting on government data. The ideal candidate is adept at using large data sets to find trends for intelligence reporting and will be proficient in process optimization and using models to test the effectiveness of different courses of action. They must have strong experience using a variety of data mining/data analysis methods, using a variety of data tools, building and implementing models, using/creating algorithms and producing easily understood visuals to represent findings. Candidate will work closely with Data Managers and stakeholders to tailor their analysis to answer key questions. The candidate must have a strong understanding of Geographic Information Systems (GIS) and statistical analysis.

Responsibilities:

- Use statistical research methods to analyze datasets produced through multiple sources of intelligence production
- Mine and analyze data from databases to answer key intelligence questions
- Assess the effectiveness and accuracy of new data sources and data gathering techniques
- Develop custom data models and algorithms to apply to data sets
- Use predictive modeling to produce reporting about future trends based on historical data
- Spatially analyze geographic data using GIS tools
- Visualize findings in easily understood graphics and aesthetically appealing finished reports

Qualifications for Data Scientist:

- Experience using statistical computer languages (R, Python, SLQ, etc.) to manipulate data and draw insights from large data sets
- Experience in basic visualization methods, especially using tools such as Tableau, ggplot, and matplotlib
- Knowledge of a variety of machine learning techniques (clustering, decision tree learning, artificial neural networks, etc.) and their real-world advantages/drawbacks
- Knowledge of advanced statistical techniques and concepts (regression, properties of distributions, statistical tests and proper usage, etc.) and experience with applications

이 기술들은 굵은 글씨의 두 하위 장(Responsibilities/책무, Qualifications/자격 요건)에서 더 자세히 설명합니다. 각 하위 장은 한 문장으로 쓰인 여러 글머리 기호로 구성됩니다. 책무는 통계적 방법 사용(첫 번째 글머리), 미래 트렌드 발견(다섯 번째 글머리), 지리적 데이터의 공간 분석(여섯 번째 글머리), 심미적으로 매력적인 시각화(일곱 번째 글머리) 등 다양한 내용을 포함합니다. 또 자격 요건은 R과 파이썬 등 컴퓨터 언어(첫 번째 글머리), 맷플롯립 같은 시각화 도구(두 번째 글머리), 그룹화 등 머신러닝 기법(세 번째 글머리), 고급 통계 개념의 지식(네 번째 글머리) 등을 포함합니다.

자격 요건이 책무와 크게 다르지 않다는 점에 주목합니다. 자격 요건은 도구와 개념에 중점을 두고 책무는 업무 수행에 중점을 두지만, 두 요건을 서로 교차해도 전혀 문제없어 보이는 부분도 있습니다. 결국 지원자가 직무를 잘 수행하는 데 갖추어야 하는 기술을 설명하는 셈이죠. 따라서 html_contents[0]을 개념적으로 서로 다른 두 부분으로 세분화할 수 있습니다.

- 초기의 직업 요약
- 직업에 필요한 글머리 기호로 나열된 기술 목록

다음 채용 공고도 비슷하게 구성되어 있을까요? html_contents[1]도 확인해 보죠(그림 17-2).

▼ 그림 17-2 두 번째 채용 공고의 렌더링된 HTML
첫 번째 채용 공고와 마찬가지로 첫 단락에는 데이터 과학 직무가 요약되어 있고, 해당 직무를 수행하는 데 필요한 기술이 글머리 기호 목록으로 나열되어 있습니다[1].

Data Scientist - Seattle, WA 98101

Are you interested in being a part of an Artificial Intelligence Marketing (AIM) company that is transforming how B2C enterprises engage with their customers; improving customer experience, marketing throughput and for the first time directly optimizing key business KPIs? Do you want to join a startup company backed by the top firms in the venture capital and SaaS industries? Would you like to be part of a company that prides itself on being a meritocracy, where passion, innovation, integrity, and our customers are at the heart of all that we do? Then, consider joining us at Amplero, an Artificial Intelligence Marketing company that leverages machine learning and multi-armed bandit experimentation to dynamically test thousands of permutations to adaptively optimize every customer interaction and maximize customer lifetime value and loyalty. We are growing our customer base and are looking for Data Scientists to join our innovative and energetic team! This is a unique opportunity to both drive innovations for our technology and to realize their impact as you work closely with our client engagement teams to best leverage our scientific capabilities within the Amplero product for marketing optimization and customer insights.

As an Amplero Data Scientist you would:

- Interface with our internal engagement teams and clients to understand business questions, and perform analytical "deep dives" to develop relevant and interpretive insights in support of our client engagements
- Smartly leverage appropriate technologies to answer tough questions or understand root causes of unexpected outcomes and statistical anomalies
- Develop analysis tools which will influence both our products and clients; including python pipelines focused on the productization of data science and insights tools for marketing performance and optimization
- Feature generation and selection from a wide variety of raw data types including time series and graphs
- Work with the Amplero Product Team to provide ongoing feedback to the features and priorities most aligned with our clients' current and future needs to inform the product roadmap, test product hypotheses as well as to help plan the product lifecycle

We'd love to hear from you if:

- You're an expert with data analysis and visualization tools including Python (including NumPy, SciPy, Pandas, scikit-learn) and other packages that enable data mining and machine learning
- You have a proven track record of applying data science to solve difficult real-world business problems
- You're familiar with areas of marketing data science where beyond-human scale, advanced experimentation and machine learning capabilities are used for achieving marketing performance, for example, DMP's in display advertising, Multivariate Testing, Statistical Significance Evaluation
- You've got excellent written and verbal communication skills for team and customer interactions - specifically, you're a genius at communicating results and the value of complex technical solutions to a non-technical audience

---

1 영미권 기준 채용 공고이며, 17장 내용을 이해하는 데는 크게 상관없습니다.

코드 17-5 두 번째 채용 공고의 HTML 확인하기

```
display(HTML(html_contents[1]))
```

이 채용 공고는 AI 마케팅 회사의 데이터 과학 직책에 대한 것이며, 그 구조는 html_contents[0]과 유사합니다. 첫 단락에 직무가 요약되어 있고, 필요한 기술들이 글머리 기호 목록으로 나열되어 있죠. 글머리 기호로 표시된 기술들은 요구 사항과 세부 사항 측면에서 다양합니다. 예를 들어 아래쪽에서 네 번째 글머리 기호는 파이썬 데이터 과학 스택(넘파이, 사이파이, 판다스, 사이킷런)에 대한 전문 지식을, 다음 글머리 기호는 어려운 실제 비즈니스 문제를 해결한 실적을, 마지막 글머리 기호는 뛰어난 서면 및 구두 커뮤니케이션 기술을 요구합니다. 이 세 기술은 매우 다른 것입니다. 게시물을 작성한 사람이 해당 직무를 수행하는 데 다양한 요구 사항이 필요하다는 것을 강조하려는 목적으로 작성한 것으로 볼 수 있습니다. 따라서 html_contents[0] 및 html_contents[1]에 포함된 글머리 기호는 각 직무에 필요한 고유 기술들을 간략하게 설명하려는 목적입니다.

이렇게 글머리 기호로 필요한 기술을 설명하는 방식이 다른 채용 공고에도 등장할까요? 한번 알아보죠. 먼저 파싱된 각 HTML 파일에서 글머리 기호를 추출합니다. 참고로 글머리 기호는 `<li>`라는 HTML 태그로 표시됩니다. 모든 파일은 이 태그를 여러 개 포함하기 때문에 soup.find_all('li')처럼 글머리 기호들을 추출합니다. 다음 코드는 soup_objects 리스트에 반복적으로 접근하여 모든 글머리 기호를 추출한 후 기존 df_jobs 테이블의 Bullets 열에 저장하는 코드를 보여 줍니다.

코드 17-6 HTML에서 글머리 기호 추출하기

```
df_jobs['Bullets'] = [[bullet.text.strip()   ----- 각 글머리 기호에 포함된 줄 바꿈 문자를 제거합니다.
                      for bullet in soup.find_all('li')]
                     for soup in soup_objects]
```

각 채용 공고의 글머리 기호는 df_jobs.Bullets에 저장됩니다. 그러나 일부(또는 대부분) 공고에는 글머리 기호가 없을 수도 있습니다. 실제로 글머리 기호가 포함된 채용 공고 비율은 어느 정도일까요? 이 비율이 너무 낮다면 더 이상 글머리 기호를 분석하지 않아도 되므로 이 사실을 파악해 볼 필요가 있습니다.

코드 17-7 글머리 기호로 표시된 글의 비율 측정하기

```
bulleted_post_count = 0
for bullet_list in df_jobs.Bullets:
    if bullet_list:
        bulleted_post_count += 1

percent_bulleted = 100 * bulleted_post_count / df_jobs.shape[0]
print(f"{percent_bulleted:.2f}%의 게시글이 글머리 기호를 포함합니다")
```

▶ 실행결과

90.53%의 게시글이 글머리 기호를 포함합니다

채용 공고의 90%에 글머리 기호가 포함되어 있습니다. 그렇다면 모든(또는 대부분) 채용 공고가 기술에 초점을 맞추고 있을까요? 현재로서는 알 수 없지만, 글머리 기호에 담긴 텍스트에서 가장 높은 순위의 단어를 출력

해 보면 글머리 기호에 담긴 내용을 더 잘 파악할 수 있습니다. 발생 횟수로 순위를 매겨도 되고, 용어 빈도 역문서 빈도(TFIDF)로 순위를 매겨도 좋습니다. 15장에서 설명한 대로 TFIDF 순위에는 관련성 없는 단어가 포함될 가능성이 적습니다.

다음 코드는 합산된 TFIDF 값으로 단어 순위를 매깁니다. 개별 글머리 기호에 담긴 텍스트를 행으로 가지는 TFIDF 행렬을 계산합니다. 그다음 행을 합산하고, 이 합계로 각 열(단어)에 대한 순위를 매깁니다. 마지막으로 기술과 관련된 용어에 대해 상위 다섯 개 순위가 매겨진 단어를 확인합니다.

코드 17-8 HTML 글머리 기호에서 상위 순위 단어 살펴보기

```
import pandas as pd
from sklearn.feature_extraction.text import TfidfVectorizer

def rank_words(text_list):    ····· 최상위 단어로 정렬된 판다스 테이블을 반환합니다.
    vectorizer = TfidfVectorizer(stop_words='english')
    tfidf_matrix = vectorizer.fit_transform(text_list).toarray()
    df = pd.DataFrame({'Words': vectorizer.get_feature_names(),
                       'Summed TFIDF': tfidf_matrix.sum(axis=0)})
    sorted_df = df.sort_values('Summed TFIDF', ascending=False)
    return sorted_df

all_bullets = []
for bullet_list in df_jobs.Bullets:
    all_bullets.extend(bullet_list)

sorted_df = rank_words(all_bullets)
print(sorted_df[:5].to_string(index=False))
```
····· 단어들은 tfidf_matrix의 행들에 걸친 TFIDF 값들을 합산한 결과를 기반으로 정렬됩니다.

▶ 실행결과

```
      Words  Summed TFIDF
 experience    878.030398
       data    842.978780
     skills    440.780236
       work    371.684232
    ability    370.969638
```

skills 및 ability 같은 단어는 상위 다섯 개 글머리 기호에 포함된 텍스트에서 등장합니다. 이 글머리 기호가 개별 직무 능력에 해당한다는 확실한 증거죠. 이 글머리 기호에 포함된 텍스트에서 등장한 단어들은 각 채용 공고의 나머지 단어들과 어떻게 비교할 수 있을까요? 각 채용 공고의 본문에 반복적으로 접근하여 BeautifulSoup의 decompose 메서드로 글머리 기호 목록을 삭제합니다. 그다음 나머지 본문 텍스트를 추출하여 non_bullets 리스트에 저장합니다. 그리고 해당 리스트를 rank_words 함수에 적용하여 상위 다섯 개 단어를 표시합니다.

코드 17-9 HTML 본문의 상위 단어 살펴보기

```
non_bullets = []
for soup in soup_objects:
    body = soup.body
    for tag in body.find_all('li'):
        tag.decompose()    ····· body.find_all('ul')을 호출해도 동일한 결과를 얻을 수 있습니다.

    non_bullets.append(body.text)

sorted_df = rank_words(non_bullets)
print(sorted_df[:5].to_string(index=False))
```

▶ 실행결과

```
     Words  Summed TFIDF
      data     99.111312
      team     39.175041
      work     38.928948
experience     36.820836
  business     36.140488
```

이번에는 skills 및 ability라는 단어가 순위에 포함되지 않습니다. 그 대신 business 및 team이라는 단어가 등장합니다. 글머리 기호 이외의 텍스트는 글머리 기호 대비 덜 기술적인 내용이 담긴 것으로 보입니다. 글머리 기호와 아닌 것 사이의 상위 단어(data, work, experience)가 일부 겹친다는 점은 흥미롭습니다. 그런데 이상하게도 scientist 및 science라는 단어가 빠져 있습니다. 데이터 과학 직무도 아닌데, 데이터 기반 직책을 다루는 게시물이 있을 수 있나요? 이 가능성을 적극적으로 탐색해 보겠습니다. 먼저 모든 직책의 제목에 데이터 과학이라는 직책이 언급되어 있는지 확인합니다. 그다음 제목에 데이터 과학(data science) 및 데이터 과학자(data scientist)라는 용어가 누락된 직책의 비율을 측정합니다. 마지막으로 평가 목적으로 해당 직책 열 개를 출력합니다.

> **노트** 11장에서 다룬 정규식으로 제목에서 해당 용어를 검색할 수 있습니다.

코드 17-10 데이터 과학 직책에 대한 참조 제목 확인하기

```
regex = r'Data Scien(ce|tist)'
df_non_ds_jobs = df_jobs[~df_jobs.Title.str.contains(regex, case=False)]    ·····┐
```
　　　　　　　　　　　　　　　　판다스의 str.contains 메서드는 정규식으로 열의 텍스트에서 원하는 것을 검색할 수 있습니다.
　　　　　　　　　　　　　　　　또 case=False로 파라미터를 설정하면 대·소문자를 가리지 않도록 할 수 있습니다.
```
percent_non_ds = 100 * df_non_ds_jobs.shape[0] / df_jobs.shape[0]
print(f"채용 공고 제목의 {percent_non_ds:.2f}%가 데이터 과학 직책을 언급하지 않습니다 "
      "다음은 그중 일부 샘플을 보여 줍니다\n")

for title in df_non_ds_jobs.Title[:10]:
    print(title)
```

> ▶ 실행결과

채용 공고 제목의 64.81%가 데이터 과학 직책을 언급하지 않습니다 다음은 그중 일부 샘플을 보여 줍니다

```
Patient Care Assistant / PCA - Med/Surg (Fayette, AL) - Fayette, AL
Data Manager / Analyst - Oakland, CA
Scientific Programmer - Berkeley, CA
JD Digits - AI Lab Research Intern - Mountain View, CA
Operations and Technology Summer 2020 Internship-West Coast - Universal City, CA
Data and Reporting Analyst - Olympia, WA 98501
Senior Manager Advanced Analytics - Walmart Media Group - San Bruno, CA
Data Specialist, Product Support Operations - Sunnyvale, CA
Deep Learning Engineer - Westlake, TX
Research Intern, 2020 - San Francisco, CA 94105
```

채용 공고 제목의 약 65%에서 데이터 과학 직책이 언급되지 않았습니다. 그러나 샘플에서 데이터 과학 직무를 설명하는 대체 단어를 수집할 수 있었습니다. 데이터 전문가, 데이터 분석가, 과학 프로그래머를 찾는 경우들이 보입니다. 또 연구 인턴십을 위한 채용 공고도 데이터에 대한 것이라고 가정해 볼 수 있습니다. 모든 채용 공고가 완전히 그런 것은 아니며, 다수는 관리직을 다루고 있어 우리 목표에 부합하지 않습니다. 관리직은 별도의 다른 고유한 기술이 필요하기 때문이죠. 따라서 관리직을 분석에서 제외할 것을 고려해야 합니다.

그보다는 첫 번째 게시물이 환자 관리 도우미(Patient Care Assistant, PCA)에 대한 것이어서 더 큰 문제입니다. 크롤링 자체가 잘못된 것이 분명합니다. 아마도 크롤링 알고리즘이 직책 이름을 차원 축소 기술을 의미하는 PCA와 혼동한 것 같습니다. 이 잘못된 채용 공고에는 우리가 관심 없는 기술들도 포함되어 있습니다. 관련성 없는 기술 목록은 분석 결과에 큰 재앙이 될 수 있습니다. 그 위험성은 df_non_ds_jobs[0]의 처음 다섯 글머리 기호를 출력해 보면 알 수 있습니다.

코드 17-11 데이터 과학이 아닌 직책 표본 추출하기

```python
bullets = df_non_ds_jobs.Bullets.iloc[0]
for i, bullet in enumerate(bullets[:5]):
    print(f"{i}: {bullet.strip()}")
```

> ▶ 실행결과

```
0: Provides all personal care services in accordance with the plan of treatment assigned by the registered nurse
1: Accurately documents care provided
2: Applies safety principles and proper body mechanics to the performance of specific techniques of personal and supportive care, such as ambulation of patients, transferring patients, assisting with normal range of motions and positioning
3: Participates in economical utilization of supplies and ensures that equipment and nursing units are maintained in a clean, safe manner
4: Routinely follows and adheres to all policies and procedures
```

우리는 데이터 과학자이므로 환자 돌봄(patient care: 0번째 인덱스), 간호 장비 유지 관리(nursing equipment maintenance: 4번째 인덱스)에는 관심이 없습니다. 그러면 데이터셋에서 이런 기술들을 어떻게 제거할 수 있을까요? 텍스트 유사도를 활용하는 한 가지 방법을 생각해 볼 수 있습니다. 채용 공고와 이력서를 비교해서 이력서 내용과 일치하지 않는 직무는 삭제하는 것이죠. 또 추가적으로 신호를 얻기 위해 이 책 목차와 채용 공고를 비교하는 것도 고려해야 합니다. 기본적으로 이력서 및 책 자료와 관련하여 각 채용 공고의 관련성을 평가해야 하며, 이것으로 불필요한 채용 공고는 필터링하고 가장 관련성이 높은 채용 공고만 남깁니다.

또는 글머리 기호에 포함된 개별 기술들을 필터링하는 방법도 고려해 볼만 합니다. 기본적으로 개별 직무 대신 개별 글머리 기호에 순위를 매기는 것입니다. 하지만 이 두 번째 접근법에는 문제가 있습니다. 이력서나 책 자료와 일치하지 않는 모든 글머리 기호를 필터링하면 남은 글머리 기호는 이미 보유하고 있는 기술을 포함하게 될 것입니다. 이는 관련 데이터 과학 게시물에서 부족한 기술을 발견하려는 우리 목표에 반하는 것입니다. 그러니 다음 목표를 달성해야 합니다.

1. 기존 기술 목록과 부분적으로 일치하는 관련 채용 공고를 확보합니다.
2. 해당 공고에서 기술 목록 중 누락된 글머리 기호를 살펴봅니다.

이 전략으로 관련성을 기준으로 직책을 필터링해 보겠습니다.

17.2 관련성별로 작업 필터링하기

우리 목표는 텍스트 유사도로 직무 간 관련성을 평가하는 것입니다. 즉, 각 게시물의 텍스트를 이력서 및/또는 책 목차와 비교해야 합니다. 이를 위해 이력서 문자열을 resume 변수에 저장합니다.

코드 17-12 이력서 불러오기

```
resume = open('resume.txt', 'r').read()
print(resume)
```

▶ 실행결과

```
Experience
1. Developed probability simulations using NumPy.
2. Assessed online ad-clicks for statistical significance using Permutation testing.
3. Analyzed disease outbreaks using common clustering algorithms.

Additional Skills
1. Data visualization using Matplotlib.
2. Statistical analysis using SciPy.
3. Processing structured tables using Pandas.
4. Executing K-Means clustering and DBSCAN clustering using Scikit-Learn.
5. Extracting locations from text using GeonamesCache.
```

6. Location analysis and visualization using GeonamesCache and Cartopy.
7. Dimensionality reduction with PCA and SVD, using Scikit-Learn.
8. NLP analysis and text topic detection using Scikit-Learn.

같은 방식으로 목차 문자열도 table_of_contents 변수에 저장합니다.

코드 17-13 목차 불러오기

```
table_of_contents = open('table_of_contents.txt', 'r').read()
```

resume과 table_of_contents 둘은 요구되는 기술 목록을 요약합니다. 이 기술들을 단일 existing_skills 변수에 저장합니다.

코드 17-14 기술 목록을 단일 문자열로 결합하기

```
existing_skills = resume + table_of_contents
```

각 채용 공고와 요구되는 기술 사이의 스킬 간 텍스트 유사도를 계산하는 것이 우리 목표입니다. 즉, df_jobs.Body와 existing_skills 사이의 모든 유사도를 계산해야겠죠. 이를 위해 먼저 모든 텍스트를 벡터로 표현해야 합니다. 모든 벡터가 동일 어휘를 공유하게 하려면 existing_skills와 함께 df_jobs.Body도 벡터로 표현해야 합니다. 다음 코드는 채용 공고와 기술 목록의 문자열을 단일 리스트로 결합하고, 사이킷런의 TfidfVectorizer로 텍스트를 벡터로 변환하는 것을 보여 줍니다.

코드 17-15 기술과 채용 공고 데이터를 벡터로 변환하기

```
text_list = df_jobs.Body.values.tolist() + [existing_skills]
vectorizer = TfidfVectorizer(stop_words='english')
tfidf_matrix = vectorizer.fit_transform(text_list).toarray()
```

벡터로 변환된 텍스트는 행렬 형식으로 tfidf_matrix 변수에 담깁니다. 행렬의 마지막 행(tfidf_matrix[-1])은 문자열로 표현된 요구하는 기술 목록에 대한 벡터에, 그 밖에 다른 모든 행은 채용 공고에 대한 벡터에 해당합니다. 따라서 채용 공고와 existing_skills 사이의 코사인 유사도를 쉽게 계산할 수 있습니다. 간단히 다음 tfidf_matrix[:-1] @ tfidf_matrix[-1]처럼 행렬-벡터 곱셈을 이용하여 코사인 유사도 배열을 구하면 되죠.

> **노트** 순위 분포를 시각화하는 것이 좋을지 궁금할 수 있겠죠. 곧 이 분포를 시각화해서 귀중한 통찰을 얻게 될 것입니다. 하지만 그 전에 가장 높은 순위로 매겨진 직책을 출력하여 간단한 온전성 검사(sanity check)를 해 보겠습니다. 이것으로 가설의 정확성을 확인하고 출력된 모든 직업의 관련성을 검증할 수 있습니다.

코드 17-16 계산 기술 기반 코사인 유사도

```
cosine_similarities = tfidf_matrix[:-1] @ tfidf_matrix[-1]
```

코사인 유사도는 요구되는 기술 목록과 게시된 채용 공고 사이의 텍스트가 겹치는 것을 포착합니다. 많은 부분이 겹칠수록 관련성이 높으며, 그렇지 않을수록 관련성이 낮습니다. 따라서 코사인 유사도로 관련성별 직업 순위를 매길 수 있습니다. 먼저 코사인 유사도를 df_jobs의 Relevance(관련성)라는 열에 저장합니다. 그다음 df_jobs.Relevance를 기준으로 테이블을 내림차순으로 정렬합니다. 마지막으로 정렬된 테이블에서 관련성이 가장 낮은 직책 20개를 출력하고, 해당 직책이 데이터 과학과 관련 있는지 여부를 확인합니다.

코드 17-17 관련성이 가장 낮은 직업 20개 출력하기

```
df_jobs['Relevance'] = cosine_similarities
sorted_df_jobs = df_jobs.sort_values('Relevance', ascending=False)
for title in sorted_df_jobs[-20:].Title:
    print(title)
```

▶ 실행결과

```
Data Analyst Internship (8 month minimum) - San Francisco, CA
Leadership and Advocacy Coordinator - Oakland, CA 94607
Finance Consultant - Audi Palo Alto - Palo Alto, CA
RN - Hattiesburg, MS
Configuration Management Specialist - Dahlgren, VA
Deal Desk Analyst - Mountain View, CA
Dev Ops Engineer AWS - Rockville, MD
Web Development Teaching Assistant - UC Berkeley (Berkeley) - Berkeley, CA
Scorekeeper - Oakland, CA 94612
Direct Care - All Experience Levels (CNA, HHA, PCA Welcome) - Norwell, MA 02061
Director of Marketing - Cambridge, MA
Certified Strength and Conditioning Specialist - United States
PCA - PCU Full Time - Festus, MO 63028
Performance Improvement Consultant - Los Angeles, CA
Patient Services Rep II - Oakland, CA
Lab Researcher I - Richmond, CA
Part-time instructor of Statistics for Data Science and Machine Learning - San Francisco, CA 94105
Plant Engineering Specialist - San Pablo, CA
Page Not Found - Indeed Mobile
Director of Econometric Modeling - External Careers
```

출력된 대부분의 채용 공고는 우리가 찾는 직업과 무관합니다. Leadership and Advocacy Coordinator(리더십 및 코디네이터), Financial Consultant(재무 컨설턴트), RN(공인 간호사), Scorekeeper(득점 기록원) 등 직업이 그러하죠. 심지어 웹 페이지를 제대로 내려받지 못했다는 의미인 'Page Not Found'로 직책이 표시된 경우도 있습니다. 적지만 'Part-time instructor of Statistics and Data Science and Machine Learning(통계, 데이터 과학, 머신러닝에 대한 시간 강사)'처럼 데이터 과학에 관련된 채용 공고도 있습니다. 우리가 찾는 직업 과는 정확히 일치하지 않습니다. 우리 목적은 누군가를 가르치는 것이 아니라 실무와 관련된 것이기 때문이죠. 따라서 정렬된 테이블에서 가장 순위가 낮은 직업 20개는 제거해도 좋습니다. 이번에는 비교를 위해 가장 관련성이 높은 직업 20개를 확인해 보겠습니다.

| 코드 17-18 | 가장 관련성이 높은 직업 20개 출력하기

```
for title in sorted_df_jobs[:20].Title:
    print(title)
```

▶ 실행결과

```
Chief Data Officer - Culver City, CA 90230
Data Scientist - Beavercreek, OH
Data Scientist Population Health - Los Angeles, CA 90059
Data Scientist - San Diego, CA
Data Scientist - Beavercreek, OH
Senior Data Scientist - New York, NY 10018
Data Architect - Raleigh, NC 27609
Data Scientist (PhD) - Spring, TX
Data Science Analyst - Chicago, IL 60612
Associate Data Scientist (BS / MS) - Spring, TX
Data Scientist - Streetsboro, OH 44241
Data Scientist - Los Angeles, CA
Sr Director of Data Science - Elkridge, MD
2019-57 Sr. Data Scientist - Reston, VA 20191
Data Scientist (PhD) - Intern - Spring, TX
Sr Data Scientist. - Alpharetta, GA 30004
Data Scientist GS 13/14 - Clarksburg, WV 26301
Data Science Intern (BS / MS) - Intern - Spring, TX
Senior Data Scientist - New York, NY 10038
Data Scientist - United States
```

출력된 거의 모든 직책이 데이터 과학 직종과 관련되어 있습니다. Chief Data Officer(최고 데이터 책임자) 같은 일부 직책은 우리가 보유한 전문성을 훨씬 넘어설지도 모르지만, 상위권 직책은 데이터 과학 경력과 상당히 관련된 것으로 보입니다.

> **노트** 직책 이름만 보면 최고 데이터 책임자라는 직책은 관리직처럼 보입니다. 일반적으로 관리 직책은 별도의 기술 능력을 요구하기 마련인데, 해당 채용 공고 본문(sorted_df_jobs.iloc[0].Body)을 출력해 보면 전혀 관리직이 아님을 즉시 알 수 있습니다. 이 회사는 단순히 모든 데이터 과학의 요구 사항을 충족시킬 수 있는 고도로 숙련된 데이터 과학자를 찾고 있는 것입니다. 즉, 직책 이름만 훑어보아서는 실제 요구 사항과 직무를 정확히 파악하기 어렵다는 것입니다.

df_jobs.Relevance가 증가하면 관련 채용 공고가 관련성이 높다는 것을 의미하며, df_jobs.Relevance가 감소하면 관련성은 떨어집니다. 즉, 관련성 있는 채용 공고와 관련성 없는 채용 공고를 구분 짓는 df_jobs.Relevance 경계가 있을 것이라고 합리적으로 추정해 볼 수 있습니다. 그 경계를 식별해 보죠. 먼저 range(df_jobs.shape[0])에 대한 sorted_df_jobs.Relevance 그래프를 그려서 우선순위에 따라 정렬된 관련성 분포를 시각화하는 것으로 시작합니다(그림 17-3). 그러면 그래프에서 지속적으로 감소하는 관련성 곡선을 확인할 수 있으며, 갑자기 감소하는 지점이 관련성 있는 작업과 관련성 없는 작업을 분리한다고 판단해 볼 수 있습니다.

▼ 그림 17-3 관련성을 기준으로 매긴 채용 공고의 순위와 연관성 비교
순위가 낮을수록 관련성이 높습니다. 관련성은 각 직무와 existing_skills 간 코사인 유사도와 같습니다. 이 관련성은 순위가 60인 지점부터 급격히 떨어집니다

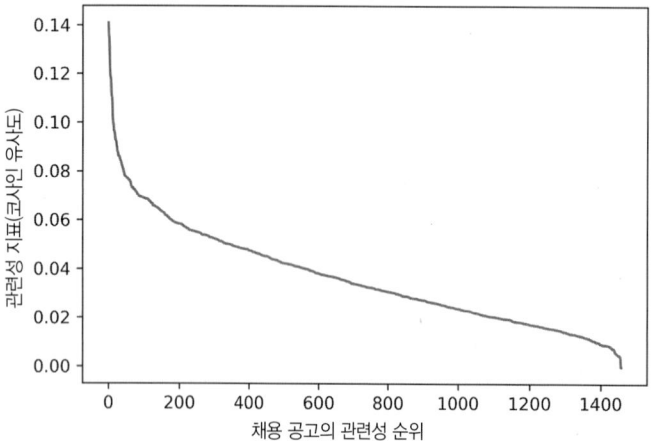

코드 17-19 직무 순위와 관련성 도표화하기

```python
import matplotlib.pyplot as plt
plt.plot(range(df_jobs.shape[0]), sorted_df_jobs.Relevance.values)
plt.xlabel('채용 공고의 관련성 순위')
plt.ylabel('관련성 지표(코사인 유사도)')
plt.show()
```

관련성 그래프는 K-평균 엘보 플롯과 유사합니다. 처음에는 관련성이 급격히 떨어지다 x 값이 60인 지점부터 곡선은 평평해지기 시작합니다. x 값이 60인 지점을 통과하는 수직선을 추가해서 이 변화를 강조해 보죠(그림 17-4).

▼ 그림 17-4 관련성을 기준으로 매긴 채용 공고의 순위와 연관성 비교
수직 경계인 60 지점도 함께 그렸습니다. 60 미만에서는 관련성이 훨씬 높습니다

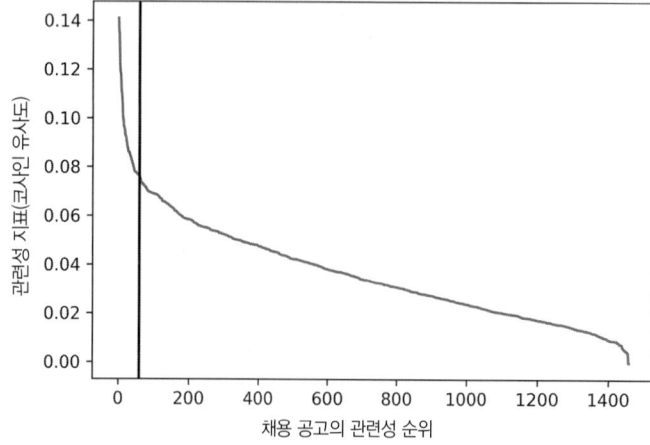

코드 17-20 관련성 그래프에 컷오프 추가하기

```
plt.plot(range(df_jobs.shape[0]), sorted_df_jobs.Relevance.values)
plt.xlabel('채용 공고의 관련성 순위')
plt.ylabel('관련성 지표(코사인 유사도)')
plt.axvline(60, c='k')
plt.show()
```

이 그래프는 처음 직무 60개가 이후의 모든 직무보다 눈에 띄게 관련성이 높다는 것을 의미합니다. 그러면 그 의미를 자세히 파헤쳐 보죠. 이미 살펴본 대로, 처음 직업 20개는 관련성이 높습니다. 가설에 따르면 40번부터 60번까지 작업도 높은 관련성을 보여야 할 것입니다. 다음 코드는 이를 위해 sorted_df_jobs[40: 60].Title 을 출력합니다.

코드 17-21 관련성 경계 미만의 직책 나열하기

```
for title in sorted_df_jobs[40: 60].Title.values:
    print(title)
```

▶ 실행결과

```
Data Scientist III - Pasadena, CA 91101
Global Data Engineer - Boston, MA
Data Analyst and Data Scientist - Summit, NJ
...
Data Scientist - Bioinformatics - Denver, CO 80221
EPIDEMIOLOGIST - Los Angeles, CA
Data Scientist - Bellevue, WA
```

거의 모든 채용 공고가 데이터 과학자/분석가에 대한 것입니다. 그중 유일하게 이상한 epidemiologist(역학자) 채용 공고가 포함되어 있는데, 이는 아마도 질병 전염병을 추적하는 경험 때문에 나타난 것으로 보입니다. 나머지 직무는 관련성이 높습니다. 한편 20개 이후는 관련성 순위가 60을 벗어나기 때문에 관련성이 감소해야 합니다. 이를 확인해 보겠습니다.

코드 17-22 관련성 컷오프 초과 출력 작업하기

```
for title in sorted_df_jobs[60: 80].Title.values:
    print(title)
```

▶ 실행결과

```
Data Scientist - Aliso Viejo, CA
Data Scientist and Visualization Specialist - Santa Clara Valley, CA 95014
Data Scientist - Los Angeles, CA
Data Scientist Manager - NEW YORK LOCATION! - New York, NY 10036
Data Science Intern - San Francisco, CA 94105
Research Data Analyst - San Francisco, CA
Sr Data Scientist (Analytic Consultant 5) - San Francisco, CA
Data Scientist, Media Manipulation - Cambridge, MA
Manager, Data Science, Programming and Visualization - Boston, MA
```

```
Data Scientist in Broomfield, CO - Broomfield, CO
Senior Data Scientist - Executive Projects and New Solutions - Foster City, CA
Manager of Data Science - Burbank California - Burbank, CA
Data Scientist Manager - Hiring in Burbank! - Burbank, CA
Data Scientists needed in NY - Senior Consultants and Managers! - New York, NY 10036
Data Scientist - Menlo Park, CA
Data Engineer - Santa Clara, CA
Data Scientist - Remote
Data Scientist I-III - Phoenix, AZ 85021
SWE Data Scientist - Santa Clara Valley, CA 95014
Health Science Specialist - San Francisco, CA 94102
```

60~80번째 공고의 일부는 눈에 띄게 관련성이 낮습니다. 일부 직책은 management(관리직)고, health science specialist(보건 과학 전문가) 직책도 하나 포함되어 있습니다. 그렇지만 대부분은 데이터 과학/분석가의 역할을 언급하고 있습니다. 정규식으로 이 관측을 빠르게 정량화할 수 있습니다. 관리직이 아닌 데이터 과학 및 분석에 대한 직무 비율을 반환하는 percent_relevant_titles 함수를 정의한 후 해당 함수에 sorted_df_jobs[60: 80] 데이터 조각을 적용합니다. 그러면 채용 공고 제목을 기반으로 한 대체 관련성 측정값을 얻을 수 있습니다.

코드 17-23 직업의 하위 셋에서 제목 관련성 측정하기

```python
import re
def percent_relevant_titles(df):
    regex_relevant = re.compile(r'Data (Scien|Analy)',      ····· Data(데이터) Science(과학)/Analyst(분석) 직무를
                                flags=re.IGNORECASE)              언급하는 채용 공고 제목을 찾습니다.
    regex_irrelevant = re.compile(r'\b(Manage)',             ····· Management(관리직)를 언급하는
                                  flags=re.IGNORECASE)             무관한 채용 공고 제목을 찾습니다.
    match_count = len([title for title in df.Title
                       if regex_relevant.search(title)
                       and not regex_irrelevant.search(title)])   ····· 관리직이 아닌 채용 공고의 수를 셉니다.
    percent = 100 * match_count / df.shape[0]
    return percent

percent = percent_relevant_titles(sorted_df_jobs[60: 80])
print(f"60~80순위 채용 공고 중 약 {percent:.2f}%의 제목이 관련성을 보입니다")
```

▶ 실행결과

60~80순위 채용 공고 중 약 65.00%의 제목이 관련성을 보입니다

sorted_df_jobs[60: 80]에 포함된 직책 중 약 2/3가 관련성을 보입니다. 직무 관련성 순위가 60을 넘어서면서 관련성이 급격히 감소하지만, 여전히 50% 이상의 직책이 데이터 과학 직무를 나타냅니다. 범위를 80~100으로 바꾸면 그다음 순위 20개는 이 비율이 훨씬 낮을 것입니다. 확인해 보죠.

코드 17-24 그다음 채용 공고 20개에 대한 제목 관련성 측정하기

```
percent = percent_relevant_titles(sorted_df_jobs[80: 100])
print(f"80~100순위 채용 공고 중 약 {percent:.2f}%의 제목이 관련성을 보입니다")
```

▶ 실행결과

80~100순위 채용 공고 중 약 80.00%의 제목이 관련성을 보입니다

그렇지 않군요! 관련성 비율이 80%로 증가했습니다. 이 비율이 50% 미만으로 떨어지는 지점을 알아낼 수 있을까요? sorted_df_jobs[i: i+20]의 모든 값에 반복적으로 접근하여 관련성 비율을 계산한 후 모든 비율을 그래프로 나타냅니다(그림 17-5). 또 관련성이 낮은 지점을 명확히 파악하기 위해 관련성이 50%인 지점에 수평선을 그립니다.

코드 17-25 모든 타이틀 샘플에 대한 관련성 백분율 표시하기

```
def relevant_title_plot(index_range=20):      ······ 이 함수는 index_range 범위에 속한 채용 공고 셋에 대해 percent_relevant_
    percentages = []                                  titles 함수를 적용합니다. index_range 파라미터의 기본값은 20으로 설정되어
    start_indices = range(df_jobs.shape[0] - index_range)   있으며, 나중에 이 값을 조절합니다.
    for i in start_indices:                   ······ sorted_df_jobs[i: i+index_range] 범위의 정렬된 채용
        df_slice = sorted_df_jobs[i: i+index_range]     공고를 분석합니다. 여기에서 i 범위는 0에서 전체 채용
        percent = percent_relevant_titles(df_slice)     공고의 개수에서 index_range를 뺀 만큼입니다.
        percentages.append(percent)

    plt.plot(start_indices, percentages)
    plt.axhline(50, c='k')
    plt.xlabel('순위')
    plt.ylabel('% 제목 관련성')

relevant_title_plot()
plt.show()
```

▼ 그림 17-5 관련성 기준으로 매긴 채용 공고의 순위와 연관성 비교
제목 관련성은 특정 순위에서 연속된 채용 공고 20개 중 데이터 과학 관련 제목이 포함된 비율을 나타냅니다. 50% 관련성 지점에 수평선을 그렸고 이것에서 순위가 700 정도가 되었을 때 50% 아래로 관련성이 떨어지는 것을 확인할 수 있었습니다

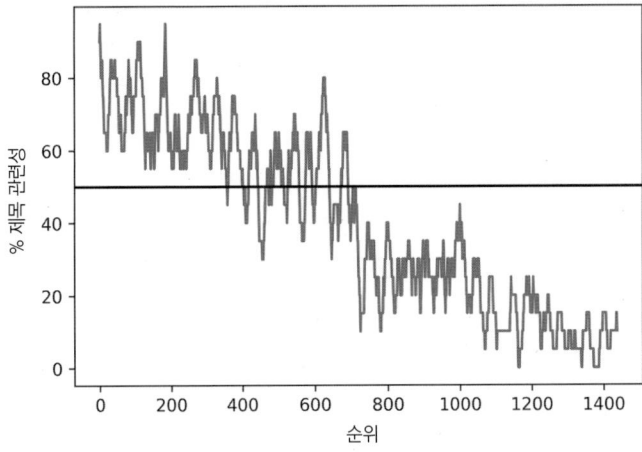

그래프는 높은 변동성을 보이지만, 데이터 과학 관련 제목 순위가 약 700 정도 되었을 때는 5% 이하로 관련성이 떨어지는 것을 관측할 수 있습니다. 물론 700이라는 경계는 우리가 선택한 것입니다. 그렇다면 범위를 2배 늘려도 여전히 동일한 경계가 드러날까요? relevant_title_plot(index_range=40)을 실행해 보면 이를 알 수 있습니다(그림 17-6). 또 순위가 700인 지점에 수직선을 그려서 이 선을 넘어갔을 때 관련성이 50% 아래로 떨어지는지 확인해 봅니다.

코드 17-26 증가된 인덱스 범위에 대한 관련성 비율 표시하기

```
relevant_title_plot(index_range=40)
plt.axvline(700, c='k')
plt.show()
```

▼ **그림 17-6** 관련성을 기준으로 매긴 채용 공고의 순위와 연관성 비교
제목 관련성은 특정 순위에서 연속된 채용 공고 40개 중 데이터 과학 관련 제목이 포함된 비율을 나타냅니다. 50% 관련성 지점에 수평선을 그렸고 이 것에서 순위가 700 정도 되었을 때 50% 아래로 관련성이 떨어지는 것을 확인할 수 있었습니다

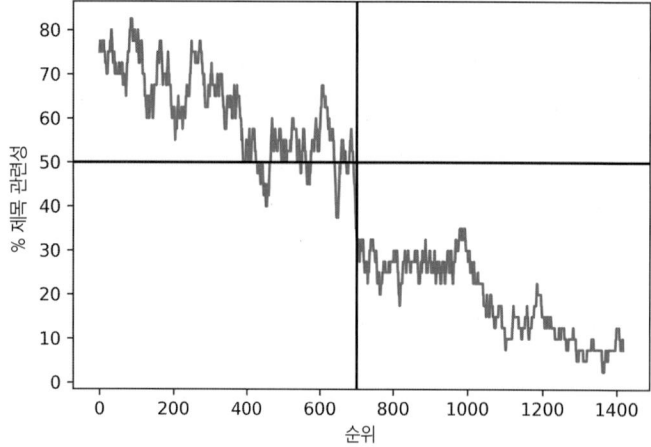

갱신된 그래프는 경계선 700에서부터 50% 아래로 계속 떨어집니다.

> **노트** 경계를 추정하는 다양한 방법이 있습니다. 예를 들어 정규식을 r'Data (Science|Scientist)'로 단순화한다고 생각해 보죠. 그러면 분석가 또는 관리자를 언급하는 채용 공고는 모두 무시할 것입니다. 또 순위 범위를 지정하는 대신 각 순위 내 속하는 모든 채용 공고의 제목에서 데이터 과학 관련 키워드가 나오는 총 개수를 계산한다고 가정한 결과를 그래프로 표현해 보면, 700번째 순위부터 곡선이 평준화되는 것을 확인할 수 있습니다. 문제를 단순화했지만, 매우 유사한 결과를 얻은 셈이죠. 일반적으로 데이터 과학에는 통찰력을 위한 관찰을 얻는 다양한 방식이 있습니다.

이제 우리는 두 관련성 경계 중 하나를 선택해야 합니다. 첫 번째 경계인 60은 매우 정확하며, 이 경계 내 속한 대부분의 채용 공고는 데이터 과학 직책에 해당합니다. 그러나 이 경계에는 한계가 있습니다. 60이라는 경계를 지나서도 데이터 과학 직무 수백 개에 대한 채용 공고가 있기 때문이죠. 한편 두 번째 경계인 700은 더 많은 데이터 과학 직책을 포함하지만, 일부 관련성 낮은 직책도 경계 범위 내 포함됩니다. 두 관련성 경계 사이는 거의 12배 차이가 있습니다. 그렇다면 둘 중 무엇을 선택해야 할까요? 더 높은 정밀도를 선호해야 할까요? 아니면 더 높은 재현율을 선호해야 할까요? 더 높은 재현율을 선택했을 때는 노이즈가 분석에 영향을 미치게 될까

요? 더 높은 정밀도를 선택했을 때는 요구되는 기술의 다양성이 제한되어 분석이 불완전해지지는 않을까요? 이들은 모두 중요한 질문이지만, 안타깝게도 즉시 이 답을 내놓을 수는 없습니다. 재현율을 희생하여 정밀도를 높였을 때 발생할 잠재적인 손해도 있을 테고, 그 반대도 있을 것입니다. 그렇다면 어떻게 해야 할까요? 두 경계를 모두 시도해 보면 어떨까요? 그러면 각각의 장단점을 비교할 수 있을 것입니다. 먼저 60 미만의 채용 공고를 대상으로 요구되는 기술 목록들을 그룹화합니다. 그다음 700 미만의 채용 공고에서 같은 분석을 반복 수행합니다. 마지막으로 이 두 분석을 결합하여 일관된 단일 결론에 도달하는 것이죠.

17.3 관련 채용 공고에서 스킬 클러스터링

우리 목표는 가장 관련성이 높은 채용 공고 60개에 나열된 기술 목록을 한데 모으는 것입니다. 각 채용 공고는 다양한 기술을 요구하며 그중 일부는 글머리 기호로 지정되어 있습니다. 따라서 다음과 같은 선택에 직면합니다.

- sorted_df_jobs[:60].Body를 사용하여 텍스트 60개를 그룹화합니다.
- sorted_df_jobs[:60]에 포함된 개별 글머리 기호 수백 개를 그룹화합니다.

두 번째 방식이 선호되는 이유는 다음과 같습니다.

- 궁극적인 목표는 우리에게 부족한 누락된 기술을 식별하는 것입니다. 각 채용 공고의 본문보다 글머리 기호가 개별 스킬에 더 집중하는 편입니다.
- 글머리 기호에 담긴 텍스트는 길이가 짧아 출력 및 읽기가 쉽습니다. 따라서 글머리 기호별로 그룹화를 하면, 그룹화된 결과에서 일부 샘플을 채취하여 출력 및 검사가 수월합니다.

그러면 수집된 글머리 기호들을 그룹화해 보죠. 먼저 단일 리스트에 sorted_df_jobs[:60].Bullets를 저장하는 것으로 시작합니다.

코드 17-27 가장 관련성 높은 채용 공고 60개에서 글머리 기호 가져오기

```
total_bullets = []
for bullets in sorted_df_jobs[:60].Bullets:
    total_bullets.extend(bullets)
```

글머리 기호가 몇 개 있나요? 중복된 것이 있나요? 이를 판다스 테이블에 삽입한 후 describe 메서드를 실행해 보면 이 질문에 답을 구할 수 있습니다.

코드 17-28 기본적인 글머리 기호에 대한 통계 요약하기

```
df_bullets = pd.DataFrame({'Bullet': total_bullets})
print(df_bullets.describe())
```

▶ 실행결과

```
Bullet
count                                         1091
unique                                         900
top    Knowledge of advanced statistical techniques a...
freq                                             9
```

글머리 기호가 총 1,091개 포함되어 있는데, 그중 900개만 고유하고 나머지 91개는 중복입니다. 가장 많은 중복의 경우 9번 발생했습니다. 이 문제를 해결하지 않으면 그룹화 결과에 큰 영향을 미칠 수 있기 때문에 먼저 모든 중복을 제거합니다.

> **노트** 중복 채용 공고의 출처는 어디일까요? 중복 채용 공고를 몇 개 역추적해 보면 알 수 있습니다. 이 분석은 책에 포함되지 않았지만, 충분히 직접 시도해 볼 만큼 작업이 간단합니다. 이 결과를 간략히 설명하자면, 특정 회사가 다른 직무에도 동일 템플릿을 재사용한다는 것을 알 수 있습니다. 직책별로 맞게 수정되기는 하지만, 반복되는 특정 글머리 기호는 그대로 남는 경우가 있습니다. 이 반복되는 글머리 기호를 그대로 남겨 둔다면, 그룹화를 수행한 결과가 특정 회사가 요구되는 기술에 편향될 수 있어 `total_bullets`에서 제거해야 합니다.

다음 코드는 글머리 기호 목록 내 문자열이 빈 경우와 중복된 경우를 필터링한 후 벡터화를 통해 TFIDF 행렬을 생성하는 방법을 보여 줍니다.

코드 17-29 중복 제거 및 글머리 기호 벡터화하기

```python
total_bullets = sorted(set(total_bullets))
vectorizer = TfidfVectorizer(stop_words='english')
tfidf_matrix = vectorizer.fit_transform(total_bullets)
num_rows, num_columns = tfidf_matrix.shape
print(f"행렬은 {num_rows}개의 행과 {num_columns}개의 열을 가집니다")
```

`total_bullets`를 파이썬의 set 자료 구조로 전환하여 중복을 91개 제거합니다. 그리고 해당 set이 일관된 순서를 가지도록 정렬합니다(그래야 출력도 일관됩니다). 한편 `df_bullets.drop_duplicates(inplace=True)`로 판다스 테이블에서 직접 중복을 제거하는 방법도 있습니다.

중복 제거된 글머리 기호 목록을 벡터화했습니다. 그 결과 TFIDF 행렬은 행 900개와 2,000개가 넘는 열로 구성되어 요소 180만 개 이상을 포함합니다. 이 행렬은 너무 커서 그룹화를 효율적으로 수행할 수 없습니다. 따라서 15장에 설명한 절차대로 행렬을 차원적으로 축소합니다. SVD로 행렬을 100차원으로 축소한 후 행렬을 정규화합니다.

코드 17-30 TFIDF 행렬을 차원 축소하기

```python
import numpy as np
from sklearn.decomposition import TruncatedSVD
from sklearn.preprocessing import normalize
np.random.seed(0)

def shrink_matrix(tfidf_matrix):
    svd_object = TruncatedSVD(n_components=100)
    shrunk_matrix = svd_object.fit_transform(tfidf_matrix)
    return normalize(shrunk_matrix)

shrunk_norm_matrix = shrink_matrix(tfidf_matrix)
```

입력된 TFIDF 행렬에 SVD를 적용합니다. 그 결과 차원이 100으로 축소되었으며, 정규화된 행렬이 반환됩니다.

K-평균으로 정규화된 행렬을 그룹화할 준비가 거의 되었습니다. 하지만 먼저 적절한 K 값을 추정해야 합니다. 속도에 최적화된 미니 배치 K-평균으로 엘보 플롯을 생성해 보죠(그림 17-7).

코드 17-31 미니 배치 K-평균으로 엘보 플롯 그리기

```
np.random.seed(0)
from sklearn.cluster import MiniBatchKMeans
def generate_elbow_plot(matrix):      ----- 미니 배치 K-평균으로 입력된 데이터 행렬에 대한 엘보 플롯을 생성합니다.
    k_values = range(1, 61)      ----- 클러스터(그룹)의 범위는 1~60입니다.
    inertia_values = [MiniBatchKMeans(k).fit(matrix).inertia_ for k in k_values]
    plt.plot(k_values, inertia_values)
    plt.xlabel('K')
    plt.ylabel('관성')
    plt.grid(True)     ----- 엘보 위치를 쉽게 특정하기 위해 격자 선을 함께 그립니다.
    plt.show()

generate_elbow_plot(shrunk_norm_matrix)
```

▼ **그림 17-7** 1~60의 K 값에 걸쳐 미니 배치 K-평균으로 생성된 엘보 플롯으로, 급격히 꺾이는 엘보(팔꿈치)의 정확한 위치를 결정하기 까다롭습니다

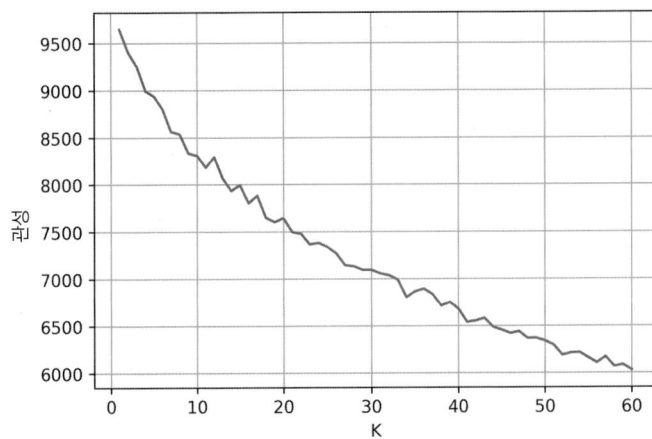

곡선이 완만하게 감소합니다. 구부러진 팔꿈치 모양의 전환점을 정확히 파악하기 어렵습니다. K 값이 10일 때 급격히 떨어지다가 10~25 사이 어딘가에서 서서히 구부러지는 팔꿈치 모양으로 변합니다. 어떤 K 값을 선택해야 할까요? 10, 25 아니면 15나 20 같은 중간 값일까요? 정답은 바로 알 수 없습니다. 그렇다면 여러 K 값을 모두 사용해 보는 것은 어떨까요? 10, 15, 20, 25로 데이터를 여러 번 그룹화한 후 결과를 비교 및 대조해 보겠습니다. 필요하다면 전혀 다른 K 값을 선택하는 것도 고려해야 합니다. 그러면 먼저 그룹 15개로 그룹화를 진행해 보겠습니다.

> **노트** 네 가지 K 값에 대한 결과를 조사하는 것이 목표입니다. 출력을 생성하는 순서는 완전히 임의적입니다. 이 책에서는 결과 그룹의 개수가 너무 크지도 적지도 않은 15의 K 값으로 시작합니다. 그러면 다른 값의 결과를 논의할 수 있는 좋은 기준선이 설정됩니다.

17.3.1 직무 기술을 그룹 15개로 그룹화하기

15의 K 값으로 K-평균을 수행합니다. 그다음 텍스트의 인덱스와 클러스터/그룹 ID를 판다스 테이블에 저장합니다. 또 접근성을 높이고자 실제 글머리 기호에 포함된 텍스트도 함께 저장합니다. 마지막으로 판다스의 groupby 메서드로 테이블을 그룹별로 분할합니다.

코드 17-32 총알을 클러스터 15개로 묶기

```
np.random.seed(0)
from sklearn.cluster import KMeans

def compute_cluster_groups(shrunk_norm_matrix, k=15,
                           bullets=total_bullets):
    cluster_model = KMeans(n_clusters=k)
    clusters = cluster_model.fit_predict(shrunk_norm_matrix)
    df = pd.DataFrame({'Index': range(clusters.size), 'Cluster': clusters, 'Bullet': bullets})
    return [df_cluster for _, df_cluster in df.groupby('Cluster')]

cluster_groups = compute_cluster_groups(shrunk_norm_matrix)
```

shrunk_norm_matrix 입력에 대해 K-평균 알고리즘을 실행합니다. K 파라미터의 기본값은 15로 설정됩니다. 이 함수는 판다스 테이블들을 담은 리스트를 반환하는데, 각 테이블은 한 그룹을 나타냅니다. 그룹화된 머리글 기호에 담긴 텍스트가 테이블에 포함됩니다.

그룹 내 각 그룹화된 머리글 기호의 인덱스, 클러스터 ID, 텍스트를 추적합니다.

각 텍스트 그룹은 cluster_groups 리스트에 판다스 테이블 형식으로 저장됩니다. 워드 클라우드로 그룹을 시각화할 수 있습니다. 15장에서 우리는 워드 클라우드 시각화를 위한 cluster_to_image 함수를 정의한 적이 있습니다. 이 함수는 그룹별 판다스 테이블을 입력받아 워드 클라우드 이미지를 반환하는 기능을 합니다. 코드 17-33은 이 함수를 재정의하여 cluster_groups[0]에 적용합니다(그림 17-8).

▼ 그림 17-8 0번째 그룹에 대해 생성된 워드 클라우드
워드 클라우드의 결과가 약간 모호합니다. 집중력 있고(focused) 데이터(data) 지향적인(oriented) 성격(personality)을 설명하는 것처럼 보입니다

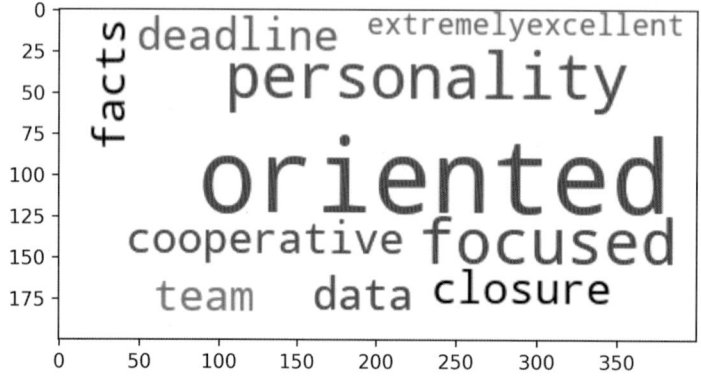

> **노트** 함수를 왜 재정의했을까요? 15장의 cluster_to_image는 고정된 TFIDF 행렬과 어휘 목록에 의존합니다. 하지만 지금은 해당 파라미터 값이 고정되어 있지 않으며, 관련성 지표를 조정함에 따라 행렬과 어휘 목록이 모두 바뀝니다. 따라서 보다 동적인 입력을 허용하도록 함수를 갱신할 필요가 있습니다.

코드 17-33 첫 번째 그룹을 워드 클라우드로 시각화하기

```
from wordcloud import WordCloud
np.random.seed(0)
```
df_cluster를 입력받아 해당 클러스터의 상위 max_words 단어에 대한 워드 클라우드 이미지를 반환합니다. 단어들은 vectorizer 파라미터로 입력된 클래스에서 가져오며, tfidf_matrix의 행을 합산하여 순위를 매깁니다. 직업의 임계 값을 60에서 700으로 늘리면 vectorizer 및 tfidf_matrix 모두 이에 맞게 조정해야 합니다.

```
def cluster_to_image(df_cluster, max_words=10, tfidf_matrix=tfidf_matrix,
                     vectorizer=vectorizer):
    indices = df_cluster.Index.values
    summed_tfidf = np.asarray(tfidf_matrix[indices].sum(axis=0))[0]
    data = {'Word': vectorizer.get_feature_names(), 'Summed TFIDF': summed_tfidf}
    df_ranked_words = pd.DataFrame(data).sort_values('Summed TFIDF', ascending=False)
    words_to_score = {word: score
                      for word, score in df_ranked_words[:max_words].values
                      if score != 0}
    cloud_generator = WordCloud(background_color='white',
                                color_func=_color_func,
                                random_state=1)
    wordcloud_image = cloud_generator.fit_words(words_to_score)
    return wordcloud_image
```

다섯 가지 허용된 색상 중 하나를 각 단어에 임의로 할당하는 보조 함수입니다.

```
def _color_func(*args, **kwargs):
    return np.random.choice(['black', 'blue', 'teal', 'purple', 'brown'])

wordcloud_image = cluster_to_image(cluster_groups[0])
plt.imshow(wordcloud_image, interpolation="bilinear")
plt.show()
```

워드 클라우드의 결과에 따르면 집중력 있고(focused) 데이터(data) 지향적인(oriented) 성격(personality)의 사람을 설명하는 것처럼 보입니다. 약간 모호한 결과죠. cluster_groups[0]에서 글머리 기호 샘플을 몇 개 뽑아서 출력해 보면 해당 그룹을 자세히 알아볼 수 있습니다.

> **노트** 임의의 글머리 기호 샘플을 채취해서 출력합니다. 그래도 그룹을 이해하는 충분한 정보가 될 것입니다. 그러나 모든 총알이 동일하지 않다는 점은 강조할 필요가 있습니다. 일부 총알은 K-평균 클러스터 중앙값에 더욱 가깝기 때문에 클러스터를 더 잘 대표할 수 있습니다. 따라서 클러스터 평균의 거리에 따라 총알을 선택적으로 정렬할 수 있습니다. 이 책에서는 간결성을 위해 글머리 기호 순위를 건너뛰었지만, 직접 글머리 기호 순위를 매겨 보기 바랍니다.

코드 17-34 0번째 그룹에서 글머리 기호의 일부 샘플 출력하기

```
np.random.seed(1)
def print_cluster_sample(cluster_id):
```
cluster_groups[cluster_id]에서 임의의 글머리 기호를 다섯 개 출력합니다.
```
    df_cluster = cluster_groups[cluster_id]
    for bullet in np.random.choice(df_cluster.Bullet.values, 5, replace=False):
        print(bullet)

print_cluster_sample(0)
```

> ▶ 실행결과

```
Data-oriented personality
Detail-oriented
Detail-oriented — quality and precision-focused
Should be extremelyExcellent facts and data oriented
Data oriented personality
```

출력된 글머리 기호들은 모두 매우 유사한 언어를 사용합니다. Detail-oriented(세부 사항 지향적)고 Data-oriented(데이터 지향적)인 직원을 요구합니다. 언어학적으로 이 그룹은 타당하지만, 안타깝게도 요구되는 기술은 파악하기 어렵습니다. 세부 사항 지향적이라는 것은 매우 일반적인 능력이므로 정량화, 시연, 학습이 매우 어렵습니다. 다른 그룹에 보다 구체적인 기술이 포함되어 있길 바라야 합니다.

워드 클라우드로 클러스터 15개를 동시에 조사해 보죠. 즉, 5행 3열의 격자 형태를 가진 하위 그래프 15개로 이들을 모두 표현합니다(그림 17-9).

코드 17-35 그룹 15개를 모두 시각화하기

```python
# cluster_groups의 각 그룹에 대한 워드 클라우드를 시각화합니다.
# 워드 클라우드들은 num_rows x num_columns 격자에 그려집니다.
def plot_wordcloud_grid(cluster_groups, num_rows=5, num_columns=3,
                        **kwargs):
    figure, axes = plt.subplots(num_rows, num_columns, figsize=(20, 15))
    cluster_groups_copy = cluster_groups[:]
    for r in range(num_rows):
        for c in range(num_columns):
            if not cluster_groups_copy:
                break

            df_cluster = cluster_groups_copy.pop(0)
            wordcloud_image = cluster_to_image(df_cluster, **kwargs)
            ax = axes[r][c]
            ax.imshow(wordcloud_image, interpolation="bilinear")
            ax.set_title(f"Cluster {df_cluster.Cluster.iloc[0]}")
            ax.set_xticks([])
            ax.set_yticks([])

plot_wordcloud_grid(cluster_groups)
plt.show()
```

kwargs 문법은 cluster_to_image 함수에 추가적인 파라미터를 전달할 수 있게 해 줍니다. 이것으로 쉽게 vectorizer 및 tfidf_matrix를 수정할 수 있습니다.

그룹 15개는 다양한 기술 주제를 나타냅니다. 일부는 고도로 기술적인 주제를 보여 줍니다. 예를 들어 7번째 그룹은 사이킷런, 판다스, 넘파이, 맷플롯립, 사이파이 같은 데이터 과학 라이브러리에 집중되어 있습니다. 그중 사이킷런 라이브러리가 명확히 지배적인 것으로 보입니다. 이러한 라이브러리 대부분은 이력서에 등장하며, 이 책에서도 논의한 바 있습니다. 7번째 그룹의 글머리 기호 일부 샘플을 출력하여 실제로도 그러한지 확인해 보겠습니다.

▼ 그림 17-9 하위 그래프 15개로 시각화된 워드 클라우드 15개

각 워드 클라우드는 그룹 15개 중 하나에 해당합니다. 하위 그래프 제목으로는 그룹/Cluster ID가 할당되었습니다. 7번째처럼 일부 그룹은 기술적으로 요구되는 능력을 표현하고 0번째처럼 다른 그룹은 비교적 덜 기술적인 능력을 표현합니다

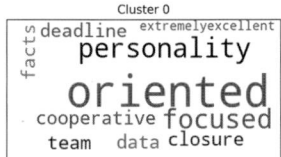

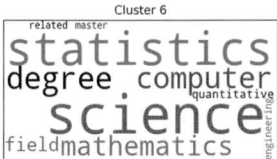
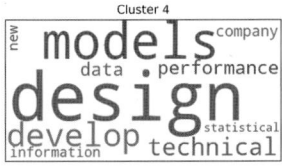

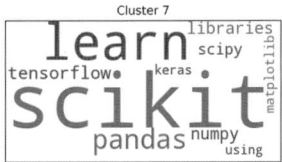

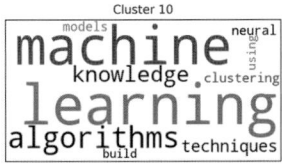
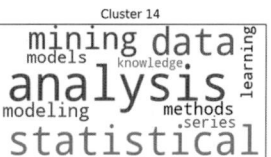
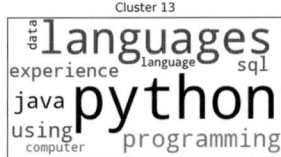

코드 17-36 7번째 그룹의 일부 머리글 기호 샘플 출력하기

```
np.random.seed(1)
print_cluster_sample(7)
```

▶ 실행결과

```
Experience using one or more of the following software packages:
scikit-learn, numpy, pandas, jupyter, matplotlib, scipy, nltk, spacy, keras, tensorflow
Using one or more of the following software packages: scikit-learn, numpy, pandas, jupyter,
matplotlib, scipy, nltk, spacy, keras, tensorflow
Experience with machine learning libraries and platforms, like Scikit-learn and Tensorflow
Proficiency in incorporating the use of external proprietary and open-source libraries such as, but
not limited to, Pandas, Scikit- learn, Matplotlib, Seaborn, GDAL, GeoPandas, and ArcPy
Experience using ML libraries, such as scikit-learn, caret, mlr, mllib
```

반면 0번째 그룹처럼 다른 그룹들은 비기술적인 능력에 중점을 둡니다. business acumen(비즈니스 통찰력), focus(집중력), strategy(전략), communication(커뮤니케이션), collaboration(협업) 등을 포함한 능력은 이력서에서 분명히 누락되어 있습니다. 따라서 평균적으로 비기술 그룹에서는 이력서에 대한 유사도가 더 낮아

야 합니다. 이 생각은 아마도 텍스트 유사도로 기술 그룹과 비기술 그룹을 분리할 수 있을 것이라는 흥미로운 가능성으로 이어집니다. 즉, 각 기술 유형을 보다 체계적으로 조사할 수 있게 될 것입니다. 시도해 보죠! 그러기 위해 먼저 total_bullets의 각 글머리 기호와 우리 이력서 사이의 코사인 유사도를 계산합니다.

> **노트** existing_skills 변수에 정렬된 이력서와 목차를 결합하지 않고 왜 이력서만 활용할까요? 최종 목표는 이력서에서 누락된 기술을 파악하는 것이므로, 이를 위해 이력서와 각 그룹 간 유사도를 유용하게 활용할 수 있습니다. 유사도가 낮다면 그룹화된 기술들이 이력서에 적절히 표현되지 않은 것입니다.

코드 17-37 글머리 기호에 드러난 기술과 이력서 간 유사도 계산하기

```python
def compute_bullet_similarity(bullet_texts):      # 입력된 bullet_texts 및 resume 변수 간 코사인 유사도를 계산합니다.
    bullet_vectorizer = TfidfVectorizer(stop_words='english')
    matrix = bullet_vectorizer.fit_transform(bullet_texts + [resume])
    matrix = matrix.toarray()
    return matrix[:-1] @ matrix[-1]

bullet_cosine_similarities = compute_bullet_similarity(total_bullets)
```

bullet_cosine_similarities 배열에는 그룹화된 모든 글머리 기호의 텍스트에 대한 유사도가 담겨 있습니다. 특정 그룹에 대해 해당 코사인 유사도의 평균을 구하면 점수로 결합할 수 있습니다. 가설에 따르면, 기술 그룹은 비기술 그룹보다 평균 유사도가 더 높아야 합니다. 기술에 대한 7번째 그룹과 비기술에 대한 3번째 그룹으로 이것이 사실인지 확인해 보겠습니다.

코드 17-38 평균 이력서 유사성 비교하기

```python
def compute_mean_similarity(df_cluster):
    indices = df_cluster.Index.values
    return bullet_cosine_similarities[indices].mean()

tech_mean = compute_mean_similarity(cluster_groups[7])
soft_mean = compute_mean_similarity(cluster_groups[0])
print(f"기술을 다루는 7번째 그룹의 평균 유사도는 {tech_mean:.3f}입니다")
print(f"비기술을 다루는 3번째 그룹의 평균 유사도는 {soft_mean:.3f}입니다")
```

▶ 실행결과

```
기술을 다루는 7번째 그룹의 평균 유사도는 0.203입니다
비기술을 다루는 3번째 그룹의 평균 유사도는 0.002입니다
```

기술을 다루는 그룹은 비기술을 다루는 그룹보다 100배 더 이력서에 가깝습니다. 우리 접근 방향이 올바른 것 같군요! 이제 그룹 15개 모두에 대해 평균 유사도를 계산해 보겠습니다. 그다음 유사도 점수에 따라 그룹들을 내림차순으로 정렬합니다. 가설이 맞다면 기술을 다루는 그룹이 가장 먼저 나타날 것입니다. 워드 클라우드를 정렬된 순서대로 재차 그려서 확인해 보죠(그림 17-10).

▼ 그림 17-10 워드 클라우드 15개로 각 워드 클라우드는 그룹 15개 중 하나에 해당합니다. 그룹들은 이력서에 대한 평균 유사도에 따라 정렬되며 그 결과 처음 두 행에서 기술에 대한 그룹이 나타나는 것으로 보입니다

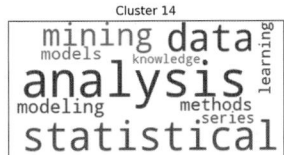
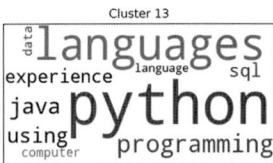
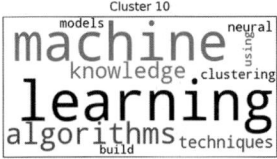
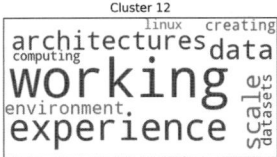
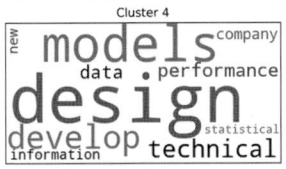

> **노트** 기술적 관련성에 따라 그룹을 정렬하려고 합니다. 사례 탐구를 완료하는 데 반드시 필요한 것은 아닙니다. 각 그룹을 정렬되지 않은 순서대로 개별적으로 검토할 수도 있지만, 그룹 순서를 재지정하면 더 빠르게 통찰을 얻을 수 있습니다. 따라서 정렬은 작업 흐름을 간소화 하는 바람직한 방법입니다.

코드 17-39 이력서 유사도를 기준으로 워드 클라우드 정렬하기

```
def sort_cluster_groups(cluster_groups):     ······ 입력된 cluster_groups 배열을 이력서에 대한 평균
    mean_similarities = [compute_mean_similarity(df_cluster) for df_cluster in cluster_groups]
    sorted_indices = sorted(range(len(cluster_groups)),
                            key=lambda i: mean_similarities[i], reverse=True)
    return [cluster_groups[i] for i in sorted_indices]

sorted_cluster_groups = sort_cluster_groups(cluster_groups)
plot_wordcloud_grid(sorted_cluster_groups)
plt.show()
```

우리 가설이 맞았습니다! 처음 두 행은 기술 역량과 명확히 연관되어 있습니다. 이러한 기술력은 이제 이력서와 유사성을 기준으로 편리하게 정렬됩니다. 이것으로 이력서와 가장 유사한(따라서 이력서에 표시된) 기술부터 가장 유사하지 않은(따라서 이력서에 누락되었을 가능성이 높은) 기술까지 체계적으로 순위를 매길 수 있습니다.

17.3.2 기술 클러스터 조사하기

워드 클라우드 중 처음 두 행에 배치된 기술 여섯 개에 대한 그룹에 주목하고자 이들을 2행 3열의 격자로 다시 그립니다(그림 17-11). 기술 그룹에만 초점을 맞추었기에 전체 그래프의 크기를 크게 조정할 수 있습니다. 나머지 비기술에 대한 그룹은 잠시 후 다룹니다.

코드 17-40 처음 기술 그룹 여섯 개만 표시하기

```
plot_wordcloud_grid(sorted_cluster_groups[:6], num_rows=3, num_columns=2)
plt.show()
```

처음 네 그룹은 매우 유익한 정보를 제공합니다. 이제 왼쪽 위 사분면부터 이들을 하나씩 살펴보죠. 워드 클라우드 내용만으로도 각 그룹이 나타내는 기술을 충분히 파악할 수 있을 테지만, 이들을 자유롭게 살펴보면 각 그룹을 좀 더 깊게 이해할 수 있습니다.

처음 네 그룹은 다음과 같이 설명할 수 있습니다.

- **7번째 그룹(0, 0)**: 이 그룹은 이미 논의된 바 있습니다. 이 책에서는 사이킷런, 넘파이, 사이파이, 판다스 같은 라이브러리를 다루었습니다.

    하지만 텐서플로 및 케라스 라이브러리는 다루지 않았습니다. 이 두 라이브러리는 인공지능 실무자가 고성능 하드웨어에서 복잡한 예측 모델을 학습시키는 데 사용하는 딥러닝 라이브러리입니다. 데이터 과학과 인공지능 직책의 경계가 항상 명확하지는 않습니다. 일반적으로 딥러닝 지식은 필수가 아니지만 취업에 도움이 될 때가 많습니다. 한편 해당 라이브러리를 더 자세히 배우고 싶다면 〈Machine Learning with TensorFlow〉(2018, 매닝)[2] 또는 〈케라스 창시자에게 배우는 딥러닝 2판〉(2022, 길벗)[3]을 참고하세요.

---

2 https://www.manning.com/books/machine-learning-with-tensorflow
3 https://tensorflow.blog/kerasdl2

▼ 그림 17-11 기술 그룹 여섯 개에 대한 워드 클라우드

이력서에 대한 평균 코사인 유사도를 기준으로 정렬되었습니다. 처음 네 워드 클라우드는 데이터 과학용 라이브러리와 통계 분석, 파이썬 프로그래밍, 머신러닝에 초점을 맞춘 반면 나머지 두 워드 클라우드는 모호하고 정보가 없습니다

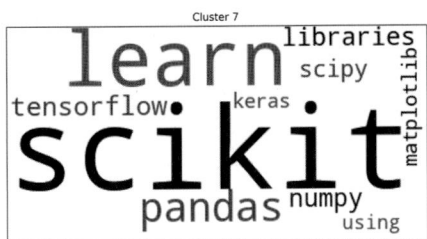
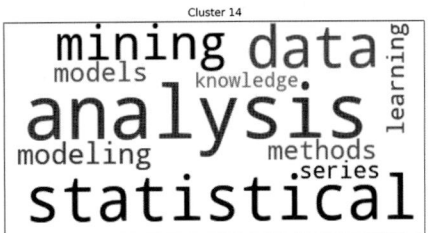

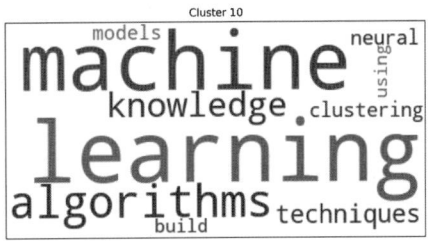
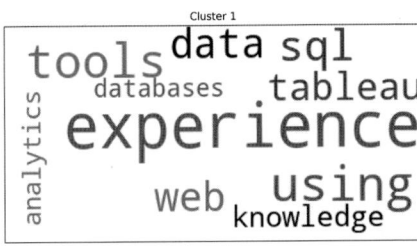
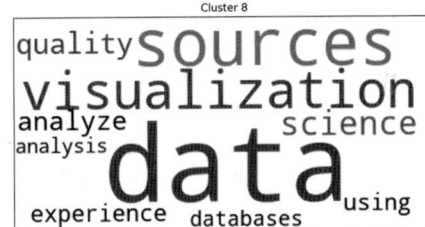

- **14번째 그룹(0, 1)**: 이 그룹은 이 책의 두 번째 사례 탐구에서 다루어 이력서에서도 언급된 통계 분석을 설명합니다.

- **13번째 그룹(1, 0)**: 이 그룹은 프로그래밍 언어의 숙련도에 중점을 둡니다. 파이썬이 확실히 우세합니다. 그런데 이 그룹 순위가 더 높지 않은 이유는 무엇일까요? 이력서 어디에도 파이썬이 언급되어 있지 않기 때문입니다. 우리가 여러 파이썬 라이브러리를 참조하기 때문에 파이썬에도 익숙하다고 암시하는 것 같지만, 명시적으로 언급되어 있어야만 유사도 계산에 반영될 수 있습니다. 따라서 이력서가 파이썬을 명시적으로 언급하도록 갱신해야만 합니다.

- **10번째 그룹(1, 2)**: 이 그룹은 머신러닝에 중점을 둡니다. 머신러닝 분야에는 다양한 데이터 기반 예측 알고리즘이 포함됩니다. 이 중 다수는 이 책의 후속 사례 탐구에서 제시되지만, 이 사례 탐구를 완료하기 전까지는 해당 내용을 이력서에 포함시킬 수 없습니다.

    다만 그룹화 기법이 비지도 머신러닝 알고리즘이라는 사실은 언급할 수 있습니다. 그러나 보다 일반적인 머신러닝을 언급하면 우리 기술에 대한 잘못된 인상을 줄 수 있습니다.

마지막 두 그룹은 모호하고 정보가 부족합니다. 관련 없는 수많은 도구와 분석 기법이 언급되어 있습니다. 코드 17-41은 해당 그룹(8번째와 1번째)에서 일부 글머리 기호의 샘플을 추출하여 유의미한 패턴이 없음을 확인합니다.

> **노트** 두 그룹 모두 database(데이터베이스)를 언급합니다. 데이터베이스는 분명 유용한 기술이지만, 두 그룹의 주요 주제는 아닙니다. 이 장 뒷부분에서 K 값을 늘렸을 때 나타나는 데이터베이스에 대한 그룹을 발견하게 될 것입니다.

코드 17-41 8번째와 1번째 그룹에서 일부 글머리 기호 샘플 출력하기

```python
np.random.seed(1)
for cluster_id in [8, 1]:
    print(f'\n{cluster_id}번째 그룹')
    print_cluster_sample(cluster_id)
```

▶ 실행결과

```
8번째 그룹
Use data to inform and label customer outcomes and processes
Perform exploratory data analysis for quality control and improved nderstanding
Champion a data-driven culture and help develop best-in-class data science apabilities
Work with data engineers to plan, implement, and automate integration of external data sources
across a variety of architectures, including local databases, web APIs, CRM systems, etc
Design, implement, and maintain a cutting-edge cloud-based
data-infrastructure for large data-sets

1번째 그룹
Have good knowledge on Project management tools JIRA, Redmine, and Bugzilla
Using common cloud computing platforms including AWS and GCP in addition to their respective
utilities for managing and manipulating large data sources, model, development, and deployment
Experience in project deployment using Heroku/Jenkins and using web Services like Amazon Web
Services (AWS)
Expert level data analytics experience with T-SQL and Tableau
Experience reviewing and assessing military ground technologies
```

기술에 대한 그룹들의 분석을 마쳤습니다. 이 중 네 개는 관련성이 있었고, 나머지 두 개는 그렇지 않았습니다. 이제 나머지 비기술 그룹으로 관심을 돌려 보죠. 우리 관심사인 데이터에 관련성이 있는 비기술 그룹이 있는지 확인해 보겠습니다.

17.3.3 소프트 스킬 클러스터 조사하기

먼저 나머지 비기술 그룹 아홉 개를 3행 3열의 격자로 시각화합니다(그림 17-12).

▼ 그림 17-12 비기술 그룹 아홉 개에 대한 워드 클라우드

이력서에 대한 평균 코사인 유사도를 기준으로 정렬되어 있습니다. 대부분의 클러스터는 모호하고 별다른 정보가 없지만 첫 번째 행의 커뮤니케이션 능력을 강조하는 그룹에는 주목할 가치가 있습니다

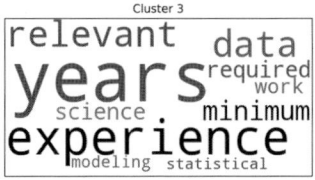
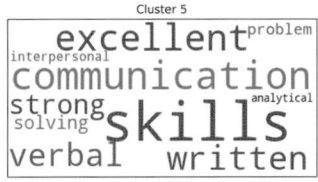

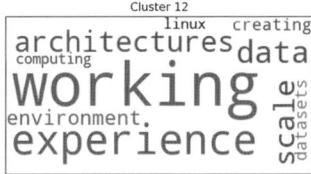
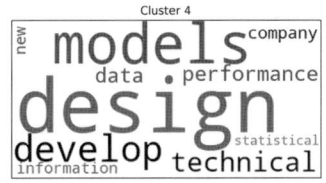

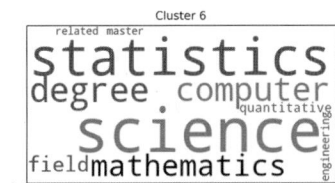

코드 17-42 나머지 비기술 그룹 아홉 개에 대한 워드 클라우드 그리기

```
plot_wordcloud_grid(sorted_cluster_groups[:6], num_rows=3, num_columns=3)
plt.show()
```

나머지 그룹은 처음 기술 클러스터 네 개보다 훨씬 더 모호해 보입니다. 예를 들어 2번째 그룹(2, 0)은 work(업무), team(팀), research(연구), environment(환경)처럼 모호한 용어를 사용합니다. 또 12번째 그룹(1, 0)도 environment(환경), work(업무), experience(경험) 등 용어로 구성되어 마찬가지로 수수께끼 같습니다. 게다가 실제 기술을 나타내지 않는 그룹은 결과를 더욱 복잡하게 만듭니다. 예를 들어 3번째 그룹(0, 0)은 기술, 최소 몇 년 이상의 경력을 요구하는 식으로 경험을 시간으로 나타냅니다. 또 6번째 그룹(2, 1)은 학력으로 제약을 언급하므로 정량적인 학위가 필요합니다. 즉, 모든 글머리 기호가 실제 기술을 나타내지 않는다는 가정이 약간 잘못되었다고도 볼 수 있습니다. 6번째와 3번째 그룹의 글머리 기호 중 일부를 실제로 출력하여 이를 확인해 보겠습니다.

코드 17-43 6번째와 3번째 그룹의 글머리 기호 일부 출력하기

```
np.random.seed(1)
for cluster_id in [6, 3]:
    print(f'\n{cluster_id}번째 그룹')
    print_cluster_sample(cluster_id)
```

> 실행결과

6번째 그룹
MS in a quantitative research discipline (e.g., Artificial Intelligence,
Computer Science, Machine Learning, Statistics, Applied Math, Operations Research)
Master's degree in data science, applied mathematics, or bioinformatics preferred.
PhD degree preferred
Ph.D. in a quantitative discipline (e.g., statistics, computer science, economics, mathematics,
physics, electrical engineering, industrial engineering or other STEM fields)
7+ years of experience manipulating data sets and building statistical models, has advanced
education in Statistics, Mathematics, Computer Science or another quantitative field, and is
familiar with the following software/tools:

3번째 그룹
Minimum 6 years relevant work experience (if Bachelor's degree) or minimum 3 years relevant work
experience (if Master's degree) with a proven track record in driving value in a commercial setting
using data science skills.
Minimum five (5) years of experience manipulating data sets and building statistical models, and
familiarity with: 5+ years of relevant work experience in data analysis or related field. (e.g., as
a statistician / data scientist / scientific researcher)
3+ years of statistical modeling experience
Data Science: 2 years (Required)

비기술 그룹 중 하나인 5번째 그룹(0, 1)은 서면 및 구두를 포함한 대인 간 소통 능력에 중점을 두기 때문에 해석이 쉽습니다. 데이터 과학자 경력에서 복잡한 데이터에서 추출된 통찰력을 이해 관계자에게 신중히 전달할 수 있는 훌륭한 의사소통 능력은 매우 중요합니다. 그래야 이해 관계자들이 우리 주장에 따라 설득될 것이고, 그에 상응하는 조치를 내릴 수 있기 때문이죠. 이 능력이 부족하다면 모든 노력이 수포로 돌아갑니다.

안타깝게도 의사소통 능력은 쉽게 배울 수 없습니다. 단순히 책만 읽어서는 충분하지 않으며, 다른 사람들과 협업을 실제로 연습해야 합니다. 의사소통 능력을 키우고 싶다면, 다른 데이터 과학자들과 교류하고 데이터 기반 프로젝트의 일원이 되어 프로젝트를 완료해 보아야 합니다. 그다음 이력서에 갈고 닦은 의사소통 능력을 강조해 보기 바랍니다.

17.3.4 다른 K 값으로 그룹 탐색하기

K를 15로 설정했을 때 K-평균으로 괜찮은 결과를 도출할 수 있었지만, 완벽한 최적의 K를 결정할 수는 없었기에 어느 정도 K 값을 선정하는 데는 임의성이 개입되었습니다. 이러한 임의성은 통찰력을 제공하는 데 문제가 될 수 있습니다. 단순히 운이 좋아서일 수도 있고, 운이 나빠서 다른 K 값을 골랐다면 전혀 통찰력을 얻지 못했을지도 모르기 때문이죠. 따라서 우리는 일관성이라는 측면에서 그룹화를 조사해 볼 필요가 있습니다. K를 수정했을 때 통찰력을 제공하는 그룹은 몇 개나 남을까요? 이를 알아보기 위해 다른 K 값으로 그룹들을 다시 생성하겠습니다. 먼저 K를 25로 설정하고 결과를 5행 5열의 격자 평면에 그립니다(그림 17-13). 이번에도 마찬가지로 이력서에 대한 코사인 유사도로 순서를 정렬합니다.

▼ 그림 17-13 워드 클라우드 25개로 K 값을 25로 늘려도 앞서 살펴본 기술 그룹들이 여전히 존재합니다. 또 웹 서비스 및 데이터베이스에 대한 친숙함 등 주목할 만한 새로운 기술들도 발견됩니다

  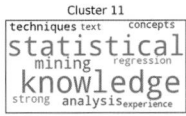  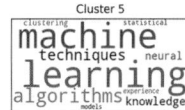
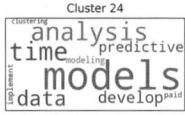 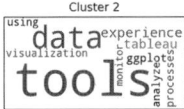  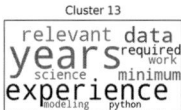
 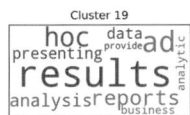  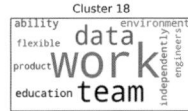 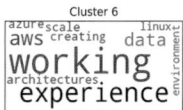
   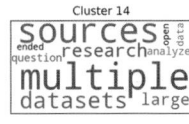 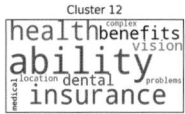
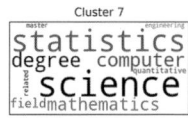 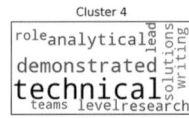  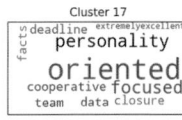 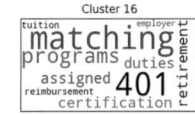

코드 17-44 정렬된 그룹 25개 시각화하기

```
np.random.seed(0)
cluster_groups = compute_cluster_groups(shrunk_norm_matrix, k=25)
sorted_cluster_groups = sort_cluster_groups(cluster_groups)
plot_wordcloud_grid(sorted_cluster_groups, num_rows=5, num_columns=5)
plt.show()
```

이전에 관측된 그룹 대부분이 이번에도 그대로 드러납니다. 데이터 과학 라이브러리의 사용(0, 0), 통계 분석(0, 2), 파이썬 프로그래밍(0, 1), 머신러닝(1, 2), 의사소통 능력(2, 0) 등을 찾아볼 수 있죠. 또 처음 두 행의 워드 클라우드에서 추가적으로 유의미한 세 가지 기술 그룹을 얻었습니다.

- **8번째 그룹(0, 4)**: 이 그룹은 클라이언트와 원격 서버 간 통신하는 도구인 웹 서비스에 중점을 둡니다. 데이터 과학자 대부분의 실무 환경에서 데이터는 원격지 서버에 저장되며, 사용자 정의 API로 업로드하거나 내려받습니다. 파이썬에서는 일반적으로 이 API들을 장고(Django) 프레임워크로 구축합니다. 초보 데이터 과학자도 이 도구에 어느 정도 익숙하면 좋겠지만, 반드시 필요하지는 않습니다. 웹 서비스 및 API 전송을 자세히 알아보려면 〈아마존 웹 서비스 인 액션〉(2017, 한빛미디어)[4] 및 〈The Design of Web APIs〉(2019, 매닝)[5]를 참고합니다.

---

[4] https://www.hanbit.co.kr/store/books/look.php?p_code=B8513428388
[5] https://www.manning.com/books/the-design-of-web-apis

- **23번째 그룹(1, 3)**: 이 그룹은 다양한 유형의 데이터베이스에 중점을 둡니다. 대규모 구조화된 데이터는 일반적으로 관계형 데이터베이스에 저장되며, 구조화된 쿼리 언어(SQL)로 쿼리할 수 있습니다. 하지만 모든 데이터베이스가 관계형 데이터베이스인 것은 아닙니다. 때때로 데이터는 MongoDB 같은 다른 비정형 데이터베이스에 저장되기도 합니다. 비정형 데이터베이스의 데이터는 NoSQL 쿼리 언어로 쿼리할 수 있습니다. 다양한 데이터베이스 유형에 대한 지식은 데이터 과학 경력에 매우 유용할 수 있습니다. 이 주제를 자세히 알아보려면 〈Understanding Databases〉(2019, 매닝)[6]를, MongoDB를 자세히 알아보려면 〈몽고디비 인 액션 2판〉(2018, 제이펍)[7]을 참고하기 바랍니다.

- **2번째 그룹(1, 1)**: 이 그룹은 Tableau 및 ggplot 같은 파이썬 이외의 환경에서 사용되는 시각화 도구에 중점을 둡니다. Tableau는 세일즈포스(Salesforce)에서 제공하는 유료 소프트웨어로 자세한 내용은 〈Practical Tableau〉(2018, 오라일리)[8]에서 확인할 수 있습니다. ggplot은 통계 프로그래밍 언어인 R에서 사용되는 시각화 패키지입니다. 일반적으로 파이썬을 활용하는 데이터 과학자가 R을 알 필요는 없지만, 이 주제를 더 알고 싶다면 〈Practical Data Science with R 개정 2판〉(2019, 매닝)[9]을 참고하기 바랍니다.

새로 그룹 일곱 개가 추가되었습니다. 여기에는 문제 해결(3, 0) 및 팀워크(2, 3) 같은 일반적인 능력들이 대부분 포함되어 있습니다. 또 새로운 기술 그룹 중 적어도 하나는 실제 기술에 해당하지 않습니다(예 3행 4열의 건강 보험 혜택 그룹).

K를 15에서 25로 늘리자 이전에 관측된 모든 유의미한 그룹은 유지한 채 몇 가지 흥미로운 그룹들이 추가되었습니다. 그렇다면 중간 값인 20으로 K를 변경해도 이러한 그룹 안정성이 유지될까요? 다음 코드는 정렬된 그룹 20개를 4행 5열의 격자 평면에 그려 이를 확인합니다(그림 17-14).

코드 17-45 정렬된 클러스터 20개 시각화하기

```
np.random.seed(0)
cluster_groups = compute_cluster_groups(shrunk_norm_matrix, k=20)
sorted_cluster_groups = sort_cluster_groups(cluster_groups)
plot_wordcloud_grid(sorted_cluster_groups, num_rows=4, num_columns=5)
plt.show()
```

---

6 https://www.manning.com/books/understanding-databases
7 https://github.com/Jpub/MongoDB2nd
8 http://mng.bz/Xrdv
9 https://www.manning.com/books/practical-data-science-with-r-second-edition

▼ 그림 17-14 워드 클라우드 20개로, 앞서 설명한 대부분의 스킬은 그대로 유지되지만 통계 분석 클러스터는 누락되었습니다

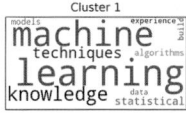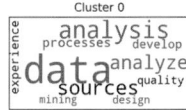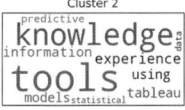
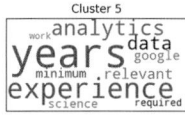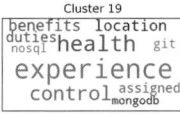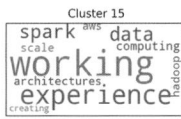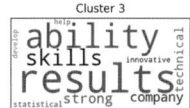
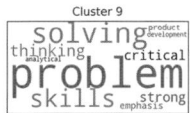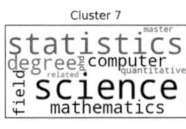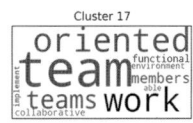

데이터 과학 라이브러리(0, 0), 파이썬 프로그래밍(0, 3), 머신러닝(0, 1), 의사소통 능력(1, 4), 웹 서비스(0, 1), 데이터베이스(0, 4)를 포함하여 관측된 대부분의 유의미한 클러스터는 K 값이 20일 때도 유지됩니다. 그러나 파이썬 이외의 환경에서 사용되는 시각화 도구에 대한 그룹은 사라졌습니다. 더 문제가 되는 것은 K 값 15와 25에서 관측된 통계 분석 그룹이 사라졌다는 것입니다.

> **노트** 이 통계 분석 그룹은 행 0과 열 2에 위치한 통계 알고리즘 그룹으로 대체된 것으로 보입니다. 이 그룹은 algorithm(알고리즘), clustering(클러스터링), regression(회귀)이라는 세 가지 용어가 주를 이룹니다. 물론 지금쯤이면 그룹화/클러스터링을 잘 알고 있을 것입니다. 하지만 회귀 기법은 아직 배우지 않았기 때문에 이력서에서 빠져 있습니다. 다섯 번째 사례 탐구에서 이 기법을 배운 후 이력서에 추가할 수 있습니다.

안정적으로 보이는 클러스터가 제거되었습니다. 안타깝게도 이러한 변동은 매우 흔한 일입니다. 텍스트 클러스터링은 인간 언어의 복잡한 특성 때문에 매개변수 변경에 민감합니다. 언어 주제는 다양한 방식으로 해석될 수 있기 때문에 한결같이 완벽한 매개변수를 찾기가 어렵습니다. 한 파라미터 세트에서 나타나는 클러스터는 이러한 파라미터가 조정되면 사라질 수 있습니다. K의 단일 값으로만 그룹을 만들면 유용한 인사이트를 놓칠 위험이 있습니다. 따라서 텍스트 분석 중에는 다양한 K 값에 대한 결과를 시각화하는 것이 바람직합니다. 이 점을 염두에 두고 K를 10으로 줄이면 어떤 결과가 나오는지 살펴보겠습니다(그림 17-15).

코드 17-46 정렬된 클러스터를 열 개 시각화하기

```
np.random.seed(0)
cluster_groups = compute_cluster_groups(shrunk_norm_matrix, k=10)
sorted_cluster_groups = sort_cluster_groups(cluster_groups)
plot_wordcloud_grid(sorted_cluster_groups, num_rows=5, num_columns=2)
plt.show()
```

▼ 그림 17-15 기술 그룹 열 개와 연관된 워드 클라우드 열 개, 낮은 K 값에도 앞서 설명한 기술 중 네 개가 유지됩니다

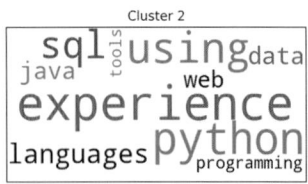
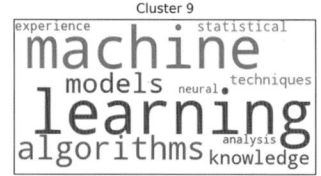
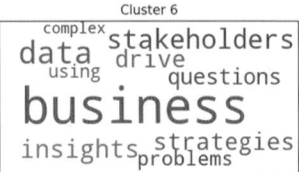

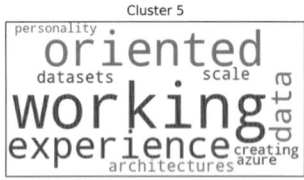

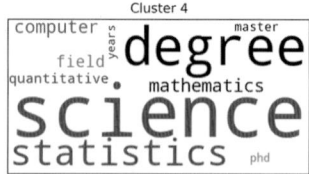
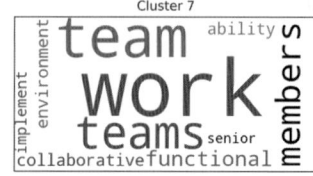

시각화된 클러스터 열 개는 상당히 제한적입니다. 그렇지만 그룹 열 개 중 클러스터 네 개에는 이전에 관측한 핵심 기술이 포함되어 있습니다. 파이썬 프로그래밍(0, 0), 머신러닝(0, 1), 의사소통 능력(2, 1)이 그것입니다. 통계 분석 클러스터도 다시 등장했습니다(1, 0). 놀랍게도 일부 기술 클러스터는 다재다능하며 K 값이 급격하게 조정된 경우에도 나타납니다. 그룹에 약간의 확률성이 있음에도 어느 정도의 일관성은 유지됩니다. 따라서 우리가 관측한 인사이트는 단순한 무작위 결과가 아니라 복잡하고 지저분한 실제 텍스트에서 포착한 가시적인 패턴입니다.

지금까지는 가장 관련성이 높은 채용 공고 60개에 국한해서 관찰했습니다. 그러나 앞서 살펴본 것처럼 해당 데이터 하위 셋에는 약간의 노이즈가 있습니다. 분석을 상위 700개의 채용 공고로 확장하면 결과가 어떻게 나올까요? 관측 결과가 달라질까요 아니면 동일하게 유지될까요? 알아봅시다.

17.3.5 가장 관련성이 높은 게시물 700개 분석하기

먼저 다음을 수행하여 그룹화에 사용될 sorted_df_jobs[:700].Bullets를 준비합니다.

1. 중복을 제거하면서 모든 글머리 기호들을 추출합니다.
2. 글머리 기호에 포함된 텍스트를 벡터화합니다.
3. 벡터화된 텍스트를 차원 축소한 후 결과 행렬을 정규화합니다.

코드 17-47 그룹화 분석을 위해 sorted_df_jobs[:700] 준비하기

```
np.random.seed(0)
total_bullets_700 = set()
for bullets in sorted_df_jobs[:700].Bullets:
    total_bullets_700.update([bullet.strip() for bullet in bullets])

total_bullets_700 = sorted(total_bullets_700)
vectorizer_700 = TfidfVectorizer(stop_words='english')
tfidf_matrix_700 = vectorizer_700.fit_transform(total_bullets_700)
shrunk_norm_matrix_700 = shrink_matrix(tfidf_matrix_700)
print(f"{shrunk_norm_matrix_700.shape[0]}개의 글머리 기호들을 벡터화했습니다")
```

▶ 실행결과

10194개의 글머리 기호들을 벡터화했습니다

글머리 기호 1만 194개를 벡터화했습니다. 이제 벡터화된 결과에 대해 엘보 플롯을 생성합니다. 이전 관측을 바탕으로 엘보 플롯이 특별히 유용한 정보를 제공하리라고 기대하지는 않지만, 이전 분석과 일관성을 유지하고자 플롯을 생성합니다(그림 17-16).

▼ 그림 17-16 가장 관련성이 높은 상위 700개의 게시글 글머리 기호로 생성한 엘보 플롯입니다. 엘보의 정확한 위치를 파악하기는 어렵습니다

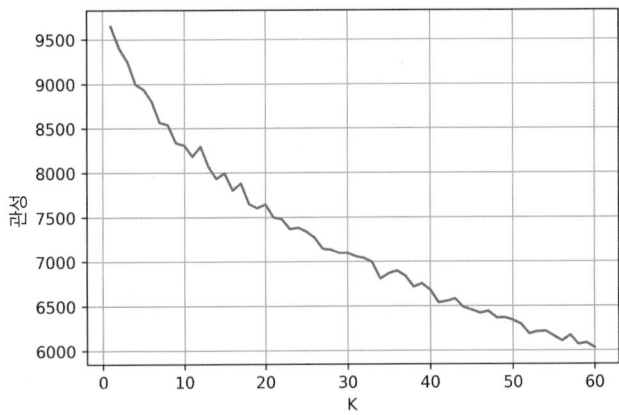

코드 17-48 글머리 기호 1만 194개에 대한 엘보 플롯 그리기

```
np.random.seed(0)
generate_elbow_plot(shrunk_norm_matrix_700)
plt.show()
```

예상대로 엘보의 정확한 위치는 명확하지 않습니다. K가 10에서 25 어디쯤으로 보일 뿐이죠. K를 임의로 20으로 설정한 후 그 결과를 시각화해 보겠습니다. 이 과정에서 필요하다면 비교를 위해 K 값을 조정합니다(그림 17-17).

▼ 그림 17-17 글머리 기호 1만 개 이상을 그룹화하여 생성된 워드 클라우드 20개로, 데이터가 10배 증가해도 관측된 기술 그룹은 대부분 동일하게 유지되었습니다

 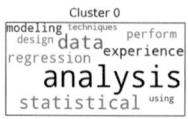  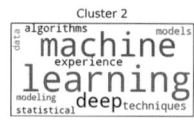 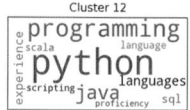
 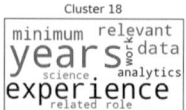   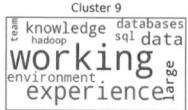
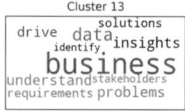    
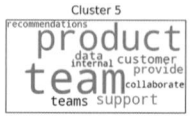 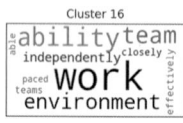 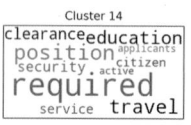 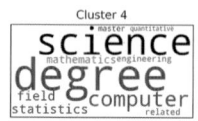 

> 노트 ≣ 15장에서 설명한 대로 K-평균의 결과는 10,000×100처럼 대규모 행렬이 사용되었을 때는 컴퓨터마다 다를 수 있습니다. 정확한 값은 여러분 컴퓨터에서 실행한 결과와 다를 수 있지만, 대체로 이 책에 제시된 것과 유사한 결론에는 도달할 수 있을 것입니다.

코드 17-49 글머리 기호 1만 194개에 대해 정렬된 그룹을 20개 시각화하기

```
np.random.seed(0)
cluster_groups_700 = compute_cluster_groups(shrunk_norm_matrix_700, k=20,
                                            bullets=total_bullets_700)
bullet_cosine_similarities = compute_bullet_similarity(total_bullets_700)
sorted_cluster_groups_700 = sort_cluster_groups(cluster_groups_700)
plot_wordcloud_grid(sorted_cluster_groups_700, num_rows=4, num_columns=5,
```

정렬을 위해 bullet_cosine_similarities를 다시 계산합니다.

갱신된 TFIDF 행렬 및 vectorizer를 시각화 함수에 입력해야 합니다.

```
vectorizer=vectorizer_700,
tfidf_matrix=tfidf_matrix_700)
```

그룹화 결과는 이전에 본 것과 매우 유사합니다. 포스팅 60개에서 관측한 주요 인사이트 클러스터는 데이터 과학 라이브러리 사용량(0, 0), 통계 분석(0, 1), 파이썬 프로그래밍(0, 4), 머신러닝(0, 3), 커뮤니케이션 기술(1, 3) 등입니다. 일부 미묘한 변화가 있지만 대부분 결과는 동일합니다.

> **노트** 한 가지 흥미로운 변화는 일반화된 시각화 도구에 대한 그룹(0, 2)의 등장입니다. 맷플롯립을 비롯하여 자바스크립트의 D3.js라는 라이브러리 등 다양한 시각화 도구가 언급되어 있습니다. 일부 데이터 과학자들은 대화형 웹 시각화를 만드는 데 D3.js 라이브러리를 사용합니다. 이 라이브러리를 자세히 알아보려면 〈D3.js 인 액션〉(2016, 한빛미디어)[10]을 참고하세요.

특정 기술은 채용 공고에 지속적으로 등장합니다. 이러한 기술은 선택한 관련성 임계 값에 그다지 민감하지 않으므로 임계 값이 불확실하더라도 해당 기술을 명확히 파악할 수 있습니다.

17.4 결론

이력서 초안을 갱신할 준비가 되었습니다. 가장 먼저 파이썬 실력을 강조해야 하는데, 파이썬에 능숙하다는 한 줄이면 충분할 것 같습니다. 또 의사소통 능력도 강조해야 합니다. 어떻게 의사소통을 잘한다는 것을 보여 줄 수 있을까요? 단순히 복잡한 결과를 다양한 청중에게 명확하게 전달할 수 있다고 말하는 것만으로는 충분하지 않습니다. 그 대신 다음과 같은 작업을 수행한 프로젝트를 설명해야 합니다.

- 어려운 데이터 문제를 해결하려고 팀원들과 한 협업
- 비전문가인 청중에게 구두 또는 서면으로 복잡한 결과를 전달

> **노트** 이러한 유형의 프로젝트에서 일한 경험이 있다면 이력서에 반드시 추가해야 합니다. 그렇지 않다면 자발적으로 이러한 유형의 프로젝트에 도전하는 것이 좋습니다. 여기에서 습득한 기술은 매우 귀중할 뿐만 아니라 고용 전망도 개선할 수 있습니다.

또 이력서를 완성하기 전에 남은 기술 부족을 해결해야 합니다. 성공적으로 데이터 과학 경력을 쌓으려면 머신러닝 경험은 필수적입니다. 아직 머신러닝은 공부하지 않았지만, 다음 사례 탐구에서는 머신러닝 기술을 확장합니다. 그러면 이력서에 머신러닝 능력을 자랑스럽게 기술할 수 있을 것입니다.

---

10 https://www.hanbit.co.kr/store/books/look.php?p_code=B3521352024

마지막으로 원격 데이터를 가져오고 저장하는 도구를 다룬 몇 가지 경험을 시연해 보는 것도 좋습니다. 이러한 도구에는 데이터베이스와 호스팅된 웹 서비스가 포함됩니다. 이러한 도구의 사용법은 이 책 범위를 벗어나지만 독학으로 배울 수 있습니다. 데이터베이스 및 웹 서비스 경험이 반드시 취업에 필요하지는 않지만, 어느 정도 경험이 있는 것을 잠재적 고용주들은 언제나 환영합니다.

17.5 요약

- 텍스트 데이터를 맹목적으로 분석해서는 안 됩니다. 알고리즘을 실행하기 전에 항상 일부 텍스트를 샘플링하고 읽어야 합니다. 태그가 텍스트의 고유한 신호를 구분할 수 있는 HTML 파일일 때 특히 그렇습니다. 샘플 채용 공고를 렌더링한 결과, 각 HTML 파일에서 고유한 직무 능력이 글머리 기호로 표시되어 있음을 발견했습니다. 각 파일의 본문을 무작위로 클러스터링했다면 최종 결과는 그다지 유익하지 않았을 것입니다.
- 텍스트 그룹화는 어렵습니다. 언어가 유동적이고 주제 간 경계도 유동적이기 때문에 이상적인 클러스터 개수는 거의 없습니다. 하지만 불확실성에도 특정 주제는 여러 클러스터 개수에서 일관되게 나타납니다. 엘보 플롯에서 정확한 클러스터 개수를 파악할 수 없더라도 여러 그룹화 매개변수를 샘플링하면 텍스트에서 안정적인 주제를 파악할 수 있습니다.
- 매개변수 값을 선택하는 것이 항상 쉽지는 않습니다. 이 문제는 단순한 그룹화를 넘어섭니다. 정확도 컷오프를 선택할 때 두 가지 값 60과 700 사이에서 고민했습니다. 어느 쪽이 다른 쪽보다 우월해 보이지 않았기에 두 가지 모두 시도해 보았습니다. 데이터 과학에서는 이상적인 임계 값이나 매개변수가 없는 문제도 있습니다. 하지만 이러한 문제를 포기하고 무시해서는 안 됩니다. 오히려 실험을 해야 합니다. 과학자는 다양한 매개변수 입력에 대한 출력을 탐색하면서 학습합니다. 우리는 데이터 과학자로서 매개변수를 조정하여 귀중한 통찰을 얻을 수 있습니다.

제 5 부

다섯 번째 사례 탐구:
소셜 네트워크 데이터로 미래의 친구 관계 예측

>> **문제 설명**

실리콘밸리에서 가장 핫한 신생 스타트업인 프렌드훅(FriendHook)에 오신 것을 환영합니다. 프렌드훅은 대학생을 대상으로 한 소셜 네트워킹 앱입니다. 가입하려면 대학생 신분증을 스캔하여 소속을 증명해야 합니다. 승인받은 대학생은 기숙사 이름과 학문적 관심사를 나열하여 프렌드훅 프로필을 만들 수 있습니다. 프로필이 생성되면 학부생은 같은 학교의 다른 학생에게 친구 요청을 보낼 수 있습니다. 친구 요청을 받은 학생은 친구 요청을 승인하거나 거절할 수 있습니다. 친구 요청이 승인되면 두 학생은 공식적으로 프렌드훅 친구가 됩니다. 새로운 디지털 연결로 프렌드훅 친구들은 사진을 공유하고, 과제를 공동 작업하고, 최신 캠퍼스 가십을 서로에게 알려 줄 수 있습니다.

프렌드훅 앱은 인기가 있습니다. 전 세계 대학교 캠퍼스에서 사용하고 있습니다. 사용자 기반이 성장하고 있으며 회사도 성장 중입니다. 여러분은 프렌드훅의 첫 번째 데이터 과학자로서 채용되었습니다. 여러분이 수행할 첫 번째 도전 과제는 프렌드훅의 친구 추천 알고리즘을 개발하는 것입니다.

친구의 친구 추천 알고리즘을 소개합니다

간혹 프렌드훅 사용자는 디지털 앱에서 실제 친구를 찾는 데 어려움을 겪습니다. 더 많이 연결하고자 엔지니어링 팀은 간단한 친구 추천 엔진을 구현했습니다. 일주일에 한 번 모든 사용자에게 아직 네트워크에 없는 새 친구를 추천하는 이메일이 전송됩니다. 사용자는 이 이메일을 무시하거나 친구 요청을 보낼 수 있습니다. 그러면 해당 요청은 수락되거나 거부/무시됩니다.

현재 추천 엔진은 친구의 친구 추천 알고리즘이라는 간단한 알고리즘을 따릅니다. 알고리즘은 다음 그림과 같이 작동합니다. 학생 A(메리)에게 새로운 친구를 추천하고 싶다고 가정해 보죠. 학생 A와 이미 친구인 학생 B(밥)를 임의로 선택한 뒤 학생 B와 친구이지만 학생 A와는 아닌 학생 C(마티)를 임의로 선택합니다. 그러면 다음 그림과 같이 학생 C가 학생 A의 추천 친구로 선택됩니다.

▼ 그림 0-2 친구의 친구 추천 알고리즘
메리에게는 프레드와 밥이라는 친구가 두 명 있습니다. 이 중 한 명(밥)이 임의로 선택됩니다. 밥에게는 마티와 앨리스라는 친구 두 명이 있지만 이 둘은 메리 친구가 아닙니다. 메리 입장에서 친구의 친구(마티)가 임의로 선택됩니다. 메리는 마티에게 친구 요청을 보내야 한다는 이메일을 수신합니다

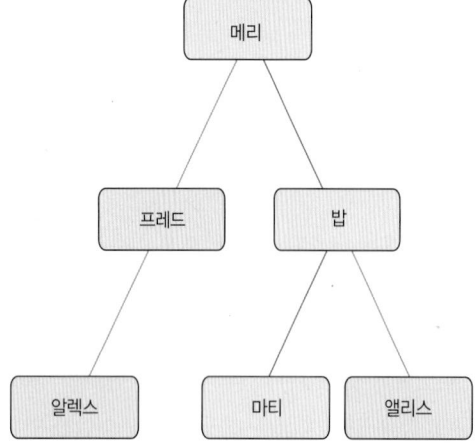

기본적으로 알고리즘은 내 친구의 친구도 내 친구일 가능성이 높다고 가정합니다. 이 가정은 합리적이지만 다소 단순합니다. 이 가정이 얼마나 잘 맞을까요? 아무도 모릅니다. 하지만 회사의 첫 번째 데이터 과학자로서 이를 알아내는 것이 여러분 임무입니다. 여러분은 추천 알고리즘에 반응하는 학생의 행동을 예측하는 모델을 구축하라는 임무를 맡았습니다.

사용자 행동 예측

친구의 친구 추천 엔진은 세 가지 유형의 행동을 유도할 수 있습니다.

- 사용자가 이메일로 전송된 친구 추천을 읽고 해당 추천을 거부하거나 무시합니다.
- 사용자가 추천을 기반으로 친구 요청을 보냅니다. 해당 요청은 거부되거나 무시됩니다.
- 사용자가 추천을 기반으로 친구 요청을 보냅니다. 친구 요청이 수락되고 새로운 프렌드훅 연결이 설정됩니다.

이 세 가지 행동을 예측할 수 있을까요? 프렌드훅 CTO가 여러분에 알려 주려고 합니다. CTO는 임의로 선정된 대학교의 프렌드훅 데이터를 제공했습니다. 이 데이터에는 주간 친구 추천에 대한 모든 사용자의 관찰된 행동을 포함해서 해당 대학교의 모든 프렌드훅 사용자의 전공, 기숙사 이름 등 각 사용자 프로필 정보도 포함됩니다. 이 개인 프로필 정보는 각 사용자 개인 정보를 보호하기 위해 암호화되어 있습니다(자세한 내용은 나중에 설명하겠습니다). 마지막으로 데이터에는 친구 추천이 이메일로 전송되기 직전에 수집된 대학교 내 기존 프렌드훅 인맥 네트워크가 포함됩니다.

우리 과제는 사용자 프로필 및 소셜 네트워크 데이터를 기반으로 사용자 행동을 예측하는 모델을 구축하는 것입니다. 이 모델은 다른 대학교에도 일반화할 수 있어야 합니다. 일반화 가능성은 매우 중요하며, 다른 대학교에서 활용할 수 없는 모델은 제품 측면에서 쓸모없습니다. 예를 들어 샘플링된 대학 기숙사 중 한두 곳의 행동을 정확히 예측하는 모델을 생각해 보죠. 즉, 정확하게 예측하려면 특정 기숙사 이름이 필요합니다. 다른 대학교는 기숙사 이름이 다르기 때문에 이러한 모델은 유용하지 않습니다. 전 세계 모든 대학교의 모든 기숙사에 일반화될 수 있다면 가장 이상적입니다.

일반화된 모델을 구축했다면 이제 그 내부를 살펴보아야 합니다. 여러분 목표는 대학 생활이 어떻게 새로운 프렌드훅 연결을 촉진하는지 통찰력을 얻는 것입니다.

프로젝트 목표는 야심적이지만 매우 실현 가능합니다. 다음 절차로 이 목표를 달성할 수 있습니다.

1. 사용자 행동, 사용자 프로필, 사용자 친구 네트워크와 관련된 세 가지 데이터셋을 불러옵니다. 각 데이터셋을 탐색하고 필요에 따라 정리합니다.
2. 사용자 프로필과 설정된 친구 관계를 기반으로 사용자 행동을 예측하는 모델을 구축하고 평가합니다. 이 작업을 친구 관계 네트워크만 사용하여 모델을 구축한 뒤 프로필 정보를 추가하여 모델 성능이 향상되는지 테스트하는 두 가지 하위 작업으로 분할할 수 있습니다.

3. 모델이 다른 대학교에 잘 일반화되는지 확인합니다.
4. 학생 행동을 더 잘 이해하기 위해 모델의 내부 작동법을 살펴봅니다.

▶▶ 데이터셋 설명

데이터에는 friendhook이라는 디렉터리에 저장된 파일이 세 개 있습니다. 이 파일은 CSV 테이블로, 각각 Profiles.csv, Observations.csv, Friendships.csv입니다. 각 테이블을 살펴보겠습니다.

– Profiles(프로필) 테이블

Profiles.csv에는 선택한 대학교의 모든 학생에 대한 프로필 정보가 포함되어 있습니다. 이 정보는 Profile_ID, Sex, Relationship_Status, Major, Dorm, Year라는 열(column) 여섯 개에 분산되어 있습니다. 학생의 개인 정보 보호를 매우 중요하게 여기는 프렌드훅 팀에서는 모든 프로필 정보를 신중하게 암호화했습니다.

프렌드훅의 암호화 알고리즘은 설명 텍스트를 입력받아 해시 코드(hash code)라고 하는 고유하고 스크램블링된 12자로 구성된 코드를 반환합니다. 예를 들어 한 학생이 자신의 전공을 물리학으로 기재했다고 가정해 보겠습니다. 그러면 물리학이라는 단어가 스크램블되어 b90a1221d2bc처럼 해시 코드로 대체됩니다. 다른 학생이 자신의 전공을 미술사로 기재하면 다른 해시 코드가 반환됩니다(예 983a9b1dc2ef). 이 방식으로 두 학생이 같은 전공을 공유하는지 여부를 해당 전공의 신원을 알지 못해도 확인할 수 있습니다. 예방 조치로 프로필 열(column) 여섯 개는 모두 암호화되어 있습니다. 개별 열을 자세히 살펴보겠습니다.

- **Profile_ID**: 각 학생을 추적하는 데 사용되는 고유 식별자입니다. 이 식별자는 Observations(관측) 테이블의 사용자 행동에 연결할 수 있습니다. 또 Friendship(친구 관계) 테이블에 연결할 수도 있습니다.
- **Sex**: 학생의 성별을 Male(남성) 또는 Female(여성)로 설명하는 선택 사항 필드입니다. 성별을 지정하지 않으려는 학생은 성별 필드를 비워 둘 수 있습니다. 빈 입력은 테이블에 빈 값으로 저장됩니다.
- **Relationship_Status**: 이 선택 사항 필드는 학생의 관계 상태를 지정합니다. 각 학생은 Single(싱글), In a Relationship(관계 중), It's Complicated(복잡함) 세 가지 범주 중 하나를 선택할 수 있습니다. 모든 학생에게는 이 필드를 비워 둘 수 있는 네 번째 옵션이 있습니다. 빈 입력은 테이블에 빈 값으로 저장됩니다.

- **Major**: 물리학, 역사, 경제학 등 학생이 선택한 전공 분야입니다. 이 필드는 프렌드훅 계정을 활성화하는 데 필요합니다. 아직 전공을 선택하지 않은 학생은 옵션 중에서 Undefined를 선택할 수 있습니다.
- **Dorm**: 학생이 거주하는 기숙사 이름입니다. 이 필드는 프렌드훅 계정을 활성화하는 데 필요합니다. 캠퍼스 외부 기숙사에 거주하는 학생은 옵션 중 Off-Campus Housing을 선택할 수 있습니다.
- **Year**: 학부생 연도입니다. 이 필드는 Freshman(신입생), Sophomore(2학년), Junior(3학년), Senior(4학년) 네 가지 옵션 중 하나로 설정되어야 합니다.

- Observations(관측) 테이블

Observations.csv에는 이메일로 전송된 친구 추천에 대한 응답으로 관찰된 사용자 행동이 포함되어 있습니다. 여기에는 다음 다섯 가지 필드가 포함됩니다.

- **Profile_ID**: 친구 추천을 받은 사용자 ID입니다. 이 ID는 Profile 테이블의 Profile_ID에 대응됩니다.
- **Selected_Friend**: Profile_ID 열에 있는 사용자의 기존 친구입니다.
- **Selected_Friend_of_Friend**: Selected_Friend 중 아직 Profile_ID의 친구가 아닌 임의로 선택된 친구입니다. 이 무작위 친구의 친구는 사용자에게 친구 추천으로 이메일로 전송됩니다.
- **Friend_Request_Sent**: 사용자가 친구의 추천 친구에게 친구 요청을 보내면 True고, 그렇지 않으면 False인 부울 열입니다.
- **Friend_Request_Accepted**: 사용자가 친구 요청을 보내고 해당 요청이 수락될 때만 True인 부울 열입니다. 이 테이블에는 주간 추천 이메일에 대한 응답으로 관찰된 모든 사용자 행동이 저장됩니다. 우리 목표는 프로필 및 소셜 네트워킹 데이터를 기반으로 최종 두 테이블 열의 부울 출력을 예측하는 것입니다.

- Friendship(친구 관계) 테이블

Friendships.csv에는 선택한 대학교에 해당하는 친구 관계 네트워크가 포함되어 있습니다. 이 네트워크는 친구의 친구 추천 알고리즘의 입력으로 사용됩니다. Friendship 테이블에는 Friend A와 Friend B라는 두 열만 포함되어 있습니다. 각 열은 Profile 및 Observations 테이블의 Profile_ID 열에 매핑되는 Profile_ID를 참조합니다. 따라서 한 행은 한 쌍의 프렌드훅 친구를 나타냅니다. 예를 들어 첫 번째 행에 b8bc075e54b9 및 49194b3720b6이라는 두 값이 포함되어 있다면, 이것으로 어느 학생 간에 프렌드훅 연결이 설정되어 있는지 추적할 수 있습니다. 그다음 프로필에서 친구들이 전공이 동일하거나 같은 기숙사에 함께 거주하는지 여부를 탐색할 수 있습니다.

▶▶ 개요

이 문제를 해결하려면 다음 내용을 배워야 합니다.

- 파이썬으로 네트워크 데이터를 분석하는 방법
- 소셜 네트워크에서 우정 그룹/클러스터 발견
- 지도 학습용 머신러닝 모델을 학습 및 평가하고, 내부 작동 방식을 파악하여 데이터에 숨겨진 통찰 도출

18장

그래프 이론 및 네트워크 분석

이 장에서 다루는 내용

- 다양한 데이터셋을 네트워크로 표현하기
- NetworkX 라이브러리로 네트워크 분석하기
- 네트워크에서 이동 경로 최적화하기

연결성(connections)에 관한 연구는 잠재적으로 수십억 달러의 가치로 이어질 수 있습니다. 1990년대 대학원생 두 명이 상호 연결된 웹 페이지 속성을 분석했고, 이들 통찰력은 구글의 창업으로 이어졌습니다. 2000년대 초에 한 학부생이 사람들 간의 연결을 추적하기 시작했고, 결국 페이스북 창업으로 이어졌습니다. 연결 분석은 엄청난 부를 창출할 수 있을 뿐만 아니라 수많은 생명을 구할 수도 있습니다. 암세포에서 단백질 간의 연결을 추적하면 암을 제거할 수 있는 약물 표적(drug targets)을 생성할 수 있습니다. 테러리스트로 의심되는 사람들 간의 연관성을 분석하면 사악한 음모를 밝혀내고 예방할 수 있습니다. 이처럼 이질적으로 보이는 두 시나리오에는 한 가지 공통점이 있습니다. 네트워크 이론(network theory)과 그래프 이론(graph theory)이라는 수학의 분야로 연구할 수 있다는 점입니다.

네트워크 이론은 사물 간의 연결을 연구하는 학문으로, 관계로 연결된 사람과 웹 링크로 연결된 웹 페이지, 도로로 연결된 도시 등 대상은 무엇이든 될 수 있습니다. 객체와 객체의 분산된 연결 모음을 **네트워크**(network) 또는 **그래프**(graph)라고 하며, 누구에게 물어보느냐에 따라 다릅니다. 엔지니어는 네트워크 용어를, 수학자들은 그래프 용어를 선호하는 편입니다. 이 책에서는 의도와 목적에 따라 두 용어를 혼용합니다. 그래프는 서로 얽히고설킨 세상의 복잡성을 포착하는 간단한 추상화로, 그래프 특성은 사회와 자연의 여러 시스템에서 놀랍도록 유사합니다. 그래프 이론은 이러한 일관성을 수학적으로 추적하는 프레임워크입니다. 그래프 이론은 확률 이론과 행렬 분석 등 다양한 수학 분야의 아이디어를 결합합니다. 이러한 아이디어는 검색 엔진의 페이지 순위 매기기, 소셜 서클 그룹화 등 유용한 실제 통찰력을 얻는 데 사용될 수 있으므로 그래프 이론 지식은 우수한 데이터 과학을 수행하는 데 필수입니다.

다음 두 장에서는 이전에 배운 데이터 과학의 개념과 라이브러리를 기반으로 그래프 이론의 기초를 배웁니다. 먼저 웹 페이지 링크와 도로의 그래프를 살펴보면서 기본 문제를 해결하는 것부터 천천히 시작하여 19장에서는 소셜 그래프에서 친구들의 그룹을 감지하는 고급 기술을 활용합니다. 하지만 여기에서는 인기도에 따라 웹 사이트 순위를 매기는 훨씬 간단한 작업부터 시작하겠습니다.

18.1 기본 그래프 이론으로 인기도별 웹 사이트 순위 지정하기

인터넷에는 많은 데이터 과학 웹 사이트가 있습니다. 어떤 웹 사이트는 다른 웹 사이트보다 더 인기가 있습니다. 공개적으로 사용 가능한 데이터로 가장 인기 있는 데이터 과학 웹 사이트를 추정하고 싶다고 가정해 보죠. 비공개로 추적된 트래픽 데이터는 제외합니다. 어떻게 해야 할까요? 네트워크 이론은 공개 링크를 기반으로 웹 사이트 순위를 매기는 간단한 방법을 제공합니다. 그 방법을 알아보고자 넘파이 튜토리얼 및 사이파이 튜토리얼을 다루는 두 데이터 과학 웹 사이트로 간단한 네트워크를 구축해 보겠습니다. 그래프 이론에서는 이러한 각 웹 사이트를 그래프의 **노드**(node)라고 합니다. 노드는 서로 연결부를 형성할 수 있는 지점이며, 두 노드를 연결한 것을 **에지**(edge)라고 합니다. 한 웹 사이트가 다른 웹 사이트에 연결되거나 그 반대의 경우 두 웹 사이트 노드가 에지를 형성하는 것이죠.

먼저 두 노드 정보를 다음과 같이 리스트에 저장합니다.

코드 18-1 노드 리스트 정의하기

```
nodes = ['넘파이', '사이파이']
```

사이파이 웹 사이트에서 넘파이 종속성을 논의한다고 가정해 보겠습니다. 여기에는 넘파이의 웹 사이트를 가리키는 웹 링크가 포함되어 있으며, 클릭하면 nodes[1]로 표시된 웹 사이트에서 nodes[0]으로 표시된 웹 사이트로 이동합니다. 그림 18-1과 같이 이 연결은 인덱스 1에서 인덱스 0으로 이동하는 에지로 취급됩니다. 에지는 튜플 (1, 0)으로 표현할 수 있습니다. 여기에서는 edges 리스트에 (1, 0)을 저장하여 에지를 형성합니다.

코드 18-2 에지 목록 정의하기

```
edges = [(1, 0)]
```

▼ 그림 18-1 넘파이와 사이파이에 대한 두 웹 사이트가 원형 노드로 표시되어 있습니다. 방향 에지는 사이파이에서 넘파이를 가리키며 웹 사이트 간 방향 링크를 나타냅니다. 넘파이와 사이파이가 노드 인덱스 0과 인덱스 1로 저장되어 있으면 에지를 튜플 (1, 0)으로 나타낼 수 있습니다. 이 장의 뒷부분에서 이 그림의 네트워크 다이어그램을 생성하는 방법을 알아봅니다

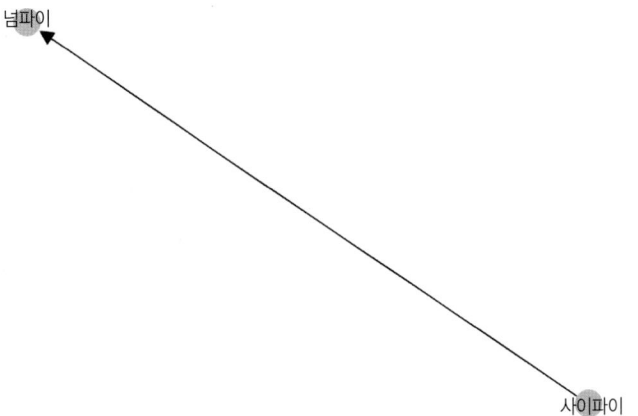

단일 에지 (1, 0)은 nodes[1]에서 nodes[0]으로 연결된 링크를 나타냅니다. 또 방향성을 가지기 때문에 **방향성 에지**(directed edge)라고 하며, 방향성 에지를 포함한 그래프를 **방향성 그래프**(directed graphs)라고 합니다. 방향성 그래프의 에지 (i, j)는 에지 (j, i)와 다릅니다. edges 리스트에 (i, j)가 있다고 해서 (j, i)도 해당 리스트에 포함된다는 의미는 아닙니다. 예를 들어 네트워크의 넘파이 페이지는 아직 사이파이 페이지에 연결되지 않았으므로 에지 튜플 (0, 1)은 edges 리스트에는 없습니다.

방향성 edges 리스트를 활용하면 인덱스 i의 웹 페이지가 인덱스 j의 웹 페이지에 링크되어 있는지 쉽게 확인할 수 있습니다. edges 리스트에 (i, j)가 있는지 (i, j) in edges 문법으로 확인하여 그 결과가 True면 해당 연결이 있다고 판단할 수 있겠죠. 따라서 인덱스 i와 인덱스 j 사이에 있는 에지를 검사하는 한 줄의 edge_exists 함수를 다음과 같이 정의할 수 있습니다.

코드 18-3 에지 유무 확인하기

```
def edge_exists(i, j): return (i, j) in edges
assert edge_exists(1, 0)
assert not edge_exists(0, 1)
```

edge_exists 함수는 작동은 하지만 비효율적입니다. 이 함수는 에지 유무를 확인하기 위해 리스트 내 목록에 하나씩 접근해야 하기 때문입니다. edges 크기가 1이라면 문제없지만, 네트워크가 웹 페이지 1,000개로 구성되는 상황에서라면 edges 크기는 최대 100만 개까지 늘어나 같은 방식으로는 도저히 감당할 수 없는 수준의 계산량이 발생합니다. 따라서 다른 해결책을 찾아야만 합니다.

한 가지 다른 접근법은 테이블의 i번째 행과 j번째 열에 각 에지 (i, j)의 유무를 저장하는 것입니다. 기본적으로 t[i][j] = edge_exists(i, j)인 테이블 t를 구성할 수 있으므로 에지의 유무를 즉각적으로 조회할 수 있습니다. 또 이 테이블을 2D 이진 배열로 표현할 수도 있는데 not edge_exists(i, j)를 0으로, edge_exists(i, j)를 1로 저장하면 노드 i와 노드 j 사이에 에지가 있는 곳에만 M[i][j] = 1이 채워진 이진 행렬 M을 그래프로 표현할 수 있습니다. 이 네트워크 행렬 표현을 **인접 행렬**(adjacency matrix)이라고 합니다. 이제 두 노드, 단일 방향성 에지로 구성된 그래프에 대한 인접 행렬을 계산하고 출력해 보겠습니다. 처음에는 이 행렬에 0만 포함시킨 뒤 edges의 각 에지 (i, j)를 반복적으로 접근하여 연결이 있으면 adjacency_matrix[i][j]를 1로 설정합니다.

코드 18-4 행렬로 노드 및 에지 추적하기

```
import numpy as np
adjacency_matrix = np.zeros((len(nodes), len(nodes)))
for i, j in edges:
    adjacency_matrix[i][j] = 1

assert adjacency_matrix[1][0]
assert not adjacency_matrix[0][1]

print(adjacency_matrix)
```

▶ 실행결과

```
[[0. 0.]
 [1. 0.]]
```

출력된 행렬로 네트워크에 있는 에지를 확인할 수 있습니다. 또 네트워크에 연결될 수는 있지만, 아직 연결되지 않은 잠재적인 에지도 관측할 수 있습니다. 예를 들어 노드 1 ➜ 노드 0으로의 에지를 분명하고 쉽게 볼 수 있으며 (0, 0), (0, 1), (1, 1)에 대한 에지는 그래프에 없다는 것도 알 수 있습니다. 한편 노드 0 ➜ 노드 0으로 연결된 링크도 없습니다. 이론적으로는 가능하지만, 넘파이 페이지는 그 자체로 연결되지 않기 때문에 표현하지 않았을 뿐입니다. 그래프 이론에서는 이러한 자기 참조 에지를 **자기 루프**(self loops) 또는 **버클** (buckles)이라고 합니다. 다음 장에서는 자기 루프를 통해 알고리즘을 개선하는 방법을 살펴볼 텐데, 당분간은 서로 다른 쌍의 노드 사이에 있는 에지만 분석하는 것으로 제한하겠습니다.

노드 0 → 노드 1로 에지를 추가해 보겠습니다. 의미론적으로는 넘파이 페이지가 사이파이 페이지로 연결된다고 볼 수 있겠죠.

코드 18-5 인접 행렬에 에지 추가하기

```
adjacency_matrix[0][1] = 1
print(adjacency_matrix)
```

▶ 실행결과

```
[[0. 1.]
 [1. 0.]]
```

판다스와 맷플롯립을 다루는 데이터 과학 웹 사이트를 두 개 더 추가하여 네트워크를 노드 네 개로 확장하고 싶다고 가정해 보겠습니다. 이 두 웹 사이트를 추가하면 노드 수가 두 개에서 네 개로 늘어나므로 인접 행렬의 형상을 2×2에서 4×4로 확장해야 합니다. 이 확장 과정에서 노드 0과 노드 1 사이의 기존 관계는 모두 유지되어야 합니다. 안타깝게도 넘파이로는 기존 행렬의 모든 값을 유지하면서 행렬 크기를 조정하기가 어렵습니다. 넘파이는 형상이 계속 확장되고 성장하는 배열을 쉽게 처리하도록 설계하지 않았기 때문이죠. 이는 새로운 웹 사이트가 끊임없이 추가되는 인터넷의 확장성과 상충됩니다. 따라서 넘파이는 확장하는 네트워크를 분석하는 데 가장 적합한 도구가 아닙니다. 그렇다면 어떻게 해야 할까요?

> **노트** 넘파이는 새로 추가된 노드와 에지를 추적하는 데 적합하지 않습니다. 하지만 행렬 곱셈을 효율적으로 실행하는 데는 필수적입니다. 다음 장에서는 소셜 그래프를 분석하기 위해 인접 행렬을 곱합니다. 따라서 고급 네트워크 분석에 넘파이가 필수적으로 사용되어야 한다는 사실이 해당 예제로 입증될 것입니다. 당분간은 네트워크를 더 쉽게 구성하기 위해 대체 가능한 파이썬 라이브러리를 사용하겠습니다.

다른 파이썬 라이브러리로 전환해야 합니다. NetworkX는 네트워크를 쉽게 수정할 수 있는 라이브러리로, 네트워크 시각화 등 유용한 추가 기능도 함께 제공합니다. NetworkX로 웹 사이트를 분석해 보겠습니다.

18.1.1 NetworkX로 웹 네트워크 분석하기

먼저 NetworkX를 설치합니다. 그다음 관례에 따라 다음 코드처럼 NetworkX를 nx로 불러옵니다.

> **노트** pip install networkx 명령어로 NetworkX 라이브러리를 설치합니다.

코드 18-6 NetworkX 라이브러리 불러오기

```
import networkx as nx
```

그러면 nx를 활용해서 방향성 그래프를 생성할 수 있습니다. NetworkX에서 방향성 그래프는 nx.DiGraph 클래스로 추적됩니다. nx.DiGraph() 함수를 호출하면 노드 0개와 에지 0개로 구성된 신규 방향성 그래프 객체가 초기화됩니다. 코드 18-7은 해당 방향성 그래프를 초기화합니다. 일반적으로 NetworkX 사용자들 사이에서는 생성된 그래프를 G라는 이름의 변수에 담는 것이 관례입니다.

코드 18-7 방향성 그래프 객체 초기화하기

```
G = nx.DiGraph()
```

방향성 그래프를 천천히 확장해 보죠. 먼저 단일 노드를 추가합니다. 노드는 add_node 메서드로 NetworkX 그래프 객체에 추가될 수 있습니다. G.add_node(0)을 호출하면 인접 행렬에 인덱스가 0인 단일 노드가 생성·추가됩니다. 이 인접 행렬은 nx.to_num_py_array(G)로 확인 가능합니다.

> **주의** add_node 메서드는 항상 그래프의 인접 행렬을 단일 노드만큼 확장합니다. 이 확장은 메서드 입력에 관계없이 발생합니다. 따라서 G.add_node(1000)은 인접 행렬 인덱스가 0인 노드도 생성합니다. 그러나 이 노드는 보조 인덱스인 1000으로 추적되므로 혼동을 일으킬 수 있습니다. add_node 메서드에 입력된 숫자가 추가된 인접 행렬 인덱스에 해당하는지 확인하는 것이 좋습니다.

코드 18-8 그래프 객체에 단일 노드 추가하기

```
G.add_node(0)
print(nx.to_numpy_array(G))
```

▶ 실행결과

```
[[0.]]
```

우리의 단일 노드는 넘파이 페이지를 위한 것이며, 이 연결은 G.nodes[0]['webpage'] = '넘파이' 코드로 명시적으로 기록할 수 있습니다. G.nodes 자료 구조는 마치 리스트처럼 구조화되어 있지만, G의 모든 노드를 추적하는 데 설계된 특수 클래스입니다. G[i]는 인덱스 i의 노드와 관련된 속성 딕셔너리를 반환합니다. 이 속성은 해당 노드를 추적하는 데 유용합니다. 우리는 해당 노드에 웹 페이지를 할당하고 싶기 때문에 G.nodes[i]['webpage'] 속성에 웹 페이지 정보를 저장합니다.

다음 코드는 G.nodes에 반복적으로 접근하여 G.nodes[i]의 속성 딕셔너리를 출력합니다. 초기에는 속성이 비어 있는 단일 노드만 출력했지만, 해당 노드의 webpage 속성에 웹 페이지를 할당한 뒤 출력해 보면 할당된 속성이 담긴 것을 확인할 수 있습니다.

코드 18-9 기존 노드에 속성 추가하기

```
def print_node_attributes():
    for i in G.nodes:
        print(f"노드 {i}의 속성 딕셔너리는 {G.nodes[i]}와 같습니다")

print_node_attributes()
G.nodes[0]['webpage'] = '넘파이'
print("\n노드 0에 웹 페이지를 추가했습니다")
print_node_attributes()
```

▶ 실행결과

```
노드 0의 속성 딕셔너리는 {}와 같습니다

노드 0에 웹 페이지를 추가했습니다
노드 0의 속성 딕셔너리는 {'webpage': 'NumPy'}와 같습니다
```

그래프에 노드를 추가하는 동안에도 속성을 할당할 수 있습니다. G.add_node 메서드에 '속성 이름=속성 값'을 입력하기만 하면 됩니다. 예를 들어 사이파이 페이지에 대한 인덱스 1의 노드를 삽입하고자 할 때 G.add_node(1, webpage='사이파이')를 실행하면 해당 속성이 포함된 노드를 추가할 수 있습니다.

코드 18-10 속성이 담긴 노드 추가하기
```
G.add_node(1, webpage='사이파이')
print_node_attributes()
```

▶ 실행결과
```
노드 0의 속성 딕셔너리는 {'webpage': '넘파이'}와 같습니다
노드 1의 속성 딕셔너리는 {'webpage': '사이파이'}와 같습니다
```

모든 노드와 해당 속성은 G.nodes(data=True)로 함께 출력할 수 있습니다.

코드 18-11 노드와 해당 속성을 함께 출력하기
```
print(G.nodes(data=True))
```

▶ 실행결과
```
[(0, {'webpage': 'NumPy'}), (1, {'webpage': 'SciPy'})]
```

이제 노드 1(사이파이) ➡ 노드 0(넘파이)으로 링크를 추가해 보겠습니다. 방향성 그래프에 대해 G.add_edge(i, j)를 실행하면 i ➡ j로 에지를 추가할 수 있습니다.

코드 18-12 그래프 객체에 단일 에지 추가하기
```
G.add_edge(1, 0)
print(nx.to_numpy_array(G))
```

▶ 실행결과
```
[[0. 0.]
 [1. 0.]]
```

출력된 인접 행렬에서 노드 1 ➡ 노드 0으로 가는 에지를 관측할 수 있습니다. 다른 노드가 더 추가되면 행렬은 점점 더 복잡해집니다. 2D 테이블에서 1과 0을 추적하는 것은 그물망을 표시하는 가장 직관적인 방법이 아닙니다. 그 대신 네트워크를 직접 시각화할 수 있다면 어떨까요? 2D 공간에 두 노드를 두 점으로, 단일 에지를 해당 점들을 연결하는 선분으로 그릴 수 있을 것입니다. 이러한 시각화는 맷플롯립으로 쉽게 생성할 수 있습니다. 그렇기 때문에 G 객체에는 맷플롯립 라이브러리로 그래프를 그리는 draw() 메서드가 내장되어 있습니다. G.draw()를 호출하여 그래프를 시각화해 보죠(그림 18-2).

코드 18-13 그래프 객체 시각화하기
```
import matplotlib.pyplot as plt
np.random.seed(0)    ----- 노드들의 위치는 임의의 알고리즘으로 결정됩니다. 시각화 결과의 일관성을 위해 랜덤 시드를 설정했습니다.
nx.draw(G)
plt.show()    ----- 맷플롯립의 요구 사항에 따라 그래프를 시각화하려면 plt.show() 메서드를 호출해야 합니다.
```

▼ 그림 18-2 두 노드로 구성된 방향성 그래프의 시각화로, 잘 보이지 않는 방향 화살표는 아래쪽 노드에서 위쪽 노드를 가리킵니다

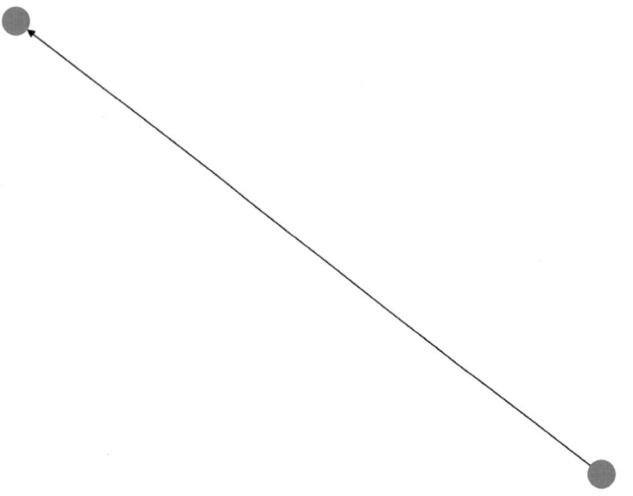

그래프에 몇 가지 개선이 필요해 보입니다. 먼저 화살표를 더 크게 만들어야 합니다. 화살표 크기는 arrowsize 파라미터로 조정할 수 있습니다. G.draw 메서드에 arrowsize=20을 입력하면 길이와 너비가 2배로 늘어난 화살표를 그립니다. 또 노드에 레이블을 추가해야 합니다. 레이블은 노드의 ID와 원하는 레이블을 매핑한 딕셔너리를 labels 파라미터로 입력하여 지정할 수 있습니다. 다음 코드는 {i: G.nodes[i]['webpage'] for i in G.nodes}를 실행하여 매핑 정보를 생성한 뒤 개선된 그래프를 재생성합니다(그림 18-3).

코드 18-14 그래프 시각화 조정하기

```
np.random.seed(0)
labels = {i: G.nodes[i]['webpage'] for i in G.nodes}
nx.draw(G, labels=labels, arrowsize=20)
plt.show()
```

▼ 그림 18-3 두 노드로 구성된 방향성 그래프의 시각화로 방향 화살표는 아래쪽 노드에서 위쪽 노드를 가리킵니다. 두 노드 모두 레이블이 지정되어 있음에도 잘 보이지 않습니다

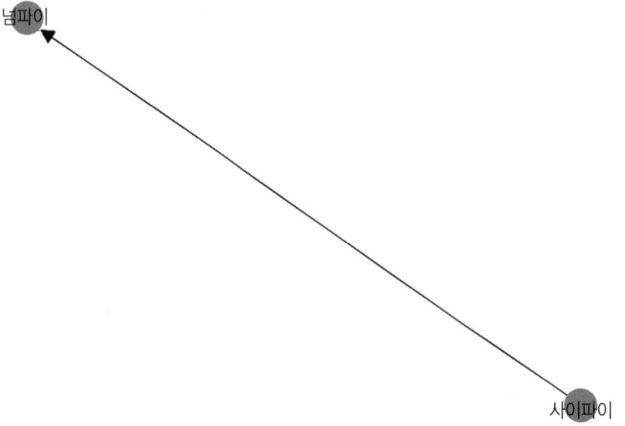

> **노트** node_size 파라미터를 nx.draw 메서드에 전달하면 노드 크기를 조절할 수 있습니다. 하지만 당분간은 기본값인 300으로 노드 크기를 설정합니다.

이제 화살표가 더 커지고, 노드의 레이블도 부분적으로 보입니다. 그러나 이 레이블은 노드 색상이 어두워 가려져 있습니다. 노드 색상을 시안처럼 밝은색으로 변경하면 레이블이 더 잘 보이게 할 수 있습니다. G.draw에 node_color="cyan"을 전달하여 노드 색상을 조정해 보죠(그림 18-4).

▼ 그림 18-4 두 노드로 구성된 방향성 그래프의 시각화로, 두 노드 모두 레이블이 지정되었으며 레이블이 명확히 보이도록 노드 색상이 시안색으로 조정되었습니다

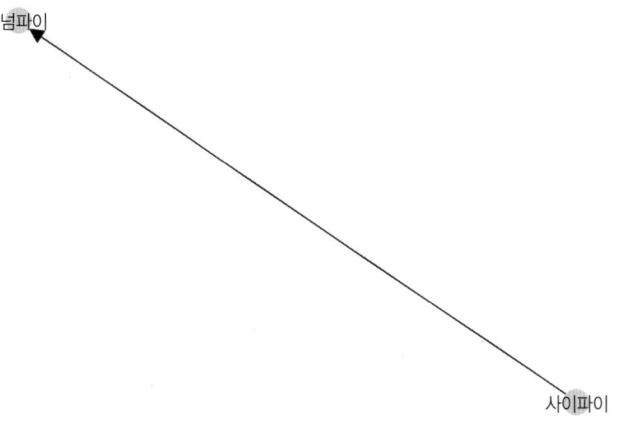

코드 18-15 노드 색상 변경하기

```
np.random.seed(0)
nx.draw(G, labels=labels, node_color="cyan", arrowsize=20)
plt.show()
```

갱신된 시각화에서는 레이블이 훨씬 더 잘 보입니다. 또 사이파이에서 넘파이로 직접 연결된 링크도 확인할 수 있습니다. 이제 넘파이에서 사이파이로 역방향 링크를 추가해 보겠습니다(그림 18-5).

코드 18-16 웹 페이지 사이에 역방향 링크 추가하기

```
np.random.seed(0)
G.add_edge(0, 1)
nx.draw(G, labels=labels, node_color="cyan", arrowsize=20)
plt.show()
```

이제 판다스와 맷플롯립이라는 두 웹 페이지를 더 추가하여 네트워크를 확장할 준비가 되었습니다. 각 웹 페이지는 ID가 2와 3이 할당된 노드에 해당되며, G.add_node(2)와 G.add_node(3)을 호출해서 하나씩 추가합니다. 또는 G.add_nodes_from 메서드로 리스트에 담긴 여러 노드를 동시에 삽입할 수도 있습니다. 따라서 G.add_nodes_from([2, 3])을 실행하면 네트워크에 적절한 노드 ID가 추가됩니다. 이 신규 노드에는 웹 페이지 속성이 할당되지 않습니다.

▼ 그림 18-5 두 노드로 구성된 방향성 그래프의 시각화로, 노드 사이의 에지 양쪽 끝에 뾰족한 화살표가 표시되어 있어 에지가 양방향임을 나타냅니다

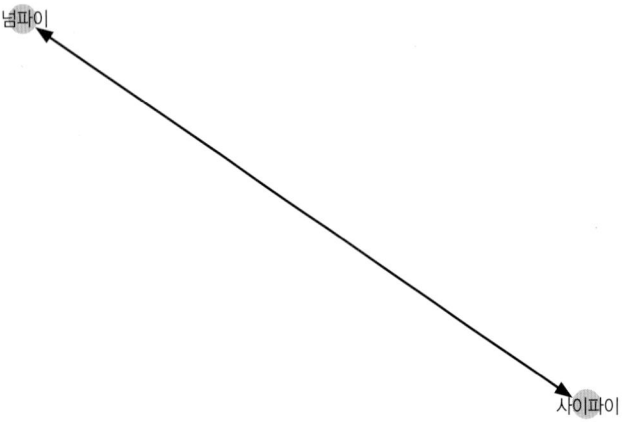

다행히 G.add_nodes_from 메서드에도 노드 ID와 함께 속성 값을 전달할 수 있습니다. [(2, 속성_2), [(3, 속성_3)]을 전달하기만 하면 되죠. 기본적으로 노드 ID와 속성들을 나열하는 딕셔너리를 튜플로 묶어 튜플 리스트를 전달해야 합니다. 예를 들어 판다스 웹 사이트에 대한 속성_2의 딕셔너리는 {'webpage': '판다스'}처럼 구성될 수 있습니다. 이러한 노드를 속성과 함께 삽입하고 G.nodes(data=True)를 출력하여 신규 노드가 제대로 추가되었는지 확인해 보겠습니다.

코드 18-17 그래프 객체에 여러 노드 추가하기

```
webpages = ['Pandas', 'Matplotlib']
new_nodes = [(i, {'webpage': webpage})
             for i, webpage in enumerate(webpages, 2)]
G.add_nodes_from(new_nodes)
print(f"{new_nodes} 노드들을 그래프에 추가했습니다")
print('\n그래서 갱신된 노드 목록은 다음과 같습니다')
print(G.nodes(data=True))
```

▶ 실행결과

[(2, {'webpage': 'Pandas'}), (3, {'webpage': 'Matplotlib'})] 노드들을 그래프에 추가했습니다
그래서 갱신된 노드 목록은 다음과 같습니다
[(0, {'webpage': 'NumPy'}), (1, {'webpage': 'SciPy'}), (2, {'webpage': 'Pandas'}), (3, {'webpage': 'Matplotlib'})]

노드를 두 개 더 추가했습니다. 갱신된 그래프도 시각화해 보죠(그림 18-6).

▼ 그림 18-6 시각화된 웹 페이지들에 대한 방향성 그래프로, 판다스와 맷플롯립 페이지는 연결이 끊겨 있습니다

코드 18-18 갱신된 네 노드 그래프 그리기

```
np.random.seed(0)
labels = {i: G.nodes[i]['webpage'] for i in G.nodes}
nx.draw(G, labels=labels, node_color="cyan", arrowsize=20)
plt.show()
```

현재는 새로 추가된 노드의 링크가 끊겨 있습니다. 따라서 맷플롯립(3) ➔ 넘파이(0), 넘파이(0) ➔ 판다스(2)로 연결되는 링크를 G.add_edge(3, 0) 및 G.add_edge(0, 2) 메서드를 호출하여 추가합니다. 또는 (i, j) 형식의 튜플로 표현되는 에지 리스트를 G.add_edges_from 메서드에 입력하여 여러 에지를 동시에 추가할 수도 있습니다. 즉, 다음 코드처럼 G.add_edges_from([(0, 2), (3, 0)])을 실행하면 그래프에 신규 에지를 두 개 삽입할 수 있습니다(그림 18-7).

코드 18-19 그래프 객체에 여러 에지를 동시에 추가하기

```
np.random.seed(1)
G.add_edges_from([(0, 2), (3, 0)])
nx.draw(G, labels=labels, node_color="cyan", arrowsize=20)
plt.show()
```

> **노트** 시각화에서 노드는 각 가장자리의 연결성을 강조하려고 서로 떨어져 있습니다. 이 효과는 힘 방향성 레이아웃(force-directed layout) 기법이 적용된 결과입니다. 힘 방향성 레이아웃은 물리학에 기반을 둔 기법으로, 노드는 서로 반발하는 음전하를 띤 입자 (negatively charged particles)로 모델링되고 에지는 각 입자를 연결하는 스프링으로 모델링됩니다. 연결된 노드가 서로 멀어지면 스프링은 서로를 끌어당깁니다. 이 시스템 물리 방정식을 모델링하면 우리가 본 그래프가 시각화됩니다.

▼ 그림 18-7 시각화된 웹 페이지들에 대한 방향성 그래프로 두 링크가 넘파이를 가리킵니다. 다른 모든 웹 페이지로 향하는 최소 하나의 링크가 있습니다.

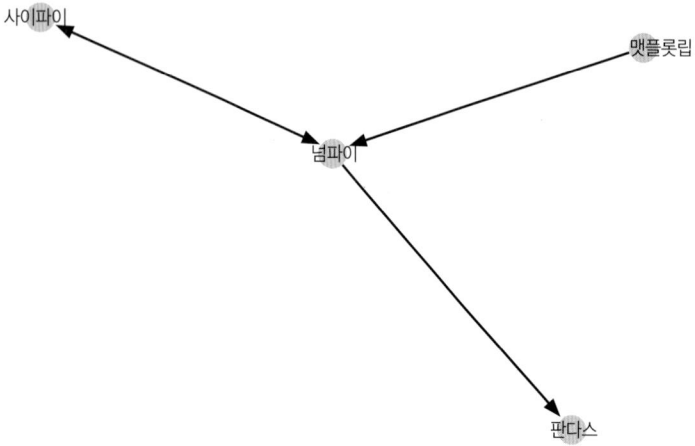

갱신된 그래프 중앙에 넘파이가 나타납니다. 두 웹 페이지, 사이파이와 맷플롯립에는 넘파이를 가리키는 링크가 있습니다. 다른 모든 노드는 최대 하나의 인바운드(inbound) 링크만 가집니다. 넘파이에 대한 인바운드 참조가 가장 많아 넘파이가 가장 인기 있다고 추론할 수 있습니다. 저희는 기본적으로 인터넷에서 웹 사이트 순위를 매기는 간단한 지표를 개발했습니다. 이 지표는 해당 웹 사이트를 가리키는 인바운드 에지 개수로 **인-디그리**(in-degree)라고 하며, 이는 바깥쪽으로 나가는 에지인 아웃-디그리(out-degree)와는 반대 개념입니다. 그래프를 보면 각 웹 사이트의 인-디그리를 자동으로 유추할 수 있고, 그래프의 인접 행렬에서 직접 인-디그리를 계산할 수도 있습니다. 이를 직접 해 보기 위해 먼저 갱신된 인접 행렬을 출력해 보겠습니다.

코드 18-20 업데이트된 인접 행렬 출력하기

```
adjacency_matrix = nx.to_numpy_array(G)
print(adjacency_matrix)
```

▶ 실행결과

```
[[0. 1. 1. 0.]
 [1. 0. 0. 0.]
 [0. 0. 0. 0.]
 [1. 0. 0. 0.]]
```

행렬의 i번째 열은 노드 i의 인바운드 에지를 추적합니다. 인바운드 에지의 총 개수는 해당 열의 에지 개수와 같습니다. 따라서 해당 열 값들을 합산하면 해당 노드의 인-디그리를 구할 수 있습니다. 예를 들어 0번째 열은 [0, 1, 0, 1]과 같은데, 이 값들을 모두 더하면 넘파이를 참조하는 2라는 인-디그리 값을 얻는 식입니다. 일반적으로 adjacency_matrix.sum(axis=0)을 실행하면 인-디그리에 대한 벡터가 반환됩니다. 이 벡터의 가장 큰 값을 지닌 요소가 웹 페이지 그래프에서 가장 인기 있는 웹 페이지에 해당한다고 할 수 있습니다.

> **노트** 우리의 단순한 순위 시스템은 모든 인바운드 링크의 가중치가 동일하다고 가정하지만, 실제로는 그렇지 않습니다. 매우 인기 있는 웹 사이트로 향하는 인바운드 링크는 더 많은 트래픽을 유도하므로 더 많은 가중치가 부여됩니다. 다음 장은 트래픽을 유도하는 웹 사이트 인기도를 반영하는 페이지랭크(PageRank)라는 보다 정교한 순위 알고리즘을 소개합니다.

코드 18-21 인접 행렬로 인-디그리 계산하기

```python
in_degrees = adjacency_matrix.sum(axis=0)
for i, in_degree in enumerate(in_degrees):
    page = G.nodes[i]['webpage']
    print(f"{page} 페이지의 인-디그리는 {in_degree}입니다")

top_page = G.nodes[in_degrees.argmax()]['webpage']
print(f"\n{top_page} 페이지가 가장 인기 있습니다")
```

▶ 실행결과

```
넘파이 페이지의 인-디그리는 2.0입니다
사이파이 페이지의 인-디그리는 1.0입니다
판다스 페이지의 인-디그리는 1.0입니다
맷플롯립 페이지의 인-디그리는 0.0입니다

넘파이 페이지가 가장 인기 있습니다
```

또는 NetworkX가 제공하는 in_degree 메서드로도 모든 인-디그리를 구할 수 있습니다. G.in_degree(i)를 호출하면 노드 i의 인-디그리를 반환합니다. 즉, G.in_degree(0)을 호출하면 그 값은 2일 것입니다.

코드 18-22 NetworkX로 학위 내 컴퓨팅

```python
assert G.in_degree(0) == 2
```

앞 코드를 실행할 때는 G.nodes[0]이 넘파이 페이지에 해당한다는 점을 알고 있어야만 합니다. 노드 ID와 페이지 이름 사이의 매핑을 추적하는 것이 불편하다면, 개별 노드의 ID로 문자열을 할당하여 이 불편함을 우회할 수 있습니다. 예를 들어 빈 그래프 G2에 대해 G2.add_nodes_from(['넘파이', '사이파이', '맷플롯립', '판다스'])를 실행하여 노드 ID를 문자열로 삽입한 뒤 G2.in_degree('넘파이')를 호출하면 넘파이 페이지의 인-디그리를 쉽게 구할 수 있습니다.

> **노트** 노드 ID를 문자열로 지정하면 그래프에서 특정 노드에 더 편리하게 접근할 수 있습니다. 그러나 이 편리함의 대가로 인접 행렬에서 노드 ID와 인덱스 간 상관관계가 사라집니다. 앞으로 배우겠지만, 인접 행렬은 특정 네트워크 작업에 필수이므로 일반적으로 노드 ID를 문자열이 아닌 숫자 인덱스로 지정하면 좋습니다.

코드 18-23 그래프에서 문자열을 노드 ID로 사용하기

```python
G2 = nx.DiGraph()
G2.add_nodes_from(['넘파이', '사이파이', '맷플롯립', '판다스'])
G2.add_edges_from([('사이파이', '넘파이'), ('사이파이', '넘파이'),
                   ('넘파이', '판다스'), ('맷플롯립', '넘파이')])
assert G2.in_degree('넘파이') == 2
```

노드 속성 및 에지들이 한 번에 주어지면 코드 단 세 줄만으로도 그래프를 생성할 수 있습니다. 이 방식은 많은 네트워크 문제에서 유용합니다. 일반적으로 그래프 데이터를 다룰 때 데이터 과학자는 모든 노드 속성이 포

함된 파일과 연결 정보가 포함된 파일 두 개를 제공받기 때문입니다. 예를 들어 이 사례 탐구에서는 기존 친구 관계 테이블과 함께 프렌드훅(FriendHook) 프로필 테이블을 제공받았죠. 이 친구 관계는 add_edges_from을 호출하여 에지로 등록할 수 있으며, 프로필 정보는 친구 관계(Friendship) 그래프에서 각 사용자 특성을 나타냅니다. 적절한 준비가 끝나면 add_nodes_from을 호출하여 프로필을 노드에 다시 매핑할 수 있습니다. 따라서 추가 분석을 위해 프렌드훅 그래프를 NetworkX에 불러오는 일은 매우 간단합니다.

> **노트** NetworkX 그래프 메서드
> - G = nx.DiGraph(): 새로운 방향성 그래프를 초기화합니다.
> - G.add_node(i): 인덱스 i를 가진 신규 노드를 생성합니다.
> - G.nodes[i]['attribute'] = x: 노드 i의 속성(attribute)에 x 값을 할당합니다.
> - G.add_node(i, attribute=x): 속성 x를 가진 신규 노드 i를 생성합니다.
> - G.add_nodes_from([i, j]): 인덱스 i와 인덱스 j를 가진 두 신규 노드를 생성합니다.
> - G.add_nodes_from([(i, {'a': x}), (j, {'a': y})]): 인덱스 i와 인덱스 j를 가진 두 신규 노드를 생성하면서 동시에 각 노드의 속성 a에 x 값과 y 값을 설정합니다.
> - G.add_edge(i, j): 노드 i ➡ 노드 j로 연결되는 에지를 생성합니다.
> - G.add_edges_from([[(i, j), (k, m)]]): 노드 i ➡ 노드 j, 노드 k ➡ 노드 m으로 연결되는 두 신규 에지를 생성합니다.
> - nx.draw(G): 그래프 G를 그립니다.

지금까지는 노드 간 이동이 제한된 방향성 그래프에 중점을 두었습니다. 방향성 에지는 특정 방향으로의 이동을 금지하는 일방통행로와 같습니다. 그 대신 모든 에지를 양방향 도로처럼 취급하면 어떨까요? 그러면 에지의 방향을 없는 것처럼 취급할 수 있어 그렇게 비방향성 그래프(undirected graph)를 얻을 수 있습니다. 비방향성 그래프에서는 연결된 노드를 어느 방향으로든 횡단할 수 있습니다. 이 패러다임은 인터넷의 기반이 되는 방향성 네트워크에는 적용될 수 없지만, 전 세계 도시를 연결하는 도로의 비방향성 네트워크에는 적용될 수 있습니다. 다음 절에서는 비방향성 그래프로 도로 이동을 분석합니다. 나중에 이 그래프로 도시 간 이동 시간을 최적화합니다.

18.2 비방향성 그래프로 마을 간 이동 시간 최적화하기

물류 비즈니스에서 제품 배송 시간이 중요한 의사 결정에 영향을 미치는 경우가 있습니다. 콤부차 양조장을 개설하는 시나리오를 고려해 보죠. 합리적인 운전 반경 내 모든 마을로 맛있는 발효차를 배송하는 것이 목표입니다. 구체적으로는 양조장에서 차로 2시간 이내에 위치한 마을에만 배달하고, 그렇지 않을 때는 유류비 때문에 배달로는 수익을 정당화할 수 없습니다. 인근의 한 식료품점이 정기적인 배송에 관심을 보입니다. 양조장과 해당 식료품점 사이를 가장 빨리 오가면 얼마나 시간이 걸릴까요?

스마트폰 길찾기로 답을 구할 수도 있겠지만, 우리는 기존 기술 솔루션을 사용할 수 없다고 가정합니다(해당 지역이 외딴 곳이고, 지역 지도가 웹 데이터베이스에 등록되지 않은 상황). 즉, 기존 스마트폰 도구로 수행하는 이동 시간 계산을 직접 수행해야 합니다. 이를 위해 해당 지역의 지도를 참조합니다. 지도에서 도로는 마을과 마을 사이를 지그재그로 연결하고 일부 마을은 도로로 직접 연결됩니다. 연결된 마을 사이의 이동 시간은 지도에 명확히 표시되어 있습니다. 이 같은 연결은 비방향성 없는 그래프로 모델링될 수 있습니다.

한 도로가 마을 0과 마을 1을 서로 연결하며 두 마을 간 이동 시간은 20분이라고 가정합니다. 이 정보를 비방향성 그래프로 표현해 보겠습니다. 먼저 nx.Graph()를 실행하여 NetworkX로 그래프를 생성합니다. 그다음 G.add_edge(0, 1)로 그래프에 에지를 추가합니다. 마지막으로 G[0][1]['travel_time'] = 20을 실행하여 삽입된 에지에 이동 시간에 대한 속성을 추가합니다.

코드 18-24 두 노드를 가진 비방향성 그래프 생성하기

```
G = nx.Graph()
G.add_edge(0, 1)
G[0][1]['travel_time'] = 20
```

이동 시간은 에지 (0, 1)의 속성입니다. 에지 (i, j)의 속성 k는 G[i][j][k]처럼 접근할 수 있으므로 G[0][1]['travel_time']으로 이동 시간에 접근할 수 있습니다. 비방향성 그래프에서 마을 간 이동 시간은 방향에 영향을 받지 않기에 G[1][0]['travel_time']도 20입니다.

코드 18-25 그래프의 에지 속성 확인하기

```
for i, j in [(0, 1), (1, 0)]:
    travel_time = G[i][j]['travel_time']
    print(f"마을 {i} ➡ 마을 {j}로의 이동 시간은 {travel_time}분 걸립니다")
```

▶ 실행결과

```
마을 0 ➡ 마을 1로의 이동 시간은 20분 걸립니다
마을 1 ➡ 마을 0로의 이동 시간은 20분 걸립니다
```

지도상 마을 1과 마을 0은 연결되어 있습니다. 하지만 모든 마을이 직접 연결된 것은 아닙니다. 마을 1에는 연결되어 있지만 마을 0에는 연결되어 있지 않은 마을 2가 하나 더 있다고 가정해 보죠. 마을 0과 마을 2 사이에는 도로가 없지만, 마을 1과 마을 2 사이에는 도로가 있고 이 도로의 이동 시간은 15분입니다. 이 새로운 연결을 그래프에 추가해 보죠. G.add_edge(1, 2, travel_time=15)라는 코드 한 줄로 이동 시간에 대한 속성을 가진 에지를 추가한 뒤 nx.draw 메서드로 시각화합니다. 시각화된 노드의 레이블을 노드 ID와 동일하게 설정하기 위해 draw 함수에 with_labels=True 파라미터를 설정합니다(그림 18-8).

▼ 그림 18-8 마을 1을 경유하여 마을 0 ➔ 마을 2로 이동하는 경로 시각화

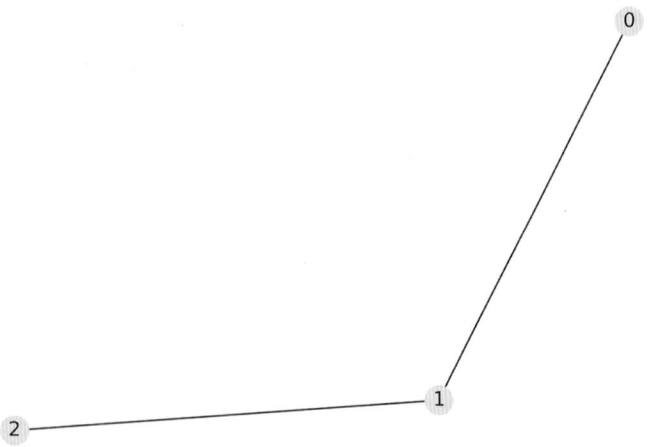

코드 18-26 여러 마을 사이의 경로 시각화하기

```
np.random.seed(0)
G.add_edge(1, 2, travel_time=15)
nx.draw(G, with_labels=True, node_color='khaki')
plt.show()
```

마을 0 ➔ 마을 2로 이동하려면 먼저 마을 1을 통과해야 합니다. 즉, 총 이동 시간은 G[0][1]['travel_time']과 G[1][2]['travel_time']을 더한 것과 같습니다. 한번 계산해 보죠.

코드 18-27 마을 간 이동 시간 계산하기

```
travel_time = sum(G[i][1]['travel_time'] for i in [0, 2])
print(f"마을 0 ➔ 마을 2로의 이동 시간은 {travel_time}분 걸립니다")
```

▶ 실행결과

마을 0 ➔ 마을 2로의 이동 시간은 35분 걸립니다

두 마을 간 가장 빠른 이동 시간을 계산했습니다. 마을 0과 마을 2 사이에는 단일 경로만 있기 때문에 간단히 계산될 수 있었습니다. 그러나 실제 생활에서는 지역화된 마을 사이에 많은 경로가 있을 수 있습니다. 여러 마을 간 이동 시간을 최적화하는 것은 그렇게 간단한 문제가 아닙니다. 이 점을 설명하기 위해 여러 지역에 걸친 마을이 12개 이상 포함된 그래프를 만들어 보겠습니다. 우리가 정한 그래프 모델에서는 두 마을이 서로 다른 지역에 위치한다면 마을 간 이동 시간이 늘어난다고 가정합니다. 더 구체적으로는 다음과 같은 가정을 합니다.

- 마을들은 서로 다른 지역 6곳에 위치합니다.
- 각 지역에는 마을이 3~10곳 있습니다.
- 단일 지경 내 마을의 90%가 도로로 직접 연결됩니다. 지역 내 도로의 평균 이동 시간은 20분입니다.
- 여러 지역 내 위치한 마을들의 5%가 도로로 직접 연결됩니다. 지역 내 도로의 평균 이동 시간은 45분입니다.

이제 이 시나리오를 그래프로 모델링해 보죠. 그다음 복잡한 네트워크에서 두 도시 간 가장 빠른 이동 시간을 계산하는 알고리즘을 고안해 보겠습니다.

> **노트** 일반적인 NetworkX의 메서드 및 속성 할당
> - `G = nx.Graph()`: 신규 비방향성 그래프를 초기화합니다.
> - `G.nodes[i]['attribute'] = x`: 노드 i의 attribute라는 속성에 x 값을 할당합니다.
> - `G[i][j]['attribute'] = x`: (i, j) 에지의 attribute라는 속성에 x 값을 할당합니다.

18.2.1 마을과 지역에 대한 복잡한 네트워크 모델링하기

마을 5곳이 포함된 단일 지역을 모델링하는 것으로 시작합니다. 먼저 빈 그래프에 노드를 5곳 추가합니다. 각 노드에는 모든 노드가 동일한 지역에 속한다는 것을 나타내도록 county_id 속성에 0 값을 할당합니다.

코드 18-28 같은 지역 내 마을 5곳 모델링하기

```python
G = nx.Graph()
G.add_nodes_from((i, {'county_id': 0}) for i in range(5))
```

다음으로 마을 5곳에 도로를 무작위로 개통합니다(그림 18-9). 노드 쌍 조합을 하나씩 반복적으로 접근하며 편향된 동전(biased coin)을 뒤집습니다. 동전은 90%의 확률로 앞면에 떨어집니다. 앞면에 떨어질 때마다 노드쌍 사이에 에지를 추가합니다. 각 에지의 travel_time 속성 값은 평균이 20인 정규 분포에서 샘플링하여 임의로 선택 및 할당됩니다.

> **노트** 정규 분포는 확률 및 통계에서 임의 과정을 분석하는 데 주로 사용되는 종 모양의 곡선입니다. 이 곡선에 대한 자세한 설명은 6장을 참고하기 바랍니다.

코드 18-29 지역 내 임의로 도로망 생성하기

```python
import numpy as np
np.random.seed(0)

def add_random_edge(G, node1, node2, prob_road=0.9, mean_drive_time=20):  
    if np.random.binomial(1, prob_road):      # 동전을 뒤집어 에지의 추가 여부를 결정합니다.
        drive_time = np.random.normal(mean_drive_time)    # 정규 분포에서 이동 시간을 선택합니다.
        G.add_edge(node1, node2, travel_time=round(drive_time, 2))

nodes = list(G.nodes())
for node1 in nodes[:-1]:
    for node2 in nodes[node1+1:]:
        add_random_edge(G, node1, node2)
```

이 함수는 그래프 G에서 node1과 node2 사이에 임의의 도로(선)를 생성하는 시도를 합니다. 도로가 삽입될 확률은 prob_road와 같으며, 도로가 삽입되면 임의로 설정된 이동 시간이 속성으로 할당됩니다. 여기에서 이동 시간은 mean_travel_time을 평균으로 갖는 정규 분포에서 선택됩니다.

```
nx.draw(G, with_labels=True, node_color='khaki')
plt.show()
```

▼ 그림 18-9 마을 5곳으로 구성된 지역 내 임의로 생성된 도로망

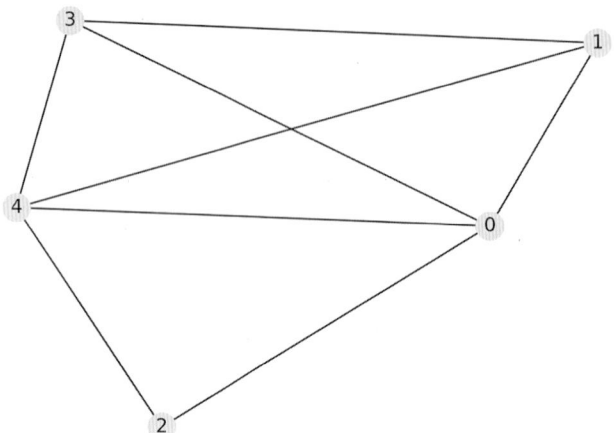

지역 0 내의 마을 대부분을 연결했습니다. 같은 방식으로 두 번째 지역에 대한 도로와 마을도 임의로 생성할 수 있습니다. 지역 1에 대한 그래프를 생성하고, 이를 별도의 그래프로 저장합니다(그림 18-10). 지역 1의 마을 수는 3~10 사이에서 임의로 선택되었습니다.

코드 18-30 두 번째 지역을 임의로 모델링하기

```
np.random.seed(0)
def random_county(county_id):    ····· 임의 지역에 대한 그래프를 생성합니다.
    numTowns = np.random.randint(3, 10)   ····· 지역 내 마을 수를 3~10 사이에서
    G = nx.Graph()                              임의로 선택합니다.
    nodes = [(node_id, {'county_id': county_id}) for node_id in range(numTowns)]
    G.add_nodes_from(nodes)
    for node1, _ in nodes[:-1]:
        for node2, _ in nodes[node1+1:]:
            add_random_edge(G, node1, node2)   ····· 지역 내 도로를 임의로 추가합니다.
    return G

G2 = random_county(1)
nx.draw(G2, with_labels=True, node_color='khaki')
plt.show()
```

▼ 그림 18-10 두 번째 지역에 대해 임의로 생성된 도로망으로, 지역의 마을 수 역시 임의로 선택되었습니다

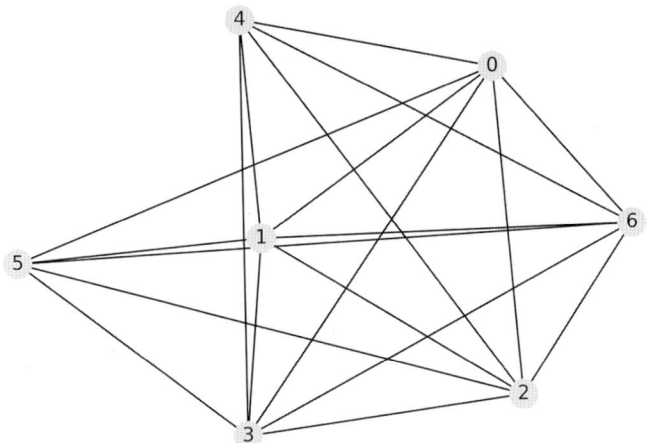

현재 지역 1과 지역 2는 두 개별 그래프에 저장되어 있는데, 우리 목적을 위해서는 이 둘을 결합해야 합니다. 간단히 생각해 보자면, 두 그래프 간 동일 ID로 공유되는 노드 때문에 그래프 병합은 어렵게 느껴집니다. 하지만 다행히 두 그래프를 입력받는 nx.disjoint_union 함수를 사용하면 이 작업이 매우 단순화됩니다. 이 함수는 각 노드의 ID를 0~총 노드 수 사이 값으로 재설정한 뒤 두 그래프를 병합하는 두 단계 작업을 수행합니다. 다음 코드는 nx.disjoint_union(G, G2)를 실행한 결과를 시각화합니다(그림 18-11).

코드 18-31 두 개별 그래프 병합하기

```
np.random.seed(0)
G = nx.disjoint_union(G, G2)
nx.draw(G, with_labels=True, node_color='khaki')
plt.show()
```

▼ 그림 18-11 두 지역 그래프가 병합된 모습

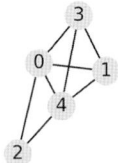

두 지역이 동일 그래프로 표현되었습니다. 그래프의 각 마을에는 고유 ID가 할당된 것도 확인됩니다. 이제 두 지역 사이에 임의의 도로를 생성할 차례입니다(그림 18-12).

코드 18-32 지역 간 임의 도로 추가하기

```python
np.random.seed(0)
def add_intercounty_edges(G):    # 그래프 G의 지역 ID가 일치하지 않는 노드 간 에지를 임의로 추가합니다.
    nodes = list(G.nodes(data=True))
    for node1, attributes1 in nodes[:-1]:    # 모든 노드와 해당 노드에 할당된 속성들을 하나씩 반복적으로 접근합니다.
        county1 = attributes1['county_id']
        for node2, attributes2 in nodes[node1:]:    # 아직 비교되지 않은 노드 쌍에 반복적으로 접근합니다.
            if county1 != attributes2['county_id']:
                add_random_edge(G, node1, node2, prob_road=0.05, mean_drive_time=45)    # 임의로 지역 간 에지를 추가하려고 시도합니다.
    return G

G = add_intercounty_edges(G)
np.random.seed(0)
nx.draw(G, with_labels=True, node_color='khaki')
```

▼ 그림 18-12 임의의 도로로 연결된 두 지역을 포함한 그래프

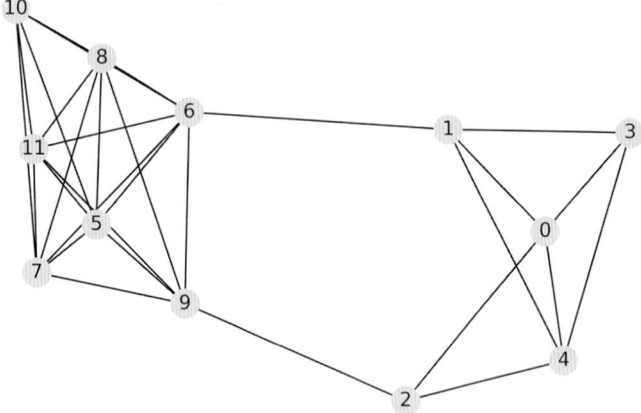

지역 간 노드 쌍을 하나씩 반복해서 접근하여(G[n1]['county_id'] != G[n2]['county_id']) 각 노드 쌍에 add_random_edge 함수를 적용합니다. 에지가 추가될 확률은 0.05 수준으로 낮게 설정하고, 평균 이동 시간은 90분으로 높게 설정합니다.

서로 연결된 두 지역을 성공적으로 시뮬레이션했습니다. 이제 서로 연결된 카운티 여섯 개를 시뮬레이션해 볼 차례입니다(그림 18-13).

코드 18-33 상호 연결된 지역 시뮬레이션 여섯 개

```python
np.random.seed(1)
G = random_county(0)
for county_id in range(1, 6):
    G2 = random_county(county_id)
    G = nx.disjoint_union(G, G2)

G = add_intercounty_edges(G)
np.random.seed(1)
```

```
nx.draw(G, with_labels=True, node_color='khaki')
plt.show()
```

▼ 그림 18-13 임의의 도로로 연결된 지역 6곳

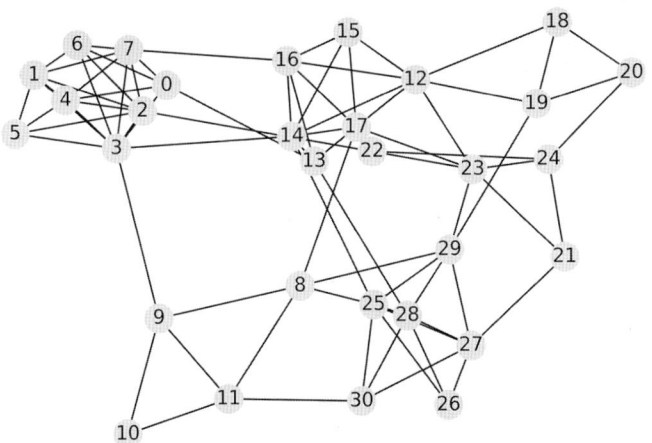

지역 그래프를 시각화했지만, 개별 지역을 식별하기가 까다롭습니다. 다행히 지역 ID를 기반으로 각 노드에 색상을 지정하면 시각화를 개선할 수 있습니다. 그러려면 단일 색상 문자열을 전달하는 대신 색상 문자열 리스트를 전달하도록 node_color 파라미터에 대한 입력을 수정해야 합니다. 색상 리스트의 인덱스는 인덱스 i의 노드에 할당될 색상에 매핑됩니다. 코드 18-34는 서로 다른 지역의 노드가 서로 다른 색상을 할당받는 반면, 동일 지역 내 노드는 동일한 색상을 할당받도록 합니다(그림 18-14).

▼ 그림 18-14 임의의 도로로 연결된 지역 6곳으로, 개별 마을은 지역 ID를 기준으로 색상이 지정되었습니다

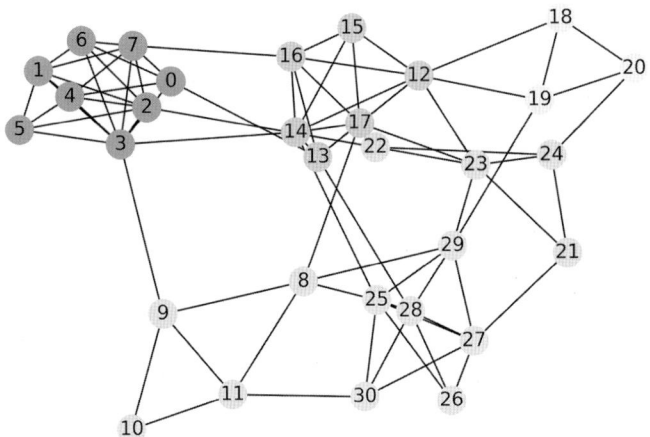

코드 18-34 지역별 노드의 색상 지정하기

```
np.random.seed(1)
county_colors = ['salmon', 'khaki', 'pink', 'beige', 'cyan', 'lavender']
county_ids = [G.nodes[n]['county_id'] for n in G.nodes]
node_colors = [county_colors[id_] for id_ in county_ids]
nx.draw(G, with_labels=True, node_color=node_colors)
plt.show()
```

이제 개별 지역이 시각화에서도 표시됩니다. 대부분의 지역은 네트워크 작업에서 단단한 덩어리를 형성합니다. 나중에 네트워크 그룹화로 이러한 클러스터를 자동으로 추출해 보겠습니다. 다만 지금은 노드 간 가장 빠른 이동 시간을 계산하는 데 집중합니다.

> **노트** 일반적인 NetworkX 그래프 시각화 기능
> - `nx.draw(G)`: 그래프 G를 시각화합니다.
> - `nx.draw(G, labels=True)`: 노드 레이블을 가진 그래프 G를 시각화합니다. 레이블은 노드 ID와 같습니다.
> - `nx.draw(G, labels=ids_to_labels)`: 노드 레이블을 가진 그래프 G를 시각화합니다. 노드 ID와 레이블 사이의 매핑으로 노드에 레이블을 지정합니다. 이 매핑은 `ids_to_labels` 딕셔너리에 따라 지정됩니다.
> - `nx.draw(G, node_color=c)`: 그래프 G를 시각화합니다. 모든 노드의 색상은 `node_color`에 설정된 c를 통해 지정됩니다.
> - `nx.draw(G, node_color=ids_to_colors)`: 그래프 G를 시각화합니다. 모든 노드의 색상은 노드 ID와 색상 간 매핑된 인덱스를 통해 지정됩니다. 이 매핑은 `ids_to_colors` 딕셔너리에 따라 지정됩니다.
> - `nx.draw(G, arrowsize=20)`: 그래프의 방향성 에지 크기를 늘리면서 방향성 그래프 G를 시각화합니다.
> - `nx.draw(G, node_size=20)`: 노드 크기를 기본값 300에서 20으로 줄이면서 그래프 G를 시각화합니다.

18.2.2 노드 간 가장 빠른 이동 시간 계산하기

마을 0에 양조장이 위치하고, 우리의 잠재 고객이 마을 30에 있다고 가정해 보겠습니다. 이때 마을 0과 마을 30 사이에 가장 빠른 이동 시간을 결정하려는 것이 우리 목표입니다. 그러려면 마을 0과 다른 모든 마을 사이의 가장 빠른 이동 시간을 계산해야 합니다. 어떻게 하면 될까요? 처음에는 마을 0 ➡ 마을 0, 즉 제자리 걸음에 0분이라는 시간이 걸린다는 사실만 알고 있습니다. 이 이동 시간을 `fastest_times` 딕셔너리에 기록해 보겠습니다. 그리고 점차적으로 이 딕셔너리는 모든 마을까지 이동 시간으로 채워집니다.

코드 18-35 가장 빠른 알려진 이동 시간 추적하기

```
fastest_times = {0: 0}
```

마을 0 ➡ 이웃 마을 간 알려진 이동 거리는 얼마인가요? 이번에는 이 물음에 답해 봅니다. 여기에서 이웃 마을이란 마을 0과 연결된 도로가 있는 마을을 가리킵니다. NetworkX는 `G.neighbors(0)`을 사용하여 마을 0의 이웃 마을에 접근하는 수단을 제공합니다. 이 메서드는 노드 0에 연결된 노드들의 ID들을 반복자(iterable) 형식으로 반환합니다. 또는 `G[0]`으로 이웃 노드에 접근하는 방법도 있습니다. 이때는 인접한 모든 마을 노드의 ID가 반환됩니다.

코드 18-36 마을 0의 이웃 마을에 접근하기

```
neighbors = list(G.neighbors(0))
assert list(neighbors) == list(G[0])
print(f"마을 0에 직접적으로 연결된 마을들은 다음과 같습니다\n{neighbors}")
```

▶ 실행결과

마을 0에 직접적으로 연결된 마을들은 다음과 같습니다
[3, 4, 6, 7, 13]

이제 마을 0과 이웃 마을 5곳 사이의 이동 시간을 기록하여 `fastest_times` 딕셔너리를 갱신합니다. 또 추가로 분석하고자 이동 시간을 정렬된 순서로 출력합니다.

코드 18-37 주변 마을까지 이동 시간 추적하기

```
time_to_neighbor = {n: G[0][n]['travel_time'] for n in neighbors}
fastest_times.update(time_to_neighbor)
for neighbor, travel_time in sorted(time_to_neighbor.items(), key=lambda x: x[1]):
    print(f"마을 0 ➔ 이웃 마을 {neighbor}까지는 {travel_time}분 걸립니다")
```

▶ 실행결과

마을 0 ➔ 이웃 마을 7까지는 18.04분 걸립니다
마을 0 ➔ 이웃 마을 3까지는 18.4분 걸립니다
마을 0 ➔ 이웃 마을 4까지는 18.52분 걸립니다
마을 0 ➔ 이웃 마을 6까지는 20.26분 걸립니다
마을 0 ➔ 이웃 마을 13까지는 44.75분 걸립니다

마을 0 ➔ 마을 13까지 약 45분 소요됩니다. 그런데 이 시간이 이 두 마을 간에 가장 빠른 이동 시간이라고 볼 수 있을까요? 반드시 그렇지는 않습니다. 다음 그림과 같이 다른 마을로 우회하면 시간이 더 단축될 수 있습니다.

▼ 그림 18-15 마을 0과 이웃 마을을 연결하는 도로는 굵고 어둡게 강조해서 표시했습니다. 이 다섯 도로의 이동 시간은 이미 알고 있습니다. 더 빠른 경로가 있을 수도 있지만 이러한 경로는 추가적인 마을을 거쳐 우회해야 합니다

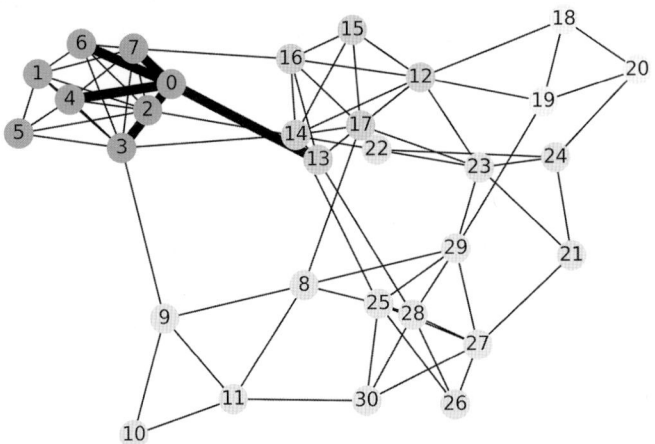

예를 들어 마을 7을 우회한다고 가정해 보죠. 마을 7은 마을 0에서 가장 가까운 마을이므로 이동 시간이 18분에 불과합니다. 여기에서 마을 7과 마을 13 사이에 도로가 있다면 어떨까요? 도로가 있고 이동 시간이 27분 미만이라면, 마을 13을 거쳐 우회할 때 더 빨리 목적지에 도착할 수 있습니다. 마을 3 · 4 · 6에도 같은 논리를 적용할 수 있습니다. 마을 7의 이웃 마을을 조사하면 이동 시간을 몇 분이라도 줄일 수 있습니다. 다음 절차를 따라 조사해 보죠.

1. 마을 7의 이웃 마을들을 가져옵니다.
2. 마을 7 ➡ 이웃 마을 N 사이의 이동 시간을 구합니다.
3. 앞 단계에서 얻은 이동 시간에 18.04분을 더합니다. 그러면 마을 7을 우회할 때 마을 0과 마을 N 사이의 이동 시간이 재계산됩니다.
4. fastest_times에 N이 있을 때는 우회 경로가 현재의 fastest_times[N]보다 빠른지 확인합니다. 더 빠르다면 fastest_times 딕셔너리를 더 빠른 우회 경로로 갱신합니다.
5. fastest_times에 N이 없다면 3단계에서 계산한 이동 시간으로 딕셔너리를 갱신합니다. 이는 두 마을을 직접 연결하는 도로가 없을 때 마을 0과 마을 N 사이의 이동 시간을 나타냅니다.

다음 코드는 이 단계를 실행합니다.

코드 18-38 마을 7을 통과하는 더 빠른 우회 경로 찾기

```
def examine_detour(town_id):       ----- town_id로 우회하는 것이 마을 0에서 다른 마을로 가장
    detour_found = False                  빠르게 이동하는 시간을 단축시키는지 확인합니다.
    
    travel_time = fastest_times[town_id]   ----- 마을 0과 town_id 사이의 이동 시간입니다.
    for n in G[town_id]:
        detour_time = travel_time + G[town_id][n]['travel_time']  ----- 마을 0에서 이웃 마을 town_id까지
        if n in fastest_times:                                           걸리는 우회 시간입니다.
            if detour_time < fastest_times[n]:   ----- 우회가 마을 0에서 마을 n까지 이동 시간을
                detour_found = True                     개선하는지 확인합니다.
                print(f"마을 {town_id}를 통한 우회는 "
                      f"마을 {n}까지 이동 시간을 "
                      f"{fastest_times[n]:.2f} ➡ "
                      f"{detour_time:.2f}분으로 단축시킵니다")
                fastest_times[n] = detour_time
        else:
            fastest_times[n] = detour_time   ----- 마을 0에서 마을 n까지 알려진 가장
    return detour_found                              빠른 이동 시간을 기록합니다.

if not examine_detour(7):
    print("우회 경로가 발견되지 않았습니다")

addedTowns = len(fastest_times) - 6   ----- 딕셔너리 초기에 들어 있던 마을 6곳에 마일이 몇 개 새로 추가되었는지 확인합니다.
print(f"추가 {addedTowns}개의 마을에 대한 이동 시간을 계산했습니다")
```

> ▶ 실행결과

우회 경로가 발견되지 않았습니다
추가 3개의 마을에 대한 이동 시간을 계산했습니다

추가 마을 3곳으로 이동하는 데 걸리는 시간을 알아냈지만, 마을 0의 이웃 마을로 이동하는 더 빠른 우회로는 찾지 못했습니다. 그러나 우회로가 있을 수도 있습니다. 다른 가능한 우회 후보 경로를 선택해 보죠. 마을 0에 가장 가까운 마을 중 조사하지 않은 마을을 선택하겠습니다. 그러려면 다음을 수행해야 합니다.

1. 마을 0과 마을 7의 이웃을 우회 후보에 합칩니다. 여기에는 마을 0과 마을 7이 모두 포함되므로 다음 단계가 필요합니다.
2. 후보 마을 중 마을 0과 마을 7을 제거하여 조사하지 않은 마을을 남깁니다.
3. 마을 0까지 이동하는 시간이 가장 빠른 것으로 알려진 조사하지 않은 마을을 선택합니다.

▼ 그림 18-16 마을 7을 통과하여 마을 0의 이웃에 도달하는 우회로는 굵고 어둡게 강조 표시되어 있습니다. 우회로를 사용해도 이동 시간은 개선되지 않았습니다. 마을 3을 추가로 우회하면 더 나은 결과를 얻을 수 있을 것입니다

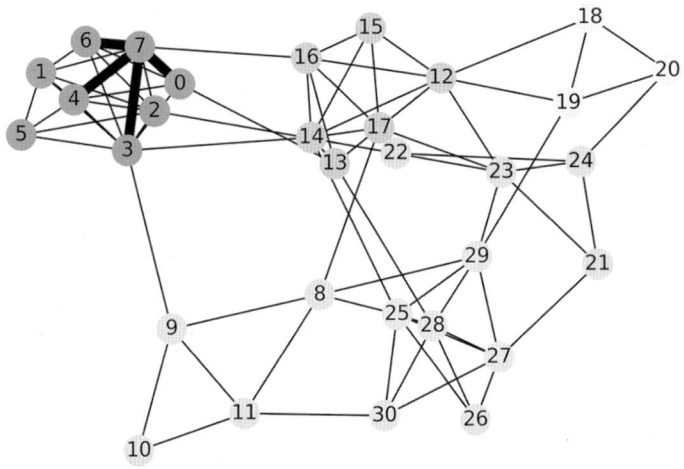

> **코드 18-39** 대체 우회 후보 선택하기

```
candidate_pool = set(G[0]) | set(G[7])   ----- 우회 후보 목록은 마을 0과 마을 7의 이웃들을 결합하여 구성됩니다. 이 두 마을은
examinedTowns = {0, 7}                          서로 이웃이라서 이 둘은 후보 목록에서 제거되어야 합니다.
unexaminedTowns = candidate_pool - examinedTowns   ----- 후보 목록에서 이전에 조사된 모든 마을을 제거합니다.
detour_candidate = min(unexaminedTowns, key=lambda x: fastest_times[x])   ----- 마을 0까지 가장 빨리 이동할 수
travel_time = fastest_times[detour_candidate]                                    있는 우회 후보를 선택합니다.
print(f"다음 우회 후보는 마을 {detour_candidate}입니다 "
      f"해당 마을은 마을 0에서 {travel_time}분 거리에 위치합니다")
```

> ▶ 실행결과

다음 우회 후보는 마을 3입니다 해당 마을은 마을 0에서 18.4분 거리에 위치합니다

우회로를 찾으려는 다음 후보는 마을 3입니다. 이 마을의 이웃 마을 중에는 아직 조사하지 않은 새로운 마을이 있습니다. 이들을 모두 unexaminedTowns에 추가하면 나머지 우회 후보를 추적하여 추가 분석을 할 수 있습니다. 후보 마을에 대한 추적은 조사가 끝난 뒤 마을 3을 unexaminedTowns에서 examinedTowns로 이동시켜야 한다는 점에 유의합니다.

코드 18-40 마을 3을 통과하는 더 빠른 우회로 찾기

```
if not examine_detour(detour_candidate):     ····· 가능한 모든 우회로를 위해 마을 3을 조사합니다.
    print("우회로가 발견되지 않았습니다")

def new_neighbors(town_id):     ····· 이 함수는 우회 후보 목록에 아직 포함되지 않은 마을 3의 이웃 마을 목록을 가져옵니다.
    return set(G[town_id]) - examinedTowns

def shift_to_examined(town_id):     ····· 이 함수는 조사가 끝난 후 마을 3을 examinedTowns로 이동시킵니다.
    unexaminedTowns.remove(town_id)
    examinedTowns.add(town_id)

unexaminedTowns.update(new_neighbors(detour_candidate))
shift_to_examined(detour_candidate)
num_candidates = len(unexaminedTowns)
print(f"{num_candidates}개의 우회 후보가 남았습니다")
```

▶ 실행결과

```
우회로가 발견되지 않았습니다
9개의 우회 후보가 남았습니다
```

이번에도 우회로는 발견되지 않았습니다. 하지만 아직 검토되지 않은 우회 후보가 9개 남아 있습니다. 이들도 살펴보죠. 다음 코드는 반복적으로 다음 절차를 수행합니다.

1. 마을 0까지 이동 시간이 가장 빠른 마을 중 조사되지 않은 것을 선택합니다.
2. examine_detour로 해당 마을에 우회로가 있는지 유무를 확인합니다.
3. 마을 ID를 unexaminedTowns에서 examinedTowns로 옮깁니다.
4. 아직 조사되지 않은 마을이 있다면 1단계로 돌아가 반복합니다. 모든 마을이 조사되었다면 이 절차는 종료됩니다.

코드 18-41 더 빠른 우회로를 찾으려고 모든 마을 조사하기

```
while unexaminedTowns:     ····· 이 반복문은 모든 마을의 조사가 완료되기 전까지 계속됩니다.
    detour_candidate = min(unexaminedTowns, key=lambda x: fastest_times[x])     ····· 마을 0까지 가장 빠른 이동 시간을 토대로 새로운 우회 후보를 선택합니다.
    examine_detour(detour_candidate)     ····· 우회를 위한 후보들을 조사합니다.
    shift_to_examined(detour_candidate)     ····· unexaminedTowns에서 후보들을 제거합니다.
    unexaminedTowns.update(new_neighbors(detour_candidate))     ····· 이전까지 보지 못한 후보 이웃들을 unexaminedTowns에 추가합니다.
```

> ▶ 실행결과

마을 14를 통한 우회는 마을 15까지 이동 시간을 83.25 ➔ 82.27분으로 단축시킵니다
마을 22를 통한 우회는 마을 23까지 이동 시간을 111.21 ➔ 102.38분으로 단축시킵니다
마을 28을 통한 우회는 마을 29까지 이동 시간을 127.60 ➔ 108.46분으로 단축시킵니다
마을 28을 통한 우회는 마을 30까지 이동 시간을 126.46 ➔ 109.61분으로 단축시킵니다
마을 19를 통한 우회는 마을 20까지 이동 시간을 148.03 ➔ 131.23분으로 단축시킵니다

모든 마을로 이동 시간을 조사한 결과 우회로 다섯 개를 발견했습니다. 그중 두 개는 마을 28을 통과하는 경로입니다. 마을 29와 마을 30까지 이동 시간을 2.1시간에서 1.8시간으로 단축시켜 주기 때문에 두 마을 모두 콤부차 양조장 운영이 가능한 거리 내에 속합니다.

마을 0에서 2시간 이내에 도착 가능한 다른 마을이 몇 개나 있을까요? 알아봅시다.

> 코드 18-42 2시간 이내 거리에 있는 모든 마을 수 찾기

```
closeTowns = {town for town, drive_time in fastest_times.items() if drive_time <= 2 * 60}

num_closeTowns = len(closeTowns)
totalTowns = len(G.nodes)
print(f"{totalTowns}개의 마을 중 {num_closeTowns}개가 2시간 이내의 거리에 있습니다")
```

> ▶ 실행결과

31개의 마을 중 29개가 2시간 이내의 거리에 있습니다

두 마을을 제외한 모든 마을이 양조장에서 2시간 거리 내 있다는 사실을 **최단 경로 길이 문제**(shortest path length problem)를 풀어서 알아냈습니다. 이 문제는 수치 속성을 가진 에지로 구성된 그래프에 적용될 수 있으며, 이 수치를 **에지의 가중치**(edge weights)라고 합니다. 또 그래프에서 노드가 바뀌는 일련의 순서를 **경로**(path)라고 합니다. 각 경로는 일련의 에지를 통과하죠. 그리고 해당 경로상에 있는 에지의 가중치 합을 경로 길이(path length)라고 합니다. 이 문제는 노드 N과 그래프의 모든 노드 사이 최단 경로 길이를 계산하는 것입니다. 모든 에지의 가중치가 양수일 때 다음 절차로 경로 길이를 계산할 수 있습니다.

1. 최단 경로 길이의 딕셔너리를 생성합니다. 초깃값은 {N: 0}입니다.
2. 조사된 노드 set을 생성합니다. 처음에는 비어 있습니다.
3. 조사될 노드 set을 생성합니다. 처음에는 N만 포함됩니다.
4. 조사되지 않은 노드 set에서 조사되지 않은 노드 U를 제거합니다. N까지 경로 길이가 최소화되는 U를 선택합니다.
5. U의 모든 이웃을 구합니다.
6. 각 이웃과 N 사이 경로 길이를 계산하고, 그에 따라 최단 경로 길이의 딕셔너리를 갱신합니다.
7. 아직 조사하지 않은 모든 이웃을 조사되지 않은 노드 set에 추가합니다.

8. 조사한 노드 set에 U를 추가합니다.

9. 조사하지 않은 노드가 남아 있으면 4단계로 돌아가 과정을 반복합니다. 그렇지 않다면 이 절차를 종료합니다.

이 최단 경로 길이 문제를 푸는 알고리즘은 NetworkX에서 제공됩니다. 에지의 가중치가 weight 속성으로 등록된 그래프 G에 대해 nx.shortest_path_length(G, weight='weight', source=N)은 노드 N에서 모든 최단 경로 길이를 계산하여 반환합니다. 다음 코드는 shortest_path_length 함수를 활용하여 코드 한 줄로 fastest_times를 계산하는 방법을 보여 줍니다.

코드 18-43 NetworkX로 최단 경로 길이 계산하기

```
shortest_lengths = nx.shortest_path_length(G, weight='travel_time', source=0)
for town, path_length in shortest_lengths.items():
    assert fastest_times[town] == path_length
```

최단 경로 길이 알고리즘은 실제로는 최단 경로를 반환하지 않습니다. 하지만 실제 상황에서 노드 간 거리를 최소화하는 경로를 알고 싶을 때가 있습니다. 예를 들어 마을 0과 마을 30 사이의 가장 빠른 이동 시간을 아는 것만으로는 충분하지 않으며, 2시간 이내처럼 다른 제약 사항이 있을 수 있습니다. 다행히 최단 경로 길이 알고리즘은 최단 경로를 추적하도록 쉽게 수정할 수 있습니다. 노드 간 전환을 추적하는 딕셔너리를 추가하기만 하면 됩니다. 통과한 노드의 실제 순서는 리스트로 나타낼 수 있습니다. 간결성을 위해 최단 경로를 추적하는 코드를 밑바닥부터 만드는 대신 최단 경로 함수를 만든 뒤 그 출력을 NetworkX에 내장된 shortest_path 함수와 비교해 보는 것을 권장합니다. nx.shortest_path_length(G, weight='weight', source=N)을 호출하면 노드 N에서 모든 노드까지 최단 경로를 모두 계산합니다.

따라서 nx.shortest_path(G, weight='travel_time', source=0)[30]을 실행하면 마을 0과 마을 30 사이의 가장 빠른 이동 경로가 반환됩니다. 이제 다음 그림에 표시된 경로를 출력해 보겠습니다.

▼ **그림 18-17** 마을 0과 마을 30 사이의 최단 경로가 굵고 어둡게 강조 표시되어 있습니다. 이 경로는 마을 0 ➔ 마을 13 ➔ 마을 28 ➔ 마을 30으로 이어집니다. 그래프상 대체 경로가 있다는 점에 주목할 필요가 있습니다. 예를 들어 마을 13 ➔ 마을 25 ➔ 마을 30으로 이동할 수도 있습니다. 강조 표시된 경로는 가능한 가장 짧은 경로 길이를 보장합니다

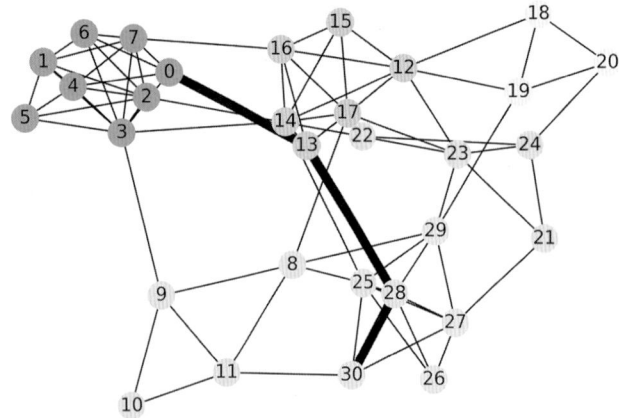

코드 18-44 NetworkX로 최단 경로 계산하기

```
shortest_path = nx.shortest_path(G, weight='travel_time', source=0)[30]
print(shortest_path)
```

▶ 실행결과

```
[0, 13, 28, 30]
```

마을 0 ➜ 마을 13 ➜ 마을 28 ➜ 마을 30으로 이동할 때 이동 시간은 최소화됩니다. 따라서 fastest_times[30]에 이동 시간이 담겨 있을 것입니다.

코드 18-45 최단 경로의 길이 확인하기

```
travel_time = 0
for i, town_a in enumerate(shortest_path[:-1]):
    town_b = shortest_path[i+1]
    travel_time += G[town_a][town_b]['travel_time']

print("마을 0과 마을 30 사이의 가장 빠른 이동 시간은 {travel_time}분입니다")
assert travel_time == fastest_times[30]
```

▶ 실행결과

마을 0과 마을 30 사이의 가장 빠른 이동 시간은 109.61분입니다

기본 네트워크 이론으로 지리적 위치 간 이동 경로를 최적화할 수 있습니다. 다음 장에서는 이 이론을 바탕으로 마을 네트워크 전체의 트래픽 흐름을 시뮬레이션하는 보다 고급 기술을 개발합니다. 시뮬레이션으로 그래프의 가장 중심이 되는 도시를 찾아낼 수 있으며, 마을들을 지역별로 그룹화하고 해당 그룹화 기법으로 소셜 그래프에서 친구 그룹을 식별하는 방법을 알아봅니다.

> **노트** NetworkX가 제공하는 일반적인 경로 관련 기술
> - `G.neighbors(i)`: 노드 i의 모든 이웃을 반환합니다.
> - `G[i]`: 노드 i의 모든 이웃을 반환합니다.
> - `G[i][j]['weight']`: 이웃 노드 i와 이웃 노드 j 사이의 경로 길이를 반환합니다.
> - `nx.shortest_path_length(G, weight='weight', source=N)`: 노드 N에서 그래프의 모든 접근 가능한 노드까지 최단 경로 길이에 대한 딕셔너리를 반환합니다. weight 속성은 경로 길이를 측정하는 데 사용됩니다.
> - `nx.shortest_path(G, weight='weight', source=N)`: 노드 N에서 그래프의 모든 접근 가능한 노드까지 최단 경로에 대한 딕셔너리를 반환합니다.

18.3 요약

- 네트워크 이론은 객체 간 연결을 연구하는 학문입니다. 객체와 객체의 분산된 연결 셋을 네트워크 또는 그래프라고 합니다. 객체는 노드, 객체 간 연결은 에지라고 합니다.

- 특정 방향을 가진 에지를 방향성 에지라고 합니다. 방향성 에지를 가진 그래프는 방향성 그래프라고 합니다. 한편 방향을 가지지 않은 그래프는 비방향성 그래프라고 합니다.

- 그래프는 이진 행렬 M으로 표현될 수 있습니다. 이때 노드 i와 노드 j 사이에 에지가 있으면 M[i][j] 요소 값은 1, 그렇지 않으면 0이 채워집니다. 이러한 그래프의 행렬 표현을 인접 행렬이라고 합니다.

- 방향성 그래프에서 각 노드의 인바운드 및 아웃바운드 에지를 계산할 수 있습니다. 인바운드 에지의 개수를 인-디그리, 아웃바운드 에지의 개수를 아웃-디그리라고 합니다. 특정 상황을 반영하는 그래프에서 인-디그리는 노드의 인기도를 측정하는 척도로 사용될 수 있습니다. 인접 행렬의 행을 합산하면 인접도(인기도)를 계산할 수 있습니다.

- 그래프 이론으로 노드 간 이동을 최적화할 수 있습니다. 일련의 노드 연결을 경로라고 합니다. 에지에 수치 속성이 할당되어 있다면 에지들로 연결된 경로 길이를 구할 수 있습니다. 이 수치 속성을 에지의 가중치라고 합니다. 즉, 경로를 구성하는 모든 노드 간 에지의 가중치 합을 구하면 경로 길이를 구할 수 있습니다. 최단 경로 길이 문제는 노드 N에서 그래프의 다른 모든 노드까지 경로 길이를 최소화하는 시도입니다. 에지 가중치가 양수면 알고리즘적으로 경로 길이를 최소화할 수 있습니다.

19장

노드 순위 매기기 및 소셜 네트워크 분석을 위한 동적 그래프 이론 기법

이 장에서 다루는 내용

- 가장 중심이 되는 네트워크 위치 찾기
- 네트워크 연결 그룹화하기
- 소셜 그래프 분석 이해하기

앞 장에서 여러 유형의 그래프를 조사했습니다. 직접 링크로 연결된 웹 페이지와 여러 지역에 걸친 도로망이었죠. 대부분은 네트워크를 정적으로 취급했으며, 인접 노드를 마치 사진의 정지된 구름처럼 셌습니다. 실제로 구름은 끊임없이 움직이며, 이것은 네트워크도 마찬가지입니다. 연구 가치를 지닌 대부분의 네트워크는 역동적인 활동으로 끊임없이 윙윙거립니다. 자동차는 도로망을 가로질러 달리고, 인기 있는 도시 근처에서는 교통 체증이 발생하죠. 또 사용자 수십억 명이 수많은 웹 링크를 탐색하면서 웹 트래픽이 인터넷으로 흐릅니다. 소셜 네트워크 역시 친한 친구 사이에서 가십, 소문, 문화, 밈 등이 퍼지며 활발하게 쿵쾅거립니다. 이 역동적인 흐름을 이해할 수 있다면 친구 그룹을 자동으로 발견하거나, 인터넷에서 트래픽이 가장 많이 발생하는 웹 페이지를 식별하는 등 유용한 작업이 가능합니다. 이러한 동적 네트워크 활동의 모델링은 다음 경우에 매우 중요합니다. 동적 네트워크 활동을 모델링하는 것은 많은 대형 기술 조직이 기능할 때 매우 중요하기도 하죠. 이 장에서 소개될 모델링 방법 중 하나는 실제로 1조 달러 규모의 회사를 설립하는 데 유용하게 쓰였습니다.

사람, 자동차 등 동적 흐름은 본질적으로 임의적이기 때문에 3장에서 제시된 것과 유사한 임의 시뮬레이션으로 연구될 수 있습니다. 이 장 초반부에서는 임의 시뮬레이션으로 자동차 교통 흐름을 분석해 보고, 그다음 행렬 곱셈으로 보다 효율적으로 교통 확률을 계산하는 시도를 해 봅니다. 그다음 행렬 분석으로 트래픽이 많은 커뮤니티 그룹을 발견하고, 그룹화/클러스터링 기법을 적용하여 소셜 네트워크에서 친구 그룹을 발견해 봅니다.

그럼 시작해 보죠. 교통 시뮬레이션을 기반으로 인신매매가 심한 마을을 찾아내는 간단한 문제부터 시작하겠습니다.

19.1 네트워크의 예상 트래픽을 기반으로 중앙 노드 발견하기

앞 장에서는 지역 6곳에 있는 마을 31곳을 연결하는 도로망을 시뮬레이션했습니다(그림 19-1). 그때 목표는 해당 도로망에서 배송 시간을 최적화하는 것이었죠. 이 시나리오를 더 자세히 살펴보겠습니다.

우리 사업이 놀라운 속도로 성장하고 있다고 가정해 보겠습니다. 이때 G.nodes로 표현되는 마을 중 한곳에 빌보드 광고판을 세워 고객 기반을 확장한다고 생각해 보죠. 광고판 조회 수를 최대화하기 위해서는 교통량이 가장 많은 마을을 선택해서 광고판을 세워야 합니다. 교통량은 매일 마을을 통과하는 차량 수에 따라 결정됩니다. 일일 예상 교통량을 기준으로 G.nodes의 마을 31곳에 순위를 매길 수 있을까요? 가능합니다! 간단한 모델링으로 마을 사이의 도로망에 대한 교통 흐름을 예측할 수 있습니다. 이후에는 이러한 교통 흐름 기술을 확장하여 지역을 자동으로 식별할 수 있도록 합니다.

▼ 그림 19-1 그래프 G에 저장된 18장의 시뮬레이션된 네트워크. 도로는 지역 6곳에 걸쳐 있는 마을 31곳을 연결합니다. 각 마을은 지역 ID에 따라 다른 색으로 지정되었습니다

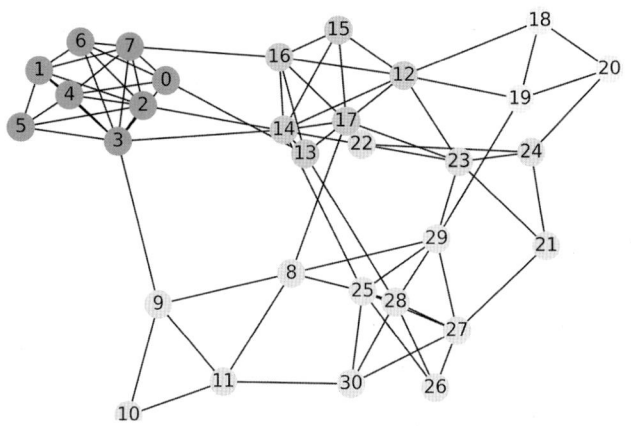

예상 교통량을 기준으로 마을 순위를 매길 방법이 필요합니다. 가장 간단한 방법은 각 마을로 들어오는 도로를 단순하게 계산하는 것입니다. 도로가 다섯 개인 마을은 다섯 방향에서 교통이 유입되는 반면, 도로가 하나뿐인 마을은 교통량이 비교적 제한적입니다. 도로 수는 18장에서 다룬 웹 사이트의 인-디그리(in-degree) 순위와 유사합니다. 다시 말하지만, 노드의 인-디그리는 노드로 들어오는 방향의 에지 개수를 의미합니다. 그러나 웹 사이트와는 달리 도로망은 인바운드와 아웃바운드 에지를 구분하지 않는 비방향성(undirected) 네트워크입니다. 이 둘을 구분하지 않고 하나로 취급하여 비방향성 그래프상 노드의 에지 개수를 간단히 노드의 **디그리**(degree)라고 부를 수 있습니다. 그래프의 인접 행렬 i번째 열을 합산하면 노드 i의 디그리를 구할 수 있습니다. 또는 간단히 len(G.nodes[i])로도 같은 것을 구할 수 있습니다. 또 NetworkX가 제공하는 degree 메서드를 G.degree(i)처럼 호출하여 구할 수도 있죠. 여기에서는 이 모든 기법을 이용하여 마을 0을 통과하는 도로 개수를 세어 봅니다.

코드 19-1 단일 노드의 디그리 계산하기

```
adjacency_matrix = nx.to_numpy_array(G)
degree_town_0 = adjacency_matrix[:,0].sum()
assert degree_town_0 == len(G[0])
assert degree_town_0 == G.degree(0)
print(f"마을 0은 {degree_town_0:.0f}개의 도로와 연결되어 있습니다")
```

▶ 실행결과

마을 0은 5개의 도로와 연결되어 있습니다

디그리에 따라 노드 순위를 매깁니다. 그래프 이론에서는 노드 중요도에 대한 측정을 일반적으로 **노드 중심성**(node centrality)이라고 하며, 노드의 디그리에 따라 순위가 매겨진 것을 **중심도**(degree of centrality)라고 합니다. 이제 G에서 중심도가 가장 높은 노드를 선택하면 광고판이 세워질 초기 위치를 선정할 수 있습니다(그림 19-2).

▼ 그림 19-2 서로 다른 마을 사이의 도로망. 마을 3의 중심도가 가장 높으며 검은색으로 표시되어 있습니다

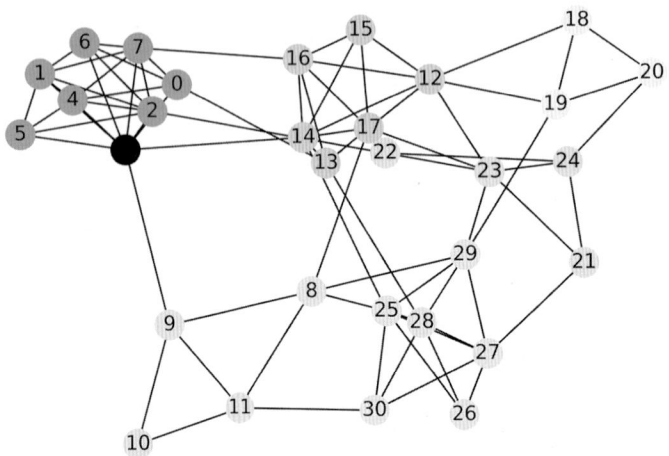

코드 19-2 중심도로 중심 노드 선택하기

```
np.random.seed(1)
central_town = adjacency_matrix.sum(axis=0).argmax()
degree = G.degree(central_town)
print(f"{degree}개의 도로와 연결된 마을 {central_town}이 가장 중심에 있습니다")
node_colors[central_town] = 'k'
nx.draw(G, with_labels=True, node_color=node_colors)
plt.show()
```

▶ 실행결과

9개의 도로와 연결된 마을 3이 가장 중심에 있습니다

마을 3이 가장 중심이 되는 마을입니다. 다른 마을 9곳과 다른 지역 3곳이 연결됩니다. 이 마을은 두 번째로 중심이 되는 마을과 어떻게 비교될 수 있을까요? 우선 두 번째로 높은 디그리를 가진 노드를 찾아보죠.

코드 19-3 두 번째로 높은 중심도를 가진 노드 선택하기

```
second_town = sorted(G.nodes, key=lambda x: G.degree(x), reverse=True)[1]
second_degree = G.degree(second_town)
print(f"마을 {second_town}은 {second_degree}개의 도로와 연결되어 있습니다")
```

▶ 실행결과

마을 12은 8개의 도로와 연결되어 있습니다.

마을 12는 도로 8개와 연결되어 있으며, 이는 마을 3에 연결된 도로 수보다 하나 적은 것입니다. 두 마을의 디그리가 같다면 어떻게 해야 할까요? 그림 19-2에서 우리는 마을 3과 마을 9를 연결하는 도로를 확인할 수 있습니다. 이 도로가 파손되어 폐쇄되었다고 가정해 보죠. 즉, G에서 해당 에지가 제거되어야 합니다. G.remove(3, 9)를 실행하면 노드 3과 노드 9 사이의 에지가 제거되므로 마을 3과 마을 12의 디그리는 같아집

니다. 그리고 네트워크에 다른 중요한 구조적인 변화도 발생합니다. 이 변화를 시각화하여 나타내 보겠습니다
(그림 19-3).

코드 19-4 가장 중심 노드의 에지 제거하기

```
np.random.seed(1)
G.remove_edge(3, 9)
assert G.degree(3) == G.degree(12)   ····· 에지 제거 후 마을 3과 마을 12의 중심도는 같아집니다.
nx.draw(G, with_labels=True, node_color=node_colors)
plt.show()
```

도로 철거 때문에 마을 3과 인근 마을이 부분적으로 고립되었습니다. 마을 3은 마을 0부터 마을 7까지 포함하는 지역 0에 속해 있습니다. 이전에는 마을 3을 통과하는 하나의 도로가 지역 0과 지역 1을 연결했지만, 해당 도로가 없어지면서 마을 3의 접근성은 이전보다 떨어집니다. 이는 여러 다른 지역과 이웃한 마을 12와는 대조적입니다.

마을 3이 마을 12보다 덜 중심에 위치하지만, 두 마을의 중심도는 동일합니다. 중요한 곳으로 연결되지 않은 에지 중요도를 떨어뜨리지 않는 중심도의 중대한 결함이 드러났습니다.

▼ 그림 19-3 도로가 폐쇄된 이후의 여러 마을 간 도로망
이제 마을 3과 마을 12의 중심도는 같아졌습니다. 그러나 다른 여러 지역과 연결된 마을 12가 더 중심에 위치한 것으로 보이는 반면, 도로 폐쇄로 마을 3은 외부와 부분적으로 고립되었습니다

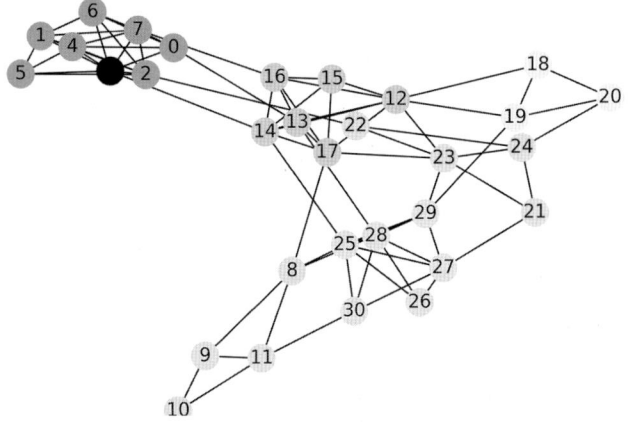

한 마을에 도로가 1,000개 있고, 모든 도로가 막다른 골목으로 이어지는 상황과 도로가 네 개뿐이지만 각 도로가 대도시로 연결되는 마을을 상상해 보죠. 극심한 중심도 차이가 있음에도 두 번째 마을이 첫 번째 마을보다 교통량이 더 많을 것입니다. 마찬가지로 중심도가 같더라도 마을 12가 마을 3보다 교통량이 더 많을 것이라고 예상할 수 있습니다. 실제 임의 시뮬레이션으로 이러한 차이를 정량화할 수 있습니다. 다음 절은 마을 간 교통 흐름을 시뮬레이션하여 마을 중심도를 측정합니다.

19.1.1 교통 시뮬레이션으로 중심도 측정하기

곧 차량 2만 대가 도시 31곳을 주행하는 도로망의 교통량을 시뮬레이션해 볼 것입니다. 하지만 그 전에 자동차 한 대에 대한 임의 경로를 먼저 시뮬레이션해야 합니다. 자동차는 임의의 마을 i에서 여행을 시작해서 마을을 가로지르는 G.degree(i) 도로 중 하나를 임의로 선택하여 i의 임의의 이웃 마을 하나를 방문합니다. 그다음 또 다른 임의의 도로를 선택하는 식으로 시뮬레이션은 진행되며, 이 과정은 차량이 마을 10곳을 통과할 때까지 반복됩니다. 그래프 G에서 이 시뮬레이션을 실행하고 자동차의 최종 위치를 반환하는 random_drive 함수를 정의합니다.

> **노트** 그래프 이론에서는 이러한 유형의 노드 간 임의 이동을 랜덤 워크(random walk)라고 합니다.

코드 19-5 단일 차량의 임의 경로 시뮬레이션하기

```
np.random.seed(0)
def random_drive(num_stops=10):  ····· 이 함수는 num_paths 개수의 마을에 대한 자동차 임의 경로를 시뮬레이션합니다.
    town = np.random.choice(G.nodes)  ····· 자동차 시작 위치는 임의로 결정됩니다.
    for _ in range(num_stops):
        town = np.random.choice(G[town])  ····· 자동차는 임의의 이웃 마을로 이동합니다.

    return town

destination = random_drive()
print(f"임의 주행 후 자동차는 마을 {destination}에 도달했습니다")
```

▶ 실행결과

임의 주행 후 자동차는 마을 24에 도달했습니다

다음 코드는 차량 2만 대로 코드 19-5의 시뮬레이션을 반복한 뒤 각 마을 31곳에 도달한 차량 수를 계산합니다. 결국 각 마을의 차량 수는 각 마을의 교통량을 의미합니다. 그다음 가장 많이 방문한 마을의 교통량을 출력합니다. 또 교통 시뮬레이션의 실행 비용을 파악하기 위해 2만 회 반복 시간도 측정합니다.

> **노트** 매우 단순화된 시뮬레이션입니다. 실제 사람들은 임의의 경로를 운전하지 않습니다. 사람들이 일반적으로 많이 가는 곳, 주택, 취업 방문, 소매점 등 유무에 따라 교통량에 차이가 발생할 수 있습니다. 우리의 단순화는 해롭지 않습니다. 오히려 유익하죠! 우리 모델은 자동차 교통량을 넘어 일반화될 수 있습니다. 웹 트래픽, 소셜 상호 작용의 흐름에도 적용될 수 있습니다. 조만간 다른 범주의 그래프로 분석을 확장해 볼 것입니다. 모델이 덜 단순하고 특정 시나리오에 구체화되었다면 이러한 확장은 불가능할 것입니다.

코드 19-6 차량 2만 대를 사용한 교통량 시뮬레이션하기

```
import time
np.random.seed(0)
car_counts = np.zeros(len(G.nodes))  ····· 이어지는 코드에서 보다 쉬운 벡터화를 위해
num_cars = 20000                              차량 수를 딕셔너리 대신 배열에 저장합니다.

start_time = time.time()
```

```
for _ in range(num_cars):
    destination = random_drive()
    car_counts[destination] += 1

central_town = car_counts.argmax()
traffic = car_counts[central_town]
running_time = time.time() - start_time
print(f"시뮬레이션은 {running_time:.2f}초 동안 진행되었습니다")
print(f"마을 {central_town}의 교통량이 가장 많습니다")
print(f"해당 마을에 도착한 차량은 {traffic:.0f}대입니다")
```

▶ 실행결과

시뮬레이션은 3.47초 동안 진행되었습니다
마을 12의 교통량이 가장 많습니다
해당 마을에 도착한 차량은 1015대입니다

1,000대가 넘는 차량이 도착하여 마을 12의 교통량이 가장 많습니다. 마을 12와 마을 3의 중심도가 가장 높다는 것을 고려하면 결과가 별로 놀랍지 않습니다. 앞서 논의한 바에 따르면, 마을 12의 교통량이 마을 3보다 더 많을 것이라고 예상할 수 있습니다. 이를 확인해 보죠.

코드 19-7 마을 3의 교통량 확인하기

```
print(f"마을 3에 {car_counts[3]:.0f}대의 차량이 있습니다")
```

▶ 실행결과

마을 3에 934대의 차량이 있습니다

우리 예상대로입니다. 마을 3에 도달한 차량은 1,000대 미만입니다. 차량 수를 비교하는 것은 번거로울 수 있습니다. 특히 num_cars 값이 클 때는 더욱 그렇습니다. 이렇게 직접적으로 센 수는 시뮬레이션 횟수로 나누어 확률로 대체하면 좋습니다. car_counts / num_cars로 확률 배열을 얻을 수 있습니다. 각 i번째 확률은 임의로 이동한 차량이 마을 i에 도착할 확률과 같습니다. 마을 12와 마을 3에 대한 확률을 확인해 보죠.

코드 19-8 차량 수를 확률로 변환하기

```
probabilities = car_counts / num_cars
for i in [12, 3]:
    prob = probabilities[i]
    print(f"마을 {i}에 도착할 확률은 {prob:.3f}입니다")
```

▶ 실행결과

마을 12에 도착할 확률은 0.051입니다
마을 3에 도착할 확률은 0.047입니다

임의 시뮬레이션에 따르면 마을 12와 마을 3에 대한 확률은 각각 5.1%와 4.7%로 나타납니다. 따라서 마을 12가 마을 3보다 더 중심에 위치한 것을 알 수 있습니다. 다만 안타깝게도 시뮬레이션 과정이 느리기 때문에 그래프가 클 때는 적용하기 힘듭니다.

> **노트** 시뮬레이션 실행에 3.47초가 걸렸습니다. 이 실행 시간이 합리적인 것처럼 보이지만, 그래프가 클수록 이동 확률을 추정하려면 더 많은 시뮬레이션을 수행해야 합니다. 이는 4장에서 소개한 큰 수의 법칙 때문입니다. 노드가 1,000배 더 많은 그래프에서는 시뮬레이션을 1,000배 더 많이 수행해야 하므로 실행 시간이 약 1시간으로 늘어납니다.

차량 2만 대의 흐름을 시뮬레이션하지 않고도 확률을 직접 계산할 수 있을까요? 가능합니다! 다음 절은 간단한 행렬 곱셈으로 교통량 확률을 계산하는 방법을 다룹니다.

19.2 행렬 곱셈으로 이동 확률 계산하기

교통량 시뮬레이션은 행렬과 벡터로 수학적으로 모델링할 수 있습니다. 이 과정을 간단하고 관리하기 쉽게 부분적으로 쪼개 보겠습니다. 가령 마을 0을 떠나 이웃의 한 마을로 이동하는 차량을 생각해 보죠. 선택 가능한 이웃 마을은 G.degree(0)이므로 마을 0에서 이웃 마을로 이동할 확률은 1 / G.degree(0)이 됩니다. 이 확률을 계산해 보죠.

코드 19-9 이웃 마을로 이동할 확률 계산하기

```
num_neighbors = G.degree(0)
prob_travel = 1 / num_neighbors
print(f"마을 0에서 이웃 마을 {G.degree(0)}곳 중 하나로 "
      f"이동할 확률은 {prob_travel}입니다")
```

▶ 실행결과

마을 0에서 이웃 마을 5곳 중 하나로 이동할 확률은 0.2입니다

마을 0과 마을 i가 이웃 마을이라면 마을 0 ➡ 마을 i로 이동할 확률은 20%입니다. 물론 마을 i가 이웃 마을이 아니면 확률은 0.0으로 떨어집니다. 벡터 v로 가능한 모든 마을에 대한 확률을 추적할 수 있습니다. v[i] 값은 i가 G[0]에 속한다면 0.2고, 아니라면 0이 됩니다. 벡터 v는 마을 0에서 다른 마을로 이동할 확률을 추적하기 때문에 **전이 벡터**(transition vector)라고 합니다. 전이 벡터는 다음과 같이 다양한 방식으로 계산될 수 있습니다.

- `np.array([0.2 if i in G[0] else 0 for i in G.nodes])`: 각 i번째 요소는 i가 G[0]에 속할 때는 0.2고, 그렇지 않을 때는 0이라는 값을 가집니다.
- `np.array([1 if i in G[0] else 0 for i in G.nodes]) * 0.2`: 단순히 G[0]에 연결되는 에지의 유무를 추적하는 이진 벡터에 0.2를 곱합니다.
- 인접 행렬 M에 대한 `M[:,0] * 0.2`: 인접 행렬의 각 열은 노드 간 에지의 존재 유무를 이진 값으로 추적합니다. M의 0번째 열은 앞 예제의 배열과 같습니다.

세 번째가 계산이 가장 간단합니다. 물론 0.2는 1 / G.degree(0)과 같습니다. 이 장 도입부에서 설명한 대로 인접 행렬의 열에 담긴 값들을 합하면 디그리를 계산할 수 있습니다. 따라서 M[:,0] / M[:,0].sum()으로 전이 벡터를 구할 수도 있습니다. 다음 코드는 나열된 모든 방법론으로 전이 벡터를 계산하는 방법을 보여 줍니다.

> **노트** 현재 인접 행렬 M은 adjacency_matrix 변수와 함께 저장됩니다. 그러나 이 행렬은 마을 3과 마을 9 사이의 제거된 에지는 고려하지 않았으므로 adjacency_matrix = nx.to_numpy_array(G)로 재계산되어야 합니다.

코드 19-10 전이 벡터 계산하기

```
transition_vector = np.array([0.2 if i in G[0] else 0 for i in G.nodes])

adjacency_matrix = nx.to_numpy_array(G)    ----- 앞서 제거된 에지를 고려하려고 인접 행렬을 다시 계산합니다.

v2 = np.array([1 if i in G[0] else 0 for i in G.nodes]) * 0.2
v3 = adjacency_matrix[:,0] * 0.2
v4 = adjacency_matrix[:,0] / adjacency_matrix[:,0].sum()    ----- 인접 행렬의 열에서 전이 벡터를 계산합니다.

for v in [v2, v3, v4]:
    assert np.array_equal(transition_vector, v)    ----- 전이 벡터를 계산한 네 가지 방법 모두 결과가 동일합니다.
    print(transition_vector)
```

▶ 실행결과

```
[0.  0.  0.  0.2 0.2 0.  0.2 0.2 0.  0.  0.  0.  0.2 0.  0.  0.  0.
 0.  0.  0.  0.  0.  0.  0.  0.  0.  0.  0. ]
```

인접 행렬 M에 대해 M[:,i] / M[:,i].sum()을 실행하면 모든 마을 i에 대한 전이 벡터를 계산할 수 있습니다. 또 M / M.sum(axis=0)으로 모든 전이 벡터를 한 번에 계산할 수 있습니다. 이 연산은 인접 행렬의 각 열을 관련 디그리로 나누며, 최종 결과는 각 전이 벡터가 각 열에 담긴 행렬을 얻습니다. 다음 그림에 묘사된 이 행렬을 **전이 행렬**(transition matrix)이라고 합니다. 임의 과정(random process)을 연구한 러시아 수학자인 안드레이 마르코프(Andrey Markov) 이름을 따서 **마르코프 행렬**(markov matrix)이라고도 합니다. 그러면 전이 행렬을 계산해 보죠. 예상대로라면 결과로 얻은 전이 행렬의 0번째 열은 마을 0에 대한 transition_vector와 같아야 합니다.

▼ **그림 19-4** 인접 행렬 M에 대해 인접이 방향성을 띤다고 해도 M / M.sum(axis=0)은 전이 행렬과 같습니다. 이 그림은 방향성 그래프를 보여 주며 에지마다 전이 확률이 표시되어 있습니다. 이 확률은 M / M.sum(axis=0)으로 얻은 전이 행렬에도 표시되어 행렬의 각 열은 확률 합이 1.0이 되는 전이 벡터입니다. 해당 행렬에 따르면 A에서 C로 이동할 확률은 1/2, C에서 A로 이동할 확률은 1/3입니다

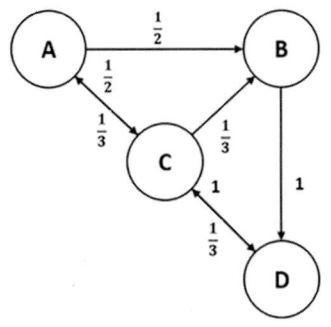

코드 19-11 전이 행렬 계산하기

```
transition_matrix = adjacency_matrix / adjacency_matrix.sum(axis=0)
assert np.array_equal(transition_vector, transition_matrix[:,0])
```

전이 행렬을 사용하면 코드 단 몇 줄로도 모든 마을로 이동하는 확률을 계산할 수 있습니다. 가령 10번 다른 마을에 방문한 뒤 마을 i에 도착할 확률은 다음 절차로 알아낼 수 있습니다.

1. 벡터 v를 초기화합니다. 여기에서 v는 np.ones(31) / 31입니다.
2. 10번 반복하여 v와 transition_matrix @ v가 같아지도록 갱신합니다.
3. v[i]를 반환합니다.

이 놀라운 방식은 잠시 뒤 하나씩 도출해 보겠습니다. 우선 지금은 행렬 곱셈으로 마을 12와 마을 3으로 이동할 확률을 계산하여 이 절차의 결과가 맞다는 것을 증명해 보겠습니다. 앞서 본 바에 따르면, 각 마을로 이동할 확률은 0.051과 0.047이 될 것이라고 예상할 수 있습니다.

코드 19-12 전이 행렬로 이동 확률 계산하기

```
v = np.ones(31) / 31
for _ in range(10):
    v = transition_matrix @ v

for i in [12, 3]:
    print(f"마을 {i}에 들릴 확률은 {v[i]:.3f}입니다")
```

▶ 실행결과

```
마을 12에 들릴 확률은 0.051입니다
마을 3에 들릴 확률은 0.047입니다
```

예상한 대로 결과를 얻었습니다.

일련의 행렬 곱셈으로 트래픽 흐름을 모델링할 수 있습니다. 이 방식은 역사상 가장 큰 이윤을 창출한 노드의 중요도를 측정하는 **페이지랭크 중심성**(pagerank centrality)의 기초가 됩니다. 페이지랭크 중심성은 구글 창립자가 고안한 개념으로, 인터넷 그래프를 이용하여 사용자 웹 여정을 임의의 클릭으로 모델링해서 웹 페이지 순위를 매기는 데 사용되었습니다. 이 클릭은 차량이 임의로 선택된 도시를 주행하는 것과 유사합니다. 인기 있는 웹 페이지일수록 방문율이 높을 가능성이 있습니다. 이러한 통찰력으로 구글은 순전히 자동화된 방식으로 관련 웹 사이트를 발견할 수 있었습니다. 그 결과 구글은 경쟁사를 능가하는 성과를 거두어 1조 달러 규모의 기업이 될 수 있었죠. 데이터 과학이 큰 성과로 이어질 수 있다는 좋은 사례입니다.

페이지랭크 중심성은 계산은 쉽지만 도출하기는 쉽지 않습니다. 그렇지만 기본적인 확률 이론으로 transition_matrix 곱셈을 반복하는 것이 왜 이동 확률을 산출할 수 있는지 그 이유는 증명할 수 있습니다.

> **노트** 페이지랭크 중심성 도출에 관심이 없다면 다음 절로 건너뛰어도 좋습니다. 여기에서는 NetworkX에서 페이지랭크 사용법을 살펴봅니다.

19.2.1 확률 이론으로 페이지랭크 중심성 도출하기

transition_matrix[i][j]는 마을 j에서 마을 i로 직접 이동할 확률과 같다는 것을 알고 있지만, 이는 차량이 마을 j에 있다고 가정한 것입니다. 차량 위치가 확실하지 않다면 어떻게 해야 할까요? 가령 차량이 마을 j에 있을 확률이 50%라면 어떻게 해야 할까요? 이 상황에서는 이동 확률이 0.5 * transition_matrix[i][j]와 같습니다. 일반적으로 현재 위치가 될 확률이 p라면 현재 위치 j에서 새로운 위치 i로 이동할 확률은 p * transition_matrix[i][j]와 같습니다.

차량이 임의의 마을에서 여행을 시작해서 그다음 마을로 이동한다고 가정해 보겠습니다. 차량이 마을 3에서 마을 0으로 이동할 확률은 얼마일까요? 자동차는 서로 다른 마을 31곳 중 어느 곳에서나 여행을 시작할 수 있으므로 마을 3에서 시작할 확률은 1/31입니다. 따라서 마을 3에서 마을 0으로 이동할 확률은 transition_matrix[0][3] / 31입니다.

코드 19-13 임의의 시작 위치에서 이동 가능성 계산하기

```
prob = transition_matrix[0][3] / 31
print("마을 3에서 시작하여 마을 0으로 이동할 확률은 {prob:.2}입니다")
```

▶ **실행결과**

마을 3에서 시작하여 마을 0으로 이동할 확률은 0.004입니다

임의의 시작 위치에서 마을 0에 직접 도달하는 방법은 여러 가지가 있습니다. 가능한 한 모든 마을 i에 대해 transition_matrix[0][i] / 31을 계산했을 때, 0이 아닌 인스턴스를 모두 출력해 보면 알 수 있겠죠.

코드 19-14 마을 0으로 이어지는 임의의 경로에 대한 이동 가능성 계산하기

```
for i in range(31):
    prob = transition_matrix[0][i] / 31
    if not prob:
        continue

    print(f"마을 i에서 시작하여 마을 0으로 이동할 확률은 {prob:.2}입니다")

print("\n모든 나머지 전이 확률은 0.0입니다")
```

▶ **실행결과**

마을 3에서 시작하여 마을 0으로 이동할 확률은 0.004입니다
마을 4에서 시작하여 마을 0으로 이동할 확률은 0.0054입니다
마을 6에서 시작하여 마을 0으로 이동할 확률은 0.0065입니다
마을 7에서 시작하여 마을 0으로 이동할 확률은 0.0046입니다
마을 13에서 시작하여 마을 0으로 이동할 확률은 0.0054입니다

모든 나머지 전이 확률은 0.0입니다

다섯 경로로 마을 0으로 이동할 수 있습니다. 경로마다 확률이 다르며, 이 확률을 모두 합하면 임의의 마을에서 출발해서 마을 0으로 직접적으로 이동할 확률을 구할 수 있습니다(그림 19-5). 그 확률을 계산해 보겠습니다.

▼ 그림 19-5 다섯 경로로 임의의 초기 마을에서 마을 0으로 직접적으로 이동할 경로별 확률입니다. 이 값을 모두 더하면 임의의 마을에서 시작해서 마을 0으로 직접적으로 이동할 확률을 구할 수 있습니다

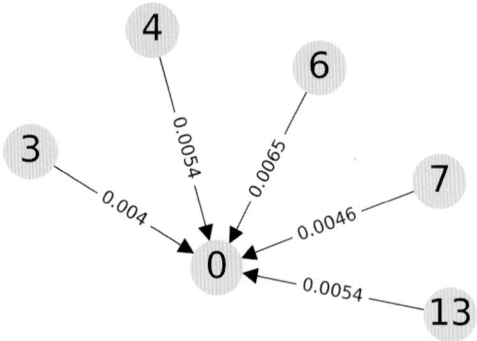

또 이렇게 구한 확률을 시뮬레이션 결과와 비교해 보겠습니다. 임의 여정에서 마을 0이 첫 번째 정거장이 될 빈도를 산출하기 위해 random_drive(num_stops=1)을 5만 회 실행하여 시뮬레이션합니다. 이 빈도는 확률 합계에 근접할 것입니다.

코드 19-15 첫 번째 정거장이 마을 0일 확률 계산하기

```python
np.random.seed(0)
prob = sum(transition_matrix[0][i] / 31 for i in range(31))
frequency = np.mean([random_drive(num_stops=1) == 0 for _ in range(50000)])

print(f"마을 0이 첫 번째 정거장이 될 확률은 {prob:.3f}입니다")
print(f"마을 0이 첫 번째 정거장이 될 빈도는 {frequency:.3f}입니다")
```

▶ 실행결과

```
마을 0이 첫 번째 정거장이 될 확률은 0.026입니다
마을 0이 첫 번째 정거장이 될 빈도는 0.026입니다
```

계산된 확률과 시뮬레이션에서 관측된 빈도는 일치합니다. 즉, 여행에서 마을 0이 첫 번째 정거장이 될 확률은 약 2.6%입니다. transition_matrix[0] @ v처럼 벡터 내적으로 확률을 더 간결하게 계산할 수 있다는 점에 주목할 필요가 있습니다. 여기에서 v는 요소 31개로 되어 있으며, 모든 요소 값이 1 / 31로 동일한 벡터입니다. 이 방식을 적용해 보죠.

코드 19-16 벡터 내적으로 이동 확률 계산하기

```python
v = np.ones(31) / 31
assert transition_matrix[0] @ v == prob
```

transition_matrix[i] @ v를 실행하면 마을 i가 첫 번째 정거장이 될 확률이 반환됩니다. 그리고 transition_matrix[i] @ v for i in range(31)을 실행하면 모든 마을에 대해 해당 확률을 구할 수 있습니다. 물론 이 연산은 transition_matrix와 v 사이의 행렬 곱셈과 동일하므로 transition_matrix @ v는 모든 마을에 대해 첫 번째 정거장이 될 확률을 반환합니다. 다음 코드는 이 방식으로 계산된 행렬을 stop_1_probabilities 배열에 저장한 뒤 마을 12가 첫 번째 정거장이 될 확률을 출력합니다. 이 확률은 임의 시뮬레이션으로 도출된 빈도와 유사해야 합니다.

코드 19-17 모든 마을에 대해 첫 번째 정거장이 될 확률 계산하기

```
np.random.seed(0)
stop_1_probabilities = transition_matrix @ v
prob = stop_1_probabilities[12]
frequency = np.mean([random_drive(num_stops=1) == 12 for _ in range(50000)])

print('첫 번째 정거장이 될 확률')
print(np.round(stop_1_probabilities, 3))
print(f"\n마을 12가 첫 번째 정거장이 될 확률은 {prob:.3f}입니다")
print(f"마을 12가 첫 번째 정거장이 될 빈도는 {frequency:.3f}입니다")
```

▶ 실행결과

```
첫 번째 정거장이 될 확률
[0.026 0.033 0.045 0.046 0.033 0.019 0.025 0.038 0.033 0.031 0.019 0.041
 0.052 0.03  0.036 0.019 0.031 0.039 0.023 0.031 0.027 0.019 0.018 0.044
 0.038 0.046 0.015 0.045 0.04  0.035 0.023]

마을 12가 첫 번째 정거장이 될 확률은 0.052입니다
마을 12가 첫 번째 정거장이 될 빈도는 0.052입니다
```

transition_matrix @ v가 첫 번째 정거장이 될 확률 벡터를 반환함을 확인했습니다. 이제 이 연산을 반복하여 결국 10번째 정거장에 대한 확률 벡터가 산출된다는 것을 증명해야 합니다. 그 전에 먼저 더 간단한 질문에 답해 보죠. 마을 i가 두 번째 정거장이 될 확률은 얼마일까요? 앞 내용을 바탕으로 우리는 다음을 알고 있습니다.

- 마을 j가 첫 번째 정거장이 될 확률은 stop_1_probabilities[j]입니다.
- 현재 위치가 될 확률이 p라면 현재 위치 j에서 위치 i로 이동할 확률은 p * transition_matrix[i][j] 입니다.
- 먼저 마을 j에 들렀다가 마을 i로 이동할 확률은 p * transition_matrix[i][j]이며, 여기에서 p = stop_1_probabilities[j]입니다.
- 가능한 모든 마을 j에 대해 이 이동 확률을 계산할 수 있습니다. 이 확률을 sum(p*transition_matrix[i][j] for j, p in enumerate(stop_1_probabilities))로 모두 더하면 임의의 마을에서 첫 번째로 머무른 뒤 마을 i로 이동할 확률을 구할 수 있습니다.
- 이 확률은 transition_matrix[i] @ stop_1_probabilities처럼 벡터 내적으로 더 간결하게 계산할 수 있습니다.

마을 i가 두 번째 정거장이 될 확률은 transition_matrix[i] @ stop_1_probabilities입니다. 행렬-벡터 곱으로 모든 마을에 대해 이 확률을 계산할 수 있어 transition_matrix @ stop_1_probabilities는 모든 마을에 대해 두 번째 정거장이 될 확률을 반환합니다. 그러나 stop_1_probabilities는 transition_matrix @ v이므로, 결국 모든 마을에 대해 두 번째 정거장이 될 확률은 transition_matrix @ transition_matrix @ v가 됩니다.

그러면 두 번째 정거장이 될 확률을 계산해 보겠습니다. 그다음 마을 12가 두 번째 정거장이 될 확률을 출력합니다. 이 확률은 시뮬레이션에서 관측된 빈도와 유사해야 합니다.

코드 19-18 모든 마을에 대해 두 번째 정거장이 될 확률 계산하기

```
np.random.seed(0)
stop_2_probabilities = transition_matrix @ transition_matrix @ v
prob = stop_2_probabilities[12]
frequency = np.mean([random_drive(num_stops=2) == 12 for _ in range(50000)])

print('두 번째 정거장이 될 확률')
print(np.round(stop_2_probabilities, 3))
print(f"\n마을 12가 두 번째 정거장이 될 확률은 {prob:.3f}입니다")
print(f"마을 12가 두 번째 정거장이 될 빈도는 {frequency:.3f}입니다")
```

▶ 실행결과

```
두 번째 정거장이 될 확률
[0.027 0.033 0.038 0.043 0.033 0.023 0.028 0.039 0.039 0.026 0.021 0.032
 0.048 0.034 0.039 0.023 0.032 0.041 0.023 0.029 0.025 0.024 0.023 0.04
 0.029 0.043 0.021 0.036 0.036 0.042 0.031]

마을 12가 첫 번째 정거장이 될 확률은 0.048입니다
마을 12가 첫 번째 정거장이 될 빈도는 0.048입니다
```

우리는 두 번째 정거장이 될 확률을 첫 번째 정거장이 될 확률에서 직접적으로 도출할 수 있었습니다. 같은 맥락으로 세 번째 정거장이 될 확률도 도출할 수 있으며, 결국 stop_3_probabilities가 transition_matrix @ stop_2_probabilities와 같다는 것을 쉽게 알 수 있습니다. 물론 이 벡터는 전이 행렬 M에 대한 M @ M @ M @ v와도 같습니다.

이 과정을 반복하여 네 번째 정거장이 될 확률과 다섯 번째 정거장이 될 확률, 최종적으로 N번째 정거장이 될 확률을 계산해 낼 수 있습니다. N번째 정거장이 될 확률은 단순히 M @ v를 N번 반복 계산해서 구할 수 있습니다. 모든 마을에 대해 N번째 정거장이 될 확률을 전이 행렬 M에서 계산하는 함수를 정의해 보죠.

> **노트** 우리는 개별 단계 N개로 구성된 임의 과정을 다루고 있으며, N번째 단계의 확률을 N – 1단계에서 직접적으로 계산했습니다. 이 같은 과정은 수학자 안드레이 마르코프 이름을 따서 마르코프 체인(markov chains)이라고 합니다.

코드 19-19 모든 마을에 대해 N번째 정거장이 될 확률 계산하기

```
def compute_stop_likelihoods(M, num_stops):
    v = np.ones(M.shape[0]) / M.shape[0]
    for _ in range(num_stops):
        v = M @ v

    return v

stop_10_probabilities = compute_stop_likelihoods(transition_matrix, 10)
```

```
prob = stop_10_probabilities[12]

print('열 번째 정거장이 될 확률')
print(np.round(stop_10_probabilities, 3))
print(f"\n마을 12가 열 번째 정거장이 될 확률은 {prob:.3f}입니다")
```

▶ 실행결과

```
열 번째 정거장이 될 확률
[0.029 0.035 0.041 0.047 0.035 0.023 0.029 0.041 0.034 0.021 0.014 0.028
 0.051 0.038 0.044 0.025 0.037 0.045 0.02  0.026 0.02  0.02  0.019 0.039
 0.026 0.047 0.02  0.04  0.04  0.04  0.027]

마을 12가 열 번째 정거장이 될 확률은 0.051입니다
```

앞서 설명한 것처럼 행렬 곱셈을 반복하는 것은 페이지랭크 중심성의 기반입니다. 다음 절에서는 우리가 구현한 결과를 NetworkX가 제공하는 페이지랭크 구현과 비교합니다. 이 비교로 페이지랭크 알고리즘에서 더 깊은 통찰을 얻을 수 있을 것입니다.

19.2.2 NetworkX로 페이지랭크 중심성 계산하기

NetworkX는 페이지랭크 중심성을 계산하는 함수를 제공합니다. nx.pagerank(G) 함수를 호출하면 노드 ID와 해당 중심성 값 사이를 매핑한 딕셔너리가 반환됩니다. 마을 12의 페이지랭크 중심성을 출력해 보겠습니다. 과연 우리가 구현한 대로 0.051이 될까요?

코드 19-20 NetworkX로 페이지랭크 중심성 계산하기

```
centrality = nx.pagerank(G)[12]
print(f"마을 12에 대한 페이지랭크 중심성은 {centrality:.3f}입니다")
```

▶ 실행결과

```
마을 12에 대한 페이지랭크 중심성은 0.048입니다
```

출력된 페이지랭크 중심성 값 0.048은 예상보다 약간 작습니다. 그 이유는 NetworkX가 제공하는 페이지랭크는 다른 유형의 네트워크에서도 모두 잘 작동하도록 약간 변형되었기 때문입니다. 다시 말하자면 페이지랭크는 처음에 웹 링크 그래프를 이용하여 임의 클릭을 모델링하려고 고안된 것이며, 웹 링크 그래프는 방향성 에지로 구성되었기에 특정 웹 페이지는 아웃바운드 링크를 가지지 않을 수 있습니다. 따라서 인터넷 사용자가 아웃바운드 링크에 의존하여 웹을 탐색할 경우 막다른 페이지에 다다를 수 있습니다(그림 19-6). 이에 대응하고자 페이지랭크 설계자들은 사용자가 결국 웹 링크를 클릭하는 데 지쳐서 완전히 임의 웹 페이지로 이동하여 여정을 다시 새로 시작할 것이라고 가정했습니다. 즉, 인터넷 그래프에서 len(G.nodes)만큼 노드 중 하나로 순간 이동한다고 가정한 것입니다. 페이지랭크 설계자들은 이 같은 순간 이동이 15% 확률로 발생한다고 가정하고는 이를 프로그램에 반영했습니다.

도로망 예시로 보자면, 이 순간 이동은 헬리콥터 픽업 서비스를 호출하는 것과 유사합니다. 방문한 마을에서 15% 확률로 지루함을 느껴 헬리콥터 서비스를 호출하여 완전히 임의 마을로 이동한다는 이야기죠. 일단 헬리콥터에 탑승하면 어떤 마을로 갈 확률은 1 / 31과 같습니다. 착륙 후에는 자동차를 빌려 기존 도로망을 이용해서 여행을 계속합니다. 따라서 15% 확률로 마을 i에서 마을 j로 이동할 확률은 1 / 31입니다.

▼ 그림 19-6 네 노드가 포함된 방향성 그래프
상호 연결된 노드 A · B · C 사이를 자유롭게 이동할 수 있지만 노드 D에는 아웃바운드 에지가 없어 노드 C에서 노드 D로 이동하면 노드 D에 영원히 갇힙니다. 순간 이동은 이런 일이 발생하지 않게 하는 방지 수단으로 15% 확률로 임의로 선택된 노드로 순간 이동합니다. 노드 D로 이동하더라도 노드 A · B · C로 다시 순간 이동할 수 있습니다

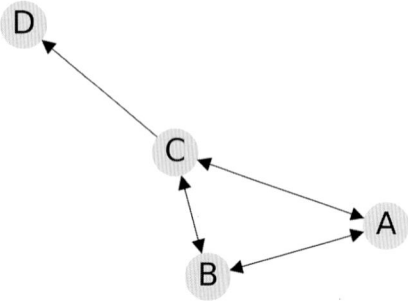

나머지 85%에 대해서는 마을 i에서 마을 j로 이동할 확률이 transition_matrix[j][i]입니다. 결과적으로 실제 이동 확률은 transition_matrix[j][i]와 1 / 31에 대한 가중 평균이며, 각각에 대한 가중치는 0.85와 0.15입니다. 이는 `0.85 * transition_matrix[j][i] + 0.15 / 31`로 직접 구할 수도 있지만, 5장에서 설명한 대로 가중 평균은 `np.average` 함수로도 구할 수 있습니다.

전이 행렬의 모든 요소에 가중 평균을 구하면 완전히 새로운 전이 행렬이 만들어집니다. 이를 compute_stop_likelihoods 함수에 입력해서 마을 12에 대해 재계산된 확률을 출력해 보겠습니다. 이 확률은 0.051에서 0.048 사이가 될 것입니다.

코드 19-21 임의의 순간 이동 통합하기

```
new_matrix = 0.85 * transition_matrix + 0.15 / 31     ------- transition_matrix에 0.85를 곱한 뒤 0.15 / 31을 더
stop_10_probabilities = compute_stop_likelihoods(new_matrix, 10)   합니다. 2D 넘파이 배열의 산술 연산에 대한 자세한
                                                                   내용은 13장을 참고하기 바랍니다.
prob = stop_10_probabilities[12]
print(f"마을 12에 도달할 확률은 {prob:.3f}입니다")
```

▶ 실행결과

마을 12에 도달할 확률은 0.048입니다

결과가 NetworkX와 일치합니다. 정차 횟수를 10번에서 1,000번으로 늘려도 결과가 일관되게 유지될까요? 정거장 1,000개를 compute_stop_likelihoods 함수에 입력하여 마을 12의 페이지랭크가 여전히 0.048인지 확인해 보죠.

코드 19-22 1,000회 정차 후 확률 계산하기

```
prob = compute_stop_likelihoods(new_matrix, 1000)[12]
print(f"마을 12에 도달할 확률은 {prob:.3f}입니다")
```

▶ 실행결과

마을 12에 도달할 확률은 0.048입니다

여전히 0.048입니다. 10번 반복하는 것만으로도 안정적인 값에 수렴할 수 있었다는 이야기입니다. 왜 이런 결과가 나왔을까요? 페이지랭크는 행렬과 벡터를 반복적으로 곱하는 것에 불과하기 때문입니다. 곱한 벡터의 요소는 모두 0과 1 사이 값입니다. 익숙하게 들리겠지만, 페이지랭크는 14장에서 다룬 거듭제곱 알고리즘과 거의 같습니다. 거듭제곱은 행렬과 벡터를 반복적으로 곱해 결국 행렬의 고유 벡터로 수렴합니다. 다시 말해 행렬 M의 고유 벡터 v는 norm(v) == norm(M @ v)인 특수 벡터입니다. 일반적으로 10번 반복하면 수렴할 수 있습니다. 따라서 거듭제곱을 반복하기 때문에 수렴한 것이죠! 이것은 중심성 벡터가 전이 행렬의 고유 벡터라는 것을 증명하기도 합니다. 따라서 페이지랭크 중심성은 차원 축소 뒤에 숨은 아름다운 수학과 연결되어 있습니다.

그래프 G에 대해 페이지랭크 중심성은 다음 일련의 단계로 계산됩니다.

1. 그래프의 인접 행렬 M을 구합니다.
2. M = M / M.sum(axis=0)으로 인접 행렬을 전이 행렬로 변환합니다.
3. 임의의 순간 이동을 허용하도록 M을 갱신합니다. 이는 M과 1 / n에 대한 가중 평균을 구하는 방식으로 수행되며, 여기에서 n은 그래프의 노드 수와 같습니다. 가중치는 일반적으로 0.85와 0.15로 설정되므로 가중 평균은 0.85 * M + 0.15 / n과 같습니다.
4. M의 가장 큰 (그리고 유일한) 고유 벡터를 반환합니다. v = M @ v를 약 10번 반복하여 고유 벡터를 구합니다. 처음에 벡터 v는 np.ones(n) / n으로 설정됩니다.

마르코프 행렬은 그래프 이론, 확률 이론, 행렬 이론을 결합한 것입니다. 또 마르코프 그룹화/클러스터링이라는 절차로 네트워크 데이터를 그룹화하는 데도 사용할 수 있습니다. 다음 절에서는 마르코프 행렬로 그래프에서 커뮤니티를 그룹화하는 방법을 알아봅니다.

> **노트** NetworkX가 제공하는 일반적인 중심성 계산
> - `G.in_degree(i)`: 방향성 그래프에서 노드 i의 디그리를 반환합니다.
> - `G.degree(i)`: 비방향성 그래프에서 노드 i의 디그리를 반환합니다.
> - `nx.pagerank(G)`: 노드 ID와 해당 페이지랭크 중심성을 매핑한 딕셔너리를 반환합니다.

19.3 마르코프 그룹화로 커뮤니티 감지하기

그래프 G는 마을의 네트워크를 나타내며, 그중 일부는 지역화되어 있습니다. 지금은 지역 ID를 알고 있지만 이 것을 알지 못한다면 어떨까요? 지역들을 식별할 방법이 있을까요? 색상이 지정되지 않은 G의 시각화로 이 질 문을 생각해 보겠습니다(그림 19-7).

▼ 그림 19-7 여러 마을 사이의 도로망으로 모든 마을에 대해 단일 색상만 지정되어 있습니다. 하지만 공간적으로 그룹화된 덩어리로 특정 지역을 발견 할 수 있습니다

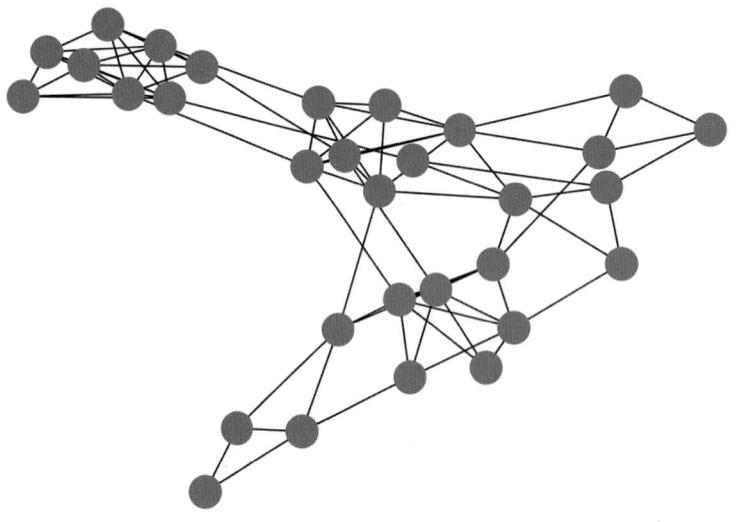

코드 19-23 지역 기반 색상을 지정하지 않고 G 시각화하기

```
np.random.seed(1)
nx.draw(G)
plt.show()
```

색상이나 레이블 없이 그래프를 시각화했습니다. 하지만 잠재적으로 지역을 발견할 수 있습니다. 긴밀하 게 연결된 노드 그룹들이 있는 것처럼 보입니다. 그래프 이론에서는 이러한 그룹을 공식적으로 커뮤니티 (community)라고 합니다. 커뮤니티 관계가 명확하게 보이는 그래프에는 커뮤니티 구조가 포함되어 있습니 다. 마을 그래프, 소셜 미디어 친구 그래프 등 많은 유형의 그래프에 커뮤니티 구조가 포함되어 있습니다.

> **노트** 일부 일반적인 그래프에는 커뮤니티 구조가 포함되어 있지 않습니다. 가령 인터넷에는 촘촘하게 그룹화된 웹 페이지 커뮤니티가 없 습니다.

그래프 커뮤니티를 발견하는 과정을 **커뮤니티 감지**(community detection) 또는 **그래프 그룹화**(gragh clustering)라고 합니다. 여러 그룹화 알고리즘이 있는데, 그중 일부는 트래픽 흐름의 시뮬레이션에 의존합 니다.

트래픽으로 지역 그룹을 발견하려면 어떻게 해야 할까요? 우리는 같은 지역의 마을이 다른 지역의 마을보다 도로를 공유할 가능성이 높다는 것을 알고 있으므로 이웃 마을로 이동해도 같은 지역에 머무를 가능성이 높습니다. 커뮤니티 구조 그래프에서는 이 논리가 두 마을을 지나가도 적용됩니다. 가령 마을 i에서 마을 j로 이동한 뒤 마을 k로 이동한다고 가정해 보죠. 여기에서 네트워크 구조에 따르면, 마을 i와 마을 k는 같은 지역에 있을 가능성이 더 높다는 것입니다. 곧 이 내용을 확인해 봅니다. 다만 먼저 두 정거장을 거쳐 마을 i에서 마을 k로 이동할 확률을 계산해야 합니다. 이 확률을 **확률적 흐름**(stochastic flow) 또는 줄여서 **흐름**(flow)이라고 합니다. 흐름은 전이 확률과 밀접하게 관련되어 있지만, 전이 확률과 달리 흐름에는 직접 연결되지 않은 마을도 포함합니다. 각 마을 쌍 사이의 흐름을 계산하고 그 결과를 **흐름 행렬**(flow matrix)에 저장해야 합니다. 이후 같은 커뮤니티를 공유하는 마을에서 평균 흐름이 더 높다는 것을 확인해 보겠습니다.

> **노트** 일반적으로 네트워크 이론에서 흐름은 매우 느슨하게 정의된 개념입니다. 하지만 마르코프 그룹화에서는 노드 간 최종 이동 확률로 제한하여 흐름을 정의합니다.

흐름의 값 행렬은 어떻게 계산할 수 있을까요? 한 가지 전략은 임의의 두 마을에 대한 이동을 시뮬레이션 한 뒤 시뮬레이션된 빈도를 확률로 변환하는 것입니다. 하지만 이 확률은 직접 계산될 수 있습니다. 약간의 수학으로 흐름 행렬이 transition_matrix @ transition_matrix와 같다는 것을 보일 수 있습니다.

> **노트** 해당 수식은 다음과 같이 증명될 수 있습니다. 앞서 두 번째 정거장이 될 확률이 transition_matrix @ transition_matrix @ v와 같다는 것을 보았습니다. 또 transition_matrix @ transition_matrix는 새로운 행렬 M을 만들므로 두 번째 정거장이 될 확률은 M @ v와 같습니다. 본질적으로 M은 transition_matrix와 같은 목적으로 사용되지만, 하나가 아닌 두 정거장을 추적하기 때문에 M은 흐름 행렬의 정의에 부합합니다.

기본적으로 임의 시뮬레이션은 전이 행렬 스스로에 대한 곱을 근사화합니다. 계속 진행하기 전에 이 사실을 재빨리 확인해 보겠습니다.

코드 19-24 계산된 흐름과 임의 시뮬레이션 비교하기

```
np.random.seed(0)
flow_matrix = transition_matrix @ transition_matrix

simulated_flow_matrix = np.zeros((31, 31))
num_simulations = 10000
for town_i in range(31):
    for _ in range(num_simulations):
        town_j = np.random.choice(G[town_i])
        town_k = np.random.choice(G[town_j])
        simulated_flow_matrix[town_k][town_i] += 1  ····· 두 정거장을 지난 뒤 마을 i에서 마을 k로 이동하는 빈도를 추적합니다.
simulated_flow_matrix /= num_simulations
assert np.allclose(flow_matrix, simulated_flow_matrix, atol=1e-2)  ····· 시뮬레이션된 빈도가 직접적으로 계산된 흐름과 닮았다는 것을 확인합니다.
```

flow_matrix는 임의 시뮬레이션 결과와 일치합니다. 이제 같은 지역의 마을 간 흐름이 더 높다는 우리 이론을 확인해 보겠습니다. 참고로 G.nodes의 각 마을에는 지역 ID가 할당되어 있으며, G.nodes[i]['county_id']가 G.nodes[j]['county_id']와 같다면 마을 i와 마을 j 사이의 평균 흐름이 더 높다고 믿습니다. 모든 흐름을 county_flows 및 between_county_flows라는 두 리스트로 분리해서 확인해 보죠. 이 두 리스트는 각각 지역 내 흐름과 지역 간 흐름을 추적합니다. 그리고 각 리스트에 대한 히스토그램을 그려 평균 흐름 값을 비교합니다(그림 19-8). 우리가 맞다면 np.mean(county_flows)는 두 번째 리스트의 평균 흐름보다 눈에 띄게 높아야 합니다. 또 지역 간 흐름이 명시적으로 np.min(county_flows)보다 작은지 확인합니다.

▼ 그림 19-8 0이 아닌 모든 지역 간 흐름과 지역 내 흐름을 나타내는 두 히스토그램
흐름 유형 간 구분이 명확하게 보입니다. 지역 간 흐름은 왼쪽으로 크게 치우쳐 있는데 대략적인 임계 값 0.042는 지역 132개 간 흐름을 지역 내 흐름 분포에서 분리하는 데 충분합니다.

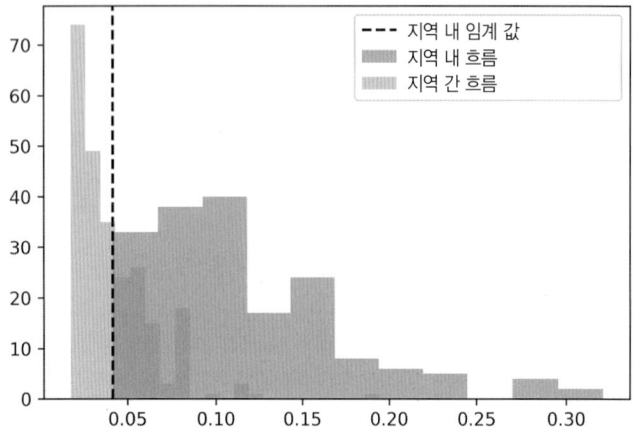

공정하게 비교하려고 0이 아닌 흐름만 고려했습니다 따라서 flow_matrix[j][i] 값이 0이면 무시합니다. 0 값은 i에서 j까지 단 두 번만 정차해서는 이동이 불가능하다는 것을 의미합니다(발생 확률이 0). 최소 세 정거장이 필요하며, 이는 두 마을이 서로 멀리 떨어져 있음을 나타냅니다. 실질적으로 두 마을이 서로 다른 지역에 있음을 보장합니다. 따라서 흐름 0개를 포함하면 지역 간 값 분포가 0을 향해 불공정하게 왜곡됩니다. 이제 가까운 거리의 마을 간 흐름만 조사해 보겠습니다.

코드 19-25 지역 내 및 지역 간 흐름 분포 비교하기

```
def compare_flow_distributions():
    county_flows = []           ----- 0이 아닌 지역 간 흐름을 추적합니다.
    between_county_flows = []   ----- 0이 아닌 지역 내 흐름을 추적합니다.
    for i in range(31):
        county = G.nodes[i]['county_id']
        nonzero_indices = np.nonzero(flow_matrix[:,i])[0]   ----- 오직 i번째 열에 대해 0이 아닌 행들을
        for j in nonzero_indices:                                  반복적으로 접근합니다.
            flow = flow_matrix[j][i]

            if county == G.nodes[j]['county_id']:   ----- 두 마을이 같은 지역에 속하는지 확인합니다.
                county_flows.append(flow)
            else:
```

```
            between_county_flows.append(flow)

    mean_intra_flow = np.mean(county_flows)
    mean_inter_flow = np.mean(between_county_flows)
    print(f"지역 내 평균 흐름: {mean_intra_flow:.3f}")
    print(f"서로 다른 지역 간 평균 흐름: {mean_inter_flow:.3f}")

    threshold = min(county_flows)                                        ┈┈┈ 지역 내 흐름의 최소
    num_below = len([flow for flow in between_county_flows if flow < threshold])  값 이하에 해당하는
                                                                              모든 지역 간 흐름을
    print(f"지역 내 최소 흐름은 약 {threshold:.3f}입니다")                     추적합니다.
    print(f"{num_below}개의 지역 간 흐름이 임계 지점 이하에 속합니다")
                                                                         ┈┈┈ 지역 내 흐름에 대한 히스토그램을
    plt.hist(county_flows, bins='auto', alpha=0.5, label='지역 내 흐름')       그립니다.
    plt.hist(between_county_flows, bins='auto', alpha=0.5, label='지역 간 흐름')  ┈┈┈ 지역 간 흐름에 대한 히
    plt.axvline(threshold, linestyle='--', color='k', label='지역 내 임계 값')    스토그램을 그립니다.
    plt.legend()
    plt.show()

compare_flow_distributions()
```

▶ **실행결과**

```
지역 내 평균 흐름: 0.116
서로 다른 지역 간 평균 흐름: 0.042
지역 내 최소 흐름은 약 0.042입니다
132개의 지역 간 흐름이 임계 지점 이하에 속합니다
```

지역 간 평균 흐름은 다른 지역의 마을 간 평균 흐름보다 3배 낮습니다. 이 차이는 히스토그램 분포에서 명확히 볼 수 있습니다. 즉, 대략 0.04 임계 지점 이하에서 흐름은 확실히 지역 간 값들에 대한 것입니다. 따라서 명시적인 임계 지점을 알고 있다면 지역 간 도시를 분리할 수 있습니다. 물론 이 임계 지점은 지역에 대한 사전 지식이 있어 알 수 있었던 것으로, 실제 상황에서는 지역 ID를 알 수 없습니다. 따라서 임계 지점을 정확히 짚어서 결정할 수 없기 때문에 이를 0.01처럼 낮은 값이라고 가정할 수밖에 없습니다. 데이터에 이러한 가정을 적용했다고 해 보겠습니다. 0이 아닌 지역 간 흐름이 0.01 미만인 경우는 몇 개나 될까요? 알아봅시다.

코드 19-26 낮게 가정한 분리 임계 지점

```
num_below = np.count_nonzero((flow_matrix > 0.0) & (flow_matrix < 0.01))
print(f"{num_below}개의 지역 내 흐름이 0.01 임계 지점 이하에 속합니다")
```

▶ **실행결과**

```
0개의 지역 내 흐름이 0.01 임계 지점 이하에 속합니다
```

어떤 흐름도 임계 지점인 0.01 이하에 속하지 않습니다. 어떻게 해야 할까요? 한 가지 방법은 흐름 분포를 조작해서 큰 값과 작은 값의 차이를 과장(exaggerate)하는 것입니다. 작은 값은 0.01 이하에 속하고 큰 값은 0.01 이상에 속하도록 만드는 것이 가장 이상적입니다. 이러한 조작은 인플레이션(inflation)이라는 간단한 과정으로 수행할 수 있습니다. 인플레이션은 벡터 값에 영향을 주지만 그 평균은 동일하게 유지하는 것입니다.

평균보다 낮은 값은 더 떨어뜨리는 반면, 나머지 값들은 증가시킵니다. 간단한 예시를 들어 보죠. [0.7, 0.3] 두 값으로 채워진 벡터 v를 인플레이션시킨다고 가정해 보죠. 그러면 v의 평균은 0.5입니다. 이때 v[0]은 늘리지만 v[1]은 줄이고 싶습니다. 부분적인 해결책은 v ** 2로 v의 각 요소를 제곱하는 것입니다. 이렇게 하면 v[1]의 경우 0.3에서 0.09로 크기가 줄어드는 것을 알 수 있습니다. 하지만 안타깝게도 v[0]도 0.7에서 0.49로 줄어들므로 v[0]은 원래 벡터의 평균보다 작아집니다. 이 경우 제곱 벡터를 모두 더한 합으로 나누면 합이 1인 인플레이션된 벡터 v2를 얻을 수 있습니다. 따라서 v2.mean()은 v.mean()과 같지만, v2[0]은 v[0]보다 크고 v2[1]은 v[1]보다 작습니다.

코드 19-27 벡터 인플레이션으로 값 차이 과장하기

```
v = np.array([0.7, 0.3])
v2 = v ** 2
v2 /= v2.sum()
assert v.mean() == round(v2.mean(), 10)
assert v2[0] > v[0]
assert v2[1] < v[1]
```

벡터 v와 마찬가지로 흐름 행렬의 각 열은 그 합이 1이 되는 벡터입니다. 따라서 각 열의 요소를 제곱한 것을 합으로 나누어 인플레이션될 수 있습니다. 이를 위해 정의한 inflate 함수로 흐름 행렬에 인플레이션을 적용한 뒤 compare_flow_distributions() 함수로 지역 간 임계 값이 감소했는지 확인합니다(그림 19-9).

코드 19-28 벡터 인플레이션으로 흐름의 차이 과장하기

```
def inflate(matrix):
    matrix = matrix ** 2
    return matrix / matrix.sum(axis=0)

flow_matrix = inflate(flow_matrix)
compare_flow_distributions()
```

▶ 실행결과

```
지역 내 평균 흐름: 0.146
서로 다른 지역 간 평균 흐름: 0.020
지역 내 최소 흐름은 약 0.012입니다
118개의 지역 간 흐름이 임계 지점 이하에 속합니다
```

인플레이션을 반영하여 임계 값이 0.042에서 0.012로 낮아졌지만, 여전히 0.01 이상입니다. 지역 간 에지와 지역 내 에지의 차이를 더 과장할 방법이 있을까요? 답은 놀라울 정도로 간단하지만, 즉각적으로 그 추론이 명확히 와닿지는 않습니다. 우선 그 방법은 flow_matrix 스스로를 곱한 뒤 인플레이션을 적용하기만 하면 된다는 것입니다.

▼ 그림 19-9 인플레이션 후 0이 아닌 모든 지역 간 흐름과 지역 내 흐름을 나타내는 두 히스토그램입니다. 인플레이션 때문에 다음과 같은 분리 임계 값이 0.042에서 0.012로 감소해서 흐름 간 분리가 더욱 명확해졌습니다

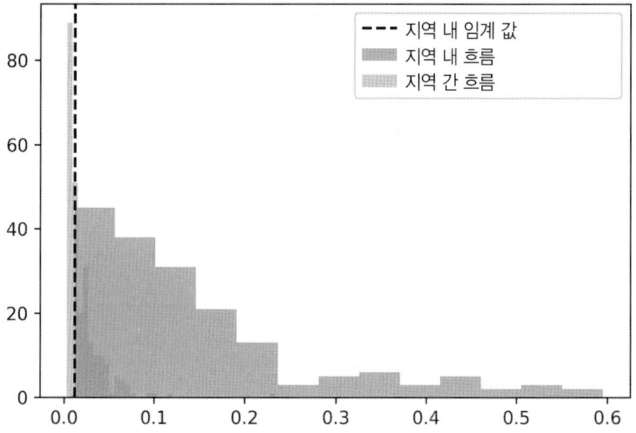

즉, 흐름 행렬을 inflate(flow_matrix @ flow_matrix)와 같도록 설정하면 임계 값을 급격히 감소시킨다는 것입니다. 임계 값이 감소하는 이유를 직관적으로 이해하기 전에 먼저 해당 사실을 검증해 보겠습니다(그림 19-10).

▼ 그림 19-10 flow_matrix @ flow_matrix에 인플레이션을 적용한 뒤 0이 아닌 모든 지역 간 흐름과 지역 내 흐름을 나타내는 두 히스토그램입니다. 이제 대부분의 지역 간 흐름이 매우 작은 분리 임계 값인 0.001 아래로 떨어집니다

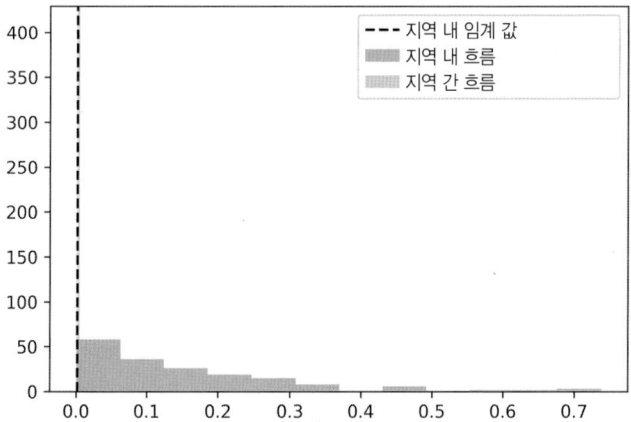

코드 19-29 flow_matrix 스스로에 대한 곱의 결과에 인플레이션 적용하기

```
flow_matrix = inflate(flow_matrix @ flow_matrix)
compare_flow_distributions()
```
----- 이 단계 이전에 flow_matrix는 inflate(transition_matrix @ transition_matrix)와 같았습니다. 본질적으로 우리는 행렬 곱셈을 반복한 뒤 이를 인플레이션과 결합하는 작업을 수행하고 있습니다.

▶ 실행결과

지역 내 평균 흐름: 0.159
서로 다른 지역 간 평균 흐름: 0.004
지역 내 최소 흐름은 약 0.001입니다
541개의 지역 간 흐름이 임계 지점 이하에 속합니다

임계 값이 0.001로 감소했습니다. 지역 500개 이상 간의 도로가 이 임계 값 아래로 떨어졌습니다. 이 전략이 왜 성공했을까요? 간단한 분석으로 답할 수 있습니다. 마을 사이에 새로운 도로를 건설할 수 있지만 건설된 모든 도로는 매년 유지 관리가 필요하다고 가정해 보겠습니다. 제대로 유지 관리가 되지 않은 도로에는 균열과 틈이 생길 것입니다. 운전자들은 손상된 도로를 주행하길 꺼리므로 주기적인 수리는 매우 중요합니다. 그러나 이 비유에서는 G의 기존 도로를 모두 수리하면서 새로운 도로를 건설할 자금이 충분하지 않습니다. 지역 교통국에는 다음과 같은 어려운 결정 과제가 주어집니다.

- 새로 건설되는 도로
- 유지 관리되는 기존 도로
- 무시되는 기존 도로

지역 교통국은 '유동량이 많은 마을 쌍은 더 나은 교통 인프라가 필요하다'고 가정합니다. 따라서 flow_matrix[i][j] 또는 flow_matrix[j][i]가 높을 때만 마을 i와 마을 j 사이의 도로가 유지됩니다. flow_matrix[i][j]가 높지만 마을과 마을 사이에 도로가 없을 때는 마을과 마을을 직접 연결하는 데 자원을 할당합니다.

> **노트** 서로 인접하지 않은 두 마을 사이에 짧은 우회로가 여러 개 있을 때도 여전히 교통량이 많을 것입니다. 두 마을 사이에 도로를 건설하면 우회로를 따라 교통량을 줄일 수 있으므로 도로를 건설하는 것이 좋습니다.

유감스럽게도 기존 도로가 모두 유지되는 것은 아닙니다. 통행량이 적은 지역 간 도로는 교통량이 적고 도로 관리국의 관심을 받지 못할 것입니다. 따라서 이러한 도로는 부분적으로 쇠퇴하고 운전자들은 지역 간 이동을 덜 하게 될 것입니다. 대신에 운전자들은 잘 정비된 지역 내 도로와 마을 사이에 새로 건설된 도로를 선호하게 될 것입니다.

> **노트** 운전자가 특정 목적지를 염두에 두지 않고 무작위로 주행한다고 가정하고 있습니다. 목적지 없는 순항은 오로지 도로 상태에 따라 결정됩니다.

도로 건설, 유지 보수, 붕괴는 필연적으로 전이 행렬을 변경합니다. 노후화된 저흐름 도로 사이의 전이 확률은 감소할 것입니다. 반면에 잘 관리된 고흐름 도로 사이의 전이 확률은 높아질 것입니다. 행렬 열의 합이 여전히 1이 되도록 하면서 동시에 행렬의 변화를 어떻게든 모델링해야 합니다. 물론 인플레이션을 적용하면 됩니다. inflation 함수는 행렬 내 값 사이의 차이를 과장하면서도 열 합이 1이 되도록 유지합니다. 따라서 전이 행렬 M을 inflation(flow_matrix)로 갱신하여 기관의 의사 결정이 미치는 영향을 모델링할 것입니다.

하지만 이야기는 여기에서 끝나지 않았습니다. 전이 행렬을 변경함으로써 그래프 내 흐름도 변화시킵니다. 흐름은 M @ M과 같으며, 여기에서 M은 인플레이션 후 흐름 행렬을 나타냅니다. 물론 이러한 변화는 지역 자원 할당에도 영향을 미칩니다. 새로운 도로 건설 및 노후화 과정이 반복되면 전이 확률은 inflate(M @ M)과 같아집니다. 따라서 반복적인 도로 공사의 영향을 M = inflate(M @ M)으로 모델링할 수 있습니다. 현재 코드에서 M은 flow_matrix로 설정되어 있다는 점에 유의합니다. 즉, flow_matrix = inflate(flow_matrix @ flow_matrix)를 계산하면 인기가 많은 도로는 더욱 강화되고, 그렇지 않은 도로는 점차 쇠퇴합니다(그림 19-11).

▼ 그림 19-11 인플레이션으로 도로 그래프의 변화를 모델링합니다. 밀접하게 연결된 마을 사이의 도로는 강화됩니다. 한편 교통량이 적은 도로로 자원이 이동하여 해당 도로가 쇠퇴하게 됩니다. 결국 그래프의 커뮤니티 내에 있는 도로만 남습니다

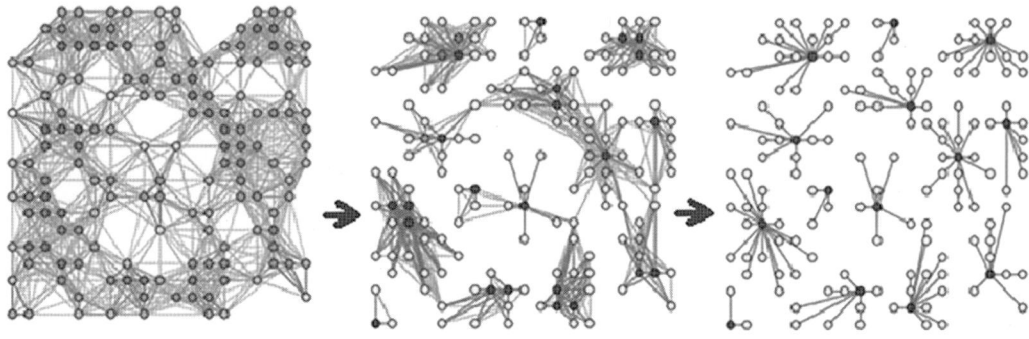

이러한 반복적인 피드백 루프는 예상치 못한 결과를 초래합니다. 매년 지역 간 도로는 점점 더 악화되고 있습니다. 그 결과 더 많은 운전자가 지역 경계 내에 머뭅니다. 지역 내부 도로에 더 많은 리소스가 할당되고 지역 간 도로는 지원이 줄어들어 더욱 많이 무너집니다. 결국에는 지역 간 도로가 무너져 더 이상 지역 간 이동이 불가능해지는 악순환이 반복됩니다. 각 개별 지역은 이웃과 완전히 단절되어 고립된 섬처럼 될 것입니다. 이러한 고립 때문에 교통은 매우 불편하지만, 커뮤니티 감지 프로세스는 크게 간소화됩니다. 고립된 마을 클러스터는 다른 클러스터와 경계가 없기 때문에 쉽게 감지할 수 있습니다. 따라서 도로의 구축과 붕괴에 대한 우리 모델은 네트워크 클러스터링 알고리즘, 즉 마르코프 클러스터링이라고도 하는 **마르코프 클러스터 알고리즘**(MCL)의 기초가 됩니다.

MCL은 inflate(flow_matrix @ flow_matrix)를 여러 차례 반복 실행하며, 반복할 때마다 지역 간 흐름은 점점 작아지다가 결국 0이 됩니다. 반면 지역 내 흐름은 양수 값을 유지합니다. 이 이진 차이를 이용하여 긴밀하게 연결된 지역을 식별할 수 있습니다. 다음 코드는 flow_matrix = inflate(flow_matrix @ flow_matrix)를 20번 반복해서 실행하여 MCL을 실행한 경우를 보여 줍니다.

코드 19-30 flow_matrix 스스로에 대한 곱에 인플레이션을 적용한 것을 반복하기

```
for _ in range(20):
    flow_matrix = inflate(flow_matrix @ flow_matrix)
```

논의에 따르면 그래프 G의 특정 에지는 이제 0의 흐름을 가져야 합니다. 이러한 가장자리는 서로 다른 지역을 연결할 것이라고 예상할 수 있습니다. 지역 간 에지로 의심되는 에지를 분리해 보겠습니다. G.edges() 메서드를 호출하여 모든 에지(i, j)를 반복합니다. 그런 다음 흐름이 없는 각 에지(i, j)를 추적하고 추적된 모든 에지를 suspected_inter_county 리스트에 정렬합니다.

코드 19-31 지역 간 의심되는 에지 선택하기

```
suspected_inter_county = [(i, j) for (i, j) in G.edges()
                          if not (flow_matrix[i][j] or flow_matrix[j][i])]
num_suspected = len(suspected_inter_county)
print(f"우리는 지역 간 {num_suspected}개의 에지가 나타날 것으로 의심합니다")
```

> ▶ 실행결과

우리는 지역 간 57개의 에지가 나타날 것으로 의심합니다

에지 57개에는 흐름이 없습니다. 이러한 에지는 서로 다른 지역 사이의 마을을 연결하는 것으로 의심됩니다. 그래프에서 의심되는 에지를 삭제하면 지역 간 연결이 모두 끊어지므로 에지를 삭제한 뒤 그래프를 시각화하면 그룹화된 지역만 남아 있어야 합니다. 그래프 복사본에서 의심되는 에지를 삭제해서 확인해 보겠습니다(그림 19-12). NetworkX의 remove_edges_from 메서드로 suspected_inter_county 목록의 모든 에지를 삭제합니다.

코드 19-32 의심되는 지역 간 에지 제거하기

```
np.random.seed(1)
G_copy = G.copy()
G_copy.remove_edges_from(suspected_inter_county)
nx.draw(G_copy, with_labels=True, node_color=node_colors)
plt.show()
```

> ▶ 실행결과

Running G.copy() returns a copied version of graph G. We can delete the edges in the copy while preserving edges in the original graph:

▼ **그림 19-12** 지역 간 에지를 모두 삭제한 뒤 마을 네트워크로 모든 지역이 서로 완전히 격리되었습니다. 지역 6곳 중 4곳은 완전히 보존되었지만 나머지 2곳은 더 이상 연결되지 않습니다

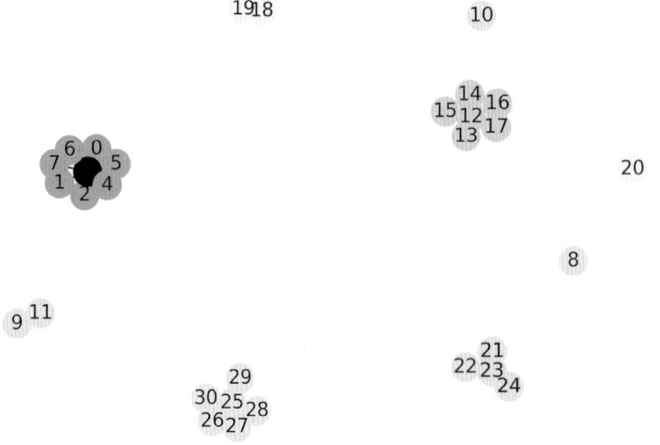

모든 지역 간 경계가 제거되었습니다. 안타깝게도 몇 개의 주요 지역 내 가장자리도 삭제되었습니다. 마을 8, 마을 10, 마을 20은 더 이상 다른 마을과 연결되지 않습니다. 우리 알고리즘이 너무 공격적으로 작동했습니다. 왜 이런 현상이 발생했을까요? 이 문제는 여행자가 이웃 마을로 이동할 수 있다고 가정하지만, 여행자가 현재 위치에 머물러 있는 것을 허용하지 않는 모델의 사소한 오류 때문입니다. 이는 예상하지 못한 결과를 초래합니다.

간단한 노드 2 네트워크를 예로 들어 설명하겠습니다. 하나의 도로가 마을 A와 마을 B를 연결한다고 가정해 보겠습니다. 현재 모델에서 마을 A의 운전자는 마을 B로 이동하는 것 외에는 선택의 여지가 없습니다. 하지만

운전자는 머물러 있을 수 없으므로 차를 돌려 마을 A로 돌아가야 합니다. 두 마을이 연결되어 있더라도 두 마을 사이에는 정거장 경로가 없습니다. 결과적으로 두 마을 사이의 흐름은 0이 되고, 두 마을을 연결하는 도로는 사라집니다. 물론 이 상황은 말도 안 되므로 운전자에게 B 마을에 남을 수 있는 옵션을 제공해야 합니다. 어떻게 해야 할까요? 한 가지 해결책은 마을 B에서 마을 자체에 에지를 추가하는 것입니다. 이 에지는 현재 목적지로 되돌아가는 순환 도로와 같습니다(그림 19-13). 즉, 에지는 셀프 루프입니다. 그래프에 자체 루프를 추가하면 예기치 않은 모델 동작을 제한할 수 있습니다. 코드 19-33은 간단한 두 노드 인접 행렬에서 셀프 루프가 미치는 영향을 보여 줍니다.

▼ 그림 19-13 마을 A와 마을 B 사이의 가능한 이동 경로를 나타내는 그래프
각 노드에 있는 순환 자체 루프는 여행자가 이웃 마을로 이동하지 않고 제자리에 머물 수 있도록 합니다. 이러한 루프가 없으면 여행자는 마을 A에서 마을 B로 이동했다가 다시 돌아오는 논스톱 여행을 해야 합니다. 이렇게 되면 마을 간 흐름은 0이 됩니다

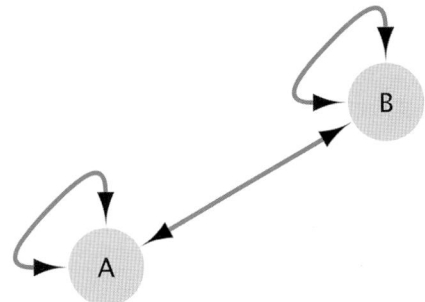

코드 19-33 셀프 루프를 추가하여 흐름 개선하기

```
def compute_flow(adjacency_matrix):
    transaction_matrix = adjacency_matrix / adjacency_matrix.sum(axis=0)
    return (transaction_matrix @ transaction_matrix)[1][0]

M1 = np.array([[0, 1], [1, 0]])
M2 = np.array([[1, 1], [1, 1]])
flow1, flow2 = [compute_flow(M) for M in [M1, M2]]

print(f"셀프 루프가 없을 때 A에서 B로의 흐름은 {flow1}"입니다)
print(f"셀프 루프가 있을 때 A에서 B로의 흐름은 {flow2}"입니다))
```

▶ 실행결과

셀프 루프가 없을 때 A에서 B로의 흐름은 0.0입니다
셀프 루프가 있을 때 A에서 B로의 흐름은 0.5입니다

그래프 G에 자체 루프를 추가하면 부적절한 에지 삭제를 제한할 수 있습니다. G.nodes의 모든 i에 대해 G.add_edge(i, i)를 실행하여 루프를 추가할 수 있습니다. 이를 염두에 두고 이제 다음 단계를 수행하여 입력된 그래프에서 MCL을 실행하는 run_mcl 함수를 정의해 보겠습니다.

1. 그래프의 각 노드에 셀프 루프를 추가합니다.
2. 인접 행렬을 열의 합으로 나누어 그래프 전이 행렬을 계산합니다.

3. transition_matrix @ transition_matrix에서 흐름 행렬을 계산합니다.
4. 20번 반복하는 동안 flow_matrix를 inflate(flow_matrix @ flow_matrix)와 동일하게 설정합니다.
5. 그래프에서 흐름이 없는 모든 에지를 삭제합니다.

run_mcl을 정의한 후 그래프 G의 복사본에서 함수를 실행합니다. 플롯된 출력은 모든 관련 지역 내 에지를 유지하면서 커뮤니티 간 모든 에지도 삭제해야 합니다(그림 19-14).

▼ 그림 19-14 지역 간 에지를 모두 삭제하기 위해 MCL을 사용한 뒤의 마을 네트워크로 모든 지역이 서로 완전히 격리되었습니다. 각 지역 내 내부 연결도 완전히 보존되었습니다

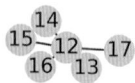
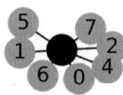

코드 19-34 MCL 함수 정의하기

```python
def run_mcl(G):
    for i in G.nodes:
        G.add_edge(i, i)   ----- 그래프의 각 노드에 스스로 연결되는 자기 루프를 추가합니다.

    adjacency_matrix = nx.to_numpy_array(G)
    transition_matrix = adjacency_matrix / adjacency_matrix.sum(axis=0)
    flow_matrix = inflate(transition_matrix @ transition_matrix)

    for _ in range(20):
        flow_matrix = inflate(flow_matrix @ flow_matrix)

    G.remove_edges_from([(i, j) for i, j in G.edges()
                         if not (flow_matrix[i][j] or flow_matrix[j][i])])

G_copy = G.copy()
run_mcl(G_copy)
nx.draw(G_copy, with_labels=True, node_color=node_colors)
plt.show()
```

그래프는 외딴 지역 6곳으로 완벽하게 그룹화되어 있습니다. 각 지역의 마을은 외부 세계에서 고립된 채로 서로 접근할 수 있습니다. 그래프 이론에서는 이러한 고립된 클러스터를 **연결된 구성 요소**(connected component)라고 하며, 두 노드 사이에 경로가 있다면 두 노드는 동일한 연결된 구성 요소에 속합니다. 그렇지 않으면 노드는 서로 다른 구성 요소(서로 다른 커뮤니티)에 위치합니다. 노드의 전체 구성 요소를 구하는 것은 해당 노드에서 nx.shortest_path_length를 실행하는 것으로 충분합니다. 최단 경로 길이 알고리즘은 그룹화된 커뮤니티 내 접근 가능한 노드만 반환합니다. 다음 코드는 nx.shortest_path_length로 마을 0에서 접근 가능한 모든 마을을 계산한 결과로, 이러한 모든 마을이 동일 지역 ID를 공유하는지 확인합니다.

코드 19-35 경로 길이로 지역 클러스터 발견하기

```
component = nx.shortest_path_length(G_copy, source=0).keys()
county_id = G.nodes[0]['county_id']
for i in component:
    assert G.nodes[i]['county_id'] == county_id

print(f"지역 {county_id}에서 발견된 마을은 다음과 같습니다")
print(sorted(component))
```

▶ 실행결과

```
지역 0에서 발견된 마을은 다음과 같습니다
[0, 1, 2, 3, 4, 5, 6, 7]
```

최단 경로 길이 알고리즘을 약간 수정하면 그래프의 연결된 구성 요소를 추출할 수 있습니다. 그 내용은 이 책에서는 다루지 않지만, 직접 해 보길 권장합니다. 이 수정된 알고리즘은 G에 연결된 모든 컴포넌트에 대한 반복자를 반환하는 nx.connected_components(G)로 NetworkX에 통합될 수 있습니다. 연결된 각 구성 요소는 노드 ID의 set으로 저장됩니다. 이 함수를 활용하여 모든 지역 그룹을 출력해 보겠습니다.

코드 19-36 클러스터된 모든 연결된 컴포넌트 추출하기

```
for component in nx.connected_components(G_copy):
    county_id = G.nodes[list(component)[0]]['county_id']
    print(f"지역 {county_id}에서 발견된 마을은 다음과 같습니다")
    print(component)
```

▶ 실행결과

```
지역 0에서 발견된 마을은 다음과 같습니다
{0, 1, 2, 3, 4, 5, 6, 7}

지역 1에서 발견된 마을은 다음과 같습니다
{8, 9, 10, 11}

지역 2에서 발견된 마을은 다음과 같습니다
{12, 13, 14, 15, 16, 17}

지역 3에서 발견된 마을은 다음과 같습니다
{18, 19, 20}
```

지역 4에서 발견된 마을은 다음과 같습니다
{24, 21, 22, 23}

지역 5에서 발견된 마을은 다음과 같습니다
{25, 26, 27, 28, 29, 30}

> **노트** 일반적인 네트워크 행렬 계산
> - `adjaceny_matrix = nx.to_numpy_array(G)`: 그래프의 인접도 행렬을 반환합니다.
> - `degrees = adjaceny_matrix.sum(axis=0)`: 접근성 행렬로 디그리 벡터를 계산합니다.
> - `transition_matrix = adjacency_matrix/degree`: 그래프의 전이 행렬을 계산합니다.
> - `stop_1_probabilities = transition_matrix @ v`: 각 노드에서 첫 번째 정차할 확률을 계산합니다. 여기에서는 v가 동일한 시작 확률의 벡터라고 가정합니다.
> - `stop_2_probabilities = transition_matrix @ stop_1_probabilities`: 각 노드에서 두 번째 정차할 확률을 계산합니다.
> - `transition_matrix @ stop_n_probabilities`: 각 노드에서 N + 1 정지를 할 확률을 반환합니다.
> - `flow_matrix = transition_matrix @ transition_matrix`: 두 정거장에서 i와 j 사이를 전환할 확률 행렬을 계산합니다.
> - `(flow_matrix**2) / (flow_matrix**2).sum(axis=0)`: 흐름 행렬의 흐름을 인플레이션합니다.

우리는 아주 적은 코드로 그래프에서 커뮤니티를 성공적으로 발견했습니다. 안타깝게도 우리가 구현한 MCL은 매우 큰 규모의 네트워크에는 확장되지 않았습니다. 성공적으로 확장하려면 추가적인 최적화가 필요하며, 이러한 최적화는 외부 마르코프 클러스터링 라이브러리에 통합되어 있습니다. 이 라이브러리를 설치하고 설치된 마르코프 클러스터링 모듈에서 get_clusters와 run_mcl이라는 두 가지 함수를 가져와 보겠습니다.

> **노트** 명령줄에서 `pip install markov_clustering`을 호출하여 마르코프 클러스터링 라이브러리를 설치합니다.

코드 19-37 마르코프 클러스터링 라이브러리에서 가져오기

```python
from markov_clustering import get_clusters, run_mcl
```

인접 행렬 M이 주어지면 `get_clusters(run_mcl(M))`을 실행하여 마르코프 클러스터링을 효율적으로 수행할 수 있습니다. 중첩된 함수 호출은 클러스터 목록을 반환합니다. 클러스터의 각 요소는 클러스터된 커뮤니티를 형성하는 노드의 튜플과 같습니다. 원본 그래프 G에서 이 클러스터링을 수행해 보겠습니다. 출력된 클러스터는 G_copy의 연결된 구성 요소와 일관성을 유지해야 합니다.

코드 19-38 마르코프 클러스터링 라이브러리를 사용하여 클러스터링하기

```python
adjacency_matrix = nx.to_numpy_array(G)
clusters = get_clusters(run_mcl(adjacency_matrix))

for cluster in clusters:
    county_id = G.nodes[cluster[0]]['county_id']
    print(f"지역 {county_id}에서 발견된 마을은 다음과 같습니다")
    print(cluster)
```

> ▶ 실행결과

```
지역 0에서 발견된 마을은 다음과 같습니다
(0, 1, 2, 3, 4, 5, 6, 7)

지역 1에서 발견된 마을은 다음과 같습니다
(8, 9, 10, 11)

지역 2에서 발견된 마을은 다음과 같습니다
(12, 13, 14, 15, 16, 17)

지역 3에서 발견된 마을은 다음과 같습니다
(18, 19, 20)

지역 4에서 발견된 마을은 다음과 같습니다
(21, 22, 23, 24)

지역 5에서 발견된 마을은 다음과 같습니다
(25, 26, 27, 28, 29, 30)
```

마르코프 클러스터링을 사용하면 커뮤니티 구조 그래프에서 커뮤니티를 감지할 수 있습니다. 이는 소셜 네트워크에서 친구 그룹을 검색할 때 유용합니다.

19.4 소셜 네트워크에서 친구 그룹 찾기

우리는 사람 간의 관계를 포함해서 많은 프로세스를 네트워크로 표현할 수 있습니다. 이러한 소셜 네트워크에서 노드는 개별 사람을 나타냅니다. 두 사람이 어떤 식으로든 사회적으로 상호 작용하는 경우 두 사람 사이에는 에지가 있습니다. 가령 두 사람이 친구라면 에지를 통해 연결할 수 있습니다.

다양한 유형의 소셜 네트워크가 가능합니다. 일부 네트워크는 디지털 네트워크입니다. 가령 프렌드훅의 서비스는 웹 인맥을 중심으로 구성되어 있습니다. 하지만 소셜 네트워크는 소셜 미디어가 등장하기 이전부터 수십 년 동안 연구되어 왔습니다. 가장 많이 연구된 소셜 네트워크 중 하나는 1970년대에 시작되었습니다. 웨인 재커리라는 과학자가 대학교 가라테 클럽의 사회적 구조를 기반으로 만든 '재커리의 가라테 클럽'이 그 시초입니다. 재커리는 3년 동안 클럽 회원 34명의 우정을 추적했습니다. 클럽 밖에서 자주 만나는 친구들을 추적하기 위해 에지를 할당했습니다. 3년 후 예상치 못한 일이 발생했습니다. Hi 씨라는 가라테 강사가 자신의 새로운 클럽을 시작하려고 이 클럽을 떠났는데, 이 가라테 클럽의 절반이 그와 함께 떠난 것입니다. 놀랍게도 이탈한 회원의 대부분은 네트워크 구조로만 파악할 수 있었습니다.

이제 재커리 실험을 반복해 보겠습니다. 먼저 NetworkX를 통해 제공되는 그의 유명한 가라테 네트워크를 로드합니다. nx.karate_club_graph()를 호출하면 해당 그래프가 반환됩니다. 다음 코드는 그래프 노드를 속성과 함께 출력합니다. 참고로 G.nodes(data=True)를 호출하면 속성이 있는 노드를 출력할 수 있습니다.

코드 19-39 가라테 클럽 그래프 로드하기

```
G_karate = nx.karate_club_graph()
print(G_karate.nodes(data=True))
```

▶ 실행결과

```
[(0, {'club': 'Mr. Hi'}), (1, {'club': 'Mr. Hi'}), (2, {'club': 'Mr. Hi'}), (3, {'club': 'Mr. Hi'}), (4, {'club': 'Mr. Hi'}), (5, {'club': 'Mr. Hi'}), (6, {'club': 'Mr. Hi'}), (7, {'club': 'Mr. Hi'}), (8, {'club': 'Mr. Hi'}), (9, {'club': 'Officer'}), (10, {'club': 'Mr. Hi'}), (11, {'club': 'Mr. Hi'}), (12, {'club': 'Mr. Hi'}), (13, {'club': 'Mr. Hi'}), (14, {'club': 'Officer'}), (15, {'club': 'Officer'}), (16, {'club': 'Mr. Hi'}), (17, {'club': 'Mr. Hi'}), (18, {'club': 'Officer'}), (19, {'club': 'Mr. Hi'}), (20, {'club': 'Officer'}), (21, {'club': 'Mr. Hi'}), (22, {'club': 'Officer'}), (23, {'club': 'Officer'}), (24, {'club': 'Officer'}), (25, {'club': 'Officer'}), (26, {'club': 'Officer'}), (27, {'club': 'Officer'}), (28, {'club': 'Officer'}), (29, {'club': 'Officer'}), (30, {'club': 'Officer'}), (31, {'club': 'Officer'}), (32, {'club': 'Officer'}), (33, {'club': 'Officer'})]
```

우리 노드는 34명을 추적합니다. 각 노드에는 해당 사람이 Hi 씨의 새 클럽에 가입한 경우 Hi 씨로, 그렇지 않은 경우 임원으로 설정된 클럽 속성이 있습니다. 네트워크를 시각화해 보겠습니다. 클럽 속성 유형에 따라 각 노드 색상을 지정합니다(그림 19-15).

코드 19-40 가라테 클럽 그래프 시각화하기

```
np.random.seed(2)
club_to_color = {'Mr. Hi': 'k', 'Officer': 'b'}
node_colors = [club_to_color[G_karate.nodes[i]['club']] for i in G_karate]

nx.draw(G_karate, node_color=node_colors)
plt.show()
```

▼ 그림 19-15 시각화된 가라테 클럽 그래프로 노드 색상은 클럽의 분열에 해당합니다. 이 색상은 그래프의 커뮤니티 구조와 겹칩니다

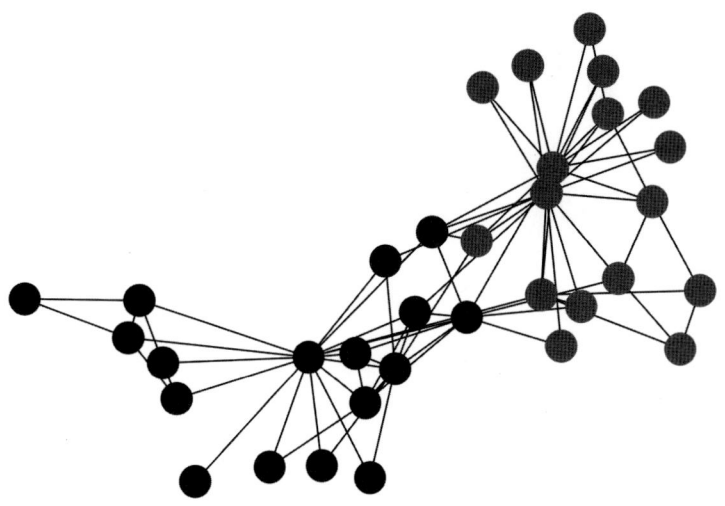

가라테 클럽 그래프는 명확한 커뮤니티 구조를 보입니다. 놀라운 일은 아닙니다. 감지 가능한 커뮤니티가 포함된 것은 소셜 네트워크에서는 흔한 일이기 때문이죠. 이 경우 커뮤니티는 클럽의 분열과 관련이 있습니다. 그래프 왼쪽에 있는 검은색 그룹은 Hi 씨와 합류하기 위해 떠난 클럽 회원을 나타내고, 오른쪽 그룹은 남은 학생들을 나타냅니다. 이 그룹은 여러 해에 걸쳐 형성된 친구 그룹을 나타냅니다. 분열이 일어났을 때 대부분의 회원은 자신이 선호하는 친구 그룹을 따라갔을 뿐입니다.

이러한 친구 그룹을 자동으로 추출할 수 있을까요? MCL를 시도해 볼 수 있겠죠. 먼저 그래프의 인접 행렬에서 알고리즘을 실행하고 결과 그룹을 모두 출력합니다.

코드 19-41 가라테 클럽 그래프 클러스터링하기

```
adjacency_matrix = nx.to_numpy_array(G_karate)
clusters = get_clusters(run_mcl(adjacency_matrix))
for i, cluster in enumerate(clusters):
    print(f"그룹 {i}:\n{cluster}\n")
```

▶ 실행결과

```
그룹 0:
(0, 1, 3, 4, 5, 6, 7, 10, 11, 12, 13, 16, 17, 19, 21)

그룹 1:
(2, 8, 9, 14, 15, 18, 20, 22, 23, 24, 25, 26, 27, 28, 29, 30, 31, 32, 33)
```

예상대로 두 그룹이 출력되었습니다. 이제 그룹 ID를 기준으로 각 노드에 색상을 지정한 뒤 그래프를 다시 그려 봅니다(그림 19-16).

▼ 그림 19-16 시각화된 가라테 클럽 그래프로 노드 색상은 커뮤니티 그룹에 해당합니다. 이 색상은 클럽의 최종 분열과 겹칩니다

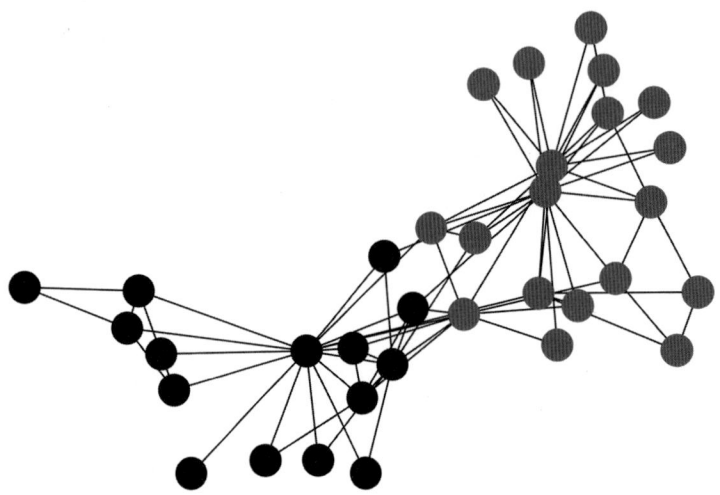

코드 19-42 클러스터를 기준으로 그래프 색상 지정하기

```
np.random.seed(2)
cluster_0, cluster_1 = clusters
node_colors = ['k' if i in cluster_0 else 'b' for i in G_karate.nodes]
nx.draw(G_karate, node_color=node_colors)
plt.show()
```

우리 클러스터는 두 분할된 클럽과 거의 동일합니다. MCL은 소셜 네트워크에서 친구 그룹을 추출할 수 있으므로 이 알고리즘은 사례 탐구 솔루션을 알아볼 때 유용하게 사용될 것입니다. 사례 탐구에서는 디지털 소셜 네트워크를 분석하라는 요청을 받았습니다. 기존 친구 그룹을 추출하는 것은 이 분석에 매우 유용할 수 있습니다. 물론 대규모 네트워크에서는 그룹이 두 개가 아니라 수십 개 또는 수백 개 있을 수 있습니다. 또 이러한 그룹을 그래프로 시각화해야 할 수도 있습니다. 그룹 수십 개의 색상을 수동으로 할당하는 것은 지루한 작업이므로 이를 자동화할 방법이 있다면 좋을 것입니다. NetworkX에서는 다음과 같이 자동으로 색상을 할당할 수 있습니다.

1. cluster_id를 추가하여 각 노드와 해당 클러스터 ID 간의 매핑을 생성합니다. 속성을 각 노드에 추가합니다.

2. node_colors의 각 요소를 색상이 아닌 클러스터 ID와 같도록 설정합니다. 이 작업은 [G.nodes[n]['cluster_id'] for n in G.nodes]를 실행하면 됩니다. 여기에서 G는 클러스터링된 소셜 그래프입니다.

3. 숫자 node_colors 목록과 함께 cmap=plt.cm.tab20을 nx.draw에 입력합니다. cmap 매개변수는 각 클러스터 ID에 색상 매핑을 할당합니다. plt.cm.tab20은 해당 매핑을 생성하는 데 사용되는 색상 팔레트를 나타내며, 앞서 색상 팔레트 매핑으로 히트맵 플롯을 생성했습니다(자세한 내용은 8장 참고).

다음 단계를 실행하여 클러스터에 자동으로 색상을 지정해 보겠습니다(그림 19-17).

코드 19-43 소셜 그래프 클러스터 자동 색칠하기

```
np.random.seed(2)
for cluster_id, node_indices in enumerate(clusters):
    for i in node_indices:
        G_karate.nodes[i]['cluster_id'] = cluster_id    ····· 모든 노드에 그룹 ID를 할당합니다.

node_colors = [G_karate.nodes[n]['cluster_id'] for n in G_karate.nodes]    ····· 수치형 그룹 ID에 노드
                                                                                색상을 매핑합니다.
nx.draw(G_karate, node_color=node_colors, cmap=plt.cm.tab20)   ····· 각 그룹 ID에 색상을 매핑하기 위해
plt.show()                                                           plt.cm.tab20이라는 색상 팔레트를
                                                                     사용합니다.
```

▼ 그림 19-17 시각화된 가라테 클럽 그래프로 노드 색상은 커뮤니티 그룹에 해당합니다. 이 색상은 자동화된 방식으로 생성되었습니다

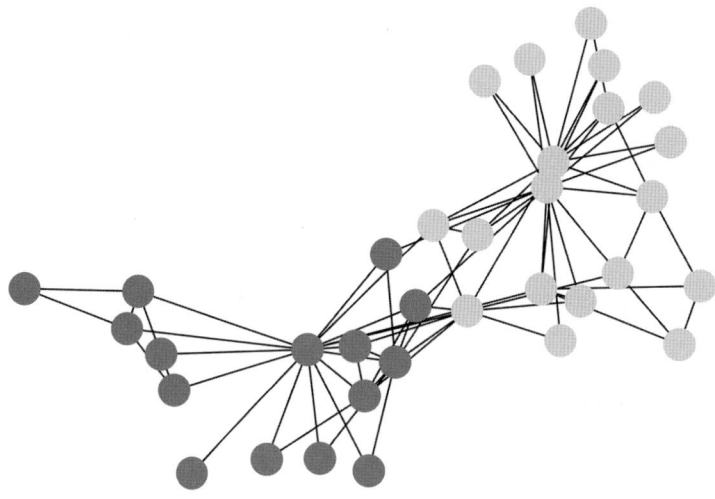

지금까지 그래프 이론에 대한 심층 분석을 마쳤습니다. 다음 장에서는 새로 알게 된 지식으로 간단한 그래프 기반 예측 알고리즘을 도출해 보겠습니다.

19.5 요약

- 비방향성 그래프에서 노드의 에지 개수를 간단히 노드의 디그리라고 합니다. 그래프 인접 행렬의 열을 합산하여 모든 노드의 디그리를 계산할 수 있습니다.
- 그래프 이론에서는 노드의 중요도를 측정하는 모든 척도를 일반적으로 노드의 중심도라고 합니다.
- 때때로 중심도는 노드의 영향력을 측정하는 데 부적절할 수 있습니다. 중심도는 네트워크에서 임의의 트래픽 시뮬레이션으로 더욱 잘 도출될 수 있습니다. 트래픽은 특정 노드에 임의로 연결될 확률로 변환할 수 있습니다.

- 트래픽 확률은 그래프의 전이 행렬에서 직접 계산할 수 있습니다. 전이 행렬은 노드 i에서 노드 j로 임의로 이동할 가능성을 추적합니다. 전이 행렬과 확률 벡터의 곱을 반복하면 최종 종점 가능성 벡터가 생성됩니다. 가능성이 높을수록 더 많은 중심 노드와 상관관계를 보입니다. 이 중심성 측정값을 페이지랭크 중심성이라고 하며, 수학적으로는 전이 행렬의 고유 벡터와 같습니다.
- 특정 그래프를 시각화하면 밀접하게 연결된 그룹을 볼 수 있습니다. 이러한 노드 그룹을 커뮤니티라고 합니다. 커뮤니티가 명확히 드러나는 그래프를 커뮤니티 구조를 띤 그래프라고 합니다. 그래프에서 커뮤니티를 발견하는 과정을 커뮤니티 탐지라고 합니다.
- 마르코프 클러스터 알고리즘(MCL)으로 커뮤니티를 감지할 수 있습니다. 이 알고리즘을 사용하려면 멀티 스톱 전이 확률인 확률적 흐름을 계산해야 합니다. 전이 행렬 스스로를 곱하면 흐름 행렬이 생성됩니다. 낮은 흐름 값은 커뮤니티 간 에지에 해당할 가능성이 높습니다. 낮은 흐름 값과 높은 흐름 값 사이의 차이는 인플레이션으로 더욱 과장될 수 있습니다. 행렬 곱셈과 인플레이션을 반복하면 커뮤니티 간 흐름이 0으로 떨어집니다. 그다음 흐름이 0인 에지를 삭제하면 그래프의 커뮤니티가 완전히 격리됩니다. 이렇게 분리된 구성 요소는 최단 경로 길이 알고리즘의 변형으로 식별할 수 있습니다.
- 소셜 네트워크에서 에지는 사람 간 관계를 나타냅니다. 소셜 네트워크는 일반적으로 커뮤니티 구조를 포함하므로 MCL로 친구 그룹을 감지할 수 있습니다.

20장

네트워크 기반 지도 학습

이 장에서 다루는 내용

- 지도 학습의 분류 모델 사용하기
- 유사도를 기반으로 간단한 예측 수행하기
- 예측의 품질 평가를 위한 지표 알아보기
- 사이킷런이 제공하는 지도 학습 방법 알아보기

사람은 실제 관측으로 학습할 수 있습니다. 어떤 면에서는 기계도 똑같이 할 수 있습니다. 선별된 경험을 통해 컴퓨터가 세상을 은유적으로 이해하도록 가르치는 것을 지도 학습이라고 합니다. 최근 몇 년 동안 슈퍼비전 머신러닝은 컴퓨터가 주가를 예측하고 질병을 진단하고, 심지어 자동차를 운전하도록 학습하는 등 뉴스에도 자주 등장했습니다. 이러한 발전은 당연히 최첨단 혁신을 예고했습니다. 하지만 어떤 면에서 이러한 혁신의 기반이 되는 알고리즘은 그리 새롭지 않습니다. 기존 머신러닝 기법의 변형은 수십 년 전부터 있었지만, 제한된 컴퓨팅 성능 때문에 이러한 기법을 적절히 적용할 수 없었습니다. 이제야 컴퓨팅 성능이 이를 따라잡았습니다. 마침내 수년 전에 심은 아이디어가 중요한 기술 발전의 결실을 맺고 있습니다.

이 장에서는 가장 오래되고 간단한 지도 학습 기술 중 하나를 살펴봅니다. K-최근접 이웃이라고 하는 이 알고리즘은 1951년 미 공군에서 처음 개발했습니다. 이 알고리즘은 네트워크 이론에 뿌리를 두고 있으며, 중세 학자 알하젠의 발견으로 거슬러 올라갑니다. 오래된 알고리즘임에도 이 알고리즘의 사용법은 최신 기술과 많은 공통점이 있습니다. 따라서 우리가 얻을 수 있는 인사이트는 지도 머신러닝의 더 넓은 분야로 이전될 수 있습니다.

20.1 지도 학습의 기본 사항

지도 학습은 사람이 직접 수행해야 하는 특정 작업을 자동화하는 데 사용됩니다. 기계는 사람이 작업을 수행하는 것을 관찰한 뒤 관찰된 행동을 복제하는 방법을 학습합니다. 14장에서 소개한 꽃 데이터셋을 사용하여 이 학습을 설명하겠습니다. 참고로 이 데이터셋은 다음 그림에 표시된 세 가지 다른 종류의 붓꽃을 나타냅니다. 시각적으로 붓꽃들은 서로 비슷해 보이지만, 식물학자는 잎의 길이와 너비에 따른 미묘한 차이로 종을 구분합니다. 이러한 유형의 전문 지식은 반드시 학습되어야 하며, 훈련 없이는 종을 구분할 수 없습니다.

▼ 그림 20-1 세 종류의 붓꽃: Setosa(세토사), Versicolor(버시컬러), Virginica(버지니카)
이 종들은 모두 비슷하게 생겼습니다. 잎의 미묘한 차이를 활용하여 종을 구분할 수 있지만 다른 종을 적절하게 식별하려면 훈련이 필요합니다

Iris Setosa   Iris Versicolor   Iris Virginica

식물학 교수가 지역 목초지에 대한 생태 분석을 수행한다고 가정해 보겠습니다. 목초지에는 붓꽃이 무성하게 자라고 있는데, 교수는 붓꽃 종의 분포를 알고 싶어 합니다. 하지만 교수는 연구비 신청서를 작성하느라 바빠서 모든 꽃을 직접 조사할 시간이 없습니다. 교수는 조교를 고용하여 현장에서 꽃을 조사합니다. 안타깝게도

조교는 식물학자가 아닌데다 종을 구분할 수 있는 능력도 부족합니다. 대신에 조교는 모든 꽃잎의 길이와 너비를 꼼꼼하게 측정하기로 합니다. 이러한 측정값으로 모든 종을 자동으로 식별할 수 있을까요? 이 질문이 지도 학습의 핵심입니다.

기본적으로 입력된 측정값을 세 가지 (식물)종의 범주 중 하나에 매핑하는 모델을 구축하고자 합니다. 머신러닝에서는 이 입력된 측정값을 **특징**(features)이라고 하며, 출력된 카테고리를 **클래스/범주**(class)라고 합니다. 지도 학습의 목표는 특징을 기반으로 클래스를 식별할 수 있는 모델을 구축하는 것이며, 이렇게 구축된 모델을 **분류 모델**(classifier)이라고 합니다.

> **노트** 클래스는 꽃의 종류나 자동차의 종류처럼 불연속적인 범주형 변수입니다. 또는 집의 가격이나 자동차의 속도처럼 숫자 변수를 예측하는 회귀 모델도 있습니다.

머신러닝 분류 모델에는 여러 유형이 있습니다. 책 전체가 다양한 분류 모델 카테고리를 구분하는 데 할애되어 있습니다. 하지만 다양성이 있음에도 대부분의 분류 모델은 구성과 구현을 하는 데 동일한 공통 단계가 필요합니다. 분류 모델을 구현하려면 다음을 수행해야 합니다.

1. 각 데이터 요소의 특징을 계산합니다. 식물학 예제에서는 모든 데이터 요소가 꽃이므로 각 꽃잎의 길이를 측정해야 합니다.
2. 도메인 전문가는 데이터 요소의 하위 셋에 레이블을 할당해야 합니다. 식물학자는 꽃의 하위 셋에서 종을 수동으로 식별할 수밖에 없습니다. 교수의 감독 없이는 분류 모델을 올바르게 구축할 수 없습니다. 지도 학습이라는 용어는 이 지도 레이블링 단계에서 파생되었습니다. 꽃의 하위 셋에 레이블을 붙이는 데 시간이 걸리지만, 분류 모델이 자동화된 예측을 하게 된다면 그 노력을 보상받을 수 있습니다.
3. 분류자에게 특징과 수동으로 레이블이 지정된 클래스의 조합을 표시합니다. 그런 다음 특징과 클래스 간 연관성을 학습하려고 시도합니다. 이 학습 단계는 분류 모델마다 다릅니다.
4. 분류자에게 이전에 접해 보지 못한 특징 셋을 표시합니다. 그런 다음 레이블이 지정된 데이터에 대한 노출을 기반으로 관련 클래스를 예측하려고 시도합니다.

분류 모델을 구축하려면 식물학자는 식별된 꽃 컬렉션에 대한 특징 셋이 필요합니다. 각 꽃에는 다음 네 가지 특징이 할당됩니다(14장 참고).

- 화려한 꽃잎의 길이
- 화려한 꽃잎의 너비
- 꽃잎을 받치고 있는 녹색 잎의 길이
- 꽃잎을 받치고 있는 녹색 잎의 너비

이러한 특징을 특징 행렬에 저장할 수 있습니다. 각 행렬 열은 네 가지 특징 중 하나에 해당하고, 각 행렬 행은 레이블이 지정된 꽃에 해당합니다. 클래스 레이블은 넘파이 배열에 저장됩니다. 이러한 배열은 텍스트가 아닌 숫자를 저장하는 것이므로 머신러닝에서 클래스 레이블은 0에서 N − 1 범위의 정수로 표시됩니다(여기에서 N은 클래스의 총 개수입니다). 홍채 예제에서는 세 가지 종을 다루고 있으므로 클래스 레이블 범위는 0~2입니다.

14장에서 살펴본 대로, 알려진 홍채 기능 및 클래스 레이블은 사이킷런의 `load_iris` 함수를 사용하여 불러올 수 있습니다. 이제 그렇게 해 보겠습니다. 기존 사이킷런 규칙에 따라 특징 행렬은 일반적으로 X라는 변수, 클래스 레이블 배열은 y라는 변수에 할당됩니다. 이 규칙에 따라 다음 코드는 `load_iris`에 `return_X_y = True`를 전달하여 홍채 X와 홍채 y를 불러옵니다.

코드 20-1 아이리스의 특징 및 범주 레이블 불러오기

```
from sklearn.datasets import load_iris
X, y = load_iris(return_X_y=True)
num_classes = len(set(y))
print(f"{y.size}개의 레이블이 달린 데이터가 있으며, 다음과 같이 "
      f"{num_classes}개의 범주를 가집니다\n{set(y)}\n")
print(f"처음 네 개의 특징 열\n{X[:4]}")
print(f"\n처음 네 개의 레이블\n{y[:4]}")
```

▶ 실행결과

```
150개의 레이블이 달린 데이터가 있으며, 다음과 같이 3개의 범주를 가집니다
{0, 1, 2}

처음 네 개의 특징 열
[[5.1 3.5 1.4 0.2]
 [4.9 3.  1.4 0.2]
 [4.7 3.2 1.3 0.2]
 [4.6 3.1 1.5 0.2]]

처음 네 개의 레이블
[0 0 0 0]
```

꽃 측정값 150개는 모두 세 가지 종의 범주 중 하나에 속하는 것으로 분류되었습니다. 이러한 레이블링은 힘든 작업입니다. 식물학자가 꽃의 1/4에만 레이블을 붙일 시간이 있다고 상상해 보세요. 그런 다음 교수는 나머지 꽃의 종류를 예측하려고 분류 모델을 구축합니다. 이 시나리오를 시뮬레이션해 봅시다. 먼저 X와 y에서 데이터 포인트의 처음 1/4을 선택합니다. 이 데이터 조각은 훈련 목적으로 사용되므로 X_train 및 y_train이라고 하며, 이러한 데이터셋을 학습용 데이터셋이라고 합니다. 학습용 데이터셋을 샘플링한 뒤 y_train 내용을 조사합니다.

코드 20-2 학습용 데이터셋 만들기

```
sampling_size = int(y.size / 4)
X_train, y_train = X[:sampling_size], y[:sampling_size]
print(f"학습용 데이터셋 레이블:\n{y_train}")
```

▶ 실행결과

```
학습용 데이터셋 레이블:
[0 0 0 0 0 0 0 0 0 0 0 0 0 0 0 0 0 0 0 0 0 0 0 0 0 0 0 0 0 0 0 0 0 0 0 0 0]
```

학습용 데이터셋에는 종 0으로 레이블이 지정된 예시만 포함되어 있으며 나머지 두 종류는 표현되지 않습니다. 대표성을 높이려면 X와 y에서 무작위로 샘플링해야 합니다. 임의 샘플링은 X와 y를 입력으로 받아 무작위로 생성된 출력을 네 개 반환하는 사이킷런의 train_test_split 함수를 사용하여 수행할 수 있습니다. 처음 출력 두 개는 학습용 데이터셋에 해당하는 X_train과 y_train입니다. 다음 두 출력은 학습용 데이터셋 외부의 기능과 클래스를 다룹니다. 이러한 출력은 훈련 후 분류 모델을 테스트하는 데 활용할 수 있으므로 일반적으로 데이터를 **테스트셋**이라고 합니다. 테스트 기능과 클래스를 각각 X_test 및 y_test로 지칭합니다. 이 장 뒷부분에서는 테스트셋으로 학습된 모델을 평가합니다.

다음 코드는 train_test_split 함수를 호출하고, 여기에 선택적 매개변수인 train_size=0.25를 전달합니다. train_size 매개변수는 전체 데이터의 25%가 학습용 데이터셋에 포함되도록 합니다. 마지막으로 레이블 세 개가 모두 제대로 표현되었는지 확인하기 위해 y_train을 출력합니다.

코드 20-3 임의 샘플링을 이용한 학습용 데이터셋 만들기

```python
from sklearn.model_selection import train_test_split
import numpy as np
np.random.seed(0)
X_train, X_test, y_train, y_test = train_test_split(X, y, train_size=0.25)
print(f"학습용 데이터셋 레이블:\n{y_train}")
```

▶ 실행결과

학습용 데이터셋 레이블:
[0 2 1 2 1 0 2 0 2 0 0 2 0 2 1 1 1 2 2 1 1 0 1 2 2 0 1 1 1 1 0 0 0 2 1 2 0]

레이블 클래스 세 개가 모두 훈련 데이터에 있습니다. 테스트셋에 있는 나머지 꽃의 클래스를 예측하기 위해 X_train과 y_train을 모두 활용하려면 어떻게 해야 할까요? 간단한 전략은 기하학적 근접성을 이용하는 것입니다. 14장에서 살펴본 것처럼 홍채 데이터셋의 특징은 다차원 공간에 플롯할 수 있습니다. 이렇게 시각화된 데이터는 공간 클러스터를 형성하며, X_test 요소는 인접한 클러스터에서 발견되는 X_train 포인트와 클래스를 공유할 가능성이 더 높습니다.

2D 공간에 X_train과 X_test를 모두 그래프로 설명해 보겠습니다(그림 20-2). 주성분 분석으로 데이터를 2차원으로 축소한 뒤 학습 셋에서 축소된 특징을 나타내고, 레이블이 지정된 클래스에 따라 각 포인트에 색상을 지정합니다.

코드 20-4 학습 및 테스트용 데이터셋 그리기

```python
import matplotlib.pyplot as plt
from sklearn.decomposition import PCA

pca_model = PCA()
transformed_data_2D = pca_model.fit_transform(X_train)

unlabeled_data = pca_model.transform(X_test)
plt.scatter(unlabeled_data[:,0], unlabeled_data[:,1],
            color='khaki', marker='^', label='test')
```

```
for label in range(3):
    data_subset = transformed_data_2D[y_train == label]
    plt.scatter(data_subset[:,0], data_subset[:,1],
                color=['r', 'k', 'b'][label], label=f'train: {label}')

plt.legend()
plt.show()
```

또 테스트셋 요소는 삼각형 마커를 사용하여 레이블이 없음을 표시합니다. 그런 다음 레이블이 지정되지 않은 포인트가 레이블이 지정된 데이터에 얼마나 근접해 있는지를 기반으로 해당 포인트의 신원을 추측합니다.

▼ 그림 20-2 2D로 나타낸 꽃 데이터 포인트
레이블이 지정된 각 꽃은 종 분류에 따라 색상이 지정됩니다. 레이블이 지정되지 않은 꽃도 플롯에 있습니다. 시각적으로 레이블이 없는 꽃은 레이블이 붙은 점과의 근접성을 기반으로 꽃의 신원을 추측할 수 있습니다

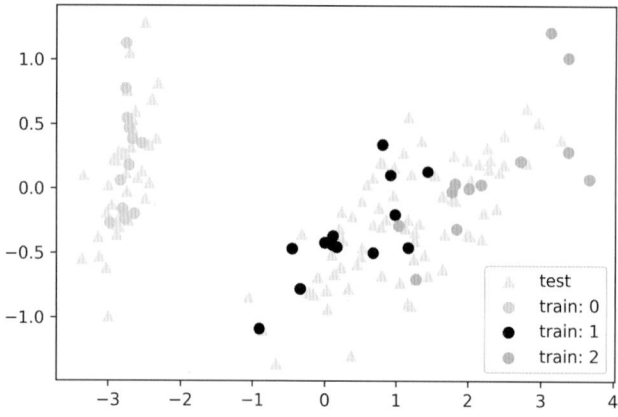

그래프의 왼쪽 부분에는 종 0 주변에 레이블이 지정되지 않은 많은 점이 모여 있습니다. 여기에는 모호함이 없습니다. 레이블이 지정되지 않은 꽃은 분명히 같은 종에 속합니다. 그래프의 다른 곳에서는 레이블이 지정되지 않은 특정 꽃이 종 1과 종 2 모두에 근접해 있습니다. 이러한 각 지점에 대해 어떤 분류군이 더 가까운지 정량화해야 합니다. 그렇게 하려면 X_test의 각 특징과 X_train의 각 특징 사이의 유클리드 거리를 추적해야 합니다. 기본적으로 거리 행렬 M이 필요하며, 여기에서 M[i][j]는 X_test[i]와 X_test[j] 사이의 유클리드 거리와 같습니다. 이러한 행렬은 사이킷런의 euclidean_distances 함수를 사용하여 쉽게 생성할 수 있습니다. euclidean_distances(X_test, X_train)을 실행하여 거리 행렬을 반환하기만 하면 됩니다.

코드 20-5 데이터 사이의 유클리드 거리 계산하기

```
from sklearn.metrics.pairwise import euclidean_distances
distance_matrix = euclidean_distances(X_test, X_train)

f_train, f_test = X_test[0], X[0]
distance = distance_matrix[0][0]
print(f"첫 테스트셋 특징은 {f_train}")
print(f"첫 학습 셋 특징은 {f_test}")
print(f"특징 사이 유클리드 거리는 {distance:.2f}")
```

▶ 실행결과

```
첫 테스트셋 특징은 [5.8 2.8 5.1 2.4]
첫 학습 셋 특징은 [5.1 3.5 1.4 0.2]
특징 사이 유클리드 거리는 4.18
```

X_test에 레이블이 지정되지 않은 지점이 주어지면 다음 전략으로 클래스를 할당할 수 있습니다.

1. 레이블이 지정되지 않은 지점까지 거리를 기준으로 학습 셋의 모든 데이터 요소를 정렬합니다.
2. 점과 가장 가까운 상위 K 이웃을 선택합니다. 지금은 임의로 K를 3으로 설정합니다.
3. 인접한 포인트 K개에서 가장 빈번하게 발생하는 클래스를 선택합니다.

기본적으로 레이블이 지정되지 않은 각 포인트가 이웃과 공통된 클래스를 공유한다고 가정합니다. 이 전략은 K-최근접 이웃(KNN) 알고리즘의 기초를 형성합니다. 무작위로 선택한 점에 대해 이 전략을 시도해 보겠습니다.

코드 20-6 최근접 이웃을 기준으로 데이터의 레이블 지정하기

```python
from collections import Counter
np.random.seed(6)
random_index = np.random.randint(y_test.size)
labeled_distances = distance_matrix[random_index]
labeled_neighbors = np.argsort(labeled_distances)[:3]
labels = y_train[labeled_neighbors]

top_label, count = Counter(labels).most_common()[0]
print(f"세 개의 최근접 이웃 ({random_index})의 "
      f"레이블은 다음과 같습니다\n{labels}")
print(f"\n{count}회로 가장 빈번하게 나타나는 레이블은 {top_label}입니다")
```

▶ 실행결과

```
세 개의 최근접 이웃 (10)의 레이블은 다음과 같습니다
[2 1 2]

2회로 가장 빈번하게 나타나는 레이블은 2입니다
```

점 10의 이웃 사이에서 가장 일반적인 클래스 레이블은 레이블 2입니다. 이것은 꽃의 실제 클래스와 어떻게 비교될까요?

코드 20-7 예측된 레이블의 실제 범주 확인하기

```python
true_label = y_test[random_index]
print(f"데이터 {random_index}의 실제 클래스는 {true_label}입니다")
```

▶ 실행결과

```
데이터 10의 실제 클래스는 2입니다
```

KNN은 포인트 10의 꽃 등급을 성공적으로 식별했습니다. 이제 우리가 해야 할 일은 레이블이 지정된 이웃을 확인하고 그중 가장 일반적인 레이블을 계산하는 것뿐입니다. 흥미롭게도 이 과정은 그래프 이론 문제로 재구성할 수 있습니다. 각 점을 노드로, 레이블을 노드 속성으로 취급한 뒤 레이블이 없는 점을 선택하고 레이블이 가장 가까운 K개의 이웃으로 에지를 확장할 수 있습니다. 이웃 그래프를 시각화하면 점을 식별할 수 있습니다.

> **노트** 이러한 유형의 그래프 구조를 K-최근접 이웃 그래프(K-NNG)라고 합니다. 이 그래프는 교통 계획을 비롯한 이미지 압축, 로봇 공학 등 다양한 분야에서 활용됩니다. 또 DBSCAN 클러스터링 알고리즘을 개선하는 데도 사용할 수 있습니다.

점 10의 이웃 그래프를 그려서 문제의 네트워크 공식을 확인해 보겠습니다(그림 20-3). 이 시각화를 위해 NetworkX를 활용합니다.

코드 20-8 NetworkX로 최근접 이웃 시각화하기

```python
import networkx as nx
np.random.seed(0)

def generate_neighbor_graph(unlabeled_index, labeled_neighbors): # 레이블이 지정되지 않은 점과 레이블이 지정된 가장 가까운 이웃 간의 연결이 포함된 NetworkX 그래프를 나타내고 반환합니다.
    G = nx.Graph()
    nodes = [(i, {'label': y_train[i]}) for i in labeled_neighbors] # 가장 가까운 이웃의 레이블을 가져옵니다.
    nodes.append((unlabeled_index, {'label': 'U'}))
    G.add_nodes_from(nodes)
    G.add_edges_from([(i, unlabeled_index) for i in labeled_neighbors])
    labels = y_train[labeled_neighbors]
    label_colors = ['pink', 'khaki', 'cyan']
    colors = [label_colors[y_train[i]] for i in labeled_neighbors] + ['k'] # 레이블을 기준으로 레이블이 지정된 이웃을 색칠합니다.
    labels = {i: G.nodes[i]['label'] for i in G.nodes}
    nx.draw(G, node_color=colors, labels=labels, with_labels=True)
    plt.show()
    return G

G = generate_neighbor_graph(random_index, labeled_neighbors)
```

▼ **그림 20-3** 레이블이 지정되지 않은 점과 레이블이 지정된 가장 가까운 세 이웃을 나타내는 NetworkX 그래프입니다. 세 이웃 중 둘은 클래스 2에 레이블이 지정되어 있습니다. 따라서 레이블이 지정되지 않은 점 역시 다수 클래스에 속한다고 가정할 수 있습니다

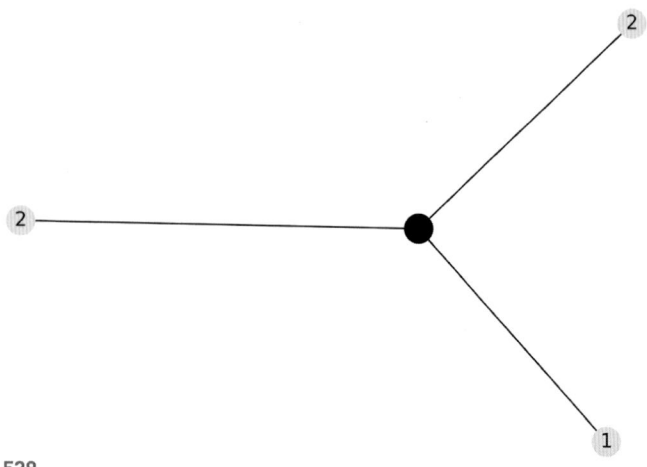

KNN은 이웃이 세 명일 때 작동합니다. 이웃을 네 명으로 늘리면 어떻게 될까요? 알아봅시다(그림 20-4).

코드 20-9 최근접 이웃 수 늘리기

```
np.random.seed(0)
labeled_neighbors = np.argsort(labeled_distances)[:4]
G = generate_neighbor_graph(random_index, labeled_neighbors)
```

▼ 그림 20-4 레이블이 지정되지 않은 점과 레이블이 지정된 가장 가까운 네 이웃을 나타내는 NetworkX 그래프입니다. 네 이웃 중 둘은 클래스 2에 레이블이 지정되어 있고 나머지 둘은 클래스 1에 속합니다. 과반수 클래스는 없으므로 레이블이 지정되지 않은 점을 식별할 수 없습니다

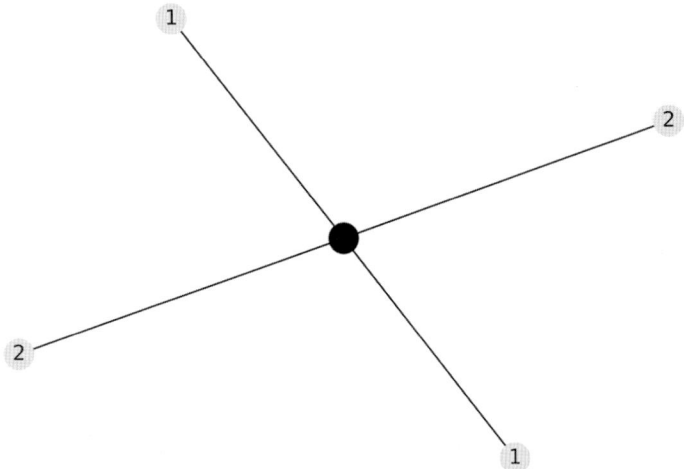

동점입니다! 어떤 레이블도 과반수를 넘지 못합니다. 결정을 내릴 수 없습니다. 어떻게 해야 하나요? 한 가지 옵션은 무작위로 동점을 깨는 것입니다. 더 나은 방법은 레이블이 붙은 지점까지 거리를 고려하는 것입니다. 포인트 10에 더 가까운 레이블이 붙은 포인트는 올바른 클래스를 공유할 가능성이 높습니다. 따라서 더 가까운 포인트에 더 많은 가중치를 부여해야 하지만 어떻게 해야 할까요?

초기 KNN 구현에서는 공정한 민주주의처럼 레이블이 붙은 각 포인트가 동등한 투표를 받았습니다. 이제 거리를 기준으로 각 투표에 가중치를 부여하고자 합니다. 한 가지 간단한 가중치 방식은 각 레이블링된 지점에 1 / 거리 표를 부여하는 것입니다. 즉, 1단위 거리에 있는 지점은 1표, 0.5단위 거리에 있는 지점은 2표, 2단위 거리에 있는 지점은 0.5표만 받게 되는 것입니다. 이 방식은 공정한 정치를 실현하지는 못하지만 알고리즘 결과는 개선할 수 있습니다.

다음 코드는 레이블이 지정된 각 포인트에 포인트 10과의 역거리와 동일한 투표량을 할당합니다. 그런 다음 레이블이 지정된 포인트가 클래스에 따라 투표하게 합니다. 집계된 투표를 활용하여 포인트 10의 선출된 클래스를 선택합니다.

코드 20-10 거리를 기준으로 이웃의 투표에 가중치 부여하기

```
from collections import defaultdict
class_to_votes = defaultdict(int)
for node in G.neighbors(random_index):
    label = G.nodes[node]['label']
```

```
        distance = distance_matrix[random_index][node]
        num_votes = 1 / distance
        print(f"레이블이 {label}인 데이터는 {distance:.2f}단위만큼 떨어져 있습니다 "
              f"{num_votes:.2f}개의 투표를 받았습니다")
        class_to_votes[label] += num_votes

print()
for class_label, votes in class_to_votes.items():
    print(f"범주 {class_label}는 {votes:.2f}번의 투표를 받았습니다")

top_class = max(class_to_votes.items(), key=lambda x: x[1])[0]
print(f"범주 {top_class}가 가장 많은 투표를 받았습니다")
```

▶ 실행결과

레이블이 2인 데이터는 0.54단위만큼 떨어져 있습니다 1.86개의 투표를 받았습니다
레이블이 1인 데이터는 0.74단위만큼 떨어져 있습니다 1.35개의 투표를 받았습니다
레이블이 2인 데이터는 0.77단위만큼 떨어져 있습니다 1.29개의 투표를 받았습니다
레이블이 1인 데이터는 0.98단위만큼 떨어져 있습니다 1.02개의 투표를 받았습니다

범주 2는 3.15번의 투표를 받았습니다
범주 1는 2.36번의 투표를 받았습니다
범주 2가 가장 많은 투표를 받았습니다

다시 한 번 포인트 10의 실제 등급으로 클래스 2를 올바르게 선택했습니다. 선택 사항인 가중치 투표는 잠재적으로 최종 예측을 개선할 수 있습니다. 물론 이러한 개선이 반드시 보장되는 것은 아니며, 가중치 투표로 결과가 악화될 수도 있습니다. 사전 설정된 K 값에 따라 가중치 투표는 예측을 개선하거나 악화시킬 수 있습니다. 다양한 매개변수에 대한 예측 성능을 테스트하기 전까지는 확실하게 알 수 없습니다. 이러한 테스트를 위해서는 성능 정확도를 측정할 수 있는 강력한 지표를 개발해야 합니다.

20.2 예측 레이블 정확도 측정하기

지금까지 무작위로 선택한 단일 지점에 대한 클래스 예측을 살펴보았습니다. 이제 X_test의 모든 포인트에 대한 예측을 분석해 보겠습니다. 이를 위해 레이블이 지정되지 않은 점의 인덱스와 1로 미리 설정한 K 값을 입력으로 받는 예측 함수를 정의합니다.

> **노트** 개선할 가치가 있는 오류를 다수 생성하려고 의도적으로 낮은 값의 K를 입력했습니다. 나중에 성능을 최적화하기 위해 여러 K 값에 걸쳐 오류를 측정합니다.

마지막 매개변수는 가중치 투표 부울이며, 이 부울은 False로 설정했습니다. 이 부울은 거리에 따라 투표를 분배할지 여부를 결정합니다.

코드 20-11 KNN 예측 매개변수화하기

```python
def predict(index, K=1, weighted_voting=False):        # K-최근접 이웃을 기반으로 행렬의 행 인덱스로 데이터의
    labeled_distances = distance_matrix[index]         # 레이블을 예측합니다. weighted_voting 값은 투표가 이웃
    labeled_neighbors = np.argsort(labeled_distances)[:K]  # 거리로 가중되는지 결정합니다.
    class_to_votes = defaultdict(int)                  # K-최근접 이웃을 구합니다.
    for neighbor in labeled_neighbors:
        label = y_train[neighbor]
        distance = distance_matrix[index][neighbor]
        num_votes = 1 / max(distance, 1e-10) if weighted_voting else 1
        class_to_votes[label] += num_votes
    return max(class_to_votes, key=lambda x: class_to_votes[x])   # 가장 많은 투표를 받은 클래스
                                                                   # 레이블을 반환합니다.

assert predict(random_index, K=3) == 2
assert predict(random_index, K=4, weighted_voting=True) == 2
```

weighted_voting이 False일 때는 모든 투표가 동일한 가중치로 계산되고, True일 때는 이웃의 거리에 따라 가중치가 부여됩니다. 이때 거꾸로 계산할 때 0으로 나누는 것을 방지하려면 주의가 필요합니다.

레이블이 지정되지 않은 모든 인덱스에 대해 예측을 실행해 보겠습니다. 일반적인 명명 규칙에 따라 예측된 클래스를 y_pred 배열에 저장합니다.

코드 20-12 레이블이 없는 모든 꽃 클래스 예측하기

```python
y_pred = np.array([predict(i) for i in range(y_test.size)])
```

예측된 클래스를 y_test의 실제 클래스와 비교하고 싶습니다. 먼저 y_pred와 y_test 배열을 모두 출력해 보겠습니다.

코드 20-13 예측된 범주와 실제 범주 비교하기

```python
print(f"예측된 범주\n{y_pred}")
print(f"\n실제 범주\n{y_test}")
```

▶ 실행결과

예측된 범주
[2 1 0 2 0 2 0 1 1 1 2 1 1 1 1 2 0 2 1 0 0 2 1 0 0 2 0 0 1 1 0 2 1 0 2 2 1 0 2 1 1 2 0 2 0 0 1 2 2 1 2
 1 2 1 1 1 1 1 1 2 1 0 2 1 1 1 2 2 0 0 2 1 0 0 1 0 2 1 0 1 2 1 0 2 2 2 2 0 0 2 2 0 2 0 2 2 0 0 2 0
 0 0 1 2 2 0 0 0 1 1 0 0 1]

실제 범주
[2 1 0 2 0 2 0 1 1 1 2 1 1 1 1 1 0 1 1 0 0 2 1 0 0 2 0 0 1 1 0 2 1 0 2 2 1 0 1 1 1 2 0 2 0 0 1 2 2 2 2
 1 2 1 1 1 2 2 2 1 2 1 0 2 1 1 1 2 2 0 0 2 1 0 0 1 0 2 1 0 1 2 1 0 2 2 2 2 0 0 2 2 0 2 0 2 2 0 0 2 0
 0 0 1 2 2 0 0 0 1 1 0 0 1]

출력된 배열 두 개를 비교하기 어렵습니다. 배열을 클래스 개수에 해당하는 행 세 개와 열 세 개를 포함하는 단일 행렬 M으로 집계하면 더 쉽게 비교할 수 있습니다. 행은 예측된 클래스를, 열은 실제 클래스 신원을 추적합

니다. 각 요소 M[i][j]는 그림 20-5에 표시된 것처럼 예측된 클래스 i와 실제 클래스 j 사이의 동시 발생 횟수를 계산합니다.

이러한 유형의 행렬 표현을 오차 행렬이라고 합니다. 곧 살펴보겠지만 오차 행렬은 예측 오류를 정량화하는 데 유용합니다.

▼ 그림 20-5 예측된 클래스와 실제 클래스의 가상 행렬 표현
행은 예측된 클래스에 해당하고 열은 실제 클래스에 해당합니다. 각 요소 M[i][j]는 예측된 클래스 i와 실제 클래스 j 사이의 동시 발생 횟수를 계산합니다. 따라서 행렬 대각선은 모든 정확한 예측 횟수를 계산합니다

		실제 클래스		
		Setosa	Versicolor	Virginica
예측된 클래스	Setosa	**14**	1	1
	Versicolor	1	**11**	3
	Verginica	1	3	**10**

이제 y_pred 및 y_test로 오차 행렬을 계산하고 시본을 사용하여 행렬을 히트맵으로 시각화합니다(그림 20-6).

코드 20-14 오차 행렬 계산하기

```python
import seaborn as sns
def compute_confusion_matrix(y_pred, y_test):  # y_pred와 y_test 사이의 오차 행렬을 계산합니다.
    num_classes = len(set(y_pred) | set(y_test))  # 전체 클래스 개수를 확인합니다. 이 값은 행렬 크기를 결정하는 데 사용됩니다.
    confusion_matrix = np.zeros((num_classes, num_classes))
    for prediction, actual in zip(y_pred, y_test):
        confusion_matrix[prediction][actual] += 1  # 예측된 각 클래스 Predict은 실제 클래스 Actual에 대응됩니다. Predict 행과 Actual 열로 구성된 행렬의 쌍에 해당하는 부분에 1을 더합니다. Predict이 Actual과 같다면 더한 값은 행렬의 대각선에 나타납니다.
    return confusion_matrix

M = compute_confusion_matrix(y_pred, y_test)
sns.heatmap(M, annot=True, cmap='YlGnBu',
            yticklabels=[f"Predict {i}" for i in range(3)],
            xticklabels=[f"Actual {i}" for i in range(3)])
plt.yticks(rotation=0)
plt.show()
```

▼ 그림 20-6 예측 결과와 실제 결과를 비교한 오차 행렬
행은 예측된 클래스에 해당하고 열은 실제 클래스에 해당합니다. 행렬 요소는 예측된 클래스와 실제 클래스 사이에 해당하는 모든 인스턴스를 계산합니다, 행렬의 대각선은 모든 정확한 예측을 계산합니다. 대부분이 대각선상에 위치하며 이는 모델의 정확도가 매우 높다는 것을 나타냅니다

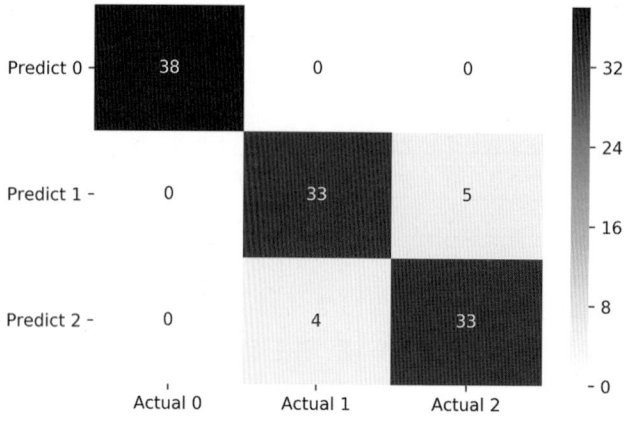

행렬 대부분의 값은 대각선을 따라 위치합니다. 각 대각선 요소 M[i][i]는 클래스 i의 정확한 예측 인스턴스 개수를 추적합니다. 이러한 정확한 예측을 **참 양성**(true positive)이라고 합니다. 표시된 대각선 값에 따라 참 양성 수가 매우 높은 것을 알 수 있습니다. M.diagonal()로 합산하여 참 양성 수의 총합을 구해 보겠습니다.

코드 20-15 정확한 예측 수 세기

```
num_accurate_predictions = M.diagonal().sum()
print(f"총 {int(num_accurate_predictions)}개의 예측이 정확합니다")
```

▶ 실행결과

총 104개의 예측이 정확합니다

그 결과 정확한 예측이 104개 포함되어 있어 정확도가 높습니다. 물론 모든 예측이 정확한 것은 아닙니다. 때때로 분류 모델이 혼동하여 잘못된 클래스를 예측하는 경우도 있습니다. 예측 총 113개 중 아홉 개가 대각선을 벗어납니다. 총 예측 중 정확한 예측의 비율을 정확도라고 하는데, 이는 행렬의 대각선상에 놓인 요소를 전체로 나누어 계산할 수 있습니다. 즉, 104를 113으로 나누어 구할 수 있는데 높은 정확도를 보인다는 것을 알 수 있습니다.

코드 20-16 정확도 측정하기

```
accuracy = M.diagonal().sum() / M.sum()
assert accuracy == 104 / (104+9)
print(f"예측 정확도는 {100*accuracy:.0f}%입니다")
```

▶ 실행결과

예측 정확도는 92%입니다

예측은 매우 정확하지만 완벽하지는 않습니다. 출력에 오류가 있습니다. 가령 행렬을 살펴보면 클래스 0에 대한 예측이 항상 옳은 것을 알 수 있습니다. 이 모델은 클래스 0을 다른 클래스와 혼동하지 않으며, 그 반대도 마찬가지입니다. 즉, 해당 클래스에 대한 예측 38개는 모두 대각선상에 위치합니다. 그러나 다른 두 클래스는 그렇지 않습니다. 이 모델은 주기적으로 클래스 1과 클래스 2의 인스턴스를 혼동합니다.

관측된 혼동 또는 오차를 정량화해 보겠습니다. 클래스 1에 대한 예측을 추적하는 행렬의 행 1 요소를 생각해 보겠습니다. 이 행을 모두 더하면 클래스 1로 예측한 요소의 총 개수를 구할 수 있습니다.

코드 20-17 예측된 클래스 1 요소의 개수 세기

```
row1_sum = M[1].sum()
print(f"{int(row1_sum)}개의 데이터 클래스가 1이라고 예측되었습니다")
```

▶ 실행결과

38개의 데이터 클래스가 1이라고 예측되었습니다

클래스 1에 요소가 38개 있다고 예측했습니다. 그중 몇 개가 맞았을까요? 예측 33개가 M[1][1] 대각선에 위치합니다. 따라서 예측한 클래스 1 중 33개를 올바르게 식별한 것입니다. 한편 나머지 예측 다섯 개는 열 2에

위치해 있습니다. 이 거짓 양성 다섯 개는 클래스 1에 속하는 것으로 잘못 식별한 클래스 2를 나타내며, 클래스 1 예측의 신뢰도를 떨어뜨립니다. 모델이 클래스 1이라고 예측하더라도 그 예측이 항상 맞는 것은 아닙니다. 실제로 클래스 1에 대한 예측은 38번 중 33번만 정확했습니다. 33을 38로 나눈 비율은 정밀도(precision)라는 지표가 되며, 이는 참 양성 수를 참 양성과 거짓 양성의 합으로 나눈 값입니다. 클래스 i의 정밀도는 M[i][i]를 i번째 행의 합으로 나눈 값과도 같습니다. 정밀도가 낮으면 예측된 클래스 레이블의 신뢰도가 낮다는 의미입니다. 이제 클래스 1의 정밀도를 출력해 봅시다.

코드 20-18 클래스 1의 정밀도 계산하기

```
precision = M[1][1] / M[1].sum()
assert precision == 33 / 38
print(f"클래스 1의 정밀도는 {precision:.2f}입니다")
```

▶ **실행결과**

클래스 1의 정밀도는 0.87입니다

클래스 1의 정밀도는 0.87이므로 클래스 1로 예측된 레이블이 87% 확률로 정확하다는 의미입니다. 나머지 13%는 거짓 양성(false positive), 잘못된 예측입니다. 이러한 거짓 양성이 예측 오류의 원인이지만 유일한 원인은 아닙니다. 추가적인 오류는 오차 행렬의 열에서도 발견할 수 있습니다. 가령 열 1을 살펴보면 이는 실제 레이블이 클래스 1인 모든 요소를 추적합니다. 열 1의 값을 모두 더하면 클래스 1에 속하는 요소의 총 개수를 구할 수 있습니다.

코드 20-19 클래스 1 요소의 총 개수 세기

```
col1_sum = M[:,1].sum()
assert col1_sum == y_test[y_test == 1].size
print(f"테스트셋의 {int(col1_sum)}개의 요소가 클래스 1에 속합니다")
```

테스트셋의 요소 37개가 클래스 1에 속합니다. 이 중 33개가 M[1][1] 대각선에 위치해 있으며, 이는 우리가 올바르게 식별한 참 양성에 해당합니다. 나머지 네 개는 행 2에 위치해 있는데, 이는 클래스 1에 속하지만 잘못 예측하여 클래스 2로 분류한 거짓 음성에 해당합니다. 따라서 클래스 1에 속한 요소들의 식별이 완벽하지 않습니다. 클래스 1 요소 37개 중 33개만 정확하게 식별된 것입니다. 이 33 / 37의 비율은 재현율(recall) 지표를 나타내며, 참 양성 수를 참 양성과 거짓 음성의 합으로 나눈 값입니다. 클래스 i의 재현율은 또한 M[i][i]를 i번째 열의 합으로 나눈 값과 동일합니다. 재현율이 낮으면 예측기가 유효한 클래스 인스턴스를 자주 놓친다는 것을 의미합니다. 이제 클래스 1의 재현율을 출력해 보겠습니다.

코드 20-20 클래스 1의 재현율 계산하기

```
recall = M[1][1] / M[:,1].sum()
assert recall == 33 / 37
print(f"클래스 1의 재현율은 {recall:.2f}입니다")
```

▶ **실행결과**

클래스 1의 재현율은 0.89입니다

클래스 1의 재현율은 0.89로, 클래스 1에 속하는 유효한 인스턴스의 89%를 감지할 수 있다는 의미입니다. 나머지 11%는 잘못 식별된 것입니다. 재현율은 초원에서 클래스 1 꽃을 얼마나 많이 찾아냈는지 측정하는 반면, 정밀도는 클래스 1 예측이 정확할 가능성을 측정합니다.

재현율을 1.0으로 최대화하는 것은 사실 매우 간단합니다. 들어오는 모든 데이터를 클래스 1로만 분류하면 되기 때문입니다. 이렇게 하면 클래스 1에 속하는 모든 유효한 데이터를 감지할 수 있지만, 높은 재현율에는 대가가 따릅니다. 클래스 0과 클래스 2에 속하는 모든 인스턴스가 클래스 1로 잘못 분류되기 때문에 정밀도는 급격히 떨어질 것입니다. 이 낮은 정밀도 점수는 M[1][1] / M.sum()으로 계산됩니다.

코드 20-21 재현율 1.0일 때 정밀도 검사하기

```
low_precision = M[1][1] / M.sum()
print(f"최대화된 재현율에서 정밀도는 {low_precision:.2f}입니다")
```

▶ 실행결과

최대화된 재현율에서 정밀도는 0.29입니다

이와 마찬가지로 재현율이 낮다면 아무리 정밀도를 최대화해도 무의미합니다. 클래스 1에 대한 정밀도가 1.0이라면 모든 클래스 1 예측이 100% 정확하다는 자신감을 가질 수 있을 것입니다. 동시에 재현율이 너무 낮다면 대부분의 클래스 1 인스턴스가 다른 클래스로 잘못 분류될 것입니다. 따라서 대부분의 참된 데이터를 무시한다면 높은 신뢰도는 쓸모없습니다.

좋은 예측 모델은 높은 정밀도와 높은 재현율을 모두 가져야 합니다. 따라서 우리는 정밀도와 재현율을 하나의 점수로 결합할 필요가 있습니다. 두 가지 서로 다른 지표를 어떻게 결합할 수 있을까요? 가장 쉬운 방법은 (정밀도 + 재현율) / 2로 평균을 구하는 것입니다. 하지만 이 방법에는 약간 문제가 있습니다. 정밀도와 재현율은 각각 M[1][1] / M[1].sum()과 M[1][1] / M[:,1].sum()으로 계산되는 비율입니다. 모두 분자는 같지만 분모는 다릅니다. 비율은 분모가 같을 때만 더할 수 있기 때문에 이 방식으로 평균을 내는 것은 적절하지 않습니다. 그럼 어떻게 해야 할까요? 우리는 정밀도와 재현율을 각각 역수로 변환할 수 있습니다. 그러면 분모와 분자가 서로 뒤바뀌어 1 / 정밀도와 1 / 재현율은 M[1][1]이라는 같은 공통 분모를 가지게 되어 이 둘을 서로 더할 수 있습니다. 이 역수들의 평균을 구했을 때 어떤 결과가 나오는지 살펴보겠습니다.

코드 20-22 역수 지표의 평균 구하기

```
inverse_average = (1 / precision+1/recall) / 2
print(f"역수를 취한 지표들의 평균은 {inverse_average:.2f}입니다")
```

▶ 실행결과

역수를 취한 지표들의 평균은 1.14입니다

역수를 취한 지표들의 평균은 1.0보다 크지만, 정밀도와 재현율 모두의 최대 상한 값은 1.0입니다. 따라서 이들 합은 1.0 미만으로 떨어져야 합니다. 다시 계산된 평균의 역수를 구하면 이를 보장할 수 있습니다.

코드 20-23 역평균의 역수 구하기

```
result = 1 / inverse_average
print(f"평균의 역수는 {result:.2f}입니다")
```

▶ 실행결과

평균의 역수는 0.88입니다

최종 종합 점수는 0.88로, 이는 정밀도 0.87과 재현율 0.89 사이에 있습니다. 따라서 이 종합 점수는 정밀도와 재현율의 균형을 잘 반영합니다. 이 지표를 **f1-측정치**(f1-measure), **f1-점수**(f1-score) 또는 흔히 **f-측정치**(f-measure)라고 합니다. f-측정치는 2 * 정밀도 * 재현율 / (정밀도 + 재현율)로 더 간단하게 계산할 수 있습니다.

> **노트** 이 역수들의 산술 평균을 뒤집는 방식을 조화 평균(harmonic mean)이라고 합니다. 조화 평균은 속도와 같은 비율의 중심 경향을 측정하는 데 사용됩니다. 가령 어떤 운동선수가 크기가 1마일인 호수를 세 바퀴 달린다고 가정해 보죠. 첫 번째 바퀴는 10분, 두 번째 바퀴는 16분, 마지막 바퀴는 20분이 걸렸다면 운동선수의 속도는 각각 1/10(0.1), 1/16(0.0625), 1/20(0.05)분당 마일이 됩니다. 이 속도의 산술 평균은 (0.1+0.0625+0.05) / 3, 즉 약 0.071입니다. 하지만 이 값은 서로 다른 분모를 단순히 더한 것이므로 정확하지 않습니다. 우리는 대신에 조화 평균을 계산해야 합니다. 조화 평균은 3 / (10+16+20), 즉 약 0.065분당 마일이 됩니다. f-측정치는 정밀도와 재현율의 조화 평균과 같다는 것이 바로 이 개념에 해당합니다.

코드 20-24 클래스 1의 f-값 계산하기

```
f_measure = 2 * precision * recall / (precision+recall)
print(f"클래스 1의 f-측정치는 {f_measure:.2f}입니다")
```

▶ 실행결과

클래스 1의 f-측정치는 0.88입니다

이 경우에는 f-측정치가 정밀도와 재현율의 평균과 같지만, 항상 그렇지는 않습니다. 가령 한 번의 참 양성과 한 번의 거짓 양성, 그리고 거짓 음성은 없는 예측을 생각해 보죠. 이때 정밀도와 재현율은 각각 얼마일까요? 이들의 평균과 f-측정치를 비교하면 어떤 차이가 있을까요? 확인해 봅시다.

코드 20-25 f-측정치와 평균 비교하기

```
tp, fp, fn = 1, 1, 0
precision = tp / (tp+fp)
recall = tp / (tp+fn)
f_measure = 2 * precision * recall / (precision+recall)
average = (precision+recall) / 2
print(f"정밀도: {precision}")
print(f"재현율: {recall}")
print(f"평균: {average}")
print(f"f-측정치: {f_measure:.2f}")
```

> ▶ 실행결과

```
정밀도: 0.5
재현율: 1.0
평균: 0.75
f-측정치: 0.67
```

이 예시의 정밀도는 50%로 낮은 반면, 재현율은 사실상 100%입니다. 이 두 지표 사이의 평균값은 허용 가능한 75%입니다. 그러나 f-측정치가 평균보다 훨씬 낮은 이유는 높은 재현율이 예외적으로 낮은 정밀도 값으로 정당화될 수 없기 때문입니다.

f-측정치는 개별 클래스에 대한 견고한 평가 지표를 제공합니다. 이를 바탕으로 이제 데이터셋에 있는 각 클래스에 대해 f-측정치를 계산해 보겠습니다.

코드 20-26 각 클래스에 대한 f-측정치 계산하기

```python
def compute_f_measures(M):
    precisions = M.diagonal() / M.sum(axis=0)
    recalls = M.diagonal() / M.sum(axis=1)
    return 2 * precisions * recalls / (precisions+recalls)

f_measures = compute_f_measures(M)
for class_label, f_measure in enumerate(f_measures):
    print(f"클래스 {class_label}에 대한 f-측정치는 {f_measure:.2f}입니다")
```

> ▶ 실행결과

```
클래스 0에 대한 f-측정치는 1.00입니다
클래스 1에 대한 f-측정치는 0.88입니다
클래스 2에 대한 f-측정치는 0.88입니다
```

클래스 0의 f-측정치는 1.0으로, 이 클래스에서는 정밀도와 재현율이 완벽합니다. 반면에 클래스 1과 클래스 2의 f-측정치는 모두 0.88입니다. 즉, 이 두 클래스는 완벽하게 구분하지 못하고 종종 서로 헷갈립니다. 이러한 실수는 각 클래스의 정밀도와 재현율을 저하시킵니다. 그럼에도 0.88이라는 f-측정치는 충분히 만족스러운 수준입니다.

> **노트** f-측정치 값이 어느 정도여야 좋다고 정해진 기준은 없습니다. 적절한 f-측정치 문제에 따라 달라질 수 있습니다. 하지만 f-측정치를 시험 성적처럼 평가하는 경우가 많습니다. 가령 0.9~1.0 사이의 f-측정치는 A로 평가되는데 이는 모델 성능이 매우 뛰어나다는 의미입니다. 0.8~0.89는 B로 평가되며 수용 가능한 수준이지만 개선의 여지가 있다는 의미입니다. 0.7~0.79는 C로, 모델이 적절히 작동하지만 그리 인상적이지는 않다는 의미입니다. 0.6~0.69는 D로, 임의 예측보다는 낫지만 수용할 수 없는 성능이라는 의미입니다. f-측정치가 0.6 미만이면 완전히 신뢰할 수 없는 것으로 평가됩니다.

세 클래스에 대해 f-측정치를 계산했습니다. 이러한 f-측정치의 평균을 구하면 단일 점수로 결합할 수 있습니다. 코드 20-27은 통합된 f-측정치를 보여 줍니다.

> **노트** 세 f-측정치는 분모가 다를 수 있는 분수입니다. 분모가 같을 때만 분수를 결합하는 것이 좋습니다. 안타깝게도 정밀도 및 재현율과는 달리 f-측정치 결과들의 분모를 동일하게 만들 방법은 없습니다. 따라서 통합된 점수를 얻으려면 평균을 계산할 수밖에 없습니다.

코드 20-27 모든 클래스에 대해 통합된 f-측정치 계산하기

```
avg_f = f_measures.mean()
print(f"통합 f-측정치는 {avg_f:.2f}입니다")
```

▶ 실행결과

```
통합 f-측정치는 0.92입니다
```

f-측정치 0.92는 정확도와 동일합니다. 이는 놀라운 일이 아닌데, f-측정치와 정확도 모두 모델 성능을 평가하는 지표이기 때문입니다. 하지만 f-측정치와 정확도가 항상 동일할 것이라고 단정할 수는 없습니다. 특히 클래스가 불균형한 경우 두 지표 차이는 두드러지게 나타납니다. 불균형한 데이터셋에서는 클래스 A의 데이터가 클래스 B의 데이터보다 훨씬 많습니다. 가령 클래스 A에는 데이터가 100개, 클래스 B에는 데이터가 단 한 개만 속한다고 가정해 보죠. 이때 클래스 B에 대한 예측의 재현율이 100%, 정밀도가 50%라고 가정해 봅시다. 이는 [[99, 0], [1, 1]] 형태의 2×2 오차 행렬로 표현될 수 있습니다. 그러면 이 불균형한 결과에 대한 정확도와 통합 f-측정치를 비교해 보겠습니다.

코드 20-28 불균형한 데이터의 성능 지표 비교하기

```
M_imbalanced = np.array([[99, 0], [1, 1]])
accuracy_imb = M_imbalanced.diagonal().sum() / M_imbalanced.sum()
f_measure_imb = compute_f_measures(M_imbalanced).mean()
print(f"불균형한 데이터셋에 대한 정확도는 {accuracy_imb:.2f}입니다")
print(f"불균형한 데이터셋에 대한 f-측정치는 {f_measure_imb:.2f}입니다")
```

▶ 실행결과

```
불균형한 데이터셋에 대한 정확도는 0.99입니다
불균형한 데이터셋에 대한 f-측정치는 0.83입니다
```

정확도는 거의 100%에 가깝습니다. 하지만 이 정확도는 오해를 불러일으킬 수 있습니다. 모델이 두 번째 클래스를 예측할 때 형편없는 정밀도를 제대로 반영하지 못했기 때문입니다. 반면에 더 낮은 f-측정치는 클래스 간 예측 균형을 더 잘 반영합니다. 일반적으로 f-측정치는 불균형에 민감하기 때문에 더 우수한 예측 지표로 간주됩니다. 우리는 앞으로 f-측정치를 기반으로 모델을 평가할 것입니다.

20.2.1 사이킷런의 예측 측정 기능

지금까지 설명한 모든 지표는 사이킷런에서 사용할 수 있습니다. sklearn.metrics 모듈에서 가져올 수 있죠. 각 지표 함수는 y_pred 및 y_test를 입력받아 선택한 지표 기준을 반환합니다. 가령 confusion_matrix를 실행하면 오차 행렬을 계산할 수 있습니다.

코드 20-29 사이킷런으로 오차 행렬 계산하기

```
from sklearn.metrics import confusion_matrix
new_M = confusion_matrix(y_pred, y_test)
assert np.array_equal(new_M, M)
print(new_M)
```

▶ 실행결과

```
[[38  0  0]
 [ 0 33  5]
 [ 0  4 33]]
```

같은 방식으로 accuracy_score로 정확도를 계산할 수 있습니다.

코드 20-30 사이킷런으로 정확도 계산하기

```
from sklearn.metrics import accuracy_score
assert accuracy_score(y_pred, y_test) == accuracy
```

또 f-측정치는 f1_score 함수를 사용하여 계산할 수 있습니다. 그러면 f-측정치가 벡터 또는 통합 평균으로 반환됩니다. 함수의 average=None 파라미터를 설정하면 각 클래스에 대한 개별 f-측정치 벡터가 반환됩니다.

코드 20-31 사이킷런으로 모든 f-측정치 계산하기

```
from sklearn.metrics import f1_score
new_f_measures = f1_score(y_pred, y_test, average=None)
assert np.array_equal(new_f_measures, f_measures)
print(new_f_measures)
```

▶ 실행결과

```
[1. 0.88 0.88]
```

반면에 average='macro'로 파라미터 값을 입력하면 평균 점수가 반환됩니다.

> **노트** average='micro'로 파라미터 값을 입력하면 모든 클래스에 대한 평균 정밀도와 재현율이 계산됩니다. 그다음 이 두 평균값으로 단일 f-측정치를 계산합니다. 일반적으로 이 접근법은 최종 통합 f-측정치 결과에 큰 영향을 미치지 않습니다.

코드 20-32 사이킷런으로 통합 f-측정치 계산하기

```
new_f_measure = f1_score(y_pred, y_test, average='macro')
assert new_f_measure == new_f_measures.mean()
assert new_f_measure == avg_f
```

f1_score 함수를 사용하여 KNN 분류 모델의 입력 파라미터를 최적화할 수 있습니다.

> **노트** 일반적인 사이킷런 학습 분류 모델 평가 함수

- `M = confusion_matrix(y_pred, y_test)`: 오차 행렬 M은 예측된 클래스인 y_pred와 실제 클래스인 y_test를 기반으로 반환됩니다. 각 행렬 요소 M[i][j]는 모든 인덱스에 대해 y_pred[index] == i이면서 y_test[index] == j인 경우가 몇 번 발생했는지 셉니다.
- `accuracy_score(y_pred, y_test)`: 예측된 클래스인 y_pred와 실제 클래스인 y_test를 기반으로 정확도 점수를 반환합니다. 오차 행렬 M이 주어졌을 때 정확도 점수는 M.diagonal().sum() / M.sum()과 같습니다.
- `f_measure_vector = f1_score(y_pred, y_test, average=None)`: 모든 가능한 클래스에 대한 f-측정치 벡터를 반환합니다. 클래스 i의 f-측정치는 f_measure_vector[i]이며, 이는 클래스 i의 정밀도와 재현율에 대한 조화 평균입니다. 정밀도와 재현율은 모두 오차 행렬 M으로 계산할 수 있습니다. 클래스 i의 정밀도는 M[i][i] / M[i].sum(), 재현율은 M[i][i] / M[:,i].sum()으로 계산됩니다. 최종 f-측정치인 f_measure_vector[i]는 2 * 정밀도 * 재현율 / (정밀도 + 재현율)과 같습니다.
- `f1_score(y_pred, y_test, average='macro')`: 평균 f-측정치를 반환하며 f_measure_vector.mean()과 같습니다.

20.3 KNN 성능 최적화

현재 predict 함수는 K와 weighted_voting이라는 두 파라미터를 입력받습니다. 학습이 시작되기 전에 설정되는 이 파라미터들은 분류 모델 성능에 영향을 미칩니다. 이렇게 학습이 시작되기 전에 설정되는 파라미터를 **하이퍼파라미터**(hyperparameter)라고 합니다. 모든 머신러닝 모델에는 예측 성능을 향상시키려고 조정할 수 있는 하이퍼파라미터가 있습니다. 이제 우리는 K와 weighted_voting의 모든 가능한 조합을 시도하여 분류 모델의 하이퍼파라미터를 최적화합니다. K 값은 1부터 y_train.size까지 범위를 가지며, weighted_voting 파라미터는 True 또는 False로 설정됩니다. 각 하이퍼파라미터 조합에 대해 y_train으로 학습시키고 y_pred를 계산합니다. 그다음 예측을 기반으로 f-측정치를 구합니다. weighted_voting이 True 또는 False인 경우로 나누어 입력된 K 값에 대한 모든 f-측정치의 곡선 그래프를 그립니다(그림 20-7). 마지막으로 최대 f-측정치를 찾아 최적 파라미터를 반환합니다.

코드 20-33 KNN 하이퍼파라미터 최적화하기

```
k_values = range(1, y_train.size)
weighted_voting_bools = [True, False]
f_scores = [[], []]

params_to_f = {}    ······ 각 파라미터 조합과 f-측정치 사이의
for k in k_values:          관계를 추적합니다.
    for i, weighted_voting in enumerate(weighted_voting_bools):
        y_pred = np.array([predict(i, K=k, weighted_voting=weighted_voting)
                           for i in range(y_test.size)])    ······ 각 파라미터 조합에 대한 KNN 예측을 계산합니다.
        f_measure = f1_score(y_pred, y_test, average='macro')
        f_scores[i].append(f_measure)    ······ 각 파라미터 조합에 대한 f-측정치를 계산합니다.
        params_to_f[(k, weighted_voting)] = f_measure
```

```
(best_k, best_weighted), best_f = max(params_to_f.items(), key=lambda x: x[1])    ┈┈ f-측정치를 최대화하는
plt.plot(k_values, f_scores[0], label='가중 투표')                                      파라미터를 찾습니다.
plt.plot(k_values, f_scores[1], label='가중되지 않은 투표')
plt.axvline(best_k, c='k')
plt.xlabel('K')
plt.ylabel('f-측정치')
plt.legend()
plt.show()

print(f"weighted_voting={best_weighted} 및 "
      f"K={best_k}일 때 달성된 최대 f-측정치는 {best_f:.2f}입니다")
```

▶ 실행결과

weighted_voting=True 및 K=8일 때 달성된 최대 f-측정치는 0.96입니다

▼ 그림 20-7 weighted_voting 값이 True 또는 False인 경우에서 다양한 K 값에 대해 나타낸 성능 그래프입니다. K 값이 8일 때 f-측정치는 최대에 도달합니다. 또 K 값이 낮을 때는 weighted_voting의 서로 다른 값 사이에 차이가 거의 없지만 K 값이 10을 넘으면 weighted_voting=False일 때 성능이 점차 저하되기 시작합니다

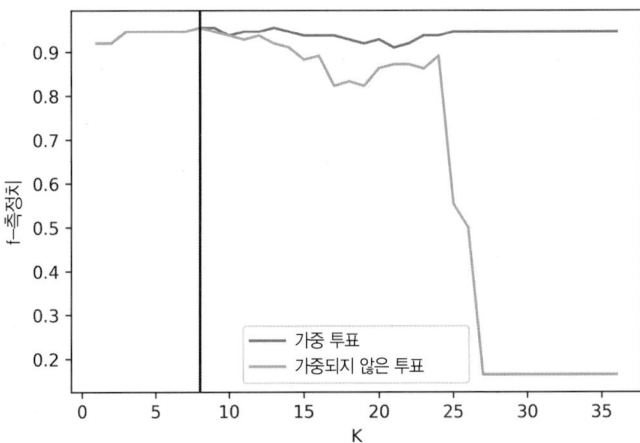

K = 8, weighted_voting = True일 때 최대 성능이 나옵니다. 그러나 K = 8일 때 weighted_voting 값이 True인 경우와 False인 경우 사이에는 큰 차이가 없습니다. 흥미롭게도 K 값이 계속 증가함에 따라 weighted_voting = False로 구한 f-측정치는 급격히 하락하는 반면, 그 반대는 90% 이상을 유지합니다. 따라서 weighted_voting이 True일 때 KNN이 더 안정적인 것으로 보입니다.

가능한 모든 입력 파라미터를 철저하게 반복하여 이러한 통찰을 얻었습니다. 이 철저한 접근법을 **파라미터 스윕**(parameter sweep) 또는 **격자 탐색**(grid search)이라고 합니다. 격자 탐색은 하이퍼파라미터를 최적화하는 간단하지만 효과적인 방법입니다. 매개변수 개수가 많으면 복잡해질 수 있지만, 이 문제는 쉬운 병렬화로 해결될 수 있습니다. 충분한 계산 자원만 갖추고 있다면 격자 탐색으로 머신러닝 알고리즘을 효과적으로 최적화할 수 있습니다. 격자 탐색은 보통 다음과 같이 수행합니다.

1. 관심 있는 하이퍼파라미터를 선택합니다.
2. 각 하이퍼파라미터에 값 범위를 할당합니다.
3. 입력 데이터를 학습용과 검증용 데이터셋으로 나눕니다. 검증용 데이터셋은 예측 품질을 측정하는 데 사용됩니다. 이 접근법을 교차 검증(cross validation)이라고 합니다. 데이터를 여러 학습 및 검증용 데이터셋으로 더 분할할 수 있으며, 이렇게 하면 여러 예측 지표의 평균을 단일 점수로 산출할 수 있습니다.
4. 가능한 모든 하이퍼파라미터 조합을 반복합니다.
5. 각 반복마다 지정된 하이퍼파라미터로 학습 데이터에 대한 분류 모델을 학습시킵니다.
6. 검증용 데이터셋으로 분류 모델 성능을 측정합니다.
7. 모든 반복이 완료되면 가장 높은 지표 결과에 대한 하이퍼파라미터 조합을 반환합니다.

사이킷런을 사용하면 내장된 모든 머신러닝 알고리즘에 대해 격자 탐색을 수행할 수 있습니다. 사이킷런으로 KNN에 대해 격자 탐색을 수행해 보겠습니다.

20.4 사이킷런으로 격자 탐색 수행하기

사이킷런에는 KNN 분류 모델을 실행하는 로직이 내장되어 있습니다. 그리고 해당 로직은 KNeighbors Classifier 클래스로 활용할 수 있습니다.

코드 20-34 사이킷런의 KNN 클래스 불러오기

```
from sklearn.neighbors import KNeighborsClassifier
```

클래스를 초기화하면 KNN 분류 모델 객체가 생성됩니다. 관례에 따라 이를 clf 변수에 담습니다.

> **노트** KNN 알고리즘은 단순한 분류를 넘어 연속인 값을 예측하도록 확장될 수 있습니다. 가령 주택 판매 가격을 예측한다고 가정해 보겠습니다. 인근의 유사한 주택에 대해 알려진 판매 가격의 평균을 구하면 특정 주택의 가격을 예측할 수 있습니다. 같은 방식으로 이웃의 알려진 값 평균을 구하여 데이터의 연속 값을 예측하는 KNN 회귀 모델을 만들 수 있습니다. 사이킷런은 해당 목적에 부합하는 KNeighborsRegressor 클래스를 함께 제공합니다.

코드 20-35 사이킷런의 KNN 분류 모델 초기화하기

```
clf = KNeighborsClassifier()
```

초기화된 clf 객체에는 K 값 및 weighted_voting에 대해 기본값이 설정되어 있습니다. K 값은 clf.n_neighbors 속성에, weighted_voting 값은 clf.weights 속성에 저장됩니다. 이 두 속성을 모두 출력하여 살펴보겠습니다.

코드 20-36 설정된 KNN 파라미터 출력하기

```
K = clf.n_neighbors
weighted_voting = clf.weights
print(f"K는 {K}로 설정되어 있습니다")
print(f"weighted voting은 '{weighted_voting}'로 설정되어 있습니다")
```

▶ 실행결과

```
K는 5로 설정되어 있습니다
weighted voting은 'uniform'로 설정되어 있습니다
```

현재 K 값은 5로 설정되어 있으며, weighted voting은 uniform으로 설정되어 모든 투표가 동일한 가중치를 가집니다. 초기화 함수에 weights='distance'를 입력하면 거리에 따라 가중치가 적용되도록 할 수도 있습니다. 또 n_neighbors=4를 입력하면 K 값을 4로 고정할 수도 있습니다. 이제 이 파라미터들로 clf를 다시 초기화해 보겠습니다.

코드 20-37 사이킷런의 KNN 파라미터 설정하기

```
clf = KNeighborsClassifier(n_neighbors=4, weights='distance')
assert clf.n_neighbors == 4
assert clf.weights == 'distance'
```

이제 KNN 모델을 학습시켜 봅니다. 모든 사이킷런의 분류 모델은 fit(X, y) 메서드를 사용하여 학습시킬 수 있습니다. 여기에서 X는 특징 행렬을, y는 클래스 레이블 배열을 의미합니다. X_train과 y_train으로 정의된 학습용 데이터셋으로 분류 모델을 학습시키겠습니다.

코드 20-38 사이킷런의 KNN 분류 모델 학습시키기

```
clf.fit(X_train, y_train)
```

학습이 끝난 뒤 clf는 입력되는 X_test 행렬(차원이 X_train과 일치)의 모든 클래스를 예측할 수 있습니다. 예측할 때 사용되는 메서드는 clf.predict입니다. clf.predict(X_test)를 실행하면 y_pred 예측 배열이 반환됩니다. 그런 다음 y_test와 y_pred를 사용해서 f-측정치를 계산할 수 있습니다.

코드 20-39 학습된 KNN 분류 모델로 클래스 예측하기

```
y_pred = clf.predict(X_test)
f_measure = f1_score(y_pred, y_test, average='macro')
print(f"예측된 클래스는 다음과 같습니다\n{y_pred}")
print(f"\nf-측정치는 {f_measure:.2f}와 같습니다")
```

▶ 실행결과

```
예측된 클래스는 다음과 같습니다
[2 1 0 2 0 2 0 1 1 1 2 1 1 1 1 0 1 1 0 0 2 1 0 0 2 0 0 1 1 0 2 1 0 2 2 1 0 2 1 1 2 0 2 0 0
 1 2 2 1 2 1 2 1 1 1 1 1 1 1 2 1 0 2 1 1 1 1 2 0 0 2 1 0 0 1 0 2 1 0 1 2 1 0 2 2 2 2 0 0 2
 2 0 2 0 2 2 0 0 2 0 0 0 1 2 2 0 0 0 1 1 0 0 1]

f-측정치는 0.95와 같습니다
```

좀 더 미묘한 예측 결과를 추출하는 것도 가능합니다. 가령 X_test에 입력된 샘플에 대해 각 클래스가 받은 투표 비율을 구할 수 있죠. 이 투표 분포를 얻으려면 clf.predict_proba(X_test)를 실행해야 합니다. predict_proba 메서드는 열이 득표율에 해당하는 행렬을 반환합니다. 여기에서는 이 행렬의 처음 행 네 개를 출력합니다.

코드 20-40 각 클래스의 투표 비율 출력하기

```
vote_ratios = clf.predict_proba(X_test)
print(vote_ratios[:4])
```

▶ 실행결과

```
array([[0.    , 0.21419074, 0.78580926],
       [0.    , 1.        , 0.        ],
       [1.    , 0.        , 0.        ],
       [0.    , 0.        , 1.        ]])
```

보다시피 X_test[0]은 클래스 2에 대해 78.5% 투표 비율을 보입니다. 나머지 표는 클래스 1에 부여되었습니다. 한편 X_test[4]는 클래스 2에 대해 100% 표를 받았습니다. 두 데이터 모두 클래스 레이블이 2에 강한 투표율을 보였지만, 두 번째 데이터 신뢰도가 더 높습니다.

사이킷런의 모든 분류 모델은 자신들만의 predict_proba 메서드가 포함되어 있습니다. 이 메서드는 데이터가 특정 클래스에 속할 예상 확률 분포를 반환합니다. 가장 높은 확률을 가진 열 인덱스는 y_pred의 클래스 레이블과 같습니다.

> **노트** 사이킷런 분류 모델 메서드
> - **clf = KNeighborsClassifier()**: K=5고 최근접 이웃 다섯 개에 대해 균등하게 투표되는 KNN 분류 모델을 초기화합니다.
> - **clf = KNeighborsClassifier(n_neighbors=x)**: K=x고 최근접 이웃 x개에 대해 균등하게 투표되는 KNN 분류 모델을 초기화합니다.
> - **clf = KNeighborsClassifier(n_neighbors=x, weights='distance')**: K=x고 최근접 이웃 x개에 대해 가중치를 부여하여 투표되는 KNN 분류 모델을 초기화합니다.
> - **clf.fit(X_train, y_train)**: 학습용 데이터(특징) X_train과 클래스가 지정된 레이블 y_train에 대해 분류 모델 clf를 적합시켜 특징 X에서 클래스 y를 예측합니다.
> - **y = clf.predict(X)**: 특징 행렬 X와 관련된 클래스 배열을 예측합니다. 예측된 각 클래스 y[i]는 특징 행렬의 행 X[i]에 대응됩니다.
> - **M = clf.predict_proba(X)**: 확률 분포 행렬 M을 반환합니다. 각 행 M[i]는 i번째 데이터가 특정 클래스에 속할 확률 분포를 나타냅니다. 그리고 해당 데이터에 대한 최종 예측은 그 분포에서 최댓값에 해당하는 클래스가 됩니다. 즉, M[i].argmax() == clf.predict(X)[i]와 같습니다.

이제 KNeighborsClassifier에 격자 탐색을 해 보겠습니다. 먼저 하이퍼파라미터별 범위를 매핑하는 딕셔너리를 정의하고 지정해야 합니다. 딕셔너리의 키로는 입력 파라미터인 n_neighbors와 weights를 할당할 수 있으며, 딕셔너리의 각 키에 대한 값에는 range(1, 40)과 ['uniform', 'distance']처럼 반복 가능한 값들을 할당합니다. 해당 딕셔너리를 만들어 보겠습니다.

코드 20-41 하이퍼파라미터에 대한 딕셔너리 정의하기

```
hyperparams = {'n_neighbors': range(1, 40),
               'weights': ['uniform', 'distance']}
```
이전에 직접 격자 탐색을 수행했을 때는 최근접 이웃 수를 1부터 y_train.size까지 범위로 잡았습니다. 하지만 해당 파라미터 범위는 사실상 임의로 조정할 수 있습니다. 여기에서는 깔끔하게 떨어지는 40까지를 범위로 잡았습니다.

다음으로 격자 탐색을 실행하는 데 사용할 사이킷런의 GridSearchCV 클래스를 가져옵니다.

코드 20-42 사이킷런의 GridSearchCV 클래스 불러오기

```
from sklearn.model_selection import GridSearchCV
```

이제 GridSearchCV 클래스를 초기화할 차례입니다. 초기화 메서드에는 파라미터 세 개를 입력합니다. 그중 첫 번째는 최적화하려는 하이퍼파라미터가 적용될 초기화된 사이킷 분류 모델 객체입니다. 여기에서는 KNeighborsClassifier()를 입력해야 합니다. 두 번째는 앞서 정의한 하이퍼파라미터 딕셔너리를 입력합니다. 마지막 파라미터에는 평가 지표를 지정해야 하며, 여기에서는 평균 f-측정치를 의미하는 f1_macro를 입력합니다.

즉, 다음과 같이 GridSearchCV(KNeighborsClassifier(), hyperparams, scoring='f1_macro')처럼 코드를 작성하고 실행한 뒤 그렇게 반환된 객체를 clf_grid 변수에 할당합니다.

코드 20-43 사이킷런의 GridSearchCV 클래스 초기화하기

```
clf_grid = GridSearchCV(KNeighborsClassifier(), hyperparams, scoring='f1_macro')
```

이제 완전히 레이블링된 데이터셋 X와 y에 대해 격자 탐색을 수행할 준비가 되었으며, clf_grid.fit(X, y)를 실행하면 격자 탐색이 시작됩니다. 그러면 사이킷런이 내부적으로 자동으로 X와 y를 분할하여 검증용 데이터셋을 구성합니다.

코드 20-44 사이킷런으로 격자 탐색 실행하기

```
clf_grid.fit(X, y)
```

격자 탐색을 수행했습니다. 발견된 최적 하이퍼파라미터는 clf_grid.best_params_ 속성에, 이 파라미터와 연관된 f-측정치는 clf_grid.best_score_에 저장됩니다. 이 결과를 출력해 보겠습니다.

코드 20-45 최적화된 격자 탐색 결과 확인하기

```
best_f = clf_grid.best_score_
best_params = clf_grid.best_params_
print(f"최대 f-측정치는 {best_f:.2f}이며, 아래의 "
      f"하이퍼파라미터 조합을 통해 달성되었습니다\n{best_params}")
```

▶ 실행결과

```
최대 f-측정치는 0.99이며, 아래의 하이퍼파라미터 조합을 통해 달성되었습니다
{'n_neighbors': 10, 'weights': 'distance'}
```

사이킷런의 격자 탐색으로 0.99라는 f-측정치를 달성했습니다. 이 결과는 직접 수행했던 격자 탐색 결과 0.96보다 높습니다. 왜 그럴까요? 사이킷런이 보다 정교한 교차 검증을 수행했기 때문입니다. 데이터셋을 단순히 두 부분으로 분할하는 대신 다섯 개로 균등하게 분할했습니다. 그리고 각 부분은 학습용 데이터셋으로 사용되었고, 특정 부분이 학습용으로 사용될 때 나머지 다른 부분들은 모델을 테스트하는 데 사용되었습니다. 즉, 학습용 데이터셋 다섯 개에 대한 f-측정치가 계산되어 평균을 냈으며, 그렇게 얻은 최종 평균값인 0.99는 분류 모델 성능을 보다 정확하게 추정할 수 있는 값입니다.

> **노트** 평가 목적으로 데이터를 다섯 부분으로 분할하는 것을 5-폴드(fold) 교차 검증이라고 합니다. 이를 일반화하여 데이터를 동일한 부분 K개로 분할할 수도 있습니다. GridSearchCV에서 cv 매개변수는 분할을 제어합니다. cv 값이 2로 입력되면 전체 데이터를 두 부분으로 분할하고, 최종 f-측정치는 원래 값인 0.96과 비슷해집니다.

n_neighbors를 10, weighted_vote를 True로 설정하면 최대 성능을 얻을 수 있습니다. 그리고 해당 파라미터가 포함된 실제 KNN 분류 모델은 clf_grid.best_estimator_ 속성에 저장됩니다.

> **노트** 여러 하이퍼파라미터를 조합하면 f-측정치가 0.99가 되는 것을 확인했습니다. 하이퍼파라미터 조합은 코드를 실행한 기기마다 다를 수 있습니다. 즉, 최적화된 f-측정치는 동일하더라도 파라미터 조합 출력에는 약간 차이가 있을 수 있습니다.

코드 20-46 최적화된 분류 모델에 접근하기

```
clf_best = clf_grid.best_estimator_
assert clf_best.n_neighbors == best_params['n_neighbors']
assert clf_best.weights == best_params['weights']
```

최적화된 분류 모델을 참조하는 clf_best 변수를 사용하여 신규 데이터를 예측할 수 있습니다. 또는 clf_grid.predict을 실행해도 동일한 예측을 수행할 수 있습니다. 두 객체 모두 동일한 결과를 반환합니다.

코드 20-47 clf_grid로 예측하기

```
assert np.array_equal(clf_grid.predict(X), clf_best.predict(X))
```

> **노트** 사이킷런의 격자 탐색에 대한 메서드 및 속성
> - **clf_grid = GridSearchCV(ClassifierClass(), hyperparams, scoring=scoring_metric)**: 지정된 scoring 지표를 기준으로 가능한 모든 하이퍼파라미터에 대해 분류 모델의 예측 성능을 최적화하는 격자 탐색 객체를 생성합니다. ClassifierClass()가 KNeighborsClassifier()와 같다면 clf_grid는 KNN을 최적화하는 역할을 합니다. scoring_metric이 f1_macro로 설정되었다면 평균 f-측정치는 최적화에 사용됩니다.
> - **clf_grid.fit(X, y)**: 가능한 모든 하이퍼파라미터 값의 조합에 대해 분류 모델 성능을 최적화하는 격자 탐색을 실행합니다.
> - **clf_grid.best_score_**: 격자 탐색이 실행된 뒤 분류 모델의 최적 성능 값을 반환합니다.
> - **clf_grid.best_params_**: 격자 탐색을 기반으로 최적의 성능을 이끌어 낸 하이퍼파라미터 조합을 반환합니다.
> - **clf_best = clf_grid.best_estimator_**: 격자 탐색 기반, 최적 성능을 보인 분류 모델 객체를 반환합니다.
> - **clf_grid.predict(X)**: clf_grid.best_estimator_.predict(X)를 실행하는 것과 동일합니다.

20.5 KNN 알고리즘의 한계

KNN은 모든 지도 학습 알고리즘 중 가장 단순합니다. 하지만 그 단순함에는 치명적인 결함이 있습니다. 다른 알고리즘과 달리 KNN은 해석할 수 없습니다. 입력된 데이터로 클래스를 예측할 수는 있지만, 해당 데이터가 왜 특정 클래스에 속하는지는 이해할 수 없습니다. 특정 고등학생이 클럽 10곳 중 어디에 속하는지 예측하는 KNN 모델을 학습시켰다고 가정해 보죠. 모델이 정확하더라도 그 학생이 glee 클럽 대신 jock 클럽 회원으로 분류된 이유를 파악할 수 없습니다. 이후 데이터 특징이 클래스를 어떻게 분류하는지 잘 이해하는 데 사용할 수 있는 다른 알고리즘을 살펴보겠습니다.

또 KNN은 특징 수가 적을 때만 잘 작동합니다. 특징 수가 늘어나면 잠재적으로 중복될 수 있는 정보가 데이터에 스며들기 시작합니다. 따라서 거리 측정의 신뢰도가 떨어지고 예측 품질이 저하됩니다. 다행히도 14장에서 소개한 차원 축소 기법을 사용하면 특징 중복 문제를 부분적으로 완화할 수 있습니다. 그렇더라도 특징이 많다면 여전히 예측 정확도는 떨어질 수 있습니다.

마지막으로 KNN의 가장 큰 문제점은 속도입니다. 데이터셋이 크면 알고리즘 실행 속도가 매우 떨어질 수 있습니다. 레이블이 매겨진 꽃 데이터 100만 개로 학습용 데이터셋을 구축한다고 가정해 봅시다. 이때 레이블이 매겨지지 않은 꽃의 최근접 이웃을 찾으려면 꽃 100만 개 각각에 대한 거리를 계산해야 합니다. 이 작업에는 많은 시간이 소요됩니다. 물론 학습 데이터를 효율적으로 구성하여 속도를 개선할 수도 있지만, 이 과정은 사전에서 단어를 정리하는 것과 유사합니다. 알파벳 순서로 정리되지 않은 사전에서 'Data(데이터)'라는 단어를 찾으려 한다고 가정해 봅시다. 단어는 무질서하게 저장되어 있기 때문에 모든 페이지를 스캔해야 합니다. 6,000쪽에 달하는 옥스퍼드 사전이라면 이 작업은 매우 오래 걸릴 것입니다. 다행히도 모든 사전은 알파벳 순서로 정렬되어 있어 대략 중간 지점으로 사전을 넘기면 단어를 빠르게 찾을 수 있습니다. 3,000쪽에서 문자 M과 N을 발견하고 3,000쪽과 표지 안쪽의 중간 지점까지 페이지를 넘겨 1,500쪽으로 이동하면 문자 D가 포함된 단어를 찾을 수 있으므로 목표에 훨씬 더 가까워집니다. 이 과정을 몇 번 더 반복하면 Data라는 단어로 이동할 수 있습니다.

비슷한 방식으로 먼저 공간 거리별로 학습용 데이터셋을 구성하면 최근접 이웃을 빠르게 스캔할 수 있습니다. 사이킷런의 K-D 트리라는 특수 데이터 구조를 사용하여 가까운 데이터가 서로 더 가깝게 저장되도록 합니다. 따라서 스캔 속도가 빨라지고 이웃을 더 재빠르게 찾을 수 있습니다. 이 책에서 K-D 트리 구성은 자세하게 다루지 않지만, 이 유용한 기법을 자세히 알아보고 싶다면 〈Advanced Algorithms and Data Structures〉(2021, 매닝)를 읽어 보기 바랍니다.

내장된 조회 최적화 기능이 있음에도 학습용 데이터셋이 크면 KNN 실행 속도가 느려질 수 있습니다. 특히 하이퍼파라미터를 최적화할 때는 속도가 더욱 느려집니다. 학습용 데이터셋의 요소 (X, y)를 2,000배로 늘려서 이러한 속도 저하를 설명해 보겠습니다. 그다음 확장된 데이터에 대한 격자 탐색 시간을 측정해 보겠습니다.

> **노트** 다음 코드의 실행이 완료될 때까지 오랜 시간이 소요될 수 있습니다.

코드 20-48 대규모 학습용 데이터셋에 대해 KNN 최적화하기

```
import time
X_large = np.vstack([X for _ in range(2000)])
y_large = np.hstack([y for _ in range(2000)])
clf_grid = GridSearchCV(KNeighborsClassifier(), hyperparams, scoring='f1_macro')
start_time = time.time()
clf_grid.fit(X_large, y_large)
running_time = (time.time()-start_time) / 60
print(f"격자 탐색에는 {running_time:.2f}분 소요되었습니다")
```

▶ 실행결과

격자 탐색에는 16.23분 소요되었습니다

격자 탐색에 16분이 넘는 시간이 걸렸습니다. 허용할 수 있는 수준의 시간이 아닙니다. 다른 해결책이 필요합니다. 다음 절에서는 예측 실행 시간이 학습용 데이터셋 크기와 상관없는 새로운 분류 모델을 살펴봅니다.

20.6 요약

- 지도 학습에서는 특징이라고 하는 입력된 측정값과 클래스라고 하는 출력된 범주 간의 관계를 찾는 것이 목표입니다. 특징을 기반으로 클래스를 식별하는 모델을 분류 모델이라고 합니다.

- 분류 모델을 구축하려면 먼저 특징과 레이블이 지정된 클래스가 모두 포함된 데이터셋이 필요합니다. 이 데이터셋을 학습용 데이터셋이라고 합니다.

- 매우 간단한 분류 모델 중 하나로 K-최근접 이웃(KNN)이 있습니다. KNN은 학습용 데이터셋에서 가장 가까운 레이블링된 데이터 K개 중 복수의 클래스를 기반으로 분류되지 않은 점을 분류합니다. 기본적으로 이러한 이웃들은 투표를 하여 미지의 데이터에 대한 클래스를 결정합니다. 선택적으로 레이블이 지정되지 않은 데이터와 이웃 거리에 따라 투표에 가중치를 부여할 수 있습니다.

- 오차 행렬 M을 계산하여 분류 모델 성능을 평가할 수 있습니다. 대각선의 각 요소 M[i][i] 값은 클래스 i를 정확하게 잘 예측한 수를 의미합니다. 이 정확한 예측을 클래스의 참 양성이라고 합니다. 그리고 대각선의 모든 요소 값을 더한 것으로 나누면 정확도 점수를 구할 수 있습니다.

- 실제로는 클래스 B에 속하는 데이터를 클래스 A라고 예측한 경우 클래스 A에 대한 거짓 양성이라고 합니다. 이를 참 양성 수와 더한 값으로 참 양성 수를 나누면 정밀도라는 지표를 얻을 수 있습니다. 정밀도가 낮으면 예측된 클래스 레이블의 신뢰도가 낮다는 것을 의미합니다.

- 실제 클래스 A 요소가 클래스 B로 예측된 경우 이를 클래스 A의 거짓 음성이라고 합니다. 참 양성 수를 참 양성과 거짓 음성의 합으로 나누면 재현율이라는 지표를 얻을 수 있습니다. 재현율이 낮다는 것은 예측기가 해당 클래스의 유효한 인스턴스를 자주 놓친다는 것을 의미합니다.

- 좋은 분류 모델은 높은 정밀도 및 재현율을 모두 제공해야 합니다. 정밀도와 정확도를 f-측정치라는 단일 지표로 결합할 수 있습니다. 정밀도 p와 재현율 r이 주어지면, 2 * p * r / (p+r)로 f-측정치를 계산할 수 있습니다. 여러 클래스에 걸친 여러 f-측정치의 평균을 구하면 단일 점수로도 만들 수 있습니다.
- 특히 데이터가 불균형할 때는 f-측정치가 정확도보다 좋은 지표로 쓰일 수 있기 때문에 선호되고는 합니다.
- KNN 성능을 최적화하려면 최적의 K 값을 선택해야 하며, `weighted_voting` 사용 여부도 결정해야 합니다. 이 두 파라미터를 모델의 행동 방식을 사전에 정의하는 하이퍼파라미터라고 합니다. 이러한 하이퍼파라미터는 학습이 되기 전에 설정되어야 합니다. 모든 머신러닝 모델에는 예측력을 높이기 위해 조정 가능한 하이퍼파라미터가 있습니다.
- 가장 간단하게 하이퍼파라미터를 최적화하는 방법은 격자 탐색입니다. 가능한 모든 하이퍼파라미터 조합에 대해 학습을 반복적으로 수행합니다. 반복하기 전에 원본 데이터셋은 학습용 데이터셋과 검증용 데이터셋으로 분할되는데, 이 방식으로 모델 성능을 검증하는 것을 교차 검증이라고 합니다. 그다음 하이퍼파라미터 조합을 하나씩 반복하며 분류 모델을 학습시키고 평가합니다. 마지막으로 지표상 가장 좋은 성능을 보인 하이퍼파라미터 값이 최종 선택됩니다.

21장

로지스틱 회귀로 선형 분류 모델 학습

이 장에서 다루는 내용

- 간단한 선형 경계로 데이터 클래스 구분하기
- 로지스틱 회귀 알아보기
- 사이킷런으로 선형 분류 모델 학습하기
- 클래스 예측과 학습된 분류 모델의 파라미터 관계 해석하기

데이터 분류는 클러스터링/그룹화와 마찬가지로 기하학적 문제로 취급될 수 있습니다. 레이블이 지정된 클래스가 추상적인 공간에서 함께 그룹화될 수 있다는 것입니다. 데이터 사이의 거리를 측정하면 어떤 데이터가 동일한 클러스터에 속하는지 식별할 수 있습니다. 그러나 앞 장에서 배운 것처럼 이 거리를 계산하는 데는 많은 비용이 들 수 있습니다. 다행히 모든 데이터 사이의 거리를 측정하지 않고도 속한 클래스를 찾을 수 있는 방법이 있습니다. 이 작업은 이전에 수행한 적이 있습니다. 14장에서는 의류 매장 고객을 조사했습니다. 각 고객은 키와 몸무게라는 두 특징으로 표현되었습니다. 이 특징들을 시각화하면 시가 모양의 그래프가 나타났습니다. 해당 시가 모양의 그래프를 옆으로 뒤집어 세로로 세 부분으로 잘라 보면 소형, 중형, 대형이라는 세 부류의 고객이 나타납니다.

칼로 자르듯 데이터 클래스를 잘라 내어 서로 다른 데이터 범주를 분리할 수 있습니다. 단순히 선형 절단으로 나눌 수 있습니다. 이전에는 수직 하향 절단으로만 제한했습니다. 이 장에서는 데이터를 비스듬히 잘라 클래스 분리를 극대화하는 방법을 알아봅니다. 직접 선형 절단을 수행하면 거리 계산에 의존하지 않고 데이터를 분류하는 것이 가능합니다. 이 과정에서 선형 분류 모델을 학습시키고 해석하는 방법을 배웁니다. 고객을 크기에 따라 분류하는 문제를 다시 살펴보는 것으로 시작해 보겠습니다.

21.1 규모별로 고객을 선형적으로 분리하기

14장에서는 고객의 키(인치)와 몸무게(파운드)를 시뮬레이션했습니다. 키와 몸무게가 큰 고객일수록 대형 클래스에 속했습니다. 이 시뮬레이션을 다시 실행해 보겠습니다. 키와 몸무게는 특징 행렬 X, 고객의 클래스는 레이블 배열 Y에 저장됩니다. 여기에서 '대형(Large)' 또는 '대형이 아님(Not Large)'이라는 두 클래스로 집중합니다. 대형 클래스에 속하는 고객은 키가 72인치 이상이고 몸무게가 160파운드 이상이라고 가정합니다. 이 데이터를 시뮬레이션한 뒤 시각화하여 y의 범주 레이블을 기준으로 색이 지정된 X에 대한 산점도를 그립니다(그림 21-1). 이 시각적 표현은 다양한 고객 유형을 공간적으로 분리할 지점을 찾는 데 유용합니다.

코드 21-1 분류된 고객 측정 시뮬레이션하기

```python
import matplotlib.pyplot as plt
import numpy as np
np.random.seed(1)
def plot_customers(X, y, xlabel='인치(in)', ylabel='파운드(lb)'): colors = ['g', 'y']
    labels = ['대형이 아님', '대형']  ····· 고객은 '대형'과 '대형이 아님'이라는 두 클래스 중 한곳에 속합니다.

    for i, (color, label) in enumerate(zip(colors, labels)):
        plt.scatter(X[:,0][y == i], X[:,1][y == i], color=color, label=label)

    plt.xlabel(xlabel)
    plt.ylabel(ylabel)
```

고객의 측정값을 시각화하고 클래스를 기준으로 다른 색상을 부여합니다. 고객의 키와 몸무게는 특징 행렬 X에서 서로 다른 두 특징으로 처리되며, 고객의 클래스 유형은 레이블 배열 y에 저장됩니다.

```
inches = np.arange(60, 78, 0.1)
random_fluctuations = np.random.normal(scale=10, size=inches.size)
pounds = 4 * inches - 130 + random_fluctuations
X = np.array([inches, pounds]).T    ----- 14장의 선형 공식에 따라 몸무게를 키의 함수로 모델링합니다.
y = ((X[:,0] > 72) & (X[:,1] > 160)).astype(int)    ----- 고객의 키가 72인치보다 크고 몸무게가 160파운드보다
                                                          크면 대형으로 간주됩니다.
plot_customers(X, y)
plt.legend()
plt.show()
```

▼ 그림 21-1 고객의 키와 몸무게에 대한 측정값들을 나타낸 산점도로, 대형 고객과 대형이 아닌 고객은 등급에 따라 다른 색상으로 표현됩니다

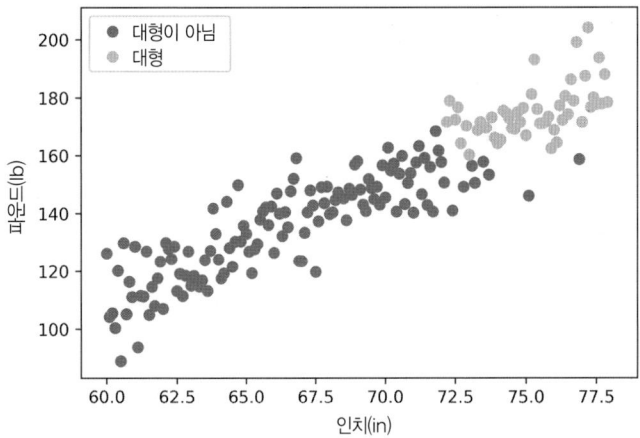

그래프는 양쪽 끝 색상이 서로 다른 시가 모양을 보입니다. 시가를 자르는 칼이 색상을 분리하는 역할을 한다고 상상할 수 있습니다. 이 칼은 두 고객 클래스를 구분하는 경계선 역할을 합니다. 구체적으로 이 경계는 기울기가 -3.5고, y절편이 415인 선으로 표현될 수 있습니다. 이 선의 공식은 lbs = -3.5 * inches + 415입니다. 이제 이 선형 경계를 추가해 보겠습니다(그림 21-2).

코드 21-2 두 고객 범주를 구분하는 경계선 그리기

```
def boundary(inches): return -3.5 * inches + 415
plt.plot(X[:,0], boundary(X[:,0]), color='k', label='경계선')
plot_customers(X, y)
plt.legend()
plt.show()
```

▼ 그림 21-2 고객의 키와 몸무게에 대한 측정값들을 나타낸 산점도로, 위쪽 선형 경계는 대형과 대형이 아닌 두 고객을 분류합니다

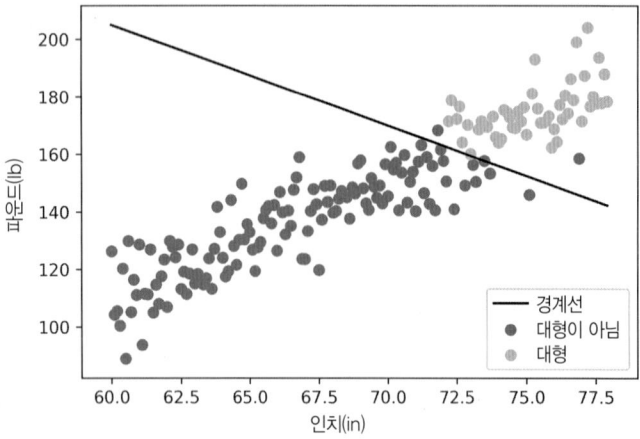

> **노트** 이 장 뒷부분에서 선형 경계를 자동으로 계산하는 방법을 알아봅니다.

그래프에 그린 선을 **선형 결정 경계**라고 하며, 이를 사용하여 고객의 클래스를 정확하게 선택할 수 있습니다. 대부분의 대형 클래스 고객은 그 선 위에 위치합니다. 고객의 키와 몸무게에 대한 측정값이 (inches, lbs)로 주어졌을 때 lbs > -3.5 * inches + 415를 확인하여 고객의 클래스를 예측합니다. 해당 식이 참이면 고객은 대형으로 분류되는 것이죠. 이제 해당 식을 사용하여 고객의 클래스를 예측해 보겠습니다. 예측 결과를 y_pred 배열에 저장하고, f-측정치를 출력하여 우리 예측을 평가합니다.

> **노트** 20장에서 설명한 것처럼 f-측정치는 분류 예측 품질을 평가하는 데 선호되는 방법입니다. f-측정치는 분류 모델의 정밀도와 재현율에 대한 조화 평균과 같습니다.

코드 21-3 선형 경계로 클래스 예측하기

```
from sklearn.metrics import f1_score
y_pred = []
for inches, lbs in X:
    prediction = int(lbs > -3.5*inches+415)
    y_pred.append(prediction)

f_measure = f1_score(y_pred, y)
print(f'f-측정치는 {f_measure:.2f}입니다')
```

▶ 실행결과

f-측정치는 0.97입니다

예상대로 f-측정치가 높습니다. lbs > -3.5 * inches + 415 부등식에 따라 데이터를 정확하게 분류할 수 있습니다. 또 벡터 내적을 활용하면 더욱 간결하게 분류를 수행할 수 있습니다. 다음 절차를 고려해 보죠.

1. 부등식은 3.5 * inches + lbs - 415 > 0으로 조정될 수 있습니다.
2. 두 벡터 [x, y, z]와 [a, b, c]의 내적은 a * x + b * y + c * z와 같습니다.
3. 두 벡터 [inches, lbs, 1]과 [3.5, 1, -415]의 내적은 3.5 * inches + lbs - 415와 같습니다.
4. 따라서 부등식은 그림 21-3에 표시된 대로 w @ v > 0으로 축약 표현될 수 있습니다. 여기에서 w와 v는 모두 벡터고 @는 내적 연산자를 의미합니다.

두 벡터 중 하나만 lbs와 inches 값에 의존합니다. 두 번째 벡터인 [3.5, 1, -415]는 고객 측정값과 상관없이 일정하게 유지됩니다. 이 불변 벡터를 **가중치 벡터**(weight vector) 또는 간단히 **가중치**(weight)라고 합니다.

> 노트 이 가중치(웨이트)라는 이름은 파운드 단위로 측정된 고객 체중과는 무관합니다.

▼ 그림 21-3 가중치와 [inches, lbs, 1]의 내적을 방향 그래프로 시각화할 수 있습니다. 그래프에서 가장 왼쪽 노드는 측정값인 [inches, lbs, 1]을 나타내고 간선에 적힌 숫자들은 가중치 [3.5, 1, -415]를 나타냅니다. 각 노드를 해당 간선 가중치와 곱한 후 그 결과를 모두 더합니다. 이 합은 두 벡터 v와 w의 내적과 같습니다. 고객 분류는 w @ v > 0인지 여부에 따라 결정됩니다

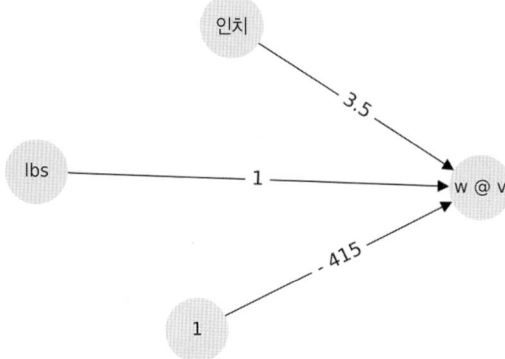

벡터 내적을 계산하는 코드 두 줄로 y_pred를 다시 계산합니다.

1. 가중치 벡터를 [3.5, 1, -415]와 같도록 할당합니다.
2. 가중치와 [inches, lbs, 1]의 내적을 계산하여 X에 저장된 각 (인치, 파운드) 고객 샘플을 분류합니다.

코드 21-4 벡터 내적으로 범주 예측하기

```
weights = np.array([3.5, 1, -415])
predictions = [int(weights @ [inches, lbs, 1] > 0) for inches, lbs in X]
assert predictions == y_pred
```

행렬 곱셈을 사용하면 코드를 더욱 간결하게 만들 수 있습니다. 다음을 생각해 보죠.

1. 현재는 행렬 X의 각 [inches, lbs] 행을 반복하며 1을 추가하여 [inches, lbs, 1] 형태의 벡터를 얻어야 합니다.
2. 1로만 채워진 열을 행렬 X에 이어 붙여도 3열 행렬 M을 얻을 수 있습니다. 각 행렬 행은 [inches, lbs, 1]과 같습니다. 이렇게 얻은 M을 패딩이 적용된 특징 행렬이라고 합니다.
3. `[weights @ v for v in M]`을 실행하면 가중치와 행렬 M의 모든 행 사이에 있는 내적이 계산됩니다. 물론 이 연산은 M과 가중치 사이의 행렬 곱과도 동일합니다.
4. `M @ weights`로 간단히 행렬 곱을 계산할 수 있습니다.
5. `M @ weights > 0` 부등식을 실행하면 불리언 배열이 반환되는데, 각 요소는 3.5 * inches + lbs - 415 > 0일 때만 참입니다.

기본적으로 `M @ weights > 0`은 불리언 벡터를 반환하며, 그 값은 `y_pred[i] == 1`이면 참이고 그렇지 않으면 거짓입니다. 넘파이의 `astype` 메서드를 활용하면 불리언 값을 수치형으로 변환할 수 있습니다. 따라서 `(M @ weights > 0).astype(int)`로 예측을 생성할 수 있습니다. 확인해 봅시다.

코드 21-5 행렬 곱셈으로 클래스 예측하기

```
M = np.column_stack([X, np.ones(X.shape[0])])   ----- 특징 행렬 X에 1로 구성된 열을 추가하여 3열로 된 행렬 M을 만듭니다.
print("패딩이 적용된 특징 행렬의 처음 다섯 행은 다음과 같습니다")
print(np.round(M[:5], 2))

predictions = (M @ weights > 0).astype(int)      예측이 동일하게 유지되는지 확인합니다. 주의할 점은 행렬 곱셈 결과가 넘파이
assert predictions.tolist() == y_pred    ........ 배열로 반환되고 비교하려면 이를 리스트로 변환해야 한다는 것입니다.
```

▶ 실행결과

```
패딩이 적용된 특징 행렬의 처음 다섯 행은 다음과 같습니다
[[ 60.   126.24   1.  ]
 [ 60.1  104.28   1.  ]
 [ 60.2  105.52   1.  ]
 [ 60.3  100.47   1.  ]
 [ 60.4  120.25   1.  ]]
```

고객 분류 문제를 간단한 행렬-벡터 곱셈의 문제로 축소했습니다. 이 행렬 곱셈 분류 모델을 선형 분류 모델이라고 합니다. 선형 분류 모델이 입력된 특징을 분류하는 데 필요한 것은 가중치 벡터뿐입니다. 여기에서는 특징 행렬 X와 가중치 벡터 가중치를 입력으로 받는 `linear_classifier` 함수를 정의합니다. 이 함수는 범주 예측 배열을 반환합니다.

코드 21-6 선형 분류 모델 함수 정의하기

```
def linear_classifier(X, weights):
    M = np.column_stack([X, np.ones(X.shape[0])])
    return (M @ weights > 0).astype(int)

predictions = linear_classifier(X, weights)
assert predictions.tolist() == y_pred
```

선형 분류 모델은 가중치가 적용된 특징과 상수를 합쳐 0보다 큰지 여부를 확인합니다. weights[-1]에 저장된 상수 값을 **편향**(bias)이라고 하며, 나머지 값은 **계수**(coefficients)라고 합니다. 분류 과정에서 각 계수를 해당하는 특징과 곱합니다. 가령 weights[0]에 담긴 인치에 대한 계수는 inches와 weights[1]에 담긴 inches에 대한 계수는 lbs와 곱합니다. 따라서 weights는 두 계수와 하나의 편향으로 구성되며 [inches_coef, lbs_coef, bias] 형태를 띠니다.

알려진 결정 경계로 가중치 벡터를 도출했지만, 가중치는 학습용 데이터셋 (X, y)를 이용하여 직접 계산할 수도 있습니다. 다음 절에서는 선형 분류 모델을 학습시키는 방법을 알아봅니다. 모델 학습은 고객 클래스를 선형적으로 구분하는 직선의 계수와 편향을 찾는 과정입니다.

> **노트** 학습된 결과는 가중치 벡터의 무한한 개수가 M @ weights > 0이라는 부등식을 만족하기 때문에 가중치와 같지 않습니다. 양변에 양의 상수 k를 곱하면 이를 증명할 수 있습니다. 물론 0 * k는 0과 같습니다. 한편 weights * k는 새로운 벡터 w2를 생성합니다. 따라서 M @ weights가 0을 초과할 때마다(그 반대도 마찬가지) M @ w2는 0보다 큽니다. 무한한 수의 상수이므로 무한한 수의 w2 벡터가 있지만 이 벡터는 같은 방향을 가리킵니다.

21.2 선형 분류 모델 학습시키기

X의 클래스를 예측하는 최적의 가중치 벡터를 찾고 싶습니다. 먼저 가중치를 임의로 값 세 개로 설정해 보겠습니다. 그다음 해당 임의의 벡터와 연관된 f-측정치를 계산합니다. 임의로 설정된 값으로 계산된 결과이기 때문에 f-측정치는 매우 낮을 것입니다.

코드 21-7 임의의 가중치를 사용하여 분류하기

```
np.random.seed(0)
weights = np.random.normal(size=3)
y_pred = linear_classifier(X, weights)
f_measure = f1_score(y_pred, y)

print('아래의 임의 가중치를 입력했습니다')
print(np.round(weights, 2))
print(f'\nf-측정치는 {f_measure:.2f}와 같습니다')
```

▶ 실행결과

```
아래의 임의 가중치를 입력했습니다
[1.76 0.4  0.98]

f-측정치는 0.43와 같습니다
```

예상대로 끔찍한 f-측정치 결과가 나왔습니다. y_pred를 출력해 보면 그 이유를 알 수 있습니다.

코드 21-8 예측된 클래스 출력하기

```
print(y_pred)
```

▶ 실행결과

모든 데이터를 클래스 1이라고 예측했습니다. 가중치와 각 특징 벡터의 곱은 항상 0보다 크기 때문에 분명히 가중치가 너무 클 것입니다. 가중치를 낮추면 더 많은 클래스 0을 예측할 수 있습니다. 가령 극단적으로 가중치를 [0, 0, 0]으로 설정하면 모든 데이터의 예측된 클래스는 0이 됩니다.

코드 21-9 가중치를 낮추어 클래스 예측에 변화 주기

```
assert np.all(linear_classifier(X, [0, 0, 0]) == 0)
```

가중치를 낮추면 더 많은 클래스 0 예측이, 가중치를 높이면 더 많은 범주 1 예측이 생성됩니다. 따라서 예측이 실제 클래스 레이블과 일치할 때까지 지능적으로 가중치를 높이고 낮출 수 있다고 생각할 것입니다. 그러면 레이블과 예측이 일치하도록 가중치를 조정하는 전략을 고안해 보겠습니다. 먼저 `weights[-1]`의 편향을 조정합니다.

> **노트** 계수를 조정하는 것은 좀 더 까다롭기 때문에 지금은 편향에 초점을 맞추겠습니다.

우리 목표는 y_pred의 예측 값과 y의 실제 레이블 사이에 있는 차이를 최소화하는 것입니다. 어떻게 하면 좋을까요? 간단한 전략은 각 예측된 클래스 레이블과 실제 레이블을 비교하는 것입니다. 각 비교를 기반으로 다음과 같이 편향을 조정하는 것이죠.

- 예측이 실제 클래스와 같다면 예측이 올바른 것입니다. 즉, 편향을 수정하지 않습니다.
- 예측이 1이고 실제 클래스가 0이면 가중치가 너무 높다고 판단합니다. 즉, 편향을 한 단위 낮춥니다.
- 예측이 0이고 실제 클래스가 1이면 가중치가 너무 낮다고 판단합니다. 즉, 편향을 한 단위 늘립니다.

예측된 레이블과 실제 레이블을 기반으로 편향 값을 조정하는 함수를 정의합니다.

> **노트** 기존 관례에 따라 편향 이동 값은 가중치에서 빼는 방식으로 적용됩니다. 따라서 get_bias_shift 함수는 가중치가 감소해야 할 때 양의 값을 반환합니다.

코드 21-10 예측 품질에 따른 편향 이동 계산하기

```
def get_bias_shift(predicted, actual):
    if predicted == actual:
        return 0
```

```
    if predicted > actual:
        return 1

    return -1
```

수학적으로 get_bias_shift 함수는 '예측-실제'가 같다는 것을 보일 수 있습니다. 다음 코드는 예측된 클래스 레이블과 실제 클래스 레이블의 네 가지 모든 조합에 대해 이를 확실하게 증명합니다.

코드 21-11 산술로 편향 이동 계산하기

```
for predicted, actual in [(0, 0), (1, 0), (0, 1), (1, 1)]:
    bias_shift = get_bias_shift(predicted, actual)
    assert bias_shift == predicted - actual
```

단위 이동을 1로 설정한 것은 임의적인 값이라는 점에 주목할 필요가 있습니다. 편향을 1단위가 아닌 0.1단위, 10단위, 100단위로 이동시킬 수도 있습니다. 이를 일반화하여 이동되는 정도를 **학습률**(learning rate)이라는 파라미터로 조정할 수 있습니다. 학습률은 예측-실제에 곱해 이동 크기를 조정합니다. 따라서 이동 단위를 0.1로 줄이고 싶다면 학습률을 0.1로 설정한 뒤 학습률 * (예측-실제)를 사용합니다. 이러한 조정은 학습의 질에 영향을 미칠 수 있어 학습률 파라미터가 기본값으로 0.1로 설정되도록 get_bias_shift 함수를 다시 정의하겠습니다.

코드 21-12 학습률로 편향 이동 계산하기

```
def get_bias_shift(predicted, actual, learning_rate=0.1):
    return learning_rate * (predicted-actual)
```

이제 편향을 조정할 준비가 되었습니다. 코드 21-13은 M의 각 [inches, lbs, 1] 벡터를 반복하며, 모든 i번째 벡터에 대해 클래스 레이블을 예측하고 y[i]의 실제 클래스와 비교합니다.

> **노트** 참고로 모든 벡터 v에 대한 범주 예측은 int(v @ weights > 0)과 같습니다.

각 예측으로 편향 이동을 계산하고 weights[-1]에 저장된 편향에서 이를 뺍니다. 모든 반복이 완료되면 조정된 편향을 출력하고 원래 값과 비교합니다.

코드 21-13 반복적으로 편향 이동하기

```
def predict(v, weights): return int(v @ weights > 0)    ----- 행렬 M의 한 행과 연관된 벡터 v에 대해
                                                              클래스 레이블을 예측합니다.

starting_bias = weights[-1]
for i, actual in enumerate(y):
    predicted = predict(M[i], weights)
    bias_shift = get_bias_shift(predicted, actual)
    weights[-1] -= bias_shift
```

```
new_bias = weights[-1]
print(f"초기 편향은 {starting_bias:.2f}이었습니다")
print(f"조정된 편향은 {new_bias:.2f}와 같습니다")
```

▶ 실행결과

초기 편향은 0.98이었습니다
조정된 편향은 -12.02와 같습니다

편향 값이 크게 감소했습니다. 가중치가 너무 컸던 것을 감안하면 이는 당연한 결과입니다. 편향 이동으로 f-측정치가 개선되었는지 확인해 보겠습니다.

코드 21-14 편향 이동 후 성능 확인하기

```
y_pred = linear_classifier(X, weights)
f_measure = f1_score(y_pred, y)
print(f'f-측정치는 {f_measure:.2f}와 같습니다')
```

▶ 실행결과

f-측정치는 0.43와 같습니다

f-측정치는 그대로입니다. 단순히 편향을 조정하는 것만으로는 충분하지 않습니다. 그렇다면 계수도 조정해야 하는데 어떻게 해야 할까요? 단순하게 편향 이동 값을 모든 계수에서 빼는 방법이 있습니다. 각 학습용 데이터마다 반복하면서 `weights -= bias_shift`를 실행하는 것이죠. 그러나 이 단순한 접근법에는 문제가 있습니다. 항상 계수를 조정하게 되는데, 관련된 특징이 0일 때 계수를 조정하는 것은 위험합니다. 간단한 예시로 그 이유를 설명해 보겠습니다.

고객 데이터셋에서 빈 항목이 잘못 기록되어 (0, 0)으로 입력되었다고 상상해 봅시다. 이때 모델은 몸무게와 키가 0인 고객으로 처리합니다. 물론 이런 고객이 물리적으로 존재하는 것은 불가능하지만, 그것은 중요하지 않습니다. 이 가상의 고객은 분명히 '대형이 아님' 클래스에 속하므로 올바른 클래스 레이블은 0이어야 합니다. 우리 선형 모델이 이 고객을 분류할 때는 [0, 0, 1]과 [inches_coef, lbs_coef, bias]의 내적을 계산합니다. 당연히 계수들이 0과 곱해지면서 사라지기 때문에 최종 내적 값은 편향 값과 같아집니다(그림 21-4). 편향이 0보다 크다면 분류 모델은 잘못된 클래스 1 레이블을 할당합니다. 이때는 `bias_shift`를 사용하여 편향을 줄여야 합니다. 그럼 계수도 조정해야 할까요? 아닙니다! 계수는 예측에 영향을 미치지 않았으므로 계수 품질은 평가할 수 없습니다. 어쩌면 계수는 이미 최적일 수도 있습니다. 그렇다면 편향 이동 값을 계수에서 빼는 것은 모델을 오히려 악화시킬 수 있습니다.

▼ 그림 21-4 weights와 [0, 0, 1]의 내적을 방향 그래프로 시각화할 수 있습니다. 그래프에서 가장 왼쪽 노드는 값이 0인 특징을 나타내고 간선의 가중치는 계수와 편향을 나타냅니다. 각 노드를 해당 간선 가중치와 곱한 후 결과를 모두 더합니다. 그러면 그 합은 편향과 같습니다. 고객 분류는 편향 > 0인지 여부에 따라 결정됩니다. 이때 계수는 예측에 영향을 미치지 않으므로 변경해서는 안 됩니다

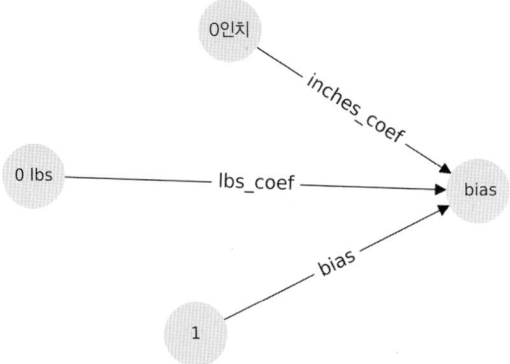

lbs 특징이 0일 때는 lbs_coef를 절대 바꾸지 말아야 합니다. 하지만 lbs 특징이 0이 아닐 때는 편향이 이동한 만큼 lbs_coef를 조정하는 것이 맞습니다. 이를 구현하고자 lbs_coef 이동 값을 파운드가 0이면 이동하지 않고, 0이 아니면 편향의 이동 정도만큼 이동한다고 설정할 수 있습니다. 또는 bias_shift * lbs로 이동 값을 설정할 수도 있습니다. 그러면 lbs가 0일 때는 이동이 없고, 그렇지 않을 때는 lbs_coef는 bias_shift와 같은 방향으로 이동합니다.

넘파이에서 bias_shift * [inches, lbs, 1]을 실행하면 가중치 이동을 한 번에 계산할 수 있습니다. 물론 [inches, lbs, 1] 벡터는 패딩된 특징 행렬 M의 행에 해당합니다. 따라서 weights -= bias_shift * M[i]를 사용하여 각 예측을 기반으로 가중치를 조정할 수 있습니다. 이를 염두에 두고 각 실제 레이블을 y 단위로 반복하고 예측 값에 따라 가중치를 조정해 보겠습니다. 그다음 f-측정치가 개선되는지 확인합니다.

코드 21-15 코드 한 줄로 모든 가중치 이동 계산하기

```
old_weights = weights.copy()
for i, actual in enumerate(y):
    predicted = predict(M[i], weights)
    bias_shift = get_bias_shift(predicted, actual)
    weights -= bias_shift * M[i]

y_pred = linear_classifier(X, weights)
f_measure = f1_score(y_pred, y)
print("이전의 가중치는 다음과 같습니다")
print(np.round(old_weights, 2))
print("\n갱신된 가중치는 다음과 같습니다")
print(np.round(weights, 2))
print(f'\nf-측정치는 {f_measure:.2f}와 같습니다')
```

▶ 실행결과

이전의 가중치는 다음과 같습니다
[1.76 0.4 -12.02]

갱신된 가중치는 다음과 같습니다
[-4.64 2.22 -12.12]

f-측정치는 0.78와 같습니다

반복 과정에서 inches_coef는 6.40단위 감소했습니다(1.76에서 -4.64로). 반면 편향은 0.1단위만 감소했습니다(-12.02에서 -12.12로). 계수 이동은 키에 비례하기 때문에 이 같은 차이는 당연한 것입니다. 고객의 평균 키는 64인치이므로 계수 이동이 편향 대비 64배 더 큽니다. 곧 설명하겠지만, lbs_coef의 이동에 큰 차이는 문제를 일으킬 수 있습니다. 나중에 **표준화**(standardization) 과정을 거쳐 이러한 문제를 제거합니다. 다만 먼저 f-측정치를 살펴보겠습니다.

f-측정치가 0.43에서 0.78로 커졌습니다. 가중치 이동 전략이 효과가 있습니다. 이를 1,000번 반복하면 어떤 결과가 나올까요? 다음 코드는 가중치 이동을 1,000회 반복하는 동안 f-측정치 변화를 모니터링합니다. 그다음 각 i번째 f-측정치를 i번째 반복과 비교하여 시각화합니다(그림 21-5). 해당 시각화를 활용하여 시간이 지남에 따라 분류 모델 성능이 어떻게 향상되는지 모니터링할 수 있습니다.

> **노트** 이 연습을 하는 목적을 위해 가중치를 처음 설정된 임의의 값으로 초기화했습니다. 이것으로 시작 f-측정치인 0.43에 비해 성능이 어떻게 개선되는지 모니터링할 수 있습니다.

코드 21-16 여러 반복에 걸쳐 가중치 조정하기

```
np.random.seed(0)
weights = np.random.normal(size=3)    ····· 초기 가중치로 임의의 값을 할당합니다.

f_measures = []
for _ in range(1000):    ····· 1000번 동안 가중치 이동을 반복합니다.
    y_pred = linear_classifier(X, weights)
    f_measures.append(f1_score(y_pred, y))    ····· 각 반복당 도출된 가중치에 대한 성능을 추적합니다.

    for i, actual in enumerate(y):    ····· 각 예측/실제 클래스 레이블 쌍을 반복하며 가중치를 이동시킵니다.
        predicted = predict(M[i], weights)
        bias_shift = get_bias_shift(predicted, actual)
        weights -= bias_shift * M[i]

print(f'1000번 반복 이후의 f-측정치는 {f_measures[-1]:.2f}와 같습니다')
plt.plot(range(len(f_measures)), f_measures)
plt.xlabel('반복 횟수')
plt.ylabel('f-측정치')
plt.show()
```

▼ 그림 21-5 반복 횟수에 대한 모델의 f-측정치를 시각화한 그래프로 각 반복마다 모델 가중치가 조정됩니다. f-측정치는 낮은 값과 적절한 값 사이에서 크게 변동합니다. 이러한 변동은 제거할 필요가 있습니다

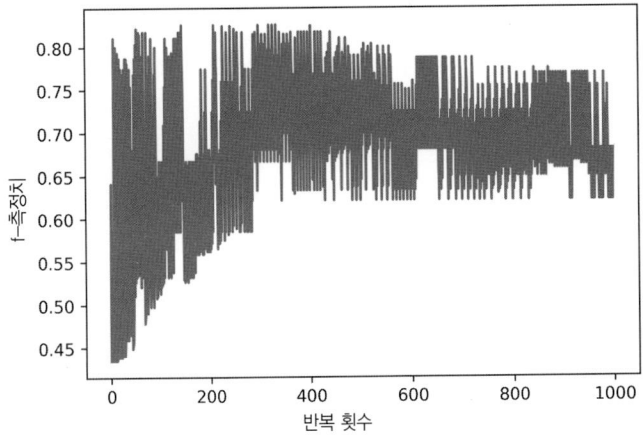

최종 f-측정치는 0.68로, 분류 모델이 제대로 학습되지 않은 것으로 보입니다. 무슨 일이 일어났을까요? 그래프를 보면 반복 과정에서 분류 모델 성능이 크게 변동하는 것을 알 수 있습니다. 때로는 f-측정치가 0.80까지 오르기도 하고, 약 0.60까지 떨어지기도 합니다. 약 400번 반복한 이후 분류 모델은 이 두 값 사이에서 끊임없이 오르락내리락합니다. 이 급격한 변동은 지속적으로 너무 큰 가중치 이동 때문에 발생합니다. 이는 너무 빠르게 비행하는 비행기에 비유할 수 있습니다. 이륙 후 시속 600마일로 비행하는 비행기를 상상해 보죠. 이 빠른 속도를 유지하며 3시간 이내에 1,500마일을 이동합니다. 하지만 목적지에 가까워졌을 때 조종사가 속도를 줄이지 않으면 비행기는 공항을 지나쳐 되돌아가야 합니다. 조종사가 속도를 줄이지 않으면 계속해서 착륙에 실패하고, 이는 마치 우리 그래프에서 보이는 끝없는 진동과 같은 상황을 초래합니다. 그러면 조종사 해결책은 간단합니다. 비행 내내 속도를 점진적으로 줄이는 것입니다.

우리가 직면한 문제에도 이와 유사한 해결책을 적용할 수 있습니다. 반복이 진행될수록 가중치 이동을 점진적으로 줄여야 합니다. 가중치 이동을 줄이는 방법 중 하나는 매 k번째 반복에서 이동 값을 k로 나누는 것입니다. 이 전략을 실행해 봅시다. 가중치를 다시 랜덤 값으로 초기화하고 k 값을 1에서 1,001까지 반복합니다. 각 반복에서 가중치 이동을 bias_shift * M[i] / k로 설정합니다. 그런 다음 그래프를 다시 그려 봅니다(그림 21-6).

▼ 그림 21-6 반복 횟수에 대한 모델의 f-측정치를 시각화한 그래프로 각 반복마다 모델 가중치가 조정됩니다. 모델 가중치는 매 k번째 반복에서 1 / k에 비례하여 조정됩니다. 가중치 이동을 k로 나누면 변동이 제한되므로 f-측정치는 적절한 값으로 수렴합니다

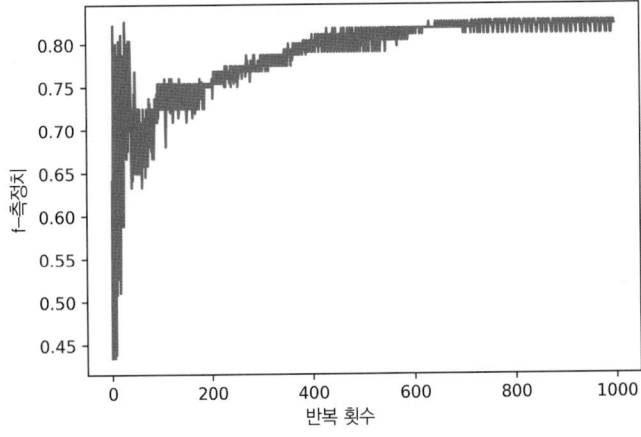

코드 21-17 여러 반복에 걸쳐 가중치 이동 줄이기

```
np.random.seed(0)                 특징 X와 레이블 y로 선형 모델을 학습시킵니다. 이 함수는 이 장의 다른 곳에서도 재사용됩니다.
def train(X, y,
          predict=predict):       predict 함수는 예측된 클래스와 실제 클래스 출력 값을 비교함으로써 가중치 이동을 조정합니다.
                                  이 장 후반부에서는 predict 함수를 수정하여 가중치 이동에 더 세부적인 변화를 추가합니다.
    M = np.column_stack([X, np.ones(X.shape[0])])
    weights = np.random.normal(size=X.shape[1]+1)      특징이 N개인 모델은 계수 N개와 하나의 편향을
    f_measures = []                                    나타내는 가중치를 총 N + 1개 가집니다.
    for k in range(1, 1000):
        y_pred = linear_classifier(X, weights)
        f_measures.append(f1_score(y_pred, y))

        for i, actual in enumerate(y):
            predicted = predict(M[i], weights)
            bias_shift = get_bias_shift(predicted, actual)
            weights -= bias_shift * M[i] / k    각 k번째 반복에서 가중치 이동을 k로 나누어 줄입니다.
                                                이것으로 가중치 이동 변동을 줄일 수 있습니다.
    return weights, f_measures    최적화된 가중치와 1,000번 반복 동안
                                  추적된 성능을 반환합니다.

weights, f_measures = train(X, y)
print(f'1000번 반복 후 f-측정치는 {f_measures[-1]:.2f}와 같습니다')
plt.plot(range(len(f_measures)), f_measures)
plt.xlabel('반복 횟수')
plt.ylabel('f-측정치')
plt.show()
```

▶ **실행결과**

1000번 반복 후 f-측정치는 0.82와 같습니다

가중치를 점진적으로 줄여 나가는 데 성공했습니다. f-측정치는 0.82의 안정된 값으로 수렴합니다. 우리는 퍼셉트론 학습 알고리즘으로 수렴을 달성했습니다. 퍼셉트론은 1950년대 발명된 간단한 선형 분류 모델로, 매우 쉽게 학습시킬 수 있습니다. 학습용 데이터셋 (X, y)에 다음 단계를 적용하기만 하면 됩니다.

1. 특징 행렬 X에 1열을 추가하여 패딩된 행렬 M을 만듭니다.
2. 크기가 M.shape[1]인 임의 값을 포함한 가중치 벡터를 생성합니다. M의 모든 i번째 행을 반복하며 M[i] @ weights > 0을 실행하여 i번째 클래스를 예측합니다.
3. y[i]에 담긴 i번째 예측을 실제 클래스 레이블과 비교합니다. 그다음 (predicted-actual) * lr을 실행하여 편향의 이동 정도를 계산합니다. 여기에서 lr은 학습률을 의미합니다.
4. 가중치 -= 편향_이동 * M[i] / k를 실행하여 가중치를 조정합니다. 초기에는 상수 k가 1로 설정됩니다.
5. 2~4단계를 여러 번 반복합니다. 각 반복마다 k를 1씩 증가시켜 진동을 제한합니다.

반복으로 퍼셉트론 학습 알고리즘은 결국 일정한 f-측정치에 수렴하게 됩니다. 하지만 이 f-측정치가 반드시 최적이라고는 할 수 없습니다. 가령 우리 퍼셉트론은 0.82의 f-측정치로 수렴했습니다. 수용 가능한 수준이기

는 하지만, 초기 성능인 0.97에는 미치지 못한 결과입니다. 학습된 결정 경계는 초기 결정 경계만큼 데이터를 잘 분리하지 못하고 있습니다.

두 경계가 시각적으로 어떻게 비교되는지 쉽게 알 수 있습니다. 대수적 변형을 사용하면 가중치 벡터 [inches_coef, lbs_coef, bias]를 lbs = -(inches_coef*inches+bias) / lbs_coef 같은 선형 결정 경계로 변환할 수 있습니다. 이를 바탕으로 새로운 결정 경계와 이전 결정 경계를 고객 데이터와 함께 시각화해 보겠습니다(그림 21-7).

코드 21-18 새로운 의사 결정 경계와 이전 의사 결정 경계 비교하기

```
inches_coef, lbs_coef, bias = weights
def new_boundary(inches):
    return -(inches_coef*inches+bias) / lbs_coef

plt.plot(X[:,0], new_boundary(X[:,0]), color='k', linestyle='--',
         label='학습된 경계', linewidth=2)
plt.plot(X[:,0], boundary(X[:,0]), color='k', label='초기 경계')
plot_customers(X, y)
plt.legend()
plt.show()
```

▼ 그림 21-7 고객의 인치와 파운드 측정값을 나타낸 그래프입니다. 두 선형 경계가 대형과 대형이 아닌 고객을 구분하고 있으며 학습된 경계는 기준 경계에 비해 구분 성능이 떨어집니다

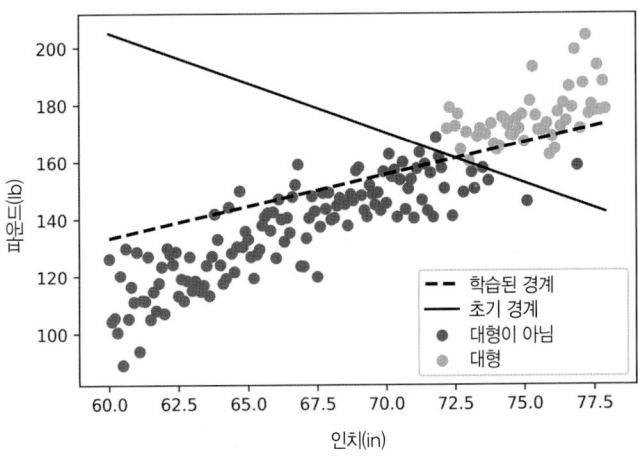

학습된 경계가 초기 것보다 성능이 떨어지지만, 이는 퍼셉트론 알고리즘 문제는 아닙니다. X 행렬의 크고 변동이 심한 특징들 때문에 학습이 방해를 받고 있는 것입니다. 다음 절에서 X 값이 커질수록 성능이 저하되는 이유를 설명합니다. 표준화라는 과정을 거쳐 이 문제를 해결할 것입니다. 표준화는 X를 (X-X.mean(axis=0)) / X.std(axis=0)으로 조정하는 방식입니다.

21.2.1 표준화를 이용하여 퍼셉트론 성능 향상시키기

퍼셉트론 학습은 X의 큰 값이 지닌 특징들 때문에 방해를 받았습니다. 이는 계수 이동과 편향 이동 간 불일치를 초래합니다. 앞서 설명했듯이, 계수 이동은 해당 특징 값에 비례합니다. 가령 고객의 평균 키가 60인치 이상이라면 inches_coef 이동은 편향 이동보다 60배 이상 크게 나타납니다. 이 때문에 편향을 조금만 조정해도 계수는 크게 변경될 수밖에 없습니다. 그 결과 편향을 조정하는 과정에서 inches_coef가 최적 값에서 크게 벗어날 위험이 있습니다.

우리 학습은 계수 이동이 너무 커서 세밀함이 부족합니다. 그러나 X 행렬에서 각 열 평균을 줄이면 이러한 이동을 낮출 수 있습니다. 또 행렬 내 분산도 줄여야 합니다. 그렇지 않으면 비정상적으로 큰 고객 측정값이 지나치게 큰 계수 이동을 초래할 수 있습니다. 따라서 우리는 열 평균과 표준 편차를 줄여야 합니다. 먼저 X.mean(axis=0)과 X.std(axis=0)의 현재 값을 출력해 보겠습니다.

코드 21-19 특징 평균 및 표준 편차 출력하기

```
means = X.mean(axis=0)
stds = X.std(axis=0)
print(f"평균값: {np.round(means, 2)}")
print(f"STD 값: {np.round(stds, 2)}")
```

▶ 실행결과

```
평균값: [68.95 146.56]
STD 값: [5.2 23.26]
```

특징 평균과 표준 편차가 상대적으로 높습니다. 어떻게 하면 작게 만들 수 있을까요? 14장에서 배운 대로 데이터셋 평균을 0으로 이동하는 것은 간단합니다. X에서 평균을 빼면 되죠. 표준 편차를 조정하는 것은 덜 간단하지만 수학적으로 (X-평균) / 표준 편차는 각 열의 분산이 모두 1.0인 행렬을 반환한다는 것을 보여 줄 수 있습니다.

> **노트** 다음은 그 증명입니다. X - 평균을 실행하면 각 열 v의 평균이 0.0인 행렬이 반환됩니다. 따라서 각 v의 분산은 [e*e for e in v] / N과 같으며, 여기에서 N은 열 요소의 개수입니다. 물론 이 연산은 간단한 내적 v @ v / N으로 표현할 수 있습니다. 표준 편차 std는 분산의 제곱근이므로 std = sqrt(v @ v) / sqrt(N)이 됩니다. 여기에서 sqrt(v @ v)는 v 크기와 같으며, 이를 norm(v)로 표현할 수 있습니다. 따라서 std = norm(v) / sqrt(N)이 됩니다. 이제 v를 std로 나누어 새로운 벡터 v2를 생성한다고 가정해 봅시다. v2 = v / std이므로 v2 크기는 norm(v) / std가 될 것입니다. v2의 표준 편차는 norm(v2) / sqrt(N)과 같습니다. 여기에서 norm(v2)를 대입하면 norm(v) / (sqrt(N)*std)가 됩니다. 그러나 norm(v) / sqrt(N)은 std와 같으므로 v2의 표준 편차는 std / std로 축소되어 결국 1.0이 됩니다.

이 간단한 과정을 표준화(standardization)라고 합니다. (X-means) / stds를 실행하여 특징 행렬을 표준화해 보겠습니다. 결과 행렬의 열 평균은 0이고 표준 편차는 1.0입니다.

코드 21-20 특징 행렬 표준화하기

```python
def standardize(X):    # ----- 고객 분포에서 도출된 측정값을 표준화합니다. 이 함수는 이 장 다른 부분에서도 재사용됩니다.
    return (X-means) / stds

X_s = standardize(X)
assert np.allclose(X_s.mean(axis=0), 0)
assert np.allclose(X_s.std(axis=0), 1)
```

이제 표준화된 특징 행렬을 사용했을 때 학습 결과가 개선되는지 확인해 보겠습니다. 또 표준화된 데이터를 기준으로 학습된 의사 결정 경계를 시각화합니다(그림 21-8).

코드 21-21 표준화된 특징 행렬에 대해 모델 학습시키기

```python
np.random.seed(0)
weights, f_measures = train(X_s, y)
print(f'표준화 후 f-측정치는 {f_measures[-1]:.2f}와 같습니다')

def plot_boundary(weights):    # ----- 표준화된 데이터와 가중치로 얻은 선형 결정 경계를 그립니다.
    a, b, c = weights
    new_boundary = lambda x: -(a*x+c) / b    # ----- 가중치를 선형 함수로 변환합니다.
    plt.plot(X_s[:,0], new_boundary(X_s[:,0]), color='k', linestyle='--',
                       label='학습된 경계', linewidth=2)
    plot_customers(X_s, y, xlabel='표준화된 인치', ylabel='표준화된 파운드')
    plt.legend()
    plt.show()

plot_boundary(weights)
```

▶ 실행결과

표준화 후 f-측정치는 0.98와 같습니다

▼ 그림 21-8 표준화된 고객 측정값을 나타낸 그래프입니다. 학습된 결정 경계가 대형 및 대형이 아닌 고객을 구분하고 있으며 이 경계는 그림 21-2의 기준 경계와 동등한 수준으로 구분합니다

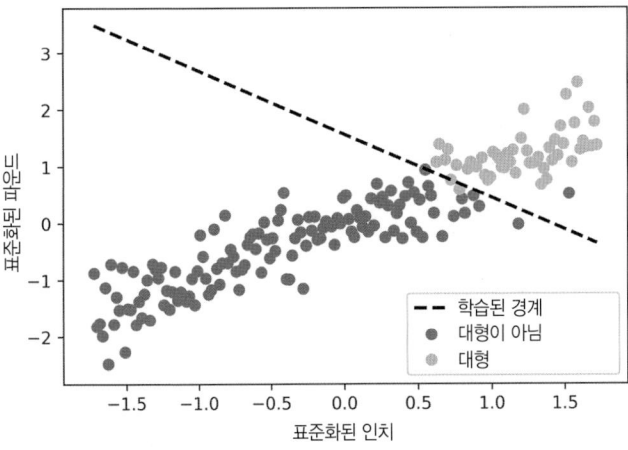

성공입니다! 새로운 f-측정치는 0.98로, 기준 값인 0.97보다 높습니다. 또 새로운 결정 경계의 각도는 그림 21-2의 기준 경계와 매우 유사합니다. 표준화로 성능을 향상시켰습니다.

> **노트** 표준화는 정규화와 유사합니다. 둘 모두 입력된 데이터 값을 낮추고 단위 차이(예 인치와 센티미터)를 없앱니다. PCA 분석 같은 일부 작업에서는 두 기술을 서로 혼용하여 사용할 수 있습니다. 하지만 선형 분류 모델을 훈련할 때는 표준화가 더 우수한 결과로 이어지는 경우가 많습니다.

이제 학습된 분류 모델로 예측을 수행하려면 분류 전 입력되는 데이터를 모두 표준화해야 합니다. 따라서 새로운 데이터 d에 대해 linear_classifier(standardize(d), weights)를 실행하여 해당 데이터를 분류합니다.

코드 21-22 새로운 분류 모델 입력 표준화하기

```python
new_data = np.array([[63, 110], [76, 199]])
predictions = linear_classifier(standardize(new_data), weights)
print(predictions)
```

▶ 실행결과

```
[0 1]
```

우리는 데이터를 표준화하고 높은 성능을 달성했습니다. 하지만 이 최적의 f-측정치가 항상 학습 알고리즘으로 보장되지는 않습니다. 같은 학습용 데이터셋에 대해 알고리즘을 반복 실행하더라도 결과가 달라질 수 있다는 의미입니다. 이는 초기 학습 단계에서 할당된 임의의 가중치 때문입니다. 특정 초기 가중치는 더 나쁜 결정 경계로 수렴할 수 있습니다. 모델의 일관성이 부족하다는 것을 보여 주기 위해 퍼셉트론을 다섯 번 학습시켜 보겠습니다. 각 학습이 끝난 뒤 결과로 나온 f-측정치가 초기 기준 값인 0.97보다 낮은 경우가 있는지 확인해 보겠습니다.

코드 21-23 퍼셉트론의 학습 일관성 확인하기

```python
np.random.seed(0)
poor_train_count = sum([train(X_s, y)[1][-1] < 0.97 for _ in range(5)])
print("기준 값인 0.97 이하인 f-측정치를 보인 경우는 "
      f"총 5번 반복 학습 중 {poor_train_count}번 나타났습니다")
```

▶ 실행결과

```
기준 값이 0.97 이하인 f-측정치를 보인 경우는 총 5번 반복 학습 중 4번 나타났습니다
```

학습된 모델 성능이 80%에서 기준 값보다 낮게 나옵니다. 기본 퍼셉트론 모델은 분명히 결함이 있습니다. 다음 절에서 이러한 결함을 이야기합니다. 그 과정에서 데이터 과학에서 가장 인기 있는 선형 모델 중 하나인 로지스틱 회귀를 알아봅니다.

21.3 로지스틱 회귀를 이용한 선형 분류 개선하기

클래스를 예측할 때 우리 선형 경계는 단순한 이진 결정을 내립니다. 하지만 20장에서 배운 것처럼 모든 예측이 동일하게 처리되어서는 안 됩니다. 때로는 어떤 예측에 더 높은 확신을 가질 때가 있습니다. 가령 KNN 모델에서 모든 이웃이 클래스 1에 대해 만장일치로 투표했다면 우리는 그 예측을 100% 확신합니다. 하지만 이웃 아홉 명 중 여섯 명만 클래스 1에 투표했다면 그 예측에 대한 확신은 66%에 불과합니다. 이러한 확신 정도가 퍼셉트론 모델에서는 부족합니다.

의사 결정 경계에 정확히 위치한 데이터는 어떨까요? 현재 우리 로직에 따르면, 해당 지점에 위치한 데이터에는 클래스 0이 할당됩니다.

> **노트** v의 측정값이 결정 경계 위에 있다면 `weights @ v == 0`이 됩니다. 따라서 `int(weights @ v > 0)`은 0을 반환합니다.

하지만 그 할당은 임의적입니다. 그 데이터가 결정 경계 위나 아래에 위치하지 않았다면 어느 클래스에 속하는지 결정할 수 없습니다. 따라서 두 클래스에 대한 확신은 각각 50%가 되어야 합니다. 그 데이터를 경계에서 0.0001단위만큼 위로 이동시킨다면 클래스 1에 대한 확신은 증가하겠지만 큰 차이는 아닐 것입니다. 클래스 1이 될 확률은 50.001%로 증가하고, 클래스 0이 될 확률은 49.999%로 감소한다고 가정할 수 있습니다. 데이터가 경계에서 멀리 떨어져 있을 때만 확신은 급격히 상승해야 하며, 이는 그림 21-9에 잘 나타나 있습니다. 가령 데이터가 경계에서 100단위 위에 있다면 클래스 1에 대한 확신은 100%에 도달하고, 클래스 0에 대한 확신은 0%로 떨어져야 합니다.

▼ 그림 21-9 고객의 인치와 파운드 측정값을 나타낸 그래프입니다. 선형 경계가 두 고객 클래스를 구분하고 있습니다. 경계에서 가깝거나 멀리 떨어진 고객들만 표시됩니다. 경계에 너무 가까운 고객들은 분류하기가 더 어렵습니다. 반면에 경계에서 멀리 떨어진 고객들의 클래스 레이블에는 훨씬 더 큰 확신을 가질 수 있습니다

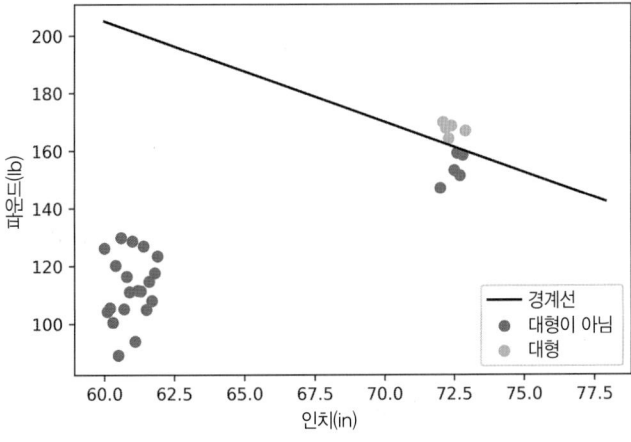

클래스에 대한 확신은 경계에서 거리와 위치에 따라 결정됩니다. 한 데이터가 결정 경계에서 100단위 아래에 있다면 클래스 1과 클래스 0의 확률이 반대로 바뀌어야 합니다. 우리는 **방향을 띤 거리**(directed distance)를 이용하여 거리와 위치를 모두 반영할 수 있습니다. 일반적인 거리와 달리 방향 거리는 음수가 될 수 있습니다. 경계 아래에 위치한 데이터에는 음수 거리를 할당합니다.

> **노트** 따라서 한 데이터가 경계에서 100단위 아래에 있는 경우 경계까지 방향 거리는 –100이 됩니다.

경계에서 방향 거리를 기준으로 클래스 1에 대한 확신을 계산할 함수를 선택해 봅시다. 이 함수는 방향 거리가 무한대로 증가하면 1.0에 도달해야 하고, 반대로 방향 거리가 음의 무한대로 떨어지면 0.0으로 감소해야 합니다. 마지막으로 방향 거리가 0일 때 함수 값은 0.5가 되어야 합니다. 이 책에서 이미 이러한 조건을 만족하는 함수를 다룬 적이 있습니다. 7장에서 소개한 정규 분포의 누적 분포 함수가 그 예입니다. 이 S자 모양의 곡선은 정규 분포에서 어떤 값 z보다 작거나 같은 값을 무작위로 뽑을 확률을 나타냅니다. 이 함수는 0.0에서 시작해서 1.0으로 증가하며, z == 0일 때 0.5와 같습니다. 참고로 누적 분포 함수는 scipy.stats.norm.cdf(z)를 사용해서 계산할 수 있습니다. 여기에서는 z 값이 –10에서 10까지 변할 때 누적 분포 함수를 시각화합니다(그림 21–10).

▼ 그림 21-10 정규 분포의 누적 분포 함수
S자 모양의 곡선은 0.0에서 시작해서 1.0으로 상승하며 입력 값이 0.0일 때 0.5와 같습니다. 이 그래프는 결정 경계에서 방향 거리를 기준으로 불확실성을 표현하는 기준에 부합합니다

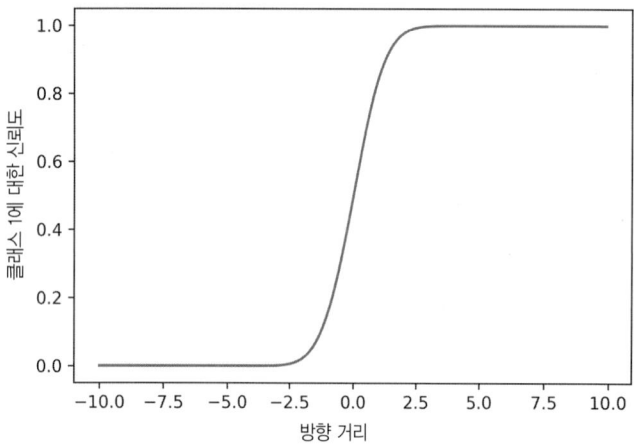

코드 21-24 stats.norm.cdf로 불확실성 측정하기

```
from scipy import stats
z = np.arange(-10, 10, 0.1)
assert stats.norm.cdf(0.0) == 0.5    ----- 이 곡선은 z가 0.0 임계 값에 정확히 위치할 때, 두 클래스에
plt.plot(z, stats.norm.cdf(z))             대해 확신이 동일하다는 것을 확인해 줍니다.
plt.xlabel('방향 거리')
plt.ylabel('클래스 1에 대한 신뢰도')
plt.show()
```

형태가 S자인 정규 분포의 누적 분포 함수는 우리가 설정한 확신 기준에 부합하며, 분류 모델의 불확실성을 계산하는 데 적절한 함수입니다. 하지만 수십 년 동안 이 함수 사용은 줄어들었습니다. 그 이유 중 하나는 stats.norm.cdf를 계산하는 정확한 공식이 없는 대신 정규 분포 아래의 면적을 근사하여 계산하기 때문입니다. 이에 따라 데이터 과학자들은 더 직관적이고 기억하기 쉬운 공식을 가진 다른 S자 곡선으로 전환했습니다. 바로 로지스틱 곡선입니다. z에 대한 로지스틱 함수는 1 / (1+e**-z)이며, 여기에서 e는 약 2.72인 상수입니다. 정규 분포의 누적 분포 함수와 마찬가지로 로지스틱 함수도 0~1 사이 값을 가지며, z == 0일 때 0.5 값을 갖습니다. 이제 로지스틱 곡선과 stats.norm.cdf를 함께 시각화해 보죠(그림 21-11).

코드 21-25 로지스틱 곡선으로 불확실성 측정하기

```
from math import e
plt.plot(z, stats.norm.cdf(z), label='CDF')
plt.plot(z, 1 / (1+e**-z), label='로지스틱 곡선', linestyle='--')
plt.xlabel('방향 거리')
plt.ylabel('클래스 1에 대한 신뢰도')
plt.legend()
plt.show()
```

▼ **그림 21-11** 정규 분포의 누적 분포 함수와 로지스틱 곡선을 함께 그렸습니다. 두 S자형 곡선은 0.0에서 시작해서 1.0으로 상승하며 입력 값이 0.0일 때 0.5 값을 갖습니다. 두 곡선 모두 결정 경계에서 방향 거리를 기준으로 불확실성을 표현하는 기준에 부합합니다

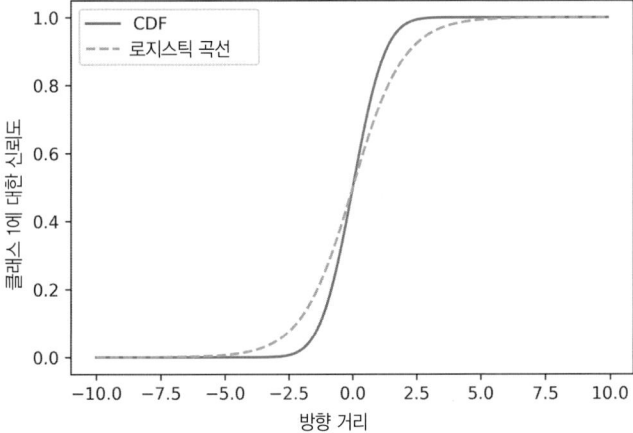

두 곡선이 정확히 겹치지는 않지만 모두 다음 공통점이 있습니다.

- z > 5일 때 약 1과 같습니다.
- z > 5일 때 약 0과 같습니다.
- 5 < z < 5일 때 0과 1 사이의 모호한 값과 같습니다.
- z == 0일 때 0.5와 같습니다.

따라서 로지스틱 곡선을 불확실성의 측정 기준으로 사용할 수 있습니다. 이제 이 곡선을 이용하여 모든 고객에게 클래스 1 레이블의 확률을 할당해 봅시다. 이를 위해 각 고객의 측정값과 결정 경계 사이의 방향 거리를 계산해야 합니다. 이 거리를 계산하는 것은 생각보다 간단합니다. M @ weights를 실행하면 되는데, 여기에서

M은 패딩된 특징 행렬입니다. 사실 우리는 계속해서 이 거리를 계산해 왔는데 이제야 이를 제대로 활용하게 되었습니다.

> **노트** M @ weights가 결정 경계까지 거리를 반환한다는 것을 빠르게 증명해 봅시다. 이해를 돕기 위해 초기 가중치 [3.5, 1, -415]를 사용합니다. 이는 결정 경계 lbs = -3.5 * inches - 415를 나타냅니다. 따라서 측정값 (inches, lbs)와 결정 경계의 데이터 (inches, -3.5*inches+415) 사이의 거리를 구합니다. 당연히 x축 좌표는 둘 다 인치와 같으므로 y축 따라 거리를 계산합니다. 이 거리는 lbs - (-3.5*inches+415)와 같이 이 공식을 정리하면 3.5 * inches + lbs - 415가 됩니다. 이는 [3.5, 1, -415]와 [inches, lbs, 1]의 내적과 같습니다. 첫 번째 벡터는 weights를, 두 번째 벡터는 M의 한 행을 나타냅니다. 따라서 M @ weights는 방향 거리를 나타내는 배열을 반환합니다.

M @ weights가 방향 거리를 반환한다면 1 / (1+e**-(M @ weights))는 클래스 1의 확률을 반환합니다. 다음 코드는 거리와 확률을 시각화하며, 이와 함께 이진 퍼셉트론 예측을 시각화에 추가합니다. 이 예측은 M @ weights > 0에 해당합니다(그림 21-12).

> **노트** X_s의 표준화된 특징에 대한 학습으로 가중치를 계산했습니다. 따라서 X_s에 열 하나를 추가하여 특징 행렬을 채워야 합니다.

코드 21-26 로지스틱의 불확실성과 퍼셉트론의 예측 비교하기

```
M = np.column_stack([X_s, np.ones(X_s.shape[0])])
distances = M @ weights      ----- 경계까지 방향 거리는 패딩된 특징 행렬과 가중치의 곱과 같습니다.
likelihoods = 1 / (1+e**-distances)
plt.scatter(distances, likelihoods, label='클래스 1 확률')
plt.scatter(distances, distances > 0,   ---------- 퍼셉트론 예측은 거리가 0보다 큰지 여부에 따라 결정됩니다. 파이썬에서는
            label='퍼셉트론 예측', marker='x')      True와 False가 자동으로 정수 1과 0으로 변환되므로, distances > 0을 정
                                                  수로 변환하지 않고 바로 plt.scatter에 사용할 수 있습니다.
plt.xlabel('방향 거리')
plt.legend()
plt.show()
```

▼ 그림 21-12 로지스틱 곡선에서 도출한 클래스 1 확률과 퍼셉트론 예측을 함께 시각화한 것. 확률은 더 세밀한 변화를 보여 주지만 퍼셉트론 예측은 0 또는 1로만 제한됩니다

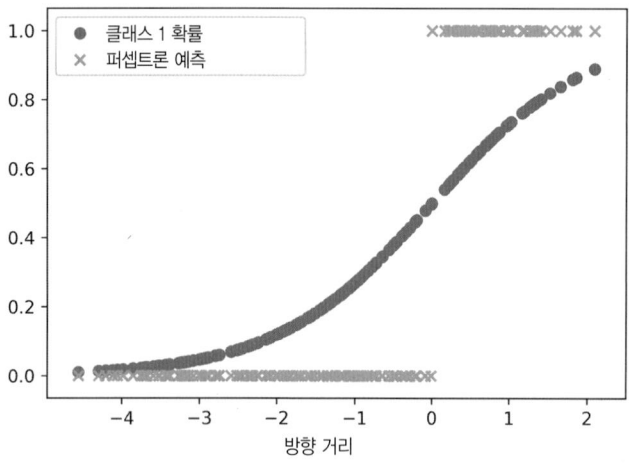

로지스틱 확률은 방향 거리가 증가함에 따라 연속적으로 상승합니다. 반면에 퍼셉트론 예측은 매우 단순합니다. 퍼셉트론은 클래스 1 레이블에 대해 100% 확신을 가지거나 0% 확신을 가질 뿐입니다. 흥미롭게도 방향 거리가 음수일 때는 로지스틱 곡선과 퍼셉트론 모두 0% 확신을 가집니다. 하지만 방향 거리가 증가하면서 두 그래프는 차이를 보이기 시작합니다. 로지스틱 쪽이 더 보수적입니다. 확신이 서서히 증가하며 대부분 85% 이하로 유지됩니다. 반면에 퍼셉트론 모델은 거리가 0보다 커지면 확신이 100%로 급등합니다. 이 급등은 부적절하며, 모델이 지나치게 자신만만해 하는 모습은 경험 부족한 십대와 같습니다. 실수를 저지를 가능성이 크죠! 다행히 로지스틱 곡선이 보여 주는 불확실성을 모델에 통합함으로써 신중함을 가르칠 수 있습니다.

불확실성을 반영하고자 가중치 이동 계산 방식을 업데이트할 수 있습니다. 현재 가중치 이동은 predicted - actual에 비례하며, 여기에서 변수는 예측된 클래스 레이블과 실제 클래스 레이블을 의미합니다. 대신에 confidence(predicted) - actual에 비례하도록 변경할 수 있으며, 여기에서 confidence(predicted)는 예측된 클래스에 대한 확신을 의미합니다. 퍼셉트론 모델에서는 confidence(predicted)가 항상 0 또는 1입니다. 반면에 로지스틱 모델에서는 가중치 이동이 더 세밀한 범위 값을 가집니다.

예를 들어 클래스 레이블이 1이고 결정 경계 위에 위치한 데이터 포인트를 생각해 봅시다. 퍼셉트론은 훈련 중 이 데이터를 만났을 때 가중치 이동을 0으로 계산하므로 가중치를 조정하지 않습니다. 이 관측에서 아무것도 배우지 못하는 셈입니다. 반면에 로지스틱 모델은 0.5 - 1 == -0.5에 비례하는 가중치 이동을 반환합니다. 모델은 클래스 레이블의 불확실성을 재평가하고 이에 맞게 가중치를 조정합니다. 퍼셉트론과 달리 로지스틱 모델은 학습하는 능력이 유연합니다.

로지스틱 불확실성을 반영하기 위해 모델 학습 코드를 갱신해 보겠습니다. predict 함수의 출력을 int(weights @ v > 0)에서 1 / (1+e**-(weights @ v))로 바꾸기만 하면 됩니다. 단 두 줄만 바꾸면 되죠. 그다음 개선된 모델을 학습시켜 새로운 가중치 벡터를 생성하고, 새 결정 경계를 시각화하여 결과를 검증합니다(그림 21-13).

코드 21-27 불확실성을 교육에 통합하기

```
np.random.seed(0)
def logistic_predict(v, weights): return 1 / (1+e**-(weights @ v))
def train_logistic(X, y): return train(X, y, predict=logistic_predict)
logistic_weights = train_logistic(X_s, y)[0]
plot_boundary(logistic_weights)
```

train 함수는 선택적으로 행 단위 클래스 예측기를 받으며, 기본적으로 int(weights @ v > 0)을 반환하도록 설정되어 있습니다. 여기에서 이를 더 세밀한 logistic_predict 함수로 교체합니다.

▼ 그림 21-13 표준화된 고객 측정값을 나타낸 그래프입니다. 학습된 로지스틱 결정 경계가 대형과 대형이 아닌 고객을 구분하고 있으며 학습된 경계는 그림 21-2의 기준 결정 경계와 동등한 수준으로 구분하고 있습니다

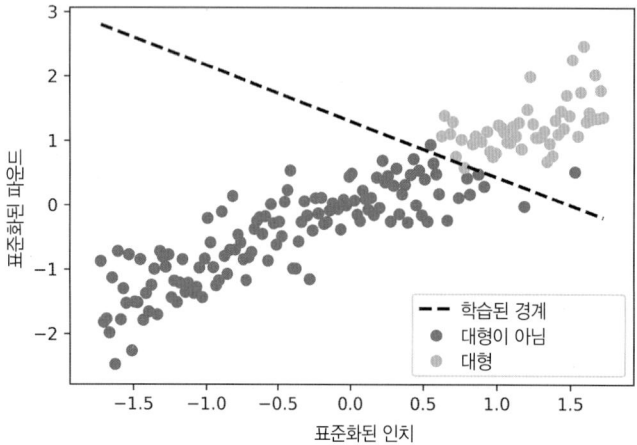

학습된 결정 경계는 퍼셉트론 출력과 거의 동일합니다. 하지만 train_logistic 함수는 미묘하게 다릅니다. 이 함수는 퍼셉트론보다 더 일관된 결과를 생성합니다. 이전에 훈련된 퍼셉트론 모델이 훈련 다섯 번 중 네 번은 기준 성능을 밑돌았다는 것을 보였습니다. train_logistic도 같은 결과를 낼까요? 확인해 봅시다.

코드 21-28 로지스틱 모델의 학습 일관성 확인하기

```
np.random.seed(0)
poor_train_count = sum([train_logistic(X_s, y)[1][-1] < 0.97 for _ in range(5)])
print("기준 값이 0.97 이하인 f-측정치를 보인 경우는 "
      f"총 5번의 반복 학습 중 {poor_train_count}번 나타났습니다")
```

▶ 실행결과

기준 값이 0.97 이하인 f-측정치를 보인 경우는 총 5번의 반복 학습 중 0번 나타났습니다

학습된 모든 모델이 기준 값보다 뛰어나므로 퍼셉트론보다 우수한 결과를 보입니다. 이 우수한 모델을 **로지스틱 회귀 분류 모델**이라고 합니다. 이 모델을 학습시키는 알고리즘을 일반적으로 **로지스틱 회귀**(logistic regression)라고도 합니다.

> **노트** 이 이름은 의미적으로 정확하지 않을 수 있습니다. 분류 모델은 범주형 변수를 예측하는 반면, 회귀 모델은 숫자 값을 예측합니다. 엄밀히 말하면, 로지스틱 회귀 분류 모델은 로지스틱 회귀로 수치 불확실성을 예측하지만 회귀 모델은 아닙니다. 하지만 머신러닝 커뮤니티에서는 로지스틱 회귀라는 용어가 로지스틱 회귀 분류 모델이라는 용어와 함께 보편화되었습니다.

로지스틱 회귀 분류기는 퍼셉트론과 거의 동일하게 훈련되지만, 한 가지 작은 차이가 있습니다. 가중치 이동이 int(distance-y[i] > 0), 여기에서 distance = M[i] @ weights에 비례하는 대신 1 / (1+e**-distance) - y[i]에 비례합니다. 이 차이 덕분에 무작위 훈련 실행에서 훨씬 더 안정적인 성능을 보입니다.

> **노트** 가중치 이동이 거리(y[i])에 정비례하면 어떻게 될까요? 훈련된 모델은 선과 y값 사이의 거리를 최소화하는 방법을 학습합니다. 분류 목적에서는 이 방법이 유용하지 않지만 회귀 분석에서는 매우 유용합니다. 가령 y를 동일한 파운드, X를 동일한 인치로 설정하면 고객 키로 고객 체중을 예측하는 라인을 학습시킬 수 있습니다. 코드 두 줄로 이러한 유형의 선형 회귀 알고리즘을 구현하기 위해 train을 활용합니다. 어떻게 구현할 수 있을까요?

21.3.1 특징 두 개 이상에서 로지스틱 회귀 수행하기

우리는 로지스틱 회귀 모델을 키(inches)와 몸무게(lbs)라는 고객 측정값 두 개를 사용하여 학습시켰습니다. 그러나 train_logistic 함수는 어떤 수의 입력 특징도 처리할 수 있습니다. 이를 증명하려고 세 번째 특징인 고객의 허리둘레를 추가해 보겠습니다. 일반적으로 허리둘레는 키의 45%에 해당합니다. 이 사실을 바탕으로 고객의 허리둘레를 시뮬레이션한 뒤 측정값 세 개를 train_logistic에 입력하여 훈련된 모델 성능을 평가해 보겠습니다.

코드 21-29 세 특징의 로지스틱 회귀 모델 학습시키기

```
np.random.seed(0)
random_fluctuations = np.random.normal(size=X.shape[0], scale=0.1)
waist = 0.45 * X[:,0] + random_fluctuations  ----- 각 허리둘레 측정값은 고객 키의 45%에 해당하며,
                                                   여기에 무작위 변동이 더해집니다.
X_w_waist = np.column_stack([X_s, (waist-waist.mean()) / waist.std()])  ----- 허리둘레 데이터를 다른 표준화된
weights, f_measures = train_logistic(X_w_waist, y)                              고객 측정값에 추가하기 전에 허리
                                                                                둘레를 먼저 표준화해야 합니다.
print("학습된 모델의 가중치는 다음과 같습니다")
print(np.round(weights, 2))
print(f'\nf-측정치는 {f_measures[-1]:.2f}와 같습니다')
```

▶ **실행결과**

```
학습된 모델의 가중치는 다음과 같습니다
[ 1.65 2.91 1.26 -4.08]

f-측정치는 0.97와 같습니다
```

세 가지 특징을 이용하여 훈련된 모델은 여전히 뛰어난 성능을 보이며, f-측정치는 0.97입니다. 주요 차이점은 이제 모델이 가중치를 네 개 포함한다는 것입니다. 처음 가중치 세 개는 세 가지 고객 측정값에 해당하는 계수이며, 마지막 가중치는 편향입니다. 기하학적으로 보면 이 가중치 네 개는 더 높은 차원의 선형 경계를 나타내며, 이는 3차원에서 **평면**이라고 하는 선형 경계의 형태를 취합니다. 이 평면은 3D 공간에서 두 고객 클래스를 구분합니다(그림 21-14).

▼ 그림 21-14 3D 공간에서 선형 분류로, 선형 평면은 데이터를 절단기처럼 잘라 내어 데이터를 다른 클래스 두 개로 분리합니다

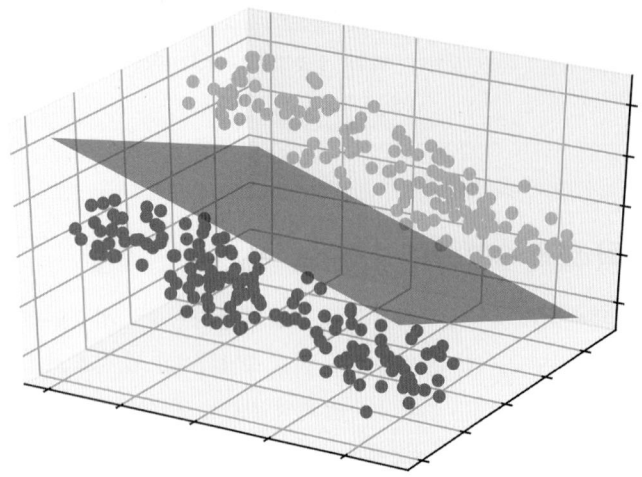

마찬가지로 임의의 차원 수에서 선형 분리를 최적화할 수 있습니다. 결과 가중치는 다차원 선형 의사 결정 경계를 나타냅니다. 곧 특징이 13개 있는 데이터셋에 대해 로지스틱 회귀를 실행해 보겠습니다. 사이킷런의 로지스틱 회귀 분류 모델 구현은 이러한 목적에 유용할 것입니다.

21.4 사이킷런을 사용하여 선형 분류 모델 학습시키기

사이킷런에는 로지스틱 회귀 분류를 위한 클래스가 내장되어 있습니다. 먼저 LogisticRegression 클래스를 불러옵니다.

> **노트** 사이킷런에는 sklearn.linear_model 모듈에서 가져올 수 있는 perceptron 클래스도 포함되어 있습니다.

코드 21-30 사이킷런의 LogisticRegression 클래스 가져오기

```
from sklearn.linear_model import LogisticRegression
```

다음으로 clf 객체를 초기화합니다.

코드 21-31 사이킷런의 로지스틱 회귀 분류 모델 초기화하기

```
clf = LogisticRegression()
```

20장에서 설명한 것처럼, clf.fit(X, y) 메서드를 실행하는 방식으로 사이킷런의 모든 모델을 학습시킬 수 있습니다. 두 특징의 표준화된 행렬 X_s로 로지스틱 분류 모델을 학습시켜 보죠.

코드 21-32 사이킷런의 로지스틱 회귀 분류 모델 학습시키기

```
clf.fit(X_s, y)
```

분류 모델이 가중치 벡터 [inches_coef, lbs_coef, bias]를 학습했습니다. 벡터 계수는 `clf.coef_` 속성에 저장됩니다. 한편 편향은 `clf.intercept_` 속성으로 별도로 접근해야 합니다. 이러한 속성을 결합하면 전체 벡터를 얻을 수 있으며, 이는 의사 결정 경계로 시각화될 수 있습니다(그림 21-15).

코드 21-33 학습된 의사 결정 경계에 접근하기

```
coefficients = clf.coef_
bias = clf.intercept_
print(f"계수는 {np.round(coefficients, 2)}와 같습니다")
print(f"편향은 {np.round(bias, 2)}와 같습니다")
plot_boundary(np.hstack([clf.coef_[0], clf.intercept_]))
```

▶ 실행결과

```
계수는 [[2.22 3.22]]와 같습니다
편향은 [-3.96]와 같습니다
```

▼ **그림 21-15** 표준화된 고객 측정값에 대한 시각화로, 학습된 의사 결정 경계는 대형 고객과 대형이 아닌 고객을 구분합니다

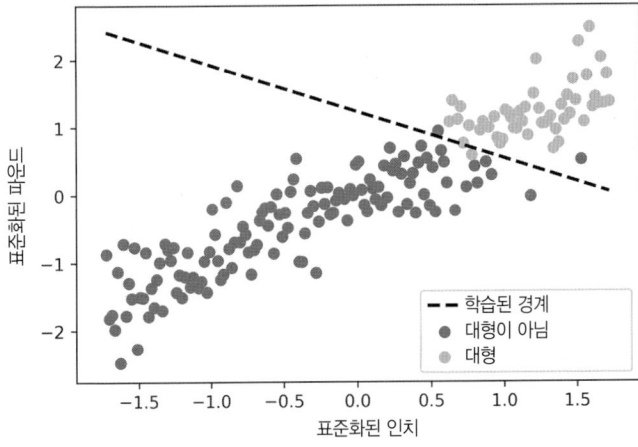

`clf.predict`를 실행하여 새로운 데이터를 예측할 수 있습니다. 다시 말해 입력된 데이터가 표준화되어 있어야만 유의미한 예측이 가능합니다.

코드 21-34 선형 분류 모델로 클래스 예측하기

```
new_data = np.array([[63, 110], [76, 199]])
predictions = clf.predict(standardize(new_data))
print(predictions)
```

▶ 실행결과

```
[0 1]
```

또 clf.predict_proba 메서드를 사용하면 클래스별 확률도 출력할 수 있습니다. 이 확률은 로지스틱 곡선으로 생성된 클래스에 대한 불확실성을 나타냅니다.

코드 21-35 각 범주와 관련된 불확실성 출력하기

```
probabilities = clf.predict_proba(standardize(new_data))
print(probabilities)
```

▶ 실행결과

```
[[9.99990471e-01 9.52928118e-06]
 [1.80480919e-03 9.98195191e-01]]
```

앞의 두 코드는 입력 데이터를 사용자 정의 함수를 사용하여 표준화했습니다. 사이킷런은 StandardScaler라는 내장된 표준화 클래스를 제공합니다. 해당 클래스로 데이터 표준화를 수행해 보겠습니다.

코드 21-36 사이킷런의 표준화 클래스 초기화하기

```
from sklearn.preprocessing import StandardScaler
standard_scaler = StandardScaler()
```

standard_scaler.fit_transform(X)를 실행하면 표준화된 행렬을 반환합니다. 행렬 열의 평균은 0, 표준 편차는 1입니다. 물론 이 행렬은 직접 표준화했던 X_s 행렬과 동일합니다.

코드 21-37 사이킷런으로 학습 데이터 표준화하기

```
X_transformed = standard_scaler.fit_transform(X)
assert np.allclose(X_transformed.mean(axis=0), 0)
assert np.allclose(X_transformed.std(axis=0), 1)
assert np.allclose(X_transformed, X_s)
```

StandardScaler 객체는 특징 행렬에 대한 평균과 표준 편차를 계산했기 때문에 이제 해당 통계를 기반으로 데이터를 표준화할 수 있습니다. 다음 코드는 standard_scaler.transform(new_data)를 실행하여 new_data 행렬을 표준화하는 과정을 보여 줍니다. 그렇게 얻은 표준화된 데이터를 분류 모델에 전달할 수 있고 모델이 예측한 결과는 앞서 본 것과 같아야 합니다.

코드 21-38 사이킷런으로 새로운 데이터 표준화하기

```
data_transformed = standard_scaler.transform(new_data)
assert np.array_equal(clf.predict(data_transformed), predictions)
```

LogisticRegression과 StandardScaler 클래스를 함께 사용하면 복잡한 입력에 대해 로지스틱 모델을 훈련할 수 있습니다. 다음 절에서는 특징을 두 개 이상 처리하고 두 개 이상의 클래스 레이블을 예측하는 모델을 학습시킵니다.

> **노트** 사이킷런의 선형 분류 모델 속성
> - `clf = LogisticRegression()`: 로지스틱 회귀 분류 모델 객체를 초기화합니다.
> - `scaler = StandardScaler()`: 표준화 객체를 초기화합니다.
> - `clf.fit(scalar.fit_transform(X))`: 표준화된 데이터로 분류 모델을 학습시킵니다.
> - `clf.predict(scalar.transform(new_data))`: 표준화된 데이터로 클래스를 예측합니다.
> - `clf.predict_proba(scalar.transform(new_data))`: 표준화된 데이터로 클래스별 확률을 예측합니다.

21.4.1 다중 클래스에 대한 선형 모델 학습시키기

선형 분류 모델이 두 클래스를 구분하는 경계를 찾는 방법을 살펴보았습니다. 하지만 클래스 두 개 이상을 구분해야 하는 경우가 많습니다. 가령 수세기 동안 이어져 온 와인 시음을 한번 생각해 보죠. 감각적으로 여러 종류의 와인을 구별하는 것으로 유명한 일부 전문가가 있습니다. 우리는 와인 시음 기계를 만들고자 합니다. 이 기계는 센서로 와인 한 잔의 화학적 패턴을 감지합니다. 이 측정값은 선형 분류 모델에 특징 값으로 입력되고, 분류 모델이 와인을 식별합니다. 선형 분류 모델을 학습시키려면 학습용 데이터셋이 필요합니다. 이 문제를 위한 예시용 데이터셋은 사이킷런에서 쉽게 구할 수 있습니다. `load_wine` 함수로 데이터셋을 불러온 뒤 데이터에서 특징과 클래스 이름을 출력해 보겠습니다.

코드 21-39 사이킷런의 와인 데이터셋 가져오기

```python
from sklearn.datasets import load_wine
data = load_wine()
num_classes = len(data.target_names)
num_features = len(data.feature_names)
print(f"와인 데이터셋에는 다음과 같이 {num_classes}개의 클래스가 포함되어 있습니다")
print(data.target_names)
print(f"\n그리고 다음 {num_features}개의 특징으로 구성됩니다")
print(data.feature_names)
```

▶ 실행결과

```
와인 데이터셋에는 다음과 같이 3개의 클래스가 포함되어 있습니다
['class_0' 'class_1' 'class_2']

그리고 다음 13개의 특징으로 구성됩니다
['alcohol', 'malic_acid', 'ash', 'alcalinity_of_ash', 'magnesium', 'total_phenols',
 'flavanoids', 'nonflavanoid_phenols', 'proanthocyanins', 'color_intensity', 'hue',
 'od280/od315_of_diluted_wines', 'proline']
```

이 데이터셋은 알코올 함량인 alcohol(특징 0), 마그네슘 함량인 magnesium(특징 4), 색조인 hue(특징 10) 등 측정된 특징 13개로 구성됩니다. 또 세 가지 종류의 와인을 포함합니다.

> **노트** 이 와인들의 실체는 시간이 지나면서 잊혀졌지만 아마도 Cabernet, Merlot, Pinot Noir 등 다양한 종류의 레드 와인이었을 것입니다.

세 가지 유형의 와인을 구분할 수 있게 로지스틱 회귀 모델을 학습시키려면 어떻게 해야 할까요? 우선 와인이 클래스 0에 속하는지 확인하기 위해 간단한 이진 분류 모델을 학습시키고, 와인이 클래스 1에 속하는지 여부를 예측하는 다른 이진 분류 모델을 학습시킬 수 있을 것입니다. 마지막 세 번째 분류 모델은 해당 와인이 클래스 2인지 여부를 결정합니다. 이는 본질적으로 사이킷런의 선형 분류 모델이 다중 클래스를 구분하는 내부 로직에 해당합니다. 세 클래스에 대해 사이킷런은 각 클래스별 결정 경계를 학습합니다. 그다음 모델은 입력된 데이터에 대해 세 가지 예측을 계산하고 신뢰 수준이 가장 높은 예측을 선택합니다.

> **노트** 계산된 신뢰도가 선형 분류를 수행하는 데 중요한 또 다른 이유입니다.

세 클래스의 와인 데이터에 대해 로지스틱 회귀 파이프라인을 학습시키면 클래스 0 · 1 · 2에 해당하는 세 가지 의사 결정 경계를 얻을 수 있습니다. 그러면 각 경계마다 고유한 가중치 벡터가 있습니다. 모든 가중치 벡터는 편향을 가지므로 학습된 모델은 편향을 세 개 가지는 셈입니다. 이 편향 세 개는 요소 세 개를 가진 clf.intercept_ 배열에 저장됩니다. clf.intercept_[i]에 접근해 보면 i번째 클래스에 대한 편향을 확인할 수 있습니다. 와인 모델을 학습시킨 뒤 편향 세 개를 각각 확인해 보겠습니다.

코드 21-40 다중 클래스 와인 예측 모델 학습시키기

```python
X, y = load_wine(return_X_y=True)
clf.fit(standard_scaler.fit_transform(X), y)
biases = clf.intercept_

print(f"{biases.size}개의 의사 결정 경계를 학습시켰습니다 "
      f"이들은 {num_classes}개의 와인 유형에 해당합니다\n")

for i, bias in enumerate(biases):
    label = data.target_names[i]
    print(f"{label}에 대한 의사 결정 경계의 편향은 {bias:0.2f}입니다")
```

▶ 실행결과

```
3개의 의사 결정 경계를 학습시켰습니다 이들은 3개의 와인 유형에 해당합니다

class_0에 대한 의사 결정 경계의 편향은 0.41입니다
class_1에 대한 의사 결정 경계의 편향은 0.70입니다
class_2에 대한 의사 결정 경계의 편향은 -1.12입니다
```

편향과 함께 각 결정 경계는 계수도 가집니다. 계수는 분류 중 입력된 특징에 가중치를 부여하는 역할을 하므로 계수와 특징은 일대일 관계입니다. 데이터셋에는 와인의 다양한 특성을 나타내는 특징이 13개 포함되어 있으므로 각 의사 결정 경계는 계수를 13개 가져야 합니다. 서로 다른 경계에 대한 계수 세 개는 3×13 행렬에 저장할 수 있습니다. 사이킷런에서 이 행렬은 clf.coef_에 저장됩니다. 행렬의 각 i번째 행은 클래스 i의 경계

에 해당하며, 각 j번째 열은 j번째 특징 계수에 대응합니다. 가령 클래스 2를 구분하는 경계의 특징 0(알코올 함량)에 대한 계수는 clf.coef_[2][0]에 저장되어 있습니다.

계수 행렬을 히트맵으로 시각화해 보겠습니다(그림 21-16). 이것으로 행과 열에 해당하는 특징과 클래스 이름을 쉽게 표시할 수 있습니다. 행렬을 전치하면 이름이 긴 특징을 보다 쉽게 읽을 수 있습니다. 따라서 clf.coef_.T를 sns.heatmap에 입력합니다.

▼ 그림 21-16 세 가지 의사 결정 경계에 걸쳐 특징 계수 13개를 나타내는 히트맵

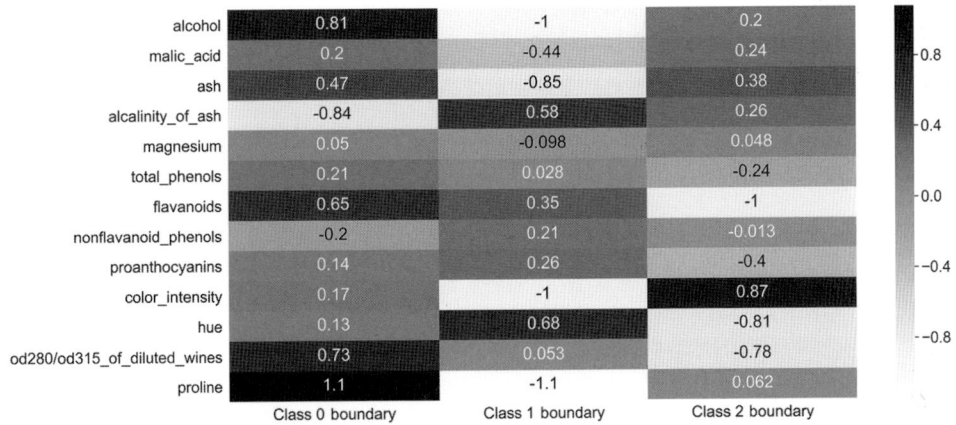

코드 21-41 계수 행렬의 전치 표시하기

```
import seaborn as sns
plt.figure(figsize = (20, 10))   ----- 플롯된 히트맵의 너비와 높이를 각각 20인치와 10인치로 조정합니다.
coefficients = clf.coef_

sns.heatmap(coefficients.T, cmap='YlGnBu', annot=True,   ----- 계수 행렬을 전치하여 계수 이름을 더 쉽게 표시합니다.
            xticklabels=[f"클래스 {i}에 대한 경계" for i in range(3)],
            yticklabels=data.feature_names)
plt.yticks(rotation=0)
sns.set(font_scale=2)   ----- 가독성을 위해 레이블 글꼴을 조정합니다.
plt.show()
```

히트맵으로 경계마다 계수가 다른 것을 알 수 있습니다. 가령 알코올(특징 0) 계수는 클래스 0·1·2 경계에서 각각 −0.81, −1, 0.2입니다. 이러한 차이는 입력된 특징이 예측을 유도하는 방식을 더 잘 이해할 수 있게 하기 때문에 매우 유용합니다.

> **노트** 사이킷런의 선형 분류 모델 속성
> - `clf.coef_`: 학습된 선형 분류 모델의 계수 행렬에 접근합니다.
> - `clf.intercept_`: 학습된 선형 분류 모델의 모든 편향에 접근합니다.

21.5 계수로 특징 중요도 측정하기

20장에서는 KNN 분류 모델을 왜 해석할 수 없는지 설명했습니다. KNN을 사용하면 입력된 특징과 연관된 클래스는 예측할 수 있지만, 왜 각 특징의 값으로 예측된 클래스가 도출되는지는 이해할 수 없습니다. 로지스틱 회귀 분류 모델은 해석이 용이합니다. 계수를 검토하여 특징들이 모델 예측에 어떻게 기여하는지 통찰을 얻을 수 있습니다.

선형 분류는 특징과 계수의 가중치 합으로 정의됩니다. 모델이 A, B, C라는 세 특징을 이용하고 계수 세 개 [1, 0, 0.25]에 의존하는 경우 예측은 A + 0.25 * C로 결정됩니다. 이 예시에서 특징 B는 0으로 처리됩니다. 두 번째 특징 계수인 0에 특징 값을 곱해도 결과는 항상 0이기 때문에 해당 특징은 모델의 예측 출력에 영향을 미치지 않습니다.

이제 계수가 0에 매우 가까운 특징을 고려해 보겠습니다. 이 특징은 예측에 영향을 미치지만 그 영향은 미미합니다. 반대로 계수가 0에서 멀리 떨어져 있다면 모델의 예측에 훨씬 더 큰 영향을 미칩니다. 기본적으로 절댓값이 높은 계수는 모델에 더 많은 영향을 미치므로 모델 성능을 평가할 때 관련 특징의 중요도를 높게 평가해야 합니다. 가령 이 예시에서 특징 A는 계수가 0에서 제일 멀리 떨어져 있기 때문에 가장 영향력이 큽니다(그림 21-17).

▼ 그림 21-17 특징 [A, B, C]와 계수 [1, 0, 0.25]의 가중치 합을 방향성 그래프로 시각화한 것입니다. 가장 왼쪽 노드는 피처를 나타내고 간선의 가중치는 계수를 나타냅니다. 각 노드에 해당하는 간선 가중치를 곱한 다음 결과를 더합니다. 그 합은 A + C / 4와 같으므로 A는 C보다 4배 더 영향력이 있는 반면에 B는 0으로 처리되어 최종 결과에는 아무런 영향을 미치지 않습니다

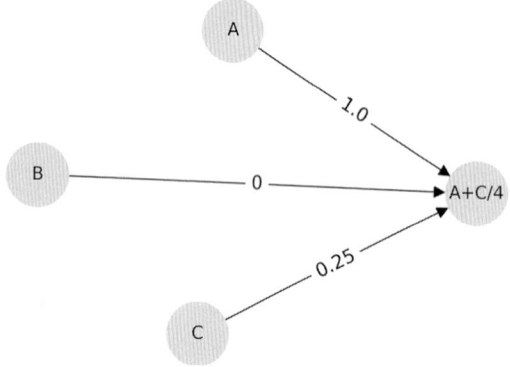

특징의 중요도는 계수로 평가될 수 있습니다. 분류 중에 특징 유용성에 순위를 매길 수 있는 점수죠. 다양한 분류 모델에 따라 서로 다른 특징 중요도를 산출합니다. 선형 분류 모델에서는 계수의 절댓값이 중요도의 대략적인 척도로 사용됩니다.

> **노트** 22장에서 살펴볼 모델에는 더 정교하게 특징 중요도 점수를 계산합니다.

클래스 0의 와인을 정확히 감지하는 어떤 특징이 가장 유용했을까요? `clf.coef_[0]`을 사용하여 클래스 0에 대한 계수의 절댓값을 기준으로 특징을 정렬해서 확인할 수 있습니다.

코드 21-42 클래스 0에 대한 특징 중요도 순위 매기기

```
def rank_features(class_label):      ····· clf.coef_[class_label]에서 계수의 절댓값을 기준으로 특징을 순위화합니다.
    absolute_values = np.abs(clf.coef_[class_label])   ····· 절댓값을 계산합니다.
    for i in np.argsort(absolute_values)[::-1]:   ····· 절댓값에 따라 내림차순으로 특징의 인덱스를 정렬합니다.
        name = data.feature_names[i]
        coef = clf.coef_[class_label][i]
        print(f"{name}: {coef:.2f}")

rank_features(0)
```

▶ 실행결과

```
proline: 1.08
alcalinity_of_ash: -0.84
alcohol: 0.81
od280/od315_of_diluted_wines: 0.73
flavanoids: 0.65
ash: 0.47
total_phenols: 0.21
malic_acid: 0.20
nonflavanoid_phenols: -0.20
color_intensity: 0.17
proanthocyanins: 0.14
hue: 0.13
magnesium: 0.05
```

proline(프롤린)은 포도 종류에 따라 농도가 달라지는 와인에서 흔히 발견되는 화학 물질로, 순위 목록의 맨 위에 표시되었습니다. proline 농도는 클래스 0의 와인을 식별하는 데 중요한 특징입니다. 이제 어떤 특징이 범주 1의 와인을 식별하는 데 가장 중요한지 확인해 보겠습니다.

코드 21-43 클래스 1의 와인에 대한 특징 중요도 순위 매기기

```
rank_features(1)
```

▶ 실행결과

```
proline: -1.14
color_intensity: -1.04
alcohol: -1.01
ash: -0.85
hue: 0.68
alcalinity_of_ash: 0.58
malic_acid: -0.44
flavanoids: 0.35
proanthocyanins: 0.26
nonflavanoid_phenols: 0.21
magnesium: -0.10
od280/od315_of_diluted_wines: 0.05
total_phenols: 0.03
```

proline 농도는 클래스 0과 클래스 1의 와인에서 모두 가장 중요한 특징입니다. 그러나 이 특징 계수는 클래스 0과 클래스 1에 대해 각각 양수(1.08)와 음수(−1.14)로 영향력이 서로 다릅니다. 계수의 부호는 매우 중요합니다. 양수 계수는 선형 값의 가중치 합을 증가시키고, 음수 계수는 그 반대 작용을 합니다. 따라서 proline은 클래스 1의 와인 분류에서 가중합을 감소시킵니다. 이 같은 감소는 결정 경계에서 방향 거리를 음수로 만들기 때문에 클래스 1이 될 가능성은 0으로 떨어집니다. 반면에 양수인 클래스 0에서 계수는 완전히 반대 효과를 가져옵니다. 따라서 proline 농도가 높다는 것은 다음을 의미합니다.

- 와인은 클래스 1이 될 가능성이 적습니다.
- 와인은 클래스 0이 될 가능성이 높습니다.

두 종류 와인에 대한 proline 농도 히스토그램을 통해 가설을 확인할 수 있습니다(그림 21–18).

코드 21-44 클래스 0과 클래스 1의 와인에 대한 proline 히스토그램

```
index = data.feature_names.index('proline')
plt.hist(X[y == 0][:,index], label='클래스 0')
plt.hist(X[y == 1][:,index], label='클래스 1', color='y')
plt.xlabel('proline 농도')
plt.legend()
plt.show()
```

평균적으로 proline 농도는 클래스 0보다는 클래스 1에서 더 높습니다. 이 차이가 두 와인을 구분하는 신호 역할을 합니다. 우리의 분류 모델은 이 신호를 성공적으로 학습했습니다. 분류 모델 계수를 조사함으로써 다양한 와인의 화학적 구성에 대한 정보도 알게 되었습니다.

▼ 그림 21-18 클래스 0과 클래스 1의 와인에 대한 proline 농도 히스토그램
클래스 0의 와인에 대한 proline 농도가 클래스 1보다 눈에 띄게 높습니다. 우리의 분류 모델은 proline을 클래스 0과 클래스 1 모두에서 가장 중요한 특징으로 보고 이 신호를 포착했습니다

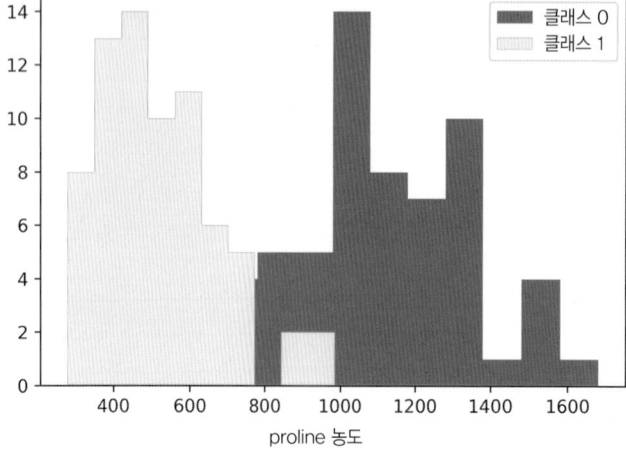

KNN 모델과 달리 로지스틱 회귀 분류 모델은 해석이 가능합니다. 또 학습시키기 쉽고 실행 속도가 빠르기에 선형 분류 모델은 KNN 모델보다 개선된 모델이라고 볼 수 있습니다. 안타깝게도 선형 분류 모델에는 특정 상황에서 실제로 사용을 제한하는 몇 가지 심각한 결함이 여전히 포함되어 있습니다.

21.6 선형 분류 모델의 제한 사항

선형 분류 모델은 원시 데이터에서는 제대로 작동하지 않습니다. 지금까지 살펴본 대로 최상의 결과를 얻으려면 데이터를 표준화해야 합니다. 또 데이터를 전처리하지 않고서는 범주형 특징을 처리할 수도 없습니다. 보호소에서 반려동물을 입양할지 여부를 예측하는 모델을 구축한다고 가정해 보겠습니다. 이 모델은 고양이, 개, 토끼 세 가지 반려동물 클래스에 대해 예측할 수 있습니다. 이 클래스를 나타내는 가장 간단한 방법은 숫자로 표현하는 것입니다. 고양이는 0, 개는 1, 토끼는 2를 할당하는 식이죠. 그러나 이 방식은 선형 모델에서는 잘 작동하지 않습니다. 토끼를 개보다 2배 중요하게 다루고, 고양이는 완전히 무시해 버리기 때문입니다. 각 반려동물을 동등하게 다루려면 요소 세 개를 가진 이진 벡터 v로 변환해야 합니다. 반려동물이 i번째 클래스에 속한다면 v[i] 값을 1로 설정하는 것입니다. 그렇지 않으면 v[i] 값은 0이 됩니다. 따라서 고양이는 v = [1, 0, 0], 개는 v = [0, 1, 0], 토끼는 v = [0, 0, 1]로 표현될 수 있습니다. 이 벡터화는 13장에서 살펴본 텍스트를 벡터화하는 방식과 유사합니다. 이렇게 변환된 벡터 표현은 사이킷런의 모델로 전달될 수 있습니다. 하지만 이 같은 변환은 약간 번거로울 수 있습니다. 다음 장에서는 추가 전처리 없이 원시 데이터를 분석할 수 있는 모델을 살펴봅니다.

> **노트** 범주형 변수를 벡터화하는 방법을 원핫 인코딩(one-hot encoding)이라고 합니다. 사이킷런은 sklearn.preprocessing 모듈로 원핫 인코딩 기능을 제공하는 OneHotEncoder 변환기를 제공합니다. OneHotEncoder 클래스는 학습용 데이터셋의 범주형 특징을 자동으로 감지하고 벡터화합니다.

선형 분류 모델의 가장 심각한 한계는 바로 이름에서 드러납니다. 선형 분류 모델은 선형 결정 경계를 학습합니다. 더 정확히는 데이터의 클래스를 분리하는데 선(또는 더 높은 차원에서는 평면)이 필요합니다. 그러나 선형적으로 분리가 불가능한 문제도 무수히 많습니다. 가령 도시와 교외의 가구를 분류하는 문제를 생각해 보죠. 도심까지 거리에 따라 예측을 수행한다고 가정합니다. 도심에서 두 거리 단위 미만인 모든 가구는 도시로 분류되고, 그 외의 모든 가구는 교외로 간주됩니다. 다음 코드는 이러한 가구들을 2D 정규 분포로 시뮬레이션합니다. 또 로지스틱 회귀 분류 모델을 학습시켜 가구 범주를 구분하며, 마지막에는 모델의 선형 경계와 실제 가구를 2D 공간에 시각화합니다(그림 21-19).

코드 21-45 선형적인 분리가 불가능한 시나리오 시뮬레이션하기

```
np.random.seed(0)
X = np.array([[np.random.normal(), np.random.normal()] for _ in range(200)])
y = (np.linalg.norm(X, axis=1) < 2).astype(int)
clf = LogisticRegression()
clf.fit(X, y)
weights = np.hstack([clf.coef_[0], clf.intercept_])

a, b, c = weights
boundary = lambda x: -(a*x+c) / b
plt.plot(range(-4, 5), boundary(range(-4, 5)), color='k', linestyle='--',
         linewidth=2, label='의사 결정 경계')
for i in [0, 1]:
    plt.scatter(X[y == i][:,0], X[y == i][:,1],
                label= ['교외', '도시'][i],
                color=['b', 'y'][i])
plt.legend()
plt.show()
```

각 가구의 x 좌표 및 y 좌표는 표준 정규 분포 두 개에서 추출됩니다.

도심은 좌표 (0, 0)에 위치해 있습니다. 따라서 가구의 도심에서 공간적 거리는 그 가구의 노름(norm)과 같습니다. 도심에서 두 단위 이내에 있는 가구는 '도심'으로 분류됩니다.

데이터는 평균과 표준 편차가 각각 0과 1인 분포에서 추출되었으므로, 선형 모델을 학습시키는 데 별도의 표준화가 필요하지 않습니다.

학습된 결정 경계를 가구 좌표와 함께 그립니다.

▼ 그림 21-19 도심을 기준으로 (0, 0)에 표시된 시뮬레이션된 가구들로 도심에 더 가까운 가구는 도시로 간주됩니다. 도시 가구와 교외 가구 사이에는 선형적인 구분이 없으므로 훈련된 선형 경계는 이들을 구분할 수 없습니다

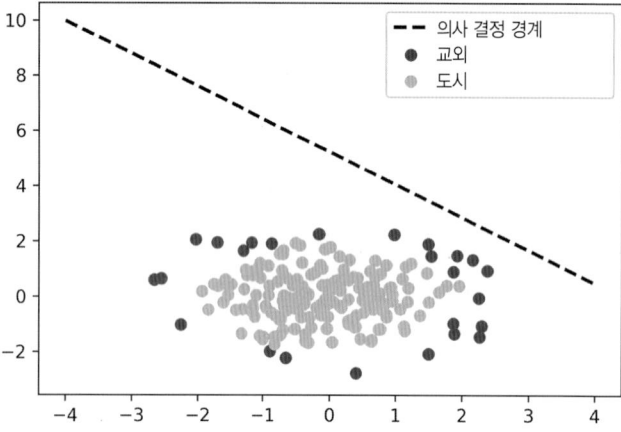

선형 경계가 범주를 분리해 내지 못했습니다. 데이터셋의 기하학적 구조가 이러한 분리를 허용하지 않습니다. 데이터 과학에서는 이를 데이터가 선형적으로 분리될 수 없다고 합니다. 따라서 선형 분류 모델이 적절하게 학습될 수 없습니다. 비선형적인 접근법이 필요한 시점입니다. 다음 장에서는 이 한계를 극복할 수 있는 의사 결정 트리 기법을 알아봅니다.

21.7 요약

- 경우에 따라 선형 의사 결정 경계로 데이터 범주를 구분할 수 있습니다. 선형 경계 아래의 모든 데이터는 클래스 0에 속하는 것으로 분류되고, 선형 경계 위의 모든 데이터는 클래스 1에 속하는 것으로 분류됩니다. 실제로 선형 경계는 가중된 특징들과 상수를 더해 0보다 큰 값을 가지는지 여부를 확인합니다. 여기에서 해당 상수를 편향, 나머지 가중치를 계수라고 합니다.

- 대수적인 조작을 통해 선형 분류를 `M @ weights > 0`으로 정의된 행렬의 곱셈 부등식으로 변환할 수 있습니다. 이 곱셈 기반의 분류는 선형 분류 모델을 정의합니다. 행렬 M은 1로 채워진 열이 추가된 패딩된 특징 행렬이며, 가중치는 벡터고 마지막 벡터 요소는 편향입니다. 여기에서 가중치들은 계수입니다.

- 좋은 의사 결정 경계를 얻기 위해 먼저 가중치를 임의로 초기화합니다. 그다음 사전 실제 클래스와 예측된 클래스 사이의 차이에 따라 가중치를 반복적으로 조정합니다. 가장 간단한 선형 분류기에서는 이 가중치 변화가 예측된 클래스와 실제 클래스 간의 차이에 비례합니다. 따라서 가중치 변화는 −1, 0, 1 중 하나의 값에 비례합니다.

- 연관된 특징 값이 0일 때는 절대로 계수를 조정해서는 안 됩니다. 이 제약 조건을 충족하려면 가중치 변화를 행렬 M에서 해당하는 특징 값과 곱하면 됩니다.

- 가중치를 반복적으로 조정하는 것은 분류 모델이 좋고 낮은 성능 사이에서 들쭉날쭉하도록 만들 수 있습니다. 이 같은 현상을 제한하려면 매번 반복할 때마다 가중치 변화를 줄여야 합니다. 매 k번째 반복에서 가중치 변화를 k로 나누는 방식으로 구현할 수 있습니다.

- 반복적인 가중치 조정은 괜찮은 결정 경계에 수렴할 수 있지만, 최적의 결정 경계를 찾는 것은 보장하지 않습니다. 데이터의 평균과 표준 편차를 줄이면 이를 개선할 수 있습니다. 이러한 표준화는 평균을 뺀 후 표준 편차로 나누는 방식으로 달성할 수 있는데, 그러면 데이터셋은 평균이 0이고 표준 편차가 1이 됩니다.

- 가장 단순한 선형 분류기는 퍼셉트론입니다. 퍼셉트론은 성능이 좋지만, 일관성이 없다는 단점이 있습니다. 퍼셉트론의 실패는 부분적으로 정교함 부족에서 비롯됩니다. 결정 경계에 가까운 데이터를 분류하는 것은 더 모호합니다. 우리는 0과 1 사이 값을 가지는 S자형 곡선을 사용하여 이 불확실성을 포착할 수 있습니다. 누적 정규 분포 함수는 불확실성을 측정하는 데 적절한 도구가 될 수 있지만, 더 간단한 로지스틱 곡선이 계산하기에 더 용이합니다. 로지스틱 곡선은 1 / (1+e**-z)로 표현됩니다.

- 모델 학습에 불확실성을 반영하고자 가중치 변화를 실제 값에서 1 / (1+e**-거리)를 뺀 값에 비례하도록 설정할 수 있습니다. 여기에서 거리는 결정 경계까지의 방향 거리를 나타냅니다. 모든 거리는 `M @ weights`로 구할 수 있습니다.

- 로지스틱 불확실성을 사용하여 학습된 분류 모델을 로지스틱 회귀 분류기라고 합니다. 이 분류 모델은 단순 퍼셉트론보다 더 일관된 결과를 제공합니다.

- 선형 분류 모델은 서로 다른 선형 결정 경계 N개를 학습시켜 클래스 N개로 확장될 수 있습니다.

- 선형 분류 모델의 계수는 특징의 중요도를 측정하는 역할을 합니다. 절댓값이 가장 큰 계수는 모델 예측에 중대한 영향을 미치는 특징입니다. 계수 부호는 특징의 존재가 해당 클래스의 실재를 나타내는지 또는 부재를 나타내는지 결정합니다.
- 선형 분류 모델은 데이터가 선형적으로 분리되지 않고 좋은 선형 결정 경계가 없을 때마다 실패합니다.

22장

의사 결정으로 비선형 분류 모델 학습

이 장에서 다루는 내용

- 선형적으로 분리할 수 없는 데이터셋 분류하기
- 학습용 데이터셋에서 if/else 논리 규칙을 자동으로 생성하기
- 의사 결정이란
- 랜덤포레스트란
- 사이킷런으로 트리 기반 모델 학습하기

지금까지 우리는 데이터의 기하학적 특성에 의존하는 지도 학습 기법을 조사했습니다. 하지만 학습과 기하학 사이의 이러한 연관성은 일상적인 경험과는 맞지 않습니다. 인지적 수준에서 사람들은 추상적인 공간을 분석하여 학습하지 않고, 세상에 대한 논리적 추론으로 학습합니다. 이러한 추론은 다른 사람들과 공유될 수 있습니다. 예를 들어 유아는 떼를 쓰면 가끔 추가로 과자를 얻을 수 있다는 것을 깨닫습니다. 부모는 아이를 지나치게 응석받이로 키우면 더 나쁜 행동으로 이어질 수 있다는 것을 깨닫습니다. 학생은 준비와 공부를 하여 시험에서 좋은 성적을 받을 수 있다는 것을 깨닫습니다. 이러한 깨달음은 특별히 새로운 것이 아니며, 사회적 지혜의 일부입니다. 유용하게 논리적으로 추론했다면 그것을 더 널리 사용할 수 있도록 다른 사람들과 공유할 수 있습니다. 이러한 공유가 현대 과학의 기초입니다. 과학자는 특정 바이러스 단백질이 약물의 좋은 표적이 된다는 것을 깨닫고 그 추론을 학술지에 발표합니다. 그러면 그 지식이 과학 공동체 전반에 퍼집니다. 결국 그 과학적 발견을 기반으로 새로운 항바이러스 약물을 개발합니다.

이 장에서는 학습 데이터에서 논리적 추론을 알고리즘적으로 도출하는 방법을 배웁니다. 이러한 단순한 논리 규칙들은 데이터 기하학에 구애받지 않는 예측 모델을 제공합니다.

22.1 논리 규칙 자동 학습하기

겉보기에는 사소해 보이는 문제를 분석해 보겠습니다. 계단 위에 전구가 하나 매달려 있습니다. 해당 전구는 계단 위아래에 있는 두 스위치에 연결되어 있습니다. 두 스위치가 모두 꺼지면 전구도 꺼집니다. 어느 한 스위치를 켜면 전구에 불이 들어옵니다. 하지만 두 스위치를 모두 켜면 전구는 꺼집니다. 계단 아래에 있을 때는 불을 켜고 올라간 뒤 불을 끌 수 있습니다.

스위치와 전구의 꺼짐 및 켜짐 상태를 2진수 0과 1로 표현할 수 있습니다. 두 스위치에 대한 switch0과 switch1 변수가 주어졌을 때 switch0 + switch1 == 1일 때마다 전구가 켜져 있음을 쉽게 보일 수 있습니다.

이전 두 장에서 다룬 내용으로 분류 모델을 학습시켜 이 관계를 파악할 수 있을까요? 모든 가능한 전구 스위치 조합을 2열로 구성된 특징 행렬 X에 저장하여 알아보겠습니다. 그다음 전구의 켜짐/꺼짐 상태에 따라 각 점을 표시하여 행렬의 각 행을 2차원 그래프에 나타냅니다(그림 22-1). 이 그래프로 KNN 및 선형 분류 모델이 이 분류 문제를 어떻게 처리할 수 있는지 통찰을 얻을 수 있습니다.

코드 22-1 2D 공간에 두 스위치 문제 그리기

```python
import numpy as np
import matplotlib.pyplot as plt
X = np.array([[0, 0], [1, 0], [0, 1], [1, 1]])
y = (X[:,0] + X[:,1] == 1).astype(int)

for i in [0, 1]:
    plt.scatter(X[y == i][:,0], X[y == i][:,1], marker=['o', 'x'][i], color=['b', 'k'][i], s=1000)

plt.xlabel('Switch 0')
```

```
plt.ylabel('Switch 1')
plt.show()
```

▼ 그림 22-1 활성화된 전구는 X로 표시하고 비활성화된 전구는 O로 표시됩니다. 각 O의 가장 가까운 이웃은 X고 그 반대도 마찬가지입니다. 따라서 KNN은 분류에 사용할 수 없습니다. 또 X와 O 마커 사이에 선형적인 경계를 그릴 수 없으므로 선형 분류도 적용할 수 없습니다

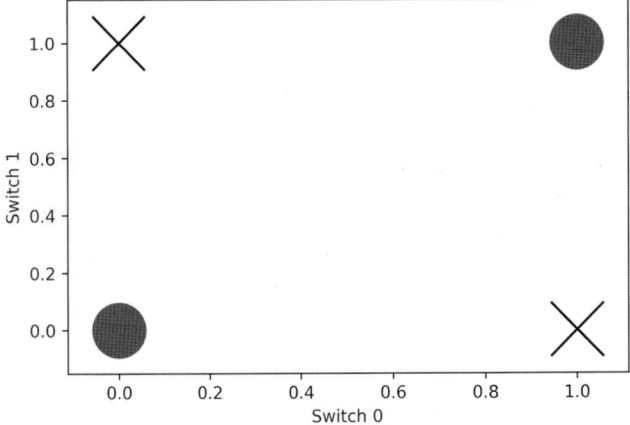

네 점들은 정사각형의 네 모서리에 위치해 있습니다. 같은 클래스에 속하는 두 점은 그 대각선으로 배치되어 있으며, 인접한 모든 점은 서로 다른 클래스에 속해 있습니다. 각각의 켜진 스위치 조합의 가장 가까운 이웃 두 개는 꺼진 클래스에 속하며, 그 반대도 마찬가지입니다. 이 때문에 KNN 알고리즘은 데이터를 올바르게 분류하지 못할 것입니다. 또 클래스들을 선형 분리하는 것도 불가능합니다. 동일 클래스에 속한 두 점을 연결하는 대각선을 통과하지 않고는 선형 경계를 그릴 수 없습니다. 따라서 선형 분류 모델을 학습시키는 것도 적합하지 않습니다. 그러면 어떻게 해야 할까요? 한 가지 방법은 중첩된 if/else 문으로 예측 모델을 정의하는 것입니다.

코드 22-2 중첩된 if/else 문으로 데이터 분류하기

```
def classify(features):
    switch0, switch1 = features

    if switch0 == 0:
        if switch1 == 0:
            prediction = 0
        else:
            prediction = 1
    else:
        if switch1 == 0:
            prediction = 1
        else:
            prediction = 0
    return prediction

for i in range(X.shape[0]):
    assert classify(X[i]) == y[i]
```

if/else 분류 모델은 100% 정확하지만 학습된 것은 아닙니다. 대신에 분류 모델을 직접 프로그래밍했습니다. 이 방식은 지도 학습이 아닙니다. 따라서 우리는 학습용 데이터셋에서 if/else처럼 작동하는 무언가를 자동으로 찾아야 합니다.

간단한 학습 예제로 시작해 보죠. 우리 학습 데이터는 단일 전등 스위치와 단일 전구 사이의 관측된 기록에 대한 것입니다. 스위치가 켜져 있을 때는 전구도 켜지고, 스위치가 꺼져 있을 때는 전구도 꺼집니다. 우리는 전구를 임의로 켜고 끄며 전구 상태를 y_simple 배열에 기록합니다. 스위치가 유일한 특징이며, 이는 단일 열로 구성된 X_simple 행렬에 기록됩니다. 물론 X_simple[i][0]은 항상 y[i]와 동일할 것입니다. 이제 이 기본적인 학습 데이터를 생성해 보겠습니다.

코드 22-3 단일 스위치에 대한 학습용 데이터셋 생성하기

```
np.random.seed(0)
y_simple = np.random.binomial(1, 0.5, size=10)   ----- 전구 상태는 임의의 동전 뒤집기를 사용하여 시뮬레이션됩니다.
X_simple = np.array([[e] for e in y_simple])     ----- 스위치 상태는 항상 전구 상태와 동일합니다.
print(f"특징: {X_simple}")
print(f"\n레이블: {y_simple}")
```

▶ 실행결과

```
특징: [[1]
 [1]
 [1]
 [1]
 [0]
 [1]
 [0]
 [1]
 [1]
 [0]]
레이블: [1 1 1 1 0 1 0 1 1 0]
```

다음으로 스위치와 전구가 모두 꺼진 기록을 살펴봅니다.

코드 22-4 스위치와 전구가 모두 꺼진 기록 살펴보기

```
count = (X_simple[:,0][y_simple == 0] == 0).sum()
print(f"스위치와 전구가 모두 꺼진 경우는 {count}번입니다")
```

▶ 실행결과

```
스위치와 전구가 모두 꺼진 경우는 3번입니다
```

이제 스위치와 전구가 모두 켜진 경우를 세어 보겠습니다.

코드 22-5 스위치와 전구가 모두 켜진 기록 살펴보기

```
count = (X_simple[:,0][y_simple == 1] == 1).sum()
print(f"스위치와 전구가 모두 켜진 경우는 {count}번입니다")
```

▶ 실행결과

스위치와 전구가 모두 켜진 경우는 7번입니다

이러한 동시 발생은 분류 모델을 학습시키는 데 유용할 것입니다. 동시 발생 횟수를 보다 체계적으로 추적하려고 행렬 M을 만듭니다. 행렬의 행은 스위치의 꺼짐/켜짐 상태를, 열은 전구의 상태를 추적합니다. 각 요소 M[i][j]는 스위치가 상태 i에 있고 전구가 상태 j에 있는 데이터 개수를 값으로 가집니다. 따라서 M[0][0]은 7이되어야 하고 M[1][1]은 3이 되어야 합니다.

이제 동시 발생 행렬을 계산하는 get_co_occurrence 함수를 정의합니다. 이 함수는 학습 데이터셋 (X, y)와 열 인덱스 col을 입력받습니다. 그리고 y의 모든 클래스와 X[:,col]의 모든 특징 상태 사이의 동시 발생을 행렬로 반환합니다.

코드 22-6 동시 발생 행렬 계산하기

```python
def get_co_occurrence(X, y, col=0):
    co_occurrence = []
    for i in [0, 1]:
        counts = [(X[:,col][y == i] == j).sum() for j in [0, 1]]
        co_occurrence.append(counts)
    return np.array(co_occurrence)

M = get_co_occurrence(X_simple, y_simple)
assert M[0][0] == 3
assert M[1][1] == 7
print(M)
```

▶ 실행결과

```
[[3 0]
 [0 7]]
```

get_co_occurrence 함수를 사용하여 동시 발생 행렬 M을 계산했습니다. 모든 동시 발생은 행렬의 대각선상에 위치합니다. 스위치가 꺼졌을 때 전구가 켜지는 일은 없으며, 그 반대의 경우도 마찬가지기 때문이죠. 그런데 스위치에 결함이 있다고 가정해 보죠. 스위치를 끄면 전구가 꺼져야 하지만, 전구가 계속 켜져 있는 오류가 발생한 것입니다. 이 비정상적인 관측을 데이터에 추가하고 행렬 M을 다시 계산해 봅시다.

코드 22-7 불일치 결함을 데이터에 추가하기

```python
X_simple = np.vstack([X_simple, [1]])
y_simple = np.hstack([y_simple, [0]])
M = get_co_occurrence(X_simple, y_simple)
print(M)
```

▶ 실행결과

```
[[3 1]
 [0 7]]
```

스위치를 끄면 대부분은 전구도 꺼지지만, 항상 꺼지지는 않는 상황입니다. 그렇다면 스위치가 꺼져 있을 때 전구 상태를 얼마나 정확히 예측할 수 있을까요? 이를 알아내려면 `M[0]`을 `M[0].sum()`으로 나누어야 합니다. 그러면 스위치 상태가 0일 때(꺼져 있을 때) 가능한 전구 상태에 대한 확률 분포가 생성됩니다.

코드 22-8 스위치가 꺼져 있을 때 전구의 상태 확률 계산하기

```
bulb_probs = M[0] / M[0].sum()
print("스위치가 0으로 설정되었을 때 전구의 상태 확률은 다음과 같습니다")
print(bulb_probs)

prob_on, prob_off = bulb_probs
print(f"\n전구가 꺼져 있을 가능성은 75%입니다")
print(f"전구가 켜져 있을 가능성은 25%입니다")
```

▶ 실행결과

```
스위치가 0으로 설정되었을 때 전구의 상태 확률은 다음과 같습니다
[0.75 0.25]

전구가 꺼져 있을 가능성은 75%입니다
전구가 켜져 있을 가능성은 25%입니다
```

스위치가 꺼져 있을 때, 우리는 전구도 꺼져 있을 것이라고 가정해야 합니다. 이 추측은 75% 확률로 맞을 것입니다. 이 비율은 20장에서 정의한 정확도 기준에 부합하므로, 스위치가 꺼져 있을 때 전구 상태를 75% 정확도로 예측할 수 있습니다.

이제 스위치가 켜진 시나리오에서 정확도를 최적화해 보겠습니다. 먼저 `M[1]`을 기반으로 `bulb_probs`를 계산합니다. 다음으로 최대 확률에 해당하는 전구 상태를 선택합니다. 기본적으로 전구 상태는 `bulb_probs.argmax()`에 해당하며, 그 정확도는 `bulb_probs.max()`로 계산됩니다.

코드 22-9 스위치가 켜졌을 때 전구 상태 예측하기

```
bulb_probs = M[1] / M[1].sum()
print("스위치가 1로 설정되었을 때 전구의 상태 확률은 다음과 같습니다")
print(bulb_probs)

prediction = ['off', 'on'][bulb_probs.argmax()]
accuracy = bulb_probs.max()
print(f"\n전구는 {100*accuracy:.0f}% 정확도로 {prediction}일 것입니다")
```

▶ 실행결과

```
스위치가 1로 설정되었을 때 전구의 상태 확률은 다음과 같습니다
[0. 1.]

전구는 100% 정확도로 on일 것입니다
```

스위치가 꺼져 있을 때 전구가 꺼질 것이라고 75%의 정확도로 예측하고, 스위치가 켜져 있을 때 전구가 켜질 것이라고 100%의 정확도로 예측한다고 가정해 보겠습니다. 단순히 이 두 값의 평균을 내서 단일 정확도 점수

로 결합할 수 있을까요? 단순히 0.75와 1.0의 평균을 구하는 방식은 올바르지 않습니다. 두 정확도에 가중치를 동일하게 부여하는 것이 적절하지 않기 때문입니다. 스위치가 꺼진 경우보다 켜진 경우가 거의 2배 더 자주 발생합니다.

동시 발생 행렬 M의 열을 합산하여 확인할 수 있습니다. M.sum(axis=1)을 실행하면 스위치가 꺼진 상태와 켜진 상태의 수가 반환됩니다.

코드 22-10 스위치의 켜짐 및 꺼짐 상태 계산하기

```
for i, count in enumerate(M.sum(axis=1)):
    state = ['off', 'on'][i]
    print(f"스위치 상태({state})는 {count}번 관측되었습니다")
```

▶ 실행결과

```
스위치 상태(off)는 4번 관측되었습니다
스위치 상태(on)는 7번 관측되었습니다
```

스위치가 꺼졌을 때보다 켜졌을 때가 더 많습니다. 따라서 유의미한 정확도를 얻으려면 0.75와 1.0에 대한 가중 평균을 구해야 합니다. 가중치는 M에서 얻은 스위치가 켜지고/꺼진 횟수와 상관관계가 있어야 합니다.

코드 22-11 총 정확도 계산하기

```
accuracies = [0.75, 1.0]
total_accuracy = np.average(accuracies, weights=M.sum(axis=1))
print(f"총 정확도는 {100*total_accuracy:.0f}%입니다")
```

▶ 실행결과

```
총 정확도는 91%입니다
```

스위치가 꺼져 있으면 전구가 꺼진 것으로 예측하고, 그렇지 않으면 전구가 켜진 것으로 예측하는 이 모델은 91% 정확도를 갖습니다. 또 이 모델은 파이썬에서 간단한 if/else 문으로 표현될 수도 있지만, 다음 단계를 거쳐 밑바닥에서부터 학습될 수도 있습니다.

1. 특징 행렬 X에서 특징을 선택합니다.
2. 특징의 두 가능한 상태와 두 클래스 유형 사이의 동시 발생 횟수를 계산합니다. 이 공동 발생 횟수는 2×2 크기의 행렬 M에 저장됩니다.
3. 행렬 M의 i번째 행에 대해 해당 특징이 상태 i에 있을 때 클래스 확률 분포를 계산합니다. 이 확률 분포는 M[i] / M[i].sum()과 같습니다. M에는 행이 두 개만 있으므로 두 확률 분포를 각각 probs0과 probs1 변수에 저장할 수 있습니다.
4. 조건부 모델의 if 부분을 정의합니다. 특징 값이 0이라면 probs0.argmax()에 해당하는 레이블을 반환합니다. 이는 if 문의 정확도를 최대화합니다. 해당 정확도는 probs0.max()와 같습니다.
5. 조건부 모델의 else 부분을 정의합니다. 특징 값이 0이 아니라면 probs1.argmax()에 해당하는 레이블을 반환합니다. 이는 else 문의 정확도를 최대화합니다. 해당 정확도는 probs1.max()와 같습니다.

6. if 문과 else 문을 단일 조건부 if/else 문으로 결합합니다. 때로는 probs0.argmax()가 probs1. argmax()와 같을 수 있는데, 이때는 if/else 문을 사용할 필요가 없습니다. 그 대신 간단한 규칙인 f"prediction = {probs0.argmax()}"를 반환할 수 있습니다.

7. 결합된 if/else 문의 정확도는 probs0.max()와 probs1.max()의 가중 평균과 같습니다. 가중치는 M의 열을 합산하여 얻은 특징 상태의 개수에 해당합니다.

이 일곱 단계를 수행하는 train_if_else 함수를 정의해 보겠습니다. 이 함수는 학습된 if/else 문과 해당 정확도를 반환합니다.

코드 22-12 간단한 if/else 모델 학습시키기

```
def train_if_else(X, y, feature_col=0, feature_name='feature'):      ····· 학습용 데이터셋 (X, y)에 대해 if/else 문을 학
    M = get_co_occurrence(X, y, col=feature_col)                           습시킨 뒤 해당 조건문과 정확도를 반환합니
    probs0, probs1 = [M[i] / M[i].sum() for i in [0, 1]]                   다. 이 조건문은 X[:,feature_col]에 있는 특징
                                                                           에 대해 학습되며, 해당 특징 이름은 feature_
    if_else = f"""if {feature_name} == 0:      ····· 작성된 if/else 조건문을 생성합니다.   name에 저장됩니다.
    prediction = {probs0.argmax()}
else:
    prediction = {probs1.argmax()}
""".strip()

    if probs0.argmax() == probs1.argmax():     ····· 조건문 양쪽에서 동일한 예측을 반환하는 경우
        if_else = f"prediction = {probs0.argmax()}"   해당 조건문을 그 예측 하나로 단순화합니다.

    accuracies = [probs0.max(), probs1.max()]
    total_accuracy = np.average(accuracies, weights=M.sum(axis=1))
    return if_else, total_accuracy

if_else, accuracy = train_if_else(X_simple, y_simple, feature_name='switch')
print(if_else)
print(f"\n이 구문의 정확도는 {100*accuracy:.0f}%입니다")

if switch == 0:
    prediction = 0
else:
    prediction = 1
```

▶ 실행결과

이 구문의 정확도는 91%입니다

단일 특징으로 간단한 if/else 모델을 학습시킬 수 있습니다. 이번에는 두 특징으로 중첩된 if/else 모델을 학습시키는 방법을 알아봅니다. 이후 특징을 두 개 이상으로도 확장해 보겠습니다.

22.1.1 두 특징으로 중첩된 if/else 모델 학습시키기

이제 두 전등 스위치가 하나의 전구에 연결된 시스템으로 돌아가 봅니다. 이 시스템의 모든 상태는 코드 22-1에서 생성된 데이터셋 (X, y)로 표현됩니다. 두 특징 switch0과 switch1은 행렬 X의 0번째 열과 1번째 열에 해당합니다. 하지만 train_if_else 함수는 한 번에 하나의 열만 학습할 수 있습니다. 따라서 두 개별 모델을 학습할 것입니다. 하나는 switch0을, 다른 하나는 switch1을 학습합니다. 각 모델이 얼마나 잘 작동할지 알아보려고 각 모델의 정확도를 출력합니다.

코드 22-13 두 스위치 시스템에 대한 모델 학습시키기

```
feature_names = [f"switch{i}" for i in range(2)]
for i, name in enumerate(feature_names):
    _, accuracy = train_if_else(X, y, feature_col=i, feature_name=name)
    print(f"{name}에 대해 학습된 모델의 정확도는 {100*accuracy:.0f}%입니다")
```

▶ 실행결과

```
switch0에 대해 학습된 모델의 정확도는 50%입니다
switch1에 대해 학습된 모델의 정확도는 50%입니다
```

두 모델의 성능이 모두 형편없습니다. 단일 if/else 조건문으로는 문제 복잡성을 충분히 잡아내지 못했습니다. 그럼 어떻게 해야 할까요? 한 가지 접근법은 문제를 여러 부분으로 나누어 해결하는 것입니다. 두 개별 모델을 학습시키는 방법인데, 모델 A는 switch0이 꺼진 시나리오만 고려하고 모델 B는 switch0이 켜진 나머지 시나리오를 고려합니다. 이후에는 모델 A와 모델 B를 결합하여 단일 분류 모델로 만들 것입니다.

switch0이 꺼진 첫 번째 시나리오를 살펴보죠. 꺼져 있다는 것은 X[:,0] == 0을 의미합니다. 따라서 해당 불리언 조건을 충족하는 학습 데이터의 하위 집합을 분리하는 것부터 시작합니다. 분리된 하위 집합을 X_switch0_off 및 y_switch0_off 변수에 저장합니다.

코드 22-14 학습용 데이터셋에서 switch0이 꺼진 부분 분리하기

```
is_off = X[:,0] == 0
X_switch0_off = X[is_off]
y_switch0_off = y[is_off]
print(f"switch0이 꺼졌을 때의 특징 배열\n{X_switch0_off}")
print(f"\nswitch0이 꺼졌을 때의 클래스 레이블\n{y_switch0_off}")
```

▶ 실행결과

```
switch0이 꺼졌을 때의 특징 배열
[[0 0]      ----- 이제 0번째 열의 모든 요소 값은 0입니다
 [0 1]]

switch0이 꺼졌을 때의 클래스 레이블
[0 1]
```

학습 데이터셋의 하위 집합에서는 switch0이 항상 꺼져 있습니다. 따라서 X_switch0_off[:,0]은 항상 0이며, 0으로만 채운 이 열은 불필요하므로 넘파이의 np.delete 함수로 해당 열을 제거합니다.

코드 22-15 특징 열 삭제하기

```
X_switch0_off = np.delete(X_switch0_off, 0, axis=1)      ····· np.delete(X, r)을 실행하면 r번째 행이 제거된 X의 복사본을 반
print(X_switch0_off)                                            환합니다. np.delete(X, c, axis=1)을 실행하면 c번째 열이 제거
                                                                된 X의 복사본을 반환합니다. 여기에서는 불필요한 0번째 열을
                                                                제거합니다.
```

▶ 실행결과

```
[[0]      ····· 0번째 열이 제거된 뒤의 결과입니다.
 [1]]
```

다음으로 해당 하위 집합으로 if/else 모델을 학습시킵니다. 이 모델은 switch1 상태를 기반으로 전구의 작동을 예측합니다. 이 예측은 switch0이 꺼진 경우에만 유효합니다. 모델을 switch0_off_model 변수에 저장하고, 모델 정확도를 switch0_off_accuracy 변수에 저장합니다.

코드 22-16 switch0이 꺼진 데이터로 모델 학습시키기

```
results = train_if_else(X_switch0_off, y_switch0_off, feature_name='switch1')
switch0_off_model, off_accuracy = results
print("switch0이 꺼져 있다면 다음 if/else 모델의 정확도는 "
      f"{100*off_accuracy:.0f}%입니다\n\n{switch0_off_model}")
```

▶ 실행결과

```
switch0이 꺼져 있다면 다음 if/else 모델의 정확도는 100%입니다

if switch1 == 0:
    prediction = 0
else:
    prediction = 1
```

switch0이 꺼져 있으면 학습된 if/else 모델이 전구 상태를 100% 정확히 예측할 수 있습니다. 이제 switch0이 켜진 경우도 다룰 수 있도록 해당 모델을 학습시켜 봅니다. 먼저 X[:,0] == 1 조건에 따라 학습 데이터를 필터링합니다.

코드 22-17 학습용 데이터셋 중 switch0이 켜진 데이터 분리하기

```
                                       행렬 X의 feature_col 열에 있는 특징을 기준으로 학습 데이터를 필터링합니다. 특징이 지정된 조건 값
                                       과 같은 경우 학습 데이터의 부분 집합을 반환합니다.
def filter_X_y(X, y, feature_col=0, condition=0):  ······
    inclusion_criteria = X[:,feature_col] == condition   ····· X[i][feature_col]이 조건과 같다면 i번째
    y_filtered = y[inclusion_criteria]                         요소가 True인 불리언 배열입니다.
    X_filtered = X[inclusion_criteria]
    X_filtered = np.delete(X_filtered, feature_col, axis=1)   ····· feature_col 열의 모든 값이 조건과 동일하므로 이
    return X_filtered, y_filtered                                    열은 불필요합니다. 따라서 이 열은 학습 데이터에서
                                                                     제외됩니다.

X_switch0_on, y_switch0_on = filter_X_y(X, y, condition=1)
```

다음으로 필터링된 학습용 데이터셋을 사용하여 switch0_on_model을 학습시킵니다.

코드 22-18 switch0이 켜진 데이터에 대해 모델 학습시키기

```
results = train_if_else(X_switch0_on, y_switch0_on, feature_name='switch1')
switch0_on_model, on_accuracy = results
print("switch0이 꺼져 있다면 다음 if/else 모델의 정확도는 "
      f"{100*off_accuracy:.0f}%입니다\n\n{switch0_off_model}")
```

▶ 실행결과

```
switch0이 꺼져 있다면 다음 if/else 모델의 정확도는 100%입니다

if switch1 == 0:
    prediction = 1
else:
    prediction = 0
```

switch == 0일 때 switch0_off_model의 정확도는 100%입니다. 그 밖의 다른 모든 경우에서는 switch1_on_model의 정확도가 100%입니다. 두 모델을 함께 사용하면 하나의 중첩된 if/else 문으로 쉽게 결합할 수 있습니다. 여기에서는 각 if/else 문을 병합하는 combine_if_else 함수를 정의한 뒤 적용합니다.

코드 22-19 개별 if/else 모델 결합하기

```
def combine_if_else(if_else_a, if_else_b, feature_name='feature'):   ····· 두 if/else 문(if_else_a 및 if_else_b)을
    return f"""                                                            하나의 중첩된 형태로 결합합니다.
if {feature_name} == 0:
{add_indent(if_else_a)}    ····· 각 조건문은 파이썬의 표준인 네 칸
else:                            들여쓰기가 적용되었습니다.
{add_indent(if_else_b)}
""".strip()

def add_indent(if_else):   ····· 중첩할 때 모든 구문에 들여쓰기를 적용하는 함수입니다.
    return '\n'.join([4*' '+line for line in if_else.split('\n')])

nested_model = combine_if_else(switch0_off_model, switch0_on_model,
                               feature_name='switch0')
print(nested_model)
```

▶ 실행결과

```
if switch0 == 0:
    if switch1 == 0:
        prediction = 0
    else:
        prediction = 1
else:
    if switch1 == 0:
        prediction = 1
```

```
    else:
        prediction = 0
```

코드 22-2의 중첩된 if/else 모델을 재현했습니다. 이 모델의 정확도는 100%입니다. off_accuracy와 on_accuracy의 가중 평균을 구해 보면 그 사실을 확인할 수 있습니다. 이 정확도는 switch0의 꺼짐/켜짐 상태에 해당하므로 가중치는 switch0과 관련된 꺼짐/켜짐 횟수와 일치해야 합니다. 해당 횟수는 y_switch0_off 및 y_switch0_on 배열의 길이와 같습니다. 가중 평균을 구하고 총 정확도가 1.0인지 확인해 보겠습니다.

코드 22-20 총 정확도 계산하기

```python
accuracies = [off_accuracy, on_accuracy]
weights = [y_switch0_off.size, y_switch0_on.size]
total_accuracy = np.average(accuracies, weights=weights)
print(f"총 정확도는 {100*total_accuracy:.0f}%입니다")
```

▶ 실행결과

총 정확도는 100%입니다

중첩된 두 특징에 대한 모델을 자동으로 생성할 수 있습니다. 이는 별도의 학습용 데이터셋을 어떻게 생성하느냐에 달려 있습니다. 이러한 분리는 특징 중 하나의 켜짐/꺼짐 상태에 따라 결정되는데, 이 유형의 분리를 **이진 분할**이라고 합니다. 두 파라미터로 학습용 데이터셋 (X, y)를 다음과 같이 분할합니다.

- X의 i번째 열에 해당하는 특징 i(예 X의 0번째 열의 switch0)
- 조건 c. X[:,i] == c는 일부 데이터에 대해 True입니다(예 꺼진 상태에 해당하는 조건 0)

특징 i와 조건 c에 대한 분할은 다음과 같이 수행할 수 있습니다.

1. X_a[:,i] == c에 대한 학습 데이터셋의 부분 집합 (X_a, y_a)를 구합니다.
2. X_b[:,i] != c에 대한 학습 데이터셋의 부분 집합 (X_b, y_b)를 구합니다.
3. X_a와 X_b에서 i번째 열을 제거합니다.
4. 분리된 부분 집합인 (X_a, y_a)와 (X_b, y_b)를 반환합니다.

> **노트** 이 단계들은 연속형 특징을 위한 것이 아닙니다. 연속형 특징을 분할하려고 이진 변수로 변환하는 방법은 이 장 뒷부분에서 설명합니다.

이 단계들을 실행하는 분할 함수를 정의합니다. 그다음 함수를 체계적으로 학습 파이프라인에 통합합니다.

코드 22-21 이진 분할 함수 정의하기

```python
def split(X, y, feature_col=0, condition=0):        # 특징 행렬 X의 feature_col 열에 있는 특징을 기준으로 이진 분할을 수행합니다.
    has_condition = X[:,feature_col] == condition
    X_a, y_a = [e[has_condition] for e in [X, y]]   # 이 분할은 두 부분 학습 데이터셋 (X_a, y_a)와 (X_b, y_b)를 생성
                                                    # 합니다. 첫 번째 부분 학습 데이터셋에서는 X_a[:,feature_col]이
                                                    # 항상 조건과 같습니다.
```

```
    X_b, y_b = [e[~has_condition] for e in [X, y]]
    X_a, X_b = [np.delete(e, feature_col, axis=1) for e in [X_a, X_b]]
    return [X_a, X_b, y_a, y_b]

X_a, X_b, y_a, y_b = split(X, y)
assert np.array_equal(X_a, X_switch0_off)
assert np.array_equal(X_b, X_switch0_on)
```

> 두 번째 부분 학습 데이터셋에서는 X_a[:,feature_col]이 조건과 절대 같지 않습니다.

switch0을 기준으로 분할함으로써 중첩 모델을 학습시킬 수 있었습니다. 이전에는 먼저 단순한 if/else 모델을 학습시키려고 시도했습니다. 그러나 이 모델들은 성능이 형편없어서 학습 데이터를 분할할 수밖에 없었습니다. 학습된 중첩 모델은 여전히 train_if_else가 반환한 더 간단한 모델들과 비교되어야 합니다. 더 간단한 모델과 성능이 유사하다면 해당 모델이 대신 반환되어야 합니다.

> **노트** 중첩된 두 특징에 대한 모델은 단일 특징을 기반으로 한 단순한 모델보다 성능이 떨어지지 않습니다. 그러나 두 모델 성능이 거의 똑같을 수도 있을 것입니다. 이때는 서로 다른 두 이론이 정확히 동일한 예측을 할 때 단순한 이론이 더 낫다는 오컴의 면도날 원칙(Occam's razor)을 따르는 것이 가장 좋습니다.

두 특징에 대한 중첩 모델을 학습시키는 과정을 공식화해 보겠습니다. 주어진 학습용 데이터셋 (X, y)에 대해 다음 단계를 수행해야 합니다.

1. 분할할 i번째 특징을 선택합니다. 지금은 파라미터로 특징을 지정하지만, 나중에는 자동화된 방식으로 특징을 선택하는 방법을 배웁니다.

2. i번째 특징에 대해 간단한 단일 특징만 다루는 모델을 학습시키려고 시도합니다. 해당 모델 정확도가 100%라면 모델을 반환합니다. 이론적으로 train_if_else를 사용하여 0번째 열과 1번째 열에 대해 단일 특징만 다루는 개별 모델 두 개를 학습시킬 수 있습니다. 그다음 모든 단일 특징 모델을 체계적으로 비교할 수 있습니다. 그러나 이는 특징 수를 N개로 늘릴 때는 확장성이 떨어지는 접근법입니다.

3. split을 사용하여 i번째 특징을 기준으로 분할합니다. 이 함수는 두 부분 학습 데이터셋인 (X_a, y_a)와 (X_b, y_b)를 반환합니다.

4. split이 반환한 두 부분 학습 데이터셋으로 두 간단한 모델인 if_else_a와 if_else_b를 학습시킵니다. 이들의 정확도는 accuracy_a 및 accuracy_b와 동일합니다.

5. if_else_a와 if_else_b를 중첩된 if/else 조건부 모델로 결합합니다.

6. accuracy_a와 accuracy_b의 가중 평균을 이용하여 중첩 모델의 정확도를 계산합니다. 각각에 대한 가중치는 y_a.size 및 y_b.size와 동일합니다.

7. 중첩 모델이 두 번째 단계에서 만든 단순한 모델보다 성능이 우수하다면 중첩 모델을 반환하고, 그렇지 않다면 단순한 모델을 반환합니다.

이 단계를 실행하는 train_nested_if_else 함수를 정의합니다. 이 함수는 학습된 모델과 해당 모델의 정확도를 함께 반환합니다.

코드 22-22 중첩된 if/else 모델 학습시키기

두 특징을 가진 학습용 데이터셋 (X, y)에 대해 중첩 if/else 조건문을 학습시키고, 해당 조건문과 그에 따른 정확도를 반환합니다. 이 조건문은 X[:,split_col]에 있는 특징을 기준으로 분할하여 학습됩니다. 조건문에 사용된 특징 이름들은 feature_names 배열에 저장됩니다.

```
def train_nested_if_else(X, y, split_col=0, feature_names=['feature1', 'feature1']):
    split_name = feature_names[split_col]
    simple_model, simple_accuracy = train_if_else(X, y, split_col, split_name)    ----- 조건문에 사용된 특징 이름
    if simple_accuracy == 1.0:                                                          은 feature_names 배열에
        return (simple_model, simple_accuracy)                                           저장됩니다.

    X_a, X_b, y_a, y_b = split(X, y, feature_col=split_col)
    in_name = feature_names[1 - split_col]     ----- 중첩 조건문의 내부에 위치한 특징 이름입니다.
    if_else_a, accuracy_a = train_if_else(X_a, y_a, feature_name=in_name)     ----- 두 간단한 모델을 학습시킵니다.
    if_else_b, accuracy_b = train_if_else(X_b, y_b, feature_name=in_name)
    nested_model = combine_if_else(if_else_a, if_else_b, split_name)     ----- 두 간단한 모델을 결합합니다.
    accuracies = [accuracy_a, accuracy_b]
    nested_accuracy = np.average(accuracies, weights=[y_a.size, y_b.size])
    if nested_accuracy > simple_accuracy:
        return (nested_model, nested_accuracy)

    return (simple_model, simple_accuracy)

feature_names = ['switch0', 'switch1']
model, accuracy = train_nested_if_else(X, y, feature_names=feature_names)
print(model)
print(f"\n이 구문의 정확도는 {100*accuracy:.0f}%입니다")
```

▶ 실행결과

```
if switch0 == 0:
    if switch1 == 0:
        prediction = 0
    else:
        prediction = 1
else:
    if switch1 == 0:
        prediction = 1
    else:
        prediction = 0

이 구문의 정확도는 100%입니다
```

이 함수는 정확도가 100%인 모델을 학습시켰습니다. 현재 학습용 데이터셋을 고려할 때 switch0 대신 switch1을 분할하더라도 이 정확도는 유지될 것입니다. 확인해 보겠습니다.

코드 22-23 switch0 대신 switch1에서 분할하기

```
model, accuracy = train_nested_if_else(X, y, split_col=1, feature_names=feature_names)
print(model)
print(f"\n이 구문의 정확도는 {100*accuracy:.0f}%입니다")
```

▶ 실행결과

```
if switch1 == 0:
    if switch0 == 0:
        prediction = 0
    else:
        prediction = 1
else:
    if switch0 == 0:
        prediction = 1
    else:
        prediction = 0
```

이 구문의 정확도는 100%입니다

두 특징 중 어느 것을 선택해도 결과는 같습니다. 이는 두 스위치 시스템에서도 마찬가지지만, 실제 학습용 데이터셋에서는 그렇지 않을 때가 더 많습니다. 한 분할이 다른 분할을 능가하는 것이 일반적입니다. 다음 절에서는 분할할 특징의 우선순위를 정하는 방법을 살펴보겠습니다.

22.1.2 분할할 특징 결정하기

바깥에 비가 오는지 예측하는 if/else 모델을 학습시킨다고 가정해 보겠습니다. 이 모델은 비가 오면 1을, 그렇지 않으면 0을 반환합니다. 그리고 다음 두 특징에 의존합니다.

- 현재 계절이 가을인가요? 예/아니오

  현지 장마철은 가을이고, 이 특징이 60% 확률로 비를 예측한다고 가정합니다.

- 현재 바깥이 비에 젖었나요? 예/아니오

  보통 비가 내리는 날은 습합니다. 가끔은 맑은 날에 스프링클러 시스템 때문에 젖기도 하고, 숲속에서는 이슬비가 내리는 아침에 나무들이 빗방울을 막아 땅이 마른 것처럼 보이기도 합니다. 우리는 이 특징이 95% 확률로 비를 예측한다고 가정합니다.

무작위 샘플링으로 특징과 클래스 레이블을 시뮬레이션합니다. 기상 관측을 100개 샘플링하고 그 결과를 학습용 데이터셋 (X_rain, y_rain)에 저장합니다.

코드 22-24 비오는 날을 예측하는 학습용 데이터셋 시뮬레이션하기

```
np.random.seed(1)
y_rain = np.random.binomial(1, 0.6, size=100)        ----- 60% 확률로 비가 옵니다.
is_wet = [e if np.random.binomial(1, 0.95) else 1 - e for e in y_rain]   ----- 95% 확률로 비가 온다는 상태와 젖음 상태는 일치합니다.
is_fall = [e if np.random.binomial(1, 0.6) else 1 - e for e in y_rain]   ----- 60% 확률로 가을이라는 상태와 비가 온다는 상태는 일치합니다.
X_rain = np.array([is_fall, is_wet]).T
```

이제 가을 특징을 분할하여 모델을 학습시킵니다.

코드 22-25 가을 분할로 모델 학습하기

```
feature_names = ['is_autumn', 'is_wet']
model, accuracy = train_nested_if_else(X_rain, y_rain, feature_names=feature_names)
print(model)
print(f"\n이 구문의 정확도는 {100*accuracy:.0f}%입니다")
```

▶ 실행결과

```
if is_autumn == 0:
    if is_wet == 0:
        prediction = 0
    else:
        prediction = 1
else:
    if is_wet == 0:
        prediction = 0
    else:
        prediction = 1

이 구문의 정확도는 95%입니다
```

95% 정확도를 가진 중첩 모델을 학습시켰습니다. 젖음 조건으로 분할한다면 어떨까요?

코드 22-26 젖음 특징을 기준으로 분할하여 모델 학습시키기

```
model, accuracy = train_nested_if_else(X_rain, y_rain, split_col=1, feature_names=feature_names)
print(model)
print(f"\n이 구문의 정확도는 {100*accuracy:.0f}%입니다")
```

▶ 실행결과

```
if is_wet == 0:
    prediction = 0
else:
    prediction = 1

이 구문의 정확도는 95%입니다
```

젖음을 기준으로 분할하면 이전 정확도를 유지하면서 더 단순하고 나은 모델을 만들 수 있습니다. 모든 분할이 동일한 것은 아닙니다. 일부 특징을 기준으로 분할하면 더 나은 결과를 얻을 수 있습니다. 분할에 가장 적합한 특징을 어떻게 선택해야 할까요? 간단히는 X의 모든 특징을 반복적으로 선택하여 분할한 뒤 모델을 학습시켜 보고 가장 정확도가 높으면서도 단순한 모델을 만들 수 있을 것입니다. 하지만 이 방식은 X.size[1] == 2일 때는 괜찮지만, 특징 수가 증가함에 따라 확장성은 떨어집니다. 우리 목표는 특징 수천 개로 확장 가능한 기술을 개발하는 것이므로 다른 접근법이 필요합니다.

한 가지 해결책은 학습용 데이터셋의 클래스 분포를 조사하는 것입니다. 현재 y_rain 배열은 0과 1이라는 이진 클래스를 포함합니다. 1은 비가 온 관측에 해당하며, 0은 그 반대입니다. 따라서 배열의 합은 비가 온 관측

횟수와도 같습니다. 배열 크기는 총 관측 횟수와 같으므로 y_rain.sum() / y_rain.size로 비가 내릴 확률을 구할 수 있습니다. 이 확률을 출력해 보죠.

코드 22-27 비가 올 확률 계산하기

```
prob_rain = y_rain.sum() / y_rain.size
print(f"관측 중 {100*prob_rain:.0f}%의 확률로 비가 옵니다")
```

▶ 실행결과

```
관측 중 61%의 확률로 비가 옵니다
```

전체 관측 중 61%의 확률로 비가 온다는 것을 알 수 있습니다. 가을을 분할한다면 이 확률은 어떻게 바뀔까요? 분할은 두 부분 학습용 데이터셋에 대한 두 클래스 레이블 배열을 반환합니다. 이 배열을 각각 y_fall_a와 y_fall_b라고 하겠습니다. y_fall_b.sum()을 배열 크기로 나누면 가을에 비가 내릴 확률을 얻을 수 있습니다. 이 확률과 다른 계절에 비가 내릴 확률을 확인해 보겠습니다.

코드 22-28 계절에 따라 비가 올 확률 계산하기

```
y_fall_a, y_fall_b = split(X_rain, y_rain, feature_col=0)[-2:]
for i, y_fall in enumerate([y_fall_a, y_fall_b]):
    prob_rain = y_fall.sum() / y_fall.size
    state = ['가을이 아님', '가을'][i]
    print(f"{state}일 때 비가 올 확률은 {100*prob_rain:.0f}%입니다")
```

▶ 실행결과

```
가을이 아님일 때 비가 올 확률은 55%입니다
가을일 때 비가 올 확률은 66%입니다
```

예상대로 가을철에 비가 올 확률이 더 높지만, 그 차이는 그리 크지 않습니다. 가을에는 66% 확률로 비가 오고, 그 밖의 계절에는 55% 확률로 비가 옵니다. 두 확률이 전체 비가 올 확률인 61%와 비슷하다는 점에 주목할 필요가 있습니다. 현재 계절이 가을이라는 것을 알고 있다면 비가 온다고 좀 더 확신을 가지고 예측할 수 있습니다. 하지만 그 폭은 크지 않기 때문에 가을로 분할하는 것은 그다지 유용하지 않습니다. 그렇다면 젖음을 기준으로 분할하면 어떨까요? 이 분할이 확률에 어떤 변화를 가져오는지 확인해 보겠습니다.

코드 22-29 젖음을 기준으로 비가 올 확률 계산하기

```
y_wet_a, y_wet_b = split(X_rain, y_rain, feature_col=1)[-2:]
for i, y_wet in enumerate([y_wet_a, y_wet_b]):
    prob_rain = y_wet.sum() / y_wet.size
    state = ['젖지 않음', '젖음'][i]
    print(f"{state}일 때 비가 올 확률은 {100*prob_rain:.0f}%입니다")
```

▶ 실행결과

```
젖지 않음일 때 비가 올 확률은 10%입니다
젖음일 때 비가 올 확률은 90%입니다
```

바깥이 젖었다는 사실을 알고 있다면 거의 완벽에 가깝게 비가 올 것이라고 확신할 수 있습니다. 반면 날씨가 건조하다면 비가 올 확률이 10%로 매우 낮습니다. 낮은 비율일지라도 분류 모델에는 매우 중요한 정보입니다. 결국 건조한 상태는 비가 오지 않을 확률이 90%라고 예측하는 것과 같기 때문입니다.

직관적으로 가을보다는 젖음 상태가 더 많은 정보를 제공한다고 볼 수 있습니다. 그렇다면 직관은 어떻게 정량화할 수 있을까요? 젖음을 기준으로 분할하면 비가 올 확률이 매우 낮거나 매우 높은 두 클래스에 대한 배열을 반환합니다. 이 극단적인 확률은 클래스의 불균형을 표현합니다. 20장에서 배운 대로 불균형 데이터셋에는 클래스 B 대비 클래스 A 데이터가 훨씬 더 많이 있어 모델이 클래스 A를 더 쉽게 분리할 수 있습니다. 반면에 가을을 기준으로 분할하면 확률이 55~66% 중간 범위에 있는 두 배열을 반환하기 때문에 이 둘은 균형이 잘 잡혀 있습니다. 따라서 비가 오거나 오지 않는 클래스를 구분하기가 쉽지 않습니다.

어느 분할을 선택해야 할지 고민해야 할 때는 불균형이 더 많이 생성되는 분할을 선택해야 합니다. 클래스 불균형을 정량화하는 방법을 알아봅시다. 일반적으로 불균형은 클래스 확률 분포 모양과 관련 있습니다. 이 분포를 벡터 v로 취급할 수 있는데, 여기에서 v[i]는 범주 i를 관측할 확률과 같습니다. v.max() 값이 클수록 클래스 불균형이 크다는 것을 의미합니다. 두 클래스로 구성된 데이터셋에서 v는 [1-prob_rain, prob_rain]으로 계산될 수 있으며, prob_rain은 비가 올 확률을 의미합니다. 이 두 요소를 가진 벡터는 12장에서 설명한 대로 2D 공간상에 선분으로 시각화될 수 있습니다(그림 22-2).

이 시각화는 통찰을 제공할 수 있습니다. 이제 다음을 수행합니다.

1. 배열 y_fall_a 및 y_fall_b로 가을 분할에 대한 클래스 분포 벡터를 계산합니다.
2. 배열 y_wet_a 및 y_wet_b로 젖음 분할에 대한 클래스 분포 벡터를 계산합니다.
3. 배열 네 개를 모두 2D 공간에서 선분으로 시각화합니다.

이 시각화를 이용하면 클래스 불균형을 효과적으로 측정하는 방법을 알 수 있습니다(그림 22-3).

▼ 그림 22-2 2D 선분으로 시각화된 y_fall_a의 클래스 레이블에 대한 확률 분포입니다. y축은 비가 올 확률(0.66)을 나타내고 x축은 비가 오지 않을 확률(1-0.66=0.36)을 나타냅니다

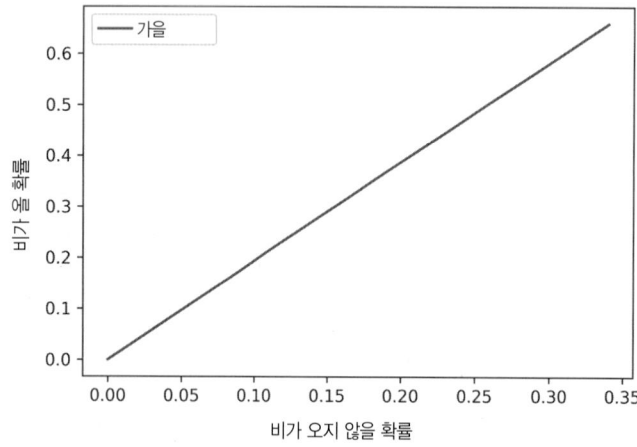

▼ 그림 22-3 각 특징 분할에 따른 벡터 분포 네 개를 그립니다. 젖음에 대한 벡터는 훨씬 더 균형이 맞지 않으므로 축에 더 가깝게 위치해 있습니다. 그보다 더 중요한 것은 젖음에 대한 벡터가 가을에 대한 벡터보다 더 길게 나타난다는 점입니다

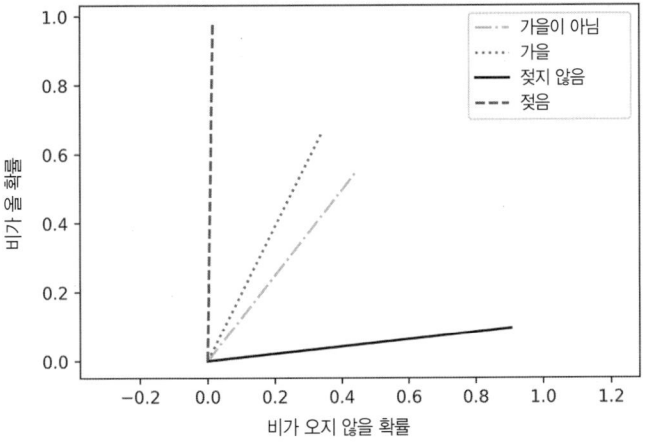

코드 22-30 클래스 분포 벡터 그리기

```
def get_class_distribution(y):        ┈┈ 두 클래스 시스템에서 클래스 레이블에 대한 확률 분포를 반환합니다.
    prob_rain = y.sum() / y.size          이 분포는 2D 벡터로 취급될 수 있습니다.
    return np.array([1-prob_rain, prob_rain])

def plot_vector(v, label, linestyle='-', color='b'):    ┈┈ 2D 벡터 v를 원점에서 v까지 이어지는 선분으로 그립니다.
    plt.plot([0, v[0]], [0, v[1]], label=label, linestyle=linestyle, c=color)

classes = [y_fall_a, y_fall_b, y_wet_a, y_wet_b]
distributions = [get_class_distribution(y) for y in classes]
labels = ['가을이 아님', '가을', '젖지 않음', '젖음']
colors = ['y', 'g', 'k', 'b']
linestyles = ['-.', ':', '-', '--']
for tup in zip(distributions, labels, colors, linestyles):    ┈┈ 모든 가능한 분할로 생성된 분포 벡터 네 개를
    vector, label, color, linestyle = tup                          반복 처리한 뒤 그래프에 그립니다.
    plot_vector(vector, label, linestyle=linestyle, color=color)

plt.legend()
plt.xlabel('비가 오지 않을 확률')
plt.ylabel('비가 올 확률')
plt.axis('equal')
plt.show()
```

이 그래프에서 두 불균형한 젖음에 대한 벡터는 x축과 y축에 크게 치우쳐 있습니다. 반면 두 균형 잡힌 가을에 대한 벡터는 두 축에서 거의 같은 거리에 위치합니다. 그러나 벡터 방향이 아니라 벡터 길이에 주목해야 합니다. 균형 잡힌 가을 벡터는 젖음에 대한 벡터보다 훨씬 짧습니다. 이것은 우연이 아닙니다. 불균형 분포에 대한 벡터 크기가 더 크다는 것은 수학적으로 증명된 사실입니다. 또 13장에서 설명한 대로 크기는 v @ v의 제곱근과 같습니다. 따라서 분포 벡터가 더 불균형하면 벡터 자체의 내적은 더 커집니다.

모든 2D 벡터 v = [1-p, p]에 대해 이 속성을 증명해 보겠습니다. 여기에서 p는 비가 내릴 확률입니다. 다음 코드는 0~1의 비가 내릴 확률에 대한 v 크기를 그래프로 그립니다. 또 크기의 제곱, 즉 v @ v도 함께 그래프에 그립니다. 그래프에 나타난 값들은 p가 매우 낮거나 매우 높을 때 최대화되고, p = 0.5에서 완전히 균형을 이룰 때 최소화되어야 합니다(그림 22-4).

코드 22-31 분포 벡터 크기 플롯하기

```
prob_rain = np.arange(0, 1.001, 0.01)   ····· 비가 올 확률 범위는 0~1.0 사이입니다(1.0도 포함).
vectors = [np.array([1-p, p]) for p in prob_rain]   ····· 비가 오고 오지 않는 두 클래스 분포를 표현하는 벡터입니다.
magnitudes = [np.linalg.norm(v) for v in vectors]   ····· 넘파이로 계산된 벡터 크기입니다.
square_magnitudes = [v @ v for v in vectors]   ····· 내적으로 벡터 크기의 제곱을 계산합니다.
plt.plot(prob_rain, magnitudes, label='크기')
plt.plot(prob_rain, square_magnitudes, label='크기의 제곱', linestyle='--')
plt.xlabel('비가 올 확률')
plt.axvline(0.5, color='k', label='완벽한 균형', linestyle=':')
plt.legend()
plt.show()
```

▼ **그림 22-4** 각 분포 벡터 [1-p, p]에 대한 분포 벡터의 크기와 크기의 제곱에 대한 그래프로, 벡터가 p = 0.5에서 완벽하게 균형을 이룰 때 값은 최소화됩니다

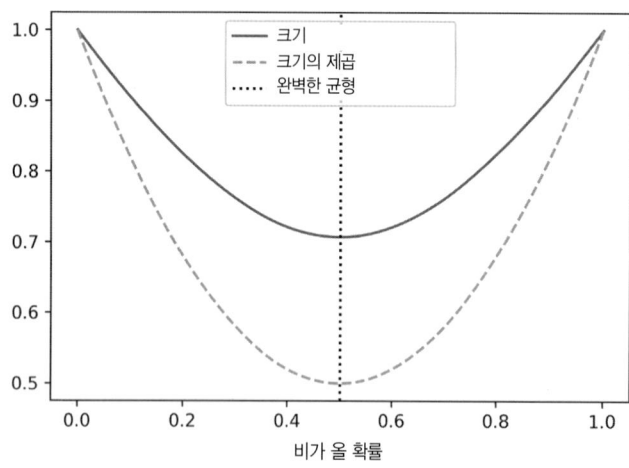

벡터의 제곱 크기는 p = 0.0과 p = 1.0에서 완전히 불균형할 때 1.0으로 최대화됩니다. 또 벡터가 균형을 이룰 때 p = 0.5에서 0.5로 최소화됩니다. 따라서 v @ v는 클래스 레이블 불균형을 측정하는 훌륭한 지표이지만, 데이터 과학자들은 약간 다른 지표인 1 - v @ v를 선호합니다. 이 지표를 **지니 불순도**(Gini impurity)라고 하며, 그래프 곡선을 뒤집는 역할을 합니다. 즉, 0에서 최소화되고 0.5에서 최대화됩니다. 모든 p 값에 따른 지니 불순도를 그래프로 확인해 봅시다(그림 22-5).

> **노트** 지니 불순도는 확률 이론에서 구체적으로 해석됩니다. 어떤 데이터에 대해 확률 분포 벡터 v[i]에 따라 클래스 i를 무작위로 할당한다고 가정합니다. 클래스 i에 속한 데이터를 선택할 확률은 v[i]와 같습니다. 따라서 클래스 i에 속한 데이터를 선택하고 해당 데이터에 올바르게 레이블을 지정할 확률은 v[i] * v[i]와 같습니다. 이를 확장하면 임의의 데이터에 레이블을 올바르게 지정할 확률은 sum(v[i]*v[i] for i in range(len(v)))로 나타낼 수 있고, v @ v로 단순화될 수 있습니다. 따라서 1 - v @ v는 데이터를 잘못 레이블 매길 확률과 같아집니다. 지니 불순도는 오차율과 동일하며 데이터가 불균형할수록 이 값은 감소합니다.

코드 22-32 지니 불순도 나타내기

```
gini_impurities = [1-(v @ v) for v in vectors]
plt.plot(prob_rain, gini_impurities)
plt.xlabel('비가 올 확률')
plt.ylabel('지니 불순도')
plt.show()
```

▼ 그림 22-5 각 분포 벡터 [1-p, p]에 대한 지니 불순도 그래프입니다. 지니 불순도는 p = 0.5일 때(벡터가 완전히 균형을 이룰 때) 최대화됩니다

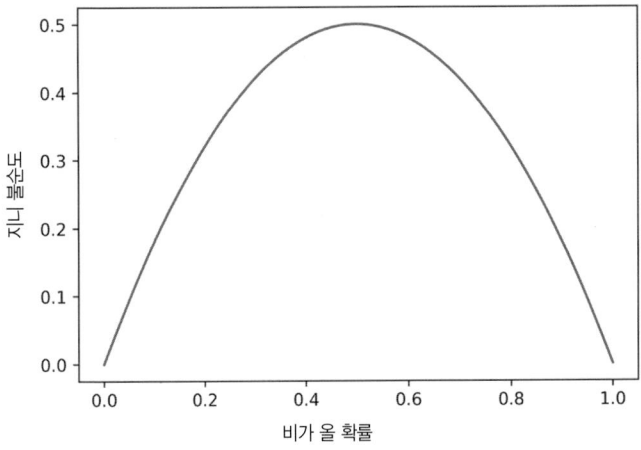

지니 불순도는 클래스 불균형을 측정하는 표준 지표입니다. 매우 불균형한 데이터셋은 특정 클래스에 치우쳐 있기 때문에 더 '순수'하다고 봅니다. 중첩 모델을 학습할 때는 전체 불순도를 최소화하는 특징을 기준으로 데이터를 분할해야 합니다. 클래스 레이블 y_a와 y_b로 분할할 때 불순도는 다음과 같이 계산할 수 있습니다.

1. y_a의 불순도를 계산합니다.
   - 이 값은 1 - v_a @ v_a와 같으며, v_a는 y_a에 대한 클래스 분포입니다.
2. 다음으로 y_b의 불순도를 계산합니다.
   - 이 값은 1 - v_b @ v_b와 같으며, v_b는 y_b에 대한 클래스 분포입니다.
3. 마지막으로 두 불순도의 가중 평균을 구합니다.
   - 각각에 대한 가중치는 총 정확도를 계산했을 때와 마찬가지로 y_a.size와 y_b.size입니다.

그러면 이 방식을 이용하여 가을과 젖음에 대한 불순도를 계산해 보겠습니다.

코드 22-33 각 특징의 지니 불순도 계산하기

```python
def compute_impurity(y_a, y_b):   # ---- y_a와 y_b 배열에 저장된 클래스 레이블에 대한 가중된 지니 불순도를 반환합니다.
    v_a = get_class_distribution(y_a)   # ---- y_a의 클래스 분포 벡터입니다.
    v_b = get_class_distribution(y_b)   # ---- y_b의 클래스 분포 벡터입니다.
    impurities = [1-v @ v for v in [v_a, v_b]]   # ---- 두 클래스 분포에 대한 지니 불순도입니다.
    weights = [y.size, y_b.size]
    return np.average(impurities, weights=weights)   # ---- 두 지니 불순도의 가중 평균을 반환합니다.

fall_impurity = compute_impurity(y_fall_a, y_fall_b)
wet_impurity = compute_impurity(y_wet_a, y_wet_b)
print(f"가을로 분할하는 경우 불순도는 {fall_impurity:0.2f}입니다")
print(f"젖음으로 분할하는 경우 불순도는 {wet_impurity:0.2f}입니다")
```

▶ 실행결과

```
가을로 분할하는 경우 불순도는 0.45입니다
젖음으로 분할하는 경우 불순도는 0.04입니다
```

예상대로 젖음으로 분할하면 불순도는 최소화됩니다. 이렇게 분할하면 학습 데이터가 더 불균형해져 분류 모델 학습을 단순화할 수 있습니다. 앞으로는 지니 불순도를 최소화하는 특징을 기준으로 분할할 것입니다. 이를 염두에 두고 sort_feature_indices 함수를 정의합니다. 이 함수는 학습용 데이터셋 (X, y)를 입력받아 각 특징 분할과 관련된 불순도를 기준으로 정렬된 특징 인덱스 리스트를 반환합니다.

코드 22-34 지니 불순도에 따라 특징 정렬하기

```python
def sort_feature_indices(X, y):   # ---------- X에서 각 특징에 관련된 지니 불순도를 기준으로 특징 인덱스를
    feature_indices = range(X.shape[1])        # 작은 값부터 큰 값으로 정렬합니다.
    impurities = []
    
    for i in feature_indices:
        y_a, y_b = split(X, y, feature_col=i)[-2:]   # ---- i 열에 있는 특징을 기준으로 데이터를 분할하고,
        impurities.append(compute_impurity(y_a, y_b))   #      해당 분할의 불순도를 계산합니다.
    
    return sorted(feature_indices, key=lambda i: impurities[i])   # ---- X의 정렬된 열 인덱스를 반환합니다. 첫 번째
                                                                   #      열은 가장 작은 불순도에 해당합니다.

indices = sort_feature_indices(X_rain, y_rain)
top_feature = feature_names[indices[0]]
print(f"불순도가 가장 낮은 특징: '{top_feature}'")
```

▶ 실행결과

```
불순도가 가장 낮은 특징: 'is_wet'
```

sort_feature_indices 함수는 특징 둘 이상을 다루는 중첩된 if/else 모델을 학습시킬 때 매우 유용합니다.

22.1.3 특징 둘 이상을 다루는 if/else 모델 학습시키기

현재 날씨를 예측하는 모델을 학습시키는 일은 비교적 간단합니다. 이제는 내일 비가 올지 여부를 예측하는 좀 더 복잡한 모델을 학습시켜 보겠습니다. 이 모델은 다음 세 가지 특징에 의존합니다.

- 오늘 비가 온 적이 있나요? 예/아니오
    - 오늘 비가 왔다면 내일도 비가 올 가능성이 매우 높습니다.
- 오늘 구름이 끼었나요? 예/아니오
    - 구름이 낀 흐린 날에는 비가 올 가능성이 더 높습니다.
- 오늘이 가을인가요? 예/아니오
    - 우리는 가을에 비가 더 자주 내리고 구름이 더 많이 낀다고 가정합니다.

또 문제를 더 흥미롭게 만들기 위해 세 특징 사이의 복잡하지만 현실적인 상호 관계를 다음과 같이 가정합니다.

- 오늘이 가을일 확률은 25%입니다.
- 가을에 구름이 낄 확률은 70%입니다. 그 밖의 계절에서는 30% 확률로 구름이 끼어 있습니다.
- 구름 낀 날에는 비가 올 확률이 40%입니다. 그렇지 않다면 비가 올 확률은 5%입니다.
- 오늘 비가 왔다면 내일 비가 올 확률은 50%입니다.
- 오늘이 건조하고 맑은 가을날이라면 내일 비가 올 확률은 15%입니다. 건조하고 화창한 봄, 여름, 겨울이라면 내일 비가 올 확률은 5%로 떨어집니다.

다음 코드는 특징 사이의 확률 관계를 기반으로 학습용 데이터셋 (X_rain, y_rain)을 시뮬레이션합니다.

코드 22-35 세 가지 특징의 학습용 데이터셋 시뮬레이션하기

```
np.random.seed(0)
def simulate_weather():  # 오늘 날씨의 특징과 내일 날씨를 시뮬레이션합니다.
    is_fall = np.random.binomial(1, 0.25)  # 가을일 확률은 25%입니다.
    is_cloudy = np.random.binomial(1, [0.3, 0.7][is_fall])  # 가을에는 구름이 낄 확률이 70%입니다. 그 밖의 계절에는 30% 확률로 구름이 끼어 있습니다.
    rained_today = np.random.binomial(1, [0.05, 0.4][is_cloudy])  # 구름 낀 날에는 비가 올 확률이 40%입니다. 그렇지 않다면 비가 올 확률은 5%입니다.
    if rained_today:
        rains_tomorrow = np.random.binomial(1, 0.5)  # 오늘 비가 왔다면 내일 비가 올 확률은 50%입니다.
    else:
        rains_tomorrow = np.random.binomial(1, [0.05, 0.15][is_fall])  # 건조한 날 다음에 비가 올 확률을 낮추는 시뮬레이션을 수행합니다.
    features = [rained_today, is_cloudy, is_fall]
    return features, rains_tomorrow  # 시뮬레이션된 특징과 내일 비가 올지에 대한 여부를 반환합니다.

X_rain, y_rain = [], []
for _ in range(1000):  # 학습용 데이터 1000개로 데이터셋을 시뮬레이션합니다.
    features, rains_tomorrow = simulate_weather()
    X_rain.append(features)
```

```
        y_rain.append(rains_tomorrow)

X_rain, y_rain = np.array(X_rain), np.array(y_rain)
```

X_rain에 포함된 열들은 is_fall(가을 여부), is_cloudy(구름 여부), rained_today(오늘 비옴 여부) 특징에 대응됩니다. 이 특징들을 지니 불순도별로 정렬하여 데이터를 얼마나 잘 분할하는지 측정합니다.

코드 22-36 지니 불순도에 따라 세 특징 정렬하기

```
feature_names = ['rained_today', 'is_cloudy', 'is_fall']
indices = sort_feature_indices(X_rain, y_rain)
print(f"지니 불순도에 따라 정렬된 특징들")
print([feature_names[i] for i in indices])
```

▶ 실행결과

```
지니 불순도에 따라 정렬된 특징들
['is_fall', 'is_cloudy', 'rained_today']
```

가을 특징으로 분할하는 경우에 지니 불순도가 가장 낮습니다. 그다음이 구름 낀 여부에 대한 특징입니다. 오늘 비가 왔는지에 대한 특징은 가장 높은 지니 불순도를 보이기 때문에 가장 균형 잡힌 데이터 세트를 생성하고 분할하기에 적합하지 않습니다.

> **노트** 비옴 여부에 대한 특징이 높은 지니 불순도를 보인다는 것이 놀라울지도 모릅니다. 우리는 오늘 비가 왔다면 내일도 비가 올 가능성이 매우 높다는 사실을 알고 있습니다. 따라서 X_rain[:,0] == 1일 때 지니 불순도는 낮습니다. 건조한 날에는 내일 날씨를 알기 어려워 X_rain[:,0] == 0에서 지니 불순도는 높습니다. 1년 중 비오는 날보다 건조한 날이 더 많으므로 평균 지니 불순도가 높은 것입니다. 반대로 가을 특징은 훨씬 더 유용합니다. 가을과 가을이 아닌 날 모두 내일 날씨에 대한 통찰을 제공하기 때문입니다.

지니 불순도에 따라 순위를 매긴 특징 리스트가 확보되었다면 모델은 어떻게 학습해야 할까요? train_nested_if_else 함수는 두 특징만 처리하도록 구현되어 있습니다. 직관적으로 떠올릴 수 있는 해결책은 순위가 높은 두 특징만으로 모델을 학습시키는 것입니다. 그러면 학습용 데이터셋의 불균형이 더 커져 비가 오고 오지 않는 클래스 레이블을 더 쉽게 판별할 수 있습니다.

여기에서는 가을과 구름 낀 여부에 대한 특징으로만 모델을 학습시킵니다. 한 가을의 지니 불순도가 가장 낮으므로 분할 열을 가을로 설정합니다.

코드 22-37 두 가지 최고 특징에 대한 모델 학습하기

```
skip_index = indices[-1]   ····· 가장 낮은 지니 불순도를 보이는 마지막 특징은 무시합니다.
X_subset = np.delete(X_rain, skip_index, axis=1)   ····· 가장 좋은 두 특징으로 제한합니다.
name_subset = np.delete(feature_names, skip_index)
split_col = indices[0] if indices[0] < skip_index else indices[0] - 1   ····· 가장 나쁜, 즉 삭제된 특징을 기준으로
                                                                              최적의 분할 특징 열을 조정합니다.
model, accuracy = train_nested_if_else(X_subset, y_rain,
                                       split_col=split_col,
                                       feature_names=name_subset)   ····· 중첩된 모델을 가장 좋은 두 특징에
                                                                          대해 학습시킵니다.
print(model)
print(f"\n이 구문의 정확도는 {100*accuracy:.0f}%입니다")
```

▶ 실행결과

```
prediction = 0
```

이 구문의 정확도는 74%입니다

학습된 모델은 매우 간단합니다. 항상 비가 오지 않는다고 예측합니다. 이 모델 정확도는 74%에 불과합니다. 재앙적인 수준으로 나쁜 정확도는 아니지만, 분명 이보다 더 잘하도록 만들 수 있을 것입니다. 오늘 비가 왔음 여부에 대한 특징을 무시한 것이 예측 능력 한계를 제한했을지도 모릅니다. 정확도를 높이기 위해 세 특징을 모두 통합해 볼 필요가 있습니다. 다음은 세 특징을 모두 통합하는 방법입니다.

1. 지니 불순도가 가장 낮은 특징(가을)으로 분할합니다.
2. train_nested_if_else 함수로 두 중첩 모델을 학습시킵니다. 모델 A는 계절이 가을이 아닌 시나리오만 고려하고, 모델 B는 계절이 가을인 나머지 시나리오를 고려합니다.
3. 모델 A와 모델 B를 하나의 분류 모델로 결합합니다.

> **노트** 이 단계들은 nested_if_else 함수의 로직과 거의 같습니다. 가장 큰 차이는 특징 둘 이상으로 확장한다는 것입니다.

인덱스가 indices[0]에 저장된 가을 특징을 기준으로 분할하는 것부터 시작합니다.

코드 22-38 불순도가 가장 낮은 특징에서 분할하기

```
X_a, X_b, y_a, y_b = split(X_rain, y_rain, feature_col=indices[0])
```

다음으로 (X_a, y_a)에 대해 중첩 모델을 학습시킵니다. 이 학습용 데이터셋에는 가을이 아닌 계절에 대한 모든 관측 값이 포함되어 있습니다.

코드 22-39 계절이 가을이 아닐 때 모델 학습하기

```
name_subset = np.delete(feature_names, indices[0])
split_col = sort_feature_indices(X_a, y_a)[0]    ······ 지니 불순도가 가장 낮은 특징을 기준으로 X_a를 분할합니다.
model_a, accuracy_a = train_nested_if_else(X_a, y_a,
                                            split_col=split_col,
                                            feature_names=name_subset)    ······ 두 특징을 다루는 중첩된 모델을
                                                                                  학습시킵니다.
print("가을이 아닌 경우 중첩된 모델 정확도는 "
      f"{100*accuracy_a:.0f}%입니다\n\n{model_a}")
```

▶ 실행결과

가을이 아닌 경우 중첩된 모델 정확도는 88%입니다

```
if is_cloudy == 0:
    prediction = 0
else:
    if rained_today == 0:
        prediction = 0
```

```
    else:
        prediction = 1
```

학습된 model_a는 매우 정확합니다. 이제 (X_b, y_b)에 저장된 가을 계절에 대한 관측 값으로 두 번째 모델 model_b를 학습시킵니다.

코드 22-40 계절이 가을일 때의 모델 학습시키기

```
split_col = sort_feature_indices(X_b, y_b)[0]   ····· 지니 불순도가 가장 낮은 특징을 기준으로 X_b를 분할합니다.
model_b, accuracy_b = train_nested_if_else(X_b, y_b,
                                           split_col=split_col,
                                           feature_names=name_subset)   ····· 두 특징을 다루는 중첩된
                                                                              모델을 학습시킵니다.
print("가을인 경우 중첩된 모델 정확도는 "
    f"{100*accuracy_a:.0f}%입니다\n\n{model_a}")
```

▶ 실행결과

가을인 경우 중첩된 모델 정확도는 79%입니다

```
if is_cloudy == 0:
    prediction = 0
else:
    if rained_today == 0:
        prediction = 0
    else:
        prediction = 1
```

가을일 때 model_b의 정확도는 79%입니다. 그렇지 않을 때 model_a의 정확도는 88%입니다. 그러면 이 모델들을 하나의 중첩된 모델로 결합해 보겠습니다. 이를 위해 이 용도로 정의해 둔 combine_if_else 함수를 사용합니다. 또 accuracy_a와 accuracy_b의 가중 평균에 해당하는 총 정확도도 계산합니다.

코드 22-41 모델을 중첩문으로 결합하기

```
nested_model = combine_if_else(model_a, model_b, feature_names[indices[0]])
print(nested_model)
accuracies = [accuracy_a, accuracy_b]
accuracy = np.average(accuracies, weights=[y_a.size, y_b.size])
print(f"\n이 구문의 정확도는 {100*accuracy:.0f}%입니다")
```

▶ 실행결과

```
if is_fall == 0:
    if is_cloudy == 0:
        prediction = 0
    else:
        if rained_today == 0:
            prediction = 0
        else:
            prediction = 1
```

```
        else:
            if is_cloudy == 0:
                prediction = 0
            else:
                if rained_today == 0:
                    prediction = 0
                else:
                    prediction = 1
```

이 구문의 정확도는 85%입니다

세 특징을 다루는 중첩 모델을 생성했습니다. 이 과정은 두 특징을 다루는 중첩 모델을 학습시킨 방법과 매우 유사합니다. 같은 방식으로 이 아이디어는 특징 네 개를 다루는 모델, 특징 열 개를 다루는 모델, 특징 100개를 다루는 모델로 확장될 수 있습니다. 즉, 특징 N개를 다루는 모델을 학습시키도록 일반화될 수 있다는 것이죠. X에 열이 N개 포함된 학습용 데이터셋 (X, y)가 있다고 가정하면 다음 단계를 거쳐 특징 N개를 다루는 모델을 쉽게 학습시킬 수 있습니다.

1. N이 1이면 중첩되지 않은 단순한 train_if_else(X, y) 출력을 반환합니다. N이 1보다 크다면 다음 단계로 이동합니다.
2. 지니 불순도에 따라 가장 낮은 것부터 가장 높은 것까지 특징 N개를 정렬합니다.
3. 2단계에서 가장 높은 순위를 차지한 특징을 사용하여 N − 1개를 다루는 특징 모델을 학습시킵니다. 이 모델 정확도가 100%라면 해당 모델을 반환하고, 그렇지 않다면 다음 단계로 이동합니다.
4. 지니 불순도가 가장 낮은 특징을 기반으로 분할합니다. 이 분할은 두 부분 학습용 데이터셋 (X_a, y_a)와 (X_b, y_b)를 반환합니다. 각 학습용 데이터셋에는 특징이 N − 1개 포함됩니다.
5. 이전 단계의 학습용 데이터셋을 사용하여 두 특징 N − 1을 다루는 model_a와 model_b 모델을 학습시킵니다. 각각의 정확도는 accuracy_a 및 accuracy_b입니다.
6. model_a 및 model_b를 중첩된 if/else 조건부 모델로 결합합니다.
7. accuracy_a 및 accuracy_b의 가중 평균을 이용하여 중첩 모델의 정확도를 계산합니다. 각각에 대한 가중치는 y_a.size, y_b.size와 동일합니다.
8. 중첩된 모델이 3단계에서 계산된 더 간단한 모델보다 우수하다면 해당 모델을 반환하고, 그렇지 않으면 더 간단한 모델을 반환합니다.

이 단계들을 재귀적으로 수행하는 train 함수를 정의해 보겠습니다.

코드 22-42 특징 N개를 다루는 중첩 모델 학습시키기

```python
def train(X, y, feature_names):
    if X.shape[1] == 1:
        return train_if_else(X, y, feature_name=feature_names[0])
```

```
        indices = sort_feature_indices(X, y)
        X_subset = np.delete(X, indices[-1], axis=1)
        name_subset = np.delete(feature_names, indices[-1])
        simple_model, simple_accuracy = train(X_subset, y, name_subset)
        if simple_accuracy == 1.0:
            return (simple_model, simple_accuracy)

        split_col = indices[0]
        name_subset = np.delete(feature_names, split_col)
        X_a, X_b, y_a, y_b = split(X, y, feature_col=split_col)
        model_a, accuracy_a = train(X_a, y_a, name_subset)
        model_b, accuracy_b = train(X_b, y_b, name_subset)
        accuracies = [accuracy_a, accuracy_b]
        total_accuracy = np.average(accuracies, weights=[y_a.size, y_b.size])
        nested_model = combine_if_else(model_a, model_b, feature_names[split_col])
        if total_accuracy > simple_accuracy:
            return (nested_model, total_accuracy)

        return (simple_model, simple_accuracy)

model, accuracy = train(X_rain, y_rain, feature_names)
print(model)
print(f"\n이 구문의 정확도는 {100*accuracy:.0f}%입니다")
```

▶ 실행결과

```
if is_fall == 0:
    if is_cloudy == 0:
        prediction = 0
    else:
        if rained_today == 0:
            prediction = 0
        else:
            prediction = 1
else:
    if is_cloudy == 0:
        prediction = 0
    else:
        if rained_today == 0:
            prediction = 0
        else:
            prediction = 1

이 구문의 정확도는 85%입니다
```

훈련된 결과에서 사용된 if/else 조건문은 마치 나뭇가지처럼 보입니다. 출력 결과를 의사 결정으로 시각화하면 이를 더 명확하게 표현할 수 있습니다. 의사 결정은 if/else 조건들의 결정을 상징화하는 특수 네트워크 구조를 의미합니다. 특징은 네트워크의 노드, 조건은 간선으로 표현될 수 있습니다. if 조건은 특징 노드의 오른쪽으로, else 조건은 특징 노드의 왼쪽으로 분기합니다. 그림 22-6은 예측 모델을 의사 결정 다이어그램으로 표현한 것입니다.

중첩된 if/else 모델은 의사 결정으로 시각화될 수 있으므로 학습된 if/else 분류 모델을 의사 결정 분류 모델이라고 합니다. 의사 결정은 1980년대부터 널리 사용되어 왔습니다. 이 분류 모델을 효과적으로 학습시키는 전략은 다양한데 다음 공통점이 있습니다.

- 특징 N개를 다루는 문제는 특징 중 하나를 분할하여 여러 특징 N − 1개를 다루는 하위 문제로 단순화될 수 있습니다.
- 클래스 불균형이 가장 높은 특징을 선택하여 분할이 수행됩니다. 일반적으로 지니 불순도로 불균형 정도가 계산되지만, 그 밖에도 다양한 지표가 있습니다.
- 더 간단한 모델로도 잘 작동할 수 있기 때문에 불필요하게 복잡한 if/else 모델은 피하는 주의가 필요합니다. 이 과정을 가지치기(pruning)라고 하는데, 과도하게 뻗어 나간 가지(조건)는 잘려 나가기 때문입니다.

▼ 그림 22-6 비가 내리는지 예측하는 모델을 의사 결정 다이어그램으로 사각화한 것입니다. 네트워크 구조를 보입니다. 각 노드는 '가을인가?'처럼 모델 특징을 나타내고 간선은 if/else 조건문을 나타냅니다. 가령 '가을'이라면 노드의 왼쪽으로 분기하고 그렇지 않으면 오른쪽으로 분기합니다

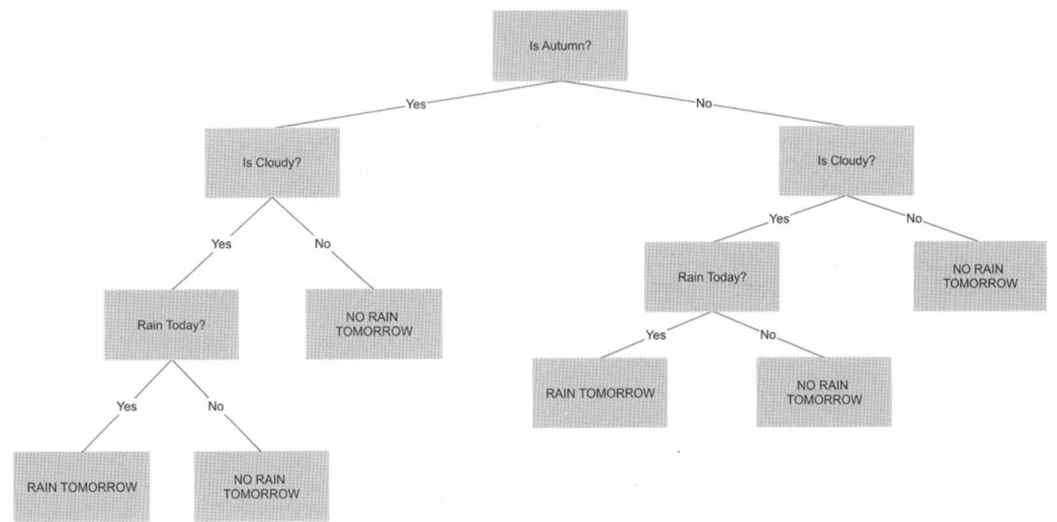

사이킷런은 최적화된 의사 결정의 구현체를 제공합니다. 그 사용법을 다음 절에서 살펴봅니다.

22.2 사이킷런으로 의사 결정 분류 모델 학습시키기

사이킷런에서 의사 결정 분류는 DecisionTreeClassifier 클래스가 수행합니다. 가장 먼저 할 일은 sklearn.tree 모듈에서 해당 클래스를 가져오는 것입니다.

코드 22-43 사이킷런의 DecisionTreeClassifier 클래스 가져오기

```
from sklearn.tree import DecisionTreeClassifier
```

그리고 해당 클래스를 초기화하여 clf 변수에 담습니다. 그다음 이 장의 시작 부분에서 소개한 두 스위치 시스템에 대해 clf를 학습시킵니다. 학습용 데이터셋은 파라미터 (X, y)에 저장됩니다.

코드 22-44 의사 결정 분류 모델 초기화 및 학습시키기

```
clf = DecisionTreeClassifier()
clf.fit(X, y)
```

의사 결정 다이어그램으로 학습된 분류 모델을 시각화할 수 있습니다. 사이킷런은 맷플롯립을 활용하여 해당 시각화를 돕는 plot_tree 함수를 제공합니다. plot_tree(clf)를 호출하면 학습된 의사 결정에 대한 다이어그램을 그릴 수 있습니다. 한편 다이어그램에 출력되는 특징 이름과 클래스 이름은 feature_names 및 class_names 파라미터로 제어 가능합니다.

sklearn.tree 모듈에서 plot_tree를 가져와 clf를 시각화해 보겠습니다(그림 22-7). 다이어그램에서 특징 이름은 Switch0 및 Switch1이며, 클래스 레이블은 두 전구의 꺼짐(off)과 켜짐(on) 상태와 같습니다. 시각화된 다이어그램은 트리의 각 조건을 이용하여 클래스 분포를 추적합니다.

▼ **그림 22-7** 두 스위치 시스템에 대한 의사 결정 다이어그램
노드의 윗부분에는 특징 이름, 지니 불순도, 주요 클래스 등 추가 통계 정보가 포함되어 있습니다. 노드의 아랫부분에는 최종 예측된 분류 결과가 나열되어 있습니다

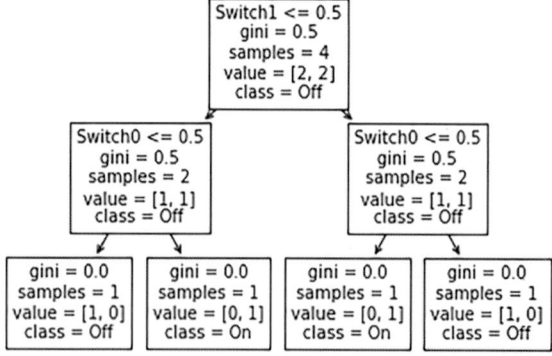

코드 22-45 학습된 의사 결정 분류 모델 표시하기

```
from sklearn.tree import plot_tree
feature_names = ['Switch0', 'Switch1']
class_names = ['Off', 'On']
plot_tree(clf, feature_names=feature_names, class_names=class_names)
plt.show()
```

시각화된 다이어그램은 트리의 각 조건마다 클래스 분포를 추적합니다. 또 해당 지니 불순도와 주요 클래스도 함께 추적합니다. 이 시각화는 유용하지만, 특징 수가 많을수록 접근성이 떨어집니다. 그래서 사이킷런은 export_text라는 대안을 제공합니다. export_text는 트리를 텍스트 기반의 다이어그램으로 출력하는 보조 함수입니다. export_text(clf)를 호출하면 문자열이 반환되며, 이를 출력하면 |와 - 문자로 의사 결정 구조가 표현되는 것을 알 수 있습니다. 이때 사용되는 특징 이름은 feature_names 파라미터로 제어할 수 있지만, 클래스 이름은 표시할 수 없습니다. 이제 sklearn.tree 모듈에서 export_text를 가져와 의사 결정을 단순한 문자열로 시각화해 보겠습니다.

코드 22-46 문자열로 의사 결정 분류 모델 표시하기

```
from sklearn.tree import export_text
text_tree = export_text(clf, feature_names=feature_names)
print(text_tree)
|--- Switch0 <= 0.50
|   |--- Switch1 <= 0.50
|   |   |--- class: 0
|   |--- Switch1 >  0.50
|   |   |--- class: 1
|--- Switch0 >  0.50
|   |--- Switch1 <= 0.50
|   |   |--- class: 1
|   |--- Switch1 >  0.50
|   |   |--- class: 0
```

출력된 텍스트로 분기가 어떻게 이루어지는지 명확히 파악할 수 있습니다. 처음에 데이터는 Switch0 특징을 기반으로 분할됩니다. Switch0 <= 0.50인지 여부에 따라 서로 다른 분기로 갈라집니다. 물론 Switch0 값은 0 또는 1이므로 Switch0 <= 0.50은 Switch0 == 0과 같습니다. 간단한 Switch0 == 0으로도 충분할 텐데 왜 부등식을 사용했을까요? 그 답은 DecisionTreeClassifier가 연속형 특징을 처리하는 방식과 관련 있습니다. 지금까지 모든 특징은 불리언 형식이었지만, 대부분의 실제 문제에서 특징은 숫자로 표현됩니다. 다행히도 모든 수치형 특징은 불리언 특징으로도 변환될 수 있습니다. 따라서 특정 임계 값을 기반으로 분할한다고 했을 때, 숫자든 불리언이든 feature >= thresh를 실행하기만 하면 됩니다. 한편 사이킷런의 의사 결정에서는 해당 임계 값이 자동으로 검색됩니다.

수치형 특징을 분할하는 최적의 임계 값은 어떻게 선택할 수 있을까요? 지니 불순도를 최소화하는 임계 값을 선택하면 되겠죠. 단일 수치형 특징으로 제어되는 데이터셋을 검토한다고 가정해 보겠습니다. 여기에서 클래스는 특징이 0.7보다 작을 때는 항상 0, 그렇지 않으면 1이 됩니다. 즉, y = (v >= 0.7).astype(int)인 것

입니다. 여기에서 v는 특징 벡터입니다. 임계 값 0.7을 적용하면 클래스 레이블을 완벽히 분리하는 것이 가능합니다. 해당 임계 값을 기준으로 분할하면 지니 불순도는 0.0이 되므로 가능한 범위의 임계 값에 대해 지니 불순도를 측정하면 임계 값을 분리할 수 있습니다. 그다음 불순도가 최소화되는 값을 선택할 수 있습니다. 코드 22-47은 정규 분포에서 특징 벡터를 샘플링하고, y를 (feature >= 0.7).astype(int)로 설정한 뒤 임계 값 범위에 대해 지니 불순도 값을 계산하여 그래프로 그립니다(그림 22-8). 가장 낮은 지니 불순도는 임계 값이 0.7일 때 나타나는 것을 알 수 있습니다.

▼ 그림 22-8 각 특징의 가능한 임계 값에 따른 지니 불순도 그래프입니다. 지니 불순도는 0.7의 임계 값에서 최소화됩니다. 따라서 수치형 특징 f를 이진 특징 f)= 0.7로 변환할 수 있습니다

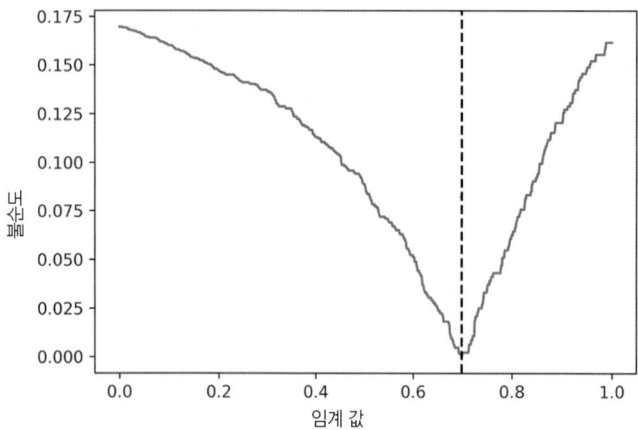

코드 22-47 지니 불순도를 최소화하는 임계 값 선택하기

```
np.random.seed(1)
feature = np.random.normal(size=1000)     ····· 정규 분포에서 수치형 특징을 임의로 샘플링합니다.
y = (feature >= 0.7).astype(int)     ····· 특징 값이 임계 값 0.7보다 작을 때 클래스 레이블은 0이며, 그렇지 않을 때는 1입니다.
thresholds = np.arange(0.0, 1, 0.001)     ····· 0~1.0 범위의 임계 값을 반복합니다.
gini_impurities = []
for thresh in thresholds:
    y_a = y[feature <= thresh]
    y_b = y[feature >= thresh]
    impurity = compute_impurity(y_a, y_b)     ····· 모든 임계 값에서 분할과 지니 불순도
    gini_impurities.append(impurity)              계산을 수행합니다.

best_thresh = thresholds[np.argmin(gini_impurities)]     ····· 지니 불순도가 최소화되는 임계 값을 선택합니다.
                                                              해당 임계 값은 0.7이 되어야 합니다.
print(f"불순도는 임계 값이 {best_thresh:.02f}일 때 최소화됩니다")
plt.plot(thresholds, gini_impurities)
plt.axvline(best_thresh, c='k', linestyle='--')
plt.xlabel('임계 값')
plt.ylabel('불순도')
plt.show()
```

▶ 실행결과

불순도는 임계 값이 0.70일 때 최소화됩니다

이 방식으로 사이킷런은 DecisionTreeClassifier를 학습시키는 데 사용되는 모든 특징의 부등식 임계 값을 구해서 분류 모델이 수치형 데이터에 대해 조건부 논리를 도출할 수 있도록 합니다. 이제 앞 장에서 소개한 와인 데이터에도 의사 결정을 학습시켜 보겠습니다. 학습이 완료되었을 때 해당 의사 결정을 시각화합니다.

> **노트** 와인 데이터셋에는 세 가지 종류의 와인이 포함되어 있습니다. 지금까지는 두 클래스를 가지는 시스템에서만 의사 결정을 학습시켰습니다. 그러나 if/else 조건문은 클래스 둘 이상을 예측하는 문제로 쉽게 확장할 수 있습니다. 가령 if x == 0 else 1 if y == 0 else 2 문을 생각해 보죠. x == 0이면 0을 반환하고 그렇지 않으면 y == 0일 때는 1을, y != 0일 때는 2를 반환하는 조건문입니다. 이렇게 추가된 조건문을 분류 모델로 통합하는 것은 간단합니다.

코드 22-48 수치형 데이터에 대한 의사 결정 학습시키기

```
np.random.seed(0)
from sklearn.datasets import load_wine
X, y = load_wine(return_X_y=True)
clf.fit(X, y)
feature_names = load_wine().feature_names
text_tree = export_text(clf, feature_names=feature_names)
print(text_tree)
```

▶ 실행결과

```
|--- proline <= 755.00
|   |--- od280/od315_of_diluted_wines <= 2.11
|   |   |--- hue <= 0.94
|   |   |   |--- flavanoids <= 1.58
|   |   |   |   |--- class: 2
|   |   |   |--- flavanoids > 1.58
|   |   |   |   |--- class: 1
|   |   |--- hue > 0.94
|   |   |   |--- color_intensity <= 5.82
|   |   |   |   |--- class: 1
|   |   |   |--- color_intensity > 5.82
|   |   |   |   |--- class: 2
|   |--- od280/od315_of_diluted_wines > 2.11
|   |   |--- flavanoids <= 0.80
|   |   |   |--- class: 2
|   |   |--- flavanoids > 0.80
|   |   |   |--- alcohol <= 13.17
|   |   |   |   |--- class: 1
|   |   |   |--- alcohol > 13.17
|   |   |   |   |--- color_intensity <= 4.06
|   |   |   |   |   |--- class: 1
|   |   |   |   |--- color_intensity > 4.06
|   |   |   |   |   |--- class: 0
|--- proline > 755.00
|   |--- flavanoids <= 2.17
|   |   |--- malic_acid <= 2.08
```

```
|   |   |   |--- class: 1
|   |   |--- malic_acid > 2.08
|   |   |   |--- class: 2
|   |--- flavanoids > 2.17
|   |   |--- magnesium <= 135.50
|   |   |   |--- class: 0
|   |   |--- magnesium > 135.50
|   |   |   |--- class: 1
```

트리와 조건문을 통틀어 지금까지 본 것 중 가장 복잡합니다. 의사 결정 깊이가 깊으므로 트리가 크다고 볼 수 있습니다. 머신러닝에서 트리 깊이는 궁극적으로 중첩된 if/else 문 개수와도 같습니다. 가령 단일 스위치 예시에서는 하나의 if/else 문만 필요했습니다. 따라서 깊이가 1인 셈입니다. 반면에 두 스위치 시스템은 깊이가 2고, 세 특징으로 날씨를 예측하는 모델 깊이는 3입니다. 와인 예측 모델은 그 깊이가 훨씬 더 깊기 때문에 이를 눈으로 쫓아가기란 어렵습니다. 사이킷런의 의사 결정 깊이는 max_depth 하이퍼파라미터로 제한하는 것이 가능합니다. 가령 DecisionTreeClassifier(max_depth=2)는 중첩된 if/else 조건문 두 개를 초과하지 못하도록 제한된 깊이의 분류 모델만 생성합니다.

코드 22-49 깊이가 제한된 의사 결정 학습시키기

```
clf = DecisionTreeClassifier(max_depth=2)
clf.fit(X, y)
text_tree = tree.export_text(clf, feature_names=feature_names)
print(text_tree)
```

▶ 실행결과

```
|--- proline <= 755.00
|   |--- od280/od315_of_diluted_wines <= 2.11
|   |   |--- class: 2
|   |--- od280/od315_of_diluted_wines > 2.11
|   |   |--- class: 1
|--- proline > 755.00
|   |--- flavanoids <= 2.17
|   |   |--- class: 2
|   |--- flavanoids > 2.17
|   |   |--- class: 0
```

출력에서 의사 결정이 if/else 문 두 개로만 구성된 것을 알 수 있습니다. 바깥쪽 조건문은 proline(프롤린) 농도에 따라 결정되며, proline 농도가 755보다 클 때는 flavanoids(플라보노이드)에 따라 클래스가 결정됩니다.

노트 데이터셋에 flavonoids 철자가 flavanoids라고 잘못 표기되어 있습니다.

proline 농도가 755보다 작거나 같다면 OD280/OD315가 와인 클래스를 결정하는 데 관여합니다. 이 결과를 바탕으로 모델 작동 방식을 완전히 이해할 수 있습니다. 또 클래스 예측을 주도하는 특징의 상대적 중요도도 유추할 수 있습니다.

- 가장 중요한 특징은 proline 농도입니다. 의사 결정의 가장 위쪽에 나타나므로 지니 불순도가 가장 낮은 것입니다. 따라서 이 특징을 분할하면 가장 불균형한 데이터를 얻을 수 있습니다. 불균형한 데이터셋에서는 한 범주를 다른 범주와 비교하기가 훨씬 쉽기 때문에 proline 농도를 알면 와인 클래스를 보다 쉽게 구분할 수 있습니다.

  이는 21장에서 본 proline 계수가 가장 눈에 띄는 신호를 생성했던 선형 모델의 결과에 부합합니다.

- flavonoids와 OD280/OD315도 예측에 큰 기여를 한 주요 특징입니다.
- 나머지 열 가지 특징은 관련성이 떨어집니다.

특징이 트리에 나타나는 깊이는 그 특징의 상대적 중요도를 나타내는 지표입니다. 이 깊이는 지니 불순도로 결정됩니다. 따라서 지니 불순도로 중요도 점수를 계산할 수 있습니다. 모든 특징에 대한 중요도는 의사 결정 모델의 feature_importances_ 속성에 저장됩니다. 다음 코드는 해당 속성에 접근하여 출력하는 방법을 보여줍니다.

> **노트** 더 정확히는 사이킷런은 이전 분할의 지니 불순도에서 특징 분할의 지니 불순도를 빼서 특징 중요도를 계산합니다. 가령 와인을 분류하는 의사 결정에서 깊이가 2였던 flavonoids의 불순도는 깊이가 1이었던 proline 불순도에서 빠집니다. 이 계산 이후 중요도는 분할 중에 재현된 학습 샘플의 비율에 따라 가중됩니다.

코드 22-50 특징 중요도 출력하기

```
print(clf.feature_importances_)
```

▶ 실행결과

```
[0.        0.        0.        0.        0.        0.
 0.117799  0.        0.        0.        0.        0.39637021
 0.48583079]
```

출력된 배열에서 특징 i의 중요도는 feature_importances_[i]와 같습니다. 대부분의 특징은 학습된 트리에서 사용되지 않았기 때문에 0이라는 값이 할당되어 있습니다. 그러면 특징 중요도에 따라 순위를 매겨 보겠습니다.

코드 22-51 중요도에 따른 특징 순위 매기기

```
for i in np.argsort(clf.feature_importances_)[::-1]:
    feature = feature_names[i]
    importance = clf.feature_importances_[i]
    if importance == 0:
        break

    print(f"'{feature}' 특징의 중요도는 {importance:0.2f}입니다")
```

> ▶ 실행결과

```
'proline' 특징의 중요도는 0.49입니다
'od280/od315_of_diluted_wines' 특징의 중요도는 0.40입니다
'flavanoids' 특징의 중요도는 0.12입니다
```

proline 특징이 가장 중요한 특징으로 꼽혔습니다. 그다음으로 OD280/OD315와 flavonoids 특징이 중요합니다. 특징 중요도는 데이터에서 유의미한 통찰을 얻는 데 매우 유용할 수 있습니다. 이 유용성을 강조하기 위해 암 진단이라는 심각한 문제를 살펴보겠습니다.

22.2.1 특징 중요도를 이용한 암세포 연구하기

확인된 종양은 암일 수 있습니다. 종양이 악성(암)인지 양성(비암성)인지 확인하려면 현미경으로 종양을 들여다보아야 합니다. 종양을 확대하면 개별 세포가 드러납니다. 각 세포에는 다음과 같은 다양한 측정 가능한 특징이 있습니다.

- 영역(Area)
- 둘레(Perimeter)
- 컴팩트함(Compactness: 면적에 대한 둘레 제곱의 비율)
- 반경(Radius: 세포는 완벽하게 원형이 아니므로 반지름은 중심에서 둘레까지 평균 거리를 기준으로 계산)
- 부드러움(Smoothness: 세포 중심에서 둘레까지 거리 변화)
- 오목한 점(Concave points: 둘레에 있는 안쪽으로 굽은 부분의 개수)
- 오목함(Concavity: 오목한 점들의 평균 안쪽 각도)
- 대칭(Symmetry: 세포의 한쪽이 다른 쪽과 닮았는지 여부)
- 질감(Texture: 세포 이미지 색조의 표준 편차)
- 프랙탈 차원(Fractal dimension: 둘레의 굴곡 정도는 경계의 굽은 부분을 측정하는 데 필요한 측정 단위 개수에 따라 결정)

이미징 기술(imaging technology)을 이용하여 각 개별 세포에 대한 이러한 특징들을 계산할 수 있습니다. 하지만 종양의 조직 검사에서는 현미경 아래 세포가 수십 개 관측되므로 개별 특징들을 어떻게든 함께 집계해야 합니다(그림 22-9). 특징들을 집계하는 가장 간단한 방법은 평균과 표준 편차를 계산하는 것입니다. 또 각 세포에서 계산된 가장 극단적인 값을 저장할 수 있습니다. 예를 들어 세포 중 측정된 가장 큰 오목함을 기록할 수 있습니다. 우리는 비공식적으로 이 통계를 '최악의 오목함(worst concavity)'이라고 합니다.

▼ 그림 22-9 현미경으로 본 종양 세포 수십 개로 각 세포에는 측정 가능한 서로 다른 특징이 열 개 있습니다. 세 가지 통계로 세포 전체에 대해 이 특징들을 집계할 수 있으므로 종양이 악성인지 양성인지 판단하는 데 필요한 특징을 총 30개 얻을 수 있습니다

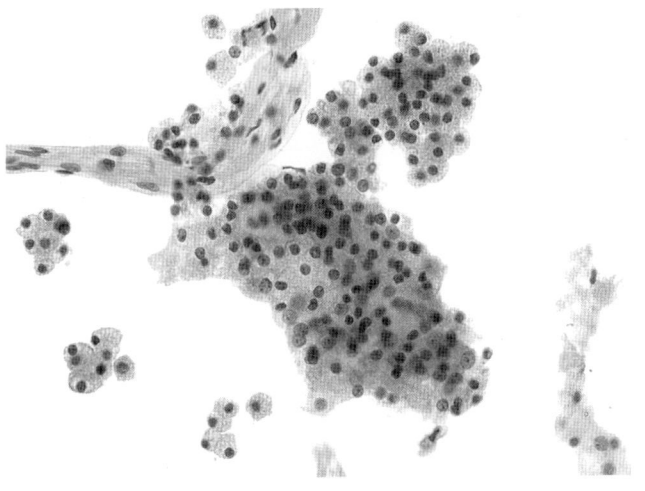

> 노트 일반적으로 이러한 특징들은 세포질 등 다른 세포 구성 요소가 아닌 세포의 핵에서 계산됩니다. 핵은 세포 중앙에 위치한 닫힌 원형 구조로 현미경으로 쉽게 볼 수 있습니다.

측정된 특징 열 개에 대한 세 가지 서로 다른 집계 방식은 특징을 총 30개 생성합니다. 어떤 특징들이 종양의 악성 여부를 결정하는 데 가장 중요할까요? 함께 알아보죠. 사이킷런은 암세포 데이터셋을 제공합니다. sklearn.datasets 모듈에서 해당 데이터셋을 가져와 특징 이름과 클래스 레이블을 출력해 보겠습니다.

코드 22-52 사이킷런의 암세포 데이터셋 가져오기

```
from sklearn.datasets import load_breast_cancer

data = load_breast_cancer()
feature_names = data.feature_names
num_features = len(feature_names)
num_classes = len(data.target_names)
print(f"암세포 데이터셋은 다음에 나열된 {num_classes}개의 클래스를 포함합니다")
print(data.target_names)
print(f"\n그리고 다음에 나열된 {num_features}개의 특징을 가집니다")
print(feature_names)
```

▶ 실행결과

```
암세포 데이터셋은 다음에 나열된 2개의 클래스를 포함합니다
['malignant' 'benign']

그리고 다음에 나열된 30개의 특징을 가집니다
['mean radius' 'mean texture' 'mean perimeter' 'mean area' 'mean smoothness'
 'mean compactness' 'mean concavity' 'mean concave points' 'mean symmetry'
 'mean fractal dimension' 'radius error' 'texture error' 'perimeter error'
 'area error' 'smoothness error' 'compactness error' 'concavity error'
```

```
'concave points error' 'symmetry error' 'fractal dimension error' 'worst radius'
'worst texture' 'worst perimeter' 'worst area' 'worst smoothness'
'worst compactness' 'worst concavity' 'worst concave points' 'worst symmetry'
'worst fractal dimension']
```

데이터셋은 서로 다른 특징을 30개 포함합니다. 중요도에 따라 순위를 매겨 중요도 점수와 함께 출력해 보겠습니다. 중요도 점수가 0에 가까운 특징은 무시합니다.

코드 22-53 종양 특징의 중요도별 순위 매기기

```
X, y = load_breast_cancer(return_X_y=True)
clf = DecisionTreeClassifier()
clf.fit(X, y)
for i in np.argsort(clf.feature_importances_)[::-1]:
    feature = feature_names[i]
    importance = clf.feature_importances_[i]
    if round(importance, 2) == 0:
        break
    print(f"특징 '{feature}'의 중요도 점수는 {importance:0.2f}입니다")
```

▶ 실행결과

특징 'worst radius'의 중요도 점수는 0.70입니다
특징 'worst concave points'의 중요도 점수는 0.14입니다
특징 'worst texture'의 중요도 점수는 0.08입니다
특징 'worst smoothness'의 중요도 점수는 0.01입니다
특징 'worst concavity'의 중요도 점수는 0.01입니다
특징 'mean texture'의 중요도 점수는 0.01입니다
특징 'worst area'의 중요도 점수는 0.01입니다
특징 'mean concave points'의 중요도 점수는 0.01입니다
특징 'worst fractal dimension'의 중요도 점수는 0.01입니다
특징 'radius error'의 중요도 점수는 0.01입니다
특징 'smoothness error'의 중요도 점수는 0.01입니다
특징 'worst compactness'의 중요도 점수는 0.01입니다

가장 중요도가 높은 세 특징은 worst radius(최악의 반경), worst concave points(최악의 오목한 점), worst texture(최악의 질감)입니다. 종양의 악성 여부를 결정하는 것은 세포의 평균이나 표준 편차가 아니라, 몇 가지 극단적인 이상치 유무입니다. 불규칙한 모양의 세포가 한두 개만 있어도 악성일 수 있죠. 최상위 특징 중에서도 최악의 반경이 특히 두드러집니다. 중요도 점수가 0.70으로 다음으로 높은 중요도 점수인 0.14와 큰 차이를 보입니다. 이러한 차이는 가장 큰 세포의 반경이 암을 나타내는 매우 중요한 지표임을 시사합니다. 두 클래스에 대한 최악 반경 측정값의 히스토그램을 그려서 이 가설을 확인할 수 있습니다(그림 22-10).

▼ 그림 22-10 양성과 악성 종양에 대한 최악의 반경 측정값의 히스토그램으로, 종양이 양성이 아닌 악성인 경우 이 반경이 눈에 띄게 커집니다

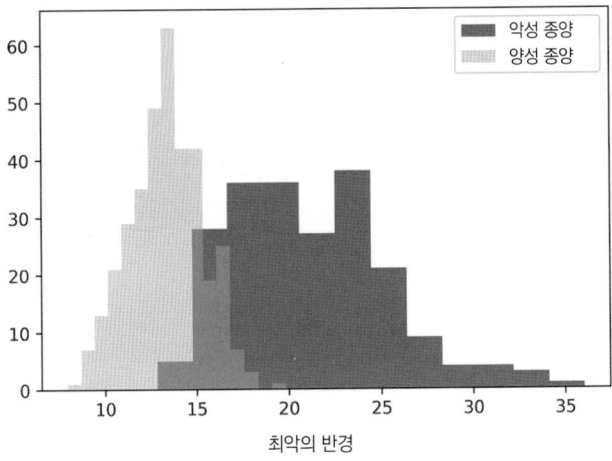

코드 22-54 최악의 반경에 대한 두 히스토그램 그리기

```
index = clf.feature_importances_.argmax()
plt.hist(X[y == 0][:,index], label='악성 종양', bins='auto')
plt.hist(X[y == 1][:,index], label='양성 종양', color='y', bins='auto', alpha=0.5)
plt.xlabel('최악의 반경')
plt.legend()
plt.show()
```

히스토그램을 보면 악성과 양성 세포의 반경 사이에 엄청난 차이가 있는 것을 알 수 있습니다. 실제로 세포 반경이 20단위를 넘어서면 악성 세포라는 확실한 징후입니다.

의사 결정을 학습시킴으로써 우리는 의학 및 생물학에서 통찰력을 얻었습니다. 일반적으로 의사 결정은 복잡한 데이터셋 신호를 이해하는 데 매우 유용합니다. 해석이 매우 용이하며 학습된 논리적인 구조는 데이터 과학자가 결과를 쉽게 조사할 수 있도록 해 줍니다. 그뿐만 아니라 다음과 같은 추가적인 이점도 제공합니다.

- 의사 결정 분류 모델은 학습 속도가 매우 빠릅니다. KNN 분류 모델보다 훨씬 빠릅니다. 또 선형 분류 모델과 달리 반복적인 학습 과정에도 의존하지 않습니다.
- 의사 결정 분류 모델은 학습하기 전 수행되는 데이터 조작에 의존하지 않습니다. 로지스틱 회귀는 미리 데이터를 표준화해야 하지만, 의사 결정은 이 과정이 필요 없습니다. 또 선형 분류 모델은 변환 과정 없이 범주형 특징을 처리할 수 없지만, 의사 결정은 이러한 특징을 직접 처리할 수 있습니다.
- 의사 결정은 학습용 데이터셋의 기하학적 형상에 제한받지 않습니다. 반면에 그림 22-1에서 볼 수 있듯이, KNN과 선형 분류 모델은 특정 기하학적 구성을 처리할 수 없습니다.

이 모든 이점에는 대가가 따릅니다. 때로는 학습된 의사 결정 분류 모델이 실제 데이터에서 제대로 작동하지 않는 경우가 있습니다.

22.3 의사 결정 분류 모델의 제한 사항

의사 결정은 학습용 데이터셋을 잘 학습하지만, 때로는 지나치게 잘 학습하기도 합니다. 실질적인 통찰력을 얻지 못한 채 데이터를 단순 암기할 때도 있습니다. 암기식 학습에는 심각한 한계가 있습니다. 물리학 기말고사 공부를 하는 대학생을 상상해 보세요. 전년도 시험은 온라인으로 제공되며 모든 문제에 대한 서면 답안이 포함되어 있습니다. 이 학생은 작년 시험을 암기합니다. 작년 문제가 주어지면 학생은 쉽게 답을 적어 낼 수 있습니다. 학생은 자신감이 넘치지만 기말고사 당일 재앙이 닥칩니다. 기말고사 문제가 약간 달라졌습니다. 작년 시험에서는 20피트 높이에서 떨어진 테니스공의 속도를 물었지만, 이번 시험에서는 50피트 높이에서 떨어진 당구공의 속도를 물었습니다. 학생은 당황했습니다. 정답은 배웠지만 정답을 도출하는 일반화된 공식은 배우지 못했기 때문에 시험에서 좋은 성적을 거둘 수 없었습니다.

과잉 기억은 학습된 모델의 유용성을 제한합니다. 지도 학습에서는 이 현상을 **과대 적합**(overfitting)이라고 합니다. 과대 적합된 모델은 학습용 데이터셋과 지나칠 정도로 밀접하므로 학습 때는 전혀 보지 못한 새로운 데이터를 정확하게 예측하지 못합니다. 의사 결정 분류 모델은 학습용 데이터셋을 암기할 수 있어 과대 적합이 발생하기 쉽습니다. 가령 암세포 검출 모델은 학습용 데이터셋 (X, y)를 완벽하게 기억하여 predict(X) 메서드의 호출 결과와 y를 비교합니다.

코드 22-55 암세포 검출 모델의 정확도 확인하기

```
from sklearn.metrics import accuracy_score
accuracy = accuracy_score(clf.predict(X), y)
print("우리의 분류 모델은 {100*accuracy:.0f}% 정확도로 학습용 데이터를 암기했습니다")
```

▶ 실행결과

```
우리의 분류 모델은 100% 정확도로 학습용 데이터를 암기했습니다
```

분류 모델은 모든 학습용 데이터를 100% 정확도로 식별할 수 있습니다. 그렇다고 해서 실제 데이터로 일반화될 수 있다는 의미는 아닙니다. 교차 검증으로 분류 모델의 실제 정확도를 보다 잘 측정해 볼 수 있습니다. 다음 코드는 (X, y)를 학습용 데이터셋 (X_train, y_train)과 검증용 데이터셋 (X_test, y_test)로 분할합니다. 학습용 데이터셋 (X_train, y_train)을 모델이 완벽하게 암기하도록 학습시킨 뒤 모델이 접하지 못한 데이터에서 얼마나 잘 일반화하는지 확인합니다. 이를 위해 검증용 데이터셋에 대한 모델 정확도를 계산합니다.

코드 22-56 교차 검증으로 모델 정확도 확인하기

```
np.random.seed(0)
from sklearn.model_selection import train_test_split
X_train, X_test, y_train, y_test = train_test_split(X, y, )
clf = DecisionTreeClassifier()
clf.fit(X_train, y_train)
accuracy = accuracy_score(clf.predict(X_test), y_test)
print(f"모델은 검증용 데이터셋에 대해 {100*accuracy:.0f}% 정확도를 가집니다")
```

> **실행결과**
>
> 모델은 검증용 데이터셋에 대해 90% 정확도를 가집니다.

분류 모델의 실제 정확도는 90% 수준입니다. 이 정도 정확도면 괜찮은 수준이지만, 이보다 더 잘할 수도 있을 것입니다. 의사 결정이 과대 적합되는 것을 제한하여 성능을 개선할 방법이 필요합니다. 랜덤포레스트 분류라는 기술로 여러 의사 결정을 한 번에 학습하면 과대 적합을 제한할 수 있습니다.

> **노트** 사이킷런의 의사 결정 분류 모델 메서드
> - `clf = DecisionTreeClassifier()`: 의사 결정 분류 모델을 초기화합니다.
> - `clf = DecisionTreeClassifier(max_depth=x)`: 최대 깊이를 x로 가지는 의사 결정 분류 모델을 초기화합니다.
> - `clf.feature_importances_`: 학습된 의사 결정 분류 모델의 특징 중요도에 접근합니다.
> - `plot_tree(clf)`: 의사 결정 다이어그램을 표시합니다.
> - `plot_tree(clf, feature_names=x, class_names=y)`: 특징 이름과 클래스 레이블을 사용자가 정의한 값으로 대체하여 의사 결정 다이어그램을 표시합니다.
> - `export_text(clf)`: 의사 결정 다이어그램을 간단한 문자열로 표시합니다.
> - `export_text(clf, feature_names=x)`: 특징 이름과 클래스 레이블을 사용자가 정의한 값으로 대체하여 의사 결정 다이어그램을 간단한 문자열로 표시합니다.

22.4 랜덤포레스트 분류 모델로 성능 개선하기

때로는 인간사에서 군중의 집단적인 견해가 모든 개인의 예측을 능가하는 경우가 있습니다. 1906년 플리머스 컨트리 페어(Plymouth country fair)에 모인 군중은 무게가 1,198파운드인 황소 무게가 얼마인지 추측했습니다. 참석한 사람들은 각자 자신이 생각하는 가장 정확한 추측을 적어서 냈는데, 이 추측들의 중앙값을 계산했습니다. 최종 중앙값 추정치인 1,207파운드는 실제 무게의 1% 이내였습니다. 이렇게 집단 지성의 총합적인 승리를 '대중의 지혜(wisdom of the crowd)'라고 합니다.

현대 민주주의 제도는 대중의 지혜를 기반으로 구축되었습니다. 민주주의 국가에서는 국민이 함께 모여 국가 미래를 결정하기 위해 투표합니다. 일반적으로 유권자들은 매우 다양한 정치적 견해, 의견, 삶의 경험을 가지고 있습니다. 그러나 어떻게든 그들의 누적된 선택은 평균적으로, 장기적으로 국가에 이익이 될 수 있는 결정으로 이어집니다. 이러한 민주적 절차는 부분적으로 대중의 다양성에 의존합니다. 모든 사람이 똑같은 의견을 낸다면 모두가 똑같은 오류를 범하기 쉽지만, 다양한 견해는 그러한 오류를 제한하는 데 도움이 됩니다. 구성원이 다양한 방식으로 생각할 때 군중은 최선의 결정을 내리는 경향이 있습니다.

대중의 지혜는 자연적인 현상입니다. 이는 사람뿐만 아니라 동물에게서도 볼 수 있습니다. 박쥐, 물고기, 새 심지어 파리까지도 같은 종의 다른 구성원에 둘러싸여 있을 때 행동을 최적화할 수 있습니다. 이 현상은 머신러닝에서도 관측됩니다. 군집된 의사 결정은 때때로 단일 의사 결정보다 높은 성능을 보일 수 있습니다. 이를 위해서는 각 트리에 대한 입력이 다양해야 합니다.

의사 결정 100개를 초기화하여 군중의 지혜를 탐구해 봅시다. 많은 의사 결정을 모아 둔 묶음을 랜덤포레스트라고 합니다. 따라서 각 트리를 forest라는 리스트에 저장하겠습니다.

코드 22-57 의사 결정 100개 초기화하기

```python
forest = [DecisionTreeClassifier() for _ in range(100)]
```

forest에 담긴 트리를 어떻게 학습시킬 수 있을까요? 암세포 데이터셋의 학습용 데이터셋 (X_train, y_train)으로 각각의 트리를 학습시키는 방법이 가장 간단합니다. 하지만 이 방식은 똑같은 데이터를 암기하는 트리 100개를 만드는 꼴이 됩니다. 따라서 모든 나무가 동일하게 예측하여 다양성이라는 핵심 요소는 사라집니다. 다양성이 없으면 대중의 지혜를 적용할 수 없습니다. 어떻게 해야 할까요?

한 가지 해결책은 학습 데이터를 임의로 추출하는 것입니다. 7장에서는 복원 추출(bootstrapping with replacement)이라는 기법을 살펴보았습니다. 이 기법은 요소 N개로 구성된 데이터셋에서 샘플링을 반복하는 것이었습니다. 또 복원 추출 방식에 따라 샘플링되므로 중복 요소가 허용됩니다. 이 과정을 거쳐 원본 데이터와 내용이 다른 새로운 요소 N개를 가진 데이터셋을 생성할 수 있습니다. 그러면 학습 데이터를 복원 추출하여 새로운 학습용 데이터셋 (X_train_new, y_train_new)를 임의로 생성해 보겠습니다.

코드 22-58 신규 학습용 데이터셋 임의 샘플링하기

```python
np.random.seed(1)
def bootstrap(X, y):       # 학습용 데이터셋 (X, y)에 복원 추출을 적용하여 새로운 학습용 데이터셋을 생성합니다.
    num_rows = X.shape[0]
    indices = np.random.choice(range(num_rows), size=num_rows, replace=True)   # (X, y) 내 데이터의 인덱스를 임의 샘플링합니다. 샘플링은 복원 추출 방식으로 수행되므로 특정 인덱스가 2번 샘플링될 수 있습니다.
    X_new, y_new = X[indices], y[indices]
    return X_new, y_new    # 샘플링된 인덱스를 기반으로 임의의 학습용 데이터셋을 반환합니다.

X_train_new, y_train_new = bootstrap(X_train, y_train)
assert X_train.shape == X_train_new.shape    # 복원 추출로 만든 데이터셋 크기는 원본 학습용 데이터셋과 동일합니다.
assert y_train.size == y_train_new.size
assert not np.array_equal(X_train, X_train_new)    # 복원 추출로 만든 데이터셋은 원본 데이터셋과 같지 않습니다.
assert not np.array_equal(y_train, y_train_new)
```

이제 bootstrap 함수를 100번 실행하여 서로 다른 학습용 데이터셋을 100개 생성합니다.

코드 22-59 새로운 학습용 데이터셋 100개를 샘플링하여 만들기

```python
np.random.seed(1)
features_train, classes_train = [], []
for _ in range(100):
    X_train_new, y_train_new = bootstrap(X_train, y_train)
    features_train.append(X_train_new)
    classes_train.append(y_train_new)
```

학습용 데이터셋 100개의 데이터는 서로 다를 수 있지만, 모두 같은 특징으로 구성됩니다. features_train에서 특징을 임의로 추출하면 전체적인 다양성을 높일 수 있습니다. 일반적으로 대중의 지혜는 다양한 개인이 서

로 다른 특징에 주의를 기울일 때 가장 잘 작동합니다. 가령 민주주의 선거에서 도시 유권자의 최우선 순위는 농촌 유권자의 우선순위와 겹치지 않을 수 있습니다. 도시 유권자는 주택 정책과 범죄에 초점을 맞추고, 농촌 유권자는 농작물 관세와 재산세에 초점을 맞춥니다. 이러한 서로 다른 우선순위는 장기적으로 도시와 농촌 유권자 모두에게 이익이 되는 합의를 이끌어 낼 수 있습니다.

더욱 구체적으로 지도 학습에서 특징의 다양성은 과대 적합을 제한하는 데 도움을 줍니다. 가령 암세포 데이터셋을 생각해 보죠. 앞서 살펴본 것처럼 '최악의 반경'은 매우 영향력 있는 특징입니다. 해당 특징을 포함한 모든 학습된 모델은 반경을 중요한 판단 기준으로 의존하게 될 것입니다. 그러나 드물게는 반경이 작더라도 종양이 악성일 수 있습니다. 모든 모델이 동일한 특징에 의존한다면 해당 종양에서 잘못된 판단을 내릴 것입니다. 그러나 반지름을 특징 집합에서 제외한 채 일부 모델을 학습시킨다고 상상해 봅시다. 이러한 모델들은 악성 종양 세포의 다른 미묘한 패턴을 찾도록 강요될 것이며, 변동하는 실제 관측 결과에 대해 더 탄력적으로 대응할 수 있을 것입니다. 개별적으로는 각 모델의 특징 집합이 제한되어 있어 성능이 좋지 않을 수 있습니다. 그러나 집단적으로는 각 개별 트리보다 더 나은 성능을 보여 줄 것입니다.

우리 목표는 features_train의 특징들을 임의로 샘플링하여 각 의사 결정들을 학습시키는 것입니다. 현재 각 특징 행렬은 특징 30개에 대한 측정값을 포함합니다. 임의 샘플링으로 특징 수를 30개보다 더 적게 줄여야 합니다. 그런데 적절한 수는 얼마일까요? 일반적으로 총 특징 수의 제곱근이 샘플 크기에 적합합니다. 즉, 30의 제곱근은 약 5이므로 샘플 크기를 5로 설정합니다.

features_train을 반복적으로 접근하고 각 특징 행렬을 임의의 열(column) 다섯 개로 필터링합니다. 또 이후 검증 단계에서도 사용될 수 있도록 임의로 선택된 특징 인덱스를 추적합니다.

코드 22-60 임의로 학습 특징 샘플링하기

```
np.random.seed(1)
sample_size = int(X.shape[1]**0.5)  ----- 특징 샘플 크기는 총 특징 수의 제곱근에 근사합니다.
assert sample_size == 5  ----- 특징이 총 30개 주어졌을 때 샘플 크기는 5와 같을 것으로 예상합니다.
feature_indices = [np.random.choice(range(30), 5, replace=False) for _ in range(100)]   -----
for i, index_subset in enumerate(feature_indices):                                        각 트리에 대해 특징 30개 중 다섯 개
    features_train[i] = features_train[i][:,index_subset]                                 를 임의로 샘플링합니다. 중복된 특징
                                                                                          은 학습 과정에서 새로운 신호를 만들
                            가장 처음과 가장 마지막 특징 부분 집합에서                    어 내지 못하므로 비복원 추출 방식으
for index in [0, 99]:   ----- 임의로 샘플링된 특징 이름을 출력합니다.                     로 샘플링을 수행합니다.
    index_subset = feature_indices[index]
    names = feature_names[index_subset]
    print(f"\n{index}번째 트리로 활용되는 임의의 특징들은 다음과 같습니다")
    print(names)
```

▶ **실행결과**

0번째 트리로 활용되는 임의의 특징들은 다음과 같습니다
['concave points error' 'worst texture' 'radius error' 'fractal dimension error'
 'smoothness error']   ----- 임의로 샘플링된 특징 다섯 개에는 최악 반경에
                             대한 측정값이 포함되지 않습니다.

99번째 트리로 활용되는 임의의 특징들은 다음과 같습니다
['mean smoothness' 'worst radius' 'fractal dimension error' 'worst concave points'
 'mean concavity']   ----- 임의로 샘플링된 특징 다섯 개에는 영향력이 가장 큰 최악 반경에 대한 측정값이 포함됩니다.

특징 행렬 100개를 행(데이터)과 열(특징)별로 각각 임의로 배치했습니다. 모든 트리에 대한 학습용 데이터는 매우 다양해졌습니다. 이제 forest의 각 i번째 트리를 학습용 데이터셋 (features_train[i], classes_train[i])로 학습시켜 보겠습니다.

코드 22-61 각 트리 학습시키기

```python
for i, clf_tree in enumerate(forest):
    clf_tree.fit(features_train[i], classes_train[i])
```

모든 트리를 학습시켰습니다. 이제 학습된 트리들을 사용하여 투표를 할 차례입니다. X_test[0]에 있는 데이터의 클래스 레이블은 무엇일까요? 대중의 지혜로 이를 확인할 수 있습니다. forest에 포함된 모든 학습된 트리를 반복적으로 접근하며 다음을 수행합니다.

1. X_test[0]에 대한 클래스 레이블을 예측합니다. 각 i번째 트리는 임의로 선택된 서로 다른 특징 집합에 의존합니다. 각 트리에 할당된 특징 인덱스는 feature_indices[i]에 저장되어 있습니다. 따라서 예측을 수행하기 전 할당된 인덱스로 X_test[0]을 필터링해야 합니다.
2. i번째 트리의 투표(예측)를 기록합니다.

모든 트리가 투표를 마치면 100표를 집계하여 가장 많은 표를 받은 클래스 레이블을 선택합니다.

> **노트** 이 절차는 20장에서 본 KNN 다수결 투표와 매우 유사합니다.

코드 22-62 트리 투표로 데이터 분류하기

```python
from collections import Counter
feature_vector = X_test[0]
votes = []
for i, clf_tree in enumerate(forest):  # 학습된 트리 100개에 반복적으로 접근합니다.
    index_subset = feature_indices[i]
    vector_subset = feature_vector[index_subset]  # feature_vector의 열을 각 트리와 연관된 임의의 특징 인덱스 다섯 개에 맞추어 조정합니다.
    prediction = clf_tree.predict([vector_subset])[0]  # 각 트리는 예측된 클래스 레이블을 반환함으로써 투표합니다.
    votes.append(prediction)

class_to_votes = Counter(votes)  # 모든 투표를 집계합니다.
for class_label, votes in class_to_votes.items():
    print(f"클래스 {class_label}에 대한 투표가 {votes}개로 집계되었습니다")
top_class = max(class_to_votes.items(), key=lambda x: x[1])[0]
print(f"\n가장 많은 투표를 받은 클래스는 {top_class}입니다")
```

▶ 실행결과

```
클래스 0에 대한 투표가 93개로 집계되었습니다
클래스 1에 대한 투표가 7개로 집계되었습니다

가장 많은 투표를 받은 클래스는 0입니다
```

93% 트리가 클래스 0에 투표했습니다. 이 과반수 투표 결과가 올바른지 확인해 보겠습니다.

코드 22-63 예측된 레이블의 실제 범주 확인하기

```
true_label = y_test[0]
print(f"해당 데이터의 실제 클래스는 {true_label}입니다")
```

▶ 실행결과

해당 데이터의 실제 클래스는 0입니다

랜덤포레스트가 데이터 X_test[0]에 대한 예측을 성공적으로 해냈습니다. 이제 투표 기법을 사용하여 모든 검증용 데이터 X_test를 식별하고 y_test를 활용해서 정확도를 측정해 보겠습니다.

코드 22-64 랜덤포레스트 모델의 정확도 측정하기

```
predictions = []
for i, clf_tree in enumerate(forest):
    index_subset = feature_indices[i]
    prediction = clf_tree.predict(X_test[:,index_subset])
    predictions.append(prediction)

predictions = np.array(predictions)
y_pred = [Counter(predictions[:,i]).most_common()[0][0] for i in range(y_test.size)]
accuracy = accuracy_score(y_pred, y_test)
print("검증용 데이터셋에 대한 랜덤포레스트의 정확도는 "
      f"{100*accuracy:.0f}%입니다")
```

▶ 실행결과

검증용 데이터셋에 대한 랜덤포레스트의 정확도는 96%입니다

랜덤포레스트는 96% 정확도로 검증용 데이터셋에 대한 예측을 수행했습니다. 이는 정확도가 90%에 머물렀던 단일 의사 결정을 능가하는 성능입니다. 대중의 지혜를 활용하여 성능을 개선할 수 있었습니다. 이 과정에서 다양성을 극대화하기 위해 특징 집합을 임의로 할당한 트리 모음(랜덤포레스트) 분류 모델도 학습시켰습니다. 랜덤포레스트 분류 모델이 학습되는 방식은 다음과 같이 묘사될 수 있습니다.

1. 의사 결정 N개를 초기화합니다. 트리의 수는 하이퍼파라미터입니다. 일반적으로 트리가 많을수록 정확도는 높지만 지나치게 많은 트리를 사용하면 모델의 예측 실행 시간이 늘어납니다.
2. 복원 추출을 이용하여 임의의 학습용 데이터셋을 N개 생성합니다.
3. 학습용 데이터셋 N개 각각에 대해 특징 열 N ** 0.5개를 임의로 선택합니다.
4. 학습용 데이터셋 N개로 각각의 의사 결정을 학습시킵니다.

학습이 끝나면 랜덤포레스트의 각 트리가 입력된 데이터의 레이블을 예측하고, 각 예측은 곧 투표가 됩니다. 투표가 집계되고 난 뒤 가장 많은 표를 얻은 클래스가 출력됩니다. 랜덤포레스트 분류 모델은 매우 다재다능하며 과대 적합이 잘 발생하지 않습니다. 한편 사이킷런에서는 랜덤포레스트 구현체도 제공합니다.

22.5 사이킷런으로 랜덤포레스트 분류 모델 학습시키기

사이킷런의 랜덤포레스트 분류 모델은 RandomForestClassifier 클래스로 수행됩니다. sklearn.ensemble 모듈에서 해당 클래스를 가져와 초기화한 뒤 학습용 데이터셋인 (X_train, y_train)을 사용하여 학습시킵니다. 마지막으로 검증용 데이터셋인 (X_test, y_test)를 사용하여 모델 성능을 확인합니다.

코드 22-65 랜덤포레스트 분류 모델 학습시키기

```
np.random.seed(1)
from sklearn.ensemble import RandomForestClassifier
clf_forest = RandomForestClassifier()
clf_forest.fit(X_train, y_train)
y_pred = clf_forest.predict(X_test)
accuracy = accuracy_score(y_pred, y_test)
print("검증용 데이터셋에 대한 랜덤포레스트 모델의 정확도는 "
      f"{100*accuracy:.0f}%입니다")
```

▶ 실행결과

검증용 데이터셋에 대한 랜덤포레스트 모델의 정확도는 97%입니다 ····· 이 결과는 무작위 변동과 사이킷런의 추가적인 최적화로 이전 결과인 96%보다 약간 높습니다.

기본적으로 사이킷런의 랜덤포레스트 분류 모델은 의사 결정을 100개 사용합니다. 그러나 n_estimators 파라미터로 트리 개수를 늘리거나 줄일 수 있습니다. 다음 코드는 트리 개수를 열 개로 제한한 RandomForestClassifier를 실행하고 정확도를 계산합니다.

코드 22-66 트리 열 개로 구성된 랜덤포레스트 분류 모델 학습시키기

```
np.random.seed(1)
clf_forest = RandomForestClassifier(n_estimators=10)
clf_forest.fit(X_train, y_train)
y_pred = clf_forest.predict(X_test)
accuracy = accuracy_score(y_pred, y_test)
print("검증용 데이터셋에 대한 트리 열 개로 구성된 랜덤포레스트 모델 정확도는 "
      f"{100*accuracy:.0f}%입니다")
```

▶ 실행결과

검증용 데이터셋에 대한 트리 열 개로 구성된 랜덤포레스트 모델 정확도는 97%입니다

트리 개수가 적어도 전체 정확도는 높게 유지됩니다. 때로는 트리 열 개만으로도 매우 정확한 분류 모델을 학습할 수 있는 것입니다.

clf_forest에 있는 트리 열 개 각각에는 임의로 특징 다섯 개가 하위 집합으로 할당됩니다. 하위 집합의 모든 특징에는 고유한 특징 중요도 점수가 포함됩니다. 사이킷런으로 모든 트리에 대한 해당 점수들의 평균

을 구할 수 있으며, 집계된 평균은 clf_forest.feature_importances_로 접근할 수 있습니다. feature_importances_ 속성으로 상위 세 개의 특징을 출력해 보겠습니다.

코드 22-67 랜덤포레스트 특징 순위 매기기

```python
for i in np.argsort(clf_forest.feature_importances_)[::-1][:3]:
    feature = feature_names[i]
    importance = clf_forest.feature_importances_[i]
    print(f"특징 '{feature}'의 중요도 점수는 {importance:0.2f}입니다")
```

▶ 실행결과

```
특징 'worst perimeter'의 중요도 점수는 0.20입니다
특징 'worst radius'의 중요도 점수는 0.16입니다
특징 'worst area'의 중요도 점수는 0.16입니다
```

최악의 반경 특징은 계속해서 높은 순위를 차지하지만, 이제 그 순위는 최악의 면적 및 최악의 둘레와 동등한 수준입니다. 의사 결정과 달리 랜덤포레스트는 개별 입력된 특징에 과도하게 의존하지 않습니다. 따라서 새로운 데이터에서 변동하는 신호를 처리할 때 더 유연하게 대처할 수 있습니다. 분류 모델의 다재다능한 특성 때문에 중간 규모의 데이터셋을 학습할 때 많이 사용됩니다.

> **노트** 랜덤포레스트 분류 모델은 다중 특징과 데이터 수백수천으로 구성된 데이터셋에서 매우 잘 작동합니다. 그러나 데이터셋 크기가 수백만에 이르면 알고리즘 확장성이 떨어집니다. 대규모 데이터셋을 처리할 때는 더 강력한 딥러닝 기술이 필요합니다. 이 책에서 다루는 문제들은 해당되지 않습니다.

> **노트** 사이킷런의 랜덤포레스트 분류 모델 메서드
> - `clf = RandomForestClassifier()`: 랜덤포레스트 분류 모델을 초기화합니다.
> - `clf = RandomForestClassifier(n_estimators=x)`: 트리 개수를 x로 한정한 랜덤포레스트 분류 모델을 초기화합니다.
> - `clf.feature_importances_`: 학습된 랜덤포레스트 분류 모델의 특징 중요도 점수에 접근합니다.

22.6 요약

- 특정 분류 문제는 중첩된 if/else 문으로 처리할 수 있지만 KNN 또는 로지스틱 회귀 분류 모델로는 처리할 수 없습니다.

- 각 특징 상태와 각 클래스 레이블 간 동시 발생 횟수에 대한 정확도를 최대화하여 단일 특징 if/else 모델을 훈련시킬 수 있습니다.

- 특징 중 하나를 이진 분할하여 두 특징을 다루는 if/else 모델을 학습시킬 수 있습니다. 특징을 분할하면 서로 다른 학습용 데이터셋 두 개가 반환됩니다. 각 데이터셋은 고유한 분할 특징 상태와 연관됩니다. 이 두 데이터셋을 사용하여 단일 특징을 다루는 두 모델을 구한 뒤 이 모델들을 중첩 if/else 문으로 결합할 수 있습니다. 중첩 모델의 정확도는 더 단순한 모델 정확도의 가중 평균과 같습니다.

- 이진 분할을 위해 어떤 특징을 선택하느냐는 모델 품질에 영향을 미칠 수 있습니다. 일반적으로 불균형한 데이터셋을 생성하는 분할이 결과가 더 우수합니다. 학습용 데이터셋의 불균형은 클래스 레이블의 분포로 파악할 수 있습니다. 불균형한 학습용 데이터셋일수록 분포 벡터 크기는 더 큽니다. 따라서 불균형한 데이터셋은 분포 벡터 v에 대해 v @ v 값이 더 큽니다. 또 1 - v @ v 값을 지니 불순도라고 합니다. 지니 불순도를 최소화하면 학습용 데이터셋의 불균형이 최대화되므로 항상 최소 지니 불순도가 가장 낮은 특징을 기준으로 분할해야 합니다.

- 두 특징을 다루는 모델을 학습시키는 방법을 확장하여 특징을 N개 처리할 수 있습니다. 최소 지니 불순도가 낮은 특징을 기준으로 분할하여 특징 모델을 N개 학습시키는 것입니다. 그다음 특징을 각각 N - 1개 처리하는 더 단순한 모델을 두 개 학습시킵니다. 더 단순한 모델 두 개를 결합하여 더 복잡한 중첩 모델을 만들면 그 정확도는 더 단순한 모델 정확도의 가중 평균과 같습니다.

- 학습된 조건부 모델의 분기 if/else 문은 나무의 가지치기와 유사합니다. 이를 의사 결정 다이어그램으로 시각화해 보면 유사성을 더욱 명확하게 나타낼 수 있습니다. 의사 결정은 if/else 결정을 상징하는 데 사용되는 특수 네트워크 구조입니다. 중첩된 if/else 문은 모두 의사 결정으로 시각화될 수 있으므로 학습된 if/else 조건부 분류 모델을 의사 결정 분류 모델이라고 합니다.

- 의사 결정 깊이는 트리가 로직을 캡처하는 데 필요한 중첩된 if/else 문의 수와 같습니다. 깊이를 제한하면 더 해석하기 쉬운 다이어그램을 얻을 수 있습니다.

- 특징이 트리에 나타나는 깊이는 해당 특징의 상대적 중요도를 나타내는 지표입니다. 이 깊이는 지니 불순도로 결정되므로 지니 불순도를 사용하여 중요도 점수를 계산할 수 있습니다.

- 과잉 암기는 학습된 모델의 유용성을 제한합니다. 지도 학습에서는 이 현상을 과대 적합이라고 합니다. 과대 적합된 모델은 학습용 데이터셋에 지나치게 밀접하게 맞추어져 있어 새로운 데이터를 정확하게 예측하지 못할 수 있습니다. 의사 결정 분류 모델은 학습용 데이터셋을 암기할 수 있기 때문에 특히 과대 적합이 발생하기 쉽습니다.

- 여러 의사 결정을 병렬로 학습시키면 과대 적합을 방지할 수 있습니다. 이러한 트리의 집합을 포레스트라고 합니다. 포레스트 대중의 지혜는 개별 트리보다 더 나은 성능을 보여 줄 수 있지만, 이를 위해서는 다양성을 도입해야 합니다. 특징들을 임의로 선택하여 임의의 학습용 데이터셋을 생성함으로써 다양성을 추가할 수 있습니다. 그러면 모든 트리는 서로 다른 학습용 데이터셋에 대해 학습될 것입니다. 학습이 끝났다면 각 트리는 입력된 데이터에 대한 레이블을 투표(예측)합니다. 이 투표 기반의 앙상블 모델을 랜덤포레스트 분류 모델이라고 합니다.

23장

다섯 번째 사례 탐구의 솔루션

이 장에서 다루는 내용

- 데이터 정리하기
- 네트워크 탐색하기
- 특징 공학 수행하기
- 머신러닝 모델 최적화하기

프렌드훅은 대학교 캠퍼스를 위해 설계된 인기 소셜 네트워킹 앱입니다. 학생들은 프렌드훅 네트워크에서 친구로 연결할 수 있습니다. 추천 엔진이 기존 인맥을 기반으로 새로운 친구를 추천하는 이메일을 매주 사용자에게 보내며, 학생들은 이러한 추천을 무시하거나 친구 요청을 보낼 수 있습니다. 우리는 친구 추천 및 학생의 응답과 관련된 1주일 분량의 데이터를 제공받았습니다. 이 데이터는 friendhook/Observations.csv 파일에 저장됩니다. 사용자 프로필 정보와 친구 관계 그래프가 각각 포함된 friendhook/profiles.csv 및 friendhook/friendships.csv 파일 두 개가 추가로 제공됩니다. 사용자 프로필은 학생의 개인 정보를 보호하려고 암호화되어 있습니다. 우리 목표는 친구 추천에 대한 사용자 행동을 예측하는 모델을 구축하는 것입니다. 이를 위해 다음 단계를 따릅니다.

1. 관측 값, 사용자 프로필, 친구 관계가 포함된 데이터 집합을 세 개 불러옵니다.
2. 네트워크 특징과 프로필 특징을 기반으로 행동을 예측하는 지도 모델을 훈련하고 평가합니다. 이 작업을 네트워크 특징을 사용하여 모델을 학습한 뒤 프로필 특징을 추가하고 모델 성능 변화를 평가하는 두 가지 하위 작업으로 선택적으로 분할할 수 있습니다.
3. 모델이 다른 대학교에 잘 일반화되는지 확인합니다.
4. 학생 행동에 대한 더 나은 통찰력을 얻으려면 모델의 내부 작동 방식을 살펴봅니다.

> **주의** 스포일러 경고! 다섯 번째 사례 탐구의 솔루션이 곧 공개됩니다. 솔루션을 읽기 전에 직접 문제를 풀어 보길 강력히 권장합니다. 사례 탐구의 시작 부분에서 문제가 무엇이었는지 참고할 수 있습니다.

23.1 데이터 탐색하기

프로필, 관찰 및 친구 관계 테이블을 별도로 살펴보겠습니다. 필요한 경우 이 테이블의 데이터를 정리하고 조정하겠습니다.

23.1.1 프로필 살펴보기

먼저 프로필 테이블을 판다스에 로드하고 테이블 내용을 요약하는 것으로 시작합니다.

코드 23-1 프로필 테이블 로드하기

```
import pandas as pd
def summarize_table(df):     ----- 이후 데이터셋 내 다른 두 테이블에서도 이 summarize 함수를 사용할 것입니다.
    n_rows, n_columns = df.shape
    summary = df.describe()
    print(f"테이블에는 {n_rows}개의 행과 {n_columns}개의 열이 있습니다")
    print("테이블을 요약하면 다음과 같습니다\n")
```

```
    print(summary.to_string())

df_profile = pd.read_csv('friendhook/Profiles.csv')
summarize_table(df_profile)
```

▶ 실행결과

테이블에는 4039개의 행과 6개의 열이 있습니다
테이블을 요약하면 다음과 같습니다

	Profile_ID (프로필 ID)	Sex (성별)	Relationsihp_Status (관계 상태)	Dorm (기숙사)	Major (전공)	Year (연도)
count	4039	4039	3631	4039	4039	4039
unique	4039	2	3	15	30	4
top	b90a1222d2b2	e807eb960650	Ac0b88e46e20	a8e6e404d1b3	141d4cdd5aaf	C1a648750a4b
freq	1	2020	1963	2739	1366	1796

이 표에는 두 성별에서 분포된 프로필이 4,039개 포함되어 있습니다. 가장 빈도가 높은 성별은 프로필 4,039개 중 2,020개에서 언급되었으므로 두 성별이 균등하게 분포된 것으로 추정할 수 있습니다. 또 전공 30개와 기숙사 15개에 걸친 학생 구성 분포를 나타냅니다. 의심스러운 점은 가장 자주 언급된 기숙사에 학생이 2,700명 이상 있다는 것입니다. 다소 많아 보이지만, 간단하게 구글에서 검색하여 대규모 캠퍼스의 학생 단지에서는 드물지 않은 일이라는 것을 알 수 있었습니다. 가령 위스콘신-밀워키 대학교의 17층에 있는 샌드버그 레지던스홀은 2,700명이나 되는 학생을 수용할 수 있습니다. 이 숫자는 또한 교외 주거 구역의 학생들을 나타낼 수도 있습니다. 이 수치는 다양한 가설로 설명될 수 있지만, 앞으로 우리가 관측하는 숫자들의 배후에 있는 여러 요인을 고려해야 한다는 것을 강조하고 싶습니다. 단순히 숫자를 계산하는 데 그치지 말고, 데이터가 실제 대학생들의 행동과 물리적 제약에서 비롯된 것임을 염두에 두어야 합니다.

요약된 테이블의 관계 상태를 나타내는 Relationship Status 열에 뭔가 이상한 점이 하나 있습니다. 판다스는 행 4,039개 중 3,631개에서 세 가지 관계 상태에 대한 클래스를 감지했습니다. 나머지 행 400여 개는 할당된 관계 상태에 포함되지 않은 null입니다. 비어 있는(null) 행 개수를 세어 보죠.

코드 23-2 빈 관계 상태 프로필 계산하기

```
is_null = df_profile.Relationship_Status.isnull()
num_null = df_profile[is_null].shape[0]
print(f"{num_null}개의 프로필에서 Relationship Status 필드 값이 누락되었습니다")
```

▶ 실행결과

408개의 프로필에서 Relationship Status 필드 값이 누락되었습니다

프로필 408개에서 Relationship_Status 필드 값이 누락된 것을 알 수 있습니다. 문제를 설명했을 때 명시한 대로 이 필드를 채워 넣는 것은 선택 사항입니다. 1/10에 해당하는 학생들이 해당 필드 값을 입력하지 않은 것으로 보입니다. 그러나 빈 값으로는 분석을 계속할 수 없으므로 행을 제거하거나 다른 값으로 대체해야 합니

다. 빈 행을 제거하는 것은 다른 열에 있는 잠재적으로 가치 있는 정보를 버리게 되어 좋은 선택은 아닙니다. 그 대신 네 번째의 새로운 상태, 즉 'unspecified(지정되지 않음)'라는 상태 클래스 값으로 대체할 수 있습니다. 이를 위해 빈 행들의 Relationship_Status 열에 할당될 unspecified라는 클래스를 표현할 ID가 필요합니다. ID로 어떤 값을 선택해야 할까요? 질문에 답하기 전에 Relationship Status 열에는 어떤 ID가 있는지 살펴보겠습니다.

코드 23-3 Relationship_Status에 쓰인 값의 종류 확인하기

```
unique_ids = set(df_profile.Relationship_Status.values)
print(unique_ids)
```

▶ 실행결과

```
{'9cea719429e9', nan, '188f9a32c360', 'ac0b88e46e20'}
```

예상대로 관계 상태 값은 해시 값 세 개와 비어 있음을 의미하는 nan(null)로 구성됩니다. 해시 값은 세 가지 가능한 상태 클래스(싱글(single), 연애 중(in relationship), 복잡함(complex))를 암호화한 것입니다. 물론 어떤 해시 값이 어떤 클래스에 매핑되어 있는지는 알 수 없습니다. 두 프로필이 같은 클래스에 속하는지 여부만 파악할 수 있을 뿐입니다. 우리 목표는 결국 이 정보를 머신러닝 모델을 학습시키는 데 사용하는 것입니다. 하지만 사이킷런 라이브러리는 해시 값이나 nan 값은 처리할 수 없고 숫자만 다룰 수 있어 각 클래스를 숫자 값으로 변환해야 합니다. 가장 간단한 해결책은 각 클래스별로 0~4 사이의 숫자를 할당하는 것입니다. 그러기 위해서는 먼저 각 클래스와 숫자 값 사이를 매핑한 딕셔너리를 생성해야 합니다.

코드 23-4 Relationship_Status 열의 값을 숫자로 매핑하기

일반적으로 category_map = {id_: i for i, id_ in enumerate(unique_ids)}를 실행하여 이 맵을 자동으로 생성하지만, 숫자를 할당하는 순서는 파이썬 버전에 따라 달라질 수 있습니다. 따라서 모든 독자에게 일관된 출력을 보장할 수 있게 매핑을 수동으로 설정했습니다.

```
import numpy as np
category_map = {'9cea719429e9': 0, np.nan: 1, '188f9a32c360': 2, 'ac0b88e46e20': 3}
```

▶ 실행결과

```
{'9cea719429e9': 0, nan: 1, '188f9a32c360': 2, 'ac0b88e46e20': 3}
```

다음으로 관계 상태 열의 값을 매핑된 숫자로 치환합니다.

코드 23-5 Relationship_Status 열의 값 갱신하기

```
nums = [category_map[hash_code]
        for hash_code in df_profile.Relationship_Status.values]
df_profile['Relationship_Status'] = nums
print(df_profile.Relationship_Status)
```

▶ 실행결과

```
0  0
1  3
2  3
3  3
```

```
4       0
       ...
4034    3
4035    0
4036    3
4037    3
4038    0
Name: Relationship_Status, Length: 4039, dtype: int64
```

관계 상태를 수치화했지만 테이블의 나머지 열(column) 다섯 개에는 여전히 해시 코드가 포함되어 있습니다. 해당 해시 값도 수치화해야 할까요? 그렇습니다. 그 이유는 다음과 같습니다.

- 앞서 언급했듯이, 사이킷런은 문자열이나 해시를 처리할 수 없습니다. 수치형 값만 입력으로 받을 수 있습니다.
- 사람 입장에서 해시 값을 읽는 것은 거의 불가능에 가깝습니다. 할 수 있더라도 매우 피곤한 일입니다. 따라서 이를 더 짧은 숫자로 바꾸면 데이터를 더 쉽게 탐색할 수 있습니다.

이를 염두에 두고 각 열의 해시 값과 숫자 값 사이에 대한 매핑 관계를 만들어 보겠습니다. col_to_라는 이름의 딕셔너리를 사용하여 각 열의 클래스 매핑을 추적합니다. 또 이 매핑을 사용하여 모든 해시 값을 df_profile 숫자로 바꿉니다.

코드 23-6 모든 프로필에 대한 해시 값을 숫자 값으로 바꾸기

```python
col_to_mapping = {'Relationship_Status': category_map}
for column in df_profile.columns:
    if column in col_to_mapping:
        continue
    unique_ids = sorted(set(df_profile[column].values))
    category_map = {id_: i for i, id_ in enumerate(unique_ids)}
    col_to_mapping[column] = category_map
    nums = [category_map[hash_code]
            for hash_code in df_profile[column].values]
    df_profile[column] = nums

head = df_profile.head()
print(head.to_string(index=False))
```

> ID를 정렬하면 파이썬 버전에 관계없이 누가 이 코드를 실행하든지 일관된 출력을 얻을 수 있습니다. 해시 값 중에 nan 값이 없을 때만 해시 값 ID를 정렬할 수 있습니다. 그렇지 않으면 정렬할 때 오류가 발생합니다.

▶ 실행결과

Profile_ID	Sex	Relationship_Status	Dorm	Major	Year
2899	0	0	5	13	2
1125	0	3	12	6	1
3799	0	3	12	29	2
3338	0	3	4	25	0
2007	1	0	12	2	0

df_profile 조정을 마쳤습니다. 이제 실험 관찰 테이블로 시선을 돌려 보겠습니다.

23.1.2 실험 관찰 결과 살펴보기

먼저 판다스로 관찰 테이블을 불러와 테이블 내용을 요약합니다.

코드 23-7 관찰 테이블 불러오기

```
df_obs = pd.read_csv('friendhook/Observations.csv')
summarize_table(df_obs)
```

▶ 실행결과

테이블에는 4039개의 행과 5개의 열이 있습니다
테이블을 요약하면 다음과 같습니다

	Profile_ID	Selected_Friend	Selected_Friend_of_Friend	Friend_Request_Sent	Friend_Request_Accepted
count	4039	4039	4039	4039	4039
unique	4039	2219	2327	2	2
top	b90a1222d2b2	89581f99fa1e	6caa597113cc	True	True
freq	1	77	27	2519	2460

테이블의 열(column) 다섯 개에는 모두 값 4,039개로 빠짐없이 채워져 있습니다. 좋은 신호지만 열 이름의 가독성이 떨어집니다. 매우 설명적이기도 하지만 너무 길기도 합니다. 인지 부하를 줄이려면 이름을 축약하는 것을 고려해야 합니다. 간단한 논의를 거쳐 각 열 이름을 변경하는 것이 적절한지 살펴보겠습니다.

- **Profile_ID**: 친구 추천을 받은 사용자 ID입니다. 이 이름은 짧고 간단합니다. 또 df_profile 테이블의 Profile_ID 열에 대응됩니다. 이 이름은 그대로 유지하는 것이 좋습니다.

- **Selected_Friend**: Profile_ID 사용자의 기존 친구로, Friend로 단순화할 수 있습니다.

- **Selected_Friend_of_Friend**: 아직 Profile_ID 사용자의 친구가 아닌 Selected_Friend의 친구 중 임의로 선택된 사람입니다. 이 임의로 선택된 친구의 친구의 친구에게 Profile_ID 사용자에 대한 친구 추천 이메일이 발송되었습니다. 따라서 이 열 이름은 Recommended_Friend(추천된 친구) 또는 FoF(친구의 친구)라고 바꿀 수 있습니다. 기억하기 쉽고 짧아 FoF라고 하겠습니다.

- **Friend_Request_Sent**: 이 불리언 열은 Profile_ID 사용자가 추천된 친구의 친구에게 친구 요청을 보내면 True, 그렇지 않으면 False를 기록합니다. 따라서 이름을 Sent(보냄)라고 단순화하겠습니다.

- **Friend_Request_Accepted**: 이 불리언 열은 Profile_ID 사용자가 친구 요청을 보냈을 때 해당 요청이 수락되면 True, 수락되지 않으면 False를 기록합니다. 따라서 이름을 Accepted(수락됨)라고 단순화하겠습니다.

지금까지 논의한 내용을 바탕으로 열 이름 다섯 개 중 네 개를 변경합니다. 열 이름들을 변경한 뒤 다시 요약을 생성해 보면 다음과 같아야 합니다.

코드 23-8 열 이름이 바뀐 관찰 테이블

```python
new_names = {'Selected_Friend': 'Friend',
             'Selected_Friend_of_Friend': 'FoF',
             'Friend_Request_Sent': 'Sent',
             'Friend_Request_Accepted': 'Accepted'}
df_obs = df_obs.rename(columns=new_names)
summarize_table(df_obs)
```

▶ 실행결과

테이블에는 4039개의 행과 5개의 열이 있습니다
테이블을 요약하면 다음과 같습니다

	Profile_ID	Friend	FoF	Sent	Accepted
count	4039	4039	4039	4039	4039
unique	4039	2219	2327	2	2
top	b90a1222d2b2	89581f99fa1e	6caa597f13cc	True	True
freq	1	77	27	2519	2460

갱신된 테이블의 통계가 보다 명확합니다. 잠시 살펴보면 데이터 총 4,039개 중 고유한 친구 ID 2,219개와 고유한 FoF ID 2,327개가 포함되어 있습니다. 즉, 평균적으로 각 친구 및 FoF ID는 약 2번 사용된 것입니다. 단일 프로필 ID가 데이터를 지배하지 않는다는 것은 안심할 만한 결과입니다. 이것으로 단일 프로필 신호로 구동되어 과적합되기 쉬운 모델과는 달리 더욱 강력한 예측 모델을 쉽게 설계할 수 있습니다.

추가 조사 결과, 친구 추천의 약 62%(2,519건)가 친구 요청으로 이어졌습니다. 이는 매우 긍정적인 결과입니다. 친구의 친구 추천이 상당히 효과적임을 보여 줍니다. 또 약 60%(2,460건)가 실제 수락으로 이어졌습니다. 보낸 친구 요청이 무시되거나 거절된 경우는 단 2%(2519-2460=59)에 불과합니다. 물론 이 수치는 'Sent'가 False고 'Accepted'가 True인 관측치가 없다고 가정합니다. 친구 요청을 보내지 않았다면 수락하는 것 자체가 불가능하기 때문입니다. 그럼에도 데이터의 무결성을 확인하기 위해 해당 시나리오가 발생하지는 않았는지 확인해 보겠습니다.

코드 23-9 Accepted가 True인 모든 요청에 대해 Sent도 True인지 확인하기

```python
condition = (df_obs.Sent == False) & (df_obs.Accepted == True)
assert not df_obs[condition].shape[0]
```

관찰한 바에 따르면 사용자 행동은 세 가지 가능한 시나리오를 따릅니다.

- FoF 열에 나열된 친구 추천을 거부하거나 무시하는 경우입니다. 이 경우는 38% 비율로 발생합니다.
- 추천을 기반으로 친구 요청을 보내면 수락되는 경우입니다. 이 경우는 62% 비율로 발생합니다.
- 추천을 기반으로 친구 요청을 보냈는데 거부 또는 무시되는 경우입니다. 이 경우는 1.2% 비율로만 발생하는 매우 드문 경우입니다.

이 세 시나리오는 세 가지 사용자 행동을 나타냅니다. 따라서 이들을 숫자 0, 1, 2로 대체 인코딩할 수 있습니다. 각 행동별 클래스를 할당하고, 이를 Behavior라는 추가 열에 저장하는 방법은 다음 코드에 나와 있습니다.

코드 23-10 사용자 행동에 수치형 클래스 할당하기

```
behaviors = []
for sent, accepted in df_obs[['Sent', 'Accepted']].values:
    behavior = 2 if (sent and not accepted) else int(sent) * int(accepted)
    behaviors.append(behavior)
df_obs['Behavior'] = behaviors
```

파이썬에서는 불리언 값 True와 False를 각각 1과 0의 정수 값으로 취급합니다. 따라서 이 산술 연산은 우리가 정의한 행동에 따라 0, 1, 2를 반환합니다.

또 프로필 ID 처음 세 개를 해시 값에서 df_profile.Profile_ID와 일치하는 숫자 ID로 변환해야 합니다. 다음 코드는 이를 위해 col_to_mapping['Profile_ID']에 저장된 매핑을 활용합니다.

코드 23-11 관찰 테이블의 모든 해시 값을 수치형 값으로 바꾸기

```
for col in ['Profile_ID', 'Friend', 'FoF']:
    nums = [col_to_mapping['Profile_ID'][hash_code]
            for hash_code in df_obs[col]]
    df_obs[col] = nums

head = df_obs.head()
print(head.to_string(index=False))
```

▶ 실행결과

```
Profile_ID  Friend   FoF  Sent  Accepted  Behavior
      2485    2899  2847  False    False         0
      2690    2899  3528  False    False         0
      3904    2899  3528  False    False         0
       709    2899  3403  False    False         0
       502    2899   345   True     True         1
```

이제 df_obs 테이블은 df_profile 테이블과 정렬됩니다. 이제 분석되지 않은 테이블이 하나 남았습니다. 이번에는 친구 관계를 다루는 Friendships 테이블을 살펴보겠습니다.

23.1.3 친구 관계 연결 테이블 살펴보기

먼저 친구 관계 테이블을 판다스에 로드하고 테이블 내용을 요약합니다.

코드 23-12 친구 관계 테이블 불러오기

```
df_friends = pd.read_csv('friendhook/Friendships.csv')
summarize_table(df_friends)
```

▶ 실행결과

테이블에는 8만 8234개의 행과 2개의 열이 있습니다
테이블을 요약하면 다음과 같습니다

	Friend_A(친구 A)	Friend_B(친구 B)
count	88234	88234
unique	3046	4037
top	89581f99fa1e	97ba93d9b169
freq	1043	251

이 소셜 네트워크에는 8만 8,000개가 넘는 친구 관계(링크)가 있습니다. 프로필당 친구가 평균 약 22명 있어서 매우 밀집되었습니다. 그중 가장 인플루언서로 보이는 89581f99fa1e는 친구를 1,000명 이상 보유하고 있습니다. 하지만 네트워크의 두 열이 대칭은 아니기 때문에 정확한 친구 수는 측정할 수 없습니다. 실제로 프로필 4,039개가 모두 표에 적절하게 표시되어 있는지 여부도 확인할 수 없습니다.

더 자세한 분석을 수행하려면 친구 관계 데이터(소셜 그래프)를 NetworkX 그래프로 불러와야 합니다. 다음 코드는 소셜 그래프를 계산합니다. 열의 해시 값에 매핑된 숫자 값으로 노드 ID를 표시합니다. 그래프를 계산한 뒤 G.nodes의 노드 수를 구합니다.

코드 23-13 소셜 그래프를 NetworkX에 로드하기

```python
import networkx as nx
G = nx.Graph()
for id1, id2 in df_friends.values:
    node1 = col_to_mapping['Profile_ID'][id1]
    node2 = col_to_mapping['Profile_ID'][id2]
    G.add_edge(node1, node2)

nodes = list(G.nodes)
num_nodes = len(nodes)
print(f"소셜 그래프에는 {num_nodes}개의 노드가 있습니다")
```

▶ 실행결과

소셜 그래프에는 4039개의 노드가 있습니다

nx.draw 메서드로 그래프 구조를 시각화하여 더 많은 통찰을 얻어 보겠습니다(그림 23-1). 그래프 규모가 다소 크기 때문에 시각화를 완료하는 데 10~30초 정도 시간이 걸릴 수 있습니다.

코드 23-14 소셜 그래프 시각화하기

```python
import matplotlib.pyplot as plt
np.random.seed(0)
nx.draw(G, node_size=5)
plt.show()
```

소셜 그래프의 밀집된 그룹들을 명확히 알아챌 수 있습니다. 마르코프 클러스터링을 이용하여 해당 그룹(클러스터)을 추출한 뒤 클러스터 개수를 계산해 보겠습니다.

▼ 그림 23-1 소셜 그래프의 시각화로, 마르코프 클러스터링으로 추출할 수 있는 그룹(클러스터)이 선명하게 드러납니다

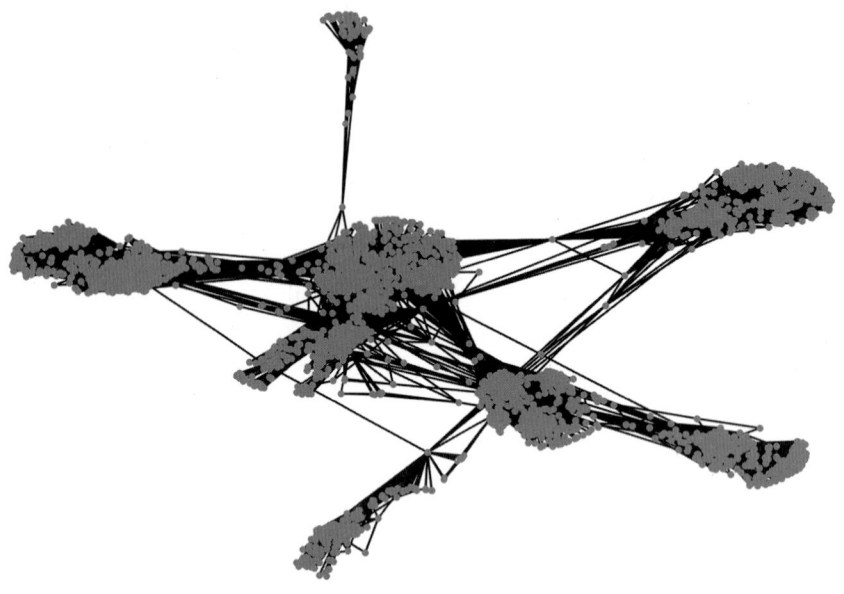

코드 23-15 마르코프 클러스터링으로 소셜 그룹 찾기

```
import markov_clustering as mc
matrix = nx.toSciPysparse_matrix(G)
result = mc.run_mcl(matrix)
clusters = mc.get_clusters(result)
num_clusters = len(clusters)
print(f"소셜 그래프에서 {num_clusters}개의 클러스터가 발견되었습니다")
```

▶ 실행결과

소셜 그래프에서 10개의 클러스터가 발견되었습니다

클러스터가 열 개 발견되었습니다. 클러스터 ID를 기준으로 각 노드에 색상을 지정하여 클러스터를 시각화해 보겠습니다. 먼저 각 클러스터를 반복적으로 접근하며 모든 노드에 cluster_id라는 속성을 할당합니다.

코드 23-16 노드에 cluster_id 속성 할당하기

```
for cluster_id, node_indices in enumerate(clusters):
    for i in node_indices:
        node = nodes[i]
        G.nodes[node]['cluster_id'] = cluster_id
```

다음으로 할당된 속성값을 기반으로 노드에 색상을 지정합니다(그림 23-2).

▼ 그림 23-2 소셜 그래프의 시각화로 마르코프 클러스터링으로 추출할 수 있는 그룹(클러스터)이 선명하게 드러납니다. 각 노드 색상에는 클러스터 ID 별로 같은 색이 지정되었습니다

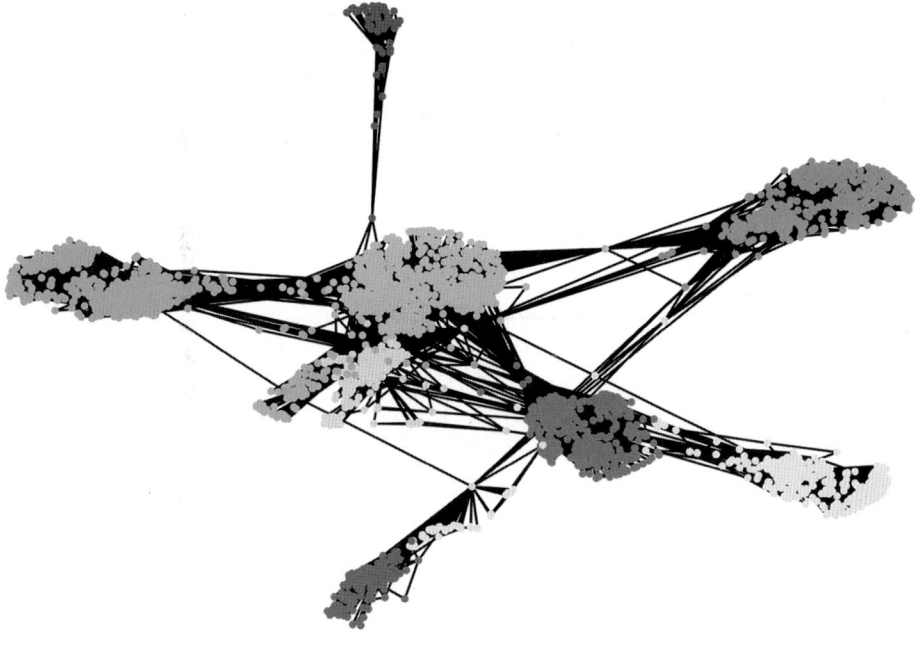

코드 23-17 클러스터 할당을 기준으로 노드 색상 지정하기

```
np.random.seed(0)
colors = [G.nodes[n]['cluster_id'] for n in G.nodes]
nx.draw(G, node_size=5, node_color=colors, cmap=plt.cm.tab20)
plt.show()
```

클러스터링이 효과적이었으므로 할당된 cluster_id 속성은 모델 구축 과정에서 유용하게 쓰일 것입니다. 마찬가지로 프로필의 다섯 가지 특징 모두를 학생 노드의 속성으로 저장하는 것이 유용할 수 있습니다. df_profile 행을 하나씩 접근하며, 각 행에 할당된 모든 특징(열) 값을 대응되는 노드에 저장합니다.

코드 23-18 노드에 프로파일 속성 할당하기

```
attribute_names = df_profile.columns
for attributes in df_profile.values:
    profile_id = attributes[0]
    for name, att in zip(attribute_names[1:], attributes[1:]):
        G.nodes[profile_id][name] = att

first_node = nodes[0]
print(f"노드 {first_node}의 속성은 다음과 같습니다")
print(G.nodes[first_node])
```

▶ 실행결과

노드 2899의 속성은 다음과 같습니다
{'cluster_id': 0, 'Sex': 0, 'Relationship_Status': 0, 'Dorm': 5, 'Major': 13, 'Year': 2}

이렇게 입력 데이터에 대한 탐색을 마쳤습니다. 이제 사용자 행동을 예측하는 모델을 학습시킬 차례입니다. 먼저 네트워크 특징만 활용하는 간단한 모델을 구축해 보겠습니다.

23.2 네트워크 특징을 사용하여 예측 모델 학습시키기

우리 목표는 지도 학습을 이용하여 데이터셋에 대해 머신러닝 모델을 학습시켜 사용자 행동을 예측하는 것입니다. 현재 가능한 모든 세 가지 행동(behavior) 클래스는 df_obs.Behavior 열에 저장되어 있으며 각각 0, 1, 2라는 값으로 표현되어 있습니다. 다시 말하지만, 클래스 2는 데이터 4,039개 중 50개에서만 발견됩니다. 즉, 클래스 2가 다른 클래스 대비 매우 불균형합니다. 클래스 2 데이터를 학습용 데이터에서 제거해야 할지도 모릅니다. 하지만 전후를 실험해 보지 않고 이 결정을 내리기에는 다소 무리가 있기 때문에 일단은 그대로 두고, 필요시 나중에 제거하겠습니다. 먼저 학습에 사용될 클래스에 대한 배열을 df_obs.Behavior 열과 같도록 할당합니다.

코드 23-19 클래스 배열 y 값 할당하기

```
y = df_obs.Behavior.values
print(y)
[0 0 0 ... 1 1 1]
```

이제는 특징 행렬 X를 만들 차례입니다. 이 행렬은 소셜 그래프 구조에서 발생한 특징들의 값으로 채웁니다. 나중에 학생 프로필로 추가적인 특징을 더할 것이므로 특징 행렬을 한 번에 모을 필요는 없습니다. 각 특징이 모델 성능에 미치는 영향을 잘 이해하기 위해 특징들을 하나씩 추가해 가면서 천천히 행렬을 구축해 보겠습니다. 이를 염두에 두고 몇 가지 매우 기본적인 특징으로 채운 초기 버전의 행렬 X를 만듭니다. 프렌드훅 사용자에 대해 물어볼 수 있는 가장 간단한 질문은 "얼마나 많은 친구를 보유하고 있는가"일 것입니다. 이 값은 소셜 그래프에서 특정 사용자 노드와 연결된 에지 개수와 같습니다. 즉, 사용자 ID가 n이라고 했을 때 해당 사용자는 친구를 G.degree(n)명 보유하고 있는 것입니다. 이를 행렬의 첫 번째 특징으로 만들어 보겠습니다. df_obs의 모든 행을 반복적으로 접근하여 각 프로필에 대한 에지 개수를 추가합니다. 참고로 모든 행에는 Profile_ID, Friend, FoF라는 프로필 정보가 세 개 포함되어 있습니다. 각 프로필에 대한 친구 수를 계산하여 Profile_ID_Edge_Count, Friend_Edge_Count, FoF_Edge_Count라는 추가 특징을 만들어 냅니다.

> **노트** 일관성 있는 좋은 특징 이름을 생각해 내는 것은 생각보다 어렵습니다. FoF_Edge_Count 대신 FoF_Friend_Count를 이름으로 선택할 수도 있었습니다. 하지만 일관성을 유지하려면 Friend_Friend_Count 특징도 포함해야 했을 것이고, 이는 매우 어색한 이름이 되었을 것입니다. 또는 세 가지 특징 이름을 Profile_Degree, Friend_Degree, FoF_Degree로 지정할 수도 있었습니다. 이 이름들은 짧고 유익하지만, 프로필 특징 중 하나가 대학교 전공과 관련되어 있다는 점을 기억해야 합니다. 대학교라는 맥락에서 'degree'와 'major'는 거의 의미가 동일하므로 'degree' 기반 명명 규칙은 나중에 혼란을 야기할 수 있습니다. 그래서 우리는 'Edge_Count' 접미사를 선택했습니다.

에지 개수의 특징들을 위한 3×4,039 크기의 행렬을 생성해 보겠습니다. 해당 특징과 관련된 특징 이름을 추적할 방법이 필요합니다. 또 추가적으로 입력하여 특징과 특징 이름을 쉽게 갱신할 수 있는 방법도 필요합니다. 간단한 해결책은 특징을 df_features 테이블에 저장하는 것입니다. 그러면 해당 테이블의 df_features.values 속성으로 특징 행렬에 접근할 수 있습니다. 초기 버전의 특징 행렬을 만들기 위해 df_features를 계산해 보겠습니다.

코드 23-20 에지 개수에서 특징 행렬 만들기

```
cols = ['Profile_ID', 'Friend', 'FoF']
features = {f'{col}_Edge_Count': [] for col in cols}
for node_ids in df_obs[cols].values:
    for node, feature_name in zip(node_ids, features.keys()):
        degree = G.degree(node)            ⬅ 다시 말하지만, 노드의 차수는 해당 노드의 에지 개수와 같습니다.
        features[feature_name].append(degree)   따라서 G.degree(n)은 사용자 n에 연결된 친구 수를 반환합니다.

df_features = pd.DataFrame(features)
X = df_features.values
```

초기 버전의 학습용 데이터셋이 준비되어 있습니다. 간단한 모델을 학습시키고 테스트하여 품질을 확인해 보겠습니다. 여러 가지 모델을 고민해 볼 수 있습니다. 의사 결정 분류 모델은 비선형적인 결정 경계를 처리할 수 있고 해석하기 쉬워 합리적인 선택 중 하나입니다. 다만 과대 적합이 쉽게 발생하기 때문에 적절하게 성능을 측정하려면 교차 검증이 필요하다는 것이 단점입니다. 코드 23-21은 (X, y)의 부분 데이터셋으로 의사 결정를 학습시킨 뒤 나머지 부분 데이터셋으로 모델을 평가하는 방법을 보여 줍니다. 평가하는 동안 클래스 2가 매우 불균형하기 때문에 f-측정치가 단순 정확도보다는 더 합리적인 성능 평가를 제공한다는 사실을 염두에 둡니다.

> **노트** 이 장의 나머지 부분에서는 분류 모델을 반복적으로 학습시키고 평가합니다. 다음 코드는 이 목적을 위해 학습용 데이터셋 (X, y)와 DecisionTreeClassifier 모델을 입력받는 evaluate 함수를 정의합니다. 이 함수는 (X, y)를 학습용과 테스트용 데이터셋으로 분할하고 모델을 학습시킨 뒤 테스트용 데이터셋으로 모델에 대한 f-측정치를 계산합니다. 마지막에는 학습된 모델과 f-측정치를 함께 반환합니다.

코드 23-21 결정 트리 분류기 훈련 및 평가하기

이 함수는 이 장의 나머지 부분에서 반복적으로 사용됩니다. 이 함수는 (X, y)의 부분 데이터셋으로 모델을 학습시키는데, 모델의 유형은 model_type 파라미터로 지정할 수 있습니다. 여기에서는 의사 결정이 기본 모델로 설정되었습니다. 추가적인 하이퍼파라미터는 **kwargs 파라미터로 지정할 수 있습니다. 학습이 끝난 뒤 분류 모델 성능은 학습용으로 분리된 데이터셋 대신 분리된 나머지 데이터셋으로 평가됩니다.

```
from sklearn.tree import DecisionTreeClassifier
from sklearn.model_selection import train_test_split
from sklearn.metrics import f1_score
def evaluate(X, y, model_type=DecisionTreeClassifier, **kwargs):
    np.random.seed(0)       ⬅ 이 랜덤 시드 값은 코드를 실행할 때마다 (X, y)가 일관성 있게 분리되도록 강제합니다.
    X_train, X_test, y_train, y_test = train_test_split(X, y)   ⬅ (X, y)를 학습용 및 테스트용 데이터셋으로 분할합니다.
    clf = model_type(**kwargs)
    clf.fit(X_train, y_train)    ⬅ 모델을 훈련시킵니다.
    pred = clf.predict(X_test)
```

```
        f_measure = f1_score(pred, y_test, average='macro')   ····· f-측정치를 계산합니다. average='macro' 파라미터
        return f_measure, clf                                         값을 설정하는 이유는 학습용 데이터에 클래스가 세
                                                                      개 포함되어 있기 때문입니다.

f_measure, clf = evaluate(X, y)
print(f"f-측정치는 {f_measure:0.2f}입니다")
```

▶ 실행결과

f-측정치는 0.37입니다

f-측정치 결과는 형편없습니다. 에지 개수만으로는 사용자 행동을 예측하기에 충분하지 않다는 것이겠죠. 아마도 더 정교한 노드 중심성 측정이 필요할 것입니다. 앞서 우리는 페이지랭크(PageRank) 중심성 측정이 에지 개수보다 더 많은 정보를 제공한다는 것을 배웠습니다. 페이지랭크 값을 학습용 데이터셋에 추가한다면 모델 성능이 향상될까요? 한번 알아봅시다.

코드 23-22 페이지랭크 특징 추가하기

```
node_to_pagerank = nx.pagerank(G)
features = {f'{col}_PageRank': [] for col in cols}
for node_ids in df_obs[cols].values:
    for node, feature_name in zip(node_ids, features.keys()):
        pagerank = node_to_pagerank[node]
        features[feature_name].append(pagerank)

def update_features(new_features):
    for feature_name, values in new_features.items():
        df_features[feature_name] = values
    return df_features.values

X = update_features(features)
f_measure, clf = evaluate(X, y)

print(f"f-측정치는 {f_measure:0.2f}입니다")
```

▶ 실행결과

f-측정치는 0.38입니다

결과는 거의 같습니다. 기본적인 중심성 측정만으로는 불충분합니다. 마르코프 클러스터링으로 밝힌 소셜 그룹을 포함하도록 X를 확장해야 합니다. 결국 같은 소셜 그룹에 속한 두 사람은 친구가 될 가능성이 더 높을 수 있기 때문입니다. 이러한 소셜 그룹을 특징 행렬에 어떻게 통합할 수 있을까요? 단순하게는 참조된 각 노드의 cluster_id 속성을 떠올릴 수 있지만, 이 접근법에는 심각한 단점이 있습니다. 클러스터 ID는 특정 소셜 그래프(G)하고만 관련성이 있으며, 다른 대학교 네트워크와는 전혀 관련이 없습니다. 즉, 특정 그래프 G의 클러스터 ID에 대해 학습된 모델은 다른 그래프로 적용될 수 없다는 것입니다. 이는 다른 대학교로도 일반화할 수 있는 모델을 구축하겠다는 우리 목표 중 하나이기 때문에 부적합합니다. 따라서 더욱 세련된 해결책이 필요합니다.

또 다른 접근법은 두 사람이 같은 소셜 그룹에 속해 있다면 두 사람은 결국 프렌드훅에서 친구가 될 가능성이 더 높지 않을까 하는 이분법적인 질문을 고려하는 것입니다. 관찰 테이블로 각 프로필 ID 쌍을 이분법적으로 비교할 수 있습니다. 이 질문을 좀 더 명확히 하면 다음과 같이 정리할 수 있습니다.

- Profile_ID 사용자가 Friend(친구)와 같은 소셜 그룹에 속하나요? 이 불리언 특징의 이름을 Shared_Cluster_id_f(클러스터를 공유하는 친구)라고 하겠습니다.
- Profile_ID 사용자가 FoF(친구의 친구)와 같은 소셜 그룹에 속하나요? 이 불리언 특징의 이름을 Shared_Cluster_id_fof(클러스터를 공유하는 친구의 친구)라고 하겠습니다.
- Friend(친구)가 FoF(친구의 친구)와 같은 소셜 그룹에 속하나요? 이 불리언 특징의 이름을 Shared_Cluster_f_fof(친구가 친구의 친구와 클러스터를 공유하는지 여부)라고 하겠습니다.

이 세 특징을 추가하여 각 질문의 답을 구해 보겠습니다. 그다음 해당 특징들이 모델 성능을 향상시킬 수 있는지 확인합니다.

코드 23-23 소셜 그룹 특징 추가하기

```
features = {f'Shared_Cluster_{e}': []
            for e in ['id_f', 'id_fof', 'f_fof']}

i = 0
for node_ids in df_obs[cols].values:
    c_id, c_f, c_fof = [G.nodes[n]['cluster_id'] for n in node_ids]
    features['Shared_Cluster_id_f'].append(int(c_id == c_f))
    features['Shared_Cluster_id_fof'].append(int(c_id == c_fof))
    features['Shared_Cluster_f_fof'].append(int(c_f == c_fof))

X = update_features(features)
f_measure, clf = evaluate(X, y)
print(f"f-측정치는 {f_measure:0.2f}입니다")
```

▶ 실행결과

f-측정치는 0.43입니다

f-측정치가 0.38에서 0.43으로 개선되었습니다. 성능은 여전히 꽝이지만 소셜 그룹 정보를 추가해서 그런지 약간의 개선이 있었습니다. 새로 추가된 특징은 모델의 현재 성능을 정의하는 데 얼마나 중요할까요? 학습된 분류 모델의 feature_importances_ 속성으로 확인해 보겠습니다.

코드 23-24 중요도 점수에 따른 특징 순위 나열하기

```
def view_top_features(clf, feature_names):      ····· 분류 모델에서 중요도 점수가 높은 상위 특징들을
                                                     중요도 순서에 따라 출력합니다.
    for i in np.argsort(clf.feature_importances_)[::-1]:    ····· 중요도 점수에 따라 특징을 정렬합니다.
        feature_name = feature_names[i]
        importance = clf.feature_importances_[i]
        if not round(importance, 2):    ····· 중요도 점수가 0.01보다 낮은 특징은 출력하지 않습니다.
```

```
                break
            print(f"{feature_name}: {importance:0.2f}")
feature_names = df_features.columns
view_top_features(clf, feature_names)
```

▶ 실행결과

```
Shared_Cluster_id_fof: 0.18
FoF_PageRank: 0.17
Profile_ID_PageRank: 0.17
Friend_PageRank: 0.15
FoF_Edge_Count: 0.12
Profile_ID_Edge_Count: 0.11
Friend_Edge_Count: 0.10
```

Shared_Cluster_id_fof 특징은 가장 중요한 것으로 드러났습니다. 즉, 사용자와 친구의 친구가 같은 소셜 그룹에 속하는지 여부가 향후 온라인 친구 관계로 이어질 것이라고 예측하는 데 가장 중요한 요소였습니다. 그러나 페이지랭크(FoF_PageRank) 특징도 높은 순위를 차지했는데, 이는 소셜 그래프 중심성이 우정을 결정하는 데 어느 정도 역할을 한다는 것을 나타냅니다. 물론 아직 모델 성능이 좋지 않기 때문에 이 특징들이 어떻게 예측을 유도하는지에 대한 추론은 신중해야 합니다. 대신에 모델 성능을 개선하는 데 집중해야 합니다. 다른 그래프 기반 특징에는 어떤 것이 있을까요? 네트워크의 클러스터 크기가 예측에 영향을 미칠 수 있을지도 모릅니다. 이를 확인할 수 있지만, 모델의 일반화 가능성을 유지하려고 노력해야 합니다. 클러스터 크기가 클러스터 ID를 대신하여 모델을 특정 대학교에 특화되도록 만들 수 있기 때문입니다. 잠시 왜 그런지 알아보겠습니다.

데이터셋에 두 소셜 그룹 A와 그룹 B가 있다고 가정해 보죠. 각 그룹에는 각각 학생이 110명과 115명 포함되어 있습니다. 즉, 크기는 거의 동일하므로 예측에는 영향을 미치지 않습니다. 이제 그룹 A에 속한 학생이 그룹 B에 속한 학생보다 프렌드훅 친구가 될 가능성이 더 높다고 가정해 보겠습니다. 우리 모델은 학습 과정에서 이 점을 파악하고 110이라는 크기를 우정에 대한 성향과 연관시킵니다. 결국 이 모델은 크기를 클러스터 ID처럼 취급합니다. 이는 향후 모델이 크기가 110인 새로운 클러스터를 만나면 문제를 일으킬 수 있습니다.

그렇다면 클러스터 크기를 완전히 무시해야 할까요? 꼭 그렇지는 않습니다. 우리는 과학자이며 클러스터 크기가 모델 예측에 어떤 영향을 미치는지 정직하게 탐구해야 합니다. 하지만 매우 신중해야 합니다. 클러스터 크기가 모델 품질에 미치는 영향이 미미하다면 특징에서 클러스터 크기를 제거해야 하지만, 모델의 예측 능력을 크게 향상시킨다면 신중하게 재평가하는 것이 필요합니다. 클러스터 크기를 특징 목록에 추가하면 어떤 일이 발생하는지 확인해 보겠습니다.

코드 23-25 클러스터 크기에 대한 특징 추가하기

```
cluster_sizes = [len(cluster) for cluster in clusters]
features = {f'{col}_Cluster_Size': [] for col in cols}
for node_ids in df_obs[cols].values:
    for node, feature_name in zip(node_ids, features.keys()):
        c_id = G.nodes[node]['cluster_id']
```

```
        features[feature_name].append(cluster_sizes[c_id])

X = update_features(features)
f_measure, clf = evaluate(X, y)
print(f"f-측정치는 {f_measure:0.2f}입니다")
```

▶ 실행결과

f-측정치는 0.43입니다

클러스터 크기로 모델을 개선하지 못했습니다. 따라서 해당 특징을 제거하겠습니다.

코드 23-26 클러스터 크기 특징 삭제하기

```
import re
def delete_features(df_features, regex=r'Cluster_Size'):          df_features에서 정규 표현식에 부합하는 모든
    df_features.drop(columns=[name for name in df_features.columns   특징 이름을 제거합니다. 이 함수는 이 장 다른
                              if re.search(regex, name)], inplace=True)  부분에서도 재활용됩니다.
    return df_features.values      ····· 변형된 특징 행렬을 반환합니다.
X = delete_features(df_features)
```

f-측정치는 그대로 0.43입니다. 다른 방법은 없을까요? 뭔가 틀을 벗어난 생각이 필요할지도 모릅니다. 사회적 연결이 실제 행동을 어떻게 유도할 수 있을까요? 우리가 활용할 수 있는 추가적인 신호가 있을까요? 다음 시나리오를 생각해 보겠습니다. 네트워크 G의 노드 ID가 n인 알렉스라는 학생을 분석한다고 가정해 보죠. 알렉스에게는 G[n]을 통해 접근할 수 있는 프렌드훅 친구가 50명 있습니다. 그중 두 명을 임의로 샘플링합니다. 두 친구의 노드 ID는 a와 b입니다. 그다음 a와 b가 서로 친구인지 확인합니다. 그렇습니다. 그 둘은 서로 친구입니다. 이 과정을 100번 반복합니다. 샘플링 95%에 대해 a는 b의 친구입니다. 기본적으로 알렉스의 모든 친구 쌍이 서로 친구일 확률이 95%라는 것입니다. 우리는 이를 친구 공유 확률(friend-sharing likelihood)이라고 하겠습니다. 메리는 프렌드훅에 처음 가입했습니다. 방금 가입하여 알렉스를 친구로 추가했습니다. 물론 이것이 보장하는 것은 아니지만 메리가 알렉스의 친구들과도 연결될 것이라고 상당히 확신할 수 있습니다. 친구 공유 가능성이 0.95라는 것은 0.10이라는 가능성보다 더 큰 확신을 줍니다.

이 확률을 특징에 통합해 보겠습니다. 먼저 G의 모든 노드에 대한 확률을 계산하고 노드 사이의 확률 매핑을 friend_sharing_likelihood라는 딕셔너리에 저장합니다.

코드 23-27 친구 공유 확률 계산하기

```
friend_sharing_likelihood = {}
for node in nodes:                        인접 노드 간 공유된 친구 관계 수를
    neighbors = list(G[node])             추적합니다.
    friendship_count = 0 ··············
    total_possible = 0    ····· 가능한 총 공유 친구 관계 수를 추적합니다. 약간의 그래프 이론을 사용하면 이 값이
    for i, node1 in enumerate(neighbors[:-1]):  항상 len(neighbors) * (len(neighbors)-1)과 같다는 것을 증명할 수 있습니다.
        for node2 in neighbors[i+1:]:
            if node1 in G[node2]:     ····· 두 이웃 노드가 친구인지 확인합니다.
                friendship_count += 1
```

```
            total_possible += 1

    prob = friendship_count / total_possible if total_possible else 0
    friend_sharing_likelihood[node] = prob
```

다음으로 세 프로필 ID 각각에 대해 친구 공유 확률을 생성합니다. 그리고 특징을 추가한 뒤 학습된 모델 성능을 재평가합니다.

코드 23-28 친구 공유 확률 특징 추가하기

```
features = {f'{col}_Friend_Sharing_Likelihood': [] for col in cols}
for node_ids in df_obs[cols].values:
    for node, feature_name in zip(node_ids, features.keys()):
        sharing_likelihood = friend_sharing_likelihood[node]
        features[feature_name].append(sharing_likelihood)

X = update_features(features)
f_measure, clf = evaluate(X, y)
print(f"f-측정치는 {f_measure:0.2f}입니다")
```

▶ 실행결과

f-측정치는 0.49입니다

성능이 0.43에서 0.49로 향상되었습니다. 여전히 좋다고 볼 수는 없지만 점진적으로 개선된다는 점은 좋은 신호입니다. 친구 공유 확률은 다른 특징과 어떻게 비교될 수 있을까요?

코드 23-29 중요도 점수에 따른 특징 순위 나열하기

```
feature_names = df_features.columns
view_top_features(clf, feature_names)
```

▶ 실행결과

```
Shared_Cluster_id_fof: 0.18
Friend_Friend_Sharing_Likelihood: 0.13
FoF_PageRank: 0.11
Profile_ID_PageRank: 0.11
Profile_ID_Friend_Sharing_Likelihood: 0.10
FoF_Friend_Sharing_Likelihood: 0.10
FoF_Edge_Count: 0.08
Friend_PageRank: 0.07
Profile_ID_Edge_Count: 0.07
Friend_Edge_Count: 0.06
```

새로운 친구 공유 확률에 대한 특징 중 하나가 상당히 높은 순위를 차지했습니다. Shared_Cluster_id_fof와 FoF_PageRank 사이에서 2위를 차지했습니다. 발상의 전환이 모델을 개선한 셈입니다. 하지만 이 모델은 불완전합니다. 0.49의 f-측정치로는 만족할 수 없으며, 더 나은 결과를 얻어야만 합니다. 이제는 네트워크 구조를 뛰어넘어야 할 때입니다. df_profiles에 저장된 프로필의 특징을 통합해야 합니다.

23.3 모델에 프로필 관련 특징 추가하기

우리 목표는 프로필 속성인 Sex(성별), Relationship_Status(관계 상태), Dorm(기숙사), Major(전공), Year(연도)를 특징 행렬에 통합하는 것입니다. 네트워크 데이터에 대한 경험을 바탕으로 이 작업은 세 가지 방법으로 수행될 수 있습니다.

- **정확한 값 추출**: df_obs 내 세 프로필 ID 열 각각과 관련된 프로필에 대한 특징의 정확한 값을 저장할 수 있습니다. 이는 네트워크의 에지 개수 및 PageRank 출력의 정확한 값을 활용한 방식과 유사합니다.

  [예시 특징] df_obs의 친구의 친구에 대한 관계 상태

- **동등성 비교**: 프로필 속성이 주어지면 df_obs의 세 프로필 ID 열 모두에 대해 속성을 쌍으로 비교할 수 있습니다. 두 열의 속성이 같은지 여부를 나타내는 불리언 특징을 반환할 수 있습니다. 이는 두 프로필이 동일한 소셜 그룹에 속하는지 확인하는 방식과 유사합니다.

  [예시 특징] 특정 사용자와 친구의 친구가 같은 기숙사에 머무나요? 예/아니오

- **크기**: 프로필 속성이 주어지면 해당 속성을 공유하는 프로필 수를 반환할 수 있습니다. 이는 모델에 소셜 그룹의 크기를 포함하려고 시도했던 것과 유사합니다.

  [예시 특징] 특정 기숙사에 거주하는 학생 수

정확한 값 추출을 활용하여 특징 행렬을 확장해 보겠습니다. 다섯 가지 속성 중 어느 것이 적합할까요? Sex, Relation_Status, Year의 범주형 값은 대학교가 달라지더라도 그대로 유지됩니다. Dorm인 기숙사 이름은 대학교에 따라 바뀔 수 있습니다. 우리 목표는 다른 소셜 그래프에도 적용될 수 있는 모델을 학습시키는 것이므로 Dorm은 정확한 값을 추출하는 데 유효한 특징이 아닙니다.

Major는 어떨까요? 이번에는 상황이 더 까다롭습니다. 생물학이나 경제학 같은 특정 전공은 대부분의 대학교에서 공통으로 가르칩니다. 토목공학 같은 다른 전공은 기술 중심 학교에서는 다루지만, 인문계 대학교 커리큘럼에는 없을 수도 있습니다. 또 백파이프 연주나 천체 생물학 같은 희귀한 전공은 일부 틈새 학교에만 있습니다. 전공 간에 어느 정도의 일관성은 기대할 수 있지만 완전한 일관성은 기대할 수 없습니다. 따라서 전공의 정확한 값을 활용하는 모델은 부분적으로 재사용할 수 있고 잠재적으로 일부 학교에 대한 예측 성능을 높일 수는 있지만, 다른 학교에서는 성능이 떨어질 수 있을 것입니다. 일부를 위해 또 다른 일부를 희생시킬 만한 가치가 있을까요? 명확한 답은 없습니다. 당분간은 Major에 의존하지 않은 채 모델을 얼마나 잘 학습시킬 수 있는지 살펴보겠습니다. 적당한 모델을 학습시켜 낼 수 없다면 Major 특징은 재검토해 보겠습니다.

이제 정확한 값 추출을 Sex, Relationship_Status, Year 특징에 적용한 뒤 모델 성능을 관측해 보겠습니다.

코드 23-30 정확한 값 추출로 프로필 특징 추가하기

```
attributes = ['Sex', 'Relationship_Status', 'Year']
for attribute in attributes:
    features = {f'{col}_{attribute}_Value': [] for col in cols}
    for node_ids in df_obs[cols].values:
```

```python
        for node, feature_name in zip(node_ids, features.keys()):
            att_value = G.nodes[node][attribute]
            features[feature_name].append(att_value)

    X = update_features(features)

f_measure, clf = evaluate(X, y)
print(f"f-측정치는 {f_measure:0.2f}입니다")
```

▶ 실행결과

f-측정치는 0.74입니다

f-측정치가 0.49에서 0.74로 크게 증가했습니다. 분명 프로필 특징이 매우 유용한 신호를 제공했습니다. 하지만 아직도 더 좋은 결과를 얻을 수 있습니다. 그러기 위해서는 Major 및 Dorm 속성 정보를 통합해야 합니다. 동등성 비교는 이를 위한 훌륭한 방법입니다. 두 학생이 같은 전공을 공유하거나 같은 기숙사에 머무는지 질문은 대학교에 따라 달라지지 않습니다. Major 및 Dorm 속성에 비교를 적용한 뒤 f-측정치를 다시 계산해 보겠습니다.

코드 23-31 동등성 비교로 프로필 특징 추가하기

```python
attributes = ['Major', 'Dorm']
for attribute in attributes:
    features = {f'Shared_{attribute}_{e}': []
                for e in ['id_f', 'id_fof', 'f_fof']}
    for node_ids in df_obs[cols].values:
        att_id, att_f, att_fof = [G.nodes[n][attribute] for n in node_ids]
        features[f'Shared_{attribute}_id_f'].append(int(att_id == att_f))
        features[f'Shared_{attribute}_id_fof'].append(int(att_id == att_fof))
        features[f'Shared_{attribute}_f_fof'].append(int(att_f == att_fof))

    X = update_features(features)

f_measure, clf = evaluate(X, y)
print(f"f-측정치는 {f_measure:0.2f}입니다")
```

▶ 실행결과

f-측정치는 0.82입니다

f-측정치가 0.82로 상승했습니다. Major 및 Dorm 속성을 통합한 것이 모델 성능을 향상시켰습니다. 이번에는 Major 및 Dorm 크기를 추가하는 것을 고려해 보겠습니다. 각 Major 및 Dorm에 관련된 학생 수를 계산하고, 이 수를 특징 중 하나로 포함시키는 것입니다. 여기에서 주의할 점은 앞서 설명한 것처럼 학습된 모델이 카테고리 ID 대신 크기를 활용하는 속임수를 쓸 수 있다는 것입니다. 가령 가장 큰 기숙사에는 2,700명이 넘는 학생이 머뭅니다. 따라서 크기만으로도 어느 기숙사인지 쉽게 식별할 수 있을 것입니다. 바로 이 점을 주의해야 합니다. 그러면 Major와 Dorm 크기를 특징에 통합하면 어떤 결과가 나타나는지 살펴보겠습니다. 성능에 미치는 영향이 거의 없다면 모델에서 해당 특징을 삭제하겠습니다. 그렇지 않으면 옵션을 재평가하겠습니다.

코드 23-32 크기 관련 특징 추가하기

```python
from collections import Counter

for attribute in ['Major', 'Dorm']:
    counter = Counter(df_profile[attribute].values)
    att_to_size = {k: v for k, v in counter.items()}
    features = {f'{col}_{attribute}_Size': [] for col in cols}
    for node_ids in df_obs[cols].values:
        for node, feature_name in zip(node_ids, features.keys()):
            size = att_to_size[G.nodes[node][attribute]]
            features[feature_name].append(size)

    X = update_features(features)

f_measure, clf = evaluate(X, y)
print(f"f-측정치는 {f_measure:0.2f}입니다")
```

각 속성이 데이터 세트에 표시되는 횟수를 추적합니다.

▶ 실행결과

f-측정치는 0.85입니다

성능이 0.82에서 0.85로 향상되었습니다. 크기 도입이 모델에 어떤 영향을 준 것은 분명합니다. 그 영향을 더 자세히 살펴보겠습니다. 먼저 특징 중요도 점수를 확인해 보겠습니다.

코드 23-33 중요도 점수에 따른 특징 순위 나열하기

```python
feature_names = df_features.columns.values
view_top_features(clf, feature_names)
```

▶ 실행결과

FoF_Dorm_Size: 0.25
Shared_Cluster_id_fof: 0.16
Shared_Dorm_id_fof: 0.05
FoF_PageRank: 0.04
Profile_ID_Major_Size: 0.04
FoF_Major_Size: 0.04
FoF_Edge_Count: 0.04
Profile_ID_PageRank: 0.03
Profile_ID_Friend_Sharing_Likelihood: 0.03
Friend_Friend_Sharing_Likelihood: 0.03
Friend_Edge_Count: 0.03
Shared_Major_id_fof: 0.03
FoF_Friend_Sharing_Likelihood: 0.02
Friend_PageRank: 0.02
Profile_ID_Dorm_Size: 0.02
Profile_ID_Edge_Count: 0.02
Profile_ID_Sex_Value: 0.02
Friend_Major_Size: 0.02

```
Profile_ID_Relationship_Status_Value: 0.02
FoF_Sex_Value: 0.01
Friend_Dorm_Size: 0.01
Profile_ID_Year_Value: 0.01
Friend_Sex_Value: 0.01
Shared_Major_id_f: 0.01
Friend_Relationship_Status_Value: 0.01
Friend_Year_Value: 0.01
```

전체 중 FoF_Dorm_Size와 Shared_Cluster_id_fof의 특징 중요도가 다른 것들보다 매우 우세합니다. 이 두 특징의 중요도 점수는 각각 0.25와 0.16인 반면, 그 밖에 대부분의 특징 중요도 점수는 0.01 수준에 불과합니다.

사실 FoF_Dorm_Size는 약간 우려스러운 부분입니다. 앞서 설명한 것처럼, 단일 기숙사가 전체 데이터의 50%를 차지하기 때문입니다. 우리 모델이 단순히 기숙사 크기에 따라 그 기숙사를 기억하고 있는 것일까요? 학습된 의사 결정을 시각화해 보면 파악할 수 있을지도 모릅니다. 단순화를 위해 트리 깊이를 2로 제한하여 가장 지배적인 두 특징에 대한 의사 결정으로만 출력을 제한합니다.

코드 23-34 트리의 최상위 분기 표시하기

```
from sklearn.tree import export_text

clf_depth2 = DecisionTreeClassifier(max_depth=2)
clf_depth2.fit(X, y)
text_tree = export_text(clf_depth2, feature_names=list(feature_names))
print(text_tree)
```

export_text 함수는 넘파이 배열을 입력으로 받아들일 수 없으므로 feature_names를 리스트로 변환합니다.

▶ 실행결과

```
|--- FoF_Dorm_Size <= 278.50 ............ 친구의 친구의 기숙사 크기가 279 미만인 경우에 해당합니다.
|   |--- Shared_Cluster_id_fof <= 0.50    이때 가장 가능성이 높은 클래스는 0입니다(친구 추천이 무시).
|   |   |--- class: 0
|   |--- Shared_Cluster_id_fof >  0.50
|   |   |--- class: 0
|--- FoF_Dorm_Size >  278.50 ..... 친구의 친구의 기숙사 크기가 279보다 크거나 같은 경우에 해당합니다.
|   |--- Shared_Cluster_id_fof <= 0.50 ...... 친구의 친구와 사용자가 같은 소셜 그룹에 속하지 않는
|   |   |--- class: 0                         경우에 해당하며, 가장 가능성이 높은 클래스는 0입니다.
|   |--- Shared_Cluster_id_fof >  0.50 ...... 친구의 친구와 사용자가 같은 소셜 그룹에 속한 경우에 해당하며,
|   |   |--- class: 1                         가장 가능성이 높은 클래스는 1입니다(프렌드훅에서 연결됩니다).
```

시각화로 FoF_Dorm_Size가 279 미만인지 여부가 가장 중요한 신호라는 것을 알 수 있습니다. 친구의 친구의 기숙사 수용 인원이 279명 미만일 때 친구의 친구와 사용자가 프렌드훅 친구가 될 가능성은 낮습니다. 반면에 친구의 친구의 기숙사 수용 인원이 279명보다 많거나 같을 때, 친구의 친구와 사용자가 같은 소셜 그룹에 속할 때는 서로 프렌드훅에서 연결될 가능성이 더 높습니다. 그렇다면 학생을 최소 279명 수용할 수 있는 기숙사는 몇 개나 될까요? 확인해 봅시다.

> **코드 23-35** 학생을 279명 이상 수용할 수 있는 기숙사 확인하기

```
counter = Counter(df_profile.Dorm.values)
for dorm, count in counter.items():
    if count < 279:
        continue

    print(f"기숙사 {dorm}는 {count}명의 학생을 수용할 수 있습니다")
```

▶ 실행결과

기숙사 12는 2739명의 학생을 수용할 수 있습니다
기숙사 1는 413명의 학생을 수용할 수 있습니다

기숙사 15개 중 두 개에만 프렌드훅을 사용하는 학생이 279명 이상 있습니다. 이는 학습된 모델이 기본적으로 해당 두 기숙사에 의존적으로 결정을 내린다는 의미입니다. 이 때문에 우리는 곤경에 빠졌습니다. 한편으로 특정 기숙사에서는 다른 기숙사보다 프렌드훅 연결이 발생할 가능성이 더 높다는 관측된 신호가 매우 흥미롭기 때문입니다. 기숙사 규모가 이러한 연결에 영향을 미치는 요인으로 작용합니다. 이러한 통찰력은 프렌드훅 개발자가 사용자 행동을 더 잘 이해하도록 돕고, 이는 더 나은 사용자 참여로 이어질 수 있습니다. 이 사실을 알게 된 것은 이득입니다. 하지만 현재 모델에는 심각한 단점이 있습니다.

학습된 모델은 데이터에서 가장 큰 두 기숙사에 주로 초점을 맞추었기에 다른 대학교 캠퍼스로 일반화되지 못할 것입니다. 가령 기숙사가 더 작고 학생을 최대 200명만 수용하는 캠퍼스를 생각해 본다면 모델은 사용자 행동을 전혀 예측하지 못할 것입니다.

> **노트** 이론적으로는 기숙사 규모를 총 학생 수로 나누어 이러한 상황을 피할 수 있습니다. 이렇게 하면 기숙사 크기 특징의 값이 항상 0~1 사이가 되도록 변형할 수 있습니다.

더욱 우려되는 것은 모델이 단지 이 두 특정 기숙사에만 국한된 행동 패턴을 학습했을 가능성입니다. 이는 문제를 정의할 때 요구된 반드시 피해야 할 시나리오입니다. 그러면 어떻게 해야 할까요?

안타깝게도 명확한 답은 없습니다. 때때로 데이터 과학자는 어려운 결정을 내려야 하며, 각 결정에는 위험과 장단점이 수반됩니다. 즉, 높은 모델 성능을 위해 특징 목록을 그대로 유지한다면 다른 학교로는 일반화될 수 없는 위험은 감수해야 합니다. 또는 크기 관련 특징을 제거하여 성능을 희생한다면 모델이 일반화되도록 만들 수 있다는 것을 의미합니다.

그런데 우리에게는 세 번째 선택지가 있을지도 모릅니다. 크기 관련 특징은 삭제하고 분류 모델에 대한 선택을 조절하는 것입니다. 기숙사 크기에 의존하지 않고도 유사한 성능을 얻을 약간의 가능성이 있습니다. 가능성은 낮지만 시도해 볼 만한 가치가 있습니다. 나중에 혹시나 다시 원복해야 할 수 있으므로 현재 특징 행렬의 복사본을 X_with_sizes 변수에 할당하고, 행렬 X에서는 크기와 관련된 모든 특징을 삭제합니다. 그다음 f-측정치를 0.82 이상으로 높일 수 있는 다른 방법을 찾아보겠습니다.

코드 23-36 모든 크기 관련 특징 삭제하기

```
X_with_sizes = X.copy()
X = delete_features(df_features, regex=r'_Size')
```

23.4 안정적인 특징 집합에 대한 성능 최적화

22장에서는 랜덤포레스트 모델이 의사 결정보다 성능이 우수한 경향을 보인다는 것을 배웠습니다. 단순히 모델 유형을 의사 결정에서 랜덤포레스트로 바꾼다면 성능은 향상될까요? 알아봅시다.

코드 23-37 랜덤포레스트 분류 모델 학습 및 평가하기

```
from sklearn.ensemble import RandomForestClassifier
f_measure, clf = evaluate(X, y, model_type=RandomForestClassifier)
print(f"f-측정치는 {f_measure:0.2f}입니다")
```

▶ 실행결과

f-측정치는 0.75입니다

성능은 오히려 더 나빠졌습니다. 어떻게 이럴 수 있을까요? 랜덤포레스트가 일반적으로 의사 결정보다 성능이 뛰어나다는 것은 잘 알려진 사실이지만, 그렇다고 해서 랜덤포레스트가 항상 더 낫다는 보장은 없습니다. 실제로 의사 결정이 랜덤포레스트보다 더 우수한 성능을 보이는 특정 사례들이 있으며 우리 사례도 여기에 포함되는 것으로 보입니다.

> **노트** 지도 학습에는 '공짜 점심은 없다(no free lunch theorem)'는 정리가 있습니다. 이 정리를 쉽게 설명하면, 특정 학습 알고리즘이 항상 다른 모든 알고리즘을 능가하는 것은 불가능하다는 것입니다. 다시 말해 모든 유형의 문제를 해결하는 유일한 알고리즘은 없다는 것입니다. 대부분의 경우에서 잘 작동하더라도 항상 잘 작동한다고 볼 수는 없겠죠. 랜덤포레스트는 대부분의 문제에서 잘 작동하지만 모든 문제에서 잘 작동하는 것은 아닙니다. 특히 예측이 한두 가지 입력 특징에만 의존하는 경우에는 성능이 저하됩니다. 임의의 특징 샘플링은 해당 신호를 희석시키고 예측 품질을 악화시킬 수 있습니다.

모델 유형을 전환해도 도움이 되지 않았습니다. 대신에 하이퍼파라미터를 최적화하여 성능을 향상시켜 볼 수 있습니다. 이 책에서는 의사 결정의 최대 깊이라는 하이퍼파라미터에 초점을 맞추었습니다. 현재 해당 하이퍼파라미터는 None으로 설정되어 있는데, 이는 트리 깊이에 제한을 두지 않겠다는 의미입니다. 깊이를 제한하면 성능이 개선될까요? 간단한 격자 탐색으로 빠르게 확인해 보겠습니다. 1~100의 최대 깊이 값을 탐색하여 성능을 최적화하는 깊이를 결정합니다.

코드 23-38 격자 탐색으로 최대 깊이 최적화하기

```
from sklearn.model_selection import GridSearchCV
np.random.seed(0)
```

```
hyperparams = {'max_depth': list(range(1, 100))+[None]}
clf_grid = GridSearchCV(DecisionTreeClassifier(), hyperparams,
                        scoring='f1_macro', cv=2)
clf_grid.fit(X, y)
best_f = clf_grid.best_score_
best_depth = clf_grid.best_params_['max_depth']
print(f"최대 깊이가 {best_depth}일 때, "
      f"f-측정치는 {best_f:.2f}로 최대화됩니다")
```

> cv=2를 입력하여 2-폴더 교차 검증을 수행함으로써 (X, y)를 학습 및 테스트 데이터셋으로 무작위 분할하는 현재 방식과 더욱 일관성을 유지합니다. 격자 탐색은 데이터를 약간 다르게 분할할 수 있으므로 f-측정치에 변동이 발생할 수 있습니다.

▶ 실행결과

최대 깊이가 5일 때, f-측정치는 0.84로 최대화됩니다

최대 깊이를 5로 설정했을 때 f-측정치가 0.82에서 0.84로 향상되었습니다. 기숙사 크기에 의존하지 않고 달성한 성능입니다. 물론 여기에서 이야기는 끝나지 않습니다. 크기를 포함하는 X_with_sizes 특징 행렬에서 격자 탐색을 수행하지 않고서는 공정하게 비교할 수 없습니다. X_with_sizes를 최적화하면 더 나은 분류 모델을 얻을 수 있을까요?

> **노트** 랜덤포레스트의 트리 개수에 대해 격자 검색을 수행하면 성능이 개선될지가 궁금할 수 있습니다. 이 경우의 답은 '아니오'입니다. 트리 개수를 100에서 다르게 바꾸어도 성능은 크게 향상되지 않습니다.

코드 23-39 크기 종속적 학습 데이터에 격자 탐색 적용하기

```
np.random.seed(0)
clf_grid.fit(X_with_sizes, y)
best_f = clf_grid.best_score_
best_depth = clf_grid.best_params_['max_depth']

print(f"최대 깊이가 {best_depth}일 때, "
      f"f-측정치는 {best_f:.2f}로 최대화됩니다")
```

▶ 실행결과

최대 깊이가 6일 때, f-측정치는 0.85로 최대화됩니다

격자 탐색으로는 X_with_sizes에 대한 성능을 향상시키지 못했습니다. 따라서 최대 깊이를 올바르게 선택하면 크기 특징에 종속적인 모델과 그렇지 않은 모델이 거의 동일한 성능에 도달할 수 있습니다. 또 다른 대학교로도 일반화될 수 있는 모델을 얻게 되었습니다. max_depth를 5로 설정하여 전체 데이터셋 X에 대해 의사 결정을 학습시킨 뒤 해당 모델의 실제 의미를 살펴보겠습니다.

코드 23-40 최대 깊이를 5로 설정한 의사 결정 학습시키기

```
clf = DecisionTreeClassifier(max_depth=5)
clf.fit(X, y)
```

23.5 학습된 모델 해석하기

모델의 특징 중요도 점수를 출력해 보면 다음과 같습니다.

코드 23-41 중요도 점수에 따른 특징 순위 나열하기

```
feature_names = df_features.columns
view_top_features(clf, feature_names)
```

▶ 실행결과

```
Shared_Dorm_id_fof: 0.42
Shared_Cluster_id_fof: 0.29
Shared_Major_id_fof: 0.10
Shared_Dorm_f_fof: 0.06
Profile_ID_Relationship_Status_Value: 0.04
Profile_ID_Sex_Value: 0.04
Friend_Edge_Count: 0.02
Friend_PageRank: 0.01
Shared_Dorm_id_f: 0.01
```

주요 특징만 아홉 개 남았습니다. 그중 상위 네 개는 기숙사 공유(동일성), 소셜 그룹, 전공과 관련 있습니다. 그다음으로 사용자의 성별 및 관계 상태에 대한 특징이 뒤를 잇습니다. 에지 개수와 페이지 순위 같은 단순한 네트워크 특징은 맨 아래에 표시됩니다. 흥미롭게도 친구 공유 확률에 대한 특징은 포함되지도 않았습니다. 이 특징을 구현하는 데는 많은 노력과 상상력이 필요했습니다. 친구 공유 확률에 대한 특징을 추가한 뒤 f-측정치가 0.06만큼이나 개선되었던 것은 만족스러운 결과였지만, 결국 이러한 노력은 크게 중요치 않았습니다. 때로는 이러한 경험이 답답하게 느껴질 수도 있습니다. 안타깝게도 특징 선택은 과학보다는 예술에 더 가깝기 때문에 어떤 특징을 사용하고 피해야 할지 미리 알기는 어렵습니다. 실제로 모델을 학습시키기 전까지는 어떤 특징이 어떤 식으로 통합될지 알 수 없습니다. 그렇다고 해서 창의력을 발휘하지 말라는 말은 아닙니다. 과학자로서 우리는 실험을 해야 합니다! 적절한 성능을 얻을 때까지 가능한 모든 신호를 마음껏 사용해야 합니다.

다시 상위 특징으로 돌아가 보겠습니다. 중요도 점수가 0.10 이상인 특징은 Shared_Dorm_id_fof, Shared_Cluster_id_fof, Shared_Major_id_fof 세 가지뿐입니다. 따라서 이 모델은 주로 다음 세 가지 질문에 따라 움직인다고 볼 수 있습니다.

- 사용자와 친구의 친구가 같은 기숙사에 머무나요? 예/아니오
- 사용자와 친구의 친구가 같은 소셜 그룹에 속하나요? 예/아니오
- 사용자와 친구의 친구가 전공이 같나요? 예/아니오

직관적으로 세 질문에 모두 '예'라고 답한다면 사용자와 친구의 친구가 프렌드훅에서 연결될 가능성이 높습니다. 의사 결정을 시각화하여 우리 직관력이 맞는지 확인해 보죠. 트리 깊이를 3으로 제한하여 출력을 단순화하는 동시에 상위 세 특징이 적절하게 표시되도록 하겠습니다.

코드 23-42 트리의 최상위 조건(가지) 표시하기

```
clf_depth3 = DecisionTreeClassifier(max_depth=3)
clf_depth3.fit(X, y)
text_tree = export_text(clf_depth3, feature_names=list(feature_names))
print(text_tree)
```

▶ 실행결과

```
|--- Shared_Dorm_id_fof <= 0.50       ----- 사용자와 친구의 친구는 같은 기숙사에 머물지 않습니다.
|   |--- Shared_Cluster_id_fof <= 0.50   ----- 사용자와 친구의 친구는 같은 소셜 그룹에 속하지 않습니다. 이때 해당 친구로 보내진
|   |   |--- Shared_Major_id_fof <= 0.50         친구 요청은 무시됩니다(클래스 0이 지배적).
|   |   |   |--- class: 0
|   |   |--- Shared_Major_id_fof >  0.50
|   |   |   |--- class: 0
|   |--- Shared_Cluster_id_fof >  0.50
|   |   |--- Shared_Major_id_fof <= 0.50
|   |   |   |--- class: 0
|   |   |--- Shared_Major_id_fof >  0.50
|   |   |   |--- class: 1
|--- Shared_Dorm_id_fof >  0.50       ----- 사용자와 친구의 친구는 같은 기숙사에 머뭅니다.
|   |--- Shared_Cluster_id_fof <= 0.50
|   |   |--- Profile_ID_Sex_Value <= 0.50
|   |   |   |--- class: 0
|   |   |--- Profile_ID_Sex_Value >  0.50  ----- 이 조건에서는 클래스 2가 지배적이며, Sex 특징이 클래스 2라는 예측을 이끌어 내는
|   |   |   |--- class: 2                         주요 요인입니다. 이 예상치 못한 결과는 곧 살펴보겠습니다.
|   |--- Shared_Cluster_id_fof >  0.50  ----- 사용자와 친구의 친구가 같은 소셜 그룹에 속합니다. 이때 둘 사이의 프렌드훅 연결이 맺
|   |   |--- Shared_Dorm_f_fof <= 0.50         어질 가능성이 높습니다(클래스 1이 지배적).
|   |   |   |--- class: 1
|   |   |--- Shared_Dorm_f_fof >  0.50
|   |   |   |--- class: 1
```

예상대로 기숙사 및 소셜 그룹 공유가 주로 모델 예측을 주도합니다. 사용자와 친구의 친구가 기숙사와 소셜 그룹을 모두 공유하는 경우 연결될 가능성이 높습니다. 기숙사나 소셜 그룹을 공유하지 않는 경우 연결 가능성이 낮아집니다. 또 같은 기숙사가 아니더라도 같은 소셜 그룹에 속해 있고 같은 전공을 공유하는 경우 연결될 수 있습니다.

> **노트** 트리의 각 분기별 클래스가 몇 개 떨어지는지 표시되지 않습니다. 22장에서 설명한 대로 plot_tree(clf_depth3, feature_names=list(feature_names))로 이러한 개수를 생성할 수 있습니다. 간결함을 위해 다이어그램은 생성하지 않겠지만, 여러분은 직접 해 보기 바랍니다. 그러면 데이터 1,635개에 걸쳐 사용자와 친구의 친구가 클러스터 및 기숙사를 공유한다는 것과 이 중 93%가 클래스 1인 것을 알 수 있습니다. 또 데이터 356개에 걸쳐 사용자와 친구의 친구가 클러스터나 기숙사를 공유하지 않는다는 것과 이 중 97%가 클래스 0인 것을 알 수 있습니다. 따라서 소셜 그룹과 기숙사 공유는 사용자 행동의 강력한 예측 변수입니다.

우리는 소셜 그룹, 기숙사, 전공을 기반으로 한 모델을 제공할 준비를 거의 마쳤습니다. 이 모델의 논리는 매우 간단합니다. 소셜 그룹과 생활 공간 또는 학습 일정을 공유하는 사용자가 연결될 가능성이 더 높다는 것입니다. 이는 놀라운 일이 아닙니다. 놀라운 것은 성별 특징이 어떻게 클래스 2로의 예측을 주도하는가 하는 점입니다. 다시 한 번 말하지만 클래스 2는 프렌드훅 요청이 거부된 경우입니다. 트리에 따르면 다음 경우에 거부될 가능성이 더 높습니다.

- 같은 기숙사에 머물지만 같은 소셜 그룹에 속하지 않습니다.
- 요청 발신자가 특정 성별입니다.

물론 데이터에서 클래스 2가 1.2%의 비율을 차지하여 상당히 드물다는 것을 알고 있습니다. 아마도 이 희소하게 발생하는 데이터(노이즈)가 모델 예측에 영향을 끼쳤을지도 모릅니다. 모델이 프렌드훅 요청이 거부되는 경우를 얼마나 잘 예측하는지 확인해 보겠습니다. y[i]가 2면 y_reject[i]는 2가 되고, 그렇지 않으면 0이 되는 (X, y_reject)에 대해 evaluate 함수를 호출해 볼 텐데, 이는 곧 요청을 거절만 하는 모델을 평가한다는 의미입니다. 해당 모델의 f-측정치가 낮으면 노이즈로 예측이 우선적으로 영향을 받는다는 것입니다.

코드 23-43 요청을 거절하는 분류 모델 평가하기

```
y_reject = y * (y == 2)
f_measure, clf_reject = evaluate(X, y_reject, max_depth=5)
print(f"f-측정치는 {f_measure:0.2f}입니다")
```

▶ 실행결과

f-측정치는 0.97입니다

f-측정치가 실제로 매우 높은 것을 알 수 있습니다. 데이터 희소성에도 요청의 거절을 매우 잘 예측할 수 있습니다. 그렇다면 요청의 거부를 유발하는 특징은 무엇일까요? 새로운 특징 중요도 점수를 인쇄해서 확인해 보겠습니다.

코드 23-44 중요도 점수에 따른 특징 순위 나열하기

```
view_top_features(clf_reject, feature_names)
```

▶ 실행결과

```
Profile_ID_Sex_Value: 0.40
Profile_ID_Relationship_Status_Value: 0.24
Shared_Major_id_fof: 0.21
Shared_Cluster_id_fof: 0.10
Shared_Dorm_id_fof: 0.05
```

흥미롭습니다! 요청의 거절은 주로 사용자의 Sex(성별)와 Relationship_Status(관계 상태)에 따라 결정됩니다. 학습된 트리를 시각화하여 자세히 알아보겠습니다.

코드 23-45 요청 거부를 예측하는 트리 시각화하기

```
text_tree = export_text(clf_reject, feature_names=list(feature_names))
print(text_tree)
```

▶ 실행결과

```
|--- Shared_Cluster_id_fof <= 0.50      ----- 사용자와 친구의 친구는 같은
| |--- Shared_Major_id_fof <= 0.50             소셜 그룹에 속하지 않습니다.
| | |--- Shared_Dorm_id_fof <= 0.50
| | | |--- class: 0
| | |--- Shared_Dorm_id_fof > 0.50
| | | |--- Profile_ID_Relationship_Status_Value <= 2.50
| | | | |--- class: 0
| | | |--- Profile_ID_Relationship_Status_Value > 2.50    ----- 사용자의 관계 상태는 3입니다. 사용자의 Sex(성별)가 1이
| | | | |--- Profile_ID_Sex_Value <= 0.50                        라면 친구 요청이 거절당할 가능성이 높습니다(클래스 2).
| | | | | |--- class: 0                                          따라서 사용자의 성별과 관계 상태가 요청이 거절되는 주요
| | | | |--- Profile_ID_Sex_Value > 0.50                         요인입니다.
| | | | | |--- class: 2
| |--- Shared_Major_id_fof > 0.50
| | |--- Profile_ID_Sex_Value <= 0.50
| | | |--- class: 0
| | |--- Profile_ID_Sex_Value > 0.50
| | | |--- Profile_ID_Relationship_Status_Value <= 2.50
| | | | |--- class: 0
| | | |--- Profile_ID_Relationship_Status_Value > 2.50
| | | | |--- class: 2
|--- Shared_Cluster_id_fof > 0.50      ----- 사용자와 친구의 친구는 같은 소셜 그룹에 속합니다.
| |--- class: 0                              이때 친구 요청이 거절될 가능성은 적습니다.
```

트리를 시각화한 결과에 따르면 다음 상황에서 프렌드훅 요청이 거절될 가능성이 높습니다.

- 동일한 소셜 그룹에 속하지 않습니다.
- 같은 기숙사에 머물거나 전공이 동일합니다.
- 프렌드훅 요청을 발신한 사람의 성별 값은 1입니다.
- 프렌드훅 요청을 발신한 사람의 관계 상태 값은 3입니다. 트리에 따르면 2.5보다 커야 하는데, 부동 소수로 떨어지는 값이 없고 최댓값이 3이기 때문에 3입니다.

기본적으로 성별 값이 1, 관계 상태 값이 3인 사용자가 자신이 속하지 않은 외부 소셜 그룹으로 친구 요청을 보내게 되는데 이 요청은 거부될 가능성이 높습니다. 물론 거절을 유발하는 요인을 정확하게 파악할 수는 없지만 추측은 할 수 있습니다. 인간의 본성을 생각해 보면, 이 같은 행동을 일으키는 주요 사용자가 독신 남성이라고 해도 놀랄 일은 아닐 것입니다. 아마도 남성은 데이트를 하기 위해 자신이 속한 사회 집단 밖의 여성과 연결하려고 할 수 있으며, 이 경우 요청은 거절당할 가능성이 높습니다. 다시 말하지만 이 모든 것은 추측에 불과하고, 이 가설은 프렌드훅의 제품 관리자와 논의해 볼 만한 가치가 있을지도 모릅니다. 이 가설이 맞다면 그에 맞추어 제품에 어떤 변화를 주어야 할지도 모릅니다. 가령 원치 않는 데이트 요청을 제한하기 위해 더 많은 조치를 취하거나, 싱글들이 더 쉽게 연결될 수 있도록 돕는 기능을 추가하는 등 생각해 볼 수 있겠죠.

23.5.1 일반화 가능한 모델은 왜 중요할까요?

이 사례 탐구에서는 모델을 일반화하는 데 많은 노력을 기울였습니다. 학습용 데이터셋을 넘어 일반화될 수 없는 모델은 성능이 아무리 높아도 쓸모없습니다. 안타깝게도 외부 데이터에 대해 테스트하기 전까지는 모델이 일반화될 수 있는지 여부는 알기 어렵습니다. 하지만 다른 데이터셋으로 일반화되는 것을 방해하는 편향을 찾는 노력을 해 볼 수 있습니다. 그러지 않으면 심각한 결과를 초래할 수 있습니다.

수년간 머신러닝 연구자들은 영상의학 분야를 자동화하려고 노력해 왔습니다. 방사선과에서는 숙련된 의사가 엑스레이 등 의료 이미지를 검사하여 질병을 진단합니다. 즉, 이미지가 입력 특징, 진단 결과에 대한 클래스를 출력으로 둔 지도 학습 문제로 볼 수 있습니다. 2016년까지 여러 방사선 모델이 연구 및 발표되었고, 모델은 자체적인 평가 과정에 따라 정확도가 매우 높은 것으로 나타났습니다. 그 해 선도적인 머신러닝 연구자들은 '방사선 전문의 훈련을 중단해야 한다'며 '방사선 전문의는 일자리를 걱정해야 한다'고 공개적으로 선언했습니다. 4년 후 부정적인 여론으로 전 세계적으로 방사선 전문의 부족 현상이 발생했고, 의대생들은 완전 자동화가 예정된 이 분야에 뛰어들기를 꺼려 했습니다. 그러나 2020년이 되었을 때 자동화는 실현되지 않았습니다. 발표된 대부분의 모델은 새로운 데이터를 적절히 처리할 수 없었기 때문입니다. 왜 그랬을까요? 병원마다 촬영된 영상 결과물이 달랐기 때문입니다. 병원마다 조금씩 달랐던 조명, 영상 촬영 장비 설정에 따라 촬영된 결과물도 달라졌기 때문입니다. 따라서 A 병원에서 학습된 모델은 겉보기에는 높은 성능을 보였지만, B 병원에 일반화하기에는 적합하지 않았습니다. 머신러닝 연구원들이 지나치게 낙관적으로 접근한 나머지 데이터에 내재된 편향성을 고려하지 못했기 때문입니다. 이러한 실패는 의도치 않게 의료계에 위기를 초래했습니다. 일반화 가능성에 대해 좀 더 신중하게 평가했다면 이런 사태를 막을 수 있었을 것입니다.

23.6 요약

- 머신러닝 알고리즘이 우수하더라도 모든 상황에서 반드시 효과가 있는 것은 아닙니다. 일반적으로 랜덤 포레스트가 더 우수하다고 여기지만, 의사 결정 모델이 더 우수한 성능을 보였습니다. 모든 시나리오에서 특정 모델이 항상 더 나을 것이라고 맹목적으로 가정해서는 안 됩니다. 대신에 문제 특성에 따라 모델을 지능적으로 보정해야 합니다.

- 적절한 특징 선택은 과학보다는 예술에 가깝습니다. 어떤 특징이 모델 성능을 개선할지 미리 알기는 어렵습니다. 하지만 상식적인 선에서 다양하고 흥미로운 특징을 모델에 통합하면 결국 예측 품질을 향상시킬 수 있습니다.

- 모델에 입력될 특징에 세심한 주의를 기울여야 합니다. 그렇지 않으면 모델이 다른 데이터셋으로 일반화되지 않을 수 있습니다.

- 적절한 하이퍼파라미터 최적화를 이용하여 모델 성능을 크게 향상시킬 수 있습니다.
- 때때로 아무런 효과가 없는 것처럼 데이터가 불충분할 때가 있습니다. 하지만 끈기와 인내심을 가지고 노력하면 결국 유의미한 데이터를 확보할 수 있습니다. 훌륭한 데이터 과학자는 가능한 모든 분석 방법을 다 사용할 때까지 포기하지 않아야 합니다.

ㄱ

가중된 표본 공간 029
가중치 565
격자 탐색 551
경로 491
계수 567
고유 벡터 340
공분산 행렬 339
과대 적합 638
구간 031
구간 분석법 032
귀무 가설 135
그래프 466
극단 평가 032

ㄴ

넘파이 052
노드 466
노드 중심성 497
뉴스 그룹 356

ㄷ

단위 벡터 287
대립 가설 135
대원 거리 214
디그리 497, 529

ㄹ

람베르트 정각원추도법 226
랜덤포레스트 분류 모델 639
로지스틱 회귀 584

ㅁ

마르코프 행렬 503
마크업 언어 400
맷플롯립 036
무작위 과정 092
무작위성 022

무작위 수치 시뮬레이션 052
무작위 정규 표본 189
문서 빈도 365
미니 배치 K-평균 380
밀도 200
밀도 기반 공간 클러스터링 204

ㅂ

반복자 072
방향성 그래프 467
방향성 에지 467
베르누이 분포 104
벡터 276
본페로니 교정 142
부트스트래핑 144
분산 106
비정형 목록 405

ㅅ

사건 023
사건 크기 026
사다리꼴 규칙 127
사이킷런 195
사이파이 092
산술 평균 102
생존 함수 128
선형 결정 경계 564
순열 072
숨은 확률 052
스큐 146
시본 168
신뢰 구간 063

ㅇ

에지 466
에지의 가중치 491
엘보 방법 197
연결된 구성 요소 523
유의 수준 138
이미징 기술 634

이진 분할 610
이항 분포 054, 093
인접 행렬 468

ㅈ

자기 루프 468
자연어 처리 268
자카드 유사도 273
전략 최적화 082
전이 벡터 502
전이 행렬 503
정규 분포 114
정규화 283, 287
제곱합 107
주성분 분석 325
중심 극한 정리 135
중심도 497
중심성 188, 194
중심 수 199
중앙값 098
중지 단어 363

ㅊ

차원 축소 310
참 양성 543
첫 번째 주성분 327
최단 경로 길이 문제 491
최댓값 031
최솟값 031

ㅋ

카토피 229
큰 수의 법칙 153
클래스 533
클러스터링 188
클러스터 알고리즘 519

ㅌ

태그 400
텍스트의 벡터화 276
투영 329
튜플 072
트레이드오프 022
특이 값 분해 349
특징 533

ㅍ

판다스 157
페이지랭크 662
편향 567
편향된 025
평균 표준 오차 126, 135
표본 공간 022
표준 편차 111

ㅎ

하위 그래프 392
하이퍼파라미터 550
행렬 곱셈 301
확률적 흐름 513
확률 질량 함수 093
흐름 행렬 513
히스토그램 059
히트맵 168

D

DBSCAN 알고리즘 205

F

f-측정치 546

G

GeoNames 데이터베이스 229
GeoNamesCache 229
get_clusters 524
great_circle_distance 215
groupby 211, 255

H

hyperparameter 550

I

is_in_interval 032
itertools.product 027

K

K-최근접 이웃 그래프 538
K-평균 알고리즘 194
K-평균 클러스터링 200
KMeans 195

L

load_iris 331

M

MiniBatchKMeans 380

N

name_to_regex 245
NetworkX 509
np.mean 102
np.radians 216
np.random.normal(mean, sem) 140
np.random.randint(0, x) 053
np.random.shuffle 071

P

plt.fill_between 046
plt.hist 060
plt.plot 038

R

run_mcl 524

S

split 269
stats.binom.mean 104
stats.binom.pmf 094
stats.norm.cdf 136
stats.norm.fit(sample_means) 116
stats.norm.sf 128
stats.skew 146
sum_of_squares 107

T

TF 벡터 281
TfidfVectorizer 370

번호

1종 오류 139
2종 오류 139